折込地図 トルコ全図
イスタンブールとトルコ西北部 P.30~31
トルコ中北部 P.35
トルコ東部 P.36~37
トルコ西南部 P.32~33
トルコ中部、南部 P.34
トルコ東部 P.36~37
黒海
地中海
エーゲ海
ブルガリア BULGARIA
ギリシア GREECE
ジョージア（グルジア） GEORGIA
アルメニア ARMENIA
アゼルバイジャン AZERBAIJAN
イラン IRAN
イラク IRAQ
シリア SYRIA
レバノン LEBANON
北キプロス P.320 Kuzey Kıbrıs Türk Cumhuriyeti
アンカラ Ankara P.377
イズミル İzmir
カッパドキア Kapadokya
標高（m）
4000
3000
2000
1500
1000
500
200
100
0
-200
凡例
国境
幹線道路
道路
航路
鉄道
高速鉄道
河川
国際空港
空港
塩湖
湿地
塩湿地
0 300km

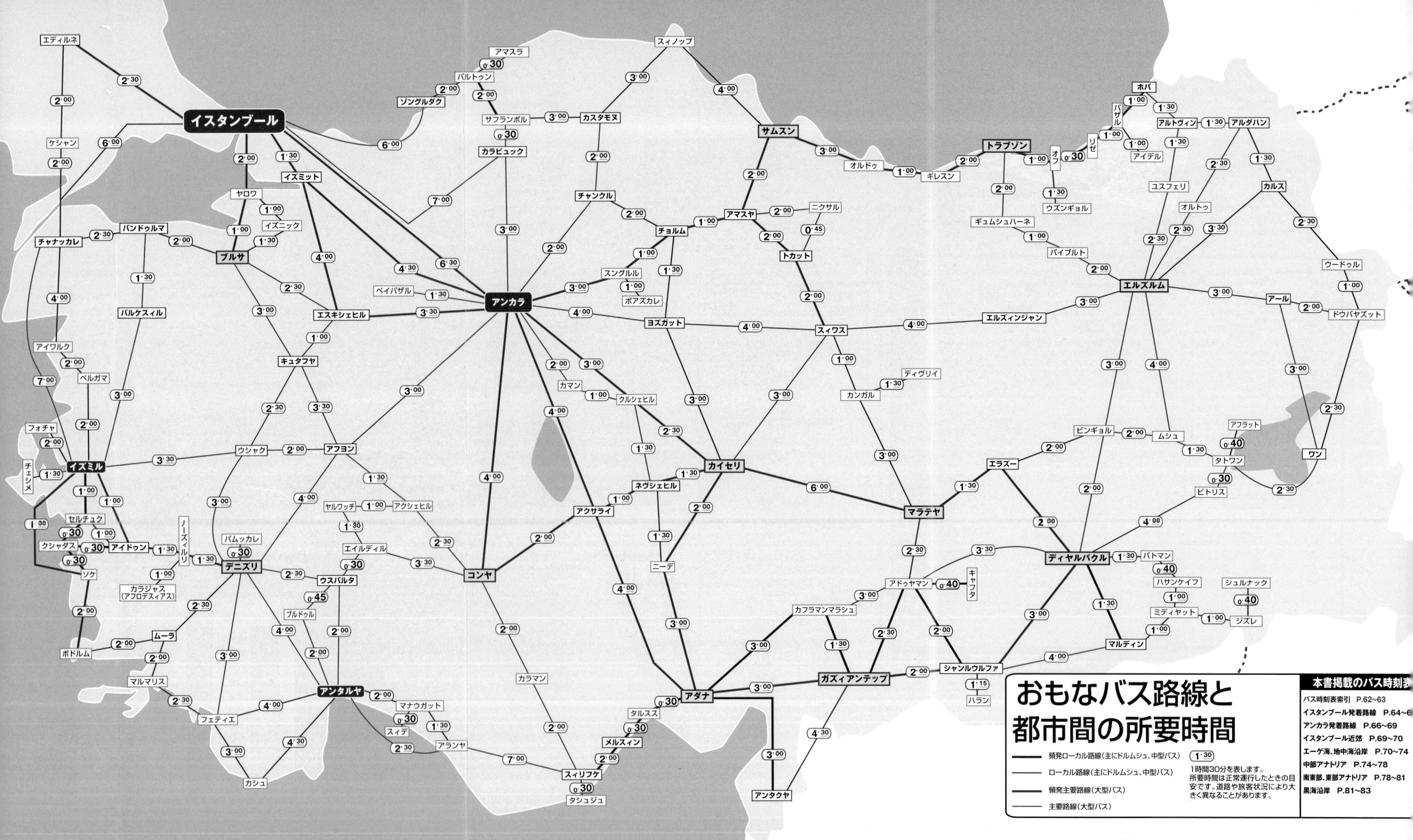
おもなバス路線と
都市間の所要時間
頻発ローカル路線(主にドルムシュ、中型バス)
ローカル路線(主にドルムシュ、中型バス)
頻発主要路線(大型バス)
主要路線(大型バス)
1'30
1時間30分を表します。
所要時間は正常運行したときの目安です。道路や旅客状況により大きく異なることがあります。
本書掲載のバス時刻表
バス時刻表索引 P.62~63
イスタンブール発着路線 P.64~6
アンカラ発着路線 P.66~69
イスタンブール近郊 P.69~70
エーゲ海、地中海沿岸 P.70~74
中部アナトリア P.74~78
南東部、東部アナトリア P.78~81
黒海沿岸 P.81~83
エディルネ
ケシャン
イスタンブール
チャナッカレ
バンドゥルマ
ブルサ
ヤロワ
イズニック
イズミット
アマスラ
バルトゥン
ゾングルダク
サフランボル
カラビュック
カスタモヌ
スィノップ
サムスン
チャンクル
チョルム
アマスヤ
ニクサル
トカット
スングルル
ボアズカレ
ベイパザル
アンカラ
エスキシェヒル
キュタフヤ
バルケスィル
アイワルク
ベルガマ
フォチャ
イズミル
チェシメ
セルチュク
クシャダス
アイドゥン
ソケ
ボドルム
ムーラ
マルマリス
フェティエ
カシュ
ウシャク
アフヨン
ヤルワッチ
アクシェヒル
エイルディル
ウスパルタ
ブルドゥル
パムッカレ
デニズリ
カラジャス
(アフロディスィアス)
ノーズィルリ
コンヤ
アンタルヤ
マナウガット
スィデ
アランヤ
カラマン
スィリフケ
タシュジュ
メルスィン
タルスス
アダナ
アンタクヤ
アクサライ
ネヴシェヒル
ニーデ
カマン
クルシェヒル
カイセリ
ヨズガット
スィワス
カンガル
ディヴリイ
マラテヤ
アドゥヤマン
キャフタ
カフラマンマラシュ
ガズィアンテップ
シャンルウルファ
ハラン
ディヤルバクル
マルディン
バトマン
ハサンケイフ
ミディヤット
ジズレ
シュルナック
エラズー
ビンギョル
ムシュ
タトワン
ビトリス
ワン
アフラット
エルズィンジャン
エルズルム
アール
ドウバヤズット
ウードゥル
カルス
アルダハン
アルトゥヴィン
ユスフェリ
オルトゥ
ホパ
パザル
アイデル
リゼ
オフ
ウズンギョル
トラブゾン
ギュムシュハーネ
バイブルト
ギレスン
オルドゥ

地球の歩き方 E03●2019～2020年版

イスタンブールとトルコの大地

Turkey

地球の歩き方 編集室

TURKEY  CONTENTS

TÜNEL
144

211 都会を離れてショートトリップ
イスタンブール近郊

231 遺跡と海と太陽がいっぱい
エーゲ海、地中海沿岸

339 高原地帯に歴史と自然を訪ねて
中部アナトリア

401 秘境に、人々の笑顔を求めて
南東部、東部アナトリア

コラム

出発前に必ずお読みください！　旅のトラブルと安全情報…P.13、138、178、496

歩き方の使い方

本書で用いられる記号・略号

※このページは記号・表記説明用のサンプルです

紹介している地区の場所を示します。

掲載地域の市外局番、人口、標高

掲載地域で紹介されている、ユネスコに登録されている世界遺産、無形文化遺産を示します（年は登録、記載年）。

目的地への行き方

主要交通機関の時刻表はP.54〜84に記載しています。

飛行機
航空会社別時刻表
→P.54〜59

列車
主要路線時刻表
→P.60〜61

バス、ドルムシュ
バス時刻表索引
→P.62〜63

フェリー
主要航路時刻表
→P.84

タクシー

はみ出し情報

 編集室

読者投稿 読者投稿

Information
お役立ちインフォメーション

名物料理
名物ご当地料理

History
歴史コラム

読者からの投稿

オスマン朝期の建築物がたくさん残る国境の町

エディルネ Edirne

市外局番 0284 | 人口14万8474人 | 標高42m

世界遺産
セリミエ・ジャーミィと関連複合施設
Selimiye Camii ve Külliyesi
2011年

無形文化遺産
クルクプナルのオイルレスリング（ヤールギュレシ）
Kırkpınar Yağlı Güreş
2010年

時刻表一覧
時刻表索引→P.62〜63

セリミエ・ジャーミィのドーム装飾

ファーティフ橋 Fatih Köprüsü
クルクプナル・オイルレスリング会場 Kırkpınar Sahası
医学博物館 P.216 Sağlık Müzesi
バイェズィド2世ジャーミィ 2. Bayezid Camii
サライ橋 Saray Köprüsü
サラチハーネ橋 Saraçhane Köprüsü
バイェズィド橋 Bayezid Köprüsü
ヤルヌズギョズ橋 Yalnızgöz Köprüsü
カプクレ（ブルガリア国境）へ約16.5km
セリミエ・ジャーミィ Selimiye Camii
タラトパシャ通り
ガーズィミハル橋 Gazimihal Köprüsü
拡大図P.213
オトガルへ約5.5km
月曜市場 Pazartesi Pazarı
トゥンジャ橋 Tunca Köprüsü
鉄道駅へ約1.7km
メリチ川 Meriç Nehri
メリチ橋 Meriç Köprüsü
パザルクレ（ギリシア国境）へ約5.5km
エディルネ

ギリシア、ブルガリアとトルコを結ぶ国境の町エディルネ。古代ローマ皇帝ハドリアヌス帝が町造りをしたのが起源となり、過去にはハドリアノポリスと呼ばれていた。

その後アドリアノープルと称されたこの地は、1361年にムラト1世に征服され、ブルサから遷都される。1453年にオスマン朝の都がイスタンブールに移るまでの約90年間、都として栄えた町には、この間に建設された多くのジャーミィが残る。特に大建築家ミマール・スィナン設計のセリミエ・ジャーミィは目を見張るすばらしさ。この町はオイルレスリング、ヤール・ギュレシYağlı Güreşの開催地としても有名だ。

「時計塔（Saat Kulesi）」の別名をもつマケドニア塔

212

ユチュ・シェレフェリ・ジャーミィの向かいにある高い塔は「マケドニア塔Makedonya Kulesi」といい、「アドリアノープル」と呼ばれたビザンツ時代の雰囲気をいまに伝える貴重な遺跡。（編集室）

頻出するイスラーム関係の用語

- イスラーム＝アッラーを唯一神とする宗教
- クルアーン＝イスラームの啓典
- ジャーミィ Cami＝イスラーム寺院
- メスジトMescit＝イスラーム寺院
- ミンベルMinber＝イスラーム寺院の説教壇
- ミフラープMihrap＝イスラーム寺院にあるメッカの方向を示すくぼみ
- ミナーレMinare＝イスラーム寺院にある尖塔（光塔）
- メドレセMedrese＝イスラーム神学校
- テュルベTürbe＝廟、王侯貴族の墓
- キュルリイェ Külliye＝ジャーミィやメドレセ、廟が集まった複合建築（コンプレックス）
- エザンEzan＝礼拝の時間を告げる呼びかけ
- ラマザンRamazan＝イスラームの暦の第9月に行われる断食

※このページは記号・表記説明用のサンプルです

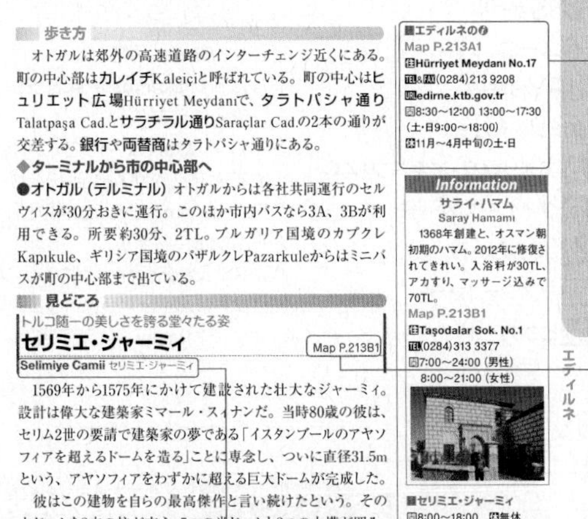
歩き方

オトガルは郊外の高速道路のインターチェンジ近くにある。町の中心部は**カレイチ**Kaleiçiと呼ばれている。町の中心は**ヒュリエット広場**Hürriyet Meydanıで、**タラトパシャ通り**Talatpaşa Cad.と**サラチラル通り**Saraçlar Cad.の2本の通りが交差する。**銀行**や**両替商**はタラトパシャ通りにある。

◆ターミナルから市の中心部へ

●オトガル（テルミナル） オトガルからは各社共同運行のセルヴィスが30分おきに運行。このほか市内バスなら3A、3Bが利用できる。所要約30分、2TL。ブルガリア国境のカプクレKapıkule、ギリシア国境のパザルクレPazarkuleからはミニバスが町の中心部まで出ている。

見どころ

トルコ随一の美しさを誇る堂々たる姿

セリミエ・ジャーミィ Map P.213B1

Selimiye Camii セリミエ・ジャーミィ

1569年から1575年にかけて建設された壮大なジャーミィ。設計は偉大な建築家ミマール・スィナンだ。当時80歳の彼は、セリム2世の要請で建築家の夢である「イスタンブールのアヤソフィアを超えるドームを造る」ことに専念し、ついに直径31.5mという、アヤソフィアをわずかに超える巨大ドームが完成した。

彼はこの建物を自らの最高傑作と言い続けたという。その大ドームを8本の柱が支え、5つの半ドームと8つの小塔が囲み、

■エディルネの❶
Map P.213A1
住Hürriyet Meydanı No.17
TEL&FAX(0284)213 9208
URL edirne.ktb.gov.tr
開8:30～12:00 13:00～17:30（土・日9:00～18:00）
休11月～4月中旬の土・日

Information

サライ・ハマム
Saray Hamamı

1368年創建と、オスマン朝初期のハマム。2012年に修復されてきれい。入浴料が30TL、アカすり、マッサージ込みで70TL。
Map P.213B1
住Taşodalar Sok. No.1
TEL(0284)313 3377
開7:00～24:00（男性）
8:00～21:00（女性）

■セリミエ・ジャーミィ
開8:00～18:00 休無休

エディルネ

エディルネはほうき作りでも有名な町で、チリンギル通りの北東の端にほうき作り名人の像がある。おみやげにほうきをかたどったアイテムが多い。(編集室)

213

住住所
TEL電話番号
FAXファクス番号
Mail eメールアドレス
URLホームページアドレス（http://は省略しています）
開開館時間
休休業日
料入場料
写真撮影の可否
フラッシュ撮影の可否

見どころの地図位置
※折込イスタンブール広域図と表記されている地図はP.96と97の間に折り込まれた地図を指します。
※折込カッパドキア広域図、折込カッパドキア中心図と表記されている地図はP.336と337の間に折り込まれた地図を指します。

見どころのトルコ語名と読み

地図

i	観光案内所		国鉄駅（TCDD）
H	ホテル		国際空港
R	レストラン		地方空港
S	商店、旅行会社など		フェリー乗り場、埠頭
Ptt	郵便電信電話局	M1	メトロ駅 数字は路線番号
	トイレ	T1	路面電車の停留所 数字は路線番号
THY	ターキッシュエアラインズのオフィス、代理店	F1	ロープウエイ、地下ケーブル等 数字は路線番号
	バス停		歩行者天国（車両通行禁止道路）
	バスターミナル		

略号

～Bul.＝Bulvarı（ブルヴァル）（大通り）
～Cad.＝Caddesi（ジャッデスィ）（通り）
～Sok.＝Sokağı（ソカウ）（通り）
～Çık.＝Çıkmazı（チュクマズ）（袋小路）
～Yok.＝Yokuşu（ヨクシュ）（坂）
～Mah.＝Mahallesi（マハッレスィ）（地区）
AVM＝Alışveriş Merkezi（アルシュヴェリシ メルケズィ）（ショッピングセンター）
～Üniv.＝Üniversitesi（ユニヴェルスィテスィ）（大学）

歩き方の使い方

住 住所
TEL 電話番号
FREE 日本国内で利用できる無料電話
FAX ファクス番号
Mail eメールアドレス
URL ホームページアドレス（http://は省略しています）
開 営業時間
休 休業日

現金
TL トルコリラ
US$ 米ドル
€ ユーロ
JPY 日本円
クレジットカード
A アメリカン・エキスプレス
D ダイナースカード
J JCBカード
M マスターカード
V ビザカード

●本書で頻出するトルコ語

オトガルOtogar＝長距離バスターミナル（町によってはテルミナルTerminalともいう）
ビレットBilet＝切符
ドルムシュ Dolmuş＝乗合タクシー、乗合のミニバス
セルヴィスServis＝市内とオトガルや空港を結ぶ無料送迎バス
ハマムHamam＝トルコ式共同浴場
オテルOtel＝ホテル
パンスヨンPansyon＝ペンション
ロカンタLokanta＝レストラン
パスターネPastane＝菓子店

RESTAURANT レストラン

ハムディ Hamdi Restaurant　トルコ料理　Map P.100A4 エミノニュ

住Tahmis Cad. Kalçin Sok. No.15
TEL(0212)528 0390
FAX(0212)528 4991
URL www.hamdirestorant.com.tr
開12:00～23:00 休無休
US$ € TL　A M V

エジプシャンバザールのすぐ近く。地元で味に定評のある店。客席は海を望む4階席が人気で、前面は冬はガラス張り、夏はオープンエアとなり、景色がすばらしい。メインは1品28～36TL。

酒類を提供する飲食店にはマークを表示しています。ただし、ラマザン中などは酒類の提供を休止している飲食店も多くあります。

※表記説明用のサンプルです

SHOP ショップ

ロビンソン・クルーソー Robinson Cruesoe　書籍　Map P.102A4 イスティクラール通り

住İstiklâl Cad. No.136 K.4
TEL(0212)293 6968
URL www.rob389.com
開10:00～20:00
休月
US$ € TL　M V

トルコ語のほか英語など外国語の本も置いてあり、写真集や建築誌、歴史などに強い。英語の旅行ガイド本もある。探すものがあれば、検索などの手伝いもしてくれる。

※表記説明用のサンプルです

HOTEL ホテル

セブン・ヒルズ Seven Hills Hotel　高級 18室　Map P.119上A1 スルタンアフメット

住Tevkifhane Sok. No.8/A
TEL(0212)516 9497
FAX(0212)517 1085
URL www.hotelsevenhills.com
100～319€
US$ € TL
A M V

客室はフローリングで調度品もアンティーク調で落ち着いた感じ。アメニティグッズも充実。2室のみバスタブなしの部屋がある。テラスからの眺めはこのあたりでは最高。上階のレストランは宿泊客以外の利用も多い。
全館無料　EVあり

※表記説明用のサンプルです

エレベーターが館内にあるホテルはEV ありと表示されています

無線LANでインターネットが利用可能なホテルはマークを表示しています。

部屋の種類・設備

DOM ドミトリー／相部屋　シングルルーム　ダブルorツインルーム（料金は1部屋当たり）
※個人旅行者向けの宿泊料金の公式レートを公表していない所は取材時の実勢料金を掲載。
扇風機付きの部屋　A/C エアコン付きの部屋　部屋にシャワー付き　共同シャワー
部屋にバスタブ付きのシャワールームあり　部屋のシャワールームにバスタブはない
部屋にトイレ付き　共同トイレ　宿泊料金に朝食が込み　宿泊料金に朝食は含まれない

■本書の特徴

本書は、トルコを旅行される方を対象に、個人旅行者が現地でいろいろな旅行を楽しめるように、各都市のアクセス、ホテルやレストランなどの情報を掲載しています。もちろんツアーで旅行される際にも十分活用できるようになっています。

■掲載情報のご利用に当たって

編集部では、できるだけ最新で正確な情報を掲載するよう努めていますが、現地の規則や手続きなどがしばしば変更されたり、またその解釈に見解の相違が生じることもあります。このような理由に基づく場合、または弊社に重大な過失がない場合は、本書を利用して生じた損失や不都合について、弊社は責任を負いかねますのでご了承ください。また、本書をお使いいただく際は、掲載されている情報やアドバイスがご自身の状況や立場に適しているか、すべてご自身の責任でご判断のうえでご利用ください。

■現地取材および調査時期

本書は、2018年8月～2019年5月の現地取材をもとに編集しています。しかしながら、時間の経過とともにデータに変更が生じることがあります。特にホテルやレストランなどの料金は、旅行時点では変更されていることも多くあります。また、今後も、公共交通機関の運賃や博物館の入場料なども値上げが予想されます。

したがって、本書のデータはひとつの目安としてお考えいただき、現地では観光案内所などでできるだけ新しい情報を入手してご旅行ください。また、バイラム（祭り）やラマザン（断食月）によるイスラームの宗教行事のための休日や営業時間の変更は記載しておりませんので、現地でお確かめください。

■発行後の情報の更新と訂正について

本書に掲載している情報で、発行後に変更されたものや、訂正箇所が明らかになったものについては『地球の歩き方』ホームページの「ガイドブック更新・訂正情報」で可能な限り最新のデータに更新しています(ホテル、レストラン料金の変更などは除く)。出発前に、ぜひ最新情報をご確認ください。

URL book.arukikata.co.jp/support

■投稿記事について

読者投稿 などのはみ出し情報、ホテル情報、観光ポイントなど、読者投稿 マークがあり文章の終わりに(　　)で氏名があるものは、すべて読者の体験談です。個人の感性やそのときどきの体験が、次の旅行者への指針となるとの観点から、文章はできるだけ原文に忠実に掲載しています。

投稿年のあとの春は2～5月、夏は6～9月、秋は10～11月、12月と1月についてはその旨明記してあります。

■トルコの通貨

トルコの通貨はトルコリラ（テュルク・リラスTürk Lirası）で本書ではTL（テー・レーと発音）と表記しました。

また、ホテル料金については取材・調査の際US$（アメリカドル）、€（ユーロ）での回答があった場合は、その通貨単位で表記しています。バスや船の国際便など、外国通貨で支払うことが要求されている料金は、そのまま指定された通貨で表記してあります。

■博物館の展示

博物館では、展示物をほかの施設に貸し出したり、補修などのために非公開となることもあります。記載されている展示物は変更になることもあります。

■建物の階数の数え方

日本式2階がトルコでは1階など、日本とトルコでは階数の数え方が異なりますが、本書では日本式で表記しています。P.487欄外もご参照ください。

ジェネラル インフォメーション

トルコの基本情報

▶旅のトルコ語
→P.500

国　旗
赤地に白の星と月の星月旗。トルコ語でアル・バイラックAl Bayrak。通称アイ・ユルドゥズAy Yıldızともいう。

正式国名
トルコ共和国
Türkiye Cumhuriyeti
（テュルキエ・ジュムフリエティ）

国　歌
独立行進曲
İstiklâl Marşı
（イスティクラール・マルシュ）

面　積
約78万576km²（日本の2倍強）

人　口
約8200万3822人（2018年）

首　都
アンカラAnkara。
人口463万735人（2012年）

元　首
レジェップ・タイイップ・エルドアン大統領
Recep Tayyip Erdoğan

政　体
共和制

民族構成
トルコ人、クルド人など

宗　教
イスラーム99%

言　語
トルコ語が公用語。南東部ではクルド語も広く日常的に話される。シリア国境近くではアラビア語も話される。

通貨と為替レート

▶通貨と両替
→P.482
▶旅の予算
→P.483

トルコの通貨単位はトルコリラ（TL、テュルク・リラスTürk Lirası）。₺と表記されることもある。補助単位はクルシュKuruş(Kr)で、1TL=100Kr。1TL≒19.05円（2019年7月1日現在）、100円≒5.25TL

流通している紙幣は200TL、100TL、50TL、20TL、10TL、5TL。硬貨は1TL、50Kr、25Kr、10Kr、5Kr、1Kr（1Kr、5Krはほとんど流通していない）。

5リラ

10リラ

20リラ

50リラ

100リラ

200リラ

1クルシュ　5クルシュ　10クルシュ　25クルシュ　50クルシュ

1リラ

電話のかけ方

▶通信事情
→P.484

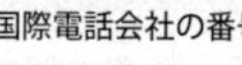

日本からトルコへかける場合　㊟イスタンブールの（0212）123-4567へかける場合

国際電話会社の番号		国際電話識別番号		トルコの国番号		市外局番（頭の0は取る）		相手先の電話番号
001（KDDI）※1 0033（NTTコミュニケーションズ）※1 0061（ソフトバンク）※1 005345（au携帯）※2 009130（NTTドコモ携帯）※3 0046（ソフトバンク携帯）※4	+	010	+	90	+	212	+	123-4567

※1 マイライン・マイラインプラスの国際通話区分に登録している場合は不要。詳細は、http://www.myline.org
※2 auは005345をダイヤルしなくてもかけられる。
※3 NTTドコモは事前にWORLD WINGに登録が必要。009130をダイヤルしなくてもかけられる。
※4 ソフトバンクは0046をダイヤルしなくてもかけられる。
※ 携帯電話の3キャリアは「0」を長押しして「+」を表示し、続けて国番号からダイヤルしてもかけられる。

入出国

ビザ　観光目的の日本国民は、通常は90日以内の滞在はビザ不要。

パスポート　パスポートの有効残存期間は150日以上あること。見開き2ページ以上の未使用査証欄が必要。

▶出国と入国の手続き →P.477

日本からのフライト時間

日本からイスタンブールまで直航便で約13時間。ターキッシュ エアラインズと全日空（ターキッシュ エアラインズとの共同運行便）が運航している。成田空港からイスタンブールへは毎日1便。2020年春から増便予定。

▶出国と入国の手続き →P.477

気候

国土が広いため、地方によって気候や降水量の差が激しい。一般的に夏は雨が少なく、乾燥しており。海岸部では蒸し暑い。冬期は曇りが多く、よく雨が降る。東部の高原地帯では積雪もあり、路面が凍結することも。内陸部は日中と夜の気温差が大きい。

▶旅のベストシーズン →P.42

イスタンブールと東京の気温と降水量

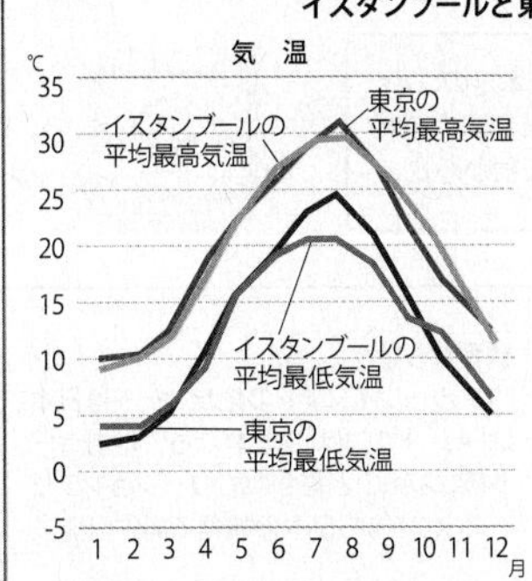

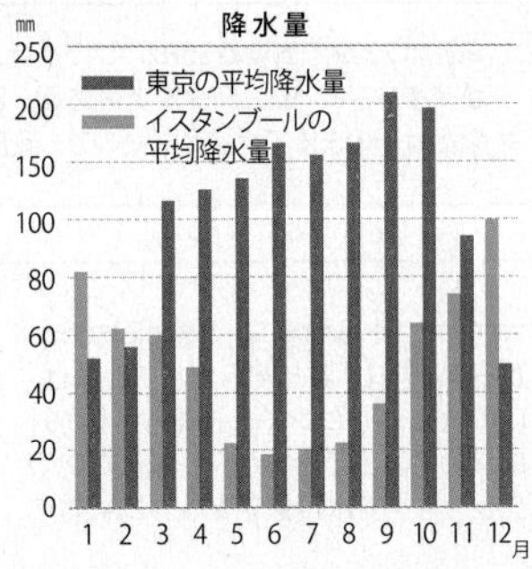

時差とサマータイム

トルコと日本の時差は6時間。日本の9:00がトルコでは深夜の1:00となる。

トルコでは以前サマータイムが実施されていたが、2016年の秋から冬時間に移行せず、年間を通して日本との時差が6時間の(UTC+3)のゾーンとなった。

▶暦と祝祭日 →P.486

ビジネスアワー

以下は一般的な営業時間の目安。ラマザン期間は日没で閉めることが多い。

銀　行

平日8:30～12:00　13:30～17:00。休日は土・日曜、祝日。

デパートやショップ　9:30～19:00頃。22:00以降は酒類の販売はできない。

レストラン　9:00～23:00頃。ラマザン中は閉店するところもある。

博物館　平日8:30～17:00。月曜閉館。

トルコから日本へかける場合

例 (03) 1234-5678 または (090) 1234-5678へかける場合

国際電話識別番号		日本の国番号		市外局番と携帯電話の最初の0を除いた番号※2		相手先の電話番号
00※1	+	81	+	3 または 90	+	1234-5678

※1 ホテルの部屋からは、外線につながる番号を頭につける

※2 携帯電話などへかける場合も、「090」「080」などの最初の0を除く

▶トルコ国内通話　市内へかける場合は市外局番は不要。市外へかける場合は市外局番からダイヤルする

▶公衆電話のかけ方
①受話器を持ち上げる
②テレホンカードを、カードに示された矢印の方向に入れる
③相手先の電話番号を押す
④テレホンカードの残りが画面に表示される。通話が終わったら、受話器を置き、カードを取る

祝祭日（おもな祝祭日）

▶暦と祝祭日 →P.486

▶生活習慣 →P.487

西暦で祝う固定祝祭日と、イスラーム暦で祝う移動祝祭日（※印）がある。ラマザン（断食月）明けのシェケル・バイラム（ラマザン・バイラム）やクルバン・バイラム（犠牲祭）は最低3日間の祝日が続く。

1月	1/1		新年 Yılbaşı
4月	4/23		独立記念日、子どもの日 Ulusal Egemenlik ve Çocuk Bayramı
5月	5/1		労働者と連帯の日 Emek ve Dayanışma Günü
	5/19		アタテュルク記念日、青少年とスポーツの日 Atatürk'ü Anma, Gençlik ve Spor Bayramı
	5/24〜26 ('20) 5/13〜15 ('21)	※	シェケル・バイラムŞeker Bayramı（ラマザン・バイラムRamazan Bayramı）
7月	7/15		民主国民連合の日 Demokrasi ve Birlik Günü
	7/31〜8/4 ('20) 7/20〜23 ('21)	※	クルバン・バイラム（犠牲祭）Kurban Bayramı
8月	8/30		勝利の日 Zafer Bayram
10月	10/29		共和国の日 Cumhuriyet Bayramı

電圧とプラグ

電圧は220Vで周波数50Hz、プラグは2本足のCタイプがメインでB、B3、SEタイプもある。日本国内の電化製品はそのままでは使えないので、変圧器が必要。

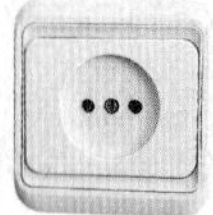

ビデオ方式

DVDソフトは地域コードRegion Codeが日本と同じ「2」と表示されていれば、DVD内蔵パソコンでは通常PAL出力対応なので再生できるが、一般的なDVDプレーヤーでは再生できない（PAL対応機種なら可）。

ブルーレイソフトの地域コードは日本は「A」、トルコは「B」と異なる。地域コード欄に「ABC」と書かれたリージョンフリーのソフトなら日本の機器で再生可能。

チップ

トルコでは伝統的にチップの習慣はなく、必ずしもチップは必要ではない。しかし、レストランの料金にはサービス料が含まれていないことがある（おもにイスタンブールの高級レストランなど）。

快いサービスを受けたときには、以下の相場を参考にして、スマートにチップを渡してみたい。高級ホテルのスタッフやツアーガイドへの心付けは諸外国同様一般的に行われる。大型ホテルでは、サービス料、KDV（付加価値税）が別というケースが多い。

タクシー

おつりの小銭をチップとする。

レストラン

庶民的な店では必要ないが、少し高級なところなら10%ぐらいを置いていく。

ホテル

ベルボーイやルームサービスに対しては2〜10TL。

トイレ

町なかの公衆トイレやジャーミィのトイレ、バスターミナルやドライブインなどのトイレは有料のことが多い。料金はたいてい入口に書かれており、2TL前後。

ハマム

アカすりやマッサージをしてくれた人に対し、2〜5TL。

飲料水

水道水は大都市での飲用は不可。どの町でも入手しやすいので、旅行者はミネラルウオーターを飲むのが無難。500mℓで1TLほどで、スーパーマーケットならもっと安く、観光地は高い。エリキリErikli、ハヤトHayat、プナルPınarなど多くの銘柄があるのでいろいろ試してみよう。

郵便

郵便局はトルコ語でPTT(ペー・テー・テー)と呼ばれる。営業時間は月～金曜8:30～12:30、13:30～17:30。土・日曜は休み。大都市の中央郵便局は24:00(郵便局によっては19:00または21:00)まで営業している場合もある。

郵便料金

日本へのエアメールは4.35TL、封書は20gまで4.70TL、小包は1kgまで169.50TL、2kgまで236.50TL。

▶通信事情
→P.484

税　金

TAX

トルコでは物品に8～18%のKDV(付加価値税)がかかっている。

免税対象となる最低購入金額は、付加価値税が8%課税される商品(衣服や革製品など)の場合は108TL。貴金属、時計、電化製品など18%課税される商品の場合は118TL。規定の額以上を購入したときに書類を作成してもらい、イスタンブール空港など出国地の税関で申請すれば、払い戻しが受けられる。

還付率は金額、購入点数により異なる。なお、ホテルや飲食など現地で受けたサービスについては還付されない。詳細はURL www.global-blue.com

安全とトラブル

2019年5月現在、日本の外務省からシリアとの国境地帯、イラクとの国境地帯の一部「レベル4:退避してください。渡航は止めてください。(退避勧告)」、ディヤルバクル県及びイラクとの国境地帯(レベル4の地域を除く)「レベル3:渡航は止めてください。(渡航中止勧告)」、ハッカーリ県、シュルナク県、ハタイ県、キリス県、ガジアンテップ県、シャンルウルファ県、マルディン県(シリア及びイラクとの国境地帯を除く)「レベル2:不要不急の渡航は止めてください。」の危険情報が発出されている。

外務省 海外安全ホームページ
URL www.anzen.mofa.go.jp

空港　観光案内所のスタッフを装い、巧みな日本語や英語で観光客をだまし、スルタンアフメット地区の悪徳旅行会社や絨毯屋、それらと関係の深いホテルに連れていき、巧妙にお金をだまし取る輩がいる。

絨毯屋等の客引き　観光客に日本語で親しげに話しかけ、自らが関係する絨毯屋などへと連れて行き、高額な商品を買わせる。女性の場合は、人気のないところへ閉じこめ、強引にわいせつ行為に及んだりする例も報告されている。

睡眠薬強盗

外国人旅行者を装い、仲よくなってから飲食物に睡眠薬を入れ、身ぐるみはがす。

偽警官

言葉巧みに観光客に近づき、身体検査などと称して金品を奪う。

アンカラの日本大使館
Japonya Büyükelçiliği
Map P.379A3
住 Reşit Galip Cad. No.81
Gazi Osman Paşa
TEL (0312) 446 0500　FAX (0312) 437 1812
URL www.tr.emb-japan.go.jp

イスタンブールの日本総領事館
Japonya Başkonsolosluğu
Map P.112A2
住 Tekfen Tower 10th floor,
Büyükdere Cad. No.209, 4. Levent
TEL (0212) 317 4600　FAX (0212) 317 4604
URL www.istanbul.tr.emb-japan.go.jp

警察 **155**
消防 **110**　救急 **112**

▶旅のトラブル
→P.496～498

年齢制限

トルコでは18歳未満の酒類とたばこの購入は不可。

度量衡

メートル法を採用している。%の表示の場合、%の記号は前に来て、ユズデ～と読む。% 30はユズデオトゥズとなる。

その他

禁煙　公共施設の屋内、レストラン、ホテルのロビーなどの屋内空間や公共交通機関では禁煙。ホテルは喫煙可能な客室でのみ可。違反した場合は罰金になる。

トルコの最新 NEWS
En Son Haberler

イスタンブール空港の国際線出発ロビー

イスタンブール新空港がオープン

空港ターミナル

2018年10月29日、イスタンブールに新しい空港がオープンした。正式名称はイスタンブール空港で、半年間、一部路線に限って試験的に運用したあと、2019年4月から手狭となっていたアタテュルク空港の路線をすべて引き継いで全面運用を開始した。今後も拡張工事を続ける予定となっている。2019年中にはメトロが、その後マルマライでも空港へアクセスできるようになる予定だが、市内各地からハワイストHavaistと呼ばれるシャトルバスも出ている。なお、イスタンブールのアジア側にあるサビハ・ギョクチェン空港はそのまま運用を続けている。

ターキッシュ エアラインズ、関空便を再開、成田便も増便

ターキッシュ エアラインズは、2017年から運休していた大阪～イスタンブール便を2020年4月から再開すると発表した。同時に成田空港からの便も増便する。まずは4月から成田週10便、関空週4便体制となり、6月の第2週からはそれぞれ1便ずつの増便となる。

ターキッシュ　エアラインズ時刻表
（※2020年6月の第2週から運航）
成田国際空港→イスタンブール空港
火・木※・土・日11:45発→17:35着、毎日21:40発→翌3:40着
イスタンブール空港→成田国際空港
毎日1:40発→19:10着、月・水※・金・土　6:35発→翌10:05着
関西国際空港→イスタンブール空港
月・火・木・金・土※22:50発→翌5:10着
イスタンブール空港→関西国際空港
月・火・木・金・土※1:25発→翌18:40着

トロイア博物館 ➡P.236 オープン

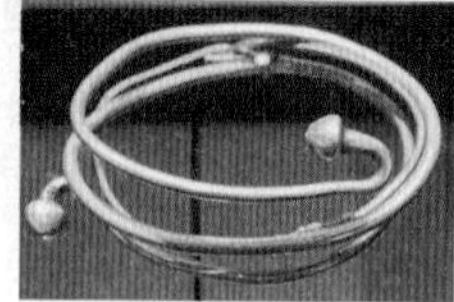
返還された黄金の装飾品

2018年10月10日、トロイ遺跡の入口で長年建設が続いていたトロイア博物館がオープンした。トロイ遺跡からの出土物を中心に、1階は青銅器時代、2階はトロイ戦争の舞台となったとされる時代からローマ時代、3階にはアナトリア半島に君侯国が林立した時代からオスマン朝にかけての出土物が展示されている。かつてチャナッカレ考古学博物館に展示されていた遺物もこちらへの移転が完了した。チャナッカレ考古学博物館は図書館として利用される予定。

マルマライが延伸、YHTもイスタンブール中心部へ乗り入れ開始

海峡の両岸を結ぶマルマライ

2019年3月12日、マルマライが延伸され、ヨーロッパ側はハルカル、アジア側はゲブゼまでが開通した。マルマライはイスタンブールの東西を結ぶ鉄道で、ボスポラス海峡をトンネルで結び、もともとあった国鉄路線を近代化したもの。5月にはトルコの新幹線YHTもハルカルまで延伸し、アンカラやコンヤへのアクセスがさらに便利になった。多くの便はアジア側の始発駅、ソユトリュチェシメ駅がターミナルとなる。YHT時刻表→60-61

2019年は「ギョベックリ・テペ ➡P.413 の年」

整備されて見学しやすくなった

2018年に世界遺産に登録されたギョベックリ・テペ。1万2000年前、まだ人々が定住していなかったと考えられる時代の遺跡だが、大規模な神殿跡がみられ、世界最古の聖地だったのではないかと考えられている。2019年3月にはビジターセンターもできた。トルコ政府は2019年を「ギョベックリ・テペの年」と制定、遺跡へアクセスできる市内バスの運行も始まった。

上：カマン・カレホユック遺跡2Aから出土したライオンの骨製装飾版
左：地層ごとに年代を確定しながら掘り進む

カマン・カレホユック遺跡 ➡P.385が世界史の常識を変える

日本の中近東文化センターにより1985年に始まったカマン・カレホユックの発掘は、2019年に第34次調査を迎えた。前期青銅器時代の焼土層の上から2017年に出土したという鉄の塊が、この地域の鉄とは組成が違うことと、人工的に火を使って加工されたものだということが新たにわかった。カマン・カレホユックでは、年表を作るように一つひとつベールをめくるように年代ごとに掘りすすめるという方法で発掘が進められている。この地域のものではない鉄が焼土層の上から見つかったことで、別のところからやってきた集団がこの町を焼いた後に置いたものだとも考えられ、最初に鉄を使ったのがヒッタイトだという定説は大きく揺らいでいる。

トルコからの国際フェリーが続々就航

2019年からトルコ～ギリシア間のフェリーに新しい路線が加わる。6月30日から運航を開始するのが、イズミル近郊のチェシメÇeşmeからアテネ近郊のラヴリオLavrioを結ぶ路線。週4便、所要約8時間、運賃は59～69€。また、2019年10月下旬からはイズミル港とテッサロニキ港とを結ぶ路線も週3便の就航が予定されている。イズミルを20:00に出発し、翌朝10:00にテッサロニキ着。運賃は未定。

レバノン、北キプロス路線　また、アンタクヤ近郊のアルスズArsuz港から、メルスィン、北キプロスのガズィマウサ、レバノンのベイルートへの高速船も、時期は未発表ながら近く就航する予定。

チェシメ～ラヴリオ線時刻表
火･木･土22:00チェシメ発→水･金･日6:00ラヴリオ着
日曜24:00チェシメ発→月8:00ラヴリオ着
火･木･土ラヴリオ発22:00→水･金･日6:00チェシメ着
日曜11:00ラヴリオ発→19:00チェシメ着

トゥリスティッキ・ドウ・エクスプレスィが運行を開始

アンカラ駅

2019年5月29日、アンカラとカルスを結ぶドウ・エクスプレスィに新しい便が登場した。トゥリスティッキ・ドウ・エクスプレスィといい、週3回の往復運行を行う。アンカラからは月･水･金曜の出発で所要約31時間、カルスからは水･金･日曜の出発で所要約29時間20分。アンカラ発の列車はイリチİliç、エルズィンジャンErzincan、エルズルム（→P.440）で、カルス発の列車はディヴリイ（→P.398）、ボスタンカヤBostankayaで長時間停車する。この間はツアー（別料金）に参加することもできる。寝台車両を多く連結した列車で、個室をひとりで使う場合400TL、ふたりで使う場合は500TLになる。

アゼルバイジャン、ジョージアへ　終点のカルスからは、ジョージアのトビリシを抜けてアゼルバイジャンのバクーへ行く路線が2017年に開通した。現在は貨物列車のみが運行されているが、2019年中には定期旅客列車が運行を開始する予定。バクーからはトルクメニスタンのトルクメンバシュへのフェリーが接続されることになっている。

イランへの国際列車が3年ぶりに運転を再開

タブリーズ駅

イランへの国際列車は2015年から運行を休止していたが、治安情勢の回復や路線補修作業の完了を受け、2018年に再開された。従来はアンカラとテヘランを結ぶ便と、ワンとタブリーズを結ぶ便が運行されていたが、2019年6月24日からはワン～タブリーズ～テヘラン間で週1便運行されている。アンカラ～テヘラン線も近く再開予定。

テヘラン～ワン時刻表
ワン発火21:00→タブリーズ翌5:15→テヘラン着18:20
テヘラン発月9:30→タブリーズ22:30→ワン着翌8:10

巻頭特集① 世界遺産

トルコの世界遺産

②エディルネのセリミエ・ジャーミィと関連複合施設
①イスタンブール歴史地区
⑱サフランボル
④トロイ遺跡
③オスマン朝発祥の地 ブルサとジュマールクズク
アニ遺跡⑰
⑫ハットゥシャシュ
⑤ベルガマの重層的文化的風景
アンカラ
⑬ディヴリィのウル・ジャーミィとダーリュッシファー
⑩ギョレメ国立公園とカッパドキア
⑥エフェス遺跡
⑦パムッカレ・ヒエラポリス
⑪チャタルホユック遺跡
ワン湖
アフロディスィアス⑧
⑯ディヤルバクル城塞とヘウセル庭園の文化的景観
⑭ネムルトダーゥ
⑨クサントス・レトゥーン
⑮ギョベックリ・テペ遺跡

いくつもの文化が層をなして重なる歴史的文化遺産。
変化に富んだ地形と気候が生み出した自然遺産。
2019年5月現在トルコでは18件が登録されている。

① イスタンブール歴史地区
İstanbul'un Tarihi Alanları

1985年登録 文化遺産 詳細 P.140 Map P.30B1

スルタンアフメット・ジャーミィ

アヤソフィア

ビザンツ帝国、オスマン朝合わせて1600年もの間、都として繁栄してきたイスタンブールの栄華を象徴する旧市街の建築群。ビザンツ時代を代表する**アヤソフィア**➡P.148は、ギリシア正教の総本山として君臨し、直径31mのドームは当時最高の技術力で造られた。オスマン朝の時代には数多くのジャーミィが造られたが、なかでも傑作は**スルタンアフメット・ジャーミィ**➡P.146や**スュレイマニエ・ジャーミィ**➡P.159。歴代スルタンの住居だった**トプカプ宮殿**➡P.142は、現在博物館となっており、洋の東西から集められた秘宝の数々が展示されている

② エディルネのセリミエ・ジャーミィと関連複合施設
Edirne Selimiye Camii ve Külliyesi

2011年登録 文化遺産 詳細 P.213 Map P.213

ミマール・スィナンの傑作

セリム2世の命により、1574年に巨匠ミマール・スィナンが完成させたイスラーム寺院。巨大なドームの直径は30mを上回り、スィナンが生涯の目標としたアヤソフィアのドームの規模を超えた。

メドレセ（神学校）のほか、モスクの財源として建てられた市場や公衆浴場といった複合施設も世界遺産に登録されている。

③ オスマン朝発祥の地 ブルサとジュマールクズク
Bursa ve Cumalıkızık: Osmanlı İmparatorluğunun Doğuş

2014年登録 文化遺産 詳細 P.222 Map P.30B1

ウル・ジャーミィの内部

オスマン朝の始祖オスマン・ベイが1326年にビザンツ帝国から奪取したブルサは1413年にエディルネに遷都するまでオスマン朝最初の首都として機能した。初期オスマン朝の建築として名高い**ウル・ジャーミィ**➡P.224や大規模な市場などが建てられた。

ジュマールクズク➡P.228はオスマン・ベイが創設したともいわれるブルサ近郊にある集落で伝統家屋が多く残っている。

4 トロイ遺跡
Troya Antik Kenti

1998年登録 文化遺産 詳細 P.236 Map P.30A2

古い時代の都市遺構

古代ギリシアの長編叙事詩「イーリアス」に出てくるトロイ戦争で有名な遺跡。

「トロイの木馬伝説」を信じ続けた**シュリーマン**➡P.237によって19世紀に発掘された。紀元前3000年から紀元後500年頃までの遺跡が第1市（紀元前3000〜前2500年）から第9市（ローマ時代）まで全部で9層も積み重なった遺跡が広がっている。また、遺跡の近くに副葬品を展示する博物館が2018年にオープンした。

5 ベルガマの重層的文化的風景
Bergama Çok Katmanlı Kültürel Peyzaj Alanı

2014年登録 文化遺産 詳細 P.239 Map P.30A2

アクロポリス

ペルガモン王国はアレキサンダー大王の死後、セレウコス朝シリアから独立し、アッタロス1世の時代に成立した。小アジアにおける交易の権益を得て、**アクロポリス**➡P.240の建設が行われ、大規模な劇場や神殿、図書館などが造られた。その繁栄ぶりはエジプトのアレキサンドリアに匹敵するほどだった。**アスクレピオン**➡P.240は古代の総合医療センターで、4世紀まで機能していた。ローマ時代もアシア属州の中心都市として栄えた。

ケルスス図書館

6 エフェス遺跡
Efes Antik Kenti

2015年登録 文化遺産 詳細 P.253 Map P.32A1

小アジアを代表する壮大な古代遺跡。なかでも**ケルスス図書館**➡P.258、**ハドリアヌス神殿**➡P.259などの建築は、ローマ時代の文化を映し出す鏡として類をみない。**大劇場**➡P.257は2万4000人を収容できる規模だった。**丘の上の住宅**➡P.258にあるモザイクなどからは、当時の上流階級の生活がうかがえる。

また、ローマ時代は港湾都市でもあったエフェスだが、上流からの土砂が堆積した結果、いまは港の跡から5km以上西に海岸線があり、時代とともにその景観を変えたことがわかる。

聖ヨハネ教会➡P.262はヨハネが晩年暮らしたという場所に建てられた教会。それまであった建物の上に、ユスティニアヌス帝が統治した6世紀に造られたと考えられている。聖パウロの伝道地でもあったエフェスには巡礼者が多く、ビザンツ時代は多くの人が訪れていた。1304年にアイドゥン君侯国の支配下に入るまで使われていたが、その後放棄された。現在も発掘が続いている。

夕日を浴びて輝く石灰棚

7 パムッカレ・ヒエラポリス
Pamukkale-Hierapolis

1988年登録 複合遺産 詳細 P.277 Map P.32B1

デニズリの郊外を過ぎると、車窓から一部分だけ雪が積もったような台地が見える。近づくにつれ、それが奇妙な段々の丘であることがわかる。これが、世界的にも珍しい大規模な**石灰棚**➡P.280だ。石灰を多く含む台地の上を白く濁った湯が流れている。このお湯が長い年月を流れ落ちるうちに、崖全体が結晶したのが石灰棚だ。**パムッカレ温泉**➡P.280はギリシア・ローマ時代の遺跡が沈む温泉。遺跡に触れながら入浴体験ができる珍しい温泉だ。

台地の上には**ヒエラポリス**➡P.281と呼ばれる遺跡が残っている。紀元前2世紀頃、ペルガモン王国の時代に栄えた都市遺跡で、1万5000人を収容する**劇場**➡P.282や**北大浴場**➡P.282の跡がある。北門近くにある**ネクロポリス**➡P.282はトルコ最大の規模で、1000を超す墓が並んでいる。ヘレニズム時代からビザンツ時代までさまざまな様式が見られる。最も内陸部にある遺跡で、セルジューク朝に滅ぼされるまで栄えた。

⑧ アフロディスィアス
Afrodisias

2017年登録 文化遺産　詳細 P.269　Map P.32B2

テトラピロン

アフロディスィアスはローマ時代の紀元前1世紀～5世紀に繁栄した都市。近くに採石場があったことから彫像造りがさかんだったとされる。

競技場➡P.269は3万人の観客を収容可能で、古代の競技場としては世界で最も保存のよいもののひとつとされる。名前の由来となるアフロディーテ神殿は、高さ3mもの巨大なアフロディーテ像が安置されていた。神殿は後世に教会として使用されていた。

⑨ クサントス・レトゥーン
Xanthos-Letoon

1988年登録 文化遺産　詳細 P.301　Map P.32B2

レトゥーンの劇場

クサントスは古代リキヤの首都、レトゥーンはその保養地として栄えた町。

リキヤ➡P.303の歴史はホメロスなどの断片的な記述を除けば、まだよくわかっていない。だが、アンタルヤからフェティエにかけての海岸沿いには、木造家屋を模した石棺など、共通の特徴をもつ遺跡が多数発見されている。なかでもクサントスとレトゥーンは、リキヤ文化の中心都市であり、遺跡の規模も大きい。今後の発掘による調査が期待されている。

パシャバーの奇岩地帯

⑩ ギョレメ国立公園とカッパドキア
Göreme Milli Parkı ve Kapadokya

1985年登録 複合遺産　詳細 P.340　Map P.34B1

火山が活発に噴火を繰り返していた頃、熱い溶岩流は固い岩となった。噴煙は火山灰を降らせ、柔らかい土となり、それらが交互に重なっていった。長い間には、雨が降り、風が砂を払う。雨はやがて川となり、大地に溝を造る。こうして固い溶岩の部分だけは浸食が遅く、ニョキニョキと地面から顔を出すツクシのような岩峰が連なっている。

カッパドキアには3～4世紀には修道士が入植していたとされる。現在残っている岩窟教会のフレスコ画は9世紀後半以降のもの。色鮮やかなものが相当数残っている。**ギョレメ屋外博物館**➡P.349や**ウフララ渓谷**➡P.35などに残る教会で見ることができる。

地下都市➡P.351は、数万人が生活できたという、地下何層にもわたる空間だが、造られた経緯や目的はよくわかってはいない。カッパドキアにはこのような地下都市が数ヵ所ある。通気孔や排煙口、下水道や家畜小屋、ワイン貯蔵庫などの施設があったとみられ、長い時代にわたって人々が生活していたことがうかがわれる。

⑪ チャタルホユック遺跡
Çatalhöyük Neolitik Kenti

2012年登録 文化遺産　詳細 P.374　Map P.33D2

新石器時代の都市遺跡

新石器時代の集落跡で紀元前7000年にまでさかのぼる遺跡。都市遺跡としては世界最古のひとつ。

農耕、牧畜など高度な文化を有しており人口は3000～8000人と推定されている。隣り合うように密集して造られた家屋が特徴で、古い家の上に新しい家が造られていったので、16もの層から成り立つ部分もある。家屋の壁には狩猟の風景や牛などが描かれていた。壁画のレプリカは敷地内の博物館で見ることができる。

⑫ ハットゥシャシュ
Hattuşa (Boğazköy) - Hitit Başkenti

1986年登録 文化遺産　詳細 P.391　Map P.35B2

アラジャホユックのスフィンクス門

騎馬技術と鉄器の使用でアナトリアを支配した**ヒッタイト帝国**➡P395の都ハットゥシャシュは、アンカラから東へ約200kmの谷に広がる。王の門、ライオン門、スフィンクス門の3つの門をはじめ、大城塞や非常時の通路など戦略防衛的な機能を備えもった遺跡だ。大城塞の丘の上からは遺跡の全景が一望できる。ハットゥシャシュの近くにあるヤズルカヤの遺跡は岩山を利用した神殿。素朴で力強い神々や王のレリーフが残る。

⑬ ディヴリィのウル・ジャーミィとダーリュッシファー
Divriği Ulu Camii ve Darüşşifası

1985年登録 文化遺産 詳細 P.398 Map P.36B1

北側の入口、クブレ門

13世紀前半のイスラーム建築の傑作。特に繊細にして壮麗な3つの門の装飾には思わず息をのむ。連続するアーチのくぼみの下にちりばめられた植物紋様と星のこまやかなレリーフは、アナトリアの建築物としてはほかに例を見ない。ジャーミィ内部の3分の1は慈善行為を目的とした、病院施設（ダーリュッシファー）として造られた。
※2019年5月現在、全面修復中

⑭ ネムルトダーゥ
Nemrut Dağı

1987年登録 文化遺産 詳細 P.402 Map P.36B2

首だけが転がっている

首から上だけの巨像が山頂にゴロゴロと転がっている奇妙な光景で知られるネムルトダーゥ。

山頂の東と西の両側に転がる神像は、紀元前1世紀のコンマゲネ王国➡P.402時代、アンティオコス1世の治世期のもの。アンティオコス1世は山頂に並ぶゼウスやアポロンといった神像とともに自らをも神格化した像を東西に配置した。地震で頭部が崩れ落ちてしまったが、現在もなお日の出と日没には、太陽の光を受けて輝く。

⑮ ギョベックリ・テペ遺跡
Göbekli Tepe Arkeolojik Alanı

2018年登録 文化遺産 詳細 P.413 Map P.36B2

円環状の巨石が並ぶ神殿

南東部シャンルウルファの東約20kmに位置している約1万年前にも遡るといわれる石器時代の遺跡。

円環状に並ぶ巨石は歴史上最古の神殿と考えられており、ウシや鶏など動物をモチーフにしたレリーフが施されている。定住以前の人類がどのようにして巨石建造物を構築したのかなど、謎が多く残されている。1996年から発掘が始まったがその全貌を解明するには途方もない年月がかかるといわれている。

⑯ ディヤルバクル城塞とヘウセル庭園の文化的景観
Diyarbakır Kalesi ve Hevsel Bahçeleri Kültürel Peyzaj Alanı

2015年登録 文化遺産 詳細 P.417 Map P.36B2

南側の城門、マルディン門

ティグリス川のほとりにあるディヤルバクルは、「アーミダ」などと呼ばれ、古来から要衝として知られていた。町を取り囲むように築かれた城壁は全長約5.8kmにものぼり、現存するものとしては世界最長級。ティグリス川の周囲に広がるヘウセル庭園では桑がおもに栽培されており、かつて盛んだった養蚕業を支えていた。

⑰ アニ遺跡
Ani Arkeolojik Alanı

2016年登録 文化遺産 詳細 P.438 Map P.37D1

保存状態がよい大聖堂

東部の都市カルスの近郊でアルメニア国境にもほど近いアニはアルメニア王国の古都。971年にアショット3世がアニに遷都してから急速に発展した。また、992年にはアルメニア教会の主教座がアニに移され、宗教的中心地として栄えた。最盛期のアニは10万を超える人口を抱え、1001の教会をもつ町といわれていた。しかし、13世紀のモンゴルの侵入、加えて14世紀の地震による被害で荒れ果ててしまった。

⑱ サフランボル
Safranbolu Şehri

1994年登録 文化遺産 詳細 P.444 Map P.35A1

斜面にそって伝統家屋が建つ

アナトリア中部から黒海へ続く道の途中にあるサフランボルは、宿場町としておおいに栄えた。町の西にある城跡や南にある隊商宿の跡、市場の工房などに当時の面影が残る。

町に点在する伝統家屋は100～200年前に建てられたもの。景観保全のため、サフランボルでは古い建物を修復するときにも、できるだけ建物にダメージを与えないようにするために、細心の注意が払われている。

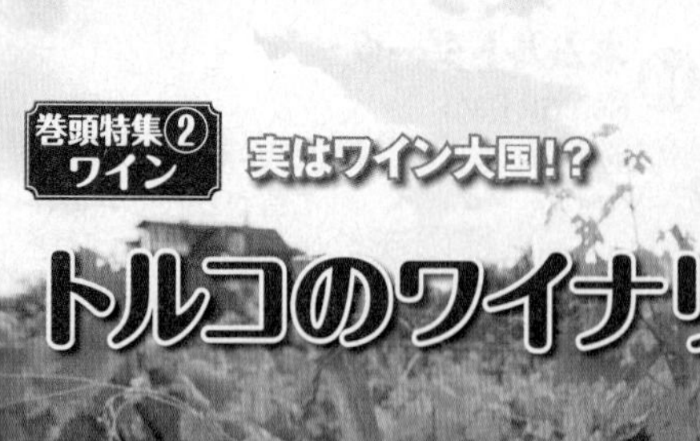

巻頭特集② ワイン

実はワイン大国!?

トルコのワイナリー巡り

トラキア地方

イスタンブール

アンカラ

エーゲ海地方

イズミル

カッパドキア

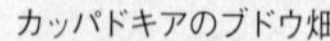

カッパドキアのブドウ畑

ミディヤット（→P.423）のワインショップ

各地の考古学博物館で、角型のワインカップを見かけたことのある人も多いだろう。5000年以上の長きにわたってワインが造られてきたトルコは、隠れたワイン大国だ。ブドウの生産量も世界第6位（2017年、国連食糧農業機関）。とりわけワインが多く造られているのはトルコのヨーロッパ側、エーゲ海岸から地中海岸にかけての地域だ。アナトリア中央部では、昔からキリスト教徒が住んでいたカッパドキアのワイナリーがよく知られている。このほか、南東部のマルディンやミディヤットにはキリスト教徒が多く、自家製のワインがさかんに造られている。

カッパドキア　第1次世界大戦以前はキリスト教徒も多く住んでいた場所で、ワイン造りは昔から盛ん。白ワインに適した**エミル**Emirという種はカッパドキアの地ブドウ。現在、カッパドキア・ワインとして知られているメーカーはトゥラサンとコジャバー。どちらも行きやすい場所にあるので、旅の途中に訪れてみるといい。

チャナッカレ近郊ギョクチェ島産のワイン

エーゲ海　エーゲ海岸地方はワイン造りがとても盛ん。地のブドウがワインに適しているため、ほぼ全域でワインが作られている。**シリンジェ**ではブドウ以外の材料から造ったワインも楽しめる。

トラキア地方　イスタンブールの西、ヨーロッパ側はトラキア地方と呼ばれ、全域でワインが造られている。特にテキルダー～ゲリボル半島、なかでも**ミュレフテ**周辺は数十のワイナリーが集中する。イスタンブール～シャルキョイ～ホシュキョイ、イスタンブール～チャナッカレはバスの便が多く（イスタンブール・セヤハットİstanbul Seyahatなどによる運行）、移動もスムーズで、回りやすい。

カッパドキア
KAPADOKYA ŞARAPLARI

奇岩型のボトルで有名
トゥラサン ➡P.344
Turasan
ウチヒサル

ユルギュップのはずれにある

工場の見学もできる

トルコを旅していると、カッパドキアの奇岩の形をした容器に入っているワインによく出合うが、ここトゥラサンで造られている。ワイナリーではさまざまなワインを試飲しながら買うことができる。冬にはホットワインも楽しめる。随時工場の見学)も行われている。

DATA MAP P.338上A
ユルギュップのオトガルからテウフィク・フィクレット通りを直進する。徒歩だと10～15分ほどで着く。
住Tevfik Fikret Cad. No.6/A-B, Ürgüp, Nevşehir
TEL(0384)341 4961　URLwww.turasan.com.tr
開9:00～17:00

受賞歴もある
コジャバー ➡P.344
Kocabağ
ユルギュップ

試飲できる銘柄も多いのもうれしい

カッパドキアを歩いていると、ときどきこのブランドの看板を見かける。家族経営の小さなワイナリーだが受賞歴もある評価の高いブランド。ウチヒサルにある本社の脇には果樹園があり、人気のカベルネ・ソーヴィニヨンやエミルなど、同社で扱うすべての種類のブドウを栽培している。

DATA MAP P.338右下
ウチヒサルの町なか、鳩の谷の向かい側にある。城塞からは徒歩5分ほど。
住Adnan Menderes Cad. No.40, Güvercinlik Vadisi, Uçhisar, Nevşehir
TEL(0384)341 4961 URLwww.kocabag.com
開8:00～20:00

トルコのおもなぶどうの種類

白 Beyaz

スルタニエSultaniye
南エーゲ海の内陸側で広く栽培されている。エミルと並んでトルコの白ワインで最もポピュラーな品種。

エミルEmir
カッパドキアでおもに栽培される品種で、やや黄緑がかった明るい色。

ナリンジェ Narince
黒海の南にある山地で採れる種で、トカットが中心。高級ワインで採用されることが多い品種。

赤 Kırmızı

カレジッキ・カラス Kalecik Karası
アンカラからクルシェヒル周辺がおもな生産地。絶滅寸前だったが高級ワインの原酒として復活。

オキュズギョズ Öküzgözü
ラテヤからエラズー周辺で広く栽培されており、ケバブによく合うと人気の品種。

ボアズケレ Boğazkere
ティグリス・ユーフラテス川流域で古くから作られてきた品種。

パパズカラス Papazkarası
トラキア地方でおもに栽培される品種で、軽くフレッシュな口当たり。

エーゲ海
EGE ŞARAPLARI

大手セヴィレンのワインハウス
イーサーベイ・バーエヴィ
İsabey Bağevi
イズミル

緑いっぱいのなかでのワインと食事は気持ちいい

イズミルを中心にワインを造り続ける老舗ワイナリー。ここは創業当時からの果樹園に、レストランを併設している。イーサーベイ果樹園で穫れたブドウだけを使ったワインが緑豊かな環境のなかで楽しめる。料理もワインに合うように、季節の食材を使って作られている。

DATA MAP P.244左上
アルサンジャック駅からイズバンのテペキョイ方面に乗り、ジュマーオヴァスCumaovası駅下車。進行方向左側（東側）へ出てすぐ、右側にある。
住İstasyon Mevkii 901 Sok. No.38, Menderes, İzmir
TEL(0232)782 4959　URLsevilengroup.com
開12:00～21:30　休無休

エーゲ海 EGE ŞARAPLARI

ボズジャ島 BOZCAADA

ボズジャ島はトルコで最もワイン造りが盛んな地域のひとつ。ワスィラキVasilakiという地ブドウからは上質な白ワインが生まれる。ボズジャ島歴史博物館では昔のワイン関連道具の展示もある。

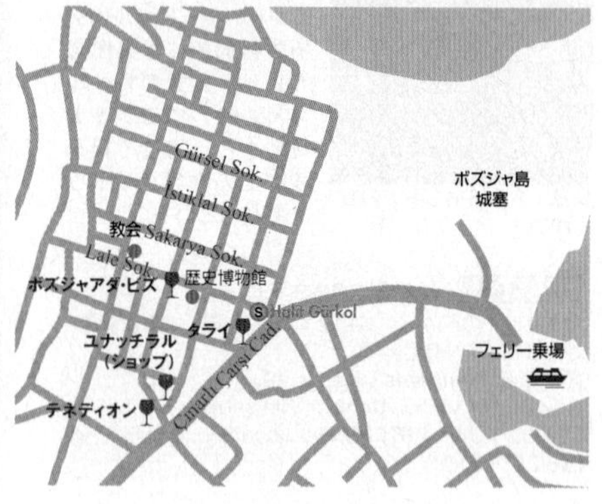

ショップ併設のレストラン

タライ *Talay Şarapçılık*

ボズジャ島

試飲もできるカウンター

旧市街にふたつあるワイナリーのうちのひとつ。レストラン併設型の店なので、食事をするなかで気に入ったワインを購入することもできる

ボズジャ島の西の丘にはワイナリーがもつ広大なブドウ畑があり、こちらには邸宅を利用したホテルTalay Bağları Konuk Eviを併設。ボズジャ島ののどかな雰囲気を味わいながら快適な滞在ができる（10～5月は休業）。

DATA MAP左図参照
港から徒歩約5分。ホテルへは公共交通機関がないので予約時に伝えておいて迎えにきてもらうとよい。
住Lale Sok. No.5, Bozcaada
TEL(0286)697 8080 URLtalay1948.com
ホテル1泊 450TL 550TL
開9:00～22:00
休冬期は要確認

「チャムルバー Çamlıbağ」の試飲はここで

テネディィオン *Tenedion Winehouse*

ボズジャ島

こじんまりとしているが明るい空間のワインハウス

地ワイン「チャムルバー」で知られるワイナリー、ユナッチラルYunaçtılarのワインが楽しめるアンテナショップ兼ワインバー。直営なので値段も安く、10TLの試飲セットで10種類のワインが飲める。ここではワインの販売はしていないが、気に入ったワインはすぐ近くにあるユナッチラルのショップで購入できる。アヤペトロAyapetroブランドのカジュアルなボトルも人気がある。

DATA MAP上図参照
港から徒歩約5分。
住Atatürk Cad., Bozcaada
TEL(0286)697 8055
開9:00～22:00 休冬期

ヴィンテージワインも人気

スヴラ *Suvla Şaraphanesi*

エジェアバト

ガラスの向こうで熟成される樽

スヴラのワイナリーは、チャナッカレの対岸エジェアバトにある。ここでは工場がガラス張りになっており、その様子を見ながらワインと食事が楽しめる。

DATA
MAP右図参照
チャナッカレから連絡船で所要約30分、イスタンブールやテキルダー方面からのバスも発着するエジェアバトの港からは徒歩約15分。
住Çınarlıdere No.11, OPET Benzin İstasyon Yanı, Eceabat, Çanakkale
TEL(0286)814 1000
URLwww.suvla.com
開10:00～20:00
休無休

トラキア
ワインルート
TRAKYA
ŞARAP YOLU

ミュレフテ
MÜREFTE

ワイン造りが盛んなテキルダーでも、酒蔵が最も集まるのがここミュレフテ。

トルコ初のワイン博物館

クトマン・ワイン博物館
Kutman Şarap Müzesi

ミュレフテ

ミュレフテでのワイン造りをひと通り教えてくれる

トルコ初となるワイン博物館がオープンしたのがここ、クトマン・ワイナリー。クトマン家は19世紀末とトルコで現存するワイナリーとしては最も古くからワイン醸造に携わっており、古い資料も残っている。博物館の奥にはワインのテイスティングルームがあり、試飲してからの購入も可能。

ミュレフテはワインのほかにもオリーブオイル生産でも有名で、博物館ではこちらについての展示もある。

DATA MAP左図参照
ミュレフテのオトガルから徒歩約10分。
住Yalı Cad. No.19, Mürefte, Şarköy, Tekirdağ
☎0544 667 9558　URL www.kutmansaraplari.com
開9:00〜16:00　休冬期

家族経営の小さなワイナリー

アケル・バー・エヴィ
Aker Bağ Evi

ミュレフテ

かつてワイン造りに使っていた道具なども展示

20世紀前半にギリシアのテッサロニキから移住してきた一家がはじめた小さなワイナリー。

ワイナリーは展示室を兼ねており、昔使われていた道具などを展示している。現在は地元トラキア産の品種を含め、世界初となる7種類のブドウをブレンドしたワイン造りに挑戦している。オリーブオイルも販売している。

DATA MAP上図参照
ミュレフテのオトガルから徒歩約10分。
住Cumhuriyet Sok. No.13, Mürefte, Şarköy, Tekirdağ
TEL(0282)528 7151
開10:00〜18:00　休無休

ワインにあった料理と生演奏

ウムルベイ
Umurbey Wine House

テキルダー

1993年創業と歴史は浅いブティックワイナリーだが、市場の評価は高い。ここでは白2種類、赤5種類、ロゼにホットワインもある。直営店なので値段も手頃。夜が更けてくると生演奏も行われる。

DATA MAP下図参照
テキルダーのオトガルから徒歩約10分。
住Atatürk Bul. No. 2/1, Süleymanpaşa, Tekirdağ
TEL(0282)260 1379　URL www.umurbeyvineyards.com
開15:00〜24:00　休無休

ワインに合わせた料理を出してくれる

巻頭特集③

プチプラからごほうびまで

定番 おみやげカタログ

プチプラ ばらまき ナザール・ボンジュウ Nazar Boncuğu

いろいろなナザール・ボンジュウ

邪視（妬みなどの眼差し）から身を守ってくれるお守り。車や壁などトルコではいたるところに飾られている。壁掛け型やブレスレット、キーホルダーなど用途、大きさはバリエーション豊富。職場や友達に配るおみやげはバザールでまとめ買いして値段交渉を。

ピンきり われもの 陶器、タイル Seramik, Çini

チューリップやバラや幾何学模様など伝統的なモチーフのタイルは鍋敷きやコースターに使える。小皿も手頃だが割れやすいので梱包に注意。

カラフルなおみやげ用の陶器

カップ&ソーサー

月型のお菓子入れ

われもの 世界遺産 ミニチュア Miniatür

カッパドキアのキノコ岩やサフランボルの民家、トロイの木馬など世界遺産のミニチュアは旅の思い出やコレクションに。

トロイの木馬

サフランボルの民家のマグネット

キノコ岩の洞窟住居

水晶のキノコ岩

気球のぬいぐるみ

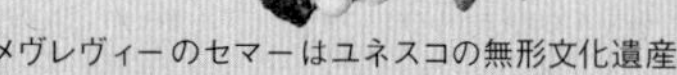
メヴレヴィーのセマーはユネスコの無形文化遺産

ベリーダンス用のヒップスカート

ファッションアイテム
El-İş Sanatlar

スカーフや手編みの靴下が定番。フェルトを使ったアイテムも人気。

カッパドキアのおばちゃん手編み靴下と手袋

絨毯の工房の実演スペース

ピンきり　ごほうび

絨毯、キリム
Halı, Kilim

材質や織り方、産地などによっても値段が相違する。納得のいくまで品定めを。 フローリングにもよく合うキリムが人気だが、キリムの布を使ってリメイクしたかばんや靴もおすすめ。

プチプラ　ばらまき

お菓子、食料品
Tatlı, Gıda

スーパーや雑貨屋などで見つけられる調味料やお菓子。クミンやコリアンダーなどのスパイスはカレーにも応用が利くので便利。ロクムはターキッシュ・ディライトの名前でも知られるお菓子で、わりと日持ちする。

トルコ銘菓のロクム

濃厚な味わいのケチャップ。一度使えばその違いにやみつき。Acılı（アジュル）と書かれているのは辛口ケチャップ

スュトラッチ（ライスプディング）とドンドゥルマ（アイスクリーム）の粉末

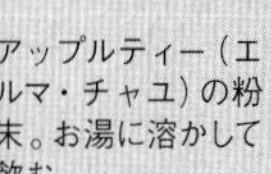
アップルティー（エルマ・チャユ）の粉末。お湯に溶かして飲む

いろいろなベリーが入ったフレーバーティー

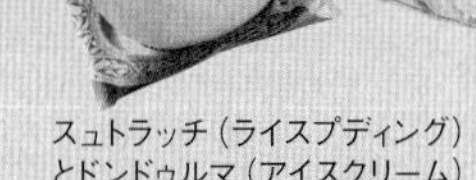

インスタントのスープ粉末。左はタウック・スユ（チキンスープ）、右はメルジメッキ（レンズ豆のスープ）

カップパスタは表示より短めにゆでると日本人好みの硬さになる

巻頭特集④ グルメ

開いててよかった　お手軽&安い!

トルコのチェーン店グルメ

初めてのトルコで本場の料理を！　と思っても何から食べていいのか迷っちゃう……そんな人でも安心なのが、トルコ料理のチェーン店。トルコの人々に支えられているから、味もきちんと折り紙付き。空港や長距離バスのサービスエリア、ショッピングモールなどでも見かけるから、旅の途中にちょっと立ち寄るにもちょうどいい。

定番トルコ料理

A
トルコ風ハンバーグ
キョフテ Köfte
牛や羊の挽肉を焼いたもの。上のキョフテは少し丸いタイプ。

B
ヨーグルト・ソースが決め手
イスケンデル・ケバブ İskender Kebabı
皿に盛ったドネル・ケバブにヨーグルト・ソースをかけた一品。肉との相性は抜群！

定番ファストフードといえば
C
ドネル・ケバブ Döner Kebap

スパイスやヨーグルトで味付けした牛肉やチキンをグルグル回しながら焼いたもの

A キョフテジ・ラミズ Köfteci Ramiz

マケドニア出身のラミズさんが創業したキョフテ専門店。全国に140の支店がある。
URL www.kofteciramiz.com
ジャーロール店 Map P.98B2
住 Bab-ı Ali Cad. Himaye-i Ekfal Sok. No.17
TEL (0212) 527 1340
開 9:00〜21:00　休 無休
スィルケジ店 Map P.98B1
住 Hamidiye Cad. No.10/A
TEL (0212) 514 8334
開 7:00〜21:00　休 無休
ガラタサライ店 Map P.102A4
住 İstiklâl Cad. No.215/B
TEL (0212) 292 5812
開 9:00〜23:00　休 無休

B HDイスケンデル HD iskender

アンカラ発祥のイスケンデル・ケバブ専門店で、ナスを添えたタイプが人気。
URL www.hdiskender.com
カドゥキョイ店 Map P.121A2
住 Rıhtım Cad. No.50
TEL (0216) 338 0233
開 11:00〜22:00　休 無休
メシュルティエット通り店 Map P.378
住 Meşrutiyet Cad. No. 7/8-9-10, Ankara
TEL (0312) 419 3950
開 11:00〜22:00　休 無休
サカルヤ店 Map P.378
住 Selanik Cad. No.7/A, Ankara
TEL (0312) 431 2900
開 11:00〜22:00　休 無休

C カサップ・ドネル Kasap Döner

ユスキュダルの精肉店が始めた店で、イスタンブールに多くの支店をもつ。
URL www.kasapdoner.com
イスティクラール通り店 Map P.102A4
住 İstiklâl Cad. No.131
TEL (0212) 293 4070
開 12:00〜22:00　休 無休
ユスキュダル店 Map P.120A1
住 Mimar Sinan Mah.
TEL (0216) 695 1111
開 9:00〜23:00　休 無休
カドゥキョイ店 Map P.121A1
住 Yasa Cad. No.30
TEL (0216) 345 2003
開 12:00〜22:00　休 無休

激辛だけど、とってもヘルシー

D チー・キョフテ
Çiğ Köfte

挽き割り小麦と生の挽肉を混ぜた辛いお団子。挽肉なしのものもある

E

トルコのホルモン焼き

ココレッチ

Kokoreç

子羊の腸を引き伸ばしてドネルのように焼き、切り取ってスパイスをかける。サンドイッチにして食べるのが一般的。

ココレッチはホルモン焼きを刻んでパンに挟むのさ

チー・キョフテにはザクロのソースを入れることもできるわよ！

E

激安！　ムール貝の詰めごはん

ミディエ・ドルマス

Midye Dolması

ムール貝にピラウを詰めた豪快なドルマ。レモンをかけて食べるとジューシーで美味しさが増す。

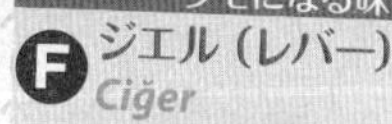

クセになる味

F ジエル（レバー）
Ciğer

トルコではレバーは定番の食材。エディルネのフライ（タワ・ジエル）が有名

D チーキョフテム
ÇiğköfteM

カジュアルなチー・キョフテの店。デュリュムとレタスのセットの2種類が選べる。
URL www.cigkoftem.com

ベシクタシュ店 Map P.106B3
住 Yıldız Mahi., Asariye Cad. No5/A
TEL (0212)325 5555
開 9:00〜20:30　休 無休

ハルビエ店 Map P.104A3
住 Cumhuriyet Cad. No.185
TEL (0212)343 9190
開 11:00〜23:00　休 無休

カドゥキョイ店 Map P.121A3
住 Moda Cad. No.95
TEL (0216)414 5544
開 9:00〜23:00　休 無休

E シャンピオン・ココレッチ
Şampiyon Kokoreç

1926年創業のココレッチ専門店。ミディエ・ドルマスも人気がある。
URL www.sampiyonkokorec.com.tr

ベイオウル店 Map P.102A3
住 Balıkpazarı Sahne Sok. No.13
TEL (0212)251 6170
開 7:00〜翌3:00　休 無休

ベシクタシュ店 Map P.106B4
住 Dolmabahçe Cad. No.25
TEL (0212)258 6006
開 6:00〜翌4:00　休 無休

ベイレルベイ店 Map P.120B1
住 Beylerbeyi Mah. Yaliboyu
TEL (0216)318 6555
開 9:00〜翌5:00　休 無休

F クルクプナル
Kırkpınar Lokantası

エディルネ名物のタワ・ジエルが食べられるロカンタ（食堂）スタイルの店。

レヴェント店
Map P.112A3
住 Gonca Sok. Emlak Kredi Çarşı No.16
TEL (0212)278 9558
開 9:00〜22:00
休 無休

アルサンジャック店（イズミル）
Map P.244B1
住 1443 Sok. No.18, Alsancak, İzmir
TEL (0232)522 6236
開 12:00〜22:00　休 無休

C

みんな大好き！　ゴマ付きパン

スィミット Simit

ゴマを付けて焼き上げたドーナツ状のパン。朝ごはんやおやつ、いつでもいける！

ハジュオウルの人気メニュー

A ペイマジュン Paymacun

ラフマジュンと同じ生地を使用しているが、こちらはチーズだけを載せる

A

アツアツサクサク

ラフマジュン Lahmacun

薄い生地のトルコ風ピザ。野菜を挟んでふたつ折りにするか、巻いて食べる。

イスタンブールの新名物？

B ぬれバーガー Islak Hamburger

ケチャップを浸して蒸したハンバーガー。しっとりとした味わい

A ハジュオウル Hacıoğlu

1965年創業、ラフマジュン専門チェーンとしてイスタンブールを中心に展開。
URL www.hacioglu.com.tr

カドゥキョイ店 Map P.121A2
住 Rıhtım Cad. No.48/B
TEL (0216) 330 4301
開 9:00〜22:00　休 無休

ユスキュダル店 Map P.120A2
住 Hakimiyeti Milliye Cad. No.120
TEL (0216) 391 3101
開 9:00〜21:00　休 無休

ファーティフ店 Map P.108A1
住 Fevzipaşa Cad. No.26
TEL (0212) 534 9029
開 9:00〜22:00　休 無休

B バンビ・カフェ Bambi Cafe

クンピルやココレッチなど、トルコを代表する軽食を出すチェーン店。濡れバーガーや各種ドネルサンドも豊富。
URL www.bambicafe.com.tr

タクスィム店 Map P.103C3
住 Sıraselviler Cad. No.2
TEL (0212) 293 2121
開 24時間　休 無休

カドゥキョイ店 Map P.121B2
住 Caferağa Mah., Yasa Cad. No.1
TEL (0216) 450 5858
開 8:30〜24:00　休 無休

C スィミット・サラユ Simit Sarayı

焼きたてのスィミットを出す専門店で、バリエーションも豊富。
URL www.simitsarayi.com

スィルケジ店 Map P.99C1
住 Ankara Cad. No.215
TEL (0212) 526 6327
開 7:00〜22:00　休 無休

イスティクラール通り店 Map P.103C2
住 İstiklâl Cad. No.3
TEL (0212) 244 3039
開 7:00〜24:00　休 無休

カドゥキョイ店 Map P.121A2
住 Rıhtım Cad. No.58/A
TEL (0212) 330 4232
開 6:00〜24:00　休 無休

トルコの惣菜パンといえば

D ポアチャ *Poğaça*

生地にヨーグルトを使用している。中の具はさまざまだがチーズ入りが一般的

F
伸び〜るアイスクリーム

ドンドゥルマ *Dondurma*

サーレップ（ラン科植物の根の粉末）が入っているアイスクリーム。粘りが強く、お餅のように伸びる。

E
無形文化遺産にも登録されている

テュルク・カフヴェスィ *Türk Kahvesi*

通常のコーヒーとは違い、粉ごと煮たコーヒーの上積みを飲む。近年はミルク入りなどメニューもさまざま。

ドンドゥルマが伸び〜る秘密はサーレップさ。

メトロやトラムの駅にはテイクアウト専門のスタンドもあるよ！

D カラフルン *Karafırın*

ナチュラル＆ガーリーがコンセプトのベーカリー。小さくて可愛らしいパンが並ぶ。
URL www.karafirin.com.tr

ベヤズット店 Map P.109C3
住 Ordu Cad. No.31/1
TEL (0212)517 1751
開 6:30〜翌1:00　休 無休

ニシャンタシュ店 Map P.104B2
住 Vali Konağı No.117
TEL (0212)231 3015
開 7:00〜22:00　休 無休

マスラック店 Map P.114A2
住 Eski Büyükdere Cad. No.43
TEL (0212)276 3328
開 7:00〜20:30　休 日

E カフェヴェ・デュンヤス *Kahve Dünyası*

カジュアルなコーヒーチェーン店。サーレップ入りのコーヒーなどが飲める。
URL www.kahvedunyasi.com

カバタシュ店 Map P.103D3
住 Meclis Mebusan Cad. No.85
TEL (0212)293 1206
開 7:00〜23:00　休 無休

ジャーロール店 Map P.98B2
住 Nuruosmaniye Cad. No.79
TEL (0212)527 3282
開 7:00〜23:00　休 無休

ニシャンタシュ店 Map P.105C2
住 Güzelbahçe Sok. Gül Apt. No.21
TEL (0212)219 2848
開 7:00〜22:00（日9:00〜19:00）　休 無休

F マド *MADO*

伸びるアイスをトルコ中に広めたのはこの店。本格スイーツも多く揃えている。
URL www.mado.com.tr

スルタンアフメット店 Map P.99C3
住 Divanyolu Cad. No.24
TEL (0212)522 6236
開 8:00〜翌1:00　休 無休

イスティクラール通り店 Map P.102A4
住 İstiklâl Cad. No.121
TEL (0212)245 4631
開 7:00〜翌2:00　休 無休

ニシャンタシュ店 Map P.104B2
住 Vali Konağı No.79/1
TEL (0212)234 9142
開 7:00〜24:00　休 無休

A
B
N
0
ハルマンリ
Harmanlı
Hamzabeyli
Kofçaz
Aziziye
Lalapaşa
Sırpsındığı
P.212
Süloğlu
ブルガリア
Bulgaria
Bulgaristan
Kapıkule
Edirne
エディルネ
Pazarkule
世界遺産
クルクラーレリ
Kırklaleli
Demirköy
Limanköy
イーネアダ
İğneada
プナルヒサル
Pınarhisar
Kıyıköy
Havsa
Vize
Babaeski
Saray
ペフリヴァンキョイ
Pehlivanköy
リュレブルガス
Lüleburgaz
Yalıköy
ギリシア
Greece
Yunanistan
ウズンキョプリュ
Uzunköprü
メリチ
Meriç
Hayrabolu
Muratlı
Çerkezköy
ボスホ
海峡
Çorlu
Çatalca
İstanbul
イスタンブール
Kilyo
İbriktepe
Şahin
Banarlı
ΑΛΕΞΑΝΔΡΟΥΠΟΛΗ
アレクサンドゥルポリ
Dedeağaç
イプサラ
İpsara
テキルダー
Tekirdağ
Silivri
Büyükçekmece
P.97
Küçükçekmece
Malkara
ケシャン
Keşan
Orhaniye
ホシュキョイ
Hoşköy
Enez
Evreşe
Yerlisu
シャルキョイ
Şarköy
ミュレフテ
Mürefte
マルマラ島
マルマラ海
Marmara Denizi
ヤロ
Yalov
ゲリボル
Gelibolu
P.234
Bolayır
1
P.235
Küçüknafarta
ギョクチェ島
Gökçeada
P.232
ラプセキ
Lapseki
Karabiga
Erdek
バンドゥルマ
Bandırma
Çınarcık
Armutlu
Gemlik Körfezi
Gemlik
Bayramdere
Edincik
Kabatepe
チャナッカレ
Çanakkale
ビガ
Biga
Bakacak
ムダンヤ
Mudanya
P.228
P.222
Eceabat
エジェアバト
P.232
クシュ湖
ギョルヤズ村
Gölyazı
ブルサ
Bursa
Karacabey
Kirazlı
Çan
Gönen
ウルアバト湖
トゥルワ(トロイ)
Truva
P.236
Etili
Tütüncü
Yenice
M.Kemalpaşa
世界遺産
P.227
ウル山
2,543
Geyikli
Yiğitler
Ezine
Bayramiç
Hamdibey
Ilca
Ömerköy
Susurluk
Çaltılıbük
Keleş
ボズジャ島
Bozcaada
Evciler
Kalkım
Balya
Devecikonağı
Orhaneli
P.235
2
アイワジュク
Ayvacık
Gülpınar
エドレミット
Edremit
Durak
Büyükorhan
Assos
アソス
Akçay
İvrindi
Kepsut
Kavacık
Havran
Harmancık
アリベイ島
Burhaniye
バルケスィル
Balıkesir
Dursunbey
Gömeç
Kayapa
Kireç
Gökçedağ
アイワルク
Ayvalık
Savaştepe
Bigadiç
Turanlı
Yağcılar
Dağardı
レスヴォス島
Altınova
Gölcük
Kozak
Göçbeyli
Emet
Asklepion
Akropol
Soma
Düvertepe
Hisarcık
Dikili
ベルガマ
Bergama
P.239
Kınık
Kırkağaç
Gelembe
Sındırgı
Naşa
Çandarlı
Yuntdağ
Palamut
Simav
ゲディ
Ged
Gördes
Demirci
アリアー
Aliağa
Yenifoça
Üçpınar
Akhisar
Pazarlar
フォチャ
Foça
P.248
Karaburun
Borlu
Muradiye
Saruhanlı
Sidas
Abide
Küçükbahçe
メネメン
Menemen
マニサ
Manisa
Köprübaşı
Gölmarmara
Selendi
Balıklıova
Gure
イズミル
Turgutlu
サーリフリ
Salihli
Kula
ウシャク
Uşak
Ilca
チェシメ
Çeşme
Urla
İzmir
Kemalpaşa
Ahmetli
サルデス
Sart
P.250
アラシェヒル
Alaşehir
Eşme
Balçova
P.249
Seferihisar
Sığacık
P.243
Bayındır
オデミシュ
Ödemiş
Yeşilyurt
Ulubey
Doğanbey
トルバル
Torbalı
Kiraz
Sarıgör
Gümüldür
Tire
Ovakent
Güney
P.254
セルチュク
Selçuk
シリンジェ
Şirince
P.256
Beydağ
Buldan
世界遺産
Çal
世界遺産
P.253
エフェス
Pamukören
P.277
パムッカレ

C
D
P.30~31
P.35
P.36~37
P.32~33
P.34
トルコ西北部
標高
4000
3000
2000
1500
1000
500
200
100
0
-200
凡例
国境
幹線道路
道路
鉄道
航路
河川
湖
湿地
塩湿地
国際空港
空港
首都
県庁所在地
掲載都市、主要都市
その他の市町村
遺跡・旧跡
スキー場
国立公園
温泉
P.000 掲載ページ
アマスラ
Amasra
ゾングルダク
Zonguldak
Hisarönü
バルトゥン
Bartın
Kozlu
Gökçebey
シレ
Şile
Teke
Ağva
Kerpe
Kefken
Kandıra
Kaynarca
Karasu
アクチャコジャ
Akçakoca
エレウリ
Ereğli
Alaplı
Devrek
イェニジェ
Yenice
カラビュック
Karabük
Eyerci
Ferizli
Kocaali
Söğütlü
Konuralp
Yığılca
Gebze
Hereke
イズミット
İzmit
アダパザル
Adapazarı
Cumaova
デュズジェ
Düzce
Mengen
ボル
Bolu
Yeniçağa
ゲレデ
Gerede
Körfez
Karamürsel
Gölcük
Akyazı
Karapürcek
Abant Gölu
Pamukova
Dörtdivan
イズニック
İznik
P.218
Dukurcun
Çavuşdere
Taraklı
Mudurnu
Seben
Osmaneli
Göynük
Çamlıdere
Kabaca
Kıbrıscık
クズルジャハマム
Kızılcahamam
Gölpazarı
Çalıçalan
Karaşar
Çeltikci
ビレジッキ
Bilecik
Kuyubaşı
Himmetoğlu
Yenipazarı
ナッルハン
Nallıhan
ジュリオポリス
Juliopolis
Uruş
Güdül
Söğüt
ソユト
İnhisar
Sarıcakaya
Mihargazi
Baraj Tesisleri
ベイパザル
Beypazarı
P.385
Pazaryeri
Sakar
ダーウトオウラン野鳥保護区
Davutoğlan Kuş Cenneti
Kırbaşı
Yenikent
Bozüyük
エスキシェヒル
Eskişehir
Ayaş
Domaniç
Dodurga
İnönü
Alpu
Miharçcık
スィンジャン
Sincan
P.384
Yukarıığdeağacı
Yunusemre
P.383
ゴルディオン
Gordion
シャンル
Ilıca
Köprüören
Sabuncu
Hamidiye
Beylikova
Temelli
Kaymaz
セイトガーズィー
Seyitgazi
Alayurt
キュタフヤ
Kütahya
Mahmudiye
Sivrihisar
ポラットル
Polatlı
Han
Çifteler
Yenimehmetli
Haymana
Kırka
ミダスモニュメント
Yazılıkaya
Günyüzü
Aslanapa
Kümbet
Umraniye
Balıhisar
Aslankaya
Aslantaş
Altıntaş
Döğer
Ayazin
Gömü
Çal
Dumlupınar
Bayat
Emirdağ
İhsaniye
Gazlıgöl
Çeltik
Kelhasan
İscehisar
Davulga
Sincanlı
Yunak
Sülüklü
Banaz
Çobanlar
Koçyazı
アフヨン
Afyon
Bolvadin
Hocalar
Turgut
Şuhut
Çay
Kaplıca
Sandıklı
アクシェヒル湖
Sultandağı
Tuzlukçu
ヤルワッチ
Yalvaç
Kızılören
P.271
Haydarlı
Dombayova
アクシェヒル
Akşehir
Argıthanı
Reis
Ilgın
Senirkent
Sarayönü
Evciler
Dinar
Kadınhanı
湖水地方
31

トルコ西南部
Assos
アソス
Akçay
Ivrindi
Kepsut
Kavacık
Harma
アリベイ島
Havran
Burhaniye
Gömeç
バルケスィル
Balıkesir
Dursunbey
Kayapa
Kireç
Gökçedağ
アイワルク
Ayvalık
Savaştepe
Bigadiç
Turanlı
Altınova
レスヴォス島
世界遺産
Kozak
Göçbeyli
Gölcük
Yağcılar
Dağardı
Asklepion
Akropol
Soma
Düvertepe
Hisa
Dikili
ベルガマ
Bergama
P.239
Kınık
Gelembe
Sındırgı
Kırkağaç
Naşa
Çandarlı
Yuntdağ
Palamut
Sima
アリアー
Aliağa
Gördes
Demirci
Yenifoça
Üçpınar
Akhisar
Paza
フォチャ
Foça
P.248
Borlu
Karaburun
Muradiye
Saruhanlı
Sidas
メネメン
Menemen
Köprübaşı
Selendi
Küçükbahçe
マニサ
Manisa
Gölmarmara
Balıklıova
Turgutlu
サーリフリ
Ilıca
イズミル
İzmir
Ahmetli
Salihli
Kula
ウシ
チェシメ
Çeşme
Urla
Kemalpaşa
サルデス
Sart
P.250
アラシェヒル
Alaşehir
Eşme
P.249
Balçova
P.243
Sığacık
Seferihisar
Bayındır
オデミシュ
Ödemiş
Yeşilyurt
Doğanbey
トルバル
Torbalı
Kiraz
Sarıgör
Gümüldür
Tire
Ovakent
P.254
セルチュク
Selçuk
シリンジェ
Şirince
Beydağ
Buldan
サモス島
P.253
エフェス
Efes
P.256
Pamukören
P.277
パムッカレ
Pamukkale
Germencik
Buharkent
クシャダス
Kuşadası
P.255
ナーズィルリ
Nazilli
Kuyucak
Sarayköy
ソケ
Söke
İncirliova
P.262
プリエネ
Priene
Koçarlı
アイドゥン
Aydın
カラジャス
Karacasu
Babadağ
デニズリ
Denizli
P.263
ミレト
Milet
P.269
アフロディスィアス
Afrodisias
(Geyre)
Karpuzlu
Çine
P.278
Çamlık
Tavas
ディディム
Didim
P.264
Göktepe
Serinhisar
Kıyıkışlacık
Turgut
Kavaklıdere
Kale
Acıpayam
ミラス
Milas
Yatağan
P.289
Yalıkavak
P.288
ムーラ
Muğla
Beyağaç
Gümüşlük
ボドルム
Bodrum
Ören
Ula
コス島
P.293
マルマリス
Marmaris
キョイジェイズ
Köyceğiz
Çame
Körmen
カウノス
Kaunos
ダルヤン
Dalyan
オルタジャ
Ortaca
クニドス
Knidos
ダッチャ
Datça
Hisarönü
Üzümlü
Söğüt
ダラマン
Dalaman
Keme
P.297
フェティエ
Fethiye
P.299
オリュデニズ
Ölüdeniz
サクルケント
Saklıkent
P.302
Letoon
レトゥーン
クサントス
Xanthos
Kınık
ロドス島
パタラ
Patara
カルカン
Kalkan
P.301
P.305
P.30~31
P.35
P.36~37
P.32~33
P.34
N
0
50Km
1
2
A
B

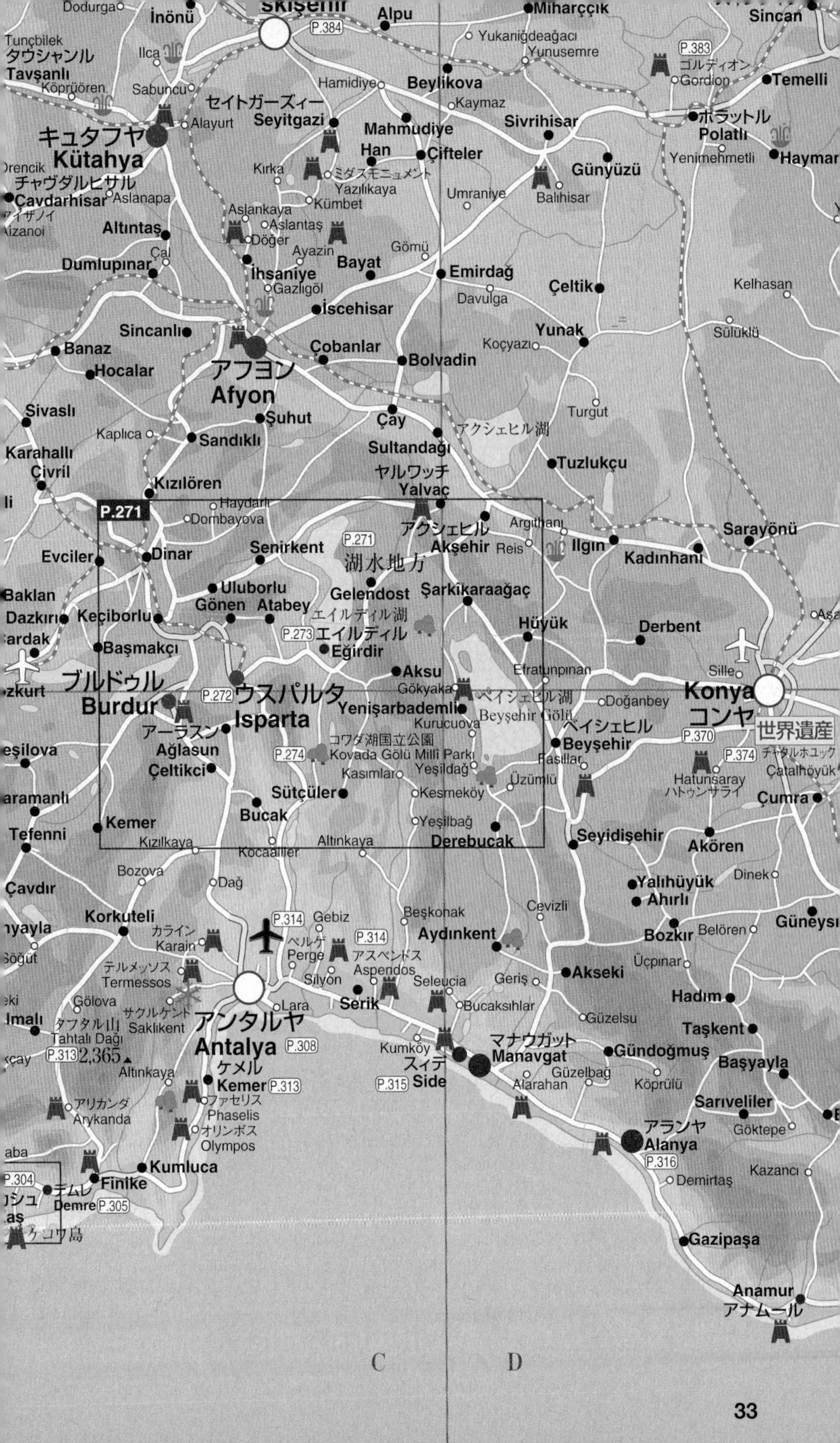

トルコ中部、南部
Ankara
Balışeyh
クルクカレ
Kırıkkale
Elmadağ
ギョルバシュ
Gölbaşı
Bahşili
Karaali
Karakeçili
ビュクリュカレ
Büklükale
Balâ
Çelebi
カマン
Kaman
ヤッスホユック
Yassıhöyük
P.385 カマン・カレホユック
Kaman Kalehöyük
ヒフランシル湖
クルシェヒル
Kırşehir
Seyfe
Kulu
Evren
Zincirlikuyu
Sarıyahşi
シェレフリコチヒサル
Şereflikoçhisar
トゥズ湖
Tuz Gölü
Ağaçören
Ortaköy
Gölyazı
Acıpınar
アクサライ
Aksaray
Altınekin
Eskil
Acemhöyük
Obruk
スルタンハヌ・ケルヴァンサライ
Sultanhanı Kervansarayı
P.352
Taşpınar
ハサン山
3,268
2,963
Emirgazi
Gölören
Karapınar
Hotamış
Binbirkilise
Yassıtepe
Derbe
Kıbasarı
Kazımkarabekir
Ayrancı
Ivriz
Yeşildere
Taşkale
カラマン
Karaman
Bucakkışla
トロス山脈
Alahan
Mut
ウズンジャブルチュ
Uzuncaburç
Gülnar
Silifke
スィリフケ
P.321
Taşucu
Ovacık
タシュジュ
P.321
Kösrelik
Aydıncık
0
50Km
P.391 ハットゥシャシュ
Hattuşaş
ボアズカレ
Boğazkale
P.390
世界遺産
Salmanlı
ヨズガット
Yozgat
Akçakent
Kösefakılı
Yerköy
Çiçekdağ
Akpınar
Şefaatli
Osmanpaşa
Boztepe
Karahasanlı
Kanlıca
コザックル
Kozaklı
Mucur
Topraklı
ハジュベクタシュ
Hacıbektaş
Kalaba
P.347
Özkonak
Tuzla
Balcı
Gülşehir
アヴァノス
Avanos
ギョレメ P.346
Göreme
ユルギュップ P.346
Ürgüp
P.345
ネヴシェヒル
Nevşehir
世界遺産 カッパドキア
Acıgöl
カイマクル
Kaymaklı
Mazı
P.340
Soğanlı
ウフララ
Ihlara
デリンクユ
Derinkuyu
Güzelyurt
折込カッパドキア広域図
Çiftlik
Tepeköy
ニーデ
Niğde
Altınhisar
Bor
Eskigümüş
Çamardı
Ereğli
Ulukışla
Çiftehan
Halkapınar
Pozantı
Kamışlı
Karaisalı
Gülek
Çamlıyayla
Arslanköy
Gözne
Fındıkpınarı
Kuzcubelen
Güzeloluk
Kırobası
Mezitli
メルスィン
Mersin
P.332
Erdemli
天国と地獄
Cennet Cehennem
クズカレスィ
Kızkalesi
タルスス
Tarsus
P.332
Tuzla
イェニジェ
Yenice
アダナ
Adana
P.329
Doğankent
Karataş
Kadışehri
Eymir
ソルグン
Sorgun
Saraykent
Sarıkaya
Hasbek
Akçakışla
Yenipazar
Çayıralan
Çandır
Boğazlıyan
Özvatan
Felahiye
Himmetdede
Güneşli
Erkilet
Kültepe
Bünyan
アウルナス
Ağırnas
P.365
カイセリ
Kayseri
P.368
3,916
エルジエス山
Tomarza
Develi
Yeşilhisar
ヤフヤール
Yahyalı
Bakırdağ
Mansurlu
Demirkazık
Feke
Kapuzbaşı
Horzum
Aladağ
コザン
Kozan
カーディルリ
Kadirli
Tepecikören
Çatalan
アイシェホジャ
Ayşehoca
İmamoğlu
ユラン・カレ
Yılan Kale
Toprakkale
ジェイハン
Ceyhan
Botaş
Yumurtalık
イスケンデルン
İskenderun
Arsuz
P.334
アンタクヤ
Antakya
Tekkepınar
サマンダー
Samandağ
P.336
P.336 ハルビエ Harbiye
Yayladağı
P.30~31
P.35
P.36~37
P.32~33
P.34
N
A
B
1
2

トルコ中北部
A
B
N
0
50Km
P.30~31
P.35
P.36~37
P.32~33
P.34
スィノップ
Sinop
カスタモヌ
Kastamonu
チャンクル
Çankırı
チョルム
Çorum
アンカラ
Ankara
クルクカレ
Kırıkkale
ヨズガット
Yozgat
クルシェヒル
Kırşehir
ネヴシェヒル
Nevşehir
カイセリ
Kayseri
アクサライ
世界遺産
サフランボル
Safranbolu
ボアズカレ
Boğazkale
ハットゥシャシュ
Hattuşaş
アラジャホユック
Alacahöyük
スングルル
Sungurlu
ヤズルカヤ
Yazlıkaya
トスヤ
Tosya
ソルグン
Sorgun
コザックル
Kozaklı
ハジュベクタシュ
Hacıbektaş
アヴァノス
Avanos
ギョレメ
Göreme
ユルギュップ
Ürgüp
カッパドキア
トゥズ湖
Tuz Gölü
カマン
Kaman
カマン・カレホユック
Kaman Kalehöyük
ヤッスホユック
Yassıhöyük
ビュクリュカレ
Büklükale
ヒフラン湖
ギョルバシュ
Gölbaşı
シェレフリコチヒサル
Şereflikoçhisar
プナルバシュ
Pınarbaşı
ヨリュク
Yörük
ハムスィロス
Hamsilos
アウルナス
Ağırnas
P.444
P.447
P.452
P.391
P.393
P.390
P.377
P.385
P.345
P.346
P.347
P.365
P.368
1
2
35

A
B
黒海
Dikmen
İkiztepe
Yakakent
Bafra
Alaçam
Ondokuzmayıs
Kolay
サムスン
Samsun
Çakıralan
Terme
Vezirköprü
Çarşamba
Ünye
Perşembe
オルドゥ
Ordu
Kavak
Havza
Asarcık
Salıpazarı
Lâdik
Ayvacık
İkizce
Fatsa
Bolaman
Gülyalı
Suluova
Şeyhli
Destek
Kumru
Korgan
Çamaş
Ulubey
Piraziz
Merzifon
Taşova
Karayaka
Akkuş
Aybastı
Gölköy
P.457
アマスヤ
Amasya
Erbaa
Doğanyurt
ニクサル
Niksar
Başçiftlik
P.454
Mecitözü
Gediksaray
Turhal
Gökdere
Reşadiye
Mesudiye
Göynücek
Pazar
Almus
Koyulhisar
Tokat
トカット
P.454
Zile
Boztepe
Çekerek
Sulusaray
バッルジャ洞窟
Çırçır
Doğanşar
P.456
Karaçayır
Kadışehri
Yeşilyurt
Yıldızeli
Dilekli
P.396
Hafik
Zara
スィワス
Sivas
Celâlli
Hasbek
Akdağmadeni
Akçakışla
Sarıkaya
Bedirli
Kayadibi
Ortaköy
Çayıralan
P.396
Ulaş
バルクル・カプルジャ
Balıklı Kapıcla
Altınyayla
Deliktaş
Kavak
Şarkışla
Çandır
Özvatan
Gemerek
カンガル
Kangal
Örenşehir
Felahiye
Akkışla
Bünyan
アウルナス
Ağırnas
P.368
カイセリ
Kayseri
Pazarören
Pınarbaşı
P.365
Tomarza
Toklar
Develi
Tufanbeyli
Sarız
Gürün
ダレンデ
Darende
Alemdar
Balaban
アフシン
Afşin
エルビスタン
Elbistan
Mansurlu
Saimbeyli
Göksun
Çardak
Ekinözü
Gücük
Doğanşehir
Nurhak
Feke
Çokak
Horzum
カフラマンマラシュ
Kahraman Maraş
Gölbaşı
Çağlayancerit
Andırın
Kozan
Kozludere
Pazarcık
Çakırhöyük
Kadirli
Türkoğlu
Narlı
İmamoğlu
Anavarza
Toprakkale
Hasanbeyli
Nurdağı
Yavuzeli
İslahiye
ガズィアンテップ
Gazi Antep
Zeugma
Ceyhan
オスマニエ
Osmaniye
P.414
Polateli
Burç
Doğanpınar
Dörtyol
Hassa
Yumurtalık
イスケンデルン
İskenderun
Meydan Ekbes
キリス
Kilis
Elbeyli
Kırıkhan
Belen
Azaz
アンタクヤ
Antakya
Kumlu
シリア
Syria
Suriye
P.334
Reyhanlı
Bab Al-Hawa
Çarşıbaşı
P.459
トラブゾン
Trabzon
İyid
Vakfıkebir
Görele
Eynesil
Tirebolu
Yomra
Akçaabat
Maçka
Espiye
ギレスン
Giresun
Güce
Şalpazar
Araklı
Sümera
スュメラ修道院
Dernekpa
Çaykara
Kürtün
Torul
P.462
ウズンギョル
Uzungö
ギュミュシュハーネ
Gümüşhane
Sebinkarahisar
Alucra
Aydıntepe
Uğurlu
Köse
バイブルト
Bayburt
Şiran
Çamoluk
Gölova
Suşehri
Akıncılar
Kelkit
Çatalçam
Oltukbeli
İmranlı
Refahiye
Gümüşakar
エルズィンジャン
Erzincan
Üzümlü
Çayırlı
Karacaören
Kuruçay
Bozoğlak
Kemah
Oğuz
İliç
Pülümür
Ovacık
Balpayam
P.398
ディヴリイ
Divriği
Yeşilyazı
Kemaliye
Karaoğlan
Başpınar
Mursal
世界遺産
Hozat
トゥンジェリ
Tunceli
Dutluca
Yoncalı
Arapgir
Çemişgezek
Mazgirt
ビンギ
Yaylade
Kuluncak
Hekimhan
Ağın
ケバンダム
Pertek
Karakoç
Arguvan
Keban
Harput
Kovancılar
Kurşunlu
Poyraz
Aydınlar
Yazıhan
Baskil
エラズー
Elazığ
Palu
Alacakaya
バッタルガーズィ
Battalgazi
Sivrice
P.404
マラテヤ
Malatya
Doğanyol
P.403
Maden
Dicle
Ergani
Yeşilyurt
Çüngüş
Çavönü
Kocak
Sürgü
Pütürge
Taraksu
Çermik
世界遺産
Çelikhan
世界遺産
Koçali
Gerger
P.417
ディヤルバクル
Diyarbakır
ネムルトダーゥ
ネムルト山 2,150
P.402
Dagbaşı
Tut
キャフタ
Kahta
P.403
Bucak
スィヴェレッキ
Siverek
Besni
P.403
アドゥヤマン
Adıyaman
Çaylarbaşı
Karacadağ
Hilvan
Şekerli
Araban
アタテュルクダム
Mazıdağ
P.407
Demirci
Halfeti
Bozova
Karakeçi
Derik
シャンルウルファ
Şanlı Urfa
ギョベックリ・テペ
Göbekli Tepe
P.413
P.424
Aligör
P.410
世界遺産
ヴィランシェヒル
Viranşehir
Kızıl
Nizip
Birecik
Paymalı
Suruç
Karkamış
ハラン
Harran
P.412
Ceylanpınar
Akçakale
Tel Abyad

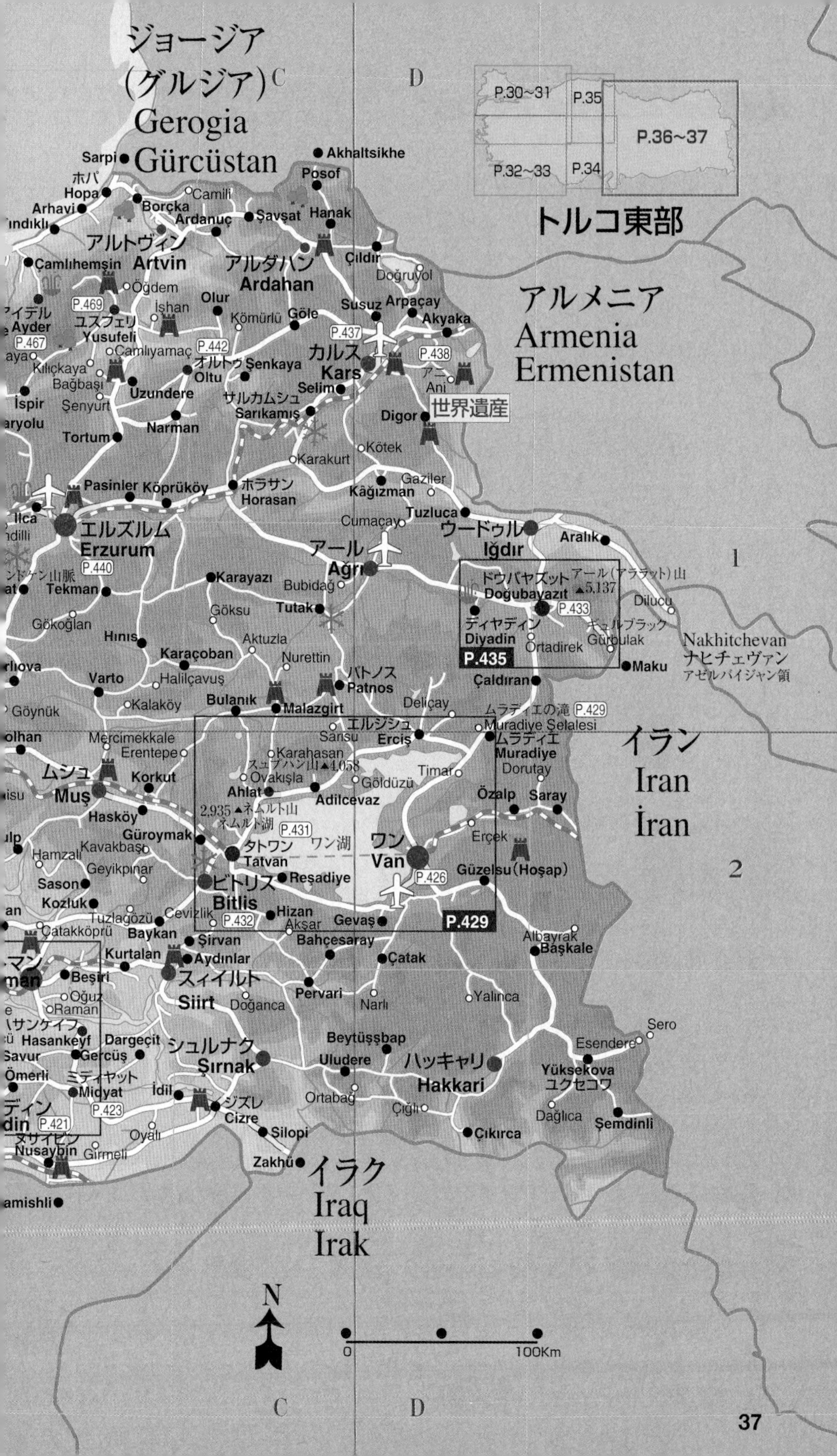

トルコ東部
ジョージア(グルジア) Gerogia Gürcüstan
アルメニア Armenia Ermenistan
イラン Iran İran
イラク Iraq Irak
Nakhitchevan ナヒチェヴァン アゼルバイジャン領
P.30~31
P.35
P.36~37
P.32~33
P.34
世界遺産
カルス Kars
エルズルム Erzurum
アール Ağrı
ウードゥル Iğdır
ドゥバヤズット Doğubayazıt
アール(アララット)山 ▲5,137
ディヤディン Diyadin
ワン Van
ワン湖
タトワン Tatvan
ビトリス Bitlis
ムシュ Muş
エルジシュ Erciş
ムラディエ Muradiye
ムラディエの滝 Muradiye Şelalesi
ハッキャリ Hakkari
シュルナク Şırnak
スィイルト Siirt
ジズレ Cizre
アルトヴィン Artvin
アルダハン Ardahan
ホラサン Horasan
パトノス Patnos
ネムルト山 2,935
ネムルト湖
スュプハン山 ▲4,058
P.429
P.435
0 100Km
N

よくわかる トルコ旅行のガイダンス

どこで、何が楽しめるの?

トルコ各地に点在する、美しく壮麗な遺跡や建築物に悠久の歴史を感じ、
母なる大地、アナトリアの胸に抱かれるトルコの旅。
まずは広大なトルコをエリアごとに紹介しよう

イスタンブールの旧市街は見どころがいっぱい

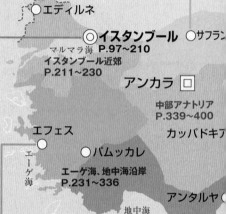

エディルネ
イスタンブール P.97~210
サフラン
マルマラ海
イスタンブール近郊 P.211~230
アンカラ
中部アナトリア P.339~400
カッパドキア
エフェス
パムッカレ
エーゲ海
エーゲ海、地中海沿岸 P.231~336
アンタルヤ
地中海

イスタンブールと周辺
İstanbul ve Çevreleri

イスタンブール➡P.97はトルコ最大の都市。世界遺産「イスタンブール歴史地区」にはスルタンアフメット・ジャーミィやトプカプ宮殿など見どころがめじろ押し。

近郊には、世界遺産のセリミエ・ジャーミィで有名な**エディルネ**➡P.212のほか、温泉地として有名な古都**ブルサ**➡P.222、湖のほとりの**イズニック**➡P218など、魅力ある町がたくさん。

おすすめアクティビティ
ボスポラスクルーズ
→P.172

紺碧の海と空でリゾート客を魅了するエーゲ海。
エフェスなど沿岸の古代遺跡も見逃せない

エーゲ海、地中海沿岸
Ege Denizi ve Akdeniz

エーゲ海、地中海はヨーロッパ中からバカンス客が押し寄せるリゾート地。**ボドルム**➡P.288や**マルマリス**➡P.293、**フェティエ**➡P.297、では豊富なマリンアクティビティが楽しめる。

世界遺産**エフェス**➡P.253や**アフロディスィアス**➡P.269などの古代遺跡、世界遺産**トロイ遺跡**➡P.236や**パムッカレ**➡P.277など見どころも豊富。

おすすめアクティビティ
パムッカレの遺跡温泉プール
→P.280

伝統家屋が建ち並ぶサフランボルの旧市街

黒海
黒海沿岸
P.443〜470
○トラブゾン
アール山
(アララット山)▲
南東部、東部アナトリア
P.401〜442
ワン湖
○ネムルトダーゥ

黒海沿岸
Karadeniz

比較的雨が多い黒海沿岸地方は茶葉やたばこの栽培がさかんな緑多い地域。一番人気は**サフランボル**➡P.444で、ここならアンカラ〜イスタンブール間にあり、旅程に組み込みやすい。

トレッキング基地の**アイデル**➡P.467、ラフティングが楽しめる**ユスフェリ**➡P.469など、山と川が織りなす大自然もこの地方の魅力。

おすすめショッピング
サフランボルのハンドメイドグッズ

大自然が生み出す奇岩と、初期キリスト教の足跡が残るトルコを代表する観光スポット

世界遺産ネムルトダーゥの山頂には王や神の頭像がゴロゴロと転がっている

中部アナトリア
İç Anadolu

内陸部に位置する中部アナトリアは乾燥した気候の高原地帯。観光のハイライトは世界遺産の**カッパドキア**➡P.340。気球に乗って奇岩風景を見下ろしたり、地下都市を探検したり、ウフララ渓谷の散策、アヴァノスで陶芸を体験したりとさまざまな楽しみ方ができる。首都**アンカラ**➡P.377のほか、セルジューク朝の古都**コンヤ**➡P.370、ヒッタイトの故地**ボアズカレ**➡P.390などがおもな見どころ。

おすすめアコモデーション
カッパドキアの洞窟ホテル
→P.353〜360

南東部、東部アナトリア
Güneydoğu ve Doğu Anadolu

複雑な歴史をたどってきたアナトリア南東部には、中世の雰囲気を残す**マルディン**➡P.421、預言者アブラハムゆかりの**シャンルウルファ**➡P.410、城塞都市**ディヤルバクル**➡P.417など、さまざまな時代の歴史建造物が残る。ラフマジュンやパチャ、ジャー・ケバブなど、その土地ならではの郷土料理の食べ歩きもこの地方の楽しみのひとつ。

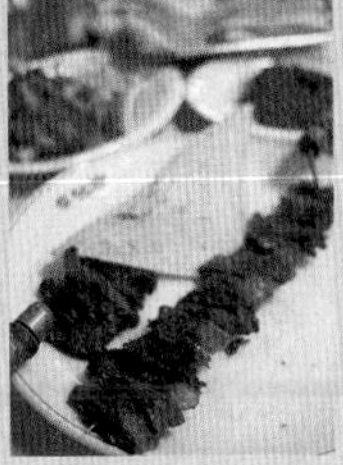

おすすめグルメ
ジャー・ケバブ
(エルズルム)
→P.441

旅のベストシーズン

地域＼月	12・1・2・3	4・5
イスタンブールと近郊	**気候**：雨が多く曇りがち。0℃以下になることはないが寒い。1・2月は雪が降ることもある。 **服装**：防水加工のコートが欲しい。道も悪いので、滑りにくく水たまりでも平気な靴を用意しよう。ニットキャップや手袋も助かる。 **観光アドバイス**：ウル山（ブルサ近郊）でスキーが楽しめる。街頭で売られる焼き栗（ケスターネ・ケバブ）も風物詩。 	**気候**：4月はまだ肌寒い日もあるが、5月になると夏の雰囲気になってくる。 **服装**：半袖でもOKな日が増える。脱ぎ着できるように調節の利く服装を心がけよう。 **観光アドバイス**：サマータイムになる。切り替わりに注意。
エーゲ海、地中海	**気候**：イスタンブールに比べれば寒くはないが、雨はさらに多い。海も荒れる。 **服装**：雨が多いので防水加工の上着と雨具が必要。フリースジャケットなども忘れずに。 **観光アドバイス**：有名観光地や大きな町以外の沿岸のリゾート地のホテルやペンションは閉鎖していることもある。 	**気候**：4月はまだ少し寒い日もあるが、5月になると、暑い日も多くなる。 **服装**：長袖のシャツや薄手のジャケットを1枚用意しておこう。 **観光アドバイス**：5月下旬になると、シーズンが始まり、クルーズや遺跡ツアーなどが始まる。
中部アナトリア	 **気候**：冷え込みが厳しく、雪が積もることも。平均気温は1〜2℃。 **服装**：コートや手袋など防寒具の用意は万全に。カッパドキアツアーに参加する人は滑りにくい靴の用意を。 **観光アドバイス**：暖房のない洞窟部屋はとても寒いのでホテル選びには注意を。レンタルバイクは雪道、凍結に注意。	**気候**：日中は暖かいが、日没後は寒くなる。平均気温は10〜15℃ぐらい。 **服装**：日中は半袖でもOKだが、朝晩は寒いので上着の用意を。 **観光アドバイス**：カッパドキアの気球ツアーに参加する際は、寒いので防寒対策を忘れずに。
東部アナトリア 南東部、	**気候**：東部の高原地帯の最低気温はマイナスになり積雪もある。南部はそれほど寒くならない。 **服装**：東部の高原地帯では完全防備が必須。南部でもコートの用意はしたい。 **観光アドバイス**：ネムルトダーゥのツアーはやっていない。 	**気候**：南東部では、夏のように暑くなる日もあるが、東部では肌寒い日もある。 **服装**：南東部は日中は暑くなる日もあるが、東部の高原地帯ではジャケットが必要な日もある。 **観光アドバイス**：ネムルトダーゥの山開きは4月中旬ぐらい。
黒海	 **気候**：寒くはないが雨が多い。平均気温は8〜10℃。山間部では積雪もある。 **服装**：イスタンブールなどと同じ装備と考えてよい。 **観光アドバイス**：スュメラ修道院は積雪で閉まっていることもある。	**気候**：雨もそれほど多くはなく、日中の気温は10〜15℃ぐらい。 **服装**：5月は半袖でOKの日もあるが、長袖のシャツと薄手のジャケットを用意しておこう。 **観光アドバイス**：黒海での海水浴にはまだ早い。新緑が美しく、ピクニックのシーズンが始まる。

航空運賃（最低料金の目安）

万円　25／20／15／10

お正月休み

春の卒業旅行シーズン

断食月（2020年4月24日〜5月23日）

シェケル・バイラム（2020年5月24〜26日）

ゴールデンウイーク

月	12	1	2	3	4	5
日出	8:21	8:27	7:59	7:16	6:25	5:46
日没	17:36	18:00	18:37	19:10	19:43	20:14

東西に長く、標高差もあるトルコは、地方により気候もさまざま。
旅の目的に合わせて旅行時期を選ぶか、時期に合わせて目的地を考えるか……
ここでは地域別に、旅のベストシーズンを考えてみよう。

6	7	8	9	10	11

気候：夏は30℃以上になることもあり、イスタンブールなど沿岸部は蒸し暑い。
服装：半袖またはノースリーブ（ジャーミィなどの宗教施設内では不可）などリゾートウエアでOK。ただしバスの車内などは寒いので、一枚羽織れるものがあると便利。
観光アドバイス：エディルネのオイルレスリングは6月下旬～7月上旬に開催。

気候：そろそろ肌寒くなり、雨天の日も増えてくる。日本の秋よりもやや寒い。
服装：長袖のシャツやフリース、薄手のジャケットなどを準備しよう。
観光アドバイス：冬時間になると、博物館や遺跡の入場時間が短くなるので要注意。

気候：6月になると30℃を超え、8月は40℃を超える日もある。沿岸部は蒸し暑い。
服装：リゾートウエアや水着を忘れずに。
観光アドバイス：ツアーやクルーズ、ナイトライフにコンサートとありとあらゆる楽しみにあふれる。

気候：海風が冷たくなり、雨の日が増え始める。気温はこの時期の日本と変わらない。
服装：長袖のシャツか、薄手のジャケット、雨具の用意も必要だ。
観光アドバイス：リゾート地域のホテルは閉めていることもある。オフシーズンなので料金は安い。

気候：日中は暑いが、日没後は涼しくて快適。乾燥が激しい。
服装：半袖でOKだが、長袖のシャツを1枚用意。カッパドキアツアーに参加する人は歩きやすい靴で。
観光アドバイス：観光地を除いてラマザン中の日中は閉鎖されるレストランが多い。

気候：日中は暖かいこともあるが、基本的に肌寒い。積雪はまだない。
服装：フリースジャケットやコートの用意をしておこう。
観光アドバイス：カッパドキアなどの観光地のホテルはシーズンオフになるので割引になったりする。

気候：南東部では40℃を超える猛暑が続く、トルコで最も暑い土地。東部高原地帯では涼しく過ごしやすい。
服装：南東部ではTシャツでOK。東部では日没後に涼しくなるので長袖を1枚用意しよう。
観光アドバイス：ラマザン中は日中食堂が閉まっていることもある。

気候：南東部は過ごしやすい。東部では寒くなり、11月には積雪も。
服装：南東部は長袖シャツに薄手のジャケット、東部ではコートなどの用意を。
観光アドバイス：ネムルトダーゥのツアーは11月中旬までは行われるが、雪が降ると行われない。

気候：気温はそれほど高くはならないが、沿岸部ではかなり蒸し暑い。雨もたまに降る。
服装：半袖でOK。山間部へトレッキングに行く人は長袖の用意を。
観光アドバイス：蒸し暑いのが苦手な人はエアコン付きのホテルに泊まろう。

気候：1年を通して最も雨が多い時期。日中の気温は15℃前後。
服装：長袖のシャツと薄手のジャケットの用意を。雨具の用意も忘れずに。
観光アドバイス：ウズンギョルなど山間部は紅葉がきれいなシーズン。ひと味違う風景が楽しめる。

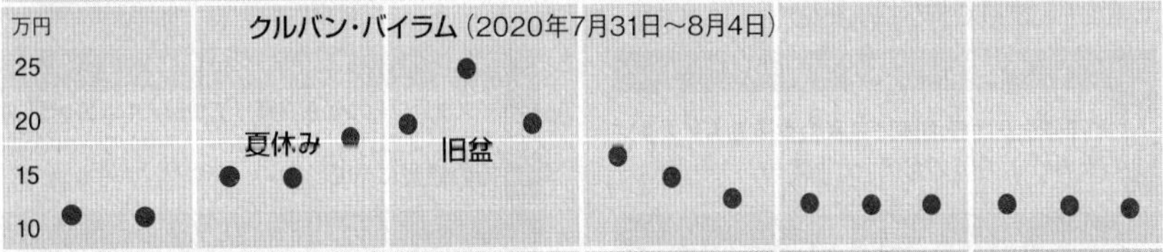

6	7	8	9	10	11
5:31	5:44	6:13	6:44	7:14	7:50
20:37	20:35	20:03	19:14	18:24	17:44

旅の基本形 モデルルート

さまざまな魅力にあふれるトルコの大地を、限られた時間で巡るには、やっぱりプランニングが大事。下記のルートをアレンジして、自分だけのトルコ旅行を作ってみよう。バス移動などが多ければ移動日の予備日を多めに見ておくのも手。

1 周遊スタンダード8日間

予算 15～25 万円
着替え：3 日分

日本発着のツアーの代表的なコース。駆け足だがひとおりの観光地を見ることができる。移動は専用バスがメインで、5～6時間乗車する日も多く、移動疲れが心配。最初にチャナッカレに行く左回りとアンカラへ行く右回りの2パターンがある。

旅のパーツ（日本発着の団体ツアーの場合は不要）
- **日本～イスタンブール往復フライト**
- **都市間のバス（当日乗車可能）**
- **各都市のホテル（当日宿泊可能）**
- **カッパドキアツアー（現地で参加可）**

1日目　日本→イスタンブール

直行便または経由便で日本の空港からイスタンブールへ。到着後市内のホテルへチェックイン。<<イスタンブール泊>>

2日目　イスタンブール→チャナッカレ

チャナッカレまでバスで移動し、世界遺産**トロイ遺跡**を日帰り観光。<<チャナッカレ泊>>

3日目　チャナッカレ→エフェス→パムッカレ

早朝のバスでイズミル経由で世界遺産**エフェス**へ。午後からエフェス遺跡を観光し、夕方に世界遺産**パムッカレ**へ。温泉ホテルで1泊。<<カラハユット泊>>

4日目　パムッカレ→コンヤ

早朝にコンヤへ移動し、午後からメヴラーナ博物館などを見学。<<コンヤ泊>>

5日目　コンヤ→カッパドキア

早朝のバスで**カッパドキア**へ移動。移動途中に、ケルヴァンサライや地下都市を見学。昼食後にギョレメ屋外博物館や奇岩スポット、ウチヒサルなどを観光。<<カッパドキア泊>>

6日目　カッパドキア→イスタンブール

早朝の気球ツアー（オプション）に参加したあと、ネヴシェヒル空港からイスタンブールへ移動。午後から**イスタンブール旧市街**を観光。<<イスタンブール泊>>

7・8日目　イスタンブール→日本

アヤソフィアやトプカプ宮殿などのほか、グランドバザールなども見学。ボスポラス海峡クルーズはオプション。夕方発の飛行機で日本へ。翌日着。<<機中泊>>

2 イスタンブール5日間

予算 15～20 万円
着替え：2 日分

旅のパーツ：日本～イスタンブール往復フライト　イスタンブールのホテル 3 泊

短い休暇でも大丈夫。イスタンブールで旧市街観光に充てられるのは1日半～2日間。近郊のエディルネにも日帰りで行ってみよう。

1日目　日本→イスタンブール

直行便または経由便で日本の空港からイスタンブールへ。<<イスタンブール泊>>

2日目　旧市街観光

アヤソフィアやトプカプ宮殿など**イスタンブール旧市街**。午後からはボスポラス海峡のショートクルーズへ。<<イスタンブール泊>>

3日目　エディルネ日帰り

イスタンブールから日帰りでエディルネの世界遺産**セリミエ・ジャーミィ**へ。イスタンブール旧市街の観光に充てても。<<イスタンブール泊>>

4・5日目　イスタンブール→日本

午前中はグランドバザールなどで買い物。昼食後にフライトの時間に合わせて空港へ。<<機中泊>>

③ハイライト7日間

予算 20 ～ 25 万円
着替え：4 日分

旅のパーツ
- **日本～イスタンブール往復フライト**
- **イスタンブール～カッパドキアのバス（当日乗車可能）**
- **イスタンブールのホテル 2 泊（1 日目、5 日目）**
- **カッパドキアのホテル 1 泊**
- **カッパドキアツアー（現地で参加可）**

カッパドキアの洞窟ホテルや気球ツアーなど、要所でお金を使いつつ、夜行バスも効率的に使う節約コース。

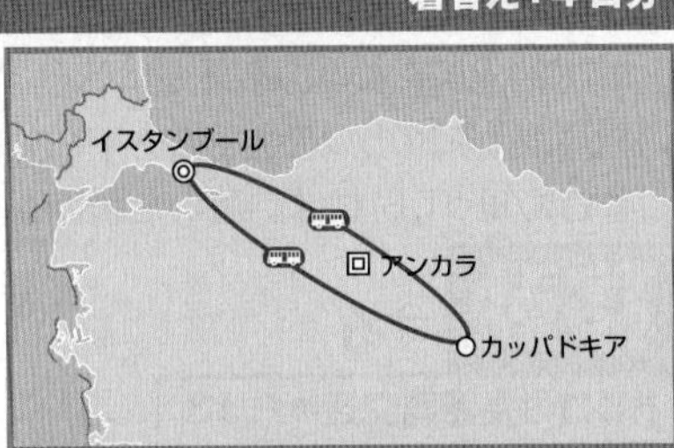

1日目　日本→イスタンブール
直行便または経由便で日本の空港からイスタンブールへ。到着後市内のホテルにチェックイン。<<イスタンブール泊>>

2日目　イスタンブール→カッパドキア
イスタンブール旧市街を1日じっくり観光。夜行バスでカッパドキアへ。<<車中泊>>

3日目　カッパドキア 1 日目
ホテルにチェックインし、そのままツアーに参加（現地で飛び入り可）。ギョレメ周辺やアヴァノスなどを巡る通称レッドツアーがおすすめ。<<カッパドキア泊>>

4日目　カッパドキア 2 日目
早起きして気球ツアーに参加し、日中は地下都市やウフララ渓谷を巡るグリーンツアーへ。夜行バスでイスタンブールへ移動。<<車中泊>>

5日目　イスタンブール
イスタンブール到着後。午前中はボスポラス海峡クルーズ。午後は新市街を散策し、夕食はベリーダンス鑑賞ディナー。<<イスタンブール泊>>

6・7日目　イスタンブール→日本
午前中はグランドバザールなどで買い物。昼食後にフライトの時間に合わせて空港へ。<<機中泊>>

④世界遺産巡り12日間

予算 30 ～ 35 万円
着替え：4 日分

旅のパーツ
- **日本～イスタンブール往復フライト**
- **ダラマン→イスタンブール片道フライト**
- **都市間のバス（当日乗車可能）**
- **各都市のホテル（当日宿泊可能）**

世界遺産を効率的に回るルート。カッパドキアの大自然やパムッカレの温泉や地中海リゾートも一緒に楽しめるメリハリあるコース。

1日目　日本→イスタンブール
直行便または経由便で日本の空港からイスタンブールへ。<<イスタンブール泊>>

2日目　イスタンブール→サフランボル
イスタンブール旧市街を中心に1日観光。夜行バスでサフランボルへ。<<車中泊>>

3日目　サフランボル
サフランボル旧市街散策や近郊のヨリュクなどへ。<<サフランボル泊>>

4日目　カッパドキアへ（移動日）
アンカラ経由で**カッパドキア**まで移動。<<カッパドキア泊>>

5日目　カッパドキア 1 日目
ギョレメやアヴァノス周辺を巡る1日ツアーに参加。<<カッパドキア泊>>

6日目　カッパドキア 2 日目
早朝に気球ツアー、日中は南部を巡るツアー。終了後夜行バスでパムッカレへ。<<車中泊>>

7日目　パムッカレ
デニズリ到着後、**石灰棚とヒエラポリス**を1日観光。<<カラハユット泊>>

8日目　フェティエ
フェティエまではバス移動。ドルムシュとタクシーで**クサントス**などを観光。<<フェティエ泊>>

9日目　フェティエ→イスタンブール
フェティエからダラマン空港まで移動し、飛行機でイスタンブールに戻る。<<イスタンブール泊>>

10日目　エディルネ
日帰りでエディルネへ。**セリミエ・ジャーミィ**などを観光。<<イスタンブール泊>>

11・12日目　イスタンブール→日本
午前中はグランドバザールなどで買い物。昼食後にフライトの時間に合わせて空港へ。<<機中泊>>

トルコをひとりで旅する キーワード

トルコ旅行の基本中の基本を、「移動する」、「食べる」、「泊まる」、「買う」、「話す」の5つのキーワードに分けて紹介。これさえ知っていれば、着いた瞬間からちょっぴりトルコ通。

移動する

トルコの長距離交通➡P.53
国内交通➡P.488

オトガル Otogar

長距離バスが発着するバスターミナルのこと。大都市のオトガルはバス会社のカウンター（ヤズハーネYazıhane）が無数に並んでいるが、バス会社のスタッフに自分の目的地を言えば、適切な場所へ連れていってくれるから大丈夫！

ビレット Bilet

トルコ語でチケットのこと。出発時間やプラットホーム番号、座席の番号が書かれている。どのバスに乗ったらいいかわからなかったらこのビレットを見せよう。

オトビュス Otobüs

広大なトルコを、縦横無尽に無数の路線網でカバーするのは何といってもバス。新型車両で乗り心地は最高、サービスも満点！

イキ・アルトゥ・ビル 2+1

2+1列シート（3列）のこと。大手バスをはじめ、多くのバス会社で導入されている。

セルヴィス Servis

オトガルと町の中心にあるバスオフィスを結ぶ無料送迎バス。町のバスオフィスでチケットを買えば、オトガルまでこのセルヴィスに乗ることができる。

ドルムシュ Dolmuş

満席（トルコ語でドルムシュ）にならないと発車しないミニバス。市内交通や、近郊の町への交通手段として大活躍。乗り場は長距離オトガルに隣接した所と市内の要所にある。

シェヒル・メルケズィ Şehir Merkezi

町の中心。町により「チャルシュ（市場）」、「セントゥルム」などということもある。町の中心部への行き方→P.491

タクスィ Taksi

広場やメインストリート、オトガルの近くなど、乗り場は決まっている。観光地なら1日チャーターして回ることもできる。

食べる

トルコの食事情
➡P.85

ロカンタ Lokanta

ロカンタとは大衆食堂のこと。この単語さえ覚えておけば食いっぱぐれることはない。ショーケースに並んでいる料理を指させばOK。本書の料理特集（→P.86～95）のメニュー例の写真を指さしてもOK。

パケット Paket

トルコ語で包装の意味。ロカンタで「パケット」と言えば、持ち帰り用のプラスチックやアルミの容器に詰めてくれる。ホテルの部屋で食べたいときや、お弁当代わりに持っていくときなど、どんどん活用しよう。プラスチックのスプーンとフォークも付けてくれることが多い。

ヤルム Yarım

ハーフサイズのこと。左のてのひらを上にして、右手で手刀を切るジェスチャーをしながら言うと通じる。

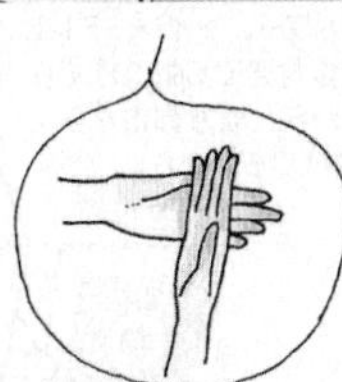

サバサンド Balık Ekmek

日本人に人気のエミノニュ名物。塩サバとパンのミスマッチがなぜかくせになる。

チャイ Çay

1日に何杯も飲む紅茶。専門店があり、いつでもどこでも出前を頼むことができる。砂糖は好みで入れる。

ドネル・ケバブ Döner Kebap

薄切り肉の巨大な回転焼き。削ぎ落としてサンドイッチにして食べる。どこに行ってもあるファストフードの定番。薄焼きパンのユフカでくるんだものはデュリュムDürümと呼ばれる。

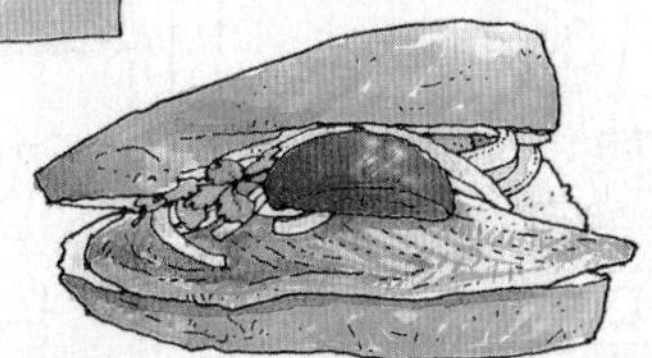

スィミット Simit

軽食にぴったりのゴマ付きリングパン。

ス Su

水。ロカンタで出るボトルウオーターは開けた分だけお金を払う。

エキメッキ Ekmek

世界一おいしい、といわれることもあるトルコのパンはバゲットタイプが主流。ほかにも丸い形のピデエキメッキや、クレープぐらいの薄さのユフカなどさまざま。ロカンタなどではテーブルに積まれており、普通は無料で食べ放題。

泊まる

賢いホテル利用術
➡P.494

オダ Oda

トルコ語で部屋のこと。シングルルームはテッキシリッキ・オダTek Kişilik Oda、ダブルまたはツインルームはイキキシリッキ・オダİki Kişilik Oda、もしくはチフキシリッキ・オダÇift Kişilik Odaという。

トワレット Tuvalet

バンヨ Banyo

オテル Otel

ホテルを探すのならこの単語。カテゴリー、等級はいろいろ。シャワー、トイレ、テレビ、朝食付きで1泊50TLぐらいから。地方都市なら40TLぐらいから。

OTEL

ヤタック Yatak

フロント Resepsiyon

カフヴァルトゥ Kahvaltı

朝食のこと。経済的なホテルではパンとジャムやバター、チーズにオリーブ、トマトやキュウリなどの野菜がひと皿に盛られた形で出てくることが多い。ゆで卵が付くこともある。中級以上のホテルになると通常はビュッフェ形式で出される。リゾートホテルでは中庭やプールサイドで朝食を出すことも多い。

アナフタル Anahtar

外出するときはレセプションにカギを預ける。経済的～中級ホテルではカギが開けにくいこともある。ドアノブを引っ張りながら回すと開くことがある。高級ホテルはカードキーを採用していることも多い。

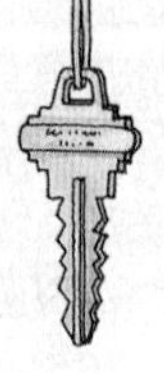

買う

通貨と両替➡P.482
為替レート➡P.10

観光地では日本円の両替が可能

イスタンブールのほか、カッパドキアやパムッカレなど有名観光地なら日本円の現金の両替が可能。

地方都市ではユーロか米ドル

有名観光地以外の地方都市も訪れる予定のある人はユーロか米ドルの現金も持って行こう。レートは悪くなるが、そのまま支払えることも多いので、小額紙幣をたくさん用意しておくと便利。

クレジットカード

クレジットカードはぜひトルコに持っていこう。小さな雑貨屋から大衆食堂などまでクレジットカードで支払い可能な店も日本以上に多い。これはたいへん心強い。

ATMは全国ほとんどの町にあり、24時間稼働しているので、キャッシングができるので便利。予備のカードも含めて何枚か持参すると非常に心強い。

トルコ語の数を覚えよう

1	ビル bir	11	オンビル onbir	30	オトゥズ otuz
2	イキ iki	12	オニキ oniki	40	クルク kırık
3	ユチ üç	13	オヌユチ onüç	50	エッリ elli
4	ドルト dört	14	オンドルト ondört	60	アルトゥムシュ altmış
5	ベシ beş	15	オンベシ onbeş	70	イエトゥミシ yetmiş
6	アルトゥ altı	16	オナルトゥ onaltı	80	セクセン seksen
7	イエディ yedi	17	オンイエディ onyedi	90	ドクサン doksan
8	セキズ sekiz	18	オンセキズ onsekiz	100	ユズ yüz
9	ドクズ dokuz	19	オンドクズ ondokuz	1000	ビン bin
10	オン on	20	イルミ yirmi	100万	ビル ミルヨン bir milyon

読む　トルコ語を読みこなす
キーアルファベット

トルコでは、昔はアラビア文字を使っていたが、第1次世界大戦後にケマル・アタテュルクの改革でアラビア文字が廃止され、ラテンアルファベットで書き表すようになった。その際、一部特殊な形の文字が使われることになり、英語などと読み方が異なるものがある。ここでは実際の看板やパッケージを例にトルコ語の読み方に慣れてみよう

ECZANE
エジュザーネ（薬局）

ACIKTIM
アジュクトゥム（おなかがすいた）

イネジェッキ・ヴァル
（降ります＝降車ボタン）

ドネル・ケバブ屋の看板

チェー

チョク・ウジュズ（とても安い）

AÇIK
アチュック
（オープン）

イチキ（お酒）

イズミルのクズララース・ハヌの入口。日曜日（Pazar Günü）もオープンという垂れ幕

ユムシャック・ゲー

発音しない、あるいは前の母音を伸ばす

SİGARA BÖREĞİ
スィガラ・ボレイ
（チーズ入り春巻き）

ÖĞRENCİ
オーレンジ（学生）

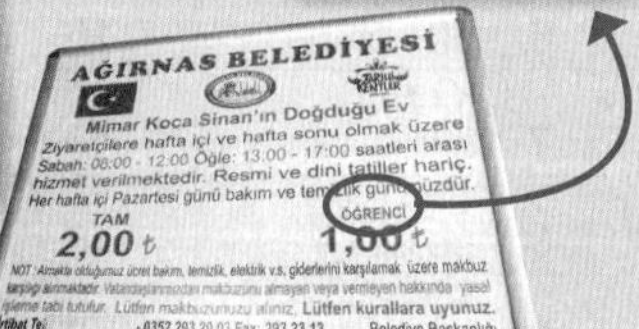

入場料の案内　大人（TAM）は2TL。学生は1TLという表示

TAKSİ DURAĞI
タクスィ・ドゥラウ（タクシー乗り場）

ハユル
（NOの意味）

バルック（魚）

I
ウー

「イ」の口をして「ウ」と発音。日本語の「ウ」に近い

イェニ・ラクゥ
（トルコのお酒）

KREDİ KARTI
クレディ・カルトゥ
（クレジットカード）

八百屋でもクレジットカードが使えることがあるほどの通用度

Ş
シェー

ŞİŞ KÖFTE
シシ・キョフテ
（肉団子の串焼き）

ハワシュ
（空港送迎バス）

ムスル・チャルシュス
（エジプシャンバザール）

ダヌシュマ（案内所）

サトゥシュ・ノクタス（販売所）

Ö
オェー

「オ」の口で「エ」と発音

キョプリュ（橋）

ドヴィズ（両替）

GÖREME
ギョレメ（カッパドキアの町）

両替商の店先。貴金属を取り扱う店もある

Ü
ユー

「ウ」の口で「イ」と発音

TÜRKİYE
テュルキエ
（トルコ）

Güllüoglu
ギュッリュオウル
（ガズィアンテップ発祥の有名菓子店）

ÜCRETİ
ユジュレティ（料金）

バクラワという甘いパイ菓子で有名なお店

話す

旅のトルコ語
➡P.500

トルコでは、観光地を除いて英語はあまり通じない。しかしトルコ語は、日本語と文法も近く発音も簡単。基本のあいさつや言い回しを覚えるだけで、旅がぐっと楽しくなること間違いなし。人なつっこくておしゃべり大好きなトルコの人とコミュニケーションをとってみよう。

ジャポンヤダン　ゲルディム
Japonya'dan geldim.
日本から来ました

ネレリスィニズ
Nerelisiniz?
どちらのご出身？

メルハバ
こんにちは(1日中使える)

ギュナイドゥン
おはよう

ギョルシュリュズ
また会おうね、という意味の別れのあいさつ

イイ アクシャムラル
夕方〜夜のあいさつ。別れるときにも使う

イイ ゲジェレル
おやすみのあいさつ

テシェッキュル エデリム
ありがとう(テシェッキュルだけでも感謝の意は伝わる)

サオルン
ありがとう（くだけた感じの言い方）

ビシェイ ディール
どういたしまして

タマム
オーケー

ネレデ
どこ?

〜イスティヨルム
(私は)〜が欲しい

カチパラ
いくら?（ものを指さしながら）

リュトフェン
おねがい（ものを指さしながら）

ボディランゲージ

客人をもてなすことが大好きなトルコの人は、相手がトルコ語を知っていようといまいと、どんどん話しかけてくる。そんなときはこちらも臆せず、身振り手振りで応戦だ。ここでは代表的なトルコの手振りを紹介しよう。

Bittiビッティ

おしまい（土を払うように手を上下する）

Beraberベラーベル

友達、一緒に(前後に人差し指をこする)

Paraパラ

お金!（親指と人差し指をこする）

Güzelギュゼル

よい、かわいい!（手をすぼめる）

トルコの長距離交通

航空会社別時刻表→P.54～59
主要列車時刻表→P.60～61
主要都市バス時刻表→P.64～83
主要航路時刻表→P.84

トルコの面積は日本の約2倍、東西約1550km、南北約670km。広大なトルコの大地をスムーズに移動するため、主要な交通機関の特徴をつかんでおこう。

飛行機 Uçak ウチャック

国内最大の路線網をもつのはターキッシュ エアラインズ。近年は格安航空会社が路線を拡充させ、熾烈な価格競争を行っている。イスタンブール、アンカラ、イズミル、アンタルヤが拠点で、それ以外の地方都市間のフライトに乏しいのが弱点。

時刻表&チケット

ターキッシュ エアラインズなど大手の会社ではオンラインでフライト検索や予約が可能。それ以外の中小の会社はトルコ在住者でないとできないことも。もちろん市内の旅行代理店でも予約可能。

空港

空港までの公共交通機関は町によって違う。大手航空会社の場合はフライトに合わせて市内から送迎バスを走らせているが、ない場合は自力で行くことになる。イスタンブールの場合、ヨーロッパ側のイスタンブール空港とアジア側のサビハ・ギョクチェン空港があるので、予約時によく確認しよう。

航空各社ウェブサイト

ターキッシュ エアラインズ Turkish Airlines	URL www.turkishairlines.com	サン・エクスプレス SunExpress	URL www.sunexpress.com
アナドルジェット AnadoluJet	URL www.anadolujet.com	アトラスジェット atlasjet	URL www.atlasglb.com
オヌル航空 Onur Air	URL www.onurair.com.tr	ペガスス航空 Pegasus Airlines	URL www.flypgs.com

列車 Tren トレン

鉄道は便数も少なく、バスよりも時間がかかり、運行時間の正確性も今ひとつだったが、高速列車YHTの開通や新客車導入などもあり利便性や快適さは向上中。横になって移動できる寝台列車も長距離移動にはラク。鉄道ならではの旅の情緒があって、ゆっくりと旅を楽しめる人向き。

時刻表

トルコ国鉄の公式サイト（URL www.tcdd.gov.tr）に時刻表関連のコンテンツがあるがブラウザによっては見られないことも。駅に行けばおもな時刻表が貼りだされているが古いこともあるので駅員に確認したほうが確実。

チケット

トルコ国鉄の公式サイトからのオンライン購入はトルコ居住者以外では難しい。鉄道駅で直接購入するのがベストだが、英語が通じないこともしばしば。

バス Otobüs オトビュス

トルコは世界屈指のバス大国。小さな町から村まで、トルコの国土を隅々にわたってカバーする、長距離移動の主役。星の数ほどのバス会社があり、大都市のオトガル（バスターミナル）はまるで空港並みの設備と規模だ。車体も新型が多く、無線LANが使える長距離バスも増えてきている。

時刻表

本書の時刻表のほか、バス会社のウェブサイトでも時刻が確認できる。Seferler(imiz)、Tarifeler、Güzelgahlar(ımız)、Saatlerなどの言葉を見つけてクリックすれば時刻表が表示されることが多い。

チケット

トルコ語が読みこなせないとオンラインでの購入は難しい。チケットのオフィスやオトガルに行って直接買うのが無難だろう。

航空会社別時刻表

TK＝ターキッシュ エアラインズ＝Turkish Airlines＝TK
ON＝オヌル航空＝Onur Air＝8Q　**AT**＝アトラスジェット＝Atlasjet＝KK
SE＝サン・エクスプレス＝Sun Express＝XQ　**PG**＝ペガスス航空＝Pegasus＝PC
※**黒字**は本欄で使用している略称、赤字は便名に使われる2レターコード

	イスタンブール（イスタンブール空港）→アンカラ			アンカラ→イスタンブール（イスタンブール空港）		
TK	月火土	6:00発	7:25着	毎日	3:30発	4:45着
	毎日	7:00発	8:20着	毎日	4:45発	6:05着
	毎日	8:00発	9:20着	月木	5:20発	6:40着
	月木	9:00発	10:20着	月火水木金土日	6:10発	7:25着
	毎日	10:00発	11:20着	月火水金土	6:40発	8:00着
	月火	11:00発	12:20着	月火水木土日	8:20発	9:40着
	水木金土日	12:00発	13:20着	毎日	10:00発	11:20着
	月火金日	13:00発	14:20着	毎日	11:00発	11:20着
	月水木土	14:00発	15:20着	月木	11:15発	12:25着
	毎日	15:00発	16:20着	毎日	12:15発	13:40着
	金	15:40発	17:00着	月火	13:15発	14:35着
	水木日	16:00発	17:20着	水木金土日	14:15発	15:35着
	月火水木金日	17:00発	18:20着	月火金日	15:15発	16:40着
	月火水木土	18:00発	19:25着	月水木土	16:15発	17:35着
	毎日	19:00発	20:20着	毎日	17:15発	18:40着
	火水木金土日	20:00発	21:20着	水木金日	18:15発	19:35着
	月金日	21:40発	23:00着	月火水木金日	19:15発	20:35着
	毎日	22:00発	23:20着	月火水木土日	20:20発	21:40着
	水日	23:00発	翌0:20着	毎日	22:25発	23:50着
	毎日	23:55発	翌1:15着	月金日	23:55発	翌1:15着
	毎日	2:20発	3:35着			

	イスタンブール（サビハ・ギョクチェン空港）→アンカラ			アンカラ→イスタンブール（サビハ・ギョクチェン空港）		
TK	月水	5:50発	6:55着	月	5:05発	6:05着
	月火水	6:20発	7:30着	月金	6:55発	8:05着
	月火水木土日	7:00発	8:05着	月火水木土日	7:15発	8:20着
	月火水木金土	7:30発	8:35着	月水木	7:30発	8:30着
	水土	8:20発	9:25着	毎日	8:25発	9:25着
	火	8:40発	9:45着	月火水木金土	9:30発	10:25着
	月金	9:20発	10:25着	水土	10:05発	11:10着
	月火木金土日	10:00発	11:00着	火	10:45発	11:50着
	毎日	15:55発	16:50着	月金	11:10発	12:10着
	月火金土日	16:20発	17:20着	月火木金土日	11:55発	12:55着
	月火水木金日	17:05発	18:05着	月火水木金土	16:20発	17:25着
	月火水木金土	18:05発	19:15着	毎日	17:45発	18:45着
	毎日	19:05発	20:10着	月火金土日	18:00発	19:05着
	火	20:20発	21:25着	月火水木金日	19:00発	20:05着
	月火水金土日	21:05発	22:10着	月火水木土日	19:50発	20:55着
	月火水木土日	21:35発	22:15着	毎日	21:05発	22:05着
	月火水金土日	23:00発	翌0:05着	月火水金日	22:30発	23:35着
	木日	23:40発	翌0:45着			
PG	月火水木金	6:15発	7:25着	月	5:30発	6:35着
	土	6:40発	7:50着	火水木金土日	5:55発	7:00着
	月火水金日	7:10発	8:20着	月	6:45発	7:50着
	木	7:50発	9:00着	月火水木金土	7:55発	9:00着
	火水木金土	9:45発	10:55着	土	8:20発	9:25着
	月	10:15発	11:25着	月火水金日	8:50発	9:55着
	日	11:00発	12:10着	日	9:20発	10:20着
	火水金	12:15発	13:20着	木	9:35発	10:40着
	日	15:10発	16:15着	水	10:20発	11:25着
	火	15:15発	16:20着	火水木金土日	11:25発	12:30着
	月水木土日	16:15発	17:20着	月	11:55発	13:00着
	月火金	17:45発	18:55着	金	12:30発	13:35着
	水木日	18:30発	19:40着	日	12:40発	13:45着
	毎日	20:05発	21:15着	火水金	13:45発	14:45着
	木	20:55発	22:05着	火	16:50発	17:55着
	木	22:15発	23:25着	月	17:35発	18:40着
	月火水金日	23:45発	翌0:50着	水木土日	17:55発	19:00着
	金日	0:05発	1:15着	月火金	19:25発	20:30着
				水木日	20:10発	21:15着
				毎日	21:45発	22:50着

	イスタンブール（イスタンブール空港）→イズミル			イズミル→イスタンブール（イスタンブール空港）		
TK	月火水木金土	7:00発	8:20着	毎日	3:50発	5:05着
	毎日	8:00発	9:20着	月火水木金土	6:40発	7:50着
	火水木金日	9:00発	10:20着	毎日	8:35発	9:50着
	土	9:40発	11:00着	毎日	10:00発	11:20着
	月火日	10:00発	11:20着	毎日	11:00発	12:20着
	毎日	11:00発	12:20着	火水木金日	11:15発	12:35着
	毎日	13:00発	14:20着	月火土日	12:15発	13:35着
	月火水木金土	14:00発	15:20着	毎日	13:15発	14:30着
	月火水木土日	15:00発	16:20着	毎日	15:15発	16:35着
	月水木金日	16:00発	17:15着	月火水木金土	16:15発	17:35着
	毎日	17:00発	18:20着	月火水木土日	17:15発	18:35着
	火金日	18:00発	19:20着	月水木金日	18:45発	20:00着
	毎日	19:00発	20:20着	毎日	19:50発	21:05着
	毎日	21:00発	22:20着	火金日	20:15発	21:30着
	毎日	22:00発	23:20着	毎日	22:15発	23:35着
	金日	23:00発	翌0:20着	金日	23:15発	翌0:35着
	毎日	1:35発	2:55着			
ON	毎日	20:40発	21:45着	毎日	22:40発	23:25着
AT	毎日	21:35発	22:45着	毎日	8:00発	9:05着
PG	毎日	9:00発	10:20着	毎日	7:00発	8:15着
	毎日	12:55発	14:15着	毎日	11:05発	12:25着
	毎日	16:40発	17:45着	毎日	14:40発	16:00着
	毎日	20:05発	21:25着	毎日	18:05発	19:25着
	月火土日	0:15発	1:35着	月金土日	22:25発	23:45着

	イスタンブール（サビハ・ギョクチェン空港）→イズミル			イズミル→イスタンブール（サビハ・ギョクチェン空港）		
TK	月火水木金土	6:05発	7:15着	月火金土	4:55発	6:05着
	月火水木金日	7:35発	8:50着	月木土	6:15発	7:25着
	毎日	8:35発	9:45着	毎日	6:45発	8:00着
	毎日	11:45発	13:05着	毎日	8:10発	9:15着
	月金日	15:45発	16:55着	日月火水木金	9:45発	10:50着
	木	16:55発	18:05着	毎日	14:00発	15:00着
	毎日	17:00発	18:10着	日月火金	17:40発	18:50着
	月火水木金日	17:45発	19:00着	木	18:35発	19:45着
	毎日	18:40発	19:55着	毎日	19:05発	20:10着
	毎日	20:20発	21:35着	日月火水木金	19:55発	21:00着
	月	21:35発	22:45着	毎日	20:50発	21:55着
	日水金	22:40発	23:50着	日火水木金土	22:15発	23:15着
	月木金土日	23:05発	翌0:30着	月	22:40発	23:40着
				月火	23:15発	翌0:15着
PG	毎日	6:00発	7:10着	毎日	5:50発	6:55着
	火	6:35発	7:50着	毎日	7:50発	8:55着
	毎日	7:25発	8:40着	火水日	8:25発	9:30着
	月水木金土日	8:10発	9:25着	木金	8:45発	9:50着
	火	8:30発	9:45着	毎日	9:30発	10:35着
	毎日	11:20発	12:30着	毎日	10:15発	11:20着
	毎日	12:45発	13:55着	月火水木土	11:15発	12:20着
	水	13:35発	14:45着	月水	12:15発	13:20着
	月	13:50発	15:00着	毎日	13:10発	14:15着
	土	14:05発	15:15着	毎日	14:35発	15:40着
	月火水木金日	14:45発	15:55着	水	15:20発	16:25着
	月	15:20発	16:30着	土	15:40発	16:45着
	毎日	16:35発	17:45着	月火木金日	16:20発	17:25着
	月火木金土	18:05発	19:20着	毎日	18:20発	19:25着
	日	18:30発	19:45着	火金日	19:40発	20:45着
	水	18:45発	19:55着	月水木土	20:05発	21:10着
	月火木土	19:05発	20:15着	月火水木土	20:50発	21:55着
	毎日	20:00発	21:10着	毎日	21:50発	22:55着
	金日	21:20発	22:35着	日	23:00発	翌0:10着
	月水土	21:40発	22:55着	火金	23:15発	翌0:20着
	火金日	22:00発	23:15着	日	23:50発	翌0:55着
	木	22:25発	23:40着			
	水	22:50発	翌0:05着			
	毎日	23:40発	翌0:50着			

	イスタンブール（イスタンブール空港）→ウスパルタ			ウスパルタ→イスタンブール（イスタンブール空港）		
TK	月水金土日	13:15発	14:40着	月水金土日	15:35発	17:00着

※上記の時刻表は2019年5月の夏期スケジュールの一部です。発着時刻、便数は旅行時期により大きく変動します。事前にご確認ください。

●航空会社別時刻表

	イスタンブール（イスタンブール空港）→デニズリ			デニズリ→イスタンブール（イスタンブール空港）		
TK	月火水木金土	6:10発	7:25着	月日	5:15発	6:30着
	火水木金日	17:40発	18:55着	月火水木金土	8:20発	9:35着
	土日	23:50発	翌1:10着	火水木金日	19:50発	21:10着

	イスタンブール（サビハ・ギョクチェン空港）→デニズリ			デニズリ→イスタンブール（サビハ・ギョクチェン空港）		
TK	木	16:20発	17:20着	木	17:50発	18:55着
	月火水金土日	16:55発	17:55着	月火水金土日	18:45発	19:50着
PG	火水	6:50発	8:00着	火水	8:35発	9:35着
	土	9:40発	10:50着	土	11:40発	12:40着
	月	11:05発	12:15着	月	12:45発	13:45着
	金	18:35発	19:45着	金	20:20発	21:20着
	水	19:20発	20:30着	水	21:00発	22:00着
	日	19:55発	21:05着	日	21:35発	23:35着
	木	20:35発	21:45着	木	22:25発	23:25着
	月	21:25発	22:35着	月	23:10発	翌0:10着

	イスタンブール（イスタンブール空港）→ボドルム			ボドルム→イスタンブール（イスタンブール空港）		
TK	月火水木金土	5:25発	6:55着	毎日	7:50発	9:15着
	毎日	10:25発	12:00着	毎日	12:55発	14:25着
	金土日	14:15発	15:50着	金土日	16:45発	18:25着
	月火水木金日	16:15発	17:45着	月火水木金日	18:40発	20:10着
	毎日	20:35発	22:10着	月火水木金日	23:05発	翌0:35着
ON	木	6:30発	7:30着	日	21:30発	22:40着
				木	23:00発	翌0:10着
AT	毎日	9:45発	11:00着	毎日	12:00発	13:15着
	毎日	17:00発	18:20着	毎日	19:10発	20:20着

	イスタンブール（サビハ・ギョクチェン空港）→ボドルム			ボドルム→イスタンブール（サビハ・ギョクチェン空港）		
TK	火	7:40発	9:05着	火	10:00発	11:15着
	月水木金土日	8:35発	10:00着	月火水木金土日	10:35発	11:50着
	月水金土日	12:40発	14:00着	月水金土日	14:55発	16:05着
	毎日	17:35発	18:55着	毎日	19:50発	21:05着
	日	18:50発	20:15着	月火水木金土	21:25発	22:40着
	毎日	19:30発	20:55着	日	21:35発	22:40着
				日	21:50発	23:05着
PG	土	6:30発	7:45着	月水金土日	6:10発	7:25着
	毎日	7:15発	8:35着	火	6:35発	7:50着
	火木金土日	9:50発	11:10着	月金土	8:20発	9:35着
	日	12:55発	14:10着	月火水木土日	9:05発	10:20着
	木金	13:20発	14:35着	金	9:25発	10:40着
	日月	15:00発	16:15着	火木金土日	11:50発	13:05着
	水金土	15:20発	16:35着	木金日	15:00発	16:15着
	金日	18:15発	19:35着	月日	16:45発	18:00着
	木金日	19:05発	20:25着	水金土	17:05発	18:15着
	毎日	20:25発	21:45着	金日	20:05発	21:15着
	木日	21:25発	22:55着	木金日	20:55発	22:10着
	月火水土日	23:40発	翌1:00着	毎日	22:15発	23:30着

	イスタンブール（イスタンブール空港）→ダラマン			ダラマン→イスタンブール（イスタンブール空港）		
TK	月水木金土日	5:40発	7:15着	毎日	8:10発	9:40着
	毎日	8:50発	10:20着	月火水土日	11:15発	12:55着
	月火水木金日	12:00発	13:10着	木金	11:35発	13:15着
	毎日	17:15発	18:50着	毎日	20:30発	22:00着
	土	20:05発	21:35着	土	22:35発	翌0:10着
	月火水木金日	22:20発	23:55着	月金土	0:50発	2:15着

	イスタンブール（サビハ・ギョクチェン空港）→ダラマン			ダラマン→イスタンブール（サビハ・ギョクチェン空港）		
TK	月火水木金日	12:00発	13:10着	月火水木金日	13:40発	14:45着
	毎日	17:25発	18:40着	毎日	19:35発	20:45着
PG	月土	6:45発	8:05着	土	6:00発	7:10着
	月	7:50発	9:10着	火日	7:55発	9:10着
	火水	8:10発	9:30着	月土	8:40発	9:55着
	木金土日	8:50発	10:10着	月火	9:40発	10:50着
	土	10:05発	11:25着	水	10:00発	11:10着
	木	10:35発	11:55着	木金土	10:40発	11:50着
	日	11:40発	13:00着	日	11:00発	12:10着
	火	12:55発	14:15着	木土	12:25発	13:35着
	月水木土	13:35発	14:55着	日	13:30発	14:40着
	金日	14:00発	15:20着	火	14:55発	16:05着
	日	16:15発	17:35着	月水木土	15:25発	16:35着
	毎日	18:40発	20:00着	金日	15:50発	17:00着
	日	19:40発	21:00着	日	18:20発	19:30着
	木金土日	20:05発	21:25着	月火木金土日	20:30発	21:45着

PG	土	21:15発	22:35着	水	21:00発	22:15着
	月	21:40発	23:00着	日	21:25発	22:35着
	金	23:40発	翌1:00着	木金土日	22:10発	23:25着

	イスタンブール（イスタンブール空港）→アンタルヤ			アンタルヤ→イスタンブール（イスタンブール空港）		
TK	月金土日	5:45発	7:15着	月火水木土日	3:15発	4:45着
	毎日	8:40発	10:10着	金	3:40発	5:10着
	月火水金土日	10:05発	11:30着	毎日	5:30発	7:00着
	毎日	11:05発	12:35着	毎日	7:05発	8:35着
	毎日	12:45発	14:15着	毎日	7:30発	9:00着
	毎日	14:10発	15:40着	月金土日	8:10発	9:40着
	月金土日	15:25発	16:55着	毎日	11:40発	13:20着
	毎日	16:10発	17:40着	月火水金土日	12:25発	13:55着
	月火水木金日	17:00発	18:30着	毎日	13:30発	15:00着
	毎日	19:30発	20:50着	毎日	15:10発	16:45着
	毎日	19:55発	21:25着	月火木金土日	16:35発	18:10着
	毎日	21:35発	23:00着	水	16:55発	18:30着
	金日	22:55発	翌0:20着	月金土日	17:50発	19:20着
	毎日	0:55発	2:20着	月火水木金	19:25発	21:00着
				日	19:45発	21:20着
				毎日	22:20発	23:50着
				金日	23:55発	翌1:25着
ON	月水木金土	9:30発	10:50着	毎日	7:00発	8:15着
	火	11:35発	12:50着	木	13:40発	14:55着
	金	17:05発	18:20着	月水金土日	19:00発	20:15着
	日	20:25発	21:40着			
	毎日	21:30発	22:50着			
AT	毎日	10:00発	11:15着	毎日	7:25発	8:40着
	毎日	17:10発	18:45着	毎日	12:05発	13:20着
	毎日	21:50発	23:05着	毎日	19:40発	21:05着

	イスタンブール（サビハ・ギョクチェン空港）→アンタルヤ			アンタルヤ→イスタンブール（サビハ・ギョクチェン空港）		
TK	火水木金土日	5:45発	7:00着	火水木金土日	6:30発	7:45着
	月火水木金土	8:15発	9:30着	毎日	7:15発	8:25着
	月火金土日	9:35発	10:45着	毎日	7:45発	9:00着
	毎日	11:30発	12:45着	月火水木金土	10:25発	11:35着
	日	11:45発	13:05着	月火水金土日	11:15発	12:30着
	日	15:10発	16:25着	毎日	13:40発	14:50着
	月火水木土	15:25発	16:40着	土日	13:55発	15:00着
	月火木金日	16:55発	18:10着	日	17:30発	18:40着
	毎日	17:55発	19:15着	月木土	17:55発	19:10着
	毎日	19:20発	20:35着	月火木金日	19:05発	20:15着
	火	20:20発	21:30着	毎日	20:10発	21:25着
	毎日	21:05発	22:20着	毎日	21:05発	22:15着
	月	23:00発	翌0:15着	火	22:00発	23:15着
	火水木金土日	23:50発	翌1:05着			
PG	水木土日	5:40発	6:55着	毎日	5:55発	7:10着
	毎日	6:40発	8:00着	日	6:55発	8:10着
	月日	6:55発	8:15着	水	7:00発	8:15着
	月火木土日	7:20発	8:40着	月木金土日	7:35発	8:50着
	毎日	8:00発	9:20着	水	7:40発	8:55着
	火水土	9:40発	10:55着	毎日	8:25発	9:40着
	火水	10:40発	11:55着	月日	8:50発	10:05着
	月木金土日	11:10発	12:25着	月火木土日	9:15発	10:30着
	毎日	12:10発	13:25着	火金	9:25発	10:40着
	金	12:55発	14:15着	毎日	9:50発	11:05着
	火	13:25発	14:45着	火木土日	11:35発	12:50着
	水木金土日	13:40発	14:55着	火水	12:35発	13:50着
	金	14:30発	15:50着	月木金土日	13:05発	14:20着
	土	14:45発	16:00着	毎日	14:00発	15:15着
	月火水木金日	15:20発	16:35着	水木金土日	15:25発	16:40着
	毎日	17:25発	18:45着	木	16:15発	17:30着
	毎日	18:55発	20:10着	土	16:35発	17:50着
	月火水土日	19:35発	20:50着	月火水木金	17:05発	18:20着
	木金	19:55発	21:10着	日	17:35発	18:50着
	月	20:00発	21:20着	毎日	19:25発	20:40着
	毎日	20:45発	22:05着	毎日	20:40発	21:55着
	金	21:45発	23:00着	火	21:20発	22:35着
	火	22:25発	23:40着	月水木金土日	21:50発	23:05着
	土	22:25発	23:50着	月金土日	22:50発	翌0:05着
	月	22:35発	24:00着	金	23:50発	翌1:05着
	土	23:05発	翌0:25着			
	日	23:35発	翌0:50着			
	月水木金	23:55発	翌1:10着			
	日	0:05発	1:20着			

※上記の時刻表は2019年5月の夏期スケジュールの一部です。発着時刻、便数は旅行時期により大きく変動します。事前にご確認ください。

	イスタンブール（イスタンブール空港）→レフコーシャ			レフコーシャ→イスタンブール（イスタンブール空港）		
TK	月水木土日	6:15発	7:55着	月水木土日	8:50発	10:30着
TK	毎日	9:15発	10:55着	毎日	11:50発	13:35着
TK	毎日	13:40発	15:20着	毎日	16:15発	18:05着
TK	月日	16:35発	18:15着	月日	19:10発	20:50着
TK	毎日	19:20発	21:00着	毎日	21:55発	23:40着
TK	火金日	0:05発	1:45着	火金日	2:40発	4:20着
AT	毎日	9:40発	11:25着	毎日	7:35発	9:10着
AT	木金土日	16:45発	18:25着	月木金土日	12:25発	13:55着
AT	毎日	20:45発	22:30着	火	12:35発	14:10着
AT				水木金土日	19:25発	21:00着

	イスタンブール（サビハ・ギョクチェン空港）→レフコーシャ			レフコーシャ→イスタンブール（サビハ・ギョクチェン空港）		
TK	毎日	8:30発	10:05着	月火土	5:55発	7:25着
TK	木	12:30発	13:55着	毎日	10:50発	12:20着
TK	金日	13:10発	14:35着	金	15:15発	16:45着
TK	毎日	18:40発	20:15着	木日	15:45発	17:15着
TK	日	19:50発	21:20着	毎日	19:25発	21:00着
TK	毎日	21:50発	23:20着	毎日	21:05発	22:35着
TK	月金日	23:05発	翌0:35着	日	22:05発	23:40着
PG	毎日	6:15発	7:50着	毎日	5:40発	7:10着
PG	毎日	7:50発	9:25着	毎日	8:25発	9:55着
PG	毎日	12:20発	13:55着	毎日	10:20発	11:50着
PG	月	14:30発	16:05着	金日	14:35発	16:05着
PG	金日	16:35発	18:10着	月	16:40発	18:10着
PG	月木	17:15発	18:50着	月火水木金日	18:10発	19:40着
PG	水土	17:55発	19:30着	土	18:30発	20:00着
PG	金日	18:05発	19:40着	月水木土	19:45発	21:15着
PG	金日	20:10発	21:45着	毎日	21:20発	22:50着
PG	毎日	20:45発	22:20着	金日	22:20発	23:50着
PG	月火水木日	23:55発	翌1:30着	日金	23:00発	翌0:30着
PG	日	0:05発	1:40着			
PG	土	0:30発	2:05着			

	イスタンブール（イスタンブール空港）→アダナ			アダナ→イスタンブール（イスタンブール空港）		
TK	月木金	5:20発	7:00着	毎日	5:55発	7:40着
TK	毎日	8:40発	10:20着	月火水木金日	7:55発	9:40着
TK	月火金土日	10:40発	12:20着	毎日	11:15発	13:10着
TK	毎日	11:45発	13:30着	月火金土日	13:15発	15:05着
TK	毎日	13:40発	15:25着	毎日	14:25発	16:20着
TK	毎日	15:50発	17:35着	毎日	17:00発	18:50着
TK	毎日	17:20発	19:05着	毎日	18:30発	20:20着
TK	月火水木金土	21:10発	22:50着	毎日	20:00発	21:50着
TK	毎日	23:45発	翌1:25着	水木金	23:45発	翌1:30着
TK	毎日	2:15発	3:55着	毎日	3:40発	5:30着

	イスタンブール（サビハ・ギョクチェン空港）→アダナ			アダナ→イスタンブール（サビハ・ギョクチェン空港）		
TK	毎日	7:25発	8:50着	月火金	6:10発	7:40着
TK	毎日	11:30発	12:55着	水土	6:35発	8:05着
TK	月火水金日	13:35発	15:00着	毎日	9:20発	10:50着
TK	金	17:05発	18:30着	毎日	13:30発	15:00着
TK	毎日	19:25発	20:50着	月火水金日	16:00発	17:30着
TK	金	23:05発	翌0:30着	毎日	21:30発	23:00着
TK	火	23:40発	翌1:05着	金	22:40発	翌0:10着
TK	月火金	0:20発	1:45着			
PG	毎日	6:15発	7:40着	月火木土	5:30発	7:00着
PG	月	7:45発	9:15着	水	5:50発	7:20着
PG	木金日	8:15発	9:45着	日	7:30発	9:00着
PG	火水土	8:50発	10:20着	毎日	8:10発	9:40着
PG	月火水金土日	11:20発	12:50着	月	10:10発	11:40着
PG	木	11:40発	13:05着	火水木金土日	11:00発	12:30着
PG	土	12:55発	14:20着	月火水日	13:20発	14:50着
PG	月水	14:15発	15:40着	木	13:45発	15:15着
PG	金	15:10発	16:35着	土	14:55発	16:25着
PG	毎日	16:20発	17:45着	月水	16:20発	17:50着
PG	木	18:20発	19:45着	金	17:20発	18:50着
PG	月	19:05発	20:35着	毎日	18:35発	20:05着
PG	火水	19:30発	21:00着	木	20:15発	21:45着
PG	毎日	20:45発	22:15着	月	21:30発	23:00着
PG	金	23:25発	翌0:55着	火水	21:50発	23:20着
PG	月火水日	23:45発	翌1:15着	毎日	22:45発	翌0:15着

	イスタンブール（イスタンブール空港）→アンタクヤ（ハタイ）			アンタクヤ（ハタイ）→イスタンブール（イスタンブール空港）		
TK	月火水木金土	10:00発	11:55着	毎日	4:55発	6:50着
TK	火水木金土日	17:10発	19:05着	月火水木金土	12:50発	14:50着
TK	毎日	23:50発	翌1:45着	火水木金土日	20:00発	21:55着

	イスタンブール（サビハ・ギョクチェン空港）→アンタクヤ（ハタイ）			アンタクヤ（ハタイ）→イスタンブール（サビハ・ギョクチェン空港）		
TK	木土	6:45発	8:20着	木土	9:50発	11:30着
TK	金日	15:25発	17:00着	金日	17:30発	19:10着
TK	月火水土	17:05発	18:40着	月火水土	19:15発	20:55着
PG	木	5:45発	7:25着	土	5:20発	7:00着
PG	月	6:05発	7:45着	火木金日	11:05発	12:45着
PG	土	7:30発	9:10着	月水	11:40発	13:20着
PG	水	8:25発	10:05着	土	12:35発	14:15着
PG	火金日	9:00発	10:40着	木日	18:15発	19:55着
PG	木日	16:10発	17:50着	月水土	18:40発	20:20着
PG	月火水土	16:30発	18:10着	火	19:40発	21:20着
PG	金	23:55発	翌1:35着			

	イスタンブール（イスタンブール空港）→ネヴシェヒル（カッパドキア）			ネヴシェヒル（カッパドキア）→イスタンブール（イスタンブール空港）		
TK	毎日	6:35発	8:00着	毎日	8:55発	10:25着
TK	毎日	12:35発	14:00着	毎日	14:55発	16:30着
TK	毎日	17:30発	18:55着	毎日	19:50発	21:20着

	イスタンブール（サビハ・ギョクチェン空港）→ネヴシェヒル（カッパドキア）			ネヴシェヒル（カッパドキア）→イスタンブール（サビハ・ギョクチェン空港）		
TK	毎日	8:30発	9:40着	毎日	10:10発	11:25着
TK	土	15:40発	16:55着	土	17:25発	18:50着
TK	月金日	20:30発	21:40着	金日	22:10発	23:25着
TK				月	22:35発	23:50着

	イスタンブール（イスタンブール空港）→カイセリ			カイセリ→イスタンブール（イスタンブール空港）		
TK	毎日	6:40発	8:15着	毎日	5:35発	7:10着
TK	毎日	8:50発	10:25着	毎日	9:10発	10:50着
TK	毎日	12:15発	13:50着	月火木金土日	11:20発	13:05着
TK	毎日	16:00発	17:35着	水	11:40発	13:25着
TK	毎日	17:30発	19:05着	毎日	14:45発	16:30着
TK	月火水木金土	19:55発	21:30着	毎日	18:30発	20:10着
TK	毎日	21:20発	22:55着	月火水木土日	20:00発	21:35着
TK	日金	23:45発	翌1:20着	金	20:20発	21:55着
TK				月火水木金土	22:25発	翌0:05着
TK				金日	23:55発	翌1:30着

	イスタンブール（サビハ・ギョクチェン空港）→カイセリ			カイセリ→イスタンブール（サビハ・ギョクチェン空港）		
TK	月火水木金土	8:45発	10:05着	水木土日	6:25発	7:50着
TK	火木日	15:40発	16:55着	月火水木金土	10:35発	11:55着
TK	毎日	19:45発	21:05着	火木日	17:25発	18:50着
TK	水木土日	0:05発	1:50着	毎日	21:40発	23:05着
PG	日	5:50発	7:15着	火水土日	5:35発	6:55着
PG	土	6:20発	7:45着	月木金	0:10発	7:30着
PG	金	7:25発	8:50着	日	7:45発	9:05着
PG	月火水金	9:20発	10:45着	土	7:55発	9:15着
PG	木	11:10発	12:35着	土	8:15発	9:35着
PG	金	16:10発	17:35着	木	8:40発	10:00着
PG	火水木日	16:50発	18:15着	月火金	11:15発	12:35着
PG	毎日	20:05発	21:30着	木	13:05発	14:25着
PG	月水木金日	23:55発	翌1:15着	金	18:05発	19:25着
PG	水日	0:10発	1:30着	火水木日	18:50発	20:10着
PG				金	19:15発	20:35着
PG				月水木土日	22:10発	23:30着
PG				火	22:30発	23:50着

	イスタンブール（イスタンブール空港）→コンヤ			コンヤ→イスタンブール（イスタンブール空港）		
TK	火水金土	5:30発	6:55着	月火水土日	4:45発	6:15着
TK	月火木金土日	10:50発	12:15着	火水木金土	7:50発	9:15着
TK	月火水木	17:45発	19:10着	月火木金土日	13:10発	14:40着
TK	月火水金土日	22:30発	23:55着	月火水木	20:05発	21:35着
TK	月木土	0:05発	1:20着	日	0:50発	2:15着

	イスタンブール（サビハ・ギョクチェン空港）→コンヤ			コンヤ→イスタンブール（サビハ・ギョクチェン空港）		
TK	火水木金土日	12:00発	13:10着	火水木金土日	13:40発	14:45着

※上記の時刻表は2019年5月の夏期スケジュールの一部です。発着時刻、便数は旅行時期により大きく変動します。事前にご確認ください。

PG	毎日	7:45発	9:00着	土	5:00発	6:15着
PG	月火水木金土	18:55発	20:10着	月水金	6:25発	7:40着
PG	金土	20:45発	22:00着	木	7:20発	8:35着
PG	日	21:20発	22:35着	毎日	9:35発	10:50着
PG	月木土	0:05発	1:20着	月水金土	20:35発	21:50着
PG				金土	22:35発	23:40着
PG				日	23:05発	翌0:20着

	イスタンブール(イスタンブール空港)→スィワス			スィワス→イスタンブール(イスタンブール空港)		
TK	月火水木金日	5:30発	7:10着	月火水木金日	8:05発	9:45着
TK	月火水木金土	16:20発	18:00着	月火水木金土	18:55発	20:35着

	イスタンブール(サビハ・ギョクチェン空港)→スィワス			スィワス→イスタンブール(サビハ・ギョクチェン空港)		
TK	毎日	13:10発	14:35着	毎日	15:20発	16:45着
PG	水木土	5:55発	7:20着	月水金土日	8:25発	9:50着
PG	月火金日	6:20発	7:45着	火木	9:30発	10:55着
PG	月	19:05発	20:30着	月金	21:35発	23:00着
PG	金	20:00発	21:25着	日	22:25発	23:50着
PG	日	20:35発	22:00着			

	イスタンブール(イスタンブール空港)→アドゥヤマン			アドゥヤマン→イスタンブール(イスタンブール空港)		
TK	毎日	10:55発	12:50着	毎日	13:45発	15:45着

	イスタンブール(サビハ・ギョクチェン空港)→アドゥヤマン			アドゥヤマン→イスタンブール(サビハ・ギョクチェン空港)		
TK	月木土	12:35発	14:10着	土	14:45発	16:20着
TK				月木	15:05発	16:40着

	イスタンブール(イスタンブール空港)→マラテヤ			マラテヤ→イスタンブール(イスタンブール空港)		
TK	月火木金土日	5:20発	7:15着	毎日	8:10発	10:00着
TK	月水金	11:25発	13:20着	月水金	14:15発	16:15着
TK	毎日	21:10発	23:00着	毎日	23:55発	翌1:50着

	イスタンブール(サビハ・ギョクチェン空港)→マラテヤ			マラテヤ→イスタンブール(サビハ・ギョクチェン空港)		
TK	毎日	17:50発	19:30着	毎日	20:00発	21:40着
PG	火	5:55発	7:40着	土	8:40発	10:20着
PG	土	6:25発	8:10着	火	9:00発	10:40着
PG	水	7:00発	8:40着	水	9:20発	11:00着
PG	木	7:50発	9:30着	木	9:55発	11:35着
PG	月	11:05発	12:50着	月	13:15発	14:55着
PG	金日	19:35発	21:15着	金日	21:50発	23:30着

	イスタンブール(イスタンブール空港)→シャンルウルファ			シャンルウルファ→イスタンブール(イスタンブール空港)		
TK	月火水金土	5:25発	7:20着	月火水金土	8:15発	10:15着
TK	月火金土	13:45発	15:45着	月火金土	16:40発	18:45着
TK	水木日	19:45発	21:45着	水木日	22:40発	翌0:45着

	イスタンブール(サビハ・ギョクチェン空港)→シャンルウルファ			シャンルウルファ→イスタンブール(サビハ・ギョクチェン空港)		
TK	毎日	6:55発	8:30着	月水木金土日	5:45発	7:30着
TK	日	18:00発	19:40着	毎日	9:05発	10:45着
TK	月火水木金土	19:50発	21:30着	日	20:40発	22:20着
TK	火水木金土日	23:00発	翌0:35着	月火水木金土	22:00発	23:40着
PG	月	5:35発	7:20着	月	7:55発	9:40着
PG	日木	6:45発	8:35着	木	9:05発	10:50着
PG	金	8:45発	10:35着	日	9:25発	11:10着
PG	土	18:45発	20:30着	金	11:25発	13:10着
PG				土	20:55発	22:40着

	イスタンブール(イスタンブール空港)→ガズィアンテップ			ガズィアンテップ→イスタンブール(イスタンブール空港)		
TK	月木金土日	6:00発	7:50着	毎日	8:45発	10:40着
TK	毎日	8:40発	10:30着	毎日	11:25発	13:25着
TK	毎日	12:00発	13:50着	毎日	14:45発	16:45着
TK	火水	15:50発	17:40着	火水	18:35発	20:30着
TK	毎日	17:10発	19:00着	毎日	19:55発	21:50着
TK	毎日	21:40発	23:30着	月木土日	0:25発	2:15着
TK	月火水	0:20発	2:10着	月火水金	3:05発	5:00着
AT	火金土日	21:35発	23:25着	月水土日	6:00発	7:45着

	イスタンブール(サビハ・ギョクチェン空港)→ガズィアンテップ			ガズィアンテップ→イスタンブール(サビハ・ギョクチェン空港)		
TK	毎日	9:20発	10:50着	毎日	7:00発	8:40着
TK	木金日	18:10発	19:40着	毎日	11:25発	13:05着
TK	毎日	22:50発	翌0:20着	木金日	20:15発	21:55着

PG	水	5:45発	7:25着	火土	6:40発	8:20着
PG	月	6:15発	7:55着	水木金	7:40発	9:20着
PG	土	6:40発	8:20着	月	8:30発	10:10着
PG	日	8:55発	10:35着	水	11:05発	12:45着
PG	火	10:00発	11:40着	日	11:25発	13:05着
PG	水	12:10発	13:50着	火土	12:05発	13:45着
PG	月火土	15:55発	17:35着	水	14:20発	16:00着
PG	木金	16:40発	18:20着	月火	18:00発	19:40着
PG	日月	18:25発	20:05着	土	18:20発	20:00着
PG	金-	19:35発	21:15着	木金	18:45発	20:25着
PG	火水土	20:00発	21:40着	日	20:35発	22:15着
PG	水	22:15発	23:55着	月	21:00発	22:40着
PG	月	22:35発	翌0:15着	金	21:50発	23:30着
PG	火木金	23:35発	翌1:15着	火水土	22:10発	23:50着

	イスタンブール(イスタンブール空港)→ディヤルバクル			ディヤルバクル→イスタンブール(イスタンブール空港)		
TK	毎日	5:25発	7:30着	毎日	8:25発	10:35着
TK	毎日	8:00発	10:05着	毎日	11:00発	13:15着
TK	毎日	16:20発	18:30着	毎日	19:25発	21:35着
TK	毎日	19:30発	21:40着	毎日	22:35発	翌0:50着

	イスタンブール(サビハ・ギョクチェン空港)→ディヤルバクル			ディヤルバクル→イスタンブール(サビハ・ギョクチェン空港)		
TK	月火水金日	6:50発	8:40着	月火金日	9:15発	11:10着
TK	毎日	18:00発	19:55着	水	9:35発	11:30着
TK				毎日	20:30発	22:25着
PG	毎日	5:45発	7:45着	月火木金土日	8:15発	10:10着
PG	火日	17:05発	19:05着	水	8:35発	10:30着
PG	月金	17:55発	19:55着	月火日	20:05発	22:00着
PG	水木	18:45発	20:45着	金	20:25発	22:20着
PG				水木	21:25発	23:20着

	イスタンブール(イスタンブール空港)→マルディン			マルディン→イスタンブール(イスタンブール空港)		
TK	月水木土	6:25発	8:30着	月水木土	9:25発	11:40着
TK	火水木金土日	15:40発	17:45着	火水木金土日	18:40発	20:50着

	イスタンブール(サビハ・ギョクチェン空港)→マルディン			マルディン→イスタンブール(サビハ・ギョクチェン空港)		
TK	毎日	12:10発	14:00着	毎日	14:30発	16:25着
PG	月土	5:20発	7:15着	月火水金土日	8:55発	10:55着
PG	火水金日	6:30発	8:25着	木	9:20発	11:20着
PG	木	6:55発	8:50着			

	イスタンブール(イスタンブール空港)→ワン			ワン→イスタンブール(イスタンブール空港)		
TK	毎日	5:35発	7:50着	毎日	8:45発	11:15着
TK	毎日	15:35発	17:50着	毎日	18:45発	21:10着

	イスタンブール(サビハ・ギョクチェン空港)→ワン			ワン→イスタンブール(サビハ・ギョクチェン空港)		
TK	水木金日	8:20発	10:20着	水木金日	10:50発	12:55着
TK	月火水土日	13:00発	14:55着	月火水土日	16:00発	18:10着
PG	毎日	7:00発	9:05着	月火水金土日	9:350発	11:45着
PG	金	17:250発	19:30着	木	10:000発	12:10着
PG	月火水木日	17:550発	20:00着	月火水木金日	20:350発	22:45着
PG	土	18:150発	20:20着	土	21:000発	23:10着

	イスタンブール(イスタンブール空港)→カルス			カルス→イスタンブール(イスタンブール空港)		
TK	毎日	12:35発	14:30着	毎日	15:30発	18:05着

	イスタンブール(サビハ・ギョクチェン空港)→カルス			カルス→イスタンブール(サビハ・ギョクチェン空港)		
TK	金	12:35発	14:30着	金	15:05発	17:15着
TK	月水木土日	13:50発	15:45着	月水木土日	16:30発	18:40着
PG	日	6:05発	8:10着	日	9:05発	11:10着
PG	土	9:00発	11:05着	土	11:35発	13:40着
PG	火水木	11:05発	13:10着	火水木	13:35発	15:40着
PG	月	12:00発	14:05着	月	14:30発	16:35着

	イスタンブール(イスタンブール空港)→エルズルム			エルズルム→イスタンブール(イスタンブール空港)		
TK	火水金土	5:55発	7:55着	火水金土	8:50発	11:00着
TK	毎日	15:30発	17:30着	毎日	18:25発	20:35着

※上記の時刻表は2019年5月の夏期スケジュールの一部です。発着時刻、便数は旅行時期により大きく変動します。事前にご確認ください。

	イスタンブール(サビハ・ギョクチェン空港)→エルズルム			エルズルム→イスタンブール(サビハ・ギョクチェン空港)		
TK	月水金土日	8:05発	9:50着	月水金土日	10:30発	12:25着
	火木	9:20発	11:10着	火木	11:45発	13:40着
	月火水	18:00発	19:50着	月火水	20:25発	22:20着
SE	月	8:50発	10:40着	月	11:15発	13:10着
	月火木金土	18:15発	20:05着	月火木金土	20:45発	22:40着
	水	18:35発	20:25着	水日	21:25発	23:20着
	日	18:55発	20:45着			

	イスタンブール(イスタンブール空港)→トラブゾン			トラブゾン→イスタンブール(イスタンブール空港)		
TK	毎日	5:30発	7:25着	毎日	4:55発	7:00着
	月火水木金土	10:00発	11:55着	月火木金土日	8:20発	10:25着
	毎日	12:40発	14:45着	水	8:40発	10:15着
	月火水木金土	15:20発	17:15着	月火水木金土	12:50発	15:00着
	金土日	18:10発	20:25着	毎日	15:30発	17:40着
	月火水木金	19:55発	21:50着	月火水木金土	18:10発	20:20着
	毎日	22:40発	翌0:35着	金土日	21:00発	23:10着
				月火水木金	22:45発	翌0:55着

	イスタンブール(サビハ・ギョクチェン空港)→トラブゾン			トラブゾン→イスタンブール(サビハ・ギョクチェン空港)		
TK	木金土日	7:00発	8:40着	毎日	5:45発	7:35着
	月水木土日	9:10発	10:50着	土	9:10発	10:55着
	月火木金土日	12:05発	13:40着	木金日	9:30発	11:15着
	木金日	15:30発	17:10着	月水木土日	11:20発	13:05着
	毎日	19:15発	21:00着	月火木金土日	14:35発	16:15着
	月火水木金日	23:50発	翌1:25着	木金日	17:50発	19:40着
				毎日	21:35発	23:25着
PG	月火水木金土	6:05発	7:50着	月	5:25発	7:10着
	毎日	7:40発	9:25着	木	5:45発	7:30着
	月土	9:20発	11:05着	火	6:25発	8:10着
	木金	10:40発	12:25着	水日	7:35発	9:20着
	毎日	11:45発	13:30着	月火水木金土	8:30発	10:15着
	火水	14:20発	16:05着	火水木金土日	9:55発	11:40着
	毎日	15:30発	17:15着	月	10:50発	12:35着
	月	18:35発	20:20着	毎日	14:00発	15:45着
	毎日	19:45発	21:30着	月土	15:10発	16:55着
	月	21:35発	23:20着	火水木金	16:35発	18:20着
	火	22:15発	24:00着	毎日	17:45発	19:30着
	日	23:30発	翌1:15着	月	20:55発	22:40着
	水	23:55発	翌1:40着	毎日	22:00発	23:45着

	アンカラ→チャナッカレ			チャナッカレ→アンカラ		
TK	毎日	23:55発	翌1:20着	毎日	5:55発	7:10着

	アンカラ→イズミル			イズミル→アンカラ		
TK	毎日	8:00発	9:20着	月火水金土日	5:50発	7:10着
	木	10:25発	11:45着	木金	8:30発	9:45着
	毎日	12:05発	13:25着	毎日	9:50発	11:05着
	毎日	16:10発	17:30着	木	12:15発	13:30着
	月火水木金	17:35発	18:55着	毎日	13:55発	15:50着
	毎日	20:00発	21:20着	毎日	18:00発	19:15着
	土	21:30発	22:45着	月火水木金	19:25発	20:40着
	水木	21:35発	22:55着	毎日	21:50	23:05着
	月火木金土日	23:55発	翌1:15着	土	23:20発	翌0:35着
PG	月火水金土	6:00発	7:15着	火木土	6:00発	7:15着
	日	6:50発	8:00着	月火木土日	13:00発	14:15着
	土	7:00発	8:15着	月水木土	16:25発	17:40着
	火水木	7:45発	9:00着	火	17:30発	18:45着
	月火木土	14:45発	16:00着	月金土日	20:05発	21:20着
	月金土日	18:10発	19:25着	金土	22:00発	23:15着
	月金土日	21:50発	23:05着	月火金日	23:30発	翌0:45着

	アンカラ→ボドルム			ボドルム→アンカラ		
TK	火木土	8:00発	9:20着	火木土	9:50発	11:05着
	月火水金日	19:50発	21:20発	月火水金日	21:50発	23:05着
PG	月金土	6:00発	7:20着	月金土	7:50発	9:05着
	月水金日	16:40発	17:55着	月水金日	18:25発	19:40着
	火木	18:00発	19:15着	火木	19:45発	21:00着
	土	19:50発	21:20着	土	21:35発	22:50着

	アンカラ→アンタルヤ			アンタルヤ→アンカラ		
TK	月火水木金	8:00発	9:15着	火水土	5:55発	7:05着
	毎日	12:05発	13:10着	月火水木金日	9:45発	10:55着
	月火木日	14:10発	15:20着	毎日	13:40発	14:45着
	毎日	16:20発	17:30着	月火木日	15:50発	16:55着
	毎日	20:00発	21:10着	月水木金土日	18:00発	19:10着
	月金日	23:55発	翌1:05着	毎日	21:40発	22:50着

PG	月火水木金土	6:00発	7:10着	月火水木金土	7:40発	8:45着
	土	9:25発	10:35着	土	18:15発	19:20着
	毎日	19:40発	20:50着	毎日	21:20発	22:25着

	アンカラ→レフコーシャ			レフコーシャ→アンカラ		
TK	月木金土日	7:55発	9:10着	月土	5:40発	6:55着
	水金	13:25発	14:40着	月木金土日	9:40発	11:00着
	日	17:25発	18:40着	水金	15:25発	16:40着
	毎日	20:00発	21:15着	日	19:15発	20:30着
	金日	23:55発	翌1:10着	毎日	21:50発	23:05着
PG	月火水木金土	9:55発	11:10着	毎日	8:20発	9:30着
	毎日	16:05発	17:20着	毎日	17:45発	19:00着
	金日	20:20発	21:35着	金日	22:00発	23:15着
	木	21:40発	22:55着	木	23:20発	翌0:35着

	アンカラ→アダナ			アダナ→アンカラ		
TK	月火水木土	8:10発	9:15着	月水木金	5:45発	6:50着
	火木金土日	12:25発	13:30着	月火水木土	9:45発	10:50着
	月火水木金日	16:25発	17:30着	火木金土日	14:00発	15:05着
	月水木金土日	20:20発	21:25着	月火水木金日	18:00発	19:05着
	火水木日	23:55発	翌1:00着	月水木金土日	21:55発	23:00着

	アンカラ→アンタクヤ(ハタイ)			アンタクヤ(ハタイ)→アンカラ		
TK	毎日	23:50発	翌1:05着	毎日	6:00発	7:15着

	アンカラ→アドゥヤマン			アドゥヤマン→アンカラ		
TK	月水金土日	8:05発	9:15着	月水金土日	9:45発	10:55着

	アンカラ→マラテヤ			マラテヤ→アンカラ		
TK	月木日	16:10発	17:25着	毎日	5:55発	7:05着
	毎日	23:45発	翌1:00着	月木日	17:55発	19:05着

	アンカラ→シャンルウルファ			シャンルウルファ→アンカラ		
TK	月火水金	7:50発	9:05着	月火水金	9:35発	10:55着
	月水土	15:55発	17:10着	月水土	17:40発	19:00着
	火水木金日	20:10発	21:25着	火水木金日	21:55発	23:15着

	アンカラ→ガズィアンテップ			ガズィアンテップ→アンカラ		
TK	月水木金日	8:00発	9:15着	月火水木金土	6:05発	7:20着
	火水金土日	11:55発	13:10着	月水木金日	9:45発	11:00着
	月火木土	16:20発	17:30着	火土	13:40発	14:55着
	水土	20:00発	21:15着	毎日	18:00発	19:15着
	月火水金日	23:35発	翌0:45着	水土	21:45発	23:00着
	木	23:55発	翌1:05着			

	アンカラ→ディヤルバクル			ディヤルバクル→アンカラ		
TK	火水木金土日	7:50発	9:15着	水金日	5:50発	7:20着
	木日	15:05発	16:30着	火水木金土日	9:45発	11:10着
	月火水	15:55発	17:20着	月火水	17:50発	19:20着
	月火水金土	19:50発	21:15着	木日	21:45発	23:10着
	火木土	23:35発	翌1:00着	月火水金土	21:50発	23:15着

	アンカラ→マルディン			マルディン→アンカラ		
TK	毎日	11:35発	13:00着	毎日	13:30発	15:05着

	アンカラ→ワン			ワン→アンカラ		
TK	月火水木金日	7:45発	9:15着	月火水木土日	9:45発	11:25着
	月火水木土日	11:35発	13:15着	月火水木土日	13:45発	15:25着
	月火水金土日	18:00発	19:35着	月火水金土日	20:05発	21:50着

	アンカラ→カルス			カルス→アンカラ		
TK	毎日	8:50発	10:25着	毎日	10:55発	12:30着

	アンカラ→エルズルム			エルズルム→アンカラ		
TK	毎日	7:55発	9:15着	毎日	9:45発	11:15着
	月火木土日	13:25発	14:45着	月火木土日	15:15発	16:45着
	毎日	19:55発	21:10着	毎日	21:40発	23:10着

	アンカラ→トラブゾン			トラブゾン→アンカラ		
TK	金土	7:50発	9:10着	金土	9:40発	11:00着
	毎日	11:50発	13:10着	水日	17:50発	19:10着
	水日	16:00発	17:20着	月火水木金土	17:55発	19:15着
	毎日	19:55発	21:15着	毎日	21:45発	23:05着

	イズミル→アンタルヤ			アンタルヤ→イズミル		
SE	月火水木金	8:00発	9:05着	月火水木金	9:35発	10:45着
	金	11:25発	12:30着	金	13:00発	14:10着
	日木土	12:55発	14:00着	日木土	14:30発	15:40着
	日月土	16:10発	17:15着	火	16:10発	17:20着
	水金	17:05発	18:10着	日月土	17:45発	18:55着
	火	17:50発	18:55着	水金	18:40発	19:50着
	毎日	19:25発	20:30着	毎日	21:00発	22:10着

※上記の時刻表は2019年5月の夏期スケジュールの一部です。発着時刻、便数は旅行時期により大きく変動します。事前にご確認ください。

●航空会社別時刻表

	イズミル→レフコーシャ			レフコーシャ→イズミル		
TK	毎日	10:25発	11:45着	毎日	23:55発	翌1:25着
PG	日	5:35発	6:55着	日	7:20発	8:40着
	月水木金土	6:00発	7:20着	月水木金土	7:45発	9:05着
	火	14:35発	15:55着	火	16:20発	17:40着
	金日	15:55発	17:15着	金日	17:40発	19:00着
	月火水木金土	20:05発	21:25着	水木金土	21:40発	23:00着
	日	20:25発	21:45着	月火	21:50発	23:10着
				日	22:10発	23:30着

	イズミル→アダナ			アダナ→イズミル		
SE	月火水木金土	7:00発	8:25着	月火水木金土	8:55発	10:30着
	土	12:25発	13:50着	土	14:20発	15:55着
	月金	15:25発	16:50着	月金	17:20発	18:55着
	水日	19:40発	21:05着	水日	21:35発	23:10着
	火木金	20:20発	21:45着	火木金	22:15発	23:50着
PG	毎日	6:00発	7:20着	毎日	7:50発	9:20着
	月火水木土日	19:10発	20:30着	月火水木土日	21:00発	22:30着

	イズミル→アンタクヤ（ハタイ）			アンタクヤ（ハタイ）→イズミル		
PG	日	7:45発	9:20着	日	9:45発	11:20着
	月	15:30発	17:05着	月	17:30発	19:05着
	木	16:15発	17:50着	木	18:15発	19:50着

	イズミル→カイセリ			カイセリ→イズミル		
SE	月木	8:00発	9:25着	月木	9:55発	11:30着
	金日	20:20発	21:45着	金日	22:15発	23:50着
PG	木	9:10発	10:35着	木	11:05発	12:30着
	金	14:25発	15:45着	金	16:10発	17:35着
	日	16:15発	17:40着	日	18:10発	19:35着
	月火	18:10発	19:35着	月火	20:05発	21:30着
	土	18:40発	20:05着	土	20:30発	21:55着
	水木	21:40発	23:05着	水木	23:30発	翌1:00着

	イズミル→スィワス			スィワス→イズミル		
PG	火	9:20発	10:55着	火	11:20発	12:55着
	土	9:50発	11:25着	土	11:50発	13:25着

	イズミル→マラテヤ			マラテヤ→イズミル		
SE	金	13:10発	14:55着	金	15:25発	17:15着
	水	14:00発	14:55着	水	16:15発	18:05着

	イズミル→ガズィアンテップ			ガズィアンテップ→イズミル		
SE	月火木日	6:20発	8:00着	月火木日	8:30発	10:20着
	水金土日	20:15発	21:55着	水金土日	22:25発	翌0:15着

	イズミル→ディヤルバクル			ディヤルバクル→イズミル		
SE	毎日	6:00発	7:55着	毎日	8:25発	10:30着
	毎日	20:15発	22:10着	毎日	22:40発	翌0:45着

	イズミル→ワン			ワン→イズミル		
SE	土日	6:20発	8:30着	土日	9:00発	11:25着
	月火水木金	11:55発	14:05着	月火水木金	14:35発	17:00着

	イズミル→カルス			カルス→イズミル		
SE	月金	11:00発	13:15着	月金	13:45発	16:10着
	日	12:00発	14:15着	日	14:45発	17:10着

	イズミル→エルズルム			エルズルム→イズミル		
SE	金	7:20発	9:20着	金	9:55発	12:10着
	月水	11:35発	13:35着	月水	14:05発	16:20着

	イズミル→トラブゾン			トラブゾン→イズミル		
SE	水金	17:45発	19:40着	水金	20:10発	22:20着
	月	19:40発	21:35着	月	22:05発	翌0:15着
PG	火	6:00発	7:50着	火	8:15発	10:10着
	月土	7:40発	9:30着	月土	10:00発	11:15着

	アンタルヤ→アダナ			アダナ→アンタルヤ		
AT	木金土	0:10発	1:10着	木金土	5:25発	6:25着
SE	月金日	7:30発	8:35着	土	8:15発	9:25着
	土	10:05発	11:10着	月金日	9:05発	10:15着
	月火水木金日	18:05発	19:10着	月火水木金日	19:40発	20:50着
PG	毎日	15:00発	16:00着	毎日	13:25発	14:30着
	月木金土日	22:25発	23:25着	月木金土日	20:50発	21:55着

	アンタルヤ→カイセリ			カイセリ→アンタルヤ		
SE	火	8:10発	9:25着	土	19:35発	20:50着
	木	14:40発	15:55着	火	21:35発	22:50着
PG	金	8:55発	10:05着	金	10:30発	11:35着
	水	10:20発	11:30着	水	11:55発	13:00着
	火木	10:40発	11:50着	火木	12:20発	13:25着
	水	14:15発	15:25着	月日	19:35発	20:40着
	月日	18:00発	19:10着	木	1:20発	2:25着

	アンタルヤ→ガズィアンテップ			ガズィアンテップ→アンタルヤ		
SE	水金土日	13:20発	14:35着	木	12:10発	13:35着
	日	22:50発	翌0:05着	水金土日	15:00発	16:30着

	アンタルヤ→ディヤルバクル			ディヤルバクル→アンタルヤ		
SE	月水	6:40発	8:20着	月水	8:50発	10:40着
	火木金日	18:30発	20:10着	火木金日	20:40発	22:20着

	アンタルヤ→ワン			ワン→アンタルヤ		
SE	月水木金土日	9:05発	10:55着	月水木金土日	11:30発	13:35着

	アンタルヤ→トラブゾン			トラブゾン→アンタルヤ		
SE	木	15:55発	17:40着	木	18:10発	19:55着
	日	18:00発	19:45着	日	20:20発	22:10着
PG	月水金日	10:40発	12:15着	月水金日	12:40発	14:20着

	アダナ→ボドルム			ボドルム→アダナ		
PG	月金日	9:05発	10:30着	月金日	11:00発	12:15着

	アダナ→レフコーシャ			レフコーシャ→アダナ		
TK	水	17:00発	17:55着	水	15:40発	16:30着
	月火木金土	17:45発	18:40着	月火木金土	16:25発	17:15着
AT	月金	5:30発	6:20着	水	12:25発	13:15着
	水	17:35発	18:25着	木日	23:40発	翌0:30着
PG	月火木土日	6:00発	6:55着	月火木土日	7:20発	8:15着
	毎日	13:35発	14:30着	毎日	12:15発	13:10着
	毎日	19:55発	20:50着	毎日	18:35発	19:30着

	アダナ→ワン			ワン→アダナ		
PG	月水木土日	17:00発	18:20着	毎日	18:50発	20:20着

	アダナ→トラブゾン			トラブゾン→アダナ		
PG	月土	13:25発	14:45着	月土	11:35発	13:00着
	木金日	14:45発	16:05着	木金日	12:55発	14:20着

トルコ国内の主要空港

空港名	コード	ウェブサイト	町の中心部からの距離、アクセス
アダナ・シャーキルパシャ空港	ADA	URL adana.dhmi.gov.tr	西に約3km。ミニバス、ハワシュ（シャトルバス）運行
アンカラ・エセンボア空港	ESB	URL www.esenbogaairport.com	北に約25km。シャトルバス運行。
アンタルヤ空港	AYT	URL www.antalya-airport.aero	東に約5km。ハワシュ（シャトルバス）運行。
イスタンブール空港	IST	URL www.igairport.com	旧市街から北に約50km。ハワイスト（シャトルバス）運行。
イスタンブール・サビハ・ギョクチェン空港	SAW	URL www.sgairport.com	カドゥキョイから東に約38km。ハワビュス（シャトルバス）運行。
イズミル・アドナン・メンデレス空港	ADB	URL www.adnanmenderesairport.com	南に約16km。ハワシュ（シャトルバス）、市内バス、近郊列車İzban運行
カイセリ・エルキレット空港	ASR	URL kayseri.dhmi.gov.tr	北に約5km。市内バス、ハワシュ（シャトルバス）運行。
コンヤ空港	KYA	URL konya.dhmi.gov.tr	北に約15km。ハワシュ（シャトルバス）運行
デニズリ・チャルダック空港	DNZ	URL cardak.dhmi.gov.tr	東に約60km。シャトルバス運行
トラブゾン空港	TZX	URL trabzon.dhmi.gov.tr	東に約6km。ドルムシュ運行
ネヴシェヒル・カッパドキア空港	NAV	URL kapadokya.dhmi.gov.tr	北西に約30km。航空各社がシャトルバス運行

※上記の時刻表は2019年5月の夏期スケジュールの一部です。発着時刻、便数は旅行時期により大きく変動します。事前にご確認ください。

主要列車時刻表

高速列車YHT(毎日運行) イスタンブール→アンカラ・コンヤ方面

便名	81201	81051	81205	81054	81002	81302	81004	81211	81006	81304	81005	81008	81010	81058	81012	81060	81014	81306	81016
イスタンブール ハルカル Haklakı	……	……	……	……	6:15	6:35	……	……	……	……	……	12:30	……	……	……	……	……	……	……
イスタンブール バクルキョイ Bakırköy	……	……	……	……	6:30	6:50	……	……	……	……	……	12:45	……	……	……	……	……	……	……
イスタンブール ソユトリュチェシュメ Söğütlüçeşme	……	……	……	……	7:02	7:22	8:50	……	10:40	12:55	……	13:17	14:00	……	15:40	……	18:15	19:10	20:00
イスタンブール ボスタンジュ Bostancı	……	……	……	……	7:11	7:31	8:59	……	10:55	13:04	……	13:26	14:09	……	15:49	……	18:31	19:19	20:10
ペンディッキ Pendik	……	……	……	……	7:33	7:53	9:21	……	11:1	13:26	……	13:48	14:36	……	16:11	……	19:06	19:41	20:32
ゲブゼ Gebze	……	……	……	……	7:53	8:13	9:41	……	11:37	13:46	……	14:08	14:55	……	16:31	……	19:26	20:01	20:58
イズミット İzmit	……	……	……	……	8:25	8:47	10:13	……	12:09	14:18	……	14:40	15:27	……	17:03	……	19:58	20:33	21:30
アリィフィエ Arifiye	……	……	……	……	8:45	9:08	↓	……	12:29	14:38	……	↓	15:47	……	↓	……	20:18	20:53	21:50
ビレジッキBilecik	……	……	……	……	9:47	10:12	↓	……	13:31	15:44	……	↓	16:49	……	18:24	……	21:20	21:55	↓
ボズュユク Bozüyük	……	……	……	……	10:11	10:36	↓	……	13:55	16:08	……	↓	17:13	……	↓	……	21:44	22:19	↓
エスキシェヒル Eskişehir	……	6:20	……	8:40	10:31	10:58	12:13	……	14:15	16:28	15:45	16:40	17:33	17:50	19:06	21:00	22:04	22:39	23:31
ポラットル Polatlı	……	7:09	……	9:29	11:19	↓	↓	……	15:03	↓	16:33	↓	18:21	18:39	↓	21:51	22:52	↓	↓
エルヤマン Eryaman	……	7:34	……	9:54	11:44	↓	13:23	……	15:28	↓	16:55	17:50	18:46	19:04	20:16	22:16	23:17	↓	0:41
アンカラ Ankara	……	7:50	……	10:11	12:00	↓	13:39	……	15:44	↓	17:12	18:06	19:02	19:20	20:32	22:36	23:33	↓	0:57
アンカラ Ankara	6:40	81203 8:30	9:50	81207 11:35	81209 13:30	↓	……	15:20	81213 18:00	↓	……	……	……	……	81213 21:15	……	……	↓	……
スィンジャン Sincan	6:58	8:48	↓	11:53	13:48	↓	……	15:38	18:18	↓	……	……	……	……	21:33	……	……	↓	……
ポラットル Polatlı	7:22	9:12	↓	↓	14:12	↓	……	↓	18:42	↓	……	……	……	……	21:52	……	……	↓	……
コンヤ Konya	8:28	10:18	11:38	13:19	15:20	12:38	……	17:04	19:48	18:10	……	……	……	……	23:03	……	……	0:21	……

主要駅間のYHT片道運賃（エコノミー／ビジネス）

	エスキシェヒル	アンカラ	コンヤ
イスタンブール（バクルキョイ／ハルカル）	53TL/77TL	80TL/116TL	95TL/138TL
イスタンブール（ボスタンジュ／ソユトリュチェシュメ）	46TL/67TL	71TL/103TL	86TL/125TL
エスキシェヒル		31TL/45TL	39.50TL/57.50TL
アンカラ			31TL/45TL

主要列車時刻表

高速列車YHT(毎日運行)イスタンブール→アンカラ・コンヤ方面

便名	81001	81051	81202	81301	81003	81005	81204	81206	81208	81303	81210	81055	81013	81212	81015	81214	81305	81216
コンヤ **Konya**	……	……	6:30	7:00	……	……	9:10	11:00	12:30	13:20	14:30	……	……	16:00	……	18:00	18:50	21:10
ポラットル Polatlı	……	……	7:36	↓	……	……	↓	12:06	13:36	↓	↓	……	……	17:06	……	↓	↓	22:16
スィンジャン Sincan	……	……	8:01	↓	……	……	10:37	12:31	14:01	↓	15:57	……	……	17:31	……	19:27	↓	22:41
…… **アンカラ** **Ankara**	……	……	8:17	↓	……	……	10:53	12:47	14:17	↓	16:13	……	……	17:47	……	19:43	↓	22:57
アンカラ **Ankara**	6:00	6:20	……	↓	8:10	10:10	81007 12:40	81009 14:20	……	↓	81011 16:25	15:45	17:40	81057 18:20	19:25	81059 20:55	↓	……
エルヤマン Eryaman	6:18	6:38	……	↓	8:28	10:28	12:58	14:38	……	↓	16:43	16:03	17:58	18:38	19:43	21:13	↓	……
ポラットル Polatlı	6:44	7:02	……	↓	↓	10:51	↓	15:01	……	↓	↓	16:27	18:21	19:02	↓	21:37	↓	……
エスキシェヒル **Eskişehir**	7:31	7:47	……	8:50	9:40	11:41	14:08	15:52	……	15:05	17:53	17:12	19:11	19:47	20:53	22:22	20:35	……
ボズュユク Bozüyük	7:47	……	……	9:06	↓	11:57	↓	16:09	……	15:21	↓	……	19:27	……	↓	……	20:51	……
ビレジッキ Bilecik	8:09	……	……	9:28	↓	12:19	↓	16:31	……	15:43	↓	……	19:49	……	↓	……	21:13	……
アリィフィエ Arifiye	9:12	……	……	10:31	↓	13:22	↓	17:34	……	16:46	↓	……	20:52	……	22:29	……	22:16	……
イズミット İzmit	9:34	……	……	10:53	11:41	13:44	16:05	17:56	……	17:08	19:50	……	21:14	……	22:51	……	22:38	……
ゲブゼ Gebze	10:05	……	……	11:24	↓	14:15	↓	18:27	……	17:39	↓	……	21:45	……	23:22	……	23:09	……
ペンディッキ Pendik	10:26	……	……	11:49	12:32	14:35	16:56	18:48	……	17:59	20:48	……	22:06	……	23:43	……	23:30	……
イスタンブール ボスタンジュ Bostancı	10:44	……	……	12:09	12:52	14:54	17:16	19:06	……	18:19	21:08	……	22:26	……	0:03	……	23:50	……
イスタンブール **ソユトリュチェシュメ** **Söğütlüçeşme**	10:57	……	……	12:17	13:05	15:02	17:24	19:20	……	18:28	21:21	……	22:34	……	0:11	……	0:03	……
イスタンブール バクルキョイ Bakırköy	11:25	……	……	……	……	……	……	……	……	……	21:49	……	……	……	……	……	0:31	……
イスタンブール ハルカル Haklakı	11:39	……	……	……	……	……	……	……	……	……	22:03	……	……	……	……	……	0:45	……

その他の国内線

列車名	設備	おもな停車駅							運賃
ギュネイ／クルタラン・エクスプレスィ Güney / Kurtalan Ekspresi		アンカラ Ankara	カイセリ Kayseri	スィワス Sivas	マラテヤ Malatya	ディヤルバクル Diyarbakır	バトマン Batman	クルタラン Kurtalan	アンカラ～ディヤルバクル 45TL
		月水木金土11:00→	月水木金土17:50→	月水木金土21:25→	火木金土日2:19→	火木金土日7:28→	火木金土日9:18→	火木金土日10:35着	
		月火木土日7:22着	←月火木土日0:29	←月水金土日20:52	←月水金土日16:45	←月水金土日11:11	←月水金土日9:22	←月水金土日8:00	
ワンギョリュ・エクスプレスィ Vangölü Ekspresi		アンカラ Ankara	カイセリ Kayseri	スィワス Sivas	マラテヤ Malatya	エラズー Elazığ	ムシュ Muş	タトワン Tatvan	アンカラ～タトワン 47TL
		火日11:00→	火日17:55→	火日21:25→	月水1:54→	月水4:39→	月水9:05→	月水11:16着	
		水金7:22着	←水金0:29	←火木20:52	←火木16:45	←火木14:01	←火木9:26	←火木7:55	
ドウ・エクスプレスィ Doğu Ekspresi		アンカラ Ankara	カイセリ Kayseri	スィワス Sivas	ディヴリイ Divriği	エルズィンジャン Erzincan	エルズルム Erzurum	カルス Kars	アンカラ～カルス 47TL
		毎日18:00→	毎日0:39→	毎日4:13→	毎日7:16→	毎日10:26→	毎日14:22→	毎日18:33着	
		毎日8:22着	←毎日1:38	←毎日22:06	←毎日19:03	←毎日15:58	←毎日12:05	←毎日8:00	
イズミル・マーヴィ・トレニ İzmir Mavi Treni		アンカラ Ankara	スィンジャン Sincan	ポラットル Polatlı	エスキシェヒル Eskişehir	キュタフヤ Kütahya	マニサ Manisa	イズミル İzmir	アンカラ～イズミル 51.50TL
		毎日19:00→	毎日19:19→	毎日20:00→	毎日22:06→	毎日23:32→	毎日8:08着	毎日9:36着	
		毎日8:37着	←毎日8:21	←毎日7:38	←毎日5:35	←毎日4:02	←毎日19:30	←毎日18:05	

列車名	設備	おもな停車駅			運賃
コンヤ・マーヴィ・トレニ Konya Mavi Treni		イズミル İzmir	アフヨン Afyon	コンヤ Konya	イズミル～コンヤ 43TL
		毎日20:15→	毎日4:24→	毎日8:37着	
		毎日7:15着	←毎日23:31	←毎日19:15	
エルジエス・エクスプレスィ Erciyes Ekspresi		カイセリ Kayseri	ニーデ Niğde	アダナ Adana	カイセリ～アダナ 18.50TL
		毎日7:00→	毎日9:08→	毎日12:32着	
		毎日22:21着	←毎日20:14	←毎日16:30	

列車名	設備	おもな停車駅			運賃
フラト・エクスプレスィ Fırat Ekspresi		アダナ Adana	マラテヤ Malatya	エラズー Elazığ	アダナ～マラテヤ 30TL
		毎日8:35→	毎日15:57→	毎日18:07着	
		毎日17:46着	←毎日10:46	←毎日8:10	
パムッカレ・エクスプレスィ Pamukkale Ekspresi		エスキシェヒル Eskişehir	デニズリ Denizli		エスキシェヒル～デニズリ 35TL
		毎日10:25→	毎日18:51着		
		毎日17:46着	←毎日7:50		

寝台料金

列車名	1人用寝台	2人用寝台	4人用クシェット
イズミル・マーヴィ	112TL	70TL	15TL
コンヤ・マーヴィ	95TL	52TL	10～15TL
ワンギョル・エクスプレスィ、ギュネイ／クルタラン・エスクプレスィ、ドウ・エクスプレスィ	70TL	63.50TL	10～15TL

※2019年5月現在スィワス駅はYHTの延長工事のため、ボスタンカヤBostankaya駅からバスによる代替輸送

バス時刻表索引

000はP.64～83のバス時刻表番号と対応しています

000はP.64～83のバス時刻表番号と対応しています

●バス時刻表索引

000 はP.64～83のバス時刻表番号と対応しています

主要都市間バス時刻表

◀000▶ はP62-63の時刻表番号番号と対応しています

イスタンブール

イスタンブール ◀001▶ エディルネ

所要:約2時間30分(高速道路)〜3時間30分(一般道経由)　運賃55TL

メトロ Metro	イスタンブール発　4:45〜23:00の15分〜1時間に1便
	エディルネ発　5:15, 8:00〜22:15の30分〜1時間に1便
ニリュフェル Nilüfer	イスタンブール発　5:00〜24:00の1〜2時間に1便
	エディルネ発　5:00〜22:30の1〜2時間に1便

イスタンブール ◀002▶ ブルサ

所要:約3時間　運賃50〜60TL

ニリュフェル Nilüfer	イスタンブール発　6:00〜22:30の1〜2時間に1便
	ブルサ発　24時間運行、1〜2時間に1便
キャーミル・コチ Kâmil Koç	イスタンブール発　24時間運行、1時間に1〜3便
	ブルサ発　24時間運行、1時間に1〜3便
メトロ Metro	イスタンブール発　6:30〜翌1:50の1時間に2〜4便
	ブルサ発　8:00〜翌1:00の1時間に1〜2便, 3:30
ウルダー Uludağ	イスタンブール発　7:00〜22:30の1時間30分に1便
	ブルサ発　10:30〜21:30の1〜2時間に1便, 2:45

サビハ・ギョクチェン空港 ◀003▶ ブルサ

所要:約1時間30分　運賃40TL

ブルラシュ Bululaş	サビハ・ギョクチェン空港発　7:15〜翌1:15の1時間に1〜2便
	ブルサ発　5:30〜22:00の1時間に1〜2便、3:00, 4:00, 4:45

イスタンブール ◀004▶ チャナッカレ

所要:約6時間　運賃75〜82TL

パムッカレ Pamukkale Turizm	イスタンブール発　7:30〜18:00の1時間に1〜2便 23:00, 24:00, 1:00, 2:30
	チャナッカレ発　7:15〜翌3:00の1時間に1〜2便
メトロ Metro	イスタンブール発　8:15, 9:30, 13:00, 18:00, 1:00
	チャナッカレ発　10:15, 11:00, 12:15, 13:00, 16:15, 17:00, 0:15, 1:00

イスタンブール ◀005▶ イズミル

所要:8時間〜9時間30分　運賃100〜120TL

ニリュフェル Nilüfer	イスタンブール発　6:00〜翌1:00の1時間に1便
	イズミル発　8:00〜翌3:00の1時間に1便
メトロ Metro	イスタンブール発　7:00〜17:20、19:00〜23:00の1時間に2便程度
	イズミル発　7:00〜17:00の30分〜2時間に1便程度、20:00〜24:00の1時間に1便
キャーミル・コチ Kâmil Koç	イスタンブール発　24時間運行、1時間に1〜2便
	イズミル発　6:30〜翌0:30の1時間に1〜4便 2:00, 3:00, 4:00

イスタンブール ◀006▶ セルチュク

所要:9〜10時間　運賃125〜145TL

キャーミル・コチ Kâmil Koç	イスタンブール発 8:00, 9:30, 13:30, 17:30, 19:00, 21:45, 22:00, 22:35, 23:15, 1:30
	セルチュク発　10:30, 14:00, 19:30, 21:05, 21:30, 22:15, 23:10, 0:15
パムッカレ Pamukkale Turizm	イスタンブール発　8:00, 21:00, 21:35, 23:15, 1:30
	セルチュク発　10:50, 21:30, 23:30, 0:30

イスタンブール ◀007▶ ウスパルタ

所要:9〜12時間　運賃115〜125TL

パムッカレ Pamukkale Turizm	イスタンブール発　10:30, 10:55, 20:00, 22:00, 22:30, 24:00, 0:20
	ウスパルタ発　12:30, 21:00, 24:00
キャーミル・コチ Kâmil Koç	イスタンブール発　6:00, 8:30, 11:30, 13:30, 15:00, 20:30, 22:00, 23:00, 2:30, 4:30
	ウスパルタ発　8:00, 10:30, 12:30, 15:30, 20:00, 21:30, 22:30, 24:00, 0:30
ウスパルタ・ペトロル Isparta Petrol	イスタンブール発　20:30, 20:50, 21:00, 21:20, 22:00, 22:20
	ウスパルタ発　21:00, 22:00, 23:00

イスタンブール ◀008▶ エイルディル

所要:10〜11時間　運賃125TL

ウスパルタ・ペトロル Isparta Petrol	イスタンブール発　22:00, 22:20
	エイルディル発　21:00

イスタンブール ◀009▶ デニズリ

所要9時間30分〜12時間30分　運賃130〜140TL

パムッカレ Pamukkale Turizm	イスタンブール発　9:30〜13:45、19:30〜翌0:30の1時間に1〜2便 2:00, 3:00, 4:30
	デニズリ発　7:00〜17:00の1〜2時間に1便、21:00〜翌0:30の1時間に1〜2便 3:00
キャーミル・コチ Kâmil Koç	イスタンブール発　5:00, 8:45, 9:15, 11:15, 13:00, 18:30, 19:30, 21:00, 22:00, 22:45, 23:00, 23:30
	デニズリ発　6:00, 7:00, 9:00, 10:00, 10:30, 12:00, 15:30, 19:30, 21:00, 22:00, 23:00

※発車時刻および運賃は2019年春の調査時のものであり、しばしば変更されます。所要時間については巻頭の折込地図裏側もご参照ください。◀000▶ はP.62-63の時刻表番号と対応しています。

イスタンブール ◀010▶ ボドルム
所要:約13時間　運賃140～160TL

パムッカレ Pamukkale Turizm	イスタンブール発 7:00, 11:00, 13:00, 20:00, 21:15, 22:00, 23:05, 0:15 ボドルム発 10:00, 11:30, 13:00, 18:00, 21:00, 22:00, 23:30
キャーミル・コチ Kâmil Koç	イスタンブール発 6:00, 11:00, 16:00, 20:00, 20:45, 21:46, 22:46, 2:00 ボドルム発 8:00, 11:00, 13:30, 19:00, 20:00, 21:00, 22:00, 23:30

イスタンブール ◀011▶ マルマリス
所要:約13時間　運賃150～170TL

パムッカレ Pamukkale Turizm	イスタンブール発 9:00, 12:30, 16:00, 18:00, 21:30, 22:35, 23:30 マルマリス発 9:00, 13:30, 18:00, 19:30, 21:00, 23:00, 24:00
キャーミル・コチ Kâmil Koç	イスタンブール発 7:30, 10:00, 15:00, 18:00, 19:30, 22:30, 23:45 マルマリス発 9:30, 12:30, 15:30, 18:30, 20:00, 21:00, 22:00, 24:00

イスタンブール ◀012▶ カシュ
所要:約16時間　運賃182TL

パムッカレ Pamukkale Turizm	イスタンブール発 20:00 カシュ発 18:30
キャーミル・コチ Kâmil Koç	イスタンブール発 20:15, 21:00 カシュ発 18:30,19:30

イスタンブール ◀013▶ アンタルヤ
所要:約12時間　運賃150TL

パムッカレ Pamukkale Turizm	イスタンブール発 10:30, 19:00, 20:00, 21:00, 22:00, 23:00, 24:00 アンタルヤ発 10:00, 18:30, 19:30, 21:00, 22:00, 23:00, 24:00
メトロ Metro	イスタンブール発 10:00, 18:00, 18:30, 20:00, 21:00, 21:45, 22:00, 23:20, 24:00 アンタルヤ発 12:00, 18:00, 19:00, 20:00, 23:00, 24:00
キャーミル・コチ Kâmil Koç	イスタンブール発 24時間運行、30分～1時間30分に1便 アンタルヤ発 5:30, 7:30, 9:30～翌4:30の30分～1時間30分に1便

イスタンブール ◀014▶ アダナ
所要:約16時間　運賃130～150TL

アス・アダナ As Adana	イスタンブール発 17:00, 23:00, 24:00 アダナ発 9:00, 17:00, 21:00
オズカイマック Özkaymak	イスタンブール発 11:00 21:00, 24:00, 0:15 アダナ発 6:00, 16:00, 1:30

イスタンブール ◀015▶ アンタクヤ
所要:16～17時間　運賃140～160TL

ハス Has Turizm	イスタンブール発 17:30, 19:30, 21:30, 23:30 アンタクヤ発 13:00, 16:00, 19:30
ハタイ・ヌル Hatay Nur	イスタンブール発 14:00, 19:30 アンタクヤ発 14:30, 19:30

イスタンブール ◀016▶ ネヴシェヒル
所要:12～17時間　運賃130～140TL

ネヴシェヒル Nevşehir Seyahat	イスタンブール発 9:00, 20:30, 21:00 ネヴシェヒル発 9:00, 20:00, 21:00
キャーミル・コチ Kâmil Koç	イスタンブール発 5:00, 21:00, 22:00 ネヴシェヒル発 8:00, 15:00, 20:30, 21:00
オンジュ Öncü Seyahat	イスタンブール発 20:30 ネヴシェヒル発 20:30
メトロ Metro	イスタンブール発 8:00, 21:15, 22:00 ネヴシェヒル発 9:30, 20:30, 21:00

イスタンブール ◀017▶ カイセリ
所要:約11時間30分　運賃140TL

スュハ Süha	イスタンブール発 9:00, 11:00, 19:30, 24:00 カイセリ発 9:00, 13:00, 17:00, 19:00, 23:00
マラテヤ・メディネ Malatya Medine	イスタンブール発 14:00, 18:00, 21:00 カイセリ発 18:00, 21:15, 23:15, 1:30
キャーミル・コチ Kâmil Koç	イスタンブール発 7:00, 9:00, 10:00, 15:00, 17:00, 18:00, 19:30, 20:30, 22:00, 0:15 カイセリ発 9:00, 13:00, 17:00, 19:00, 20:00, 21:00, 22:00, 23:30, 24:00
メトロ Metro	イスタンブール発 5:30, 10:30, 15:30, 16:00, 16:30, 18:00, 19:00, 20:00, 21:00, 22:00, 23:00 カイセリ発 11:00, 13:00, 15:00, 17:00, 19:00, 20:00, 21:00, 22:00, 23:00, 24:00, 1:30

イスタンブール ◀018▶ コンヤ
所要:約10時間　運賃140TL

コントゥル Kontur	イスタンブール発 19:30, 21:00, 23:00, 23:30 コンヤ発 19:00, 21:00, 23:00
キャーミル・コチ Kâmil Koç	イスタンブール発 8:00, 9:00, 11:00, 21:00, 21:30, 23:00, 24:00, 1:00 コンヤ発 8:30, 10:00, 12:00, 13:30, 19:30, 21:30, 23:30
オズカイマック Özkaymak	イスタンブール発 11:00, 17:30, 19:00, 21:00, 22:00, 22:30, 24:00 コンヤ発 5:30, 8:00, 12:30, 20:00, 22:00, 24:00

イスタンブール ◀019▶ アンカラ
所要:約6時間　運賃70～95TL

キャーミル・コチ Kâmil Koç	イスタンブール発 24時間運行、30分～1時間に1便 アンカラ発 24時間運行、1時間に1便程度
パムッカレ Pamukkale Turizm	イスタンブール発 6:00, 8:00～17:00の毎正時, 18:30, 23:00～翌2:00の30分おき アンカラ発 8:00～19:00の毎正時 22:00, 23:00～翌1:00の30分おき 2:00
メトロ Metro Turizm	イスタンブール発 24時間運行、30分～1時間に1便 アンカラ発 24時間運行、30分～1時間に1便

※掲載している便は主要会社の一部の路線です。ほかにも同一路線で複数の会社が運行している場合があります。
特に記述のない限り各都市のオトガル（長距離バスターミナル）発の出発時刻です

イスタンブール

イスタンブール ◀020▶ スィワス
所要:約13時間　運賃150TL

オズ・スィワス Öz Sivas	イスタンブール発	17:30, 21:30
	スィワス発	12:30, 16:00, 17:00
オズ・フズル Öz Huzur	イスタンブール発	17:30, 19:30, 21:30
	スィワス発	17:00, 19:00, 21:00
キャーミル・コチ Kâmil Koç	イスタンブール発	10:30, 16:00, 17:30, 19:15, 20:30, 21:30
	スィワス発	9:30, 14:30, 17:00, 18:30, 19:30, 20:30, 21:30
メトロ Metro	イスタンブール発	17:00, 19:30, 21:15, 23:45
	スィワス発	10:00, 17:00, 19:30, 21:30

イスタンブール ◀021▶ サフランボル
所要:約7時間　運賃80〜100TL

キャーミル・コチ Kâmil Koç	イスタンブール発	5:00, 6:30, 9:00, 10:30, 12:30, 14:00, 15:30, 17:30, 18:30, 23:00, 24:00
	サフランボル発	7:00, 9:35, 12:05, 13:00, 14:00, 15:30, 17:00, 18:00, 19:00, 20:00, 22:00, 23:00, 24:00
メトロ Metro	イスタンブール発	7:00, 13:00, 16:15, 19:00, 23:00, 24:00
	サフランボル発	9:00, 10:45, 12:30, 12:45, 15:30, 18:30, 23:30, 2:30
ウルソイ Ulusoy	イスタンブール発	13:00, 24:00
	サフランボル発	12:15, 23:15
サフラン Safran	イスタンブール発※	10:30, 22:30, 23:30
	サフランボル発	10:45, 12:15, 12:30, 23:30

※ハレム・ガラジュ発着

アンカラ

アンカラ ◀022▶ ブルサ
所要:約5時間　運賃49〜83TL

ニリュフェル Nilüfer	アンカラ発	10:00, 11:30, 13:00, 15:00, 16:30, 18:00
	ブルサ発	9:00, 10:00, 11:00, 13:00, 17:00, 18:30, 1:00, 2:01
キャーミル・コチ Kâmil Koç	アンカラ発	7:00〜翌2:30の15分〜1時間に1便 4:30, 5:30
	ブルサ発	6:00, 8:00〜翌3:00の15分〜1時間に1便
メトロ Metro	アンカラ発	16:30, 21:00, 23:00, 23:59, 1:30, 2:30, 3:00, 3:45
	ブルサ発	10:00, 11:00, 12:00, 15:30, 17:30, 19:00, 21:00, 23:59
パムッカレ Pamukkale	アンカラ発	8:00〜19:30の30分〜1時間に1便 21:00, 22:00, 23:00, 23:59, 1:00
	ブルサ発	6:00, 7:30, 9:00, 10:30, 12:00〜17:00の毎正時 18:30, 1:00, 1:30, 2:00, 3:00
ウルソイ Ulusoy	アンカラ発	2:30
	ブルサ発	19:00
ウルダー Uludağ	アンカラ発	10:30, 12:30, 14:30, 18:30
	ブルサ発	11:15, 0:30, 2:30

アンカラ ◀023▶ イズミル
所要:約8時間　運賃84〜98TL

キャーミル・コチ Kâmil Koç	アンカラ発	7:30〜16:30の1時間に1便 18:00, 19:30, 21:00, 22:45, 23:00, 23:05, 0:31, 1:00, 1:05, 2:00, 3:30
	イズミル発	7:00〜翌2:00の1時間に1便 4:00
パムッカレ Pamukkale Turizm	アンカラ発	7:30〜18:30の1時間に1便 22:30, 23:00, 23:59, 0:30
	イズミル発	6:30 8:00〜15:00の1時間に1便 21:00, 22:30, 23:30, 23:59, 0:30, 1:00, 4:00
メトロ Metro	アンカラ発	7:00, 12:00, 23:00, 23:59, 0:30
	イズミル発	11:30, 21:00, 23:59
ニリュフェル Nilüfer	アンカラ発	11:00, 13:30, 23:00, 23:59
	イズミル発	10:00, 12:00, 23:00, 23:59

アンカラ ◀024▶ セルチュク
所要:約9時間　運賃89TL

キャーミル・コチ Kâmil Koç	アンカラ発	9:00, 15:30, 23:00
	セルチュク発	9:30, 18:20, 22:00

アンカラ ◀025▶ デニズリ
所要:約6〜7時間　運賃72〜90TL

パムッカレ Pamukkale Turizm	アンカラ発	7:00〜11:00の1時間に1便 12:30, 14:00, 16:00, 18:30, 21:00, 22:00, 23:00, 23:59, 0:30
	デニズリ発	8:00, 10:00, 12:30, 13:00, 13:30, 15:30, 16:30, 23:30, 23:59, 0:30, 1:00, 1:30, 2:00
キャーミル・コチ Kâmil Koç	アンカラ発	9:00, 10:05, 11:01, 12:30, 15:00, 16:00, 18:30, 20:30, 21:30, 21:31, 22:02, 22:30, 23:00, 23:30, 23:59
	デニズリ発	6:30, 10:30, 12:30, 13:00, 14:00, 15:30, 16:30, 17:00, 18:00, 18:30, 19:30, 21:00, 23:30, 23:59, 0:30, 1:30, 3:00

アンカラ ◀026▶ フェティエ
所要:約10時間　運賃80〜115TL

キャーミル・コチ Kâmil Koç	アンカラ発	22:00, 23:00
	フェティエ発	22:00, 23:00
パムッカレ Pamukkale Turizm	アンカラ発	21:30
	フェティエ発	22:00

アンカラ ◀027▶ アンタルヤ
所要:約8時間　運賃75〜87TL

キャーミル・コチ Kâmil Koç	アンカラ発	8:00, 10:00, 11:00, 12:00, 14:00, 15:01, 16:31, 17:30, 19:00, 20:00, 22:04〜翌2:00の1時間に1〜2便
	アンタルヤ発	6:00〜12:00の1時間に1便 13:30, 15:00, 17:01, 17:30, 18:31, 21:01〜翌0:30の1時間に1便
パムッカレ Pamukkale Turizm	アンカラ発	9:00, 10:30, 12:00,16:00, 23:00, 23:59
	アンタルヤ発	8:30, 11:30, 14:00, 22:00, 23:00, 23:59
メトロ Metro	アンカラ発	6:00, 13:00, 23:00, 23:30, 0:15
	アンタルヤ発	8:00, 16:00, 19:00, 22:00, 23:00
ギュネイ・アクデニズ Güney Akdeniz Seyahat	アンカラ発	13:00, 23:00, 23:59
	アンタルヤ発	13:00, 23:00, 23:59

※発車時刻および運賃は2019年春の調査時のものであり、しばしば変更されます。
所要時間については巻頭の折込地図裏側もご参照ください。 ◀000▶ はP.62-63の時刻表番号と対応しています。

アンカラ 028 アダナ

所要:7時間　運賃60～100TL

リデル・アダナ Lider Adana Seyahat	アンカラ発	9:30, 11:00, 13:00, 15:00, 17:00, 22:00, 23:00, 23:59, 01:00
	アダナ発	9:00, 11:00, 13:00, 15:00, 17:00, 17:30, 22:30, 23:30, 23:59, 0:30, 1:00
メトロ Metro	アンカラ発	6:30, 14:00, 20:30, 22:30, 23:59, 01:00
	アダナ発	14:00, 17:00, 18:00, 21:00, 23:59, 0:30
ハス Has Turizm	アンカラ発	10:00, 12:30, 20:00, 23:00, 23:45, 1:30
	アダナ発	12:30, 17:00, 20:30, 23:00, 23:34, 0:45

アンカラ 029 アンタクヤ

所要:9～10時間　運賃80～90TL

ジェーセーレー CSR Seyahat	アンカラ発	4:30, 10:00, 13:30, 20:00, 22:30, 23:59
	アンタクヤ発	8:30, 11:00, 15:30, 21:00, 22:00, 22:30
ハス Has Turizm	アンカラ発	10:00, 12:30, 20:00, 21:30, 22:30, 23:00, 23:45
	アンタクヤ発	8:30, 13:45, 16:45, 20:00, 21:00, 22:30, 23:00
ハタイ・ヌル Hatay Nur	アンカラ発	14:30, 21:30
	アンタクヤ発	14:30, 22:00
メトロ Metro	アンカラ発	22:30, 23:59
	アンタクヤ発	13:00, 17:00

アンカラ 030 ネヴシェヒル

所要:4～5時間　運賃48～60TL

ネヴシェヒル Nevşehir Seyahat	アンカラ発	7:30, 9:00, 11:00, 13:00, 15:00, 18:30, 20:00, 1:00
	ネヴシェヒル発	8:00, 9:00, 11:00, 13:00, 14:00, 17:00, 18:30, 20:30, 1:00
メトロ Metro	アンカラ発	15:30
	ネヴシェヒル発	9:30, 21:00

アンカラ 031 カイセリ

所要:約4時間30分　運賃40～60TL

キャーミル・コチ Kâmil Koç	アンカラ発	5:30～20:00の1時間に1便 0:30, 2:00, 3:00, 4:00
	カイセリ発	5:00～19:00の1時間に1便 21:00, 23:00, 1:00, 2:00, 2:45, 3:30
メディネ Medine Turizm	アンカラ発	9:00, 21:00, 22:00, 23:00, 1:15
	カイセリ発	14:00, 18:00, 21:15, 2:00
スュハ Süha	アンカラ発	7:00, 9:00, 11:00, 13:00, 14:00, 17:00, 18:00, 19:00, 1:45
	カイセリ発	6:00, 9:00, 12:00, 13:00, 15:00, 17:00, 18:00, 1:00, 2:00
メトロ Metro	アンカラ発	5:30, 8:30, 10:00, 12:00, 13:30, 14:30, 17:00, 18:10, 22:00, 1:45
	カイセリ発	10:00, 11:00, 13:00, 17:00, 18:30, 1900, 20:00, 21:00, 21:30, 23:59, 2:30, 4:30

アンカラ 032 コンヤ

所要:約3時間30分　運賃45～50TL

オズカイマック Özkaymak	アンカラ発	6:00～10:00の1時間に1便 10:30, 14:00, 15:00, 19:00, 20:00, 23:00, 23:59, 1:00
	コンヤ発	5:00, 5:30, 7:00, 9:30, 14:00, 15:00, 16:00, 18:00, 20:00, 1:00, 2:00, 4:00
コントゥル Kontur	アンカラ発	9:00, 13:00, 15:00, 23:59
	コンヤ発	6:00, 16:00, 19:31, 4:00
キャーミル・コチ Kâmil Koç	アンカラ発	5:00, 5:30, 6:00, 10:30, 14:00, 16:30, 3:30, 4:30
	コンヤ発	5:00, 5:15, 5:30, 6:00, 7:00, 7:30, 8:00, 8:30, 10:00～20:00の1時間に1便
メトロ Metro	アンカラ発	10:00, 14:00, 15:00, 16:00, 17:30, 19:00, 21:00, 23:00, 3:00, 3:15
	コンヤ発	3:00～23:59の30分～1時間に1便

アンカラ 033 エスキシェヒル

所要:3～4時間　運賃30～33TL

メトロ Metro	アンカラ発	7:30, 16:30, 23:00, 1:30, 3:00, 3:45, 4:30
	エスキシェヒル発	12:30, 16:45, 18:00, 20:15, 23:45

アンカラ 034 カマン

所要:約1時間45分　運賃30～33TL

メトロ Metro	アンカラ発	8:00, 10:00, 12:00, 14:00, 16:00, 18:30
	カマン発	7:30, 10:00, 12:00, 14:00, 16:00, 18:00

アンカラ 035 スングルル、チョルム

所要:約3時間（スングルル）約4時間（チョルム）　運賃30～50TL

メトロ Metro	アンカラ発	4:00～11:30の1時間に1便 13:30, 15:00, 16:00, 18:00 18:30 23:58, 1:00 1:30, 2:15
	チョルム発	8:40～14:30の1時間に1便 16:00, 17:00, 17:30 19:00, 19:35, 22:00
キャーミル・コチ Kâmil Koç	アンカラ発	24時間運行、15分～2時間に1便程度
	チョルム発	24時間運行、15分～2時間に1便程度

アンカラ 036 ヨズガット

所要:約3時間30分　運賃45～50TL

イェニ・セス Yeni Ses Turizm	アンカラ発	5:00, 6:00, 8:30, 10:00, 10:30, 16:00
	ヨズガット発	10:00, 11:30, 13:45, 19:45, 20:30, 21:00, 21:15, 23:59
メトロ Metro	アンカラ発	6:30, 7:30, 8:30, 9:45, 11:30, 13:30, 17:00
	ヨズガット発	9:30, 11:30, 12:15, 14:00, 16:15, 18:15, 19:30, 20:30

※掲載している便は主要会社の一部の路線です。ほかにも同一路線で複数の会社が運行している場合があります。
特に記述のない限り各都市のオトガル（長距離バスターミナル）発の出発時刻です

アンカラ ◀037▶ スィワス

所要:約7時間　運賃70TL

キャーミル・コチ Kâmil Koç	アンカラ発	5:30, 8:30, 12:30, 16:30, 19:00, 23:30, 23:59, 1:00, 3:30
	スィワス発	7:30, 9:30, 11:00, 13:00, 16:00, 17:00, 19:00, 20:00, 21:31, 23:59
オズ・フズル Öz Huzur	アンカラ発	12:30, 16:30, 24:00, 1:00, 3:00
	スィワス発	8:30, 13:00, 16:00, 18:30, 24:00
メトロ Metro	アンカラ発	6:00, 8:30, 10:00, 1:30, 2:30
	スィワス発	10:00, 16:00, 17:00, 17:30, 23:58, 2:00

アンカラ ◀038▶ マラテヤ

所要:約10時間　運賃90〜100TL

ザフェル Zafer	アンカラ発	8:00, 21:30, 23:00
	マラテヤ発	9:30, 21:00 21:30
メディネ Medine Turizm	アンカラ発	8:00, 21:00, 22:00, 23:00, 1:30
	マラテヤ発	9:00, 13:00, 16:00, 20:30, 21:00
ベイダー Beydağı	アンカラ発	8:00, 21:30, 1:30
	マラテヤ発	9:30, 14:00, 21:00

アンカラ ◀039▶ アドゥヤマン

所要:11時間30分〜12時間30分　運賃100TL

アドゥヤマン・ユナル Adıyaman Ünal	アンカラ発	18:30, 20:30
	アドゥヤマン発	12:00, 17:00, 19:00, 19:30
キャフタ・ペトロル Kâhta Petrol	アンカラ発	19:00, 23:59
	アドゥヤマン発	13:00, 17:00

アンカラ ◀040▶ シャンルウルファ

所要:12時間30分〜13時間30分　運賃100〜120TL

アストル Astor	アンカラ発	6:59, 12:30, 18:30, 21:00, 1:01
	シャンルウルファ発	10:00, 18:30, 20:30, 21:30
ウルファ・ジェスール Urfa Cesur	アンカラ発	6:58, 11:00, 24:30, 3:30
	シャンルウルファ発	13:00, 16:00, 18:30, 20:30
タトゥルセス Tatlıses Turizm	アンカラ発	19:00, 21:00, 22:30, 23:58
	シャンルウルファ発	17:00, 18:30, 20:30

アンカラ ◀041▶ ガズィアンテップ

所要:約9時間30分　運賃85〜120TL

セチ Seç	アンカラ発	9:00, 13:00, 21:00, 23:00, 1:00
	ガズィアンテップ発	7:30, 11:00, 15:00, 21:00, 21:30, 22:30
ベン Ben Turizm	アンカラ発	12:30, 21:00, 22:00, 23:00, 1:00, 1:30, 4:00
	ガズィアンテップ発	10:30, 13:00, 17:00, 19:30, 20:00, 21:00, 22:00, 22:30
アストル Astor Seyahat	アンカラ発	6:00, 6:59 12:30, 18:30, 21:00, 22:00, 22:00, 23:00, 1:01
	ガズィアンテップ発	10:00, 15:00, 17:30, 18:30, 20:30, 21:30

アンカラ ◀042▶ ディヤルバクル

所要:14〜17時間　運賃110〜140TL

ハス・ディヤルバクル Has Diyarbakır	アンカラ発	なし
	ディヤルバクル発	14:00
スタル・ディヤルバクル Star Diyarbakır	アンカラ発	18:00, 21:00, 21:29, 23:58
	ディヤルバクル発	13:30, 14:30, 16:30, 18:30
オズ・ディヤルバクル Öz Diyarbakır	アンカラ発	18:00, 21:00, 22:30
	ディヤルバクル発	14:30, 15:00, 18:30, 20:30
オズレム・ディヤルバクル Özlem Diyarbakır	アンカラ発	18:00, 20:30, 21:30, 23:00, 1:30
	ディヤルバクル発	11:58, 16:00, 18:30, 20:00

アンカラ ◀043▶ ワン

所要:約19時間　運賃150〜160TL

ベスト・ワン Best Van Tur	アンカラ発	17:00, 20:00
	ワン発	13:00
キャーミル・コチ Kâmil Koç	アンカラ発	13:00, 18:31
	ワン発	10:00, 12:00, 16:30
オズ・エルジシュ Öz Erciş Seyahat	アンカラ発	10:00, 17:55, 18:00
	ワン発	9:00, 15:30
ワン・ギョリュ Van Gölü	アンカラ発	10:00, 13:00, 17:30, 20:00
	ワン発	10:30, 12:00, 17:00
メトロ Metro	アンカラ発	10:00, 18:10
	ワン発	10:30, 12:01, 15:30

アンカラ ◀044▶ エルズルム

所要:13時間〜14時間30分　運賃90〜100TL

エサダシュ Esadaş	アンカラ発	16:30, 18:30, 19:00, 20:00, 22:00, 24:00, 3:30
	エルズルム発	10:00, 13:00, 14:30, 19:00, 20:30
キャーミル・コチ Kâmil Koç	アンカラ発	19:00, 24:00
	エルズルム発	13:00, 14:30, 19:00

アンカラ ◀045▶ サフランボル

所要:約3時間　運賃30〜39TL

サフラン Safran	アンカラ発	8:15, 11:15, 13:30, 15:30, 16:00, 18:00
	サフランボル発	4:30, 8:00, 10:00, 11:30, 14:00, 17:30
メトロ Metro	アンカラ発	6:30, 12:30, 14:00, 20:30
	サフランボル発	4:30, 6:30, 9:00, 12:30, 15:00, 20:00, 23:30
キャーミル・コチ Kamil Koç	アンカラ発	6:30〜11:30と13:00〜17:00の1の時間に1便 19:30 21:30 23:59, 1:30
	サフランボル発	7:00〜12:00の1時間に1便 12:30, 21:00, 23:55, 4:30

※発車時刻および運賃は2019年春の調査時のものであり、しばしば変更されます。
所要時間については巻頭の折込地図裏側もご参照ください。◀000▶ はP.62-63の時刻表番号と対応しています。

アンカラ

所要:約2時間45分　アンカラ 046 カラビュック　運賃35～39TL

メトロ Metro	アンカラ発	6:30, 12:30, 14:00, 20:30
	カラビュック発	5:00, 7:00, 8:30, 9:30, 10:45, 13:00, 20:30, 0:30
キャーミル・コチ Kâmil Koç	アンカラ発	6:30～11:30, 13:00～17:00の1時間に1便 17:00, 19:00, 19:30, 21:30, 23:59, 1:30
	カラビュック発	5:00, 7:30, 8:30, 9:30, 11:30, 12:30, 13:00～20:00の1時間に1便 21:30, 24:30

所要:約4時間　アンカラ 047 カスタモヌ　運賃35～50TL

メトロ Metro	アンカラ発	7:30, 9:30, 13:30, 18:30, 22:00
	カスタモヌ発	5:00, 10:30, 17:30, 18:00, 22:15, 2:00
カスタモヌ・オズレム Kastamonu Özlem	アンカラ発	7:30, 10:00, 12:00, 14:30, 17:00, 23:55
	カスタモヌ発	5:00, 9:45, 12:00, 15:00, 17:30, 2:00

所要:約6時間　アンカラ 048 トカット　運賃45～90TL

トカット・セヤハット Tokat Seyahat	アンカラ発	12:30, 17:30, 23:00, 24:00, 1:30, 2:30
	トカット発	9:00, 14:00, 15:00, 18:00, 23:31, 0:30
トプチャム Topçam	アンカラ発	5:45, 9:00, 12:30, 17:30, 23:00
	トカット発	9:00, 12:00, 14:00, 18:00, 23:30, 0:30

所要:約5時間　アンカラ 049 アマスヤ　運賃50～70TL

ミス・アマスヤ Mis Amasya	アンカラ発	10:30, 14:30, 18:00, 23:58, 1:30, 4:30
	アマスヤ発	7:00, 10:00, 15:30, 17:00, 18:00, 24:00
トカット・セヤハット Tokat Seyahat	アンカラ発	9:00, 12:30, 17:30, 23:59
	アマスヤ発	10:00, 15:00, 19:00
トプチャム Topçam	アンカラ発	5:45, 9:00, 12:30, 17:30, 24:00
	アマスヤ発	10:00, 13:00, 16:00, 19:30

所要:11時間30分～14時間　アンカラ 050 トラブゾン　運賃85～110TL

キャーミル・コチ Kâmil Koç	アンカラ発	19:00, 20:00, 1:00, 1:15, 1:30, 2:45
	トラブゾン発	11:00, 12:30, 14:00, 16:00, 16:30, 17:30, 18:30, 20:00
メトロ Metro	アンカラ発	7:30, 9:30, 20:00, 21:00, 23:00, 23:58, 1:00, 2:15
	トラブゾン発	8:00, 10:00, 11:00, 12:30, 17:00, 19:00, 20:00
ウルソイ Ulusoy	アンカラ発	7:30, 7:45, 18:00, 18:15, 20:00, 20:15, 22:00, 22:15, 23:30, 23:45, 1:00, 1:15
	トラブゾン発	11:00, 12:00, 17:00, 20:30
カンベルオウル Kanberoğlu	アンカラ発	19:00, 22:00, 0:30
	トラブゾン発	10:00, 12:00, 19:00
リュクス・カラデニズ Lüks Karadeniz	アンカラ発	17:00, 19:00
	トラブゾン発	12:00, 17:00, 19:00, 21:00
ドウ・カラデニズ Doğu Karadeniz	アンカラ発	19:30
	トラブゾン発	21:00

イスタンブール近郊

エディルネ発着路線

所要:約4時間　エディルネ 051 チャナッカレ　運賃60～65TL

チャナッカレ・トゥルワ Çanakkale Truva	エディルネ発	10:00, 19:00
	チャナッカレ発	7:00, 14:00, 3:00
メトロ Metro	エディルネ発	10:00, 22:00
	チャナッカレ発	16:00, 3:15

※直通便は少なく、多くの場合が夜半から早朝にかけての発着となるが、途中にあるケシャンKeşanのオトガルで乗り継いで行くこともできる。この場合は日中の無理がない時間での移動が可能。ただし、運行会社が異なるのでチケットは通しで買うことができない。エディルネ～ケシャン線は以下の時刻表052番を参照、ケシャン～チャナッカレ線はパムッカレPamukkale Turizmやイスタンブール・セヤハットİstanbul Seyahat、メトロMetroなどの便がチャナッカレの港から多発している。運賃は35～42TL、所要2～3時間。

所要:約1時間　エディルネ 052 ケシャン　運賃25TL

ヴォルカン・メトロ Volkan Metro	エディルネ発	6:30～21:15の15～30分に1便
	ケシャン発	6:30～21:15の15～30分に1便

イズニック発着路線

所要:約1時間30分　イズニック 053 ブルサ　運賃15TL

イズニック・ミニビュス İznik Minibüscüler Koop.	イズニック発	5:30～21:00（冬期19:30）に20～30分に1便
	ブルサ発	7:30～23:00（冬期19:30）の20分毎

所要:約1時間　イズニック 054 ヤロワ　運賃15TL

イズニック・ミニビュス İznik Minibüscüler Koop.	イズニック発	6:00, 7:45, 9:00～20:00の毎正時
	ヤロワ発	7:35, 9:10～18:10の1時間毎 19:30, 21:15

※掲載している便は主要会社の一部の路線です。ほかにも同一路線で複数の会社が運行している場合があります。
特に記述のない限り各都市のオトガル（長距離バスターミナル）発の出発時刻です

イスタンブール近郊

ブルサ発着路線

所要:約5時間　ブルサ ◀055▶ イズミル　運賃40～55TL

ニリュフェル Nilüfer	ブルサ発　8:00～翌2:00の1時間に1便程度
	イズミル発　9:00～翌4:30の1時間に1便程度 1:00, 2:00, 4:00
パムッカレ Pamukkale	ブルサ発　9:00～翌3:00の1時間に1便程度
	イズミル発　9:00～翌3:00の1時間に1～2便
キャーミル・コチ Kâmil Koç	ブルサ発　5:00～翌2:45の1時間に1便程度
	イズミル発　7:00～翌4:00の1時間に1便程度
メトロ Metro	ブルサ発　9:00～翌3:30の1時間に1便程度
	イズミル発　7:00～19:00の1時間に1便程度 23:00, 2:00

所要:約5時間　ブルサ ◀056▶ チャナッカレ　運賃45TL

キャーミル・コチ Kâmil Koç	ブルサ発　5:30, 18:30, 23:00, 4:30
	チャナッカレ発　14:00, 15:00, 18:00
パムッカレ Pamukkale Turizm	ブルサ発　5:00, 5:30, 6:30, 8:00, 10:00, 12:00, 13:00, 14:00, 16:00, 17:30, 18:30, 19:00, 20:00, 22:30, 2:00
	チャナッカレ発　9:00～18:00の30分～1時間に1便 19:30, 21:00, 22:30, 1:00

所要:約3時間30分　ブルサ ◀057▶ エスキシェヒル　運賃25～33TL

ニリュフェル Nilüfer	ブルサ発　7:00,8:00, 9:00, 9:30, 10:00～19:00の毎正時 21:00, 24:00
	エスキシェヒル発　6:30, 9:00～21:00の30分～1時間に1便 22:30, 2:00
キャーミル・コチ Kâmil Koç	ブルサ発　14:30～23:00の2時間に1～2便
	エスキシェヒル発　2:45, 3:45, 4:45, 5:30, 16:15, 20:15
メトロ Metro	ブルサ発　12:00, 15:30, 17:30, 17:00, 21:00, 22:00, 24:00
	エスキシェヒル発　3:00, 5:45, 6:15, 6:30, 7:00
ウルダー Uludağ	ブルサ発　12:15, 14:15, 19:00, 0:30, 2:30 3:30
	エスキシェヒル発　12:30, 13:30, 15:30, 17:30, 21:30, 1:30

エーゲ海・地中海沿岸

チャナッカレ発着路線

所要:約4時間30分　チャナッカレ ◀058▶ ベルガマ　運賃40～59TL

ウスパルタ・ペトロル Isparta Petrol	チャナッカレ発　8:30, 18:00, 23:30
	ベルガマ発　2:00, 19:45, 23:15
ソマ Soma Seyahat	チャナッカレ発　12:30
	ベルガマ発　なし
アラシェヒル・サルクズ Alaşehir Sarıkız	チャナッカレ発　9:15
	ベルガマ発　14:15

所要:約6時間　チャナッカレ ◀059▶ イズミル　運賃60～65TL

チャナッカレ・トゥルワ Çanakkale Truva	チャナッカレ発　6:00, 9:30, 11:45～16:45の毎時45分 18:45, 23:45, 0:45, 1:15, 2:00
	イズミル発　8:00～翌1:00の1～2時間に1便
メトロ Metro	チャナッカレ発　23:00, 1:00, 2:00
	イズミル発　16:00, 20:00, 23:30
キャーミル・コチ Kâmil Koç	チャナッカレ発　7:30, 9:00, 11:30, 13:30
	イズミル発　8:00, 9:00, 11:00, 13:00, 14:00, 15:30, 17:30, 19:00, 1:00

イズミル発着路線

所要:約2時間　イズミル ◀060▶ ベルガマ　運賃15TL

メトロ・ベルガマ・ギュウェン Metro Bergama Güven Seyahat	イズミル発　6:30～20:15のほぼ30分毎
	ベルガマ発　6:00～19:30のほぼ30分毎
アナドル・ベルガマ・コープ Anadolu Bergama Koop.	イズミル発　6:15～21:00のほぼ30分毎
	ベルガマ発　6:00～20:30のほぼ30分毎

所要:約1時間　イズミル ◀061▶ セルチュク　運賃10TL

セルチュク・エフェス Selçuk Efes Kooperatifi	イズミル発　7:00～22:00の40分毎
	セルチュク発　6:30～23:00の40分毎

所要:約1時間30分　イズミル ◀062▶ クシャダス　運賃15～22TL

パムッカレ Pamukkale Turizm	イズミル発　7:00～21:00の1時間に1便程度 4:30
	クシャダス発　7:00～20:00の毎正時 22:00, 23:20, 0:35
キャーミル・コチ Kâmil Koç	イズミル発　6:30, 7:00～20:00の1時間に1便 0:30, 2:00, 4:30
	クシャダス発　7:30～20:00の1時間に1便 22:45, 23:15

※発車時刻および運賃は2019年春の調査時のものであり、しばしば変更されます。
所要時間については巻頭の折込地図裏側もご参照ください。 ◀000▶ はP.62-63の時刻表番号と対応しています。

所要:約1時間30分	イズミル◀063▶ソケ	運賃18〜25TL
ディディム Didim Seyahat	イズミル発　8:00〜20:00の1〜2時間に1便 ソケ発　8:00〜20:00の1〜2時間に1便	
パムッカレ Pamukkale Turizm	イズミル発　4:30, 6:00〜22:00の1時間に1〜2便 2:00 ソケ発　8:15〜22:15の1時間に1〜2便	
メトロ Metro	イズミル発　2:30, 4:30, 9:00 ソケ発　11:30, 13:00, 15:00, 22:05, 22:45, 0:30	

所要:約3時間	イズミル◀064▶アフロディスィアス	運賃45TL
キャーミル・コチ Kâmil Koç	イズミル発　14:30 アフロディスィアス発　なし	

所要:約6時間30分	イズミル◀065▶ウスパルタ	運賃50〜65TL
ウスパルタ・ペトロル Isparta Petrol	イズミル発　5:15, 8:00, 9:30, 11:00, 12:30, 15:00, 17:00, 20:30, 24:00, 0:30 ウスパルタ発　8:30, 9:30, 11:00, 13:30, 15:15, 17:00, 18:15, 24:00, 1:30	
パムッカレ Pamukkale Turizm	イズミル発　8:30, 11:30, 13:30, 16:30, 18:00, 24:30 ウスパルタ発　6:45, 10:45, 13:15, 16:15, 18:15, 24:00	

所要:約7時間	イズミル◀066▶エイルディル	運賃62〜70TL
ウスパルタ・ペトロル Isparta Petrol	イズミル発　12:30, 17:00, 24:00 エイルディル発　7:00, 8:00	
キャーミル・コチ Kâmil Koç	イズミル発　7:00, 8:30,10:30, 13:30, 21:00, 24:00 エイルディル発　12:30, 14:30, 16:30, 23:15	

所要:約4時間	イズミル◀067▶デニズリ	運賃33〜38TL
パムッカレ Pamukkale Turizm	イズミル発　24時間運行、1時間に1〜2便程度 デニズリ発　24時間運行、1時間に1便程度	
ウスパルタ・ペトロル Isparta Petrol	イズミル発　8:00, 9:30 11:00 12:30 15:00, 17:00, 24:00 デニズリ発　10:30 12:15 14:00, 16:00, 18:00, 19:45, 21:00, 2:45, 3:30, 4:15	
キャーミル・コチ Kâmil Koç	イズミル発　6:00〜翌2:00の1〜2時間に1便 デニズリ発　24時間運行、1時間に1便程度	

所要:約4時間	イズミル◀068▶ボドルム	運賃40TL
キャーミル・コチ Kâmil Koç	イズミル発　6:00〜21:00の1時間に1便 2:00 ボドルム発　4:00〜23:30の1時間に1便程度	
パムッカレ Pamukkale Turizm	イズミル発　9:00〜22:00の1時間に1〜2便 ボドルム発　6:00〜21:00の毎正時 23:30	
メトロ Metro	イズミル発　2:30, 4:30, 14:30 ボドルム発　3:30, 11:00, 20:00	

所要:約4時間30分	イズミル◀069▶マルマリス	運賃40〜48TL
キャーミル・コチ Kâmil Koç	イズミル発　7:00〜21:00の1時間に1〜2便 1:00, 3:30, 5:30 マルマリス発　7:30〜21:00の1時間に1便 1:00, 3:00, 5:00, 6:30	
パムッカレ Pamukkale Turizm	イズミル発　7:00, 9:00〜22:00の1時間に1便 1:00, 3:00, 4:30 マルマリス発　7:00, 9:00〜22:00の1時間に1便 1:00, 3:00	

所要:約6時間	イズミル◀070▶フェティエ	運賃59〜68TL
キャーミル・コチ Kâmil Koç	イズミル発　7:00, 9:00, 10:00, 12:00, 14:00, 15:00, 16:30, 18:00, 24:00, 1:30, 3:00 フェティエ発　5:30, 8:30, 9:00, 10:30, 11:30, 13:30, 15:30, 17:30, 24:00, 1:00	
パムッカレ Pamukkale Turizm	イズミル発　8:00, 10:30, 12:30, 13:30, 14:30, 15:30, 16:30, 17:30, 19:30, 23:00, 24:00, 2:00 フェティエ発　5:00〜19:30の1〜2時間に1便程度, 24:00, 2:00	

所要:6時間30分〜7時間	イズミル◀071▶アンタルヤ	運賃48〜70TL
キャーミル・コチ Kâmil Koç	イズミル発　6:00〜翌2:00の1〜2時間に1便 アンタルヤ発　6:30〜翌1:00の1〜2時間に1便	
パムッカレ Pamukkale Turizm	イズミル発　7:00, 9:00〜17:30の30分〜1時間に1便, 20:00, 22:00, 23:00, 24:00, 1:00, 2:00, 4:30 アンタルヤ発　6:30, 8:30〜17:30の毎時30分 19:30, 20:30, 21:00 22:00, 23:00, 24:00, 0:30, 1:00, 2:00	
メトロ Metro Turizm	イズミル発　23:00 アンタルヤ発　24:00	
ウルダー Uludağ	イズミル発　13:00, 22:30, 0:30, 1:30 アンタルヤ発　9:30, 17:30, 20:00, 23:30	

※掲載している便は主要会社の一部の路線です。ほかにも同一路線で複数の会社が運行している場合があります。
特に記述のない限り各都市のオトガル（長距離バスターミナル）発の出発時刻です

セルチュク発着路線（夏期増便）

所要:約3時間　セルチュク ◀072▶ デニズリ　運賃30〜33TL

キャーミル・コチ Kâmil Koç	セルチュク発　9:30, 22:00 デニズリ発　6:15, 15:30
パムッカレ Pamukkale Turizm	セルチュク発　11:45, 16:30 デニズリ発　10:30, 14:00, 17:00

所要:約7時間　セルチュク ◀073▶ アンタルヤ　運賃80TL

パムッカレ Pamukkale Turizm	セルチュク発　11:45, 0:45 アンタルヤ発　10:00, 24:00

湖水地方発着路線

所要:30分　ウスパルタ（キョイ・ガラジュ発）◀074▶ エイルディル　運賃7TL

エイルディル・セヤハット Eğirdir Seyahat	ウスパルタ発　7:00〜21:45の20分に1便 エイルディル発　7:00〜21:45の20分に1便

所要:45分　ウスパルタ（キョイ・ガラジュ発）◀075▶ アーラスン　運賃8TL

アーラスン・コープ Ağlasun Minibüs Koop.	ウスパルタ発　7:30〜18:30の45〜60分に1便 23:15 アーラスン発　6:30〜21:30の45〜60分に1便

所要:3時間　ウスパルタ（キョイ・ガラジュ発）◀076▶ ヤルワッチ　運賃15TL

ヤルワッチ・コープ Yalvaç Koop.	ウスパルタ発　6:45, 8:00〜12:00の毎正時 12:30〜20:30の30〜45分に1便 22:00 ヤルワッチ発　6:00〜11:00の30分毎 12:00〜20:00の毎正時 18:30, 20:00

所要:約2時間30分　ウスパルタ ◀077▶ デニズリ　運賃30〜35TL

ウスパルタ・ペトロル Isparta Petrol	ウスパルタ発　7:00, 8:30, 9:30, 11:00, 12:00, 13:30, 15:15, 17:00, 18:15, 24:00, 1:30 デニズリ発　6:45, 9:00, 10:45, 13:30, 14:00, 14:45, 16:15, 18:45, 19:30, 20:30, 24:00, 3:30
パムッカレ Pamukkale Turizm	ウスパルタ発　6:45, 10:45, 13:15, 16:15, 18:45, 24:00 デニズリ発　9:00, 12:15, 15:15, 17:15, 20:15, 21:45, 3:30
キャーミル・コチ Kâmil Koç	ウスパルタ発　6:30, 10:30, 13:30 15:30, 17:30, 24:00, 0:30 デニズリ発　12:15, 14:15, 17:30, 21:45, 0:30, 3:30

所要:約1時間30分　ウスパルタ ◀078▶ アンタルヤ　運賃23〜27TL

ウスパルタ・ペトロル Isparta Petrol	ウスパルタ発　6:00〜22:00の1時間に1〜2便 23:30, 2:45 アンタルヤ発　7:30〜23:00の1時間に1〜2便
パムッカレ Pamukkale Turizm	ウスパルタ発　8:00, 9:00, 9:30, 10:00, 11:30, 12:30, 15:30, 17:30, 19:30, 21:30, 22:00 アンタルヤ発　8:00〜12:30の1時間に1便 15:30, 17:30, 19:30, 21:00, 22:00
キャーミル・コチ Kâmil Koç	ウスパルタ発　12:30〜翌1:00の1時間に1便程度 アンタルヤ発　12:30〜21:00の1時間に1〜2便程度

所要:約4時間　ウスパルタ ◀079▶ コンヤ　運賃50〜60TL

キャーミル・コチ Kâmil Koç	ウスパルタ発　12:30, 13:45, 14:30, 15:30, 17:30, 19:30, 23:00 コンヤ発　13:00, 14:30, 19:30, 22:30, 0:30, 0:45
メトロ Metro	ウスパルタ発　19:00, 21:00 コンヤ発　24:00

所要:3時間　ヤルワッチ ◀080▶ コンヤ　運賃45TL

キャーミル・コチ Kâmil Koç	ヤルワッチ発　5:00 コンヤ発　21:00

デニズリ発着路線

所要:約4時間　デニズリ ◀081▶ エイルディル　運賃40〜45TL

キャーミル・コチ Kâmil Koç	デニズリ発　12:15, 14:15, 17:30, 0:30 エイルディル発　12:30, 14:30, 16:30, 23:15
ウスパルタ・ペトロル Isparta Petrol	デニズリ発　14:00, 16:15, 19:30, 20:30, 3:00 エイルディル発 6:00, 7:00, 8:00, 10:45, 23:00

所要:約6時間　デニズリ ◀082▶ ボドルム　運賃40〜44TL

パムッカレ Pamukkale Turizm	デニズリ発　6:30, 8:30, 12:30, 15:00, 15:30, 17:00, 2:30 ボドルム発　7:00, 9:30, 11:00, 12:00, 13:00, 21:00, 22:30
キャーミル・コチ Kâmil Koç	デニズリ発　5:00, 5:30, 6:45, 23:00, 3:00 ボドルム発　13:00, 14:00, 15:00, 16:00, 18:00

所要:約5時間　デニズリ ◀083▶ マルマリス　運賃36〜55TL

パムッカレ Pamukkale Turizm	デニズリ発　4:30, 6:45, 16:00 マルマリス発　9:00, 11:15, 12:45, 20:00, 20:30

※発車時刻および運賃は2019年春の調査時のものであり、しばしば変更されます。
所要時間については巻頭の折込地図裏側もご参照ください。◀000▶はP.62-63の時刻表番号と対応しています。

所要:2時間30分〜4時間	デニズリ ◀084▶ フェティエ	運賃35TL
ギョルヒサル・チャヴドゥル Gölhisar Çavdır	デニズリ発　8:00, 10:00, 12:30, 14:30, 17:00 フェティエ発　7:00, 9:00, 11:15, 13:00, 14:00, 16:30	
チャメリ・コープ Çameli Koop.	デニズリ発　6:45, 9:00, 11:00, 13:30, 16:00 フェティエ発　7:00, 9:30, 11:45, 14:00, 16:00	
フェティエ・セヤハット Fethiye Seyahat	デニズリ発　5:45, 10:30, 13:30, 15:30, 18:00 フェティエ発　8:00, 10:15, 12:15, 15:00, 17:30	

※フェティエ・セヤハットはパムッカレ・トゥリズムと共同運行。デニズリに停車後、パムッカレ村まで行く

所要:約4時間	デニズリ ◀085▶ アンタルヤ	運賃40〜45TL
パムッカレ Pamukkale Turizm	デニズリ発　8:00〜21:30に30分〜1時間30分に1便 23:30, 1:30, 4:00, 5:00 アンタルヤ発　6:30〜翌0:30の1〜2時間に1便	
キャーミル・コチ Kâmil Koç	デニズリ発　5:15, 9:45, 11:45, 12:45, 14:45, 16:45, 17:45, 19:30, 20:30, 21:15, 23:45, 1:30, 2:30, 3:00, 4:00 アンタルヤ発　6:30, 7:30, 10:00, 11:00, 13:00, 14:45,15:00, 16:00, 17:00, 19:00, 21:00, 22:00, 23:00, 0:30, 1:00, 2:00	

ボドルム発着路線

所要:約2時間	ボドルム ◀086▶ ソケ	運賃25TL
メトロ Metro	ボドルム発　4:00, 8:00, 11:00, 12:30, 14:00, 20:00, 22:30 ソケ発　10:30, 12:30, 15:45	
パムッカレ Pamukkale Turizm	ボドルム発　6:00〜20:00の1〜2時間に1便 ソケ発　8:30, 10:15〜18:15の1時間に1便 21:15, 22:15	

所要:約3時間	ボドルム ◀087▶ マルマリス	運賃25TL
マルマリス・コープ Marmaris Koop.	ボドルム発　8:00〜17:00の毎正時, 20:00 マルマリス発　7:30, 8:00, 9:00, 11:00, 12:00, 13:00, 15:00, 17:00, 19:00	

所要:約4時間30分	ボドルム ◀088▶ フェティエ	運賃40TL
フェティエ Fethiye Seyahat	ボドルム発　7:30, 9:30, 10:30, 12:30, 15:30, 17:30, 20:00 フェティエ発　6:30, 8:30, 9:30, 11:30, 13:30, 15:30, 17:30, 19:30	

所要:約10時間	ボドルム ◀089▶ アンタルヤ	運賃70〜80TL
パムッカレ Pamukkale Turizm	ボドルム発　9:30, 13:30, 22:30 アンタルヤ発 12:30, 24:00	
キャーミル・コチ Kâmil Koç	ボドルム発　9:30, 22:30 アンタルヤ発　12:30, 24:00	

フェティエ発着路線

所要:約2時間30分	フェティエ ◀090▶ マルマリス	運賃24TL
マルマリス・コープ Marmaris Koop.	フェティエ発　13:00〜19:00の45〜60分に1便 21:30 マルマリス発　7:30, 8:15, 9:00, 9:40, 10:15, 11:00, 11:40, 12:30, 18:30, 22:00	

※冬期はオルタジャ Ortacaで乗継となることが多い。フェティエの朝発の便はフェティエ・セヤハットが7:30, 9:00, 10:00, 11:00に運行。

所要:約3時間	フェティエ ◀091▶ カシュ	運賃22TL
バトゥ・アンタルヤ（海行き） Batı Antalya	フェティエ発　7:30, 9:45, 11:00, 12:15, 13:30, 15:30, 16:45, 18:00, 20:30 カシュ発　6:20〜19:00の30分〜1時間に1便	

所要:約3時間30分	フェティエ ◀092▶ アンタルヤ	運賃30TL
フェティエ Fethiye Seyahat	フェティエ発　4:30, 6:30, 8:30, 10:30, 12:30, 14:30, 17:00, 20:15 アンタルヤ発　8:00, 10:00, 12:00, 14:00, 16:00, 18:15, 19:30	
バトゥ・アンタルヤ（山行き） Batı Antalya	フェティエ発　7:30〜18:30の1時間に1〜2便 アンタルヤ発　7:00, 9:00, 11:00, 13:00, 15:00, 17:00, 21:30	

※バトゥ・アンタルヤのフェティエ〜アンタルヤ便はカシュ経由の海行きもあるが、所要時間が倍近くかかる。

アンタルヤ発着路線

所要:約4時間	アンタルヤ ◀093▶ エイルディル	運賃50TL
キャーミル・コチ Kâmil Koç	アンタルヤ発　7:30, 10:00, 12:00, 14:30, 20:30 エイルディル発　7:45, 10:00, 18:00	

所要:約4時間	アンタルヤ ◀094▶ カシュ	運賃30TL
バトゥ・アンタルヤ（海行き） Batı Antalya	アンタルヤ発　5:45〜20:00の30分〜1時間に1便 カシュ発　6:20〜19:00の30分〜1時間に1便	

所要:約2時間	アンタルヤ ◀095▶ アランヤ	運賃25TL
アランヤルラル Alanyalılar	アンタルヤ発　9:00, 10:00, 10:30, 11:25, 12:00, 12:40, 14:25, 16:15, 17:45, 18:50, 19:25, 19:55, 20:45 アランヤ発　6:30, 7:00, 7:30, 8:30, 9:00, 11:00, 13:00, 14:30, 15:00, 15:30, 16:30, 17:00, 17:30	

※掲載している便は主要会社の一部の路線です。ほかにも同一路線で複数の会社が運行している場合があります。
特に記述のない限り各都市のオトガル（長距離バスターミナル）発の出発時刻です

エーゲ海・地中海沿岸

所要:約8時間	アンタルヤ ◀096▶ スィリフケ	運賃57〜70TL
ギュネイ・アクデニズ Güney Akdeniz Seyahat	アンタルヤ発　6:30, 7:30, 9:00, 11:30, 13:00, 15:30, 17:30, 19:00, 20:00, 21:00, 22:30, 24:00 スィリフケ発　10:15, 12:15, 14:45, 15:15, 16:15, 20:45, 22:15, 23:15, 24:00, 0:45, 1:45, 2:45	

メルスィン発着路線

所要:約2時間	メルスィン ◀097▶ スィリフケ	運賃25TL
スィリフケ・コープ Silifke Koop.	メルスィン発　5:30〜21:00の10分毎 スィリフケ発　5:30〜20:00の10分毎	

所要:約1時間	メルスィン ◀098▶ アダナ	運賃10TL
トック（直行） TOK Koop.	メルスィン発　6:00〜22:00の7分毎 アダナ発　6:00〜22:00の7分毎	
コチ Koç Minibüsleri	メルスィン発　6:00〜22:00の7分毎 アダナ発　6:00〜23:00の7分毎	

※TOK社の便はタルススの町に入る経由便も多い

所要:約4時間	メルスィン ◀099▶ アンタクヤ	運賃28〜30TL
ハス Has Turizm	メルスィン発　11:30, 13:30, 14:30, 15:45, 18:00 アンタクヤ発　5:45, 7:30, 9:00, 11:00, 13:30	
ハタイ・オズトゥル Hatay Öztur	メルスィン発　7:30, 9:00〜17:00の毎正時 17:45, 18:00, 18:30 アンタクヤ発　5:40, 7:15, 8:30, 9:30, 10:15, 11:15, 12:15, 13:00, 13:45, 15:00, 15:45	

アダナ発着路線

所要:2時間30分〜3時間	アダナ ◀100▶ ガズィアンテップ	運賃25TL
セチ Seç Turizm	アダナ発　8:45, 10:00, 12:45, 14:00, 15:30, 16:45, 17:45 ガズィアンテップ発　6:45, 7:30, 8:30, 9:15, 10:30, 11:00, 11:45, 13:00, 14:00〜22:00の30分毎	
ベン Ben Turiam	アダナ発　7:00〜21:30の1〜2時間に1便 ガズィアンテップ発　7:15〜20:15の20分〜2時間に1便	
チャユルアース Çayırağası	アダナ発　17:00 ガズィアンテップ発　10:00, 13:00, 16:30, 17:30, 18:00	

所要:約3時間30分	アダナ（ユレイル・オトガル発）◀101▶ アンタクヤ（キョイ・ガラジュ発）	運賃20TL
トゥルサン Tursan	アダナ発　4:00〜18:00の1時間毎 アンタクヤ発　6:00〜21:30の30分〜3時間に1便	
ドメズ・コープ Domez Koop.	アダナ発　6:00〜20:00の30分毎 アンタクヤ発　なし	

アンタクヤ発着路線

所要:約4時間	アンタクヤ（キョイ・ガラジュ発）◀102▶ ガズィアンテップ	運賃23TL
オズ・ハタイ・ビルリッキ Öz Hatay Birlik	アンタクヤ発　6:00〜18:00の15分毎 ガズィアンテップ発　5:00〜17:30の15〜20分に1便	
ビルリッキ・ハタイ Birlik Hatay	アンタクヤ発　6:00〜17:00の15分毎 18:30 ガズィアンテップ発　4:00〜17:00の15分毎	

中部アナトリア

カッパドキア発着路線

所要:約10時間30分	ネヴシェヒル ◀103▶ セルチュク	運賃120〜125TL
ネヴシェヒル Nevşehir Seyahat	ネヴシェヒル発　なし セルチュク発　20:00	
キャーミル・コチ Kâmil Koç	ネヴシェヒル発　21:00 セルチュク発　19:15	

所要:8時間〜9時間30分	ネヴシェヒル ◀104▶ デニズリ	運賃95〜121TL
ネヴシェヒル Nevşehir Seyahat	ネヴシェヒル発　21:00 デニズリ発　22:45	
メトロ Metro	ネヴシェヒル発　20:30, 0:30 デニズリ発　13:00, 23:30	
キャーミル・コチ Kâmil Koç	ネヴシェヒル発　9:30, 15:30, 19:00, 20:30, 21:00, 23:00 デニズリ発　15:00, 20:30, 22:00, 22:30, 0:30	

所要:8時間30分〜10時間	ネヴシェヒル ◀105▶ アンタルヤ	運賃100〜121TL
オンジュ Öncü Seyahat	ネヴシェヒル発　22:30 アンタルヤ発　20:30	
メトロ Metro	ネヴシェヒル発　10:30, 12:15, 22:30, 23:30, 1:15 アンタルヤ発　9:00, 11:00, 19:30, 22:00, 23:00	

※発車時刻および運賃は2019年春の調査時のものであり、しばしば変更されます。
所要時間については巻頭の折込地図裏側もご参照ください。◀000▶ はP.62-63の時刻表番号と対応しています。

ネヴシェヒル 106 アダナ
所要:約4時間　運賃65TL

ネヴシェヒル Nevşehir Seyahat	ネヴシェヒル発　9:30, 11:00, 14:00, 17:00, 20:00, 1:00 アダナ発　11:30, 15:00, 16:00, 18:30, 1:00

ネヴシェヒル 107 カイセリ
所要:約1時間30分　運賃18～30TL

ネヴシェヒル Nevşehir Seyahat	ネヴシェヒル発　8:00, 8:45, 10:45, 12:45, 16:00, 17:45 カイセリ発　11:00, 13:00, 15:00, 16:00, 19:00, 20:00
オンジュ Öncü	ネヴシェヒル発　6:30, 7:30, 9:00, 9:30, 12:30, 13:30, 14:30, 15:30, 17:30 カイセリ発　8:00, 10:00, 12:00～19:00の毎正時 19:30, 21:00

ネヴシェヒル 108 コンヤ
所要:約3時間30分　運賃45～60TL

イェニ・アクサライ Yeni Aksaray	ネヴシェヒル発　12:15, 14:45, 17:15, 18:30, 21:00, 21:45 コンヤ発　9:00, 12:00, 15:00, 16:00, 3:00, 3:45
メトロ Metro	ネヴシェヒル発　7:45, 8:30, 10:30, 12:15, 14:30, 16:30, 18:30, 19:15, 20:30, 22:30, 23:30, 0:30, 1:00, 1:15 コンヤ発　5:30, 6:30, 8:00, 9:00, 12:00, 15:00, 16:00, 17:00, 20:00, 22:00, 1:30, 2:30, 3:00, 3:30, 4:30

ネヴシェヒル 109 アクサライ
所要:約1時間　運賃20TL

アクサライ・ビルリッキ Aksaray Birlik	ネヴシェヒル発　10:30, 13:30, 16:30, 20:00 アクサライ発　6:00, 9:00, 13:00, 15:00
イェニ・アクサライ Yeni Aksaray	ネヴシェヒル発　12:15, 14:45, 17:15, 18:30, 21:00, 21:45 アクサライ発　5:30, 6:00, 10:45, 13:45, 16:45, 17:45

ギョレメ 110 イズミル
所要:約12時間45分　運賃120～150TL

キャーミル・コチ Kâmil Koç	ギョレメ発　11:10, 20:40, 22:00, 23:10 イズミル発　9:00, 18:00, 21:00, 22:00
メトロ Metro	ギョレメ発　19:55 イズミル発　20:00

ギョレメ 111 アンタルヤ
所要:約9時間　運賃100～121TL

キャーミル・コチ Kâmil Koç	ギョレメ発　10:40, 12:10, 22:05, 22:30 アンタルヤ発　7:30, 19:00, 20:00, 22:00, 24:00
メトロ Metro	ギョレメ発　10:00, 11:50, 22:00, 23:00 アンタルヤ発　9:00, 11:00, 19:30, 22:00, 23:00

ギョレメ 112 コンヤ
所要:約3～4時間　運賃59～66TL

キャーミル・コチ Kâmil Koç	ギョレメ発　8:00, 10:40, 11:10, 12:10, 15:00, 19:00, 20:10, 20:40, 22:00, 22:05, 23:10 コンヤ発　5:15, 5:30, 6:00, 8:30, 10:00, 14:30, 15:30, 16:30, 18:30, 24:00, 0:30, 1:30, 2:30, 2:45, 3:30, 3:45, 4:15
メトロ Metro	ギョレメ発　10:00, 11:50, 19:00, 19:55, 22:00, 23:00 コンヤ発　5:30, 15:00, 17:00, 1:30, 3:30, 4:30

ギョレメ 113 デニズリ
所要:約12時間45分　運賃55～75TL

キャーミル・コチ Kâmil Koç	ギョレメ発　15:00, 18:30, 20:10, 20:40 デニズリ発　20:30, 22:00, 22:30, 0:30
メトロ Metro	ギョレメ発　19:55 デニズリ発　23:30

ユルギュップ 114 カイセリ
所要:約1時間30分　運賃17TL

ユルギュップ・ビルリッキ Ürgüp Birlik	ユルギュップ発　7:00～19:00（冬期～17:00）の毎正時 カイセリ発　8:00～18:00の毎正時 18:45, 20:00（冬期運休）
ユルギュップ・セヤハット Ürgüp Seyahat	ユルギュップ発　7:00～17:00の毎正時 18:30 カイセリ発　7:00～18:00の毎正時

カイセリ発着路線

カイセリ 115 アダナ
所要:3時間30分～5時間30分　運賃50～60TL

スュハ Süha	カイセリ発　7:00, 8:30, 10:00, 12:00, 14:00, 16:00, 18:00, 24:00 アダナ発　7:30, 9:00, 11:00, 12:30, 14:30, 16:30, 17:30, 24:00
アス・アダナ As Adana	カイセリ発　7:30, 10:30. 12:00, 13:30, 15:30, 19:00, 24:00, 2:00 アダナ発　6:00, 9:00, 11:00, 12:30, 14:30, 18:00, 20:30, 24:00

カイセリ 116 メルスィン
所要:約6時間　運賃50～65TL

スュハ Süha	カイセリ発　9:00, 11:00, 13:00, 15:00, 17:00, 1:00 メルスィン発　9:00, 11:00, 13:00, 15:00, 17:30, 0:30
メトロ Metro	カイセリ発　5:00, 1:00, 3:00 メルスィン発　14:00, 17:30, 18:45

※掲載している便は主要会社の一部の路線です。ほかにも同一路線で複数の会社が運行している場合があります。
特に記述のない限り各都市のオトガル（長距離バスターミナル）発の出発時刻です

所要:約3時間　カイセリ ◀117▶ アクサライ　運賃35~40TL

メトロ Metro	カイセリ発	6:00 ~翌 1:00 の 30 分~ 2 時間に 1 便
	アクサライ発	5:15~13:15の30分~2時間に1便, 17:00, 18:00, 19:00, 3:15
スュハ Süha	カイセリ発	18:00, 19:00, 19:30, 21:00
	アクサライ発	6:00, 6:30, 7:00, 18:15
アクサライ・ビルリッキ Aksaray Birlik	カイセリ発	9:00, 12:00, 15:00, 18:30
	アクサライ発	6:00, 9:00, 13:00, 15:00

所要:約5時間　カイセリ ◀118▶ コンヤ　運賃60~70TL

キャーミル・コチ Kâmil Koç	カイセリ発	7:00, 8:00, 9:30, 10:00, 11:00, 14:00, 17:30, 18:00, 19:00, 19:30, 20:00, 21:00, 21:30, 22:00, 23:00
	コンヤ発	5:15, 5:30, 6:00, 8:30, 10:00, 14:30, 15:30, 17:30, 18:30, 19:00, 19:30, 21:00, 22:00, 24:00, 0:30, 1:30, 2:30, 3:30, 3:45, 4:15
メトロ Metro	カイセリ発	6:00, 7:00, 9:00, 11:00, 13:00, 15:00, 16:00, 17:00, 18:00, 19:00, 20:30, 21:00, 22:00, 24:00, 1:00
	コンヤ発	5:30, 6:30, 8:00, 9:00, 12:00, 15:00, 16:00, 17:00, 19:00, 20:00, 22:00, 1:30, 2:30, 3:30, 4:30
イェニ・アクサライ Yeni Aksaray	カイセリ発	11:00, 13:30, 16:00, 17:00, 19:30, 20:30
	コンヤ発	9:00, 12:00, 15:00, 16:00, 3:00, 3:45
アクサライ・ビルリッキ Aksaray Birlik	カイセリ発	9:00, 12:00, 15:00, 18:30
	コンヤ発	7:00, 11:00, 13:00
リュクス・エレウリ Lüks Ereğli	カイセリ発	12:00, 16:00, 18:30
	コンヤ発	5:00, 12:00, 14:00

所要:約1時間30分　カイセリ ◀119▶ ヨズガット　運賃35TL

メタトゥル Metatur	カイセリ発	6:30, 7:15, 8:00, 9:45, 11:30, 13:00, 14:30, 15:00, 16:30, 18:30, 19:00
	ヨズガット発	6:00, 8:00, 9:30, 11:00, 12:00, 13:00, 14:30, 16:00, 17:30, 19:30

所要:約3時間　カイセリ ◀120▶ スィワス　運賃35~40TL

オズ・スィワス Öz Sivas	カイセリ発	5:30, 7:00, 10:00, 11:00, 14:00, 16:30, 18:00, 4:00
	スィワス発	7:00, 9:00, 10:15, 12:00, 14:00, 15:00, 16:00, 18:00, 21:00, 23:00
メトロ Metro	カイセリ発	6:00, 10:00, 11:00, 13:00, 17:00, 20:00, 23:30, 24:00
	スィワス発	6:45, 12:00, 14:30, 17:30, 18:00, 21:00, 22:00, 2:00
キャーミル・コチ Kâmil Koç	カイセリ発	5:00, 5:15, 7:30, 10:00, 21:30, 22:15, 23:00
	スィワス発	8:30, 15:00, 16:00, 17:30, 18:30, 19:00, 19:30, 1:00

所要:約6時間　カイセリ ◀121▶ マラテヤ　運賃70~77TL

ベイダー Beydağı	カイセリ発	5:30, 7:30, 13:00, 1:30, 1:40, 2:00, 3:40, 4:00
	マラテヤ発	9:30, 12:30, 18:00, 19:00, 21:00
マラテヤ・メディネ Malatya Medine	カイセリ発	6:00, 8:30, 14:00, 1:00, 1:30, 2:00, 3:00, 4:00
	マラテヤ発	9:00, 13:00, 14:00, 16:00, 18:00, 20:30, 21:00
キャーミル・コチ Kâmil Koç	カイセリ発	6:00, 8:00, 13:30, 15:30, 18:15, 23:45, 24:00, 2:00, 2:30, 3:45, 4:00
	マラテヤ発	7:21, 12:30, 15:30, 17:00, 18:30, 19:30, 20:30, 21:00
ザフェル Zafer	カイセリ発	6:00, 13:00, 2:00, 3:35, 4:00, 4:30
	マラテヤ発	19:00
メトロ Metro	カイセリ発	7:00, 8:00, 18:00, 3:00, 4:00
	マラテヤ発	16:00, 18:00, 23:00

コンヤ発着路線

所要:6~7時間　コンヤ ◀122▶ デニズリ　運賃60~80TL

キャーミル・コチ Kâmil Koç	コンヤ発	9:00, 11:00, 13:00, 19:30, 20:30, 22:30, 23:58, 23:59, 2:30, 3:30
	デニズリ発	10:45, 13:30, 14:15, 15:00, 20:00, 20:30, 22:00, 24:30, 1:30, 3:30
コントゥル Kontur	コンヤ発	15:00, 20:30, 22:00, 23:59
	デニズリ発	11:30, 23:30, 1:01
メトロ Metro	コンヤ発	23:59, 4:00
	デニズリ発	23:30

所要:約6時間　コンヤ ◀123▶ アンタルヤ　運賃60~75TL

オズカイマック Özkaymak	コンヤ発	9:00, 11:15, 13:00, 15:00, 17:00, 19:00, 23:30, 1:00
	アンタルヤ発	7:00, 8:30, 10:00, 13:00, 15:30, 19:30, 23:59, 1:00
コントゥル Kontur	コンヤ発	7:00, 9:00, 10:00, 12:00, 14:00, 16:00, 19:00, 23:30, 1:00
	アンタルヤ発	8:30, 11:00, 13:00, 14:30, 16:00, 18:30, 24:00
リュクス・エレウリ Lüks Ereğli	コンヤ発	15:30, 23:59
	アンタルヤ発	11:00, 24:00

所要:約4時間　コンヤ ◀124▶ スィリフケ　運賃50~60TL

オズカイマック Özkaymak	コンヤ発	6:30, 7:00, 8:01, 9:00, 11:00, 13:00, 14:00, 18:00, 22:00, 1:30, 2:30
	スィリフケ発	8:00, 8:30, 12:00, 14:00, 18:00, 19:15, 24:30, 24:45, 1:30
コントゥル Kontur	コンヤ発	6:30, 8:00, 10:00, 13:00, 17:00, 19:00, 23:58
	スィリフケ発	10:15, 11:00, 15:45, 16:45, 19:15, 1:30

※発車時刻および運賃は2019年春の調査時のものであり、しばしば変更されます。
所要時間については巻頭の折込地図裏側もご参照ください。 ◀000▶ はP.62-63の時刻表番号と対応しています。

コンヤ ◀125▶ メルスィン
所要:約6時間　運賃62～70TL

オズカイマック Özkaymak	コンヤ発	6:30, 7:00, 8:01, 9:00, 11:00, 13:00, 18:00, 22:00, 1:30
	メルスィン発	6:30, 7:00, 11:00, 12:30, 16:30, 17:01, 17:30, 18:30, 23:00, 23:59, 2:30
コントゥル Kontur	コンヤ発	6:30, 8:00, 10:00, 13:00,17:00, 19:00, 23:58
	メルスィン発	8:30, 9:30, 14:00, 15:00, 17:30, 23:59
リュクス・エレウリ Lüks Ereğli	コンヤ発	5:30, 10:00, 17:00
	メルスィン発	7:30, 13:30, 19:00

コンヤ ◀126▶ アダナ
所要:約8時間　運賃65～70TL

オズカイマック Özkaymak	コンヤ発	6:30, 8:00, 8:01, 9:00, 11:00, 13:00, 17:00, 18:00, 22:00
	アダナ発	5:30, 10:00, 11:00, 15:00, 16:01, 17:30, 21:30, 22:30, 1:30
コントゥル Kontur	コンヤ発	6:30, 8:00, 10:00, 13:00, 17:00, 19:00, 23:58
	アダナ発	5:00, 6:00, 7:00, 8:00, 9:00, 13:30, 14:30, 16:00, 18:00, 22:30, 1:00
リュクス・エレウリ Lüks Ereğli	コンヤ発	5:30, 10:00, 13:00, 15:00, 17:00
	アダナ発	9:00, 13:00, 15:00, 18:00, 0:30

コンヤ ◀127▶ アンタクヤ
所要:5時間～8時間15分　運賃90～95TL

ハス Has Turizm	コンヤ発	24:45, 1:30, 1:45, 2:00, 2:30, 3:00
	アンタクヤ発	12:30, 14:00, 15:15, 17:15, 17:30, 17:40, 19:00, 19:15, 23:00
メトロ Metro	コンヤ発	23:00
	アンタクヤ発	14:00

コンヤ ◀128▶ アクサライ
所要:約2時間　運賃30～33TL

アクサライ・ビルリッキ Aksaray Birlik	コンヤ発	7:00, 11:00, 13:00, 14:00, 17:00, 19:00, 4:00
	アクサライ発	7:30, 9:30, 11:30, 12:30, 15:00, 17:30, 21:00, 21:30
メトロ Metro	コンヤ発	5:30, 6:30, 8:00, 9:00, 12:00, 15:00, 16:00, 18:30, 1:30, 2:30, 3:30
	アクサライ発	9:00, 9:30, 11:45, 13:45, 15:45, 17:30, 20:30, 21:30～1:30の1時間に1便、2:15

コンヤ ◀129▶ スィワス
所要:7～8時間　運賃70～90TL

オズ・フズル Öz Huzur	コンヤ発	0:30
	スィワス発	18:00
リュクス・エレウリ Lüks Ereğli	コンヤ発	14:30
	スィワス発	14:30
メトロ Metro	コンヤ発	12:00, 20:00, 1:30
	スィワス発	12:00, 18:00
トカット・ユルドゥズ Tokat Yıldız	コンヤ発	11:30, 23:59
	スィワス発	12:00, 18:00

コンヤ ◀130▶ ガズィアンテップ
所要:約8時間30分　運賃80～95TL

メトロ Metro	コンヤ発	12:00, 22:00
	ガズィアンテップ発	23:59
ベン Ben Turizm	コンヤ発	6:30, 22:30, 24:30, 1:30, 3:00, 3:45
	ガズィアンテップ発	14:00, 16:30, 18:00, 19:45, 20:15
チャユルアース Çayırağası	コンヤ発	23:00, 3:30
	ガズィアンテップ発	16:30, 18:00
セチ Seç	コンヤ発	23:00, 0:30
	ガズィアンテップ発	14:00, 20:30

チョルム発着路線

チョルム ◀131▶ スングルル
所要:約1時間　運賃13TL

チョルム・スングルル Çorum Sungurlu	チョルム発	11:00～19:00の30分～1時間に1便
	スングルル発	8:00～17:00の30分～1時間に1便

チョルム ◀132▶ カイセリ
所要:約4時間　運賃45～65TL

スュハ Süha	チョルム発	18:30
	カイセリ発	21:00, 1:00
メタトゥル Metatur	チョルム発	12:30, 17:30
	カイセリ発	8:00, 13:00

チョルム ◀133▶ サムスン
所要:約4時間　運賃25～30TL

キャーミル・コチ Kâmil Koç	チョルム発	5:00, 6:15, 6:30, 6:45, 8:30, 10:00, 11:00, 14:00, 18:01, 19:30, 19:35, 22:00, 23:15, 1:00, 1:45, 4:15
	サムスン発	8:30, 9:30, 13:00, 14:00, 16:00, 17:00, 17:30, 18:00, 18:30, 20:00, 21:00, 23:00, 23:59, 1:15
メトロ Metro	チョルム発	5:00～20:30の1～2時間に1便程度
	サムスン発	9:30～174:00の1～2時間に1便程度, 23:00, 23:59

スィワス発着路線

スィワス ◀134▶ ディヴリイ
所要:約2時間30分　運賃30TL

ディヴリイ・ビルリッキ Divriği Birlik	スィワス発	9:00, 12:00, 15:00, 17:00
	ディヴリイ発	5:00, 8:30, 12:00, 16:30
ディヴリイ・オズレム Divriği Özlem	スィワス発	9:00, 12:00, 15:00, 17:00
	ディヴリイ発	5:00, 8:30, 12:00, 16:30

※掲載している便は主要会社の一部の路線です。ほかにも同一路線で複数の会社が運行している場合があります。
特に記述のない限り各都市のオトガル（長距離バスターミナル）発の出発時刻です

中部アナトリア

所要:約1時間　スィワス ◀135▶ カンガル　運賃15TL

カンガル・コープなど4社共同運行 Kangal Koop.	スィワス発　7:00～18:00の毎正時 カンガル発　7:00～18:00の毎正時

所要:約4時間　スィワス ◀136▶ マラテヤ　運賃40TL

ヘキムハン・ネット Hekimhan Net	スィワス発　8:00, 10:00, 12:00, 14:30, 17:30 マラテヤ発　6:00, 8:00, 10:00, 13:00, 16:00

所要:約7時間　スィワス ◀137▶ エルズルム　運賃70TL

ダダシュ Dadaş Turizm	スィワス発　1:00, 2:00, 3:00, 5:30 エルズルム発　10:00, 14:00, 18:00
0エサダシュ Esadaş Turizm	スィワス発　10:00, 13:45, 1:30, 1:45, 2:30, 3:00, 4:15 エルズルム発　7:30, 10:00, 14:00, 15:00, 20:00

南東部・東部アナトリア

マラテヤ発着路線

所要:約2時間　マラテヤ ◀138▶ カンガル　運賃30TL

ヘキムハン・ネット Hekimhan Net	マラテヤ発　6:00, 8:00, 10:00, 13:00, 16:00 カンガル発　9:30, 11:30, 13:30, 16:00, 19:00

所要:約2時間30分　マラテヤ ◀139▶ アドゥヤマン　運賃26TL

ファーティフ・ガーズィ・トゥル Fatih Gazi Tur	マラテヤ発　6:00～19:00の30分毎 アドゥヤマン発　6:00～19:00の20分毎

所要:約4時間30分　マラテヤ ◀140▶ ディヤルバクル（イルチェ・オトガル発）　運賃45TL

フラート Fırat Turizm	マラテヤ発　6:00～19:00の毎正時 ディヤルバクル発　6:30～17:30の1時間に1便

所要:9～11時間　マラテヤ ◀141▶ ワン　運賃120TL

ベスト・ワン・トゥル Best Van Tur	マラテヤ発　6:00, 7:00, 8:00, 11:00, 21:00, 3:00 ワン発　8:00, 11:00, 12:00, 13:00, 14:00, 15:00, 22:00
ワン・ギョリュ Van Gölü	マラテヤ発　6:00, 7:00, 20:00, 21:45, 23:00 ワン発　7:30, 9:00, 11:00, 12:00, 12:30, 13:00, 13:30, 17:00, 22:00
キャーミル・コチ Kâmil Koç	マラテヤ発　5:00, 5:30, 7:30, 8:30, 21:00, 23:15 ワン発　10:00, 11:00, 12:00, 16:30, 21:30
メトロ Metro	マラテヤ発　23:00 ワン発　10:00, 12:00, 15:30

所要:約7時間　マラテヤ ◀142▶ タトワン　運賃100TL

ワン・ギョリュ Van Gölü	マラテヤ発　6:00, 20:00, 21:45, 23:00 タトワン発　9:30, 11:00, 13:00, 14:00, 14:30, 15:00, 15:30, 19:00, 23:45
ベスト・ワン・トゥル Best Van Tur	マラテヤ発　6:00, 7:00, 8:00, 11:00, 21:00, 3:00 タトワン発　10:30, 13:00, 14:00, 15:00, 16:00, 17:00, 23:45
キャーミル・コチ Kâmil Koç	マラテヤ発　5:00, 5:30, 7:30, 8:30, 21:00, 23:15 タトワン発　12:15, 13:00, 14:00, 14:30, 18:30, 23:30
メトロ Metro	マラテヤ発　23:00 ワン発　10:00, 12:00, 15:30

アドゥヤマン発着路線

所要:5～6時間　アドゥヤマン ◀143▶ アダナ　運賃70TL

アドゥヤマン・ユナル Adıyaman Ünal	アドゥヤマン発　9:00, 11:00, 12:00, 14:00, 15:00, 16:00, 24:00 アダナ発　11:00, 14:30, 17:30, 24:00
ギュララス Gülaras Turizm	アドゥヤマン発　9:30, 10:30, 12:00, 13:30, 14:00, 16:00, 18:00, 19:00, 24:00 アダナ発　5:30, 8:15, 9:00, 13:00, 17:30, 24:00, 0:30, 3:00, 3:30, 4:30

所要:約40分　アドゥヤマン ◀144▶ キャフタ　運賃6TL

キャフタ・アドゥヤマン Kâhta Adıyaman	アドゥヤマン発　7:00～21:00の10～15分に1便 キャフタ発　6:00～18:00の10～15分に1便

所要:約2時間　アドゥヤマン ◀145▶ シャンルウルファ　運賃25TL

アドゥヤマン・ビルリッキ・キャフタ Adıyaman Birlik Kâhta	アドゥヤマン発　6:00～19:00の20分毎 シャンルウルファ発　6:00～19:30の20分毎

所要:約2時間30分　アドゥヤマン ◀146▶ ガズィアンテップ　運賃27TL

ヤマントゥル Yamantur	アドゥヤマン発　5:20～19:00の20分毎 ガズィアンテップ発　6:00～20:00の20分毎

※発車時刻および運賃は2019年春の調査時のものであり、しばしば変更されます。
所要時間については巻頭の折込地図裏側もご参照ください。 ◀000▶ はP.62-63の時刻表番号と対応しています。

キャフタ発着路線

キャフタ ◀147▶ シャンルウルファ
所要:約2時間30分　運賃30TL

アドゥヤマン・ビルリッキ・キャフタ Adıyaman Birlik Kâhta	キャフタ発　6:00～15:00の1時間毎 シャンルウルファ発　6:00～18:00の1時間毎

キャフタ ◀148▶ アダナ
所要:5時間～6時間30分　運賃70TL

ギュララス Gülarası	キャフタ発　8:00, 8:30, 9:30, 11:00, 12:50, 13:00, 15:00, 17:00, 18:15, 23:00 アダナ発　5:30, 8:15, 9:00, 13:00, 17:30, 24:00, 0:30, 3:00, 3:30, 4:30

シャンルウルファ発着路線

シャンルウルファ ◀149▶ ハラン
所要:約1時間15分　運賃8TL

ハラン・スル Harran Sur	シャンルウルファ発　6:00～18:30の15分毎 ハラン発　6:45～17:15の15～30分に1便

シャンルウルファ ◀150▶ ガズィアンテップ
所要:約2時間　運賃30～35TL

オズ・ディヤルバクル Öz Diyarbakır	シャンルウルファ発　10:30, 11:30, 12:30, 13:30, 14:30, 18:30, 3:15 ガズィアンテップ発　12:00
スタル・ディヤルバクル Star Diyarbakır	シャンルウルファ発　12:00, 13:30, 16:30, 18:00, 19:00, 1:00, 2:00 ガズィアンテップ発　8:00, 13:00, 14:30, 16:00, 18:30
ウルファ・ハソイ Urfa Hassoy	シャンルウルファ発　13:00, 15:00, 16:00, 17:00, 18:30, 20:30, 24:00 ガズィアンテップ発　10:30, 12:00, 24:00
ウルファ・ジェスール Urfa Cesur	シャンルウルファ発　7:00, 10:00, 12:00, 13:00, 14:00, 16:00, 17:00, 18:30, 22:00, 22:30, 24:00 ガズィアンテップ発　9:00～19:00の1時間に1便

シャンルウルファ ◀151▶ ディヤルバクル
所要:約3時間　運賃35～45TL

スタル・ディヤルバクル Star Diyarbakır	シャンルウルファ発　5:30, 10:00, 15:30, 17:00, 18:45, 21:00 ディヤルバクル発　9:30, 11:00, 14:00, 15:30, 16:30, 23:00, 24:00, 0:30
ハス・ディヤルバクル Has Diyarbakır	シャンルウルファ発　16:00, 18:30 ディヤルバクル発　10:30, 11:30, 13:00, 14:00, 16:00, 19:30, 20:00
スタル・バトマン Star Batman	シャンルウルファ発　6:30, 8:30, 9:00, 10:00 ディヤルバクル発　12:00, 12:30, 13:00, 14:30, 15:00, 17:30, 19:00, 22:00

シャンルウルファ ◀152▶ マルディン
所要:約4時間　運賃50～60TL

マルセス marses	シャンルウルファ発　6:00 マルディン発　13:00	イェニ・マルディン Yeni Mardin	シャンルウルファ発　6:15, 7:00, 10:30, 11:00, 3:30 マルディン発　10:30, 12:30, 13:30, 22:30
ジズレ・ヌフ Cizre Nuh	シャンルウルファ発　なし マルディン発　11:30, 12:30, 15:00, 17:30	セイイドオウル Seyyidoğlu	シャンルウルファ発　なし マルディン発　9:00, 11:00

※シャンルウルファ発マルディン行きは、地中海方面からマルディン方面へ向かう便に途中乗車する形となる。「なし」であっても、空席があれば途中乗車が可能。また、途中の町ヴィラーンシェヒルViranşehirでミニバスを乗り継ぐこともできる。

シャンルウルファ ◀153▶ ワン
所要:約10時間　運賃120～132TL

ワン・ギョリュ Van Gölü	シャンルウルファ発　15:00, 20:30, 23:00, 0:30 ワン発　9:00, 12:00, 15:00, 19:00

ベスト・ワン Best Van	シャンルウルファ発　20:30 ワン発　15:00, 19:00, 20:00	メトロ Metro	シャンルウルファ発　11:00, 18:00 ワン発　23:30

ディヤルバクル発着路線

ディヤルバクル ◀154▶ アダナ
所要:約8時間　運賃80～90TL

オズ・ディヤルバクル Öz Diyarbakır	ディヤルバクル発　8:00, 10:00, 11:00, 22:00, 23:00, 24:00 アダナ発　9:00, 12:00, 14:30, 23:00, 24:00
スタル・ディヤルバクル Star Diyarbakır	ディヤルバクル発　9:30, 11:00, 22:00, 23:00, 0:30 アダナ発　6:30, 10:00, 11:30, 15:30, 24:00, 1:00, 1:15, 4:30
オズレム・ディヤルバクル Özlem Diyarbakır	ディヤルバクル発　8:00, 10:00, 11:00, 22:00, 23:00, 24:00 アダナ発　9:00, 11:45, 13:30, 23:00, 24:00
ハス・ディヤルバクル Has Diyarbakır	ディヤルバクル発　11:30, 13:00, 14:00, 23:30 アダナ発　12:30, 23:00

※掲載している便は主要会社の一部の路線です。ほかにも同一路線で複数の会社が運行している場合があります。
特に記述のない限り各都市のオトガル（長距離バスターミナル）発の出発時刻です

所要:約1時間30分　**ディヤルバクル**(イルチェ・オトガル発) ◀155▶ **マルディン**　運賃17TL

ディヤルバクル・マルディン・ミニビュスレリ Diyarbakır Mardin Minibüsleri	ディヤルバクル発　5:30〜20:00の10〜15分に1便 マルディン発　6:00〜19:00の10〜15分に1便

所要:約1時間30分　**ディヤルバクル**(イルチェ・オトガル発) ◀156▶ **バトマン**　運賃18TL

ディヤルバクル・バトマン・ビルリッキ Diyarbakır Batman Birlik	ディヤルバクル発　6:30〜22:00の15分1便 バトマン発　6:00〜21:00の10〜15分に1便

所要:約7時間　**ディヤルバクル** ◀157▶ **ワン**　運賃80TL

スタル・ディヤルバクル Star Diyarbakır	ディヤルバクル発　12:30, 23:00, 23:56 ワン発　11:30, 17:00, 23:00
ベスト・ワン Best Van	ディヤルバクル発　12:00, 17:30, 23:00, 1:00, 4:00 ワン発　15:00, 17:00, 19:00, 20:00, 23:00
ワン・ギョリュ Van Gölü	ディヤルバクル発　12:30, 18:00, 23:00 ワン発　9:00, 12:00, 15:00, 18:00, 19:00, 23:00
メトロ Metro	ディヤルバクル発　1:30 ワン発　11:00, 18:00

マルディン発着路線

所要:約1時間　**マルディン** ◀158▶ **ミディヤット**　運賃15TL

オンイェディ・ヌマラル・コープ 17 nolu Koop	マルディン発　6:30〜18:00の20分毎 ミディヤット発　6:00〜17:30の20分毎

ワン発着路線

所要:約2時間30分　**ワン** ◀159▶ **タトワン**　運賃30TL

キャーミル・コチ Kâmil Koç	ワン発　10:00, 11:00, 12:00, 12:30, 16:30, 21:30 タトワン発　12:00, 13:00, 15:20, 16:55
ワン・ギョリュ Van Gölü	ワン発　7:00〜19:00の1〜2時間に1便 22:00, 23:00 タトワン発　なし
ベスト・ワン Best Van	ワン発　23:00 タトワン発　16:30
ワン・ヨル Van Yolu Seyahat	ワン発　11:00, 14:00 タトワン発　8:30

※時刻表にはないが各社の長距離便が多発。ワン〜タトワン間の短い距離でもたいてい空席があるので乗車可能。

所要:約2時間30分　**ワン** ◀160▶ **ドウバヤズット**　運賃30TL

イサクパシャ・トゥル Doğubayazıt İshakpaşa Tur	ワン発　7:30, 9:00, 14:00, 16:00 ドウバヤズット発　6:30, 8:00, 9:00, 12:00, 14:00

※ドウバヤズットはオトガルではなく市内の自社オフィス前にて発着

所要:約7時間　**ワン** ◀161▶ **エルズルム**　運賃80〜90TL

ワン・ギョリュ Van Gölü	ワン発　7:00, 9:00, 10:30, 12:30, 16:30, 22:00 エルズルム発　12.30, 17.00, 23.00, 2.00, 3.30
オズ・エルジシュ Öz Erciş	ワン発　9:00, 10:30, 15:30 エルズルム発　6:30, 7:00, 7:45, 23:00
メトロ Metro	ワン発　10:30, 12:30, 15:00 エルズルム発　23:00, 2:00
キャーミル・コチ Kâmil Koç	ワン発　10:00, 12:00 エルズルム発　23:15, 2:00

ドウバヤズット発着路線

所要:約1時間　**ドウバヤズット** ◀162▶ **ウードゥル**　運賃13TL

ウードゥル・ドウバヤズット・ドルムシュラル Iğdır Doğubayazıt Dolmuşları	ドウバヤズット発　6:00〜18:30(満員になれば出発) ウードゥル発　6:00〜18:30(満員になれば出発)

※ドウバヤズットは市内に発着、ウードゥルはホテル・グランド・デルヤー Hotel Grand Derya横に発着

所要:約2時間　**ドウバヤズット** ◀163▶ **アール**　運賃18TL

ハニ・ババ Hani Baba Tur	ドウバヤズット発　5:30〜16:00の30分〜1時間に1便 アール発　5:30〜17:00の30分〜1時間に1便

※ドウバヤズットはオトガルではなく市内の自社オフィス前にて発着

所要:約5時間　**ドウバヤズット** ◀164▶ **エルズルム**　運賃50TL

アールキョセダウ Ağrıkösedağı	ドウバヤズット発　9:00, 9:30, 11:00 エルズルム発　5:00, 7:00
ドウ・アナドル Doğu Anadolu	ドウバヤズット発　9:30, 12:00 エルズルム発　なし

※発車時刻および運賃は2019年春の調査時のものであり、しばしば変更されます。
所要時間については巻頭の折込地図裏側もご参照ください。 ◀000▶ はP.62-63の時刻表番号と対応しています。

南東部・東部アナトリア

カルス発着路線

所要:約2時間30分　カルス 165 ウードゥル　運賃25TL

セルハット・ウードゥル Serhat Iğdır
カルス発　7:00(日曜運休), 8:30, 10:00, 11:00, 12:30(土・日12:00), 15:30, 17:00(日曜運休)
ウードゥル発　7:00(日曜運休), 8:30, 10:00, 11:00, 12:30(土・日12:00), 15:30, 17:00(日曜運休)

※カルスはエスキ・ガラジュに発着

所要:約3時間　カルス 166 エルズルム　運賃30TL

カルス・カレスィ Kars Kalesi
カルス発　5:00～17:00の1時間に1便
エルズルム発　7:30, 9:00～17:50の1時間に1便

※エルズルムは市内の自社オフィスに、カルスはエスキ・ガラジュに発着

エルズルム発着路線

所要:約3時間　エルズルム 167 アール　運賃35～40TL

アールキョセダウ Ağrıkösedağı
エルズルム発　5:00, 7:00, 11:00
アール発　11:30, 13:00

所要:約2時間30分　エルズルム 168 オルトゥ　運賃25TL

オルトゥ Oltu Tur
エルズルム発　9:00～19:00の毎正時
オルトゥ発　8:00～18:00の毎正時

※エルズルムはギュルジュカプのミグロスMigros向かいに発着

所要:約5時間　エルズルム 169 トラブゾン　運賃60～68TL

メトロ Metro
エルズルム発　8:00, 15:30, 18:00, 19:30
トラブゾン発　18:00, 21:00, 1:00, 2:35

アリ・オスマン・ウルソイ Ali Osman Ulusoy
エルズルム発　8:30, 10:30, 13:00, 16:00, 18:00
トラブゾン発　7:00, 10:00, 12:00, 18:00, 2:30

カンベルオウル Kanberoğlu
エルズルム発　15:30, 20:00
トラブゾン発　22:00, 24:00

キャーミル・コチ Kâmil Koç
エルズルム発　21:00
トラブゾン発　19:00

所要:約2時間30分　エルズルム 170 ユスフェリ　運賃40TL

イェシル・アルトヴィン Yeşil Artvin Express
エルズルム発　9:00, 12:30, 15:30
ユスフェリ発　7:00, 9:00, 11:00

所要:約4時間　エルズルム 171 アルトヴィン　運賃60TL

イェシル・アルトヴィン Yeşil Artvin Express
エルズルム発　7:00, 11:30, 14:30, 17:30, 19:00
アルトヴィン発　6:00, 9:30, 11:00, 14:00, 17:30

黒海沿岸

サフランボル発着路線

所要:12時間～13時間45分　サフランボル 172 イズミル　運賃115～127TL

メトロ Metro
サフランボル発　21:00
イズミル発　18:00

キャーミル・コチ Kâmil Koç
サフランボル発　7:30, 11:00, 20:30
イズミル発　8:30, 11:30, 16:30, 18:30

所要:約2時間　サフランボル 173 カスタモヌ　運賃20～30TL

エフェ Efe Tur
サフランボル発　4:30, 5:00, 14:00, 20:30
カスタモヌ発　7:30, 8:30, 9:30, 12:30, 13:00, 19:30, 22:00, 23:00

所要:約2時間　サフランボル 174 バルトゥン　運賃22TL

サワシュ Savaş Turizm
サフランボル発　7:00～17:45の1時間に1便 19:15
バルトゥン発　7:00～17:00の1時間に1便 18:30

所要:15～18時間　サフランボル 175 トラブゾン　運賃100～110TL

メトロ Metro Turizm
サフランボル発　10:15
トラブゾン発　13:45, 17:31, 21:00

所要:約30分　クランキョイ 176 コナル　運賃4TL

コナル・ドルムシュラル Konarı Dolmuşları
クランキョイ発　8:20, 10:30, 12:45, 14:00, 17:00, 19:00(冬期18:30)
コナル発　8:30, 10:00, 12:00, 15:00, 18:00(冬期17:30)

※サフランボル旧市街のチャルシュ広場はクランキョイを出発した約5分後に停車する。不定期に運休されることもあるので、事前にサフランボルの❶で確認しよう。

※掲載している便は主要会社の一部の路線です。ほかにも同一路線で複数の会社が運行している場合があります。
特に記述のない限り各都市のオトガル(長距離バスターミナル)発の出発時刻です

トカット発着路線

所要:約2時間	トカット ◀177▶ スィワス	運賃25〜30TL
トカット・ユルドゥズ Tokat Yıldız	トカット発	7:30, 8:30, 10:00, 12:00, 13:00, 14:30, 15:30, 17:00, 22:00, 22:30, 23:59, 3:30
	スィワス発	7:30, 9:00, 10:30, 12:00, 15:00, 16:30, 18:00, 21:15, 22:15
メトロ Metro	トカット発	5:00, 10:00, 16:00, 20:00, 3:45
	スィワス発	8:30, 13:00, 16:00, 20:00, 20:59, 24:00, 2:00

所要:約45分	トカット ◀178▶ ニクサル	運賃8TL
ニクサル・トカット・コープ Niksar Tokat Koop.	トカット発	7:00〜22:00の30分〜1時間に1便
	ニクサル発	6:00〜22:00の30分〜1時間に1便

所要:約2時間	トカット ◀179▶ アマスヤ	運賃25〜30TL
トカット・ユルドゥズ Tokat Yıldız	トカット発	9:30, 11:00, 12:30, 14:00, 15:00, 17:00, 18:00, 19:00, 20:30, 23:00, 23:59
	アマスヤ発	9:30, 10:30, ,12:00, 13:00, 14:30, 19:45, 20:15, 22:15, 1:30, 4:00, 4:45
メトロ Metro	トカット発	15:00, 18:00, 21:00, 22:00, 22:44, 1:45, 3:30, 4:40
	アマスヤ発	6:00, 17:45, 3:35

所要:9〜11時間	トカット ◀180▶ トラブゾン	運賃80〜100TL
トカット・ユルドゥズ Tokat Yıldız	トカット発	9:30, 15:00, 20:30
	トラブゾン発	17:30, 22:00
メトロ Metro	トカット発	15:00, 18:00, 22:44, 1:45
	トラブゾン発	13:01, 17:30, 20:00

アマスヤ発着路線

所要:約1時間30分	アマスヤ ◀181▶ チョルム	運賃20TL
メトロ Metro	アマスヤ発	8:15, 23:59
	チョルム発	17:00
キャーミル・コチ Kâmil Koç	アマスヤ発	11:00, 14:00, 17:30, 18:30, 19:00
	チョルム発	5:15, 6:45, 7:15, 15:30, 23:59, 3:00, 4:30

所要:約4時間	アマスヤ ◀182▶ スィワス	運賃40〜50TL
トカット・ユルドゥズ Tokat Yıldız	アマスヤ発	9:30, 10:30, 12:00, 13:00, 14:30, 19:45, 20:15, 22:15, 1:30, 4:45
	スィワス発	7:30, 9:00, 10:30, 12:00, 13:00, 15:00, 18:00, 21:15, 22:15
メトロ Metro	アマスヤ発	17:45, 19:00, 3:35
	スィワス発	13:00, 16:00, 20:59, 23:59, 2:00, 2:30

所要:約2時間	アマスヤ ◀183▶ サムスン	運賃20〜25TL
メトロ Metro	アマスヤ発	7:00, 8:00, 10:15, 12:00, 13:00, 14:15, 16:00, 18:00, 20:00, 3:15
	サムスン発	8:30, 10:30, 12:00, 13:30, 14:30, 15:30, 16:30, 17:30, 2:00
トカット・ユルドゥズ Tokat Yıldız	アマスヤ発	11:45, 14:15, 16:15, 17:45, 19:15, 22:30, 23:30, 1:00
	サムスン発	7:30, 8:30, 10:00, 11:00, 12:30, 18:30
トプチャム Topçam	アマスヤ発	7:30, 10:45
	サムスン発	13:30, 16:00

所要:約9時間	アマスヤ ◀184▶ トラブゾン	運賃60〜70TL
トカット・ユルドゥズ Tokat Yıldız	アマスヤ発	11:45, 17:15, 22:30
	トラブゾン発	17:30, 22:00
メトロ Metro	アマスヤ発	20:00, 0:30, 3:15
	トラブゾン発	13:01, 17:30, 20:00

トラブゾン発着路線

所要:11時間30分〜16時間	トラブゾン ◀185▶ ネヴシェヒル		運賃125〜155TL
メトロ Metro	トラブゾン発 18:30 ネヴシェヒル発 19:15	リュクス・カラデニズ Lüks Karadeniz	トラブゾン発 18:00 ネヴシェヒル発 20:00

所要:約10時間30分	トラブゾン ◀186▶ カイセリ		運賃100〜110TL
メトロ Metro	トラブゾン発 15:30, 18:30, 19:00 カイセリ発 10:00, 13:00, 19:00, 21:00	スュハ Süha Turizm	トラブゾン発 18:00 カイセリ発 21:00

※発車時刻および運賃は2019年春の調査時のものであり、しばしば変更されます。
所要時間については巻頭の折込地図裏側もご参照ください。 ◀000▶ はP.62-63の時刻表番号と対応しています。

黒海沿岸

所要:約12時間	トラブゾン ◀187▶ カラビュック	運賃95～105TL
ウルソイ Ulusoy	トラブゾン発　16:00, 18:00	
	カラビュック発　10:15, 14:15	
メトロ Metro	トラブゾン発　13:45, 17:31, 21:00	
	カラビュック発　10:00, 13:45, 18:30	
キャーミル・コチ Kâmil Koç	トラブゾン発　15:00, 16:00	
	カラビュック発　18:30	

所要:5～7時間	トラブゾン ◀188▶ サムスン	運賃45～50TL
ウルソイ Ulusoy	トラブゾン発　7:30, 9:30, 11:00～18:00の1時間に１便 23:30, 23:59	
	サムスン発　8:30, 11:00, 14:15, 17:30, 21:00, 24:00, 0:30	
メトロ Metro	トラブゾン発　8:00, 10:00～21:00の1時間に1～2便 23:30, 24:30	
	サムスン発　9:30, 11:00, 14:30, 14:35, 18:00, 21:05, 23:59, 1:30, 2:00, 2:15	
カンベルオウル Kamberoğlu	トラブゾン発　7:00, 10:00, 11:30, 12:00, 12:30, 15:00, 15:30, 21:00, 1:00	
	サムスン発　12:00, 16:00, 17:30, 1:00	

所要:約2時間30分	トラブゾン ◀189▶ ウズンギョル	運賃16TL
チャイカラ・トゥル Çaykara Tur	トラブゾン発　6:30, 7:45, 9:00, 10:30, 11:30, 13:00, 14:15, 16:00, 18:30	
	ウズンギョル発　6:45, 9:00, 11:00, 12:15, 13:30, 14:45, 16:00, 17:15	

※チャイカラ・トゥルの便は、トラブゾンでは市中心部の南東にあるドルムシュ、ミニバスが集まる通り沿いに発着

所要:約1時間30分	トラブゾン ◀190▶ リゼ	運賃14～25TL
プレンスカレ Prenskale	トラブゾン発　6:30～19:30の1時間に1～2便 21:00	
	リゼ発　8:00～19:00の1時間に1便程度	
キャーミル・コチ Kâmil Koç	トラブゾン発　なし	
	リゼ発　15:00 15:30 17:00 18:30	

所要:約3時間30分	トラブゾン ◀191▶ アルトヴィン	運賃50TL
リュクス・アルトヴィン Lüks Artvin	トラブゾン発　2:00, 4:30	
	アルトヴィン発　7:30, 11:00, 12:00, 14:00, 15:00, 16:00, 17:00	
アルトヴィン・セス Artvin Ses	トラブゾン発　なし	
	アルトヴィン発　14:00	

所要:2時間30分～3時間	トラブゾン ◀192▶ ホパ	運賃19～30TL
プレンスカレ Prenskale	トラブゾン発　6:30～19:30の1時間に1～2便, 21:00	
	ホパ発　5:30～21:00の1時間に1～2便	
メトロ Metro	トラブゾン発　なし	
	ホパ発　8:00 12:15 15:00 17:00	

アイデル発着路線（夏期のみ運行）

所要:約2時間	アイデル ◀193▶ リゼ	運賃20TL
チャムルヘムシン・ミニビュス Çamlıhemşin Minibüs Koop.	アイデル発　7:00, 8:00, 12:00, 16:00	
	リゼ発　9:30, 11:00, 12:30, 14:00, 18:00	

ホパ発着路線

所要:約2時間	ホパ ◀194▶ リゼ	運賃15TL
ウルソイ Ulsoy	ホパ発　7:00～18:00の1時間に1便	
	リゼ発　8:15～19:15の1時間に1便	

所要:約1時間30分	ホパ ◀195▶ アルトヴィン	運賃17TL
アルトヴィン・ミニビュス Artvin Minibüs Koop.	ホパ発　7:30～18:00の1時間に1便	
	アルトヴィン発　7:00～19:15の1時間に1便	

ユスフェリ発着路線

所要:約1時間30分	ユスフェリ ◀196▶ アルトヴィン	運賃18TL
アルトヴィン・ミニビュス Artvin Minibüs Koop.	ユスフェリ発　6:00, 7:00, 8:00, 8:45, 9:20, 10:00, 11:00, 13:00, 14:00, 16:30	
	アルトヴィン発　9:15, 10:00, 11:00, 12:00, 13:00, 14:00, 15:00, 16:00, 17:30	

※掲載している便は主要会社の一部の路線です。ほかにも同一路線で複数の会社が運行している場合があります。
特に記述のない限り各都市のオトガル（長距離バスターミナル）発の出発時刻です

主要航路 時刻表

イスタンブール発着路線

所要:約1時間15分	イェニカプ ◀高速船▶ ヤロワ	運賃23～43TL
イド (イスタンブール高速船) İDO (İstanbul Deniz Otobüs)	イェニカプ発 7:45, 9:45, 11:45, 13:45, 15:45, 17:45, 19:45, 21:45, 23:45 ヤロワ発 7:45, 9:45, 11:45, 13:45, 15:45, 17:45, 19:45, 21:45, 23:45	

所要:約2時間	イェニカプ ◀高速船▶ バンドゥルマ	運賃53～89TL
イド (イスタンブール高速船) İDO (İstanbul Deniz Otobüs)	イェニカプ発 7:00, 8:30, 13:00(金～日), 14:00(月～木), 15:30(金～日), 19:00(金～日), 21:30(金～日) バンドゥルマ発 10:00, 12:30(金～日), 16:00, 18:30, 22:15 (金～日)	

所要:約1時間30分	イェニカプ ◀高速船･フェリー▶ ギュゼルヤル (ブルサ)	運賃25～55TL
イド (イスタンブール高速船) İDO (İstanbul Deniz Otobüs)	イェニカプ発 7:30, 8:10, 10:10, 12:10, 13:10, 15:10, 18:10, 20:10, 20:30(金・日), 22:45(日) ギュゼルヤル発 7:30(月～金), 8:30, 10:30, 12:00(日), 12:30, 14:30, 15:30(金～日), 16:00, 18:00, 19:00, 20:30(金～日), 21:00, 22:45(日)	

所要:約45分	ペンディッキ ◀高速船▶ ヤロワ	運賃14～22TL
イド (イスタンブール高速船) İDO (İstanbul Deniz Otobüs)	ペンディッキ発 6:00～21:00の1時間に1便 ヤロワ発 7:00～23:00の1時間に1便	

※イドの航路の時刻表は公式サイトURLwww.ido.com.trで確認できる。オンライン予約も可能。料金は航空券同様、日によって変動。

所要:約1時間50分	エミノニュ ◀高速船▶ ムダンヤ (ブルサ)	運賃40TL
ブド (ブルサ高速船) BUDO (Bursa Deniz Otobüs)	エミノニュ発 8:30, 10:45, 12:30, 15:30 18:00, 19:30, 21:30など(週末は増便) ムダンヤ発 7:00, 9:00, 12:00, 15:00, 17:00, 19:00, 21:30など(週末は増便)	

※ブドの航路の時刻表は公式サイトURLbudo.burulas.com.trで確認できる。オンライン予約も可能。

エーゲ海・地中海路線

所要:約2時間	カバテペ ◀フェリー▶ ギョクチェ島	運賃6TL
ゲスタシュ Gestaş	カバテペ発 7:00, 10:00, 13:00, 16:00, 19:00, 21:00 ギョクチェ島発 7:00, 10:00, 13:00, 16:00, 19:00, 21:00	

※時刻表は公式サイトURLwww.gdu.com.trで確認できる

所要:約30分	ゲイクリ ◀フェリー▶ ボズジャ島	運賃11TL
ゲスタシュ Gestaş	ゲイクリ発 8:00, 9:00, 11:00, 13:00, 15:00～19:00の毎正時, 21:00, 22:00(金～日), 24:00 ボズジャ島発 7:15, 9:00, 10:00, 12:00, 14:00, 16:00～20:00の毎正時, 22:00, 23:30(金～日)	

※時刻表は公式サイトURLwww.gdu.com.trで確認できる

所要:1時間30分	ボドルム ◀高速船▶ ダッチャ	運賃
ボドルム・フェリーボート Bodrum Ferryboat	ボドルム発 9:00, 12:00, 18:00 ダッチャ発 9:00, 12:00, 18:00	60TL

※時刻表はURLwww.bodrumferryboat.comで確認できる

所要:50分	アンタルヤ ◀高速船▶ ケメル	運賃
アンタルヤ広域市 Antalya BB	アンタルヤ発 9:00, 17:00 ケメル発 10:30, 18:30	15TL

※時刻表はURLwww.antalyaulasim.com.trで確認できる

トルコ～北キプロスの航路

所要:約6時間	アランヤ ◀フェリー▶ ギルネ	運賃
アクギュンレル Akgünler	アランヤ発 月･金11:00 ギルネ発 木･日11:00	片道240～275TL 往復515TL

所要:約6時間	タシュジュ ◀高速船･フェリー▶ ギルネ	運賃
アクギュンレル Akgünler	タシュジュ発 火･木･日23:30、水･土14:00 ギルネ発 月･水･金23:30、火･土10:00	片道190～250TL 往復405～475TL

※時刻表は公式サイトURLwww.akgunler.com.trで確認できる。オンライン予約も可能。夏期は高速船も運航する日もある。

所要:約6時間	タシュジュ ◀フェリー▶ ギルネ	運賃
フィロ Filo	タシュジュ発 日～木24:00 ギルネ発 月･木14:00、月･火･水･金24:00	片道190～215TL 往復405TL

※時刻表は公式サイトURLwww.filoshipping.comで確認できる

所要:約12時間	メルスィン ◀フェリー▶ ガズィマウサ	運賃
クブルス・テュルク Kıbrıs Türk	メルスィン発 月･水･金20:00 ガズィマウサ発 火･木･日20:00	片道210～235TL 往復445TL

※時刻表は公式サイトURLwww.kibrisdeniz.netで確認できる

※出航時刻および運賃は2019年夏の調査時のものです。冬期は減便または運休されます。
このほか、イスタンブールからマルマラ海の島へ行く路線や、ワン湖を渡る路線などもあります。

トルコの食事情

トルコ料理は世界三大料理に数えられるだけあって、トルコは中東諸国のなかでは抜きんでて外食産業が発達している。どこでどんな料理が食べられるのかをさらっと見てみよう

何が
neleri

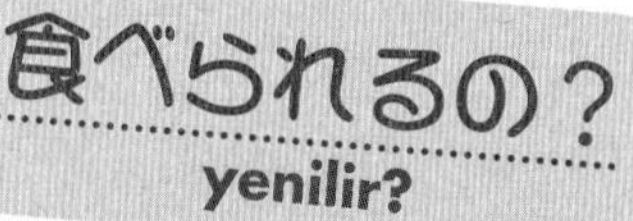

yenilir?

ロカンタ Lokanta

安い うまい

ロカンタは町の**大衆食堂**。○○Lokantası（ロカンタス）と看板に書かれている。**煮込み料理**→P.89専門店と**ケバブ**→P.90-91を専門に出す店、両方を出す店の3種類に分かれ、ケバブ専門店の場合は○○Kebapçısı(ケバップチュス)と看板に書かれる。

メイハーネ Meyhane

酒とつまみ料理豊富

居酒屋のような店。**メゼ（前菜）**→P.88の種類が多く、料理のバラエティも豊富。イスタンブールなら旧市街の**クムカプ**Map P.109C4やイスティクラール通り周辺の**ネヴィザーデ通り**Map P.102A3、**アスマル・メスジット通り**Map P.100B1などが居酒屋が多いエリア。

パスターネ Pastane

パンとケーキ

スイーツの専門店。**バクラワ**→P.93㊱やクッキーといった焼き菓子から**ポアチャ**→P.92㉛などの総菜パンもある。カフェスペースがある店では軽食も出す。夏は店頭で**ドンドゥルマ**→P.93㉜を売ることも。

屋台 Seyyar Tezgâh

手軽 安い

ゴマ付きパンの**スィミット**→P.92⑧0をはじめ、夏はゆでた**トウモロコシ**→P.95⑩9、冬は**焼き栗**→P.95⑪0など人の集まるところに屋台あり。イスタンブールなら**エミノニュの埠頭**周辺が屋台が多い。週末の**ギュルハーネ公園**Map P.99C2もたくさんの屋台が出る。

	観光地のレストラン	ロカンタ	メイハーネ	パスターネ
ドネル・ケバブ →P.90㊽	× ない店が多い	▲ 店頭にドネル台が置かれていることも	× ない店が多い	▲ イスタンブールの大型店ならあることも
シシ・ケバブ →P.90㊼	◎ おもなケバブ料理はたいてい出す	◎ ケバブ専門店ならさらに種類多し	○ 手羽先やラムチョップがお酒に合う	▲ イスタンブールの大型店ならあることも
煮込み料理 →P.89	▲ 種類は少ないが代表的なものはある	◎ ショーケースに並んでいる	× ない店が多い	× ない店が多い
メゼ（前菜） →P.88	○ 前菜の盛り合わせなどがあることも。種類は多くない	▲ サラダなどはある	◎ 大きなプレートから選ばせてくれるほど種類が豊富な店も	× ない店が多い
お酒 →P.94	○ 町にもよるが出す店のほうが多い	× 原則として酒は置けない	◎ ワイン、ビール、ラクゥなど国産の酒ならたいてい揃う	× ない店が多い。コーヒーやチャイなら色々ある
スイーツ →P.93	○ 種類は多くない。欧風なデザートを出す店も	○ 1〜2種類は確実にある	▲ ラクゥに合うフルーツならある	◎ トルコ菓子のほかに欧風ケーキやパンを扱う店も

トルコ料理大全 115

いつでも、どこでもおいしいものが指させば食べられるのがトルコの旅の楽しいところ。ここでは、滞在中にぜひ食べたい基本の料理を紹介しよう。

スープ
チョルバラル
Çorbalar

スープはトルコ語でチョルバ。注文した肉料理を待つ間に食べるのが普通。テーブルにある香辛料や調味料で自分好みの味付けができる。トルコ人のまねをしてどばっと入れるとたいへんなことになるので、慣れないうちは少しずつ。

朝から営業しているロカンタでは朝食にスープとパンを出している。二日酔いの朝にも胃に優しい。寒い日は体を芯から温めてくれる。

1 **メルジメッキ・チョルバス**
Mercimek Çorbası
定番中の定番。レンズ豆のスープ。朝ご飯にもぴったり。ていねいな裏ごしが味の決め手

2 **エゾゲリン・チョルバス**
Ezogelin Çorbası
花嫁のスープという意味。トマトの味がプラスされたメルジメッキ

3 **イシュケンベ・チョルバス**
İşkembe Çorbası
羊の胃袋のスープ。飲んだあとのシメはこれ。こってり風味。ニンニクはお好みで

4 **ドマテス・チョルバス**
Domates Çorbası
トマトペーストを使ったスープ。濃厚で酸味が効いた味

5 **タウック・スユ**
Tavuk Suyu
鶏のだしが効いたチキンスープ。米状のパスタが底に沈んでいることも

6 **ケッレ・パチャ**
Kelle Paça
羊の足を煮込んだ濃厚スープ。南東部や東部の料理

7 **ヤイラ・チョルバス**
Yayla Çorbası
ミント風味のヨーグルトのスープ。お米が入っていることが多い

8 **タルハナ・チョルバス**
Tarhana Çorbası
タルハナはトマト、香辛料、ヨーグルトを発酵させて乾燥させたもの

9 **ウスパナック・チョルバス**
Ispanak Çorbası
ホウレンソウがたっぷり入ったクリーミーなスープ

10 **アイラン・アシュ・チョルバス**
Ayran Aşı Çorbası
小麦やズッキーニなどの野菜が入った、ヨーグルトベースのスープ

パン
エキメッキレル
Ekmekler

おいしいパンがいつでもどこでも食べられるのがトルコ。レストランでテーブルに置かれたパンは基本的に食べ放題でしかも無料！

エキメッキ Ekmek
外はカリっと中はモチモチのバゲットパン

ピデ・エキメッキ
Pide Ekmek
丸いエキメッキ。中部や東部では丸いパンもよく食べられる

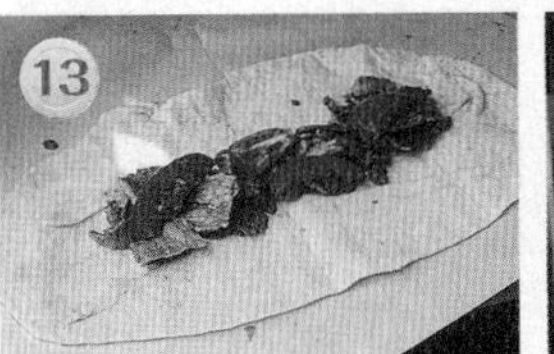

ユフカ
Yufka
小麦粉で作った薄い生地。ケバブを巻けばデュリュムDürümのできあがり

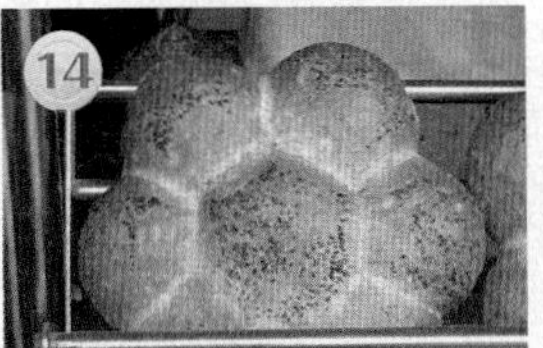

チチェッキ・エキメイ
Çiçek Ekmeği
花の形の大きなエキメッキ。ちぎって食べやすい

トラブゾン・エキメイ
Trabzon Ekmeği
顔ぐらい大きな丸いパン。黒海地方のトラブゾンが有名。皮が厚くてカリカリ

ご飯
ピラウラル
Pilavlar

ピラウは松の実入りのバターライス。挽き割り小麦のブルグルもよく食べる。ケバブの付け合わせとしても出てくる。追加料金で上に具を載せられる。

サーデ・ピラウ Sade Pilav
松の実入りのシンプルなピラフ

ブルグル・ピラウ
Bulgur Pilavı
挽き割り小麦のピラウ。ケチャップライスのような味で、ケバブの付け合わせの定番

サラダ
サラタラル
Salatalar

トルコの野菜は大きくて味が濃い。だからサラダもおいしい。レモンと塩で好みに味付けして食べる。メインの料理に付いてくることもある。

チョバン・サラタス Çoban Salatası
定番の角切り野菜のサラダ

ルス・サラタス
Rus Salatası
マヨネーズたっぷりのポテトサラダ。グリーンピースとニンジン入り

エズメ・サラタス
Ezme Salatası
トマト、タマネギ、シシトウなどを細かく刻んだピリ辛サラダ

ボスタナ・サラタス
Bostana Salatası
細かく潰したトマト、ピーマン、タマネギが入った冷製スープのようなサラダ

ピヤズ
Piyaz
ゆで卵やオリーブが入ったインゲン豆のサラダ。語源はペルシア語の「タマネギ」

前菜（メゼ）
メゼレル
Mezeler

メゼはメインの料理が来る前につまむ小皿料理。冷菜と温菜がある。

ドルマ　前菜のなかでもトルコ料理を代表するのがドルマ **Dolma**。ドルマとはトルコ語の動詞のドルマック **Dolmak**「詰まる、いっぱいになる」からきており、野菜に米、肉などの具材を詰めた料理。アラブ諸国やギリシア、東欧でもとてもポピュラーな料理だ。ボリュームもあり、メインとしても食べられる。

注文の仕方　サラダやアジュル・エズメ、ドルマ類なら庶民的なロカンタでも出すが、ちょっと高級なレストランのほうが、豊富な種類を取り揃えている。数種類欲しいときは、ひとつのお皿にメゼを少しずつ盛ってくれるカルシュック・メゼ **Karşık Meze**（前菜盛り合わせ）を注文する方法もある。

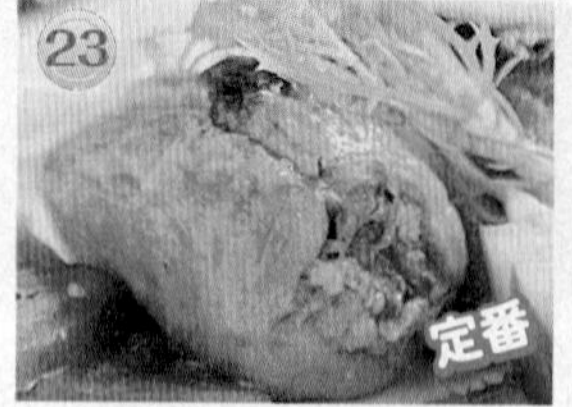

ビベル・ドルマス
Biber Dolması
ピーマンに米や肉など具を詰めたもの。トマトソース味も一般的

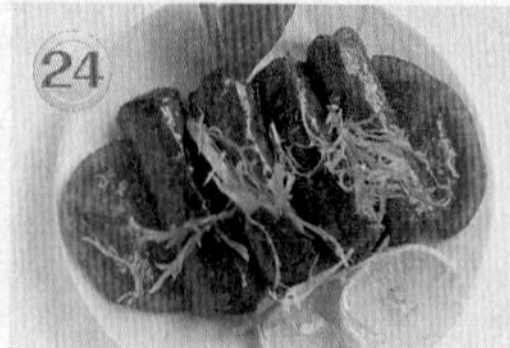

ヤプラック・ドルマス
Yaprak Dolması
ブドウの葉で具を巻いたドルマの王様。ヤプラック・サルマスとも呼ばれる

ドマテス・ドルマス
Domates Dolması
トマトをくり抜いて具を詰めたドルマ。ふたつ食べればメインディッシュ

ラハナ・ドルマス
Lahana Dolması
キャベツで米や具を包んだロールキャベツの元祖。キャベツの甘味が出ている

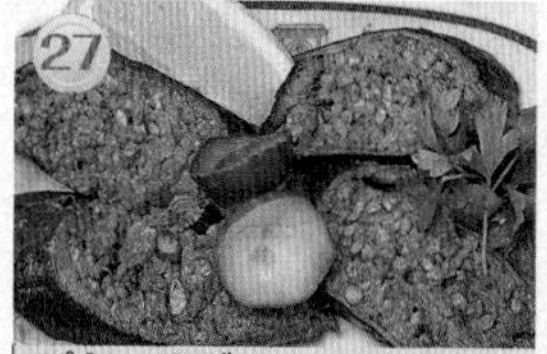

パトゥルジャン・ドルマス
Patlıcan Dolması
輪切りタイプのほかにタテ切りにしたナスに具を詰めたタイプもある

ミディエ・ドルマス
Midye Dolması
ムール貝にピラウを詰めたドルマ。レモンをかけてさっぱりといただく

アジュル・エズメ
Acılı Ezme
ピリッと辛い唐辛子のペースト。パンとの相性は抜群！

パトゥルジャン・エズメ
Patlıcan Ezme
ナスを炭火で焼いてからニンニクなどと和えた前菜。あっさり風味で日本人好み

フムス
Humus
ガーリックが効いたヒヨコ豆のペースト。パンに付けて食べるとおいしい

カルシュック・メゼ
Karşık Meze
数種の前菜が一度に楽しめてお得。ふたり分ぐらいの量が出る

ファスリエ・ピラキ
Fasulye Pilaki
インゲン豆のトマトソース味の冷菜。トマトの酸味と豆の甘味が感じられる

チー・キョフテ
Çiğ Köfte
挽き割り小麦と生の羊肉のペースト。レタスに巻いて食べる。辛いので注意

煮込み
スル Sulu イェメッキレル Yemekler

煮込み料理はトルコ語でスル・イェメッキ Sulu Yemek という。大衆的なロカンタではショーケースにたくさんの料理を並べて客を待っている。ケバブよりも安くて、すぐに出てくるので安い、早い、うまいの3拍子が揃っている。

注文の仕方　名前がわからなくても、食べたい料理を指させばOK。一般的にトマトベースのシチュー系のものが多い。肉入りの料理は値段が少し高い「アズ・オルスン」と言えば盛りを控えめにしてくれ値段も安くなる。

丼にする裏ワザ　ピラウの上に煮込みをのせたり、鶏肉をのせたりしてもらう（別料金）と丼飯のように食べられて便利。

イズミル・キョフテ
İzmir Köfte
キョフテとジャガイモの煮込み。煮込み料理の人気ナンバーワン

36
ムサカ
Musakka
ナスの煮込み。肉入りと野菜のみがある。ギリシアが有名だが、トルコも本家

ターゼ・ファスリエ
Taze Fasulye
インゲン豆のトマト煮込み。家庭料理の定番で、おふくろの味。店でもよく出る

クル・ファスリエ
Kuru Fasulye
白インゲン豆の煮込み。ピラウの上に載せてもおいしい

マンタル・ソテ
Mantar Sote
マッシュルームのトマト煮込み。鶏肉が入ることも多い

タウック・ソテ
Tavuk Sote
鶏肉とトマトの煮込み。大きめの具と軟らかい鶏肉がよく合う

イマーム・バユルドゥ
İmam Bayıldı
ナスの煮込み料理。イマーム（導師）も卒倒するおいしさという意味

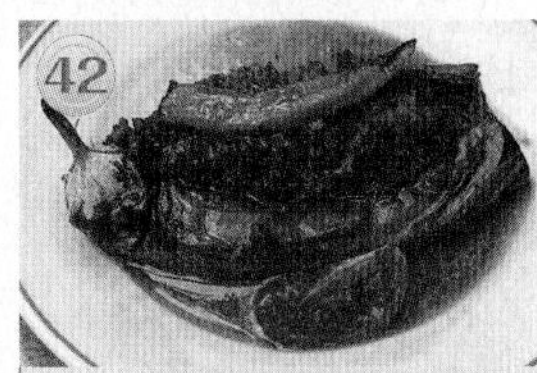

カルヌヤルク
Karnıyarık
ナスに挽肉を詰めてオーブンで焼いた料理。ドルマに近い

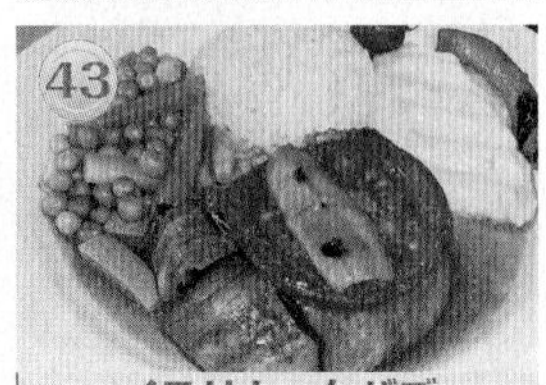

イスリム・ケバブ
İslim Kebabı
ナスで羊肉などの具材をきれいに包み、オーブンで焼いたあとにスープで煮込む

オルマン・ケバブ
Orman Kebabı
羊肉とジャガイモ、グリーンピースが入った煮込み

タス・ケバブ
Tas Kebabı
オルマン・ケバブに似ているが羊肉とジャガイモのみで具が大きい

サルチャル・キョフテ
Sarçalı Köfte
キョフテのサルチャ（トマトペースト）煮込み。野菜のだしで肉のうま味が増す

ケバブ

ケバブラル
Kebaplar

ケバブは何と言ってもトルコ料理の主役。種類や調理法は多岐にわたり、地方ごとに名物ケバブがある。肉は羊肉か鶏肉が多いが牛肉もある。

シシ・ケバブ
Şiş Kebabı
ご存知！　串刺しのケバブの王様。串から外して出されることも多い

48
屋台
定番

ドネル・ケバブ
Döner Kebap
日本では屋台でもおなじみ。本場トルコはバゲットサンドで野菜も豪華

質の高い肉　トルコの肉はとても品質が高く、臭みが少なく軟らかい。きちんと下味も付けられている。羊肉が苦手という人もぜひ一度お試しあれ。

炭火焼き　シシ **Şiş** とは串を意味し、ウズガラ **Izgara** はグリルを意味する。炭火焼き（キョムルデ・ウズガラ **Kömürde Izgara**）は、香り高くてジューシーな焼き上がり。店名にオジャックバシュ **Ocakbaşı** という名前が付いている店は、炉端焼き屋。

キレミット　アツアツの鉄板に載って出てくるキレミットも試してみたい。濃厚なトマトソースと野菜のうま味が肉に染み込んでおいしさ倍増の一皿だ。

タウック・シシ
Tavuk Şiş
これも定番。チキンのケバブ。トルコの鶏肉はレベルが高い

パトゥルジャンル・ケバブ
Patlıcanlı Kebap
相性抜群のナスと挽肉を交互に串に刺した挟み焼き

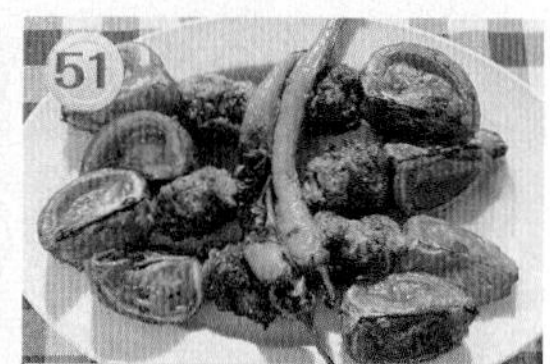

ドマテスリ・ケバブ
Domatesli Kebap
トマトと肉の相性がピカイチ！　トマトのうま味がジューシーな肉に閉じ込められた

ウズガラ・キョフテ
Izgara Köfte
小さなハンバーグ（ミートボール）。形は地方や店によっていろいろ

アダナ・ケバブ
Adana Kebabı
唐辛子が効いたピリ辛のケバブ。トルコ人はさらに唐辛子粉末をかける

ウルファ・ケバブ
Urfa Kebabı
挽肉を串に刺して焼いたケバブ。こちらは辛くない

イスケンデル・ケバブ
İskender Kebabı
ヨーグルトソースで食べるドネル・ケバブ。パンが下に隠れている

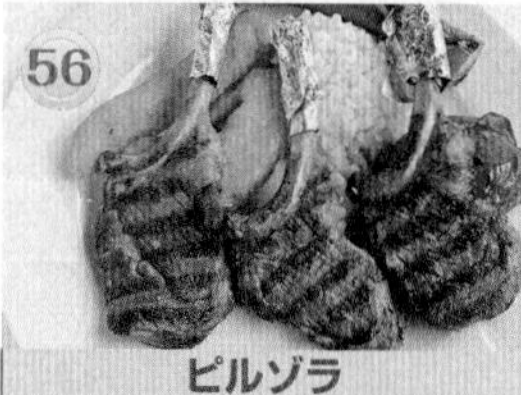

ピルゾラ
Pirzola
ラムチョップ。肉がジューシーでビールが進む一品

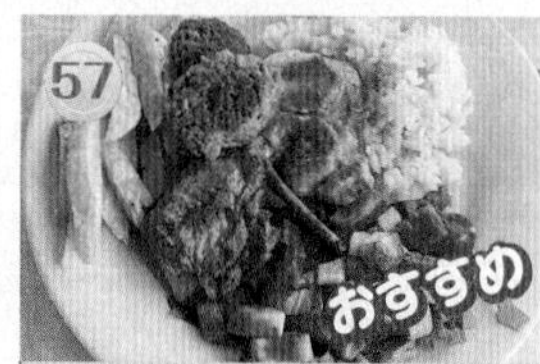

カルシュック・ウズガラ
Karşık Izgara
ピルゾラとシシ・ケバブ、タウック・シシが一度に楽しめる、お得なミックスグリル

58

チョップ・シシ
Çöp Şiş

薄焼きパンで肉を挟んでそのまま串を引き抜いて食べる

59

キレミット・ケバブ
Kiremit Kebabı

トマトやシシトウなど野菜のだしが出て、肉のうま味が引き立つ

60

サチ・タワ
Saç Tava

サイコロ状に切った羊肉とシシトウ、トマトの鉄板焼き

61

ギュウェチ
Güveç

壺焼き料理。具はいろいろ。注文してから焼き上げるので時間がかかることが多い

62

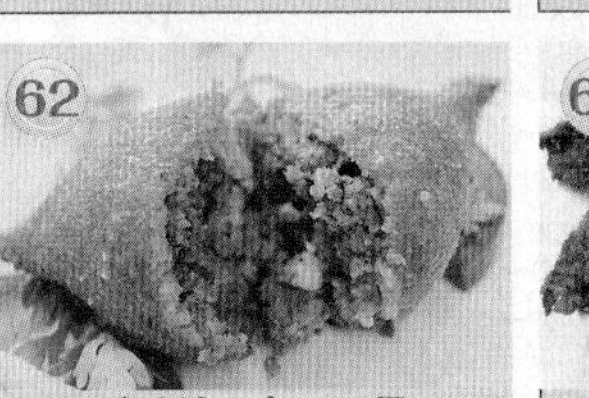

イチリ・キョフテ
İçli Köfte

ブルグルと挽肉を揚げたスパイシーなトルコ風メンチカツ。前菜としても食べる

63

ヤプラック・ジエリ
Yaprak Ciğeri

レバーのフライ。メイハーネ（居酒屋）でよく出される

魚介類 デニズ ユリュンレリ Deniz Ürünleri

トルコの人は元来海とは無縁の遊牧民であったからか、魚はあまり身近な存在ではなかった。ミディエ（ムール貝）、カラマル（イカ）、カリデス（エビ）、アフタポッド（タコ）など魚介類の名前の多くはギリシア語からの借用ということからもそれがうかがえる。

素材と調理法　ポピュラーな素材としては、マス（アラバルク）やカタクチイワシ（ハムスィ）など。焼く（ウズガラ Izgara）と、揚げる（タワ Tava）が一般的な調理法。

注文の仕方　魚料理専門店ではショーケースの魚を選び、調理法を選択できる。値段は kg 単位で表示されていることが多い。

64

バルック・エキメッキ
Balık Ekmek

通称サバサンド。ガラタ橋のたもとやエミノニュの屋台で売られる名物Ｂ級グルメ

65

アラバルック・タワ
Alabalık Tava

マスのフライは内陸部でもよく食べられる魚料理の代表

66

ハムスィ・タワ
Hamsi Tava

ハムスィは黒海沿岸でよく取れるカタクチイワシ。秋～冬の風物詩

67

カラマル・タワ
Kalamar Tava

イカのフライ。リング状のほかゲソも出てくる。タルタルソースでいただく

68

イスタヴリット・タワ
İstavrit Tava

ニシマアジのから揚げ。ボスポラス海峡やマルマラ海でよく取れる

69

バルック・シシ
Balık Şiş

白身魚の切り身とトマトなどの野菜をシシ・ケバブ風に串焼きにした料理

小麦粉を使った料理
ハームル イシレリ Hamur İşleri

ピデ　ピデとはトルコ風のピザ。イスタンブールのピデは生地が厚く舟形のものが多い。コンヤのピデは端に折り返しがなく、生地が薄くラフマジュンに近い。アンカラは両者の折衷型。黒海沿岸地方のカラデニズピデは、上がふさがったタイプのものが人気。

クイマル・ペイニルリ・ピデ
Kıymalı Peynirli Pide
挽肉とチーズはピデの具の基本。ピデ屋さんの一番人気のメニュー

シルクロードの料理
マントゥの語源は中国の饅頭だが実態は餃子やラビオリに近い。

総菜パン　ポアチャやスィミットはおやつ代わりの調理パン。ポアチャはチーズ入りなど具材は色々。チョレッキという種類の総菜パンもよく食べられている。

クイマル・ユムルタル・ピデ
Kıymalı Yumurtalı Pide
挽肉と卵が載ったピデ。イスタンブール式に舟形の生地。

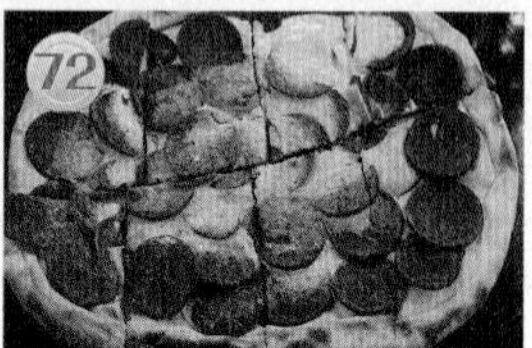

スジュクル・ユムルタル・ピデ
Sucuklu Yumurtalı Pide
サラミと卵が載ったピデ。どの具のピデでも卵は別料金でトッピングしてもらえる

クシュバシュル・ピデ
Kuşbaşılı Pide
羊肉のサイコロステーキが載ったピデ。肉はちょっと硬い

74

エトリ・エキメッキ
Etli Ekmek
薄い生地のピデ。コンヤ風の薄い生地でサクサク

ラフマジュン
Lahmacun
レモンを搾って野菜を中央に置き、ふたつ折りにして食べる

ギョズレメ
Gözleme
チーズや挽肉などが入ったクレープ。観光地ではおばさんがよく焼いている

ボレキ
Börek
ユフカを重ねて焼いたトルコ風パイ。中の具はホウレンソウや挽肉などいろいろ

スィガラ・ボレイ
Sigara Böreği
スィガラ（たばこ）のように細長いボレキ。中身は白チーズ。家庭でよく作る

マントゥ
Mantı
ヨーグルトソースのトルコ風ラビオリ。ミントとニンニクをお好みで

スィミット
Simit
道端でよく見るゴマ付きドーナツパン。焼きたてはモチモチでおいしい

ポアチャ
Poğaça
チーズ入りなどもある調理パン。朝ご飯やおやつによく食べる

スイーツ
タトゥルラル
Tatlılar

スイーツは大きく牛乳系のものとシロップ系のものに分けられる。初心者はまず牛乳系から挑戦すべし。シロップ系は最初は甘すぎるかもしれないが、いずれやみつきになる人もいるだろう。

ドンドゥルマ
Dondurma
トルコ名物、伸び〜るアイス。パフォーマンスも職人芸の域

お菓子屋さん　レストランやロカンタなどでもスイーツを置いている店はあるが、お菓子の専門店はパスターネ Pastane と呼ばれる。

ドンドゥルマ　日本でもたびたび紹介されて話題になったドンドゥルマ。こんなに伸びる秘密はランの根を使ったサーレップの粉。ドンドゥルマ売りのおじさんの職人芸的パフォーマンスも必見だ。

バクラワ
Baklava
パイのハチミツ漬け。甘さがヤミツキ。トルコ人はkg単位で買っていく

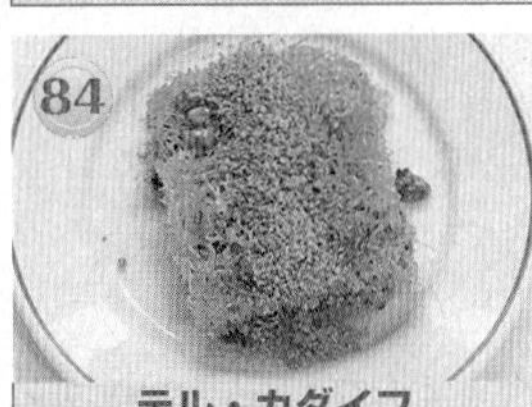

テル・カダイフ
Tel Kadayıf
極細の麺状の生地を焼き上げてシロップをかけたお菓子

ブルマ・カダイフ
Burma Kadayıf
テル・カダイフの中心にナッツを入れて筒状に捲いたもの

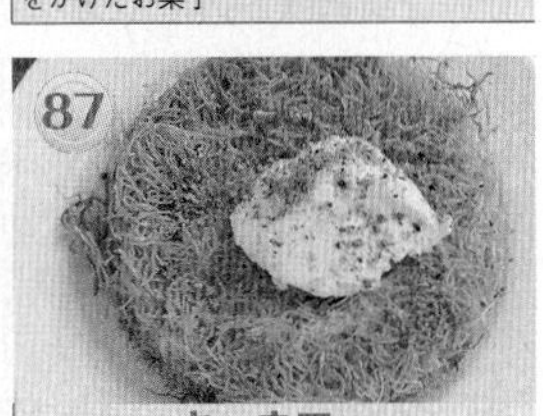

トゥルンバ
Tulumba
小さな揚げドーナツにシロップを浸したような菓子

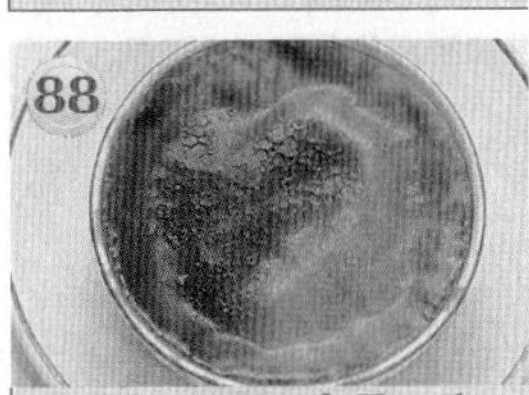

キュネフェ
Künefe
チーズ入りのカダイフ。上にドンドゥルマを載せると相性ぴったり

フルン・スュトラッチ
Fırın Sütlaç
フルン（オーブン）で焼いたライスプディング。焼いていないものもある

カザンディビ
Kazandibi
モチモチとした食感の牛乳の焼き菓子。「鍋の淵」という意味

アシュレ
Aşure
ドライフルーツが入っている。ノアの方舟にゆかりがある、ありがたいお菓子

イルミック・ヘルワス
İrmik Helvası
セモリナ粉を使ったシンプルなスイーツ。それほど甘くないので食べやすい

プロフィテロル
Profiterol
フランス生まれのお菓子。ケーキにチョコレートがかかっている

ギュッラッチ
Güllaç
牛乳とバラ水で作ったお菓子。ラマザンの風物詩

飲み物 メシュルバット Meşrubat

トルココーヒーも有名だが、チャイの方が圧倒的に飲まれている。町のあちこちにチャイ屋（チャイジュ）がいて店舗やオフィスにも運んでくれる。

チャイ Çay
1日10杯以上飲む人もいる

エルマ・チャユ
Elma Çayı
温かいリンゴジュース。本来は乾燥させた果実を使う。粉末はおみやげにも人気

テュルク・カフヴェスィ
Türk Kahvesi
粉ごと煮出した上澄みを飲む。飲んだカップでコーヒー占いをしてもらうことも

アイラン
Ayran
甘くない飲むヨーグルト。生タイプがアチュク Açuk で蓋付きのものをカパル Kapalı という

ボザ
Boza
キビを発酵させた甘酸っぱい冬の飲み物。屋台でよく見かける

お酒 アルコッリュ Alkollü イチェジェッキレル İçecekler

トルコはイスラームの国だが、お酒はどこでも簡単に手に入る。ただし22:00以降は店頭での酒類の販売が禁止ということを覚えておこう。

ラクゥ Rakı
水で割ると白く濁る。スイカやメロンなどの果物やナッツ類と合う

ベヤズ・シャラップ
Beyaz Şarap
白ワイン。銘柄も色々ある

白く濁る地酒　トルコの地酒ラクゥは別名ライオンのミルクといわれ、水で割ると白く濁る。アニス（セリ科の一年草）の香りがきついが、甘味もあってノンベエにはくせになる味だ。

トルコのワイン　トルコでも、近年のワインブームで各地方の銘柄も豊富になった。ビンテージ物も出てきており、ワインの専門店も見かけるようになった。

ビールの銘柄　ビールはトルコ語でビラという。エフェス・ピルゼンが最もポピュラーな銘柄。

クルムズ・シャラップ
Kılmız Şarap
赤ワイン。肉料理に合わせたい

エフェス・ピルゼン
Efes Pilsen
定番のエフェス。右は生タイプ

エフェス・ダルク
Efes Dark
エフェス・ピルゼンの黒ビール

グスタ
Gusta
地ビールタイプ

ペラ
Pera
路面電車の絵柄の缶

屋台 セイヤール Seyyar テズギャーフラル Tezgâhlar

屋台は町の広場や目抜き通り、オトガル（長距離バスターミナル）など人が集まる場所でよく見かける。**ドネル・ケバブ**→ P.90 ㊽や**スィミット**→ P.92 ㊿は１年中出ているが、夏期は**ドンドゥルマ**→ P.93 ㊷の屋台も出現する。また、ラマザン（断食月）期間の夕方や、バイラム（祭日）は特に多くの屋台が出て縁日のようなにぎわいを見せる。

106

ココレッチ Kokoreç
スパイスが効いたトルコのホルモン焼き。サンドイッチにして食べる

107

クンピル
Kumpir
ボリューム満点のベイクドポテト。上に載せるトッピングは自由に選べる

108

メイヴェ・スユ
Meyve Suyu
フレッシュジュースの屋台ではオレンジのほか季節のフルーツジュースが飲める

109

ムスル
Mısır
トウモロコシは屋台の定番。焼きトウモロコシのほか茹でたものもある

110

ケスターネ・ケバブ
Kestane Kebabı
焼き栗。粒は小さいが、甘味があっておいしい。冬の風物詩

ナッツ フストゥクラル Fıstıklar

トルコでは気軽なスナックとして人気が高いのがナッツ。バザールではナッツの専門店があり、種類も豊富。お酒のおつまみや小腹が空いた時などに便利。

111

カルシュック・チェレズ Karışık Çelez
ミックス・ナッツ。お店に並ぶナッツをひと通り楽しめる

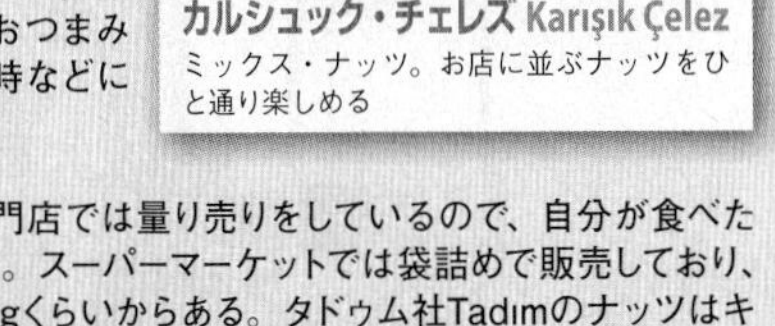

注文の仕方　専門店では量り売りをしているので、自分が食べたい量を注文しよう。スーパーマーケットでは袋詰めで販売しており、袋の大きさは100gくらいからある。タドゥム社Tadımのナッツはキオスクでもよく見かける。

112

フンドゥック
Funduk
ヘーゼルナッツ。トルコが生産量世界一。食べ応えがあって腹持ちもいい

113

アンテップ・フストゥウ
Antep Fıstığı
ピスタチオ。ガズィアンテップ産のものが最も高級品

114

チェキルデッキ
Çekirdek
ヒマワリの種。前歯で殻を割って中の実の部分を食べる。ちょっと難しい

115

バハラットル・ムスル
Baharatlı Mısır
油で炒め、スパイスで味付けしたトウモロコシ

ジャパニーズビックリ!! イスタンブールで見つけた 新種 vs 定番 ストリートフード

ドーナツ型ゴマ付きパンのスィミットに、丸くないサンドイッチバージョンが出るやいなや、全国を席巻したのも記憶に新しいところ。だからトルコはおもしろい!

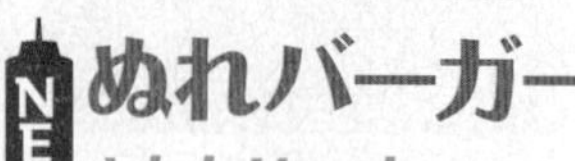

NEW ぬれバーガー Islak Hamburger

ハンバーガーを蒸した「ピザまん」のようなもの。小さいので小腹がすいたときにいい。

飲んだあとのシメってことで、毎晩行列ができるんだ
KIZILKAYALAR HAMBURGER
KIZILKAYALAR

3つも買っちゃった!

ケチャップがバンズにしみてスパイシー

定番 サバサンド Balık Ekmek

エミノニュに係留された屋台船の上でサバを焼いてバゲッドにトマトやタマネギとともに挟む。塩とレモン果汁を好みでかけて味を調節。カラキョイ側には地上サバサンド屋が出る。

金ピカなデコ屋台船

オブジェも楽しいコーン屋さんのスタンド

小ぶりだけどおいしい

NEW カップ入りコーン Bardakta Mısır

カップの大中小のサイズを決めると、コーンを温めて、バターや塩をかけてくれる。いろいろなフレーバーを選べる店もある。

定番 焼き/茹でトウモロコシ Közde Mısır / Süt Mısır

夏の風物詩だったが、近年は1年中売っている。香ばしいが、実が薄くて食べるところは少ない。

折込地図:イスタンブール広域図
イスタンブール空港へ(約22km)
キルヨスへ(約10km) P.174
サルイェル Sarıyer
アナドル・カヴァウ Anadolu Kavağı
ガーズィオスマンパシャ Gaziosmanpaşa
キレチブルヌ Kireçburnu
パルクオルマン Parkorman
タラブヤ Tarabya
アリベイ湖 Alibey Balajı
マスラック Maslak
イスタンブール・アレナ İstanbul Arena
アヤズアー Ayazağa
P.114-115
イスティニエ İstinye
イェニキョイ Yeniköy
Doğuş Power Mall
Maxi Center
İstinye Park P.206
Sheraton Maslak
エミルギャン公園 Emirgân Parkı
アスランテペ・スタジアム Aslantepe Stadı
(テュルク・テレコム・アレナ)Türk Telekom Arena
ボスポラス海峡 İstanbul Boğazı
A'jia
エミルギャン Emirgân
カンルジャ Kanlıca
チュブックル Çubuklu
アリベイキョイ・ジェプ・オトガル Alibeyköy Cep Otogarı
ファーティフ・スルタン・メフメット橋 Fatih Sultan Mehmet Köprüsü
イスタンブール・サファイア İstanbul Sapphire
P.173 ルメリ・ヒサル Rumeli Hisarı
エティレル Etiler
アナドル・ヒサル Anadolu Hisarı P.174
キャーウトハーネ Kâğıthane
レヴェント Levent
ヴィアランド Vialand
アルナヴトキョイ Arnavutköy
ベベキ Bebek
カンディリ Kandilli
メジディエキョイ Mecidiyeköy
バージュラル Bağcılar
エユップ Eyüp
P.118
ミニアトゥルク Miniatürk P.167
P.110-111
P.112-113
バイラムパシャ Bayrampaşa
ピエール・ロティのチャイハーネ Pierre Loti Kahvesi P.166
シシリ Şişli
Cevahir P.206
Forum İstanbul P.206
P.104-105
P.106-107
クルチェシメ Kuruçeşme
Les Ottomans
Sumahan on the Water
チェンゲルキョイ Çengelköy
IKEA
Crowne Plaza
Carrefour
エユップ・スルタン・ジャーミィ Eyüp Sultan Camii P.166
ベイオウル Beyoğlu
ハリッチ橋
オルタキョイ Ortaköy
オトガル
(オンベシ・テンムズ・シェヒットレル・オトガル)
ベシクタシュ Beşiktaş
7月15日殉教者の橋 15 Temmuz Şehitler Köprüsü P.173
Courtyard Marriott P.193
ギュンギョレン Güngören
ヴァーリデ・スルタン橋
タクスィム広場
ドルマバフチェ宮殿 Dolmabahçe Sarayı P.165
ベイレルベイ宮殿 Beylerbeyi Sarayı P.171
Carrefour
チャムルジャ・ジャーミィ Çamlıca Camii
金角湾 Haliç
クズグンジュック Kuzguncuk
P.169 1453歴史パノラマ博物館 1453 Panorama Tarih Müzesi
Han Hostel Airport North
ファーティフ Fatih
アタテュルク橋
チャムルジャ Çamlıca P.171
P.168 テオドシウスの城壁 Theodosius Surları
バフチェリエヴレル Bahçelievler
アクサライ Aksaray
ガラタ橋
Capitol
Meydan P.206
アブディ・イペクチ・アレナ Abdi İpekçi Arena
P.116-117
スィルケジ駅 Sirkeci Gar
ユスキュダル Üsküdar
イスタンブール・イベント・センター İstanbul Gösteri Merkezi
バルバロス Barbaros
アルトゥンザーデ Altunizade
Meydan
ハレム・ガラジュ
イェディクレ Yedikule
イェニカプ駅 Yenikapı
スルタンアフメット Sultanahmet
P.108-109
拡大図右参照
WOW İstanbul Airport
ゼイティンブルヌ Zeytinburnu
Olivium
ヴェリエフェンディ競馬場 Veliefendi Hipodromu
カズルチェシメ駅 Kazlıçeşme
アジュバーデム Acıbadem
Atrium
スィナン・エルデム体育館 Sinan Erdem Spor Salonu
ソユトリュチェシメ駅 Söğütlüçeşme
ドゥドゥッル・アタシェヒル・オトガル Dudullu Ataşehir Otogarı
Novotel
Ibis
バクルキョイ Bakırköy
カドゥキョイ Kadıköy
Carousel
Capacity
Galleria
Holiday Inn
アタテュルク・ハワリマヌ(旧旅客空港) Atatürk Havalimanı
Sheraton Ataköy
モダ Moda
マルマラ海 Marmara Denizi
P.120
Palladium
Carrefour
Marriott Asia P.193
エレンキョイ Erenköy
P.169
Polat Renaissance P.193
イスタンブール水族館 İstanbul Akvaryum
国際病院 International Hospital
フェネルバフチェ Fenerbahçe
バーダット通り Bağdat Cad. P.205
コズヤタウ Kozyatağı
ボスタンジュ Bostancı
ボスタンジュ・イベントセンター Bostancı Gösteri Merkezi
サビハ・ギョクチェン空港へ(約22km)
0 5km
折込地図:イスタンブール中心部
タクスィム駅 Taksim
ボーダフォン・アレナ Vodafone Arena
タクスィム広場 Taksim Meydanı
デントゥル社の埠頭 Dentur İskelesi
カバタシュ駅 Kabataş
ギュムシュスユ Gümüşsuyu
カバタシュ埠頭 Kabataş İskelesi
イスティクラール通り P.162
ジハンギル Cihangir
チュクルジュマ Çukurcuma
ワンドゥクル・ミマール・スィナン・ユニヴェルスィテスィ駅 Fındıklı Mimar Sinan Ü.
P.100-101
P.102-103
シシャーネ駅 Şişhane
テュネル駅 Tünel
トプハーネ駅 Tophane
ガラタ塔 Galata Kulesi P.163
ボスポラス海峡 İstanbul Boğazı
アラプ・ジャーミィ Arap Camii
カラキョイ駅 Karaköy
ハリチ駅 Haliç
地下鉄専用橋
金角湾 Haliç
リュステム・パシャ・ジャーミィ Rüstem Paşa Camii P.161
ガラタ橋 Galata Köprüsü
エミノニュ Eminönü
エミノニュ埠頭 Eminönü İskeleleri
イェニ・ジャーミィ Yeni Camii P.160
エミノニュ駅 Eminönü
エジプシャン・バザール Mısır Çarşısı P.161
タフタカレ Tahtakale
P.136
スィルケジ駅 Sirkeci
国鉄スィルケジ駅 TCDD Sirkeci Garı
メルジャン Mercan
ギュルハーネ公園 Gülhane Parkı
トプカプ宮殿 Topkapı Sarayı P.142
イスタンブール考古学博物館 İstanbul Arkeoloji Müzesi P.152
ギュルハーネ駅 Gülhane
P.156-157
グランドバザール Kapalı Çarşı(カパル・チャルシュ) P.155
チェンベルリタシュ Çemberlitaş P.158
ベヤズット・カパルチャルシュ駅 Beyazıt-Kapalı Çarşı
地下宮殿 Yerebatan Sarnıcı P.150
アヤソフィア(博物館) Ayasofya Müzesi P.148
チェンベルリタシュ駅 Çemberlitaş
スルタンアフメット駅 Sultanahmet
スルタンアフメット広場 Sultanahmet Meydanı
スルタンアフメット・ジャーミィ(ブルーモスク) Sultanahmet Camii P.146
P.119上
キュチュック・アヤソフィア・ジャーミィ Küçük Ayasofya Camii P.151
サーヒル・ヨル(海岸通り)
P.98-99
0 500m

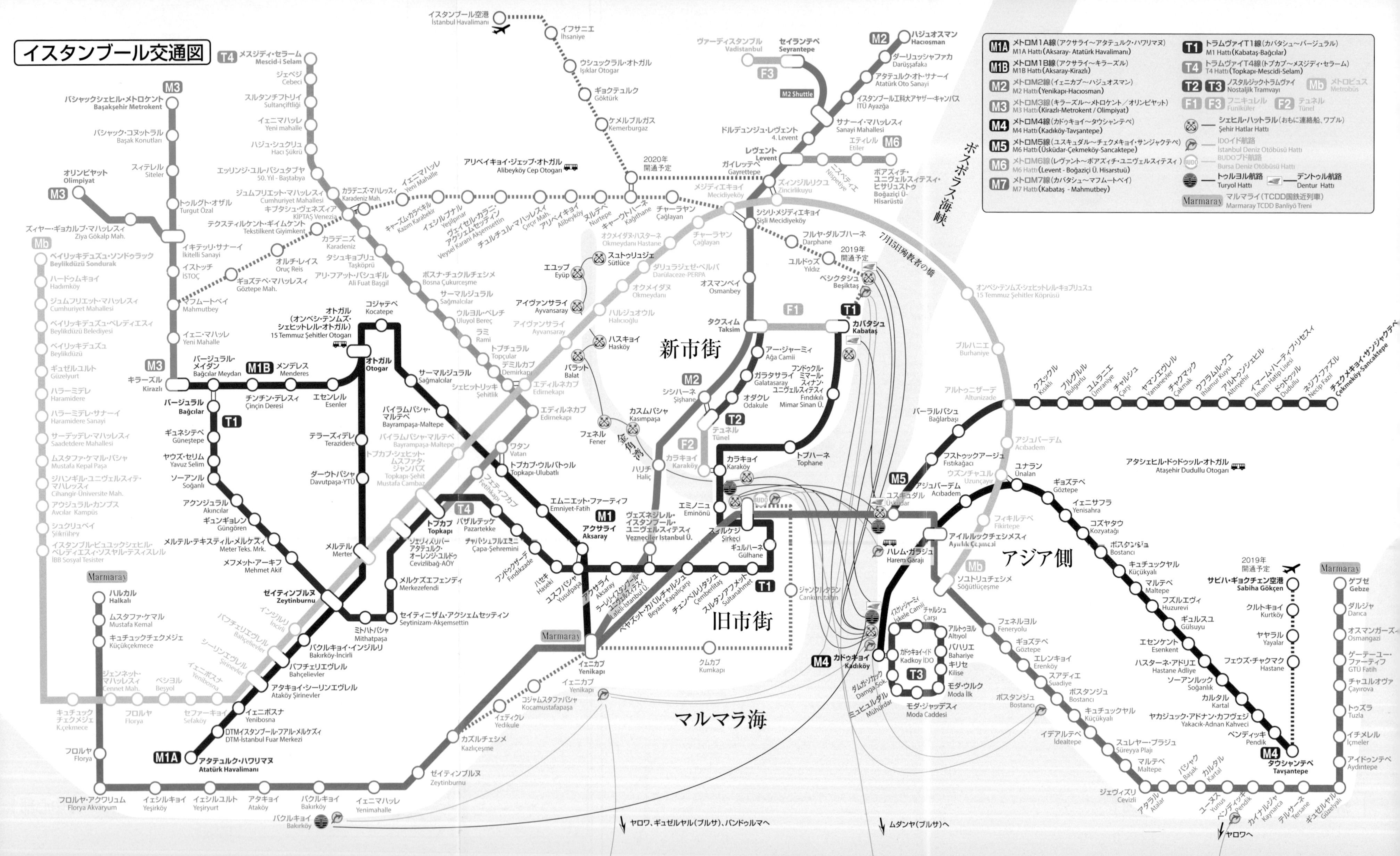

イスタンブール交通図
メトロM1A線（アクサライ〜アタテュルク・ハワリマヌ）
M1A Hattı (Aksaray- Atatürk Havalimanı)
メトロM1B線（アクサライ〜キラーズル）
M1B Hattı (Aksaray-Kirazlı)
メトロM2線（イェニカプ〜ハジュオスマン）
M2 Hattı (Yenikapı-Hacıosman)
メトロM3線（キラーズル〜メトロケント／オリンピヤット）
M3 Hattı (Kirazlı-Metrokent / Olimpiyat)
メトロM4線（カドゥキョイ〜タウシャンテペ）
M4 Hattı (Kadıköy-Tavşantepe)
メトロM5線（ユスキュダル〜チェクメキョイ・サンジャクテペ）
M6 Hattı (Üsküdar-Çekmeköy-Sancaktepe)
メトロM6線（レヴァント〜ボアズィチ・ユニヴェルスィテスィ）
M6 Hattı (Levent - Boğaziçi Ü. Hisarstuü)
メトロM7線（カバタシュ〜マフムートベイ）
M7 Hattı (Kabataş - Mahmutbey)
トラムヴァイT1線（カバタシュ〜バージュラル）
M1 Hattı (Kabataş-Bağcılar)
トラムヴァイT4線（トプカプ〜メスジディ・セラーム）
T4 Hattı (Topkapı-Mescidi-Selam)
ノスタルジック・トラムヴァイ
Nostaljik Tramvayı
メトロビュス
Metrobüs
フニキュレル
Füniküler
テュネル
Tünel
シェヒル・ハットラル（おもに連絡船、ワプル）
Şehir Hatlar Hattı
IDOイド航路
İstanbul Deniz Otobüsü Hattı
BUDOブド航路
Bursa Deniz Otobüsü Hattı
トゥルヨル航路
Turyol Hattı
デントゥル航路
Dentur Hattı
マルマライ（TCDD国鉄近郊列車）
Marmaray TCDD Banliyö Treni
新市街
旧市街
アジア側
マルマラ海
ボスポラス海峡
金角湾
7月15日殉教者の橋
2020年開通予定
2019年開通予定
イスタンブール空港
İstanbul Havalimanı
アリベイキョイ・ジェップ・オトガル
Alibeyköy Cep Otogarı
オトガル（オンベシ・テムムズ・シェヒットレル・オトガル）
15 Temmuz Şehitler Otogarı
アタシェヒル・ドゥドゥッル・オトガル
Ataşehir Dudullu Otogarı
サビハ・ギョクチェン空港
Sabiha Gökçen
タクスィム
Taksim
カバタシュ
Kabataş
カラキョイ
Karaköy
エミノニュ
Eminönü
スィルケジ
Sirkeci
アクサライ
Aksaray
イェニカプ
Yenikapı
ユスキュダル
Üsküdar
カドゥキョイ
Kadıköy
ハジュオスマン
Hacıosman
タウシャンテペ
Tavşantepe
アタテュルク・ハワリマヌ
Atatürk Havalimanı
キラーズル
Kirazlı
バージュラル
Bağcılar
オリンピヤット
Olimpiyat
バシャックシェヒル・メトロケント
Başakşehir Metrokent
メスジディ・セラーム
Mescid-i Selam
チェクメキョイ・サンジャクテペ
Çekmeköy-Sancaktepe
ハルカル
Halkalı
ゲブゼ
Gebze
ヤロワ、ギュゼルヤル（ブルサ）、バンドゥルマへ
ムダンヤ（ブルサ）へ
ヤロワへ

世界遺産アヤソフィア

ヨーロッパとアジアの架け橋

イスタンブール

İstanbul

イスタンブールの気候データ

月	1月	2月	3月	4月	5月	6月	7月	8月	9月	10月	11月	12月
平均最高気温（℃）	9.2	9.8	12.0	17.1	22.2	27.0	29.4	29.2	25.6	20.4	15.5	11.4
平均最低気温（℃）	4.0	4.0	5.4	9.2	13.6	18.0	20.4	20.5	17.4	13.6	9.5	6.3
平均降水量（mm）	83.4	65.5	60.2	53.3	29.3	25.8	20.9	24.5	35.8	67.9	74	99.1
旅の服装	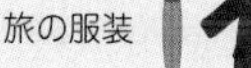 											

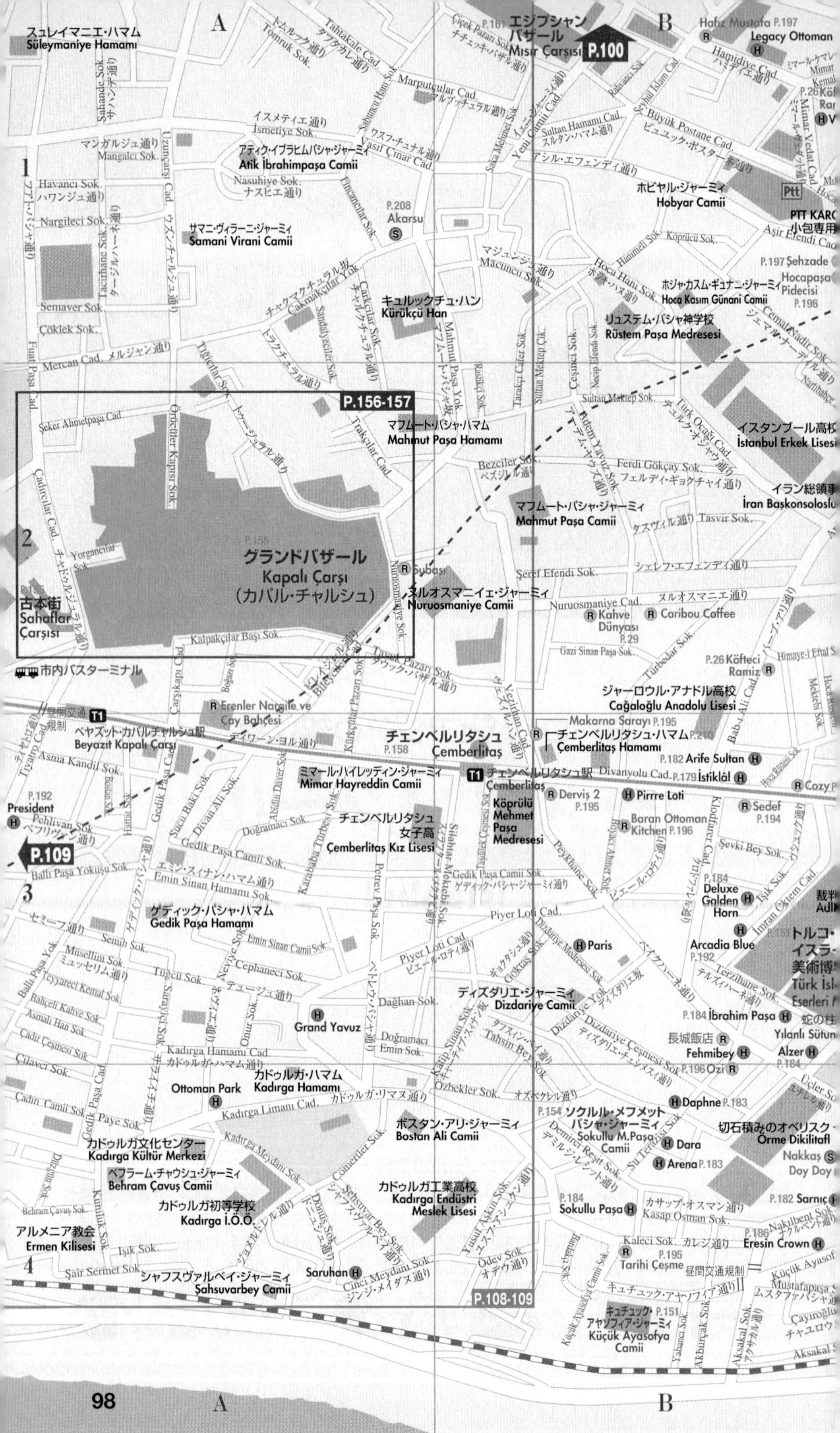

スュレイマニエ・ハマム
Süleymaniye Hamamı
エジプシャンバザール
Mısır Çarşısı
P.100
Hafız Mustafa P.197
Legacy Ottoman
アティク・イブラヒムパシャ・ジャーミィ
Atik İbrahimpaşa Camii
サマニ・ヴィラーニ・ジャーミィ
Şamani Virani Camii
P.208
Akarsu
ホビヤル・ジャーミィ
Hobyar Camii
PTT KARG
小包専用
P.197 Şehzade
Hocapaşa
Pidecisi
P.196
ホジャ・カスム・ギュナニ・ジャーミィ
Hoca Kasım Günani Camii
キュルックチュ・ハン
Kürükçü Han
リュステム・パシャ神学校
Rüstem Paşa Medresesi
P.156-157
マフムート・パシャ・ハマム
Mahmut Paşa Hamamı
イスタンブール高校
İstanbul Erkek Lisesi
イラン総領事
İran Başkonsoloslu
マフムート・パシャ・ジャーミィ
Mahmut Paşa Camii
P.155
グランドバザール
Kapalı Çarşı
(カパル・チャルシュ)
Subaşı
ヌルオスマニイェ・ジャーミィ
Nuruosmaniye Camii
P.155
古本街
Sahaflar Çarşısı
Kahve Dünyası
P.29
Caribou Coffee
市内バスターミナル
P.26 Köfteci Ramiz
Erenler Nargile ve Çay Bahçesi
昼間交通規制
ベヤズット・カパルチャルシュ駅
Beyazıt Kapalı Çarşı
ジャーロウル・アナドル高校
Cağaloğlu Anadolu Lisesi
チェンベルリタシュ
P.158
Çemberlitaş
Makarna Sarayı P.195
チェンベルリタシュ・ハマム
Çemberlitaş Hamamı
P.210
ミマール・ハイレッディン・ジャーミィ
Mimar Hayreddin Camii
チェンベルリタシュ駅
Çemberlitaş
P.182 Arife Sultan
P.179 İstiklâl
Cozy
P.192
President
Derviş 2
P.195
Köprülü Mehmet Paşa Medresesi
Pirrre Loti
Baran Ottoman Kitchen P.196
Sedef
P.194
P.109
チェンベルリタシュ女子高
Çemberlitaş Kız Lisesi
ゲディック・パシャ・ハマム
Gedik Paşa Hamamı
P.184
Deluxe Golden Horn
Arcadia Blue
P.192
P.151
トルコ・イスラム美術博物館
Türk İslam Eserleri
Paris
ディズダリエ・ジャーミィ
Dizdariye Camii
P.184 İbrahim Paşa
蛇の柱
Yılanlı Sütun
Grand Yavuz
長城飯店
Fehmibey
Alzer
P.184
P.196 Ozi
カドゥルガ・ハマム
Kadırga Hamamı
Ottoman Park
Daphne P.183
P.154
ソクルル・メフメットパシャ・ジャーミィ
Sokullu M.Paşa Camii
ボスタン・アリ・ジャーミィ
Bostan Ali Camii
切石積みのオベリスク
Örme Dikilitaş
カドゥルガ文化センター
Kadırga Kültür Merkezi
Dara
Arena P.183
Nakkaş
Doy Doy
ベフラーム・チャウシュ・ジャーミィ
Behram Çavuş Camii
カドゥルガ工業高校
Kadırga Endüstri Meslek Lisesi
カドゥルガ初等学校
Kadırga İ.Ö.O.
P.184
Sokullu Paşa
P.182 Sarnıç
アルメニア教会
Ermen Kilisesi
P.186
Eresin Crown
P.195
Tarihi Çeşme
昼間交通規制
Saruhan
シャフスヴァルベイ・ジャーミィ
Şahsuvarbey Camii
P.108-109
キュチュック・アヤソフィア・ジャーミィ
P.151
Küçük Ayasofya Camii

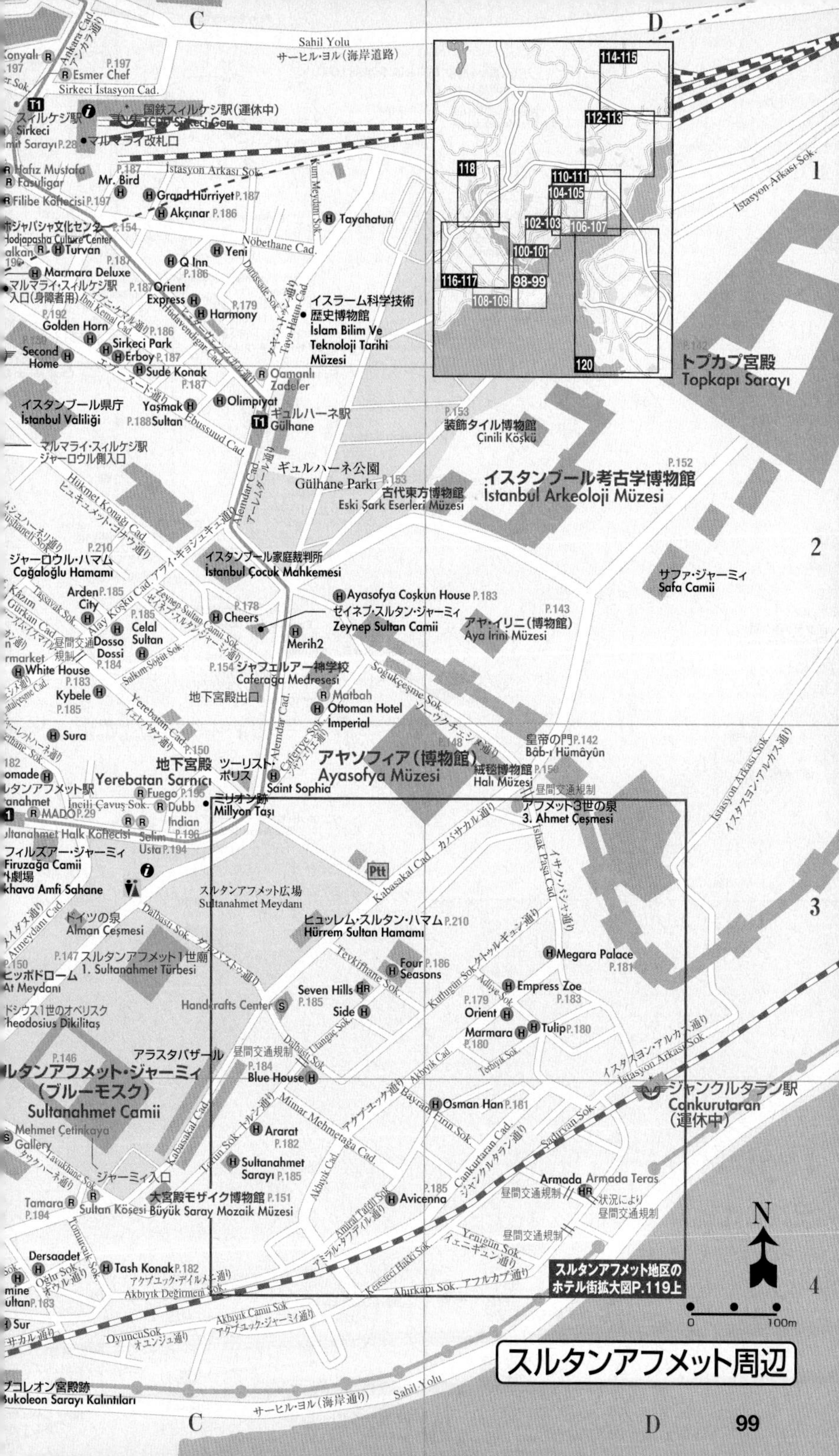
スルタンアフメット周辺
トプカプ宮殿
Topkapı Sarayı
イスタンブール考古学博物館
İstanbul Arkeoloji Müzesi
アヤソフィア（博物館）
Ayasofya Müzesi
スルタンアフメット・ジャーミィ（ブルーモスク）
Sultanahmet Camii
地下宮殿
Yerebatan Sarnıcı
ギュルハーネ公園
Gülhane Parkı
国鉄スィルケジ駅（運休中）
TCDD Sirkeci Gar
ギュルハーネ駅
Gülhane
ジャンクルタラン駅
Cankurutaran
（運休中）
アヤ・イリニ（博物館）
Aya İrini Müzesi
装飾タイル博物館
Çinili Köşkü
古代東方博物館
Eski Şark Eserleri Müzesi
大宮殿モザイク博物館
Büyük Saray Mozaik Müzesi
スルタンアフメット広場
Sultanahmet Meydanı
ヒュッレム・スルタン・ハマム
Hürrem Sultan Hamamı
スルタンアフメット地区のホテル街拡大図P.119上

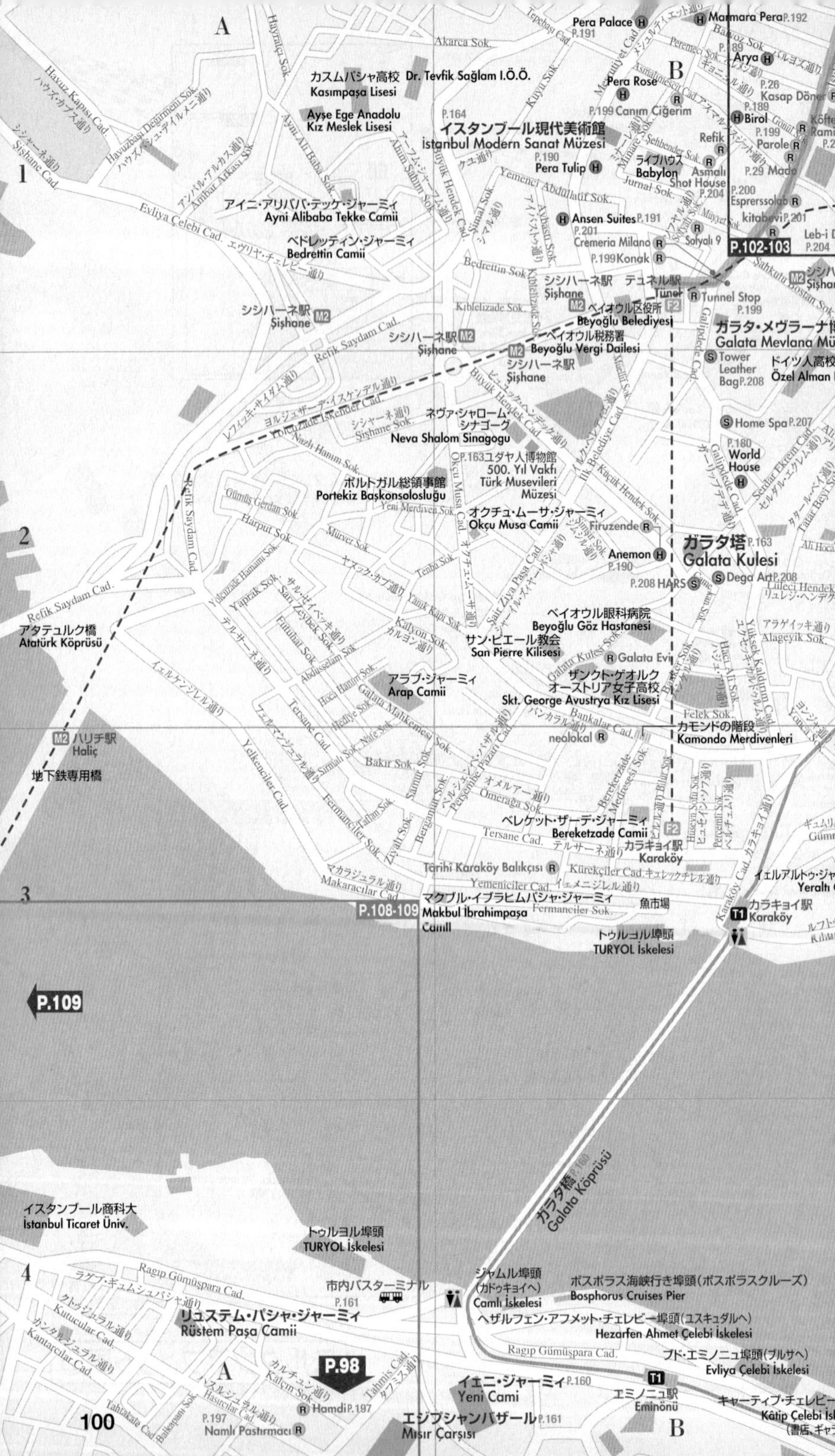
A
B
1
2
3
4
Pera Palace P.191
Marmara Pera P.192
Arya P.189
P.26 Kasap Döner
P.189 Birol
P.199 Parole
P.29 Mado
Refik
Köfteci Ramiz
Pera Rose
P.199 Canım Ciğerim
カスムパシャ高校 Kasımpaşa Lisesi
Dr. Tevfik Sağlam İ.Ö.Ö.
Ayşe Ege Anadolu Kız Meslek Lisesi
P.164
イスタンブール現代美術館
İstanbul Modern Sanat Müzesi
P.190 Pera Tulip
ライブハウス Babylon
Asmalı Shot House P.204
P.200 Espressolab
kitabevi P.201
Leb-i Derya P.204
P.102-103
アイニ・アリババ・テッケ・ジャーミィ Ayni Alibaba Tekke Camii
ベドレッティン・ジャーミィ Bedrettin Camii
Ansen Suites P.191
P.201 Cremeria Milano
Solyalı 9
P.199 Konak
シシハーネ駅 Şişhane
テュネル駅 Tünel
Tunnel Stop P.199
ベイオウル区役所 Beyoğlu Belediyesi
ベイオウル税務署 Beyoğlu Vergi Dailesi
ガラタ・メヴラーナ博物館 Galata Mevlana Müzesi
Tower Leather Bag P.208
ドイツ人高校 Özel Alman Lisesi
シシハーネ駅 Şişhane
Home Spa P.207
P.180 World House
ネヴァ・シャローム・シナゴーグ Neva Shalom Sinagogu
P.163 ユダヤ人博物館 500. Yıl Vakfı Türk Musevileri Müzesi
ポルトガル総領事館 Portekiz Başkonsolosluğu
オクチュ・ムーサ・ジャーミィ Okçu Musa Camii
Firuzende
Anemon P.190
ガラタ塔 Galata Kulesi P.163
P.208 HARS
Dega Art P.208
ベイオウル眼科病院 Beyoğlu Göz Hastanesi
サン・ピエール教会 San Pierre Kilisesi
Galata Evi
アラブ・ジャーミィ Arap Camii
ザンクト・ゲオルク オーストリア女子高校 Skt. George Avustrya Kız Lisesi
カモンドの階段 Kamondo Merdivenleri
neolokal
アタテュルク橋 Atatürk Köprüsü
ハリチ駅 Haliç
地下鉄専用橋
ベレケット・ザーデ・ジャーミィ Bereketzade Camii
カラキョイ駅 Karaköy
Tarihi Karaköy Balıkçısı
マクブル・イブラヒムパシャ・ジャーミィ Makbul İbrahimpaşa Camii
P.108-109
魚市場
カラキョイ駅 Karaköy
イェルアルトゥ・ジャーミィ Yeraltı Camii
トゥルヨル埠頭 TURYOL İskelesi
P.109
ガラタ橋 Galata Köprüsü P.160
イスタンブール商科大 İstanbul Ticaret Üniv.
トゥルヨル埠頭 TURYOL İskelesi
市内バスターミナル P.161
ジャムル埠頭（カドゥキョイへ） Camlı İskelesi
ボスポラス海峡行き埠頭（ボスポラスクルーズ） Bosphorus Cruises Pier
ヘザルフェン・アフメット・チェレビー埠頭（ユスキュダルへ） Hezarfen Ahmet Çelebi İskelesi
ブド・エミノニュ埠頭（ブルサへ） Evliya Çelebi İskelesi
リュステム・パシャ・ジャーミィ Rüstem Paşa Camii
P.98
Hamdi P.197
P.197 Namlı Pastırmacı
イェニ・ジャーミィ Yeni Cami P.160
エミノニュ駅 Eminönü
キャーティプ・チェレビー Kâtip Çelebi İskelesi
エジプシャンバザール Mısır Çarşısı P.161
Evliya Çelebi Cad.
Refik Saydam Cad.
Yolcuzade İskender Cad.
Şişhane Cad.
Tersane Cad.
Yemeniciler Cad.
Kürekçiler Cad.
Fermanciler Sok.
Makaracılar Cad.
Ragıp Gümüşpara Cad.
Kutucular Cad.
Kantarcılar Cad.
Tahmis Cad.
Karaköy Cad.
Bankalar Cad.
Galip Dede Cad.
Büyük Hendek Cad.
Yüksek Kaldırım Cad.

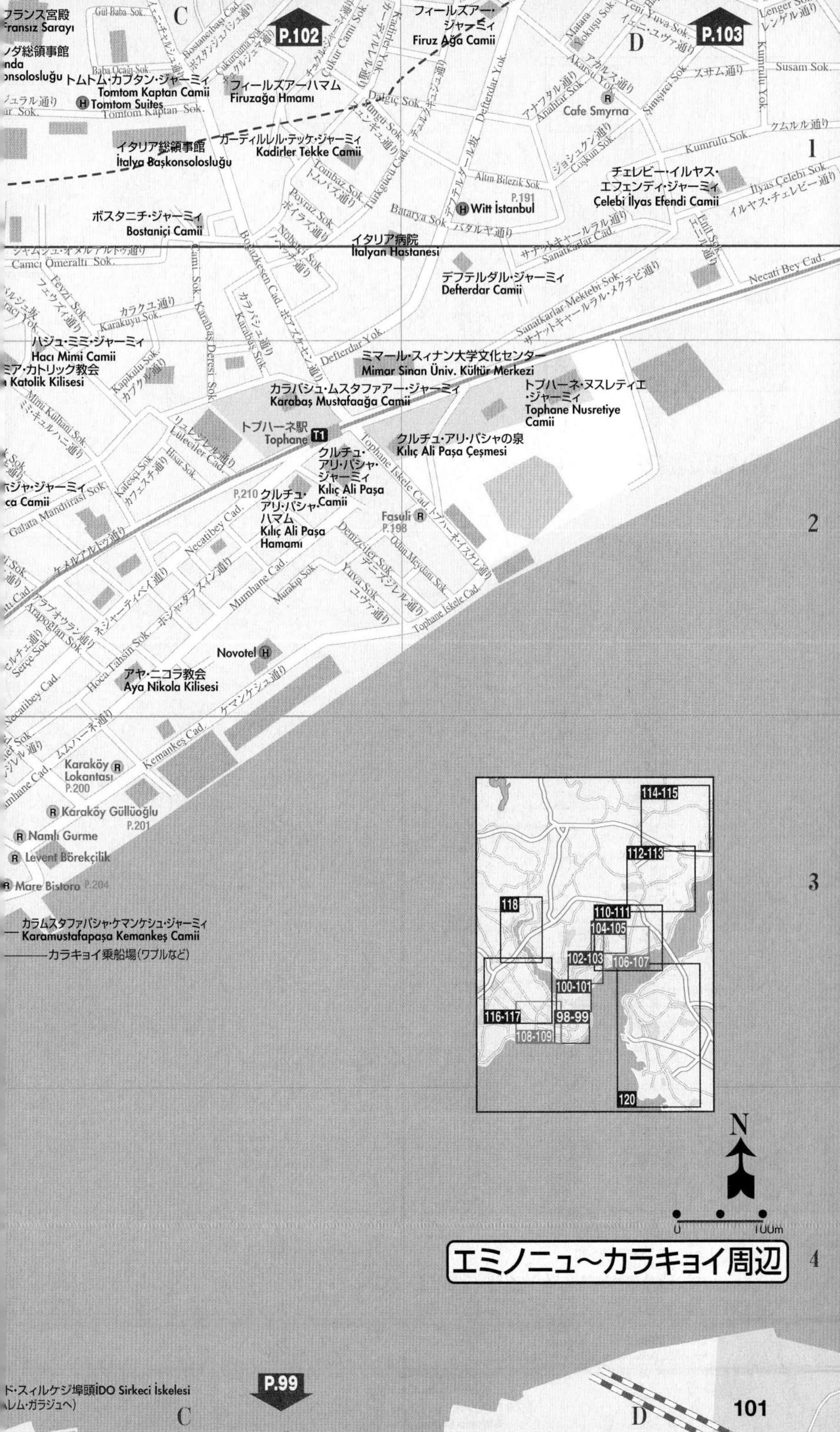

エミノニュ〜カラキョイ周辺

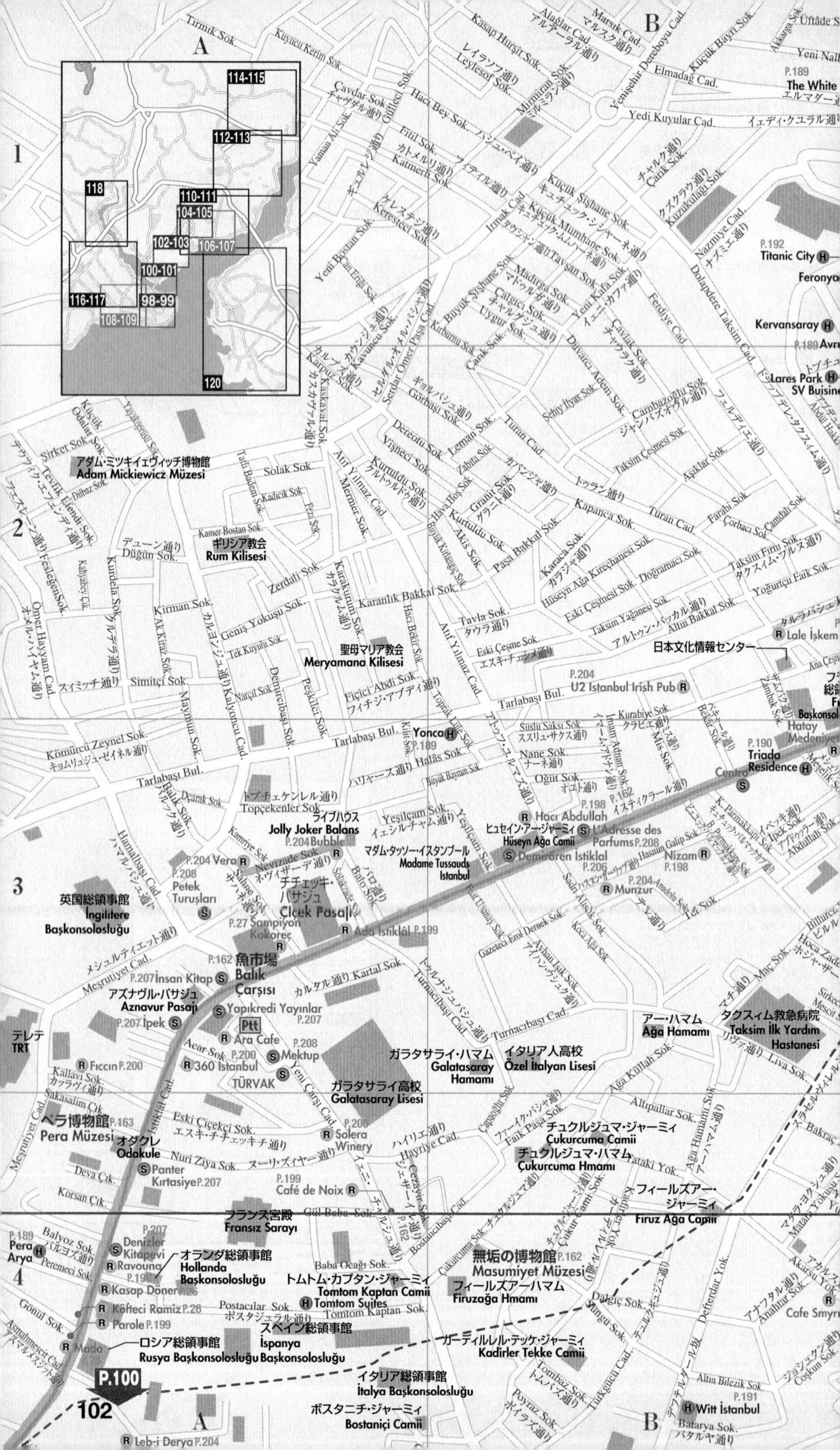

A
B
1
2
3
4
114-115
112-113
118
110-111
104-105
102-103
106-107
100-101
116-117
98-99
108-109
120
アダム・ミツキイェヴィッチ博物館
Adam Mickiewicz Müzesi
ギリシア教会
Rum Kilisesi
聖母マリア教会
Meryamana Kilisesi
日本文化情報センター
U2 Istanbul Irish Pub
Yonca
Triada Residence
Centro
Hacı Abdullah
ヒュセイン・アー・ジャーミィ
Hüseyn Ağa Camii
L'Adresse des Parfums
Demirören İstiklal
ライブハウス
Jolly Joker Balans
Bubble
マダム・タッソー・イスタンブール
Madame Tussauds Istanbul
Vera
Petek Turuşları
英国総領事館
İngiltere Başkonsolosluğu
チチェッキ・パサジュ
Çiçek Pasajı
Sampiyon Kokoreç
Ada İstiklâl
Nizam
Munzur
魚市場
Balık Çarşısı
İnsan Kitap
アズナヴル・パサジュ
Aznavur Pasajı
Yapıkredi Yayınlar
İpek
Ptt
Ara Cafe
テレテ
TRT
Fıccın
360 Istanbul
Mektup
TÜRVAK
ガラタサライ・ハマム
Galatasaray Hamamı
イタリア人高校
Özel İtalyan Lisesi
ガラタサライ高校
Galatasaray Lisesi
アー・ハマム
Ağa Hamamı
タクスィム救急病院
Taksim İlk Yardım Hastanesi
ペラ博物館
Pera Müzesi
オダクレ
Odakule
Panter Kırtasiye
Solera Winery
Café de Noix
チュクルジュマ・ジャーミィ
Çukurcuma Camii
チュクルジュマ・ハマム
Çukurcuma Hmamı
フィールズアー・ジャーミィ
Firuz Ağa Camii
フランス宮殿
Fransız Sarayı
Pera Arya
Denizler Kitapevi
Ravouna
オランダ総領事館
Hollanda Başkonsolosluğu
Kasap Döner
Köfteci Ramiz
Parole
Mado
ロシア総領事館
Rusya Başkonsolosluğu
トムトム・カプタン・ジャーミィ
Tomtom Kaptan Camii
Tomtom Suites
スペイン総領事館
İspanya Başkonsolosluğu
無垢の博物館
Masumiyet Müzesi
フィールズアーハマム
Firuzağa Hmamı
ガーディルレル・テッケ・ジャーミィ
Kadirler Tekke Camii
イタリア総領事館
İtalya Başkonsolosluğu
ボスタニチ・ジャーミィ
Bostaniçi Camii
Witt İstanbul
Cafe Smyrna
Leb-i Derya
P.100
102
Titanic City
Feronya
Kervansaray
Lares Park
SV Buisine
The White
Lale İşkembe
Hatay Medeniyet
İstiklal Cad.
Tarlabaşı Bul.
Meşrutiyet Cad.
Kalyoncu Cad.
Turnacıbaşı Cad.
Dolapdere Taksim Cad.
Yeni Çarşı Cad.
Hayriye Cad.
Defterdar Yok.

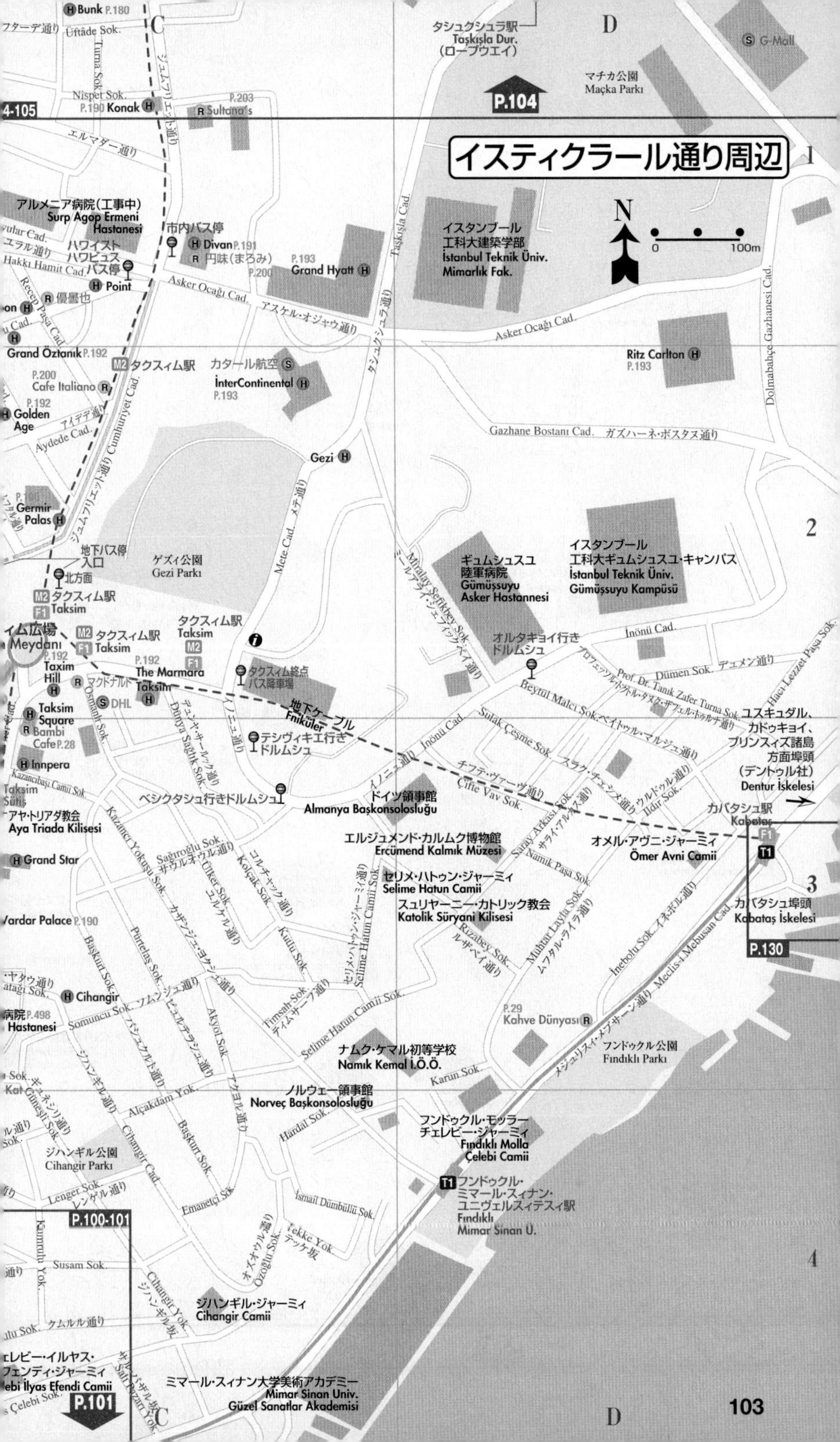

イスティクラール通り周辺
タシュクシュラ駅
Taşkışla Dur.
（ロープウエイ）
P.104
マチカ公園
Maçka Parkı
G-Mall
Bunk P.180
ウフターデ通り
Uftâde Sok.
Turna Sok.
Nispet Sok.
P.190 Konak
P.203
Sultana's
エルマダー通り
ジュムフリエット通り
アルメニア病院（工事中）
Surp Agop Ermeni
Hastanesi
市内バス停
Divan P.191
円味（まろみ）
ハワイスト
ハワピュス
バス停
Point
Hakkı Hamit Cad.
Recep Paşa Cad.
優曇也
Asker Ocağı Cad.
アスケル・オジャウ通り
P.193
Grand Hyatt
P.200
イスタンブール
工科大建築学部
İstanbul Teknik Üniv.
Mimarlık Fak.
Taşkışla Cad.
タシュクシュラ通り
N
0
100m
Asker Ocağı Cad.
Ritz Carlton
P.193
Dolmabahçe Gazhanesi Cad.
Grand Öztanık P.192
タクスィム駅
カタール航空
InterContinental
P.193
P.200
Cafe Italiano
P.192
Golden
Age
アイデデ通り
Aydede Cad.
Cumhuriyet Cad.
Gazhane Bostanı Cad.
ガズハーネ・ボスタヌ通り
Gezi
Mete Cad.
メテ通り
P.190
Germir
Palas
地下バス停
入口
北方面
ゲズィ公園
Gezi Parkı
タクスィム駅
Taksim
ギュムシュスユ
陸軍病院
Gümüşsuyu
Asker Hastannesi
イスタンブール
工科大ギュムシュスユ・キャンパス
İstanbul Teknik Üniv.
Gümüşsuyu Kampüsü
Miralay Şefikbey Sok.
ミラライ・シェフィックベイ通り
タクスィム広場
Meydanı
P.192
Taxim
Hill
タクスィム駅
Taksim
タクスィム駅
Taksim
P.192
The Marmara
Taksim
マクドナルド
タクスィム終点
バス降車場
地下ケーブル
Fnikuler
オルタキョイ行き
ドルムシュ
İnönü Cad.
Dümen Sok.
デュメン通り
Prof. Dr. Tarık Zafer Turna Sok.
プロフェッソル・ドクトル・タルク・ザフェル・トゥルナ通り
Hacı Lezzet Paşa Sok.
Beytül Malcı Sok.
ベイトゥル・マルジュ通り
Taksim
Square
Bambi
Cafe P.28
Innpera
DHL
Osmanlı Sok.
Dünya Sağlık Sok.
デュンヤ・サールック通り
İnönü Cad.
イノニュ通り
テシヴィキエ行き
ドルムシュ
Sulak Çeşme Sok.
スラク・チェシメ通り
チフテ・ヴァーヴ通り
Çifte Vav Sok.
ユスキュダル、
カドゥキョイ、
プリンスィズ諸島
方面埠頭
（デントゥル社）
Dentur İskelesi
Kazancıbaşı Camii Sok.
Taksim
Suites
アヤ・トリアダ教会
Aya Triada Kilisesi
ベシクタシュ行きドルムシュ
ドイツ領事館
Almanya Başkonsolosluğu
Saray Arkası Sok.
サライ・アルカス通り
Ildır Sok.
ウルドゥル通り
カバタシュ駅
Kabataş
Grand Star
エルジュメンド・カルムク博物館
Ercümend Kalmık Müzesi
オメル・アヴニ・ジャーミィ
Ömer Avni Camii
Sağıroğlu Sok.
サウルオウル通り
Kazancı Yokuşu Sok.
Ülker Sok.
ユルケル通り
Kolçak Sok.
コルチャック通り
セリメ・ハトゥン・ジャーミィ
Selime Hatun Camii
Selime Hatun Camii Sok.
Namık Paşa Sok.
Vardar Palace P.190
スュリヤーニー・カトリック教会
Katolik Süryani Kilisesi
Rizabey Sok.
ルザーベイ通り
Muhtar Layla Sok.
ムフタル・ライラ通り
İnebolu Sok.
イネボル通り
Meclis-i Mebusan Cad.
カバタシュ埠頭
Kabataş İskelesi
P.130
Kutlu Sok.
Başkurt Sok.
Purtelaş Sok.
カザンジュ・ヨクシュ通り
Cihangir
Somuncu Sok.
ソムンジュ通り
P.498
Hastanesi
Timsah Sok.
ティムサーフ通り
Selime Hatun Camii Sok.
P.29
Kahve Dünyası
Akyol Sok.
アクヨル通り
メジュリスィ・メブサーン通り
フンドゥクル公園
Fındıklı Parkı
ナムク・ケマル初等学校
Namık Kemal İ.Ö.Ö.
Karun Sok.
Alçakdam Yok.
ノルウェー領事館
Norveç Başkonsolosluğu
Güneşli Sok.
ギュネシリ通り
Hardal Sok.
フンドゥクル・モッラー
チェレビー・ジャーミィ
Fındıklı Molla
Çelebi Camii
ジハンギル公園
Cihangir Parkı
Cihangir Cad.
Başkurt Sok.
Lenger Sok.
レンゲル通り
Emanetçi Sok.
İsmail Dümbüllü Sok.
フンドゥクル・
ミマール・スィナン・
ユニヴェルスィテスィ駅
Fındıklı
Mimar Sinan Ü.
P.100-101
Kumrulu Yok.
Susam Sok.
Tekke Yok.
テッケ坂
Ozoğlu Sok.
オズオウル通り
Cihangir Yok.
ジハンギル坂
ジハンギル・ジャーミィ
Cihangir Camii
クムルル通り
チェレビー・イルヤス・
エフェンディ・ジャーミィ
Çelebi İlyas Efendi Camii
Sıraselviler Cad.
ミマール・スィナン大学美術アカデミー
Mimar Sinan Univ.
Güzel Sanatlar Akademisi
P.101
C
D
1
2
3
4

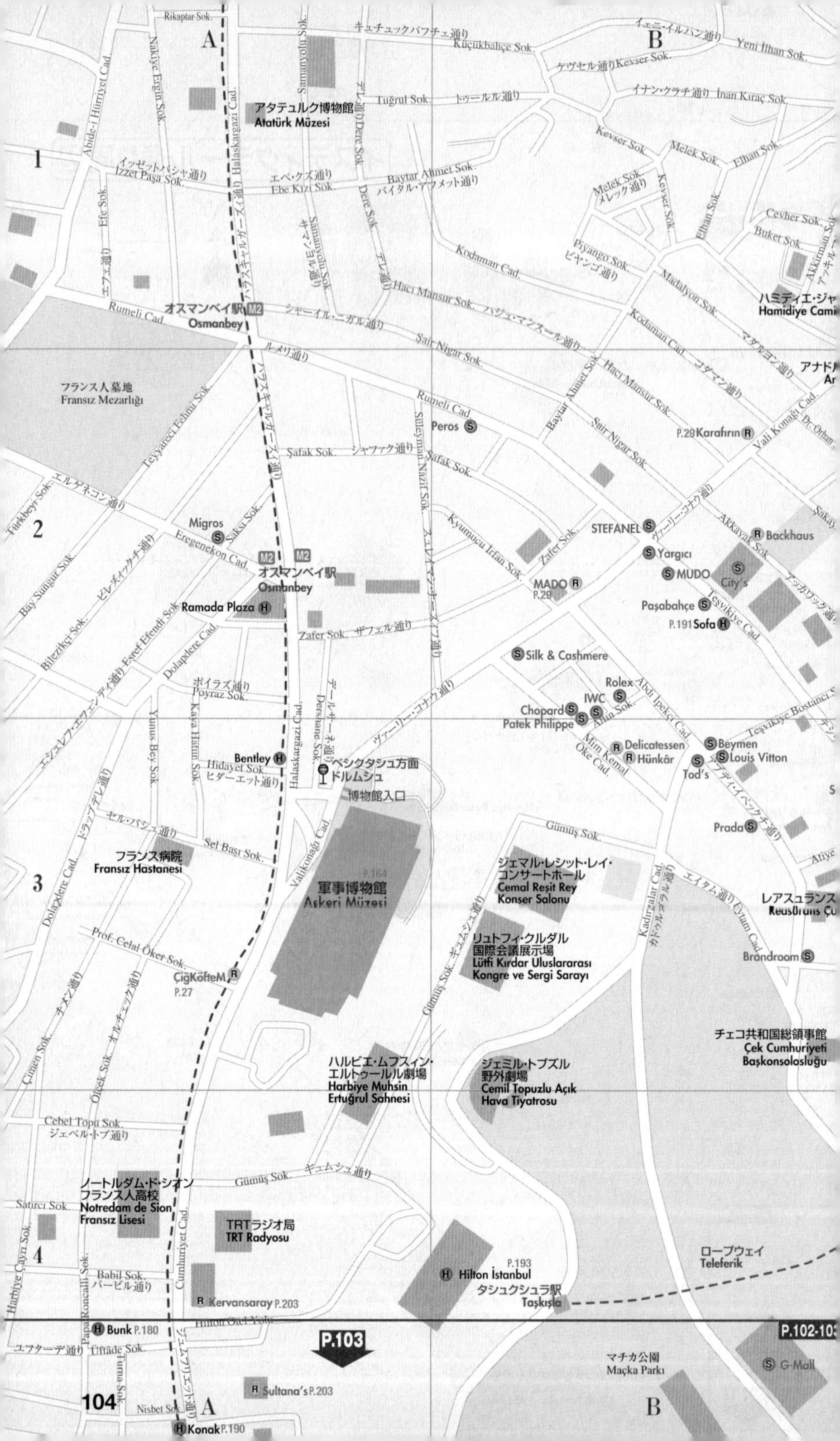

A
B
1
2
3
4
アタテュルク博物館
Atatürk Müzesi
オスマンベイ駅
Osmanbey
フランス人墓地
Fransız Mezarlığı
Migros
Ramada Plaza
Peros
STEFANEL
Yargıcı
MUDO
City's
Backhaus
MADO
P.29
Paşabahçe
P.191 Sofa
P.29 Karafırın
Silk & Cashmere
Rolex
IWC
Chopard
Patek Philippe
Delicatessen
Hünkâr
Beymen
Louis Vitton
Tod's
Prada
ハミディエ・ジャ
Hamidiye Cami
Bentley
ベシクタシュ方面
ドルムシュ
博物館入口
軍事博物館
Askeri Müzesi
P.164
フランス病院
Fransız Hastanesi
ジェマル・レシット・レイ・
コンサートホール
Cemal Reşit Rey
Konser Salonu
リュトフィ・クルダル
国際会議展示場
Lütfi Kırdar Uluslararası
Kongre ve Sergi Sarayı
ÇiğKöfteM
P.27
ハルビエ・ムフスィン・
エルトゥールル劇場
Harbiye Muhsin
Ertuğrul Sahnesi
ジェミル・トプズル
野外劇場
Cemil Topuzlu Açık
Hava Tiyatrosu
チェコ共和国総領事館
Çek Cumhuriyeti
Başkonsolosluğu
Brandroom
ノートルダム・ド・シオン
フランス人高校
Notredam de Sion
Fransız Lisesi
TRTラジオ局
TRT Radyosu
Kervansaray P.203
Hilton İstanbul
P.193
タシュクシュラ駅
Taşkışla
ロープウェイ
Teleferik
マチカ公園
Maçka Parkı
G-Mall
Bunk P.180
Sultana's P.203
Konak P.190
P.103
P.102-103
Rumeli Cad.
Halaskargazi Cad.
Cumhuriyet Cad.
Vali Konağı Cad.
Teşvikiye Cad.
Abdi İpekçi Cad.
Valikonağı Cad.
Kodaman Cad.
Şair Nigar Sok.
Hacı Mansur Sok.
Gümüş Sok.
Hilton Otel Yolu

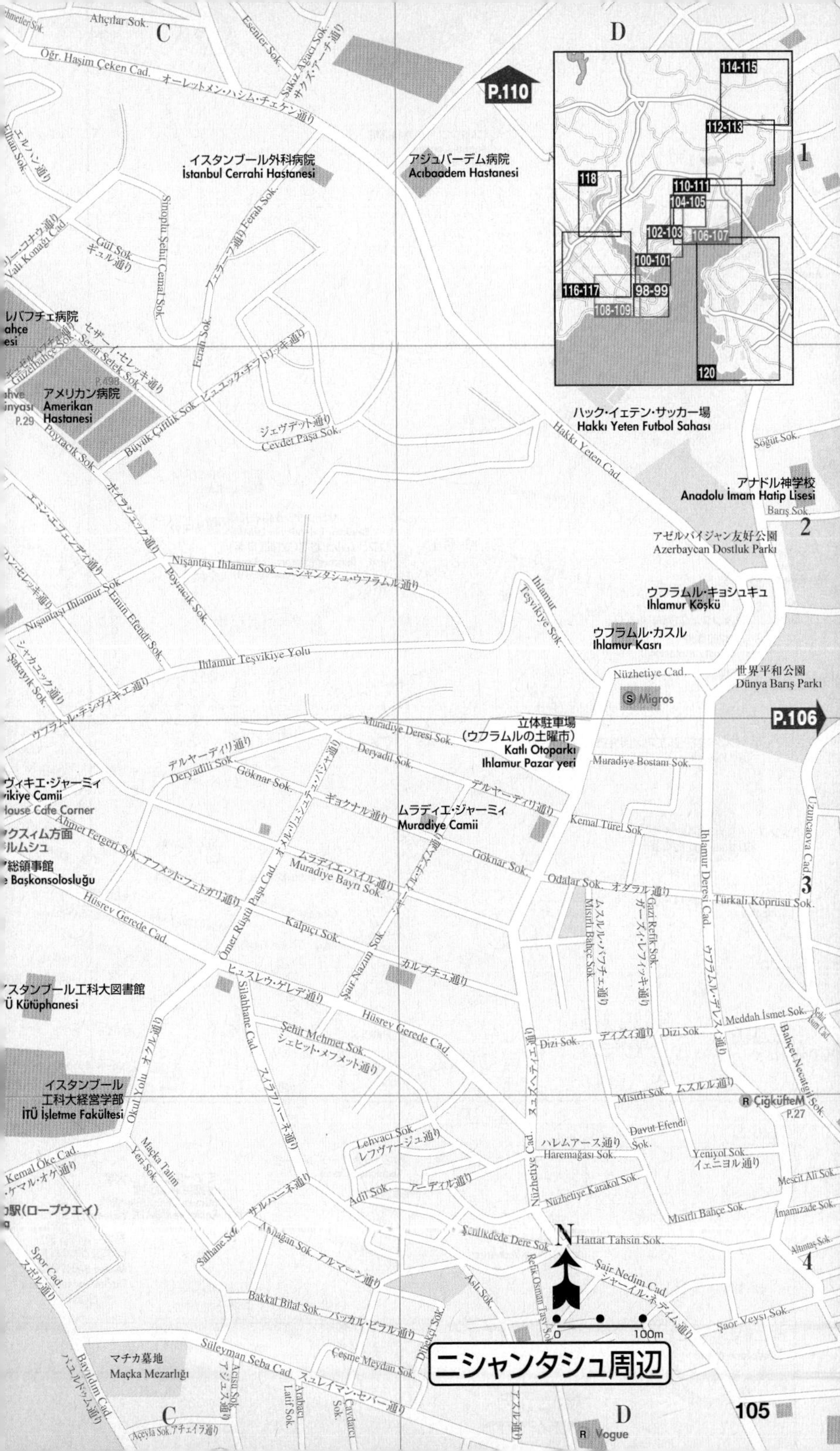

ニシャンタシュ周辺
P.110
P.106
イスタンブール外科病院
İstanbul Cerrahi Hastanesi
アジュバーデム病院
Acıbaadem Hastanesi
アメリカン病院
Amerikan Hastanesi
ハック・イェテン・サッカー場
Hakkı Yeten Futbol Sahası
アナドル神学校
Anadolu İmam Hatip Lisesi
アゼルバイジャン友好公園
Azerbaycan Dostluk Parkı
ウフラムル・キョシュキュ
Ihlamur Köşkü
ウフラムル・カスル
Ihlamur Kasrı
世界平和公園
Dünya Barış Parkı
Migros
立体駐車場
（ウフラムルの土曜市）
Katlı Otoparkı
Ihlamur Pazar yeri
ムラディエ・ジャーミィ
Muradiye Camii
イスタンブール工科大経営学部
İTÜ İşletme Fakültesi
マチカ墓地
Maçka Mezarlığı
ÇiğköfteM
P.27
Vogue
Hakkı Yeten Cad.
Nişantaşı Ihlamur Sok.
Ihlamur Teşvikiye Yolu
Muradiye Deresi Sok.
Hüsrev Gerede Cad.
Ömer Rüştü Paşa Cad.
Nüzhetiye Cad.
Ihlamur Deresi Cad.
Süleyman Seba Cad.
100m
105

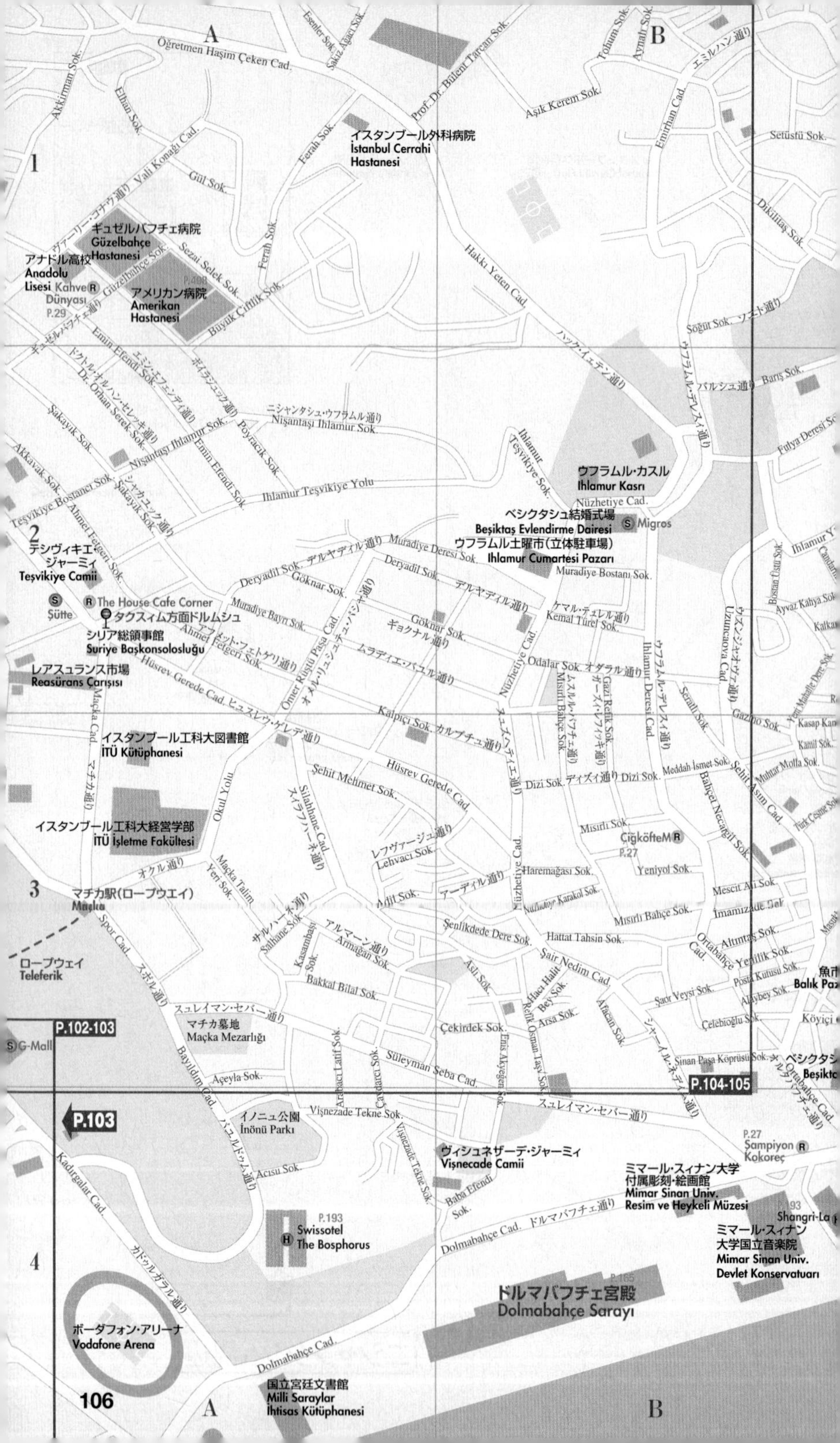

A
B
1
2
3
4
Öğretmen Haşim Çeken Cad.
Esenler Sok.
Sakız Ağacı Sok.
Prof. Dr. Bülent Tarcan Sok.
Tohum Sok.
Aynalı Sok.
エミルハン通り
Akkirman Sok.
Elhan Sok.
Aşık Kerem Sok.
Emirhan Cad.
Setüstü Sok.
イスタンブール外科病院
İstanbul Cerrahi Hastanesi
Ferah Sok.
Vali Konağı Cad.
ヴァーリー・コナウ通り
Gül Sok.
Dikilitaş Sok.
ギュゼルバフチェ病院
Güzelbahçe Hastanesi
アナドル高校
Anadolu Lisesi
Kahve Dünyası
P.29
Güzelbahçe Sok.
Sezai Selek Sok.
アメリカン病院
Amerikan Hastanesi
P.408
Büyük Çiftlik Sok.
Hakkı Yeten Cad.
ハック・イェテン通り
Söğüt Sok. ソユト通り
ギュゼルバフチェ通り
Emin Efendi Sok.
エミン・エフェンディ通り
ドクトル・オルハン・セレッキ通り
Dr. Orhan Serek Sok.
ボイラジュック通り
ニシャンタシュ・ウフラムル通り
Nişantaşı Ihlamur Sok.
Poyracık Sok.
ウフラムル・デレスィ通り
バルシュ通り Barış Sok.
Şakayık Sok.
Akkavak Sok.
Teşvikiye Bostanı Sok.
Ahmet Fetgeri Sok.
シャカユック通り
Ihlamur Teşvikiye Yolu
Ihlamur Teşvikiye Sok.
ウフラムル・カスル
Ihlamur Kasrı
Nüzhetiye Cad.
Fulya Deresi Sok.
ベシクタシュ結婚式場
Beşiktaş Evlendirme Dairesi
Migros
ウフラムル土曜市（立体駐車場）
Ihlamur Cumartesi Pazarı
テシヴィキエ・ジャーミィ
Teşvikiye Camii
Muradiye Deresi Sok.
Deryadil Sok. デルヤディル通り
Muradiye Bostanı Sok.
Göknar Sok.
Şütte
The House Cafe Corner
タクスィム方面ドルムシュ
シリア総領事館
Suriye Başkonsolosluğu
Muradiye Bayırı Sok.
アフメット・フェトゲリ通り
Ahmet Fetgeri Sok.
Ömer Rüştü Paşa Cad.
オメル・リュシュテュ・パシャ通り
Göknar Sok. ギョクナル通り
ケマル・テュレル通り
Kemal Türel Sok.
ムラディエ・バユル通り
Odalar Sok. オダラル通り
Ihlamur Yolu
Candan
Bostan Üstü Sok.
Ayvaz Kahya Sok.
Uzuncaova Cad.
ウズンジャオヴァ通り
レアスュランス市場
Reasürans Çarşısı
Hüsrev Gerede Cad. ヒュスレヴ・ゲレデ通り
Maçka Cad.
Kalpıçı Sok. カルプチュ通り
Mısırlı Bahçe Sok.
ムスルル・バフチェ通り
Gazi Refik Sok.
ガーズィ・レフィッキ通り
Ihlamur Deresi Cad.
Seraili Sok.
Gazino Sok.
Yeni Mahalle Dere Sok.
Kasap Kan
Kamil Sok.
イスタンブール工科大図書館
İTÜ Kütüphanesi
マチカ通り
Şehit Mehmet Sok.
Nüzhetiye Cad.
ヌズヘティエ通り
Dizi Sok. ディズィ通り Dizi Sok.
Meddah İsmet Sok.
Şehit Asım Cad.
Muhtar Molla Sok.
Hüsrev Gerede Cad.
Silahhane Cad.
スィラフハーネ通り
Okul Yolu
Balıkçı Necati Sok.
Mısırlı Sok.
ÇiğköfteM
P.27
Türk Çeşme Sok.
イスタンブール工科大経営学部
İTÜ İşletme Fakültesi
レフヴァージュ通り
Lehvacı Sok.
Maçka Talim Yeri Sok.
オクル通り
Haremağası Sok.
Yeniyol Sok.
アーディル通り
Adjit Sok.
Nüzhetiye Karakol Sok.
Mescit Ali Sok.
マチカ駅（ロープウエイ）
Maçka
サルハーネ通り
Salhane Sok.
Mısırlı Bahçe Sok.
İmamızade Sok.
Spor Cad.
Kasambaşı Sok.
アルマーン通り
Armağan Sok.
Şenlikdede Dere Sok.
Hattat Tahsin Sok.
Ortabahçe Cad.
Altıntaş Sok.
Yenilik Sok.
ロープウェイ
Teleferik
スポル通り
Aslı Sok.
Şair Nedim Cad.
Posta Kutusu Sok.
魚市
Balık Paz
Bakkal Bilal Sok.
Hacı Halit Bey Sok.
Refik Osman Taşı Sok.
Afacan Sok.
Şair Veysi Sok.
Alaybey Sok.
スュレイマン・セバー通り
マチカ墓地
Maçka Mezarlığı
Çekirdek Sok.
Arsa Sok.
Çelebioğlu Sok.
Köyiçi
P.102-103
G-Mall
Arabacı Latif Sok.
Çardakçı Sok.
Enis Akyeğen Sok.
シャーイル・ネディム通り
Sinan Paşa Köprüsü Sok.
ベシクタシ
Beşikta
Süleyman Seba Cad.
Bayıldım Cad.
Açeyla Sok.
P.104-105
オルタバフチェ通り
Ortabahçe Cad.
スュレイマン・セバー通り
P.103
イノニュ公園
İnönü Parkı
Vişnezade Tekne Sok.
バユルドゥム通り
Kadırgalar Cad.
ヴィシュネザーデ・ジャーミィ
Vişnecade Camii
P.27
Şampiyon Kokoreç
Acısu Sok.
Baba Efendi Sok.
ミマール・スィナン大学付属彫刻・絵画館
Mimar Sinan Univ. Resim ve Heykeli Müzesi
ドルマバフチェ通り
Dolmabahçe Cad.
P.193
Swissotel The Bosphorus
P.193
Shangri-La
ミマール・スィナン大学国立音楽院
Mimar Sinan Univ. Devlet Konservatuarı
カドゥルガラル通り
P.165
ドルマバフチェ宮殿
Dolmabahçe Sarayı
ボーダフォン・アリーナ
Vodafone Arena
Dolmabahçe Cad.
国立宮廷文書館
Milli Saraylar İhtisas Kütüphanesi

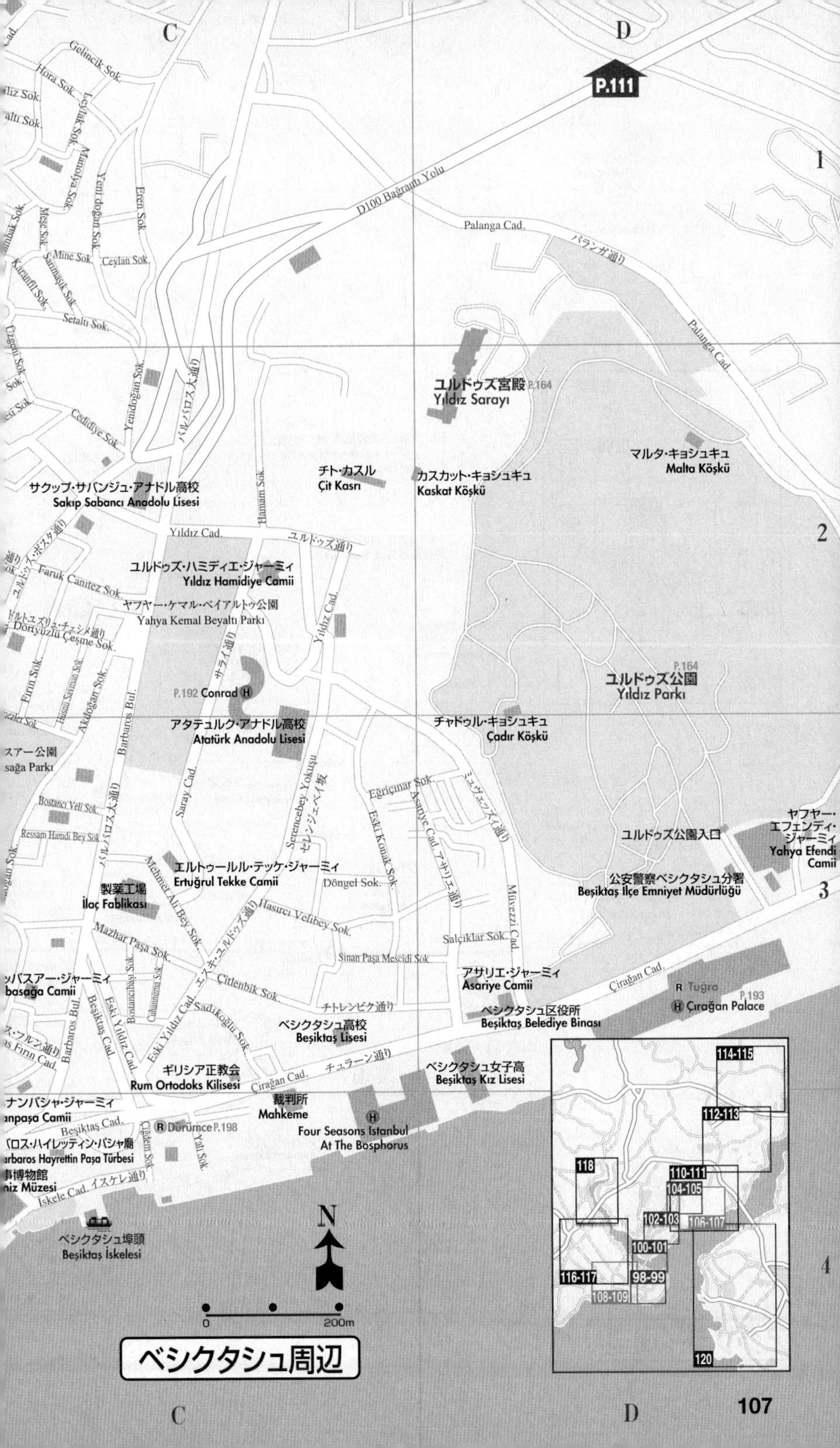

ベシクタシュ周辺
ユルドゥズ宮殿 P.164
Yıldız Sarayı
ユルドゥズ公園 P.164
Yıldız Parkı
マルタ・キョシュキュ
Malta Köşkü
カスカット・キョシュキュ
Kaskat Köşkü
チト・カスル
Çit Kasrı
チャドゥル・キョシュキュ
Çadır Köşkü
サクップ・サバンジュ・アナドル高校
Sakıp Sabancı Anadolu Lisesi
ユルドゥズ・ハミディエ・ジャーミィ
Yıldız Hamidiye Camii
ヤフヤー・ケマル・ベイアルトゥ公園
Yahya Kemal Beyaltı Parkı
P.192 Conrad
アタテュルク・アナドル高校
Atatürk Anadolu Lisesi
エルトゥールル・テッケ・ジャーミィ
Ertuğrul Tekke Camii
製薬工場
İlaç Fablikası
ユルドゥズ公園入口
ヤフヤー・エフェンディ・ジャーミィ
Yahya Efendi Camii
公安警察ベシクタシュ分署
Beşiktaş İlçe Emniyet Müdürlüğü
アサリエ・ジャーミィ
Asariye Camii
ベシクタシュ区役所
Beşiktaş Belediye Binası
Tuğra
Çırağan Palace P.193
ベシクタシュ高校
Beşiktaş Lisesi
ギリシア正教会
Rum Ortodoks Kilisesi
ベシクタシュ女子高
Beşiktaş Kız Lisesi
裁判所
Mahkeme
Four Seasons Istanbul At The Bosphorus
Dürümce P.198
ベシクタシュ埠頭
Beşiktaş İskelesi
P.111
D100 Bağrantı Yolu
Palanga Cad.
パランガ通り
Yıldız Cad.
ユルドゥズ通り
Yıldız Cad.
Barbaros Bul.
バルバロス大通り
Saray Cad.
サライ通り
Serencebey Yokuşu
セレンジェベイ坂
Eğriçınar Sok.
Eski Konak Sok.
Asariye Cad.
アサリエ通り
Müvezzi Cad.
ミュヴェッズィ通り
Hasırcı Velibey Sok.
Mehmet Ali Bey Sok.
Döngel Sok.
Salçıklar Sok.
Sinan Paşa Mescidi Sok.
Mazhar Paşa Sok.
Çitlenbik Sok.
チトレンビク通り
Sadikoğlu Sok.
Eski Yıldız Cad.
エスキ・ユルドゥズ通り
Çırağan Cad.
チュラーン通り
Beşiktaş Cad.
İskele Cad. イスケレ通り
Çiğdem Sok.
Yalı Sok.
Hamam Sok.
Gelincik Sok.
Hora Sok.
Leylak Sok.
Manolya Sok.
Yeni doğan Sok.
Eren Sok.
Meşe Sok.
Mine Sok.
Ceylan Sok.
Sarmaşık Sok.
Karanfil Sok.
Setaltı Sok.
Yenidoğan Sok.
Cedidiye Sok.
Faruk Canıtez Sok.
Dörtyüzlü Çeşme Sok.
Fırın Sok.
Hasan Sayman Sok.
Aktoğan Sok.
Bostancı Veli Sok.
Ressam Hamdi Bey Sok.
Bostancıbaşı Sok.
Cihannüma Sok.
Beşiktaş Cad.
Barbaros Bul.
Eski Yıldız Cad.
N
0 200m
114-115
112-113
110-111
104-105
106-107
102-103
100-101
98-99
118
116-117
108-109
120

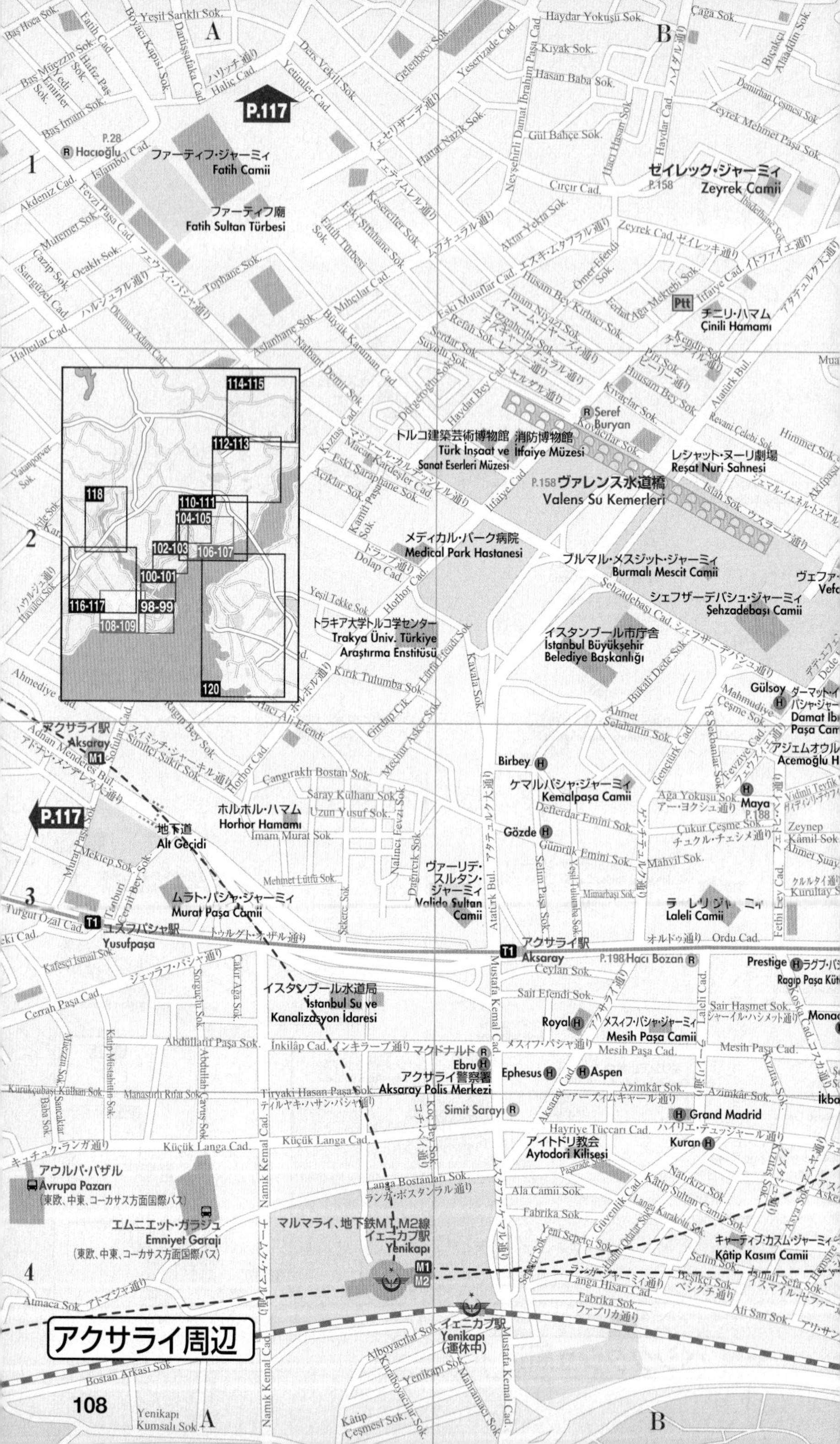
アクサライ周辺
P.117
ファーティフ・ジャーミィ
Fatih Camii
ファーティフ廟
Fatih Sultan Türbesi
Hacıoğlu
P.28
ゼイレック・ジャーミィ
Zeyrek Camii
P.158
チニリ・ハマム
Çinili Hamamı
Şeref Buryan
トルコ建築芸術博物館
Türk İnşaat ve Sanat Eserleri Müzesi
消防博物館
Itfaiye Müzesi
P.158
ヴァレンス水道橋
Valens Su Kemerleri
レシャット・ヌーリ劇場
Reşat Nuri Sahnesi
メディカル・パーク病院
Medical Park Hastanesi
ブルマル・メスジット・ジャーミィ
Burmalı Mescit Camii
シェフザーデバシュ・ジャーミィ
Şehzadebaşı Camii
トラキア大学トルコ学センター
Trakya Üniv. Türkiye Araştırma Enstitüsü
イスタンブール市庁舎
İstanbul Büyükşehir Belediye Başkanlığı
Gülsoy
ダーマット・イ…
Damat İb…
アジェムオウル
Acemoğlu H
Birbey
ケマルパシャ・ジャーミィ
Kemalpaşa Camii
Maya
P.188
Gözde
アクサライ駅
Aksaray
M1
P.117
地下道
Alt Geçidi
ホルホル・ハマム
Horhor Hamamı
ヴァーリデ・スルタン・ジャーミィ
Valide Sultan Camii
ムラト・パシャ・ジャーミィ
Murat Paşa Camii
T1
ユスフパシャ駅
Yusufpaşa
ラ レリ・ジャ ミィ
Laleli Camii
T1
アクサライ駅
Aksaray
P.198
Hacı Bozan
Prestige
Ragıp Paşa Kü…
イスタンブール水道局
İstanbul Su ve Kanalizasyon İdaresi
Royal
メスィフ・パシャ・ジャーミィ
Mesih Paşa Camii
マクドナルド
Ebru
アクサライ警察署
Aksaray Polis Merkezi
Ephesus
Aspen
Simit Sarayı
Grand Madrid
アイトドリ教会
Aytodori Kilisesi
Kuran
アウルパ・パザル
Avrupa Pazarı
（東欧、中東、コーカサス方面国際バス）
エムニエット・ガラジュ
Emniyet Garajı
（東欧、中東、コーカサス方面国際バス）
マルマライ、地下鉄M1、M2線
イェニカプ駅
Yenikapı
M1
M2
キャーティプ・カスム・ジャーミィ
Kâtip Kasım Camii
イェニカプ駅
Yenikapı
（運休中）
114-115
112-113
118
110-111
104-105
102-103
106-107
100-101
116-117
98-99
108-109
120
Ordu Cad.
Mustafa Kemal Cad.
Namık Kemal Cad.
Atatürk Bul.
Turgut Özal Cad.
Adnan Menderes Bul.
Şehzadebaşı Cad.
Zeyrek Cad.
Itfaiye Cad.
Fevzi Paşa Cad.
Horhor Cad.
Küçük Langa Cad.
Cerrah Paşa Cad.
Mesih Paşa Cad.
İnkilâp Cad.
Aksaray Cad.
Hayriye Tüccarı Cad.
A
B
1
2
3
4
108

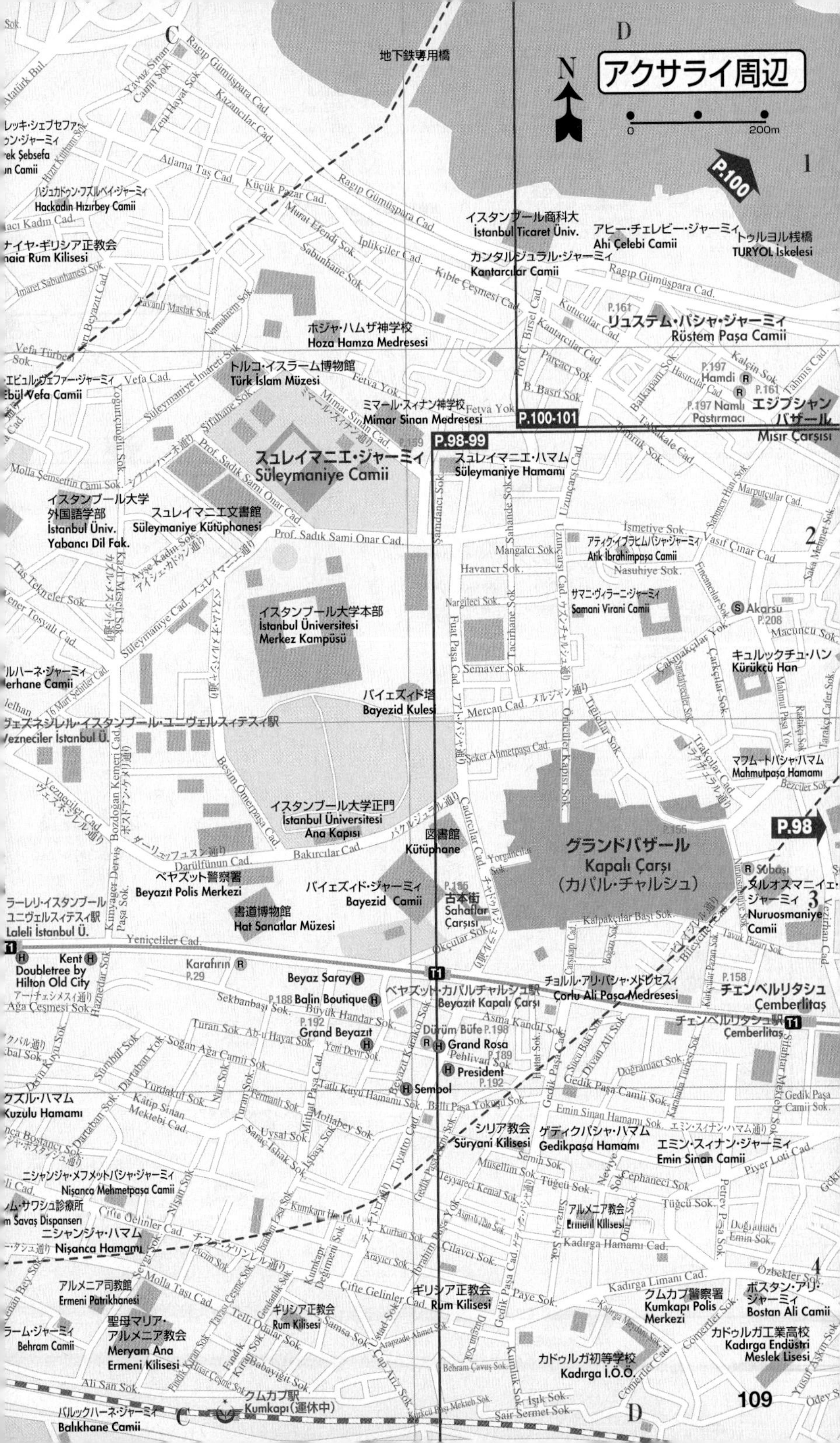

アクサライ周辺
N
0
200m
P.100
P.100-101
P.98-99
P.98
地下鉄専用橋
イスタンブール商科大
İstanbul Ticaret Üniv.
アヒー・チェレビー・ジャーミィ
Ahi Çelebi Camii
トゥルヨル桟橋
TURYOL İskelesi
カンタルジュラル・ジャーミィ
Kantarcılar Camii
リュステム・パシャ・ジャーミィ
Rüstem Paşa Camii
ホジャ・ハムザ神学校
Hoza Hamza Medresesi
トルコ・イスラーム博物館
Türk İslam Müzesi
ミマール・スィナン神学校
Mimar Sinan Medresesi
Hamdi
Namlı Pastırmacı
エジプシャンバザール
Mısır Çarşısı
スュレイマニエ・ジャーミィ
Süleymaniye Camii
スュレイマニエ・ハマム
Süleymaniye Hamamı
イスタンブール大学 外国語学部
İstanbul Üniv. Yabancı Dil Fak.
スュレイマニエ文書館
Süleymaniye Kütüphanesi
アティク・イブラヒムパシャ・ジャーミィ
Atik İbrahimpaşa Camii
サマニ・ヴィラーニ・ジャーミィ
Samani Virani Camii
Akarsu
キュルックチュ・ハン
Kürükçü Han
イスタンブール大学本部
İstanbul Üniversitesi Merkez Kampüsü
バイエズィド塔
Bayezid Kulesi
ヴェズネジレル・イスタンブール・ユニヴェルスィテスィ駅
Vezneciler İstanbul Ü.
マフムートパシャ・ハマム
Mahmutpaşa Hamamı
イスタンブール大学正門
İstanbul Üniversitesi Ana Kapısı
図書館
Kütüphane
グランドバザール
Kapalı Çarşı
（カパル・チャルシュ）
ベヤズット警察署
Beyazıt Polis Merkezi
バイエズィド・ジャーミィ
Bayezid Camii
古本街
Sahaflar Çarşısı
ラーレリ・イスタンブール ユニヴェルスィテスィ駅
Laleli İstanbul Ü.
書道博物館
Hat Sanatlar Müzesi
ヌルオスマニイェ・ジャーミィ
Nuruosmaniye Camii
Subaşı
Kent
Doubletree by Hilton Old City
Karafırın
Beyaz Saray
チョルル・アリ・パシャ・メドレセスィ
Çorlu Ali Paşa Medresesi
チェンベルリタシュ
Çemberlitaş
Balin Boutique
ベヤズット・カパルチャルシュ駅
Beyazıt Kapalı Çarşı
チェンベルリタシュ駅
Çemberlitaş
Grand Beyazıt
Dürüm Büfe
Grand Rosa
President
Sembol
クズル・ハマム
Kuzulu Hamamı
シリア教会
Süryani Kilisesi
ゲディクパシャ・ハマム
Gedikpaşa Hamamı
エミン・スィナン・ジャーミィ
Emin Sinan Camii
ニシャンジャ・メフメットパシャ・ジャーミィ
Nişanca Mehmetpaşa Camii
アルメニア教会
Ermeni Kilisesi
ニシャンジャ・ハマム
Nişanca Hamamı
アルメニア司教館
Ermeni Patrikhanesi
ギリシア正教会
Rum Kilisesi
クムカプ警察署
Kumkapı Polis Merkezi
ボスタン・アリ・ジャーミィ
Bostan Ali Camii
聖母マリア・アルメニア教会
Meryam Ana Ermeni Kilisesi
カドゥルガ工業高校
Kadırga Endüstri Meslek Lisesi
カドゥルガ初等学校
Kadırga İ.Ö.O.
クムカプ駅
Kumkapı（運休中）
バルックハーネ・ジャーミィ
Balıkhane Camii
Ragıp Gümüşpara Cad.
Mercan Cad.
Yeniçeriler Cad.
Çifte Gelinler Cad.
Kadırga Limanı Cad.

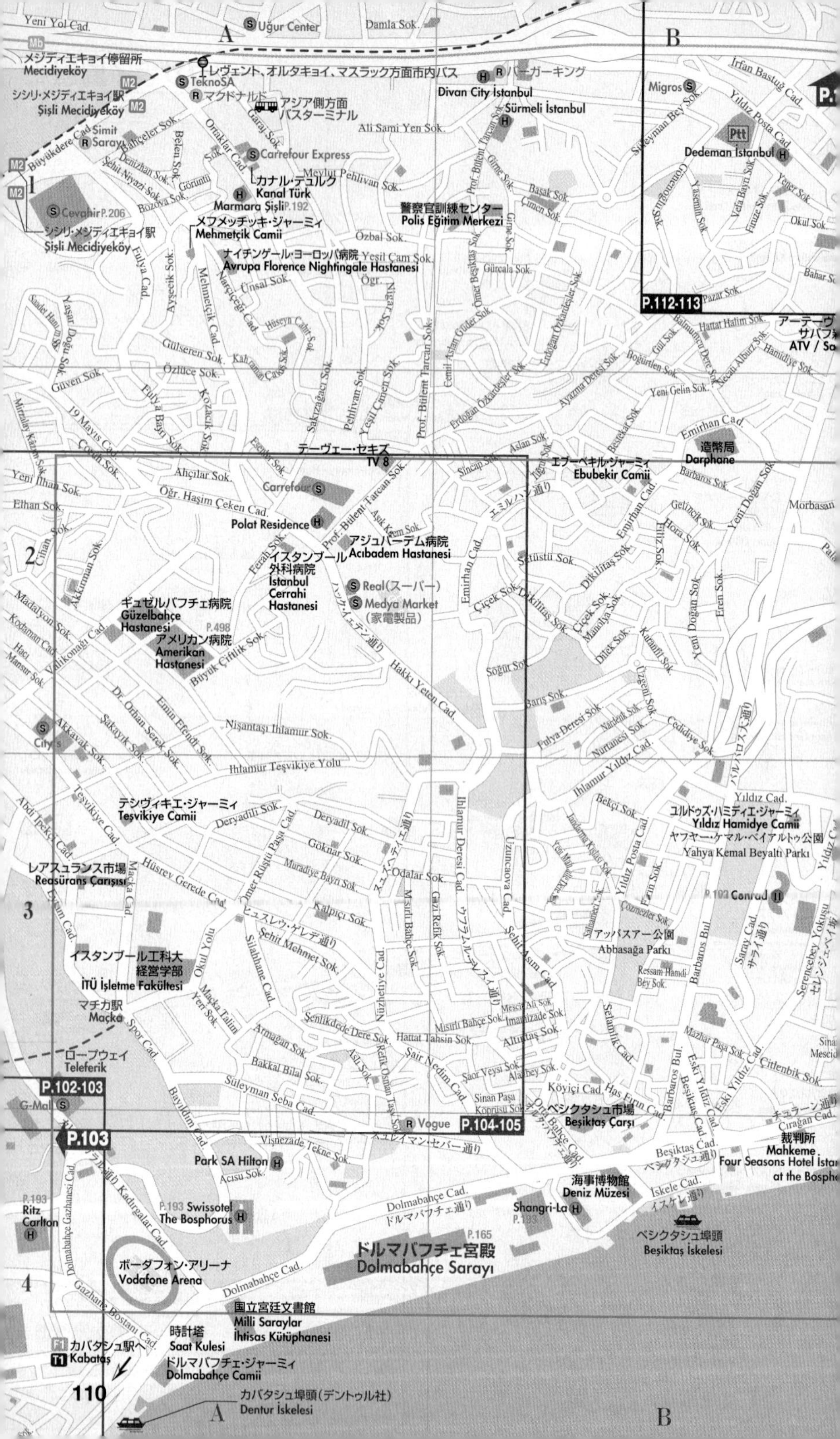

A
B
1
2
3
4
Yeni Yol Cad.
Uğur Center
Damla Sok.
メジディエキョイ停留所
Mecidiyeköy
シシリ・メジディエキョイ駅
Şişli Mecidiyeköy
レヴェント、オルタキョイ、マスラック方面市内バス
TeknoSA
マクドナルド
アジア側方面
バスターミナル
バーガーキング
Divan City İstanbul
Sürmeli İstanbul
Migros
Dedeman İstanbul
Ptt
İrfan Bastuğ Cad.
Yıldız Posta Cad.
Simit Sarayı
Büyükdere Cad.
Carrefour Express
Ali Sami Yen Sok.
Mevlüt Pehlivan Sok.
カナル・テュルク
Kanal Türk
Marmara Şişli
P.192
警察官訓練センター
Polis Eğitim Merkezi
Cevahir P.206
シシリ・メジディエキョイ駅
Şişli Mecidiyeköy
メフメッチッキ・ジャーミィ
Mehmetçik Camii
ナイチンゲール・ヨーロッパ病院
Avrupa Florence Nightingale Hastanesi
Fulya Cad.
Özbal Sok.
Yeşil Çam Sok.
P.112-113
アーテーヴ
サハフ
ATV / Sa
Gülseren Sok.
Özlüce Sok.
Güven Sok.
19 Mayıs Cad.
Sakızağacı Sok.
Pehlivan Sok.
Yeşil Çimen Sok.
Prof. Bülent Tarcan Sok.
Emirhan Cad.
造幣局
Darphane
テーヴェー・セキズ
TV 8
エブーベキル・ジャーミィ
Ebubekir Camii
Ahçılar Sok.
Carrefour
Öğr. Haşim Çeken Cad.
Polat Residence
アジュバーデム病院
Acıbadem Hastanesi
イスタンブール
外科病院
İstanbul
Cerrahi
Hastanesi
Real(スーパー)
Medya Market
(家電製品)
ギュゼルバフチェ病院
Güzelbahçe
Hastanesi
P.498
アメリカン病院
Amerikan
Hastanesi
Büyük Çiftlik Sok.
Hakkı Yeten Cad.
Dikilitaş Sok.
Çiçek Sok.
Yeni Doğan Sok.
Barbaros Cad.
Morbasan
City's
Nişantaşı Ihlamur Sok.
Ihlamur Teşvikiye Yolu
Ihlamur Yıldız Cad.
Fulya Deresi Sok.
Yıldız Cad.
テシヴィキエ・ジャーミィ
Teşvikiye Camii
ユルドゥズ・ハミディエ・ジャーミィ
Yıldız Hamidiye Camii
ヤフヤー・ケマル・ベイアルトゥ公園
Yahya Kemal Beyaltı Parkı
レアスュランス市場
Reasürans Çarşısı
Hüsrev Gerede Cad.
Ihlamur Deresi Cad.
Uzuncaova Cad.
Conrad
P.193
アッバスアー公園
Abbasağa Parkı
Ressam Hamdi Bey Sok.
Barbaros Bul.
Saray Cad.
サライ通り
Serencebey Yokuşu
イスタンブール工科大
経営学部
İTÜ İşletme Fakültesi
マチカ駅
Maçka
ロープウェイ
Teleferik
Şehit Asım Cad.
Şair Nedim Cad.
Mazhar Paşa Sok.
Çitlenbik Sok.
P.102-103
G-Mall
P.103
Süleyman Seba Cad.
Vogue
P.104-105
ベシクタシュ市場
Beşiktaş Çarşı
チュラーン通り
Çırağan Cad.
裁判所
Mahkeme
Four Seasons Hotel İstan
at the Bospho
Park SA Hilton
Beşiktaş Cad.
ベシクタシュ通り
海事博物館
Deniz Müzesi
İskele Cad.
イスケレ通り
P.193
Ritz Carlton
P.193 Swissotel
The Bosphorus
Dolmabahçe Cad.
ドルマバフチェ通り
Shangri-La
P.193
ベシクタシュ埠頭
Beşiktaş İskelesi
P.165
ドルマバフチェ宮殿
Dolmabahçe Sarayı
ボーダフォン・アリーナ
Vodafone Arena
Kadırgalar Cad.
Gazhane Bostanı Cad.
国立宮廷文書館
Milli Saraylar
İhtisas Kütüphanesi
時計塔
Saat Kulesi
ドルマバフチェ・ジャーミィ
Dolmabahçe Camii
カバタシュ駅へ
Kabataş
カバタシュ埠頭(デントゥル社)
Dentur İskelesi

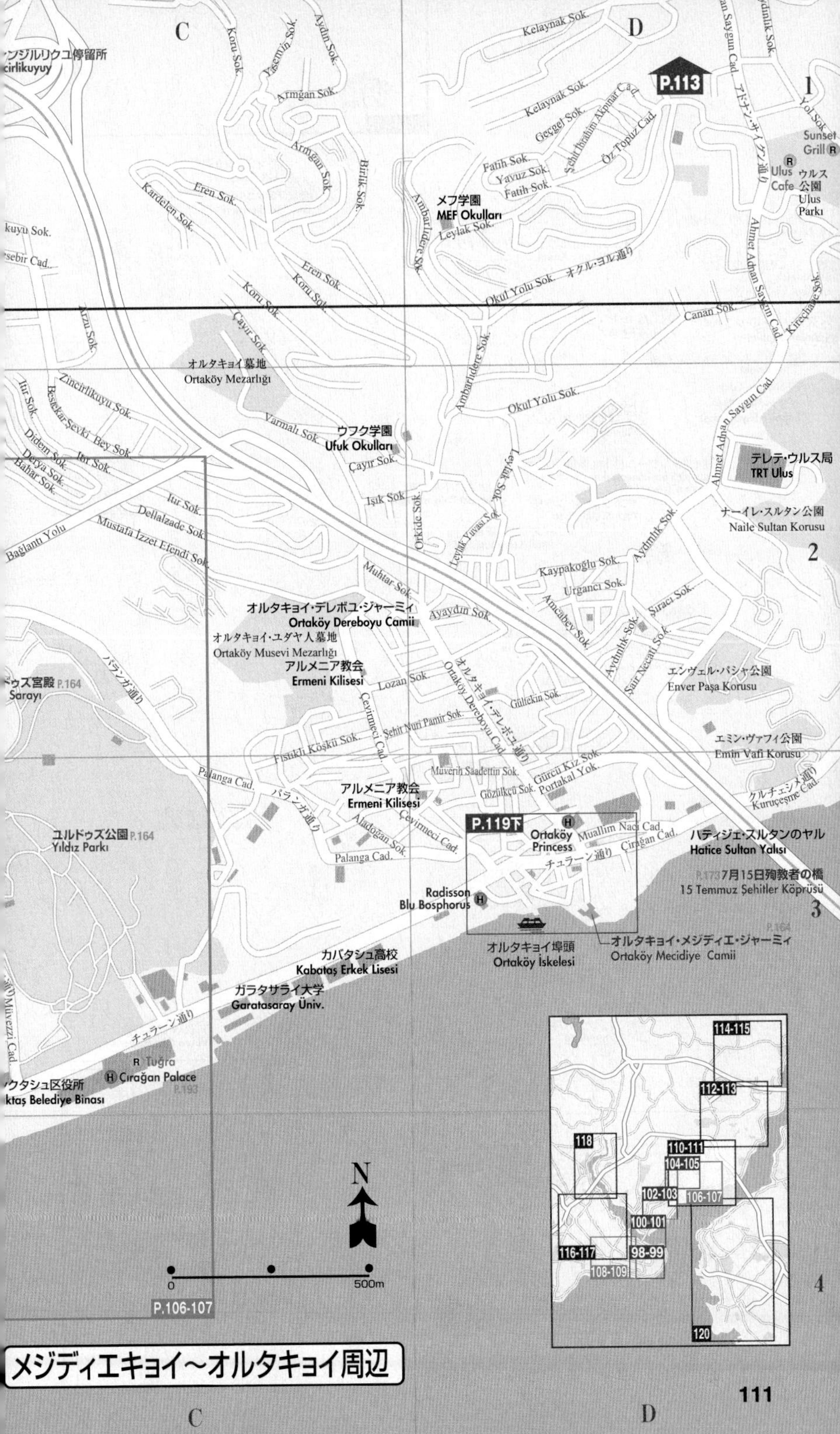
C
D
P.113
1
2
3
4
メフ学園
MEF Okulları
オルタキョイ墓地
Ortaköy Mezarlığı
ウフク学園
Ufuk Okulları
テレテ・ウルス局
TRT Ulus
ナーイレ・スルタン公園
Naile Sultan Korusu
ウルス公園
Ulus Parkı
Sunset Grill
Ulus Cafe
オルタキョイ・デレボユ・ジャーミィ
Ortaköy Dereboyu Camii
オルタキョイ・ユダヤ人墓地
Ortaköy Musevi Mezarlığı
アルメニア教会
Ermeni Kilisesi
エンヴェル・パシャ公園
Enver Paşa Korusu
エミン・ヴァフィ公園
Emin Vafi Korusu
ユルドゥズ公園 P.164
Yıldız Parkı
P.119下
Ortaköy Princess
Radisson Blu Bosphorus
ハティジェ・スルタンのヤル
Hatice Sultan Yalısı
P.173 7月15日殉教者の橋
15 Temmuz Şehitler Köprüsü
オルタキョイ埠頭
Ortaköy İskelesi
オルタキョイ・メジディエ・ジャーミィ
Ortaköy Mecidiye Camii
カバタシュ高校
Kabataş Erkek Lisesi
ガラタサライ大学
Garatasaray Üniv.
Tuğra
Çırağan Palace
P.193
P.106-107
500m
114-115
112-113
118
110-111
104-105
102-103
106-107
100-101
98-99
116-117
108-109
120

メジディエキョイ～オルタキョイ周辺

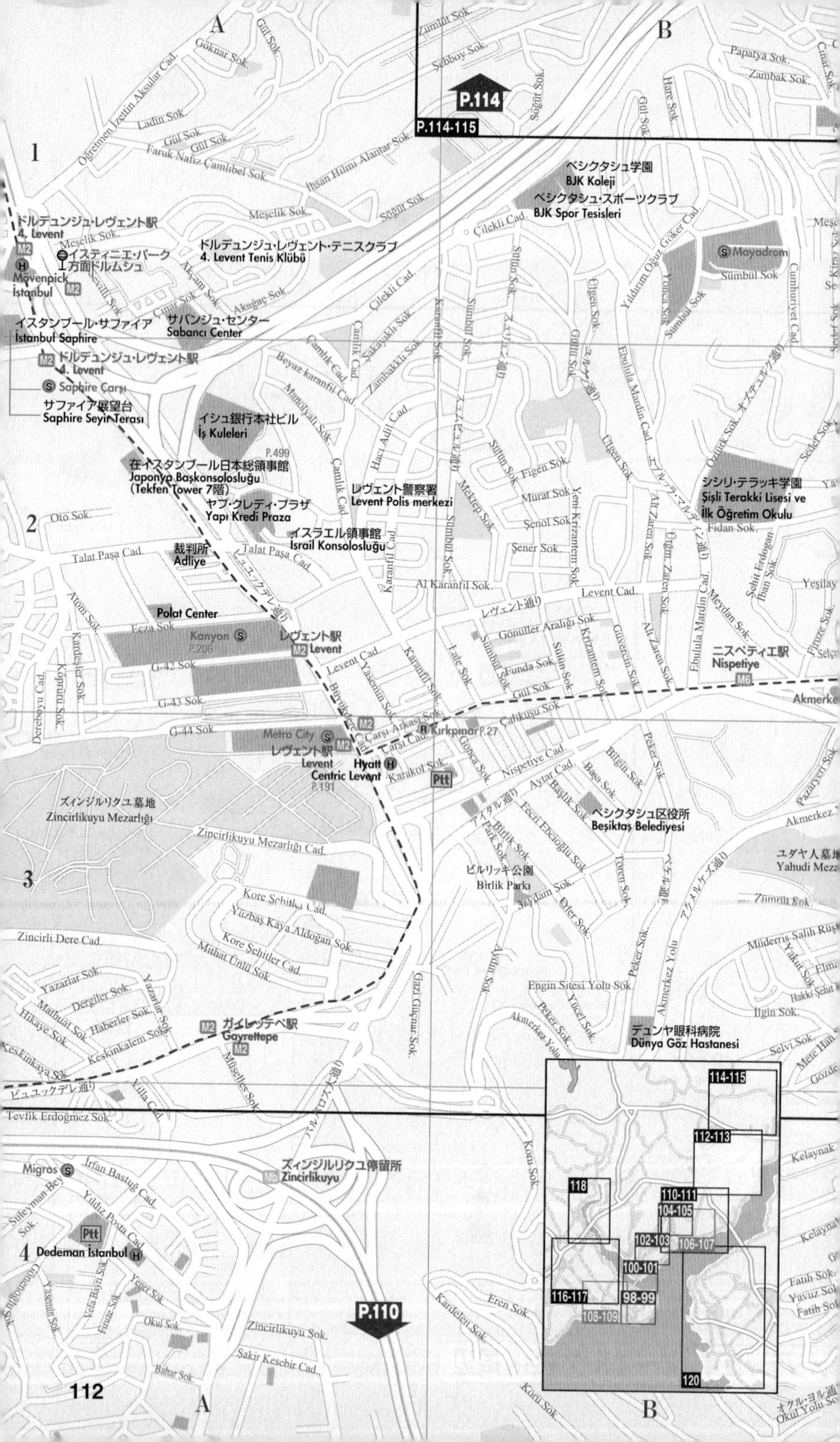

P.114
P.114-115
ベシクタシュ学園
BJK Koleji
ベシクタシュ・スポーツクラブ
BJK Spor Tesisleri
ドルデュンジュ・レヴェント駅
4. Levent
イスティニエ・パーク方面ドルムシュ
Mövenpick İstanbul
ドルデュンジュ・レヴェント・テニスクラブ
4. Levent Tenis Klübü
Mayadrom
イスタンブール・サファイア
İstanbul Saphire
サバンジュ・センター
Sabancı Center
ドルデュンジュ・レヴェント駅
4. Levent
Saphire Çarşı
サファイア展望台
Saphire Seyir Terası
イシュ銀行本社ビル
İş Kuleleri
P.499
在イスタンブール日本総領事館
Japonya Başkonsolosluğu
(Tekfen Tower 7階)
ヤプ・クレディ・プラザ
Yapı Kredi Praza
レヴェント警察署
Levent Polis merkezi
イスラエル領事館
İsrail Konsolosluğu
シシリ・テラッキ学園
Şişli Terakki Lisesi ve İlk Öğretim Okulu
裁判所
Adliye
Polat Center
Kanyon
P.206
レヴェント駅
Levent
ニスペティエ駅
Nispetiye
Metro City
レヴェント駅
Levent
Kirkpınar P.27
Hyatt Centric Levent
P.191
ズィンジルリクユ墓地
Zincirlikuyu Mezarlığı
ベシクタシュ区役所
Beşiktaş Belediyesi
ユダヤ人墓地
Yahudi Mezarlığı
ビルリッキ公園
Birlik Parkı
ガイレッテペ駅
Gayrettepe
デュンヤ眼科病院
Dünya Göz Hastanesi
ズィンジルリクユ停留所
Zincirlikuyu
Migros
Dedeman İstanbul
P.110
114-115
112-113
118
110-111
104-105
102-103
106-107
100-101
116-117
98-99
108-109
120

レヴェント周辺
Kenan Evren Cad.
ケナン・エヴレン通り
Küçükdere Sok.
P.115
Fatih Sultan Mehmet Köprüsü
O2 Balatlimanı Bağlantı Yolu
Selvi Sok.
Tepecik Yolu
Tunca Sok.
Emin Sok.
Melodi Sok.
Hristo Sok.
Kaktüs Sok.
Derince Sok.
Edincik Sok.
Taşlıçay Sok.
Demirkent Sok.
Seher Yıldız Sok.
Cevher Sok.
Akgören Sok.
Dilek Yıldız Sok.
Yıldız Çiçeği Sok.
Cebeci Cad.
Etiler bebek Yolu
Gülal Sok.
Hilal Sok.
ヒサルユステュ公園
Hisarüstü Parkı
Muhatipler Sok.
Filizciler Sok.
Cengiz Topel Cad.
Özden Sok.
Bebek Yolu Sok.
Cami Sok.
Sayıglı Sok.
ボアズィチ大学競技場
Boğaziçi Üniv. Spor Tesisi
P.173
ルメリ・ヒサルへ
(約1km)
Hisar Cad.
Cengiz Topel Cad. ジェンギス・トペル通り
ボアズィチ大学駅
Boğaziçi Üniversitesi
M6
Toprak Kale Sok.
Ergin Sok.
Altın Ekin Sok.
Yanarsu Sok.
Özdeş Sok. オズデシュ通り
Ahular Sok.
Nispetiye Cad. ニスペティエ通り
Küçük Bebek Cad.
Çatalhöyük Sok.
Bodur Sok.
Akaygen Sok.
エティレル駅
Etiler
Etiler Sok.
Gülşen Sok.
Özenli Sok.
Dayı Bey Sok.
Erguvan Sok.
İbliktar Sok.
Bebek Bostan Sok.
Çamlık Yolu Sok.
Düzgören Çık.
İhsan Aksoy Sok.
ット文化センター
Kültür Merkezi
Dilhayat Sok.
Bebek Dağı Sok.
İnşirah Sok.
インシラフ通り
Bebek Rumeli Cad.
ベベッキ交番
Bebek Polis Amirliği
P.173
ルメリ・ヒサルへ
(約1.2km)
Bebek Deresi Sok.
カラランボス・ギリシア正教会
Karalanbos Rum Kilisesi
Manolya Sok.
Hamam Sok.
ベベッキ埠頭
Bebek İskelesi
エティレル高校
Etiler Lisesi
Selviler Sok.
Arnavutköy Yolu
アルナヴットキョイ通り
カトリック教会
Katolik Kilisesi
ベベッキ公園
Bebek Parkı
Esra Sok.
セクバンラル通り
Barış Sok.
Esen Sok.
Türksan Yolu
Cevdet Paşa Cad.
エジプト総領事館
Mısır Konsolosluğu
ドクトル・アイクト・バルカ公園
Dr. Aykut Barka Parkı
Sekbanlar Sok.
İpek Sok.
プロフィティス・イルヤス・ギリシア正教会
Profitis İlias Rum Kilisesi
アヤズマ・ギリシア人墓地
Ayazma Rum Mezarlığı
Ekrem Talu Sok.
チャムルバフチェ・メスジディ
Çamlıbahçe Mescidi
Aziz Doğan Sok.
Kör Kadı Sok.
Haremeyn Sok.
Elçi Sok.
Vezirköşkü Sok.
Palacı Sok.
Kireçhane Sok.
Beyaz Gül Sok.
Ptt
Gürgin Sok.
Boyalı Köşkü Sok.
アダール・フェッターフ通り
Adalı Fettah Sok.
Kavak Sok.
ロベルト高校グラウンド
Robert Koleji Sahası
Abdullah Molla Sok.
ギリシア正教会
Rum Kilisesi
シナゴーグ
Sinagog
テシヴィキエ・ジャーミィ
Teşvikiye Camii
魚レストラン多し
Arnavutköy Bebek Cad.
アルナヴットキョイ埠頭
Arnavutköy İskelesi
ヤ人墓地
udi Mezarlığı
ユダヤ人小学校
Musevi İlk Öğretim Okulu
アドナン・サイグン通り
Adnan Saygun Cad.
Koleji Yolu Sok.
P.110-111
Aydınlık Sok.
ロベルト高校
Robert Koleji
Kolej Sok.
Çeşme Sok.
Üvez Sok.
Set Sok.
Erzurumlu Şükrü Sok.
アルナヴットキョイ・ベベッキ通り
Lale Sok.
Yol Sok.
İmar Sitesi Sok.
Kolej Yolu
Muhtar Abdullah Sok.
Muhtar Ali Rıza Sok.
Yeşil Pınar Sok.
N
0
500m
Sunset Grill
Ulus Cafe
ウルス公園
Ulus Parkı
P.111
クルチェシメ墓地
Kuruçeşme Mezarlığı
クルチェシメ通り
Kuruçeşme Cad.
ハチ・イェレヴマン・アルメニア教会
Haç Yerevman Ermeni Kilisesi
アイオス・ディミトロス・ギリシア正教会
Aios Dimitros Rum Kilisesi
テスケレジ・ジャーミィ
Teskereci Camii
Alay Emini Sok.
C
D
1
2
3
4

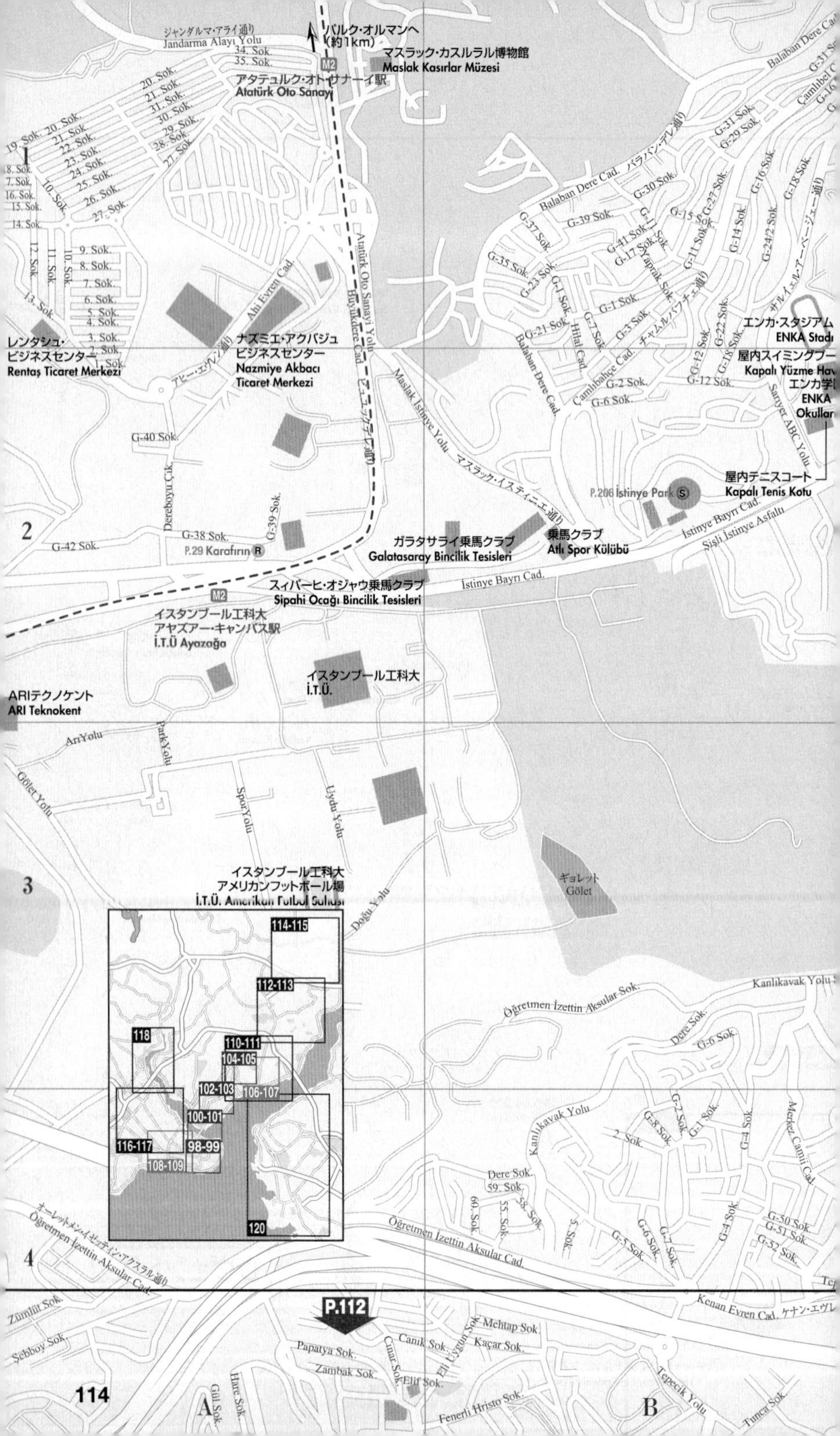

パルク・オルマンへ(約1km)
マスラック・カスルラル博物館
Maslak Kasırlar Müzesi
アタテュルク・オト・サナーイ駅
Atatürk Oto Sanayi
ジャンダルマ・アライ通り
Jandarma Alayı Yolu
レンタシュ・ビジネスセンター
Rentaş Ticaret Merkezi
ナズミエ・アクバジュ ビジネスセンター
Nazmiye Akbacı Ticaret Merkezi
Ahi Evren Cad.
Atatürk Oto Sanayi Yolu
Büyükdere Cad.
Balaban Dere Cad.
Maslak İstinye Yolu
マスラック・イスティニエ通り
エンカ・スタジアム
ENKA Stadı
屋内スイミングプール
Kapalı Yüzme Havuzu
ENKA Okulları
屋内テニスコート
Kapalı Tenis Kotu
P.206 İstinye Park
P.29 Karafırın
ガラタサライ乗馬クラブ
Galatasaray Bincilik Tesisleri
乗馬クラブ
Atlı Spor Külübü
スィパーヒ・オジャウ乗馬クラブ
Sipahi Ocağı Bincilik Tesisleri
İstinye Bayrı Cad.
Şişli İstinye Asfaltı
イスタンブール工科大 アヤズアー・キャンパス駅
İ.T.Ü Ayazağa
イスタンブール工科大
İ.T.Ü.
ARIテクノケント
ARI Teknokent
イスタンブール工科大 アメリカンフットボール場
İ.T.Ü. Amerikan Futbol Sahası
ギョレット
Gölet
Öğretmen İzettin Aksular Sok.
Öğretmen İzettin Aksular Cad.
Kanlıkavak Yolu
Kenan Evren Cad.
P.112
114-115
112-113
118
110-111
104-105
102-103
106-107
100-101
116-117
98-99
108-109
120

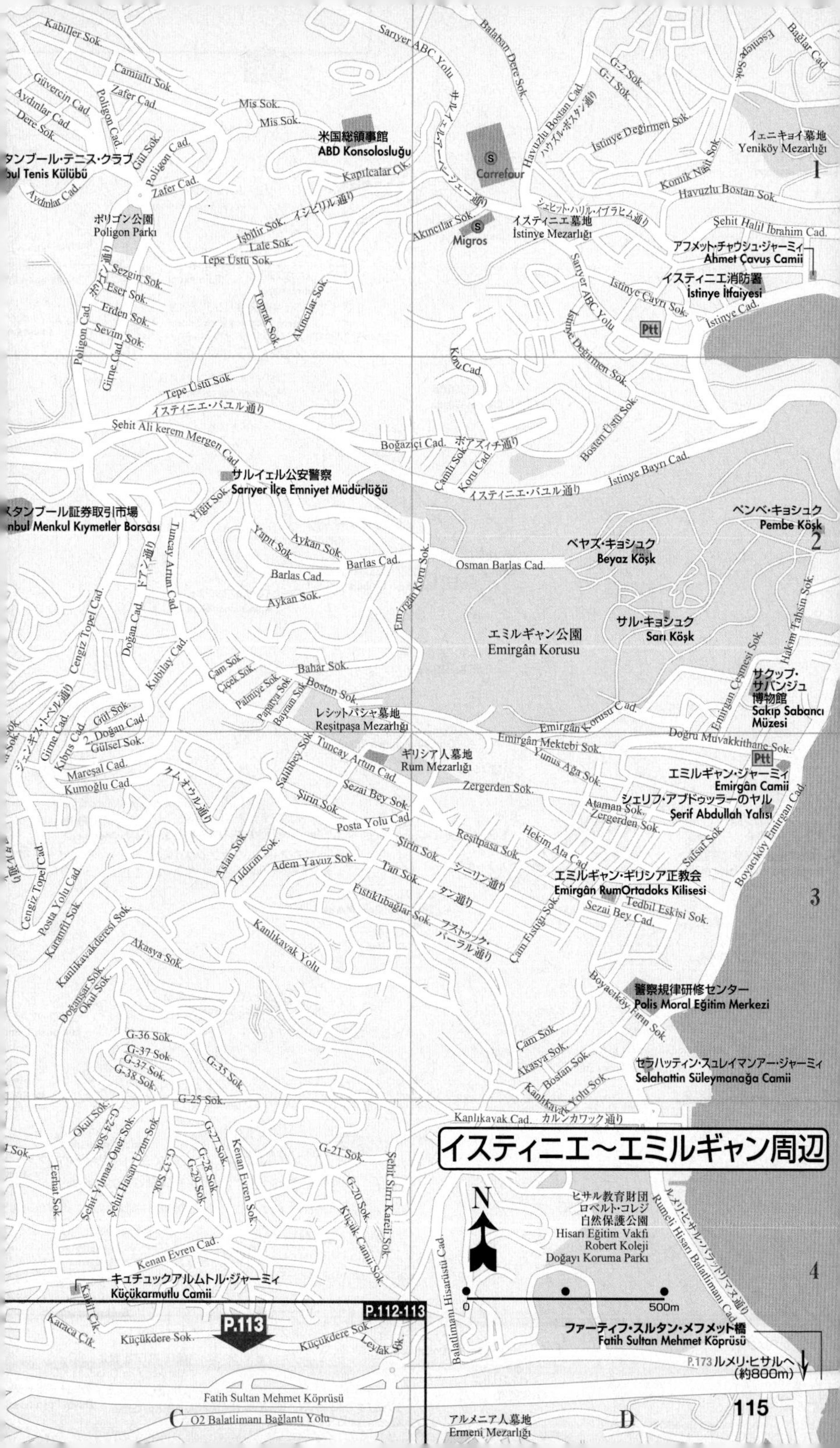
イスティニエ～エミルギャン周辺
米国総領事館
ABD Konsolosluğu
Carrefour
Migros
イスティニエ墓地
İstinye Mezarlığı
イェニキョイ墓地
Yeniköy Mezarlığı
アフメット・チャウシュ・ジャーミィ
Ahmet Çavuş Camii
イスティニエ消防署
İstinye İtfaiyesi
Ptt
ポリゴン公園
Poligon Parkı
サルイェル公安警察
Sarıyer İlçe Emniyet Müdürlüğü
イスタンブール証券取引市場
İstanbul Menkul Kıymetler Borsası
ペンベ・キョシュク
Pembe Köşk
ベヤズ・キョシュク
Beyaz Köşk
サル・キョシュク
Sarı Köşk
エミルギャン公園
Emirgân Korusu
サクップ・サバンジュ博物館
Sakıp Sabancı Müzesi
レシットパシャ墓地
Reşitpaşa Mezarlığı
ギリシア人墓地
Rum Mezarlığı
エミルギャン・ジャーミィ
Emirgân Camii
シェリフ・アブドゥッラーのヤル
Şerif Abdullah Yalısı
エミルギャン・ギリシア正教会
Emirgân RumOrtadoks Kilisesi
警察規律研修センター
Polis Moral Eğitim Merkezi
セラハッティン・スュレイマンアー・ジャーミィ
Selahattin Süleymanağa Camii
ヒサル教育財団
ロベルト・コレジ
自然保護公園
Hisarı Eğitim Vakfi
Robert Koleji
Doğayı Koruma Parkı
キュチュックアルムトル・ジャーミィ
Küçükarmutlu Camii
ファーティフ・スルタン・メフメット橋
Fatih Sultan Mehmet Köprüsü
P.173 ルメリ・ヒサルへ(約800m)
アルメニア人墓地
Ermeni Mezarlığı
P.113
P.112-113
Sarıyer ABC Yolu
Balaban Dere Sok.
Havuzlu Bostan Cad.
İstinye Değirmen Sok.
Şehit Halil İbrahim Cad.
İstinye Cad.
Tepe Üstü Sok.
イスティニエ・バユル通り
Şehit Ali kerem Mergen Cad.
Boğaziçi Cad.
ボアズィチ通り
İstinye Bayrı Cad.
Osman Barlas Cad.
Emirgân Korusu Cad.
Emirgân Mektebi Sok.
Doğru Muvakkithane Sok.
Tuncay Artun Cad.
Sezai Bey Sok.
Posta Yolu Cad.
Reşitpasa Sok.
Kanlıkavak Yolu
Kanlıkavak Cad.
カルンカワック通り
Boyacıköy Emirgan Cad.
Hakim Tahsin Sok.
Cengiz Topel Cad.
Poligon Cad.
Kenan Evren Cad.
Küçükdere Sok.
Balatlimanı Hisarüstü Cad.
Rumeli Hisarı Balatlimanı Cad.
Fatih Sultan Mehmet Köprüsü
O2 Balatlimanı Bağlantı Yolu
0
500m
N
1
2
3
4
C
D

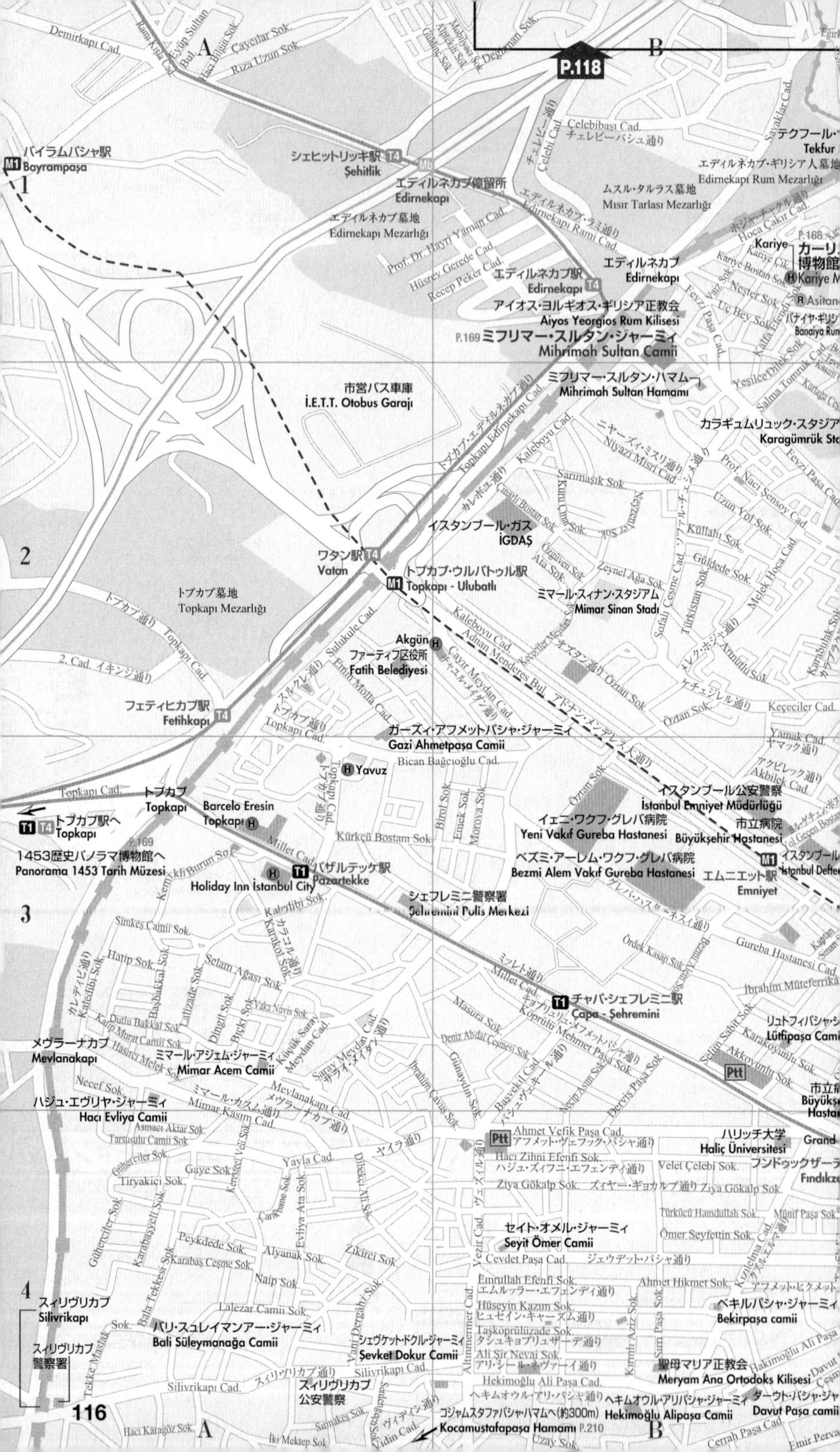
P.118
バイラムパシャ駅
Bayrampaşa
シェヒットリッキ駅
Şehitlik
エディルネカプ停留所
Edirnekapı
エディルネカプ墓地
Edirnekapı Mezarlığı
ムスル・タルラス墓地
Mısır Tarlası Mezarlığı
エディルネカプ・ギリシア人墓地
Edirnekapı Rum Mezarlığı
テクフール・
Tekfur
エディルネカプ駅
Edirnekapı
エディルネカプ
Edirnekapı
カーリ
博物館
Kariye
アイオス・ヨルギオス・ギリシア正教会
Aiyos Yeorgios Rum Kilisesi
P.169 ミフリマー・スルタン・ジャーミィ
Mihrimah Sultan Camii
ミフリマー・スルタン・ハマム
Mihrimah Sultan Hamamı
市営バス車庫
İ.E.T.T. Otobus Garajı
カラギュムリュック・スタジア
Karagümrük Sta
イスタンブール・ガス
İGDAŞ
ワタン駅
Vatan
トプカプ・ウルバトゥル駅
Topkapı - Ulubatlı
ミマール・スィナン・スタジアム
Mimar Sinan Stadı
トプカプ墓地
Topkapı Mezarlığı
Akgün
ファーティフ区役所
Fatih Belediyesi
フェティヒカプ駅
Fetihkapı
ガーズィ・アフメットパシャ・ジャーミィ
Gazi Ahmetpaşa Camii
Yavuz
トプカプ
Topkapı
Barcelo Eresin Topkapı
トプカプ駅へ
Topkapı
1453歴史パノラマ博物館へ
Panorama 1453 Tarih Müzesi
P.169
イスタンブール公安警察
İstanbul Emniyet Müdürlüğü
イェニ・ワクフ・グレバ病院
Yeni Vakıf Gureba Hastanesi
市立病院
Büyükşehir Hastanesi
ベズミ・アーレム・ワクフ・グレバ病院
Bezmi Alem Vakıf Gureba Hastanesi
エムニエット駅
Emniyet
パザルテッケ駅
Pazartekke
Holiday Inn İstanbul City
シェフレミニ警察署
Şehremini Polis Merkezi
チャパ・シェフレミニ駅
Çapa - Şehremini
リュトフィパシャ・ジ
Lütfipaşa Cami
メヴラーナカプ
Mevlanakapı
ミマール・アジェム・ジャーミィ
Mimar Acem Camii
ハジュ・エヴリヤ・ジャーミィ
Hacı Evliya Camii
ハリッチ大学
Haliç Üniversitesi
フンドゥックザーデ
Fındıkza
セイト・オメル・ジャーミィ
Seyit Ömer Camii
ベキルパシャ・ジャーミィ
Bekirpaşa camii
スィリヴリカプ
Silivrikapı
スィリヴリカプ警察署
バリ・スュレイマンアー・ジャーミィ
Bali Süleymanağa Camii
シェヴケット・ドクル・ジャーミィ
Şevket Dokur Camii
聖母マリア正教会
Meryam Ana Ortodoks Kilisesi
スィリヴリカプ公安警察
コジャムスタファパシャ・ハマムへ(約300m)
Kocamustafapaşa Hamamı P.210
ヘキムオウル・アリパシャ・ジャーミィ
Hekimoğlu Alipaşa Camii
ダーウト・パシャ・ジャ
Davut Paşa camii

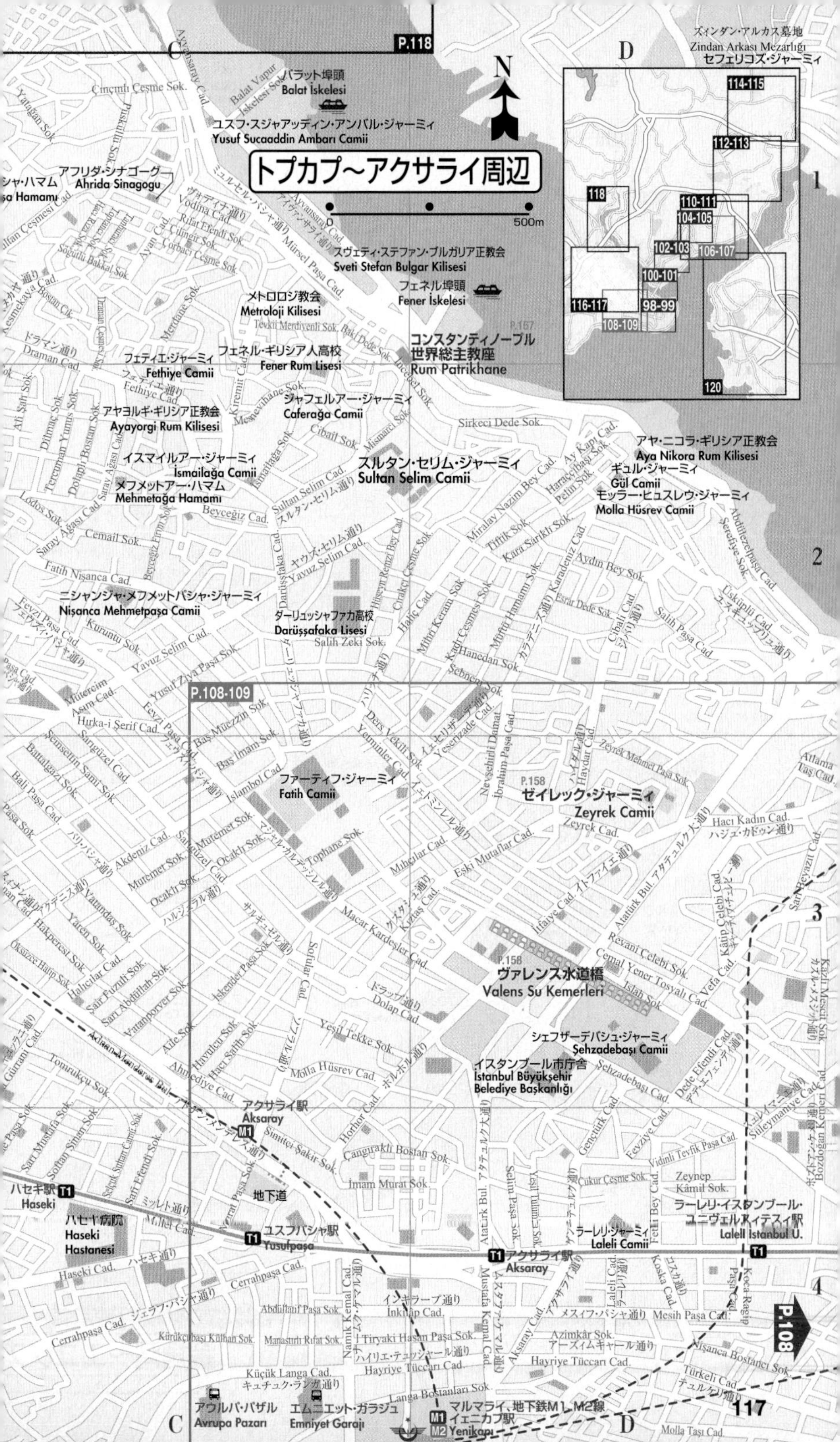

トプカプ～アクサライ周辺
P.118
ズィンダン・アルカス墓地
Zindan Arkası Mezarlığı
セフェリコズ・ジャーミィ
バラット埠頭
Balat İskelesi
ユスフ・スジャアッディン・アンバル・ジャーミィ
Yusuf Sucaaddin Ambarı Camii
アフリダ・シナゴーグ
Ahrida Sinagogu
スヴェティ・ステファン・ブルガリア正教会
Sveti Stefan Bulgar Kilisesi
フェネル埠頭
Fener İskelesi
メトロロジ教会
Metroloji Kilisesi
コンスタンティノープル世界総主教座
Rum Patrikhane
P.167
フェネル・ギリシア人高校
Fener Rum Lisesi
フェティエ・ジャーミィ
Fethiye Camii
ジャフェルアー・ジャーミィ
Caferağa Camii
アヤヨルギ・ギリシア正教会
Ayayorgi Rum Kilisesi
イスマイルアー・ジャーミィ
İsmailağa Camii
メフメットアー・ハマム
Mehmetağa Hamamı
スルタン・セリム・ジャーミィ
Sultan Selim Camii
アヤ・ニコラ・ギリシア正教会
Aya Nikora Rum Kilisesi
ギュル・ジャーミィ
Gül Camii
モッラー・ヒュスレヴ・ジャーミィ
Molla Hüsrev Camii
ニシャンジャ・メフメットパシャ・ジャーミィ
Nişanca Mehmetpaşa Camii
ダーリュッシャファカ高校
Darüşşafaka Lisesi
P.108-109
ファーティフ・ジャーミィ
Fatih Camii
P.158
ゼイレック・ジャーミィ
Zeyrek Camii
P.158
ヴァレンス水道橋
Valens Su Kemerleri
シェフザーデバシュ・ジャーミィ
Şehzadebaşı Camii
イスタンブール市庁舎
İstanbul Büyükşehir Belediye Başkanlığı
アクサライ駅
Aksaray
地下道
ハセキ駅
Haseki
ハセキ病院
Haseki Hastanesi
ユスフパシャ駅
Yusufpaşa
アクサライ駅
Aksaray
ラーレリ・ジャーミィ
Laleli Camii
ラーレリ・イスタンブール・ユニヴェルスィテスィ駅
Laleli İstanbul U.
アウルパ・パザル
Avrupa Pazarı
エムニエット・ガラジュ
Emniyet Garajı
マルマライ、地下鉄M1、M2線
イェニカプ駅
Yenikapı
P.108
0
500m
114-115
112-113
118
110-111
104-105
102-103
106-107
100-101
116-117
98-99
108-109
120

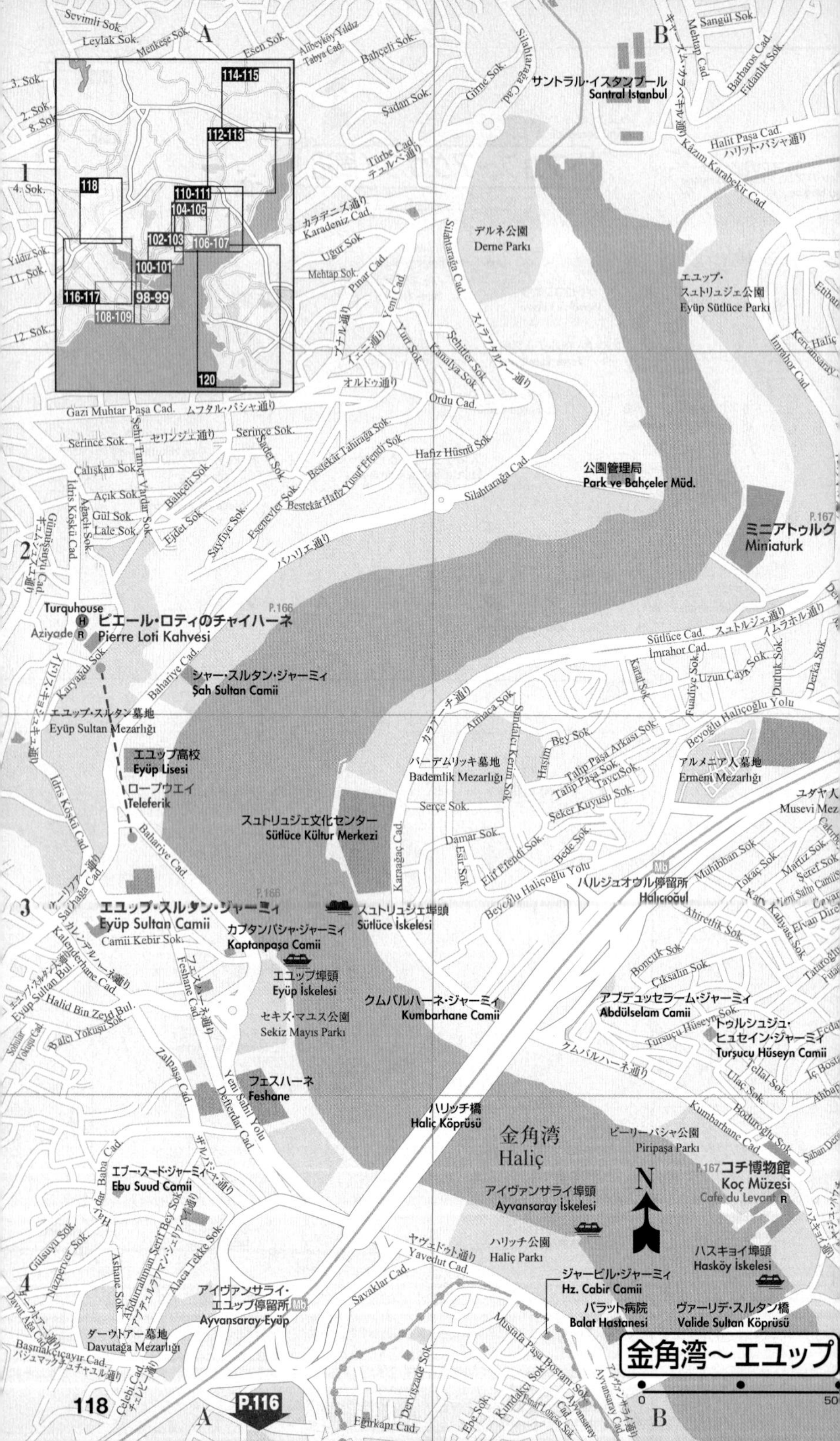
金角湾～エユップ
サントラル・イスタンブール
Santral Istanbul
デルネ公園
Derne Parkı
エユップ・
スュトリュジェ公園
Eyüp Sütlüce Parkı
公園管理局
Park ve Bahçeler Müd.
P.167
ミニアトゥルク
Miniaturk
Turquhouse
Aziyade
P.166
ピエール・ロティのチャイハーネ
Pierre Loti Kahvesi
シャー・スルタン・ジャーミィ
Şah Sultan Camii
エユップ・スルタン墓地
Eyüp Sultan Mezarlığı
エユップ高校
Eyüp Lisesi
ロープウエイ
Teleferik
バーデムリッキ墓地
Bademlik Mezarlığı
アルメニア人墓地
Ermeni Mezarlığı
ユダヤ人
Musevi Mez
スュトリュジェ文化センター
Sütlüce Kültur Merkezi
P.166
エユップ・スルタン・ジャーミィ
Eyüp Sultan Camii
スュトリュジェ埠頭
Sütlüce İskelesi
カプタンパシャ・ジャーミィ
Kaptanpaşa Camii
ハルジュオウル停留所
Halıcıoğlu
エユップ埠頭
Eyüp İskelesi
セキズ・マユス公園
Sekiz Mayıs Parkı
クムバルハーネ・ジャーミィ
Kumbarhane Camii
アブデュッセラーム・ジャーミィ
Abdülselam Camii
トゥルシュジュ・
ヒュセイン・ジャーミィ
Turşucu Hüseyn Camii
フェスハーネ
Feshane
ハリッチ橋
Haliç Köprüsü
金角湾
Haliç
ピーリーパシャ公園
Piripaşa Parkı
P.167
コチ博物館
Koç Müzesi
Cafe du Levant
エブー・スード・ジャーミィ
Ebu Suud Camii
アイヴァンサライ埠頭
Ayvansaray İskelesi
ハリッチ公園
Haliç Parkı
ハスキョイ埠頭
Hasköy İskelesi
ジャービル・ジャーミィ
Hz. Cabir Camii
アイヴァンサライ・
エユップ停留所
Ayvansaray-Eyüp
バラット病院
Balat Hastanesi
ヴァーリデ・スルタン橋
Valide Sultan Köprüsü
ダーウトアー墓地
Davutağa Mezarlığı
Gazi Muhtar Paşa Cad.
ムフタル・パシャ通り
Silahtarağa Cad.
Sütlüce Cad.
スュトルジェ通り
İmrahor Cad.
イムラホル通り
Beyoğlu Haliçoğlu Yolu
Kâzım Karabekir Cad.
Halit Paşa Cad.
ハリット・パシャ通り
Karadeniz Cad.
カラデニズ通り
Türbe Cad.
テュルベ通り
Ordu Cad.
オルドゥ通り
Bahariye Cad.
Feshane Cad.
Yeni Sahil Yolu
Defterdar Cad.
Yavedut Cad.
ヤヴェドゥト通り
Halid Bin Zeyd Bul.
Eyüp Sultan Bul.
Kalenderhane Cad.
İdris Köşkü Cad.
Mustafa Paşa Bostanı Sok.
Ayvansaray Cad.
Basmakçıçayır Cad.
Eğrikapı Cad.
A
B
1
2
3
4
N
114-115
112-113
118
110-111
104-105
102-103
106-107
100-101
116-117
98-99
108-109
120
P.116
0
50

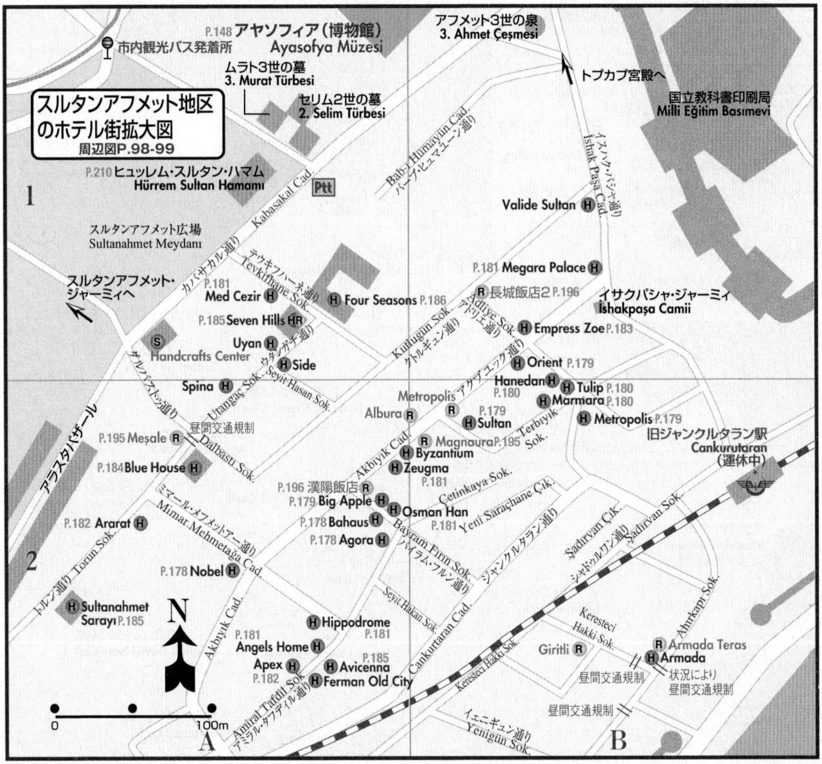

スルタンアフメット地区のホテル街拡大図

周辺図P.98-99

P.148 アヤソフィア（博物館）
Ayasofya Müzesi
市内観光バス発着所
アフメット3世の泉
3. Ahmet Çeşmesi
トプカプ宮殿へ
ムラト3世の墓
3. Murat Türbesi
セリム2世の墓
2. Selim Türbesi
国立教科書印刷局
Milli Eğitim Basımevi
P.210 ヒュッレム・スルタン・ハマム
Hürrem Sultan Hamamı
スルタンアフメット広場
Sultanahmet Meydanı
スルタンアフメット・ジャーミィへ
Valide Sultan
P.181 Megara Palace
長城飯店2 P.196
イサクパシャ・ジャーミィ
İshakpaşa Camii
P.181 Med Cezir
Four Seasons P.186
P.185 Seven Hills
Empress Zoe P.183
Uyan
Handcrafts Center
Side
Orient P.179
Spina
Hanedan P.180
Tulip P.180
Marmara P.180
Metropolis
Albura
P.179 Sultan
Metropolis P.179
旧ジャンクルタラン駅
Cankurutaran
（運休中）
P.195 Meşale
Magnaura P.195
Byzantium
P.184 Blue House
Zeugma P.181
P.196 漢陽飯店
P.179 Big Apple
Osman Han
P.182 Ararat
P.178 Bahaus
P.181
P.178 Agora
P.178 Nobel
Sultanahmet Sarayı P.185
Hippodrome P.181
P.181 Angels Home
Apex P.182
Avicenna P.185
Ferman Old City
Giritli
Armada Teras
Armada
昼間交通規制
状況により昼間交通規制
Kabasakal Cad. カバサカル通り
Bab-ı Hümayün Cad. バーブ・ヒュマユーン通り
İshak Paşa Cad. イスハク・パシャ通り
Tevkifhane Sok. テヴキフハーネ通り
Kutlugün Sok. クトルギュン通り
Adliye Sok. アドリエ通り
Utangaç Sok. ウタンガチ通り
Seyit Hasan Sok.
Akbıyık Cad. アクブユック通り
Arasta Çarşısı アラスタバザール
Dalbastı Sok.
Terbıyık Sok.
Çetinkaya Sok.
Yeni Saraçhane Çık.
Mimar Mehmetağa Cad. ミマール・メフメットアー通り
Torun Sok. トルン通り
Bayram Fırın Sok. バイラム・フルン通り
Cankurutaran Cad. ジャンクルタラン通り
Şadırvan Çık.
Şadırvan Sok. シャドゥルワン通り
Ahırkapı Sok.
Seyit Hakan Sok.
Keresteci Hakkı Sok.
Amiral Tafdil Sok. アミラル・タフディル通り
Yenigün Sok. イェニギュン通り
0 100m

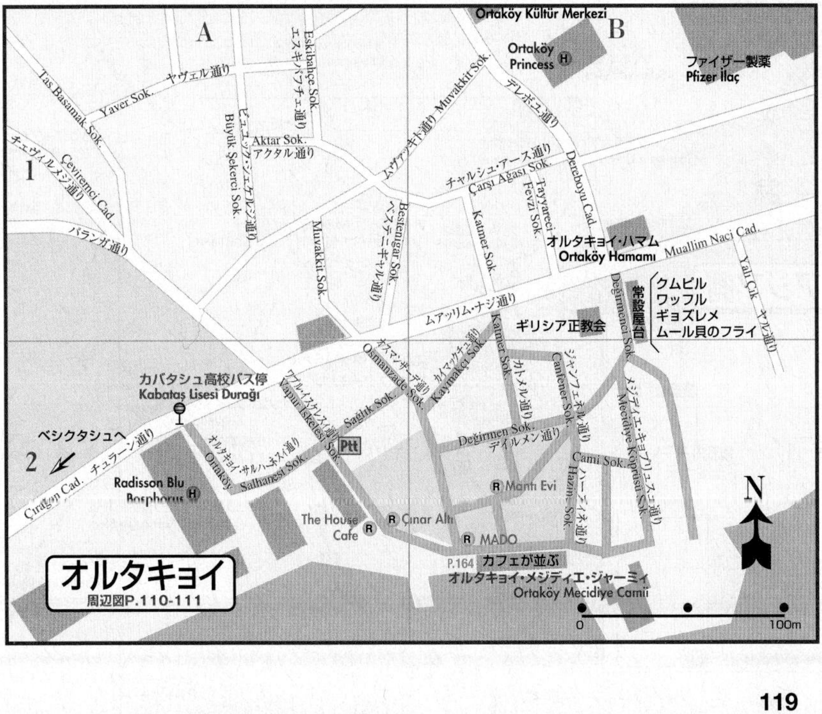

オルタキョイ

周辺図P.110-111

Ortaköy Kültür Merkezi
Ortaköy Princess
ファイザー製薬
Pfizer İlaç
Yaver Sok. ヤヴェル通り
Tas Basamak Sok.
Eskibahçe Sok. エスキバフチェ通り
Muvakkit Sok. ムヴァッキト通り
Derebоyu Cad. デレボユ通り
Aktar Sok. アクタル通り
Büyük Şekerci Sok. ビュユック・シェケルジ通り
Çevirmeci Cad. チェヴィルメジ通り
Çarşı Ağası Sok. チャルシュ・アース通り
Fevzi Sok.
Tayyareci
Katıner Sok.
Bestenigar Sok. ベステニギャル通り
パランガ通り
Muvakkit Sok.
オルタキョイ・ハマム
Ortaköy Hamamı
Muallim Naci Cad. ムアッリム・ナジ通り
Yalı Çık. ヤアル通り
常設屋台
クムピル
ワッフル
ギョズレメ
ムール貝のフライ
ギリシア正教会
Değirmenci Sok.
Katmer Sok. カトメル通り
Kaymakçı Sok. カイマックチュ通り
Osmanzade Sok. オスマンザーデ通り
Canfener Sok. ジャンフェネル通り
Mecidiye Köprüsü Sok. メジディエ・キョプリュスュ通り
カバタシュ高校バス停
Kabataş Lisesi Durağı
Vapur İskelesi Sok. ヴァプル・イスケレスィ通り
Sağlık Sok.
Değirmen Sok. デイルメン通り
Cami Sok.
Hazine Sok. ハズィネ通り
ベシクタシュへ
Çırağan Cad. チュラーン通り
Ortaköy Salhanesi Sok. オルタキョイ・サルハーネスィ通り
Radisson Blu Bosphorus
Mantı Evi
The House Cafe
Çınar Altı
MADO
P.164 カフェが並ぶ
オルタキョイ・メジディエ・ジャーミィ
Ortaköy Mecidiye Camii
0 100m

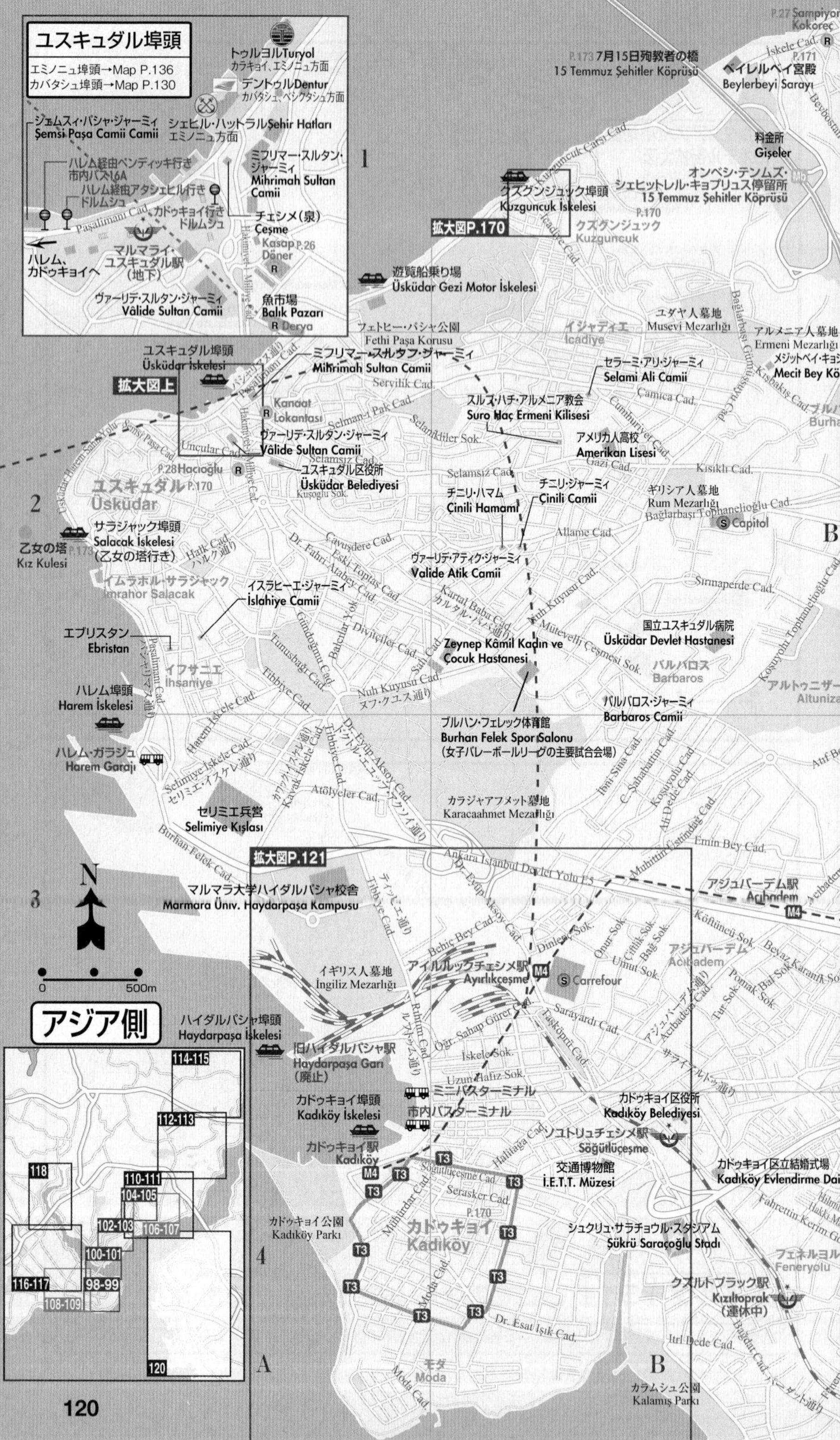

ユスキュダル埠頭
エミノニュ埠頭→Map P.136
カバタシュ埠頭→Map P.130
トゥルヨルTuryol
カラキョイ、エミノニュ方面
デントゥルDentur
カバタシュ、ベシクタシュ方面
ジェムスィ・パシャ・ジャーミィ
Şemsi Paşa Camii Camii
シェヒル・ハットラルŞehir Hatları
エミノニュ方面
ミフリマー・スルタン・ジャーミィ
Mihrimah Sultan Camii
ハレム経由ベンディッキ行き市内バス16A
ハレム経由アタシェヒル行きドルムシュ
カドゥキョイ行きドルムシュ
チェシメ（泉）
Çeşme
Kasap Döner P.26
ハレム、カドゥキョイへ
マルマライ・ユスキュダル駅（地下）
ヴァーリデ・スルタン・ジャーミィ
Vâlide Sultan Camii
魚市場
Balık Pazarı
Derya
P.27 Şampiyon Kokoreç
P.173 7月15日殉教者の橋
15 Temmuz Şehitler Köprüsü
P.171 ベイレルベイ宮殿
Beylerbeyi Sarayı
料金所
Gişeler
オンベシ・テンムズ・シェヒットレルル・キョプリュス停留所
15 Temmuz Şehitler Köprüsü
クズグンジュック埠頭
Kuzguncuk İskelesi
拡大図P.170
クズグンジュック
Kuzguncuk
遊覧船乗り場
Üsküdar Gezi Motor İskelesi
ユダヤ人墓地
Musevi Mezarlığı
アルメニア人墓地
Ermeni Mezarlığı
メジットベイ・キョシュキュ
Mecit Bey Köşkü
フェトヒー・パシャ公園
Fethi Paşa Korusu
イジャディエ
Icadiye
ユスキュダル埠頭
Üsküdar İskelesi
拡大図上
ミフリマー・スルタン・ジャーミィ
Mihrimah Sultan Camii
セラーミ・アリ・ジャーミィ
Selami Ali Camii
Kanaat Lokantası
スルプ・ハチ・アルメニア教会
Suro Haç Ermeni Kilisesi
アメリカ人高校
Amerikan Lisesi
ヴァーリデ・スルタン・ジャーミィ
Vâlide Sultan Camii
P.28 Hacıoğlu
ユスキュダル区役所
Üsküdar Belediyesi
ユスキュダル
Üsküdar
P.170
チニリ・ハマム
Çinili Hamamı
チニリ・ジャーミィ
Çinili Camii
ギリシア人墓地
Rum Mezarlığı
Capitol
サラジャック埠頭
Salacak İskelesi
（乙女の塔行き）
乙女の塔 P.173
Kız Kulesi
ヴァーリデ・アティク・ジャーミィ
Valide Atik Camii
イムラホル・サラジャック
İmrahor Salacak
イスラヒーエ・ジャーミィ
İslahiye Camii
エブリスタン
Ebristan
イフサニエ
İhsaniye
Zeynep Kâmil Kadın ve Çocuk Hastanesi
国立ユスキュダル病院
Üsküdar Devlet Hastanesi
バルバロス
Barbaros
アルトゥニザーデ
Altunizade
ハレム埠頭
Harem İskelesi
バルバロス・ジャーミィ
Barbaros Camii
ハレム・ガラジュ
Harem Garajı
ブルハン・フェレック体育館
Burhan Felek Spor Salonu
（女子バレーボールリーグの主要試合会場）
セリミエ兵営
Selimiye Kışlası
カラジャアフメット墓地
Karacaahmet Mezarlığı
拡大図P.121
マルマラ大学ハイダルパシャ校舎
Marmara Üniv. Haydarpaşa Kampusu
アジュバーデム駅
Acıbadem
アイルルックチェシメ駅
Ayrılıkçeşme
イギリス人墓地
İngiliz Mezarlığı
Carrefour
アジュバーデム
Acıbadem
0 500m
アジア側
ハイダルパシャ埠頭
Haydarpaşa İskelesi
旧ハイダルパシャ駅
Haydarpaşa Garı
（廃止）
ミニバスターミナル
市内バスターミナル
カドゥキョイ埠頭
Kadıköy İskelesi
カドゥキョイ区役所
Kadıköy Belediyesi
ソユトリュチェシメ駅
Söğütlüçeşme
カドゥキョイ駅
Kadıköy
交通博物館
İ.E.T.T. Müzesi
カドゥキョイ区立結婚式場
Kadıköy Evlendirme Dairesi
カドゥキョイ公園
Kadıköy Parkı
カドゥキョイ
Kadıköy
P.170
シュクリュ・サラチョウル・スタジアム
Şükrü Saraçoğlu Stadı
フェネルヨル
Feneryolu
クズルトプラック駅
Kızıltoprak
（運休中）
モダ
Moda
カラムシュ公園
Kalamış Parkı
114-115
112-113
118
110-111
104-105
102-103
106-107
100-101
116-117
98-99
108-109
120

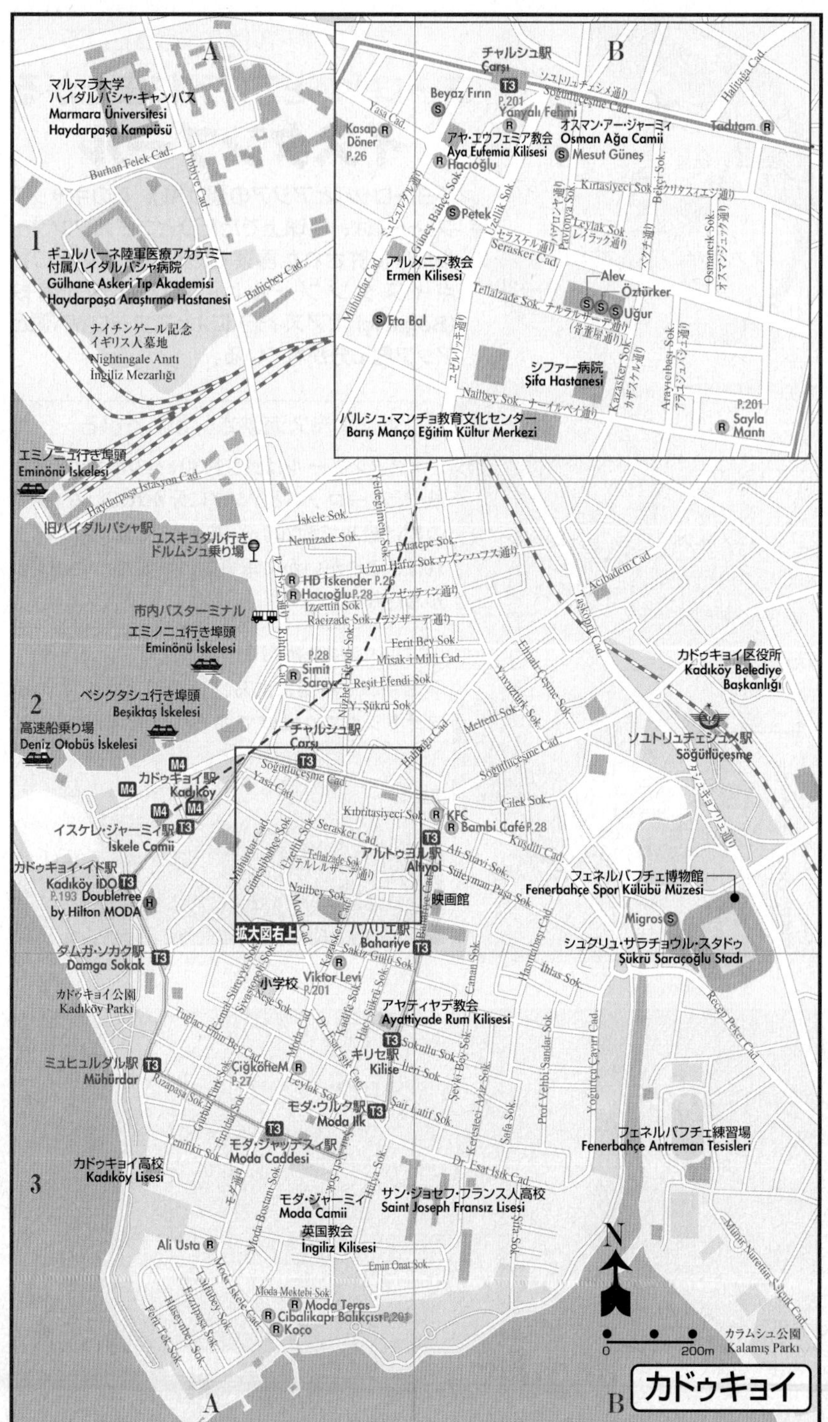
カドゥキョイ
マルマラ大学
ハイダルパシャ・キャンパス
Marmara Üniversitesi
Haydarpaşa Kampüsü
ギュルハーネ陸軍医療アカデミー付属ハイダルパシャ病院
Gülhane Askeri Tıp Akademisi
Haydarpaşa Araştırma Hastanesi
ナイチンゲール記念
イギリス人墓地
Nightingale Anıtı
İngiliz Mezarlığı
エミノニュ行き埠頭
Eminönü İskelesi
旧ハイダルパシャ駅
ユスキュダル行き
ドルムシュ乗り場
市内バスターミナル
エミノニュ行き埠頭
Eminönü İskelesi
ベシクタシュ行き埠頭
Beşiktaş İskelesi
高速船乗り場
Deniz Otobüs İskelesi
カドゥキョイ駅
Kadıköy
イスケレ・ジャーミィ駅
İskele Camii
カドゥキョイ・イド駅
Kadıköy İDO
P.193 Doubletree by Hilton MODA
ダムガ・ソカク駅
Damga Sokak
カドゥキョイ公園
Kadıköy Parkı
ミュヒュルダル駅
Mühürdar
カドゥキョイ高校
Kadıköy Lisesi
Ali Usta
チャルシュ駅
Çarşı
HD İskender P.26
Hacıoğlu P.28
P.28 Simit Sarayı
アルトゥヨル駅
Altıyol
KFC
Bambi Café P.28
映画館
拡大図右上
バハリエ駅
Bahariye
小学校
Viktor Levi P.201
アヤティヤデ教会
Ayattiyade Rum Kilisesi
キリセ駅
Kilise
ÇiğkötteM P.27
モダ・ウルク駅
Moda İlk
モダ・ジャッデスィ駅
Moda Caddesi
モダ・ジャーミィ
Moda Camii
英国教会
İngiliz Kilisesi
サン・ジョセフ・フランス人高校
Saint Joseph Fransız Lisesi
Moda Teras
Cibalikapı Balıkçısı P.201
Koço
カドゥキョイ区役所
Kadıköy Belediye Başkanlığı
ソユトリュチェシュメ駅
Söğütlüçeşme
フェネルバフチェ博物館
Fenerbahçe Spor Külübü Müzesi
Migros
シュクリュ・サラチョウル・スタドゥ
Şükrü Saraçoğlu Stadı
フェネルバフチェ練習場
Fenerbahçe Antreman Tesisleri
カラムシュ公園
Kalamış Parkı
0 200m
チャルシュ駅
Çarşı
Beyaz Fırın P.201
Yanyalı Fehmi
Kasap Döner P.26
アヤ・エウフェミア教会
Aya Eufemia Kilisesi
Hacıoğlu
オスマン・アー・ジャーミィ
Osman Ağa Camii
Mesut Güneş
Tadıtam
Petek
アルメニア教会
Ermen Kilisesi
Eta Bal
Alev
Öztürker
Uğur
シファー病院
Şifa Hastanesi
バルシュ・マンチョ教育文化センター
Barış Manço Eğitim Kültur Merkezi
P.201 Sayla Mantı
Haydarpaşa İstasyon Cad.
Söğütlüçeşme Cad.
Bahariye Cad.
Moda Cad.
Tellalzade Sok. テルラルザーデ通り（骨董屋通り）
Serasker Cad. セラスケル通り
Kırtasiyeci Sok. クルタスィエジ通り
Nailbey Sok. ナーイルベイ通り

イスタンブールはこうなっている

ヨーロッパとアジアにまたがる イスタンブール

「ヨーロッパとアジアの架け橋」。このキャッチフレーズは、地球上でただひとつイスタンブールだけに許された言葉である。東西文明の接点イスタンブールは、ボスポラス海峡（Boğaziçi ボアズィチ）によってヨーロッパ側とアジア側に分かれている。

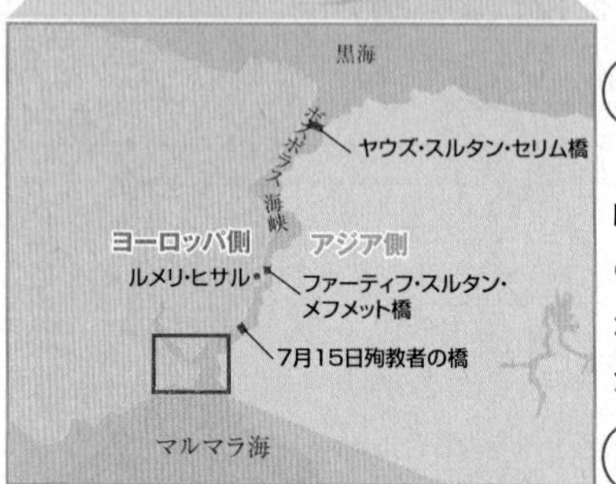

① ボスポラス海峡で分かれている

イスタンブールは長さ約30kmのボスポラス海峡で、ヨーロッパとアジアに分かれている。海峡の幅は最小で約700m。ルメリ・ヒサルの砦に上れば、ここがいかに軍事的に重要だったかがわかるだろう。

② 旧市街と新市街

ヨーロッパ側にある、金角湾とマルマラ海、テオドシウスの城壁で囲まれた地域が旧市街。

スルタンアフメット地区の南側はマルマラ海

観光客にとって、旧市街はトプカプ宮殿やアヤソフィアなど歴史的建造物が並ぶ重要な地域。世界各国からの観光客であふれ、若者向けの安いホテルなども多い。

一方、ビジネスの中心地の新市街には外国資本の高級ホテルがあり、おしゃれなショッピングタウンとしても人気がある。

③郊外に点在する交通ターミナル

イスタンブールはトルコ最大の都市。イスタンブール空港やオンベシ・テンムズ・シェヒットレル・オトガル（イスタンブールで最も大きな長距離バスターミナル）はヨーロッパ側の郊外にある。

アジア側には国内線がおもに発着するサビハ・ギョクチェン空港のほか、2014年に開通した高速列車YHTの始発駅、ソユトリュチェシュメ駅もある。

アジア側は人口の増加にともない住宅地が広がっており、郊外型のショッピングセンターも増え、地下鉄線も充実しつつある。

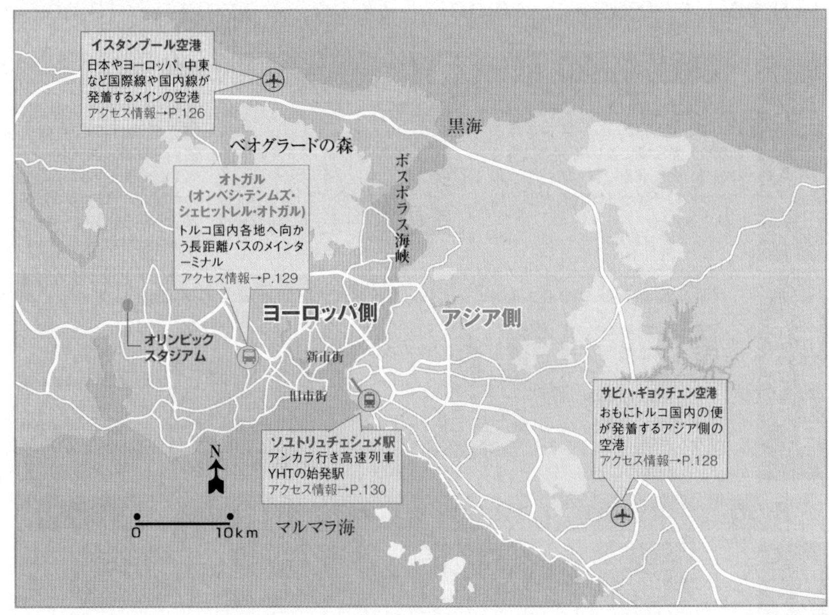

観光ルート研究

組み合わせ自由！地域ごとに回る おすすめモデルルート

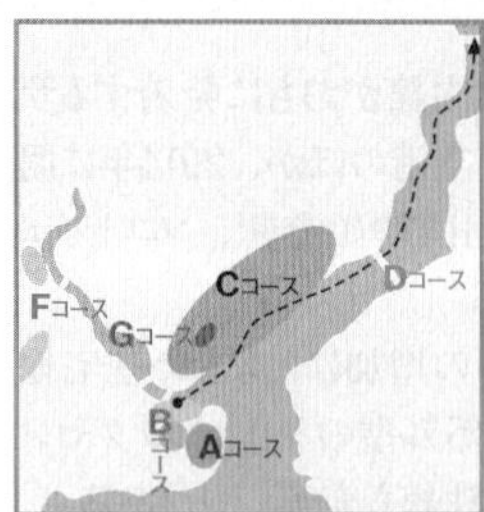

イスタンブールは見どころがとても多いので、できれば1週間以上滞在してほしいが、なかなか難しい。効率よく観光するためにはいくつかのブロックに分けて集中的に回るといい。滞在時間の長さに合わせてブロックを組み合わせてみよう。

8:00	9:00	10:00	11:00	12:00	13:00

Aコース 旧市街1日

トプカプ宮殿(P.142) → **昼食**

トプカプ宮殿はオスマン朝歴代スルタンの居城。シーズン中はチケット売り場に長い行列ができるので、少し早めに行っておきたい。ハレムのチケットは宮殿内部で購入する。

トプカプ宮殿の入口

スルタンアフメット地区は観光客向けの店が多く、値段も高め。ファストフードで軽く済ませるか、名物のキョフテ。時間がない人は次ページ上段のバザール半日Bコースへ

Cコース 新市街1日

ドルマバフチェ宮殿(P.165) → **イスティクラール通り**(P.162)

原則予約制なので、前日までに電話などで予約しておきたい。当日券で入場する場合は、早めにチケット売り場へ。

カバタシュまで戻ってフニキュレルに乗ってタクスィム広場へ。イスティクラール通りを散策しつつランチタイム。

8:00	10:00	12:00	14:00	16:00	18:00

Dコース ボスポラスクルーズ

エミノニュ出発  **アナドル・カヴァウ到着**  **アナドル・カヴァウ出発**  **エミノニュ到着**

海上から眺めるイスタンブールも旅のよい思い出になるだろう。定期船（詳しい時刻はP.172参照）ならエミノニュから黒海の入口、アナドル・カヴァウまでの船があり、往復で半日の行程。ほかにも1時間～1時間30分のミニクルーズもたくさん出ているので時間がない人にもぴったりだ。

船上からルメリ・ヒサル界隈を眺める

Eコース エディルネ日帰り

オトガル出発  **エディルネ**(P.212) **市内観光（昼食）**  **オトガル到着**

セリミエ・ジャーミィ

世界遺産のセリミエ・ジャーミィのあるエディルネへはイスタンブールのオトガルから2時間30分～4時間で着く。セリミエ・ジャーミィを見学したらバザールでおみやげを探しつつ、昼食を食べて午後にイスタンブールに戻ってくる。

エディルネ名物のレバーフライ

 ボスポラス海峡を横断するイスタンブールマラソンは、フルマラソンのほか、8km、15kmのコースもある。2019年は11月3日に行われる予定。詳細はURL www.maraton.istanbul。（編集室）

12:00	13:00	14:00	15:00	16:00	17:00

バザール半日Bコース

グランドバザール(P.155) → **スュレイマニエ・ジャーミィ**(P.159) → **エジプシャンバザール**(P.161)

バザールはとにかく広い

滞在最終日などにおみやげはまとめて買おう。みんなに配るバラマキみやげはたくさん買って値段交渉を。

スュレイマニエ・ジャーミィは観光客も少なく、寺院建築の美しさと景色を楽しむにはうってつけ。途中の問屋街も歩いていて楽しい。

香辛料や乾物など、食料品を扱うお店が多い。ドライフルーツも狙い目

カラフルに盛られた香辛料

14:00	15:00	16:00	17:00	18:00	19:00

アヤソフィア(P.148) → **地下宮殿**(P.150) → **スルタンアフメット・ジャーミィ**(P.146) → **夕食**

大ドーム

ビザンツ建築の技術の粋を集めたドームやモザイクをじっくりと見学しよう。

地下宮殿内部は湿度は高いが、ひんやりとしている。カフェもあるのでひと休みできる。

朝早くから夜まで開いているので、礼拝時間を外せば、どの時間帯に見学してもOK。

安く済ませるならエミノニュの食堂街へ。ベリーダンスが見られるショーレストラン(→P.203)も定番。

軍事博物館(P.164) → **ニシャンタシュ**(P.205) → **ガラタ塔**(P.163)

メトロM2線オスマンベイ駅下車。15:00開始の軍楽隊コンサート(演奏がない日もあるので注意)に間に合うように行きたい。

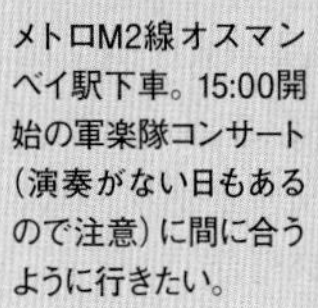

ニシャンタシュのカフェ

ニシャンタシュ地区は、おしゃれなカフェやレストランが多いハイセンスエリア。散策しながらお茶をしたり、ブティックのウインドーショッピングを楽しむ。

ガラタ塔は20:30まで開いているので、日没前後に訪れて金角湾に沈む夕日と旧市街のシルエットをゆっくりと眺めよう。

8:00	9:00	10:00	11:00	12:00	13:00

金角湾周辺半日Fコース

カーリエ博物館(P.168) → **エユップ** → **昼食** → **エミノニュ**

貴重なモザイク画が数多く残るカーリエ博物館

カーリエ博物館は、旧市街の西、テオドシウスの城壁の近くにある。さらに金角湾の奥へ行くとエユップという地区には金角湾を眺められるピエール・ロティのチャイハーネがある。このあたりへはタクシーで往復するのが無難。3時間ほどでのんびり回れる。

ピエール・ロティのチャイハーネ

19:00	20:00	21:00	22:00	23:00	24:00

新市街ほろ酔いGコース

ネヴィザーデ通り → **民謡酒場** → **チョルバ**

居酒屋が軒を連ねるネヴィザーデ通り(Map P.102A3)はイスティクラール通りの路地裏。魚市場の近くにある。昼からやっている店も多い。

言葉がわからなくてもトルコ民謡の熱い魂が伝わる。

飲んだあとのシメのラーメン代わりにはコッテリ風味のイシュケンベ・チョルバスで決まり。専門店のラーレ・イシュケンベジ(→P.198)へ

読者投稿 オトガルでエディルネ行きのチケットをパスポートを提示して購入。飲み物や菓子類のサービスもありました。終点近くになって検問所でパスポートの提示を求められました。(千葉県　矢崎武夫　'18春)

市外局番
0212（ヨーロッパ側）
0216（アジア側）
人口1371万512人

■時刻表一覧
✈→P.54〜59
日本発着便は→P.478
🚃→P.60〜61
🚌時刻表索引→P.62〜63

■イスタンブール空港
Map P.30B1
TEL 444 1442
URL www.igairport.com

到着ロビーにある両替所

■ハワイスト
URL www.hava.ist

ハワイストのバス

Information
ホテルの送迎サービス
スルタンアフメット地区をはじめ、観光客が多く泊まるエリアのホテルでは有料（料金はまちまち）で空港送迎を行うところもある。事前にeメールで、到着時間、便名、送迎サービス希望の旨をホテル側に伝えておけばよい。ただし、ホテルのスタッフが忘れていることもしばしばあるので出発前日に再度確認をすると安心。

イスタンブールの歩き方

イスタンブールでは、旧市街のスルタンアフメット地区に見どころが集中している。ここだけ回るなら徒歩でOKだがこの町のいろいろな魅力を探しに、トラムヴァイやバスを積極的に使ってみよう。

空港から町の中心へ

イスタンブールにある空港は、2018年10月に開港（2019年4月から本格運用）した、市の北西にある**イスタンブール空港（IST）** İstanbul Havalimanıとアジア側にある**サビハ・ギョクチェン空港（SAW）** Sabiha Gökçen Havaalanıのふたつ。

国際線の出発フロア

◆イスタンブール空港

日本やヨーロッパからの便をはじめほとんどの国際線は**イスタンブール空港**に着く。ターミナルは上の階層が国際線出発。下の階層が国際線到着となっている。ハワイストなどのバスが発着するターミナルは地下にあり、エレベーターで移動する。タクシーは上の階層と直結している道から乗ることができる。

●空港での両替　24時間営業の銀行や両替所があり、日本円の両替ももちろんOK。ATMも24時間稼働している。

●空港ホテル　ヨーテルYotelという空港ホテルがあり、パスポートコントロール前後のどちらからもアクセス可能。

◆イスタンブール空港から町の中心部へ

黒海沿岸部に位置しており、旧市街からは約50km離れている。バスやタクシーで約1.5時間ほどは見ておきたい。

●ハワイストHavaist（空港バス）　市内主要エリアやターミナルを網羅する。スルタンアフメット方面のist-1Sやタクスィム広場方面ist-19など約20路線を運行。主要路線は24時間運行。路線にもよるが30分に1便程度の頻度で出発。

空港で両替しておきたい金額の目安

●イスタンブール空港から市内への交通費	
ハワイスト　タクスィムやスルタンアフメット方面	18TL
タクシー　空港→スルタンアフメット地区	185〜200TL
空港→タクスィム広場方面	185TL
●1泊分の宿泊費（クレジットカードで決済可能）	
ドミトリーのある安いホテル	30〜45TL
手頃なホテルのシングルルーム	150〜300TL
中級クラスのシングルルーム	300〜400TL
●1食分の食費	
ファストフード店のセットメニュー	30〜40TL
一般的なレストランでケバブとスープ	50〜80TL

読者投稿　イスタンブール空港のタクシー乗り場は常時かなり長い行列ができており、かなり待ちます。地下に降りてハワイストを利用するほうが便利。（東京都　いすたんぶるる　'19春）

バス乗り場にある自販機

料金は**イスタンブールカード**（→P.131）での支払い。カードを6TLで購入し、必要分チャージする。または5回券（17 TL）、10回券（32 TL）を購入し、必要回数で払う。空港には約20台の自販機が設置されているが、トルコリラ現金のみ使用可能。

●タクシーで市内へ　タクスィム広場まで約40分、185TL、スィルケジ駅まで約40分、185～200TL。渋滞が予想されるので所要時間、料金ともに多くかかる。

●地下鉄駅　地下鉄M11線が工事中。M2線のガイレッテペGayrettepe駅を結ぶ。2020年内の開通を予定している。

タクシー乗り場

黒いワンボックスタイプのタクシーは割高

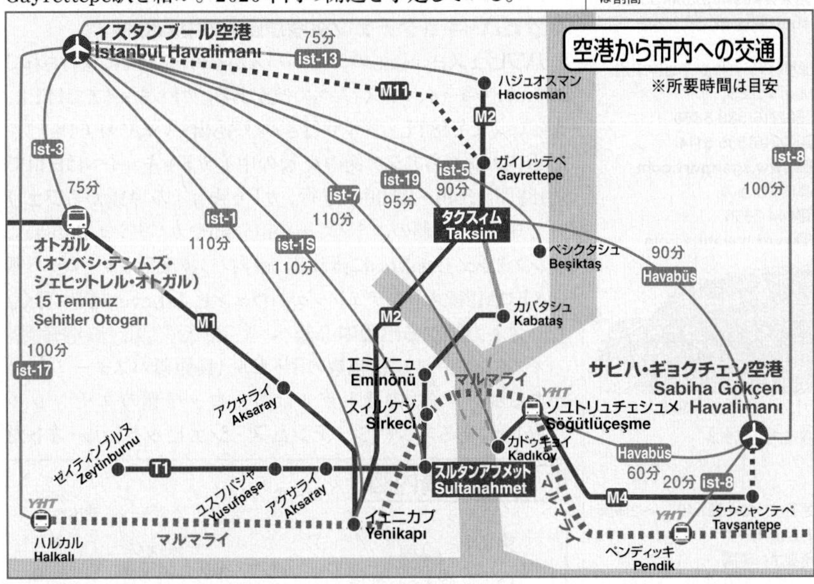

ハワイスト
URL www.hava.ist

●ist-1（Yenikapıイェニカプ）
所要約110分　料18TL(回数券6回分)

●ist-1S
(Sultanahmet-Eminönüスルタンアフメット・エミノニュ)
所要約110分　料18TL(回数券6回分)

●ist-3（Otogarオトガル）
所要約75分　料16TL(回数券5回分)

●ist-5（Beşiktaşベシクタシュ）
所要約110分　料18TL(回数券6回分)

●ist-7（Kadıköyカドゥキョイ）
所要約110分　料25TL(回数券10回分)

●ist-17（Halkalıハルカル）
所要約100分　料16TL(回数券5回分)

●ist-19（Taksimタクスィム）
所要約95分　料18TL(回数券6回分)

—— 地下鉄
6:00～24:00に運行、2.60TL。
M1線イェニカプ駅からオトガル駅まで20分。M2線イェニカプ駅からタクスィム駅まで8分）
M4線サビハ・ギョクチェン空港～タウシャンテペは2019年、M11線イスタンブール空港～ガイレッテペは2020年内の開通を予定している。

—— トラムヴァイ（路面電車T1線）
6:00～24:00に10分おき、2.60TL。スルタンアフメット駅～カバタシュまで16分。

------- マルマライ（トルコ国鉄近郊列車）
6:00～24:00に5～20分おき。2.60～5.70TL。イェニカプからソユトリュチェシュメまで12分

—— フニキュレル（地下ケーブルカー F1線）
6:00～24:00に5～8分おき、2.60TL。タクスィムまで5分。

読者投稿　イスタンブール滞在中、いろいろな乗り物に乗りましたが、地下の通路にはタイル絵があって移動中目を楽しませてくれました。（東京都　松田和佳子　'17 秋）

Information

スルタンアフメット地区から空港へ行く場合

各ホテルやウェブサイトで予約できるシャトルバスが便利。多くの旅行会社が運行している。ホテル前まで迎えに来てくれるので、重い荷物の人には便利。所要40分～1時間、運賃は15€程度。

●**Istanbul Airport Shuttle**
2:40～21:00に9便あり。料金は人数によって変動し、ひとり15€～。サビハ・ギョクチェン空港へも15€～。
URL www.istanbulairportshuttle.com

■**サビハ・ギョクチェン空港**
Map P.123
TEL (0216) 588 8888
FAX (0216) 585 5114
URL www.sgairport.com

■**ハワビュス**
TEL 444 2656
URL www.havabus.com

サビハ・ギョクチェン空港

■**市内バスE3**
（サビハ・ギョクチェン空港～ドルデュンジュ・レヴェント駅）
運行：7:40～翌1:40に1～2時間わき、4:15
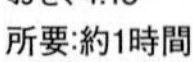
所要：約1時間

ハワビュスのチケット売り場

オトガルには国内各地や周辺諸国からのバスが発着する

●**イスタンブール空港から長距離バスターミナルへ**　イスタンブールのメインバスターミナル（始発）であるオトガルまで空港バスist-3で約75分。

●**市内から空港へ行くときの注意**　タクスィム広場北側のTaksim Point Hotelの乗り場にはイスタンブール空港（IST）行きの**ハワイスト**Havaistとサビハ・ギョクチェン空港（SAW）行きの**ハワビュス**Havabüsバスが停まっており、間違えやすいので、乗車時に行き先をよく確認しよう。

◆サビハ・ギョクチェン空港

アジア側のペンディッキPendik地区にある空港。国内線の一部や、ヨーロッパ、中東からの便などが発着している。ターミナルは国内線と国際線のふたつがあり、隣り合っている。

◆サビハ・ギョクチェン空港から市の中心部へ

ハワビュスHavabüsのシャトルバスが3:30～23:00に運行されており、カドゥキョイ、タクスィムへの便がある。カドゥキョイまで14TL、タクスィムまで18TL。ブルサ行きのバスも出ている（→P.64）。

市内バスならアジア側の交通の中心カドゥキョイへは**E11**で約1時間。5:40～22:00の運行。カドゥキョイの埠頭から**フェリー**でヨーロッパ側のエミノニュ Eminönüやカバタシュ Kabataş、ベシクタシュ Beşiktaşに渡れる。市内バスの**E3**はヨーロッパ側のメトロM2線のドルデュンジュ・レヴェント 4. Levent駅へ行く。

オトガルから市の中心部へ

イスタンブールには複数のオトガル（長距離バスターミナル）があるが、メインのオトガルはヨーロッパ側のエセンレル Esenlerにある**オンベシ・テンムズ・シェヒットレル・オトガ**

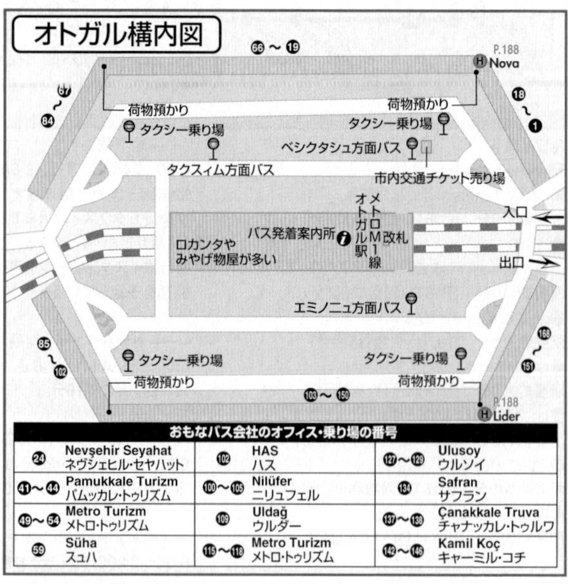

おもなバス会社のオフィス・乗り場の番号

番号	バス会社	番号	バス会社	番号	バス会社
24	Nevşehir Seyahat ネヴシェヒル・セヤハット	102	HAS ハス	127～129	Ulusoy ウルソイ
41～44	Pamukkale Turizm パムッカレ・トゥリズム	100～105	Nilüfer ニリュフェル	134	Safran サフラン
49～54	Metro Turizm メトロ・トゥリズム	109	Uldağ ウルダー	137～138	Çanakkale Truva チャナッカレ・トゥルワ
59	Süha スユハ	115～118	Metro Turizm メトロ・トゥリズム	142～146	Kamil Koç キャーミル・コチ

読者投稿　サビハ・ギョクチェン空港のタクスィムへのバス乗り場は空港ビルを出て道路を渡り、駐車場に出たら建物に沿って右に進むとあります。（東京都　松田和佳子　'17 秋）

ル15 Temmuz Şehitler OtogarıMap P.129。イスタンブールで単にオトガルという場合、通常ここを意味する。地区名をとってエセンレル・オトガルと呼ばれることもある。

◆オトガルから市の中心部へ　オトガルはメトロM1線のオトガル駅と直結しており、終点のアクサライ駅まで約25分。メトロはバス会社の窓口の並ぶホールの中心に改札がある。

◆その他のオトガル

●アリベイキョイ・ジェプ・オトガル Alibeyköy Cep Otogarı

市内北部にあり、数年後にはオンベシ・テンムズ・シェヒットレル・オトガルからの全面移転が予定されている。地下鉄M7線が開通すればアクセスもよくなる。メトロM2線ハジュオスマン駅からから47L番の市内バスで行ける。タクスィムやベシクタシュへの無料送迎バス（セルヴィス）が運行されている。

●アタシェヒル・ドゥドゥッル・オトガル Ataşehir Dudullu Otogarı

アジア側のメインターミナル。ユスキュダルのショッピングセンター、カピトルCapitol前から54番のバスで約1時間。ユスキュダルなどへの無料送迎バス（セルヴィス）が運行されている。

●ハレム・ガラジュ Harem Garajı

かつてはアジア側のメインターミナルとして使われた。隣接する埠頭からエミノニュ Eminönü行きの船が出ており、旧市街とのアクセスがよい。一部ここにしか発着しない便が少ないながら

Information

かつてのターミナル駅 ハイダルパシャ

1908年に完成したハイダルパシャ駅はアジア側の玄関口として多くの急行列車や夜行列車が発着していた。21世紀初頭に高速列車YHTやマルマライの新線建設が始まるとターミナル駅としての役割を終えた。その後、2010年に火災が発生し荒れ果てた姿を晒してきた。2019年5月現在、修復工事はほぼ終わりつつある状況だ。

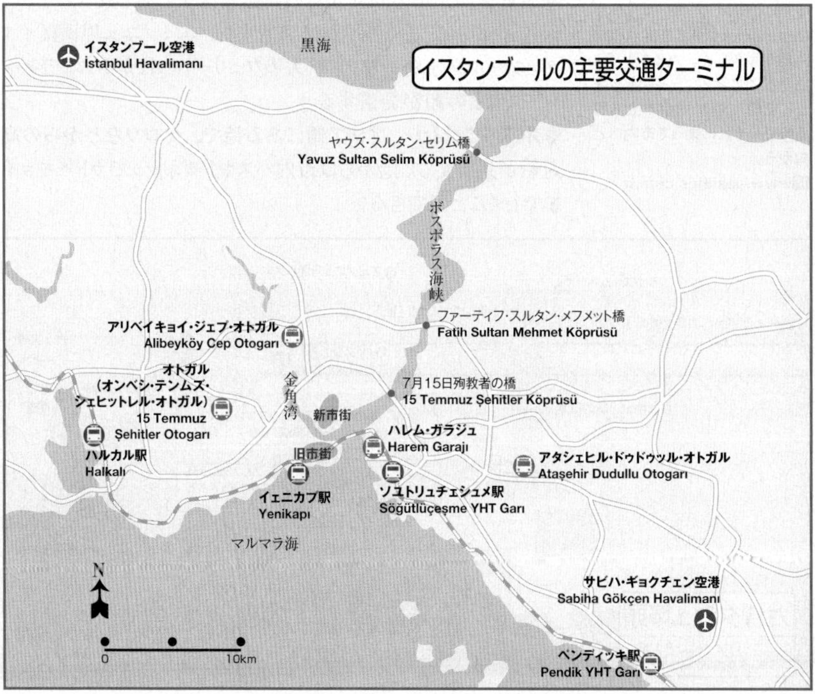

イスタンブールの主要交通ターミナル

黒海
イスタンブール空港 İstanbul Havalimanı
ヤウズ・スルタン・セリム橋 Yavuz Sultan Selim Köprüsü
ボスポラス海峡
ファーティフ・スルタン・メフメット橋 Fatih Sultan Mehmet Köprüsü
アリベイキョイ・ジェプ・オトガル Alibeyköy Cep Otogarı
オトガル（オンベシ・テンムズ・シェヒットレル・オトガル）15 Temmuz Şehitler Otogarı
金角湾
7月15日殉教者の橋 15 Temmuz Şehitler Köprüsü
新市街
ハルカル駅 Halkalı
旧市街
ハレム・ガラジュ Harem Garajı
アタシェヒル・ドゥドゥッル・オトガル Ataşehir Dudullu Otogarı
イェニカプ駅 Yenikapı
ソユトリュチェシュメ駅 Söğütlüçeşme YHT Garı
マルマラ海
サビハ・ギョクチェン空港 Sabiha Gökçen Havalimanı
ペンディッキ駅 Pendik YHT Garı
N
0　10km

読者投稿　海辺にそびえる旧ハイダルパシャ駅舎は重厚で存在感がある。内部もさぞ立派だろうと訪ねてみた。中のレストランには入れたが、修復工事中で他の部分には入れなかった。（千葉県　矢崎武夫　'18春）

■スィルケジ駅
Map P.99C1

■クルーズ船の寄港地
ヨーロッパからの大型クルーズ船は、ガラタ橋のたもとのカラキョイKaraköy(Map P.101C3)の港に寄港する。

マルマライを使えば市内まですぐ

■ハワイスト
URL www.hava.ist

■ハイダルパシャ港
ウクライナ行きフェリーが出発するのがハイダルパシャ港。2012年を最後に鉄道駅は使われなくなったが、港は旅客用設備が2017年に新たに造られ、ウクライナのオデッサ近郊にあるチェルノモルスクChernomorsk港とを結ぶ黒海路線が就航した。ハイダルパシャからはエミノニュ～カドゥキョイを結ぶ船が途中で立ち寄るので、それに乗って市内へと向かう。
URL www.sealines.com.tr

ある。逆にハレムを経由しない便もあるが、アタシェヒルのドゥドゥッル・オトガルからセルヴィスが運行されている。

鉄道駅から市の中心部へ

◆ヨーロッパ側　ヨーロッパからの国際列車は、市内東部にある**ハルカル**Halkalı駅に着く。ここで在来線のマルマライに乗り換える。スィルケジ駅まで約30分。

◆アジア側　高速鉄道YHTのターミナル駅は**ソユトリュチェシュメ**SöğütlüçeşmeMapP.121B2。在来線のマルマライに乗り換えればヨーロッパ側のスィルケジ駅までわずか3駅。所要約10分ほど。1日に数便のYHTはソユトリュチェシュメを経由してヨーロッパ側のバクルキョイやハルカルまで直通運転。

港から市の中心部へ

◆イェニカプ　ヤロワやブルサ、バンドゥルマからの高速船の場合、**イェニカプ**Yenikapıに着く。埠頭の北側にあるマルマライのイェニカプ駅へは幹線道路で隔てられており、徒歩での移動は困難。若干遠回りになるがメトロビュスのMR5 (6:20～23:15に運行)に乗って移動するのが確実。

イスタンブール空港へは到着に合わせて**ハワイスト**Havaistのシャトルバスが出ている。イェニカプ埠頭→イェニカプ駅（マルマライ）→アクサライ駅→ウルバトゥル駅→イスタンブール空港というルート。

◆エミノニュ　ブルサからの高速船はトラムT1線のエミノニュ Eminönü駅近くの埠頭に到着する。エミノニュ埠頭はイスタンブール高速船やワプル（大型フェリー）のほかボスポラスクルーズなどの船が発着する。

◆ボスタンジュ　アジア側にある港で、ヤロワなどからの高速船が到着する。港からは市内バスやドルムシュでカドゥキョイまで行くことができる。

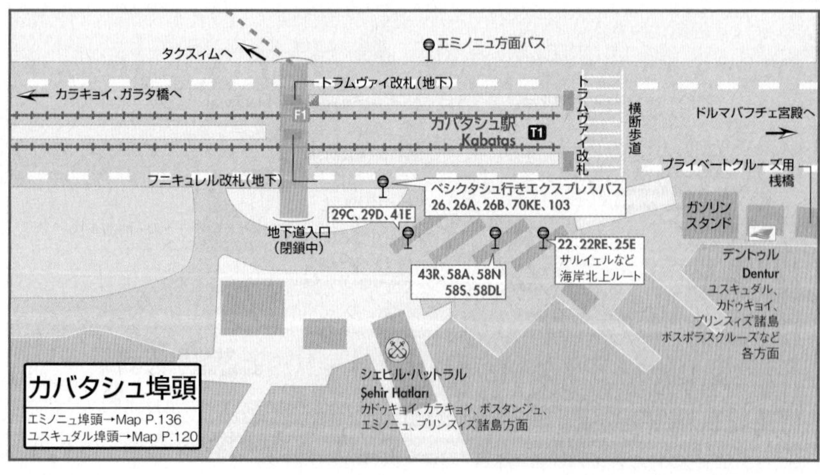

イスタンブールとブルガリアのブルガス Burgas を結ぶ高速船の便の準備が進められている。正式に就航すると、現在陸路で6時間かかるルートが3～4時間になる見通し。(編集室)

イスタンブールの市内交通

三方を海に囲まれ、起伏の大きいイスタンブールでは実に様々な乗り物が町歩きに活躍する。また、イスタンブールでは**使うチケットの種類によって同じ乗り物に乗っても料金が異なっている。**

◉回数券　ほとんどの交通機関で使用可能。カード型でチャージはできないタイプ。バスなどは区間によって2枚以上必要な路線もある。

◉ジェトン　コイン型チケットで、メトロやトラムなどに利用できる。公共機関により、大きさが異なっている。

◉イスタンブールカード　ほとんどの公共交通機関に使えるプリペイド式の交通カードで、再チャージ可能。回数券やジェトンよりも乗車料金が低く設定されており、イスタンブールに長期滞在する場合は重宝する。

■イスタンブール市交通局
URL www.iett.gov.tr
URL www.istanbul-ulasim.com.tr

メトロの改札。カード式チケットをオレンジの読み取り部に当てる

■イスタンブールカードの乗り換え時の料金
1回目:**1.85TL**　2回目:**1.25TL**
3～5回目:**0.85TL**
基本料金は**2.60TL**だが、カードを一度使用してから2時間以内に乗り換えをすると上記の価格になる。ただし、メトロビュスとマルマライ、一部のワプル路線は除く→P.136

市内交通のチケット

	回数券 Sınırlı Kullanımlı Elektronik Kart スヌルル・クッラヌムル・エレクトロニック・カルトゥ	ジェトン Jeton ジェトン	イスタンブールカード İstanbulkart イスタンブルカルトゥ
	 1回券 2回券		
料金	1回券5TL　2回券8TL 3回券11TL　5回券17TL 10回券32TL	**5TL** 交通機関によってジェトンの大きさが異なるので買い置きの際は注意	**カード発行時に6TL** 乗車料金は基本2.60TL 複数名での利用可能
入手場所	バス停のブースや売店。自販機はない。イスタンブール空港のバス乗り場に売店がある。	各駅に設置された自販機か駅近くの売店。	バス停のブースや売店。イスタンブール空港地下のハワイスト乗り場に自販機が設置されている。
利用可能交通機関	メトロ　バス トラム　ミニバス テュネル　ドルムシュ フニキュレル　メトロビュス マルマライ　ワプル（大型船）	メトロ トラム フニキュレル	メトロ　バス トラム　ミニバス テュネル　ドルムシュ フニキュレル　メトロビュス マルマライ　ワプル（大型船）
使い方	改札のカード読み取り端末にカードを当てる	改札にジェトンを入れてゲートをくぐる	改札のカード読み取り端末にカードを当てる

イスタンブールカードのチャージ方法

主要なバスターミナルやメトロ駅に設置されている専用の端末でチャージ可能。日本語表示もできる。使える紙幣は基本的に5、10、20、50TL札。2015年から旧式のボタン電池型チケット、アクビルは利用できなくなった。

充填端末は主要ターミナルにある

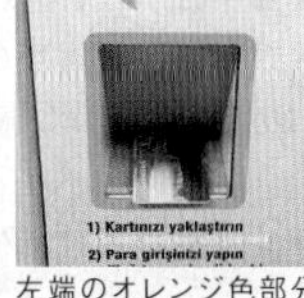

左端のオレンジ色部分がカードの読み取り部分

残額が表示されるので紙幣を挿入する

投入した金額を確認する。この場合は5TL

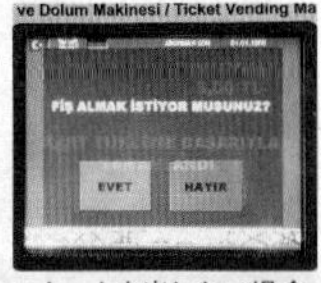

レシートを出したい場合は「Evet」を押す

読者投稿　イスタンブールカードはふたりで1枚を使えますが、乗り換え料金は適用されません。（神奈川県　えいこ　'18 夏）

使えるチケット

メトロ Metro（地下鉄）

新市街を走るM2線

オトガルと旧市街を結ぶM1線

●路線　イェニカプ発のM1線は旧市街を走り、オトガルOtogar駅まで行き、その後アタテュルク・ハワリマヌAtatürk Havalimanı行きのM1AとキラーズルKirazlı行きのM1Bに分岐する。

ハジュオスマンからタクスィムを経由し、金角湾を渡ってイェニカプを結ぶ路線がM2線。M3はオトガルとキラーズルを結ぶ。アジア側ではカドゥキョイとタウシャンテペTavşantepeを結ぶM4とユスキュダルとチェクメキョイÇekmeköyを結ぶM5が運行。M4は2019年中に、サビハ・ギョクチェン空港まで延伸される予定。

●こんなときに便利

オトガルへの移動（M1線オトガルOtogar駅下車）

タクスィム→ニシャンタシュ（M2線オスマンベイOsmanbey駅下車）

使えるチケット

トラムヴァイ Tramvay（路面電車）

観光にも大活躍のトラムヴァイ

ガラタ橋を渡るトラムヴァイ

●路線　旧市街のバージュラルと新市街のカバタシュを結ぶT1線は観光にも大活躍する路線。トプカプから北へ行くT4線があるが、観光客はあまり利用しないだろう。

●乗り方　プラットホームの入口にある改札機を通って電車に乗る。駅の入口はギリシGiriş、出口はチュクシュ Çıkışと表示されている。電車の方向を間違えないように気を付けよう。

●こんなときに便利

旧市街↔新市街の移動

使えるチケット

かつては市内各地を走っていた

ノスタルジック・トラムヴァイ Nostaljik Tramvayı

●路線　新市街のイスティクラール通りを通っているものはアンティークの路面電車（T5）。2両、もしくはたったの1両編成でタクスィム広場とガラタ塔近くのテュネルTünel地区を結んでいる。アジア側のカドゥキョイを走るT3線もある。

●こんなときに便利　**イスティクラール通り↔タクスィム広場**

使えるチケット

パリの地下鉄の試作版ともいわれる

テュネル Tünel

●路線　1875年に造られたという、ヨーロッパで最も古い地下鉄のひとつ。ガラタ橋近くのカラキョイから、路面電車の終点テュネルまでわずか3分ほどという短さで、あっという間に着く。7:00～22:45の運行。

●こんなときに便利　**イスティクラール通り↔ガラタ橋**

読者投稿　イスティクラール通りのトラムヴァイは、２年ほど全面的に工事をしていましたが、きれいになりました。車両も新しく、観光客でにぎわっています。（在トルコ　おゆみ　'18春）

使えるチケット

フニキュレル Funiküler(地下ケーブル)

地下ケーブルのカバタシュ駅

●**路線**　新市街のフェリーターミナルがあるカバタシュとタクスィム広場を約1分で結ぶ地下ケーブル。5～10分間隔で運行している。タクスィム駅ではメトロに乗り換えることができる。カバタシュの地下ケーブル乗り場はトラムヴァイの駅の西側出口（最後尾の車両）の階段を下り、改札を出ると「TÜNEL」と看板が出ており、切符売り場と乗り場がある。

使えるチケット

マルマライ Marmaray(近郊列車)

URL www.marmaray.gov.tr

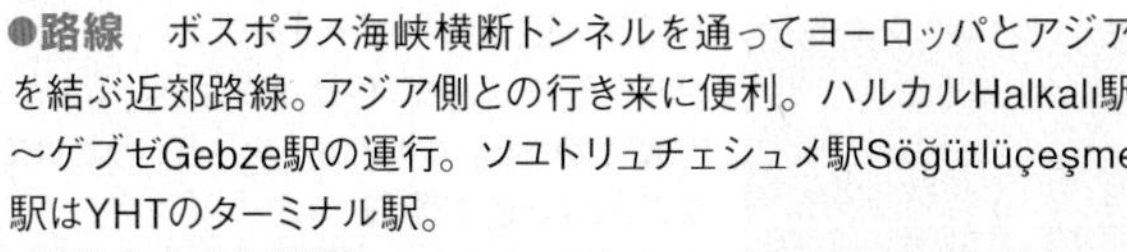

●**路線**　ボスポラス海峡横断トンネルを通ってヨーロッパとアジアを結ぶ近郊路線。アジア側との行き来に便利。ハルカルHalkalı駅～ゲブゼGebze駅の運行。ソユトリュチェシュメ駅Söğütlüçeşme駅はYHTのターミナル駅。

高速列車YHTも接続し、利便性が向上した

●**こんなときに便利**

イェニカプ駅→ユスキュダル

YHTソユトリュチェシュメ駅→旧市街

●**料金**　1回券5TL、イスタンブールカード2.60～5.70TL

使えるチケット

市内バス Otobüs

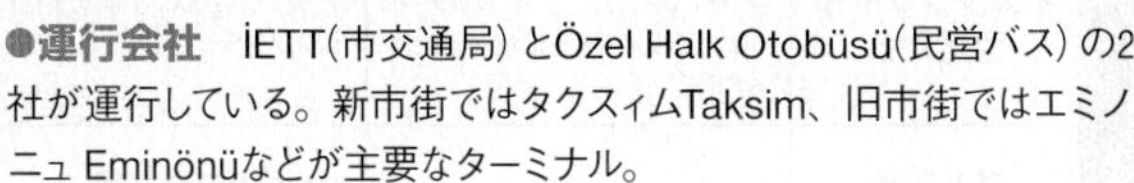

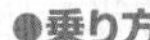

●**運行会社**　İETT(市交通局)とÖzel Halk Otobüsü(民営バス)の2社が運行している。新市街ではタクスィムTaksim、旧市街ではエミノニュ Eminönüなどが主要なターミナル。

İETTのバス

●**乗り方**

前から乗り、チケットを出す。降りるときは降車ボタンを押し、中央か後ろのドアから降りる。車内での現金払いはできないので注意。

民営バスの車体

●**こんなときに便利**

カバタシュ→オルタキョイ（路線多数、オルタキョイ下車）

エミノニュ→カーリエ博物館（37EでエディルネカプEdirnekapı下車）

エミノニュ→イェディクレ（BN1でイェディクレ・サヒールYedikule Sahil下車）

使えるチケット

メトロビュス Metrobüs

メトロビュスのゼイティンブルヌ停留所

●**路線**　バスと似た車体で、道路に専用レーンがあり、専用軌道を走る。おもに環状道路Çevre Yoluを走る。YHTのターミナルでもあるソユトリュチェシメSöğütlüçeşmeが始発で、7月15日殉教者の橋を渡り、新市街のズィンジルリクユZincirlikuyu、金角湾やゼイティンブルヌを経てベイリッキデュズュ Beylikdüzüまでを約90分で結ぶ。

●**料金**　1回券5TL、イスタンブールカード1.95～3.85TL

降車後に機械にカードをタッチするとキャッシュバックできる

読者投稿　カーリエ博物館に行くのにメトロビュスに乗ってみましたが、乗り場は幹線道路のど真ん中にあり、渋滞知らずです。（東京都　松田和佳子　'17 秋）

現金のみ

一部地域を除き、黄色い車体

バックミラー内蔵型のタクシーメーター

車体に書かれたタクシー番号

タクシー Taksi

●料金

タクシーは初乗りが6TL(2019年6月現在)と日本に比べたらずっと安い。2~3人なら公共交通機関より安上がりな場合も。かなり小刻みにメーターは上がる。運転手がおつり用に小額のお金を持っていることは稀なので、小銭を用意しておこう。支払いは現金のみ。

●注意したいトラブル

慣れない旅行者相手だと、なかにはメーターを倒さずに前の人の料金に上乗せしたり、遠回りをしたり、チップを要求したりする悪い運転手もいる。遠回りされてもわからないのは仕方ないが、メーターの確認だけは必ずすること。観光地で客待ちをしているようなタクシーは要注意だ。

●ミラー型の新型メーター

バックミラーの中に料金が表示されるタイプのメーターを使用する車が増えている。ニセのメーターというわけではないので覚えておこう。

●こんなときに便利

深夜に空港に着いたとき
金角湾や城壁周辺の見どころを回るとき

乗り換えガイド

	イスタンブール空港まで	オトガルまで	スルタンアフメットまで
イスタンブール空港から	**イスタンブール空港の最寄駅** 空港バスのハワイストist-9で約75分の**Hacıosman**(メトロM2)	空港バスのハワイストist-3で約75分	空港バスのハワイストist-1Sで約110分
オトガル(長距離バスターミナル)**から**	空港バスのハワイストist-3で約75分	**オトガルの最寄駅 Otogar**(メトロM1)	Otogar駅からYenikapı駅までメトロで17分。マルマライに乗り換えてSirkeci駅まで約10分
スルタンアフメットから	空港バスのハワイストist-1Sで約110分	Sultanahmet駅からトラムでYusufpaşa駅まで10分。Aksaray駅でメトロに乗り換えてOtogar駅まで約15分	**スルタンアフメットの最寄駅 Sultanahmet**(トラムT1)、**Sirkeci**(マルマライ)
グランドバザールから	Beyazıt-Kapalıçarşı駅からSultanahmet駅までトラムで5分。空港バスのハワイストist-1Sで約110分	Beyazıt-Kapalıçarşı駅からYusufpaşa駅まで6分。Aksaray駅でM1A線に乗り換えてOtogar駅まで約15分	Beyazıt-Kapalıçarşı駅からSultanahmet駅までトラムで3分。徒歩の場合、約15分
エミノニュから	空港バスのハワイストist-1Sで約110分	Eminönü駅からSirkeci駅まで2分。徒歩5分。マルマライに乗り、Yenikapıへ5分。M1線でOtogar駅まで17分	Eminönü駅からSultanahmet駅までトラムで6分。徒歩の場合約20分
タクスィム広場から	Taksim Point Hotel横のバス停から空港バスのハワイストist-19で約95分	830(オー)のバスで約1時間。毎時3便程度の運行。	Taksim駅からKabataş駅までフニキュレルで1分。トラムに乗り換えSultanahmet駅まで16分
カドゥキョイから	空港バスのハワイストist-7で約90分	M4線　でAyrılık Çeşmesi駅まで行きマルマライへ、Yenikapı駅でM1A線に乗り換えて合計約45分	M4線　でAyrılık Çeşmesi駅へ。マルマライに乗り次いで、Sirkeci駅で下車。合計約15分

ハワイストHavaistのバスで空港に行く場合、所要時間やチェックイン等も考慮に入れて出発時刻から4~5時間前のバスに乗ると安心。(編集室)

現金のみ

ドルムシュ、ミニバス Dolmuş, Minibüs

アジア側や住宅地などではドルムシュが市民の足

ドルムシュ

●ドルムシュとは
ワンボックスカーを改造した、行き先と路線の決まった乗合自動車のこと。ドアはほとんどが自動開閉式。

●路線　路線はいろいろあるが、アクサライやタクスィムに発着する路線は便利。これらはいずれも黄色の車体だ。アジア側にも多くの路線があり、水色などさまざまな車体のドルムシュが活躍している。また、トプカプはミニビュス・ガラジュ（ミニバスのターミナル）になっており、郊外へ行くミニバスがたくさん出ている。

●乗り方　路線上なら停車禁止の場所を除いて、好きな場所で降りることができる。ただし、乗客が満員にならないと出発しない。行き先（起終点）の表示はフロントガラスに書かれていることが多い。

●料金　ルート上の料金は決まっており、車内に貼り出されていることも多い。乗ってから運転手に現金で支払う。

●こんなときに便利
ベシクタシュ～タクスィム広場路線
ユスキュダル～カドゥキョイ路線

	グランドバザールまで	エミノニュまで	タクスィム広場まで	カドゥキョイまで
	空港バスのハワイストist-1Sで終点まで約110分。Sultanahmet駅からBeyazıt-Kapalıçarşıトラムで5分。	空港バスのハワイストist-1Sで約110分	空港バスのハワイストist-19で約95分	空港バスのハワイストist-7で約90分
	Otogar駅からAksaray駅までメトロで15分。Yusufpaşa駅でトラムに乗り換えてBeyazıt-Kapalıçarşı駅まで6分	Otogar駅からYenikapı駅までメトロで17分。マルマライに乗り換えてSirkeci駅まで約10分	830（オー）のバスで約1時間。毎時3便程度の運行。	M1A線でYenikapı駅へ行き、マルマライに乗りAyrılık Çeşmesi駅へ、M4線に乗り換え合計約45分
	Sultanahmet駅からBeyazıt-Kapalıçarşı駅までトラムで3分。徒歩の場合、約15分	Sultanahmet駅からEminönü駅までトラムで7分。徒歩の場合約20分	Sultanahmet駅からKabataş駅までトラムで16分。フニキュレルに乗り換えてTaksim駅まで1分	マルマライでSirkeci駅からAyrılık Çeşmesi駅へトラムで10分。M4線に乗り換えて合計約15分
	グランドバザールの最寄駅 **Beyazıt-Kapalıçarşı** （トラムT1）	Beyazıt-Kapalıçarşı駅からEminönü駅までトラムで9分。徒歩の場合約35分	Beyazıt-Kapalıçarşı駅からKabataş駅までトラムで19分。フニキュレルに乗り換えてTaksim駅まで1分	Beyazıt-Kapalıçarşı駅からEminönü駅までトラムで9分。フェリーに乗り換えてKadıköyまで20分
	Eminönü駅からBeyazıt-Kapalıçarşıまでトラムで9分。徒歩の場合約35分	**エミノニュの最寄駅** **Eminönü** （トラムT1）	Eminönü駅からKabataş駅までトラムで10分。フニキュレルに乗り換えてTaksim駅まで1分	フェリーでKadıköyまで20分
	Taksim駅からKabataş駅までフニキュレルで1分。トラムに乗り換えBeyazıt-Kapalıçarşı駅まで19分	Taksim駅からKabataş駅までフニキュレルで1分。トラムに乗り換えEminönü駅まで約10分。46Çのバスもある。	**タクスィム広場の最寄駅** **Taksim** （フニキュレルF1、メトロM2）	Kabataş駅までフニキュレルで1分。フェリーに乗り換えてKadıköyまで約30分
	フェリーでEminönüまで20分。トラムに乗り換えてBeyazıt-Kapalıçarşı駅まで9分	フェリーでEminönüまで約20分	フェリーやモトルでカバタシュへ、ここからフニキュレルに乗り換え	**カドゥキョイの最寄り桟橋** **Kadıköy**（フェリー）

エミノニュとタクスィム広場を結ぶ46Çのバス（ÇAĞLAYAN - EMİNÖNÜ）は6:10～22:00（日曜6:15～22:05）の20～30分毎。渋滞があるとかなり時間がかかる。（編集室）

運航会社

ワプル Vapur（大型連絡船）

エミノニュの埠頭

●おもな埠頭　旧市街側のエミノニュ Eminönüをはじめ、新市街側のベシクタシュ Beşiktaş、カバタシュ Kabataş、アジア側のユスキュダルÜsküdar、カドゥキョイKadıköyなど

●料金

回数券、ジェトン、ボスポラス海峡クルーズ以外はイスタンブールカードで支払い可能

●運航会社

シェヒル・ハットラルŞehir Hatlar

URL www.sehirhatlari.com.tr

イスタンブール高速船İstanbul Deniz Otobüsleri（İDO）

URL www.ido.com.tr

●こんなときに便利

ボスポラス海峡クルーズ

アジア側〜ヨーロッパ側の行き来

カドゥキョイの埠頭

エミノニュ周辺の交通機関案内図

ワプル

シェヒル・ハットラル（市内フェリー）Şehir Hatları

デニズ・オトビュス

イスタンブール高速船 İDO

ブルサ高速船 BUDO

モトル

トゥルヨル Turyol

デントゥル Dentur

カバタシュ埠頭→Map P.130

ユスキュダル埠頭→Map P.120

カラキョイ駅（テュネル）Karaköy

トルコ海運 Türkiye Denizcilik İşletmesi

カラキョイ駅 Karaköy

地下道

トゥルヨル桟橋Turyol İskelesi（ユスキュダル、カドゥキョイ行き）

カラキョイ桟橋 Karaköy İskelesi（カドゥキョイ、エユップへ）

N

0　100m

ガラタ橋 P.160 Galata Köprüsü

金角湾 Haliç

トゥルヨル桟橋 Turyol İskelesi（ユスキュダル、カドゥキョイ行き ボスポラスクルーズ）

サバサンド屋台船 Balık Ekmek Tekneleri

市内バスターミナル

地下道

ボスポラス海峡行き桟橋（ボスポラスクルーズ） Bosphorus Cruises Pier

ヘザルフェン・アフメット・チェレビー桟橋（ユスキュダルへ） Hezarfen Ahmet Çelebi İskelesi

ジャムル桟橋（カドゥキョイへ） Camlı İskelesi

ブド・エミノニュ桟橋（ブルサへ） BUDO Eminonü İskelesi

P.161 リュステム・パシャ・ジャーミィ Rüstem Paşa Camii

エミノニュ駅 Eminönü

イェニ・ジャーミィ広場 Yeni Cami Meydanı

キャーティプ・チェレビー桟橋 Kâtip Çelebi İskelesi（書店、ギャラリー）

イド・スィルケジ桟橋 İDO Sirkeci İskelesi（ハレム・ガラジュへ）

P.197 Hamdi

Pandeli

Hasırcılar Cad.

イェニ・ジャーミィ P.160 Yeni Cami

横断歩道

歩道橋

P.161 エジプシャンバザール Mısır Çarşısı

Yalı Köşkü Cad.

Çiçek Pazarı Sok.

Legacy Ottoman

Hacı Bekir

Hamidiye Cad.—ハミディエ通り

Mimar Kemalettin Cad.

グランドバザールへ

Göksel Bijuteri

Büyük Postane Cad.

スィルケジ駅 Sirkeci

Orient Express

国鉄スィルケジ駅 TCDD Sirkeci Garı（マルマライ）

読者投稿　ビュユック島の港周辺はレストラン、カフェ、みやげ物屋がたくさんあり、とてもにぎやか。丘の上にある教会は外観は質素ですが、中は美しい装飾と絵画でうめつくされていました。（愛媛県　岸朋子　'16夏）

運航会社

デニズ・オトビュス Deniz Otobüsü(高速船)

●おもな埠頭　シーバスや海上バスの類で、料金は高いが、短い時間で各地を結ぶ。旧市街南岸のイェニカプYenikapıやカバタシュ、バクルキョイBakırköy、エミノニュ Eminönüなど。詳細は→P.84。

●料金　現金、イスタンブールカード、クレジットカードでの支払い可

●運航会社

イスタンブール高速船（İDO）　URL www.ido.com.tr

ブルサ高速船（BUDO）　URL budo.burulas.com.tr

İDOの埠頭

運航会社

モトルMotor(乗合水上バス)

●おもな埠頭　トゥルヨルTuryol、デントゥルDenturなどの会社が運航している。ワプルよりも早い。

●おもな路線　エミノニュ～カラキョイ～ユスキュダル、エミノニュ～カドゥキョイ（5TL）など。ボスポラス海峡クルーズ（20～25TL）を催行する会社もある。

●料金　現金、ボスポラス海峡クルーズ以外はイスタンブールカード使用可

●運航会社

トゥルヨルTuryol　URL www.turyol.com

デントゥルDentur　URL www.denturavrasya.com

トゥルヨル社の船

イスタンブールのおもな航路

2019年夏のスケジュール
所要時間は目安

エミノニュ～ユスキュダル

運航　月～土6:50～23:50の20～30分に1便
日・祝7:30～23:50の20～30分に1便

所要　15分　運賃　2.70TL(回数券1回分)

ヘザルフェン・アフメット・チェレビー桟橋発

カラキョイ～エユップ（金角湾路線）

運航　月～土7:45～21:00の1時間に1便程度
日10:45～20:00の1時間に1便程度

所要　35分　運賃　2.60TL(回数券1回分)

ユスキュダルを出発し、カラキョイを経由して金角湾をエユップEyüpまで、数ヵ所に寄りながら行く。ミニアトゥルクに行くときにはスュトリュジェ Sütlüce（所要30分）下船が便利。カラキョイからエユップまで40分。

ベシクタシュ～カドゥキョイ

運航　7:15（土7:45、日8:15）～23:45の1時間に2便程度

所要　20分　運賃　2.95TL(回数券1回分)

エミノニュ～サルイェル

運航　月～金11:00～20:00の45分～1時間に1便
土・日運休

所要　1時間20分　運賃　2.60TL(回数券1回分)

エミノニュ～カドゥキョイ

運航　月～金7:35（土7:45）～翌0:50の20～30分に1便
日7:45～翌1:05の20～30分に1便

所要　30分　運賃　3TL(回数券1回分)

エヴリヤ・チェレビー桟橋発。朝夕は混み合う。

スィルケジ～ハレム

運航　月～土5:30～23:00の随時
日・祝7:00～22:00の随時

所要　20分　運賃　2.60TL(回数券1回分)

イド・ハレム桟橋発。車も乗船可能。下船すると目の前がハレムの長距離バスターミナル。

カバタシュ～プリンスィズ諸島

運航　7:30～24:00の30分～2時間に1便

所要　2時間

運賃　5.20TL(回数券3回分)

トラムヴァイのカバタシュ駅前の埠頭からエミノニュ、カドゥキョイを経由し、マルマラ海に浮かぶ島々まで行く船が出る（多くはエミノニュ始発）。クナル島Kınalada、ブルガズ島Burgaz Adası、ヘイベリ島Heybeliada、ビュユック島Büyükadaの順に寄港する。クナル島まで約50分、ビュユック島までは1時間50分。なお、ボスタンジュBostancıからも高速船がある。

※イェニカプ発ヤロワ行き、ブルサ行きなどの高速船→P.84、ボスポラス海峡クルーズ→P.172

ボスポラス海峡路線で立ち寄るイェニキョイの桟橋には1949年創業のレストランが併設されており、沈み行く夕日を眺めながらのディナーは人気。（編集室）

■日本円の両替
日本円の現金の両替は、イスタンブール市内ならほとんどの銀行や両替所で可能。ただし、銀行の場合、日本円の紙幣に不慣れな人がいると確認に時間がかかることもある。

■スルタンアフメットのⓘ
Map P.99C3
住Divan Yolu Cad. No.5
TEL(0212)518 1802
開夏期9:30〜18:00
冬期9:00〜17:30 休無休

■スィルケジ駅のⓘ
Map P.99C1
住Sirkeci Garı
TEL(0212)511 5888
開夏期9:30〜18:00
冬期9:00〜17:30 休無休

■タクスィム広場近くのⓘ
Map P.103C2
住Mete Cad. No.6
TEL(0212)233 0592
開9:30〜16:30 休日

■M.T.İ. Travel
住Merkez Mah., Seçkin Sok. Dap Vadisi Z Ofis No.2-4A K:3 D:273, Kağıthane
TEL(0212)327 2393
FAX(0212)327 2387
URLwww.cityofsultans.com
Mailjapan@mtitour.com
カッパドキアのユルギュップに本社があり、さまざまなツアーが手配可能。日本人スタッフ常駐。

◆両替・郵便・電話

イスタンブール空港にある銀行

●両替　スルタンアフメットやグランドバザール、スィルケジ駅周辺、イスティクラール通りなどには私設の両替商がある。レートはグランドバザールの中にある両替商が市場と連動しておりよい。銀行に比べ手数料を取らないし、作業も早く、手軽に利用できる。

●ATM　銀行の前や観光施設の近くなど、イスタンブール各地にATMが点在している。クレジットカードを利用したキャッシング（借り入れ）ならば、24時間利用可能。

旅行者の利用も多いスィルケジの中央郵便局の内部

●郵便　PTTと書かれた看板が目印。イスタンブールの中央郵便局はスィルケジにある。24時間営業しているが、平日の8:00〜12:00、12:30〜16:00以外の時間帯は、業務がかなり限られてくるので、なるべくこの時間帯を利用するようにしよう。また、イスティクラール通りのガラタサライ高校横、アヤソフィア前の広場にも小さなブースが出ている。

●電話　PTTは電話業務も兼ねており、テレホンカードを販売している。通話料金の安いプリペイド式国際電話カードがおすすめ。最近は公衆電話は減っているが、すべての公衆電話から国際電話をかけることが可能。

●インターネット　ほとんどのホテルで無線LANが利用可能。カフェやレストランでも無料で使えるところが多い。お店のスタッフにパスワード（トルコ語でシフレŞifre）を聞いてみよう。

◆旅の情報収集

●観光案内所　スルタンアフメットなどにはⓘがあり、ひととおりの情報は揃う。市内地図をはじめ、トルコ各地のパンフレットなども置いている。ホテルの紹介は印刷物の配布のみ。

 スルタンアフメット地区の客引き 

トラムヴァイのスルタンアフメット駅やスルタンアフメット・ジャーミィ、アヤソフィアの周辺で英語や日本語でフレンドリーに声を掛けてくる人はまず客引きとみて間違いない。

「あなたが泊まろうとしているホテルは満室。同じ系列のよいホテルに連れていこう」とか「日本とトルコの友好の証にお店で一杯チャイをごちそうさせてほしい」などと言葉巧みに連れていき、相場以上の高額でツアーや絨毯を売りつけるキャッチセールスだ。

客引きのなかには、「イスタンブールを案内させてほしい」と無償でガイド役を買って出ることもあるが、これは旅行者に余計な情報（ツアーの相場など）を与えず、監視するための術。

日本語を解する客引きがわざと英語で話しかけ、こちらの反応をうかがうという手口も多い。客引きは日本人のメンタリティに通じ、駆け引きに長けている。少しでも心を許せばずるずると店に連れて行かれてしまうので、毅然とした態度で「NO」とハッキリ断ることが何よりも大切だ。

読者投稿　イスタンブールではアヤソフィア前で声をかけられやすい。なかば強引にガイド役を買ってでてくるため不要な場合はしっかり断らないといけない。（大阪府　あられ　'19春）

予約や仲介といった業務は行っていないが、簡単な観光相談ならば対応してくれる。

スルタンアフメットの**i**

◆イスタンブール発のツアー

●天井知らずのツアー料金　イスタンブールは、トルコに来る外国人がたいてい初めて訪れる場所、ということで「**相場を知らないうちに高い値段で売ってしまおう**」という商売が成り立つところ。他の店で相場を調べることができないようにずっとつきまとったり店から出られないようにしたりすることも。特にこのような**悪徳店や客引きはスルタンアフメット付近によく出没し**「英語もろくに話せないあなたが自分の足で歩けるはずはない。バスは満席、ホテルも満室。ツアーでなければ行くことはできない」などと言葉巧みに不安を煽ってくるだろう。しかし断言しよう。**絶対にそんなことはない**。交通網が発達しているトルコでは、オトガルに行ってバス会社の人に目的地を言えば、どこにだって行くことができる。例えば、見どころが散らばっているカッパドキアにしても、なにもイスタンブールからツアーに参加しなくても、ギョレメやユルギュップなどで現地発着ツアーにその日の朝に飛び込みでも参加できるのが一般的。

イスタンブールからのツアーにはカッパドキアまでのバスやホテルがプラスされるわけだが、これが質も料金も千差万別でトラブルの元。洞窟ホテルと言われれたのに何の風情もない安いホテルだったということもよくある話。

ツアーに参加することに決めたなら、**何軒か回って情報を集め、十分に比較検討したうえで決めること**だ。この労力を絶対に惜しんではならない。大きなお金が動くのだから、細心の注意が必要なのだ。

Information

カッパドキアツアーを自分で手配した場合の目安

イスタンブール発のツアーは日本の団体ツアーのような形式ではなく、個人手配の代行になることが多い。たまたま同時に手配した人と一緒になるというだけのこと。手配の内容は①イスタンブール→カッパドキアのバス、②カッパドキアでの宿泊1泊、③カッパドキアでの2日分のツアーの3点が基本。そのほかのバスチケットや気球ツアーなどは手配を忘れられることもあるので念入りに確認したい。

①イスタンブール→カッパドキアのバス　約25€

②宿泊費（ギョレメのペンションなど）　1泊25〜35€

③現地ツアー2日分（ガイド付きグループツアー）　1日30〜45€

ホテルのランクなどにより上下するが100€前後でも手配可能

ビッグバス社の市内観光バス

イスタンブール市内観光バス

イスタンブール市交通局の観光客向け路線　URL www.iett.gov.tr

出発場所:スルタンアフメット広場　料24時間券30€（有効期間内乗り降り自由）

TB1（9:00〜19:00の2時間毎）

スルタンアフメット広場→エミノニュ埠頭→ドルマバフチェ宮殿→エユップ→ミニアトゥルク→トプハーネ→エミノニュ→スルタンアフメット広場

TB2（9:00〜17:00の毎時、19:00、19:30、20:00、20:30）

スルタンアフメット広場→エミノニュ埠頭→ドルマバフチェ宮殿→ベシクタシュ→7月15日殉教者の橋→チャムルジャ→7月15日殉教者の橋→テペバシュ→エミノニュ→スルタンアフメット広場

ビッグバスBig Bus Tours　TEL (0212)283 1396　URL www.bigbustours.com

7月15日殉教者の橋を渡ってベイレルベイ宮殿で折り返すレッドルートと金角湾沿いに行くブルールートの2種類がある。

出発場所:スルタンアフメット広場　料24時間券50€（有効期間内乗り降り自由）

レッドルート（4〜9月9:00〜18:30の20分毎、3･10月9:00〜18:00の30分毎、11〜2月9:00〜17:00の30分毎）

スルタンアフメット広場→エミノニュ埠頭→トプハーネ→ドルマバフチェ宮殿→7月15日殉教者の橋→ベイレルベイ宮殿→タクスィム広場→アタテュルク橋→エジプシャンバザール→海岸通り→スルタンアフメット広場

ブルールート（4〜9月9:15〜18:15の30分毎、3･10月9:00〜17:45の30分毎、11〜2月9:00〜16:15の1時間毎）

スルタンアフメット広場→エミノニュ埠頭→コンスタンティノープル世界総主教座→エユップ→ミニアトゥルク→コチ博物館→エジプシャンバザール→海岸通り→スルタンアフメット広場

2016年7月15日のクーデターが未遂に終わったことを記念し、ボスポラス大橋やエセンレルのオトガルなど数ヵ所が、7月15日殉教者（オンベシ・テンムズ・シェヒットレル）という名称になった。（編集室）

エリア別

イスタンブール 見どころガイド

1600年にわたって首都として栄えたイスタンブールには多くの人を惹きつける歴史的見どころがたくさんある。本書では回りやすいように地区別に掲載した。合わせて見学時間の目安も記したので参考にしてほしい。

金角湾周辺

P.166~167

金角湾は旧市街と新市街を隔てる細長い入江。旧市街側には眺めのよいピエール・ロティのチャイハーネ P.166や、巡礼地としてにぎわうエユップ・スルタン・ジャーミィ P.166がある。新市街側の沿岸にはコチ博物館 P.167やミニアトゥルク P.167といった見どころが点在している。沿岸を行くフェリー P.137やバスが移動手段。いずれも本数はあまり多くないのでタクシーでの移動が便利。

ピエール・ロティのチャイハーネ

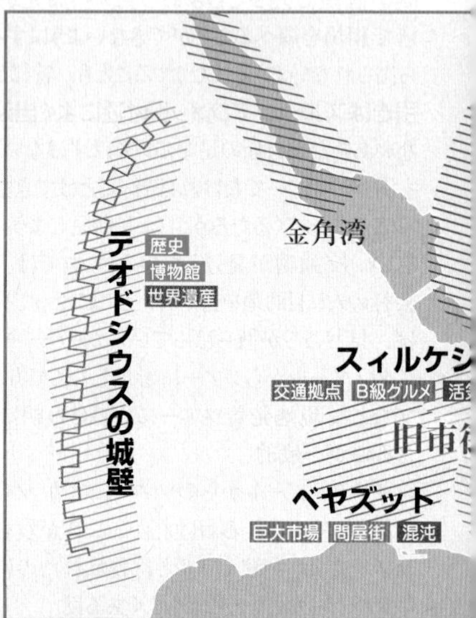

テオドシウスの城壁周辺

P.168~169

テオドシウスの城壁は金角湾からイェディクレ P.168まで約5.7kmにわたって旧市街を囲む堅固な城壁。エディルネカプ(Map P.116B1)やトプカプ(Map P.116A3)などの城門があり、きれいに修復されている箇所もある。城壁近くではカーリエ博物館 P.168の壁画は一見の価値がある。市内観光バス P.139なら城壁沿いを車窓から観光できて便利。

カーリエ博物館のモザイク画

ベヤズット地区

P.155~159

ベヤズットは、スルタンアフメットの西に隣接する地区。トラムヴァイT1線で1~3駅の範囲だから、スルタンアフメットから徒歩でも回れる。この地区では何といってもグランドバザール P.155が見逃せない。ほかにもグランドバザールの周辺にはエミノニュまで続く問屋街やミマール・スィナンの傑作、スュレイマニエ・ジャーミィ P.159も見応えがある。

グランドバザールにあるランプの店

スィルケジ周辺

P.160~161

スィルケジは国鉄駅のある所。新市街と旧市街を結ぶガラタ橋 P.160があり、フェリーが発着するエミノニュ桟橋も近いため、たいへんにぎやか。スルタンアフメットの北に位置し、トラムヴァイT1線で行けるが徒歩圏内でもある。乾物や香辛料を扱う店が並ぶエジプシャンバザール P.161を散策したり、エミノニュ桟橋のB級グルメ、サバサンド P.91⑭はぜひ食べてみたい。

ガラタ橋下のレストラン街

読者投稿 スルタンと妃の格好をして撮影できるスタジオがあって面白いです。1枚600～700円ですが、データすべてで6000円などと売り込んできます。79枚もポーズを変えて撮られました!(神奈川県 えいこ '18夏

新市街 P.162～165

新市街は、ガラタ橋以北の広い範囲を掲載している。メトロM2線やトラムヴァイT1線のほか、バスやドルムシュも活用して効率よく回ろう。旧市街やボスポラス海峡を一望の下にできるガラタ塔P.163や豪華絢爛な装飾が見応えあるドルマバフチェ宮殿P.165、軍楽隊の演奏で有名な軍事博物館P.164などがおもな見どころ。

ショッピングや散策なら、イスティクラール通りP.162やメトロM2線オスマンベイ駅近くのニシャンタシュやテシヴィキエP.205はセレクトショップや雰囲気のいいカフェが多いハイセンスエリアだ。

イスティクラール通り

ボスポラス海峡周辺 P.172～174

マルマラ海と黒海を結び、アジアとヨーロッパを分けるボスポラス海峡は海峡クルーズ船P.172などがおもな交通手段。両大陸を結ぶ7月15日殉教者の橋P.173をはじめ、海から眺めるオルタキョイ・メジディエ・ジャーミィP.164も絵になる風景だ。沿岸を行くバスに乗れば海峡を見渡せる城塞のルメリ・ヒサルP.173へも行くことができる。プリンスィズ諸島P.174はマルマラ海の沖合に浮かぶ島々。ギリシア教会などが残り、ゆったりとした時間が流れている。

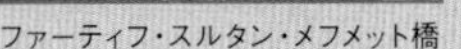
ファーティフ・スルタン・メフメット橋

ボスポラス海峡クルーズ

スルタンアフメット地区 P.142～154

スルタンアフメットは、旧市街の歴史地区の中心。イスタンブール観光のハイライトでもあるスルタンアフメット・ジャーミィP.146、アヤソフィアP.148、トプカプ宮殿P.142、地下宮殿P.150など主要な見どころがめじろ押し。この地区だけで最低でも丸1日は欲しい。アヤソフィアを中心に半径500mのエリアに点在しており、十分徒歩で回れる。言葉巧みに旅行者に付け入る客引きには注意しよう。ちなみに見どころはトプカプ宮殿は火曜休館なのでプランを立てるときに覚えておこう。

トプカプ宮殿の送迎門

スルタンアフメット・ジャーミィ

アジア側 P.170～171

アジア側にも興味深い見どころがある。フェリーやマルマライで行くことができる。ユスキュダルP.170は伝統家屋が残る、昔ながらの住宅地。カドゥキョイP.170は骨董品店街や老舗のレストランなどがある、イスタンブール有数の繁華街。クズグンジュックP.170もちょっとした散策にぴったりの下町だ。郊外には大型ショッピングモールが点在している。

カドゥキョイの埠頭近く

読者投稿　カドゥキョイの町はいい雰囲気。トンビリという銅像になった地域猫がいます。町の人々が犬や猫を世話しています。人懐っこい動物たちが人々と共存していてうらやましくなりました。（東京都　松田和佳子　'17秋）

Information

ミュージアムパス

トプカプ宮殿（ハレムとアヤ・イリニを含む）、アヤソフィア（博物館）、イスタンブール考古学博物館、トルコ・イスラーム美術博物館、大宮殿モザイク博物館、ガラタ・メヴラーナ博物館、カーリエ博物館にそれぞれ1回のみ入場可能なチケット。上記の博物館で購入可能。乙女の塔、一部のハマムなどで割引特典あり。

URL muze.gov.tr/museumpass

料185TL(5日間有効)

宮殿入口のチケット売り場。各施設の開館時間もここでわかる

■トプカプ宮殿

TEL(0212)512 0480

URL www.topkapisarayi.gov.tr

開夏期9:00～18:45
冬期9:00～16:45
（ハレムのみ～16:00）　休火

料60TL　ハレム35TL
音声ガイドは各20TL。借りる時にパスポートなどのIDを預ける。
※ハレムのチケットは宮殿内部で購入する。

宝物館など撮影不可

内部不可

皇帝門の前にあるのが1728年建造のアフメット3世の泉

日本語対応の音声ガイドも有料で貸し出している

スルタンアフメット地区　見学時間の目安 **3時間**

3大陸を制したスルタンの栄華を今に伝える

トプカプ宮殿

Map P.99 D1～D2

Topkapı Sarayı トプカプ・サラユ

トプカプ宮殿は、オスマン朝の支配者の居城として400年もの間、政治や文化の中心であった。その秘宝は膨大だ。

トプカプ宮殿は、マルマラ海を眼前に、ボスポラス海峡をも望む小高い丘に建てられている。15世紀の半ばから20世紀初頭にかけて、強大な権力をもっていた**オスマン朝の支配者の居城**として建設された。

荷物検査を終えた所に模型があり、宮殿全体を把握できる

金角湾を隔てた新市街側から眺めると、トプカプ宮殿が重要な位置に建てられていることが手に取るようにわかる。

3方を海に囲まれた丘の端、東西交易の接点であるボスポラス海峡をにらむように宮殿は建つ。そしてかつてここに大砲が設置されていたことからトプ（大砲）カプ（門）サライ（宮殿）と呼ばれるようになったという逸話がある。

1453年にイスタンブールを陥落させた**メフメット2世**は、1460年代に現在の位置にトプカプ宮殿を着工。その後、さまざまなスルタンが当時の建築様式に従って増築を重ね、現在のようなスタイルとなった。約70万㎡という広大な敷地をもつ宮殿は、それ自体ひとつの町となっており、1856年に**ドルマバフチェ宮殿**ができるまで、ここはウィーン付近から黒海、アラビア半島、果ては北アフリカまでを支配した**オスマン朝の中心地**として栄えていた。敷地内には議会やスルタンの居室はもとより、側室の女性たちの部屋も備えた**ハレム**もある。

皇帝の門と中庭（トプカプ宮殿）

Map P.99D2～D3

Bâb-ı Hümâyûn / Avlular バーブ・ヒュマユーン／アウルラル

入口はアヤソフィア裏側に1478年に建てられた**皇帝の門**。かつては2階建てでかなりの大きさを誇っていたという。この門を

威風堂々とした風格がある送迎の門

読者投稿　アヤソフィアやトプカプ宮殿は昼過ぎには大混雑するので朝一番に行くのがおすすめ。また、トプカプ宮殿の時計展示室、武器庫、スルタンの肖像画の部屋は撮影禁止です。（東京都　アリフマクスーラ　'19春）

くぐった所が**第1庭園**となっている。第1庭園にはビザンツ時代に最初の建物が建立された教会**アヤ・イリニ**もある。さらに庭園を真っすぐ進み、右側にあるチケット売り場で入場券を買ったら、いよいよ送迎門をくぐる。8角形の塔を左右に置いた独特の形をしたこの門には、クルアーンの一節が刻まれている。

第2庭園は芝生と花壇が手入れされて、周りを取り囲むように建物がある。入口を背に左奥が**ハレム**、右側に**厨房**がある。厨房は**東洋陶磁展示館**となっており、日本の古伊万里も収蔵している。

ハレム（トプカプ宮殿）

Map P.144

Harem ハレム

アラビア語のハラム（＝聖域）やハラーム（＝禁じられた）を語源とするハレムは、トプカプ宮殿の最大の見どころのひとつであり、別の博物館として扱われている。

入口を入るとまず宦官の部屋。宦官の多くはエジプトから差し出された黒人のヌビア出身者で、彼らの任務はおもにハレム（女性の部屋）の警備だった。宦官長はスルタンの好みの女性を買ってきたりもしたらしい。とはいってもイスラームの掟により、女たちと顔を会わすことはほとんどなかった。食事も2重のドア越しに運ばれ、片方から差し出された食事は、もう片方のドアから取り出す仕組み。こうした2重ドアの部屋が今でも残っている。

女たちの部屋は、スルタンの母（ヴァーリデ・スルタンValide Sultan）が住む所、1番目から4番目の妻（最初に男子を産んだ

宮殿最初の門、皇帝の門

■アヤ・イリニ（博物館）

6世紀、ユスティニアヌス帝の時代に建てられた。2014年から公開が始まったが、壁画などはほとんど残っていない。その音響のよさからコンサートホールとしても利用されている。チケットはトプカプ宮殿のものとは別に必要。

URL www.topkapisarayi.gov.tr
開 夏期9:00〜19:00
　冬期8:00〜17:00　休 火
料 20TL　内部不可

■東洋陶磁展示館

展示の中心は中国の陶磁器で、収蔵点数は1万点を超える。リニューアル以降、宝物館同様点数を絞って展示している。

■ハレム

夏のシーズンなどはチケット売り場に行列ができることもある。できれば開館と同時か、午前中に行くのが理想的。ミュージアムパス（P.142欄外）でも入場可能。

Information イスタンブールの歴史

イスタンブールは、ローマ、ビザンツ帝国にオスマン朝、合わせて122人の最高権力者が手にした都市。その間ざっと1600年。日本では弥生時代から大正時代にあたる。

紀元330年5月11日、ローマ帝国のコンスタンティヌス大帝は都をローマからビザンティオンに移し、ここを「新ローマ」と名付け、帝国の東半分の首都とした。後世の歴史家たちはこの東のローマ帝国を、古都の名にちなんで「ビザンツ帝国」と呼ぶようになった。

コンスタンティノープルは、最盛期には長安やバグダードと並んで、世界最大の都市のひとつであった。コンスタンティノープルはキリスト教の中心地として、シルクロードの終着駅として、繁栄の極みに達した。

繁栄している都は誰からも羨望のまなざしで見られる。あらゆる方面からの攻撃に遭った都は、1204年4月6日、第4回十字軍の前に陥落する。ビザンツ側は約60年後に奪還するが、帝国の弱体化は否めず、1453年5月29日、オスマン朝スルタン、メフメット2世の軍勢がコンスタンティノープルになだれ込んだ。

コンスタンティノープルを首都としたオスマン朝は、町に繁栄を取り戻した。再び世界最大級の都市となった繁栄ぶりは、トプカプ宮殿を見るだけでもわかる。

だが、さしものオスマン朝も、ビザンツ帝国と同じように後退に次ぐ後退を迫られる日がやってくる。第1次世界大戦とともに登場した英雄ムスタファ・ケマルを中心とする大国民議会は、1923年10月13日、アンカラを首都とする憲法改正案を採択、ここにイスタンブールが首都である時代は終わった。できごとが起こった日付まではっきりと記録されているこの町は、歴史の主役であり続けたということを示しているといえるだろう。

イスタンブールという名称は古くから使われていたが、正式な呼称として定まったのは、実は首都の座を降りた1923年の共和国建国後。それまではコスタンティニーエと呼ばれることが多かった。（編集室）

ハレムの入口

順）が住む所、その他大勢の住む所に分かれている。4人の妻たちは自分の住まいと召使いをもち、優雅な生活が保障されていたという。

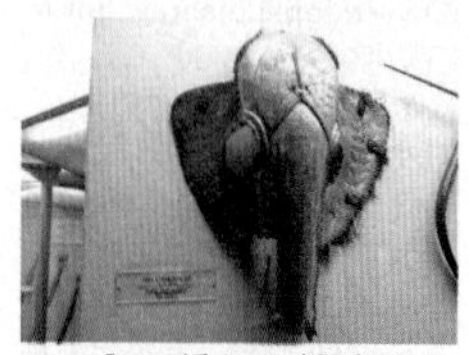
ハレム入口の近くには武器庫がある

■トプカプ宮殿内の修復作業
2019年5月現在、トプカプ宮殿内の宝物館全体やハレムの一部などは修復のため閉鎖されている。再開時期は未定。

ハレムには中国陶器なども置かれた大広間**皇帝の間**や、鮮やかなイズニックタイル装飾の美しさでは随一ともいえる**ムラト3世の間**、花と果実の絵を施した壁画がすばらしい果物の間として知られる**アフメット3世の食堂**などもある。

またハレムの前にある四角柱の建物は、**正義の塔**と呼ばれるもの。市街の監視や外敵を発見するために使われていた。

スルタンの私室（トプカプ宮殿）

Map P.144

Has Oda ハス・オダ

第3庭園の北側にある。全4室からなり、壁は最高級のイズニックタイルで覆われている。ここではセリム1世がイスラームの聖地メッカ、メディナ（現サウジアラビア）を保護下に置いた1517年から、19世紀末にかけて段階的に集められた**イスラーム関連の宝物**が展示されている。

おもな展示品は、預言者ムハンマドのヒゲや剣といった聖遺物、メッカのカーバ神殿の鍵や、黒石を保護するための金属製の覆いなど。オスマン朝のスルタンは、イスラームの最高権威カリフを兼ねていただけあり、貴重な品が並ぶ。

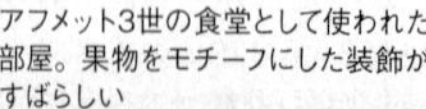
アフメット3世の食堂として使われた部屋。果物をモチーフにした装飾がすばらしい

ハレム内にある皇帝の間

ハレムといえば日本の大奥のようなイメージがあるが、奴隷の身分からスュレイマン大帝の后となったヒュッレム・スルタンなどを輩出したりと、オスマン朝史において政治との関りも深い。（編集室）

謁見の間（トプカプ宮殿）
Map P.144

Arz Odası アルズ・オダス

第3庭園のハレムの出口を出た所にある、幸福の門を入ってすぐ目の前の建物。謁見の間ができた当初、ここに週に4日、スルタンと高官、将軍などが集まっていた。ただし、スルタンが出席していたのはごく初期の頃だけ、日を追って**王の眼**と呼ばれた小窓から中をのぞくだけとなった。

宝物館（トプカプ宮殿）
Map P.144

Hâzine Odası ハーズィネ・オダス

第3庭園の南側に財宝や衣装などを集めた**宝物館**がある。2001年に改装され、4つの部屋にテーマごとに展示品数を190点に絞って展示している。展示される宝物は第4の部屋の著名なものを除いて入れ替えられる。イスタンブールはオスマン朝時代になってから一度も侵略を受けていないので膨大な秘宝が略奪されることなく残った。

第4の部屋にある世界有数の大きさといわれる**スプーン屋のダイヤモンド**は、86カラットの大きなダイヤを49個のダイヤで取り囲み、ティアドロップ型に仕上げたまばゆい宝石。このダイヤモンドには数々の伝説が伝わるが、漁師がダイヤの原石をひろい、市場で3本のスプーンと交換したため、この名が付いたともいわれている。

第4の部屋にある3つの大きなエメラルドと時計が付いた**トプカプの短剣**は、往年の映画『トプカピ』の中でメリナ・メルクーリ演じる泥棒が盗み出すという設定にも使われた。また重さ3kgという**世界最大のエメラルド**は、深いグリーンが大層美しい。エメラルドはイスラーム世界で大切な宝石で、スルタンが競って集めたものだといわれている。

バーダット・キョシュキュ（トプカプ宮殿）
Map P.144

Bağdat Köşkü バーダット・キョシュキュ

第3庭園とチューリップ庭を抜けた、宮殿の奥にある**バーダット・キョシュキュ**は、内部のイズニックタイルが見事。また、テラスにある金色屋根の建物は**イフタリエ**といわれ、ラマザン月に1日の断食を終えて、夕刻の食事をする所である。ここから眺める金角湾やその向こうに見える新市街の様子は絶景だ。

スプーン屋のダイヤモンド

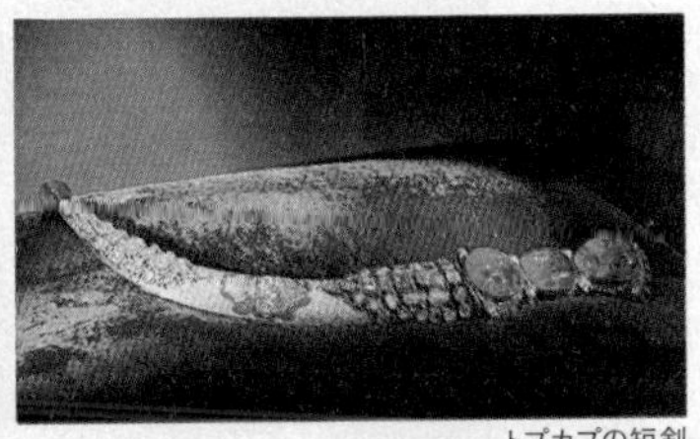

トプカプの短剣

謁見の間の建物

謁見の間は絨毯の展示室となっている

宝物館の展示室は第3庭園に面して4部屋並んでいる

宮殿内にあるレストラン、コンヤル。マルマラ海を眺めながら伝統的トルコ料理が楽しめる。メインの値段は高め

眺めのよいバーダット・キョシュキュ

ターバン飾り

宝物館で展示されるものはかなり頻繁に変わり、トプカプの短剣など展示の目玉ともいうべき著名な展示物も入れ替わることがある。（編集室）

■スルタンアフメット・ジャーミィ
☎0545 577 1899
開随時（1日5回の礼拝時の入場は控えること）。見学時間が張り出されていることもあるが、礼拝時間は1年を通じて少しずつ変わる（下表参照）。観光客は8:00～9:00頃から見学できる場合が多い。金曜の午前のみ、観光客は入場不可。
休無休　料寄付歓迎
◘礼拝時撮影不可
⚡内部不可

スルタンアフメット地区　見学時間の目安 **30分**

ブルーモスクの名で親しまれている

スルタンアフメット・ジャーミィ

Map P.99 C3～C4

Sultanahmet Camii スルタンアフメット・ジャーミィ

大きなドームと鉛筆型のミナーレをもつ、トルコを代表するイスラーム寺院。もちろん今も現役、信者が集う神聖な場だ。

スルタンアフメット・ジャーミィは、このあたりの地域名にもなっているとおり、旧市街の観光の中心。壮大なその姿はイスタンブールの象徴でもある。

スルタンアフメット・ジャーミィ
ミナーレ
入口（観光客用）
ミナーレ
ミナーレ
副ドーム
中庭
泉亭
副ドーム
大ドーム
副ドーム
正面入口
副ドーム
ミナーレ
ミナーレ
入口
ミナーレ

トルコのジャーミィは丸天井のドームと尖塔（ミナーレ）に特徴がある。スルタンアフメット・ジャーミィも例外ではなく、6本のミナーレと高さ43m、直径23.5mの大ドーム、4つの副ドーム、30の小ドームをもっている。6本ものミナーレをもつイスラーム寺院は世界でも珍しい。

ジャーミィは、スルタンアフメット1世の命を受け、ミマール・スィナンの弟子のメフメット・アー Mehmet Ağa

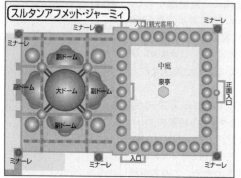

礼拝開始時間の目安

		朝	昼	午後	日没	夜
1月	1日	5:55	12:18	14:39	16:57	18:30
	15日	5:54	12:24	14:52	17:11	18:43
2月	1日	5:45	12:28	15:09	17:32	19:00
	15日	5:31	12:28	15:23	17:49	19:16
3月	1日	5:12	12:27	15:35	18:05	19:31
	15日	4:49	12:23	15:44	18:21	19:48
4月	1日	5:17	13:18	16:53	19:39	21:08
	15日	4:50	13:14	16:58	19:54	21:27
5月	1日	4:19	13:11	17:03	20:11	21:51
	15日	3:54	13:11	17:07	20:26	22:13
6月	1日	3:30	13:12	17:12	20:41	22:36
	15日	3:22	13:15	17:16	20:49	22:48
7月	1日	3:27	13:18	17:19	20:51	22:49
	15日	3:44	13:20	17:19	20:45	22:38
8月	1日	4:09	13:21	17:16	20:31	22:15
	15日	4:32	13:19	17:09	20:13	21:51
9月	1日	4:57	13:14	16:55	19:47	21:18
	15日	5:15	13:09	16:40	19:24	20:51
10月	1日	5:33	13:04	16:22	18:56	20:22
	15日	5:49	13:00	16:05	18:34	20:00
11月	1日	5:06	11:58	14:46	17:10	18:38
	15日	5:21	11:59	14:35	16:56	18:26
12月	1日	5:36	12:03	14:28	16:47	18:19
	15日	5:47	12:09	14:29	16:47	18:21

イスタンブールの目安時間。開始時間の前後20～30分は観光客の入場はできない

4つの副ドームの上に大ドームが載っている

読者投稿　ホテル・アルマダ Hotel Armada（Map P.119上B2）は部屋も清潔で居心地がよかった。屋上のテラスで朝食を食べられ、ブルーモスク、アヤソフィアを望むことができる。（神奈川県　KF　'17夏）

ドームに施された装飾は首が痛くなるほど見続けてしまう美しさ

の設計により1609年から7年半をかけて建造された。ミナーレの本数はジャーミィの格式を示すひとつの基準だが、スルタンアフメット・ジャーミィには6本ものミナーレがある。ジャーミィの完成当時、聖地メッカにあるハラム神殿（メスジディ・ハレム）と同じ6本になってしまったため、さすがに申し訳なく思ったスルタンアフメットはメッカのハラム神殿に7本目のミナーレを増築させメッカの面目を保った。

ガランとした広いフロアの上を見上げると、高い丸天井が独特の雰囲気を作り出している。またドームには260にものぼる小窓があり、ステンドグラスに差し込む光が館内を淡く照らす。

内壁を飾る、2万枚以上のイズニックタイルは青を主体とした非常に美しいもので、さまざまな文様を組み合わせているにもかかわらず、建物全体としてみると連続した美しさがある。そのため、このジャーミィはブルーモスクの愛称で広く親しまれている。2017年7月から修復工事に入っており、当初の計画通り進めば2021年にも工事が終わる予定。

ジャーミィの前には広い庭があり、手入れの行き届いた花壇にはいつも草花があり、記念撮影する観光客や市民の憩いの場となっている。

ライトアップされたジャーミィ

ミンベルと呼ばれる説教壇には細かい彫刻が施されている。段の最も高い所はムハンマドの場所とされ、説教をする人は階段の中ほどまでしか上らない

スルタンアフメット・ジャーミィ前の公園には噴水がある

スルタンアフメット地区　見学時間の目安 **10分**

スルタンアフメット1世廟

Map P.99C3

1. Sultanahmet Türbesi ビリンジ・スルタンアフメット・テュルベスィ

スルタンアフメット1世の棺

スルタンアフメット・ジャーミィの北側の建物は、スルタンアフメット1世が眠る墓所で1619年に完成した。淡い彩りのステンドグラスで飾られた廟では、ジャーミィが完成した翌年に亡くなったスルタンを中心に、家族らの墓が並んでいる。

■スルタンアフメット1世廟
開8:30～19:00
休月　料無料
内部不可

スルタンアフメット1世廟は改装中

スルタンアフメット1世廟の向かいにあるドイツの泉Alman Çeşmesiは、ドイツ皇帝ヴィルヘルム2世の2度目のイスタンブール訪問を記念して1901年に完成した。(編集室)

見学時間の目安 **1.5時間**

時代に翻弄されて幾たびもその姿を変えた

アヤソフィア（博物館）

Map P.99 C3〜D3

Ayasofya Müzesi アヤソフヤ・ミュゼスィ

ギリシア正教の大本山として君臨しながらも、後にイスラーム寺院に姿を変えた、イスタンブールを象徴する建物。

スルタンアフメット・ジャーミィとトプカプ宮殿の間に建つアヤソフィアは、**ビザンツ建築の最高傑作**とも評され、長い歴史のなか、さまざまな宗教に利用されながらも、トルコの歴史を体現してきた建築物だ。

西暦325年、**コンスタンティヌス1世**によりアヤソフィアのもととなる教会の建築が始まり、360年、コンスタンティヌス2世の時代になって完成した。その後、幾たびかの焼失を経て、537年、時の皇帝ユスティニアヌスの命を受け、6年近くの歳月をかけてビザンツ様式の大聖堂が完成。この後、ビザンツ帝国の時代が終わりを告げるまで、ギリシア正教の大本山としてあがめられていた。ギリシア語では**ハギア・ソフィア**という。

中庭に置かれたギリシア様式の円柱は、ユスティニアヌス帝が、アテネやエフェソスから運ばせたもの。直径31mの**大ドーム**の円屋根は、ロドス島で造られた軽いれんがでできている。皇帝は威信をかけて当時の最高技術を駆使し、その時代の最

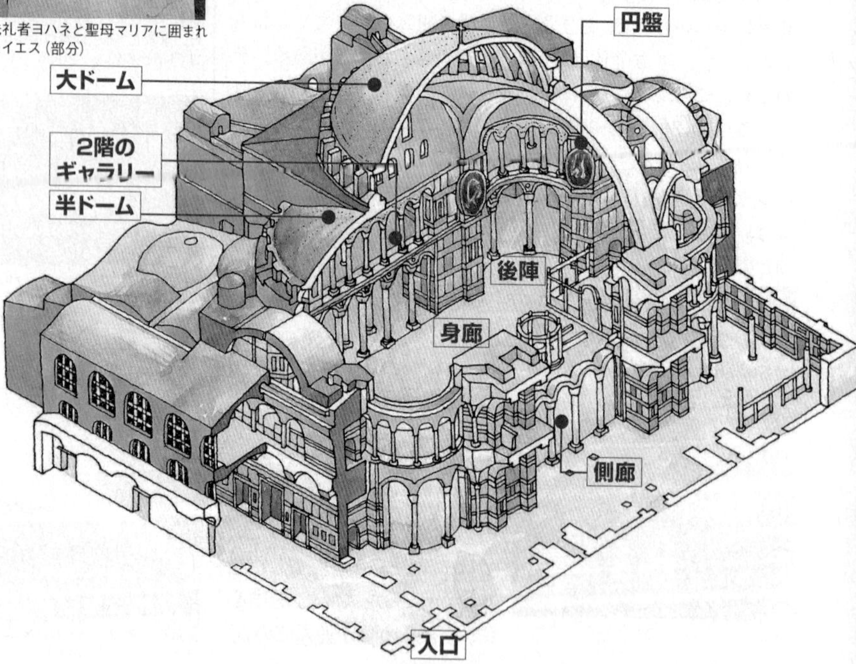

4本のミナーレは、別々のスルタンによって建立されたためデザインが異なる

■アヤソフィア（博物館）
TEL (0212) 522 1750
URL www.ayasofyamuzesi.gov.tr
開 夏期9:00〜19:00
冬期9:00〜17:00
最終入場は閉館の1時間前
休 月　料 60TL
一部不可

ヨアンネス2世と皇后イレーネがマリアとイエスに捧げ物をする聖画

洗礼者ヨハネと聖母マリアに囲まれたイエス（部分）

大ドーム
2階のギャラリー
半ドーム
円盤
後陣
身廊
側廊
入口

読者投稿　ビザンツ帝国0km地点を示すミリオン跡がアヤソフィアと地下宮殿入口の間ぐらいの場所にあります。ひっそりしていますが、そこがまたいい。（東京都　松田和佳子　'17秋）

大級の建物を造ったのだ。内部には、多数の**モザイク画**が残り、ビザンツ文化を象徴している。

1453年にコンスタンティノープルが陥落すると、当時のスルタン、メフメット2世により、聖堂は**ジャーミィ**に変えられ、メッカの方向を示す**ミフラーブ**などが加えられた。その後、1700年代には残されていたモザイクも漆喰で塗りつぶされ、20世紀に発見されるまで、日の目を見ることはなかった。

1931年、アメリカ人の調査隊により、壁の中のモザイク画が発見され、アヤソフィアはビザンツ時代の遺跡として再び脚光を浴び始める。機を見るに敏な初代大統領アタテュルクは翌年、ここを博物館として一般公開することを決定した。

聖堂内のモザイクは、損傷の激しいものも多い。比較的よい状態のものは、入口左側の傾斜した通路を上っていく上の階の回廊に多く残っている。南回廊に有名な聖母マリア、ヨハネとともに描かれたイエスのモザイクなどがある。また、歴代スルタンの廟も公開されている(入場無料)。

大ドームの中に掲げられている　黒に金のカリグラフィーの**円板**には、アッラーやムハンマドと4人のカリフなどの名が、またドームの内輪にはクルアーンの一節が見える。

Information

聖母マリアの手形

アヤソフィア内部には「聖母マリアの手形」といわれている柱がある。別名すすり泣く柱。柱のくぼみに指を入れたとき、水で濡れれば視力がよくなる、子宝に恵まれる、願い事がかなうなどといわれている。くぼみに親指を入れて、あとの4本指の指先で、柱から離すことなくぐるりと円を描けたら願いがかなうともいわれている。柱を保護するために付けた銅板もかなり擦り減っているから驚きだ。

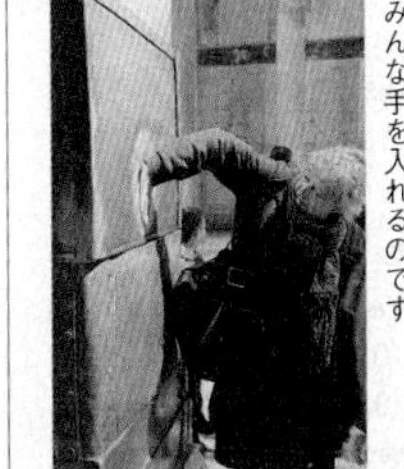

みんな手を入れるのです

円盤は右上からアリー（第4代カリフ)、フセイン（シーア派第3代イマーム)、ハサン（シーア派第2代イマーム)、ウスマーン（第3代カリフ)

読者投稿　アヤソフィアにグリとサビという2匹の兄妹猫がいます、どっちか見分けが付かないので、グリ、サビと、呼ぶと振り向きます。かわいいのでぜひ呼んでみて下さい。(在トルコ　おゆみ　'18夏)

スルタンアフメット地区　見学時間の目安 30分

地下宮殿

Map P.99C3

Yerebatan Sarnıcı イェレバタン・サルヌジュ

イスタンブールの旧市街では、地下の貯水池が数ヵ所発見されている。なかでもここの貯水池は、4世紀から6世紀、コンスタンティヌス帝からユスティニアヌス帝の時代に造られたものだといわれている。イェレYereとは「地に」、バタンbatanは「沈んだ」という意味のトルコ語だが、ここはまさに地下の大貯水池。ビザンツからオスマン朝時代にかけ、ここは周辺地域の主要な水がめとなっていた。水はアタテュルク大通りAtatürk Bul.にかかるヴァレンス水道橋からここへ引かれ、後にトプカプ宮殿のスルタンたちののども潤したという。全体は縦140m、横70m、高さ8mほどで、内部はコリント様式の柱で支えられている。当初はこの柱も28本の円柱が12列、合計336本あったが、南西側が19世紀末に型として塗りつぶされた際に、90本の柱がなくなっている。

メデューサの首は２体ある

今でも地面には水がたまる。発見されるまで、人々は地下宮殿の上に家を建て、床下に穴を開けては水を汲んだり、魚を釣っていたそうだ。宮殿の一番奥にはメドゥーサの顔が2体横たわる。巨大なメドゥーサの首も、1984年の大改修で底に残された2mに及ぶ泥が取り除かれ、初めて発見されたものだ。

スルタンアフメット地区　見学時間の目安 30分

ヒッポドローム

Map P.98B4～99C3

At Meydanı アトゥ・メイダヌ

スルタンアフメット・ジャーミィの西にある**ローマの大競技場跡**。かつてはここに縦500m、横117mのU字型競技場があり、戦車競技が行われていた。現在では「アトゥ・メイダヌ（馬の広場）」と呼ばれており、祝祭日には催し物が行われる。

この広場には3本の柱が建つ。一番北側にある高さ25.6mのレリーフを施された石柱は、テオドシウス1世のオベリスクと呼ばれ、はるかエジプトのカルナック神殿からローマ皇帝により運ばれたもの。もとは、古代エジプトのファラオ、トトメス3世がルクソールにあるカルナック神殿に建立したもののひとつだ。柱にはヒエログリフなどが刻まれている。

真ん中に位置しているのが、途中から折れた高さ8mの青銅製の**蛇の柱**。これは、コンスタンティヌス1世の時代にギリシア

Information

絨毯博物館

かつてスルタンアフメット・ジャーミィ横にあった博物館だが、2013年にアヤソフィアの一角に移転し展示を再開。イスタンブールのスュレイマニエ・ジャーミィ（→P.159）、エディルネのセリミエ・ジャーミィ（→P.213）、ディヴリイのウル・ジャーミィ（→P.398）といった、いまでは世界遺産となっている建築物を彩った絨毯が多数展示されている。

Map P.99D3

TEL(0212)512 6993

開9:00～18:00（冬期～16:30）

休月　料10TL

内部不可

■地下宮殿

住Yerebatan Cad. No.1/3

TEL(0212)522 1259

FAX(0212)522 8166

URL**www.yerebatan.com**

開9:00～18:30（冬期～17:30）

休無休　料20TL

内部不可

アーチが続く神秘的な空間

テオドシウス1世のオベリスク

読者投稿　メデューサの柱が有名ですが、涙の柱も神秘的です。いつも濡れている涙みたいな模様がある柱です。（東京都　松田和佳子　'17 秋）

のデルフォイのアポロン神殿に建てられていたものを持ってきたものだ。もとは紀元前5世紀にギリシア都市国家がペルシア戦争の戦勝記念に建てたものである。一番南側の**切石積みのオベリスク**はコンスタンティヌス7世によって造られたものとされる。また近くにある8角形の建造物は**ドイツの泉**といわれ、ドイツのヴィルヘルム2世から寄贈されたものだ。

ドイツの泉

コンスタンティヌス7世のオベリスク

Information
野外劇場での演奏
ヒッポドローム脇にある野外劇場（Map P.99C3）では、毎週日曜の16:00から軍楽隊の演奏が行われている。入場は無料なので、タイミングが合うならぜひ行ってみよう。スケジュールはしばしば変更になるので事前に❶で確認しよう。

スルタンアフメット地区　見学時間の目安 1時間

トルコ・イスラーム美術博物館 Map P.98B3

Türk Islam Eserleri Müzesi テュルク・イスラーム・エセルレリ・ミュゼスィ

ヒッポドロームに面する16世紀の邸宅を利用した博物館。長らく閉鎖されていたが、全面的な改装を終え、2014年に再オープンした。

19世紀までのトルコおよびイスラーム圏の伝統的な美術工芸品が集められている。スルタンのお触れ書（フェルマーン Ferman）やミニアチュール、クルアーンの写本、絨毯など、その文化水準の高さがわかる。

■トルコ・イスラーム美術博物館
TEL (0212)518 1806
開9:00～18:30（冬期～16:30）
休冬期の月曜　料35TL
内部不可

スルタンアフメット地区　見学時間の目安 30分

大宮殿モザイク博物館 Map P.99C4

Büyük Saray Mozaik Müzesi ビュユック・サライ・モザイク・ミュゼスィ

スルタンアフメット・ジャーミィの南東にある。このあたりには第4回十字軍の頃まで使われたビザンツ帝国の大宮殿があった。建物は残っていなかったが、さまざまなモザイクが発見され、復元して展示している。展示品のなかには緑や黄色など色鮮やかなタイルを使ったものが多く、動物や木々などのさまざまな物語が描かれている。

■大宮殿モザイク博物館
開9:00～18:30（冬期～16:30）
休冬期の月曜　料20TL
内部不可

色鮮やかなモザイクが並ぶ

スルタンアフメット地区　見学時間の目安 15分

キュチュック・アヤソフィア・ジャーミィ Map P.98B4

Küçük Ayasofya Camii キュチュック・アヤソフィア・ジャーミィ

教会の後陣部分にミフラーブが付けられている

6世紀にユスティニアヌス帝によって建てられた聖セルジウス＆聖バッカス教会がもとになっている。コンスタンティノープル陥落後の16世紀にヒュセインアーによりジャーミィへと改装された。イスタンブールで現存する最古のビザンツ建築でもある。併設のメドレセは手工芸センターとなっており、螺鈿細工やタイルの絵付けなどを見ることができる。見学も可能。

■キュチュック・アヤソフィア・ジャーミィ
開9:30～20:30（金14:30～）
休無休　料無料
礼拝時撮影不可

すっかりイスラーム寺院の風情だが、どこか教会の面影も残る

読者投稿　大宮殿モザイク博物館の入口がわかりにくかったです。アラスタバザールの半ばに外に抜ける出口があるのですが、そこに小さな看板があります。（東京都　松田和佳子　'17 秋）

 見学時間の目安 2〜3時間

イスタンブール考古学博物館

Map P.99D2

İstanbul Arkeoloji Müzesi イスタンブル・アルケオロジ・ミュゼスィ

美しいファサードをもつイスタンブール考古学博物館

■イスタンブール考古学博物館
住Osman Hamdi Bey Yokuşu
TEL(0212)520 7740
URLwww.istanbularkeoloji.gov.tr
開9:00〜19:00（冬期〜17:00）
休月　料30TL
内部不可
古代東方博物館、装飾タイル博物館も同じチケットで入場可能。
オーディオガイド15TLあり（パスポートを預ける）

トプカプ宮殿の第1庭園の北側、石畳を下った所にある。トルコの遺跡は、オスマン朝時代に英・仏・独により発掘調査が盛んに行われ、発掘品の大半は持ち去られて各国の博物館に収められているが、1881年以降の出土品は、その多くがこの博物館に集められている。アレキサンダー大王の石棺をはじめ、ギリシア・ローマ時代のコレクションは世界的にも評価が高い。館内は旧館と新館に分かれているが、いずれも修復工事中で主要展示物は一部を除き2019年5月現在非公開。新館の地階にはビザンツ時代の彫刻とイスタンブール周辺都市の出土品や彫刻、2階にはイスタンブールで発見された彫刻が展示されている。3階にはトロイ出土品と旧石器〜フリギュア時代の出土品、4階にはキプロス、シリア、レバノンの土器や石像がある。

リキヤの石棺

Likya Lahiti リキヤ・ラヒティ

紀元前5世紀末に制作されたとされるリキヤ時代の石棺。全体的に大胆な構成でデザインされている。やや丸みがかった屋根にはスフィンクスが彫られており、その下にはケンタウロスの姿が見られる。

改修中のため2019年5月現在非公開

シドン、キプロスで発見された彫刻

Heykeller ヘイケルレル

3階の中央部には、シドンで発見された紀元前1世紀からローマ時代のものとされる彫像や、キプロスで発見された彫像が並ぶ。

アレキサンダー大王の石棺

İskender Lahiti イスケンデル・ラヒティ 改修中のため2019年5月現在非公開

1887年、レバノンのシドンで発見された古代フェニキア王室墓地の石棺のひとつで紀元前305年頃に制作されたものと考えられている。アレキサンダーの石棺と断定されていないにもかかわらずこの名が付いたのはその彫刻の題材ゆえ。

嘆き悲しむ女たちの石棺

Ağlayan Kadınlar Lahiti アーラヤン・カドゥンラル・ラヒティ

シドンの王室墓地で発見された石棺のひとつ。紀元前3世紀のものと考えられており、18人の女性の像が側面に彫られている。その彫刻の女性の表情は一人ひとりさまざまで美しい。屋根の上には男と馬が彫られている。

改修中のため2019年5月現在非公開

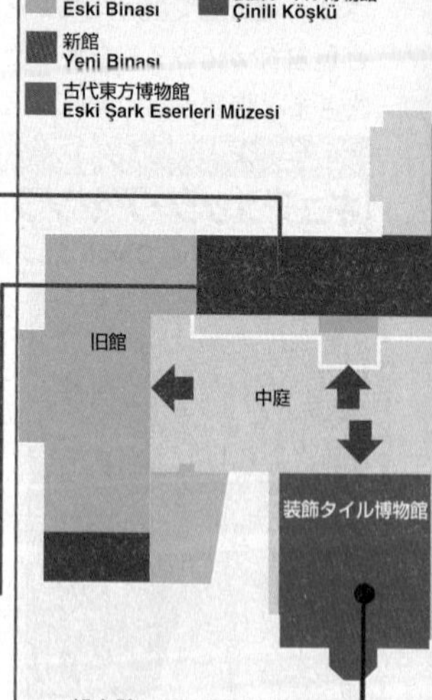

1881年に建てられたイスタンブール考古学博物館は建物の老朽化にともなう耐震補強工事の真っ最中。アレキサンダー大王の石棺などを含む展示は2019年5月現在非公開となっている。（編集室）

ライオン像
改修中のため2019年5月現在、仮設の展示コーナーにて公開中

Aslan Heykeli アスラン・ヘイケリ

紀元前400年頃に栄えた古代カリア王国の首都ハリカルナッソス（現ボドルムの古名）から出土した多数の遺物のひとつ。当時のアナトリアはペルシア帝国の支配下にあり、彫刻にも東方文化の影響が見られる。

アレキサンダー大王の立像
Büyük İskender Heykeli
ビュユック・イスケンデル・ヘイケリ

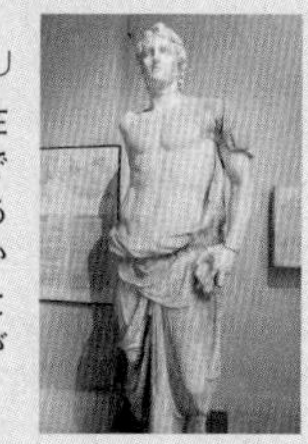

紀元前3世紀のもので、現在のマニサ（イズミル近郊の町）で碑文とともに発見された。数あるアレキサンダー大王像のなかでも保存状態がよい彫像のひとつである。周辺には大王の像が多く並ぶ。

改修中のため2019年5月現在非公開

オケアヌス像
Okyanus Heykeli
オクヤヌス・ヘイケリ

オケアヌスはギリシア神話の「海の神」。紀元前2世紀のローマ時代のものとされ、セルチュク近郊のエフェスで発見された。

改修中のため2019年5月現在、仮設の展示コーナーにて公開中

ティケ像
Tykhe Heykeli ティケ・ヘイケリ

紀元前2世紀のもので、ティケは「幸福の神」としてローマ時代にあがめられた。この像は幸運を擬人化したものだと考えられている。頭部や子供が持つバスケットにはかすかに色彩が残る。

改修中のため2019年5月現在非公開

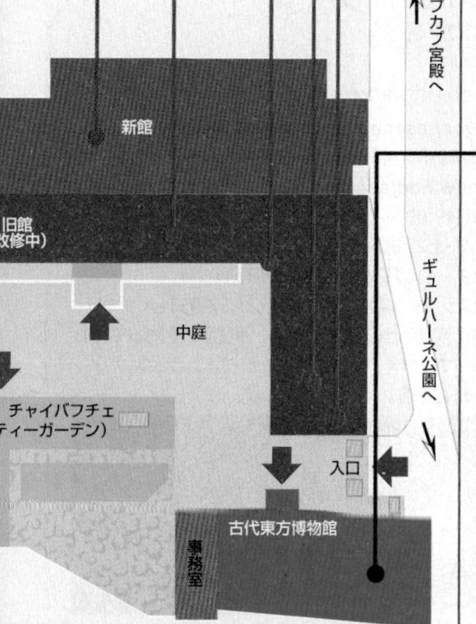

古代東方博物館
Eski Şark Eserleri Müzesi エスキ・シャルク・エセルレリ・ミュゼスィ

南側にある別館。トルコはもちろん、中近東各地からの出土品や遺物が約2万点展示されている。バビロンのイシュタール門の彩色レリーフ、ライオン像と牡牛の像はよく知られており、ハットゥシャシュのスフィンクスのレリーフなどもある。ヒッタイトとエジプト間で結ばれた世界最古の平和条約（カデシュの条約）も見逃せない。

装飾タイル博物館
Çinili Köşkü チニリ・キョシュキュ

1472年にメフメット2世により建てられた。この敷地はもともとトプカプ宮殿の第1庭園で、ポロ競技が行われていた。このキョシュキュは競技の見物のために建てられ、オスマン朝期の非宗教の建物のなかでは現存する最古のもの。正面の壁タイルが美しい。内部壁のタイル装飾もすばらしいが、イズニックやチャナッカレなどの陶器も一見の価値あり。

読者投稿　イスタンブール考古学博物館ではフラッシュを使わなければ撮影可能の所が多かったです。2019年3月に行きましたが本館は大部分が工事中です。（東京都　アリフマクスーラ　'19春）

■ソクルル・メフメットパシャ・ジャーミィ
住Kadırga Mah., Su terazisi Sok.
開6:00頃〜日没
礼拝時は入場禁止
休無休　料無料
📷内部不可
扉が閉まっているときは併設のクルアーン学校に連絡すると開けてもらえる

■ジャフェルアー神学校
住Caferiye Sok. Soğukkuyu Çıkmazı No.5
TEL(0212)513 3601
開9:30〜19:00
URLwww.tkhv.org
Mailcaferagamedrese@tkhv.org
休月　料無料
ワークショップの参加料金は100TLから(メールにて問い合わせのうえ、要予約)

神学校の僧坊がアトリエになっている

スルタンアフメット地区　見学時間の目安 15分

ソクルル・メフメットパシャ・ジャーミィ

Map P.98B4

Sokullu Mehmetpaşa Camii ソクルル・メフメットパシャ・ジャーミィ

1571年に、ビザンツ時代にアヤアナスタシア教会があった坂に建てられたモスク。大建築家ミマール・スィナンの作品のなかでも特に評価が高い。ソクルル・メフメット・パシャはスュレイマン大帝から続けて3代のスルタンに仕え、オスマン朝の屋台骨を支えた名宰相。道を挟んで向かい側にある神学校は現在クルアーン学校として使われている。

ミマール・スィナンの代表作

スルタンアフメット地区　見学時間の目安 30分

ジャフェルアー神学校

Map P.99C2

Caferağa Medresesi ジャフェルアー・メドレセスィ

1559年にミマール・スィナンの設計で建てられた神学校。1989年に国の基金によってトルコ伝統手工芸の生産、販売、教育機関として活動を開始。エブル(マーブリング)やハット(イスラーム書道)、ネイやウードといった楽器の演奏などの教室が開かれている。教室によってはワークショップという形で一日体験コースを受けることが可能なものがある。中庭はカフェになっており、静かに休憩したい人にはおすすめ。ここで教室を開いている作家の作品は、近くのジャフェリーエ・テッケスィCaferiye Tekkesiにあるギャラリーで販売されている。

Information

スィルケジのホジャパシャ文化センターでメヴラーナのセマー(旋舞)を見る

スィルケジ地区にあるホジャパシャ文化センターHodjapasha Culture Centerで公演している。15世紀に建てられたホジャパシャ・ハマムを改装して会場にしており、ハマムは1988年まで現役で使用されていた。

ハマムのドームの真下に舞台があり、それを囲むように客席がある。公演は1時間ほど。最初の30分は古典音楽の演奏が続き、その後にセマーゼンによるセマー(旋舞)が始まる。公演は1時間ほど。火・木・土曜はトルコ各地の民俗舞踊やベリーダンスを現代風にアレンジしたターキッシュ・ダンス・ナイトが上演される。

チケットは直接会場へ行っても購入は可能だが、夏のシーズン中や週末になると開演30分前に行っても席がないこともあるので時間には余裕をもって出かけよう。事前に旅行会社や各ホテルのフロントでも申し込むことも可能だ。

■ホジャパシャ文化センター　Map P.99C1
住Hocapaşahamamı Sok. No.3-B
TEL(0212)511 4626　FAX(0212)511 4686
URLwww.hodjapasha.com
開毎日19:00〜(セマー)
火・木・土21:00〜(ダンスショー)
料セマー:110TL　学生・シニア80TL
ダンスショー:140TL　学生・シニア95TL
日時は変更されることもある。電話で予約して当日支払ってもOK。ウェブサイトからオンラインチケット予約も可能。

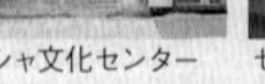
ホジャパシャ文化センター

セマーの公演

ソクルル・メフメット・パシャはボスニア・ヘルツェゴヴィナ出身の大宰相。ボスニアのヴィシェグラードには彼の命で建てたミマール・スィナン設計の橋があり、世界遺産になっている。(編集室)

ベヤズット地区　見学時間の目安 2時間

東から西から物資が集まる屋根付きの市場

グランドバザール

Map P.98A2

Kapalı Çarşı カパル・チャルシュ

小さな店が無数に集まる、中近東ならではの市場風景。今や観光名所と化しているが、独特の熱気は健在だ！

みやげ物なら何でも揃う

グランドバザールは、トルコ語でカパル・チャルシュ Kapalı Çarşıといい、屋根付き市場という意味をもつ。ここの屋内市場は中東最大級ともいわれる大規模なもの。買い物をする所というよりは、存在そのものが見どころになっている。

とにかく広大だから、ひとたび入り込んだら、なかなか同じ出入口からは出られない。1軒1軒の店は、間口、奥行きとも狭く、それだけに無数の店がある。その数は約4400軒ともいわれているほど。とはいえ、同じ品物を売る店は、ある程度固まっているので、買いたいものが決まっている場合は、比較的買い物は楽だ。宝石屋が並ぶ大きな通り、**クユムジュラル通り** Kuyumcular Cad.の位置を常に頭に入れておくとそんなに迷わない。また、バザールにある21の門にはすべて番号が振り分けられているので、道に迷ったら位置確認の参考にしよう。

もともとは、15世紀半ばにメフメット2世により建設された**イチ・ベデステン**İç Bedesten、**サンダル・ベデステニ**Sandal Bedesteniというふたつの市場が中心となっている。古くからイチ・ベデステンには金・銀・宝石を扱う貴金属店が集まっており、その伝統は今でも続いている。現在では時計やアクセサリーなどアンティークを売る店も多い。

またサンダル・ベデステニでは、おもに絹などの商品を扱っていた。その後バザールは増殖を続け、現在のような巨大市場へ成長していった。

バザールを歩いていると、日本語でさまざまな客引きの呼び声がかかる。時代を反映し、迅速に日本の情報やネタを取り入れたりしているので、思わず笑みがこぼれることもあるだろう。

ベヤズット地区　見学時間の目安 30分

古本街

Map P.98A2

Sahaflar Çarşısı サハフラル・チャルシュス

グランドバザールの西、イスタンブール大学との間にある、本屋&古本屋が集まっている一角。トルコやイスラーム関係の美術書、写真のきれいなガイドブックから学術書、トルコ語・日本語ポケット辞書なども売られている。大学側出口を出た所では**蚤の市**も行われている。

■**グランドバザール**
開8:30～19:00
休日・祝　料入場無料

バザール東側のヌルオスマニエ門

バザール内にある最古のカフェ、シャルク・カフヴェスィ

読者投稿　グランドバザールにて

トルコ人に教えてもらった簡単なトルコ語で挨拶を言っていたらとても喜ばれ、プチギフトをくれたお店があった。トルコ人は本当に話し好き。
（広島県　加納美穂　'17夏）

■**古本街**
開9:00～18:00　休無休

いろいろな本が売られている

読者投稿　古本街

オルハン・パムクの新刊本が本裏表紙の定価より10%安く買えた。
（愛媛県　岸朋子　'16夏）

イスタンブール

読者投稿　ソクルル・メフメットパシャ・ジャーミィはブルーのタイルが美しいので、ぜひ行ってほしいです。
（在トルコ　おゆみ　'18夏）

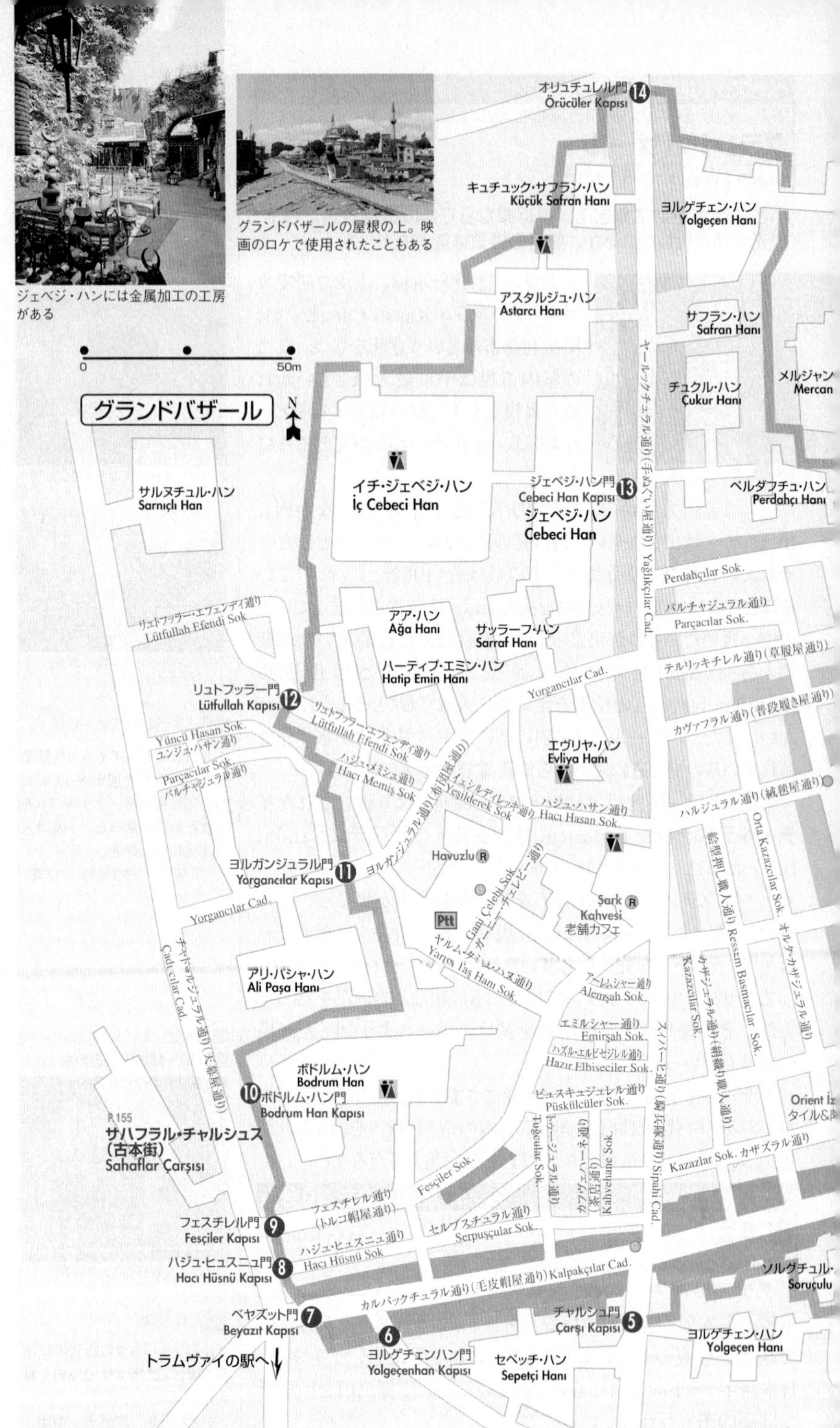

グランドバザール
0
50m
N
オリュチュレル門
Örücüler Kapısı
14
キュチュック・サフラン・ハン
Küçük Safran Hanı
ヨルゲチェン・ハン
Yolgeçen Hanı
アスタルジュ・ハン
Astarcı Hanı
サフラン・ハン
Safran Hanı
チュクル・ハン
Çukur Hanı
メルジャン
Mercan
ヤールックチュラル通り(手ぬぐい屋通り) Yağlıkçılar Cad.
サルヌチュル・ハン
Sarnıçlı Han
イチ・ジェベジ・ハン
İç Cebeci Han
ジェベジ・ハン門
Cebeci Han Kapısı
13
ジェベジ・ハン
Cebeci Han
ペルダフチュ・ハン
Perdahçı Hanı
Perdahçılar Sok.
パルチャジュラル通り
Parçacılar Sok.
テルリッキチレル通り(草履屋通り)
カヴァフラル通り(普段履き屋通り)
ハルジュラル通り(絨毯屋通り)
リュトフッラー・エフェンディ通り
Lütfullah Efendi Sok.
アア・ハン
Ağa Hanı
サッラーフ・ハン
Sarraf Hanı
ハーティプ・エミン・ハン
Hatip Emin Hanı
Yorgancılar Cad.
リュトフッラー門
Lütfullah Kapısı
12
リュトフッラー・エフェンディ通り
Lütfullah Efendi Sok.
Yüncü Hasan Sok.
ユンジュ・ハサン通り
Parçacılar Sok.
パルチャジュラル通り
ハジュ・メミシュ通り
Hacı Memiş Sok.
エヴリヤ・ハン
Evliya Hanı
イェシルディレッキ通り
Yeşildirek Sok.
ハジュ・ハサン通り
Hacı Hasan Sok.
ヨルガンジュラル通り(布団屋通り)
ヨルガンジュラル門
Yorgancılar Kapısı
11
Havuzlu R
Orta Kazazcılar Sok.
オルタ・カザズジュラル通り
絵理押し職人通り
Ressam Basmacılar Sok.
Gani Çelebi Sok.
ガーニー・チェレビー通り
Şark R
Kahvesi
老舗カフェ
Ptt
Yorgancılar Cad.
ヤルム・タシュ・ハヌ通り
Yarım Taş Hanı Sok.
チャドゥルジュラル通り(天幕屋通り)
Çadırcılar Cad.
アリ・パシャ・ハン
Ali Paşa Hanı
アーレムシャー通り
Alemşah Sok.
エミルシャー通り
Emirşah Sok.
ハズル・エルビセジレル通り
Hazır Elbiseciler Sok.
Kazazcılar Sok.
カザズジュラル通り(組紐り職人通り)
スィパーヒ通り(騎兵隊通り) Sipahi Cad.
ボドルム・ハン
Bodrum Han
10
ボドルム・ハン門
Bodrum Han Kapısı
ピュスキュジュレル通り
Püskülcüler Sok.
Orient İz
タイル&
P.155
サハフラル・チャルシュス
(古本街)
Sahaflar Çarşısı
Tuğcular Sok.
トゥージュラル通り
カフヴェハーネ通り(茶店通り)
Kahvehane Sok.
Kazazlar Sok. カザズラル通り
Fesçiler Sok.
フェスチレル通り
(トルコ帽屋通り)
フェスチレル門
Fesçiler Kapısı
9
セルプスチュラル通り
Serpuşçular Sok.
ハジュ・ヒュスニュ通り
Hacı Hüsnü Sok.
ハジュ・ヒュスニュ門
Hacı Hüsnü Kapısı
8
カルパックチュラル通り(毛皮帽屋通り) Kalpakçılar Cad.
ソルグチュル・
Soruçulu
ベヤズット門
Beyazıt Kapısı
7
6
ヨルゲチェンハン門
Yolgeçenhan Kapısı
チャルシュ門
Çarşı Kapısı
5
ヨルゲチェン・ハン
Yolgeçen Hanı
セペッチ・ハン
Sepetçi Hanı
トラムヴァイの駅へ

グランドバザールの屋根の上。映画のロケで使用されたこともある

ジェベジ・ハンには金属加工の工房がある

とにかく迷いやすいグランドバザール。場所が分からなくなったらいったん出口まで行き、門の番号を確認して場所を把握するのが早い。(編集室)

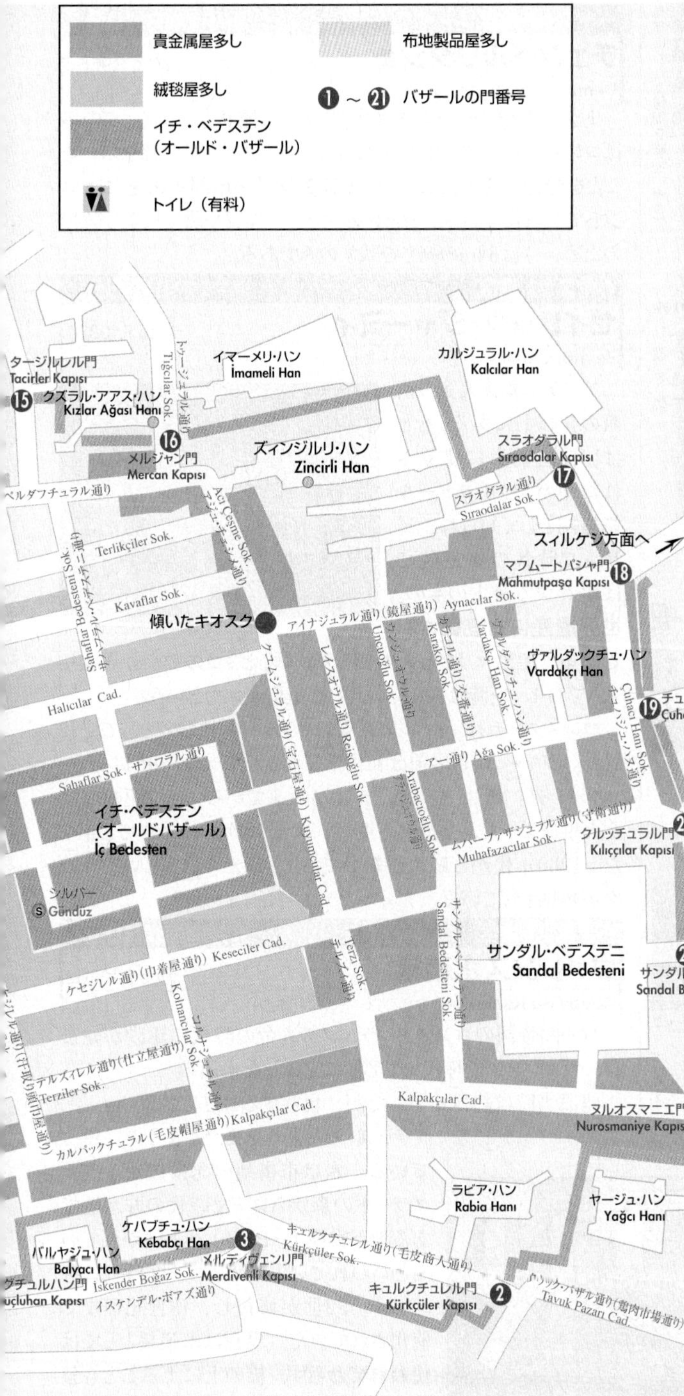

貴金属屋多し
布地製品屋多し
絨毯屋多し
❶～㉑ バザールの門番号
イチ・ベデステン（オールド・バザール）
トイレ（有料）

傾いたキオスクの中はジュエリーショップ

スバシュ・ロカンタスはバザールで働く人御用達の食堂

グランドバザール横のヌルオスマニイェ・ジャーミィは、アルメニア人建築家バルヤン家によるバロック様式のジャーミィ。長年の修復工事により元の美しい姿を取り戻した。（編集室）

長年にわたる修復を終え、かつての姿を取り戻した

ベヤズット地区　見学時間の目安 **10分**

チェンベルリタシュ

Map P.98B3

Çemberlitaş チェンベルリタシュ

トラムヴァイのチェンベルリタシュ駅に隣接している。この塔はコンスタンティヌス1世がコンスタンティノープルに都をおいたことを記念し建てたものだ。**イスタンブール最古のモニュメント**で、当初は高さが57mもあったが、火災や腐食による破損のため、今は34mの高さを残すのみである。

ベヤズット地区　見学時間の目安 **15分**

ゼイレック・ジャーミィ

Map P.108B1

Zeyrek Camii ゼイレック・ジャーミィ

中庭から見たゼイレック・ジャーミィ

アタテュルク大通り西側の丘の上にある。もとは12世紀前半に建立された聖パンクトラトール修道院として知られ、ビザンツ時代の修道院では現存する最古のもの。**世界遺産にも登録されている**。聖母マリアと大天使ミカエルなど3つの教会から成り立っており、一時は700人以上の修道僧がいたという。

コンスタンティノープル陥落後はイスラーム神学校として使われた。ジャーミィの名前は初代学長だったモッラー・ゼイレック・エフェンディ Molla Zeyrek Efendiから来ている。18世紀の地震と火事により大きな損害を受け、大部分は荒れ果ててしまった。1960年代から修復が続いており、床からは美しいモザイクが発見されている。

■ゼイレック・ジャーミィ

ゼイレック地下道Zeyrek Yeraltı Geçidi横の坂を上りZeyrekhaneの看板を右折。通常は礼拝後に管理人に頼んで内部を見学させてもらう。午後なら比較的開いている。

礼拝時間の目安は→P.146

開13:00～16:00

休無休　料寄付歓迎

内部不可

ジャーミィ内部は修復され、現在は往時の姿を取り戻しつつある

ベヤズット地区　見学時間の目安 **10分**

ヴァレンス水道橋

Map P.108B2

Valens Su Kemerleri ヴァレンス・スー・ケメルレリ

ローマ帝国のコンスタンティヌス大帝の時代に建設が始まり、ヴァレンス帝時代の378年に完成した水道橋。

建設当時は約1kmあったが、現存する長さは約800m。アタテュルク大通りをまたぐように、建っている。水は市街地の北に広がるベオグラードの森からローマ時代の貯水池である地下宮殿（→P.150）へと注がれていたといわれている。オスマン朝時代にもメフメット2世が修復し、18世紀頃まで使用されていた。現在は水道橋としては使われておらず、橋の上に上ることも禁止されている。

ヴァレンス水道橋の西側にはトルコ南東部の料理を出す店が並ぶ

過去と現代を対比させるように交通量が非常に多い所にあるヴァレンス水道橋

ゼイレックジャーミィの中庭テラスにはイスタンブール・キタップチュス İstanbul Kitapçısı という書店のカフェがある。ショップコーナーでは書籍やおみやげも販売している。（編集室）

ベヤズット地区　見学時間の目安 30分

スュレイマニエ・ジャーミィ

Map P.109C2

Süleymaniye Camii スュレイマニエ・ジャーミィ

オスマン朝が最も繁栄した時代の君主スュレイマン大帝が造らせた寺院。金角湾を見下ろす高台に建ち、1557年に完成した。建築家はトルコ最高といわれるミマール・スィナン。彼は当時の最高技術を駆使し59m×58mの床面に直径26.5mの円形屋根を載せ、高さ53mの大ドームを仕上げた。均整の取れたその大きさもさることながら、内部の装飾も極めて美しい。特に光が差し込む**ステンドグラス**は、16世紀に造られた彩色ガラスを用いたこまやかなもの。ミフラーブの側はステンドグラス職人イブラヒムによって造られたもので、絨毯模様のようなモチーフが使われている。また、館内に見られるカリグラフィーもクルアーンの一節を書道の大家、アフメット・カラヒサルが書き上げた。そびえ立つ4本のミナーレは大帝がイスタンブール遷都後の4代目のスルタンであることを表しているという。

ドーム装飾とシャンデリアの明かりが美しい内部

また敷地内のジャーミィ裏には、こちらもスィナン設計のスュレイマンとその妻の**霊廟**がある。すぐ近くにはその生涯で400にも及ぶ建築物を手がけた**スィナン自身の霊廟**もひっそりと建つ。すぐ近くに付属のハマムもある。

■スュレイマニエ・ジャーミィ
開9:00〜19:00　休無休
料寄付歓迎
礼拝時撮影不可
内部不可

丘の上にあるのでどこからでもよく見える

スュレイマン大帝の棺。遠征中に亡くなったため、息子のセリム2世によって建てられた。スュレイマン大帝の家族のほか、スュレイマン2世、アフメド2世などの棺もある

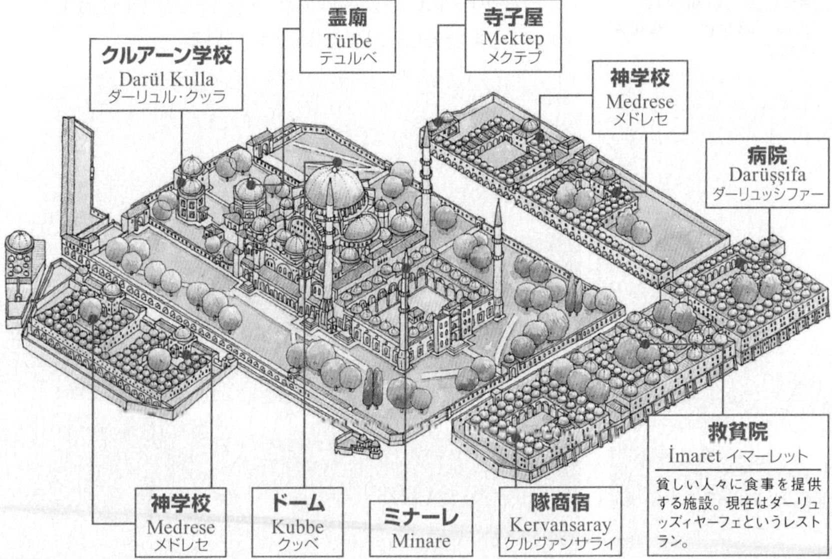

ヴァレンス水道橋の足もとにあるイトファイエ通りは、ビュルヤン・ケバブ（→P.431）やサチ・タワといったトルコ南東部の料理店や食材店が軒を連ね、リトル・クルディスタンの別名もある。（編集室）

ガラタ橋の釣り人もイスタンブール名物

名物のサバサンドを売る屋台船はガラタ橋のエミノニュ側近く

カラキョイ側の橋近くは魚市場がある

スィルケジ周辺　見学時間の目安 30分

ガラタ橋

Map P.100B3～B4

Galata Köprüsü ガラタ・キョプリュスュ

エミノニュ桟橋とカラキョイ桟橋を結ぶ、金角湾に架かる橋。1845年に木製の橋が架かったのが初代。1912年に建造された4代目ガラタ橋は、2階建ての跳ね橋としてその美しさを誇っていた。1992年に老朽化と火災による損傷のためその役割を終えたが、イスタンブールのシンボルとして長い間親しまれた。現在の5代目の橋も再建から20年以上が経ち、日がな釣り糸を垂らすおじさんや、サンドイッチ売りの少年などのにぎわいにすっかりとけ込んでいる。橋からのジャーミィの眺め、行き交うフェリーや桟橋に横付けされる真っ白い船など美しい風景を堪能できる。

橋の下はレストラン街

スィルケジ周辺　見学時間の目安 30分

イェニ・ジャーミィ

Map P.100B4

Yeni Cami イェニ・ジャーミィ

ガラタ橋のたもとにある。もともとはユダヤ人が多く住んでいた地域に、1598年にムラト3世の妻、サーフィエ・スルタンによって建造が開始された。工事中断や、火災などによる苦難を乗り越え、1663年、メフメット4世の時代に完成した。設計は建築家ダウード・アーによる。大きなドームとそれを取り囲む小さなドームのバランスが非常に美しい。

新市街から眺めると、このジャーミィやスュレイマニエ・ジャーミィなどのシルエットが絶妙のコントラストで浮かび上がり、イスタンブールの美しい風景を作り上げている。

■イェニ・ジャーミィ
開9:00～18:00
休無休
料寄付歓迎　内部不可
※2019年5月現在、大規模修復工事中。

イェニ・ジャーミィ

バス、フェリー、トラムなど交通の要になっているエミノニュ界隈

エミノミュ名物サバサンドだが、パンに挟んであるサバは日本でよく食べられている真サバやゴマサバに比べると少し小さめ。(編集室)

スィルケジ周辺　見学時間の目安 **30分**

リュステム・パシャ・ジャーミィ

Map P.100A4

Rüstem Paşa Camii リュステム・パシャ・ジャーミィ

ジャーミィの内部を埋め尽くすイズニックタイル

ドームから差し込む光とシャンデリアの明かりが心地よい空間を演出する

エジプシャンバザールから北西に200mほど進んだ所にある。周囲はバザールから続く問屋街になっており、非常にわかりにくいが、ジャーミィは小さな入口を入り、階段（2ヵ所ある）を上った所にある。ジャーミィの内部は周囲の喧騒がうそのように静まりかえっている。

このジャーミィは宰相リュステム・パシャのため、ミマール・スィナンが1561年に設計したもの。内装、外装ともに、すばらしいイズニックタイルをふんだんに使っているにもかかわらず、訪れる観光客は少ない。

全面にタイルを張り巡らせた内部は、息をのむ美しさだ。タイルの赤色は、1500年代の後半にだけ使われたという珍しいイズニックタイル。現在の技術をもってしてもこの色は出せないという逸品だそうだ。なかでもチューリップをモチーフにしたタイルは傑作といわれている。

スィルケジ周辺　見学時間の目安 **1時間**

エジプシャンバザール

Map P.98B1
Map P.100A4

Mısır Çarşısı ムスル・チャルシュス

ガラタ橋近くにあるイェニ・ジャーミィの南西に広がっている市場。イェニ・ジャーミィを運営するためのワクフ（財団のようなもの）の事業の一環として建造された。その昔、この市場がエジプトからの貢ぎ物を集め、設営されたことにちなんで、エジプシャンバザール（トルコ語でムスル・チャルシュスMısır Çarşısı）と呼ばれている。かつては90軒近く香辛料の店が並んでいたことから、別名、香辛料市（スパイスバザール）ともいう。現在はかなり減少したが、それでも色鮮やかな数々の香辛料が軒先に並ぶさまが楽しめ、みやげ物を扱う店も多い。カラスミなどの乾物やハチミツも売られている。

市場の周辺にも食料品や日用品を売る店が並び、買い物を楽しむことができる。

色とりどりのスパイス

■リュステム・パシャ・ジャーミィ
2019年5月現在補修工事のため入場不可

周囲の雑踏に埋もれ、外観はあまり目立たない

ジャーミィの入口付近は商店街になっている

■エジプシャンバザール
開8:00～19:00
休バイラムなど一部祝（年によって変動あり）　料入場無料

バザール内はいつもにぎやか。日本語で声をかけられることも多い

エジプシャンバザールのエミノニュ桟橋側の入口

読者投稿　ガラタ塔は、安くはないが、歴史あるイスタンブールの町並みを一望できるのでおすすめ。ただし、昼になると長蛇の列ができるので、朝一番に行くのが良い。（茨城県　M.O.　'17夏）

新市街　見学時間の目安 **1時間**

イスティクラール通り

Map P.102A4～P.103C2

İstiklâl Caddesi イスティクラール・ジャッデスィ

新市街の高台にあるタクスィム広場Taksim Meydanıから南西へ下る道のひとつがイスティクラール通りだ。このあたりは**ベイオウル**Beyoğluとも呼ばれるエリアで、イスタンブールでもハイセンスな地区として名高く、アンティークのトラムヴァイが走っている。タクスィム広場からブティックなどをひやかしながらテュネル（地下鉄）の入口まで行けば、坂道を下ることになってラク。歩き疲れたらカフェでひと休みするのもいい。このあたりは歩行者天国となっており、人間観察にももってこいだ。

イスタンブールを代表する目抜き通り

イスティクラール通りの裏路地にはカフェやロカンタが多い

新市街　見学時間の目安 **30分**

魚市場

Map P.102A3

Balık Çarşısı バルック・チャルシュス

イスティクラール通りにあるPTTの北側を西へ入った通りには、魚を中心に、野菜、荒物、肉、乾物、香辛料やお菓子などを売る店が並ぶ。カラスミやキャビアなど、珍しい食材も揃う。イスティクラール通り側の入口の右隣にはシーフードが豊富なレストランが並ぶアーケード、チチェッキ・パサジュ Çiçek Pasajıがあり、多くの人でにぎわう。

魚市場内にはムール貝の串揚げの屋台もある

■魚市場
開早朝～夕方
休無休　料入場無料

チチェッキ・パサジュ

新市街　見学時間の目安 **10分**

ジェザーイル通り

Map P.102A4

Cezayir Sokağı ジェザーイル・ソカウ

ガラタサライ高校の南側にある路地。ジェザーイルとはアルジェリアを意味するが、以前はフランス通り（フランスズ・ソカウFransız Sokağı）と呼ばれた。階段になった通りの両側にはカフェやビストロが軒を連ね、華やかな雰囲気を作り出している。

ジェザーイル通りは夜になるとロマンティックな雰囲気になる

新市街　見学時間の目安 **30分**

無垢の博物館

Map P.102B4

Masumiyet Müzesi マスミイエット・ミュゼスィ

ノーベル賞作家であるオルハン・パムクの小説『無垢の博物館』の名を取って設立された。パムク自身が収集した20世紀後半のイスタンブールに住む人々の日用品をメインに展示。もちろん、小説とリンクしている展示物もあるが、小説を読まなくとも楽しめる作りになっている。

ノスタルジックな日用品からちょっと不思議な収集品まで、さまざまな展示物が並ぶ

■無垢の博物館
住Çukurcuma Cad. Dalgıç Çıkmazı No.2
TEL(0212)252 9738
URLwww.masumiyetmuzesi.org
開10:00～18:00（木～21:00）
休月　料40TL　学生30TL

無垢の博物館はT1 トプハーネ駅から坂道を15分ぐらい。途中に大きな標識があるので迷わずに行けます。不思議な収集品がたくさんあり、特に煙草の吸殻の収集には圧倒されました。（愛媛県　岸朋子　'16 夏）

新市街　見学時間の目安 **1時間**

ガラタ塔

Map P.100B2

Galata Kulesi ガラタ・クレスィ

雑踏のなかにひときわ目立つとんがり帽子のガラタ塔

新市街のランドマークとなっている高さ67mの塔。6世紀初めに灯台として利用されていたものを、14世紀に周辺に居住していたジェノヴァ人が、ビザンツ帝国への監視塔に改造したと考えられている。その後牢獄や、天文台などとして使用された。

オスマン朝時代の1632年、ヘザルフェン・アフメット・チェレビーが、グライダーのような翼を持って塔から飛び立ち、アジア側のユスキュダルまで飛んだという。この逸話は映画化もされている。

現在の塔は14世紀以降のもので、一度火事で焼失し、再建された。てっぺんのトンガリ帽子は近年付け加えられたものだ。エレベーターで最上階まで行き、さらにらせん階段を上ると地上53mのテラスから町を360°見渡すことができる。塔そのものが丘の上に建っているので、実際の高さ以上に眺めがいい。また、最上階にはレストランがある。

新市街　見学時間の目安 **30分**

ガラタ・メヴラーナ博物館

Map P.100B1

Galata Mevlana Müzesi ガラタ・メヴラーナ・ミュゼスィ

1491年に創立されたメヴレヴィー教団の修行場のひとつ。中央にセマー（旋舞）のためのステージがあり、ネイ（笛）やクデュム（太鼓）などの楽器や衣装などが展示されている。週に2回程度、メヴレヴィー教団の旋舞の公演が催される。

新市街　見学時間の目安 **1時間**

ペラ博物館

Map P.102A4

Pera Müzesi ペラ・ミュゼスィ

ペラ・パラス・ホテルの近くにある博物館。元々ホテルとして利用されていた建物で、トルコを題材とした国内外の画家の作品のほか、アナトリアの古美術品やキュタフヤの陶器などが展示されている。なかでも目玉はトルコを代表する画家オスマン・ハミトの作品群。特に『亀使い Kaplumbağa Terbiyecisi』は有名だ。

白亜の華麗な建物が目印

ガラタ塔
TEL (0212) 293 8180
開 9:00～20:30　休 無休
料 25TL
レストランは23:00まで営業している。酒類の提供はしてない。

読者投稿 **ユダヤ人博物館**
500. Yıl Vakfı Türk Musevileri Müzesi
オスマン朝時代からイスタンブールに居住していたユダヤ人の歴史や習俗に関する展示。住んでいたユダヤ人は中世にスペインから移民してきた人々が多く、彼らが歌うラディーノ語の歌謡曲をヘッドフォンで聴くこともできる。シナゴーグが併設されている。
（在キルギス　noppo　'19春）
Map P.100B2
住 Büyük Hendek Cad. No.39
TEL (0212) 292 6333
URL www.muze500.com
開 10:00～17:00（金～13:00）
※最終入場は閉館30分前
休 土・祝　料 無料

ガラタ・メヴラーナ博物館
住 Galip Dede Cad. No.15
TEL (0212) 245 4141
URL www.galatamevlevihanesimuzesi.gov.tr
開 夏期9:00～19:00
　冬期8:00～16:30
休 月　料 10TL
セマーは毎週日曜17:00スタートで100TL　内部不可

公演予定は入口に記されている

ペラ博物館
住 Meşrutiyet Cad. No.65
TEL (0212) 334 9900
FAX (0212) 245 9511
URL www.peramuzesi.org.tr
開 10:00～19:00
（日12:00～18:00）
休 月、一部祝
料 25TL
学生と60歳以上10TL
12歳以下10TL　内部不可

読者投稿 ガラタ橋で靴磨きの人がブラシを落とし、拾ってあげたらお礼にと強引に靴を磨き始め、20TL 請求された。ガラタ塔に行く道すがら、3～4人の靴磨きの人にブラシを落とされました。（愛知県　伊藤雅子　'18年1月）

■イスタンブール現代美術館
住Meşrutiyet Cad. No.99
TEL(0212)334 7300
URLwww.istanbulmodern.org
開火・水・金・土10:00〜18:00
木10:00〜20:00
日11:00〜18:00
休月　料60TL
学生・60歳以上40TL
内部不可

■軍事博物館
TEL(0212)233 2720
URLwww.askerimuze.tsk.tr
開9:00〜16:30　休月・火
料10TL　内部不可
カメラ持ち込み20TL
ビデオカメラ持ち込み40TL
軍楽隊のコンサートは15:00〜15:40。
毎日開催予定だが、行われない日もあり、海外公演時などほとんど公演がない月もあるので電話やウェブサイトで確認したほうがよい。

「ハイディ、ヤッラー」のかけ声とともに演奏が始まる

■ユルドゥズ宮殿
TEL(0212)258 3080
URLwww.millisaraylar.gov.tr
2019年5月現在、修復のため閉鎖中。再開時期未定

■ユルドゥズ公園
ベシクタシュの次のチュラーンÇırağanで下車。交番の奥に公園入口の門がある。

読者投稿 ユルドゥズ・ハミディエ・ジャーミィ
ユルドゥズ宮殿に隣接する入口右のこのモスク(MAP P.110B3)は非常にきれい。無料で訪問可能です。
(東京都　アリフマクスーラ　'19春)

■オルタキョイ・メジディエ・ジャーミィ
タクスィムから42T、エミノニュから30Dなど、べベッキ方面のバスで行く。

新市街　見学時間の目安 1時間

イスタンブール現代美術館

Map P.100B1

İstanbul Modern Sanat Müzesi イスタンブル・モデルン・サナート・ミュゼスィ

ガラタ塔から徒歩10分ほどの場所にあり、トルコの現代絵画、芸術作品が各フロアに展示されている。順路は上の階から降りながら見ていくようになっている。最上階の企画展示は半年ほどで新しくなる。

新市街　見学時間の目安 2時間

軍事博物館

Map P.104A3

Askeri Müzesi アスケリ・ミュゼスィ

世界有数の規模を誇る軍事博物館。約5万点に上るといわれる収蔵品のうち約9000点が22の部屋に展示されている。弓矢、剣、軍装などの部屋に分かれているが、珍しいものとしては、入口近くにある**オルハン・ガーズィーの兜**などがある。

また、毎日15:00から16:00の間に2回、陸軍所属の**軍楽隊**の演奏が奥のホール（夏期は庭のキャノンホール）で行われている。今見られる軍楽はオスマン朝の時代に発展したもので、軍楽隊により士気が上がる姿を見て、その効果に驚いた各国が軍楽隊の制度を取り入れたともいわれている。1回の演奏は15〜20分。演奏の間には15分休憩があり、2回とも曲目が違う。

新市街　見学時間の目安 1時間

ユルドゥズ宮殿とユルドゥズ公園

Map P.107 D2〜D3

Yıldız Sarayı ve Yıldız Parkı ユルドゥズ・サラユ・ヴェ・ユルドゥズ・パルク

ユルドゥズ宮殿は元々スルタン専用の狩猟場だったところに1850年に当時のスルタン、**アブデュルハミト2世**が建て、33年間をここで暮らした。小宮殿にハレムや図書館が増設されている。ユルドゥズ宮殿の南東には広大なユルドゥズ公園がある。公園内にあるキョシュキュ(あずまや)はレストランになっている。

世界中の著名人も訪れたという大ホールは豪華絢爛

新市街　見学時間の目安 1時間

オルタキョイ・メジディエ・ジャーミィ

Map P.111D3

Ortaköy Mecidiye Camii オルタキョイ・メジディエ・ジャーミィ

海峡に面して建ち、バロック様式の優美な姿が印象的だ。大きなステンドグラスは、ボスポラス海峡側から採光ができるように設計されている。元来この場所には1721年に建てられたジャーミィがあった。19世紀半ばに当時のスルタン、アブデュルメジドが荒れ果てたジャーミィを目にし、建て直させたのが今に見るものだ。

海峡沿いでもよく目立つ建物

読者投稿 9月にイスタンブールを訪れましたが、地元のおじさん達が海岸沿いで泳いでいて気持ちよさそうだった。暑い時期に訪れるなら水着を持っていくとよいかも。(茨城県　M.O.　'17夏)

新市街　見学時間の目安 **1〜1.5時間**

ドルマバフチェ宮殿

Map P.106B4

Dolmabahçe Sarayı ドルマバフチェ・サラユ

「豪華絢爛」という言葉がまさにふさわしい儀式の間

1843年から10年以上の歳月をかけ、スルタン、**アブデュルメジド**が建てたバロック様式とオスマン様式を折衷させた壮麗な宮殿。

宮殿の内部を彩る調度品には、ヨーロッパからの献上品も多く、室内は豪奢な印象を受ける。宮殿の総面積は約1万5000㎡。部屋は285室、広間も43室あり、それぞれ趣の異なった内装。宮殿内は、男のみ入れる**セラムルク**Selamlıkと男子禁制の**ハレム**Haremのふたつの部分に分かれている。

見学は1階入口から始まり、中心となるのは重厚ならせん階段を上った2階から。ここには**スルタンの寝室や側室たちの居室、浴室**などその生活ぶりを見られる部屋や、**アタテュルクの執務室**がある。圧巻なのが、見学の最後に訪れる吹き抜けの**儀式の間**。その大きさもさることながら、高さ36mの天井からつるされたシャンデリアはイギリスから購入したもので、750のキャンドルがともされた特注の**バカラ製**、重さは4.5tにも上る。

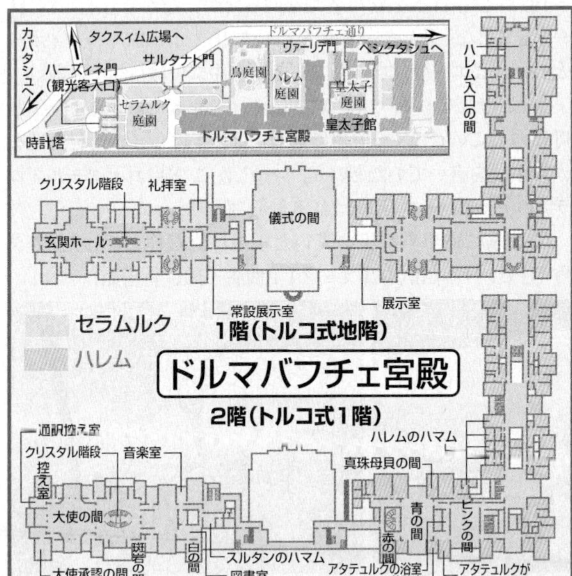

■ドルマバフチェ宮殿
🚋トラムヴァイT1終点のカバタシュから徒歩5〜10分。
TEL(0212)327 2126
開9:00〜16:00
　見学は個人団体を問わず原則予約制。上記の予約電話窓口で1日以上前に受け付け。予約なしでも個人なら並べば入場できる。1日5000〜6000人の入場制限あり。
英語・トルコ語のガイドツアー
(日本語を含む17ヵ国語対応の音声ガイドあり)
休月・木　1/1、バイラム初日
料60TL(セラムルク45分)
　40TL(ハレム45分)
　90TL(セラムルク45分＋ハレム45分)
📷内部不可
●宮殿敷地内のカフェ
開8:00〜23:00

ツアー形式の見学はセラムルクの入口からスタート

クリスタルの豪華な階段はセラムルクの中央にある

アタテュルクが亡くなった部屋にはトルコ国旗の大きなベッドが置かれている。ベッド横の時計は亡くなった9時5分を示している

ガラタサライからT1トプハーネ駅へいたるイェニ・チャルシュ通りは、急な坂道だが目下再開発の真っ最中。ガラタ塔周辺に続き、おしゃれなお店が増えてきている注目エリアだ。(編集室)

■エユップ・スルタン・ジャーミィ
🚌エミノニュ（金角湾側の乗り場）から99系統などのバスでエユップ下車。
⛴エミノニュ（金角湾側の乗り場）からハリチHaliç行きの船に乗ってエユップEyüp下船。
開5:00～21:00
休無休
料寄付歓迎　📷内部不可

門の前は広場になっている

クルアーンの一節やありがたい言葉が書かれたパネル

■ピエール・ロティのチャイハーネ
エユップからテレフェリッキ（ロープウエイ）で行くのが便利。
TEL(0212)581 2696
開8:00～23:00（冬期は時間短縮）
休無休

ロープウエイでチャイハーネへ

金角湾周辺　見学時間の目安 **30分**

エユップ・スルタン・ジャーミィ

Map P.118A3

Eyüp Sultan Camii エユップ・スルタン・ジャーミィ

新しいスルタンが即位するときに、ここで聖剣の授与が行われたという由緒あるジャーミィ。ここには674～678年の聖戦で殉死した、預言者ムハンマドの弟子アイユーブ・アル・アンサーリー（トルコ語訛りでエユップ）が祀られている。エユップの墓は、彼の死後8世紀も経って、コンスタンティノープルを陥落させたメフメット2世の時代に発見されたとされている。ジャーミィはメフメット2世により1459年に建てられた。また、このジャーミィの周辺にはオスマン朝時代の著名な宰相たちの墓が多い。この地はムスリムにとって重要な聖地となっている。門前の商店街は、数珠やクルアーンなどイスラーム関連のおみやげが豊富に揃う。

ドームの装飾も美しい

金角湾周辺　見学時間の目安 **30分**

ピエール・ロティのチャイハーネ

Map P.118A2

Pierre Loti Kahvesi ピエール・ロティ・カフヴェスィ

19世紀末に活躍したフランス人作家ピエール・ロティ（1850～1923）は、日本を含め各地を回ったが、なかでもイスタンブールをこよなく愛した。本名をルイ・マリー・ジュリアン・ヴィオーといい、ピエール・ロティはタヒチ滞在中に付けられた名前。

彼は「ラビア・カドゥン・カフヴェスィ Rabia Kadın Kahvesi」と呼ばれたこのチャイハーネに通っては、すばらしい景色を見ながら小説を書いていたという。いつしかこの店は「ピエール・ロティのチャイハーネ」と呼ばれるようになった。

ちなみに彼が当時書いていた小説は処女作となった『アジヤデ』で、日本語訳も出ている（工藤庸子訳、新書館）。

近くのレストランでは食事もできる

金角湾を見下ろす屋外席

チャイハーネの近くにはレストランのアズィヤーデAziyadeやトゥルクハウスTurquhouseというプチホテルがある。日曜のブランチは家族連れにも人気。（編集室）

金角湾周辺 見学時間の目安 **10分**

コンスタンティノープル世界総主教座

Map P.117 C1〜D1

Rum Patrikhane ルム・パトリックハーネ

ギリシア正教会の総主教座は、オスマン朝がこの町を奪取した1453年以降、アヤソフィアにおかれていたが、その後移転を重ね、1601年からこの地に落ち着いた。以前はすぐそばのフェネル・ギリシア人高校の建物を使っていたが、現在の総司教座は1941年に建てられた建物。アヤソフィアやカーリエの古いイコンを見てからここを訪れると、昔と今の画法の違いを比べることができておもしろい。

金角湾周辺 見学時間の目安 **10分**

コチ博物館

Map P.118B4

Koç Müzesi コチ・ミュゼスィ

クラシックカーの展示

金角湾沿いにある、コチ財閥が運営している博物館。交通、産業、通信をテーマにしており、1866年にスルタンが乗車した御用列車や蒸気自動車、初期の潜水艦などが展示されている。併設のレストランも有名で、金角湾を眺めながらフレンチ風の食事を取ることができる。

金角湾周辺 見学時間の目安 **1時間**

ミニアトゥルク

Map P.118B2

Miniaturk ミニアトゥルク

アヤソフィアもある

ミニアトゥルクはトルコ各地の見どころや歴史的な建築物のミニチュアを集めたテーマパーク。イスタンブールのガラタ塔、カッパドキアのキノコ岩からドウバヤズットのイサク・パシャ宮殿まであり、市民の人気のスポットとなっている。エルサレムの岩のドームといった近隣諸国のもののミニチュアもある。チケットをかざすと音声ガイダンスが出るものもある。

コンスタンティノープル世界総主教座

🚌エミノニュ（金角湾側の乗り場）から99系統などのバスでフェネルFener下車。バス停から通りを渡って左側へ入り、きれいな石畳の道を入る。

開8:00〜17:00（日〜16:30）

休無休　料寄付歓迎

内部不可

主教座に併設された高校。かつてはここに総主教座がおかれていた

コチ博物館

🚌エミノニュから47番、タクスィム広場から36T番

住**Hasköy Cad. No.5**

TEL(0212)369 6600

URL**www.rmk-museum.org.tr**

開9:30〜17:00

夏期の土・日・祝9:30〜19:00

冬期の土・日・祝9:30〜18:00

休月、一部祝

料18TL

潜水艦見学は9TL追加

内部不可

ミニアトゥルク

🚌シシリから54HS、タクスィムから54HT、エミノニュ47系統のバス

TEL(0212)222 2882

FAX(0212)222 2106

URL**www.miniaturk.com.tr**

開9:00〜19:00

休無休

料15TL

エルサレムの岩のドーム

南東部の町、マルディンもリアルに再現

スュメラ修道院

ミニアトゥルクにはクリスタル・イスタンブール博物館が併設されている。クリスタルにレーザーを照射し、イスタンブールを代表する16の建築物を立体的に浮かび上がらせて展示している。(編集室)

テオドシウスの城壁
このあたりは治安がよくないので複数人で昼間のうちに訪れること。

エディルネカプ、イェディクレと並んで保存状態のよいトプカプ

Information
イェディクレ
イェディクレとは7つの塔という意味をもつ要塞。テオドシウスの城壁の南側にある。テオドシウス帝の時代に造られた凱旋門の「黄金門」に端を発し、オスマン朝時代は捕虜収容所として使用された。
折込イスタンブール広域図B3
🚌エミノニュから市内バスBN1、BN2
※2019年5月現在閉鎖中。再開時期は未定。

カーリエ博物館
🚋T4エディルネカプ駅下車
住Kariye Sok. No.26
TEL(0212)631 9241
URLwww.choramuseum.com
開9:00～16:30　休無休
料45TL　内部不可

ミナレットもあり、ジャーミィだったときの名残が残る

テオドシウスの城壁周辺　見学時間の目安 **30分**

テオドシウスの城壁

折込イスタンブール広域図B3

Theodosius Surları テオドシウス・スルラル

テオドシウスの城壁は、イスタンブール旧市街の西側をすっぽり覆うように造られた城壁。ローマ・ビザンツ時代には鉄壁の防御を誇った。メフメット2世がこの町を陥落させたときも、結局この城壁は完全には崩しきれず、ビザンツ側の鍵の閉め忘れによって町に入ることができたという。ところどころ寸断されているが、かつてロマヌス門と呼ばれたトプカプのミニバスターミナルのあたり（トプカプ宮殿ではない）やエディルネカプ周辺は比較的よく修復されている。

テオドシウスの城壁周辺　見学時間の目安 **1時間**

カーリエ博物館

Map P.116B1

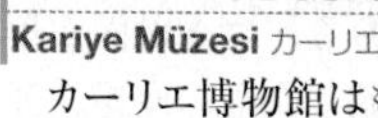

Kariye Müzesi カーリエ・ミュゼスィ

カーリエ博物館はもともと5世紀の初めにコーラ修道院として建てられ、その後オスマン朝時代にはイスラーム寺院として使われていた。13～14世紀に描かれた見事なモザイク画は漆喰で塗りつぶされていたが、20世紀中頃のアメリカ・ビザンツ研究所による調査で発見され、補修後の現在は再びすばらしい輝きがよみがえっている。

アダムとイヴの救済が描かれている

館内には聖母マリアとイエス、イエスの誕生など、ところどころ欠けてはいるが、50点以上の美しく彩色されたモザイク画があり、イエスの生涯や聖母最後の眠りなどが天井や壁面に描かれている。また、入口右にある礼拝堂にはフレスコ画が描かれており、一番奥にはアダムとイヴを救済しようとふたりの手を取るイエスの姿がある。これはビザンツ芸術のなかでも評価の高い作品だ。長い間修復が続いているが、見学はできる。

イエスを中心に24人の使徒が描かれている

繊細に描かれたイエスの表情はモザイク美術の傑作のひとつ

オスマン朝時代には捕虜収容所として使用されたイェディクレだが、17世紀に起こったイェニチェリの反乱の際には、スルタンのオスマン2世がここで命を落としている。（編集室）

テオドシウスの城壁周辺　見学時間の目安 **10分**

ミフリマー・スルタン・ジャーミィ

Map P.116B1

Mihrimah Sultan Camii ミフリマー・スルタン・ジャーミィ

11年に及ぶ修復を経て公開された

1565年にミマール・スィナンの設計により完成したジャーミィ。ミフリマー・スルタンとはスュレイマン大帝とヒュッレム・スルタン妃の間に生まれた娘。スュレイマン大帝は彼女を戦場に一緒に連れて行くほどかわいがったという。設計者であるミマール・スィナンが密かに慕っていたミフリマー・スルタンにささげるために造ったという言い伝えもある。

■ミフリマー・スルタン・ジャーミィ
開8:00～21:00
※礼拝時は入場不可
休無休
料寄付歓迎

テオドシウスの城壁周辺　見学時間の目安 **30分**

1453歴史パノラマ博物館

折込イスタンブール広域図B3

Panorama 1453 Tarih Müzesi パノラマ1453ターリヒ・ムュゼスィ

トプカプ駅の南側にある、1453年のコンスタンティノープル陥落をテーマにした博物館。メインとなるのは、コンスタンティノープルの陥落時の様子を再現したドーム状の巨大ジオラマ。中央部の下にある階段からドームに入り、城壁周辺に集まったオスマン朝軍の兵士たちが攻め入るシーンを360°眺められるというのが醍醐味。楽隊たちが奏でる音楽といい、臨場感溢れる作りとなっている。他にはコンスタンティノープル陥落に至るまでの経緯や背景などを解説するパネルがあるが、どれもトルコ語のみ。オーディオガイドは日本語もある。

■1453歴史パノラマ博物館
T1トプカプ駅下車
TEL(0212)415 1453
URL panoramikmuze.com
開8:00～17:00　休無休
料15TL　オーディオガイド5TL
内部不可

メフメット2世がお出迎え

目玉はドーム状の巨大ジオラマ

マルマラ海周辺　見学時間の目安 **2時間**

イスタンブール水族館

折込イスタンブール広域図A4

Istanbul Akvaryum イスタンブル・アクワリュム

トルコ初の本格的水族館でフロルヤ地区のショッピングセンターに併設されている。黒海、エーゲ海などトルコ周辺や中東の海域と、太平洋や大西洋など世界の海洋の合わせて16のテーマごとに約1500種類もの世界中の海洋生物を見ることができる。吹き抜け構造の回遊式巨大水槽や、海底の沈没船などユニークな展示がある。

■イスタンブール水族館
マルマライのフロルヤ・アクワリュムFlorya Akvaryum駅下車。スィルケジから約20分。
TEL(0212)574 2135
URL www.istanbulakvaryum.com
開10:00～20:00
休無休　料99TL

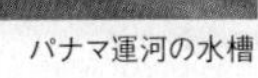

パナマ運河の水槽

紅海の水槽にはかわいいクマノミが

ボスポラス海峡を再現した水槽

イスタンブール水族館ではサメの水槽に一般客が体験ダイブをすることができる。事前講習もしてくれる。1人550TLで完全予約制（最低2日前）、水着、タオル、ビーチサンダル等は各自持参。(編集室)

■ユスキュダル
🚋マルマライでユスキュダル駅下車
⛴エミノニュ、ベシクタシュやカバタシュ、カラキョイなど多くの埠頭から船便がある。

マルマライのユスキュダル駅

■クズグンジュック
🚌ユスキュダルからバス15、15S、15C、15Y、15Mなど15系統がクズグンジュックを通る。

クズグンジュック
周辺図P.120B1
ボスポラス海峡
ベイレルベイ宮殿、7月15日殉教者の橋へ
クズグンジュック桟橋
Kuzguncuk İskelesi
0
200m
N
ユスキュダル埠頭へ
クズグンジュックチャルシュ通り
Kuzguncuk Çarşı Cad.
クズグンジュック・ジャーミィ
Kuzguncuk Camii
スルプ・クリコル・アルメニア教会
Surp Krikor Kilisesi
İsmet Baba Ⓡ
シナゴーグ
Sinagog
アヤ・ヨルギ教会
Aya Yorgi Kilisesi
Ⓡ
Ekmek Teknesi
Cafe Sitare Ⓡ
Kosinitza Ⓡ
Tahralı Bostan Sok.
İcadiye Cad.
イジャディエ通り
İnci Çayırı Sok.
Ⓡ Pita

■カドゥキョイ
⛴エミノニュなど多くの埠頭から船便がある。

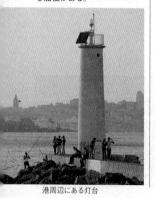

港周辺にある灯台

アジア側　見学時間の目安 **2時間**

ユスキュダル

Map P.120A2

Üsküdar ユスキュダル

ユスキュダルはアジア側の中心。古代ギリシアの植民都市クリソポリスが起源で、ビザンツ時代にはスクタリと呼ばれていた由緒ある地域だ。

2階部分が張り出しているのがトルコ式民家の特徴だ

栈橋には多くの船が発着し、活気がみなぎる。埠頭の近くには新鮮な野菜や魚を扱う市場がある。2013年にはマルマライが開通し、さらに交通の便がよくなった。しかし、一歩裏の路地に入るとオスマン朝時代のトルコ式木造家屋がまだ残っている。板塀の外壁、張り出しの2階窓が特徴で、ひなびた風情を醸し出している。

アジア側　見学時間の目安 **30分**

クズグンジュック

Map P.170

Kuzguncuk クズグンジュック

「ボスポラス海峡の真珠」とも称されるクズグンジュックは、公園の豊かな緑に囲まれ、古い家屋や教会、ジャーミィなどが残り、カフェやレストランも多く散策が楽しい。

ビザンツ時代にコスィニツァと呼ばれたクズグンジュックは現在はトルコ人が大半を占めているが、かつてはイスタンブールを代表するユダヤ人コミュニティがあったところ。アルメニア教会とユダヤ教のシナゴーグ、ジャーミィが肩を寄せ合うように建っており、古きよきイスタンブールの縮図のようなところだ。

アジア側　見学時間の目安 **30分**

カドゥキョイ

Map P.120A4〜B4

Kadıköy カドゥキョイ

カドゥキョイはイスタンブールよりも長い歴史をもっている地区。かつてはカルケドンと呼ばれたこの町では、ビザンツ時代の451年には、キリスト教の単性論を異端としたカルケドン公会議が行われた。現在でも教会が点在し、海岸周辺はショッピングエリアとなっている。また、埠頭前のバスターミナル

骨董品店が軒を連ねるテルラルザーデ通り

カドゥキョイのショップ、エタ・バル（Map P.121A1）はトルコ東部、黒海沿岸地方にある養蜂場のハチミツを瓶に詰めてもらえる。ヨーグルトにハチミツをかけたバルル・ヨールトが絶品。（編集室）

はアジア側の交通の起点となっており、各所へ行く市内バスが並んでいる。レストランやショップが軒を連ねる表通りから一歩中に入ると、骨董品店が軒を連ねるテルラルザーデ通りや伝統家屋が残る古い町並みも残っている。

アジア側　見学時間の目安 **30分**

チャムルジャ

折込イスタンブール広域図D3

Çamlıca チャムルジャ

チャムルジャから眺めた7月15日殉教者の橋

7月15日殉教者の橋に近い眺望絶景の丘。ここはイスタンブールで最も標高が高いため、テレビ塔が建てられている。頂上は公園となっており、カフェレストランやティーガーデンがあって、憩いの場になっている。結婚式を挙げたあとの記念撮影に来るカップルが多いことでも知られており、公園からはヨーロッパ側や7月15日殉教者の橋などのパノラマが広がる。アヤソフィア前発の定期観光バスでも行くことができる。

チャムルジャ
トゥリスティック・チャムルジャ・テスィスTuristik Çamlıca Tesisのバス停で下車徒歩約15分
ユスキュダルから9ÜD、11ÜS番
カドゥキョイから14番
スルタンアフメット広場から観光バスTB2

アジア側　見学時間の目安 **1時間**

ベイレルベイ宮殿

Map P.120B1

Beylerbeyi Sarayı ベイレルベイ・サラユ

7月15日殉教者の橋のたもとにあるスルタンの夏の離宮。スルタンのアブデュルアズィズによりアルメニア人建築家バルヤンの設計で1865年に完成した。ドルマバフチェ宮殿と同様、バロック様式とオスマン朝様式を合わせた折衷様式。見どころは2階（トルコ式1階）の男性用玄関にあるシャンデリアや女性の居住空間ハレム、スルタン執務室や浴室など。天井の木彫装飾がとても美しい。広間にある装飾時計も、ドルマバフチェ宮殿（→P.165）同様、アタテュルクの亡くなった9:05を指している。

天井の細かな装飾に注目

ベイレルベイ宮殿
ユスキュダルからバス15番か、ドルムシュで10分。7月15日殉教者の橋のたもとにある。
TEL (0216) 236 9000
開 9:00～17:00
休 月・木　料 40TL
内部不可

9時5分を指したままの時計

ボスポラス海峡からみた宮殿

豪華絢爛な2階（トルコ式1階）のサロン

ベイレルベイ宮殿は国賓が泊まるホテルのような役割もしており、オーストリア・ハンガリー帝国のフランツ・ヨーゼフ1世、イランのナーセロッディーン・シャーもここで宿泊したことがある。（編集室）

アナドル・カヴァウから眺める黒海

ルメリ・ヒサル

カンルジャ名物のヨーグルトは停泊中に売りにやってくる

7月15日殉教者の橋

ベイレルベイ宮殿

ボスポラス海峡周辺 | 見学時間の目安 2時間～半日

ボスポラス海峡クルーズ

Boğaz Turu ボアズ・トゥル

天気のいい日は海峡クルーズに出かけてみよう。エミノニュを出発して黒海入口のアナドル・カヴァウまで行くロングクルーズとファーティフ・スルタン・メフメット橋を過ぎたあたりで折り返すショートクルーズの2種類がある。船内で出されるウェルカムドリンクは別料金なので注意。

ロングクルーズ Uzun Boğaz Turu

運航 エミノニュ発:通年10:35、夏期のみ13:35
アナドル・カヴァウ発:通年15:00
夏期のみ17:00

所要 片道1時間45分　**運賃** 25TL(片道15)

ショートクルーズ Kısa Boğaz Turu

運航 エミノニュ14:30発、オルタキョイ14:50発

所要 2時間　**運賃** 12TL

夏期は毎日、シーズンオフは週末のみ運航。夏期は夜のムーンライトクルーズ(20TL)もある

トゥルヨル社のショートクルーズ船

運航 10:00～20:00に1時間毎

所要 1時間30分　**運賃** 20TL

エミノニュ側のトゥルヨル桟橋(Map P.136)から出発。途中下船不可。

デントゥル社のロングクルーズ船

運航 カバタシュ発11:15、ベシクタシュ発11:30
アナドル・カヴァウ発15:30

所要 5時間30分(往復)　**運賃** 20TL(往復)

アナドル・カヴァウで3時間停泊。

デントゥル社のホッピングスタイルの船

運航 カバタシュ発11:45～15:45に1時間毎
ベシクタシュ発11:55～15:55に1時間毎

運賃 20TL

ドルマバフチェ宮殿(カバタシュ埠頭)、キュチュックス離宮、ベイレルベイ宮殿で下船できる乗り降り自由のクルーズ船。チケットは当日いっぱい有効。

デントゥル社のホッピングスタイルの船で立ち寄るキュチュックス離宮は、オスマン朝スルタン、アブデュルメジドが建てたもの。近くにはアナドル・ヒサル(→P.174)もある。(編集室)

ボスポラス海峡周辺　見学時間の目安 **1時間**

乙女の塔

Map P.120A2

Kız Kulesi クズ・クレスィ

ボスポラス海峡入口のアジア側にある小島に建つ城塞。かつては灯台として使われていた。

乙女と名前がついたのは悲しい伝説による。昔々、王様のもとを訪ねてきた占い師が「あなたの愛娘は18歳の誕生日にヘビに噛まれて命を落とすだろう」と言った。これを信じた王は慌てふためき、愛娘をこの塔に閉じこめて育てた。娘が18歳の誕生日、王は果物を一杯にした籠を手に塔に出かけた。ところが、その籠のなかに毒蛇が隠れており、娘は予言どおりヘビに噛まれて死んでしまった。そんな言い伝えがある塔は1999年末に改装を済ませ、以来レストランとして利用されており、平日のブランチでも人気のスポットになっている。

ユスキュダルの埠頭から眺めた乙女の塔

ボスポラス海峡周辺　見学時間の目安 **30分**

7月15日殉教者の橋

Map P.111D3
Map P.120B1

15 Temmuz Şehitler Köprüsü オンベシ・テンムズ・シェヒットレル・キョプリュスュ

アジアとヨーロッパを隔てるボスポラス海峡の長さは約30km、幅は最も狭い所で約700m。全長約1.5kmのこの橋は建国50周年を記念して1973年に開通した。以前はボスポラス大橋と呼ばれたが2016年のクーデター事件後に名前が変わった。

ボスポラス海峡周辺　見学時間の目安 **1時間**

ルメリ・ヒサル

折込イスタンブール広域図D2

Rumeli Hisarı ルメリ・ヒサル

ルメリ・ヒサルは、メフメット2世が建造した要塞で1452年に建てられた。南北の長さは約250m。1453年のコンスタンティノ

巨大な塔が海峡を行き来する船ににらみをきかせていた

乙女の塔

TEL (0216) 342 4747

URL **www.kizkulesi.com.tr**

開 9:00～18:45、19：45からはレストラン、バーの営業

ユスキュダル南のサラジャックSalacakから小型船（20TL）で行くのが便利。カバタシュからの送迎は10:00～18:00の1時間に1便（20TL）。カバタシュへの帰りは10:45～18:45の毎時45分発。夜はレストランを利用する場合のみ、送迎してくれる。カバタシュ発20:00、20:45、21:30。乙女の塔からの帰りは23:00、23:45、0:30。サラジャックからは20:00～翌0:30の随時発着。スケジュールの変更予定あり。

明かりがともった乙女の塔

7月15日殉教者の橋

折込イスタンブール広域図C3

オルタキョイ・メジディエ・ジャーミィの背後に架かる

上空から見たファーティフ・スルタン・メフメット橋

ルメリ・ヒサル

🚌 カバタシュからサルイェル行き（海岸沿いコース）に乗り、ルメリ・ヒサル下車。

TEL (0212) 263 5305

開 夏期9:00～19:00
　冬期8:00～17:00

休 水　料 15TL

2016年のクーデターの際には激しい市街戦が橋の上で繰り広げられ多数の軍人が命を失った。今でも多数の銃弾の跡が残されている。（編集室）

ープル戦に備えて、わずか4ヵ月で造り上げたといわれている。現在はきれいに整備され、敷地内は心地よい散歩道となっている。夜はライトアップされて美しい。

ヤルと呼ばれる瀟洒な別荘が海峡沿いに建つ

ボスポラス海峡周辺　見学時間の目安 **30分**

アナドル・ヒサル

折込イスタンブール広域図D2

Anadolu Hisarı アナドル・ヒサル

ヨーロッパ側のルメリ・ヒサルのアジア側の対岸にある、オスマン朝の砦。1390年頃、バイェズィド1世により建てられた。現在は塔がひとつと城壁が残っており、公園になっている。このあたりの海峡幅は最短の約700mとなっている。

城壁が少し残るのみ

■キルヨス
🚌サルイェルまでバスで行き、キルヨス行きのバスに乗り換えて、所要約1時間。タクスィムからも便がある。
メトロM2線ハジュオスマン駅からバス151番で約45分

■ソラル・ビーチ
TEL(0216)201 2086
URLwww.solarbeach.com.tr

ボスポラス海峡周辺　見学時間の目安 **1時間**

キルヨス

Map P.172-1

Kilyos キルヨス

サルイェルからボスポラス海峡沿いをバスで北上すること約1時間、黒海沿岸のビーチ、キルヨスに到着する。キルヨスは、イスタンブール近郊のビーチのなかでも最も海がきれいな場所として知られている。ジェットスキーやバナナボートなど各種マリンスポーツの設備も整えたソラル・ビーチSolar Beachは、夏の野外コンサートでも有名で、国内外の大物アーティストがライブを行うことも多い。

キルヨスのビーチ

■プリンスィズ諸島
⛴カバタシュから船。
詳細は→P.137。

ボスポラス海峡周辺　見学時間の目安 **半日**

プリンスィズ諸島

Map P.172-3

Kızıl Adalar クズル・アダラル

プリンスィズ諸島（アダラルAdalarとも呼ばれる）は全部で9つの島からなるが、そのうち連絡船の便があるのはクナル島、ブルガズ島、ヘイベリ島、ビュユック島の4つ。ビザンツ時代以来、王子が島流しの憂き目に遭った場所だったのでこの名で呼ばれている。クナル島にはアルメニア人、ブルガズ島にはギリシア人、ビュユック島にはユダヤ人のコミュニティがあることでも知られ、島内にはシナゴーグや教会がある。夏には美しいビーチを求めて多くの人が休暇に訪れる。島内では車の利用が原則的に禁止されているので、のんびりした滞在が楽しめる。

一番大きなビュユック島は埠頭付近もにぎやか

クナル島は埠頭の横がすぐにビーチになっている

島伝いに行く連絡船

読者投稿　ルメリ・ヒサルはメトロのM6ボアズィチ大学Boğaziçi Üniversitesi駅から歩いていくこともできます。入口は海峡側にあります。（東京都　アリフマクスーラ　'19春）

イスタンブールのホテル

ホテルエリアと選び方ガイド

イスタンブールにはホテルが多く集まるエリアがいくつもある。観光に便利なのスルタンアフメット地区だが、旅のスタイルによってはほかのエリアもおすすめだ。

日本からホテルへの電話 国際電話会社の番号 + 010 + 国番号90 + 市外局番と携帯電話の最初の0を除いた相手先の電話番号

イスタンブール空港へ
ハリッチ橋
ヴァーリデ・スルタン橋
金角湾 Haliç
アタテュルク橋
トプカプ
アクサライ
ゼイティンブルヌ
アタテュルク・ハワリマヌ（旧旅客空港）

	旧市街の観光に便利 交通規制と悪路に注意 →P.180～186 **スルタンアフメット**	アクセス重視のアクティブ派 →P.186～188 **スィルケジ**
ホテルの数・種類 	★★★★ 安宿から高級ホテルまで宿の選択肢は広い。ただし、**昼間は交通規制でタクシーが入れない**上、石畳など道も悪いので、**自分で歩いて荷物を運べる人向き**。	★★★★ **1週間程度余裕があり、いろいろ回ってみたい人にはおすすめ**のエリア。3～4つ星クラスの中級ホテルが多数を占め、手頃なホテルも多い。
観光&交通	★★★★ 旧市街の中心なので、徒歩での観光に最適。グランドバザールやエジプシャンバザールも徒歩圏内。	★★★★★ 歴史地区へも徒歩圏内。さまざまな交通機関が集中していて移動に便利。フェリー埠頭も近く、エミノニュ発着のバス路線も充実。
レストラン	★★★★ 観光客が多いので相場は高め。カフェ風の小じゃれた店では西洋料理も出すが、メニューはどこも似た感じ。	★★★ 庶民的な食堂が多く、食費を安くあげられる。老舗レストランも多い。ファストフード店は多いが、外国系料理のレストランは少ない。
空港アクセス	★★ シャトルバスのハワイストで約1時間50分。タクシーは昼間は交通規制で一方通行が多く、道も悪いので荷物が重いときつい。	★★★ シャトルバスのハワイストで約1時間10分。イェニカプ路線でマルマライに乗り継いでも行ける。
治安	★★★ スリや盗難といった被害は多くなく、治安は悪くない。ただし、しつこい客引きや絨毯屋がらみのトラブルに注意。	★★★ 以前は治安が悪いエリアとして知られていたが、最近はそうでもない。人気の少ない所を夜にひとりで歩くのは避けたい。

読者投稿 トルコ旅行中すべてのホテルで歯ブラシの用意がありませんでした。トルコで売っている歯ブラシはヘッドが大きくて使いにくいと思うので、日本から持参したほうがいいです。（愛知県　えま　'17春）

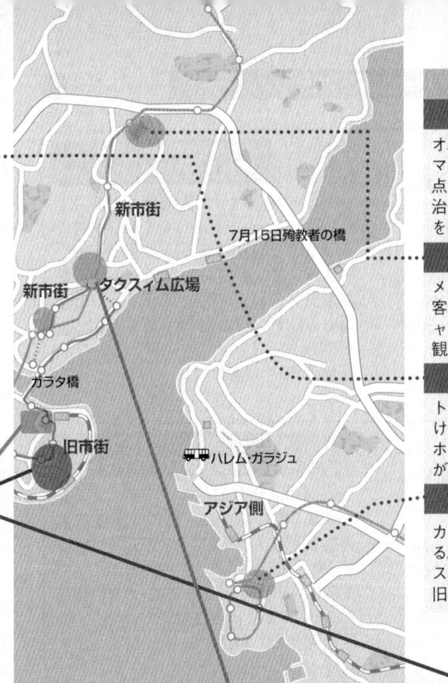

そのほかのホテルエリア

ボスポラス海峡周辺

オルタキョイ周辺や、7月15日殉教者の橋近辺など、オスマン朝時代の高官の別荘や宮殿を改装した豪華ホテルが点在。観光地へのアクセスはあまりよいとはいえないが、治安面では優れている。洗練されたレストランやスパ施設を完備するホテルもあり、セレブなバカンスを過ごせる。

新市街北部

メトロM2線のシシリ・メジディエキョイ駅周辺はビジネス客向けの大型ホテルが多い。ショッピングに便利で、ニシャンタシュへも徒歩圏内。メトロやバスの便もいいので、観光目的でも使える。

フンドゥクザーデ〜トプカプ

トラムヴァイT1線フンドゥクザーデ駅からトプカプ駅にかけて、メトロとトラムに挟まれたエリアに3〜4つ星の大型ホテルが点在している。メトロM1線とトラムT1線の2路線が使えるので各地へのアクセスも便利。

カドゥキョイ（アジア側）

カドゥキョイの埠頭近くに中級クラスのホテルが集中している。レストランの種類も豊富でアジア側最大のショッピングストリートであるバーダット通りへも近い。マルマライ開通で、旧市街や新市街方面へのアクセスも便利になった。

グルメ&ショッピング 都市型滞在派 →P.189〜191 **タクスィム広場周辺**	ホテルは多いが 治安に注意 →P.188〜189 **アクサライ**
★★★	★★★
ブティックホテルや長期滞在向けのアパートホテルが増えつつある。外資系のチェーンホテルは広場の北側に集中。	2〜4つ星クラスのホテルや団体ツアー向けの大型ホテルが多いが、おしゃれなプチホテル系の宿はあまりない。
★★	★★★★
旧市街へはフニキュレル（地下ケーブル）とトラムを乗り継いで30〜40分ほど。	メトロM1線、M2線、マルマライとトラムヴァイT1線が使え、旧市街や新市街への移動に便利。グランドバザールは徒歩圏内。
★★★★★	★★
眺めのよいレストランから各種ファストフード、和洋各国料理、名物居酒屋まで選択の幅は広い。	庶民的な食堂やファストフードチェーンが多く、食事には困らない。魚料理や居酒屋ならアクサライの南側のクムカプが近い。
★★★★	★★★
シャトルバスのハワイストの便数が多く、イスタンブール空港まで約1時間45分。サビハ・ギョクチェン国際空港へもアクセスしやすい。	イェニカプ行きのハワイスト（シャトルバス）で約1時間50分。メトロM1に乗り換えて1駅。
★★★	★
イスタンブールで随一の繁華街だが、治安は悪くない。ただし、深夜の裏路地や怪しげなエリアには近づかないように。	ナイトクラブや街娼も多く、イスタンブールでも有数の危険エリア。ホテルでの盗難も報告されている。

読者投稿　タクスィムのホテルに泊まったが、若者の町なのか朝4:00頃まで町なかで音楽が響いていた。安いホテルに泊まったためか、うるさくて眠れなかった。（広島県　加納美穂　'17夏）

アゴラ Agora Guesthouse & Hostel

経済的 10室 Map P.119上A2 スルタンアフメット

住Cankurtaran Mah., Akbıyık Cad., Amiral Tafdil Sok. No.6
TEL (0212) 458 5547
FAX (0212) 458 5548
URL www.agoraguesthouse.com
DOM A/C 10〜21€
/ A/C 30〜90€
US$ € JPY TL
M V

ドミトリーは4〜10人部屋だが広々とした造りで、ベッド下にロッカーが付いているので収納に便利。共同シャワーもきれいで、小さな脱衣所がある。朝食も充実のビュッフェ。電子レンジの使用も可能だ。日本語の手書き地図も配布している。

全館無料 EV なし

チアーズ Hostel Cheers İstanbul

経済的 20室 Map P.99C2 スルタンアフメット

住Zeynep Sultan Camii Sok. No.21
TEL (0212) 526 0200
FAX (0212) 526 0201
URL www.cheershostel.com
DOM A/C 17〜20€
A/C 60〜70€
A/C 56〜90€
US$ € TL 不可

人気ホステルランキングで常に1、2位を争う人気の宿。最上階には屋根裏風の客室があり、テラスバーからはアヤソフィアが眼前に見える。女性用ドミトリーは室内にシャワーあり。エアコンがない部屋もあるので夏期は要注意。

全館無料 EV なし

バハウス Bahaus

経済的 13室 Map P.119上A2 スルタンアフメット

住Bayram Fırını Sok. No.7
TEL (0212) 638 6534
FAX (0212) 517 6697
URL www.bahausistanbul.com
DOM 15〜25€
/ 24〜60€
US$ € TL
A M V

アクブユック通りの南にある。ドミトリーのシャワーなど、共有スペースがきれいでドライヤーもある。最上階には床に座ってくつろげるバーがある。インターネットはロビー横のPCルームが使用でき、プリントアウトも無料。

全館無料 EV なし

ノベル Nobel Hostel

経済的 12室 Map P.119上A2 スルタンアフメット

住Mimar Mehmetağa Cad. No.16
TEL (0212) 516 3177
FAX (0212) 516 3133
URL www.nobelhostel.com
DOM A/C 10〜15€
/ A/C 52〜55€
US$ € TL M V

Hostel Worldの受賞歴がある。朝食は夏はテラス、冬はレストランで出す。ドミトリーは4人部屋と8人部屋。テラスはビニールカーテンで覆われているので冬でも眺めを楽しめる。階段が狭いのが難点。

全館無料 EV なし

ホテルが紹介する旅行会社

イスタンブール、特にスルタンアフメット地区では不慣れな旅行者をカモにする旅行会社があとを絶ちません。その多くはカッパドキアなどへのツアーを不当に高い料金で売り付けるというもの。相場を知られないように到着後すぐに売り込みをかけることも多いようです。また、問題になると店名を変えることも多く、実態をつかむことすら困難な状況です。

このような悪徳旅行会社はホテルと同族経営、または関連会社のこともままあります。ホテルのスタッフにツアーを紹介されたとしても、旅行会社の選択には十分ご注意ください。(編集室)

早朝に空港へ行かなければならない場合は、スルタンアフメットやスィルケジの各ホテルに寄るエアポート・トランスファー・サービスを前日までに予約しておくと便利。(編集室)

ビッグ・アップル Big Apple Hostel

住Akbıyık Cad., Bayram Fırını Sok. No.12
TEL(0212) 517 7931
URLwww.hostelbigapple.com
DOM A/C 12～13€
A/C 45€
US$ € TL M V

経済的 9室
Map P.119上A2 スルタンアフメット

屋上のテラス席から見えるマルマラ海の眺めが評判。ドミトリーでは各ベッドにカーテンが備えられており、プライバシーが守られている。

全館無料 EV あり

オリエント Orient Hostel

住Akbıyık Cad. No.9
TEL(0212) 517 9493
URLwww.orienthostel.com
DOM A/C 9～17€
A/C 25～35€
A/C 35～45€
US$ € TL M V

経済的 13室
Map P.119上B1 スルタンアフメット

このあたりではかなり老舗の有名ホステル。朝食は眺めの良い最上階でのビュッフェ形式。空港シャトルバス（有料）のほか、無料の自転車とバイク用の駐輪場など設備も充実。

全館無料 EV あり

スルタン Sultan Hostel and Guesthouse

住Terbıyık Sok. No.3
TEL(0212) 516 9260
URLwww.sultanhostel.com
DOM A/C 19～26€
A/C 33～40€
US$ € TL
M V

経済的 34室
Map P.119上B2 スルタンアフメット

1階部分はパブ&レストランになっており夜遅くまでにぎやか。ドミトリーには女性専用もある。旅行会社も併設しており、いろいろ手配可能。周囲にレストランが多く便利。

全館無料 EV あり

イスティクラール İstiklâl Hostel

住Divanyolu Cad. No.70
TEL&FAX(0212) 522 8418
DOM A/C 37TL
A/C 110TL
A/C 160TL
US$ € JPY TL
不可

経済的 16室
Map P.98B3 スルタンアフメット

トラムヴァイの駅からも近い便利な立地。Ali Ustaというパスターネの上階にある。シャワーは各階にあり、とてもきれい。冷蔵庫も利用可能。最上階はテラスになっており、レセプションも兼ねている。

全館無料 EV なし

メトロポリス Metropolis Hostel

住Terbıyık Sok. No.24
TEL&FAX(0212) 518 1822
URLwww.metropolishostel.com
DOM 12～15€
33～44€
39€
55€
US$ € TL M V

経済的 12室
Map P.119上B2 スルタンアフメット

アクブユック通りにある同名のレストラン（Map P.119上B2）も同じ経営。夏期の朝食は屋上テラスで食べることができる。ユースホステル会員証の提示でレストランでの食事が10%割引きになる。

全館無料 EV なし

ハーモニー Harmony Hostel

住Hüdavendigar Cad. No.20
TEL(0212) 512 0522
DOM 8～15€
US$ € TL
M V

経済的 5室
Map P.99C1 ギュルハーネ

レセプションは2階に位置している。ドミトリーのみだが、部屋は明るく広い。一部屋のベッド数によって料金が変わり、一番大きな部屋のベッド数は8つ。女性専用室も用意している。ロッカーも大型で、無料で利用可能。

全館無料 EV あり

読者投稿 トルコの人は食事中にチャイを飲みません。普段食事中にお茶を飲む人はスープか水を。チャイは食後に楽しむのがトルコ式マナーのようです。（愛知県 えま '17 春）

セカンド・ホーム Second Home Hostel

住 Ebussuud Cad. No.19
TEL (0212) 512 5790
URL www.secondhomehostel.com
DOM 12～14€
28～38€
40～48€
A/C 40～48€
US$ € TL M V

経済的 14室 Map P.99C1 ギュルハーネ

スィルケジ駅に近いホテル街にあり、トラムT1線のギュルハーネ駅も近い便利な立地。6人部屋は女性専用ドミトリー。一番大きなドミトリーは9人部屋で地下だが、空間には十分な余裕があり広くて明るい。共同シャワーもきれい。

全館無料 EV なし

ワールド・ハウス World House Hostel

住 Galipdede Cad. No.85
TEL (0212) 293 5520
URL www.worldhouseistanbul.com
DOM A/C 12～20€
A/C 45～60€
US$ € TL
M V

経済的 18室 Map P.100B2 テュネル

ガラタ塔近くにある。新市街では数少ないパックパッカー向けの宿。全室エアコン付きで設備はまだ新しい。ドミトリーは男女混合で、ベッド数は4～14。ツアーやアパートメントも手配可。

全館無料 EV なし

バンク Bunk Taksim

住 Papa Roncalli Sok. No.34
TEL (0212) 343 0095
URL www.bunkhostels.com
DOM A/C 15～18€
A/C 60～70€
US$ € TL
M V

経済的 45室 Map P.104A4 タクスィム

歴史ある建物を改装したホステル。客室はモダンな内装で若者に人気がある。ドミトリーは男女別で、ベッド数は4～8。最上階はダイニングバーで日替わりメニューがお得。

全館無料 EV あり

スルタンアフメット地区のホテル

マルマラ Marmara Guesthouse

住 Terbıyık Sok. No.15
TEL (0212) 638 3638
FAX (0212) 638 3639
URL www.marmaraguesthouse.com
A/C 63€～
A/C 68€～
US$ € JPY TL M V

経済的 14室 Map P.119上B2 スルタンアフメット

かつての人気宿コンヤ・ペンションを経営していた母娘が営む。家庭的なもてなしは定評があり、娘のエリフさんは日本語も話せる。部屋はフローリングで、内装もかわいらしい。セーフティボックスあり。最上階からはマルマラ海が見える。冬期割引あり。

全館無料 EV なし

チューリップ Tulip Guesthouse

住 Terbıyık Sok. No.19
TEL (0212) 517 6509
FAX (0212) 516 0254
URL www.tulipguesthouse.com
A/C 55€～
A/C 56～116€
US$ € JPY TL
M V

経済的 9室 Map P.119上B2 スルタンアフメット

家族経営の小さなゲストハウス。どの部屋も家庭的なインテリアでまとまっている。若い女性マネジャーのエスィンさんは少し日本語が分かる。朝食を出す屋上テラスからはマルマラ海が見える。ガラス張りになるため、冬でも朝食はここで出す。

全館無料 EV なし

ハネダン Hanedan Hotel

住 Adliye Sok. No.3
TEL (0212) 516 4869
FAX (0212) 458 2248
URL www.hanedanhotel.com
A/C 40€～
A/C 55€～
US$ € TL M V

経済的 10室 Map P.119上B1～2 スルタンアフメット

部屋はセーフティボックス付きで、シングルルームでも天蓋付きの大きなベッドが付いている。夏期は屋上で朝食をとることも可能。ファミリールームは85～105€。ノートPCも借りられる。

全館無料 EV なし

マルマラ・ホテルには少し離れているが、同経営のサルハン・ホテル Saruhan Hotel (Map P.98A4) もあり、満室の場合はこちらをすすめられることも (URL www.saruhanhotel.com)。(編集室)

メッド・ジェズィール Med Cezir Hotel

住Tevkifhane Sok. No.6
TEL(0212) 517 5935
FAX(0212) 638 9669
URLwww.medcezirhotel.net
S A/C 39€
W A/C 59€
W A/C 59€
US$ € JPY TL　M V

経済的 9室　Map P.119上A1 スルタンアフメット

アヤソフィアとブルーモスクの中間にあり、観光に便利な立地。シャワー、トイレが共同の部屋がほとんどだが、設備は新しく清潔にされている。中庭で朝食を取ることができる。チャイとコーヒーは無料。

全館無料　EV なし

ヒッポドロム Hotel Hippodrome

住Mimar Mehmetağa Cad. No.22
TEL(0212) 517 4529
FAX(0212) 516 0268
URLwww.hippodromehotel.com
S A/C 50€~
W A/C 60€~
US$ € TL　A M V

中級 28室　Map P.119上A2 スルタンアフメット

最上階の部屋はテラス付きでマルマラ海が見える。キリムや絨毯が敷かれ温かみのある内装。半数の部屋はバスタブ付き。電気ポットやティーセットも完備。朝食は近くの系列ホテルAzadeで出している。

全館無料　EV あり

オスマン・ハン Osman Han Hotel

住Çetinkaya Sok. No.1
TEL(0212) 458 7702
FAX(0212) 458 7684
URLwww.osmanhanhotel.com
S A/C 70€~
W A/C 75€~
US$ € JPY TL
J M V

中級 7室　Map P.119上A2 スルタンアフメット

ホテルの口コミウエブサイトでも高評価を受けている。シャワーブースも清潔に保たれている。マルマラ海が見える屋上テラスでの朝食も自慢だ。現金払いで5%の割引がある(電話かメールでの予約のみ)。静かで落ち着いたホテル。

全館無料　EV なし

メガラ・パレス Megara Palace

住İshak Paşa Cad. No.8
TEL(0212) 518 3656
FAX(0212) 518 3658
URLwww.megarahotel.com
S/W A/C 55～75€
US$ € TL
M V

中級 24室　Map P.119上B1 スルタンアフメット

イスハク・パシャ通りにある。落ち着いた内装のホテルで、サービスにも定評がある。スイート(3室)はコンパクトシャワーシステムで、100～140€と手頃。スタッフも長く勤めている人が多い。オーナーが画家で作品が階段に飾られている。

全館無料　EV なし

エンジェルズ・ホーム Angels Home

住Amiral Tafdil Sok. No.26
TEL(0212) 638 1996
FAX(0212) 638 1998
URLwww.angelshomehotel.com
S/W A/C 50～100€
US$ € TL
不可

中級 20室　Map P.119上A2 スルタンアフメット

スタンダードの部屋でもティーセットやスリッパを完備している。テラスからの眺めもよい。夏期は100€～。300€以上の宿泊費で空港送迎片道無料。600€以上で往復無料。

全館無料　EV なし

ゼウグマ Hotel Zeugma

住Akbıyık Cad. No.35
TEL(0212) 517 4040
FAX(0212) 516 2323
S/W A/C 40～90€
US$ € TL
M V

中級 10室　Map P.119上A2 スルタンアフメット

モザイクの描かれた外壁がよく目立つ。全室薄型テレビ、ドライヤー、スリッパ付き。バスタブ付きのデラックスルームは2部屋ある。1階はカフェになっている。

全館無料　EV なし

読者投稿　水道水は飲めないという人もいますが、ホテルのオーナーに沸かして飲めば問題ないと教えてもらい、インスタント味噌汁、スープ、ラーメンとして食べました。(千葉県　矢崎武夫　'18 春)

サルヌチュ Sarnıç Hotel

住Küçük Ayasofya Cad. No.26
TEL(0212) 518 2323
FAX(0212) 518 2414
URLwww.sarnichotel.com
/A/C 50€～
US$ € TL
A M V

中級 21室 Map P.99C4 スルタンアフメット

オスマン朝時代の建造物を改装したブティックホテル。客室のアメニティもシャワージェル、オーガニックソープがあり、かなり充実している。新館のサルヌチュ・プレミアは本館よりやや高め。1階はパブになっている。

全館無料 EV あり(新館のみ)

タシュコナック Tash Konak Hotel

住Küçük Ayasofya Cad., Tomurcuk Sok. No.5
TEL(0212) 518 2882
FAX(0212) 638 8491
URLwww.hoteltashkonak.com
A/C 60～65€
A/C 75€～
US$ € TL M V

中級 33室 Map P.99C4 スルタンアフメット

老舗のプチホテル。室内はフローリングで木製家具が配され、落ち着いた感じ。スリッパやセーフティボックスも完備。朝食は1階でとる。現金払いで8%割引き(電話かメールでの予約のみ)。

全館無料 EV なし

エイペックス Apex Hotel

住Amiral Tafdil Sok. No.24
TEL(0212) 458 0190
FAX(0212) 458 0189
URLwww.istanbulapexhotel.com.tr
A/C 60€
A/C 80€
US$ € TL M V

中級 10室 Map P.119上A2 スルタンアフメット

客室はバスローブ、セーフティボックス、ティーセット付き。ロビーにもプリンタやファクス、飲み物などが用意されている。朝食は常時30種類のオープンビュッフェで屋上のテラスで出す。

全館無料 EV なし

アララット Ararat Hotel

住Torun Sok. No.3
TEL(0212) 516 0411
FAX(0212) 518 5241
URLwww.ararathotel.com
/A/C 50～200€
US$ € TL
A M V

中級 12室 Map P.119上A2 スルタンアフメット

人気のアート系ホテルで落ち着いた内装と客室からの眺めも自慢。眺めや部屋の広さで値段が異なる。テラスにはちょっとしたバーカウンターがありブルーモスクやマルマラ海がよく見える。

全館無料 EV なし

ノマド Nomade Hotel

住Divanyolu Cad., Ticarethane Sok. No.15
TEL(0212) 518 8172
FAX(0212) 513 2404
A/C 60～85€
A/C 75～100€
US$ € TL
M V

中級 16室 Map P.99C3 スルタンアフメット

老舗ブティックホテル。部屋ごとにテーマカラーを変えており、手狭な感はあるが、どの部屋もモダンな雰囲気で、シャワールームはタイル張り。テラスはおしゃれなカフェになっている。現金払いは6%割引き(電話かメールでの予約のみ)。

全館無料 EV あり

アーリフェ・スルタン Arife Sultan Hotel

住Alemdar Mah., Çatalçeşme Sok. No.8
TEL(0212) 514 03 73
URLarifesultanhotel.com
A/C 48€～
A/C 50€～
US$ € TL
M V

中級 8室 Map P.98B3 スルタンアフメット

スルタンアフメット駅へ徒歩約3分、という好立地。同地区の他のホテルと比べてリーズナブルな値段設定。部屋はそれほど広くないものの清潔に整えられている。フロントの対応も親切。

全館無料 EV あり

旧市街のホテルでは、しばしば現金払いだと割引になるホテルがあるが、これはホテルの予約サイトなどを通さずに直接予約した場合のみということが多いので要注意。(編集室)

ダフネ Hotel Daphne

中級 20室 Map P.98B4 スルタンアフメット

住Su Terazisi Sok. No.14
TEL(0212) 638 7060
FAX(0212) 638 7064
URLwww.hoteldaphne.com
A/C 50€
A/C 55€
US$ € TL AMV

ブティックホテルのなかでも人気がある宿。全室バスタブ付きで、バスルームはとてもシックな造り。朝食サロンや最上階のレストランからの眺めも自慢。朝食はビュッフェ形式。

全館無料 EVあり

エミネ・スルタン Emine Sultan Hotel

中級 10室 Map P.99C4 スルタンアフメット

住Kapıağası Sok. No.6
TEL(0212) 458 4666
FAX(0212) 458 4668
URLwww.eminesultanhotel.com
A/C 49€
A/C 35~79€
US$ € TL
MV

家庭的なもてなしがモットーのブティックホテル。屋上のテラスからの眺めもよく、種類豊富な朝食ビュフェもここで出している。到着日にウエルカムフルーツをサービス。現金払いで割引きあり。バスタブ付きの部屋もある。

全館無料 EVあり

アヤソフィア・ジョシュクン・ハウス Ayasofya Coşkun House

中級 3室 Map P.99C2 スルタンアフメット

住Soğukçeşme Sok. No.30
0533 647 7940
Mailcoskunapart@gmail.com
A/C 70~120€
US$ € JPY TL
AMV

風情あるソーウクチェシメ通りにある。オーナーのメティンさんは日本語が少し話せる。すべての部屋がアパートメントタイプで、リビング、キッチン（食器や電気コンロ、冷蔵庫付き）、寝室が別になっており広い。

全館無料 EVなし

アレナ Arena Hotel

中級 40室 Map P.98B4 スルタンアフメット

住Şehit Mehmet Paşa Yok., Üçler Hamam Sok. No.13-15
TEL(0212)458 0364
FAX(0212)458 0366
URLwww.arenahotel.com
A/C 59~149€
A/C 79~169€
US$ € JPY TL ADJMV

バスタブ付きの部屋は半数ほど。スタンダードルームでも海が見える部屋がある。ハマム（入場25€）もあり、アカすりとマッサージ（40€）も行う。朝食はオープンビュッフェ。

全館無料 EVあり

エンプレス・ゾエ Hotel Empress Zoe

中級 26室 Map P.119上B1 スルタンアフメット

住Akbıyık Cad. No.10
TEL(0212) 518 2504
FAX(0212) 518 5699
URLwww.emzoe.com
A/C 90€~
A/C 125€~
US$ € TL
MV

イコンが描かれていたりと、古代とオリエンタルな要素をミックスさせたデザイナーズホテル。インテリアにも非凡なセンスが光る。バーには暖炉があり、隠れ家的な中庭も開放的だ。現金払いは10%引き（電話かメールでの予約のみ）。

全館無料 EVなし

ホワイト・ハウス White House Hotel

中級 21室 Map P.99C2 スルタンアフメット

住Çatalçeşme Sok. No.21
TEL(0212) 526 0019
FAX(0212) 526 0914
URLwww.istanbulwhitehouse.com
A/C 89~137€
A/C 99~169€
US$ € TL
AMV

スルタンアフメット駅から近く、観光に大変便利な場所。客室は白を基調としており、可愛らしいファブリックなどが使用されている。屋上にあるテラスからはアヤソフィアが見渡せることができ、朝食もここでとる。

全館無料 EVあり

読者投稿 フェルマン・オールド・シティ Ferman Old City（Map P.119上A2）に泊まった。スタッフも感じがよく、部屋も新しく広くてよかった。（埼玉県 A.Y. '18夏）

デラックス・ゴールデン・ホーン・ Deluxe Golden Horn

住Binbirdirek Meydanı Sok. No.1
TEL(0212) 518 1717
FAX(0212) 518 9406
URLwww.deluxegoldenhornhotel.com
120€
110～180€
US$ € TL　AMV

中級 75室　Map P.98B3 スルタンアフメット

公園の隣にあり、少し奥まった高台にあるので静か。スイートルームはバスタブ付き。屋上はテラスになっており、景色が見渡せて開放的。朝食もここで出す。

全館無料　EV なし

イブラヒム・パシャ İbrahim Paşa Oteli

住Terzihane Sok. No.7
TEL(0212) 518 0395
FAX(0212) 518 4457
URLwww.ibrahimpasha.com
72€～
US$ € TL
MV

中級 24室　Map P.98B3 スルタンアフメット

19世紀のオスマン朝の建物を修復したブティックホテル。デラックスルームは12室あり、175～295€。モダンとアンティークを組み合わせたインテリアが、洗練された空間を演出している。現金払いで10%割引き(電話かメールでの予約のみ)。

全館無料　EV あり

ソクルル・パシャ Sokullu Paşa Hotel

住Şehit Mehmet Paşa Sok. No.3
TEL(0212) 518 1790
FAX(0212) 518 1793
URLwww.sokullupasahotel.com
62€～
72€～
US$ € TL　AMV

中級 27室　Map P.98B4 スルタンアフメット

ソクルル・メフメット・パシャ・ジャーミィから少しマルマラ海側に降りたところにあるブティックホテル。部屋はくつろぎを主眼におき、クラシカルな装い。ハレム・スイートはハマム付き。

全館無料　EV あり

アルゼル Alzer Hotel

住At Meydanı No.20
TEL(0212) 516 6262
FAX(0212) 516 0000
URLwww.alzerhotel.com
70€
US$ € TL
MV

中級 22室　Map P.98B3 スルタンアフメット

ヒッポドロームに面したプチホテル。建物自体も150年以上の歴史があり、客室はクラシカルな内装。朝食は最上階で出している。室内にはオスマン朝期の肖像画などが飾られている眺めのよいテラスレストランがある。

全館無料　EV あり

ブルーハウス Blue House

住Dalbastı Sok. No.14
TEL(0212) 638 9010
FAX(0212) 638 9017
URLwww.bluehousehotel.com
70～140€
90～180€
US$ € TL
AMV

中級 27室　Map P.119上A2 スルタンアフメット

アラスタバザール入口にある。トルコ語ならMavi Evマーヴィ・エヴともいう。テラスからの眺めが自慢で、スルタンアフメット・ジャーミィがそびえ建ち、背後にはマルマラ海が迫る。現金払いで10%引き(電話かメールでの予約のみ)。

全館無料　EV あり

ドッソ・ドッスィ Dosso Dossi Old City

住Alay Köşkü Cad. No.12
TEL(0212) 526 4090
FAX(0212) 528 0883
URLwww.dossodossioldcity.com
280€～
US$ € TL
AMV

中級 93室　Map P.99C2 スルタンアフメット

2013年にオープンした大型ホテル。スパやハマム、サウナなど設備は充実。朝食は90種類のビュッフェ。左記は公式料金で、実際は100€ぐらいから泊まれるお得なパッケージプランもある。

全館無料　EV あり

オットマン・ホテル・インペリアル（Map P.99-C2）に併設されているマトバーフ Matbah レストランはオスマン朝時代のレシピを再現した料理で有名。(編集室)

キベレ Kybele Hotel

中級 16室 Map P.99C2 スルタンアフメット

住Yerebatan Cad. No.23
TEL(0212) 511 7766
FAX(0212) 513 4393
URLwww.kybelehotel.com
50~80€
90~150€
US$ € JPY TL
A D J M V

全館で約4000個のランプが天井からつり下げられているのが一番の自慢。館内や室内にもアンティークの調度品が多く、まるでアンティークショップのよう。日本人にも人気が高い宿で、リピーターも多い。

全館無料 EV なし

アヴィセンナ Hotel Avicenna

高級 48室 Map P.119上A2 スルタンアフメット

住Amiral Tafdil Sok. No.19
TEL(0212) 517 0550
FAX(0212) 516 6555
URLwww.avicennahotel.com
80€~
85€~
US$ € TL
A M V

白を基調とした外観がきれいな老舗のプチホテル。部屋数が多く、内装もかわいらしい感じ。12室はバスタブ付きで、洗面台も大きい。室内も白を基調にしており爽快感がある。

全館無料 EV なし

アーデン・シティ Arden City

高級 38室 Map P.99C2 スルタンアフメット

住Prof. Kâzım İsmail Gürkan Cad. No.2
TEL(0212) 528 9393
URLwww.hotelarden.com
90€~
110€~
US$ € TL
M V

アヤソフィアから徒歩約4分、スルタンアフメット駅へも徒歩約4分。大通りから近いため、タクシーを呼ぶ際にも便利。落ち着いた色調の客室で屋上のテラスからの眺めがよい。ランドリーやレンタカーサービスも受けられる。

全館無料 EV あり

スルタンアフメット・サラユ Sultanahmet Sarayı Hotel

高級 45室 Map P.119上A2 スルタンアフメット

住Torun Sok. No.19
TEL(0212) 458 0460
FAX(0212) 518 6224
URLwww.sultanahmetpalace.com
150€
170€
US$ € TL A M V

アラスタバザールの近くにある。前庭も後方のテラスも広いので、喧騒を感じさせない。一部の部屋では大理石造りのミニハマムが備え付けられており、冬はその大理石がちゃんと温まる仕組み。バスタブ付きの部屋もある。

全館無料 EV なし

セブン・ヒルズ Seven Hills Hotel

高級 18室 Map P.119上A1 スルタンアフメット

住Tevkifhane Sok. No.8/A
TEL(0212) 516 9497
FAX(0212) 517 1085
URLwww.sevenhillshotel.com
100~319€
US$ € TL
A M V

客室はフローリングで調度品もアンティーク調で落ち着いた感じ。アメニティグッズも充実。2室のみバスタブなしの部屋がある。テラスからの眺めはこのあたりでは最高。上階のレストランは宿泊客以外の利用も多い。

全館無料 EV あり

ジェラール・スルタン Celal Sultan Hotel

高級 55室 Map P.99C2 スルタンアフメット

住Salkımsöğüt Sok. No.16
TEL(0212) 520 9323
FAX(0212) 522 9724
URLwww.celalsultan.com
55€~
65€~
US$ € JPY TL A M V

アンティークな雰囲気の旧館に対し、新館は白を基調にした明るめの内装。テラスからはアヤソフィアを正面に見ることができる。併設のレストランも定評がある。

全館無料 EV あり

スィルケジ駅の構内では不定期に地域の物産展が開かれる。スジュク、はちみつ、ジュースなどが驚くほどの低価格で売りだされ、試食もあるので一見の価値あり。(編集室)

エレスィン・クラウン Eresin Crown Hotel

住 Küçük Ayasofya Cad. No.40
TEL (0212) 638 4428
FAX (0212) 638 0933
URL www.eresin.com.tr
300～350€
325～375€
US$ € TL
A M V

高級 59室 Map P.98B4 スルタンアフメット

ビザンツ時代の大宮殿の跡地に建つため、ミュージアムホテルの異名をもっている。レセプションの横には貯水池跡が、レストランの床にはモザイクが残っている。マルマラ海を望むテラスレストランも雰囲気がよい。

全館無料　EV あり

フォーシーズンズ Four Seasons İstanbul at Sultanahmet

住 Tevkifhane Sok. No.1
TEL (0212) 402 3000
FAX (0212) 402 3010
URL www.fourseasons.com
530€～
料 付加価値税8%別途
US$ € JPY TL
A D J M V

最高級 65室 Map P.119上A1 スルタンアフメット

20世紀初頭に建てられ、1970年まで刑務所として使用されてきた建物を利用したホテル。中庭を囲むように建つ監視塔がかつての刑務所時代を思い起こさせる。客室のほとんどがスイートルームという贅沢な造り。バスルームはシャワー、化粧台、トイレ、バスタブがそれぞれ独立している。朝食はアラカルト式で35€前後。

全館無料（高速接続有料）　EV あり

スィルケジ地区のホテル

アクチュナル Hotel Akçınar

住 Nöbethane Cad., Serdar Sok. No.12
TEL (0212) 513 3273
FAX (0212) 527 9188
URL www.hotelakcinar.com
35～50€
55～75€
US$ € TL　M V

経済的 50室 Map P.99C1 スィルケジ

2011年に改装して客室がきれいになった。部屋によって見える景色にはかなりの差があるので、いくつか部屋を見せてもらおう。できればスィルケジ駅とマルマラ海が見える方向がベスト。部屋は狭いがテレビとミニ冷蔵庫付き。

全館無料　EV あり

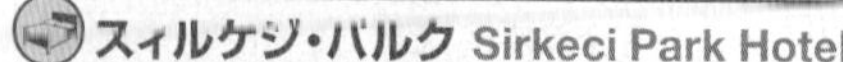

スィルケジ・パルク Sirkeci Park Hotel

住 Ebussuud Cad. No.24
TEL (0212) 514 2930
FAX (0212) 514 2920
URL www.sirkeciparkhotel.com
80€
US$ € TL
M V

経済的 23室 Map P.99C1 ギュルハーネ

部屋はコンパクトだがフローリングできれいにされている。バスタブはないがシャワーブースはモダンなタイル張り。セーフティボックス完備、各部屋は電気ポット付き。最上階には海峡が見える部屋もある。

全館無料　EV あり

キュー・イン Q Inn Old City

住 Dervişler Sok. No.7
TEL (0212) 514 1200
FAX (0212) 528 2020
50～100€
60～120€
US$ € TL
A M V

中級 42室 Map P.99C1 スィルケジ

客室は20m²ほどとコンパクト。欧米のホテル口コミサイトで高い評価を受けており、客層も欧米人の中年層に人気が高い。隣のホテルの建物を合わせて規模が大きくなった。ラーレリ地区に系列ホテルがある。

全館無料　EV あり

ドルマバフチェ宮殿の近くにもフォーシーズンズホテル（Four Seasons Hotel Istanbul at the Bosphorus）（Map P.107C4）がある。19世紀に建てられたアティクパシャの邸宅を改装したホテルだ。（編集室）

ミスター・バード Mr. Bird Hotel

中級 12室 / Map P.99C1 スィルケジ

住Orhaniye Cad. No.32
TEL(0212) 527 4243
FAX(0212) 527 4244
S A/C 80€~
W A/C 90€~
US$ € TL
A M V

2013年にオープン。スィルケジ駅のマルマライ側改札口からすぐ。小さなホテルで部屋も広くはないが機能的でそれぞれ内装が異なっている。部屋によっては窓からスィルケジ駅やガラタ塔が見渡せる。

全館無料 EV あり

グランド・ヒュリエット Grand Hürriyet Hotel

中級 35室 / Map P.99C1 スィルケジ

住Serdar Sok. No.19
TEL(0212) 520 3787
FAX(0212) 520 3788
URL www.hurriyethotel.com
S A/C 40€~
W A/C 60€~
US$ € TL M V

スィルケジ駅近くの老舗ホテル。部屋はシンプルだが、テレビ、ミニバー、セーフティボックスなどを備えており、改装済みできれい。屋上にあるテラスは夏のみのオープン。

全館無料 EV なし

スデ・コナック Sude Konak Hotel

中級 42室 / Map P.99C2 ギュルハーネ

住Ebussuud Cad. No.16
TEL(0212) 513 2100
FAX(0212) 513 2003
URL www.sudekonak.com
S A/C 55~70€
W A/C 75~100€
US$ € TL
A D M V

それほど凝ったインテリアではないが、モダンでカジュアルなテイスト。大きめのバスタブがあるのもうれしい。朝食がとれる屋上のテラスは眺めもよい。レストランやバーも併設されている。

全館無料 EV あり

エルボイ Hotel Erboy

中級 108室 / Map P.99C1 ギュルハーネ

住Ebussuud Cad. No.18
TEL(0212) 513 3750
FAX(0212) 513 3759
URL www.erboyhotel.com
S A/C 44~65€
W A/C 47~70€
US$ € JPY TL
A M V

トラムのギュルハーネ駅から徒歩約3分の便利な立地。眺めのよいテラスも自慢。地下には伝統家屋をモチーフにしたユニークな内装のレストランがある。改修工事を行っており、2020年1月頃の再開予定。

全館無料 EV あり

オリエント・エクスプレス Hotel Orient Express

中級 52室 / Map P.99C1 スィルケジ

住Hüdavendigar Cad. No.24
TEL(0212) 520 7161
FAX(0212) 526 8446
URL www.orientexpresshotel.com
S A/C 60€~
W A/C 70€~
US$ € JPY TL
A D M V

トラム通り沿いにあり、便利な立地。2階のみ喫煙フロア。宿泊客が無料で利用できるプールもある。小さいがバスタブは半数以上の部屋に付いている。屋上テラスはガラス張りで通年オープン。

全館無料 EV あり

マルマラ・デラックス Marmara Deluxe

中級 29室 / Map P.99C1 ギュルハーネ

住Ebussuud Cad. No.45 D-1
TEL(0212) 520 2777
URL www.marmarahoteldeluxe.com
S A/C 45€~
W A/C 60€~
US$ € TL
M V

スィルケジ駅から坂を登ったホテル街の入口にある。客室の広さはそこそこだがバスルームが広く、このクラスでは珍しく全室に小さなトルコ式ハマムが付いている。

全館無料 EV あり

スィルケジ駅のホーム北側には鉄道博物館がある。小さい博物館だが、オリエント・エクスプレスで使用されていた食器など、興味深いものも展示されている。なお、日曜やバイラムは休館。(編集室)

ヤシュマック・スルタン Hotel Yaşmak Sultan

中級 79室 | Map P.99C2 ギュルハーネ

住Ebussuud Cad. No.12
TEL(0212) 528 1343
FAX(0212) 528 1348
URLwww.hotelyasmaksultan.com
S A/C 65～140€
W A/C 85～160€
US$ € JPY TL
M V

1965年創業の老舗。オスマン朝風のモチーフも取り入れたモダンな内装。バスローブやスリッパなどアメニティも充実している。ハマムやサウナも完備（有料）。宿泊客はスイミングプールやフィットネスは無料。

全館無料 EV あり

ヴェニュー Venue Hotel

中級 24室 | Map P.98B1 エミノニュ

住Mimar Vedat Sok., Ozhan Apt. No.16
TEL(0212) 512 7575
URLvenuehotelistanbul.com
S A/C 400TL～
W A/C 500TL～
US$ € TL　A M V

エミノニュ駅まで徒歩約4分と、各交通機関へのアクセスが非常に良好。エジプシャンバザールへも近い。部屋はそれほど広くないもののモダンで清潔な内装となっている。

全館無料 EV あり

旧市街その他（オトガル内、アクサライ他）

リデル Lider Otel

経済的 62室 | Map P.128 オトガル内

住Otogar A4 Kulesi Üstü
TEL(0212) 658 2780
FAX(0212) 658 2793
URLwww.liderotel.com
S A/C 150TL
W A/C 200TL
US$ € TL　M V

オトガルの南西角の4階にある。飛行機やバスのトランジットホテルとして便利。宿泊費の高いイスタンブールではコストパフォーマンスも高い。部屋の設備は標準的だが、広々としている。

全館無料 EV あり

ノヴァ Nova Otel

経済的 48室 | Map P.128 オトガル内

住Otogar A1 Kulesi Üstü
TEL(0212) 658 3780
FAX(0212) 658 3790
S A/C 120TL
W A/C 170TL
US$ € TL
M V

オトガルの南東角の4階にある。乗り継ぎに便利。改装済で客室も割ときれい。フロントの横ではなぜかビリヤードもできる。部屋数が多いので、夜でも空室があることが少なくない。

全館無料 EV あり

マヤ Maya Hotel

経済的 50室 | Map P.108B3 アクサライ

住Fevziye Cad. No.5
TEL(0212) 511 3333
FAX(0212) 528 2320
URLwww.mayahotel.com
S A/C 40～65€
W A/C 60～66€
US$ € TL
M V

ラーレリ・ジャーミィの裏手にあり、周囲はいつも賑やか。部屋の装飾は階によって異なり、オリエンタル色溢れるものから落ち着いた雰囲気のものなど、さまざま。朝食はビュッフェスタイルで、2階のレストランでとる。

全館無料 EV あり

バリン Balin Boutique Hotel

中級 28室 | Map P.109C3 ベヤズット

住Dibelki Camii Sok. No.10
TEL(0212) 638 2020
FAX(0212) 638 2022
URLwww.balinhotel.com
S A/C 50～90€
W A/C 60～150€
US$ € TL　A M V

宮殿のような外観が特徴的のブティックホテルで、内装は有名デザイナーの手による。最上階の屋根裏風の部屋が人気。スリッパやティーセットなども完備。1階はレストランになっている。

全館無料 EV あり

新市街でもカラキョイからテュネルまでは坂がかなり急なので、大きな荷物を持って移動するのは大変。体力に自信のない人は事前にホテルまでの道のりをチェックしたほうがいいかも。（編集室）

グランド・ローザ Grand Rosa Hotel

住Tiyatro Cad. No.10
TEL(0212) 518 5585
URLwww.grandrosahotel.com
S A/C 65€～
W A/C 85€～
US$ € TL　M V

中級 29室　Map P.109D3 ベヤズット

トラムのベヤズット駅から徒歩約2分。グランドバザールもとても近い。最上階のレストランから見られる金角湾の眺めは素晴らしく、朝食のビュッフェも評判。

全館無料　EV あり

新市街

ヨンジャ Hotel Yonca

住Toprak Lüle Sok. No.5
TEL(0212) 293 9391
FAX(0212) 249 7677
URLwww.hotelyonca.com
S A/C 110TL
W A/C 160TL
US$ € TL　J M V

経済的 48室　Map P.102B3 タクスィム

イスティクラール通り周辺では、かなり安い部類に属する。値段相応の広さで手狭な感はあるが、衛星放送が映る薄型テレビも備えている。エアコンのない部屋は少し安い。

全館無料　EV あり

ビロル Hotel Birol

住Asmalımescit Cad. No.18
TEL(0212) 252 5803
FAX(0212) 293 8768
URLwww.hotelbirol.com
S A/C 161TL～
W A/C 193TL～
US$ € TL　M V

中級 25室　Map P.100B1 テュネル

アスマルメスジット通りやその周辺には中級ホテルが点在しているが、そのなかでも最も安い部類に入る。部屋は簡素な造りで、値段相応。全室に衛星放送が映るテレビ付き。

全館無料　EV あり

アウルパ Hotel Avrupa

住Topçu Cad. No.14
TEL(0212) 250 9420
FAX(0212) 250 7399
URLwww.hotelavrupa.com
S 35€～
W 40€～
US$ € TL
M V

中級 19室　Map P.102B1～B2 タクスィム

大型ホテルが多いこのエリアでは手頃な料金。清潔さも文句なし。バス・トイレ共同の部屋はS25€、W35€。各階にある共同バス（バスタブ付き）も清潔で広々としている。部屋数が少ないため、占有できることもある。

全館無料　EV あり

ペラ・アルヤ Pera Arya Hotel

住İstiklâl Cad.
Balyoz Sok. No.5
TEL(0212) 251 9422
FAX(0212) 251 9342
URLwww.aryaotel.com
S A/C 200L
W A/C 250TL
US$ € TL　M V

中級 25室　Map P.102A4 シシハーネ

メトロのシシハーネ駅（北寄り改札口）から徒歩約5分、7階建てのビルで、階によって喫煙、禁煙に分かれている。天井が低く手狭な感はあるが、客室はテレビ、ミニバー、ドライヤーを完備。朝食は屋上の展望テラスで出している。

全館無料　EV あり

ホワイト・オリエント The White Orient Hotel

住 Elmadağ Cad. No.38
TEL(0212) 225 8585
URLthewhiteorient.com
S/W A/C 85€～
US$ € TL
M V

中級 23室　Map P.102B1 タクスィム

空港へ向かうバス停から徒歩約2分の立地。部屋は清潔かつ広めの設計で居心地がとてもよい。最上階に位置するスイートルームはバルコニーとキッチンが備え付けられていて複数名での滞在におすすめ。

全館無料　EV なし

読者投稿　予約サイトでお手頃なところとして出てきたホテルに予約しましたが、地図で記載された場所にホテルはなく、治安も大変悪い場所。掲載されている設備もすべて嘘でした。（東京都　げっこー　'17夏）

ヴァルダル・パレス Hotel Vardar Palace

住Sıraselviler Cad. No.16
TEL(0212) 252 2888
FAX(0212) 252 1527
URLwww.vardarhotel.com
S A/C 240〜300TL
W A/C 420〜480TL
US$ € TL　A M V

中級 40室　Map P.103C3 タクスィム

スラセルヴィレル通りを下った右側にある重厚な建物。1901年に建てられた古い建物をホテルとして修復した。看板が小さいので見落とさないように。内部はモダンでビジネスホテルのようだ。

全館無料　EV あり

ペラ・チューリップ Pera Tulip

住Meşrutiyet Cad. No.103
TEL(0212) 243 8500
FAX(0212) 243 8502
URLwww.peratulip.com
S/W A/C 75〜250€
US$ € TL
A M V

中級 75室　Map P.100B1 テュネル

大人の隠れ家といった趣がある4つ星ホテル。宿泊客が無料で使えるプールやサウナ、ハマムもある。トイレとバスルームが別々の部屋も多く、海の見えるジャクージ付きスイートも用意。エグゼクティブルームはバスタブ付き。

全館無料　EV あり

ゲルミル・パラス Germir Palas Hotel

住Cumhuriyet Cad. No.7
TEL(0212)361 1110
FAX(0212)361 1070
URLwww.germirpalas.com
S A/C 60〜80€
W A/C 75〜100€
US$ € TL　A D J M V

中級 49室　Map P.103C2 タクスィム

タクスィム広場に隣接する歩行者天国エリアの一角にある。ホテル内はバロックとオスマン朝様式の折衷で装飾されており、美しいテラスからはボスポラス海峡がきれいに見える。

全館無料　EV あり

コナック Hotel Konak

住Cumhuriyet Cad. No.75
TEL(0212) 225 8250
FAX(0212) 232 4252
URLwww.hotelkonak.com
S A/C 60〜100€
W A/C 70〜110€
US$ € TL
A M V

中級 115室　Map P.103C1 タクスィム

設備の整った4つ星ホテル。ドライヤーやお茶用の湯沸かし器なども完備。全面改装中で新しい部屋はシャワーのみ。ジュムフリエット通りに面したキッチン付きのアパート(140€〜)は13室あり、1室40m²と広々。

全館無料　EV あり

トリアダ・レジデンス Triada Residence

住İstiklâl Cad.,
Meşelik Sok. No.4
TEL(0212) 251 0101
FAX(0212) 292 6363
URLwww.triada.com.tr
S/W A/C 80〜120€
S/W A/C 110〜140€
US$ € TL　A M V

中級 21室　Map P.102B3 タクスィム

アパートメント形式のホテル。2011年に全面改装し、バルコニーやジャクージ付きの部屋もある。リビングとベッドルームが仕切られているので落ち着ける。ジャクージ付きのペントハウス・スイートは140〜180€。

全館無料　EV あり

アネモン Anemon Hotel

住Büyük Hendek Cad. No.5
TEL(0212) 293 2343
FAX(0212) 292 2340
URLwww.anemonhotels.com
S A/C 90〜150US$
W A/C 100〜170US$
US$ € TL
A D M V

中級 28室　Map P.100B2 テュネル

ガラタ塔のすぐ横にある。19世紀末のヨーロッパをイメージさせるエレガントな内装と外観が特徴。最上階にあるレストランはガラタ塔を目の前に食事が楽しめ、宿泊客以外の利用も多い。

全館無料　EV あり

高級ホテルであってもボーイに貴重品を預けると盗難に遭う恐れがある。どんなホテルであっても所持品には注意しよう。(編集室)

アンセン・スイーツ Ansen Suites

高級 11室 Map P.100B1 テュネル

住Meşrutiyet Cad. No.70
TEL(0212) 245 8808
FAX(0212) 245 7179
URLwww.ansensuites.com
109〜129€
119〜169€
US$ € TL
A M V

1フロアに2部屋ずつの5階建てで、1部屋の広さが50㎡以上という広々とした造りのブティックホテル。1階はレストランになっており、レセプションはその奥。朝食付きだが、小さなキッチンが付いている。1ヵ月レンタルする場合は2000€〜。

全館無料 EV あり

ペラ・パラス Pera Palace Hotel

高級 115室 Map P.100B1 テュネル

住Meşrutiyet Cad. No.52
TEL(0212) 377 4000
FAX(0212) 377 4077
URLwww.perapalace.com
170€〜
料付加価値税8%別途
US$ € TL
A M V

1892年開業。オリエント急行の乗客が泊まった由緒あるホテル。往事の面影を残すクラシックな雰囲気はそのままに、壁を彩る細緻な装飾も細心の注意のもとに美しくよみがえった。アガサ・クリスティが宿泊した411号室にも宿泊可能。サウナやジム、ハマムなどのスパ設備も完備。

全館無料 EV あり

ウィット Witt İstanbul Hotel

高級 18室 Map P.101D1 ジハンギル

住Defterdar Yok. No.26
TEL(0212) 293 1500
FAX(0212) 310 2494
URLwww.wittistanbul.com
110〜450€
US$ € TL
A D M V

トラムヴァイのトプハーネ駅から急な坂をジハンギル、タクスィム方面へ上がる途中にある。客室はちょっとしたパーティーもできそうなほど広々しており、スタイリッシュな内装。

全館無料 EV あり

ディワーン Divan Hotel

高級 191室 Map P.103C1 ハルビエ

住Asker Ocağı Cad. No.1
TEL(0212) 315 5500
FAX(0212) 315 5515
URLwww.divan.com.tr
195€〜
料付加価値税別途
US$ € JPY TL
A M V

長い改装を終えてモダンなホテルに生まれ変わった。バスタブはないが、最新式のシャワーブース付き。日本食レストランのほかディワーン・パブ、パスターネなど飲食店も充実している。

全館無料 EV あり

ソファ Sofa Hotel

高級 82室 Map P.104B2 ニシャンタシュ

住Teşvikiye Cad. No.41-41/A
TEL(0212) 368 1818
FAX(0212) 291 9117
URLwww.thesofahotel.com
130€〜
145€〜
料付加価値税8%別途
US$ € JPY TL A D J M V

ニシャンタシュにあるブティックホテル。利便性とサービスでトップクラスの人気。全室40㎡以上で、ミニキッチン付きのレジデンスもあり、長期滞在のビジネスパーソンが多い。朝食は別途15€(税別)。スイートルームは350€〜。

全館無料 EV あり

ハイアット・センティリック・レヴェント Hyatt Centric Levent

高級 79室 Map P.112A3 レヴェント

住Büyükdere Cad. No.136
TEL(0212) 317 7700
FAX(0212) 264 3917
URLwww.hyatt.com
140€〜
US$ € TL
A D J M V

メトロM2レヴェント駅前にある。シャワーとバス、トイレが独立した広いバスルームで、フィットネスセンターや屋内プールも完備。1階には巨大な水槽を併設したゴールド・バーもある。

全館無料 EV あり

読者投稿 ディワーン・ホテルの中にある日本食レストラン「円味」の板前さんである“ヨシさん”とトルコの話をしながら食べるお寿司は絶品なのだ！（千葉県　しゃわるま　'16夏）

イスタンブールの大型ホテル

グランド・ベヤズット
Grand Beyazit Hotel
Map P.109C3

67室　アクサライ

住Mimar Kemalettin Mah., Abu Hayat Sok.
TEL(0212)638 4641
URLwww.hotelbeyazid.com
料S50€～　W70€～

グランドバザールから徒歩約4分と近い。オスマン朝様式に彩られたロビーが美しい。ハマム、サウナ付き。

全館無料　EVあり

プレジデント
Best Western President Hotel
Map P.109D3

201室　ベヤズット

住Tiyatro Cad. No.25
TEL(0212)516 6980
FAX(0212)516 6998
URLwww.thepresidenthotel.com
料S100€～　W110€～

テラスレストランや海側の部屋からはマルマラ海が一望でき、眺めは最高。

全館無料　EVあり

アルカディア・ブルー
Hotel Arcadia Blue
Map P.98B3

54室　スルタンアフメット

住Dr. İmran Öktem Cad.
TEL(0212)516 9696
FAX(0212)516 6118
URLwww.hotelarcadiablue.com
料S120€～　W140€～

裁判所裏の丘の上に建つ、よく目立つ高層建築。テラスレストランからの眺めが美しい。

全館無料　EVあり

ゴールデン・ホーン
Golden Horn Hotel
Map P.99C1

73室　スィルケジ

住Ebussuud Cad. No.44
TEL(0212)519 7474
URLwww.thegoldenhorn.com
料S120€～　W160€～

トラムのギュルハーネ駅から徒歩約2分の好立地。最上階のレストランからの眺めが素晴らしく、アヤソフィア、トプカプ宮殿を一望できる。

全館無料　EVあり

マルマラ・ペラ
Marmara Pera
Map P.100B1

205室　テュネル

住Meşrutiyet Cad.
TEL(0212)334 0300
FAX(0212)249 8033
URLwww.themarmarahotels.com
料S/W110€～

どこからでも目立つ高層ホテル。客室は紫と白を基調としたモダンなインテリアが配されている。

全館無料　EVあり

グランド・オズタヌク
Grand Öztanık Hotel
Map P.103C1

193室　タクスィム

住Topçu Cad. No.9-11
TEL(0212)361 6090
FAX(0212)361 6078
URLwww.grandoztanik.com
料S90€～　W110€～

落ち着いた色調のホテル。ハマムなど館内の設備が充実。館内にはスイミングプールやバーも併設している。

全館無料　EVあり

タクスィム・ヒル
Taxim Hill
Map P.103C2

60室　タクスィム

住Sıraselviler Cad. No.5
TEL(0212)334 8500
FAX(0212)334 8598
URLwww.taximhill.com
料S100€　W120€

120年以上前の建物をモダンに改装した4つ星。タクスィム広場に面した絶好のロケーション。

全館無料　EVあり

タイタニック・シティ
Titanic City Taksim
Map P.102B1

183室　タクスィム

住Lamartin Cad. No.47
TEL(0212)238 9090
FAX(0212)235 4747
URLwww.titanic.com.tr
料S100€～　W130€～

大型ホテル街にある。バスタブ付きの部屋も30室ある。ハマムやスパなど設備も整っている。

全館無料　EVあり

ゴールデン・エイジ
Golden Age
Map P.103C1

181室　タクスィム

住Topçu Cad. No.10
TEL(0212)254 4906
URLwww.goldenagehotel.com
料S120€～　W140€～

タクスィム広場北側のホテル街の中でも比較的治安が良い場所に位置する。アナトリア料理のレストラン、屋上のプールなど設備も充実。

全館無料　EVあり

ザ・マルマラ・タクスィム
The Marmara Taksim
Map P.103C2

208室　タクスィム

住Osmanlı Sok. No.1/B
TEL(0212)334 8300
FAX(0212)244 0509
URLwww.themarmarahotels.com
料S/W123€～

広場に面して建つランドマーク。最上階のバーからはボスポラス海峡が見渡せる。

全館無料　EVあり

マルマラ・シシリ
Marmara Şişli
Map P.110A1

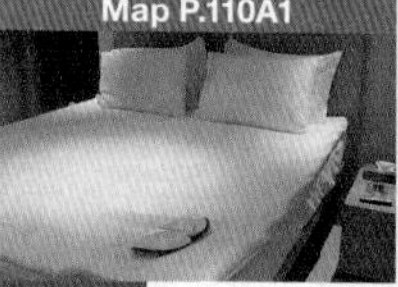

98室　シシリ

住Ortaklar Cad. No.30
TEL(0212)370 9400
FAX(0212)292 3315
URLwww.themarmarahotels.com
料S/W75€～

メトロM2線のシシリ駅に近くて便利。部屋はコンパクトだが、リーズナブルな値段。

全館無料　EVあり

コンラッド
Conrad Istanbul Bosphorus
Map P.107C2

553室　ベシクタシュ

住Cihannuma Mah., Saray Cad. No.5
TEL(0212)310 2525
FAX(0212)259 6667
URLconradhotels3.hilton.com
料S220€～　W238€～

ボスポラス海峡を見下ろす高台にあり、最上階のレストランからの眺めは抜群。

全館無料　EVあり

シャングリ・ラ・ホテル内に併設されている広東料理のレストラン、香宮（シャン・パラスShang Palace）はとても評判がいい。点心の食べ放題も行っている。（編集室）

イスタンブールの大型ホテル

シャングリ・ラ
Shangri-La Bosphorus

Map P.106B4

186室　ベシクタシュ

住 Hayrettin İskelesi Sok. No.1
TEL (0212)275 8888
FAX (0212)275 8889
URL www.shangri-la.com
料 ￥/￥￥400€～

2013年にオープンした、海峡に面したホテル。埠頭やドルマバフチェ宮殿も近い。

全館無料　EVあり

チュラーン・パレス
Kempinski Çırağan Palace

Map P.107D3

313室　ベシクタシュ

住 Çırağan Cad. No.32
TEL (0212)326 4646
FAX (0212)259 6687
URL www.kempinski.com
料 ￥/￥￥300€～

ボスポラス海峡に接したホテル。1867年建造の宮殿を、荘厳華麗な雰囲気をそのままに改築。

全館無料　EVあり

リッツ・カールトン
The Ritz Carlton İstanbul

Map P.103D1～D2

243室　ギュムシュスユ

住 Asker Ocağı Cad. No.6
TEL (0212)334 4444
FAX (0212)334 4455
URL www.ritzcarlton.com
料 ￥/￥￥215€～

一般客室でもバスタブとシャワーが独立している。館内には眺めのよいバーも併設されている。

全館無料　EVあり

ヒルトン・イスタンブール
Hilton Istanbul Bosphorus

Map P.104A～B4

500室　ハルビエ

住 Cumhuriyet Cad.
TEL (0212)315 6000
FAX (0212)240 4165
URL www.hilton.com
料 ￥/￥￥90€～

夏は屋外プールもオープン。別棟に小さな屋内プール、フィットネスジム、ハマムなどがある。

全館無料　EVあり

インターコンチネンタル・イスタンブール
İnterContinental İstanbul

Map P.103C2

390室　タクスィム

住 Asker Ocağı Cad. No.1
TEL (0212)368 4444
FAX (0212)368 4499
URL istanbul.intercontinental.com
料 ￥/￥￥170€～

ボスポラス海峡を一望できる最上階のバーラウンジが人気。朝食ビュッフェも充実。

全館無料　EVあり

グランド・ハイアット
Grand Hyatt İstanbul

Map P.103C1

360室　ハルビエ

住 Taşkışla Cad. No.1
TEL (0212)368 1234
FAX (0212)368 1000
URL istanbul.grand.hyatt.com
料 ￥/￥￥105€～

ピンク色の低階層の建物。中庭にスイミングプールやバーを配するなど凝ったリゾート風の造り。

全館無料　EVあり

スイソテル・ザ・ボスフォラス
Swissotel The Bosphorus

Map P.106A4

497室　ベシクタシュ

住 Acisu Sok. No.19
TEL (0212)326 1100
FAX (0212)326 1122
URL www.swissotel.com
料 ￥/￥￥250€～

ドルマバフチェ宮殿のある小高い丘に建ち、海峡の眺めがよい。屋上には町を一望できるレストランがある。

全館無料(高速接続有料)　EVあり

マリオット・アジア
Istanbul Marriott Hotel Asia

折込イスタンブール広域図D4

238室　アジア側

住 Kayısdağı Cad. No.3
TEL (0212)570 0000
FAX (0212)469 9999
URL www.marriott.com
料 ￥/￥￥97€～

メトロM4線のコズヤタウKozyatağı駅近く。地中海料理のレストランも評判が高い。ウェルネスセンターも併設。

全館無料　EVあり

ダブルツリー・ヒルトン・モダ
Doubletree by Hilton MODA

Map P.121A2

245室　アジア側

住 Caferağa Mah., Albay Faik Sözdener Cad. No.31, Kadıköy
TEL (0212)542 4344
FAX (0212)542 4300
URL www.hilton.com
料 ￥87€～　￥￥128€～

海が見える部屋が多い。カドゥキョイの港へも近くアクセス至便。

全館無料　EVあり

ヨーテル(空港内)
Yotel

地図なし

277室　イスタンブール空港

住 İstanbul Havalimanı, Tayakadın İhsaniye Yolu
TEL (0212)942 6666
URL www.yotel.com
料 ￥167€～　￥￥172€～

イスタンブール空港の国際線にある。パスポートコントロール前後どちらからもアクセスが可能。

全館無料　EVあり

ルネサンス・ポラット
Renaissance Polat Istanbul

折込イスタンブール広域図A4

414室　イェシルキョイ

住 Sahilyolu Cad. No.2
TEL (0212)414 1800
FAX (0212)414 1970
URL www.marriott.com
料 ￥/￥￥104€～

ビジネス客の利用が多い。プールやフィットネスの設備も充実。イスタンブール空港へのシャトルサービスもある。

全館無料　EVあり

コートヤード・マリオット
Courtyard Marriott

折込イスタンブール広域図A3

264室　ハルカル

住 Fatih Cad., Dereboyu Sok. No.2, Halkalı
TEL (0212)692 0000
FAX (0212)692 0001
URL www.marriott.com
料 ￥/￥￥65€～

マルマライの始発駅ハルカルの西約3.5kmにある。

全館無料
EVあり

インターコンチネンタル・イスタンブールの客室の窓は、天井から足元まで全面ガラス窓なので眺望抜群。高層階だと少しコワイぐらい。(編集室)

イスタンブールのレストラン

スルタンアフメット地区　トラムヴァイの線路沿いやスルタンアフメット駅の北側のエリアはレストランが多いが、国際的観光地だけあって、やや値段が高め。一見庶民的で安そうな感じの店でもそれなりの値段がすることが多い。ホテル街のあるアクブユック通り周辺には、カフェ風の洒落た店が多いが、メニューはどこも似たような感じ。

煮込み料理がメインの庶民的なロカンタではショーケースの料理を指させばOK

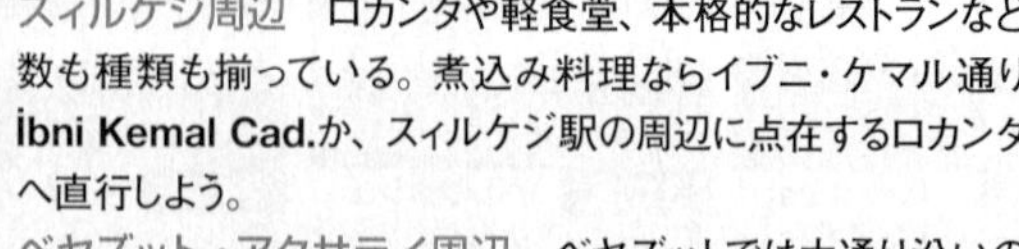

スィルケジ周辺　ロカンタや軽食堂、本格的なレストランなど数も種類も揃っている。煮込み料理ならイブニ・ケマル通り**İbni Kemal Cad.**か、スィルケジ駅の周辺に点在するロカンタへ直行しよう。

ベヤズット・アクサライ周辺　ベヤズットでは大通り沿いのほか、大通りの南側へ入った路地にもたくさんの庶民的なロカンタや居酒屋があり、値段もそれほど高くない。アクサライではムスタファ・ケマル通り**Mustafa Kemal Cad.**に多くのロカンタが並び、マクドナルドなどのファストフード店もある。

ファストフードや居酒屋が多いイスティクラール通り路地裏や魚市場周辺

新市街　イスティクラール通りを筆頭に、安いロカンタから高級レストラン、おしゃれなカフェまでバリエーションは多い。庶民的な安いロカンタやドネル・ケバブのスタンドはテュネルのあたりやタクスィム広場から南へ続くスラセルヴィレル通り**Sıraselviler Cad.**に多い。

アジア側　カドゥキョイのフェリー乗り場からトラムヴァイの路線沿いを東へ向かえば多くのレストランが並ぶ。またバハリエ通り**Bahriye Cad.**周辺には手頃なロカンタが多い。

セリム・ウスタ Tarihi Sultanahmet Köftecisi Selim Usta

キョフテ専門店　Map P.99C3 スルタンアフメット

住 Divanyolu Cad. No.12
TEL (0212)513 6468
FAX (0212)513 7454
URL www.sultanahmetkoftesi.com
開 夏期11:00～22:30
　冬期10:30～22:30
休 無休　US＄ €TL　不可

1920年創業の老舗。外観や内装を小ぎれいに改装したが、地元の人たちに愛され続ける名店の味に変わりはない。キョフテは1人前22TL。セモリナ粉のスイーツ、イルミッキ・ヘルワス7TLもこの店の名物。

タマラ Tamara Restaurant

トルコ料理　Map P.99C4 スルタンアフメット

住 Küçük Ayasofya Cad. No.14
TEL (0212)518 4666
FAX (0212)518 4000
URL www.tamararestaurant.com
開 8:00～22:30
休 無休
US＄ €TL　MV

スルタンアフメット・ジャーミィの近くにある。フルン・ベイティ Fırın Beyti (32TL) などメインの肉料理は18～45TL。名物のワンの朝食（ワン・カフヴァルトゥ Van Kahvaltı→P.429）はビュッフェ形式でひとり25TL。

セデフ Sedef Döner

トルコ料理　Map P.98B3 スルタンアフメット

住 Divanyolu Cad. No.21/A
TEL (0212)516 2420
URL www.sedefdoner.com
開 8:00～20:00
休 日
US＄ €TL
MV

イスタンブールでも評判、国内外の雑誌などにも繰り返し取り上げられるドネル・ケバブの店。人気のあまりお昼過ぎには店を閉めてしまうことが多いのだとか。ピラフのドネル載せは大きさにより27～37TL。

スルタンアフメットのキョフテは、ほかにもトラム沿いに2店舗があるほか、周囲にもスルタンアフメットキョフテブランドを前に出すお店がいくつかある。持ち帰りできるので食べ比べてもおもしろい。(編集室)

マグナウラ Magnaura Café Restaurant

トルコ料理 カフェ
Map P.119上B2 スルタンアフメット

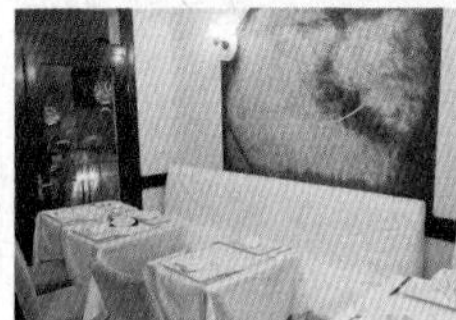

住Akbıyık Cad. No.27
TEL (0212) 518 7622
URL www.magnaurarestaurant.com
開10:00～翌22:00
休無休
US$ € TL カード A M V

スルタンアフメット・ジャーミィ東側のホテル街にある人気店。建物は3階建てになっており、上階からは海が眺められる。人気メニューはステーキ54TL。旅行クチコミサイトのトリップアドバイザーから予約すると、合計金額の20%が割引となる。

メシャーレ Cafe Meşale

トルコ料理 カフェ
Map P.119上A2 スルタンアフメット

住Arasta Bazaar No.45
TEL (0212) 518 9562
URL mesalecafe.net
開24時間　休無休
US$ € TL
カード M V

アラスタバザールの近くにある。毎晩、無料でメヴラーナのセマーのショーが行われる。メニューはギョズレメ(52TL)からケバブまで豊富で、水たばこは100TL。19:00～23:00に生演奏あり。

フエゴ Fuego Cafe & Restaurant

トルコ料理 カフェ
Map P.99C3 スルタンアフメット

住İncili Çavuş Sok. No.15/A
TEL (0212) 531 3697
開11:30～24:00
休無休
US$ € TL
カード M V

地下宮殿の近くのレストラン街にあり、陽気なスタッフが対応してくれる。各種前菜はもちろん、テスティ・ケバブ145TL(2人前)などの地方料理から魚料理、カフェメニューまで色々揃う。

デルヴィッシュ・イキ Derviş Cafe 2

トルコ料理 カフェ
Map P.98B3 スルタンアフメット

住Peykhane Sok. No.9/2
TEL (0212) 638 2779
Mail derviscafe3@hotmail.com
開7:00～翌2:00
休無休
US$ € TL カード M V

外から見るのとはまったく違って店内は広々している。食事もできるカフェだが、ここではナルギレ(水たばこ)を吸う人が多い。ナルギレは1回50TLで、フレーバーの種類も豊富。

マカルナ・サラユ Makarna Sarayı

トルコ風 スパゲティ
Map P.98B3 チェンベルリタシュ

住Vezirhan Cad. No.18
TEL (0212) 511 2683
開10:00～23:00
休無休
US$ € TL カード M V

トラムのチェンベルリタシュ駅近く。店名にもなっているマカルナ(トルコ風パスタ)が3種盛り合わせで7TL。ドネル・ケバブや煮込み料理、ひよこ豆のコロッケ、ファラフェルも人気。

コーズィ Cozy Pub & Teras

魚料理 パブ
Map P.98B3 スルタンアフメット

住Divanyolu Cad. No.60
TEL (0212) 520 0990
FAX (0212) 520 0993
開9:00～24:00
休無休
US$ € TL カード A M V

1～3階がパブで4～6階がレストラン。最上階からの眺めがすばらしい。毎日3～4種類の魚が用意される。メニューはトルコ料理からシーフードまで幅広く、スズキのグリル50TLなどがメイン。

ターリフ・チェシメ Tarih Çeşme Restaurant

トルコ料理 カフェ
Map P.98B4 スルタンアフメット

住Kadırga Liman Cad., Küçük Ayasofya Camii Sok. No.1
TEL (0212) 516 3580
開12:00～23:00
休無休
US$ € TL カード A M V

その日仕入れた材料にこだわったメニューが店の売り。メゼは常時20種類を用意している。特に鉄板で焼いた料理が人気だそう。キャセロールは6種類あり、22～40TL。

イスタンブール

読者投稿　スルタンアフメット・ハルク・キョフテジスィ Sultanahmet Halk Köfecisi (→ Map P.99C3) は歴史のあるレストラン。ラマザン明けの夕食の際、店の前に大行列ができていた。(神奈川県　KF　'17夏)

オズィ Ozi Pizza & Pasta

イタリア料理 Map P.98B4 スルタンアフメット

住Su Terazisi Sok. No.9
TEL(0212)516 4447
開12:00～24:00
休無休
US$ € TL
カード M V

スルアンアフメット・ジャーミィの近くにあるイタリア料理店。ピザは22種類あり、大きさによって異なるが30～50TL。パスタは各種35TLでソースは3種類から選べる。

バラン Baran Ottoman Kitchen

トルコ料理 Map P.98B3 スルタンアフメット

住Işık Sok. No.6
TEL(0212)638 4939
開6:00～翌1:00
休無休
TL
カード M V

家庭料理から本格的なケバブまでメニューの幅が広い。煮込み料理の人気が特に高い。ケバブ類は1品40～55TL。豆のスープ15TL。周辺に支店がいくつかある。

ダブ・インディアン Dubb Indian

インド料理 Map P.99C3 スルタンアフメット

住İncili Çavuş Sok. No.10
TEL(0212)513 7308
FAX(0212)513 8890
URL www.dubbindian.com
開12:00～23:00 休無休
US$ € TL カード A M V

シェフはインド人で香辛料や米もインド産を使用する本格派。酸味が効いたムルグ・マカン・マサラ、バター風味のチキン・コルマなどがおすすめ。75TLと84TLのセットメニューあり。

長城飯店2 Chang Cheng 2

中華料理 Map P.119上B1 スルタンアフメット

住Kutlugün Sok. No.23
TEL(0212)517 2130
FAX(0212)517 2132
開10:30～22:00
休無休
US$ € TL カード A M V

中国長城飯店の2号店。1階だけ見れば小さく見えるがビル全部がレストランなので、眺めのよい最上階のテラスで食事をすることもできる。メニューは麻婆豆腐、エビ炒飯、鶏焼きそばなど。

漢陽飯店 Seoul Restaurant

韓国料理 Map P.119上A2 スルタンアフメット

住Akbıyık Cad. No.33
TEL(0212)458 0621
FAX(0212)458 0624
開12:00～22:00
休無休
US$ € TL カード M V

アクブユック通りにある韓国料理店。韓国の団体ツアー客もよく利用している。ソウル・セット・メニューは4人前で290TL。ピビンパ45TL、プルコギ65TL、豚キムチ豆腐は55TL。キムチはサービス。

バルカン Balkan Lokantası

煮込み屋 Map P.99C1 スィルケジ

住Hocapaşa Sok. No.28
TEL(0212)514 3494
開6:00～22:00
休無休
US$ € TL
カード M V

市内に7店舗を持つ激安煮込み専門店。日替わりで25～30種の料理が並ぶ。スープ3～8TL。肉入りの煮込みは11TL～、野菜の煮込みなら2.90～5.40TL。デザートは3TL～。

ホジャパシャ・ピデジスィ Hocapaşa Pidecisi

ピデ屋 Map P.99C1 スィルケジ

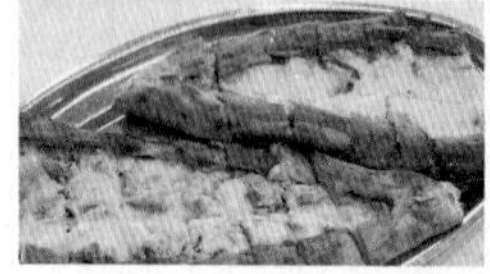

住Hocapaşa Sok. No.19
TEL&FAX(0212)512 0990
開11:00～20:00(日～18:30)
休無休
US$ € TL
カード M V

1964年創業の老舗ピデ屋。黒海風ピデの専門店だが、鶏肉のピデ(タウックル・ピデTavuklu Pide)は19TLで、自慢のオリジナルメニュー。青唐辛子をかじりながらいただくのが店のおすすめ。

読者投稿 オスマンルザーデレル Osmanlızadeler(→Map P.99C3)はつい立ち寄りたくなるお洒落な雰囲気。私は生タイプのスュトラッチを食べたが、非常に美味しく、旅の疲れも取れた。(東京都 K.Kazuya '17秋)

フィリベ・キョフテジスィ Meşhur Filibe Köftecisi

キョフテ屋　Map P.99C1 スィルケジ

住Hoca Paşa Sok. No.3
TEL(0212)519 3976
URLwww.meshurfilibekoftecisi.com
開11:00頃〜19:30頃　休日
TL　カード不可

1893年創業という老舗のバルカン半島式キョフテ専門店。40年以上も変わらぬ職人で伝統の味を守り続けている。決して安い値段ではないが、長年にわたるファンも多い。1人前18TL。

シェフザーデ Şehzade Cağ Kebap

郷土料理　Map P.99C1 スィルケジ

住Hoca Paşa Sok. No.6
TEL(0212)520 3361
開10:00〜21:30
休無休
US$ € JPY TL
カード A M V

ドネル・ケバブを横に回転させながら焼き上げるジャーケバブ専門店。ジャーケバブは羊の塊肉の焼けた部分に串で肉を刺し、薄焼きパンのユフカに挟んで食べるのでドネル・ケバブとはまた違った味わい。1人前（2本、サラダ付き）で24TL。

コンヤル Konyalı Pastanesi

パスターネ　Map P.99C1 スィルケジ

住Mimar Kemalettin Cad.
TEL(0212)520 7798
開7:00〜21:00
休無休
TL
カード M V

地元でも定評がある菓子店でバクラワの種類が豊富。店内に立ち食いスペースあり。スュトラッチやカザンディビなどのスイーツは各種15TL。裏道の隣にレストラン部門がある。

ハムディ Hamdi Restaurant

トルコ料理　Map P.109D2 エミノニュ

住Tahmis Cad., Kalçın Sok. No.11
TEL(0212)528 0390
FAX(0212)528 4991
URLwww.hamdirestorant.com.tr
開11:00〜23:00　休無休
US$ € TL　カード A M V

エジプシャンバザールのすぐ近く。地元で味に定評のある店。客席は海を望む4階席が人気で、前面は冬はガラス張り、夏はオープンエアとなり、景色がすばらしい。メインは1品50TL。

ナムル・パストゥルマジュ Namlı Pastırmacı

デリカテッセン カフェ　Map P.100A4 エミノニュ

住Hasırcılar Cad. No.14-16
TEL(0212)511 6393
FAX(0212)528 3449
URLwww.namlipastirma.com.tr
開7:00〜20:00（2階〜19:00）
休日　US$ € TL　カード M V

イスタンブールで1、2を争う人気総菜店。1階は名物のパストゥルマ（パストラミソーセージ）などを販売。2、3階にはテーブル席があり、カフェメニューや、1階で買った総菜やサンドイッチを食べることができる。

ハーフズ・ムスタファ Hafız Mustafa

パスターネ　Map P.98B1 エミノニュ

住Hamidiye Cad. No.84
TEL(0212)513 3610
URLwww.hafizmustafa.com
開8:00〜22:30
休無休
US$ € TL　カード M V

1864年創業の老舗。スュトラッチなどは16.50TL。バクラワは1kg55〜90TL。おみやげにぴったりのロクムは1箱49〜149TL。店の2階にテーブル席がある。スィルケジ駅前にも支店あり。

エスメル・シェフ Esmer Chef

パスタ イタリア料理　Map P.99C1 スィルケジ

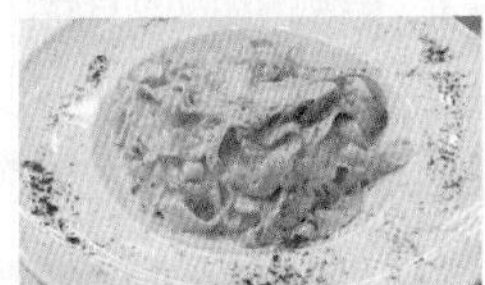

住Ankara Cad. 73/B
TEL(0212)513 6535
URLesmerchef.com.tr
開8:00〜翌2:00
休無休
TL　カード M V

オリジナルの麺を使用したパスタの種類が豊富。パスタは30〜50TL程度。ピザは各種30TL程度。ほかにステーキなどグリル料理やデザートなど一通りのメニューが揃っている。

フィリベ・キョフテジスィのフィリベとは現ブルガリアのプロヴディフのこと。円形のキョフテは旧ユーゴスラヴィア諸国などバルカン半島でよく見られるタイプ。（編集室）

デュリュム Dürüm Büfe

トルコ料理 Map P.109D3 ベヤズット

住Pehlivan Sok. No.6
TEL(0212)518 0483
開11:00～17:00頃
休日
TL
不可

名目上は夕方まで開店していることになっているが、たいてい昼過ぎには売り切れてしまうというというドネル・ケバブの専門店。メニューはユフカで巻いたデュリュム20TLと皿盛り22TL、サンドイッチ13TLのみ。上の階に少し席がある。

ハジュ・ボザン Hacı Bozan Oğulları

パスターネ Map P.108B3 アクサライ

住Ordu Cad. No.81
TEL(0212)518 6920
FAX(0212)644 0250
URLwww.hacibozanogullari.com.tr
開6:00～23:00 休無休
US$ € TL A M V

トラムヴァイの線路沿いにある人気の老舗パスターネ。大通りに面しているので、いつもにぎわっている。バクラワなどの種類が豊富で、牛乳を使ったスイーツに定評がある。各種ケーキも豊富。

ハジュ・アブドゥッラー Hacı Abdullah Restaurant

トルコ料理 Map P.102B3 タクスィム

住Atıf Yılmaz Cad. No.9/A
TEL(0212)293 8561
FAX(0212)244 3297
URLwww.haciabdullah.com.tr
開11:00～23:00 休無休
US$ € TL A M V

1888年創業の老舗。店内のあちらこちらにあるカラフルなコンポストは昔ながらの製法。代表的なトルコ料理が揃い、料理の量は多いが、ハーフサイズや盛り合わせで頼むこともできる。

デュルムジェ Dürümce

トルコ料理 Map P.107C4 ベシクタシュ

住Çiğdem Sok. No.3, Beşiktaş Sahil
TEL(0212)258 5393
URLwww.durumce.com.tr
開11:00～翌2:00 休無休
TL
M V

ベシクタシュの港の海に向かって一番左にある。3階までの建物と庭があり、チャイ1杯からちゃんとした食事までとれるので、人の流れが絶えない。デュルムを頼んだだけでも野菜やピクルスなどの小皿が付いてくるのでお得感あり。

ファスリ Fasuli

煮込み屋 Map P.101D2 カラキョイ

住Kılıç Ali Paşa Cad. No.6
TEL(0212)243 6580
FAX(0212)243 6583
URLwww.fasuli.com.tr
開11:00～23:00 休無休
US$ € TL A J M V

インゲン豆の煮込みが好評で、材料はすべて黒海地沿岸方から直送。秘伝のファスリエ、ムフラマという地方料理やグリルが各種ある。クルファスリエは10TL。4つの支店をもち、本店は250席もある。

ニザーム Nizam Pide Salonu

ピデ屋 Map P.102B3 タクスィム

住Büyükparmakkapı Sok. No.18/A
TEL(0212)249 7918
URLwww.nizampide.com
開8:00～翌5:00 休無休
US$ € TL
A M V

このあたりでは古くからあるピデ屋。看板である石窯焼のピデ類のほか、スープやクルファスリエなどの煮込み、鳥の丸焼きなども人気がある。トルコのピデ屋ランキングで、ベスト4に入ったことがあるのが店の自慢。

ラーレ・イシュケンベジ Lale İşkembeci

スープ専門 Map P.102B2 タクスィム

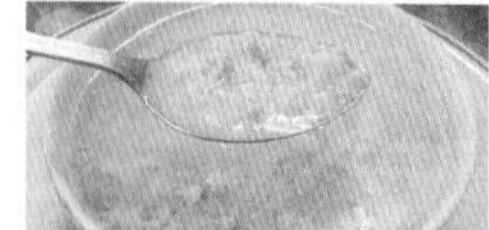

住Tarlabaşı Bul. No.13
TEL(0212)252 6969
URLwww.laleiskembecisi.com.tr
開24時間 休無休
US$ € TL A M V

お酒を飲んだあとのイシュケンベ（ミノのスープ）は、飲んだ締めのラーメンのようなもの。店主の熱意もあって、常に人気上位を占める人気店。1杯18TL。

いつもにぎわうイスティクラール通りだが、違法薬物の売人も闊歩している。たばこの火をもらいたいと話しかけてくる人には要注意。（編集室）

ジャヌム・ジエーリム Canım Ciğerim

レバー専門店　Map P.100B1 アスマルメスジット通り

住Minare Sok. No.1
TEL(0212)252 6060
URLwww.canimcigerim.com
開12:00〜24:00
休無休
US＄ € TL
M V

おしゃれな店が集まるアスマルメスジット通りにある。夏にはテラス席もオープン。メニューはなく、ジエルか肉かチキンのみ。サラダや焼き野菜はセットで付いてくる。ジエルは串10本のセットで35TL。

パローレ Parole

カフェ トルコ料理　Map P.102A4 イスティクラール通り

住İstiklâl Cad. No.166/C
TEL(0212)245 0123
開7:00〜24:00
休無休
US＄ € TL
M V

イスティクラール通りのロシア総領事館の真向かいに店を構えるカフェレストラン。平日の8:00〜11:00、週末の8:30〜13:30はブランチメニューがある。スタッフのおすすめはカルデシリ・リングイニ44TL。

アダ・イスティクラール Ada İstiklâl

カフェ トルコ料理　Map P.102A3 イスティクラール通り

住İstiklâl Cad. No.158/A
TEL(0212)245 0121
開11:00〜24:00
休無休
US＄ € TL
M V

魚市場から徒歩約1分。イスティクラール通りにあるカフェレストラン。店内はゆったり落ち着いた雰囲気。トルコ料理に加え、ちょっと変わったヌードルメニューも注文できる。

コナック Konak

トルコ料理　Map P.100B1 イスティクラール通り

住İstiklâl Cad. No.118
TEL(0212)243 2322
開11:00〜翌1:00
休無休
US＄ € TL
M V

イスティクラール通りの老舗。建物全体がレストランになっており、屋上のテラス席からはヨーロッパ側の市街までも一望にできる。店のおすすめはカルシュック・ケバブ62TL(2人前)。

タネル・ストップ Tunnel Stop

カフェ　Map P.100B1 テュネル

住Tünnel Meydanı No.1/A8
TEL(0212)293 4644
開8:30〜22:00
休無休
US＄ € TL
M V

テュネル駅前に店を構えるカジュアルで開放的な雰囲気のカフェ。イスティクラール通りのはじまりに位置するので、観光前にひといきつくのにもぴったり。ケーキ、パンに加え、トルコ式朝食も楽しめる。

ラヴォウナ Ravouna

カフェ ナイトクラブ　Map P.102A4 イスティクラール通り

住İstiklâl Cad. No.201
TEL(0212)924 8760
URLcafe.ravouna1906.com
開11:00〜翌1:00　休無休
US＄ € TL
M V

1906年に建てられた建物をそのまま使用している。1階と2階がレストラン、間にホテルを挟んで最上階はナイトクラブとして営業している。お洒落で落ちついた店内でゆっくりと食事できることが魅力。

カフェ・ド・ノワ Café de Noix

カフェ　Map P.102A4 ガラタサライ

住Yenicarşı Cad. No.23/B
TEL(0212)243 4212
開8:30〜22:30
休無休
US＄ € TL
M V

ガラタサライ高校脇の坂を下るとある小さな店。昼間は学生でにぎわっている。ケーキや菓子はすべてオーナーの手作りというこだわりぶり。おすすめはモカ・ビター11TL。

イスタンブール

5月1日のメーデーではタクスィム広場が封鎖される。それに伴い地下鉄M2タクスィムTaksim駅、さらにシシャーネŞişhane駅も使えないので注意。(編集室)

カラキョイ・ロカンタス Karaköy Lokantası

居酒屋 Map P.101C3 カラキョイ

住Kemankeş Cad. No.37/A
TEL(0212)292 4455
URLwww.karakoylokantasi.com
開12:00～16:00 18:00～24:00 (日16:00～24:00) 休無休
US$ € TL カード M V

カラキョイの埠頭近くにあるメイハーネ(居酒屋)。1936～40年にエストニア領事館として使われたという由緒ある建物の1～2階。ランチには日替わりで家庭料理も出し、魚介類も出している。

360 (ユチュズ・アルトゥムシュ) イスタンブール 360 İstanbul

バラエティ Map P.102A3 イスティクラール通り

住İstiklâl Cad., Mısır Apt. No.163, 8.Kat
TEL(0212)251 1042
FAX(0212)251 1048
URLwww.360istanbul.com
開12:00～24:00 (金・土12:00～翌4:00)
休無休 US$ € TL カード A M V

その名のとおり周囲がガラス張りで、イスタンブールを360°見回せる。建物は歴史的建造物のムスル・アパルトマン。料理はフュージョンで寿司バーも併設。メニューは季節ごとに変わる。ちょっとおしゃれして出かけてみたい。金・土の23:00以降はナイトクラブとして営業。

フッジュン fıccın

トルコ料理 Map P.102A3 イスティクラール通り

住Kallavi Sok. No.13/1
TEL(0212)293 3786
URLwww.ficcin.com
開7:00～24:00
休無休
US$ € TL カード A M V

イスティクラール通りの裏路地で20年以上続く老舗。料理のバリエーションが自慢で、コーカサス地方の料理も出す。「日本人の舌にも合う」と店主も豪語する。

ソレラ・ワイナリー Solera Winery

ワインバー Map P.102A4 ガラタサライ

住Yeni Çarşı Cad. No.44
TEL(0212)252 2719
開11:00～翌2:00
休日
US$ € TL
カード A M V

トルコワインの品揃えが豊富なワインバー。なんと常時300種用意している。グラスワインの種類も多いので、飲み比べが楽しめる。食事メニューは少なく、パスタとチーズがほとんど。

カフェ・イタリアーノ Cafe Italiano

イタリア料理 Map P.103C2 タクスィム

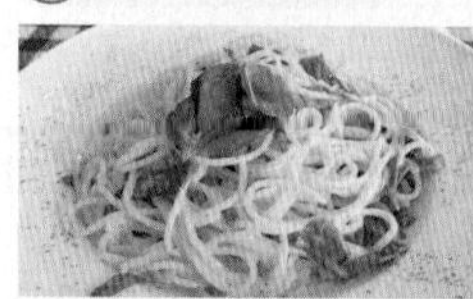

住Cumhuriyet Cad. No.13/A
TEL(0212)237 9989
URLwww.cafeitaliano.com.tr
開9:00～23:30 休無休
US$ € TL
カード A M V

イスタンブール在住のイタリア人も太鼓判を押すというピザのほか、パスタや大きなサラダ、メインまで揃ったカジュアルな雰囲気の店。

エスプレッソラブ Espressolab

カフェ Map P.100B1 テュネル

住İstiklâl Cad. Tünel, D-No.233
TEL(0212)855 8065
URLwww.espressolab.com
開7:00～翌1:00
休無休
US$ € TL カード M V

48時間以内に焙煎したコーヒー豆が自慢。Extrashotを頼めばコーヒーを濃くしてくれる。その他ケーキ類やサンドイッチなども充実している。2階にお座敷席あり。

円味 (まろみ) Maromi

日本料理 Map P.103C1 ハルビエ

住Asker Ocağı Cad. No.1
TEL(0212)315 5583
URLwww.divan.com.tr
開12:00～15:00 18:30～22:30 (土～23:00)
休日 US$ € TL カード A M V

ディワーンホテルの中にあるアジアンフュージョンの店。メニューはほぼ日本食。幕の内などのセットメニューはお得感あり。小さな店なので予約したほうが無難。ラストオーダーは閉店15分前。

読者投稿 フッジュン Fıccın はコーカサスのチェルケス料理のレストラン。鶏肉とナッツのペーストやチェルケス風ラビオリなど、ワインに合う料理がたくさんあります。手頃な値段なのもうれしい。(在キルギス noppo '19 春)

キタベヴィ Kitabevi

カフェ　Map P.100B1 イスティクラール通り

住İstiklâl Cad. No.237
TEL(0212)252 6455
URLwww.tak.com.tr
開9:00〜23:00
休無休
US＄ € TL　M V

店の中にカフェが併設されている書店。店内ではもちろん本の販売もしているので、コーヒーを飲みながらじっくりと内容を確認することもできる。ケーキなどのスイーツ類も販売。

クレメリア・ミラノ Cremeria Milano

イタリアンジェラート　Map P.100B1 イスティクラール通り

住İstiklâl Cad. No.186
TEL(0212)297 7755
URLwww.cremeriamilano.com.tr
開11:00〜翌1:00
休無休
TL　M V

1930年代のレシピをそのままに、添加物を一切使わないジェラートの製造販売をしている。こちらは小さな店舗だが、イタリアをはじめ、イスラエル、チェコなどでチェーン展開している。

ギュッリュオウル Karaköy Güllüoğlu

パスターネカフェ　Map P.101C3 カラキョイ

住Rıhtım Cad. Katlı Otopark Altı No.3-4
TEL(0212)293 0910
URLwww.karakoygulluoglu.com
開7:00〜23:30（金・土〜翌0:30）
休無休
US＄ € TL　M V

1949年創業、ガラタ塔がトレードマークで、イスタンブールでは知らない人はいないバクラワの超有名店。ギュッリュオウルを名乗る店はほかにも多いが、この店との関係はない。おみやげにもなる真空パックのほか、ボレキなどの軽食も出す。

サイラ・マントゥ Sayla Mantı

トルコ料理　Map P.121B1 カドゥキョイ（アジア側）

住Nailbey Sok. No.32
TEL(0216)336 2675
URLwww.saylamanti.com.tr
開11:30〜21:00　休夏期の日
US＄ € TL
M V

1969年より続くマントゥ専門店。店内は明るく、清潔感にあふれる。一番人気はやはり40年以上も愛され続けているマントゥ22TL。ぜひ試してほしい一品だ。ほかにもチー・ボレキ18TLなどがある。

ヴィクトル・レヴィ Viktor Levi Şarap Evi

ワインバー　Map P.121A3 カドゥキョイ（アジア側）

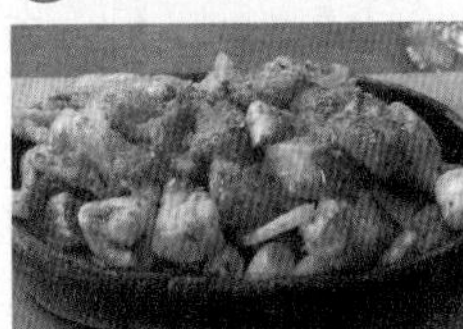

住Moda Cad., Damacı Sok. No.4
0530 975 7523
URLwww.viktorlevimoda.com
開12:00〜翌2:00
休無休
US＄ € TL
M V

1914年創業と、トルコ共和国よりも古くからあるワインバー。中庭が広くて開放的。魚料理のほか、肉料理のメニューも豊富で、特にステーキ類の人気が高い。

ヤンヤル・フェフミ Yanyalı Fehmi Lokantası

トルコ料理パスターネ　Map P.121B1 カドゥキョイ（アジア側）

住Yağlıkçı İsmail Sok. No.1
TEL(0216)336 3333
FAX(0216)347 2985
URLwww.fehmilokantasi.com
開8:00〜22:00　休無休
US＄ € TL　M V

創業は1919年にさかのぼるといわれる、アジア側で最も古いロカンタ。入口は狭いが、内部には屋根付きの中庭やパスターネなどもある。メニューは100種以上あるが人気はパシャ・ケバブ35TL。

ジバリカプ・バルクチュス Cibalikapı Balıkçısı Moda

魚料理居酒屋　Map P.121A3 カドゥキョイ（アジア側）

住Caferağa Mah., Moda Cad. No.163, Kadıköy
TEL(0216)348 9363
URLwww.cibalikapi.com
開12:00〜翌1:00
休無休　US＄ € TL　M V

モダ地区の海岸近くにある。メゼ（前菜）やアラ・スジャク（温菜）が豊富で、ここでしか食べられないものも多い。常時30種類以上が揃い、全部で150種類ものレパートリーがあるとか。スイーツでも有名。

ヤンヤル・フェフミのヤンヤとは、ギリシアの北西部にあるイオニアナIonianaのトルコ語名で、創設者フェフミ・ソンメズレルの祖先の出身地。現在は3代目が切り盛りしている。（編集室）

イスタンブールでviva! ナイトライフ!

イスタンブールの夜の過ごし方はいろいろ。観光客にはベリーダンスが定番だけれど、地元の人と交じって民謡酒場で踊ったり、メイハーネでまったりお酒を飲みながら過ごすのもいい。ただし、危険もあるので、十分気を付けて。

メイハーネ

トルコ語で居酒屋のこと。イスタンブールの新市街、イスティクラール通り周辺の裏路地、特に魚市場横の**ネヴィザーデ通りNevizade Sok.**(→Map P.102A3)の界隈には由緒あるメイハーネが多い。

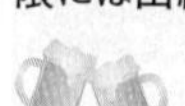

ベリーダンス

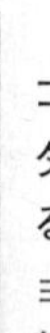

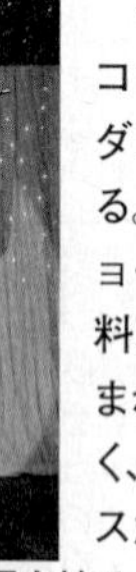

ベリーダンスショーは、トルコ観光の定番

ベリーダンスはトルコではオリエンタルダンスと呼ばれている。観光客向けのショーレストランでは、料理も観劇料金に含まれているところが多く、通常はベリーダンスだけではなく、トルコ各地の民俗舞踊を挟みながら進む。

旧市街や新市街のタクスィム広場周辺のホテルに限り、予約すれば無料送迎を行っている。当日予約では難しいので、無料送迎を希望する場合はできるだけ早く予約しよう。どこのホテルでも手配可能。スタッフに相談するとよい。

民謡酒場

民謡酒場はテュルキュ・エヴィやテュルキュ・カフェなどと呼ばれている。観光客が中心のベリーダンスショーとは違い、気軽に普通の人が飲みながら楽しむ場所。音大生やセミプロのミュージシャンが演奏している。イスティクラール通りから1本入った**ハスヌン・ガーリップ通りHasnun Galip Sok.**(→Map P.102B3)に多い。

ライブハウス

新市街では**ジョリー・ジョーカー・バランスJolly Joker Balans**(→Map P.102A3)や**バビロンBabylon**(→Map P.100B1)といったところが有名。

チケットは各会場のほか、ビレティクス(URL www.biletix.com)などのサイトでも購入可能。ただし、ライブが始まる時間は比較的遅く、深夜0:00過ぎからスタートすることも珍しくない。

注意したいこと

帰りの足は確保できないことも多いので、近くに宿をとるなどしたほうがいい。なお、新市街、タクスィム広場周辺には手頃な宿が多い。また、このような店には**誘われて行ってはダメ**。ボッたくりだったり、過去には睡眠薬強盗にあった例も。

もうひとつ必ず頭に入れておきたいのは、トルコの人は女性だけで行くということはないということ。ましてや**女性ひとりでこのような場所に行くというのはもってのほかだ**。

民謡酒場ではちょっとした場所さえあればすぐに踊りが始まる

アーティストにも客にも若い層が多い民謡酒場

読者投稿 トルコでは何かとトマトがでてくる。赤いものは美味しいということらしい。わたしはトマト嫌いだったのでそこは苦痛でした(笑)。(愛知県 S.I. '17夏)

イスタンブールのナイトスポット

ケルヴァンサライ Kervansaray

ショーレストラン　Map P.104A4 ハルビエ

住Cumhuriyet Cad. No.52/A, Harbiye
TEL(0212) 247 1630
URLwww.kervansarayistanbul.com
開19:30頃〜23:00頃
休日
料食事＋飲み物＋ショー95€
飲み物＋ショー75€
US＄ € JPY TL
カード A M V

ヒルトン・ホテルの近く。トップベリーダンサー、アセナが出演する(長期休演の場合もある)ことでも有名。他にもトルコ各地の民俗舞踊も鑑賞できる。ショーが始まるのは20:30頃から。前菜からデザートまでメニューを選択できる。新市街のみ無料で送迎可。開始時間は混み具合によって前後するので当日に確認しよう。

スルタナス Sultana's

ショーレストラン　Map P.103C1 ハルビエ

住Cumhuriyet Cad. No.40/D, Elmadağ
TEL(0212) 219 3904
FAX(0212) 230 6305
URLwww.sultanas-nights.com
開20:45〜23:00　休無休
料食事＋お酒＋ショー70TL
食事＋ソフトドリンク＋ショー60TL
US＄ € JPY TL　カード A M V

ヒルトン・ホテルとタクスィム広場の間にあり、タクスィム広場から徒歩5分ほど。235人収容のホールがあり、開始時間をずらして公演することがある。ハレムでの生活を表したものなどオリジナルのショーもある。送迎は当日の参加人数や契約ホテルなど条件によって変わるので問い合わせを。

Information

ボスポラス・ナイト・クルーズ

ボスポラスクルーズとダンスショーを組み合わせたナイトクルーズは、イスタンブールならでは。食事を楽しみながらショーを見て、ライトアップされた美しい宮殿や橋も眺められる。

出発は20:45頃、カバタシュのプライベートクルーズ用桟橋から。予約しておけばホテルに迎えに来てくれる。帰りも遅くなるので、送迎もお願いしよう。

船内で行われるベリーダンス

出港したら、宮殿やオルタキョイをゆっくり眺めてから、ショーはスタート。メヴラーナのセマー、各地域の民俗舞踊、ベリーダンスなどが次々と披露される。休憩タイムに合わせてライトアップされたルメリ・ヒサルが姿を見せる。最後はお客さんも舞台に上がり、盛り上がって舞台は終了。3時間ほどの楽しいクルーズだ。

ライトアップされた橋の下を通過

■オリエント・ボスポラスクルーズ
TEL(0212) 517 6163
FAX(0212) 517 7563
URL**www.orienthouseistanbul.com**
料60€〜（セットメニューの料理、飲み物付き）
帰港は23:45頃、送迎は要事前予約

空港周辺や新市街のタクスィム広場周辺以外のホテルに泊まっていて送迎を希望する場合は旅行会社を通じて送迎を付けてもらうとよい。(編集室)

ヴェラ Vera

パブ 魚料理 Map P.102A3 ネヴィザーデ通り

住Sahne Sok. No.40
TEL(0212)244 2733
開9:00～翌3:00
休無休
US$ € TL
カード M V

居酒屋がズラリと並ぶネヴィザーデ通りNevizade Sok.にある。魚料理を得意としており、ビールを片手にのんびりと過ごす人が多い。週末の夜はたいへん混み合っているので、早めに行こう。

バブル Bubble Pub

パブ Map P.102A3 ネヴィザーデ通り

住Nevizade Sok. No.18/B
TEL(0212)249 4318
開12:00～翌4:00
休無休
US$ € TL
カード A M V

ネヴィザーデ通りの端（魚市場とは反対側）にある。22:00過ぎが盛り上がる。ビールだけという人も多いが、モヒートだけでも何種類もあるカクテルの豊富さが自慢。若く陽気なスタッフがいつでも相手をしてくれる。

U2アイリッシュ U2 Istanbul Irish Pub

パブ Map P.102B2 タクスィム

住Bekar Sok. No.21
TEL(0212)243 4045
URL www.u2istanbulirishpub.com
開16:00～翌2:00
休月
TL カード M V

ヨーロッパの旅行客から愛されるパブ。本格的な黒ビールをいただけるほか、店内のテレビでは常にサッカーの試合が映っている。店主のレオさんは歴史や文化の知識が豊富。

レビ・デルヤー Leb-i Derya

居酒屋 Map P.100B1 テュネル

住Kumbaracı Yok. No.57
携帯0541 366 84 80
URL www.lebiderya.com
開16:00～翌2:00
休無休
TL カード M V

ボスポラス海峡の眺めが抜群。シーフードが自慢だが、飲み物だけの利用も可能。海峡に面した席は雰囲気が抜群。照明の代わりにキャンドルが灯され、いつもカップルでにぎわっている。

アスマル・ショット・ハウス Asmalı Shot House

バー Map P.100B1 テュネル

住Sofyalı Sok. No.14
携帯0530 517 8399
Mail asmalishothouse@hotmail.com
開11:00～翌4:00 休無休
US$ € TL
カード A M V

ライブが入るときは英語、スペイン語、トルコ語が入り交じる。カクテルもワールドワイドで、年配から若者まで客層が広い。ひとり一杯ずつウエルカムショットサービスがある。

ムンズル Munzur Cafe Bar

民謡酒場 Map P.102B3 ガラタサライ

住Hasnun Galip Sok. No.17/A, Beyoğlu
TEL(0212)245 4669
URL www.munzurcafebar.com
開13:00頃～翌4:00 休バイラム
US$ € TL
カード A M V

民謡酒場が軒を連ねる通りにある。東部アナトリアにあるトゥンジェリTunceliの民謡が中心で、お客さんもトゥンジェリ出身者が多い。いつも大勢の人でにぎわっているので、相席覚悟で。テーブルチャージ無料。

マーレ・ビストロ Mare Bistoro

バー Map P.101C3 カラキョイ

住Rıhtım Cad. No.23
TEL(0212)243 2943
開10:00～翌2:00
休無休
TL
カード M V

カラキョイの埠頭からすぐ。最上階からの金角湾の眺めが美しい。お酒だけでなく、チーズの盛り合わせやバターで炒めたエビなど料理もバラエティ豊富。

読者投稿 イスタンブールのあちこちに売っている、目の前で絞ってくれるオレンジジュースが非常に美味しかった。絶対に一度は飲むべき。（茨城県　M.O.　'17夏）

おすすめショッピングスポット

オルタキョイ Ortaköy

Map P.111D3　Map P.119下

タクスィムから42T、エミノニュから30Dなど、ベベッキ方面のバスで行くことができる。

オルタキョイは、7月15日殉教者の橋のたもと、瀟洒なオルタキョイ・メジディエ・ジャーミィのある一角。ここは毎週日曜になると多くの露店が出て、まるで原宿のようなにぎわいとなる。海を見ながらカフェで語らう若いカップルや、クンピルという大きなベイクドポテトをほおばる観光客でにぎわう。埠頭からは海峡ミニクルーズ船も出ている。橋の北側のクルチェシメは、ナイトスポットで有名なエリアだ。

路地裏歩きが楽しい

クルーズ船も出る

名物のクンピル

テシヴィキエ、ニシャンタシュ

Teşvikiye／Nişantaşı　Map P.104～105

メトロM2のオスマンベイ駅下車

タクスィム広場近くから出ているテシヴィキエ行きドルムシュで終点下車。

19世紀半ばに、スルタンのアブデュルメジドによってテシヴィキエ・ジャーミィが造られてから開発された地区。ブランドショップが並ぶ老舗ストリートで、年に1、2回行われるバーゲンにあたると、35～70%オフになることも。グルメエリアとしても有名で、外国食材のデリカテッセンやパン屋なども多いハイソなエリア。ナイトスポットも多く、バーやディスコ、クラブなどもある。

1階がデリ、2階がカフェのカンティン

レアスュランス市場はカフェも多い

ニシャンタシュのブティック

高い天井のハウス・カフェ

バーダット通り Bağdat Cad.

折込イスタンブール広域図D4

カドゥキョイからドルムシュでエレンキョイ下車。

バーダット通りはオスマン朝のスルタンムラト4世のバグダード遠征にちなんで名付けられた。ヨーロッパ側のテシヴィキエはあまり土地がなく、小さな路地に車が入り込んできて少々歩きづらいが、アジア側のバーダット通りは、青山通りのように広いスペースにブランドショップが並んでいるから快適な散歩が楽しめる。店舗も広めなので、近年はメインショップをバーダット通りにするブランドも増えている。

バーダット通り

バーゲンは要チェック

ジーンズのマーヴィ

カジュアルシックならヤルグジュ

通り沿いにはおしゃれなレストランも多い

イスタンブール

読者投稿　カッパドキアの名物料理テスティ・ケバブはカッパドキアだけでなく、イスタンブールでもいろいろな店で頼めました。（愛知県　S.I.　'17夏）

大型ショッピングセンター

フォーラム・イスタンブール Forum İstanbul

URL www.forumistanbul.com.tr
折込イスタンブール広域図B2
🚃メトロM1車カルタルペテ・コジャテペKartartepe Kocatepe駅直結
開10:00～22:00　休無休

ヨーロッパ最大級のショッピングモール。隣に郊外型家電量販店やIKEAなどもあり、すべてまわるには1日がかり。館内にはシネマコンプレックスや水族館といった施設もある。

ジェヴァーヒル Cevahir

URL www.istanbulcevahir.com　Map P.110A1
🚃タクスィム広場からメトロM2でシシリŞişili直結。
開10:00～22:00（映画館は深夜まで）　休無休

ヨーロッパ最大級の広さを誇る巨大ショッピングセンター。約280の店舗のほか、12面のスクリーンと3DIMAXシアターをもつシネマコンプレックス、屋内遊園地、ボウリング場、DIYのホームセンターなどさまざまな施設が入っている。

デミリョレン・イスティクラール Demirören İstiklal

URL www.demirorenistiklal.com　Map P.102B3
🚃メトロM2、フニキュレルのタクスィム下車
開10:00～22:00　休無休

イスティクラール通りにある、ベイオウル地区唯一のショッピングセンター。化粧品のSEPHORAやGAPなどイスティクラール通り初出店の店をはじめ、家電量販店のMedia Marktなど。高級ブランドVakkoも入っており、スカーフやネクタイなどおみやげに人気の品も扱う。

イスティニエ・パルク İstinye Park

URL www.istinyepark.com　Map P.114B2
🚃メトロM2ドルデュンジュ・レヴェント4. Levent駅からドルムシュで約15分。メトロM2 İTÜ Ayazağa駅から徒歩約12分　開10:00～22:00　休無休

開発が進むイスティニエ地区にある。300近い店舗のうち、トルコ初出店の店も多く、カジュアルから高級ブランドまでバランスのとれたラインアップ。キッチン雑貨を扱うMUDOやイタリアや北欧デザインの生活雑貨を揃えるEsseなどインテリア系のショップも充実している。

メイダン Meydan

URL www.meydanistanbulavm.com
折込イスタンブール広域図D3
🚃メトロM2のシシリ駅から市内バス122C。テペユステュ Tepeüstü行きに乗ってIKEAで下車。所要20分
開10:00～22:00　休無休

アジア側のウムラニエにある複合型ショッピングセンター。ほとんどの店が国内有名ブランド店で、スポーツメーカーの店舗も多い。冬にはスケートリンクが開かれる。隣には北欧家具メーカーのイケアIKEAもある。

カンヨン Kanyon

URL www.kanyon.com.tr　Map P.112A2
🚃メトロM2レヴェント駅Levent直結
開10:00～22:00（映画館は深夜まで）　休無休

峡谷をイメージした曲線が印象的。イギリスのデパートであるハーベイ・ニコルズが入っている。レストランではベルギーのパン屋パン・コティディアンのほか、ラーメンやうどんなどを出すWAGAMAMAなどアジア系の店舗も数店ある。

読者投稿　旅行中にトルコの祝日があり、トラム、メトロなどはすべて無料だった。ラッキーだったが多くの人が利用するため乗るのにすごく待った。空港に遅れて到着し、焦った。（広島県　加納美穂　'17 夏）

イスタンブールのショップ

ショッピングエリアがあちこちにあるイスタンブールでも、いろいろなジャンルのショップがあるのはイスティクラール通りやニシャンタシュ界隈。下記に挙げたショップはおもにイスティクラール通りやガラタ塔周辺エリアを中心に人気&定番の店の数々だ。

イペッキ İpek

スカーフ ネクタイ　Map P.102A3 イスティクラール通り

住İstiklâl Cad. No.120
TEL(0212) 249 8207
FAX(0212) 249 7787
開9:00〜20:00
休日・祝
US$ € JPY TL
M V

60年もの歴史がある老舗スカーフ店。オスマン朝時代をモチーフにした柄のシルクスカーフやウールのショールなどが人気だが、色柄ともに豊富。男性用にはネクタイやストールも人気。日本円での支払いは硬貨も使用可。

パンテル・クルタスィエ Panter Kırtasiye

文房具 土産物　Map P.102A4 イスティクラール通り

住İstiklâl Cad. No.185/D
TEL(0212) 244 3869
URLwww.panterstore.com
開9:00〜21:00
休日　TL
M V

イスティクラール通りに面するみやげ物屋。特筆すべきはその色とりどりの羽根ペン。ショーケースに並ぶ姿が美しい。また蝋の印鑑も販売。値段はおよそ100〜300TL。

ヤプクレディ・ヤユンラル Yapıkredi Yayınlar

書籍　Map P.102A3 イスティクラール通り

住İstiklâl Cad. No.161
TEL(0212) 252 4700
URLkitap.ykykultur.com.tr
開9:00〜21:00（土11:00〜22:00、日13:00〜21:00）
休無休　TL　M V

イスティクラール通りの書店。洗練された書架の並びと暖色系の明かりが美しい。若い作家による文学作品を中心に芸術、歴史、哲学書、児童向け書籍を扱う。

インサン・キタップ insan Kitap

書籍　Map P.102A3 イスティクラール通り

住İstiklâl Cad. No.96
TEL(0212) 249 5555
URLwww.insankitap.com
開9:00〜22:00
休無休
TL　M V

ガラタサライ高校の真向かいに店を構える書店。本や文房具などに加え、マグネットなどちょっとしたおみやげも買える。建物の2階にはカフェが併設されている。

デニズレル・キタベヴィ Denizler Kitabevi

書籍 雑貨　Map P.102A4 イスティクラール通り

住İstiklâl Cad. No.199/A
TEL(0212) 249 8893
URLwww.denizlerkitabevi.com
開10:00〜19:30
休無休
US$ € TL　M V

創業から20年以上経つ雑貨屋兼書店。古今東西、様々な言語の本、古本、銅版画、海図、オブジェ、ポストカードなどの品が並ぶ。特には銅版画の書籍はかなり古い物も置いてある。

ホーム・スパ Home Spa

バス用品　Map P.100B2 テュネル

住Galipdede Sok. No.61
TEL(0212) 293 7244
開10:00〜22:00
休無休
US$ € TL
M V

メヴラーナ博物館の近く。小さな店内にはハマムグッズのほかオリジナルのバス用品がずらりと並ぶ。オリーブ石鹸も種類豊富で、小さなコロンヤやペシテマル（ハマム用腰巻き）なども人気。

読者投稿　ラマザン明けはスケジュールが変わる。カーリエ博物館にラマザン明けの日に行ったところ休館だった。ペラ博物館など午後から開けるところもある。（神奈川県　KF　'17 夏）

メクトゥップ Mektup

住Yeniçarşı Cad. No.10/A
TEL(0212)244 1833
開11:00〜22:00
(日15:00〜20:00)
休無休　TL
不可

文房具 雑貨　Map P.102A3 ガラタサライ

ガラタサライ高校裏の通りに店を構える1992年創業の文房具屋。店内はこじんまりとしているが本、文具に限らず画材道具やデッサン人形など幅広い品ぞろえがある。

デガ・アート Dega Art

住Camekan Sok. No.1/C
TEL(0212)249 0555
開10:00〜19:30(日〜18:30)
休無休
US$ €TL
M V

ギャラリー　Map P.100B2 ガラタ塔周辺

2018年にカドゥキョイから移転したアートギャラリーで、店内の作品はすべて芸術家である店主の奥さんによるもの。ほかには無いユニークなおみやげが買えることだろう。

ハルス HARS

住Camekan Sok. No.2
TEL(0212)243 7574
URLwww.harsshop.com
開9:30〜19:30
休無休
US$ €TL JPY　D J M V

陶器　Map P.100B2 ガラタ塔周辺

ガラタ塔の目の前で、15年近く店を構えるティーカップの専門店。大小様々なサイズやデザインのチャイカップを取り揃えている。トルコらしいデザインのカップやグラスはおみやげにもぴったり。

タワー・レザー・バッグ Tower Leather Bag

住Galipdede Cad. No.27/B
0533 391 2613
開10:00〜22:00
休無休
US$ €TL
不可

革製品　Map P.100B2 ガラタ塔周辺

テュネルの駅から徒歩約5分のレザーバッグの専門店。個性的なバッグのほか、革製の財布や小物入れもある。クレジット決済ができないので注意。

ラドレス・ド・パルファン L'Adresse des Parfums

住İstiklâl Cad. No.46
TEL(0212)244 0081
URLwww.dpperfumum.com.tr
開9:00〜24:00
休無休
TL　M V

香水　Map P.102B3 イスティクラール通り

トルコにとどまらず東欧や中東にも進出している香水店。400近いオリジナル香水を100cc瓶で20TL〜という安価で販売している。迷ったら店員さんにセレクトを任せてみるのも手。

アカルス Akarsu

住Çakmakçılar Yok. No.83/C
TEL(0212)527 7102
開8:30〜18:00
休日
US$ €TL
A M V

スカーフ 手芸雑貨　Map P.98A1 エミノニュ

グランドバザールとエジプシャンバザールを結ぶ通り沿いにあるスカーフ専門店。周囲はアクセサリー関連の問屋が多いが、ここは小売りもやっている。オヤの縁飾り付きのスカーフも取り扱っており、イーネオヤも置いている。

ペテッキ Petek Turşuları

住Dudu Odaları Sok. No.1/D
TEL(0212)249 1324
開9:00〜20:00
(冬期11:00〜19:00)
休無休
US$ €TL　M V

漬物　Map P.102A3 ガラタサライ

ガラタサライから魚市場を抜けていったところにある。ここはキュウリやニンジンといった定番の野菜だけではなく、珍しいものもたくさん置いており、トルコの漬物の奥深さを知るにはピッタリ。

イスティクラール通りのガラタサライ高校裏側のエリアはチュクルジュマÇukurcumaと呼ばれ古道具や家具などを扱うアンティークショップが点在している。(編集室)

トルコ風エステはハマムにあり

ヒュッレム・スルタン・ハマム（→P.210）

歴史あるチェンベルリタシュ・ハマム（→P.210）

トルコにはハマムと呼ばれる蒸し風呂式の共同浴場がたくさんある。イスラームの教えでは「清潔は信仰の半分」と明記されているように、体を常に清潔に保つことは非常に重要。その点からもハマムは古くから独自の発達をしてきた。ハマムの特徴はアカすりサービスが頼めること。イスタンブールには観光客向けのハマムが数軒あり、外国人観光客も気軽にアカすりを体験できる。歴史あるハマムの重厚な雰囲気も味わいたい。

1 入店～着替え

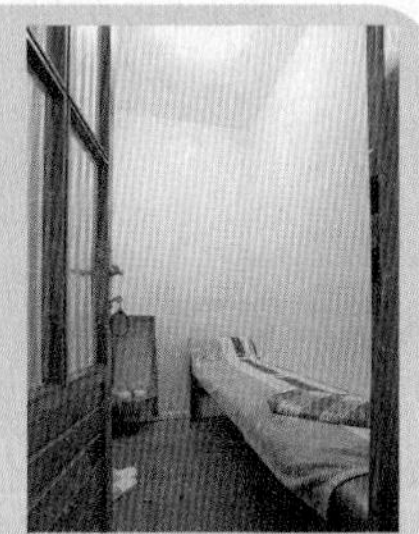

入口を入ると番頭さんが出迎えてくれる。料金表やサービス内容も掲示されていることが多いのでよく確認して、料金を払う。脱衣所まで案内してもらって服を脱いだら、タオルを体に巻いて（女性はセパレーツの水着を着たほうが安心）、外に出よう。施錠は忘れずに。脱衣所は4～6人用だが、ひとりで行っても占領できることが多い。

2 浴室でじんわり汗出し

さあ、ドアを開けて浴室に入ろう。中央にへそ石が置かれ、蒸気がムンムンと立ち込めている。しかし、サウナのように熱くはない。アカすりとマッサージを希望するなら、中央の大理石に腰かけたり寝そべって、体がしっとり汗ばむのを待っていよう。

3 いよいよアカすり

アカすりが終わったら石けんで洗い流す

ヒュッレム・スルタン・ハマムの女性のケセジ

アカすりは男性には男性のケセジ（三助さん）、女性には女性のケセジがつく。ただし、ホテル内のハマムなどでは、女性のケセジという職業は人気がないという事情もあり、女性のケセジはおらず、オジサンがアカすりをすることも多い。

さて、アカすりは専用のタオルでこする。少々固い生地なので、痛かったり赤くなったりするが、びっくりするほどアカが出る。こすり終わると石鹸で頭と体を洗い、希望者にはマッサージをしてくれる。

4 湯上がり

浴室から出ると、係の人がタオルをくれるので、体に巻いていた濡れたタオルと交換する。頭や肩にもタオルを巻いてもらったら、服を着替えた脱衣所に戻り、着替えるのだが、横になってリラックスするのもよい。有料だが飲み物を持ってきてくれる。日本の銭湯ではコーヒー牛乳が定番だが、ハマムで風呂上がりにチャイやジュースをグビっとやるのもオツなものだ。

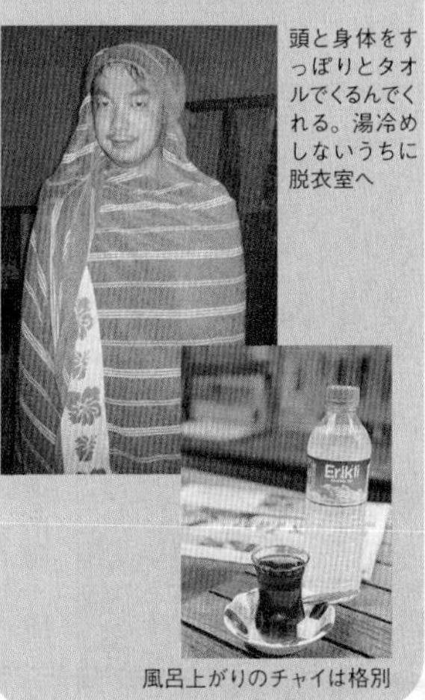

頭と身体をすっぽりとタオルでくるんでくれる。湯冷めしないうちに脱衣室へ

風呂上がりのチャイは格別

ハマムの中で腰に巻く布はペシテマルと呼ばれる。ホーム・スパ（→P.207）のほか、アラスタバザール（Map P.99C3～4）にはハマムグッズの店が集まっている。（編集室）

イスタンブールのハマム

ヒュッレム・スルタン・ハマム Hürrem Sultan Hamamı

高級ハマム エステ　Map P.119上A1 スルタンアフメット

住Ayasofya Meydanı No.2
TEL(0212)517 3535
URLwww.ayasofyahamami.com
開8:00〜22:00
休無休
US＄ €TL　AMV

スュレイマン大帝の妻ヒュッレム・スルタンが16世紀にミマール・スィナンに建てさせた由緒あるハマム。中東でも放映されたトルコの大河ドラマの影響でアラブ人やロシア人観光客に人気が高く、予約は必須。使用するシャンプーやコンディショナー、ボディクリームはすべてヒュッレムのシンボルといわれるエルグワン（セイヨウハナズオウ）の香りのオリジナル。ペシテマル（腰巻き）もオリジナルのシルク製というこだわりぶり。コースは5つあり、アカすりとボディマッサージの45分コースで€80。アカすりとのアロマテラピー・マッサージのコースは60分で€100。レストランも併設している。

ジャーロウル・ハマム Cağaloğlu Hamamı

観光客向け　Map P.99C2 スルタンアフメット

住Prof. Kâzım İsmail Gürkan Cad. No.24
TEL(0212)522 2424
FAX(0212)512 8553
URLwww.cagalogluhamami.com.tr
開9:00〜22:00
休無休
US＄ €TL　不可

地下宮殿入口のある通りを北西へ歩いていくと右側にある。1741年にメフメット1世によって建設された、イスタンブール最大のハマム。ジャーミィだったアヤソフィアの収入源として建設された。入場料＋アカすり50€、入場料＋アカすり＋マッサージ65€。

チェンベルリタシュ・ハマム Çemberlitaş Hamamı

観光客向け　Map P.98B3 チェンベルリタシュ

住Vezirhan Cad. No.8
TEL(0212)522 7974
URLwww.cemberlitashamami.com
開6:00〜24:00（男湯）
7:30〜24:00（女湯）
休無休　US＄ €TL
AMV

チェンベルリタシュ駅のすぐ横。入口は小さいが、中は広い。1584年にミマール・スィナンによって建てられた、歴史的建造物としての価値も大きいハマム。入場＋アカすり255TL。入場料＋アカすり＋マッサージ415TL〜。

クルチュ・アリ・パシャ・ハマム Kılıç Ali Paşa Hamamı

観光客向け　Map P.101C2 トプハーネ

住Hamam Sok. No.1, Tophane
TEL(0212)393 8010
FAX(0212)393 8001
URLkilicalipasahamami.com
開16:30〜23:30（男湯）
8:00〜16:00（女湯）
休無休　US＄ €TL
AMV

ミマール・スィナン最後の作品ともいわれる。同じハマムを男女時間別で使うシステムになっており、女性は16:00までで男性は16:30から。入場料＋アカすり＋マッサージで220〜480TL。敷地内にはバスグッズを扱うショップも併設している。

コジャムスタファパシャ・ハマム Kocamustafapaşa Hamamı

地元客向け　Map P.116A4外 コジャムスタファパシャ

住Kocamustafapaşa Cad. No.183
TEL (0212)586 5557
URLwww.kocamustafapasahamami.com
開6:00〜23:00（男湯）
8:00〜22:00（女湯）　休無休
TL　不可

コジャムスタファパシャのバス停から徒歩約3分。6世紀に教会として建てられた建物を、15世紀にジャーミィに改装したコジャ・ムスタファパシャ・ジャーミィ付属のハマム。チェンベルリタシュ・ハマムと同じ経営。入場料＋アカすり＋マッサージで50TL。

ヒュッレム・スルタン・ハマムのオーナーは内装に力を入れ、開業を遅らせてまでも何度もやり直した。その間大理石を冷ますと割れてしまうのでオープン前でも温めさせ続けたほど。（編集室）

イズニックのアヤソフィア・ジャーミィ

都会を離れてショートトリップ

イスタンブール近郊

İstanbul'un Çevresi

エディルネの気候データ

月	1月	2月	3月	4月	5月	6月	7月	8月	9月	10月	11月	12月
平均最高気温（℃）	6.5	9.2	13.3	19.2	24.7	29.2	31.7	31.6	27.2	20.5	14.1	8.3
平均最低気温（℃）	-0.8	0.2	2.8	7.1	11.5	15.3	17.3	17.1	13.3	9.1	5	1.2
平均降水量（mm）	83.4	65.5	60.2	53.3	29.3	25.8	20.9	24.5	35.8	67.9	74	99.1
旅の服装												

オスマン朝期の建築物がたくさん残る国境の町

エディルネ Edirne

市外局番 **0284** | 人口**14万8474**人 | 標高**42**m

世界遺産
セリミエ・ジャーミィと関連複合施設
Selimiye Camii ve Külliyesi
2011年

無形文化遺産
クルクプナルのオイルレスリング（ヤールギュレシ）
Kırkpınar Yağlı Güreş
2010年

■時刻表一覧
時刻表索引→P.62〜63

セリミエ・ジャーミィのドーム装飾

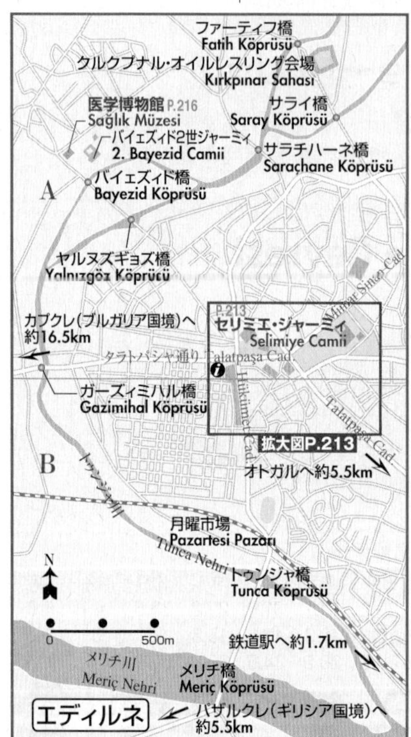

ギリシア、ブルガリアとトルコを結ぶ国境の町エディルネ。古代ローマ皇帝ハドリアヌス帝が町造りをしたのが起源となり、過去にはハドリアノポリスと呼ばれていた。

その後アドリアノープルと称されたこの地は、1361年にムラト1世に征服され、ブルサから遷都される。1453年にオスマン朝の都がイスタンブールに移るまでの約90年間、都として栄えた町には、この間に建設された多くのジャーミィが残る。特に大建築家ミマール・スィナン設計のセリミエ・ジャーミィは目を見張るすばらしさ。この町はオイルレスリング、ヤール・ギュレシYağlı Güreşの開催地としても有名だ。

「時計塔（Saat Kulesi）」の別名をもつマケドニア塔

ユチュ・シェレフェリ・ジャーミィの向かいにある高い塔は「マケドニア塔Makedonya Kulesi」といい、「アドリアノープル」と呼ばれたビザンツ時代の雰囲気をいまに伝える貴重な遺跡。（編集室）

歩き方

オトガルは郊外の高速道路のインターチェンジ近くにある。町の中心部は**カレイチ**Kaleiçiと呼ばれている。町の中心は**ヒュリエット広場**Hürriyet Meydanıで、**タラトパシャ通り**Talatpaşa Cad.と**サラチラル通り**Saraçlar Cad.の2本の通りが交差する。**銀行**や**両替商**はタラトパシャ通りにある。

◆ターミナルから市の中心部へ

●オトガル(テルミナル) オトガルからは各社共同運行のセルヴィスが30分おきに運行。このほか市内バスなら3A、3Bが利用できる。所要約30分、2TL。ブルガリア国境のカプクレKapıkule、ギリシア国境のパザルクレPazarkuleからはミニバスが町の中心部まで出ている。

見どころ

トルコ随一の美しさを誇る堂々たる姿

セリミエ・ジャーミィ

Map P.213B1

Selimiye Camii セリミエ・ジャーミィ

1569年から1575年にかけて建設された壮大なジャーミィ。設計は偉大な建築家ミマール・スィナンだ。当時80歳の彼は、セリム2世の要請で建築家の夢である「イスタンブールのアヤソフィアを超えるドームを造る」ことに専念し、ついに直径31.5mという、アヤソフィアをわずかに超える巨大ドームが完成した。

彼はこの建物を自らの最高傑作と言い続けたという。その大ドームを8本の柱が支え、5つの半ドームと8つの小塔が囲み、

■エディルネの🅘
Map P.213A1
住Hürriyet Meydanı No.17
TEL&FAX(0284)213 9208
URLedirne.ktb.gov.tr
開8:30～12:00 13:00～17:30
(土・日9:00～18:00)
休11月～4月中旬の土・日

Information

サライ・ハマム
Saray Hamamı

1368年創建と、オスマン朝初期のハマム。2012年に修復されてきれい。入浴料が30TL、アカすり、マッサージ込みで70TL。

Map P.213B1
住Taşodalar Sok. No.1
TEL(0284)313 3377
開7:00～24:00(男性)
8:00～21:00(女性)

■セリミエ・ジャーミィ
開8:00～18:00 休無休

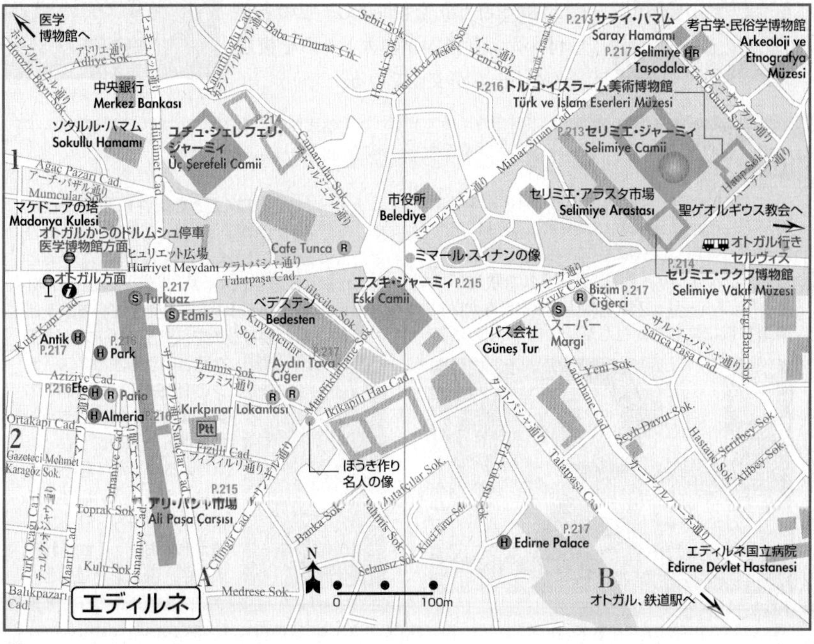

エディルネ

医学博物館へ / 中央銀行 Merkez Bankası / ソクルル・ハマム Sokullu Hamamı / ユチュ・シェレフェリ・ジャーミィ Üç Şerefeli Camii P.214 / マケドニアの塔 Madonya Kulesi / オトガルからのドルムシュ停車 医学博物館方面 / ヒュリエット広場 Hürriyet Meydanı / オトガル方面 / Cafe Tunca / 市役所 Belediye / ミマール・スィナンの像 / エスキ・ジャーミィ Eski Camii P.215 / ベデステン Bedesten / Turkuaz P.217 / Edmis / Antik P.217 / Park P.216 / Efe P.216 / Patio / Almeria P.216 / Aydın Tava Ciğer P.217 / Kırkpınar Lokantası / Ptt / ほうき作り名人の像 / アリ・パシャ市場 Ali Paşa Çarşısı P.215 / バス会社 Güneş Tur / スーパー Margi / Bizim Ciğerci P.217 / P.213 サライ・ハマム Saray Hamamı / P.217 Selimiye Taşodalar / 考古学・民俗学博物館 Arkeoloji ve Etnografya Müzesi / P.216 トルコ・イスラーム美術博物館 Türk ve İslam Eserleri Müzesi / P.213 セリミエ・ジャーミィ Selimiye Camii / セリミエ・アラスタ市場 Selimiye Arastası / 聖ゲオルギウス教会へ / オトガル行きセルヴィス / P.214 セリミエ・ワクフ博物館 Selimiye Vakıf Müzesi / Edirne Palace P.217 / エディルネ国立病院 Edirne Devlet Hastanesi / オトガル、鉄道駅へ

Talatpaşa Cad. / Saraçlar Cad. / Mimar Sinan Cad. / Hükümet Cad. / Kıyık Cad. / Sarıca Paşa Cad. / Kadirhane Cad. / Ortakapı Cad. / Aziziye Cad. / Ağaç Pazarı Cad. / Mumcular Sok. / Kuyumcular Sok. / Tahmis Sok. / Fizili Cad. / Çilingir Cad. / Toprak Sok. / Kulu Sok. / Medrese Sok. / Türk Ocağı Cad. / Maarif Cad. / Balıkpazarı Cad. / Baba Timurtaş Çık. / Sebil Sok. / Yeni Sok. / Taşodalar Sok. / Hatip Sok.

0 100m

エディルネはほうき作りでも有名な町で、チリンギル通りの北東の端にほうき作り名人の像がある。おみやげにほうきをかたどったアイテムが多い。(編集室)

■セリミエ・ワクフ博物館
Map P.213B1
開9:00〜17:00 休無休
料無料 内部不可

セリミエ・ジャーミィとつながる地下道はセリミエ・アラスタ市場という商店街になっている

■ユチュ・シェレフェリ・ジャーミィ
開8:00〜18:00 休無休

エディルネ銘菓

バーデム・クラヴィエスィ
Badem Klaviesi

三日月の形をしたアーモンドを使ったクッキーのようなお菓子。ギリシアのカヴァラが発祥で、エディルネでも盛んに作られている。ケチェジザーデKeçecizadeとアスランザーデAslanzadeが2大ブランド。

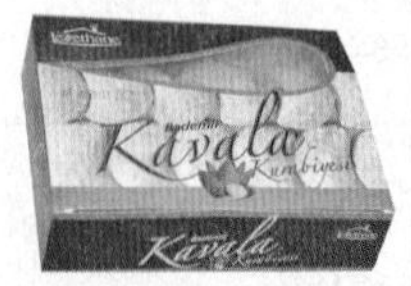

周囲に高さ70mのミナーレがそびえる構造。ミナーレ内部にある3つのらせん階段は、それぞれ別のバルコニーに続く。ドームの内部は窓から差し込む光で明るく、ミンベルとミフラーブがひとかたまりの大理石でできている。

均整のとれたセリミエ・ジャーミィ

敷地内には**セリミエ・ワクフ博物館**Selimiye Vakıf Müzesiもある。オスマン朝時代はダーリュル・クッラDarül Kurraというクルアーンの学問所だった。人形を使った当時の授業風景の再現をはじめ、クルアーンや数珠、タイルなどが展示されている。

ねじれたミナーレをもつ独特の形
ユチュ・シェレフェリ・ジャーミィ
Map P.213A1
Üç Şerefeli Camii ユチュ・シェレフェリ・ジャーミィ

1447年、ムラト2世の治世に完成した。設計はミマール・スィナンの師、ミュスリヒッディン・アー。初期オスマン朝建築の傑作で、4本のミナーレをもつ寺院。うち1本は、ねじったろうそくのような形で、南西角のミナーレが3つのバルコニー（ユチュ・シェレフェ Üç Şerefe）をもつため、この名が付いた。直径24mの大ドームを複数の小ドームが支えている。

ユチュ・シェレフェリ・ジャーミィ

Information
ひっそりと刻まれた逆さチューリップ

セリミエ・ジャーミィ内部のアーチに囲まれた場所（ミュエッズィン席）の石柱に、逆さに描かれたチューリップ（テルス・ラーレTers Lale）がある。これはジャーミィが建てられた敷地にはもともとチューリップ畑があり、地主がなかなか用地買取に応じなかったが、ジャーミィの内部にチューリップを描くことを条件に用地買収に応じた。スィナンがチューリップを逆さにしたのは、この地主のひねくれた性根を表しているともされる。また、チューリップ（ラーレLaleh لاله）と神（アッラー Allah الله）に使われているアラビア語の文字が同じなので、チューリップは神聖な花という俗説や、スィナンの孫娘で建築期間に病気になって亡くなったファトマを偲んだものだともいわれている。また、言い伝えでは、ジャーミィの内部には101ものチューリップが描かれており、それぞれの大きさ、色、形が違うという。

石柱をよく見てみよう

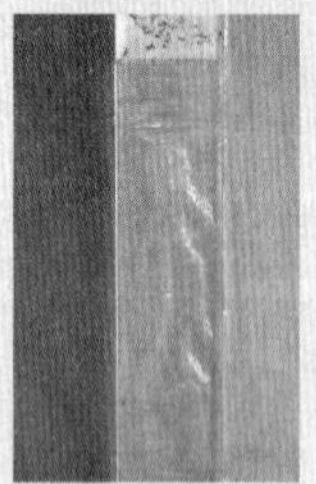
逆さチューリップ

読者投稿 イスタンブールのモスクはどこも人が多かったが、エディルネのセリミエ・ジャーミィはすばらしい上に落ち着いて見られるのでおすすめ。（広島県　加納美穂　'17夏）

1414年に完成のエディルネで最も古いジャーミィ
エスキ・ジャーミィ
Map P.213A1~B2

Eski Camii エスキ・ジャーミィ

1403年からバイェズィド1世の王子スュレイマン・チェレビーによって建築が進められたジャーミィだが、途中政変のため建設が途絶え、メフメット1世の治世の1414年にやっと完成した。その名（エスキ＝古い）のとおり、この町で最も古いジャーミィのひとつ。このジャーミィのすぐそばにはベデステンBedestenと呼ばれるバザールがあるが、これはエスキ・ジャーミィと同時にジャーミィの一部として造られたもの。今日でも日用品を扱う市場としてにぎわいを見せている。

■エスキ・ジャーミィ
開8:00～18:00
休無休

エスキ・ジャーミィ

アーケードのような市場
アリ・パシャ市場
Map P.213A2

Ali Paşa Çarşısı アリ・パシャ・チャルシュス

1561年に宰相セミズ・アリ・パシャの命でミマール・スィナンの設計によって完成した。南北に約300mの長細い市場で、天井には赤と白のストライプのアーチが続く。みやげ物店など約130軒が並んでいるがオスマン朝時代は貴金属の店が多かった。1992年に起きた火災で大きな損害を受けたが5年後に再建された。

■アリ・パシャ市場
開8:00～19:00
（日9:30～18:00）
休無休

観光客も多く訪れる

Information
ユネスコ無形文化遺産 ギュレシ（オイルレスリング）

トルコの有名な伝統的スポーツに、ギュレシGüreşがある。紀元前の匈奴（トルコ系という説もある）の装飾に、相撲の様子を描いたものが数多く残されており、中央アジアで相撲が盛んに行われていたことがわかる。

トルコ系民族が中央アジアからアナトリアに入ると、この地にギリシア・ローマ時代から根付いていたレスリングと融合して、今のヤール（＝油を塗った）・ギュレシ（＝レスリング）となった。オイルを体に塗ることによって体がつかみにくくなり、さらなる技巧が必要になる。

レスラーたちは上半身裸で、草地の上で太鼓と笛の音を合図に組み合う。オイルを塗らない競技はヤースズ（油なし）と呼ばれ、おもに子供たちが行っている。現在は、長くなりがちな試合をスピーディに行うためにアマチュアレスリングに近い形にルールが改定され、制限時間ありのポイント制となっているが、元来は相手を倒して両肩を押しつけるまで試合が終わらないという単純だが過酷なルールだった。

このヤール・ギュレシの最大の大会は、毎年6月の最終週から7月初旬にかけて、町の北側のクルクプナルKırkpınarで行われる。何とこの大会の第1回大会は1357年。ちょうどビザンツ帝国とオスマン朝がせめぎあっていた時期だ。そして2011年には記念すべき第650回大会が行われた。大会は2010年に世界無形遺産に登録され、世界的に注目度も高まっている。観戦を考えているならホテル予約をできる限り早くはじめよう。

トルコ中から腕自慢が集まるこの大会でチャンピオンになった人は、1年間「バシュペフリヴァンBaşpehlivan」（横綱）として称えられる。

野外、芝生の上で男たちが組み合う

ケシャンからエディルネへ向かう途中に通るウズンキョプリュ Uzunköprüは国境の町で、町の名前は長い橋を意味する。15世紀に造られ、今でも現役の石橋がある。（編集室）

■トルコ・イスラーム美術博物館
TEL(0284)225 1625
開9:00～18:30
※入場は30分前まで　休月
料6TL　📷内部不可

料理作りに関する展示

■医学博物館
🚌ℹ近くの乗り場からドルムシュで約5分
TEL(0284)224 0922
開8:30～17:30
※最終入場は閉館の30分前
休無休　料5TL

音楽療法を再現した人形

精緻な彫刻、美しいタイルの文様

トルコ・イスラーム美術博物館

Map P.213B1

Türk ve İslam Eserleri Müzesi テュルク・ヴェイスラーム・エセルレリ・ミュゼスィ

セリミエ・ジャーミィの敷地内の一角にある。各室にはタイルや陶器、クルアーンの写本、建築物の碑文、女性の衣装やアクセサリーなどがテーマ別に展示されている。ミマール・スィナンに関する15分ほどの映画も上映しており、彼の設計したセリミエ、シェフザーデ、スュレイマニエなどのジャーミィを紹介している。解説はトルコ語だが、映像を見ているだけでも興味深い。

オスマン朝時代の医学にスポットをあてた

医学博物館

Map P.212A

Sağlık Müzesi サールック・ミュゼスィ

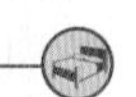

町の北側に位置するバイェズィド2世の複合建築(1488年完成)の一画を占める医学校を改装した博物館。中庭に面した部屋では医学史関連や医療器具の展示がある。

シファーハーネŞifahaneと呼ばれる奥のドームでは、オスマン朝時代の医学を人形を使って説明しており、診察室や音楽療法の様子が興味深い。

HOTEL

町の中心部には中級ホテルやリーズナブルな宿が多い。観光案内所ℹとアリ・パシャ市場の間のマアリフ通りMaarif Cad.にも宿が集中している。便利なエリアなので利用価値が高い。

日本からホテルへの電話 国際電話会社の番号 + 010 + 国番号 90 + 市外局番と携帯電話の最初の 0 を除いた相手先の電話番号

アルメリア Almeria

経済的 12室　Map P.213A2

住Alipaşa Ortakapı Cad. No.8
TEL(0284)212 6035
S 50TL
W A/C 120TL
US$ € TL
M V

アリ・パシャ市場の中央入口のそばにある。古い民家を改装しているので、部屋によって大きさや設備に差がある。シングルルームの設備は最低限。

Wi-Fi 全館無料　EV なし

パルク Park Hotel

中級 60室　Map P.213A2

住Aziziye Cad. No.6
TEL(0284)225 46 10
URL www.edirneparkotel.com
S A/C 150TL
W A/C 200TL
TL
M V

手頃なホテルが並ぶアズィズィエ通りの宿の中では規模が大きく設備も整う。 バスルームは改装されており機能的。種類豊富な朝食ビュッフェも自慢。観光にも便利な立地。

Wi-Fi 全館無料　EV あり

エフェ Efe Hotel

中級 22室　Map P.213A2

住Maarif Cad. No.13
TEL(0284)213 6166
FAX(0284)213 6080
URL www.efehotel.com
S A/C 135TL
W A/C 250TL
US$ € TL
M V

アンティークの小物などをさりげなく配した2つ星。客室は改装済みでとてもきれい。朝食はオープンビュッフェ。ロビーのマッサージチェアは宿泊客なら無料で使用できる。おしゃれなレストランPatioを併設。

Wi-Fi 全館無料　EV なし

エディルネ中心部でバーやお酒を出すレストランは、アリ・パシャ市場に沿ったサラテラル通りの南側に多く集まっている。(編集室)

アンティキ Antik Hotel

中級 11室 Map P.213A2

住Maarif Cad. No.6
TEL(0284)225 1555
FAX(0284)225 1556
S A/C 100TL
W A/C 200TL
US$ € TL
カード A M V

約130年前に建てられたギリシア人邸宅を改築したプチホテル 。かつてはギリシアやブルガリアの領事館としても使用されたそうで、かつての雰囲気をよく残している。朝食スペースを兼ねたカフェがかわいらしい感じ。

全館無料　EV なし

エディルネ・パレス Edirne Palace Hotel

中級 35室 Map P.213B2

住Vavlı Camii Sok. No.4
TEL(0284)214 7474
FAX(0284)212 9000
URL www.hoteledirnepalace.com
S A/C 50€～
W A/C 70€～
US$ € TL　カード M V

2012年にオープンしたホテル。あちこちに看板があるので迷うことはないだろう。 デラックスルームにはジャクージがついている。 朝食は地元の食材をふんだんに使ったオープンビュッフェ。

全館無料　EV あり

セリミエ・タシュオダラル Selimiye Taşodalar

高級 12室 Map P.213B1

住Taş Odalar Sok. No.3
TEL(0284)212 3529
FAX(0284)212 3530
URL www.tasodalar.com
S A/C 50～125€
W A/C 80～215€
US$ € TL カード A M V

セリミエ・ジャーミィの北側にある。15世紀に建てられた邸宅を改築したプチホテルで、木のあたたかみを活かし,部屋ごとに趣向を凝らした内装。 メフメット2世は1432年にこの邸宅で生まれたと記録されている。

全館無料　EV なし

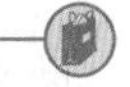

RESTAURANT & SHOP

エディルネの名物といえば、レバーの唐揚げ(タワ・ジエル)と丸いキョフテ。アリ・パシャ・チャルシュスの西側やエスキ・ジャーミィ周辺に専門店が多い。

ビズィム・ジエルジ Bizim Ciğerci

キョフテ屋 Map 213B1

住Yediyol Ağzı Sok. No.2
TEL(0284)225 0743
開7:00～23:00
休無休
US$ € TL
カード M V

セリミエ・ジャーミィの近く。名物のキョフテとタワ・ジエルを出す店で、3階建て木造の建物は家族連れや地元の人々でにぎわう。チョルバ9TLは量もたっぷり。朝食は12種類とメニューも豊富。

アイドゥン・タワ・ジエル Aydın Tava Ciğer

キョフテ屋 郷土料理 Map 213A2

住Tahmis Çarşısı Sok. No.8
TEL(0284)214 1046
URL www.aydintavaciger.com
開10:00～22:00 休無休
TL
カード A D J M V

タワ・ジエルの店のなかでも行列になることも珍しくない人気店。弾力ある新鮮なレバーの食感を楽しめる。すぐ近くにはさらに老舗の同名店もあるが、関係はない。タワ・ジエル25TL。

トゥルクアズ Turkuaz

インテリア雑貨 Map P.213A1

住Ali Paşa Çarşısı No.125
TEL(0284)214 1171
URL www.meyvesabunu.com
開9:00～19:00
(日10:00～19:00)
休無休
US$ € TL　カード M V

エディルネ名物のメイヴェ・サブヌ（フルーツ石鹸）の製造直販店。元来メイヴェ・サブヌは花嫁道具を収める箱に入れる芳香剤兼防虫剤として発達した。香り付きのものは2～5TL。近くに支店エディミスEdmisもある。

タワ・ジエル（レバーの唐揚げ）を出す店はリュステムパシャ・ケルヴァンサライ前の広場やアリ・パシャ市場を横切る通りの西側に多い。注文のあと、すぐに揚げてくれるのでサクサク。(編集室)

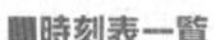

ビザンツ時代の城壁に囲まれた、湖のほとりの町

イズニック İznik

市外局番 0224	人口2万2507人	標高85m

■時刻表一覧
時刻表索引→P.62～63
→P.84

■イスタンブールから高速船→ミニバスでイズニックへ
イスタンブールからの直通バスはキャーミル・コチ社の1日1便（オトガル15:00発）のみと少ない。ヤロワへ高速船で行き、そこからバスに乗り継ぐのが一般的。ミニバスは、ヤロワ港前のミニバスターミナルから出る。オトガルの前の幹線道路を通り、イズニックへ向かう。
●ヤロワ→イズニック間
6:00～20:00の1時間に1便
●イズニック→ヤロワ間
7:35～21:15の1時間に1便

■イズニックの
Map P.219A2
住Atatürk Cad., Ayasofya Camii Önü
開8:00～12:00
　13:00～17:00
休土・日・祝

クルチアスラン通りの東端にあるレフケ門

イズニック湖の穏やかな湖面

イズニックの歴史は古く、紀元前316年にアレキサンダー大王の将軍ルシマコスにより征服され、彼の妻の名ニカエアを町の名としたことが記録されている。その後、ニコメディア王国、ビティニア王国の首都ともなった。紀元前74年にはローマの属州となり、その州都となってからはヘレニズム時代に築かれた城壁が再建されたり、神殿、劇場、公衆浴場などの建設が進んだ。しかし、その後ゴート人やペルシアの侵略を受けることとなる。

325年にはコンスタンティヌス帝によりキリスト教公会議が催されたり、第4回十字軍がコンスタンティノープルを占領したときにはこの町を首都としてニカエア帝国ができたりと、ローマ帝国後期、ビザンツ時代には重要な役割を果たした。オスマン朝時代は、タイル生産地としてその名を高めた。数々のイスラーム寺院の壁を飾ったイズニックタイルは、現在でも各地の博物館で、その色鮮やかな模様を目にすることができる。その後、タイルの生産はキュタフヤに移ってしまったが、21世紀に入る頃から再び陶器工房が増えてきている。西側に大きく広がるイズニック湖では泳いだり魚釣りが楽しめる。

歩き方

ローマ～ビザンツ時代に造られた城壁の内側が旧市街。約1km四方の旧市街は徒歩で見学可能。ヤロワ方向から来ると**イスタンブール門**İstanbul Kapıがある。そこから真っすぐ南へ延びるアタテュルク通りAtatürk Cad.が東西に延びるクルチアスラン通りKılıçaslan Cad.と交差するあたりがにぎやかな界隈。

2014年、イズニック湖で水中に沈んでいるバシリカが発見された。調査によるとこれは4世紀頃に造られたもので、8世紀に地震で崩壊したとされる。一般開放の予定だが時期は未定。（編集室）

●**見どころは城壁内に集中**　アヤソフィアから東へクルチアスラン通りを真っすぐ行くと、イェシル・ジャーミィが左側に建っている。逆にクルチアスラン通りを西へ行くとイズニック湖İznik Gölüに出る。オトガルは城壁の中、南東部にある。

アタテュルク通りとクルチアスラン通りが交わる交差点

見どころ

美しいミナーレは緑色

イェシル・ジャーミィ

Map P.219B1

Yeşil Camii イェシル・ジャーミィ

宰相チャンダルル・カラ・ハリル・ハイレッティン・パシャ（1305～87）のために1378年に建てられたジャーミィ。建物の内部と外装は大理石でできており、ミナーレは緑色（イェシル）のタイルで覆われ、珍しい模様を見せている。当初はイズニック産のタイルが使われていたが、後にキュタフヤ産に変えられたそうだ。

緑のミナーレが独特だ

Information

ムラト2世ハマム
2. Murat Hamamı

15世紀前半のオスマン朝時代に造られた、最古のハマムのひとつ。入場料18TL、アカすり11TL、マッサージ11TL。ハマムの東側にはかつてイズニック陶器を焼いていた窯跡が残されている。

Map P.219A2
☎0505 744 3259
開6:00～24:00
女性は月・木の13:00～17:00
休無休

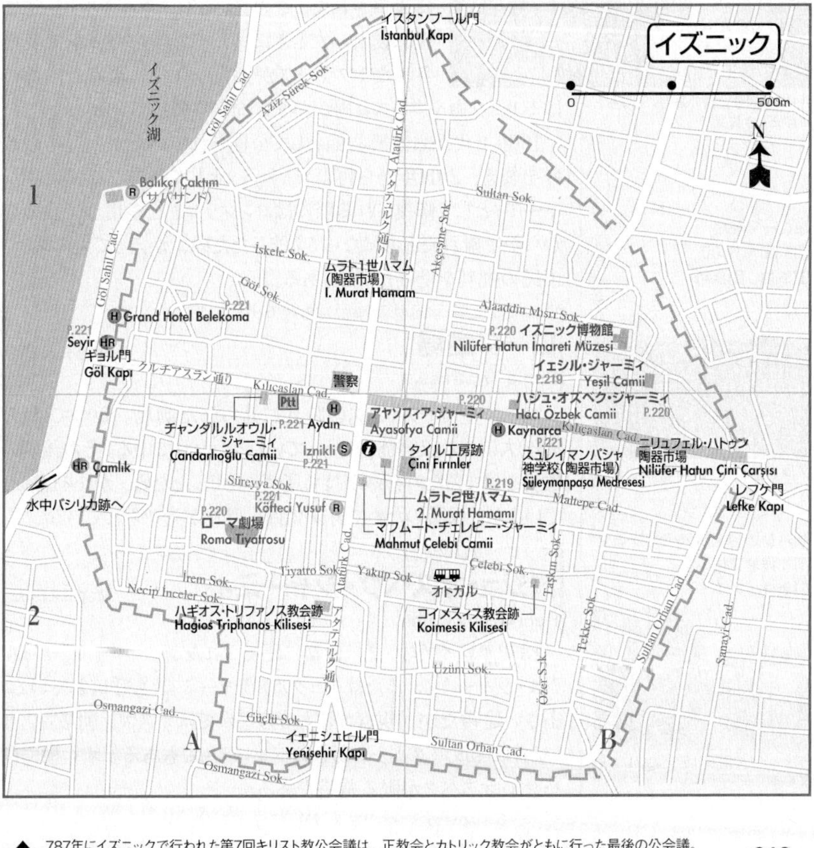

イズニック

0　500m
N
1
2
A
B
イスタンブール門
İstanbul Kapı
イズニック湖
Aziz Sürek Sok.
Göl Sahil Cad.
Atatürk Cad.
アタテュルク通り
Balıkçı Çaktım
（サバサンド）
Sultan Sok.
İskele Sok.
Akçeşme Sok.
ムラト1世ハマム
（陶器市場）
I. Murat Hamam
Göl Sok.
Alaaddin Mısrı Sok.
P.221 Grand Hotel Belekoma
P.220 イズニック博物館
Nilüfer Hatun İmareti Müzesi
P.221 Seyir
ギョル門
Göl Kapı
クルチアスラン通り
Kılıçaslan Cad.
イェシル・ジャーミィ
P.219 Yeşil Camii
警察
Ptt
P.220 ハジュ・オズベク・ジャーミィ
Hacı Özbek Camii
P.220
チャンダルルオウル・ジャーミィ
Çandarlıoğlu Camii
P.221 Aydın
アヤソフィア・ジャーミィ
Ayasofya Camii
Kaynarca
ニリュフェル・ハトゥン陶器市場
Nilüfer Hatun Çini Çarşısı
İznikli
P.221
タイル工房跡
Çini Fırınlar
スュレイマンパシャ神学校（陶器市場）
Süleymanpaşa Medresesi
Çamlık
水中バシリカ跡へ
Süreyya Sok.
P.219
ムラト2世ハマム
2. Murat Hamamı
Maltepe Cad.
レフケ門
Lefke Kapı
P.220 ローマ劇場
Roma Tiyatrosu
Köfteci Yusuf
マフムート・チェレビー・ジャーミィ
Mahmut Çelebi Camii
Tiyatro Sok.
Yakup Sok.
Çelebi Sok.
Taşkın Sok.
オトガル
İrem Sok.
Necip İnceler Sok.
ハギオス・トリファノス教会跡
Hagios Triphanos Kilisesi
コイメスィス教会跡
Koimesis Kilisesi
Tekke Sok.
Sultan Orhan Cad.
Sanayi Cad.
Üzüm Sok.
Özer Sok.
Osmangazi Cad.
Güçlü Sok.
イェニシェヒル門
Yenişehir Kapı
Sultan Orhan Cad.
Osmangazi Sok.

787年にイズニックで行われた第7回キリスト教公会議は、正教会とカトリック教会がともに行った最後の公会議。正教会の教義はこの会議で確認されたものが有効とされ、以来忠実に教義を守り続けているとされる。（編集室）

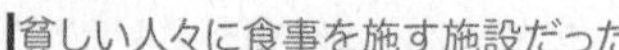

貧しい人々に食事を施す施設だった

イズニック博物館

Map P.219B1

İznik Müzesi イズニック・ミュゼスィ

■イズニック博物館
※2019年4月現在修復などのため閉館中。

オスマン朝時代の救貧院を利用している

1388年、オスマン朝時代に、ムラト1世が建てさせた、イマーレトと呼ばれる貧しい人々に食べ物を与える施設。彼の母の名を取り「ニリュフェル・ハトゥンのイマーレト」と呼ばれていた。オスマン朝のスルタンが建てさせたイマーレトとしては現存するなかで最も古い。1960年以来、博物館として一般に公開されており、古代の発掘品、セルジューク朝やオスマン朝時代の壁画彫刻のほか、イズニックタイルなどの陶器が展示されていた。修復が続いていたが、展示内容を一新して再オープンする予定。

ビザンツ時代のモザイク画が残る

アヤソフィア・ジャーミィ

Map P.219A2

Ayasofya Camii アヤソフヤ・ジャーミィ

■アヤソフィア・ジャーミィ
開9:00〜17:00
休無休　料無料

キリスト教公会議の舞台にもなった由緒正しき教会だった

イズニックの中心に建つ。もともとは4世紀に建てられたバシリカ聖堂。787年には第7回キリスト教公会議が行われている。オスマン朝時代の1331年にオルハン・ガーズィの命によりジャーミィに改修された。その後、ミマール・スィナンが修復に携わったときには、イズニックタイルで装飾されたミフラーブが加えられた。現在、内部にはモザイク画やフレスコ画がわずかながら残っている。

1960年代からは博物館として公開されていたが、近年の改修を終え、2011年から再びジャーミィとして機能し始めた。ジャーミィとして修復される際にはコンクリートを多用し、元の姿からかけ離れたものになってしまったため、かえってマスコミや市民の批判を受けたこともある。

かつてのローマの都市もうたかたの夢

ローマ劇場

Map P.219A2

Roma Tiyatrosu ロマ・ティヤトロス

■ローマ劇場
開8:00〜17:00
休無休　料無料

荒廃しているローマ劇場

ローマ皇帝トラヤヌスの時代に造られた劇場。かつては1万5000人ほどの収容能力をもっていたといわれている。その後別の建物を建てるため石材が持ち運ばれたりしたため、かなり荒廃しているが、保護のために再び発掘、調査が進められている。

オスマン朝初期のジャーミィの設計がよくわかる

ハジュ・オズベク・ジャーミィ

Map P.219B2

Hacı Özbek Camii ハジュ・オズベク・ジャーミィ

■ハジュ・オズベク・ジャーミィ
開礼拝終了後
休無休

ジャーミィの周囲は憩いの場になっている

1332年にイズニックで最初に建てられたジャーミィで、チャルシュ・ジャーミィ、またはチュクル・ジャーミィとも呼ばれている。小さい建物だが、現存するもののなかではオスマン朝最古ともいわれ、初めてのドーム付きのジャーミィでもある。すぐ横にはハジュ・オズベクが眠る墓塔がある。

イズニック町のいたるところに陶器市があり、イスタンブール門近くのÇini Atölyesi(タイル工房)ではタイル造りを体験できる。トルコ国内であれば、2、3日後に完成品を配送してくれるそうだ。(編集室)

HOTEL & RESTAURANT

手頃な宿はクルチアスラン通りや、通りから1本入った所に点在。湖畔には湖で獲れた魚料理を出す店が何軒かある。おみやげとしては陶器のほか、名産のオリーブ製品も人気。

日本からホテルへの電話 国際電話会社の番号 + 010 + 国番号90 + 市外局番と携帯電話の最初の0を除いた相手先の電話番号

カイナルジャ Kaynarca Hotel ve Pensiyon

経済的 12室 Map P.219B2

住 Mehmet Gündem Sok. No.1
TEL (0224) 757 1753
FAX (0224) 757 1723
URL www.kaynarcahotel.com
DOM 35TL
S 60TL
W 120TL
US$ € TL　カード 不可

バックパッカーに人気の宿。キッチンの使用も可能。ホテルの1階部分はインターネットカフェになっている。ドミトリーは2室あり、どちらもベッド数は3。宿のおじさんは湖畔や近郊へのハイキングについても詳しい。

Wi-Fi 全館無料　EV なし

アイドゥン Hotel Aydın

中級 18室 Map P.219A2

住 Kılıçaslan Cad. No.64
TEL (0224) 757 7650
FAX (0224) 757 7652
URL www.iznikhotelaydin.com
S A/C 90TL〜
W A/C 260TL〜
US$ € TL　カード D M V

町の中心部に位置するホテル。部屋はシンプルだが、機能的にまとまっており、居心地がよい。6室がバルコニー付き。バスタブ付きの部屋も1室だけある。1階はパスターネで地元の人でにぎわう。

Wi-Fi 全館無料　EV なし

グランド・ホテル・ベレコマ Grand Hotel Belekoma

中級 49室 Map P.219A1

住 Göl Sahil Yolu No.8
TEL (0224) 757 1407
FAX (0224) 757 1417
S A/C 140TL
W A/C 260TL
US$ € TL
カード M V

イズニック湖沿いの道に面し、屋外プールやレストランも備える居心地のいいホテル。 ツインルームからは湖が見えないが、ダブルルーム（20室）からは湖が見える。

Wi-Fi 全館無料　EV あり

セイル・ブティック Seyir Butik

トルコ料理 カフェ Map 219A1

住 Kılıçaslan Cad. No.5
携帯 0538 827 3947
URL seyirbutik.com
開 8:00〜22:00
休 無休
TL　カード M V

イズニック湖沿いの同名ホテルの1階に併設されたレストラン。マンタルル・タウック（鶏肉のキノコソース和え）は24TL。トルコ式朝食も出している。宿泊は1部屋160TL〜。

キョフテジ・ユスフ Köfteci Yusuf

キョフテ屋 Map 219A2

住 Atatürk Cad. No.73
TEL (0224) 444 6162
URL www.kofteciyusuf.com
開 8:30〜翌0:30
休 無休
US$ € TL　カード M V

ファストフード店のような店構え。1階奥は精肉店。オーダーは1kg単位（75TL）だが、店内で食べる場合は200gから注文できる。朝食プレートにつく自家製スジュックも人気がある。

イズニックリ İznikli

オリーブ Map 219A2

住 Atatürk Cad. No.75
TEL (0224) 757 1570
開 9:00〜20:00
休 無休
TL
カード A D J M V

イズニックはオリーブの名産地としても以前から知られているが、ここはイズニック産を前面に掲げてオリーブ製品を扱う店。オリーブオイルを試食しながら商品を選ぶことができる。

「キョフテのキロ単位売り」で有名なキョフテジ・ユスフは、あまりの人気ぶりに客席を徐々に拡張し、現在のようになった。それでも追いつかずラマザンの食事時には長い行列ができる。ブルサなどに支店あり。（編集室）

歴史遺産も豊富な、緑多き温泉町

ブルサ Bursa

市外局番 **0224**	人口198万3880人	標高155m

世界遺産

オスマン朝誕生の地 ブルサとジュマールクズク

Bursa ve Cumalıkızık: Osmanlı İmparatorluğunun Doğuşu

2014年

無形文化遺産

カラギョズKaragöz

2009年

■時刻表一覧

時刻表索引→P.62〜63

→P.84

名物料理

イスケンデル・ケバブ
İskender Kebabı

19世紀後半にイスケンデル・エフェンディ(1848〜1934)が、パンの上に非常に薄く切ったドネル・ケバブを載せ、バターやヨーグルトを添えたものを「イスケンデル・エフェンディのドネルケバブ」として提供したのがその始まり。次男の家系が継いだのが本店、長男と三男の家系が継いだのがアタテュルク通りの店。アレキサンダー・ケバブと英訳されることがあるが、アレキサンダー大王との関係はない。

無形文化遺産のカラギョズはブルサが本場

標高2543mのウル山Uludağの麓に広がる自然豊かな町。イェシル（＝緑の）ブルサとも呼ばれ親しまれている。1326年、セルジューク朝からブルサを奪い、勢力を拡大したオスマン朝は、この町を最初の首都にした。古くから商業面でも栄えていたブルサは、この時代に絹織物産業が盛んになり、現在でもその産地である。美しい緑色のジャーミィや霊廟があるほか、温泉地としても知られ、冬はウル山スキー場への起点になる。

歩き方

まずは町の中央を東西に走る**アタテュルク通り**Atatürk Cad.から歩き始めよう。道の北側には、**ウル・ジャーミィ**がある。バザールは広場の北側に広がっている。さらに北へ進むと、路面電

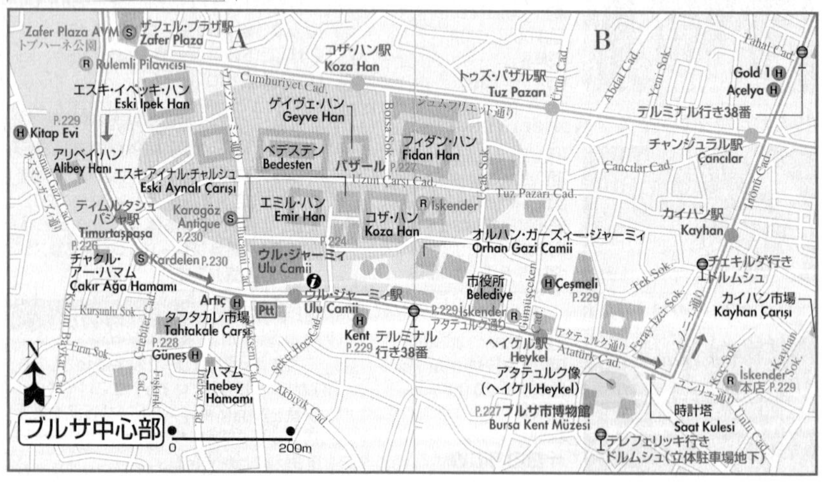

イスタンブールのサビハ・ギョクチェン空港からはブルラシュBurulaşのブルサ行きの直通バス（→P.64）がある。（編集室）

車T3線が走る**ジュムフリエット通り**。ウル・ジャーミィから西へ5分ほど歩き、左の坂を上がるとオスマン廟とオルハン廟のある**トプハーネ公園**Tophane Parkı。反対にアタテュルク通りを東へ歩くとヘイケルと呼ばれる町の中心部に出る。さらに東へ行き、川を渡って北東へしばらく歩くとイェシル・ジャーミィなどがある。裏側の坂を降りるとT3線が走るインジルリ通りİncirli Cad.。路面電車に乗ればバザールに戻ってくる。

ターミナルから町の中心部へ

◆オトガルから市の中心部へ　オトガルは**テルミナル**Terminalと呼ばれ、町から約10km離れている。各バス会社のセルヴィスはなく、38番の市内バスが**ケント・メイダヌ**Kent Meydanıを経由し、ヘイケル、テルミナルを循環。タクシーだとケント・メイダヌまで約33TL。

◆港から市の中心部へ　イェニカプからの高速船が到着するギュゼルヤル港からは市内バスとブルサライを乗り継いで町の中心部まで行ける。エミノニュからの高速船はムダンヤ港に到着。港から出ている市内バスF3は、チェキルゲを経由し、ウル・ジャーミィ前やヘイケルへ行く。所要約45分。

市内交通

◆ブルサライBursaray　郊外と市の中心部を東西に横断する地下鉄で、6:30～24:00に運行。シェフレッキュステュ Şehreküstüまたは、デミルタシュパシャ Demirtaspaşaが中心部に近い。

◆ブルトラムBurtram　町の中心部を約30分で循環するのがT1線。この路線は**反時計回りの一方通行**なので注意しよう。オスマンガーズィー駅でブルサライと接続している。

また、バザールから東へ延びるアンティークな路面電車がT3線。チャンジュラルÇancılar駅がT1線カイハン駅と近い。

◆ドルムシュと市内バス　ブルトラムT1線カイハン駅そばの乗り場から出るチェキルゲ行きのドルムシュ（運賃2.50TL）は使い勝手がよい。市内バスはケント・メイダヌ前、ウル・ジャーミィ、ヘイケルの乗り場が利用しやすい。

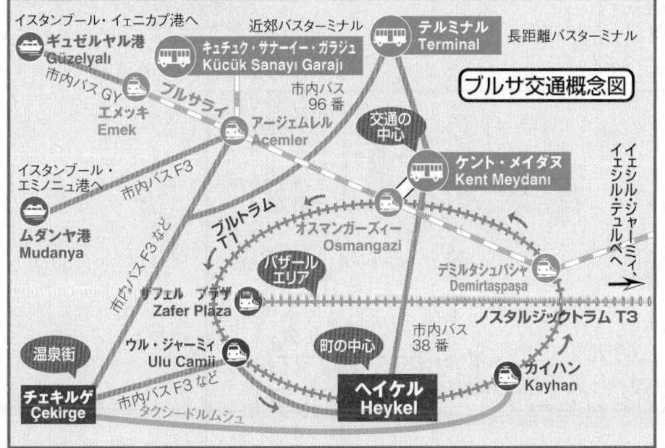

■ブルサの🅘
（アタテュルク通り）
Map P.222A
住Atatürk Cad., İş Bankası Karşısı, Ulu Camii Yanı
TEL & FAX (0224) 220 1848
URL www.bursakultur.gov.tr
開8:00～12:00 13:00～17:00
（土9:00～12:30 13:30～18:00）
休日

■ブルサの🅘
（県庁文化観光課本局）
Map P.225C2
住Osmangazi Cad. No.18/1, Tophane
TEL (0224) 220 7019
URL www.bursakultur.gov.tr
開8:00～12:00 13:00～17:00
休土･日

■ブルサの交通チケット
ブルサカルト Bursakart
URL www.burulas.com.tr
バスやブルサライ、ブルトラムなどはブルサカルトと呼ばれる共通チケットを使用する。短距離用の1回券クサKısa(5TL)と全路線用のテュムTüm(6TL)の2種類がある。クサの2回券は8TL。チャージ式のブルサカルトは6TL。

ブルトラムT1線

Information
カラバシュ・ヴェリ修道場
Karabaş-i Veli Dergâhı
1550年に建てられた修道場。現在は文化センターとしての役割も担っている。ここでは通常20:00から無料でメヴレヴィーのセマーの公演をやっており、外国人旅行者もよく訪れている。
Map P.225C2
住İbrahimpaşa Mah. Çardak Sok. No.2
TEL (0224) 222 0385
URL www.mevlana.org.tr

イスタンブールの旧市街からブルサへは、わざわざエセンレルのオトガルに行かずとも、エミノニュから船に乗って、ムダンヤ港で市内バスに乗り換えて行っても十分日帰りができる。（編集室）

細かい装飾が施された、ウル・ジャーミィの説教壇

■ウル・ジャーミィ
開夏期早朝～日没後の礼拝
　冬期5:30～19:00
休無休　料寄付歓迎

見どころ

木製の説教壇の細工が美しい

ウル・ジャーミィ

Map P.222A

Ulu Camii ウル・ジャーミィ

20個もの円天井をもつセルジューク様式の建築。着工から1421年の完成まで40年もの年月がかかり、その間にムラト1世、バイェズィド1世、メフメット1世と時の権力者も変わった。内部にある清めの泉亭やクルミ製の説教壇は見ておきたい。ジャーミィ内部に飾られたカリグラフィー（イスラーム書道）も見事。なかでもوヴァヴ（ワーウ）というアラビアのアルファベットが1文字だけ大書されたものが特に有名。

ジャーミィの中にある泉亭（チェシメ）

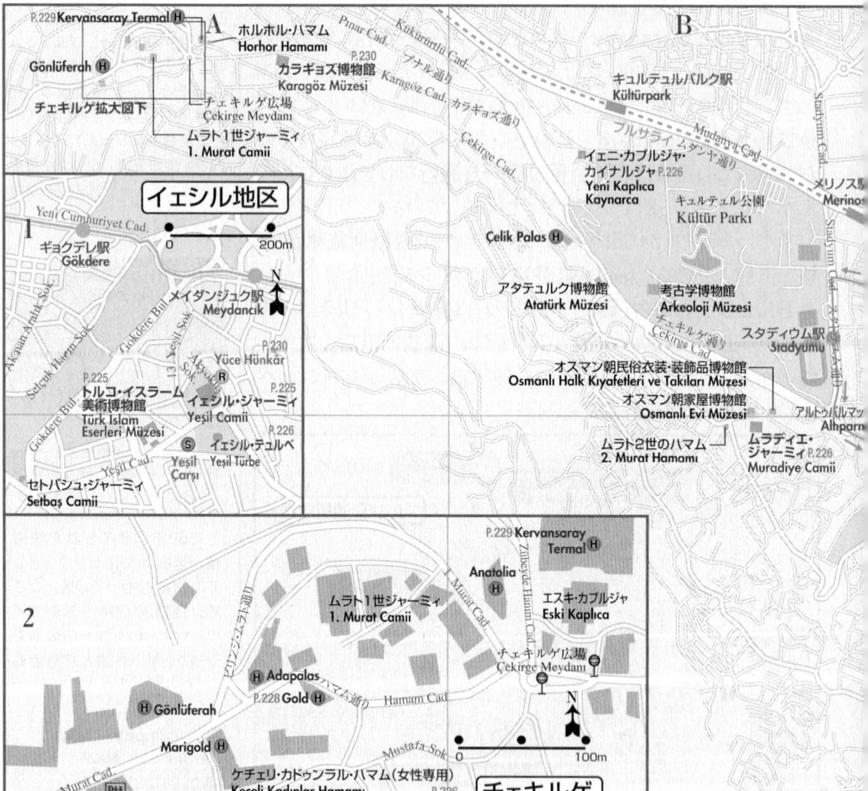

P.229 Kervansaray Termal
A
ホルホル・ハマム
Horhor Hamamı
Pınar Cad.
Kükürtlü Cad.
B
Gönlüferah
P.230
カラギョズ博物館
Karagöz Müzesi
プナル通り
Karagöz Cad. カラギョズ通り
キュルテュルパルク駅
Kültürpark
チェキルゲ広場
Çekirge Meydanı
チェキルゲ拡大図下
ムラト1世ジャーミィ
1. Murat Camii
ブルサライ ムダンヤ通り
Mudanya Cad.
Stadyum Cad.
Çekirge Cad.
イェニ・カプルジャ・カイナルジャ P.226
Yeni Kaplıca Kaynarca
メリノス駅
Merinos
キュルテュル公園
Kültür Parkı
イェシル地区
Yeni Cumhuriyet Cad.
1
0
200m
ギョクデレ駅
Gökdere
Çelik Palas
N
メイダンジュク駅
Meydancık
アタテュルク博物館
Atatürk Müzesi
考古学博物館
Arkeoloji Müzesi
Akman Aralık Sok.
Gökdere Bul.
Yeşil Sok.
チェキルゲ通り
Çekirge Cad.
スタディウム駅
Stadyumu
Selçuk Hatun Sok.
P.230
Yüce Hünkâr
Akyokuş Sok.
オスマン朝民俗衣装・装飾品博物館
Osmanlı Halk Kıyafetleri ve Takıları Müzesi
P.225
トルコ・イスラーム美術博物館
Türk İslam Eserleri Müzesi
P.225
イェシル・ジャーミィ
Yeşil Camii
オスマン朝家屋博物館
Osmanlı Evi Müzesi
アルトゥパルマック
Altıparmak
Gökdere Bul.
P.226
イェシル・テュルベ
Yeşil Türbe
ムラト2世のハマム
2. Murat Hamamı
ムラディエ・ジャーミィ P.226
Muradiye Camii
Yeşil Cad.
Yeşil Çarşı
セトバシュ・ジャーミィ
Setbaş Camii
P.229 Kervansaray Termal
Anatolia
Zübeyde Hanım Cad.
1. Murat Cad.
エスキ・カプルジャ
Eski Kaplıca
ムラト1世ジャーミィ
1. Murat Camii
2
ビリンジ・ムラト通り
チェキルゲ広場
Çekirge Meydanı
Adapalas
P.228 Gold
ハマム通り
Hamam Cad.
N
Gönlüferah
Marigold
Mustafa Sok.
0
100m
ケチェリ・カドゥンラル・ハマム（女性専用）
Keçeli Kadınlar Hamamı
P.226
1. Murat Cad.
Ptt
チェキルゲ

ケント・メイダヌ・ショッピングセンターがあるところは、以前オトガルがあったので、エスキ・ガラジュ、またはサントラル・ガラジュと呼ばれる。今でも多くの市内バスやドルムシュが発着する。（編集室）

ブルサを象徴する緑のタイルの寺院

イェシル・ジャーミィ

Map P.224A1

Yeşil Camii イェシル・ジャーミィ

ミフラーブのタイル装飾に注目！

内部がライトグリーンのタイルで装飾された、"緑（イェシル）のブルサ"の象徴ともいえる建物。青みがかったタイルのすばらしさは目を見張るほど。なかでもミフラーブのタイル装飾は必見。1424年にメフメット1世によって建てられ、オスマン朝初期の寺院建築の傑作といわれている。

イェシル・ジャーミィに付属するメドレセ（神学校）は**トルコ・イスラーム美術博物館**Türk İslam Eserleri Müzesiとなっており、セルジューク時代やイズニック、キュタフヤ産の陶器をはじめ、カラギョズの影絵人形や民族衣装、民具などを展示している。

■イェシル・ジャーミィ
開8:30〜日没後の礼拝
休無休
料無料

■トルコ・イスラーム美術博物館
Map P.224A2
TEL(0224)327 7679
2019年5月現在改装中のため見学不可

かつてはスルタニエ・メドレセスィと呼ばれていたトルコ・イスラーム美術博物館

ブルサ

ブルサ広域図

ギュゼルヤルへ（約12km）
テルミナル Terminal
ヤロワ、イズニックへ
オルガニゼ・サナーイ駅 Org. Sanayı
Köfteci Yusuf
Hilton
Köfteci Yusuf
Turkish-i Sushi
ブルサライ Bursaray
バトゥ・ガラジュ Batı Garajı
ウルバトゥ湖、バルケスィルへ
ティムサーフ・アレナ Timsah Arena
イネギョル、空港、エスキシェヒルへ
ジュマールクズク・デイルメノニュ駅 Cumalıkızık-Değirmenönü
ブルサ（拡大図左下参照）
P.228 ジュマールクズク Cumalıkızık
テフェリュチュ Teferrüç
テレフェリッキ Telefelik
カドゥヤイラ Kadıyayla
オテルレル、スキー場、ウル山山頂へ
サルアラン Sarıalan
0 5km

ブルサ

テルミナルへ10km
Hiltonへ4km
Köfteci Yusufへ3km
Dr. Sadık Ahmet Cad.
Yeni Yalova Yolu Cad.
ケント・メイダヌ・ショッピングセンター Kent Meydanı AVM
ウルバトゥル・ハサン通り Ulubatlı Hasan Bul.
町の中心行きドルムシュ、市内バス
オスマンガーズィー駅 Osmangazi
オスマンガーズィー駅 Osmangazi
Kıbrıs Şehitler Cad.
ブルトラムT1線
ウルヨル駅 Uluyol
Celal Bayar Cad.
アンカラ通り Ankara Cad.
ダーウッデデ駅 Davutdede
ガズジェラル駅 Gazcılar
ギョクデレ駅 Gökdere
Kurtuluş Cad.
ブルフルン駅 Fırın
ティムルタシュパシャ駅 Timurtaş Paşa
シェフレッキュステュ駅 Şehreküstü
P.226 デミルタシュパシャ・ハマム Demirtaşpaşa Hamamı
P.226 オルハン廟 Orhan Gazi Türbesi
オスマン廟 Osman Gazi Türbesi
デミルタシュパシャ駅 Demirtaşpaşa
Kemal Bengü Cad.
Zafer Bul.
ユルドゥルム・ジャーミィ Yıldırım Camii
テレフェリッキ行きバス3/C乗り場
ザフェル・プラザ駅
コザ・ハン駅
トゥズ・パザル駅
Cumhuriyet Cad.
ノスタルジック・トラムヴァイT3線
チャンジュラル駅
イェシル地区 P.224
Beyazıt Cad.
ギョクデレ駅
インジルリ・ハマム駅 İncirli Hamamı
ティムルタシュパシャ駅
P.224 ウル・ジャーミィ Ulu Camii
ウル・ジャーミィ駅
アタテュルク通り Atatürk Cad.
カイハン駅
メイダンジュク駅
P.225 イェシル・ジャーミィ Yeşil Camii
エミール・スルタン・メザルルウ駅 Emirsultan Mezarlığı
チュナロニュ駅 Çınarönü
ヘイケル駅
アタテュルク像（ヘイケル） Heykel
ブルサ中心部 P.222
Gökdere Bul.
Yeşil Cad.
P.230 Mahfel
エミール・スルタン・ジャーミィ Emir Sultan Camii
チェキルゲ行きドルムシュ乗り場
P.223 カラバシュ・ヴェリ修道場 Karabaş-ı Veli Dergâhı
0 1km

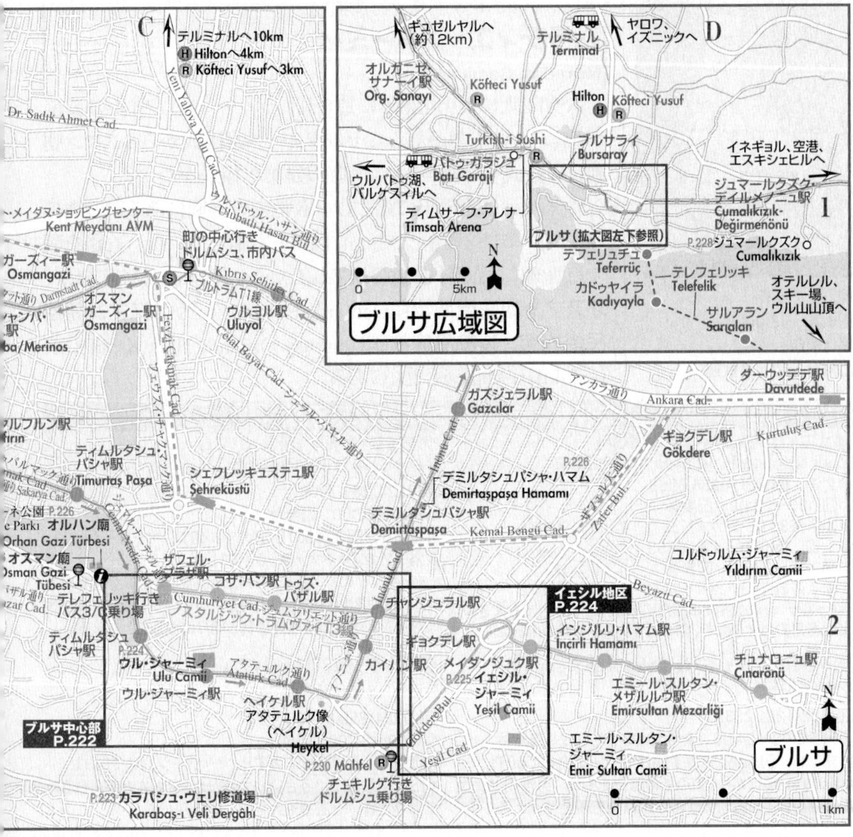

トプハーネ公園の南側、アルトゥパルマック通りの1本南にあるサカルヤ通りSakarya Cad.は、シーフードレストランやメイハーネ（居酒屋）が並ぶにぎやかな通り。（編集室）

イェシル・テュルベ

■イェシル・テュルベ
開7:00～24:00
休無休　料寄付歓迎

■オスマン廟とオルハン廟
開夏期9:00～20:00
　冬期8:00～19:00
休無休　料寄付歓迎

オルハンの棺

1906年に建てられたトプハーネ公園の時計塔

■ムラディエ・ジャーミィ
開8:00～18:00
廟は随時
休無休　料寄付歓迎

ターコイズブルーの外壁が美しい
イェシル・テュルベ
Map P.224A2
Yeşil Türbe イェシル・テュルベ

1421年にバイェズィド1世の息子メフメット・チェレビーによって建てられた。ターコイズブルーに輝くタイルの外壁が周囲の木々の緑と相まって、非常に美しい廟。館内にはメフメット1世と家族の棺がある。棺はブルーのタイルに金色のカリグラフィーを施した豪華なものだ。

初代と2代目のスルタンが眠る
オスマン廟とオルハン廟
Map P.225C2
Osman Gazi ve Orhan Gazi Türbeleri オスマン・ガーズィー・ヴェ・オルハン・ガーズィー・テュルベレリ

オスマン朝初代と2代目スルタンの墓。これらの霊廟は当初、キリスト教会をもととしたビザンツ様式の建築物だった。しかし、1854年の地震などにより破壊と再建が繰り返され、オリジナルはオルハン廟の床にモザイクを留めるのみとなっている。建物の奥のトプハーネ公園は眺めのいい高台で、のどかな雰囲気が漂っている。

オスマン朝の息吹を伝える建造物
ムラディエ・ジャーミィ
Map P.224B2
Muradiye Camii ムラディエ・ジャーミィ

ムラト2世により1426年に造られたジャーミィ。タイルの装飾が美しく、見応えがある。セルジューク朝様式からオスマン朝独自の様式へと変わりゆく当時の建築の様子がわかる。

ムラト2世は1451年に死亡し、敷地内の庭園にある13の廟のひとつ、ムラト2世廟2. Murat Türbesiに眠っている。道路を隔てた西側には**ムラト2世のハマム**2. Murat Hamamıがあるほか、**オスマン朝家屋博物館**Osmanlı Evi Müzesiや**オスマン朝期民俗衣装・装飾品博物館**Uluumay Osmanlı Halk Kıyafetleri ve Takıları Müzesiも近くにある。

ブルサ、チェキルゲのハマム、温泉

イェニ・カプルジャ・カイナルジャ
Yeni Kaplıca Kaynarca Map P.224B1

●男湯　TEL(0224)236 6968
開7:00～23:00　休無休
料入浴30TL　アカすり30TL　マッサージ40TL
●女湯　TEL(0224)236 6955
開7:00～23:00　休無休
料入浴28TL　アカすり30TL　マッサージ40TL

●キュルテュル公園の北西角にある。浴槽がとても大きい。女性専用のハマムはすぐ隣のカイナルジャ Kaynarca。

ケチェリ・カドゥンラル・ハマム
Keçeli Kadınlar Hamamı Map P.224A2

TEL(0224)236 7866
開7:00～22:00　休無休
浴槽あり　料入浴55TL　アカすり40TL　マッサージ40TL
入浴+アカスリ+マッサージ115TL

●チェキルゲの5つ星ホテルMarigoldに属する女性専用ハマム。宿泊客以外でも利用可能。小さいがスタッフは女性ばかり。水・木15:00以降は貸し切りになることもある。

チャクル・アー・ハマム Çakır Ağa Hamamı
Map P.222A

TEL(0224)221 2580
開男性6:00～24:00　女性10:00～22:00　休無休
浴槽なし　料入浴、アカすり、マッサージ含めて60TL

●町の中心部にあり、750年の歴史をもつ。男性用と女性用に分かれている。女性用は別料金で脱毛サービスあり。

デミルタシュパシャ・ハマム
Demirtaşpaşa Hamamı Map P.225D2

TEL(0224)250 8440
開6:00～24:00　休無休
浴槽あり　料入浴、アカすり、マッサージ含めて54TL

●15世紀創建という古いハマムだが、きちんと手入れされておりきれいで浴槽も大きい。男性用のみ。

ブルサのハマムは3歳以上は厳しく男女に分けられる。ただし母と息子、娘などの家族連れの場合、家族風呂を予約すれば入ることができる。(編集室)

古くから栄えてきた温泉街

チェキルゲ

Map P.224A2～B2

Çekirge チェキルゲ

町の北西に位置するチェキルゲは、ビザンツ時代から続く温泉地で、今でも多くの温泉ホテルが軒を連ねている。特に有名なのは、14世紀に建てられた入浴施設が今も残る**エスキ・カプルジャ**。現在は、ケルヴァンサライ・ホテル（→P.229）となっている。1368年にムラト1世によって建てられたジャーミィやメドレセなどの複合建築（Hüdavendigâr Külliyesi）もある。

■チェキルゲ

🚌カイハン駅からドルムシュが頻発。

ハマム・カプルジャ

刺繍やシルクのテキスタイル製品が豊富

バザール

Map P.222A～B

Çarşı チャルシュ

ウル・ジャーミィの裏道あたりから、バザールが広がる。中心は**ベデステン**Bedestenと呼ばれる小さなドームが連続するアーケードで覆われたあたり。ブルサの名産品、タオル地のバスローブなどが安い。また、噴水広場すぐ北の**コザ・ハン**Koza Hanは1490年にバイェズィド2世によって建てられた隊商宿で、かつて繭の取引が盛んだった。現在でもシルク製品（特にスカーフやストール）を扱っている。さらにベデステンとウル・ジャーミィの間にも**エミル・ハン**Emir Hanという隊商宿がある。隊商宿にはチャイハーネもあるので休憩するのにちょうどよい。

■バザール

開9:00～17:00　休無休

バザールはいつも人で賑わっている

ブルサのことなら何でもわかる

ブルサ市博物館

Map P.222B

Bursa Kent Müzesi ブルサ・ケント・ミュゼスィ

博物館の展示

建物は以前、裁判所として使用されていた。1階はブルサの地理、歴史や文化、アタテュルクとブルサに関する展示が中心。カラギョズ文化についてのビデオ上映もある。2階はオスマン朝時代の民芸品、工芸品を展示している。地下は工房を再現している。内部のカフェもおしゃれ。

■ブルサ市博物館

住Eski Adliye Binası

TEL(0224)716 3790

住www.bursakentmuzesi.com

開9:30～17:30

休月　料2TL

オーディオガイド（英語あり）を聞きながら回ることができる。

ブルサ市博物館の建物

近郊の旅　スキー場までロープウェイが延伸！

ウル山

Map P.30B2

Uludağ ウルダー

ブルサの南にそびえる標高2543mの山。スキーやハイキングの地として知られている。中腹のサルアラヌまでテレフェリッキTeleferik（ロープウエイ）が延びている。2014年には全面的にリニューアルし、以前に比べ、ブルサ市内から格段に行きやすくなった。市内から30分でスキー場に到着する。

■ウル山への行き方

テレフェリッキ（ロープウエイ）はテフェリュチュ Teferrüçから出ている。テフェリュチュへはブルサ市博物館近くのドルムシュ乗り場から所要約10分、運賃は2.25TL。テレフェリッキはオテルレルまで所要22分、運賃は往復38TL。オテルレルにはスキー場がある。

テレフェリッキから眺めたブルサ市街

✒ ブルサスポルは細貝萌選手が所属していたサッカーチームで、マスコットキャラクターは緑のティムサーフ（ワニ）。2015年には緑色のスタジアム「ティムサーフ・アレナ」がオープンした。（編集室）

■ジュマールクズク

🚌PTT前のバス停から22番の市内バスが1時間に1～2便。サントラル・ガラジュからもミニバスが出ている。所要約45分。

お風呂で体を洗う布「リフ」など手作りのおみやげが並ぶ

■ギョルヤズ村

🚌ブルサライのキュチュック・サナーイー駅Küçük Sanayiにあるバトゥ・ガラジュBatı Garajıから、市内バス5/Gが出ている。6:30～20:00の1時間に1便程度。所要約1時間。片道3.35TL（全路線用券）。

ボートツアーが人気で村周辺の湿地帯を巡る

近郊の旅

オスマン朝時代から残る古い町並み

ジュマールクズク

Map P.225D1

Cumalıkızık ジュマールクズク

伝統的な町並み

ジュマールクズクはブルサの東、約10kmの所にあり、昔ながらの生活を今も続ける町。1300年代に創設され、クズクと呼ばれたが、のちに金曜（ジュマー）の昼の礼拝に近隣の村から人々が集まるようになったため、ジュマールクズクとなったと伝えられている。石畳に沿って100年以上の歴史ある古民家が並ぶ。素朴な料理が味わえるレストランや、手作りのおみやげを扱う店も多い。週末ともなると多くの観光客でにぎわう。

近郊の旅

「ヨーロッパの美しい村30選」に選ばれた

ギョルヤズ村

Map P.30B1

Gölyazı ギョルヤズ

ウルアバト湖にポカンと浮かぶ半島。村はローマ時代にさかのぼり、劇場跡などの遺跡がある。1924年の住民交換以前はギリシア人も多く住んでおり、教会も残っている。村では新鮮な農作物やコイの魚卵の塩漬け、オリーブオイルなどが売られており、ブルサから自然食材を求めてやってくる人が多い。村人の小さな船に乗って出かけるボートツアーも人気がある。

丘の上から眺めたギョルヤズ村

HOTEL

経済的～中級クラスのホテルはアタテュルク通りやイノニュ通り周辺に点在している。また、ケント・メイダヌ周辺も手頃な中級ホテルが多く、交通の便がよい。チェキルゲには温泉ホテルがあるほか、ウル山にはスキー客向けのリゾートがある。

日本からホテルへの電話　国際電話会社の番号 + 010 + 国番号90 + 市外局番と携帯電話の最初の0を除いた相手先の電話番号

ギュネシ Hotel Güneş

経済的 8室

Map P.222A ウル・ジャーミィ周辺

住İnebey Cad. No.75, Ulu Camii Karşısı
TEL(0224) 222 1404
52TL
91TL
TL
M V

イネベイ・ハマムの向かいにある。家族経営のこぢんまりとした安宿だが、部屋は日当たりがよくとても明るい。息子さんは英語が少し話せる。

全館無料　EV なし

ゴルド Gold Çekirge Termal Hotel

経済的 25室

Map P.224A2 チェキルゲ

住Muradiye Mah., Çekirge Cad. No.25
TEL(0224) 233 9335
146TL～
US$ € TL
M V

チェキルゲの温泉ホテル街、小高い丘に位置する老舗。マッサージ、あかすり付きのトルコ風ハマムを楽しむことができる。客室の老朽化は否めないがこのあたりではリーズナブルな値段設定。

全館無料　EV あり

ブルサの南西約7kmにあるミスィ村Misiköyは伝統家屋が残る村。博物館として公開されている家やレストランもある。アタテュルク通りから2B、ブルサライ・アージェムレル駅から20Aのバスで行ける。（編集室）

『地球の歩き方 E03 イスタンブールとトルコの大地 2019~2020年版』

更新情報のお知らせ

●トルコの正式国名（英語表記）について

2022年6月より国連における国名表記が変更され、英語表記の「Turkey」のほか、スペイン語表記の「Turquia」、フランス語表記の「Turquie」なども「Türkiye」に変更されました。
正式な英語表記は「Republic of Türkiye」となります。

なお、トルコ語表記はP.10掲載のとおり、
「Türkiye Cumhuriyeti」のまま変更ございません。

本書発行後に変更された掲載情報や訂正箇所は、「地球の歩き方」ホームページの本書紹介ページ内に「更新・訂正情報」として可能なかぎり最新のデータに更新しています。

URL www.arukikata.co.jp/travel-support/

Gakken

ケント Hotel Kent

住Atatürk Cad. No.69
TEL(0224) 223 5420
FAX(0224) 224 4015
URLwww.kentotel.com
70€
90€
US$ € TL ADMV

中級 55室 Map P.222A ウル・ジャーミィ周辺

ウル・ジャーミィなどのある広場に面していて、観光には便利な立地。全室テレビ、ミニバー、電気ポットなど完備。客室のエアコンは中央制御方式。左記の料金は公式価格で、安く宿泊できることが多い。

全館無料 EV あり

チェシメリ Hotel Çeşmeli

住Gümüşçeken Cad. No.6
TEL&FAX(0224) 224 1511
120TL～
180TL～
US$ € TL
ADMV

中級 20室 Map P.222B ヘイケル周辺

開業以来四半世紀以上、一貫して女性のみのスタッフで運営しているという珍しいホテル。立地条件もよく、全室にテレビ、エアコン、ミニバーを完備。

全館無料 EV あり

キタップ・エヴィ Kitap Evi

住Kavaklı Mah., Burç Üstü No. 21
TEL(0224) 225 4160
FAX(0224) 220 8650
URLwww.kitapevi.com.tr
65€～
80€～
US$ € TL ADJMV

高級 13室 Map P.222A トプハーネ公園周辺

城塞の中程にある赤色が印象的な建物。200年ほど前に建てられた伝統的家屋を復元したプチホテル。内装はアンティーク調で中庭もある。テルミナル、ギュゼルヤル港から無料送迎も手配可。

全館無料 EV なし

ケルヴァンサライ Kervansaray Termal Hotel

住Çekirge Meydanı
TEL(0224) 233 9300
FAX(0224) 233 9324
URLwww.kervansarayhotels.com
90€～
115€～
US$ € TL
ADMV

高級 211室 Map P.224B2 チェキルゲ

世界遺産エスキ・カプルジャを擁する温泉ホテル。男性用ハマムには温泉プールがあり、男女共用の温泉プールは屋内と屋外にある。外湯利用は入浴料60TL(女性55TL)、アカすり30TL、マッサージ30TL。団体宿泊客はハマム別料金。

全館無料 EV あり

RESTAURANT & SHOP

中心ならアタテュルク通りやイノニュ通り、イェシル・ジャーミィに続く道沿いに飲食店が多い。ブルサ銘菓の栗菓子、ケスターネ・シェケリ**Kestane Şekeri**はおみやげにもぴったり。

イスケンデル(本店) Kebapçı İskender

住Ünlü Cad. No.7
TEL(0224) 221 4615
URLwww.iskender.com
開11:00～21:00
休無休
TL
AMV

ケバブ屋 Map P.222B ヘイケル周辺

創始者イスケンデル・ベイの次男の家系が本店の名を受け継いだ元祖の店。1人前39TL、肉大盛り(エトボルetbol)は55TL。スペシャル、1.5人前(ビル・ブチュックBir Buçuk)はともに55TL。

イスケンデル(アタテュルク通り) Kebapçı İskender

住Atatürk Cad. No.60
TEL(0224) 221 1076
URLwww.iskender.com.tr
開11:00～21:00(土・日～20:00)
休ラマザン月の14日間
US$ € TL
ADJMV

ケバブ屋 Map P.222B ヘイケル周辺

1867年創業、元祖イスケンデル・ケバブの店。創始者のイスケンデル・ベイの長男と三男の家系が営む。1930年代にここに出店して以来、青い外観や内装も当時のまま。狭い店内はいつも満員。メニューは並39TL、1.5人前55TLの2種類。

ブルサのパスターネでは、タヒンリ・エキメッキTahinli Ekmekという、練りゴマのドロっとしたクリームを載せたパンが売られている。(編集室)

ユジェ・ヒュンキャール Yüce Hünkâr

トルコ料理　Map P.224A1 イェシル・ジャーミィ周辺

住Yeşil Camii Yanı No.17-19
TEL(0224) 327 0000
FAX(0224) 327 2065
URLwww.yucehunkar.com.tr
開8:00～22:00　休無休
US$ € TL　MV

イェシル・ジャーミィの近くにある。イスケンデル・ケバブ（35TL）が専門だが、ピデからデザートまで料理の種類が豊富な大型店。窓からはすばらしいブルサの景観を楽しむことができる。

マッフェル Mahfel Kafe & Restoran

カフェ　Map P.225C2 ヘイケル周辺

住Namazgah Cad. No.2, Setbaşı
TEL(0224) 326 8888
FAX(0224) 326 8890
開8:00～24:00
休無休
TL　MV

橋の近くにあり、レストラン部分は歴史的建造物に指定されている。前庭部分がカフェになっており、いつも混み合っている。バクラワ12TLなど、スイーツが豊富だが、なかでもドンドゥルマ12TLが有名。

カルデレン Kardelen

パスターネ　Map P.222A トプハーネ公園周辺

住Atatürk Cad. No.95/C
TEL(0224) 223 2520
URLwww.kardelen.com
開8:30～23:30
休無休
TL
MV

ブルサ名菓ケスターネ・シェケリ（マロングラッセ）の店。オーソドックスなもののほか、表面をチョコレートでコーティングしたものなどいくつか種類がある。料金は500gで52TL～。ピシュマニエ（綿菓子）などを販売している。

Information ユネスコ無形文化遺産 カラギョズ（影絵芝居）

影絵芝居のカラギョズは、トルコの代表的な民衆の伝統芸能。大衆のヒーロー、機知に富むカラギョズが、インテリだがいなか者を軽く見るハジワトの鼻を明かすタイプの話が多い。この芸能を始めたといわれるシェイフ・メフメット・キュシュテリ（別名カラギョズ、?～1339）の墓がブルサにあるので、カラギョズの故郷といわれている。

トルコでカラギョズを観るなら、やはり本場のブルサで観ておきたい。チェキルゲの近くにはカラギョズ博物館Karagöz Müzesiがあり、カラギョズ人形のほか、世界の操り人形を展示している。カラギョズの上演は、トルコの学期内の土曜（14:00～、日程は不定期なので要問い合わせ）。

カラギョズ博物館以外のカラギョズ観劇の詳細情報は、ブルサ中心部のエスキ・アイナル・チャルシュ内にあるカラギョズ・アンティークのシナスィ・チェリッコルŞinasi Çelikkol氏まで。時間があればシナスィ氏自らカラギョズを上演（5分程度）してくれることも。また、シナスィ氏はミスィキョイMisköyなどブルサ近郊の村々を巡るローカルツアーも催行している。

■カラギョズ博物館　Map P.224A1
住Çekirge Cad. No.159
TEL(0224) 232 3360
開9:30～17:30　休月　料無料

■カラギョズ・アンティーク Karagöz Antique
Map P.222A
住Kapalıçarışı, Eski Aynalı Çarışı No.12
TEL&FAX(0224) 221 8727
URLwww.karagoztravel.com
開9:00～19:00　休日

ブルサにあるカラギョズ博物館

スクリーンに映し出される影絵

カラギョズ・アンティークがあるエスキ・アイナル・チャルシュ

カラギョズを操るシナスィ氏

カラギョズは海を越えたギリシアにも広まり、カラギョージと呼ばれて国民的な伝統芸能となっている。ちなみにギリシア語では、カラギョズはカラゴイジス、ハジワトはハジワティスとそれぞれ呼ばれている。（編集室）

ボドルム城

遺跡と海と太陽がいっぱい

エーゲ海、地中海沿岸

Ege Denizi ve Akdeniz

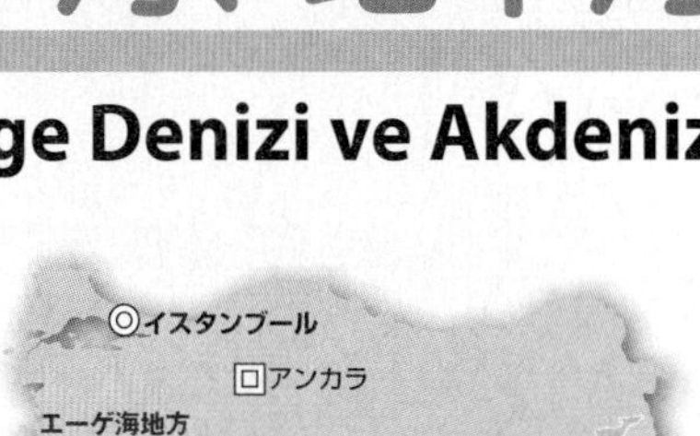

パムッカレ（デニズリ）の気候データ

月	1月	2月	3月	4月	5月	6月	7月	8月	9月	10月	11月	12月
平均最高気温（℃）	10.5	11.9	15.8	20.6	26.2	31.3	34.4	34.3	29.9	23.7	17.2	12.1
平均最低気温（℃）	2.1	2.8	5.1	9	13.1	17.3	20	19.6	15.7	11.3	6.9	4
平均降水量（mm）	86.5	77.3	63.4	55.5	41.4	22.7	14.4	8.4	12.8	35.1	57.3	93
旅の服装												

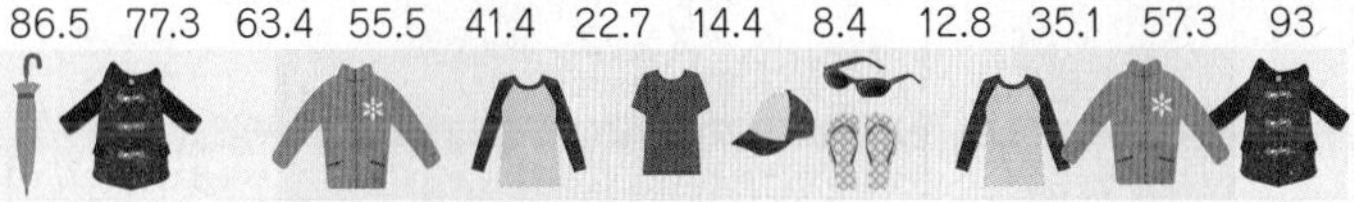

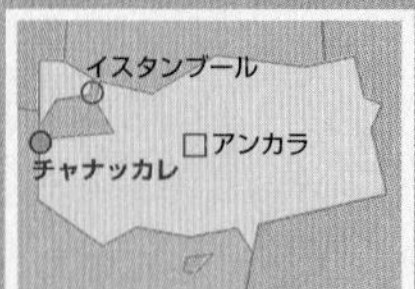

要衝ダーダネルス海峡のほとりの町

チャナッカレ Çanakkale

市外局番 **0286**	人口**11万1137**人	標高**5**m

■**時刻表一覧**
時刻表索引→P.62〜63

名物料理

ペイニル・ヘルワス
Peynir Helvası

クリームチーズを使ったチャナッカレ名物のスイーツ。港や市場のまわりには専門店が多い。甘すぎず、ふんわりした食感なので、日本人でも食べやすい。焼いたもの（フルンランムシュ）と生のもの（サーデ）があり、チーズケーキと生チーズケーキの関係に似ている。店頭でショーケースに並んでいるものは焼いたタイプが多い。量り売りで、食べたい量に応じて切ってくれる。

エーゲ海の島へと渡る連絡船

チャナッカレはヨーロッパとアジアを隔てるダーダネルス海峡の中心的都市である。この海峡は軍事的な要衝であり、沿岸の各都市に築かれたかつての要塞跡を見ることができる。エーゲ海に浮かぶ島々や、トロイ観光の起点として多くの観光客が訪れるためホテルやレストランは多い。

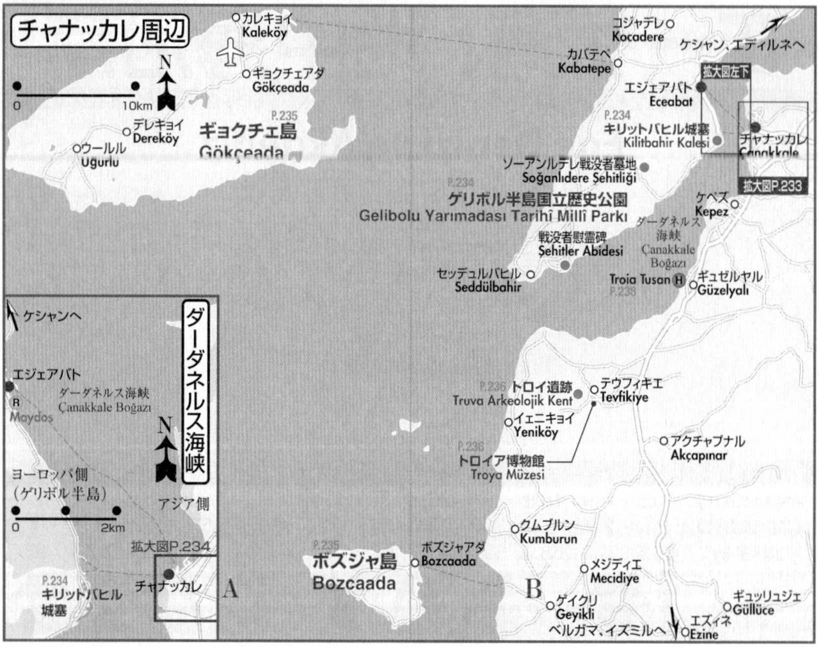

チャナッカレ周辺

カレキョイ Kaleköy
ギョクチェアダ Gökçeada
デレキョイ Dereköy
ウールル Ugurlu
P.235 ギョクチェ島 Gökçeada
0 10km
コジャデレ Kocadere
ケシャン、エディルネへ
カバテペ Kabatepe
拡大図左下
エジェアバト Eceabat
P.234 キリットバヒル城塞 Kilitbahir Kalesi
チャナッカレ Çanakkale
拡大図P.233
ソーアンルデレ戦没者墓地 Soğanlıdere Şehitliği
P.234 ゲリボル半島国立歴史公園 Gelibolu Yarımadası Tarihî Millî Parkı
ケペズ Kepez
ダーダネルス海峡 Çanakkale Boğazı
戦没者慰霊碑 Şehitler Abidesi
セッデュルバヒル Seddülbahir
Troia Tusan
P.238
ギュゼルヤル Güzelyalı
P.236 トロイ遺跡 Truva Arkeolojik Kent
テウフィキエ Tevfikiye
イェニキョイ Yeniköy
P.236 トロイア博物館 Troya Müzesi
アクチャプナル Akçapınar
クムブルン Kumburun
P.235 ボズジャ島 Bozcaada
ボズジャアダ Bozcaada
メジディエ Mecidiye
ゲイクリ Geyikli
ギュッリュジェ Güllüce
エズィネ Ezine
ベルガマ、イズミルへ
A
B

ダーダネルス海峡

ケシャンへ
エジェアバト
ダーダネルス海峡 Çanakkale Boğazı
Maydos
ヨーロッパ側（ゲリボル半島）
アジア側
0 2km
拡大図P.234
P.234 キリットバヒル城塞
チャナッカレ

イスタンブール空港からチャナッカレへは、空港の地下のバス乗り場から出ているテキルダー Tekirdağ行きのバスに乗り、テキルダーのオトガルでチャナッカレ行きのバスに乗り継ぐのもスムーズ。（編集室）

歩き方

港の前には🅘があり、その南側にはランドマーク的な**時計塔**がある。ここから城塞公園までの間が繁華街でチャルシュ通りÇarsı Cad.周辺はショッピングも楽しいエリア。フェリー桟橋から大通りを50mほど真っすぐ歩くと、左側に1915年と刻印の打ってある大砲が2門備え付けられてあり、第1次世界大戦の面影を残している。

◆空港&オトガルから市の中心部へ

空港は町の中心である港の東南約3kmにあり、港方面へ出るには市内バスのÇ8番を利用するのが便利。15～20分おきに運行している。オトガルからは、セルヴィスを使うかバスÇ9番で町の中心部まで行く。ただ、イスタンブールやエディルネ方面発着のバスは港を通過する。港周辺にもバス会社のオフィスがあり、チケットの購入はもちろん、港の中でも乗車できる。

◆市内と周辺の交通

チャナッカレからは、ゲリボル半島側の**エジェアバト**Eceabat、**キリットバヒル**Kilitbahirへの船が出ている。キリットバヒルには、町なかの港と、その北400mほどにあるイェニ・リマンYeni Limanというふたつの港があり、便によって、到着する港が異なる。そのほか、トロイの南の**ゲイクリ**Geyikli港からは**ボズジャ島**Bozcaada、ゲリボル半島の**カバテペ港**Kabatepeから**ギョクチェ島**Gökçeadaへ行く路線がある。

トロイへは、**サル川**Sarı Çayの**河川敷にあるドルムシュ・ガラジュ**から乗る。**エジェアバト**から**カバテペ**へは港の前の広場にあるドルムシュに乗る。**ゲイクリ**へは、オトガルからゲイクリ・セヤハットGeyikli Seyahatの中型バスで行くことができる。

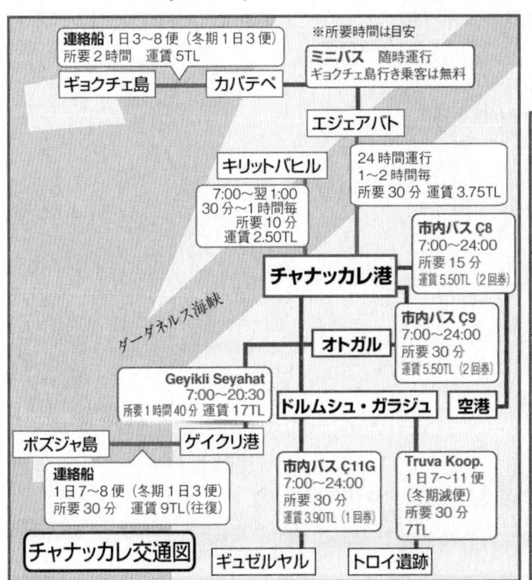

町の西側、石畳のチャルシュ通り

■チャナッカレの🅘
Map P.234A
住İskele Meydanı No.67
TEL&FAX(0286) 217 1187
URL canakkale.ktb.gov.tr
開8:30～17:30
（土・日9:30～12:30
13:30～16:00） 休無休

■チャナッカレ・ケントカルト
市内のバスやドルムシュで使用できるカード。2回券5.50TL、4回券11TL。チャナッカレ～エジェアバト間のフェリーでも使用可能。近郊のギュゼルヤルへのバスは1回券3.90TL。プリペイド式のカードを購入するときは、市内（シェヒル・イチ）かギュゼルヤル行きかを告げる。プリペイド型のカードは空のものが5TLで、市内で利用する場合は1回につき2.75TL～。

読者投稿 トロイ遺跡のアクセス
チャナッカレとトロイ遺跡を結ぶミニバスは午前中は1時間に1本だが、午後になると2時間に1本になる。時間がない場合は午前中に行くのがおすすめ。
（茨城県　M.K.　'19夏）

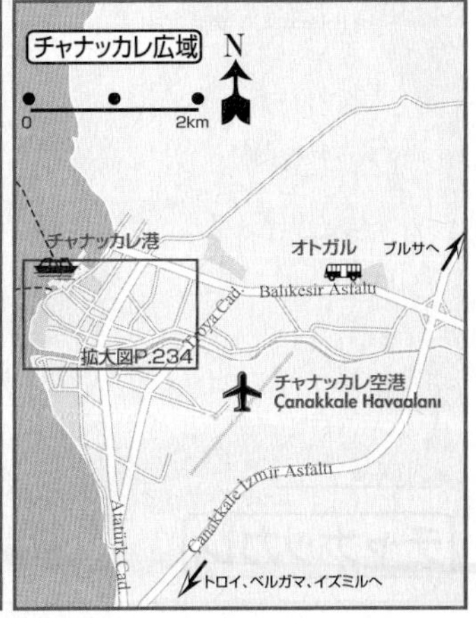

チャナッカレ・トゥルワ社の車体にはトロイの木馬はもちろん、ゲリボル半島国立歴史公園の碑など、チャナッカレ周辺の見どころが多くペイントされている。（編集室）

■海軍博物館
TEL(0286)213 1730
開9:00～12:00 13:30～17:00
休月　料8.50TL
📷17TL

■ゲリボル半島への行き方
⛴エジェアバトやキリットバヒルまでチャナッカレから船がある(→P.233)。戦跡を見て回るならツアーの利用が便利。

■キリットバヒル城塞
Map P.232A
TEL(0286)814 1128
開夏期9:00～19:00
　冬期8:00～17:30
休無休　料15TL

キリットバヒル城塞

見どころ

大砲が並ぶ公園は、平和な市民の憩いの場

海軍博物館とチメンリッキ城塞公園

Map P.234A

Deniz Müzesi ve Çimenlik Kalesi デニズ・ミュゼスィ・ヴェ・チメンリッキ・カレスィ

チメンリッキ城塞公園

海軍博物館には第1次世界大戦中のゲリボルの戦い(1915～16)に関する資料が展示されている。イスタンブールの軍事博物館は陸軍管轄だが、こちらは海軍。案内も現役の兵士たちがやっている。晩年のアタテュルクの写真が飾られたアタテュルクの部屋もある。博物館があるチメンリッキ城塞公園には、第1次世界大戦で使われた大砲などが置いてあり、ここからの日没風景も美しい。

近郊の旅

第1次世界大戦の激戦地

ゲリボル半島国立歴史公園

Map P.232B

Gelibolu Yarimadası Tarihî Millî Parki ゲリボル・ヤルムアダス・ターリヒー・ミッリー・パルク

ダーダネルス海峡のエーゲ海側にある細長い半島。第1次世界大戦のさなか、アタテュルクの指揮の下、オスマン朝の軍隊

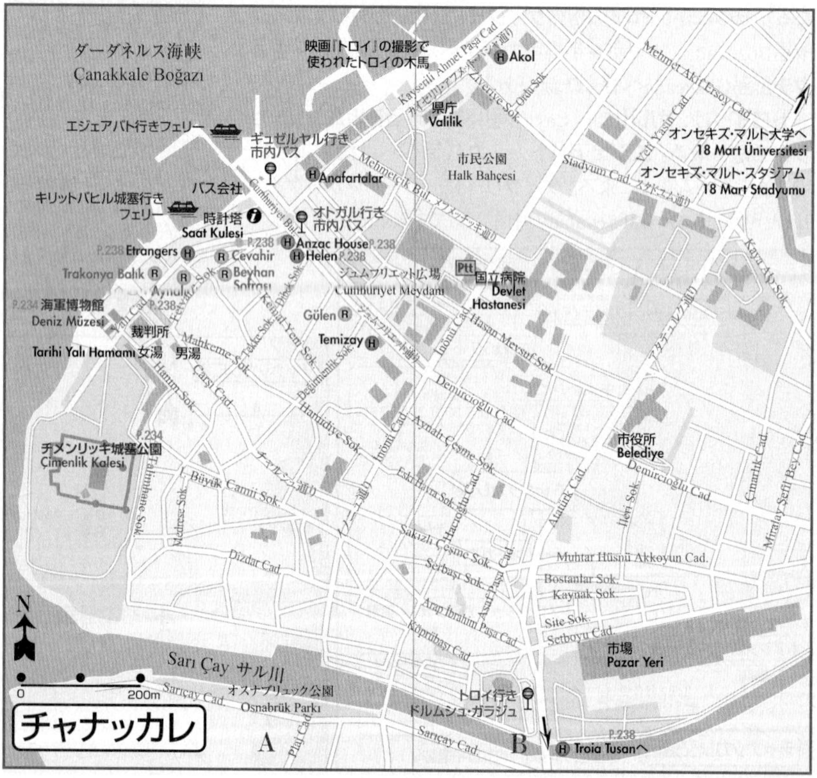

チャナッカレ

ダーダネルス海峡
Çanakkale Boğazı
映画『トロイ』の撮影で使われたトロイの木馬
エジェアバト行きフェリー
ギュゼルヤル行き市内バス
キリットバヒル城塞行きフェリー
バス会社
時計塔 Saat Kulesi
オトガル行き市内バス
Akol
県庁 Valilik
市民公園 Halk Bahçesi
オンセキズ・マルト大学へ 18 Mart Üniversitesi
オンセキズ・マルト・スタジアム 18 Mart Stadyumu
Anafartalar
P.238 Anzac House P.238
Helen P.238
P.238 Etrangers
Cevahir
Trakonya Balık
Beyhan Sofrası
Aynalı
ジュムフリエット広場 Cumhuriyet Meydanı
国立病院 Devlet Hastanesi
P.234 海軍博物館 Deniz Müzesi P.238
裁判所
Tarihi Yalı Hamamı 女湯 男湯
Gülen
Temizay
P.234 チメンリッキ城塞公園 Çimenlik Kalesi
市役所 Belediye
Muhtar Hüsnü Akkoyun Cad.
Bostanlar Sok.
Kaynak Sok.
Site Sok.
Setboyu Cad.
市場 Pazar Yeri
Sarı Çay サル川
オスナブリュック公園 Osnabrük Parkı
トロイ行きドルムシュ・ガラジュ
P.238 Troia Tusanへ
Kayserili Ahmet Paşa Cad.
Ziveriye Sok.
Ordu Sok.
Mehmet Akif Ersoy Cad.
Veli Yasin Cad.
Stadyum Cad.
Mehmetçik Bul.
Cumhuriyet Bul.
Kaya Alp Sok.
Yalı Cad.
Fetvane Sok.
Kemal Yeri Sok.
Tekke Sok.
Mahkeme Sok.
Çarşı Cad.
Hanım Sok.
Değirmenlik Sok.
İnönü Cad.
Hasan Mevsuf Sok.
Demircioğlu Cad.
Hamidiye Sok.
Aynalı Çeşme Sok.
Büyük Camii Sok.
Eski Bayra Sok.
Atatürk Cad.
İleri Sok.
Cimarlık Cad.
Miralay Şefik Bey Cad.
Talimhane Sok.
Medrese Sok.
Sakızlı Çeşme Sok.
Hacıoğlu Cad.
Serbaşı Sok.
Asaf Paşa Cad.
Dizdar Cad.
Arap İbrahim Paşa Cad.
Köprübaşı Cad.
Sarıçay Cad.
Plaj Cad.
N
0　200m
A　B

後のイギリス首相ウィンストン・チャーチルはゲリボルの戦いの時の海軍大臣。この戦いでイギリス軍は2万人以上の戦死者を出して惨敗したため、計画立案者のチャーチルはガリボリ(ゲリボル)の肉屋と皮肉られた。(編集室)

が英仏連合軍と激戦を展開した所だ。毎年3月後半になると多くの人々が慰霊に訪れる。半島西のアンザック湾Anzac KoyuがあるアルブルヌArıburnuで最も重要な決戦が行われたため、このあたりに共同墓地は集中している。

有名なのは**一兵卒記念碑**Mehmetçiğe Saygı Anıtı。激しい塹壕戦のさなか、孤立したオーストラリアの負傷兵を見た敵のオスマン朝軍の兵士が、武器を捨てて救出したというエピソードに基いている。

一兵卒記念碑

近郊の旅

ギリシアに最も近いトルコ最大の島

ギョクチェ島

Map P.232A

Gökçeada ギョクチェアダ

面積約280㎢、8500人余りが住むトルコ最大の島。さまざまな時代の古い建築物がひっそりと残っている。また、スキューバダイビングや海水浴も楽しむことができる。場所によってはイルカと遭遇することもあるという。

トルコ領だが、ギリシア名でイムロズ（インブロス）と呼ばれることも多く、ギリシア人も住んでおり、教会などもある。また、この島では8月の第2週には映画祭が催される。島の中心地は島名と同じギョクチェアダ。「中心」を意味するメルケズMerkezとも呼ばれている。カレキョイKaleköyには砦やマリーナがある。ここ数年はギリシア人の村に、古民家を改装したかわいらしいブティックホテルが増え、のんびりと休暇を過ごす人も多い。

■ギョクチェ島
カバテペから1日3～8便（冬期3便）運航（→P.84）。

■ギョクチェ島博物館
住Fatih Mah. Hamam Sok. No.4, Gökçeada
開8:30～17:30
休無休　料5TL

ギリシア正教会もある

ギョクチェ島名産のジャム

カレキョイのマリーナ

近郊の旅

地元で造られたブドウ酒を味わおう

ボズジャ島

Map P.232A

Bozcaada ボズジャアダ

人口約2000人で面積約40km²の小さな島。ギリシア語の名前をテネドス島という。ワインの名産地としても知られる。どこまでも広がるブドウ畑や、ヴェネツィアによって造られた立派な城壁の脇には、ショップやカフェが並ぶかわいらしい町が広がる。もちろん島では海水浴も満喫できるし、夜は地元産ワインと一緒に新鮮な魚介類を満喫するのも楽しい。

ヴェネツィアの要塞となったボズジャ島の城

■ボズジャ島
ゲイクリから1日7～8便（冬期1日3便）運航（→P.84）。

■ボズジャ島のi
住Cumhuriyet Mah., Kordon Boyu Mevkii No.1
開9:00～17:00　休10～5月

■ボズジャ島の城壁
開10:00～20:00　休無休
料10TL

■ボズジャ島博物館
住Cumhuriyet Mah. Lale Sok. No.7 Bozcaada
開10:00～19:00
休無休　料10TL

一兵卒記念碑の基となったエピソードは、後にオーストラリア総督となったリチャード・ケイシーが中尉時代に見た話として語ったもの。両国友好を象徴する話として伝えられている。（編集室）

世界遺産

トロイ遺跡 Troya Antik Kenti
1998年

■トロイへの行き方
チャナッカレのドルムシュ・ガラジュからドルムシュで行く
(→P.233左下交通図参照)

トロイ行きのドルムシュ

■トロイ遺跡
Map P.232B
TEL(0286)283 0061
開夏期8:30～19:00
冬期8:30～17:30
休祝　料35TL

■トロイア博物館
Map P.232B
TEL(0286)283 0061
URLwww.troya2018.com
開夏期8:30～19:00
冬期8:30～17:30
休祝　料35TL
2018年オープン。アニメによるかつてのトロイの姿の再現のほか、世界各国に散らばった出土物が返還され展示されている。

近郊の旅

幾層にも重なった歴史が現代によみがえる

トロイ(トゥルワ)

Truva トゥルワ

Map P.232B

トロイの木馬の伝説やシュリーマンの発掘で有名なトロイはイリオスとも呼ばれる。

この地に集落ができ始めたのは紀元前3000年頃という。エーゲ海交易の中心地として繁栄したが、栄えては滅びるという歴史を繰り返し、その結果トロイは全部で9層にわたる都市遺跡を形成している。トロイ戦争(紀元前1200年頃)で町は滅亡したが、その後イオニア人が植民し、アレキサンダー大王やコンスタンティヌス帝がこの地を訪れた。

「トロイの木馬」の伝説を信じたドイツのシュリーマンが1871～73年にヒサルルックの丘Hisarlıktepeを発掘した。現在でもドイツのテュービンゲン大学による発掘、調査が続いている。

遺跡の前に置かれた木馬は、中に入れるようになっている

トロイ遺跡は発掘史上でも記念碑的な遺跡であり、世界遺産に登録されている

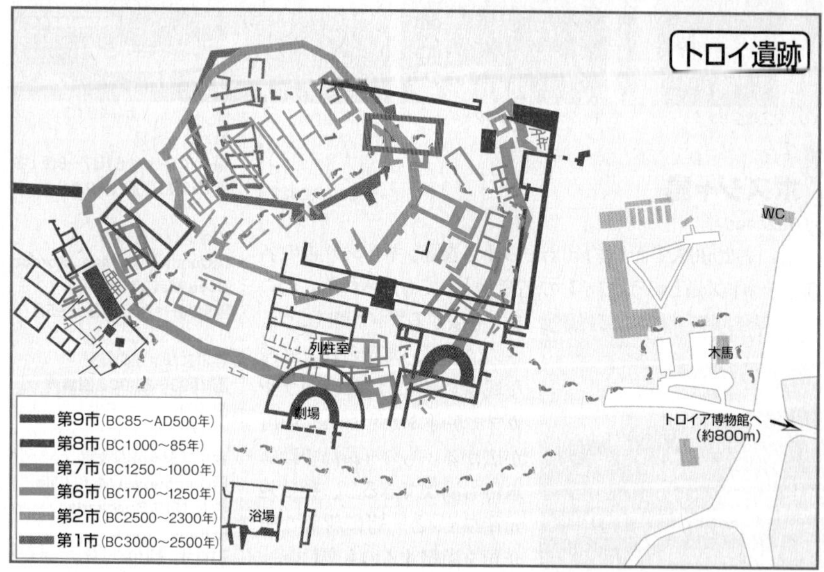

「プリアモスの財宝」はトルコから違法に持ち出されベルリンに渡った。第2次世界大戦後行方知れずだったが、現在はモスクワのプーシキン記念美術館が収蔵している。(編集室)

遺跡の回り方　遺跡入口にはトロイ戦争の「トロイの木馬」にちなんだ巨大な木馬がある。遺跡の中に入ると、高さ1.5mぐらいの大きな壺がいくつかある。50mほど先に紀元前3000年ぐらいから紀元前350年ぐらいの幾重にも積み重なった遺跡が広がっている。遺跡内には英、独、トルコ語の説明板が設置されている。

遺跡を囲む城壁は第6市のもの。第8市の長方形の礎のあるアテナ神殿までは、第6市の塔や城門、メガロン（部屋）が続く。アテナ神殿の後ろには第1市、第2市のメガロン、城壁、城門がある。城壁の外へ抜けると、第9市の聖域や劇場跡などがある。

「プリアモスの財宝」が発掘された第2市は天蓋に覆われている

Information

トロイ戦争とシュリーマン

『イーリアス』とトロイ戦争

紀元前800年頃成立した、ホメロス作とされるギリシア最古最大の英雄叙事詩、全24巻。この中に記されているトロイ戦争は、トロイの王子パリスが女神アフロディーテの助けを借り、スパルタ王メネラオスの妃である絶世の美女ヘレネを奪ったことに始まっている。怒りが収まらないヘレネの夫メネラオスは、兄アガメムノンを大将にギリシア軍を組み、トロイへの攻撃を始めた。10年もの長い戦争のさなか、足首以外は不死身のアキレウス（トロイ戦争で死ぬことが運命づけられていた）、冷静沈着な英雄オデュッセウスらが活躍する。

トロイ軍はパリスの兄ヘクトルの奮闘により優位に立ち、アキレウスの友人パトロクロスを殺してしまう。怒ったアキレウスはヘクトルを討つが、パリスの射た矢がアキレウスの唯一の弱点であるかかと（アキレス腱という名はこれに由来する）にあたり、ついにはアキレウスも倒れてしまう。大きな戦力を失ったギリシア軍であったが、アキレウスの息子を迎え、士気も新たに盛り返し、パリスは毒矢に射られ命を落とす。

それでも陥落できないトロイを破るため、何か策略が必要だとギリシア軍のオデュッセウスは考える。そしてギリシア軍は戦いをあきらめたように見せかけ、ただひとりの生贄と巨大な木馬を神に捧げるような形で残し、船で全員が引き上げる。戦いが終わったと、この木馬を城内に引き入れ大饗宴を始めたトロイ軍。実は空洞と思われたこの木馬には、ギリシア兵が隠れていたのである。そして木馬から出たギリシア兵は城に火を放ち、タイミングを見計らって引き返した仲間とともに再び攻撃を開始、難攻不落を誇ったトロイは、あっけなく陥落してしまったのである。そして、ヘレネは再びメネラオスのもとに戻ることになり、10年に及んだトロイ戦争は終わりを告げた。

シュリーマンの生涯

1822年ドイツで牧師の子として生まれ、貧しい少年時代を経て商人として成功を収めたが、子供の頃に聞いたホメロスの叙事詩『イーリアス』が忘れられず、伝説といわれていたトロイ戦争の話を史実として信じ続けた人。41歳で実業家を引退した後、自費でトロイの遺跡の発掘を始めた。伝説を信じぬ人々の嘲笑を受けながらも、彼は信念をもって発掘を続け、ついに長年の夢であったヒサルルクの丘を発見する。そして、発掘現場のなかから第2市をトロイと断定。ここから「プリアモスの財宝」をも発見する。さらにその後、ドイツの考古学者も加わり発掘作業が進められ、第7市が見つかった。シュリーマンの死後、この考古学者ヴィルヘルム・デルプフェルトがこの第7市から要塞を発見、ここが新たに本当のトロイと断定された。

「声に出して読むこと。訳さないこと。毎日勉強すること。毎日作文を書くこと。それを先生に見てもらい誤りを正しくしたら次のレッスンを暗唱すること」。これは18ヵ国語を自在に操ったシュリーマンの6週間語学独習法。毎日コツコツと取り組む姿勢は、何事に対しても一貫して取り組む、シュリーマンの生きる姿勢そのものである。そんなシュリーマンの生涯に興味をもったならば、彼の自叙伝『古代への情熱』もおすすめ。

シュリーマンは幕末時代の日本や清朝時代の中国も訪れている。1865年に3ヵ月間にわたって江戸を中心に滞在し、激動の時代を迎えた日本をつぶさに観察した。（編集室）

HOTEL & RESTAURANT

港周辺に中級以下の宿が点在している。ツアーでよく利用されるホテルは、チャナッカレとトロイの間にあるギュゼルヤルにもある。レストランやカフェは海岸沿いに並んでいる。

日本からホテルへの電話 国際電話会社の番号 + 010 + 国番号90 + 市外局番と携帯電話の最初の0を除いた相手先の電話番号

アンザック・ハウス Anzac House

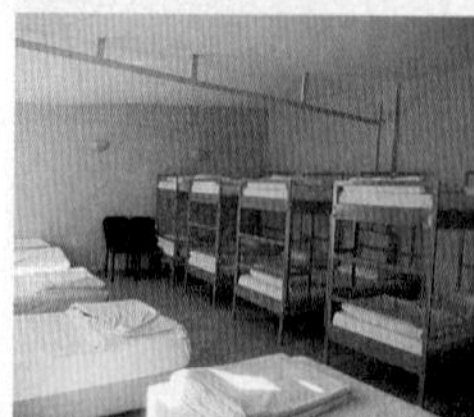

住 Cumhuriyet Meydanı No.59
TEL (0286) 213 5969
FAX (0286) 217 2906
URL www.anzachouse.com
DOM 10€
18€
28€
US$ € TL
M V

経済的 15室 Map P.234A ジュムフリエット通り

バックパッカーが集まるホステル。ドミトリーは5つあり、男女相部屋。併設の旅行会社ハッスル・フリーHassle Freeが毎日催行するトロイ（ひとり32€）やゲリボル半島（ひとり40€）へのツアーも人気。エジェアバトのレストランMaydosも同経営。

全館無料 EV なし

ヘレン Hotel Helen

住 Cumhuriyet Bul. No.57
TEL (0286) 212 1818
FAX (0286) 212 8686
URL www.helenhotel.com
A/C 180TL
A/C 250TL
US$ € JPY TL　A M V

中級 44室 Map P.234A ジュムフリエット通り

すぐ近くに同経営の別館ヘレンパークもあり、合わせて94室。客室は改装済みで清潔にまとまっている。バスタブ付きの部屋も多いが料金は同じ。全室ミニバー、ドライヤー付き。

全館無料 EV あり

トロイア・トゥサン Troia Tusan Hotel

住 Tusan Cad. No.85/1, Güzelyalı
TEL (0286) 232 8747
FAX (0286) 217 2018
URL www.troiatusanhotel.com
A/C 60€
A/C 85€
US$ € JPY TL　A M V

高級 64室 Map P.232B ギュゼルヤル

ギュゼルヤル行きのバスÇ11Gに乗り、終点で下車。進行方向へしばらく進み、坂を上がった所にある。海に面した4つ星のリゾートホテル。2018年に全面改装し、ホテル名も新しくなった。

全館無料 EV あり

ゼトランジェ Hotel des Etrangers

住 Yalı Cad. No.25
TEL (0286) 214 2424
FAX (0286) 214 4242
URL hoteldesetrangers.com.tr
A/C 70～100€
A/C 75～110€
US$ € TL　M V

高級 8室 Map P.234A 港周辺

ヤバンジュラル・オテリとも呼ばれる。元々は18世紀後期に宿として造られた建物で、シュリーマンもこのホテルに宿泊していた。客室は改装済みできれい。アンティーク調の内装。11～3月は割引あり。

全館無料 EV なし

アイナル Aynalı

住 Matbaa Sok. No.4/A
TEL (0286) 217 1144
開 17:00～24:00
休 無休
US$ € TL
M V

メイハーネ 魚料理 Map 234A 港周辺

バーなどが並ぶハヤット・ヴァル通りに2015年にオープンしたメイハーネ。メゼ（前菜）が評判。オープンには当時の市長も駆けつけたとか。店先や店内には人魚の絵が描かれている。

ジェヴァーヒル Cevahir

住 Fetvane Sok. No.12/B
TEL (0286) 213 1600
URL www.cevahirevyemekleri.com
開 9:00～23:00　休 無休
US$ € TL　A M V

トルコ料理 定食 Map 234A 港周辺

チャナッカレにはエヴ・イェメッキレリ（家庭料理）をひと盛いくらで出す定食屋が多いが、ここもそのひとつ。店内は白を基調とした内装。日替わりの料理が並ぶ。

映画『トロイ』で使用された木馬がチャナッカレに置かれるようになったため、みやげ物屋で売られるミニチュア版トロイの木馬も2種類になった。(編集室)

ペルガモン王国の都の跡、急斜面の劇場がすばらしい

ベルガマ Bergama

市外局番 0232	人口6万1406人	標高65m

アクロポリスの丘に建つトラヤヌス神殿

ペルガモンと呼ばれたこの都市の歴史は、アレキサンダー大王の死後から始まった。大王亡きあと、広大な領土は分割され、大王の遺産の一部を手にしたリシマコスによって、新王朝が開かれたが、彼はシリアとの戦いで戦死。その部下であったフィレタイロスがその財宝を継ぎ、ペルガモン王国を築いた。

王国は甥のエウメネス1世の時代に入り(アッタロス王朝)、繁栄の時を迎える。この王朝はローマとともにシリアと戦い、小アジアにおける交易の権益を得て、アクロポリスの建設が行われた。アッタロス3世の時代にローマの属州となった後も繁栄は続いた。しかしその後アラブの攻撃を受けて衰退し廃墟となった。19世紀に発見されたが、神殿をドイツに持ち去られてしまい、ベルリンのペルガモン博物館が収蔵している。

歩き方

ベルガマは遺跡が広範囲に散らばっている。**アクロポリス**へはロープウエイをうまく利用しよう。

ベルガマの町は小さい。**アタテュルク大通り**Atatürk Bul.と**バンカラル通り**Bankalar Cad.を中心に、商店やレストランが並ぶ。ⓘと**博物館**もこの通り沿いにある。博物館は、ベルガマの発掘物のほか、**アリアノイ**Allianoi遺跡の出土物も収蔵しており、なかでも**水の妖精像**は傑作。

アリアノイの水の妖精像

町から下市へ行く途中にある**クズル・アウル**Kızıl Avlu（バシリカとも呼ばれる）は、古代エジプトのセラピス神（オシリス神とアピス=プルトーン神の習合)を祀り、後に教会に改修された建物の跡だ。

世界遺産
ベルガマの重層的文化的景観
Bergama Çok Katmanlı Kültürel Peyzaj Alanı
2014年

■時刻表一覧
🚌時刻表索引→P.62〜63

■ベルガマのⓘ
Map P.241B2
住Yeni Hükümet Konağı Zemin Kat
TEL(0232)631 2851
FAX(0232)631 4088
開8:30〜17:30
休土・日

■オトガルから市内へ
オトガルYeni Otogarは町の南西約7kmにある。町の中心部まではベルガマ市が運行している市内バスで行く。運賃は8TL。20分に1便程度。
イズミル始発のメトロ・ベルガマ社Metro Bergama(Güven Seyahat)とアナドル社Anadolu (Bergamalılar)のバスはオトガルを経由して中心部にあるカンタル・ガラジュ Kantar Garajı へ行く。
イズバン (→P.246)を利用するなら終点アリアー (Aliağa) 駅から835番バスで。1時間に1〜2便の運行。運賃は4.50TL。

■ベルガマ博物館
Map P.241A2
TEL(0232)631 2884
開8:00〜19:00 (冬期〜17:00)
休冬期の月　料6TL
内部不可

■クズル・アウル
Map P.241B2
TEL(0232)633 1163
開8:30〜19:00
休無休　料5TL

ベルガマはオリーブ製品やトゥルム・ペイニルTulum Peyniriという塩漬けしたチーズで有名。塩分控えめ(アズ・トゥズルAz Tuzlu)の塩漬けチーズもある。(編集室)

■アクロポリス
ロープウエイ乗り場まで🅘から徒歩約20分、クズル・アウルから徒歩約10分。
🚕タクシーでアクロポリスまでは片道約20TL。
TEL(0232)631 0778
開夏期8:00～19:00
冬期8:30～17:00
休無休　料35TL
内部不可
ロープウエイ
開夏期8:00～19:00
冬期8:00～17:00
料20TL(往復)

アクロポリスの丘へ続くロープウエイ

扇形に広がる急斜面の劇場

■アスクレピオン
🚕タクシーで行くと待ち時間と合わせて町から片道約10TL
TEL(0232)631 2886
開夏期8:00～19:00
冬期8:30～17:00
休無休　料30TL
内部不可
※隣の軍事基地は撮影禁止なので要注意

ヘビは再生のシンボルだった

見どころ

芸術や学問の中心、ヘレニズム文化の集大成
アクロポリス
Map P.241B1
Akropolis アクロポリス

トラヤヌス神殿

トラヤヌス神殿　王宮跡に造営された神殿。ローマ皇帝ハドリアヌスが、先帝トラヤヌスに捧げた。すべて大理石のこの神殿は、正面6柱、側面9柱のコリント様式。

アテナ神殿　紀元前4世紀のものといわれる。現在は礎が残るのみだが、ヘレニズム芸術の最高傑作といわれる**瀕死のガリア人**など、見事な彫刻群が飾られていたという。

図書館　エジプトのアレキサンドリア図書館に対抗し、20万巻もの蔵書を誇った図書館。伝説によれば､この図書館に脅威を覚えたエジプトがパピルスの輸出を禁止し、困ったエウメネス2世がそれに替わる羊皮紙を発明したという。羊皮紙の独語名ペルガモントはここペルガモンが語源だ。

アレキサンドリアの図書館を灰にしたアントニウスは、この図書館をクレオパトラへの贈り物としたという話も残る。

劇場　傾斜のある劇場で、音響も非常によい。眺望をさえぎらないために､舞台は催し物のときにだけ組まれる木製のものだったという。劇場は扇形だが、アクロポリス全体も劇場を中心とした扇形に広がるプランになっている。また、劇場下段のテラス端には、**ディオニソス神殿跡**がある。

ゼウス大祭壇　19世紀にドイツの発掘隊によって発見された。方形の基壇の上に、イオニア式の円柱の並ぶ凹型の柱廊、中央に大階段を備えていた。**神と巨人たちとの戦い**を描いた浮彫芸術はヘレニズム芸術の代表とも。残念ながらドイツによって運び去られ、現在はベルリンのペルガモン博物館にある。

古代の総合ヘルスセンター
アスクレピオン
Map P.241A2
Asklepion アスクレピオン

紀元前4世紀から紀元後4世紀まで使われた古代の総合医療センター。病人や代理人が生贄を捧げて参拝し、入浴して体を清め宿泊した。そして、見た夢を神官が判断し、治療法を示唆した。聖なる道を抜けた広場には**ヘビの彫刻**を施した円柱が残っている。脱皮するヘビを、生まれ変わる生き物＝再生のシンボルとしてとらえていた。

アクロポリスの中市アゴラ横にある「Z」という遺構にあるモザイクは保存状態がよく必見。1995年から行われたドイツ考古学院の発掘により見つかったもの。(編集室)

ヘビのレリーフが施された円柱の隣にあるのが医学書なども集められた**図書館**。その先、広場の中央に体を清めた**聖なる泉**があり、横には**劇場**がある。音楽療法なども試みられていたようだ。治療施設に**トンネル**を通って入るのは、健康の維持・回復の治療と信仰活動が同時に行われたことを意味する。トンネルは「神聖」と「俗」の境界だった。

アスクレピオンのトンネル

アスクレピオンで出土した勝利の女神、ニケの像（ベルガマ博物館）

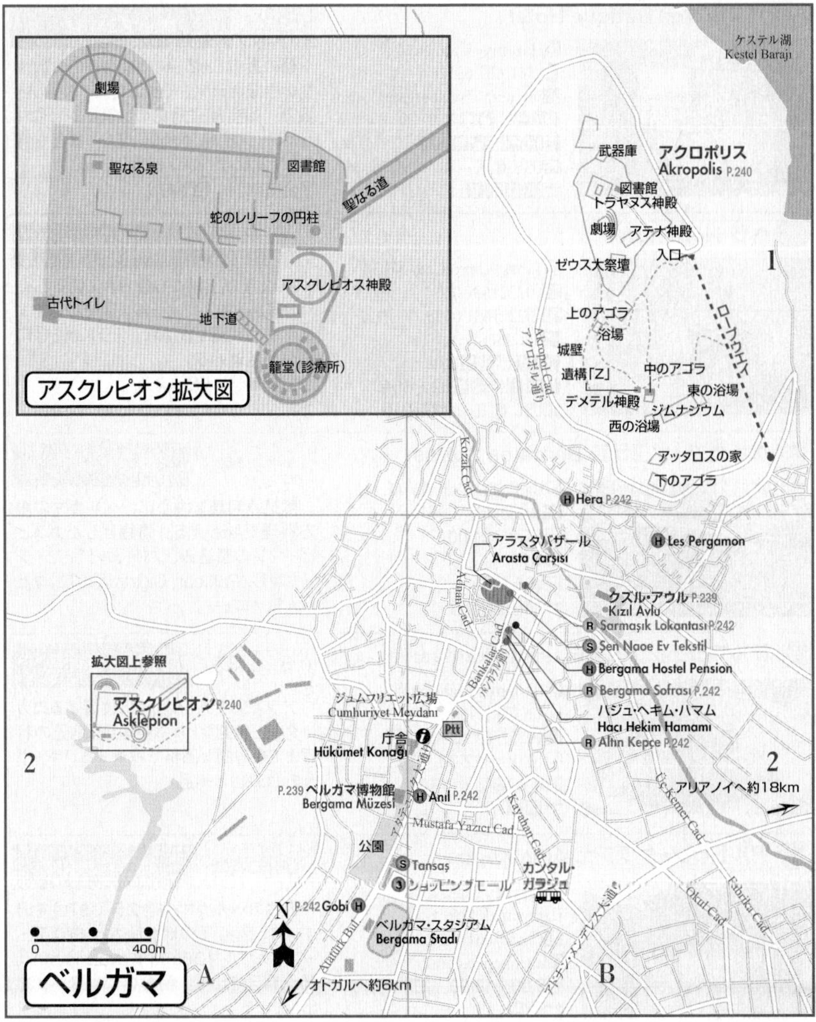

アスクレピオン拡大図

劇場
聖なる泉
図書館
聖なる道
蛇のレリーフの円柱
アスクレピオス神殿
古代トイレ
地下道
籠堂（診療所）

ベルガマ

ケステル湖
Kestel Barajı
アクロポリス
Akropolis P.240
武器庫
図書館
トラヤヌス神殿
劇場
アテナ神殿
入口
ゼウス大祭壇
ロープウエイ
上のアゴラ
浴場
城壁
遺構「Z」
中のアゴラ
東の浴場
デメテル神殿
ジムナジウム
西の浴場
アッタロスの家
下のアゴラ
Akropol Cad. アクロポル通り
Kozak Cad.
H Hera P.242
アラスタバザール
Arasta Çarşısı
H Les Pergamon
クズル・アウル P.239
Kızıl Avlu
Adnan Cad.
R Sarmaşık Lokantası P.242
S Şen Naoe Ev Tekstil
H Bergama Hostel Pension
R Bergama Sofrası P.242
ハジュ・ヘキム・ハマム
Hacı Hekim Hamamı
R Altın Kepçe P.242
Bankalar Cad. バンカラル通り
拡大図上参照
アスクレピオン P.240
Asklepion
ジュムフリエット広場
Cumhuriyet Meydanı
Ptt
庁舎
Hükümet Konağı
P.239 ベルガマ博物館
Bergama Müzesi
H Anıl P.242
アタテュルク大通り
Mustafa Yazıcı Cad.
Kayahan Cad.
Üç Kemer Cad.
アリアノイへ約18km
公園
S Tansaş
3 ショッピングモール
カンタル・ガラジュ
P.242 Gobi H
ベルガマ・スタジアム
Bergama Stadı
Atatürk Bul.
アドナン・メンデレス大通り
Okul Cad.
Fabrika Cad.
0 400m
オトガルへ約6km
A B 1 2

2018年6月からベルガマへのイズバン（→P.246）の延伸工事が始まった。アリアーから延伸され、ベルガマのオトガルを経由して市内に入る予定。（編集室）

HOTEL & RESTAURANT

ベルガマは小さな町だが、宿の数は多い。メインストリートには小さな安宿やペンションが点在しているが、どれも部屋数はあまり多くない。イズミルからの日帰り観光も十分に可能。

レストランは、ジュムフリエット広場からアラスタバザールまでの間に集中している。アクロポリスやアスクレピオンなど遺跡周辺に食べるところはないので、軽食を持参しよう。

日本からホテルへの電話 国際電話会社の番号 + 010 + 国番号 90 + 市外局番と携帯電話の最初の 0 を除いた相手先の電話番号

ゴビ Gobi Pension

住Atatürk Bul. No.18
TEL&FAX(0232)633 2518
• A/C 90TL
•• A/C 150TL
US$ € TL
不可

経済的 11室 Map P.241A2

アタテュルク大通りにある家族経営のペンション。トイレ・シャワー別の部屋は•60TL、••100TL。英語を話せるスタッフもいる。

全館無料 EV なし

アヌル Anıl Butique Hotel

住Hatuniye Cad. No.4
0541 632 6352
URL www.anilhotelbergama.com
• A/C 25€
•• A/C 40€
US$ € TL
A D M V

経済的 12室 Map P.241B2

ⓘの近くにある、町の中心部では数少ない中級ホテル。モダンなテイストの内装で、衛星放送対応の大型テレビやマッサージ機能付きシャワーなども完備。朝食はオープンビュッフェ。

全館無料 EV あり

ヘラ Hera Hotel

住Tabak Köprü Cad. No.38
TEL(0232)631 0634
FAX(0232)631 0635
URL hotelhera.com
• A/C 32€
•• A/C 52～65€
US$ € TL A M V

高級 10室 Map P.241B1

200年以上前から使われている石造りの家を改装したホテル。客室にはアンティーク家具が配され、テラスからは町全体が見渡せる。

全館無料 EV なし

ベルガマ・ソフラス Bergama Sofrası

住Bankalar Cad. No.44
TEL(0232)631 5131
開5:00～21:00
休無休
US$ € TL
A D J M V

トルコ料理 Map P.241B2

煮込み料理を中心に、ベルガマの地方料理が味わえる。素揚げしたナスとピーマンの煮込み、パトゥルジャン・チュウルトマPatlıcan Çığırtma(10TL)などが人気メニュー。

サルマシュック Sarmaşık Lokantası

住Barbaros Mah., Uzun Çık. No.1
TEL(0252)632 2745
開10:00～22:00
休無休 TL
M V

トルコ料理 Map P.241B2

アラスタバザール近くに位置するロカンタ。一般的なトルコ料理から地元の料理まで良心的な価格で提供する。ギュヴェチ(15TL)は絶品。

アルトゥン・ケプチェ Altın Kepçe

住Turabey Mah., Hacıyamak Sok. No.1
TEL(0232)631 4422
URL altinkepce.com.tr
開5:00～19:00 休無休
M V

トルコ料理 Map P.241B2

名物のベルガマ・キョフテ(13TL)を出すレストラン。そのほか月・水・金曜はデューン・カウルマDüğün Kavurmaという郷土料理を出す。朝食時にはスープを出している。

ベルガマでは羊皮紙の工房があるが、職人は高齢で後継者不足のため絶滅の危機に瀕している。ベルガマ市は技術の継承と保護活動を進めている。(編集室)

5000年の歴史をもつエーゲ海の真珠

イズミル İzmir

市外局番 **0232**	人口**340**万**1994**人	標高**2**m

海岸沿いのアタテュルク通り

エーゲ海地方最大の工業貿易都市イズミルは、トルコ第3の都市だ。エーゲ海観光の拠点ともなっており、海岸通りを歩くと、どこかヨーロッパの町のようにしゃれている。

古くはスミルナSmyrnaという名をもち、イオニア人の植民地であったが、ローマ時代に入りキリスト教が広まると、エーゲ海の中心都市として繁栄した。しかし、それらの遺跡もたび重なる地震や外敵の侵入により、現在はあまり残されていない。さらに、町の持続的な発展は、遺跡の上に新たな建物を建てることを余儀なくさせた。最も大きかったダメージは第1次世界大戦後のギリシアとの戦争で激戦地となったこと。しかし、そこから完全に復興したイズミルは、最も活気ある都市のひとつとして、現代のトルコを知るにはもってこいの町といえる。

歩き方

●新旧市街の境界線　イズミルの町は、新しい顔と古い顔をもつ。その境界線となるのは、バスマーネ駅近くの**ドクズ・エイリュル広場**9 Eylül Meydanıから港へと走る**ガーズィ大通り**Gazi Bul.。この通りより北側はビジネス街で、高級ホテルなどがある。

●若者の町　ガーズィ・オスマン・パシャ大通りGazi Osman Paşa Bul.の中ほどにある道を北東へ向かうと、そこはヤシの木が立ち並ぶ**愛の小径**Sevgi Yolu。若者の多い**クブルス・シェヒットレリ通り**Kıbrıs Şehitleri Cad.は、愛の小径から続く道をさらにアルサンジャック方面へずっと行くとある。このあたりにはブティックやオープンカフェなどが点在している。

■時刻表一覧
✈→P.54〜59
🚆→P.60〜61
🚌時刻表索引→P.62〜63

名物料理

ミディエ・ドルマス
Midye Dolması

イスタンブールをはじめ、多くの町で見られるようになったムール貝のピラフ詰めだが、元々はイズミルの料理が各地に伝わったもの。市内には屋台や専門店が多い。どこでも食べられるが、海岸沿いや歩行者天国には店が並び、多くの人でにぎわう。夏にはチェシメ（→P.249）にも多くの店が出している。

クブルス・シェヒットレリ通り

2019年10月から、アルサンジャック港とギリシアのテッサロニキを結ぶフェリーが就航することになった。週3便運航され、イズミルを20:00に出た船は翌朝10:00にはテッサロニキに着く予定。（編集室）

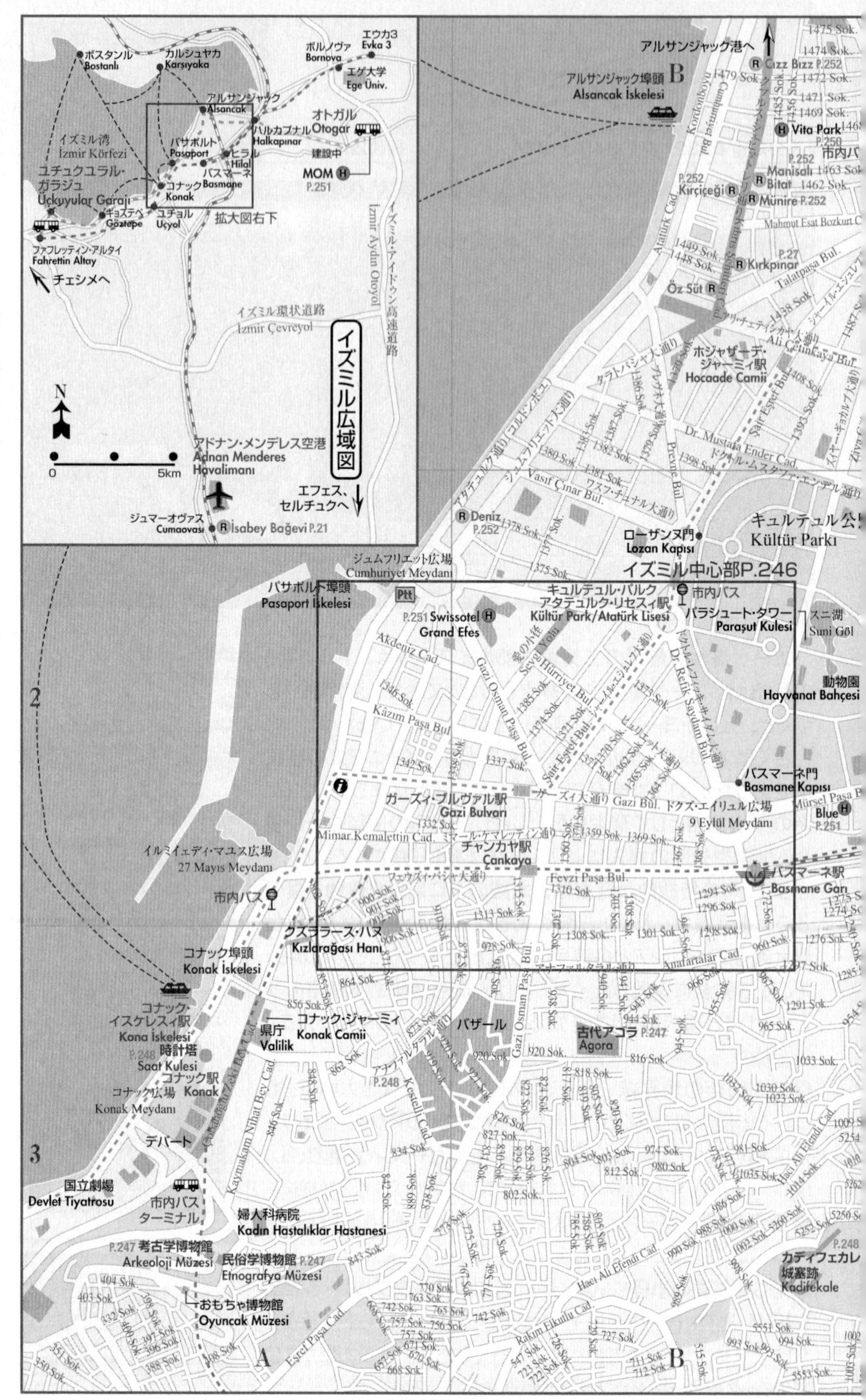

広大な敷地をもつキュルテュル公園は、1922年の独立戦争時に起きた大火災で燃えてしまった市街地の上に造られている。(編集室)

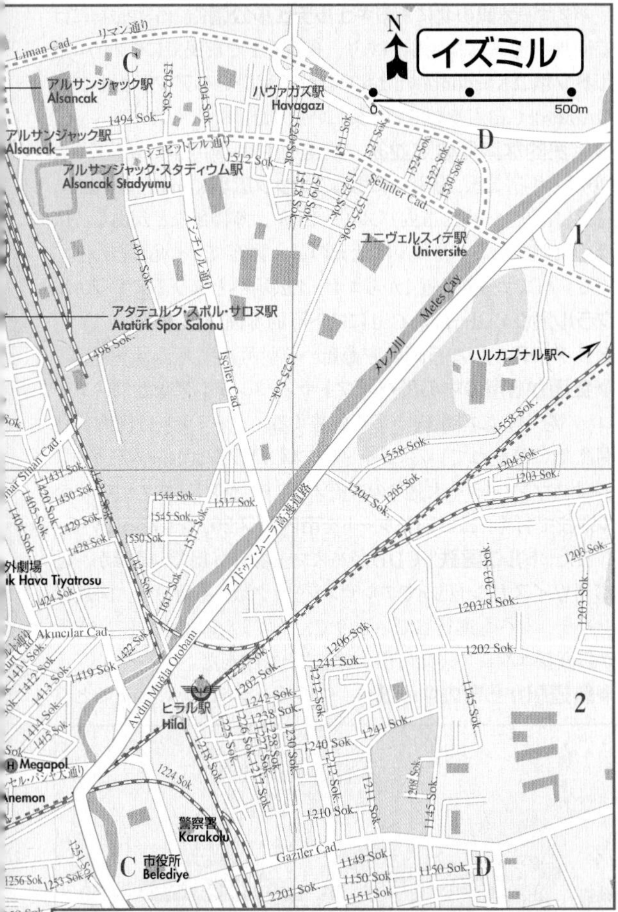

■ユチュクユラル・ガラジュ
Üçkuyular Garajı

市の南西にあるユチュクユラル・ガラジュからはチェシメ方面へのバスが出ている。
ユチュクユラル・ガラジュへはトラムで行くことができる。ユチュクユラルÜçkuyular駅で下車。

■イスタンブールへの高速道路

イスタンブールとイズミルを結ぶ新しい高速道路が完成する。イスタンブールまで9時間かかっていたものが所要3時間半程度に短縮されると見込まれている。なお、ルートの一部となっているイズミット湾を縦断する連絡橋は、日本の企業も参加してかけられたもの。2019年8月8日に暫定開業、10月29日に正式に営業を開始する予定。

読者投稿 鉄道の移動が楽

イズミル～セルチュク～デニズリの移動は鉄道のほうが安く、時間はかかりますがオトガルからの移動を考えると楽です。イズミル～デニズリを6往復。特急のようなクロスシート車両で荷物置やコンセントやトイレも完備しています。イズミル～セルチュクは9往復。トルコ国鉄のウェブサイトで時刻表を確認するようにしましょう。(東京都 アリフマクスーラ '19春)

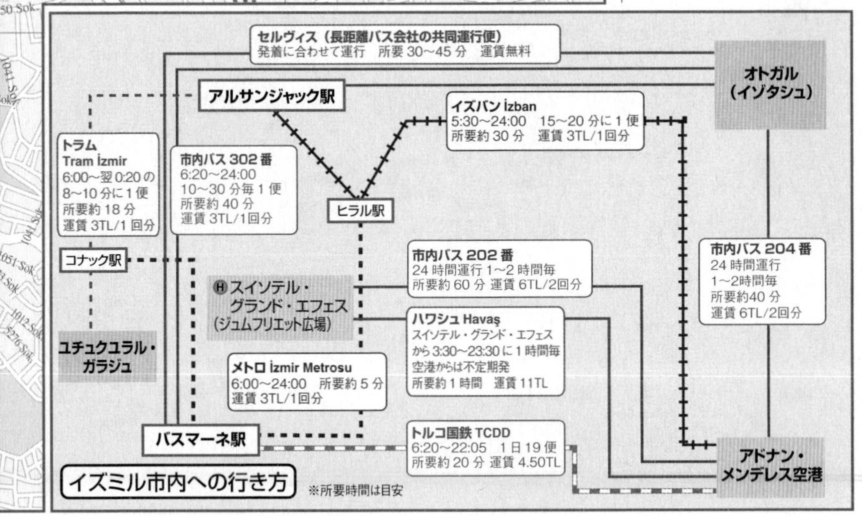

海岸通りのアタテュルク通りは、2000年代まではもっと細く、現在の車道があるところに海岸線があった。現在、公園や遊歩道になっている部分はメトロ建設によって出た土砂を利用して整備されたもの。(編集室)

キュルテュル公園

海沿いのアタテュルク通り

■両替
銀行が多いのはガーズィ大通り沿い。ガーズィ・オスマン・パシャ大通りとの交差点付近には私設両替商もある。クブルス・シェヒットレリ通り沿いにも私設両替商や銀行がある。

■郵便・電話
PTTはジュムフリエット広場に面している。小包の発送以外のすべての業務を扱っており、24時間営業。フェウズィ・パシャ大通りにもPTTがある。

バスマーネ駅の北にある**キュルテュル公園**Kültür Parkıには遊園地、池、動植物園があり、夜遅くまで市民でにぎわう。**コルドンボユ**Kordonboyuとも呼ばれる海沿いの**アタテュルク通り**Atatürk Cad.も歩いていて楽しい通りだ。

●庶民的な南側の町並み　観光や生活の中心は、ガーズィ大通りよりさらに南、海沿いにある**コナック広場**Konak Meydanı。付近にはデパート、市内バスターミナル、博物館などがある。広場の東側にあるバザールは地元の買い物客でいつもにぎわっている。バスマーネ駅近くからコナック広場へと延びる**アナファルタラル通り**Anafartalar Cad.には下町的雰囲気が漂う。

ターミナルから町の中心部へ

◆空港から市の中心部へ　アドナン・メンデレス空港は、ヨーロッパを中心に国際線が多く発着する。ターミナルは国内線と国際線に分かれている。シャトルバスの**ハワシュ** Havaşがガーズィ・オスマン・パシャ大通りのスイソテル・グランド・エフェス・ホテル前まで行く。ほぼ同じルートを**市内バス**202番も走っている。

また、**トルコ国鉄**TCDDがバスマーネ駅へ出ているほか、近郊列車**イズバン**İzbanでアルサンジャック駅へも行ける。国鉄はセルチュクへも運行しているので、イズミルに寄らずに、空港から直接エフェス観光に出かけることも可能だ。

◆鉄道駅から市の中心部へ　アルサンジャックAlsancakとバ

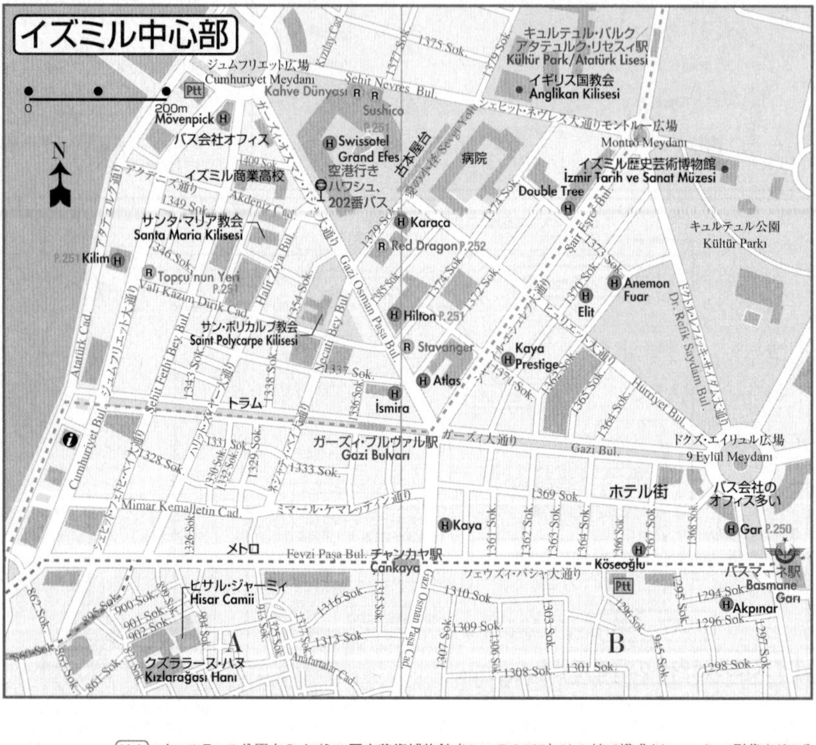

イズミル中心部

0　200m
N
キュルテュル・パルク／アタテュルク・リセスィ駅 Kültür Park/Atatürk Lisesi
ジュムフリエット広場 Cumhuriyet Meydanı
Kahve Dünyası R R Sushico P.251
Mövenpick H
バス会社オフィス
H Swissotel Grand Efes
空港行き ハワシュ、202番バス
イズミル商業高校
古本屋台
病院
イギリス国教会 Anglikan Kilisesi
シェヒット・ネヴレス大通り
モントルー広場 Montrö Meydanı
イズミル歴史芸術博物館 İzmir Tarih ve Sanat Müzesi
Double Tree H
キュルテュル公園 Kültür Parkı
サンタ・マリア教会 Santa Maria Kilisesi
P.251 Kilim H
R Topçu'nun Yeri P.251
H Karaca
R Red Dragon P.252
H Anemon Fuar
H Elit
サン・ポリカルプ教会 Saint Polycarpe Kilisesi
H Hilton P.251
R Stavanger
H Kaya Prestige
H Atlas
H İsmira
トラム
ガーズィ・ブルヴァル駅 Gazi Bulvarı
ガーズィ大通り Gazi Bul.
ドクズ・エイリュル広場 9 Eylül Meydanı
ホテル街
バス会社のオフィス多い
H Kaya
H Gar P.250
メトロ
チャンカヤ駅 Çankaya
Fevzi Paşa Bul.
フェウズィ・パシャ大通り
H Köseoğlu
Ptt
バスマーネ駅 Basmane Garı
H Akpınar
ヒサル・ジャーミィ Hisar Camii
クズララース・ハヌ Kızlarağası Hanı
A
B
Atatürk Cad.
Cumhuriyet Bul.
Mimar Kemalletin Cad.
ミマール・ケマレッティン通り
Gazi Osman Paşa Bul.
Anafartalar Cad.
Dr. Refik Saydam Bul.
Hürriyet Bul.
Akdeniz Cad.
Vali Kâzım Dirik Cad.

読者投稿　キュルテュル公園内のイズミル歴史芸術博物館（Map P.246B）は３棟で構成され、コイン、彫像などに分類されて展示され英語の解説もあります。人も少なく静かにゆっくり鑑賞できます。（兵庫県　Puchin　'18 夏）

バスマーネ駅

スマーネBasmaneというふたつの駅が起点。アルサンジャックは、アンカラやエスキシェヒルといった中・長距離の路線、バスマーネはセルチュクやソケ、デニズリなど近郊路線が中心。

◆オトガルから市の中心部へ

バスターミナルは市街の東にある。正式名称はイゾタシュ（İZOTAŞ）だが、オトガルで通じる。イェニ・ガラジとも呼ばれている。下階の長距離路線と上階の近郊路線のふたつのターミナルがあり、近郊路線はイルチェ・テルミナリİlçe Terminaliと呼ばれている。

町の中心部へはセルヴィスを利用するのが楽。ほとんどのバス会社が共同運行でバスマーネ駅前までセルヴィスを走らせている。セルヴィス乗り場はターミナルに隣接。市内バスも町の中心部へ行く。タクシーで市内へ行く場合、バスマーネまでは約50TL。

市内交通

市内交通は現金払いは不可で、**イズミリム・カルト**İzmirim Kartか回数券が必要。市内バス、地下鉄メトロ、路面電車トラム、近郊鉄道イズバンİzban、市内フェリーなどで利用可能。

見どころ

突然現れるローマ遺跡

古代アゴラ

Map P.244B3

Agora アゴラ

いきなりの古代空間

コリント様式の支柱が数本並び、石片が転がる3階建て市場の跡。地震で被害を受けた後、紀元178年にローマ帝国の五賢帝のひとりで、哲人皇帝としても有名なマルクス・アウレリウス・アントニヌスにより再建された。グランドフロアには28の店舗があったという。発掘された彫刻群は考古学博物館に展示されている。

アントニウスの像

ギリシアの神々の像がたくさん集められた

考古学博物館

Map P.244A3

Arkeoloji Müzesi アルケオロジ・ミュゼスィ

主にエフェス、ボドルムなどで発見された石像などを展示している。特に、地下1階のランナーの銅像は写実的で美しい。そのほか、地下の石棺コレクションも見ごたえがある。隣には**民俗学博物館**があり、伝統民族衣装や民具がある。

■イズミルの i
Map P.246A
住1344 Sok. No.2 Pasaport
TEL(0232)483 5117
URLwww.izmirkulturturizm.gov.tr
開8:30～17:30
（冬期8:00～17:00）休土・日
ジュムフリエット大通りとガーズィ大通りの交差点の南にある。資料も豊富に揃う。

イズミルの i

■イズミリム・カルト
バス、メトロ、トラム、イズバン（近郊列車）、フェリーで使用できるICカード型乗車券。カードを6TLで購入し、任意の金額をチャージしてもらう。料金は中心部では3TLで90分間有効、空港へは6TL。時間内なら何度でも乗り換え可能。

■回数券
短期の滞在に便利。紙製のカード型乗車券で使い方はイズミリム・カルトと同じ（チャージはできない）。2回券（7TL）と3回券（10TL）、5回券（14TL）があり、キオスクなどで販売されている。中心部では1回分、空港へは2回分使用する。
URLwww.eshot.gov.tr

■古代アゴラ
ガーズィ・オスマン・パシャ大通りを南へ行くと、左側へ曲がる地点で標識がある。
TEL(0232)483 4696
開夏期8:00～19:00
冬期8:30～17:00
休無休　料12TL

■考古学博物館・民俗学博物館
TEL(0232)484 7096
URLwww.izmirmuzesi.gov.tr
開夏期8:00～19:00
冬期8:30～17:30
休月
料考古学博物館：12TL
民俗学博物館：無料
カメラ一部不可　フラッシュ一部不可

メトロは市内の東西を通っている一方、南北の移動はトラムが便利です。市内西南のコナックから海岸に沿って北上し、ガーズィ大通りに入ったあと、アルサンジャックへ抜けていきます。（在キルギス　noppo　'19春）

市民の憩いの場

道沿いに商店がたくさん並ぶアナファルタラル通り

おみやげ屋さんが軒を連ねるクズララース・ハヌ

■カディフェカレ城塞跡
🚌コナック広場、考古学博物館などからバス33番に乗り、終点のひとつ前のY字路の所で下車し、左へ行く。

■フォチャへの行き方
●イズミルから
🚌エスキ・フォチャへはオトガルの近郊行き乗り場から6:30～21:15に20～30分に1便。運賃は18TL、所要約1時間30分。イェニ・フォチャ行きのバスもある。または、イズバンのハトゥンデレHatundere駅から744番のバスが20分に1便ほど。

イズミルのシンボル
時計塔
Map P.244A3

Saat Kulesi サアト・クレスィ

コナック広場の中心に建っている時計塔は、1901年にスルタン、アブデュルハミト2世の在位25周年を記念して造られた。時計の部分はドイツ皇帝ヴィルヘルム2世からの贈り物。ギリシア占領下の1919年、トルコ人によるギリシアに対する最初の発砲があったのは、この時計塔のすぐそばだったという。激動の歴史を目撃した時計塔は、現在、町のシンボルとしてイズミル市民に親しまれている。

衣料品と雑貨の店が並ぶ巨大な市場
アナファルタラル通り
Map P.244A3

Anafartalar Caddesi アナファルタラル・ジャッデスィ

コナック広場の東側から走る**アナファルタラル通り** Anafartalar Cad.周辺には**市場**が広がっている。上野のアメ横を思い起こすようなにぎわいだが、食料品は少なく衣料品と雑貨が中心。カバン、靴類なども安く、奥のほうには金細工の小さな店を中心とする**貴金属市場**がある。100軒はゆうに超す規模だ。

また、**クズララース・ハヌ**Kızlarağası Hanı(→Map P.246A)は、イズミルに残る数少ない典型的オスマン朝建築のひとつ。イスタンブールのグランドバザールを思わせるにぎわいぶりだ。

青い海とイズミルの町並みが広がる
カディフェカレ城塞跡
Map P.244B3

Kadifekale カディフェカレ

アレキサンダー大王の命令により、ペルシアの侵攻を防ぐために造られた城塞だが、現在残っている遺跡はビザンツ時代のものがもとになっている。城塞内は単なる公園だが、眼下に広がるイズミルの町並みは絶景だ。

カディフェカレから市街を眺める

近郊の旅
白い家並みが残る古い町
フォチャ
Map P.30A2

Foça フォチャ

イズミルの北西約70kmに位置するフォチャは、人口約1万5000人のこぢんまりした町。沿岸には、乱獲のため激減し絶滅の危機に瀕している地中海モンクアザラシが生息している。

バスが到着するエリアのエスキ・フォチャ Eski Foça (旧フォチャ) と

石造りの家々が並ぶ素朴な町並み

カディフェカレ城塞跡周辺は、マルディン (→P.421) 出身者が多く暮らしており、「小マルディン」の異名がある。マルディンの長距離バス会社のオフィスもある。(編集室)

丘を挟んで隣接するイェニ・フォチャ Yeni Foça(新フォチャ) からなる。エスキ・フォチャは、かつてフォカエアPhocaeaと呼ばれ、紀元前6世紀以前に築かれた。町の中心はオトガルの近くから南北に延びる石畳のアタテュルク通り。ⓘやレストラン、カフェなどが並び、テラス席でのんびりくつろいでいる人の姿も。ⓘを南へ下っていくと、ヨットハーバーやその先に遠浅の静かなビーチが広がっている。

■フォチャのⓘ
住Atatürk Mah. No. 1
TEL&FAX(0232)812 1222
開8:30〜18:30
(土・日8:30〜17:30)
休冬期の土・日

近郊の旅

入り江に囲まれた美しいリゾートタウン

チェシメ

Map P.249

Çeşme チェシメ

イズミル近郊で最も美しい海といわれているのはチェシメ。ヨーロッパなどからの観光客でにぎわうリゾートタウンだ。

歩き方 観光地とあって、メインストリートにはみやげ物屋などが並び、英語もよく通じる。町の中心部からメインストリートを下り、海にぶつかると左側がすぐ桟橋で、ⓘや税関、船会社が並ぶ。イタリアの**ブリンディシ** Brindisi、ギリシアの**シオス**（ヒオス）Chios島への船が発着する、小さな入江に囲まれた美しい港だ。港のすぐ背後には博物館を併設した大きな**城塞**がある。1508年に建てられたもので、エーゲ海が見渡せる。

近郊の砂浜と温泉 近郊には、**アルトゥンクム**Altınkum、**ダルヤン**Dalyanなどすばらしいビーチがいくつもある。やはり美しいビーチで知られる**ウルジャ** Ilıcaは、北東にある**シフネ**Şifneとともに**温泉**が出ることでも知られ、宿泊やスパ、泥風呂などの設備がある。ビーチ、温泉とも港の近くやチェシメの町の入口からドルムシュが出ている。チェシメの南東にある**アラチャトゥ** Alaçatıは19世紀後半にギリシア人によって作られた家並みがそのまま残る村。パステルカラーと白壁の伝統家屋はカフェやギャラリーなどに改装され、チェシメと並ぶ人気の観光地になっている。

アルトゥンクム・ビーチ

■チェシメへの行き方
●イズミルから
🚌ユチュクユラル・ガラジュ発、7:00〜22:30に1時間毎
所要:約1時間30分 運賃:18TL
🚌オトガルの近郊バス乗り場発、7:30〜22:00の約1時間15分に1便
所要:約1時間30分 運賃:18TL

■チェシメのⓘ
Map P.249上
住İskele Meydanı No.4
TEL&FAX(0232)712 6653
開8:30〜12:00
13:00〜17:30
休冬期の土・日

■城塞
Map P.249上
住Kale Sok. No.1
開夏期 7:00〜19:00
冬期 7:00〜14:00
休月 料8TL 内部不可

読者投稿

チェシメのウルジャ・ビーチ&アラチャトゥ

チェシメに近いウルジャビーチが美しすぎて、毎年訪れたい。女性に人気のアラチャトゥが、予想以上にかわいい町並み。5〜9月の間、行く価値ありです。（在トルコ おゆみ '16春）

ウルジャ・ビーチ

フォチャのオトガルの向かいの広場では、毎週火曜に市が開かれ、野菜、フルーツ、衣類、雑貨などが並び、周辺の町から買い出しに来た人たちでにぎわう。（編集室）

■サルデス遺跡への行き方
🚌オトガルの近郊バス乗り場からサーリフリSalihli行きのバスに乗り、サルト下車。運賃20TL。進行方向左（南東）へ延びる通りをまっすぐ進み、ケナン・エヴレンKenan Evren通りを左折するとジムナジウムがある遺跡のチケットブースがある。徒歩15分ほど。

■サルデス遺跡
開夏期8:00～19:00
　冬期8:30～18:00
休無休　料10TL
ジムナジウムはケナン・エヴレン通り沿いの入口から。

シナゴーグ

近郊の旅

古代リディア王国の都
サルデス遺跡
Map P.30B2

Sart サルト

　サルデスは、世界で初めて鋳造貨幣を作ったといわれるリディア王国の都。その後ペルシア、マケドニアを経てリディアはローマの属州となった。紀元後すぐに地震によって町は大きな被害を受けたが、その後再建され、繁栄を続けた。現在見られる遺構の多くは、この時代のものだ。一番の見どころは、何といってもジムナジウムだ。これを見るだけでもかつての繁栄ぶりが伝わってくるようだ。傍らにはシナゴーグの遺構が残されており、ユダヤ教徒が数多く住んでいたこともわかる。ローマ時代の通り沿いは商店街になっていたと思われ、ヤコブの塗り物屋など、店の名前がわかる場所もある。町には教会やローマ浴場跡、アルテミス神殿なども残されている。遺跡は広大な範囲にわたっており、すべてを見ようと思えば半日はかかってしまうだろう。

ジムナジウム

HOTEL

　国内第3の都市イズミルでは国際会議やビジネス需要が多く、ホテル料金はやや高めだ。高級ホテルはジュムフリエット広場周辺から海沿いに、中級ホテルは海からバスマーネ駅に向かう通り沿いなどに多い。安い宿はバスマーネ駅周辺の1368番通り、1296番通り近辺に多いが、雰囲気はよくない。大通り沿いは交通量が多く、騒音で眠れないこともある。

日本からホテルへの電話　国際電話会社の番号 + 010 + 国番号90 + 市外局番と携帯電話の最初の0を除いた相手先の電話番号

ガル Otel Gar

住9 Eylül Meydanı, Anafartalar Cad. No.787
TEL(0232) 425 4645
シングル A/C 60TL
ダブル A/C 90TL
両替 US$ € TL
カード M V

経済的 33室　Map P.246B バスマーネ

　バスマーネ駅前にあり、バス会社のオフィスにも近くて便利。外国人旅行者の利用も多く、フロントも英語を解するが、老朽化した安宿の感は否めない。ただ料金の安さは魅力。

Wi-Fi 全館無料　EV なし

ヴィータ・パルク Vita Park Boutique Hotel & Spa

住1485 Sok. No.10
TEL(0232) 422 5523
URL www.vitaparkbutikotel.com
シングル A/C 194TL
ダブル A/C 257TL
両替 US$ € TL
カード M V

経済的 12室　Map P.244B1 アルサンジャック

　クブルズ・シェヒットレリ通りから1本東へ入った所にある小さなホテル。館内にはハマムやサウナなどもあり、設備は充実している。客室はスタイリッシュなデザインで機能的な造り。

Wi-Fi 全館無料　EV あり

ガーズィ・オスマン・パシャ大通りの南端のアトラスホテル（Map P.246B）はイズミルで最古のホテル。20世紀末に営業を終了したが、文化財として保存され2019年4月にブティックホテルとして営業を再開した。（編集室）

エムオーエム Hotel MOM

住Kemal Paşa Cad. No.1/101, Işıkkent, Bornova
TEL(0232)472 1000
FAX(0232)472 3010
URLwww.momhotel.com
S A/C 427TL〜
W A/C 491TL〜
US$ € TL　A M V

中級 60室　Map P.244A1 オトガル

オトガルの敷地内にあるホテル。いちいち市内へ戻る必要がないので、イズミルをベースにベルガマやエフェスなどへの日帰り旅行を繰り返すスタイルにピッタリ。料金も宿代が高めのイズミルにしては悪くない。

全館無料　EV あり

ブルー Hotel Blue Butique

住Mürsel Paşa Bul., 1265 Sok. No.13
TEL(0232)484 2525
FAX(0232)484 2550
URLwww.bluehotelizmir.com
S/W A/C 179〜209TL
US$ € TL　A M V

中級 24室　Map P.244B2 バスマーネ

ドクズ・エイリュル広場からほど近いブティックホテル。部屋のタイプは3種類あり、ジャクージ付きやサウナ付きの部屋などが選べる。部屋は広く、ゆったりとくつろげる。朝食は別料金で20TL。

全館無料　EV あり

キリム Otel Kilim

住Atatürk Cad.
TEL(0232)484 5340
URLwww.kilimotel.com.tr
S A/C 185TL
W A/C 280TL
US$ € TL
M V

中級 70室　Map P.246A 海岸通り

近くのウオーターフロントに建ち、海側の部屋からはエーゲ海が一望のもと。全室にセーフティボックス、ミニバー、テレビなどが備わっている。シーフードレストランを併設している。

全館無料　EV あり

スイソテル・グランド・エフェス Swissotel Grand Efes

住Gazi Osman Paşa Bul. No.1
TEL(0232)414 0000
FAX(0232)414 1010
URLwww.swissotel.com/izmir
S A/C 100〜200€
W A/C 120〜220€
US$ € TL　A D J M V

最高級 402室　Map P.246A チャンカヤ

長らくビュユック・エフェスの名で知られた町のシンボル的ホテル。併設のスパ、ピュロヴェルPürovelは各種トリートメントや屋内外プール、ハマムも備えている。敷地内には寿司レストラン、スシコShusicoもある。

全館無料　EV あり

ヒルトン・イズミル Hilton İzmir

住Gazi Osman Paşa Bul. No.7
TEL(0232)497 6060
FAX(0232)497 6000
URLwww.hilton.com
S/W A/C 70€〜
US$ € JPY TL
A D J M V

最高級 380室　Map P.246A チャンカヤ

イズミルで最も高い32階建ての建物。31階にはその眺めを最大限に生かしたレストランも併設されており、評判が高い。設備も整っており、ジム、サウナ、屋内スイミングプールなども完備。

全館無料　EV あり

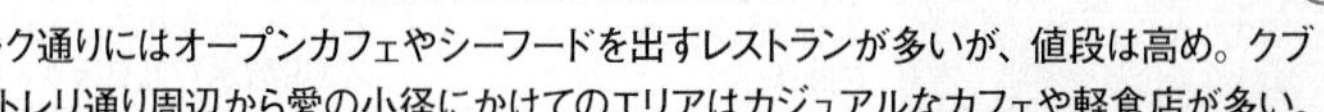

アタテュルク通りにはオープンカフェやシーフードを出すレストランが多いが、値段は高め。クブルス・シェヒットレリ通り周辺から愛の小径にかけてのエリアはカジュアルなカフェや軽食店が多い。

トプチュ Topçu'nun Yeri

住Vali Kâzım Dirik Cad. No.3/B
TEL(0232)425 9047
FAX(0232)484 1470
URLwww.topcurestaurant.com
開24時間　休無休
US$ € TL　M V

ケバブ屋　Map P.246A アルサンジャック

オープンして約60年、イズミルっ子の誰もが知るチョップ・シシ（→P.253）の名店で、有名人も数多く来店する。カロリー控えめのライト・チョップ・シシ（28TL）もある。

イズミルで人気のファストフードと言えばロクマ。これはシロップのかかったドーナッツのようなもので、慶事や弔事があった家族が、行き交う人に無料でふるまうもの。（編集室）

マニサル・ビルタット Manisalı Birtat

住Kıbrıs Şehitleri Cad. No.82
TEL(0232)421 6864
FAX(0232)464 2857
URLwww.manisalibirtat.com
開9:00〜23:00
休無休
US$ € TL　M V

郷土料理 ケバブ屋　Map P.244B1 アルサンジャック

マニサ・ケバブを中心としたケバブ専門店。マニサ・ケバブとは、イズミル近郊のマニサ発祥の仔羊と仔牛の肉を使ったケバブのこと。ヨーグルトをかけたタイプが19.50TL。他にもチョップ・シシ25TLなど、メニューも豊富。

デニズ Deniz Restaurant

住Atatürk Cad. No.188/B, İzmir Palas Oteli Zemin kat
TEL(0232)464 4499
URLwww.denizrestaurant.com.tr
開11:00〜23:00
休無休
US$ € TL　M V

魚料理　Map P.244B2 チャンカヤ

アタテュルク通りに並ぶシーフード店の老舗、たびたび名店としてメディアにも取り上げられている。メニューはタコのサラダ40TL、イカのフライ35TLなどは常に用意しているが、魚料理はその日の仕入れによって変化する。

ジュズブズ Cızz Bızz Balık Evi

住Kıbrıs Şehitleri Cad. No.171/B
TEL(0232)465 0078
開10:00〜23:00
休日
TL
M V

魚料理　Map P.244B1 アルサンジャック

クブルス・シェヒットレリ通り沿いにあるメイハーネ（居酒屋）。手頃な料金が魅力で地元の人も多く訪れる人気店。鯛のグリル25TL、サンドイッチ各種9〜15TLなど良心的な価格でシーフードを楽しめる。瓶ビールは17TL〜。

クルチチェイ Kırçiçeği

住Kıbrıs Şehitleri Cad., 1443 Sok. No.83
TEL(0232)464 3090
URLwww.kircicegi.com.tr
開7:00〜23:00　休無休
US$ € TL　A D M V

ピデ屋　Map P.244B1 アルサンジャック

イズミル発祥のピデ・チェーンの本店。ピデの種類はなんと30種類（10〜19TL）！　ドネル&チーズ入り16TLなどもある。鉄板焼きのキレミットやケバブも出す。

レッド・ドラゴン Red Dragon

住1379 Sok. No.57/A
TEL(0232)483 0079
URLwww.reddragon.com.tr
開11:00〜23:00
休無休
US$ € TL　A M V

中華料理　Map P.246A チャンカヤ

愛の小径にある中華料理店。30年以上の歴史があり、シェフは中国人。客はイズミル在住の外国人が多い。1人前のセットメニューは53TL。炒飯は22〜28TL。麻婆豆腐は45TL。

ミュニレ Münire

住1484 Sok. No.4, Konak
0535 259 6846
開11:00〜23:00
休無休
TL　M V

カフェ　Map P.244B1 アルサンジャック

愛の小径から1483通りを奥へ入ったところにあるカフェ。全国の様々なガゾズ（炭酸水）7TLを扱う。店内を埋め尽くすアンティークは一見の価値あり。

バスマーネ駅周辺の宿探し

2019年5月現在、バスマーネ周辺はアジアからヨーロッパへと向かう難民の通り道ともなっており、四六時中混雑している。ホテルも満室であることが多いので、このあたりでの宿泊を検討しているなら、予約してから行くことをおすすめする。（編集室）

イズミルっ子はラフマジュン（→P.28）好きが多く、チェーン店も含めて専門店が多い。トマトとルッコラをたくさん挟んでチーズ入りを食べるのがイズミル流なんだとか。（編集室）

パウロも宣教した古代ギリシアの大都会

エフェス Efes

市外局番 0232	人口2万8213人	標高15m（セルチュク）

スコラスティカの浴場から眺めるケルスス図書館

エフェスに来てみると、誰もがその広さと保存状態のよさに驚く。道、図書館、劇場、トイレから娼館の看板にいたるまで残り、丘の上の住宅では高官の暮らしぶりまでが感じ取れる。ほかにも、このエリアには見応えのある遺跡や居心地のいいリゾートがいっぱい。できればゆっくり滞在して、プリエネやミレトといった周辺の遺跡も一緒に観光したい。

旅の起点となる町

エフェス観光の起点となる町は、遺跡に一番近い**セルチュク**、ホテルの選択肢の幅が広いリゾート地の**クシャダス**、古民家が立ち並ぶ村**シリンジェ**がある。イズミルからの日帰りも可。

空港からのアクセス

最寄りの空港イズミルのアドナン・メンデレス空港からセルチュクへは近郊列車イズバンで所要約1時間（2つ手前のテペキョイTepeköyで乗り変え）、運賃7.50TL。トルコ国鉄では乗り換えなしで1日8便。クシャダスへはオトガルまでハワシュ Havaşの便が2時間に1便あり、所要約1時間30分、運賃は27TL。

時刻表一覧

✈→P.54〜59
🚆→P.60〜61
🚌時刻表索引→P.62〜63

世界遺産

エフェス遺跡
Efes Antik Kenti
2015年

名物料理

チョップ・シシ Çöp Şiş

セルチュクなど、この地方で有名な料理といえばチョップ・シシ。イスタンブールなどでも同じ名前の料理があるが、この地方のものは小さな串に肉片をつけて焼いたものを何本も食べさせるスタイル。

水道橋が残るセルチュク駅前の噴水広場

リゾートホテルがそびえる観光都市、クシャダス

かわいらしい建物が斜面沿いに並ぶシリンジェ村

現在は海に面していないが、港湾都市として繁栄したエフェス。今はその面影はないがアルカディアン通りが港と町を結んでおり、この通りにある浴場から港が見渡せたという。（編集室）

■セルチュクの**i**
Map P.254A2
住Agora Çarşısı No.3
TEL(0232)892 6328
Mail selcukdanisma@kulturturizm.gov.tr
開5月～9月中旬
8:30～12:00 13:00～17:30
(土・日9:00～12:00 13:00～17:00)
9月中旬～4月
8:00～12:00 13:00～17:00
休9月中旬～4月の土・日、バイラム初日

Information
オトガルでの荷物預かり
セルチュクのオトガルにはエマーネット（荷物預かり所）がない。荷物を預けて観光したい人は、自分が利用するバス会社のオフィスで荷物を預かってもらおう。

起点の町　セルチュク Selçuk

エフェス遺跡に最も近い町はセルチュクだ。遺跡を通るドルムシュもここに発着する。鉄道駅もあり、イズミルやデニズリと結ばれている。エフェス考古学博物館や聖ヨハネ教会などの見どころもある。セルチュクには昔から営業する家族経営の小規模なペンションが多い。

●オトガル　セルチュクのオトガルは、ほぼ町の中心にあり、博物館やペンションは徒歩圏内。隣は市場になっている。エフェス遺跡の入口まで行くパムジャック行きのドルムシュのほか、クシャダス、シリンジェ行きのミニバスもオトガルに発着しており、周辺地域とのアクセスもよい。

アイドゥン・トゥリズムAydın Turizm、パムッカレ・トゥリズムPamukkale Turizm、キャーミル・コチKâmil Koçなどを除き、オトガルにオフィスがある会社は多くはない。そのほかのバスは、オトガルには入らず、オトガル前のアタテュルク通りで乗客を降ろし、次の目的地へと向かう。

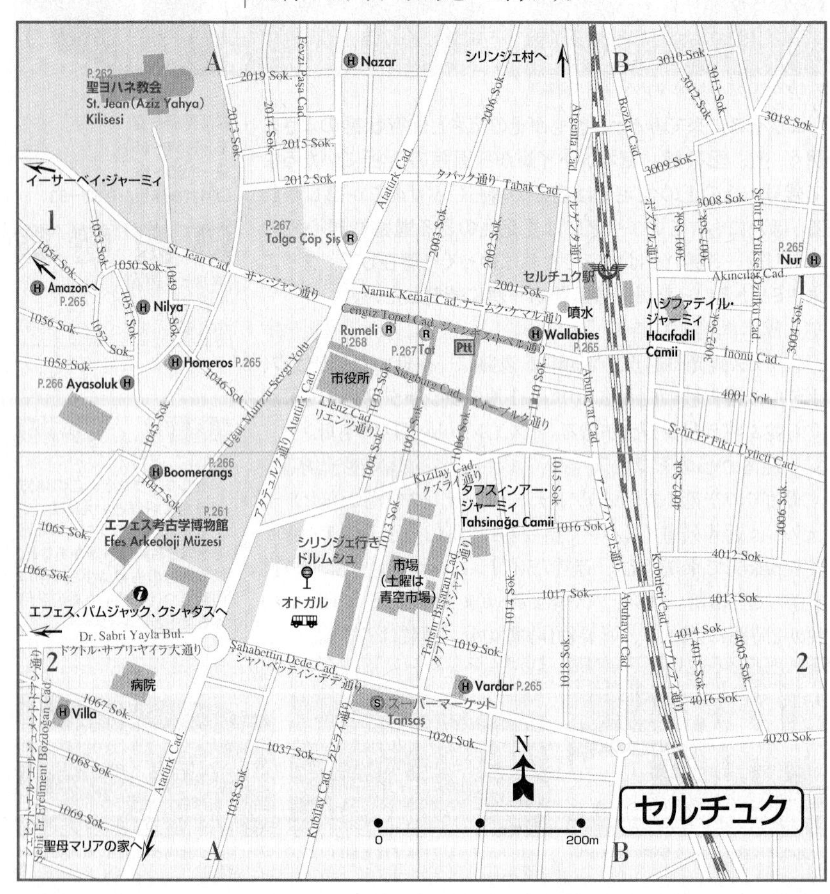

起点の町 クシャダス Kuşadası

カドゥンラル・デニズィ

ヨーロッパの人々も多く訪れる、エーゲ海沿岸有数のリゾート地。大型の客船の寄港地としても知られ、ここからギリシアのサモス島へはフェリーで渡ることもできる(→P.480)。

イズミルやセルチュク、ボドルムへのアクセスもよい。近くにビーチもあるので、マリンスポーツを楽しむのにはうってつけ。

●オトガル　クシャダスのオトガルは市街地の南側にある。イズミル行きのバスが頻発しているほか、セルチュク行き(エフェス遺跡の北側を通る)や周辺交通の要のソケSöke行きのミニバスも発着している。

クシャダスのオトガルのすぐ前からは、シェヒル・イチŞehir içi(市内の意)と書かれたミニバスが町を循環運転しており、5番か6番に乗れば繁華街のイスメット・イノニュ大通りまで出られる。

■クシャダスのⓘ
Map P.255A
住Mahmut Esat Bozkurt Cad. No.7/1-1
TEL&FAX(0256)614 1103
開夏期
8:30～12:00 13:30～17:30
冬期
8:00～12:00 13:00～17:00
休11月～3月下旬の土・日

バーがひしめく夜のバルラル通り
Barlar Sok.

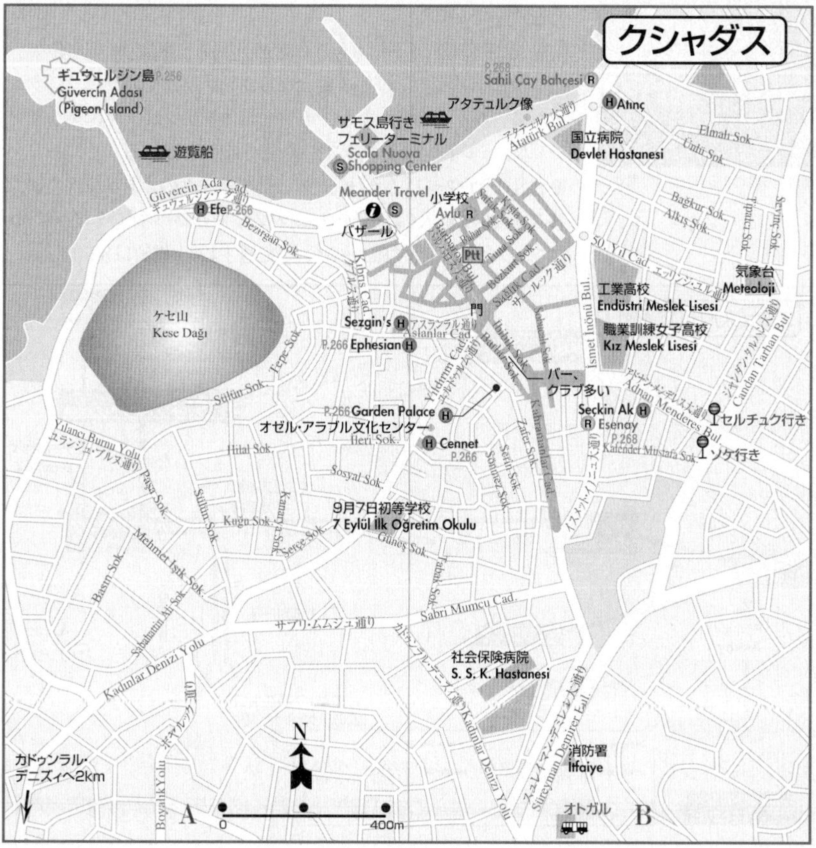

カドゥンラル・デニズィ(レディーズ・ビーチ)は、かつては名前のとおり女性専用のビーチだった。今でもトルコ以外の中東諸国では、男女別の海水浴場を設けている国が多い。(編集室)

Information

ギュウェルジン島
Güvelcin Adası

クシャダスのギュウェルジン島(鳩の島)は島ではあるが、町とは陸路でつながっていて、徒歩で渡ることができる。島には14世紀に建てられた要塞やカフェテリアなどもある。島へ渡る橋からは遊覧船が出ている。

Map P.255A

開9:00~20:00　料無料

高台から眺めたシリンジェの家並み

起点の村　シリンジェ Şirince

セルチュクからミニバスで約20分。古い家並みがきれいに残り、民家の雰囲気を残したプチホテルやペンションが多い。田舎の雰囲気に浸りたいならおすすめの村。

昔はギリシア人の住む村だったが、1919~22年のギリシアとの戦争(希土戦争)の結果住民交換が行われ、代わりにテッサロニキに住んでいたトルコ人が住んでいる。かつてはよそ者が通ると女性は布で顔を隠したというが、今はみんなフレンドリーな観光地。レース編み、ワインやオリーブ、ギョズレメなどを売っている。

周辺交通

エフェス周辺で交通の要となるオトガルはセルチュク、クシャダス、ソケの3つ。なかでもソケのオトガルはプリエネ、ディディム、ミレトへのミニバスや中型バスが出ている。

●セルチュク~パムジャック　セルチュクのオトガルからエフェス遺跡の北入口を経由し、パムジャックへ行くミニバスは、エフェス遺跡へ行く唯一の公共交通手段。運賃は3.50TL。

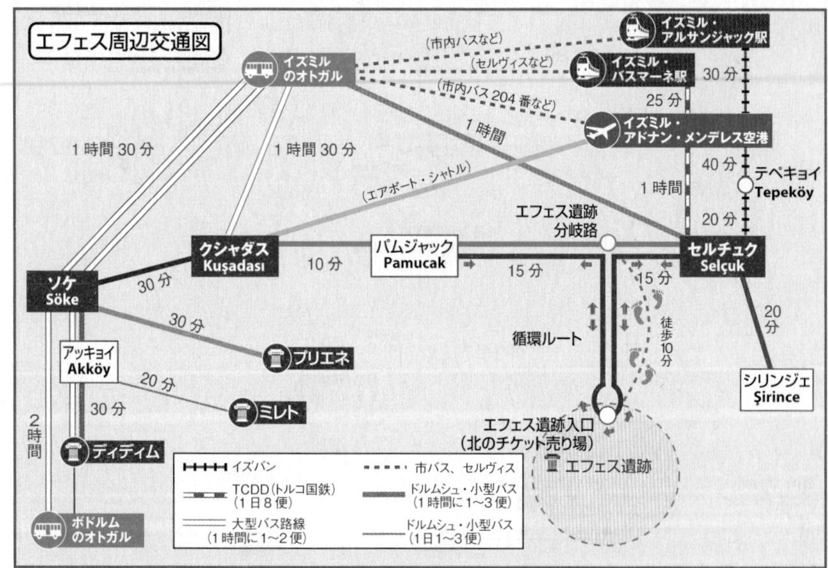

読者投稿　セルチュク駅から空港へ鉄道で行く途中、テペキョイ駅での乗り継ぎに40分かかり、ギリギリになってしまいました。空港駅はイズミルの文字もなくHavalimanıと表記されていました。(東京都　ゲッコー　'17秋)

●**セルチュク～シリンジェ**　セルチュク～シリンジェ間のミニバスは、ほぼ20分おきに運行している。冬期は最終便の時間が早くなるので日帰りする時は注意したい。所要約20分、運賃は3.50TL。

●**セルチュク～クシャダス**　セルチュクのオトガルからクシャダスへ行くミニバスが出ており、これはエフェス遺跡の1kmほど北側を通る。ここからは遺跡へは1本道なので、迷うことはないだろう。

歩き方

エフェス遺跡へはセルチュク～パムジャックのミニバスで遺跡の北入口まで行ける。セルチュクの町から遺跡まで徒歩で行くと40分ほどかかる。

また、夏は何も日差しを遮るものがない遺跡をひたすら歩くことになるので、日除けや水分補給など熱中症対策を忘れずに。

見どころ

世界屈指のギリシア・ローマ遺跡

エフェス遺跡

Map P.259A-B

Efes Örenyeri エフェス・オレンイェリ

エフェス遺跡の入口は北側と南側に2ヵ所ある。北入口から入った場合の順路を追って、おもな遺跡を紹介しよう。

体育場、競技場、聖母マリア教会　セルチュクから北入口にいたるまでに、左側に体育場と競技場、右側奥に聖母マリア教会がある。体育場はローマ時代に資産家により建造され、皇帝アントニウスと女神アルテミスに捧げられたもの。ここにあった彫像は現在セルチュクのエフェス考古学博物館に収められている。体育場の南にあるのが競技場。30m×230mのU字型であるが、観客席の石は聖ヨハネ教会などの建造に用いられてしまった。

聖母マリア教会は、バシリカ建築を教会に転用したもの。431年と449年に宗教会議が行われ、イエスの神性やマリアの聖性について激論が交わされた。ユスティニアヌス帝により増築され、ダブル・チャーチとも呼ばれるようになった。

アルカディアン通り　北入口から入ると最初にこの通り【写真A】に出る。港から大劇場を結んだ大理石の道路で、幅11m、長さ500mの道路沿いには商店が並び、街灯も灯されていた。

大劇場　アルカディアン通りの先にあるのが、ピオン山に沿って造られた大劇場【写真B・次頁下】。演劇の上演や全市民参加の民会の会場にもなり、市民にとって大切な場所だった。ヘレニズム時代に建設されたが、ローマ時代に各部分が拡張され、2万4000人を収容できたという大観客席は直径154m、高さ38mの半円形。4世紀頃には剣士対猛獣の闘いが行われ、客席とオーケストラ席を仕切る手すりが、危険防止のため壁に変えられたと

Information

ミュージアムパス・エーゲ

エフェス遺跡、丘の上の住宅、聖ヨハネ教会、エフェス考古学博物館、アクロポリス（ベルガマ）、アスクレピオン（ベルガマ）に入場可能（それぞれ1回のみ）なチケット。聖母マリアの家では使えない。最初の入場から7日間有効。上記の博物館で購入可能。

URL muze.gov.tr/MuseumPass

料 185TL(7日間有効)

セルチュク～シリンジェ間のドルムシュ

エフェス

■エフェス遺跡（北入口）への行き方

🚌セルチュクのオトガルからパムジャック行きのミニバスが7:40～20:00の30分に1便。運賃は3.50TL。

エフェスからセルチュクへの戻りの便は8:15～20:30の30分に1便。

クシャダスからは、セルチュク行きのミニバスで分岐点で途中下車し、南へ徒歩10分ほど歩く。

エフェスからクシャダスに戻るときは、分岐点まで行き、セルチュク発クシャダス行きのミニバスに乗ってもよいが、満席のことが多いので、一度セルチュクのオトガルまで戻ったほうが確実。

■エフェス遺跡

開 夏期8:00～19:00
冬期8:00～17:30

休 無休　料 60TL
丘の上の住宅30TL

屋根付きのエリアなど不可

【A】大劇場と港とを結んでいたアルカディアン通り。現在海岸線は西へ移動してしまい、海を見ることすらできない

セルチュク近郊のティレの名物ティレ・キョフテは焼いた肉団子をトマトソースと香草で食べる料理。セルチュクやシリンジェにはティレ・キョフテを出す店が多い。（編集室）

History
古代広告の意味
マーブル通りを歩いていくと、敷石に刻まれた娼館の広告を見ることができる。右側の女性像が「女の子が待っている」、その下のお金が「お金を持っておいで」、左上のハートが「心を込めてサービス」、その下の足が「左側にある」という意味ともいわれているが、いろいろな説が飛び交っている。これらが何を意味するのか、あなたも推理に参加してみてはどうだろう?

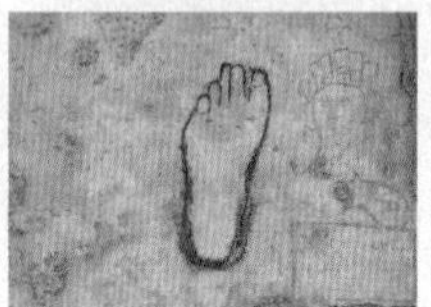
【C】古代の娼館の広告。この足より小さい足の人は娼館は利用できなかったという、うがった説もある

【D】マーブル通り

【E】壮麗なケルスス図書館

【F】丘の上の住宅では色鮮やかなモザイクやフレスコ画が見られる

いう。向かいの劇場体育館は、演劇の稽古などに使われていた。

マーブル通り　大劇場から図書館まで続く大理石の道。アルテミス神殿へ続く聖なる道の一部でもあった。たびたび改修が繰り返されたが、大劇場前のあたりにはローマ時代のわだちを見ることができる。また通りの下は水路になっていた。娼館の広告【写真C】が路面に彫られているのはこの通り。

ケルスス図書館　大劇場からマーブル通り【写真D】を歩き、右側に見える見事な2階建てのファサード【写真E】が目印。ローマ帝国のアジア州執政官だったケルススの死後、彼の息子が父の墓室の上に記念に築き上げたものだ。その後木造部分が焼失したり地震による被害も受け、20世紀初頭に発見されたときには相当破壊されていたが、1970年代に修復された。

正面には知恵、運命、学問、美徳の4つの意味をそれぞれ象徴する女性像がある。内部は平屋だが、ここには1万2000巻の書物が収蔵されていたといわれている。

また図書館に向かって右側に、アゴラ（市場、広場）へ続くマゼウスとミトリダテスの門がある。これは皇帝アウグストゥスの奴隷だったマゼウスとミトリダテスが、解放に際し、皇帝一家への感謝を込めて建てたものだ。

クレテス通り　ケルスス図書館からヘラクレスの門に向かって延びている道。左側にはさまざまな建物が並び、右脇には見事なモザイクも残る。またここでは毎年、エフェスの聖火を守っている神官たちの行列も行われていた。

丘の上の住宅　図書館からクレテス通りに入り、右側にある上流階級の居住区【写真F】。見学するには別料金を支払わなければならない。建物内にはフレスコ画やモザイクが残されており、劇場や浴場などの公共施設と異なった市民たちの私的生活が垣間見られる。

娼館　クレテス通り左側にあり、マーブル通りにも面しているという絶好のロケーション。2階建ての中庭式の建物がトラヤヌス帝の時代に建てられていたというが、現在2階部分は残って

【B】今でもコンサートなどに使われる大劇場

2階建ての娼館は、2階が若い女性が中心だったとか。料金も1階より2階のほうが高かったそうだ。また、建物は娼館ではなかったとの説もある。（編集室）

いない。床などにモザイク画が残っている。

公衆トイレ　クレテス通り左側の娼館の先の建物の奥に入ると、公衆トイレが壁際に並ぶ。仕切りはないが、今でも立派に使えそうなもの。中央には池があったという。

ハドリアヌス神殿　公衆トイレからクレテス通りに戻り、少し先の左側。2世紀のローマ皇帝ハドリアヌスに捧げられた建物【写真G】で、内側は簡素だが、正面玄関の装飾は美しく、手前のアーチの中央には女神ティケ、奥の門には両手を広げたメドゥーサが彫られている。その左右の小壁にはエフェソスの起

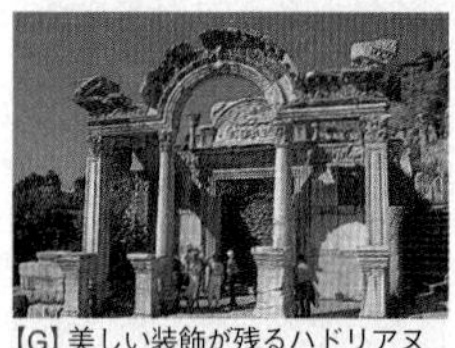

【G】美しい装飾が残るハドリアヌス神殿

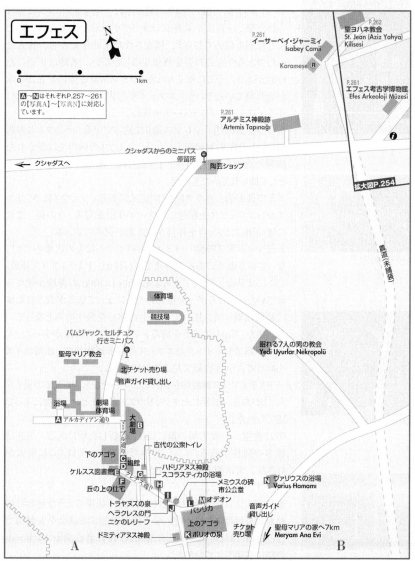

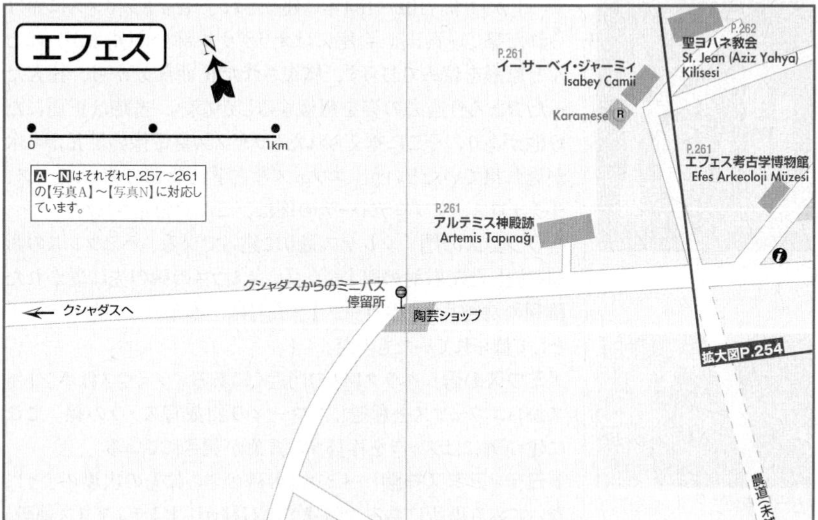

エフェス
N
0
1km
A～Nはそれぞれ P.257～261の【写真A】～【写真N】に対応しています。
P.262
聖ヨハネ教会
St. Jean (Aziz Yahya) Kilisesi
P.261
イーサーベイ・ジャーミィ
İsabey Camii
Karameşe R
P.261
エフェス考古学博物館
Efes Arkeoloji Müzesi
P.261
アルテミス神殿跡
Artemis Tapınağı
クシャダスからのミニバス停留所
クシャダスへ
陶芸ショップ
拡大図P.254
農道(未舗装)
体育場
競技場
パムジャック、セルチュク行きミニバス
聖母マリア教会
北チケット売り場
音声ガイド貸し出し
眠れる7人の男の教会
Yedi Uyurlar Nekropolü
浴場
劇場体育場
A アルカディアン通り
B 大劇場
マーブル通り
古代の公衆トイレ
下のアゴラ
C
D 娼館
ケルスス図書館 E
G ハドリアヌス神殿
スコラスティカの浴場
F
丘の上の住宅
クレテス通り
H
メミウスの碑
市公会堂
N ヴァリウスの浴場
Varius Hamamı
I
トラヤヌスの泉
ヘラクレスの門
ニケのレリーフ
J
L
M オデオン
バシリカ
音声ガイド貸し出し
上のアゴラ
チケット売り場
聖母マリアの家へ7km
Meryam Ana Evi
ドミティアヌス神殿
K ポリオの泉
A
B

読者投稿　セルチュクのトルコ国鉄駅とイズバン Izban の駅は同じ場所にあります。国鉄は改札もなくホームで切符を買います。イズバンの切符売り場、改札は地下にあります。（兵庫県　Puchin　'18 夏）

【H】三角ファサード（ペディメント）が特徴的なトラヤヌスの泉

源伝説が描かれ、神々、動物、皇帝テオドシウスなどが浮彫となっているが、これはコピーで、オリジナルはセルチュクのエフェス考古学博物館に展示されている。

スコラスティカの浴場　ハドリアヌス神殿の先、左側にある。1世紀に建設された公衆浴場で、4世紀の大地震で破壊されたが、スコラスティカという女性が再建に尽力、3階建てのビザンツ浴場になった。手前の脱衣場になっていたホールに、頭部を失ったスコラスティカの座像がある。

【I】ヘラクレスの門

トラヤヌスの泉　スコラスティカの浴場の先にある三角のファサードが目印。102～104年に建立され、皇帝トラヤヌスに捧げられた泉【写真H】。台座にはオリジナル部分が残るが、ほとんど原形を留めておらず、修復された正面部分から、壮大だったであろう過去の姿を想像するしかない。当時は正面にため池があり、そこに据えられたトラヤヌス皇帝像の足元から水が流れ出ていたという。エフェス考古学博物館のディオニソス、サチュロス、アフロディーテの像は、ここで発見された。

ヘラクレスの門　クレテス通りに建っている、ヘラクレスの彫刻を施した左右対の門【写真I】。メミウスの碑の先に置かれた勝利の女神ニケのレリーフ【写真J】は、本来はこの門のアーチとして飾られていたものだ。

【J】ニケのレリーフ

メミウスの碑　ヘラクレスの門近くにある。メミウスはポントゥスからエフェソスを奪還したローマの独裁官スッラの孫。ここに建つ碑にはスッラを称賛する言葉が記されている。

ドミティアヌス神殿　メミウスの碑のさらに先の広場のようになっている場所にある。2階建ての石柱が、ドミティアヌス神殿。ここには皇帝ドミティアヌスを祀る50m×100mの神殿が建てられていた。ところが、家臣たちの手によって皇帝が殺された後に神殿は取り壊され、現在は土台部分を残すのみとなっている。また、7mもの高さを誇るドミティアヌスの像があったが、その一部はセルチュクのエフェス考古学博物館で、頭部はイズミルの考古学博物館で見ることができる。

【K】ポリオの泉

ドミティアヌス神殿の左側には、アーチをもつポリオの泉【写真K】がある。97年にセクティリウス・ポリオという人物によって建てられた。

市公会堂　一度広場の前に戻り、右折した所にある。現在は数本の列柱が残る【写真L】のみだが、かつてはここに聖火が灯され、火は消えることがなかったという。

【L】聖火が灯されていた、市公会堂

オデオン　市公会堂からバシリカの前を歩いた左側にある音楽堂【写真M】。収容人数は1400人で、劇場のような建物に屋根が取り付けられていた。全市民が参加する議会を大劇場で行ったのに対し、こちらでは300人の代表者会議やコンサートの際に利用されていた。

エフェスはパウロ伝道の舞台として知られ、新約聖書の使徒行伝にも記されている。マリア、ヨハネ、パウロと、初期キリスト教会に大きな影響を与えた3聖人ゆかりの地として巡礼に訪れる人も多い。(編集室)

上のアゴラ　オデオンの向かいにある広場で73m×160mの広さ。集会や宗教行事、商取引などに利用されていた。

ヴァリウスの浴場　オデオンの東にある、連続するアーチのある建物【写真N】。2世紀に造られたもので、床下暖房という典型的なローマ風呂の形を残している。

ていねいな復元図があってわかりやすい

エフェス考古学博物館

Map P.254A2

Efes Arkeoloji Müzesi エフェス・アルケオロジ・ミュゼスィ

豊穣のシンボルとされているアルテミス像

エフェス遺跡からの出土品約1000点（収蔵品数は2万5000点以上）が住宅、泉、墓地など発掘場所別に展示されている。ていねいな復元図が添えてあるのでわかりやすい。アルテミス像はふたつあり、頭の細いほうが紀元前1世紀のもので、もうひとつが2世紀のもの。エフェスのシンボルである蜜蜂や鹿の彫り物はともに豊穣を表している。また、胸の回りに付けられた独特の卵形のものは、女神の乳房とも、女神に生贄として捧げられた牛の睾丸ともいわれている。

たった1本残った柱が神殿の悲哀を物語る

アルテミス神殿跡

Map P.259B

Artemis Tapnağı アルテミス・タプナウ

豊穣の女神キベレとアルテミス女神が同一視され、紀元前11世紀頃から豊穣の女神アルテミスの神殿が建立され始めたといわれている。建築期間約120年、高さ19m、直径1.2mの円柱を127本もつこの神殿の壮大さは、**古代世界の七不思議**のひとつだった。ストラボンによれば7回破壊され7回再建されたという。262年にゴート族に破壊されたままだったが、6世紀に石材が運び出された。19世紀に発掘された品は、大英博物館に収蔵されている。

アルテミス神殿跡と聖ヨハネ教会の間に建つ

イーサーベイ・ジャーミィ

Map P.259B

İsabey Camii イーサーベイ・ジャーミィ

聖ヨハネ教会のすぐ近くにある

1375年にダマスカス出身の建築家ディミシュクリ・アリDimişkli Aliによって建設された。天井が高く、窓や扉には美しいレリーフが残り、ミフラープも大理石製。セルジューク朝からオスマン朝への過渡期の建築物として評価が高い。

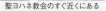

【M】オデオンにローマ風の衣装を着た人々が集結

【N】ヴァリウスのローマ様式の浴場跡

■エフェス考古学博物館
TEL(0232)892 6011
開 夏期8:00～19:00
　冬期8:00～17:30
休 無休　料 15TL
内部不可

博物館内の展示

■アルテミス神殿跡
料 無料

当時の様子を窺い知るには難しい

イスタンブールのミニアトゥルク（→P.167）にある神殿の復元模型

■イーサーベイ・ジャーミィ
料 無料

中庭には古い時代の円柱が並ぶ

伝説ではアルテミス神殿が火災に遭った日はアレキサンダー大王が生まれた日と同日。アルテミスは出産に気を取られていたため、火事を防げなかったと言われている。(編集室)

■聖ヨハネ教会
開4～10月8:00～18:30
11～3月8:00～17:00
休無休　料15TL

使徒ヨハネが晩年を過ごした場所

■聖母マリアの家
🚗タクシーで行く。相場はセルチュクから往復120TL～。
TEL(0232)894 1012
開3～10月8:00～18:00
11～2月8:00～17:00
休無休　料25TL
📷内部不可

聖母マリアの家にはマリア像が置かれ、祈りを捧げる人が絶えない

■プリエネ、ミレト、ディディムへの行き方
🚌3つの遺跡ともに、クシャダスの南にあるソケが起点。3ヵ所を1日で回るには、早朝から夕方までかかるだろう。ただし、遺跡によってはドルムシュの本数が極端に少なかったりするので、ツアーに参加するのが便利。クシャダスからもツアー（5～10月の週1回程度の催行）がある。

■プリエネへの行き方
🚌ソケのオトガルの近郊バス乗り場から、ギュッリュバフチェ・ベレディィエスィ Güllübahçe Belediyesiと書いてあるバスに乗ってプリエネ下車。

欧米の観光客はまずここを訪れる

聖ヨハネ教会

Map P.254A1

St. Jean (Aziz Yahya) Kilisesi サン・ジャン（アーズィズ・ヤフヤー）・キリセスィ

エルサレムを追われたキリスト12使徒のひとりヨハネは聖母マリアとともにこの地を訪れ、晩年を過ごした。6世紀に皇帝ユスティニアヌスが教会に変えたが、14世紀初期にはジャーミィとして使われていたという記録が残っている。

正面入口の追撃門のほか東西にも門があり、中庭を通じて6つのドームをもつ本館が建っていたらしい。現在見ることができるのは壁、円柱、床のモザイク画だけ。白い大理石の一角はヨハネの墓所になっている。

聖母マリアのついのすみかとして知られる

聖母マリアの家

Map P.263A

Meryem Ana Evi メリエ・アナ・エヴィ

聖母マリアの家はエフェス遺跡から約7km離れたビュルビュル山にある。マリアの最期の場所は謎とされていたが、18世紀末にアンナ・カテリーナという尼僧が、訪れたことのないエフェスの石造りの家の様子を語り出した。その後マリアの家探しが始まり、アンナの語ったとおりこの家を探し当てたという。

1967年にパウロ6世、1979年にヨハネ・パウロ2世、2006年にはベネディクト16世がここを訪れた。家の外から階段を下った所には、病が治ると伝えられている聖水が湧いている。

近郊の旅

整然とした町並みの遺跡

プリエネ

Map P.263B

Priene プリエネ

イオニア人が築いた古代都市として、歴史的に重要な役割を果たした。都市計画の最古の例とみられる碁盤の目のような整然とした町並みで有名で、東西に6本、南北に15本の道路が交差している。衰退してから背後にそびえる岩山の土砂が崩れ、その土が遺跡を覆ったため、19世紀末に発見されたときには東西南北にきれいに並んだ道路のほかにも、アテナ神殿や野外劇場、民家跡などが、当時のままの姿を現した。

整然と並ぶプリエネの列柱

バスを降りてから坂道をしばらく上ると遺跡入口に着く。ここからさらに坂を上っていくと、上のアゴラに掲げられた地図が目に入る。そのまま真っすぐ進むとアテナ神殿へ、神殿へ行く途中を左へ曲がるとゼウス神殿があり、上のアゴラの看板の

読者投稿　聖母マリアの家では参拝者が神社のおみくじのように白い布か紙に願い事を書いて聖水の横の壁に結わい付けています。また、聖水をペットボトル、水筒で持ち帰る方も多いです。（兵庫県　Puchin　'18 夏）

身分の高い人が使用したとされる肘掛け椅子

所を右に曲がると劇場への道だ。アテナ神殿は小アジアにおいてイオニア建築を代表するものであったが、現在は5本の列柱を残すのみ。ただし、この柱にはイオニア式の特徴がよく表れている。また、劇場はかなり保存状態がよく、身分の高い人が使ったというひじかけ椅子などもそのままの形で残っている。周囲2.5kmほどの小さな遺跡だから、1時間もあれば、ひととおりゆっくり見て回れる。

近郊の旅

多くの哲学者を輩出した
ミレト
Map P.263B
Milet / Miletos ミレト／ミレトス

ギリシア文明圏で最初に哲学や自然科学が生まれたのが、ここミレト。古くはミレトスと呼ばれ、ヘレニズム時代からローマ時代の初めまではこの地方で最も栄えた町であった。歴史の父ヘロドトスは、イオニアの雄として、このミレトスを高く評価した。ここはいわば、イオニア文化の中心地。「万物の根源は水である」と言ったターレスのような自然哲学者も多く生まれた。かつては海港都市だったが、土砂で埋まり、現在の海岸線は遺跡の約15km西にまで移動してしまった。

ミレトの遺跡入口からは、最大の見どころでもある壮大な劇場が正面に広がる。2万5000人収容という野外劇場は、紀元前4世紀に最初の劇場が造られ、2世紀にトラヤヌス帝が手を加えた後、このような大規模な劇場になったという。かつてミレトスの港へ船で来た人々は、眼前に広がる大劇場の偉容に感嘆したといわれ、劇場の真下にあった港にちなみ、劇場の港とも呼ばれていた。

ミレトのアゴラ

ミレトの劇場

■プリエネ遺跡
開 夏期8:00〜19:00
冬期8:30〜16:45
休 無休　料 6TL

■ミレトへの行き方
🚌ソケからバラト・ビルリッキ **Balat Birlik**のドルムシュが1日数便を運航しているが、運休も多い。帰りはアッキョイまで行き、ディディム〜ソケ間のドルムシュに乗り継ぐことができる。

■ミレト遺跡
TEL (0256)875 5206
開 夏期8:00〜19:00
冬期8:30〜16:45
休 無休　料 12TL　博物館12TL
一部不可

エフェス

✎ クシャダス発のプリエネ、ミレト、ディディムを1日で回るツアーはP.M.D.ツアーと呼ばれる。町なかの旅行会社やペンションなどで申し込むことができる。(編集室)

■ディディムへの行き方
🚌ソケのオトガルからディディム行きやアルトゥンクム行きのバスがある。20分に1便程度で、6:35〜20:45（冬期〜19:00）の運行。運賃は30TL〜。

■ディディム遺跡
TEL(0256)811 5707
開夏期8:00〜19:00
　冬期8:30〜16:45
休無休　料15TL

威厳あるメドゥーサのレリーフ

馬のレリーフ

アポロン神殿

アルトゥンクムのマリーナ

劇場以外の遺跡はここから1.5kmほど離れているが歩くしかない。かつて港の入口だった劇場の北東には1対の大きなライオン像があったが、ひとつはイギリスの大英博物館に運ばれてしまった。現在このあたりは草木の茂る沼地である。列柱を残すアゴラやマルクス・アウレリウスの妻ファウスティーナによるファウスティーナの浴場などが点在する。

近郊の旅
メドゥーサの首で有名
ディディム
Didim ディディム
Map P.263B

ミレトとボドルムの間にあるエーゲ海沿岸の古代遺跡都市。ギリシア人の入植前からあった地神の託宣所を、紀元前6世紀にミレトスのイオニア人がアポロン神に捧げて以来、デルフォイと並ぶ神託の地として栄えた。

ペルシアのダレイオス1世やアレキサンダー大王、歴代のローマ皇帝などがこの至聖所を使用した。北方20kmのミレトとを結ぶ街道には、かつて両側に神官の座像が延々と並べられていたという。

アポロン神殿 Apollon Tapnağı
アポロン　タプナウ

現在残っている神殿は、ローマのハドリアヌス皇帝時代に改修されたもの。全容は長さ108.5m、幅50mのヘレニズム様式で、当時は120本以上の石柱が立っていたという。今では高さ20m、直径2mの石柱3本が当時の偉容を伝えている。神殿は前庭、控えの小部屋、主室で構成されている。前庭にある楕円形のテラスは信者が数々の供物を捧げた所で、壁には金箔が施されていたという。

前庭からの階段を下りると小部屋に出る。ここは巫子が神託を信者に告げた場所。そしてさらに下った所が、かつて壁柱に囲まれていた王室で、聖泉の跡が見られる。かつては正面奥の壁にはアポロンの像が彫られていた。有名なメドゥーサのレリーフは入口の基壇に置かれている。神殿の周囲には神託を求める信者のための宿泊施設や浴場の跡が残っている。

アルトゥンクム海岸 Altınkum Plajı
アルトゥンクム　プラジュ

ディディムの海岸はアルトゥンクム（＝黄金の砂）と呼ばれ、ビーチになっている。ビーチ沿いにはレストランやショップが並び、リゾートタウンの風情が漂う。周囲にはホテルの数も多いので、こちらを起点にしてゆっくりと周囲の遺跡を見て回るプランもおすすめだ。

アルトゥンクム海岸

クラゲには英語でメドゥーサ・フィッシュ Medusa Fishの別称がある。クラゲの触手がメドゥーサの頭髪を連想させるからこの名前が付けられたそうだ。（編集室）

HOTEL

セルチュク　オトガルと鉄道駅の間を中心に、聖ヨハネ教会近くや鉄道駅の東側にペンションが多い。オトガルや鉄道駅で、かつては激しい客の奪い合いが行われていたが、いまはそれほどでもない。客引きについていってトラブルになることもあるので、自分で行くのが安心。

クシャダス　高級ホテルは町の中心部から離れたビーチ沿いに多く、リーズナブルな宿は、アスランラル通りAslanlar Cad.周辺に点在。ペンションは冬期は休業するので要注意。

シリンジェ　民家を改装したプチホテルやペンションが多く、ドミトリー付きの安宿や設備の整った高級ホテルはない。のんびりした雰囲気を味わいたい人にはおすすめ。

日本からホテルへの電話 国際電話会社の番号 + 010 + 国番号 90 + 市外局番と携帯電話の最初の 0 を除いた相手先の電話番号

ヴァルダル Vardar Family Hotel Pension

経済的 14室 | Map P.254B2 セルチュク

住Şahabettin Dede Cad. No.9
TEL(0232)892 4967
FAX(0232)892 0099
URLwww.vardar-pension.com
S A/C 50TL
W A/C 80TL
US$ € TL
カード A M V

オトガルからも近く、日本人旅行者に人気の宿。家族経営でスタッフはとても親切。屋上からの眺めが自慢で、夏期の朝食はここでとる。シリンジェ村近くにあるプール付きペンションも同経営で、セルチュクの町から送迎あり。

全館無料 EV なし

ワラビーズ Wallabies Hotel Aquaduct

経済的 24室 | Map P.254B1 セルチュク

住Cengiz Topel Cad. No.2
TEL(0232)892 3204
FAX(0232)892 9406
URLwww.wallabiesaquaducthotel.com
S A/C 12€
W A/C 18€
US$ € TL　カード A M V

セルチュク駅の西側にある。家庭的な雰囲気でリラックスできる。部屋は少し狭いが、清潔で快適。噴水広場に面した1階はシーフードレストランとなっており、夏には広場にもテーブルを出す。

全館無料 EV あり

ヌル Nur Pension

経済的 9室 | Map P.254B1 セルチュク

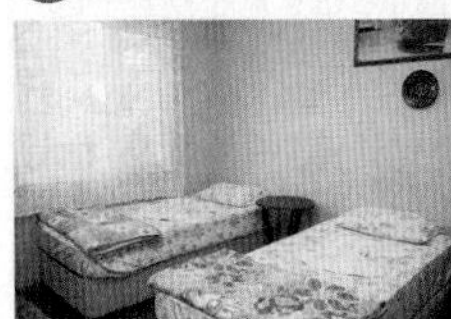

住3004 Sok. No.20
TEL(0232)892 6595
FAX(0232)892 3025
DOM A/C 35TL
S A/C 70TL
W A/C 100TL
US$ € TL
カード A M V

セルチュク駅の東側にある、青い外観が目印の小さな宿。オーナーはトルコ人と日本人の夫妻。客室の装飾は部屋によって異なり、ベットカバーのデザインも可愛らしい。キッチン利用可。

全館無料 EV なし

ホメロス Homeros Pension

経済的 12室 | Map P.254A1 セルチュク

住1048 Sok. No.3
TEL(0232)892 3995
FAX(0232)892 8393
URLwww.homerospension.com
S A/C 100TL
W A/C 150TL
US$ € TL　カード 不可

最上階の居間は宿泊者の憩いの場になっている。ランドリー1回40TL。室内はクラシカルな感じで、隣の別館はアンティークの家具でまとめられたプチホテル風。本書持参で10%割引。

全館無料 EV なし

アマゾン Amazon Antique

経済的 7室 | Map P.254A1外 セルチュク

住1054 Sok. No.6
TEL(0232)892 3215
S A/C 35€
W A/C 49€
US$ € TL
カード A J M V

イーサー・ベイ・ジャーミィ付近にあるペンション。オトガルやセルチュク駅からは遠くなるが、静かな環境で宿泊できる。また、音や光に敏感な人向けの部屋もある。早めの予約で割引あり。

全館無料 EV なし

ヴァルダルやホメロスといった人気の高いペンションは、オトガルでニセ者の客引きが出没しているのに迷惑している。声をかけてくる者には注意しよう。(編集室)

ブーメランズ Boomerangs Guest House

住1047 Sok. No.10
TEL(0232)892 4879
URLwww.ephesusboomerangguesthouse.com
DOM 12€
S A/C 30€
W A/C 40€
W A/C 60€
US$ € TL
M V

経済的 9室 Map P.254A2 セルチュク

観光案内所から考古学博物館の角を曲がってすぐ。ドミトリーのベッド数12。各部屋にはミニバーやドライヤーが置かれており、壁や床などにさりげなくキリムが飾られている。オーナー一家には中国人もおり、レストランでは中華料理も出す。

全館無料 EV なし

アヤソルック Ayasoluk Hotel Restaurant

住1051 Sok. No.12
TEL(0232)892 3334
URLwww.ayasolukhotel.com
S A/C 70€～
W A/C 90€～
US$ € TL
M V

中級 17室 Map P.254A1 セルチュク

2014年にオープンしたブティックホテル。屋外プールがあるテラスからはイーサーベイ・ジャーミィがきれいに見える。スタッフもフレンドリー。地元産の食材にこだわったレストランも併設。

全館無料 EV なし

エフェスィアン Ephesian Guest House

住Aslanlar Cad. No.9
TEL(0256)614 6084
URLephesianhotel.com
DOM A/C 15€
S A/C 20€
W A/C 30€
US$ € JPY TL
J M V

経済的 15室 Map P.255A·B クシャダス

長年神戸にいたオーナーのジェイハンさんは日本語も堪能で奥さんも日本人。部屋はシンプルながら必要なものは揃っている。屋上からの眺めが素晴らしい。冬期は割安になる。イズミルのアドナン・メンデレス空港から送迎可。

全館無料 EV なし

ジェンネット Cennet Pension

住Yıldırım Cad. No.69/A
TEL(0256)614 4893
URLwww.cennetpension.com
S A/C 28～36€
W A/C 35～45€
US$ € TL
M V

経済的 6室 Map P.255B クシャダス

町の中心部から坂をずっと上っていった左側にある。家庭的な雰囲気が自慢のペンション。部屋はシンプルだが広い。掃除も行き届いており清潔。別料金で夕食も出している（要予約）。高台にあるので、テラスからの眺めも抜群。

全館無料 EV なし

ガーデンパレス Garden Palace Pansiyon

住Sarı Sok. No.4
0531 766 8664
S A/C 100TL
W A/C 140～160TL
TL
M V

経済的 7室 Map P.255B クシャダス

ギリシア人の邸宅を改装した家族経営のペンション。中庭にはペンションの地下から出土したギリシア時代の油壺や臼などが飾ってある。カフェ・バーも併設している。

全館無料 EV なし

エフェ Efe Otel

住Güvercinada Cad. No.37
TEL(0256)614 3660
URLwww.efeboutiquehotel.com
S A/C 280TL～
W A/C 340TL～
US$ € TL
M V

中級 40室 Map P.255A クシャダス

町の中心部からギュウェルジン島へ向かう海沿いにあるブティックホテル。全室シービューで、夜はライトアップしたギュウェルジン島を眺められる。デラックススイートルームはジャクージが備わる。

全館無料 EV あり

ジェンネット・ペンションの隣の博物館は、トルコの脚本家、ファトマ・オゼル・アラブルを記念して建てられた。内部は文化センターになっており、民俗資料の展示もある。（編集室）

ディヴァ Diva Pansyon

住Şirince Köyü
TEL(0232) 898 3274
S A/C 150TL～
W A/C 250TL～
TL
不可

経済的 4室 Map P.256 シリンジェ

バザールの入口付近から坂を登ったところにある、ギリシア人の邸宅を改装したペンション。坂の上に位置しており、テラスからの眺めはよい。おかみさんが気さくでアットホームな雰囲気。

全館無料 EV なし

アルヤ Alya

住Şirince Köyü
TEL(0232) 898 3202
S A/C 130TL
W A/C 150TL
US$ € TL
M V

中級 7室 Map P.256 シリンジェ

シリンジェでは比較的リーズナブルな料金。部屋はやや狭いが、調度品もかわいらしい。全室TV付き。朝食（30TL）は村が一望できる中庭で食べられる。冬期は割引も可能とのこと。

全館無料 EV なし

セラニキ Selanik Pansiyon

住Şirince Köyü
TEL(0232) 898 3052
URL www.selanikpansiyon.com
S A/C 230TL
W A/C 300TL
US$ € TL
不可

中級 4室 Map P.256 シリンジェ

テッサロニキ（トルコ語でセラニキ）出身の家族が経営するペンション。4室しかないので、すぐ満室になる。特に週末は予約必須。シングル利用は応相談。どの部屋もかわいらしい雰囲気。

全館無料 EV なし

RESTAURANT & SHOP

セルチュク　セルチュクの宿では別料金で夕食を出すところが多い。ロカンタはセルチュク駅前から西へ延びるジェンギス・トペル通りやナームク・ケマル通りに多い。セルチュクはチョップ・シシという小さな肉片を串に刺した料理が有名だ。

クシャダス　庶民的なロカンタは、バルバロス大通り周辺にたくさんある。バルラル通りBarlar Sok.にはディスコやバーが軒を連ねている。埠頭近くは眺めがよく、シーフードを出す高級レストランが並ぶ。

シリンジェ　古民家風のカフェやギョズレメを出すお店のほか、ティレ・ケバブなど、地方料理を出す店も増えてきた。シリンジェの名産はワイン。ワイナリーを試飲しながらのそぞろ歩きも楽しい。

トルガ・チョップ・シシ Tolga Çöp Şiş

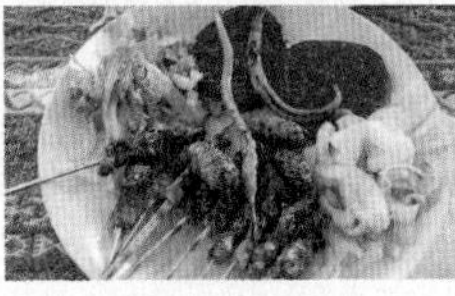

住Aydın-İzmir Asfaltı Sevinç Pastanesi Karşısı
TEL(0232) 892 0924
開11:00～23:00（冬期～21:30）
休無休
US$ € TL 不可

ケバブ屋 Map P.254A1 セルチュク

アタテュルク通りにあるチョップ・シシ専門店。名物チョップ・シシ（13TL）はトマト、タマネギ、青トウガラシが付いたセットになっており、ココレッチ・サンドイッチ（10TL）などの軽食も出す。

タット Tat Cafe & Restaurant

住Cengiz Topel Cad. No.19
TEL(0232) 892 1916
開10:00～23:00（冬期～22:00）
休無休
US$ € TL
M V

トルコ料理 Map P.254B1 セルチュク

クルド人家族が20年以上営業している人気の店。とにかく料理の種類が豊富でピデ、キレミット、ケバブ類、シーフード、スパゲッティなどが1品15TL～で楽しめる。店の一番人気はサチ・カウルマ30TL。

クシャダスから日帰りで行けるサモス島はゼウスの正妻である女神ヘラの生まれた地とされている。港からは世界遺産に登録されているピタゴリオの町へ行くバスも出ている。（編集室）

ルメリ Rumeli Pide & Döner Salonu

ピデ ケバブ屋　Map P.254A1 セルチュク

住Cengiz Topel Cad. No.29
TEL(0232)892 1693
開14:00～翌9:00
休無休
US$ € TL
カードMV

レストランが並ぶジェンギズ・トペル通りにある。ピデ10TL～、ケバブ類15TL～など、リーズナブルな値段設定で人気がある。夜遅くまで営業しており、お酒を飲んだ後の締めにチョルバを飲みに立ち寄る地元客も多い。

エセナイ Esenay Pide ve Kebap Salonu

ピデ ケバブ屋　Map P.255B クシャダス

住İnönü Bul. No.62/A
TEL(0256)612 3232
開11:00～翌0:30
休無休
US$ € TL
カードMV

地元で評判のピデ屋。ピデは各種10TL～、ラフマジュン7TLと手頃。クイマル・ユムルタル・ピデは、ひき肉の上に目玉焼き状の卵を載せたものではなく、ひき肉と溶き卵をあらかじめ混ぜて生地の上に置くソケスタイル。ケバブ各種12TL～も評判がいい。

サーヒル・チャイバフチェスィ Sahil Çay Bahçesi

カフェ　Map P.255B クシャダス

住Atatürk Bul., Tariş Karşısı
開9:00～22:00
休無休
TL
カードMV

ギュヴェルジン島へ行く途中の海岸にある、クシャダス市の経営するカフェ。セルフサービスだが、チャイ1TL、トルココーヒー2TLとかなり格安な値段で景色を楽しむことができる。歩き疲れた時に立ち寄るのに最適。

オジャックバシュ Ocakbaşı Restaurant Şirince

炉端焼き　Map P.256 シリンジェ

住Şirince Köyü
TEL(0232)898 3094
URL www.sirinceocakbasi.com
開9:00～24:00
休無休
US$ € TL
カードMV

シリンジェでは老舗の部類に属するレストラン。丘の中腹にあって、テラス状になっているテーブルからは村が一望できる。ケバブやキョフテなどいわゆる炉端焼きメニューのほか、ティレ・キョフテ（写真）などの郷土料理もある。ギョズレメは8TL～。朝食20TLも出している。

アルテミス Artemis Restaurant

郷土料理 カフェ　Map P.256 シリンジェ

住Şirince Köyü
TEL(0232)898 3240
FAX(0232)898 3242
開夏期7:00～24:00
冬期8:00～23:00
休無休
US$ € TL
カードAMV

かつてギリシア人学校だった建物を改装したレストラン。歴史を感じさせる屋内と明るいテラス席ともに雰囲気がよい。エリシュテErişte(9TL)などの郷土料理やギョズレメ（トルコ版クレープ）が中心で、メニューも豊富。ワイン倉もあり、果実酒も出す。併設のショップでおみやげも販売。

ミュシュティヤン Müştiyan Kahvecisi

カフェ　Map P.256 シリンジェ

住Şirince Köyü
携帯0554 322 2286
開10:30～23:30
休無休
TL
カードMV

様々な種類のトルココーヒー7TL～を飲むことができるカフェ。エスプレッソやフィルターコーヒーなども揃えており、幅広いコーヒー需要に応える。

シリンジェは、かつてはチルキンジェ、あるいはクルクンジャと呼ばれていたが、「汚い」という単語に音が近く、知事の命令で「かわいい」という意味のシリンジェ村へ改称された。（編集室）

保存状態のよいローマ遺跡

アフロディスィアス Afrodisias

市外局番 0256	人口917人	標高519m（ゲイレ村）

アフロディスィアスの競技場。整備したらすぐに使えそうだ

競技場の保存状態は世界でもトップクラスの古代遺跡。発掘された彫像の保存状態のよさでも群を抜いている。古代遺跡が好きなら時間を作って立ち寄りたい遺跡だ。

見どころ

技術の高い数々の彫刻が発見された

アフロディスィアス遺跡

Map P.269右

Afrodisias Örenyeri アフロディスィアス・オレンイェリ

競技場 1～2世紀に造られたローマ式のスタジアム。長さ262m、幅59mで、3万人の観客を収容可能。階段状の客席がしっかり残っている。古代世界の競技場としては世界で最も保存のよいもののひとつで、その規模は見る者を驚嘆させる。おもに競技用や動物を闘わせる闘技場として用いられた。

アフロディスィアス

ネクロポリス
競技場
500m
テトラピロン
アフロディーテ神殿
北東門
主教の館（ビショップ プレイス）
駐車場
議事堂
アゴラ
カフェ、みやげ物店
チケット売り場
西門（アンティオキア門）
ハドリアヌスの浴場
アフロディスィアス博物館 P.270
劇場
アクロポリス
浴場
教会
東門
ジムナジウム
ネクロポリス

アフロデスィアス周辺

ナーズィルリ Nazilli
セルチュク、イズミルへ
0 10km
P.277 パムッカレ Pamukkale
カクルック洞窟へ デニズリ空港へ
デニズリ Denizli
カラジャス Karacasu
拡大図左下参照
アタエイミル Ataeymir
Aphrodisias
拡大図左参照
ゲイレ Geyre
アフロディスィアス遺跡 Afrodisias Örenyeri P.269
Anatolia
ゲイレ Geyre
遺跡入口
タワス Tavas
Anatolia P.270

■アフロディスィアスへの行き方

●イズミル、デニズリから

🚌イズミルやデニズリ方面から鉄道やバスでナーズィルリ**Nazilli**まで行き、アタエイミル**Ataeymir**行きのドルムシュに乗り換える。キャーミル・コチ社のイズミル発タワス**Tavas**行きはアフロディスィアスの前を通るが、遺跡を通過するのは17:30頃で、使い勝手がよくない。

カラジャス**Karacasu**への便は直通ではないが日帰りは可。

バス時刻表索引→P.62～63

●ナーズィルリから

🚌アタエイミル行きドルムシュが7:15～20:00に運行しているが、カラジャス**Karacasu**終点の便も多い。その場合、カラジャスのオトガルでアタエイミル行きドルムシュ（5TL）に乗り換え。

所要:約1時間　運賃:7TL

●デニズリから

🚌パムッカレから出ている1日ツアーを利用するのが便利。バスはタワス経由とナーズィルリ経由があるが、デニズリ→ナーズィルリ→カラジャス→アフロディスィアスと行くほうが乗り継ぎは増えるが便が多い。

■アフロディスィアス遺跡

開夏期8:00～19:00
　冬期8:30～17:30
休無休（博物館は月）
料20TL　フラッシュ一部不可

幹線道路沿いにツアーバスも発着する駐車場がある。ここから無料の送迎トラクターで行く。

✒ アフロディスィアス遺跡の上にはゲイレ村があったが、1961年に村ごと1kmほど西にある現在のゲイレ村に移転し、その後発掘がなされた。村民の協力の賜物だった。（編集室）

テトラピロン

議事堂は1750人収容できたかなり大規模なもの

競技場を南側から上って見下ろすと、右側に円形の石が残っている。これは昔の囲いの跡。当時この中で動物などを闘わせ、左側の広い部屋で競走をさせていたという。

アフロディーテ神殿　ローマ皇帝アウグストゥスの時代に完成し、ハドリアヌス帝の時代（117〜138年）には、神殿の境内が付け加えられた。イオニア式で、13m×8mの空間に円柱が二重列柱堂に見えるような構造になっている。この神殿は5世紀に教会として使われ、その後陣の部分が神殿の東の端に残っている。1962年に高さ3mもの巨大なアフロディーテ像が神殿跡から発掘されたが、これは内陣に安置されていたもので、アフロディーテが当時信仰の対象となっていたことを示している。アフロディーテ神殿の東にはテトラピロン（境内入口）がある。らせん状の溝の円柱が並んだ門で、儀式用に使われたといわれている。

議事堂　1世紀から2世紀に建造され、もともとは屋根付きであったが、4世紀に地震のため屋根の大部分が壊れてしまった。しかしながら、保存状態はかなりよい。柱廊玄関は、廊下を経てステージへと行けるようになっていた。

議事堂の西側には、青い大理石の円柱をもつ、主教の館がある。これはローマ時代末期に造られ、ビザンツ時代に主教館となったものだ。

劇場　アクロポリスの丘の東斜面にあるこの劇場は、紀元前1世紀に造られ、1万人もの観客を収容したという。2世紀には闘技場としても使われ始めた。保存状態がとてもよく、27列の観客席も、ステージの後ろの高さ5mの壁も、まだしっかりと残っている。上からの眺めもすばらしい。

保存状態のよい彫像は必見

アフロディスィアス博物館

Map P.269左

Afrodisias Müzesi アフロディスィアス・ミュゼスィ

アフロディスィアスで発掘されたものを展示している博物館。発掘は半世紀近くにわたって続き、現在もなお続いている。この間に発見された品々は膨大な数にのぼり、保存状態のよい彫像やレリーフ、石棺なども見ごたえ十分。最も重要な収蔵物は、オデオンやセバステイオンなどで発掘された彫像。哲学者や詩人の像のほか、女神メルポメーネの彫刻に囲まれたアポロ像、アマゾネスの女王ペンテシレイアの死体を引きずるアキレウスの像、祭儀に使われたとみられるアフロディーテ像、ネクロポリスから出土した、嘆く女性たちのレリーフなどだ。

ネロとアグリッピナのレリーフ（紀元59年以前）

HOTEL & RESTAURANT

遺跡の敷地内にはカフェテリアがあり、駐車場には軽食や菓子などの売店がある。駐車場に隣接するアフロディスィアス・レストランでは本格的な食事も楽しめる。遺跡近辺には少ないながら宿もある。ゲイレ村にはアナトリア・ホテルがあり、300mほど離れたメインロード沿いには系列のレストランもある。

アナトリア・ホテル
Anatolia Hotel
Map P.269右
住Geyre
TEL(0256)448 8138
FAX(0256)448 8361
S 50€
W 80€
全館無料　EV なし

アナトリア・ホテル

アナトリア・レストランではオウムを飼っており、料理を終えたオーナーのお父さんがサズを弾くといっしょにオウムが歌ってくれる。（編集室）

バラ色の谷あいに点在する湖

湖水地方 Göller Yöresi

市外局番 0246 | **人口19万8385人** | **標高1035m**（ウスパルタ）

湖水地方周辺はバラの産地として知られている

デニズリ、アンタルヤ、コンヤに挟まれた大地は、山あいにエイルディル湖、ベイシェヒル湖、ブルドゥル湖などの湖が連なる風光明媚な地方。渓谷に沿って特産のバラ（ダマスクローズ）をはじめ、リンゴの果樹園やメロンの畑などが続き、高原には牧畜の村が点在する。旅の途中にひと休みするにはピッタリだ。特産のバラからはローズオイルを原料に作ったコスメグッズがたくさん作られている。

■時刻表一覧

✈→P.54〜59

🚌時刻表索引→P.62〜63

Information

バラ製品を買うなら ウスパルタのオトガルで

湖水地方名産のバラ製品。湖水地方にはバラ製品を扱う会社が10社近くあるが、各社の店が集まっていて品揃えもよいのはオトガル内だ。バスオフィスの向かいにズラリと専門店が並んでいる。一部の店は深夜や早朝でも開いており、乗り継ぎでウスパルタに寄っただけでもショッピングが楽しめる。

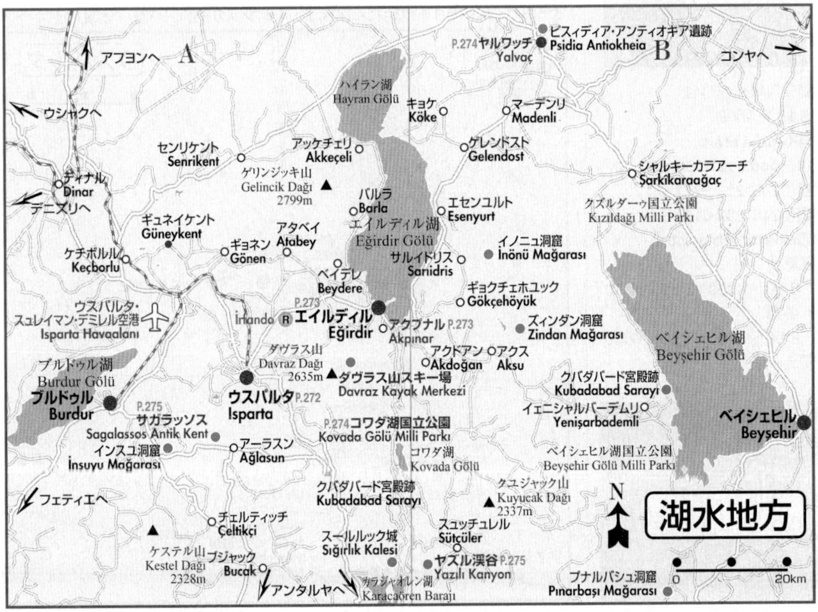

湖水地方

P.274 ヤルワッチ Yalvaç
ピスィディア・アンティオキア遺跡 Psidia Antiokheia
アフヨンへ
コンヤへ
ウシャクへ
デニズリへ
フェティエへ
アンタルヤへ
ハイラン湖 Hayran Gölü
キョケ Köke
マーデンリ Madenli
センリケント Senrikent
アッケチェリ Akkeçeli
ゲレンドスト Gelendost
シャルキーカラアーチ Şarkikaraağaç
ディナル Dinar
ゲリンジッキ山 Gelincik Dağı 2799m
バルラ Barla
エセンユルト Esenyurt
クズルダーゥ国立公園 Kızıldağı Milli Parkı
ギュネイケント Güneykent
アタベイ Atabey
エイルディル湖 Eğirdir Gölü
イノニュ洞窟 İnönü Mağarası
ケチボルル Keçborlu
ギョネン Gönen
サルイドリス Sarıidris
ベイデレ Beydere
ギョクチェホユック Gökçehöyük
ウスパルタ・スュレイマン・デミレル空港 Isparta Havaalanı
İrfando
P.273 エイルディル Eğirdir
アクプナル Akpınar P.273
ズィンダン洞窟 Zindan Mağarası
ベイシェヒル湖 Beyşehir Gölü
ブルドゥル湖 Burdur Gölü
ダヴラス山 Davraz Dağı 2635m
アクドアン Akdoğan
アクス Aksu
ダヴラス山スキー場 Davraz Kayak Merkezi
クバダバード宮殿跡 Kubadabad Sarayı
ブルドゥル Burdur
ウスパルタ Isparta P.272
P.275 サガラッソス Sagalassos Antik Kent
イェニシャルバーデムリ Yenişarbademli
ベイシェヒル Beyşehir
P.274 コワダ湖国立公園 Kovada Gölü Milli Parkı
インスユ洞窟 İnsuyu Mağarası
アーラスン Ağlasun
コワダ湖 Kovada Gölü
ベイシェヒル湖国立公園 Beyşehir Gölü Milli Parkı
クバダバード宮殿跡 Kubadabad Sarayı
クユジャック山 Kuyucak Dağı 2337m
チェルティッチ Çeltikçi
スュッチュレル Sütçüler
スールルック城 Sığırlık Kalesi
ケステル山 Kestel Dağı 2328m
ブジャック Bucak
ヤズル渓谷 Yazılı Kanyon P.275
プナルバシュ洞窟 Pınarbaşı Mağarası
カラジャオレン湖 Karacaören Barajı
N
0 20km

✏ ウスパルタのオトガルの隣には、イヤシュ・パルクİyaş Parkという大きなショッピングモールがある。最上階のフードコートは値段も手頃で種類も多く、バスの時間待ちにもピッタリ。(編集室)

旅の起点となる町

湖水地方はアンタルヤ、ウスパルタ、ブルドゥル3県にまたがり、日本の九州ほどの広さのある地方だ。観光の中心はエイルディル湖に面した**エイルディル**だが、この地域の交通の要でバラ祭りでも有名な**ウスパルタ**も観光の拠点となる。

空港からのアクセス

湖水地方への最寄り空港はウスパルタのスュレイマン・デミレル空港Süleyman Demirel Havalimanı。空港からウスパルタ市街までは、到着に合わせてオトガル横まで空港バスが出ている。運賃は15TL、所要約30分。ウスパルタ近郊のブゥルドゥルBurdurに行くバスもあるので、乗り間違えないようにしよう。

起点の町　ウスパルタ Isparta

人口約20万人、湖水地方の中心都市。ウスパルタは、スパルタのトルコ語形で、ギリシア・ローマ時代、ビザンツ時代を通じて栄えた町。1924年の住民交換までは多くのキリスト教徒も住んでいた。

●歩き方　町の中心は、市場を意味するチャルシュ Çarşıと呼ばれている地域。県庁やベデステンと呼ばれる屋根付き市場、ミマール・スィナン・ジャーミィ、ウル・ジャーミィなどがある。バラグッズを売るショップも点在している。

●オトガル　オトガルは町の北西にある。ここは長距離バスのみが発着し、エイルディルやアーラスン、ギュネイケントなどへの便は町の南東にある近郊バスターミナル、キョイ・ガラジュに発着。オトガルからチャルシュ、キョイ・ガラジュへはドルムシュが出ている。2.50TL。

Information

アンタルヤ空港も便利

ウスパルタ空港への定期便は2013年に復活したが、まだ便は少ない。湖水地方から次に近いのがアンタルヤ空港（→P.309）で、こちらには発着する便が多くて便利。ウスパルタやエイルディル方面からのバスは、アンタルヤへ入る前にアンタルヤ空港前の幹線道路を通るので、そこで降ろしてもらうとよい。ただし、長い距離を歩くのがたいへんならアンタルヤのオトガルで乗り継いでもよい。

名物料理

フルン・ケバブ
Fırın Kebabı

ウスパルタは、羊肉のオーブン焼きのフルン・ケバブで有名な町。伝統的な料理だが、コレステロールをほとんど含まないというヘルシーさもあって、再び注目されている。ウスパルタの中心部には専門店がいくつかある。

■ウスパルタの❶
Map P.272
住Kepeci Mah., 106 Cad., 1217 Sok. No.31
TEL(0246)232 5771
FAX(0246)232 6142
URLisparta.ktb.gov.tr
開夏期
8:00～12:30 13:30～17:30
冬期
8:00～12:00 13:00～17:00
休土・日

ウスパルタの❶

ウスパルタには住民交換までギリシア系住民によって使われていた教会がふたつ残されている。ひとつは18世紀のものとされるアヤ・パヤナ教会と、19世紀半ばとされるアヤ・ヨルギ教会。（編集室）

起点の町 エイルディル Eğirdir

澄みきった水をたたえるエイルディル湖のほとりにある町。かつては「アクロテリオン」と呼ばれた古い町で、紀元前500年には集落があったといわれている。

●歩き方　エイルディルの中心部は小さい。オトガルの建物を出て東へ2～3分も歩けば、左側に城壁が見える。中心部には、イーワーン北面に1本だけミナーレが建つというユニークな建築様式のジャーミィ、フズルベイ・ジャーミィと、今はみやげ物屋が並ぶデュンダルベイ神学校がある。城壁に上ってみれば、町の全容が手に取るようにわかる。

イェシル島Yeşiladaは旧名をニスといい、長い間ギリシア人が住んでいたが、共和国創立後ギリシア人は激減し、現在はペンションが建ち並ぶ。ジャン島Canadaを挟んで現在は埋め立てられ、中心部から徒歩20分ほど。

道路開通により使われなくなった港は、**イスケレ公園**İskele Parkıとなり、美しい花を咲かせている。隣には聖ステファノス教会跡もある。

●オトガル　ウスパルタ～エイルディル路線が専門のエイルディル・ベレディエスィ Eğirdir Belediyesiと、アンタルヤ、イズミル、デニズリ、コンヤなどへ1日数便運行する大手のキャーミル・コチKâmil Koçの2社がある。その他のバス会社のチケット発券はオトガルが代行している。

見どころ

エイルディル湖を一望できる

アクプナル

Map P.271A

Akpınar Köy アクプナル・キョイ

エイルディルの南東7kmほど、湖の背後にそびえる山中にある。このあたりの高原は昔から夏の放牧地として利用されてきた場所。展望台はエイルディル湖が広がるすばらしいビューポイント。テントが建てられ、ギョズレメやサチ・カウルマなど郷土料理を楽しみながらのんびりと眺めるのもいい。

アクプナル村からさらにスィヴリ山Sivri Dağı山頂まで登ることも可能。所要時間は上り約2時間、下りは約1時間。

■エイルディルのⓘ
Map P.273外
住İkinci Sahil Yolu No.13
TEL(0246)311 4388
URLisparta.ktb.gov.tr
開夏期8:30～18:00
　冬期8:00～17:00
休無休

■エイルディル・アウトドア・センター
Map P.273
住Atatürk Yolu No.9/A
☐0542 241 7213
開8:00～20:00　休無休
5月下旬～6月にかけてはバラ、6月はラベンダー、8～10月にかけてはリンゴの収穫時期に見学・体験ツアーがある。6～8月にかけては湖で船に乗って漁穫体験もできる。レンタル自転車は年中可能で1時間4TL、1日35TL。

エイルディル湖に浮かぶイェシル島

■アクプナル
🚖エイルディル中心部からタクシーで片道30～35TL
■展望台のカフェ
Akpınarköyü Yörük Çadırı
開夏期8:00～22:00
　冬期8:00～18:00
休無休

展望台のカフェはテントスタイル

カフェで出されるサチ・カウルマ

湖水地方

エイルディル近郊にあるダヴラス山スキー場のシーズンは12～3月頃。ここではダウンヒルスキーのほかにノルディックスキーも楽しめる。用具のレンタルもできる。(編集室)

国立公園の展望台

■コワダ湖国立公園
エイルディル中心部からタクシーで往復200TL程度。エイルディル湖からは平坦な道なので自転車を借りて走るのもいい。

■ヤルワッチへの行き方
湖水地方のほか、アクシェヒルを経由してコンヤへのアクセスもいい。
🚌ウスパルタのキョイ・ガラジュ発、エイルディル経由のバスは、6:45～22:00に20便、ウスパルタから約3時間、運賃17TL、エイルディルから約2時間30分、運賃15TL。ヤルワッチから戻りの最終は20:00。
コンヤからはアクシェヒルで乗り換えとなるが乗り継ぎはよい。所要3時間～3時間30分、アクシェヒルまで30TL。

■アンティオキア遺跡
TEL(0246)441 5059
開夏期8:00～19:00
　冬期8:00～17:00　休無休
料6TL(併設の博物館は無料)
撮影博物館不可

湖水地方屈指の美しい湖
コワダ湖国立公園
Map P.271A
Kovada Gölü Millî Parkı コワダ・ギョリュ・ミッリー・パルク

エイルディルから30kmほど南にあるコワダ湖は、その生態系がたいへん豊かなことで知られている。その理由は温暖だが高地にあるため暑すぎないこと、もうひとつは水深が平均6～7mと比較的浅く、水鳥などの子育て環境として適していること。153種類の水鳥、リスなどの小動物、植物の種類も多い。おすすめのシーズンは初夏と秋。10月からは紅葉が始まるので特におすすめだ。エイルディル湖からは往復とも平坦な道なので自転車を借りて走るのもいい。

アンティオキア遺跡で有名な
ヤルワッチ
Map P.271B
Yalvaç ヤルワッチ

エイルディル湖の北東に位置する町。この小さな町を有名にしているのは郊外にあるアンティオキアの遺跡。シリアに近いアンタクヤ（旧名アンティオキア）と区別するためピスィディアのアンティオキアと言われる。パウロが伝道した町として聖書に登場することでキリスト教徒の巡礼者が多いが、劇場や競技場跡など、ローマ遺跡としての価値も高い。

アンティオキア遺跡の劇場跡

キリスト教会跡に残る十字架のレリーフが残る

Information
湖水地方のバラ

6月になると湖水地方がにわかに活気づいてくる。この地方特産のバラが実りの時期を迎えるのだ。エイルディル近郊でも早朝から摘み取り作業が行われ、見学に訪れる人も多い。この地方のバラは「ダマスクローズ」と呼ばれる品種。日本ではブルガリアや北アフリカ産のものが有名だが、ここで産出されるものの品質も高い。

蒸溜釜に花びらを投入

ローズウオーターの取り出し

バラ生産の中心となる町ウスパルタではバラ祭りは6月第2週の週末に行われ、チャルシュの広場で有名歌手のコンサートなどが、夜遅くまで行われる。早朝にはバラの農園でバラ詰みの見学もできる。

バラの収穫は湖水地方各地で行われるが、なかでもウスパルタから北へ35kmほどのところにあるギュネイケントは特産地として有名。5月後半から6月にかけて多くの人が見学に訪れる。また、エイルディル・アウトドア・センター（→P.273）でも、バラ畑見学ツアーを行っている。

■ギュネイケントへの行き方
🚌ウスパルタのキョイ・ガラジュ発着
ウスパルタ発:7:50 12:00 15:00 16:00 17:30
ギュネイケント発:7:00 8:00 9:00 13:00 16:00
（週末は減便）

ヤルワッチにあるピスィディア・ホテルは歴史的な邸宅を修復し、ホテルとして利用したものだ。ヤルワッチで一晩過ごしたいときにピッタリ。（編集室）

渓谷沿いの散策路にある吊り橋

澄んだ水が流れる渓谷
ヤズル渓谷
Map P.271B
Yazılı Kanyon ヤズル・カンヨン

谷沿いに澄んだ水が流れる美しい自然公園。古くから景勝地として知られ、聖パウロもペルゲからピスィディア・アンティオキアへ行く途中に立ち寄ったという伝説がある。そのためキリスト教徒も多く訪れている。アイベックス、野ウサギ、ヤマネコ、イノシシなど野生動物もいるので、朝や夕方の時間帯なら出合えるかも。

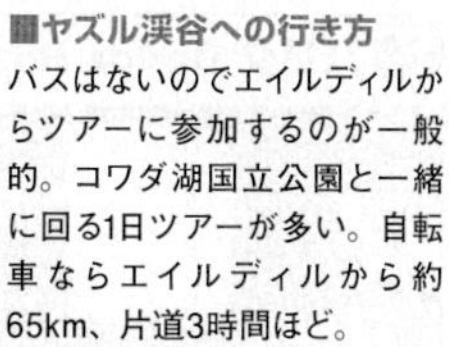

■ヤズル渓谷への行き方
バスはないのでエイルディルからツアーに参加するのが一般的。コワダ湖国立公園と一緒に回る1日ツアーが多い。自転車ならエイルディルから約65km、片道3時間ほど。
📱0535 046 7261
開8:00～20:00
料13TL

保存状態のよいニンファエウム

古代ピスィディアの都
サガラッソス
Map P.271A
Sagalassos サガラッソス

ピスィディアの拠点都市だったサガラッソスは、エフェスなどと並び、トルコ国内にある最も重要な遺跡。一般にはそれほど知られていなかったが、発掘や研究、整備が進むにつれて巨大遺跡の姿が明らかになりつつある。いちばんの見どころはなんといってもニンファエウム。中央から流れる水は今もこんこんと湧き出し、飲むこともできる。ほかにもモザイクや劇場など、きちんと見れば軽く半日はかかる遺跡だ。

石棺に彫られたレリーフ

■サガラッソスへの行き方
ウスパルタのほか、ブルドゥルやアンタルヤからもアクセスしやすい。終点のアーラスンAğlasunから遺跡までは7kmほどあり、バスは週3便のみ。それ以外の日はアーラスンまで乗って来たバスに追加料金40TLを払えば遺跡まで送ってくれる。

●ウスパルタから
🚌キョイ・ガラジュからアーラスンへ7:30～19:30の毎時30分、22:30。約40分、10TL。アーラスンから遺跡への便は水・土・日12:00発で、戻りは15:00発。往復6TL。

■サガラッソス遺跡
開夏期8:30～17:30
　冬期9:00～17:00
休無休　料12TL
📷一部不可
⚡一部不可

HOTEL

ウスパルタ　チャルシュ周辺に中級クラスのホテルが多い。バラ祭りのシーズンには満室となるホテルもある。

エイルディル　家族経営のこぢんまりしたペンションは、城壁周辺からイェシル島にかけて点在している。予約があって電話すればオトガルまで迎えに来てくれる。中級以上のホテルは少ない。多くのペンションがレストランを兼業しており、宿泊客でなくても食事はとれる。

日本からホテルへの電話 国際電話会社の番号 + 010 + 国番号90 + 市外局番と携帯電話の最初の0を除いた相手先の電話番号

ユニヴェルスィテ・コヌック・エヴィ
Üniversite Konuk Evi

経済的 40室　Map P.272 ウスパルタ

住İbrahim Parlar Cad.
TEL(0246) 223 6760
URLkonukevi.sdu.edu.tr
🚹A/C 🚿 🛁 🚽 📺70TL
🚹🚹A/C 🚿 🛁 🚽 📺120TL
💱US$ € TL
💳M V

スュレイマン・デミレル大学の施設で学会などの際に利用されるが、研究者ではなくても一般に開放されている。レストランのメニューは日替わりで、週に2回ほど魚の日がある。エイルディルやダヴラス山スキー場にも大学の宿泊施設があり、一般利用可。
📶全館無料(一部不通)　EVなし

ヤズル(=書かれた)渓谷というのは、古代ギリシアの哲学者、エピクラテス(55～135年)の言葉が書かれた古い碑があることにちなんでいる。(編集室)

バリダ Barida Hotel

高級 142室　Map P.272 ウスパルタ

住102 Cad. No.81
TEL(0246) 500 2525
FAX(0246) 500 2424
URLwww.baridahotels.com
S A/C シャワー バス トイレ 朝食 345TL
W A/C シャワー バス トイレ 朝食 451TL
US$ € TL　カード A M V

オトガルのすぐ横にある、エイルディルでいちばんの高級ホテル。スパやハマム、フィットネスを完備。レストランのほか、ディスコやアイリッシュパブも併設している。

全館無料　EV あり

チャーリーズ Charly's Pension

経済的 6室　Map P.273 エイルディル

住Kale Mah., Camii Sok. No.5
TEL(0246) 311 4611
FAX(0246) 311 3807
URLwww.charlyspension.com
DOM シャワー バス トイレ 朝食 45TL
S A/C シャワー バス トイレ 朝食 90TL
W A/C シャワー バス トイレ 朝食 125TL
US$ € TL　カード A D J M V

城壁のすぐそばにあり、高い所にあるので窓からの眺めは抜群。キッチンも利用できる。6〜12月の早朝フィッシングツアーは人気でひとり15TL。近くにあるラーレLale(同料金)とフリャFulya(S110TL W150TL)も同経営。

全館無料　EV なし

ニス・エスキジレル・コナウ Nis Eskiciler Konağı

中級 19室　Map P.273 エイルディル

住Mehmet Yiğitbaşı Cad., Kaynak Sok. No.19
TEL(0246) 333 2016
S シャワー バス トイレ 朝食 120TL
W シャワー バス トイレ 朝食 180TL
US$ € TL
カード M V

100年以上前の古い建物を利用し、2015年にオープンしたブティックホテル。部屋にはテレビ、ミニバー、コーヒー、紅茶用ポットなどを備えている。最上階はスイートルーム(370TL)になっている。

全館無料　EV あり

RESTAURANT

ウスパルタ　チャルシュ周辺には庶民的なロカンタや軽食を出す店が多いが、旅行者向けのレストランは少ない。名物のフルン・ケバブを試してみよう。

エイルディル　イェシル島には魚料理のレストランが数軒並んでいる。安く済ませるのならオトガル周辺にあるロカンタがおすすめ。

カーディル Kebapçı Kadir

郷土料理　Map P.272 ウスパルタ

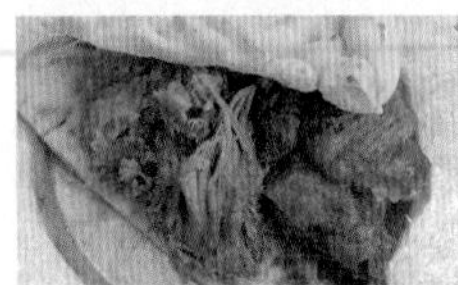

住Valilik Arkası, Kebapçılar Arastası No.8
TEL(0246) 218 2460
URLwww.kebapcikadir.com.tr
開10:00〜22:00　休無休
US$ € TL　カード M V

1851年創業で現在は4代目が営むフルン・ケバブの老舗。何時間もオーブンで焼かれたフルン・ケバブ(写真、38TL)のほか、アンタルヤでよく食べられているシシ・キョフテ(20TL)も出している。

メロディ Melodi Restaurant

魚料理　Map P.273 エイルディル

住Yeşilada Mah. No.37
TEL(0246) 311 4816
開11:00〜23:00
休無休
US$ € TL
カード M V

イェシル島の入口近く。新鮮な魚介類を好みに応じて料理してくれる。1皿に20個ほど盛られた小さなヤプラック・ドルマスやコイの卵、ハヴィヤルなど前菜が豊富。魚料理は25TL。

イルファン・ウスタ İrfan Usta Dondurmaları

アイスクリーム　Map P.272 ウスパルタ

住Çarşı Polis Karakolu Üzeri
TEL(0246) 223 9683
URLwww.irfando.com
開9:30〜翌0:30　休無休
TL　カード M V

絶大な人気を誇る「イルファン師匠のアイスクリーム」。系列店では「İrfando」の名前で出ているが、本店では省略しない。名産、バラのアイスクリームはおすすめ。

サガラッソスのあるアーラスンには、ブルドゥル名物のキョフテ、ブルドゥル・シシを出す店舗がいくつかある。時間があるなら名物をぜひ食べてみよう。(編集室)

「綿の城」と「聖なる都市」の遺跡は世界遺産

パムッカレ Pamukkale

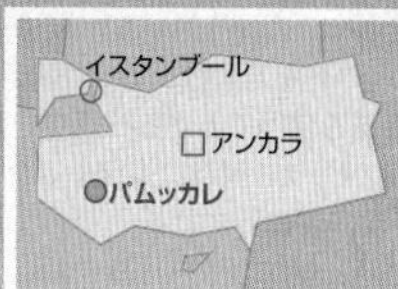

市外局番 0258	人口2214人	標高354m（パムッカレ村）

パムッカレの石灰棚

パムッカレは「綿の城」という意味をもつ国内有数の温泉保養地。珍しい石灰棚は世界遺産に登録されている。この奇観をひとめ見ようと、夏のシーズン中は多くの旅行者でにぎわう。石灰棚のところどころに温泉水がたまった池があり、水着姿で泳いだり、湯に浸かるのが、観光客の楽しみのひとつだった。ところが、あまりの開発ラッシュのため、現在温泉は涸れつつある。また、景観保護の観点から石灰棚への自由な立ち入りも禁止されてしまった。現在は遊歩道を歩いたり、一部の石灰棚に入って、白とブルーのコントラストが美しい石灰棚を堪能できる。また、石灰棚を望む丘の上にはペルガモン王国やローマ時代の遺跡が広がっている。

旅の起点となる町

ほかの町から世界遺産の石灰棚とヒエラポリスに行くには、地域交通の拠点、**デニズリ**Denizliが中継地となる。それに加えて、石灰棚に最も近く、ペンションが多い**パムッカレ村**Pamukkale Kasabası、リゾートホテルが多い温泉地**カラハユット**Karahayıtの3つが、旅行者にとっての起点となる。

空港からのアクセス

最寄り空港はデニズリ市内から東へ約60kmに位置するチャルダック空港Denizli Çardak Havalimanı。デニズリ市内へは公共交通はなく、移動は基本的にタクシーのみとなっている。事前に連絡しておけば、パムッカレやカラハユットのホテルまで送迎を行っている旅行会社もある。

■時刻表一覧

✈→P.54～59
🚃→P.60～61
🚌時刻表索引→P.62～63

世界遺産
パムッカレ・ヒエラポリス
Pamukkale-Hierapolis
1988年

■チャルダック空港からのバス

シャトルバスは到着に合わせて出発。パムッカレ、カラハユットへは、途中の分岐点でセルヴィスに乗り継ぐが人数により、パムッカレ直通になることもある。デニズリは鉄道駅付近を経由して旅行会社バイ・トゥル前まで行く。運賃はデニズリが25TL、パムッカレ、カラハユットが35TL。空港へは1日前までにメールか電話で要予約。

●バイ・トゥル Bay-tur
Map P.278左B
住İstiklâl Cad. No.27/A
TEL 444 2807
Mail baytur_denizli@hotmail.com
空港へは3:15、6:10、9:20、10:30、15:30、16:30、17:30、18:15、18:45、19:20、20:00、21:00発

デニズリの名産品はテキスタイル。カラハユットでは軒先に布製品が吊るされているのをよく見かけるが、中国製品も多い。購入前に確認を。（編集室）

■パムッカレを気球から眺める
カッパドキア同様パムッカレでも気球を使って上から石灰棚を見るツアーが行われている。フライトは早朝に行われる。

●バルーニング・パムッカレ
Ballooning Pamukkale
住Cumhuriyet Meydanı No.7/C, Pamukkale
☎0533 768 3409
URL www.hotairballoonpamukkale.com 料140€〜

●ラオディケイア・バルーンズ
Laodikeia Balloons
住Adnan Kahveci Bul., Tripolis Otel Karşısı, Pamukkale
☎0549 492 2019
URL www.laodikeiaballoons.com
料140€〜

起点の町 デニズリ Denizli

人口約52万人の県庁所在地。市街地はかなり広く、鉄道駅から市役所にかけての通り沿いが町の中心。

2014年にリニューアル・オープンした新しいオトガル

●オトガル　鉄道駅の近くにあり、1階からは長距離バス、地下1階からはパムッカレやカラハユットに行くドルムシュや近郊を結ぶ中型バスがそれぞれ発着している。

●鉄道駅　イズミル、セルチュク方面からの列車が発着する鉄道駅は町の中心にある。

起点の村 パムッカレ村 Pamukkale Kasabası

石灰棚に最も近い村で、おみやげ屋やペンションなどが軒を連ねている。ただし、しつこい客引きや強引にツアーを売り

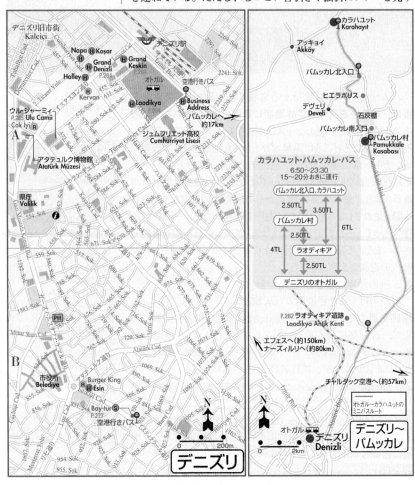

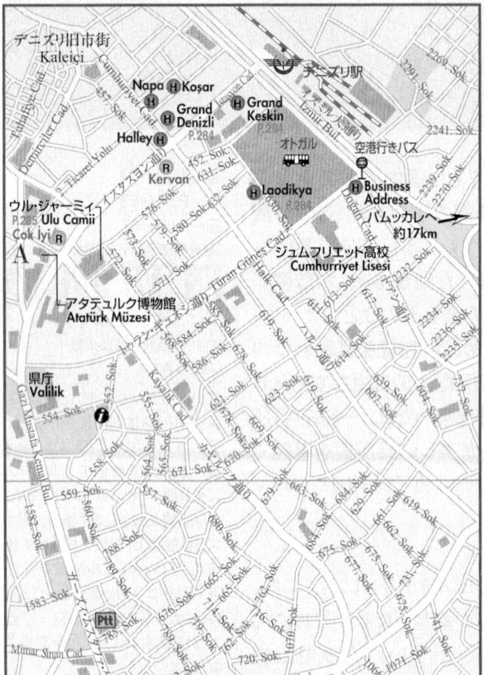

デニズリ

デニズリ旧市街 Kaleiçi
デニズリ駅
オトガル P.284
空港行きバス
パムッカレへ 約17km
Napa　Koşar　Grand Denizli P.284　Halley　Kervan
Grand Keskin P.284
Laodikya P.284
Business Address
ウル・ジャーミィ Ulu Camii P.285
Çok İyi
アタテュルク博物館 Atatürk Müzesi
ジュムフリエット高校 Cumhuriyet Lisesi
県庁 Valilik
市役所 Belediye
Burger King　Esin
Bay-tur P.277
空港行きバス
Cumhuriyet Cad.　İstasyon Cad.　İzmir Bul.　Turan Güneş Cad.　Halk Cad.　Doğan Cad.　Kayalık Cad.　Gazi Mustafa Kemal Bul.　Mimar Sinan Cad.　Atatürk Cad.　İstiklal Cad.　Lise Cad.　Saltak Cad.
0　200m

デニズリ〜パムッカレ

カラハユット Karahayıt
アッキョイ Akköy
パムッカレ北入口
ヒエラポリス
デヴェリ Develi
石灰棚
パムッカレ南入口
パムッカレ村 Pamukkale Kasabası
Pamukkale Bul.
P.282 ラオディキア遺跡 Laodikya Antik Kenti
エフェスへ(約150km)
ナーズィルリへ(約80km)
チャルダック空港へ(約57km)
İzmir Bul.　Atatürk Bul.
オトガル
デニズリ Denizli
オトガル〜カラハユットのミニバスルート
0　2km

カラハユット・パムッカレ・バス
6:50〜23:30
15〜20分おきに運行

パムッカレ北入口、カラハユット ↔ パムッカレ村	2.50TL
パムッカレ北入口、カラハユット ↔ ラオディキア	3.50TL
パムッカレ北入口、カラハユット ↔ デニズリのオトガル	6TL
パムッカレ村 ↔ ラオディキア	2.50TL
パムッカレ村 ↔ デニズリのオトガル	4TL
ラオディキア ↔ デニズリのオトガル	2.50TL

カラハユット・パムッカレ・バスはデニズリのオトガルからカラハユットまでを結ぶが、たまにパムッカレ大通りから少し入り、デヴェリ、アッキョイといった近隣の村を経由する場合もある。(編集室)

込む旅行会社が多く、トラブルが起こることもしばしば。過去には荒っぽい犯罪も報告されている。もちろん多くの村人はこういった犯罪とは無関係。レストランやカフェでちょっと休憩するにもピッタリ。

●周辺との交通　デニズリとカラハユットを結ぶミニバスは村の中心の広場を経由して石灰棚南入口前の通りを通って、北入口へと向かう。

起点の町　カラハユット Karahayıt

パムッカレの北側に位置する温泉街。屋内外の温泉施設を備えたツアー客向け大型ホテルから家族経営の温泉宿まで宿の種類は豊富。宿泊客ではなくても入浴料を払ってリゾートホテルの温泉には入れるところも多い。

●周辺との交通　町の北側の広場からデニズリ行きのミニバスが発着する通りを南へ行くので、泊まっているホテルの近くから乗車すればよい。

歩き方

●日帰り観光のコツ　パムッカレ周辺で宿泊しない場合はデニズリのオトガルのエマーネット（荷物預かり所）で荷物を預かってもらえる。その際に、オトガルで次の都市へのバスの時間を確認し、予約するといい。チケットを取ったら、パムッカレへ行き、石灰棚の遊歩道を歩こう。ヒエラポリスに行くのもよい。時間に余裕があれば温泉プールやカラハユットの温泉でくつろぐのも思い出になる。

カラハユット行きのドルムシュは76番乗り場から発着する

カラハユットの中心に位置するベヤズット・ジャーミィ

■デニズリのⓘ
Map P.278左A
住554/1 Sok. No.5
TEL(0258)264 3971
開8:30〜12:30 13:30〜17:30
(冬期8:00〜12:00 13:00〜17:00)
休土・日

■パムッカレのⓘ
Map P.281B
住Pamukkale Örenyeri
TEL(0258)272 2077
URLwww.pamukkale.gov.tr
開8:30〜12:30 13:30〜17:30
(冬期8:00〜12:00 13:00〜17:00)
休無休

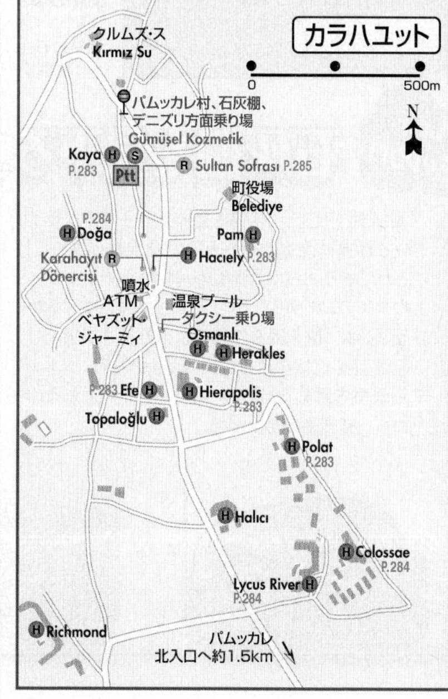

■石灰棚
開南門チケット売り場、パムッカレ村入口チケット売り場
6:00～21:00（冬期～17:00）
北門チケット売り場
8:00～21:00（冬期～17:00）
休無休
料50TL（チケットはヒエラポリスと共通）

底に溜まっている泥はミネラル豊富。泥パックをしている人も見かける

■パムッカレ温泉
開8:00～19:30（冬期～17:00）
休無休　料入場料50TL
セーフティボックス5TL

見どころ

丘全体が白く覆われた不思議な景観

石灰棚

Map P.281B

Traverten トラヴェルテン

石灰棚は、台地上部から流れ出る石灰成分を含む湯が、長い時を経て結晶し台地全体を覆ったもの。麓から見上げると、真っ白い雪山のようでもある。ぽってりと幾重にも重なり合った石灰棚が段々畑のように広がり、ブルーの湯をたたえる姿は幻想的だ。夕暮れどきのピンクに染まった景観もすばらしいので、お見逃しなく。

温泉水が溜まっている所はお湯に浸かれる

古代遺跡が沈む温泉

パムッカレ温泉

Map P.281B

Pamukkale Antik Havuz パムッカレ・アンティク・ハウズ

遺跡の石柱に腰かけて温泉に浸かるという贅沢が堪能できる

プールの底に本物のギリシア・ローマ時代の遺跡がゴロゴロしている珍しい温泉。水温は35°C前後と高くないので、シーズンオフに訪れる人は寒さ対策を！水が澄んでいて、源泉の所からは泡とともに湯が湧き出しているのがよく見えるが、このあたりの水深は4～5mある。更衣室はあるがタオルは持参しよう。

Live Report 石灰棚を見下ろすパラグライディング

石灰棚やヒエラポリスを望む丘からパラグライダーで世界遺産を上空から鳥の視点から眺めることができる。パラグライダーはインストラクターとのタンデムだから、初心者でも体験OK。ふわりと浮く体、風を読んで右へ左へ旋回する機体、この浮遊感覚はなかなか味わえないもの。まして石灰棚を眺める特等席へ連れて行ってくれるのだから、感動もひとしおだ。

■パムッカレ・ハイジャッカーズ
Pamukkale Hijackers　Map P.279左
住Atatürk Cad. No.11/B
☎0544 271 0534
開10:00～21:00
休無休
料シーズンにより異なるが50€前後
ビデオ撮影付き100€前後

スタッフの指示で斜面を走りだす

ふわりと浮かび上がる瞬間

上空から見た石灰

読者投稿　パラグライダーでは飛行中は危険ということで自分のカメラは携帯できず、インストラクターが写真と動画を撮ってくれるが、料金が高額！予想外の出費であった。（大阪府　あられ　'19 春）

ペルガモン王国以来の聖なる都市

ヒエラポリス

Map P.281A

Hierapolis ヒエラポリス

スケールの大きな古代劇場

紀元前190年に起源をもつ都市遺跡で、この時代のものとしては最も内陸部にある。

ペルガモン王エウメネス2世によって建造された。昔は、パムッカレ温泉の裏にあるプルトニウムという穴の中には有毒ガスが出ており、吸い込むと死にいたるといわれ、ここに入った司祭がガスを少量吸い、トランス状態のまま神からのお告げである神託を与えていたともいわれる。そんなこともあってか、ヒエラポリスには聖なる都市という意味がある。

ローマ、ビザンツ時代までの長きにわたり繁栄は続いたが、結局セルジューク朝により町は滅ぼされた。一番の見どころはパムッカレ温泉裏の**劇場**。ほかにもヘレニズムやビザンツの様式を表す数々の遺跡が、広い範

丘の上に建つマルティリウム

■ヒエラポリス
開南門チケット売り場、
　パムッカレ村入口チケット売り場
　6:00～21:00（冬期～17:00）
　北門チケット売り場
　8:00～21:00（冬期～17:00）
休無休
料50TL（石灰棚と共通チケット）

■ヒエラポリス博物館
Map P.281B
開夏期8:30～19:00
　冬期8:00～17:00
休冬期の月　料7TL

パムッカレ遺跡と石灰棚

デニズリ、カラハユット方面
ミニバス乗り場へ
A
B
北門チケット売り場
博物館行き
ミニバス乗り場
ネクロポリス（墓地）
ネクロポリス（墓地）
旧劇場
P.281 ヒエラポリス Hierapolis
マルティリウム（聖フィリッポの教会）
劇場
北大浴場
ドミティアン門
アゴラ
教会
北ビザンツ門
家型墳墓
アポロ神殿跡
プルトニウム
バシリカ
教会
みやげ物屋、カフェが並ぶ
Ptt
南門チケット売り場
南ビザンツ門
パムッカレ温泉 P.280 Pamukkale Antik Havuz
北門行きミニバス乗り場
P.281 ヒエラポリス博物館（南大浴場）
警察
遊歩道
P.280 石灰棚 Traverten
歩道（靴を脱いで歩く）
N
0
400m
パムッカレ・ナチュラル・パーク
パムッカレ村側入口チケット売り場
南門へ
パムッカレ村へ

石灰棚の下はナチュラル・パークNatural Parkと呼ばれる公園になっており、小さな池にはカモなどの鳥がのんびりと泳いでいる。ボート遊びもできる。（編集室）

読者投稿 **デニズリから セルチュクへ鉄道で**

バスの便は少ないが、鉄道ならバスマーネ駅行きの列車がだいたい1時間半〜2時間に1本の間隔で走っている(セルチュクには止まらない便もあるが)。よく遅れると聞いていたので途中の駅でも時刻を確認したが、私の乗った便に関しては長距離バスよりも時刻に正確だった。

(茨城県　M.K.　'19春)

ドミティアン門は3つのアーチを持つ壮麗な建築

■ラオディキア遺跡
🚌デニズリとパムッカレの間を走るミニバスで途中下車後、徒歩約1km
住Goncalı Köyü
TEL(0258)280 2654
開8:00〜19:00 (冬期〜17:00)
休無休　料15TL

ラオディキア遺跡に残る古代神殿跡

■カクルック洞窟
🚗交通手段はタクシーのみ。デニズリのオトガルからだと片道約90TL。
TEL(0258)816 2016
開8:00〜20:00
(冬期8:00〜17:00)
休無休　料3TL

囲に点在している。また、出土品を収めた**ヒエラポリス博物館**もある。

劇場　ハドリアヌス帝により2世紀に造られた。非常に保存状態もよく、1万5000人を収容したという観客席上部からの眺めは見事。ファサードの部分にはギリシア神話の神々の彫刻も見られる。また劇場の前にはアポロ神殿跡もある。

マルティリウム　劇場脇の道路を北西に進むとある八角堂は、80年にこの地で殉教した使徒フィリッポとその息子の墓である。聖人を祀るため、5世紀初めに建てられた。

ネクロポリス　北門から近い。1000を超す墓が並び、古代共同墓地の規模としてはトルコ最大ともいえる。長い間利用されていたらしく、墓の様式もヘレニズムからビザンツのものまでさまざまだ。

北大浴場　北門から入り、ネクロポリスの先にある。大きな連続アーチをもつ石積みの典型的なローマ様式で、壁の表面は大理石で覆われていたという。教会として利用されたこともあったようだ。紀元2世紀頃の建築だといわれている。

ドミティアン門　北大浴場の隣にある3つの連続アーチと円筒形の石積みは、町の南北を貫いていた大通りの北端の門で、84〜85年にドミティアヌス帝を称えて造られた。ローマ様式をよく表しているため、ローマン・ゲートとも呼ばれる。そのまま大通りを真っすぐ進むと4世紀末に建てられた北ビザンツ門がある。

ヒエラポリス博物館　2世紀に建造された南大浴場を利用し、ヒエラポリス出土の彫像や石棺などを展示している。

デニズリとパムッカレの間に広がる遺跡

ラオディキア遺跡

Map P.278右

Laodikya Antik Kenti ラオディクヤ・アンティク・ケンティ

パムッカレ村からドルムシュで約10分の所にあるラオディキアは、旧石器時代にまで起源をさかのぼる遺跡で、後にペルガモン王国、ローマ帝国の都市として栄えた。遺跡には3つの古代劇場や神殿跡が残っている。全体の10分の1ほどしか発掘されておらず、現在も発掘が続けられている。

第2のパムッカレと呼ばれる鍾乳洞

カクルック洞窟

Map P.32B1

Kaklık Mağarası カクルック・マアラス

デニズリから30kmほど東のカクルックKaklıkで2000年に発見された洞窟。1999年にトルコを襲った2度の大地震のあと、姿を現したともいわれている。

洞窟の中には鉱泉が湧き出ており、石灰棚があることから、「第2のパムッカレ」とも呼ばれている。見学できるのは洞窟の一部のみとなっている。

デニズリの地鶏はほれぼれするほどの美しい鳴声と均整のとれた雄々しい身体で知られており、みやげもの屋でも雄鶏グッズがずらりと並んでいる。(編集室)

HOTEL

パムッカレ村　バックパッカー向けの手頃な宿や家族経営のペンションも多く、旅行者でにぎわう所だが、本書ではパムッカレ村での宿泊をおすすめしない。もちろん村には良心的な宿も少なからず存在するが、安い宿泊料金で客を呼び、無理やり高いツアーやチケットを売りつけたり、宿での盗難事件といったトラブルもしばしば。また、宿や旅行会社の競争が非常に激しく、過去には傷害事件や銃を使った事件も報告されている。
カラハユット　ツアー客向けの大型ホテルは村外れに点在し、家族経営の小規模温泉ペンションは通り沿いに並んでいる。なお、カラハユットのハマム付きのホテルには女性のアカすり師はいないことが多いので事前に確認しておこう。
デニズリ　鉄道駅やオトガルの周辺にビジネス客向けの中級クラスのホテルが点在している。中級クラスでもスパ施設を備えているホテルが多い。

日本からホテルへの電話 国際電話会社の番号 + 010 + 国番号90 + 市外局番と携帯電話の最初の0を除いた相手先の電話番号

エフェ Efe Pansiyon Restoran

経済的 20室　Map P.279右 カラハユット

住Beyazıt Mah. Barika Park Otel Karşısı
TEL(0258) 271 4048
シングル/ダブル A/C シャワー バスタブ トイレ 朝食 50TL
US$ € TL
カード A M V

建物はそれほど新しくはないが、2013年に改装済み。夏は屋外プールもオープン。全室床暖房、ミニキッチン、冷蔵庫付き。浴室は温泉のお湯も引かれている。
全館無料　EV なし

ハジュエリー Hacıely Apart Otel

経済的 24室　Map P.279右 カラハユット

住Atatürk Cad. No.40
TEL(0258) 271 4060
Mail kolmehmet@hotmail.com
シングル/ダブル A/C シャワー バスタブ トイレ 朝食 70〜80TL
US$ € TL
カード M V

カラハユットのみやげ物店通りの入口にある。客室は広く、ゆったりとしている。エアコンを利用する場合は10TLプラス。オーナーは英語が少し話せる。
全館無料　EV なし

カヤ Kaya Pansiyon

経済的 60室　Map P.279右 カラハユット

住Atatürk Cad. No.79
TEL(0258) 271 4007
シングル シャワー バスタブ トイレ 朝食 60TL〜
ダブル シャワー バスタブ トイレ 朝食 70TL〜
TL　カード 不可

ペンションが並ぶ通りの奥にある。レセプションは1階で、客室へ上がる階段はその裏。客室は広く、テレビ、冷蔵庫、コンロ付きのミニキッチンと設備も充実。
全館無料　EV なし

ヒエラポリス Hierapolis Thermal Hotel

中級 330室　Map P.279右 カラハユット

住Karahayıt Mah., 1583 Sok. No.29/4
TEL(0258) 271 4441
シングル A/C シャワー バスタブ トイレ 朝食 100TL
ダブル A/C シャワー バスタブ トイレ 朝食 150TL
US$ € TL
カード A M V

老舗のスパリゾート。設備は少々古びているが、温泉は屋内と露天風呂の2種類。女性専用のプールもある。ジャクージやサウナなども完備。左記の料金は2食付き。
全館無料　EV なし

ポラット Polat Thermal Hotel

高級 285室　Map P.279右 カラハユット

住Karahayıt
TEL(0258) 271 4110
FAX(0258) 271 4092
URL www.polathotel.com.tr
シングル A/C シャワー バスタブ トイレ 朝食 400TL
ダブル A/C シャワー バスタブ トイレ 朝食 510TL
US$ € JPY TL　カード A M V

ハマム、サウナ、ジャクージ、フィットネスセンターなど、設備は充実。コテージ型の部屋もある。敷地内にはアクアポラットAquapolatというスライダー付きの大型プールがある(冬期休業)。
全館無料　EV あり

読者投稿　早朝デニズリに着くと、乗り込んできた人にパムッカレに行く人はバンに乗り換えるよう言われる。するとホテルに連れて行かれしつこくツアーを売り込まれた。(愛知県　伊藤雅子　'18年1月)

ルーカスリバー Hotel Lycus River

住Karahayıt
TEL(0258)271 4341
FAX(0258)271 4351
URL www.lycusriver.com
シングル A/C 240TL
ダブル A/C 320TL
両替 US$ € JPY TL
カード A D J M V

高級 270室 Map P.279右 カラハユット

広大な敷地内には温泉はもちろん、ハマム、サウナ、フィットネス、ディスコ、ビリヤード場などもあり、設備は充実している。バリ島やタイからマッサージのスタッフも呼んでいる。近くに同経営で少し安めのLycus Villaもある。

全館無料 EV あり

コロッセア Spa Hotel Colossae Thermal

住Karahayıt
TEL(0258)271 4156
FAX(0258)271 4250
URL www.colossaehotel.com
シングル A/C 65€
ダブル A/C 95€
両替 US$ € JPY TL
カード A D J M V

高級 310室 Map P.279右 カラハユット

温泉プール、フィットネスルーム、エステ、テニスコート、ハマムなど設備が充実したリゾートホテル。日本からのツアー客も利用する。エステでは泥パックやダイエットプログラムもある。左記の料金は夕食付き。

全館無料 EV なし

ドアー Doğa Thermal Health & Spa

住147 Seyir Sok. No.9/1
TEL(0258)271 4400
FAX(0258)271 4500
URL www.dogathermalhotel.com
シングル A/C 65€
ダブル A/C 85€
両替 US$ € TL カード A D J M V

高級 120室 Map P.279右 カラハユット

2014年にオープンした5つ星ホテル。建物はドーム型になっており、中央のスイミングプールの周りに客室が並ぶ。屋内外の温泉はもちろん、バリ式のマッサージなども用意している。

全館無料 EV あり

グランド・ケスキン Otel Grand Keskin

住İstasyon Cad. No.11
TEL(0258)263 6361
FAX(0258)242 0967
シングル A/C 100TL
ダブル A/C 150TL
両替 US$ € TL
カード A M V

中級 99室 Map P.278左A デニズリ

イスタスヨン通りにある。小さいながらもプールがあり、サウナやハマムなど、このクラスにしては設備が充実しているが、館内や客室は少し老朽化が目立つ。スイートルームはシングル120TL、ダブル180TL。

全館無料 EV あり

ラオディキヤ Otel Laodikya

住Yeni Otogar Arkası, 630 Sok. No.19
TEL(0258)265 1506
FAX(0258)241 2005
URL www.laodikya.com
シングル A/C 28€
ダブル A/C 38€
両替 US$ € TL カード A M V

中級 76室 Map P.278左A デニズリ

町の中心部では高級な部類の3つ星ホテルで、フランス人の団体客がよく泊まっている。客室は2014年のオトガルのリニューアルと同時にすべて改装され、スタイリッシュなデザインになった。バスタブ付きの部屋は4室ある。

全館無料 EV あり

グランド・デニズリ Grand Denizli Hotel

住Cumhuriyet Cad. No.6
TEL(0258)263 4242
FAX(0258)263 4252
URL www.granddenizlihotel.com
シングル A/C 120TL
ダブル A/C 180TL
両替 US$ € TL カード A M V

中級 75室 Map P.278左A デニズリ

ジャクージやハマム、サウナなどの設備も整っている。内装は黒や茶色を基調としたモダンな雰囲気。全室に薄型テレビやセーフティボックスなどを完備。バスタブのない部屋もある。

全館無料 EV あり

カラハユット周辺はマスの養殖で知られており、村から養殖場Alabalık Tasisileriへは毎日11:00にシャトルバスが出ている。詳しくは泊まっているホテルやペンションに聞いてみよう。(編集室)

RESTAURANT

パムッカレ村　ジュムフリエット広場の周辺にレストランが点在しているが、冬期は閉店する所も多い。観光客が多いエリアだけあり、トルコ料理以外の料理も出す店が多いが、値段はデニズリやカラハユットに比べてやや高め。
デニズリ　オトガルの裏側に庶民的なロカンタや軽食を出す店が多く、一般的な食事は問題ない。デニズリの食文化は豊かだが、郷土料理を出す店があまりないのが残念。
カラハユット　中心部には庶民的なレストランが多く、ほとんどが通年営業。カラハユットでは軽食としてはギョズレメが一般的。大型ホテルはレストランを併設している。

スルタン・ソフラス Sultan Sofrası

トルコ料理　Map P.279右 カラハユット

住Atatürk Cad. No.54
TEL(0258) 271 4490
開8:00〜24:00
休無休
US$ € TL
M V

地元で愛されているレストラン。ギョズレメ（3〜5TL）は注文を受けてから粉を練って焼いてくれる。ジャー・ケバブ（23TL）やチョップ・シシ（写真、20TL）が人気。上階は同系列のペンションAfşar Apartになっており、🚹/🚹🚹50TL〜。

メフメッツ・ヘブン Mehmet's Heaven

トルコ料理　中華料理　Map P.279左 パムッカレ村

住Atatürk Cad. No.25
TEL(0258) 272 2643
開9:00〜24:00（冬期〜22:00）
休無休
US$ € TL
M V

村の入口近くにある。石灰棚を望むテラスと床に座ってくつろげる席がある家族経営の店で外国人旅行客の利用も多い。メインは30TL〜。種類豊富なセットメニューは30TL〜。荷物の預かりも無料とのこと。中華料理も出す。

ベヤズ・カレ Beyaz Kale Pension & Restaurant

トルコ料理　Map P.279左 パムッカレ村

住Oğuz Kağan Cad. No.4
TEL(0258) 272 2064
URL www.beyazkalepension.com
開20:00〜23:00
休無休
US$ € TL
不可

同名のペンションの最上階にある。料理上手のおかみさん、ヘジャルさんは、天然のものにこだわった素材を選んで毎日厨房に立つ。煮込みなどの家庭料理がやケバブが中心で、サヤインゲンの煮込みTaze Fasulyeも人気。ペンションでの宿泊は🚹25€、🚹🚹35€。

ラム子のロカンタ Lamuko's Lokanta

日本料理　トルコ料理　Map P.279左 パムッカレ村

住Atatürk Cad. No.8
TEL(0258) 272 3434
Mail lamukonolokanta@yahoo.co.jp
開8:30〜23:00（冬期〜21:00）
休無休
US$ € JPY TL　不可

日本人女性が切り盛りする家庭料理や定食の店。一番人気の鶏の生姜焼き丼。親子丼やサーモン醤油漬丼も人気。カレーライスもある。長期旅行者に野菜たっぷりのトルコの家庭料理も知ってほしいと始めた旅行者応援メニューもある。

チョック・イイ Çok İyi Avlu Bazar

トルコ料理　カフェ　Map P.278左A デニズリ

住Sebze Halı. 2 Ticari Yolu. No.1
TEL(0258) 263 8383
開7:00〜19:30
休日
TL
M V

もともと野菜市場のチーズ市場があったところに2012年にオープンした「とてもいい市」。地元産の食材を中心にさまざまな農産物も売っている。カフェや食堂もあり、煮込み料理は10TL〜。アイスクリーム（ワンカップ2TL〜）も人気。

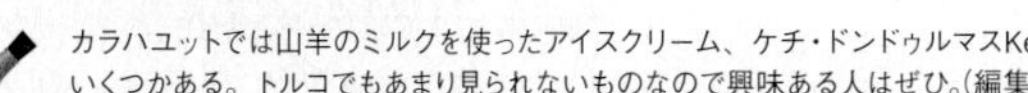

カラハユットでは山羊のミルクを使ったアイスクリーム、ケチ・ドンドゥルマスKeçi Dondurmasıを出す店がいくつかある。トルコでもあまり見られないものなので興味ある人はぜひ。（編集室）

楽しいリゾートがいっぱい

**イズミルからアンタルヤにかけてのエーゲ海・地中海沿岸には、
居心地よいリゾートがいっぱい。
静かな浜辺や海に面した遺跡、色とりどりの家が建ち並ぶ小さな漁村……。
さて、どこで休暇を過ごそうか？**

1 ダッチャ Datça

ギリシア領のコス島を挟んでボドルムの対岸にある細長い半島の一角にある町。夏はボドルムからフェリーや高速船が出ており、日帰りも可能。

3 キョイジェイズ Köyceğiz

キョイジェイズ湖のほとりに広がる町。カウノスやスルタニエ温泉へ行くクルーズ船も発着する。幹線道路上に位置しているので移動もしやすい。

ミレト Milet P.263
アッキョイ Akköy
ディディム Didim P.264
アルトゥンクム・ビーチ Altunkum Plajı
セリミエ Selimiye
ミラス Milas
ヤタアン Yatağan
ギュルリュック Güllük
ヤルカワック Yalıkavak
ギョル・テュルクビュキュ Göl Türkbükü
トルバ Torba
カラオヴァ Karaova
ムーラ Muğla
オルタケント Ortakent
ボドルム Bodrum P.288
カリムノス島 Κάλυμνος Kalimnos Adası
オレン Ören
トゥルグトレイス Turgutreis
カラ島 Karaada
コス・タウン Kos Town
コス島 Κῶς İstanköy Adası
ギョコワ湾 Gökova Körfezi
キョイジェイズ Köyceğiz 3
スルタニエ温泉 Sultaniye Kaplıcası P.295
キョイジェイズ湖 Köyceğiz Gölü
マルマリス Marmaris P.293
カウノス Kaunos P.296
オルタジャ Ortaca
ダルヤン Dalyan P.295
クニドス Knidos 2
ダッチャ Datça 1
ダラマン Dalaman
ニスィロス島 Νίσυρος İncirli Adası
ダッチャ湾 Datça Körfezi
ボズブルン Bozburun
テルサーネ島 Tersane Adası
スィメ島 Σύμη Sömbeki Adası
フェティエ Fethiye P.297
フェティエ湾 Fethiye Körfezi
オリュデニズ Ölüdeniz P.299
ティロス島 Τήλος İlyaki Adası
世界遺産
オリュデニズ・ビーチ Ölüdeniz Plajı
ロドス・タウン Rhodes Town
スィディマ Sidyma
ロドス島 Ρόδος Rodos Adası
リンドス Lindos

2 クニドス Knidos

紀元前7世紀から芸術と学問の中心地として栄えた都市。世界七不思議のひとつファロス灯台を設計したソストラトスの出身地で、プラクシテレスの彫刻クニドスのアフロディーテ像があったことでも知られている。

4 カルカン Kalkan

カシュの西約26kmにある小さなリゾート。かつての漁村としてのたたずまいを残しているところが魅力的。

7 オリンポス Olympos

木の上に造られた小屋（ツリーハウス）の宿で有名なリゾート。オリンポスは紀元前1世紀頃に船の避難基地として造られた。高台にはアクロポリスがあり、眺めがすばらしい。この町の近くの山には、絶えず岩の間から吹き出す炎があり、ヤナルタシュ Yanartaş（燃える石）と呼ばれている。特に夜は神秘的な光景になる。ヤナルタシュへは夏期は毎晩ペンションなどでバスツアーが催行されている。ツリーハウスは冬期に休業するところがほとんど。

10 テルメッソス Termessos

山に囲まれた高台にあるギリシア・ローマ時代の城塞遺跡。強固な守りで知られ、アレキサンダー大王でさえ、攻撃をためらったといわれるほど。

8 ファセリス Phaselis

カシュとアンタルヤを結ぶ湾岸道路沿いにある遺跡。この遺跡は松が生い茂る海岸沿いにあり、古代の港に今も波が寄せている。

11 マナウガット Manavgat

アンタルヤの東約78kmに位置する大きな町で、長く美しいビーチのほか、町の北約3kmにあるマナウガットの滝 Manavgat Şelalesiは、落差こそ3〜4mと低いが豊富な水量で、その轟音とともにダイナミックな景観が広がる。マナウガット河口の海岸線も美しい。

5 フィニケ Finike

紀元前5世紀頃にフェニキア人によって造られた町で、古代名をポエニカスという。古代より貿易港として栄えていた。リゾートタウンでありながら漁業や農業もさかんで、特産であるオレンジ畑が周囲に広がっている。フィニケ湾も好漁場で、いろいろな魚が市場に並ぶ。

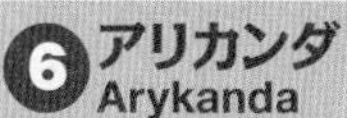

6 アリカンダ Arykanda

カシュとケメルの間にあるフィニケから、北へ入った所にあるリキヤ遺跡。遺跡の保存状態のよさは抜群。敷地は広く、坂が多いため回るのは大変だ。入った所にローマ神殿があり、体育館から音楽堂、アゴラや墓、美しい劇場などが残り、見ごたえがある。

9 ケメル Kemer

アンタルヤの南約25kmに位置するリゾートタウン。大型リゾートホテルが建ち並ぶ地中海屈指のリゾート。きれいなビーチも多く、青い海と砂浜、松林のコントラストがすばらしい景観を形作っている。

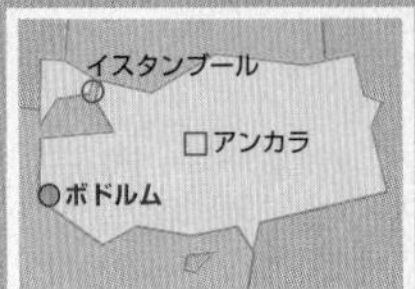

エーゲ海と地中海を見渡せる城塞に登ろう

ボドルム Bodrum

市外局番 0252	人口3万5795人	標高7m

闇に浮かびあがるボドルム城

エーゲ海の最南端、地中海の入口ともいうべき港町ボドルム。冬でも比較的温暖で晴れる日も多い。トルコを代表する高級リゾートであり、毎年世界的著名人がバカンスに訪れる。

古代にはハリカルナッソスと呼ばれ、世界の七不思議のひとつ、マウソロス廟があることで知られるが、現在見られる史跡の多くは15世紀以降のもの。そのシンボルは港に突き出た岬の上に建つ重厚な十字軍の要塞ボドルム城だ。港の突端にそびえる雄姿は、まるで海に浮かんでいるようにも見え、エーゲ海の紺碧に見事にマッチしている。

歩き方

オトガルから港へ延びる**ジェヴァット・シャーキル通り**Cevat Şakir Cad.を南西へ行くと、クルーザーの並ぶ**ヨットハーバー**に出る。海岸沿いの**ジュムフリエット通り**Cumhuriyet Cad.周辺はにぎやかなバザール。レストランやみやげ物屋が並び、観光客でにぎわう。**ボドルム城**北側の商店街を入った所には、**旧居酒屋横丁**Eski Meyhaneler Sok.も(正式名エスキ・バンカ通りEski Banka Sok.)ある。ちなみに新居酒屋横丁Yeni Meyhaneler Sok.はオトガル近くにあるチャルシュ通りÇarşı Sok.。

オトガルから西へ進めば**マウソロス廟**Mausoleion Müzesiがある。**古代世界の七不思議**のひとつとして名を知られ、世界でも有数の美しさで知られた廟だったが、聖ヨハネ騎士団が石材を持ち去ったため現在は礎石が残るのみ。見つかった遺品の多くは、ロンドンの大英博物館に収蔵されている。町の北を東西に走る広い舗装道路の西側には**ローマ劇場**もある。

■時刻表一覧
✈→P.54～59
ボドルム・ミラス空港が最寄り
🚌時刻表索引→P.62～63

■ボドルムの ⓘ
Map P.290B2
住Barış Meydanı No.48
TEL&FAX(0252)316 1091
URL www.muglakulturturizm.gov.tr
開夏期8:00～18:00
(日10:00～16:00)
冬期10:00～16:00
休10～6月の土・日

Information

国民的歌手ゼキ・ミュレン

ボドルムは国民的歌手ゼキ・ミュレン(1931～96)が晩年こよなく愛した地だった。彼の家は博物館として公開され、目の前の通りはゼキ・ミュレン通りと名付けられている。

■ゼキ・ミュレンの家
Map P.289B2
住Zeki Müren Cad. No.11
TEL(0252)313 1939
開8:00～19:00 (冬期～17:30)
休月　料6TL　内部不可

新居酒屋横丁

■マウソロス廟
Map P.290A1
開8:00～19:00 (冬期～17:30)
休月　料12TL

石柱が散らばるマウソロス廟

ボドルム城の特設ステージで行われるボドルム国際バレエフェスティバルは、すっかり夏の風物詩となった。2019年は8月3日～21日に行われる。(編集室)

●**周辺のビーチへ**　ビーチでのんびりしたい人は、**ギュンベットGümbet**、**オルタケントOrtakent**、**トルバTorba**、**トゥルグットレイスTurgutreis**などへ行こう。最も近いのはギュンベット。パラセイリングなどのマリンスポーツが楽しめる。

ギュンベットから南に半島を下ると、**風車**が建っている。羽根が付いた完全形はひとつだけだが、それもまた牧歌的。あたりは高台になっており、ボドルムのヨットハーバーが一望できる。

ターミナルから町の中心部へ

◆空港から市の中心部へ

ボドルム近郊のミラス空港からオトガルまで、**ハワシュHavaş**およびムッタシュ Muttaşのバスがオトガルまで運行している。所要約45分。運賃は15TL。いずれも飛行機の到着に合わせて発着。オトガルからは飛行機の出発2時間前に出る。

◆オトガルから市の中心部へ

オトガルは町の中心部にあり、緩やかな坂道を10分ほど下ると**アタテュルク像**のある広場に出る。

◆港から市の中心部へ

ギリシアのコス島、ロドス島とを結ぶフェリーは、便によってボドルム城西側の船着場とマンタル岬に発着する場合がある。どちらに発着するのか事前に要確認。

■ローマ劇場 Map P.290A1
開夏期8:30～19:00
　冬期8:30～17:30
休月　料無料

ボドルムのローマ劇場

Information

ひょうたんランプとレザーアクセサリー

ボドルムをはじめとするエーゲ海・地中海沿岸地方では、ひょうたんに透かし彫り細工をして明かりを入れるひょうたんランプが有名。他にも皮製品を得意とする店が多く、バザールでもよく見かける。

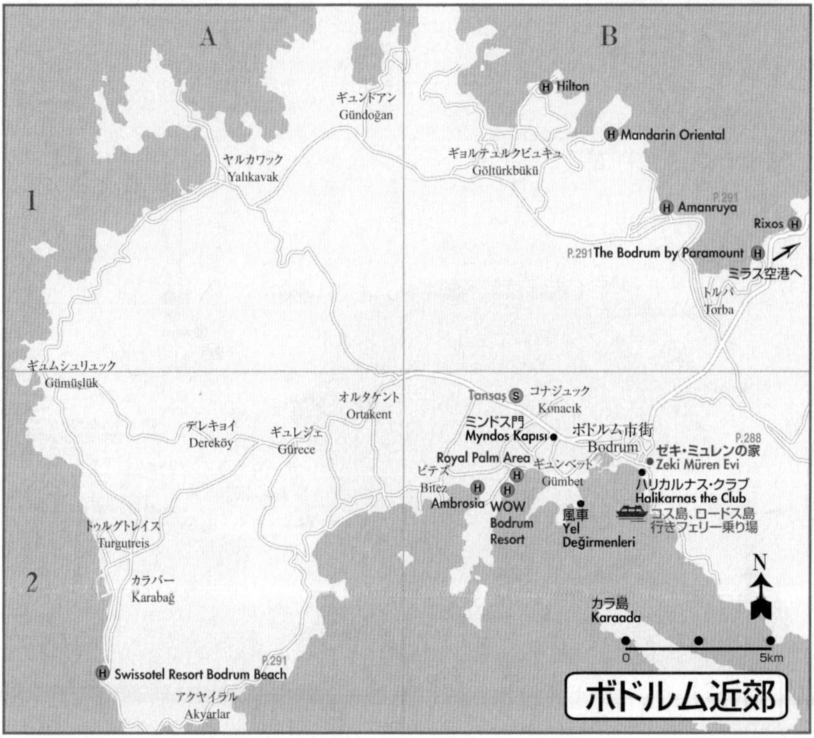

ボドルム近郊

A　B　1　2
ギュンドアン Gündoğan
ヤルカワック Yalıkavak
ギョルテュルクビュキュ Göltürkbükü
Hilton
Mandarin Oriental
P.291 Amanruya
Rixos
P.291 The Bodrum by Paramount
ミラス空港へ
トルバ Torba
ギュムシュリュック Gümüşlük
オルタケント Ortakent
Tansaş
コナジュック Konacık
ミンドス門 Myndos Kapısı
ボドルム市街 Bodrum
P.288
ゼキ・ミュレンの家 Zeki Müren Evi
デレキョイ Dereköy
ギュレジェ Gürece
Royal Palm Area
ギュンベット Gümbet
ビテズ Bitez
Ambrosia
WOW Bodrum Resort
風車 Yel Değirmenleri
ハリカルナス・クラブ Halikarnas the Club
コス島、ロードス島行きフェリー乗り場
トゥルグトレイス Turgutreis
カラバー Karabağ
カラ島 Karaada
N
0　5km
P.291 Swissotel Resort Bodrum Beach
アクヤイラル Akyarlar

ボドルムのオトガルは市内の渋滞緩和のため、郊外へ移転する作業が進められている。新しいオトガルは2020年に完成する予定。(編集室)

■ボドルム城
TEL(0252)316 2516
URL www.bodrum-museum.com
※2020年まで改装のため閉鎖中

ボドルム城の入口

■ウルブルン沈没船
世界有数の沈没船博物館。カシュ近郊に眠っていた紀元前14世紀の沈没船を展示している。

■カリア王女ホール
カリアとはボドルム一帯の古代名。カリア王女は伝説上の人物。このホールではカリア関連の発掘物を展示している。

見どころ

十字軍が建設し、刑務所としても使われた

ボドルム城

Map P.290B2

Bodrum Kalesi ボドルム・カレスィ

15世紀初めにロドス島を拠点としていた聖ヨハネ騎士団が築いた城。別名**セント・ピーター城**ともいわれている。この城の建築に際しマウソロス廟の石材がふんだんに利用された。さらに何度か増築され、地中海沿岸で最も堅固な城となった。その後1523年に**スュレイマン大帝**の手に渡り、オスマン朝時代になると国土が拡大し国境が遠くなったため、この城の重要性が忘れ去られていく。1895年からは刑務所に変わり、700人の囚人を収容していたまた、敷地内には世界有数の**ウルブルン沈没船**と**カリア王女ホール**を併設している。城内にはイギリス、ドイツなど各国の名前の付いた高さの違う塔がいくつかあり、最も高い**フランス塔**Fransız Kulesiからは、ボドルムの町の全貌が見渡せる。

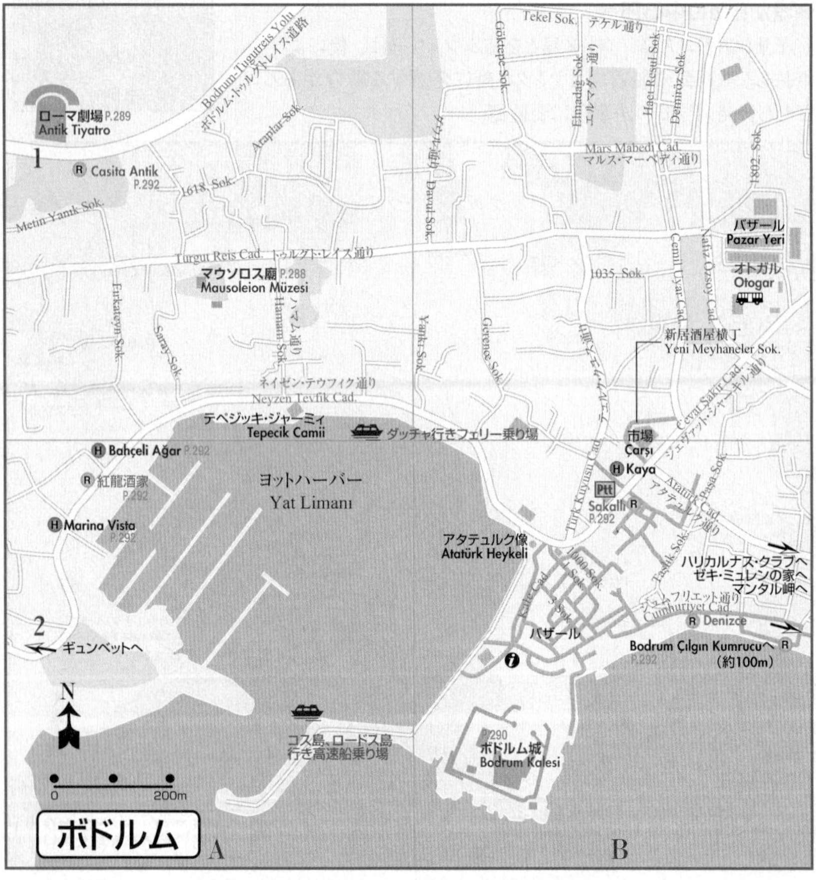

ボドルム
ローマ劇場 P.289
Antik Tiyatro
Casita Antik P.292
Bahçeli Ağar P.292
紅龍酒家 P.292
Marina Vista P.292
マウソロス廟 P.288
Mausoleion Müzesi
テペジッキ・ジャーミィ
Tepecik Camii
ダッチャ行きフェリー乗り場
ヨットハーバー
Yat Limanı
コス島、ロードス島行き高速船乗り場
ボドルム城 P.290
Bodrum Kalesi
アタテュルク像
Atatürk Heykeli
バザール
Pazar Yeri
オトガル
Otogar
新居酒屋横丁
Yeni Meyhaneler Sok.
市場
Çarşı
Kaya
Sakallı P.292
Denizce
Bodrum Çılgın Kumrucuへ P.292 (約100m)
ハリカルナス・クラブへ
ゼキ・ミュレンの家へ
マンタル岬へ
ギュンベットへ
Bodrum-Turgutreis Yolu ボドルム・トゥルグトレイス道路
Turgut Reis Cad. トゥルグト・レイス通り
ネイゼン・テウフィク通り
Neyzen Tevfik Cad.
Cevat Şakir Cad. ジェヴァット・シャーキル通り
Atatürk Cad. アタテュルク通り
Cumhuriyet Cad. ジュムフリエット通り
Mars Mabedi Cad. マルス・マーベディ通り
Tekel Sok. テケル通り
Cemil Uyar Cad.
Nafiz Özsoy Cad.
Türk Kuyusu Cad. テュルク・クユス通り
Dawut Sok. ダウト通り
Hamam Sok. ハマム通り
Elmadağ Sok. エルマダー通り
Gürtepe Sok.
Haci Resul Sok.
Demiröz Sok.
1802. Sok.
1035. Sok.
1618. Sok.
Araplar Sok.
Metin Yanık Sok.
Furkateyn Sok.
Saray Sok.
Yankı Sok.
Gerence Sok.
Kale Cad.
Taşlık Sok.
Paşa Sok.
0 200m
A B 1 2

マウソロス廟とセルチュクのアルテミス神殿は、イスタンブールのミニアトゥルク（→P.167）でミニチュアながらも往時の姿が復元されている。（編集室）

エーゲ海のほとりで のんびりリゾート滞在

近年、新たなリゾートホテルの開業が相次ぐボドルム近郊。まっさらな建物の脇に建つ、人里離れた静かなプライベートビーチで、のんびりと過ごす。そんな休日はいかが？

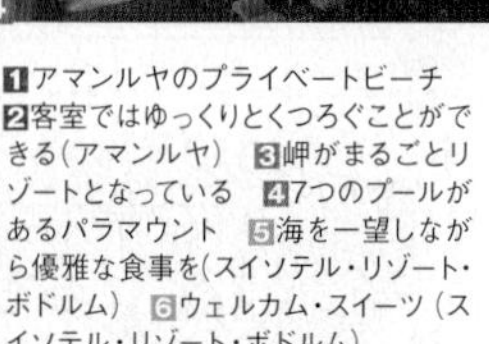

1アマンルヤのプライベートビーチ 2客室ではゆっくりとくつろぐことができる（アマンルヤ） 3岬がまるごとリゾートとなっている 47つのプールがあるパラマウント 5海を一望しながら優雅な食事を（スイソテル・リゾート・ボドルム） 6ウェルカム・スイーツ（スイソテル・リゾート・ボドルム）

スパの心地よさは折り紙つき

アマンルヤ Amanruya

高級 36室 Map P.289B1

住Bülent Ecevit Cad., Demir Mevkii, Göltürkbükü
TEL(0252)311 1212 FAX(0252)311 1213
URLwww.aman.com
839～1198€

世界中のセレブから支持されているアマンリゾートのホテル。アジアンテイストの軽やかな建物と、トルコの伝統的なスタイルの内装を調和させて、明るく落ち着いた空間を作りあげている。すべての部屋の庭にプールがあり、プールサイドで受けるマッサージはアマンならではのクオリティ。

トルバ湾に位置する大型リゾート

ボドルム・パラマウント The Bodrum by Paramount

高級 135室 Map P.289B1

住Torba Mah., Zeytinlı Kahve Mevkii, Bodrum
TEL(0252)311 0030 FAX085 0200 4040
URLwww.thebodrumbyphr.com
338～1683€

大型のリゾートホテルで、プールが7つ、レストランは地中海料理、中華料理、イタリアンなど、5つあるなど、長く滞在しても飽きることはない。部屋も最も安いプレミアム・スイートでも90㎡でバルコニーからは海が望める。海沿いのタイ・スタイルのコテージを借りきって泊まることもできる。

明るくスタイリッシュな滞在

スイソテル・リゾート・ボドルム Swissotel Resort Bodrum Beach

高級 60室 Map P.289A2

住Turgutreis Mah., Gazi Mustafa Kemal Bul. No.42
TEL(0252)311 3333 FAX(0252)311 3344
URLwww.swissotel.com
350€～

トゥルグトレイスの町はずれにあるホテル。白を基調としたロビーにはボドルムの象徴、ブーゲンヴィリア（ココノエカズラ）をイメージしたオブジェが飾られ、明るく開放的な雰囲気を演出している。部屋はヴィラタイプとスタンダードタイプがある。上記の料金はハイシーズンのもの。

ボドルム近郊にあるハリカルナスは巨大な屋外クラブ。町からは遠いが、夏のシーズン中はボドルムから送迎付きのツアーが組まれるほどの人気。（編集室）

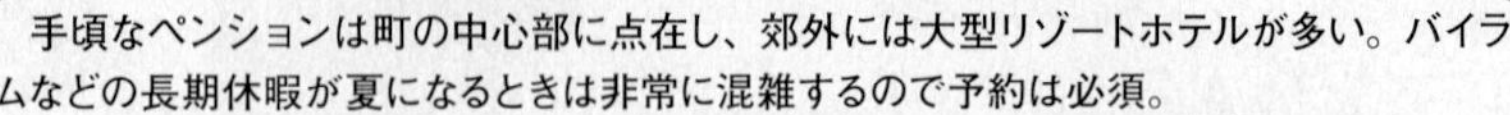

手頃なペンションは町の中心部に点在し、郊外には大型リゾートホテルが多い。バイラムなどの長期休暇が夏になるときは非常に混雑するので予約は必須。

ハーバーからマリーナにかけてはしゃれたレストランやカフェが軒を連ねており、ジュムフリエット通りのバザール内にもレストランが多い。リゾート地だけあって値段はどこも高め。

日本からホテルへの電話 国際電話会社の番号 + 010 + 国番号 90 + 市外局番と携帯電話の最初の 0 を除いた相手先の電話番号

バフチェリ・アール Bahçeli Ağar Aile Pansiyonu

経済的 9室 Map P.290A2

住Yat Limanı, 1402 Sok. No.4
TEL(0252) 316 1648
A/C 100TL
A/C 150TL
US$ € TL
A D M V

家族経営のペンション。バルコニーからの景色はよい。共同トイレ・バスは各階にふたつ。キッチンや冷蔵庫も利用できる。シャワー付きの部屋は1室のみ。

全館無料 EV なし

マリーナ・ヴィスタ Hotel Marina Vista

高級 92室 Map P.290A2

住Neyzen Tevfik Cad. No.168
TEL(0252) 313 0356
FAX(0252) 316 2347
URLwww.hotelmarinavista.com
A/C 270～630TL
A/C 370～630TL
US$ € TL A M V

大きめのプールもあり、大理石のロビー、明るめの客室などしゃれた雰囲気。フィットネスなどの設備もある。レストランからマリーナを望む風景はとても絵になる。

全館無料 EV あり(一部利用不可)

チュルグン・クルムジュ Bodrum Çılgın Kumrucu

トルコ料理 Map P.290B2外

住Cumhuriyet Cad. No.102
TEL(0252) 313 4011
URLwww.bodrumcilginkumrucu.com
開8:00～翌5:00 休無休
TL M V

ビーチ沿いに位置するファストフードレストラン。フライドポテトを敷き詰めたチョケルトメ・ケバブ22TLはボリューミーで手頃。ドリンクを頼んで店の前のビーチで日光浴や海水浴をすることも可能。

サカッル Sakallı Restaurant Ali Doksan

トルコ料理 Map P.290B2

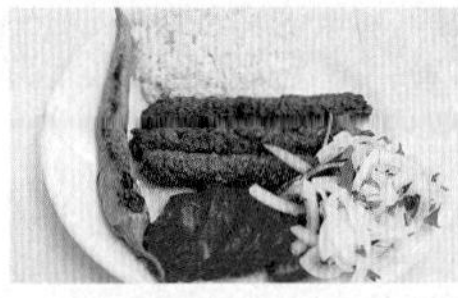

住Nazım Hikmet Sok. No.10
TEL(0252) 316 6687
開夏期7:00～22:00
冬期7:00～20:00
休冬期の日曜
US$ € TL M V

1945年創業。ボドルムで最も歴史の古い大衆食堂。朝は2種類のスープが各6TL。日替わりの煮込み料理が常時8～15種類ある。一番人気はシシ・キョフテ(写真)。

ジャスィタ・アンティキ Casita Antik

マントゥ トルコ料理 Map P.290A1

住Antik Tiyatro Karşısı
TEL(0252) 313 2484
URLwww.casita.com.tr
開17:00～22:00
休冬期
US$ € TL M V

ボドルムのマントゥはカイセリのものよりずっと小粒で、茹でたものと揚げたものがある。「トリオ」は3種類のマントゥがひとつの皿に盛られた人気メニュー。そのほか肉料理も好評。

紅龍酒家 Red Dragon Restaurant

中華料理 Map P.290A2

住Neyzen Tevfik Cad. No.150
TEL(0252) 316 8537
URLwww.reddragon.com.tr
開9:00～24:00
休無休
US$ € TL M V

値段は高めだが、中国人シェフの作る料理は定評がある。チャーハンは27～37TL、肉料理は44～63TL、シーフードは55～92TL～。ボドルム以外にイズミルにも支店がある。

バザールでは、ドネル・ケバブの肉塊にニンジンやジャガイモ、トマトなどを詰めたセブゼリ・ドネルというケバブが人気を集めており、ボドルムの新名物として定着しそうな勢いだ。(編集室)

ロドス島への起点、リアス式海岸が美しい港町

マルマリス Marmaris

イスタンブール
アンカラ
マルマリス

市外局番 **0252**	人口**3万4047**人	標高**5**m

城塞から港を眺める

マルマリスはボドルムの南東約80kmの港町。背後を松林が繁る山に囲まれ、入り組んだ湾内の穏やかな海面が独特な静けさを醸し出す風光明媚な保養地だ。ボートセイリングなどマリンスポーツが盛んなリゾートで、ギリシアのロドス島へのフェリー発着港でもある。周辺の美しいビーチで過ごしたり、ボートツアーで洞穴巡りが楽しめる。沖には多くの島が浮かび、いろいろな断層が顔を出していて興味深い。タートルビーチやダルヤン川下りで泥風呂を楽しむ1日ツアーが人気。クルーズ船で沖に出れば多くの島が浮かび、いろいろな断層が顔を出していて興味深い。洞窟巡りも楽しい。

■時刻表一覧

✈→P.54〜59
ダラマン空港が最寄り
🚌時刻表索引→P.62〜63

■マルマリスの❶

Map P.294A
住İskele Meydanı No.2
TEL&FAX(0252)412 1035
URL mugla.ktb.gov.tr
開夏期
8:00〜12:00 13:00〜18:00
冬期
8:00〜12:00 13:00〜17:00
休冬期の土・日

マルマリスの❶

オトガルは町から少し離れている

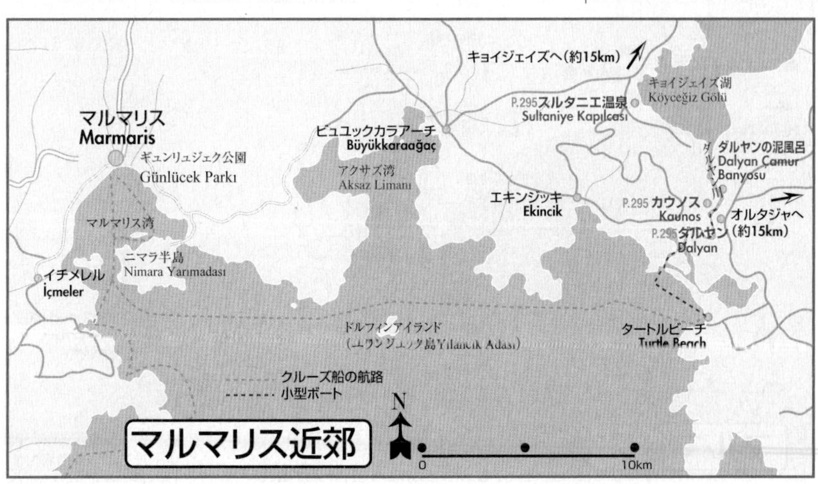

マルマリス近郊

マルマリスの語源はミマール・アスで、「建築家をつるせ」という意味。スュレイマン大帝はロドス島攻略のため増築させた城塞が小さいのに怒り、建築家をつるした(＝処刑)という。(編集室)

オトガルと町を結ぶドルムシュ

■イェシル・マルマリス
Map P.294A
TEL(0252)412 6486
開9:00〜21:00　休無休
ロドス島へのフェリーと高速船のチケットを販売している。

■城塞　Map P.294A
開8:00〜18:45 (11〜3月〜17:00)
休11〜3月の月曜　料12TL
内部不可

名物料理

ダルヤンのアオガニ

ダルヤンはマーヴィ・イェンゲチMavi Yengeç(=アオガニ) で有名。アオガニといってもゆでると赤くなる。小ぶりだが、なかなかの美味。

歩き方

町の中心部は**オンドクズ・マユス・ゲンチリッキ広場**19 Mayıs Gençlik Meydanıという噴水がある広場。海側のアタテュルク像のある広場からマリーナ沿いに15分ほど歩けば、レストラン街までたどり着く。レストラン街の先端部分には城塞（マルマリス城）があり、内部は博物館になっている。クニドスで発見された彫刻やローマ時代のガラス細工が展示されている。

オンドクズ・マユス・ゲンチリッキ広場

ターミナルから町の中心部へ

◆空港から市の中心部へ　ターキッシュ エアラインズの便の到着に合わせてダラマン空港からマルマリスへのバスが出ている(25TL)。所要約1時間30分。タクシーなら200TL程度。空港行きのバスは出発の3時間前にオトガルを出発する。

◆オトガルから市の中心部へ　1kmほど中心部から離れている。オトガルからドルムシュも走っている（2.35TL）。オンドクズ・マユス・ゲンチリッキ広場で下ろしてもらうとよい。

◆港から市の中心部へ　ロドス島からのフェリーが到着する港はマルマリスのマリーナ。海沿いに10分ほど歩けばバザールのある中心部へ着く。

マルマリス

Villa Dream P.296
Rosy
The Queen Vic. P.296
General Mustafa Muğlalı Cad.
ゲネラル・ムスタファ・ムーラル通り
オトガルへ
オトガルへ
国立病院
Devlet Hastanesi
オンドクズ・マユス・ゲンチリッキ広場
19 Mayıs Gençlik Meydanı
Nadir
Royal Maris
中国庭園
P.296 Aylin
Kemal Seyfettin Bul.
ケマル・セイフェッティン大通り
Candanへ（約100m）P.296
サバンジュ高校
Sabancı Lisesi
Ulusal Egemenlik Cad.
Yeniyol Cad.
Mustafa Kemal Paşa Cad.
アタテュルク像
タシュハンのチケットオフィス（バス会社）
Taşhan Yazhaneleri
Kordon Cad.
バザール
Ptt
Barlar Sok.
Barbaros Cad.
バー、ディスコ、クラブ多い
市営スポーツ施設
Belediye Spor Kompleksi
P.294 Yeşil Marmaris
P.296 Dede
Karaaslan
8 Oda P.296
マリーナ
城塞(博物館) P.294
Kale
レストラン街
ロドス島行きフェリー乗り場へ
0　300m

マルマリスがあるムーラは、結婚時に新婦側が家具を準備する名古屋のような風習があり、「家はレンガ（トゥーラ）で建て、嫁はムーラでもらえ」といわれている。(編集室)

見どころ

近郊の旅

美肌効果もある泥風呂

スルタニエ温泉

Map P.293

Sultaniye Kaplıcası スルタニエ・カプルジャス

泥に浸かったあとは温泉やプールに入ってリフレッシュできる

ダルヤン川を上ったキョイジェイズ湖畔にある。アポロンとアルテミスの母レトの力により病気が治る温泉として古代から知られていた。泥風呂が有名だが海水温泉もある。リウマチや婦人病、胃腸や腎臓の疾患に効能があり、美容効果も高い。マッサージ施設も完備している。

キョイジェイズのマリーナ

■スルタニエ温泉
🚌フェティエ方面のバスでキョイジェイズ**Köyceğiz**下車。シーズン中ならキョイジェイズからミニバスが出ている。港からはシーズン中、日帰りのボートツアーも催行されている。ダルヤンの港からもシーズン中はボートで行くことができる。

Live Report ダルヤンとカウノスへのクルーズ

白い砂浜や美しい静かなビーチで知られるダルヤンへはマルマリスから1日クルーズで行くことができる。近郊のカウノスや泥温泉、タートルビーチも訪れる盛りだくさんのプログラムだ。

タートルビーチからカウノスへはボートに乗り換えてダルヤン川Daryan Nehriを上っていく。カウノスはヘレニズム、ローマ時代に栄えた港を中心とした交易都市だった所。ここにある岩掘りの墓は紀元前4世紀の王の墓と考えられている。山の中腹の崖の岩肌に寺院を模した墓が並ぶ姿は圧巻だ。カウノスにはコリント式の柱をもつ神殿やローマ劇場などの遺跡が点在。墓の近くにはダルヤンの泥風呂Dalyan Çamur Banyosuがある。スルタニエ温泉と並ぶ人気の泥風呂だ。

■ダルヤン、カウノスへ
4〜10月にマルマリスから出ている。9:30頃出発で19:00頃帰着。
陸路で行く場合、オトガルからフェティエ、オルタジャ Ortaca方面の便に乗り、オルタジャのオトガルでダルヤン行きのドルムシュに乗り換える。

9:30頃港を出港

島の近くに停泊して海遊び

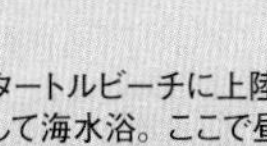

タートルビーチに上陸して海水浴。ここで昼食をとる場合もある

小型ボートに乗り換えてダルヤン川へ

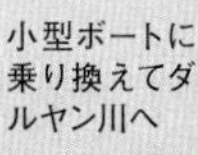

周囲の岩肌をよく観察してみて

カフェもあるので休憩できる

遊び疲れてヘトヘト

マルマリス

✒ マルマリスはイギリスからのバカンス客が多いためか、各レストランではボリュームたっぷりのイングリッシュ・ブレックファストを出す店が多い。(編集室)

HOTEL & RESTAURANT

中・高級ホテルは西側の海岸沿いに多く、町の中心部にあるペンションは少し安い。各ビーチ沿いにもそれぞれホテルがある。ロドス島への船が出ることもあって、夏は旅行客であふれる。宿は多いがシーズン中は予約を。

日本からホテルへの電話 国際電話会社の番号 + 010 + 国番号90 + 市外局番と携帯電話の最初の0を除いた相手先の電話番号

アイリン Hotel Aylin

経済的 20室 Map P.294A

住Kemeraltı Mah., 99 Sok. No.6
TEL(0252)412 8283
FAX(0252)413 9985
S A/C 50〜100TL
W A/C 100〜150TL
US$ € TL　カード M V

海岸通りから1本入った所にある。建物はやや古く、室内もテレビがあるぐらいでやや殺風景だが、清潔にされている。ボートツアーの申し込みもできる。

Wi-Fi 全館無料　EV なし

ヴィラ・ドリーム Villa Dream

中級 14室 Map P.294A

住Çıldır Mah., Hasan Işık Cad. No.43
TEL(0252)412 3354
URL www.villadreamapartments.com
S/W A/C 150〜200TL
US$ € TL
カード M V

海沿いから800mほど離れた、ホテルが並ぶエリアにある。1階にはレストランやバーがあるほか、敷地内には小さいながらもプールも備えている。部屋はキッチン付き。朝食は別料金で15TL。

Wi-Fi 全館(一部客室除く)無料　EV あり

ジャンダン Candan Beach Hotel

中級 38室 Map P.294A外

住Atatürk Cad. No.44
TEL(0252)412 9302
FAX(0252)412 5359
URL beach.hotelscandan.com
S A/C 200TL
W A/C 350〜400TL
US$ € TL　カード A D J M V

町の中心部からケマル・セイフェッティン大通りを西に進んだ右側にある。ビーチもすぐそば。部屋はシンプルだが、クラシカルな雰囲気。1階にはバーも併設されている。朝食はビュッフェ形式。

Wi-Fi 全館無料　EV あり

セキズ・オダ 8 Oda Boutique Homes

高級 8室 Map P.294B

住30 Sok. No.17-19, Kaleiçi
TEL&FAX(0252)413 6540
URL www.8odamarmaris.com
S/W A/C 85€〜
US$ € TL
カード M V

城塞のすぐ近くにあるブティックホテルで白と淡い青のかわいらしい外観が特徴的。かつての民家を1棟まるまる借りることができる。エーゲ海のリゾート気分を満喫したいならおすすめ。

Wi-Fi 全館無料　EV なし

デデ Dede Restaurant

魚料理 Map P.294A

住Barbaros Cad. No.15
TEL(0252)413 1711
URL dederestaurant.com
開8:00〜翌1:00　休無休
US$ € TL
カード M V

1973年創業の老舗で、ⓘの近くにある。カジュアルな服装でOK。近海で獲れた魚介を、グリルやキャセロールで楽しめる。予算はひとり100〜200TL。冬期休業。

クイーン・ヴィクトリア The Queen Vic.

トルコ料理 英国パブ Map P.294A

住121 Sok. No.1
TEL(0252)413 8635
開9:00〜24:00
休無休
TL　カード M V

家族経営のレストラン＆バー。マルマリスの客層を反映して、朝はトルコ式の朝食のほかに、イギリス式の朝食も出す。夜はブリティッシュ・パブとして楽しむことができる。

デデ・レストランのデデは「おじいさん」という意味。先代オーナーだったおじいさんは104歳まで長生きしたとか。そのことに敬意を払ってこの名前にしたという。(編集室)

リキヤ以来の歴史をもつリゾート都市

フェティエ Fethiye

市外局番 0252	人口8万4053人	標高4m

フェティエ近郊、オリュデニズの海岸線

ムーラMuğlaの南東約150kmに位置する近代的なリゾート地。多くの遺跡があったが、1957年の大地震による被害のために、今はその断片を残すばかりとなってしまった。

入江には、聖ヨハネ騎士団が修道生活をしたとされるキャヴァリエールCavaliere（騎士の島）をはじめ、たくさんの小島が点在する。また、クサントス、レトゥーンという、世界遺産の遺跡を見に行くにも起点となりえる町だ。

歩き方

町の中心部は東側の**考古学博物館**から西のヨットハーバーにかけて。そこを**アタテュルク通り**Atatürk Cad.が東西に貫く。考古学博物館の500mほど南の山腹には、**リキヤ式岩窟墓**のなかでも極めてすばらしいといわれる岩窟墓がある。また、ヨットハーバー近くにはローマ時代の**劇場**がひっそりと残り、町の南側の高台には十字軍の城跡がある。シーズン中は、港から周辺の12の島を巡る1日クルーズが出ている。

◆オトガルから市の中心部へ

町の中心部から約3km東にあるオトガルには、大手バス会社のほか、デニズリ、カシュ、アンタルヤなど近郊行き中型バスも発着。町の中心部へはオトガルを出て通りを渡った反対車線からオレンジ色のドルムシュに乗る。所要約10分、5TL。

◆ドルムシュ & ミニバス

フェティエ近郊への足となるドルムシュとミニバス。オリュデニズÖlüdenizやヒサルオ

■時刻表一覧
✈→P.54〜59
ダラマン空港が最寄り
🚌時刻表索引→P.62〜63

■フェティエの ⓘ
Map P.298B
住 Fevzi Çakmak Cad. No.9/D
TEL (0252) 614 1527
FAX (0252) 612 1975
Mail fethiyetourizm@yahoo.com
開 夏期8:00〜18:00
（土・日10:00〜18:00）
冬期8:00〜12:00
13:00〜17:00
休 冬期の土・日

■フェティエ考古学博物館
Map P.299C
住 505 Sok.
TEL (0252) 614 1150
開 夏期8:30〜19:30
冬期8:30〜17:30
休 無休　料 無料

岩肌にへばりつくような岩窟墓

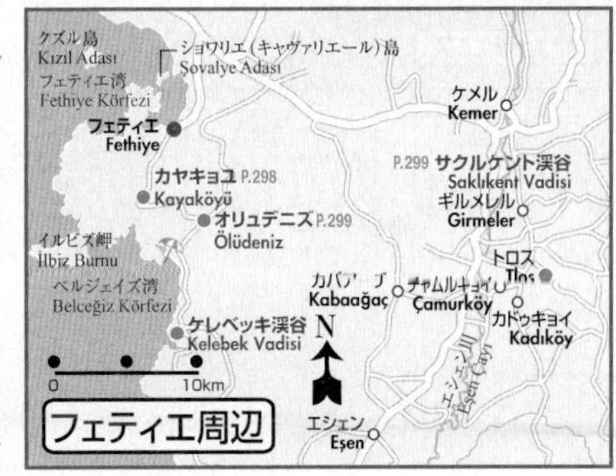

フェティエは1913年に起こったトルコ最初の航空機事故での殉職者フェトヒ・ベイにちなんで町の名前が付けられた。（編集室）

■フェティエからのクルーズ
どのツアーも同じようなプログラム。シーズン中は混むので、前日の朝までに予約を。

●12島巡りクルーズ
5～10月の10:30頃出発、メルディヴェンリ岬、ショワリエ島、ギョジェック島、クズル島などに寄り遺跡見学、海水浴、スノーケリングを楽しむ。18:00頃帰着。昼食込みで80～100TL。

●オリュデニズとケレベッキ峡谷
5～10月の10:30頃出発、ケレベッキ渓谷(バタフライバレー)に寄り、オリュデニズの砂浜沖に停泊する。海水浴のあと、18:00頃帰着。ランチ付き110TL～。

12島巡りのクルーズ船

■カヤキョユ
🚌ドルムシュ・ガラジュから5TL、所要約30分。7:00～21:00(冬期～19:00)に頻発。

ニュHisarönü、カヤキョユKayaköyü行きのミニバスは、町の中心部から約1km東にあるドルムシュ・ガラジュから出る。レトゥーンLetoonのあるクムルオヴァKumluova、クサントスXanthos、クヌクKınık、パタラPataraなど長い路線も、ドルムシュ・ガラジュが起点となる。

見どころ

2000年以上も前に造られた彫刻が美しい

岩窟墓

Map P.299C

Kaya Mezarları カヤ・メザルラル

紀元前4世紀に造られたギリシア神殿風の造りに、イオニア式の柱頭を用いたアミンタスの墓が秀逸。保存状態はよい。

近郊の旅

ギリシア人の村がそっくり残された

カヤキョユ(カルミラッソス)

Map P.297

Kayaköyü カヤキョユ

ギリシア正教会のキリスト教徒が住んでいた村だが、独立戦争後の住民交換により、村がそっくりそのまま残された。イエスの生涯を描いたフレスコ画が残る教会やワインの貯蔵庫、礼拝堂などがある。ここからオリュデニズまで約8km、2時間30分～3時間のトレッキングコースもあり、林の中を抜けると突然目の前に美しいオリュデニズの海が広がる。小さな教会の上方からも、ソーク・スSoğuk Su海岸へのトレッキングルートがある。

教会に残るフレスコ画

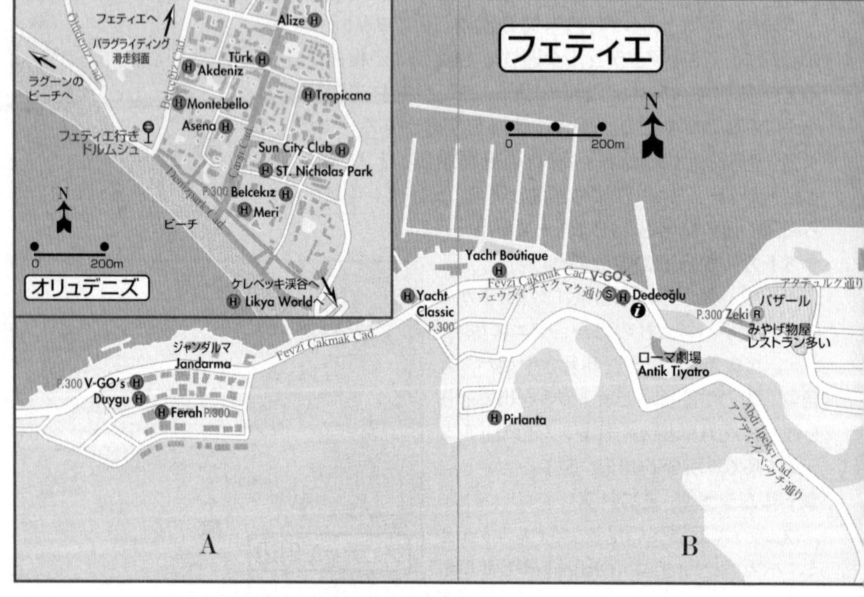

レトゥーン以外へ行く近郊バスは、ドルムシュ・ガラジよりもジャーミィ横のバス停のほうが町の中心部に近くて便利。便数は変わらない。(編集室)

近郊の旅

地中海屈指の美しい砂浜リゾート

オリュデニズ

Map P.297

Ölüdeniz オリュデニズ

フェティエのドルムシュ・ガラジュから約30分。「静かな海」という名の穏やかな湾に、地中海でも屈指の美しい砂浜が広がる。

オリュデニズには近年多くのホテルやペンションが建ち、リゾートとして発展してきた。ビーチはドルムシュ・ガラジュ前の広々としたビーチと、その奥のホテル・メリHotel Meriやキャンプ場の近くの小さなラグーンのビーチがある。透明度は前者のほうが高いが、後者には、カヤキョユまでのトレッキングコースがある。

近郊の旅

「隠された谷」で川底を歩く

サクルケント渓谷

Map P.297

Saklıkent Vadisi サクルケント・ヴァーディスィ

流れが速いので手をつないで進む

エシェン川Eşen Çayıの東に位置する、約18kmにもわたる渓谷。サクルケントは「隠された町」を意味し、英語で「ヒドゥン・バレー Hidden Valley」とも呼ばれている。フェティエからはドルムシュでも行けるがシーズン中はエシェン川の川下りツアーや、クサントス、レトゥーンへのツアーでも行ける。

■オリュデニズ

🚌ドルムシュ・ガラジュから5TL、所要約40分。7:00〜24:00に頻発。冬期は減便。オトガルからも行ける。

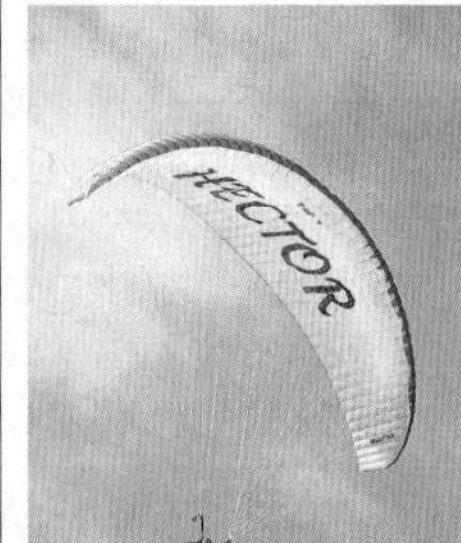

オリュデニズのパラグライディングは、カッパドキアの気球に匹敵する人気を誇るとか。ただし、冬期は飛ぶことができない

■サクルケント渓谷

🚌ドルムシュ・ガラジュから11TL、所要約1時間。7:50〜23:00（冬期〜17:00）に20分毎。夏期はツアーもある。

開8:00〜20:00（冬期〜18:00）

休無休

料10TL

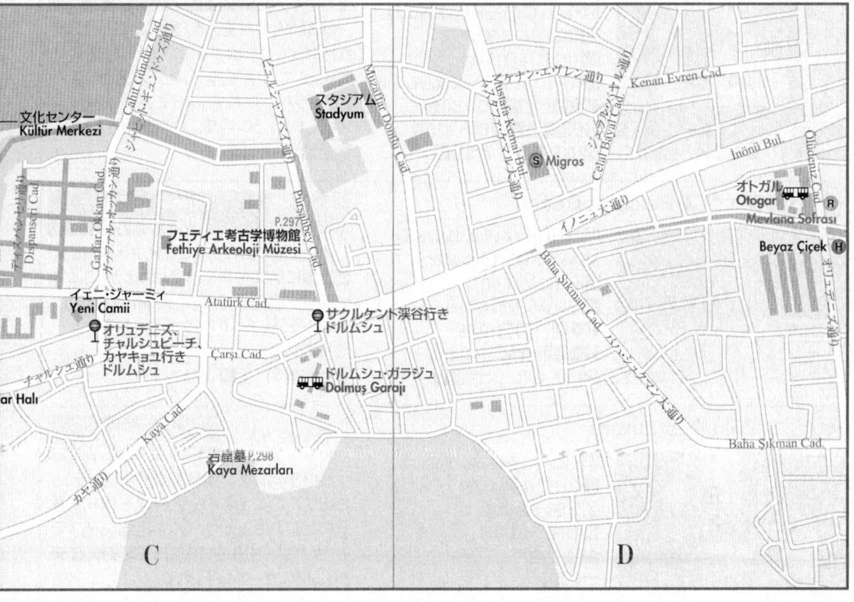

フェティエ

フェラフ・ペンション（→P.300）のモニカおばさんはトルコ人で、モニカはニックネーム。フェラフは交通事故で亡くなった妹さんの名前だという。（編集室）

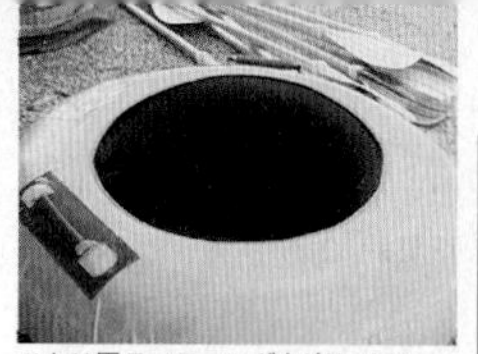
ひとり用ラフティングも楽しめる

足の下には冷たい水がごうごうと流れている。歩道が尽きたら奥の渓谷まで川を横断する。ひざ上まで水位があるので、水着で歩こう。入口の河畔はレストランになっており、川魚を食べながら奔流を眺めるのもいい。

HOTEL & RESTAURANT

町の中心部のショッピングエリアに宿は多いが、安い宿は少ない。オリュデニズにも中級ホテルは多い。レストランはみやげ物屋が多いバザール内に点在しているほか、マリーナ近くにもある。庶民的な店は東の市街地に多い。ユニークなのは魚市場（Map P.298B）内のレストラン。どの店でも市場で買った魚を持ち込めば10TL程度の追加料金を払って料理してもらえる。

日本からホテルへの電話 国際電話会社の番号 + 010 + 国番号90 + 市外局番と携帯電話の最初の0を除いた相手先の電話番号

フェラフ Ferah Pension Hostel Monica's Place

経済的 10室 Map P.298A

住2. Karagözler 16. Sok. No.23
TEL(0252) 614 2816
URL www.ferahpension.com
S A/C 25～30€
W A/C 30～40€
US$ € TL 不可

ジャンダルマ（憲兵）の建物の手前の坂を上った住宅街にある。元気な女性モニカさんと家族が営む宿。自慢の夕食は9€。ランドリー1回25TL。

全館無料 EV なし

ブイ・ゴーズ V-GO's Hotel & Guesthouse

経済的 26室 Map P.298A

住Fevzi Çakmak Cad. No.109
TEL(0252) 612 5409
DOM A/C 15～16€
S A/C 27～29€
W A/C 45～56€
US$ € TL
不可

フェウズィ・チャクマク通りにある個人旅行者に人気の宿。敷地内にはスイミングプールやバーなどがあり、設備は充実している。系列の旅行会社では近郊ツアーを豊富に揃えている。

全館無料（一部不通） EV なし

ヤット・クラシック Yacht Classic Hotel

高級 40室 Map P.298A

住Fevzi Çakmak Cad. No.24
TEL(0252) 612 5067
FAX(0252) 612 5068
URL www.yachtclassichotel.com
S A/C 50～60€
W A/C 60～120€
US$ € TL M V

25室から海が見える。屋外に取り付けられたエレベーターがユニーク。部屋は広々としており、全室テレビ、湯沸かしポット、ドライヤー付き。スイミングプールやスパ、レストラン完備。冬期割引きあり。

全館無料 EV あり

ベルジェクズ Belcekız Beach

高級 215室 Map P.298A オリュデニズ

住Denizpark Cad. Belceğiz Mevkii No.2, Ölüdeniz
TEL(0252) 617 0077
URL www.belcekiz.com
S A/C 105€～
W A/C 140€～
US$ € TL M V

オリュデニズにある5つ星ホテル。広大な敷地にはプールやハマムのほか、ミニコンサート会場まである。南側にも出入口があり、ビーチへのアクセスも抜群。4～10月の営業。

全館無料 EV あり

ゼキ Zeki Restaurant

魚料理 Map P.298B

住Eski Meğri Sok. No.8
TEL(0252) 614 3585
開9:30～24:00
休11月～4月中旬
US$ € TL
M V

1983年創業。家族経営のレストラン。お母さんのエミネさんが料理を作り、息子のビロルさんがホールを担当。テスティ・ケバブ（100～110TL）は軍楽隊音楽をBGMにサーブしてくれる。

元はヨズガット（→P.391）の料理だったテスティ・ケバブをゼキ・レストランが始めたのは1990年代。ヨズガット出身の人が周囲に多くおり、彼らの求めに応じて始めたのだそうだ。（編集室）

現在も発掘が続けられている古代リキヤの都

クサントス Xanthos

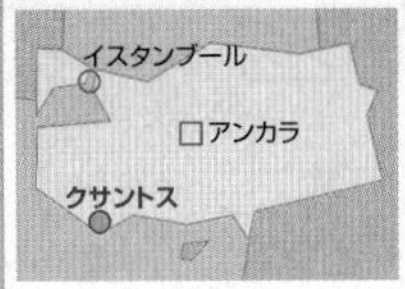

市外局番 0242	人口5389人	標高9m（クヌク）

クサントスの劇場

クサントスは古代リキヤの首都。世界で初めて共和制を採った都市として名高い。リキヤ時代には「アリナ」と呼ばれていた。リキヤ遺跡のなかでは比較的保存状態がよい。クサントスについての最も古い記述は、ヘロドトスの手によるもの。その後アレキサンダー大王の支配下に入り、繁栄を続けた。

発掘品の多くは、大英博物館やイスタンブール考古学博物館にある。近くにある同じリキヤ遺跡、レトゥーンとともに1988年に世界遺産に登録された。また、近くにあるパタラ遺跡もリキヤ遺跡のひとつ。遺跡を抜けた所にある、約18kmに及ぶ白砂のビーチはヨーロッパ各地からの観光客でにぎわう。

旅の起点となる町

起点となる大きな町はフェティエ（→P.297）かカシュ（→P.304）。これら

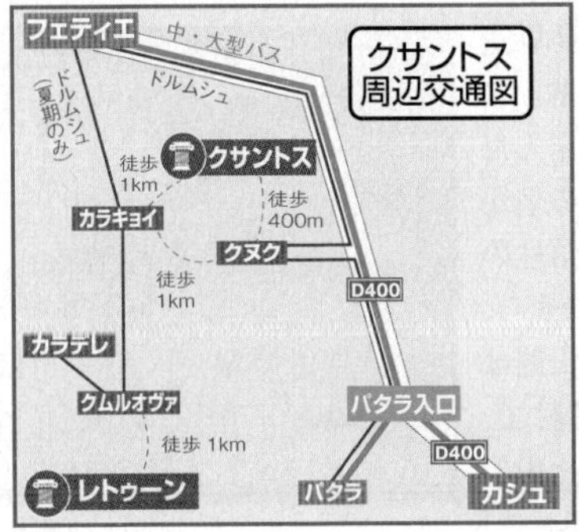

クサントスへの行き方

●アンタルヤから

バトゥ・アンタルヤ社**Batı Antalya**がカシュ、パタラを経由してクヌクへ行く。6:30〜18:00に1時間に1便程度
所要：約5時間　運賃：33TL

●カシュから

バトゥ・アンタルヤのほかオズカシュ・パタラ・コープ社**Özkaş Patara Koop.**が8:40〜19:50に20〜45分に1便
所要：約1時間　運賃：9TL

●フェティエから

バトゥ・アンタルヤ社の便が7:30〜20:30に1時間〜2時間30分に1便
所要：約1時間　運賃：9TL

世界遺産
クサントス・レトゥーン
Xanthos-Letoon
1988年

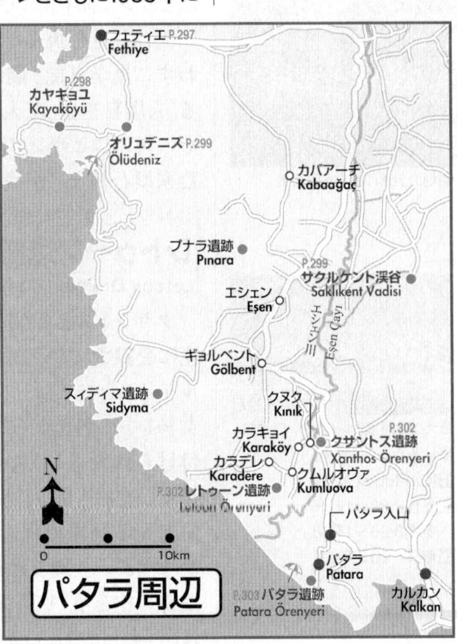

パタラ行きのドルムシュが発着するD400号線沿いのパタラ入口のT字路には、チャイハーネがあるので、ドルムシュの待ち時間に利用できる。（編集室）

Information

パタラ行きのミニバスは乗り換えが必要なことも

フェティエとカシュ、カルカンを結ぶミニバスは、便や時期によっては、直接パタラへは行かず、パタラ入口Patara Yoluという分岐点で降ろされる。そこから町の中心部へはセルヴィスが運行されている。

の町からツアーに参加するか、タクシーをチャーターすると効率がよい。また、クサントス遺跡の最寄りでホテルが比較的多い町は**パタラ**Patara。パタラでは遺跡を回るタクシーもチャーターしやすく、トルコ屈指の美しい砂浜へも近い。

歩き方

フェティエからクヌクを通って、パタラ入口、カルカン、カシュ、さらにはアンタルヤへと続くD400といわれる道路は、この地方の大動脈。ドルムシュやミニバスのほか大型バスも稀に通る。

クサントスへの入口となる**カラキョイ**Karaköyや**クヌク**Kınık、レトゥーンへ近い**クムルオヴァ** Kumluovaなど遺跡の入口となる村々へはドルムシュを使って行くことができる。

見どころ

現在も発掘が続けられている

クサントス遺跡

Map P.301

Xanthos Örenyeri クサントス・オレンイェリ

■クサントス遺跡
住 Kınık Kasabası
開 夏期8:00〜19:00
　冬期8:30〜17:30
休 無休　料 12TL
一部不可

クサントス川（現エシェン川）のほとりにある。大規模なリキヤの都市遺跡。町の成り立ちはまだよくわかっていないが、アケメネス朝軍の攻撃を受け、80家族だけが助かったという紀元前6世紀半ば頃の記録が残っている。その後、紀元前475〜前450年の間に大規模な火災があり、ほとんどが焼失した。ローマのブルータスによる攻撃の際も、捕虜になったのは150人の男子と数少ない女子だけだったというほど、多大な戦死者を出した。このように何度も苦難の局面を迎えながら、町はビザンツ時代にいたっても繁栄を続けた。

入口と道を挟んだ反対側に劇場があり、ここは入場料を払わずに見学可能。劇場の上に典型的なリキヤの小さな墓がある。入場料を払って入口を入った先には列柱が並ぶ通りが続き、その奥にはビザンツ時代のキリスト教会跡やレリーフの施された家型石棺などが残っている。

劇場の上部にある家型石棺

レトなど3柱の神殿が並ぶ

レトゥーン遺跡

Map P.301

Letoon Örenyeri レトゥーン・オレンイェリ

巨大な柱が残るレトゥーンの神殿

■レトゥーン遺跡
住 Kumluova Köyü
開 夏期8:30〜19:30
　冬期8:30〜17:30
休 無休　料 10TL

クサントスとともに世界遺産に登録されている遺跡。アルテミスとアポロンを産んだ女神レトの名前からこの名が付けられた。レトなど3柱の神々の神殿もさることながら、隣に残る劇場の保存状態はかなりよい。周りは農村で、遺跡の中を歩いていると山羊に出くわしたりして楽しい。

レトゥーンの劇場

普通、墓は地下にあるものだが、クサントス遺跡では墳墓の上部に石棺が置かれている。これはリキヤ人が空中に死者を祀る習慣があったからだとされる。(編集室)

遺跡の向こうは真っ白な砂浜

パタラ遺跡

Map P.301

Patara Örenyeri パタラ・オレンイェリ

発掘が続けられているパタラ遺跡

クサントスやレトゥーンと比べると断片的だが、浴場跡や劇場、メインストリートなどが残る。リキヤ特有の岩窟墓も目に付く。この遺跡は現在もトルコ文化・観光省とアクデニズ大学が共同で発掘中。かなり長い遺跡エリアを抜けると、その先は砂浜だ。このあたりはウミガメの産卵地で、砂の流出を防ぐために砂防林や遊歩道が設けられるなど、自然を保護するための努力が続けられている。砂丘から見る日没も絶景だ。

■パタラ遺跡
住Patara Kasabası
開夏期8:00～19:00
冬期8:30～17:30
休無休
料20TL
遺跡へはパタラの入口から町を通り抜けて1本道を2kmほど進んだ所。チケット売り場を抜けると、左右にリキヤの遺跡群が見えてくる。夏期はパタラの入口からパタラ・ビーチ行きのドルムシュで行くことができる。

HOTEL & RESTAURANT

パタラには、道路沿いや階段を上った丘の上の集落にペンションや小さなホテルが点在しており、ほとんどはレストランを併設している。冬期はほとんどのところが休業する。パタラは蚊が多く出るので、ペンションには蚊帳が付いているところが多い。

日本からホテルへの電話 国際電話会社の番号 + 010 + 国番号 90 + 市外局番と携帯電話の最初の 0 を除いた相手先の電話番号

フラワー Flower Pansyon

経済的 16室 | Map P.302 パタラ

住Patara
TEL(0242)843 5164
FAX(0242)843 5279
URLwww.pataraflowerpension.com
A/C 80TL
A/C 120TL
US$ € JPY TL　MV

家族経営の宿で、通年営業。敷地内では果物を育てており、自家製のジャムが朝食に並ぶ。ビーチへの無料送迎もあり。併設の旅行会社では、カヌーツアーも催行。キッチン付きの部屋もある。

全館（一部不通）無料　EV なし

セント・ニコラス St. Nicholas Pension & Restaurant

魚料理 | Map P.302 パタラ

住Patara
TEL(0242)843 5154
URLwww.stnicholaspensionpatara.com
開8:00～24:00　休無休
US$ € TL　MV

パタラの中心部にあるペンション併設のレストラン。宿泊客以外の利用も多い。シーフードやオーブン焼きの料理が人気。そのほかケバブ類やキレミット（壷焼類）など多彩なメニューを揃える。

Information 今後の発掘調査が期待されるリキヤ文化遺産

アナトリアに海の民が進出し、ヒッタイトが滅亡した頃、その一派が逃げ込んだといわれる地がリキヤ地方だ。トルコの南海岸、フェティエからアンタルヤにかけた一帯を指し、紀元前5世紀以降の遺跡がある。

おもな都市は首都クサントス（現クヌク）、ミュラ（現カレキョイ）、アンティフェロス（現カシュ）など。リキヤの地は紀元前5世紀のヘロドトス『歴史』の中に登場し、ホメロスの『イーリアス』にも記述があるが、それ以前の詳細な歴史はわかっていない。

紀元前545年、ペルシア軍に占領されたリキヤは、後にアレキサンダー大王に解放され、ギリシア・ローマ色が濃くなった。聖パウロがエフェスからの帰りに立ち寄ったこともある。

歴史の波にもまれながらもリキヤは独特の文化をもち続け、今も岩窟墓室や石棺などに優れた技術が認められる。その多くは木造家屋をかたどり、三角屋根や柱の形状レリーフに独特の手法を用いたもの。出土品は大英博物館やイスタンブール考古学博物館で公開されている。まだ発掘途上ではほとんど草原という遺跡も多いが、それだけに未知の部分も多く、今後の調査に期待がもたれている。

パタラのビーチへはドルムシュが出ているが、ペンションなどではビーチへの送迎サービスをやっているところも多い。（編集室）

入江にたたずむ静かなリゾート

カシュ Kaş

市外局番 **0242**	人口7258人	標高8m

■時刻表一覧
時刻表索引→P.62〜63

■カシュのⓘ Map P.304
住Cumhuriyet Meydanı No.7/A
TEL(0242)836 1238
開8:00〜17:00
休冬期の土・日

■旅行会社レイトブレイクス Latebreaks
Map P.304
住Hükümet Cad. No.1
TEL(0532)465 3526
URLwww.ltbtravel.com
開8:00〜23:00（冬期〜16:00）
休無休
メイス島行きチケットや、各種ツアーを扱う。

■旅行会社カフラマンラル Kahramanlar
Map P.304
住Necipbey Cad.
TEL(0242)836 1062
URLwww.meisferrylines.com
開8:00〜18:00
休無休

数多くのヨットが停泊するカシュの港

カシュは古代アンティフェロスAntiphellosの面影を今に伝えるリキヤLikya（英語ではLycia）の遺跡が残る町。中心にある記念墓碑には、4つのライオンの頭が彫られている。郊外の山の中腹にある岩窟墓Kaya Mezarlarには、リキヤ文字も見られる。町の北西にある家の形の墓も興味深い。24人の踊る娘を描いたレリーフも見事。

カシュはダイビング、さまざまなクルージングやパラグライダーが楽しめるリゾートでもある。のんびり過ごしたい町だ。

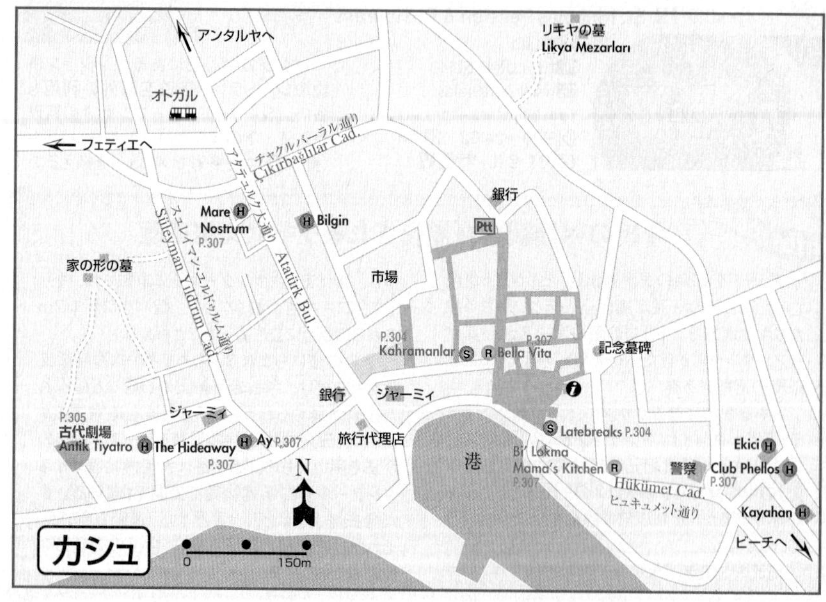

カシュのパラグライダーのフライトのスタート地点は2ヵ所あり、標高も異なっている。挑戦したいが高い所が少し苦手、という人は標高が低い地点を選ぶとよい。（編集室）

歩き方

カシュの町はシンプルな造り。メインストリートはオトガル横から港へ向かって延びるアタテュルク大通り。港周辺がいちばん賑やかでジャーミィの北側には小さなバザールがある。

見どころ

最上段に立って地中海を眼下におさめよう

古代劇場

Map P.304

Antik Tiyatro アンティキ・ティヤトロ

26段の高さをもつヘレニズム時代の劇場で2010年に修復が完了。観客席の最上段からはエーゲ海とメイス島が見渡せる。

近郊の旅

サンタクロースの故地

デムレ

Map P.305C

Demre デムレ

デムレは古代名をミュラといい、リキヤの中心都市として栄えた。その後リキヤがローマの属州となってからも繁栄し、サンタクロースのモデルとなった聖ニコラスなどを排出した。現在も遺跡は発掘中で、窟墳墓群やローマ劇場、聖ニコラス教会が公開されている。

ミュラのローマ劇場

遺跡に残る岩窟墓とレリーフ

ミュラ遺跡 Myra Antik Kent（ミュラ アンティク ケント）

遺跡として公開されている部分は古代劇場と岩窟墳墓群だが、発掘された部分はまだ一部分でおり、マスク型のレリーフがたくさん見つかっていて、そのさまざまな表情を見るのも楽しい。ミュラの岩窟墳墓は、「川のネクロポリス」と呼ばれるところにも数多く残されている

聖ニコラス教会 Aya Nikola Kilisesi（アヤ ニコラ キリセスィ）

デムレにはサンタクロースとして有名な聖ニコラスの聖堂、聖ニコラス教会がある。ディオクレティアヌス帝の迫害により、聖ニコラスは殉教したここに埋葬され、その後ビザンツ風の教会が建築された。今でもモザイク画の床や壁画、祭壇が残る。聖ニコラスの歯型や骨といわれるものは、アンタルヤ考古学博物館に収蔵されている。

港前の広場にはレストランが並ぶ

■古代劇場
開 見学自由

■デムレへの行き方
🚌オトガルからバトゥ・アンタルヤ社**Batı Antalya**のアンタルヤ行きバスに乗り、デムレ**Demre**下車。所要約50分、8TL。デムレからミュラへは約1.5km。

■ミュラ
開 4～9月9:00～19:00
10～3月8:30～17:30
休 無休　料 30TL
📷 一部不可

ミュラの岩窟墓

■聖ニコラス教会
Map P.305C
デムレのオトガルから徒歩約5分。
住 **Noel Baba Müzesi, Demre**
開 4～9月8:30～19:00
10～3月8:30～17:30
休 無休　料 30TL
📷 一部不可

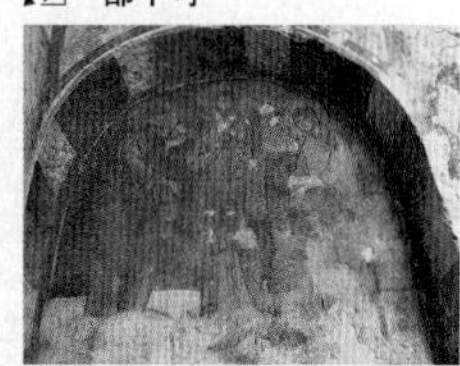

聖ニコラス教会のフレスコ画

ミュラは都市国家の連合体だったリキヤ連合で、重要なことがらを決める権利をもつ3つの都市のうちのひとつだった。ローマの支配下に入るとリキヤ属州の都となり、その重要性はいっそう増した。(編集室)

近郊の旅

島特有の空気に浸ろう

メイス島

Map P.305B

Meis Adası メイス・アダス

カステロリゾの町並み

カシュからわずか2.1kmのところに位置するギリシア領の島。ギリシア最東端だが、ほかの島とも離れており、トルコからのアクセスが便利だ。ギリシア語の正式名称はメギスティ。イタリア占領時代に呼ばれたカステロリゾの名でも知られる。島の集落は港があるカステロリゾ村のみ。オスマン朝時代に建てられたジャーミィは博物館として利用されている。

ビザンツ、聖ヨハネ騎士団、ナポリ王国、マムルーク朝、オスマン朝、イタリア、ギリシアとめまぐるしく支配者が変わったが、いま島に流れるのはのんびりとした雰囲気。地中海の海辺の村特有のゆったりとした空気のなかでのんびり滞在したい。

青の洞窟 Blue Grotto（ブルー グロット）

青の洞窟といえば、南イタリアのカプリ島にあるものが有名だが、メイス島の青の洞窟も人気上昇中。潮の満ち引きや波が高いなどの理由で入れないこともあるが、そうでなければ小さなボートで入る。中の青さは神秘以外のなにものでもない！

■メイス島
カシュからメイス島へ夏期は毎日便がある(→P.480)。冬期は週1便ほどまで減便される。チケットは旅行会社レイトブレイクスLatebreaksまたはカフラマンラルKahramanlarで購入する。

■青の洞窟
Map P.305B
港周辺でボートをチャーターする。4人集まればひとり10€からチャーターできる。中では泳ぐこともできるので、泳ぐ人は水着を着込んで、船頭さんに泳ぎたい旨を伝えておこう。

メイス島の青の洞窟

ケコワ島への1日クルーズ

カシュからのボートは洞窟や遺跡に寄りつつケコワ島へ向かう。ケコワ島はかつてのリキヤ都市ドリキステで、2世紀頃に地震で一部が海底に沈んだ。城がある本土側がスィメナ。地震前はケコワ島と陸続きだった。沈んだ海底には今もローマ時代の遺跡が眠っている。グラスボトムボートのツアーなら船底から海底遺跡が見られることも。

■ケコワ島へのクルーズ
カシュからのツアーのほか、デムレやウチャウズからも行くことができる。だいたいのツアーは午前中の出発なので、なるべく前日までに予約しておこう。

ケコワ島到着後に昼食をとる場合もある

ここから自由時間

島と海を見下ろす城塞へ

古代の劇場跡も残っている

メイス島はカシュからすぐの場所にあるので勘違いしそうになるが、トルコではなくギリシア領。島を訪れる際はパスポートをお忘れなく。(編集室)

HOTEL & RESTAURANT

リゾートなのでホテルやペンションなど、宿泊施設は多い。大型ホテルが集中するのは、警察からビーチへ向かう通りとその1本裏の道。オトガルから港へと延びるアタテュルク大通りAtatürk Bul.の西側には、家族経営の小規模な宿が多く、比較的静かなエリアとなっている。

日本からホテルへの電話 国際電話会社の番号 + 010 + 国番号 90 + 市外局番と携帯電話の最初の0を除いた相手先の電話番号

アイ Ay Pansiyon

経済的 9室 Map P.304

住Kilise Camii Cad. No.5
TEL(0242)836 1562
•/••A/C 100TL〜
US$ € TL
不可

家族経営で頼もしいおかあさんがいる小さいペンション。部屋はシンプルで老朽化も目立つが、清潔にされており、部屋に付いているテラスからは海が眺められる。冬期は朝食が付かないが、割引がある。

全館無料 EV なし

ハイダウェイ The Hideaway Hotel

中級 23室 Map P.304

住Anfitiyatro Sok. No.7
TEL(0242)836 1887
FAX(0242)836 3086
URL www.hotelhideaway.com
•A/C 29〜49€
••A/C 35〜65€
US$ € TL ADJMV

小さなプールも併設され、プチリゾートのような趣がある。白を基調とした客室は涼しげで、清潔感にあふれる。朝食は海を眺められる屋上のテラス席で、ビュッフェスタイル。

全館無料 EV あり

マーレ・ノストゥルム Mare Nostrum Apart

中級 7室 Map P.304

住Gül Sok. No.6
TEL(0242)836 3018
URL www.marenostrumapart.com
•/••A/C 200〜280TL
US$ € TL
MV

オトガルの近くにある人気のアパートメントホテル。5室が広々としたダイニングキッチン付きで長期滞在にぴったり。キッチンのない部屋は左記の料金より安くなり、90〜170TL。

全館無料 EV なし

クラブ・フェロス Hotel Club Phellos

中級 89室 Map P.304

住Doğruyolu Sok. No.4
TEL(0242)836 1953
FAX(0242)836 1890
•A/C 30〜60€
••A/C 40〜70€
US$ € TL
MV

町の東側にあるリゾートホテル。海には面していないが、屋内、屋外のスイミングプールのほか、有料ながらサウナ、ハマムも備える3つ星ホテル。左記は公式料金で冬期は半額以下になる。

無料（ロビーのみ） EV なし

ビロクマ・ママズ・キッチン Bi' Lokma Mama's Kitchen

魚料理 Map P.304

住Hükümet Cad. No.2
TEL(0242)836 3942
開8:30〜23:00
休無休
US$ € TL
ADJMV

家庭料理のレストラン。メゼや「お母さんのパンAnne Böreği」、カルヌヤルク（写真）といった手作り感満載の料理が評判となり、マスコミにも紹介された。予算はだいたいひと皿30TL。

ベッラ・ヴィータ Bella Vita Ristorante

イタリア料理 Map P.304

住Cumhuriyet Meydanı No.14
TEL(0242)836 2014
開12:00〜23:00
休無休
US$ € TL
ADJMV

ヴェネツィア出身ピッツァ職人のパウロさんが腕をふるう本格イタリア料理店。漁師さんから直接買い付けた新鮮な魚介を日替わりで出す。パスタ25〜40TLは自家製で手打ち。

カシュとカルカンの間のカプタシュにも青の洞窟がある（→P.305）。カシュからは船で約2時間、カルカンからは1時間ほど。ただし、船は洞窟の中までは入らず、泳いで入る。カプタシュは美しいビーチでよく知られている。（編集室）

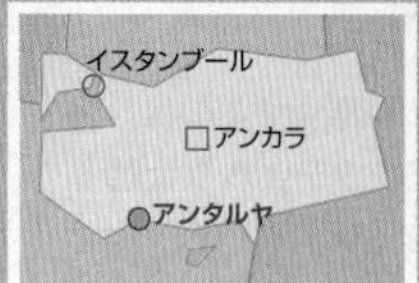

トルコにおける地中海随一のリゾート地

アンタルヤ Antalya

市外局番 0242	人口107万3794人	標高39m

カレイチから見下ろすアンタルヤの港

■時刻表一覧
✈→P.54〜59
🚌時刻表索引→P.62〜63

■アンタルヤのⓘ
Map P.310上B
住Anafartalar Cad. No.31
TEL(0242)247 7660
URL antalya.ktb.gov.tr
開8:00〜17:00
(冬期7:30〜17:30)
休冬期の土・日

Information

地中海リゾートの表玄関、アンタルヤ空港

アンタルヤ空港はターミナルの建物の簡素さとは裏腹にイスタンブールにあるふたつの空港に次いで年間約3200万人もの利用客がいる。格安航空会社ではサン・エクスプレスがハブ空港として利用しているほか、ヨーロッパの格安航空会社も数多く参入している。日本からヨーロッパを経由してダイレクトにアンタルヤに到着することも充分可能。
URL www.aytport.com

アンタルヤは地中海沿岸で最も発展しているリゾート地。ペルガモン王国のアッタロス2世によって開かれたことから、アッタレイアと呼ばれていた。近郊には数々のギリシア、ローマ時代の遺跡があり、その観光基地ともなる町だ。市内にもイヴリ・ミナーレやハドリアヌス門など見どころが多い。

近郊へ散らばる遺跡をくまなく巡るには、交通の便の悪い所が多いので、夏ならツアーに参加し、冬なら数人でタクシーをチャーターするといい。レンタカーも利用できる。時間さえ許せばドルムシュを乗り換えながら、のんびりと歩いてみたい。

歩き方

町の中心は**イスメット・パシャ通り**İsmet Paşa Cad.と**ジュムフリエット通り**Cumhuriyet Cad.との交差点だ。**噴水**と**時計塔**Saat Kulesiがあるのですぐにわかる。両通りとも商店やホテル、銀行や両替商が並びとてもにぎやかな地区だ。

●観光の中心、カレイチ　時計塔がある広場からは、南西側に美しい尖塔の**イヴリ・ミナーレ**Yivli Minareを見ることができる。ジュムフリエット通りの南側、**アタテュルク通り**Atatürk Cad.と**カラアリオウル公園**Karaalioğlu Parkıに囲まれたあたりが**カレイチ**Kaleiçi（城内）と呼ばれる旧市街。ペンションや旅行会社、見どころが集まっている。

時計塔はカレイチの入口にある

アンタルヤでは冬から春にかけて多くのサッカーチームが合宿を開く。過去にはジェフユナイテッド市原・千葉やサンフレッチェ広島など、日本のJリーグのチームも合宿に訪れたことがある。（編集室）

●**海岸に沿って**　ジュムフリエット通り沿いの**アタテュルク公園**や**考古学博物館**へはノスタルジック・トラムヴァイでも行けるが、歩いて行くなら海岸沿いに延びる通りのほうが歩きやすい。

ターミナルから町の中心部へ

◆**空港から市の中心へ**　**アンタルヤ空港**は、隣町アクスAksu方面へ5kmほどの大通り沿いにある。国際線と国内線の合わせて3つのターミナルがあり、連絡バスで結ばれている。

市内へは空港とオトガルを結ぶ600番のバスが30分に1便程度運行しており、運賃は5.20TL。所要約1時間。カレイチへはメイダンMeydanでアントライAntRayに乗り換えるのが便利。800番（2時間に1便）でも行ける。市内から空港へ行くアントライは空港直通の便があるほか、エキスポEXPO方面に行く路線もあるので乗り間違えないように注意しよう。

◆**オトガルから市の中心部へ**　カレイチの北西6kmほどの所にあり、長距離路線のほか近郊路線の小・中型バスもここから発着。ターミナルは長距離用と近郊用に分かれている。

カレイチ方面へはアントライの利用が便利。メイダンMeydan行きに乗り、8つ目のイスメットパシャİsmetpaşa駅で下車。進行方向に少し進むと時計塔が見える。所要約20分、2.40TL。オトガルからは各バス会社のセルヴィスも出ている。カレイチ周辺ではショッピングセンター、マルク・アンタルヤMark Antalya(Map P.311A1)の近く、通称エスキ・オトガルまで行く。

市内交通

◆**市内バス**　カレイチ周辺のバス停は同じ行き先でも往路と復路で場所が違うことがあるので注意しよう。近郊行きのバスはユズンジュ・ユル大通り交差点付近から出発している。

■両替
時計塔やカレカプス駅周辺に銀行、両替商が多い。

■郵便・電話
中央郵便局はジュムフリエット通りを西へ徒歩10分ほど行った右側にある。

■アンタルヤ市交通局
TEL (0242)331 0100
URL www.antalyaulasim.com.tr

Information
アンタルヤカード
Antalyakart
チャージ式のICカード乗車券で、市内バス、アントライ、ノスタルジック・トラムヴァイで利用できる。60分以内の乗り換え無料。アントライの駅などで購入可。乗車時に機械の画面の下にある読み取り部分にカードをタッチさせる。

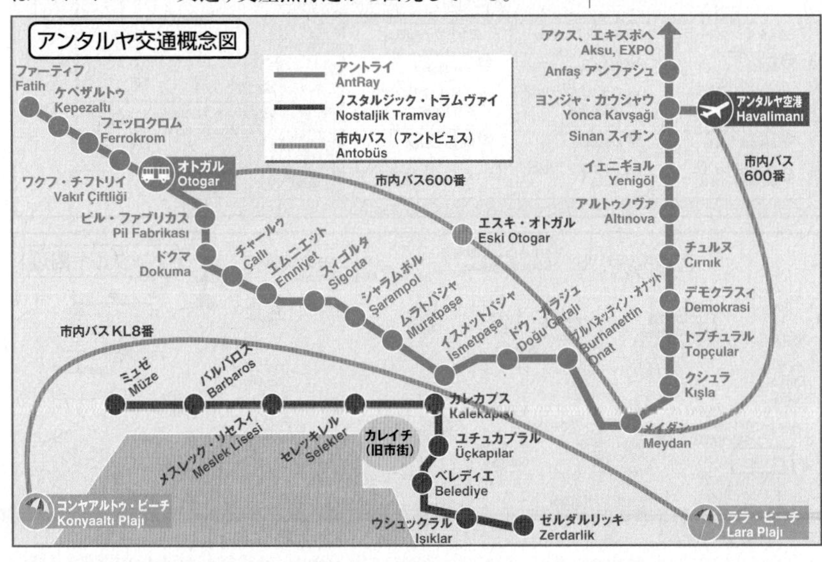

600番または800番バスに乗ってカレイチを目指す場合、エスキ・オトガルが最寄りの停留所となるため、ここで降ろすドライバーが多い。(編集室)

Information

ミュージアムパス・アクデニズ

クサントス遺跡、レトゥーン遺跡、パタラ遺跡、ミュラ遺跡、聖ニコラス教会、アンタルヤ考古学博物館、ペルゲ遺跡、アスペンドス遺跡、スィデ古代劇場、スィデ博物館、アランヤ城、聖パウロの井戸、聖パウロ教会に入場可能（それぞれ1回のみ）なチケット。最初の入場から7日間有効。上記の博物館で購入可能。

URL muze.gov.tr/museumpass

料 185TL(7日間有効)

◆ノスタルジック・トラムヴァイ　考古学博物館前のミュゼ駅Müzeからゼルダリリッキ駅Zerdalilik間を結んでいる。カレイチから考古学博物館に行くときに便利。運賃は1.25TL。運行は7:00～23:00に30分おき。

◆アントライ　アンタルヤの町を走る路面電車で、カレイチとオトガル、空港、ペルゲ遺跡のあるアクスなどを結んでいる。カレイチから北東へ行く便は、空港行きと、エキシポ行きがある。運賃は2.40TLで、支払いはアンタルヤカードのみ。運行は5:40～24:00に8～30分おき。

現地発着ツアー

ペルゲやアスペンドスといったアンタルヤ近郊の遺跡巡りはツアーの利用が便利。カレイチにある旅行代理店で当日参加できる。

デュデンの滝へのクルーズツアーはハーバーから出ている。

カレイチのマリーナ

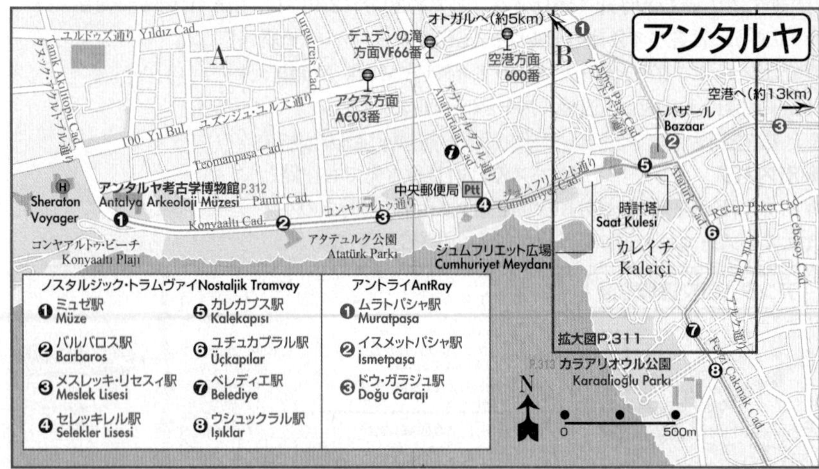

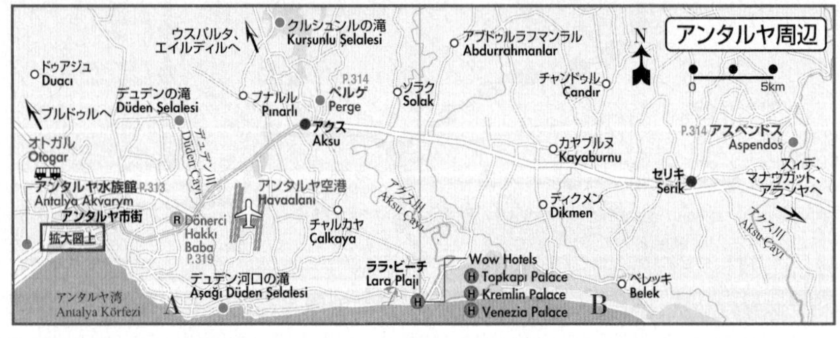

高級ホテルが並び海水浴客がよく訪れるのは、コンヤアルトゥ・ビーチKonyaaltı Plajıと南東のララ・ビーチLara Plajı。ともに市内バスKL8番が運行している。（編集室）

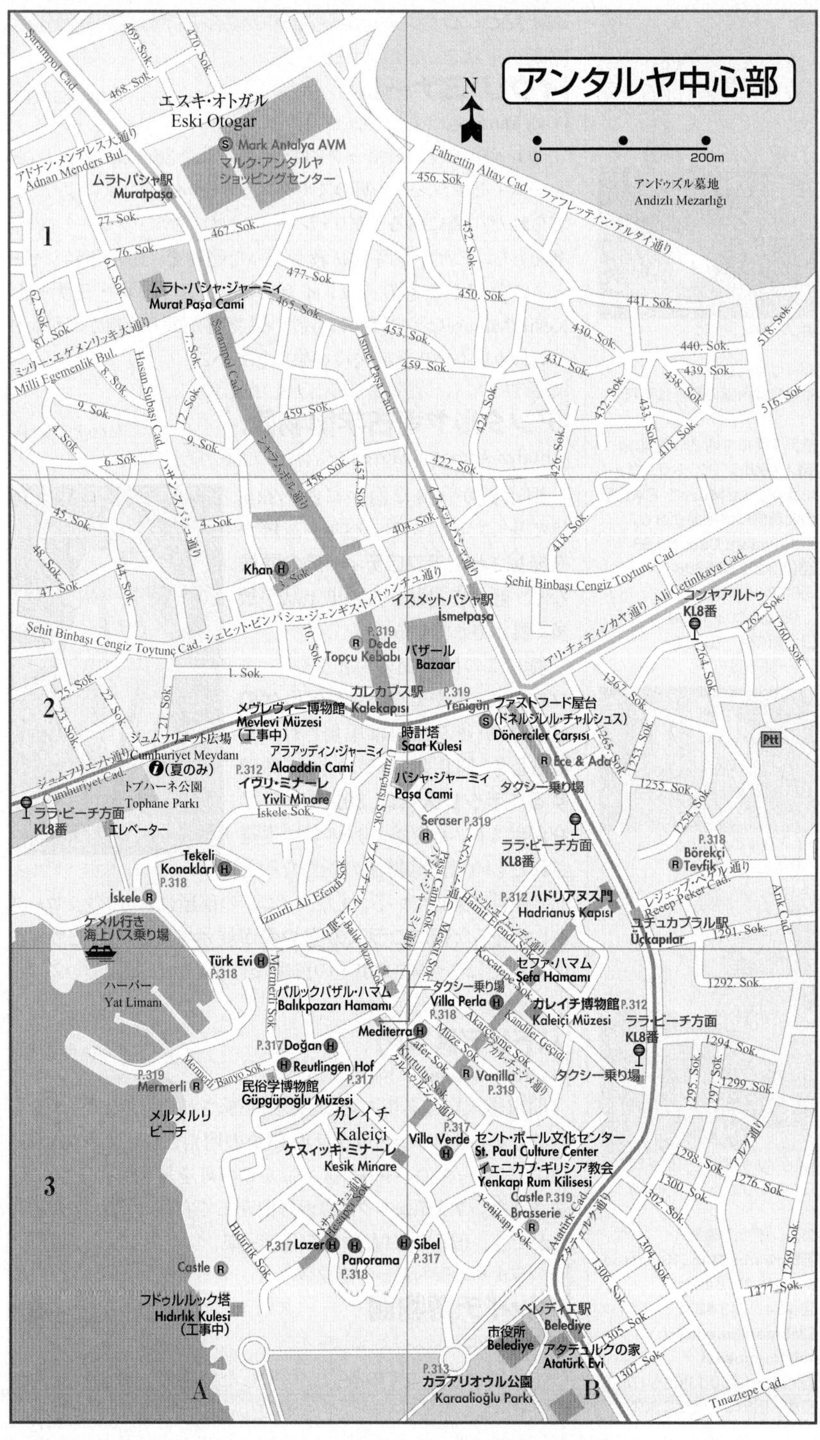

アンタルヤ中心部
N
0
200m
エスキ・オトガル
Eski Otogar
Mark Antalya AVM
マルク・アンタルヤ
ショッピングセンター
ムラトパシャ駅
Muratpaşa
アドナン・メンデレス大通り
Adnan Menders Bul.
ムラト・パシャ・ジャーミィ
Murat Paşa Cami
ミッリー・エゲメンリッキ大通り
Milli Egemenlik Bul.
Saraınpol Cad.
シャラムポル通り
Hasan Subaşı Cad.
ハサン・スバシュ通り
İsmet Paşa Cad.
イスメットパシャ通り
Fahrettin Altay Cad.
ファフレッティン・アルタイ通り
アンドゥズル墓地
Andızlı Mezarlığı
Khan
Şehit Binbaşı Cengiz Toytunç Cad.
シェヒット・ビンバシュ・ジェンギズ・トイトゥンチュ通り
Ali Çetinkaya Cad.
アリ・チェティンカヤ通り
イスメットパシャ駅
İsmetpaşa
コンヤアルトゥ
KL8番
P.319 Dede Topçu Kebabı
バザール
Bazaar
カレカプス駅
Kalekapısı
P.319 Yenigün
ファストフード屋台
(ドネルジレル・チャルシュス)
Dönerciler Çarşısı
メヴレヴィー博物館
Mevlevi Müzesi
(工事中)
ジュムフリエット広場
Cumhuriyet Meydanı
ジュムフリエット通り
Cumhuriyet Cad.
(夏のみ)
時計塔
Saat Kulesi
アラアッディン・ジャーミィ
P.312 Alaaddin Cami
イヴリ・ミナーレ
Yivli Minare
Ece & Ada
Ptt
トプハーネ公園
Tophane Parkı
パシャ・ジャーミィ
Paşa Cami
タクシー乗り場
ララ・ビーチ方面
KL8番
エレベーター
İskele Sok.
Seraser P.319
ララ・ビーチ方面
KL8番
Tekeli Konakları
P.318
P.318 Börekçi Tevfik
İskele
レジェップ・ペケル通り
Recep Peker Cad.
P.312 ハドリアヌス門
Hadrianus Kapısı
ケメル行き
海上バス乗り場
ユチュカプラル駅
Üçkapılar
Türk Evi
P.318
セファ・ハマム
Sefa Hamamı
ハーバー
Yat Limanı
バルックパザル・ハマム
Balıkpazarı Hamamı
タクシー乗り場
Villa Perla
P.318
カレイチ博物館 P.312
Kaleiçi Müzesi
ララ・ビーチ方面
KL8番
Mediterra
P.317 Doğan
Reutlingen Hof
P.317
Vanilla
P.319
タクシー乗り場
P.319
Mermerli
民俗学博物館
Güpgüpoğlu Müzesi
メルメルリ
ビーチ
カレイチ
Kaleiçi
P.317
Villa Verde
セント・ポール文化センター
St. Paul Culture Center
ケスィッキ・ミナーレ
Kesik Minare
イェニカプ・ギリシア教会
Yenkapı Rum Kilisesi
Castle P.319
Brasserie
Atatürk Cad.
アタテュルク通り
P.317 Lazer
Panorama
P.318
Sibel
P.317
Castle
フドゥルルック塔
Hıdırlık Kulesi
(工事中)
ベレディエ駅
Belediye
市役所
Belediye
アタテュルクの家
Atatürk Evi
P.313
カラアリオウル公園
Karaalioğlu Parkı
Tınaztepe Cad.
1
2
3
A
B

アンタルヤ

アンタルヤから90kmほど北東にあるキョプリュリュ渓谷Köprülü Kanyonはラフティングが人気。4～10月に毎日行っており、カレイチの旅行会社でも申し込める。(編集室)

見どころ

独特の形状をした美しいミナーレ

イヴリ・ミナーレ

Map P.311A2

Yivli Minare イヴリ・ミナーレ

カレイチのランドマーク的な存在。高さ38mのミナーレは、ルーム・セルジューク朝のスルタン、カイクバード1世によって建てられた。隣にあるイヴリ・ジャーミィは、ウル・ジャーミィの別名をもち、ビザンツ時代に教会だった建物を、1373年にジャーミィに改修したもの。カレイチには、**ケスィッキ・ミナーレ** Kesik Minareなど、ほかにも古い建物跡が残り、何かとわかりづらいカレイチの道案内役を果たしている。

彫像や石棺など近郊からの出土品が並ぶ

アンタルヤ考古学博物館

Map P.310上A

Antalya Arkeoloji Müzesi アンタルヤ・アルケオロジ・ミュゼスィ

『休息するヘラクレス』

旧市街から海岸沿いに西へ2kmほど進んだ所にある。ペルゲ遺跡から発掘された**アフロディーテの頭像**など、近郊の遺跡からの出土品が数多く展示されている。

特にこの博物館のハイライト、アフロディーテやゼウスなど**ペルゲの12神像**が並ぶ部屋は圧倒されるすばらしさ。同じくペルゲ出土の**『休息するヘラクレス』**は、2011年に上半身がボストン美術館よりトルコに返還されたもので、博物館の新たな顔として注目を集めている。また、イコンの部屋にはサンタクロースとして有名な**聖ニコラスの歯や骨**が展示されており、**モザイク**の部屋ではクサントス出土の鮮明な作品が床に並んでいる。

ローマ時代の香り漂う門

ハドリアヌス門

Map P.311B2

Hadrianus Kapısı ハドリアヌス・カプス

旧市街入口にあり、美しい彫刻が施された3つのアーチをもつことから、「ユチュ・カプラル（3つの門）」とも呼ばれている。130年にローマのハドリアヌス帝がこの町を統治した記念に建造された。アタテュルク通りから向かって右側の塔に上がることができ、旧市街の家並みが見渡せる。

アンタルヤで最も新しい博物館

カレイチ博物館

Map P.311B3

Kaleiçi Müzesi カレイチ・ミュゼスィ

古い民家とかつての教会を利用した博物館。教会は元の名をアヤ・ヨルギ（聖ゲオルギオス）という。ギリシア文字で書か

美しい尖塔、イヴリ・ミナーレ

■イヴリ・ミナーレ
※通常は内部の見学は不可

■アンタルヤ考古学博物館
交ノスタルジック・トラムヴァイに乗りミュゼMüzeで下車。駅の北西側に博物館がある。
住Konyaaltı Cad. No.88
TEL(0242)238 5688
開8:00～19:00
（冬期8:30～17:30）
休冬期の月　料30TL
フラッシュ一部不可

トロイ戦争の発端となった三女神の競演

旧市街の入口、ハドリアヌス門

■カレイチ博物館
住Barbaros Mah., Kocatepe Sok. No.25, Kaleiçi
TEL(0242)243 4274
URL akmed.ku.edu.tr/kaleici-muzesi
開9:00～12:00 13:00～17:00
休水　料5TL　学生2.50TL

聖パウロがキリスト教を伝えたカレイチには、今も稼働している教会がある。通称イェニカプ教会と呼ばれるハギオス・アリピオス教会は19世紀に創建され、2007年に修復が完了した。（編集室）

れたトルコ語の碑文などが残り、建物自体も興味深いが、キュタフヤやチャナッカレの陶器の展示も充実。特にチャナッカレ陶器は現在では完全に技術が絶えており、非常に貴重なコレクションだ。

民家のほうは19世紀のオスマン様式にのっとって修復された。オスマン朝時代の人々の生活が再現された部屋では、当時のアンタルヤで流れていた街角の音が聞こえてきて、興味深い展示となっている。

チャナッカレ陶器

カラアリオウル公園

休日などには家族連れでにぎわう総合公園

カラアリオウル公園

Map P.311B3

Karaalioğlu Parkı カラアリオウル・パルク

アタテュルク通りをハドリアヌス門から道なりに南下した所にある。地中海とその向こう側にそびえる山脈を眺める絶好のスポット。旧市街側にある公園入口近くには、紀元前2世紀に建てられたという、**フドゥルルック塔**Hıdırlık Kulesiがある。高さ14m、大砲も備えた立派な城塞だ。公園にはスタジアムなどスポーツ施設がある。

世界最大級のトンネル型水槽

アンタルヤ水族館

Map P.310下A

Antalya Akvaryum アンタルヤ・アクワルユム

考古学博物館のさらに西に位置する水族館。地中海の生態系を中心に、展示していて、特にトンネル型になっている回廊を歩いていく水槽の長さは世界最長級。スノーケリングをしているように下から泳いでいる魚を眺めることができる。

■アンタルヤ水族館
🚃ノスタルジック・トラムヴァイのミュゼMüze駅から徒歩約30分
住Arapsuyu Mah., Dumlupınar Bul. No. 502
TEL(0242) 245 6565
URL www.antalyaaquarium.com
開10:00～20:00
休無休　料157TL～
一部不可

ゆうゆうと泳ぐ魚を下から眺める

近郊の旅

2365mの逆バンジー

ケメルとタフタル山

Map P.33C2

Kemer / Tahtalı Dağı ケメル／タフタル・ダーゥ

アンタルヤから船で行けるケメルは、1980年代からリゾート地としても発展してきた漁村。人がひしめくアンタルヤからやってくると、とても静かに感じる。手頃なペンションや宿も多く、こちらをベースにしてアンタルヤ観光をするのもいい。

このケメルからのアトラクションとして人気が出てきているのが、オリンポス山へのロープウエイ。タフタル山といえばギリシアのものが有名だが、ここのタフタル山も標高2365mある。ロープウエイで一気に頂上まで上がると、ここからパラグライディングで飛んだり、逆バンジーもできる。絶壁の上での逆バンジーは、スリリングなことは保証済み！　春は雪が積もる山頂から海水浴ができる地中海まで一気にパラグライディングで舞い降りることができる。

地中海とロープウエイ

■ケメルへの行き方
⛴カレイチのハーバーから高速船が運行。(→P.84)
🚌ケメル・トゥルKemer Turのミニバスがオトガル（近郊ターミナル）から頻発しているほか、カシュ、フェティエ方面のすべてのバスが通る。所要約1時間10分、運賃は10TL～。

■タフタル山への行き方
ケメルの各ホテルまたはアタテュルク通りにあるロープウエイのオフィスからロープウエイ下の駅まで9:30、17:00発。運賃は往復15€。山頂までロープウエイは33€。チケットはオフィスやケメル、アンタルヤのⓘでも買える。アンタルヤからの往復プランもある。

読者投稿　アントライ空港駅の改札手前にはアンタルヤカードの販売機あり。空港駅からアントライ出発は日中14分間隔。帰りはエクスポEXPO駅行きではなく、空港駅行きに乗る必要がある。（在トルコ　A.E.　'18夏）

■ペルゲへの行き方
🚋アントライのEXPO方面でアクスAksu下車。アクスからは徒歩2kmほど。夏期はスィデ、ペルゲ、アスペンドスなどを合わせて回る日帰りツアーが多数催行されている。料金は約€50〜。

■ペルゲ遺跡
開夏期8:00〜19:00
　冬期8:30〜17:30)
休無休
料35TL

ニンフアエウムと呼ばれる泉

■アスペンドスへの行き方
🚌アンタルヤの近郊ターミナルからセリキSerik行きのミニバスに乗る。6:00〜21:00に15分毎で、所要約1時間30分、運賃は8TL。セリキからアスペンドス行きのミニバスは8:00〜17:00の1時間に1便で冬期減便。所要約20分で運賃は2TL。夏はペルゲ、スィデなどと一緒に回るツアーも多数催行されている。

■アスペンドス遺跡
TEL(0242)735 7337
開夏期8:00〜18:30
　冬期8:30〜17:30)
休無休　料35TL
※修復中のため一時的に閉鎖されることがある。

夏に開催されるオペラ・バレエ・フェスティバル

近郊の旅　町がまるごと遺跡となってその姿を今に伝える

ペルゲ

Map P.310下A

Perge ペルゲ

アンタルヤ近郊を流れるアクス川Aksu Çayıの河畔にある丘に、ローマ時代に栄えた植民地パンフィリアPamphyliaの大きな都市ペルゲの遺跡が広がっている。

町の起源ははっきりとはわからないが、紀元前4世紀にアレキサンダー大王の領土として歴史に登場して以来、ローマ時代を通じて栄えた。原始キリスト教布教の重要拠点ともなり、聖パウロらがこの地で説教したと聖書に記されている。

アクロポリスとすそ野の街区跡　海抜50mほどのアクロポリスの丘の遺跡には、城壁のほか、アルテミス神殿と伝えられる建造物の跡がある。その隣にはローマ時代のキリスト教会跡も見られる。

アクロポリスの丘の麓には、三方を丘陵で囲まれた街区の遺跡が広がる。街区には、浴場やビザンツ教会、ガイウス・ユリウス・コルナトゥスの居城跡などがある。

競技場と大劇場　南門を出て西へ進むと、紀元前2世紀の競技場に着く。234m×34m、収容人数1万2000人と、圧巻の規模。競技場への道をさらに先へ進むと、紀元3世紀に丘の斜面を利用して造られた大劇場が見える。

近郊の旅　完璧な保存状態の巨大劇場は必見

アスペンドス

Map P.310下B

Aspendos アスペンドス

アンタルヤから東へ約39kmにある遺跡。古代にはパンフィリアで最も重要な都市だったとされ、ほぼ完璧に保存されている古代劇場で名高い。小アジアの古代都市の例にもれず、アスペンドスにもアクロポリスの丘があり、そのすそ野には後のヘレニズム時代に建てられた街区があった。アクロポリスの丘の高さは40mで、遺跡の広さは800m×500mほど。

ほぼ完璧な状態で残されている劇場

小アジア最大の劇場跡　小アジア最大級の古代劇場が完璧に近い状態で保存されている。観客席は中央通路を隔てて上と下に分かれ、最上段には柱廊がしつらえられている。舞台の壁はイオニア様式とコリント様式双方を取り入れた柱で飾られている。楽屋や舞台などもきれいに残る。

これはローマのマルクス・アウレリウス帝のために紀元2世紀に建造され、1万5000人から2万人が収容可能だった。セルジューク朝時代には宮殿として利用された時期もある。

セリキ近郊のベレッキBelekにあるグロリア・アスペンドス・アレナGloria Aspendos Arenaでは、アナドル・アテシとトロイというダンス・パフォーマンスが行われている。(編集室)

近郊の旅

時代に取り残された旧跡が黄昏とよく似合う

スィデ

Map P.315

Side スィデ

紀元前7世紀頃にギリシア人によって造られたイオニアの植民都市。長く栄えた都市国家で、途中アレキサンダー大王に破壊されたが、1～2世紀には最大の繁栄期を迎え、数々の建造物が築き上げられた。

歩き方　古代劇場脇から、列柱のあるリマン通りLiman Cad.が海岸へ向かって延びており、両側にはおみやげ屋、旅行会社、銀行や両替商などが並ぶ。突きあたりの海岸沿いにボート乗り場がある。

海岸沿いを歩くと、白い砂浜が緩やかなスロープを描く。周辺にはホテルやペンションも多い。

スィデ古代劇場 Side Tiyatrosu（スィデ ティヤトロス）

2世紀に造られたスィデの古代劇場は、1万5000人を収容したという。ビザンツ時代には教会として使われていたようだ。劇場のすぐ横には、古代アゴラが残っているが発掘作業中。

スィデ博物館 Side Müzesi（スィデ ミュゼスィ）

ローマ浴場跡を博物館にして発掘物を公開している。クレオパトラがミルク風呂にして入ったといわれる大きな浴槽もあるが、本当は紀元2世紀頃、ローマ時代後期の建物とされ、クレオパトラ説は否定されている。ここからマナウガットのほうへ30kmも続いていたという**ローマ水道**が延びている。

アポロン&アテナ神殿 Apolon ve Atena Tapınakları（アポロン ヴェ アテナ タプナックラル）

スィデ半島の岬にあり、海と白い柱のコントラストが見事。この建物もビザンツ時代は教会として使われたが、現在は何本かの柱が残るのみ。転がっている石の残骸がさびしい。だが夕景が映し出す美しさは格別だ。

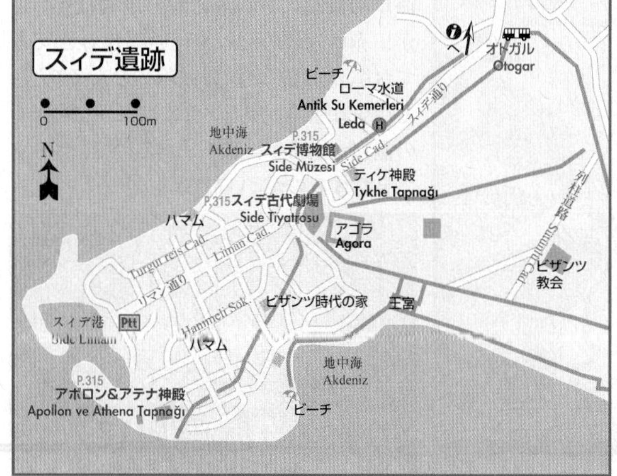

■スィデへの行き方
アンタルヤからはマナウガットManavgat経由で行く

●アンタルヤからマナウガットへ
近郊ターミナルからへ行く。マナウガット・セヤハットManavgat Seyahatが6:00～22:00に20分毎。
所要約1時間30分
運賃25TL

●マナウガットからスィデへ
スィデ行きのセルヴィスに乗り換え。セルヴィスがない場合はドルムシュで行く。所要約30分。運賃は4.50TL。オトガルから遺跡まで徒歩10分程度だがバス（無料）でも行ける。

■スィデの i
Map P.315外
TEL(0242)753 1265
開8:00～12:30　13:30～17:00
休土・日

■スィデ古代劇場
Map P.315
開8:30～19:30（冬期～17:30）
休無休　料30TL

■スィデ博物館
Map P.315
開8:30～19:00（冬期～13:00）
休月　料15TL
フラッシュ一部不可

■アポロン&アテナ神殿
Map P.315
開夏期8:30～19:00
　冬期8:00～18:00
休無休　料無料

夕暮れのアポロン神殿

スィデのメインストリート

トルコ最南端にあるアナムールはアランヤとスィリフケの間にある。ビザンツ時代の遺跡が残るビーチやローマ時代の要塞、マムレ城などが残っている。（編集室）

■アランヤへの行き方
●アンタルヤから
🚌近郊ターミナルからアランヤルラル社**Alanyalılar**とギュネイ・アクデニズ社**Güney Akdeniz**が6:30〜22:00の30分〜2時間に1便の運行。所要2時間〜2時間30分、運賃は25TL。オトガルから市内へは市内バス1番でPTT下車。

■アランヤのⓘ Map P.316
TEL(0242)513 1240
開8:00〜12:30 13:30〜17:00
休土・日

■城跡 Map P.316
開8:00〜19:30（冬期〜17:00）
休月 料15TL

■クズル・クレ Map P.316
開8:00〜18:30（冬期〜17:00）
休無休
料4TL テルサーネ4TL
テルサーネとの共通券6TL

■ダムラタシュ洞窟 Map P.316
開10:00〜19:30（冬期〜17:00）
休無休 料6TL

■アランヤ発のクルーズ
アランヤ発のクルーズは、1時間程度のショートクルーズから昼食付きの1日クルーズ、数日かけるものなどいろいろ。ショートクルーズならテルサーネと洞窟などアランヤ半島を巡り、洞窟付近で泳ぐというプランが一般的だ。

近郊の旅

堅固な城壁に囲まれた港町

アランヤ

Map P.33D2

Alanya アランヤ

アンタルヤから海岸沿いを東南へ約125km行った港町。背後の山を8kmにわたってルーム・セルジューク朝時代の城壁が取り囲み、港には巨大な塔クズル・クレKızıl Kule（通称レッド・タワー）がそびえる。

城壁の下はビーチが広がっている

アランヤ城（アランヤ カレスィ） Alanya Kalesi

ルーム・セルジューク朝時代の1226年、スルタンのカイクバード1世によって建造された冬の居城。城塞を囲む城壁は約8kmあり、城塞の入口まで3kmほどの坂が続く。徒歩なら大変だがバスもあるので行ってみよう。最高の眺望が楽しめる。

クズル・クレ（クズル クレ） Kızıl Kule

クズル・クレ

クズル・クレは、山上の城跡と同じ時期に建造されたもの。内部は民族学博物館で、八角柱の塔の港側から中へ入る。見張り台としての機能を果たしていたため、高さ35mの屋上は眺めがよい。クズル・クレの隣には**テルサーネ**Tersaneというルーム・セルジューク朝時代の造船所がある。5つのアーチが残り、造った船をそのまま港へ出せるようになっていた仕組みがよくわかる。

ダムラタシュ洞窟（ダムラタシュ マアラス） Damlataş Mağarası

美しいビーチとして名高いクレオパトラ海岸の東端にある鍾乳洞。規模は小さいが、赤い岩質のため茶色い縞模様ができており、内部には洞窟独特のひんやりとした冷気が漂う。アランヤにはほかにも多くの洞窟があるが、崖下にあるので、ボートで見学するのがよいだろう。

ダムラタシュ洞窟の鍾乳石

半島の北西に続く海岸はクレオパトラ・ビーチと呼ばれる。アントニウスからこの地域を贈られたクレオパトラが城のある丘の上から毎日秘密のトンネルを抜けて入浴に来たという伝説がある。（編集室）

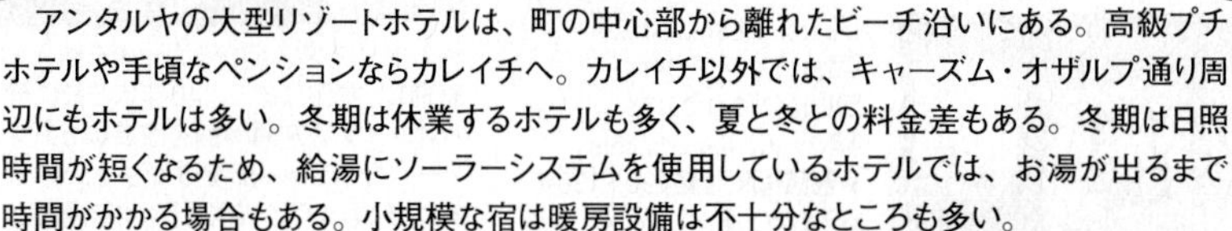

HOTEL

アンタルヤの大型リゾートホテルは、町の中心部から離れたビーチ沿いにある。高級プチホテルや手頃なペンションならカレイチへ。カレイチ以外では、キャーズム・オザルプ通り周辺にもホテルは多い。冬期は休業するホテルも多く、夏と冬との料金差もある。冬期は日照時間が短くなるため、給湯にソーラーシステムを使用しているホテルでは、お湯が出るまで時間がかかる場合もある。小規模な宿は暖房設備は不十分なところも多い。

日本からホテルへの電話 国際電話会社の番号 + 010 + 国番号90 + 市外局番と携帯電話の最初の0を除いた相手先の電話番号

ラゼル Lazer Pansiyon

住Hesapçı Sok. No.61
TEL(0242) 242 7194
FAX(0242) 243 9353
URLwww.lazerpension.com
18€～
30€～
US$ € JPY TL　M V

経済的 15室　Map P.311A3 カレイチ

バックパッカーが集まるペンション。日本語堪能なエルさんと日本人のおかみさんが切り盛りする。庭やテラスもなかなか居心地がいい。夏はプールもオープン。左記の料金は日本人向けの特別料金。

全館無料　EV なし

スィベル Sibel Pansiyon

住Fırın Sok. No.30
TEL(0242) 241 1316
FAX(0242) 241 3656
URLwww.sibelpansiyon.com
25€
35€
US$ € TL　A M V

中級 16室　Map P.311A3 カレイチ

ケスィッキ・ミナーレの1本南の路地を入った南側にある、フランス人女性が経営する宿。木漏れ日が心地よい中庭があり、リラックスして滞在できる。種類豊富な朝食も自慢。

全館（一部不通）無料　EV なし

ドアン Hotel Doğan

住Mermerli Banyo Sok. No.5
TEL(0242) 241 8842
FAX(0242) 247 4006
URLwww.pranaresorts.com
20～40€
35～65€
US$ € TL　M V

中級 41室　Map P.311A3 カレイチ

4つの建物から成り立っており、レセプション棟を出た中庭にプールとレストランがあり、その奥に古い民家を改装した客室がある。レストランも併設しており、メゼのメニューが豊富。

全館無料　EV なし

ロートリンゲン・ホーフ Hotel Reutlingen Hof

住Mermerli Banyo Sok. No.23
TEL(0242) 247 6372
FAX(0242) 248 4075
URLwww.reutlingenhof.com
35～45€
45～60€
US$ € TL　M V

中級 16室　Map P.311A3 カレイチ

木目調の家具が配されたアンティークな雰囲気でまとめられている。自慢のベッドはキングサイズ。エアコンは中央制御式なのでレセプションに頼んで温度調整をしてもらう。

全館無料　EV なし

ヴィッラ・ヴェルデ Villa Verde

住Seferoğlu Sok. No.8
TEL(0242) 248 2559
FAX(0242) 248 4231
URLvillaverdeantalya.com
30€～
45€～
US$ € TL
M V

中級 11室　Map P.311B3 カレイチ

イタリア語で「緑の家」。名前のとおり、ピスタチオ・グリーンの建物と緑あふれる庭が印象的。オーナーは日本人で、日本語が通じるのでなにかと安心。空港送迎はふたりで25€～。すぐ近くにある別館は80€、スイート100€。冬期割引きあり。

全館無料　EV なし

ロートリンゲン・ホーフは内装はこれといってドイツ風ではない。オーナーが長い間ドイツのロートリンゲンで働いていたため、この名前を付けたそうだ。（編集室）

ヴィッラ・ペルラ Villa Perla

住Hesapçi Sok. No.26
TEL(0242) 247 4341
FAX(0242) 241 2917
URLwww.villaperla.com
🚹/🚹🚹A/C 90〜130€
US＄ € JPY TL
M V

中級 8室 Map P.311B3 カレイチ

ハドリアヌス門からカレイチへ入って直進し、右側にある。140年ほど前に建てられたイタリア領事館を改装したアンティークなホテル。部屋数が少ないので予約は必須。シングル割引きは応相談。

全館無料 EV なし

テュルク・エヴィ C&H Hotels Türk Evi

住Mermerli Sok. No.2, Kaleiçi
TEL(0242) 248 6478
FAX(0242) 241 9419
🚹A/C 180TL〜
🚹🚹A/C 200TL〜
US＄ € TL
A M V

中級 15室 Map P.311A3 カレイチ

メルメルリビーチを見下す場所にあるプチホテルで、比較的規模が大きく、リゾート気分も味わえる。統一感のあるアンティークの家具のセンスがよい。眺めのよいレストランもある。

全館無料 EV なし

テケリ・コナックラル Tekeli Konakları

住Dizdar Hasan Sok.
TEL(0242) 244 5465
FAX(0242) 242 6714
URLwww.tekeli.com.tr
🚹A/C 30€
🚹🚹A/C 50€
US＄ € TL
A D J M V

中級 8室 Map P.311A2 カレイチ

中庭を囲む数棟の伝統家屋からなるプチホテル。小さなプールもある。室内はフローリングで、インテリアもアンティーク調。電話も昔風の黒電話という凝りよう。バスルームにもトルコタイルが使われている。

全館無料 EV なし

ラ・パノラマ La Panorama Hotel

住Tabakhane Sok. No.3
TEL(0242) 244 8497
FAX(0242) 247 4509
🚹/🚹🚹A/C 120TL〜
US＄ € TL
A M V

中級 40室 Map P.311A3 カレイチ

イェニカプ付近の中級ホテル。中にはプール・バー併設。部屋は清潔に整えられており快適。周辺に数軒のペンションやアパートを所有しており、繁忙期でも比較的部屋を見つけやすい。

全館無料 EV なし

RESTAURANT

港周辺やアタテュルク通りからカレイチへ少し入ったあたりのレストランは、かなり高い値段設定をしている。シーフードを出すところも多いが、基本的に肉料理より高めなので奮発するつもりで行こう。カレイチで安くあげるなら時計塔の東にあるファストフード屋台がおすすめ。ペルゲやアスペンドス近辺には食べられる場所は少ないので軽食持参で。スィデやアランヤには魚料理を出すレストランが多いが、値段はアンタルヤと同じくらい。

ボレッキチ・テウフィク Börekçi Tevfik

住1255 Sok., Ay İşhanı
TEL(0242) 241 5813
開7:30〜12:30
休日
US＄ € TL
不可

ボレキ屋 Map P.311B2 カレイチ外東側

1930年創業の老舗。非常に人気があり、いつも地元っ子でいっぱい。注文を受けてからボレキの生地を伸ばして焼いていく。焼きたてのパリパリした食感を味わおう。具はひき肉入りとチーズ入りがあり、どちらも12TL。

ヴィッラ・ペルラに併設されているレストランは評判がよく、特にメゼが有名。新聞などでもたびたび取り上げられているほどの人気。(編集室)

ドネルジ・ハック・ババ Dönerci Hakkı Baba

ドネル・ケバブ　Map P.310下A 中心部東

住Termesos Bul. No.26,
TEL(0242) 312 1008
開9:00〜21:00
休無休
USＳ € TL
MV

1924年創業の老舗。カレイチにはドネル・ケバブ市場があるが、地元っ子ダントツのおすすめはカレイチから離れたここ。高品質の牛肉を丁寧に仕込み、炭火でじっくり焼いたその味には定評がある。

メルメルリ Mermerli

魚料理　Map P.311A3 カレイチ

住Mermerli Banyo Sok. No.25
TEL(0242) 248 5484
URLwww.mermerlirestaurant.com
開8:30〜翌1:00（冬期〜24:00）
休無休
USＳ € TL　AMV

ハーバーから階段で高台に上った所にある、ガラス張りのテラスレストラン。小さな海水浴場のすぐ上にあるため、見晴らしがよい。サラダ、メイン、ビールを頼んで80〜110TL。

セラーセル Seraser

魚料理　Map P.311B2 カレイチ

住Karanlık Sok. No.18
TEL(0242) 247 6015
URLwww.seraserrestaurant.com
開12:00〜18:00
19:00〜22:30
休無休
USＳ € TL　ADMV

テレビで紹介されたこともあるシーフード・レストラン。店内にはアンティークが多く配してあり、ムードたっぷり。メニューはシーフードが充実しており、寿司42〜55TLなども用意している。予算はひとり100TL〜（前菜+メイン）。

バニラ Vanilla

フュージョン　Map P.311B3 カレイチ

住Zafer Sok. No.13
TEL(0242) 247 6013
URLvanillaantalya.com
開12:30〜翌1:00
休無休
USＳ € TL　MV

イギリス人シェフが腕を振るうレストラン。独創的で盛りつけもおしゃれ。イタリア料理やシーフードをベースにした幅広いメニューが自慢。トルコワインの種類も豊富に揃えている。

キャッスル・ブラッスリー Castle Brasserie

フランス料理 イタリア料理　Map P.311B3 カレイチ

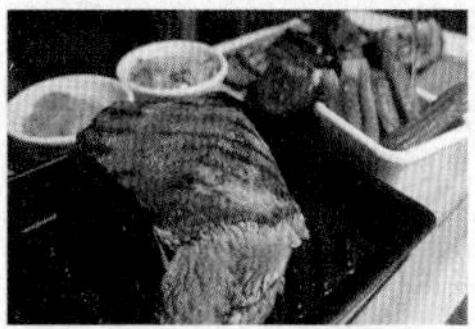

住Atatürk Cad.,
Hamam Sok. No.25
0506 861 0450
開11:00〜翌3:00
（キッチンは〜4:00）
休無休
USＳ € TL　MV

店の自慢は炭火焼きグリルで、320gのローストビーフ、キャッスル・ボンフィレ（写真）は圧巻。カプレーゼなど、本格ピザ20〜25TLもおすすめ。フドゥルルック塔（Map P.311A3）近くにも系列店があり、炭火バーベキューが人気。

デデ・トプチュ Dede Topçu Kebabı

ケバブ　Map P.311A2 カレイチ外北側

住Kâzım Özalp Cad. No.21
TEL(0242) 241 1616
開12:00〜21:00
休無休
TL
MV

カレイチ外部の繁華街に位置する。1885年創業の老舗。アンタルヤ名物のシシ・キョフテ20TLは絶品。サラダ8TLやスープ10TLを付けても良心的な値段設定。観光客のみならず地元客も多い。

イェニギュン Yenigün

食品　Map P.311B2 カレイチ

住Tuzcular Mah.,
Cumhuriyet Cad. No.5-7
TEL(0242) 241 1343
URLwww.yenigungida.com.tr
開10:00〜23:00　休無休
USＳ €TL　MV

1914年創業。トルコ全土でよく知られている食品メーカーの直営店。特にジャムが有名で、オーガニックのものや砂糖を使わずにハチミツを使ったものなど、さまざまなタイプがある。

アンタルヤ

アンタルヤはヨーロッパからのツアー客で人気のリゾートでベレッキBelekやクンドゥ Kunduなどが代表的。近年、日本のメディアにしばしば取り上げられたマルダン・パレスMardan Palaceはクンドゥにある。（編集室）

美の女神アフロディーテが生まれた神話の島

北キプロス Kuzey Kıbrıs

地域局番 0392	人口29万4906人	標高152m

■時刻表一覧
✈→P.54～59
⛴フェリー時刻表→P.84

Information

南北キプロスの往来

近年キプロスでは、南北融和への動きが進展しており、以前は不可能だった住民の往来などもできるようになった。日本人旅行者も、多くの場合は特に問題にならずに国境を通過できてしまうだろう。かつて南から北へ入るときに行われた、当日の17:00までに南へ戻るようにという要請も、今は行われておらず、越境できる。ただし、あまり遅い時間での通過はしないほうがいいだろう。また、情勢の変化には注意する必要がある。根本的な問題は解決していないのだ。

また、北から入って南から第3国へ出国することはできない。逆に南からの入国は北側では法律上問題にならない。第3国への出国も問題はない。

ヴェネツィア時代に築かれたガズィマウサの城塞

トルコの南、地中海に浮かぶキプロス島は、1960年にキプロス共和国としてイギリスから独立した。その後、ギリシア系住民とトルコ系住民との間で紛争が起こった。1974年にギリシア系軍人のクーデターが起こりトルコ軍が介入、1983年に北部地区（島の37％）が北キプロス・トルコ共和国Kuzey Kıbrıs Türk Cumhuriyetiとして独立宣言した（トルコ以外の国は認めていない）。今も島は南北に分断され、中央の町レフコーシャ（ギリシア語名レフコスィア、英語名はニコシア）には南北の緩衝地帯があり、国連平和維持軍が駐留している。北キプロスへはトルコ側から入るのが一般的。

北キプロスの基本情報

●正式国名	北キプロス・トルコ共和国 Kuzey Kıbrıs Türk Cumhuriyeti		
●面積	約3242km²（鳥取県より少し小さい）	●人口	37万4299人（2019年、留学生などを含む）
●首都	レフコーシャ Lefkoşa	●元首	ムスタファ・アクンジュ大統領 Mustafa Akıncı
●使用言語	トルコ語（英語もトルコ国内よりはよく通じる）		
●通貨	トルコリラが流通。ユーロ€もほぼ同様に利用可。次に米ドルと英ポンド。日本円はほぼ通じない。		
●レンタカー	トルコとは逆で、日本と同じ左側通行。		
●電圧	240V（トルコは220V）で、イギリスなどと同じコンセント（BFタイプ）。		

●電話　トルコのテレホンカードは使えない。公衆電話は少なく、雑貨屋やネットカフェなどの電話屋を探すほうが早い。トルコの携帯電話は国際通話扱いとなる。

●物価　酒やたばこは税金に差があり、トルコより安い。そのほかの物価はトルコより高めで宿泊費は南のキプロスよりやや安い程度。

●郵便　日本から手紙を出す場合は、都市名のあとに「Mersin 10 Turkey」と追加すること。

キプロス島北東端のディプカルパスDipkarpazには、トルコ系住民のほかに数百人のギリシア系住民が暮らしており、アポストロス・アンドレアス修道院は人気のスポット。（編集室）

北キプロスへのアクセス

以前は船で入るのが一般的だったが、近年は主要都市から空路でのアクセスも格段に便利になった。とはいえ、航路(→P.84)の利用も依然多い。ギルネ港へはスィリフケ近郊のタシュジュ港からフェリー（夏期は高速船も）があるほか、アランヤ港からも夏期に高速船が出ている。ガズィマウサ港へはメルスィンからはフェリーがある。近くアンタクヤ近郊にあるアルスズArsuzからも高速船が運航を開始する予定。

●**出入国の注意**　出入国審査はパスポートチェックのみ。**北側からの上陸実績があると南側からの出国時やギリシアでの出入国時に問題となる可能性がある**ので、出入国とも、用意された**別紙にスタンプを押してもらうこともできる。**その場合には入国カードに必要事項を記入して提出する。南側のキプロスとの検問所はレフコーシャに3ヵ所、ガズィマウサ近郊の2ヵ所を含む9ヵ所ある。

2019年5月現在、北→南への通過はどの検問所でもパスポートを軽くチェックするのみにとどまっており、日本人は北側の入国スタンプがあっても国境通過は可能。

空港からのアクセス

北キプロスの空港はレフコーシャの東にある**エルジャン空港**Ercan Havalimanı。空港からのバスはレフコーシャ、ギルネ、ガズィマウサ行きなどがありいずれもクブハス社Kıbhasの運行、各都市へ1日10便以上程度運行している(下表)。タクシーではギルネへ200～250TL、レフコーシャへ100～150TL程度。

北キプロスへの起点　スィリフケ Silifke

人口約5万5000人の町。紀元前3世紀頃のセレウコス朝シリアの時代に町が成立し、12世紀の第3回十字軍では、神聖ローマ皇帝フリードリッヒ・バルバロッサ（赤髭王）がスィリフケの上流で溺死したことでも知られる。オトガルから町の中心部へはオトガルから**イノニュ通り**İnönü Cad.を西へ1.5kmほど真っすぐ歩いて右折した所にある**タシュ橋**Taşköprüを渡って行く。

出発の港　タシュジュ Taşucu

スィリフケから南へ約8kmに位置する北キプロスへのフェリーが発着する港。港沿いにはフェリー会社のオフィスがある。オトガルはスィリフケ方面に幹線道路を北へしばらく行った所にあり、港からセルヴィスで行ける。幹線道路沿いにはホテルが数軒ある。

エルジャン空港バス時刻表

空港発	8:10 9:30 11:00 12:00 13:30 15:00 16:30 18:30 20:00 21:30 23:30 0:30
レフコシャ発	4:30 6:30 8:30 10:00 12:00 13:00 14:00 15:30 17:10 19:00 20:30 23:15
ギルネ発	3:50 5:50 7:50 9:20 11:20 12:20 13:20 14:50 16:30 18:20 20:00 22:45
ガズィマウサ発	4:00 6:00 8:00 9:30 11:30 12:30 13:30 15:00 16:30 18:30 20:00 22:30

2019年5月現在

Information
出入国の税金

北キプロスの出入国には出港税がかかるが、チケットの料金に含まれていない場合がある。チケット購入時に必ず確認しておこう。税額は港により30～65TLと異なる。また、メルスィンは入港税30TLも必要。航空券の場合、購入時に支払うのが一般的。

Information
悲しい伝説が残る乙女の城（クズ・カレスィ）

スィリフケの東約30kmにある城。海に浮かんで見えるその姿は、真っ青な海と絶妙のコントラストをなしている。メルスィン行きのミニバスで行ける。ビーチから城までは150mほどあるので、ボートかレンタルボートで行こう。

この城には、蛇によって娘が殺されるという予言をされた王が、娘を守るため海上にこの城を築いたという伝説がある。しかし、その娘はブドウの入った籠にひそんでいた毒蛇に噛まれて死んでしまったそうだ。2019年5月現在、修復工事が行われている。終了時期は未定。

古城を望むビーチ

■スィリフケの🅘
住Gürten Bozbey Cad. No.6
TEL(0324)714 1151
開8:00～17:00　休無休

■クブハス社の空港バス
URLkibhas.org
●レフコーシャ
所要約35分　料15TL
●ギルネ
所要約70分　料22.50TL
●ガズィマウサ
所要約50分　料22.50TL

北キプロス

スィリフケの民俗舞踊といえばお腹に顔の絵を描いて踊るアーシュク・マーシュクが有名。スィリフケ文化週間（6月下旬～7月上旬の1週間）などイベントでは必ず披露される。(編集室)

■レフコーシャの
●ギルネ門
Map P.322上A
住İnönü Meydanı Girne Kapısı
TEL(0392)227 2994
開8:00～17:00（冬期～16:00）
休無休
●ロクマジュ国境検問所
Map P.322上A
TEL(0392)228 8765
開8:00～19:00（冬期～18:30）
休無休
●エルジャン空港
TEL(0392)231 4003
開8:00～24:00（冬期～23:00）
休無休

■ギルネの Map P.322中
住Yat Limanı
TEL(0392)815 6079
開8:00～20:00（冬期～18:00）
休無休

■ガズィマウサの
Map P.322下
住Kemal Zeytinoğlu Sok.
TEL(0392)366 2864
開8:00～18:00（冬期～17:00）
休無休

レフコーシャにあるギルネ門の

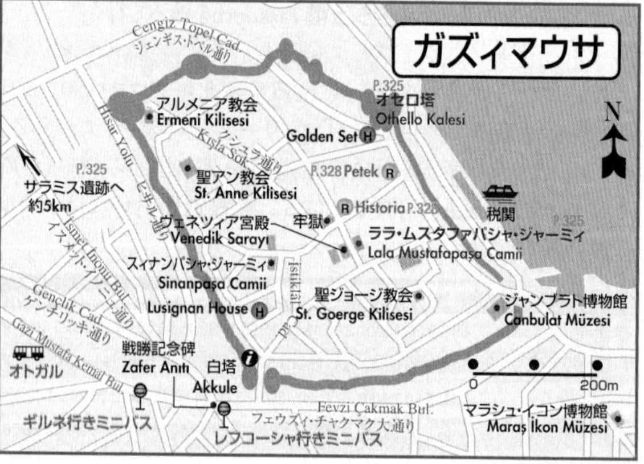

エルジャン空港への便はアトラスジェットをはじめ、ターキッシュ エアラインズ、ペガスス航空、サン・エクスプレスなど各社がしのぎを削り、料金も競争によりかなり魅力的。（編集室）

旅の起点となる町

北キプロスの主要都市は、**レフコーシャ**、**ギルネ**、**ガズィマウサ**の3つ。

起点の町　レフコーシャ Lefkoşa / Nicosia

北キプロスの「首都」で、円形の城壁に囲まれている。南側とは国連の緩衝地帯（グリーンライン）を挟んで分断されている。P.324の見どころのほか、1954年まで活動していた**メヴレヴィー修道場**Mevlevi Tekkesi、ジャーナリストからキプロス共和国の初代副総理になった**ファズル・キュチュックの家**Fazıl Küçük Müzesi、古い民家を公開している**デルヴィシュ・パシャ・コナウ**Derviş Paşa Konağı、元の聖カテリーナ聖堂、**ハイダルパシャ・ジャーミィ** Haydarpaşa Camii、南側を見下ろせる**イイットレル塔公園**Yiğitler Kulesi Parkıなどがある。

起点の町　ギルネ Girne / Kyrenia

フェニキア時代にはすでに商業港として栄えていたというギルネ。現在のギルネや英語名キレニアといった名前のもととなったのは、ローマ時代の港の名コリネウムだ。その後、ビザンツ、キプロス王国、ヴェネツィア、オスマン朝時代を経て、イギリス統治下へ。それぞれの時代の名残が町に少しずつだが見られる。現在では北キプロスで最もトルコ人たちの人気を集めるリゾート地。真っ白な鐘楼が青空に光る18世紀の教会、**イコン博物館**Girne Archangelos Mihail İkon Müzesiなどもある。

●ギルネ港　ギルネの中心部から2kmほど東にある。タクシーを使うと、中心部まで20～25TL。フェリーの到着に合わせてギルネ行きやレフコーシャ行きのドルムシュが待っている。港から町の中心部まで歩いても30分ぐらい。

起点の町　ガズィマウサ Gazimağusa / Famagusta

マゴサMagosaと綴られることもある。オスマン朝時代、イギリスの植民地時代を経ても、それ以前のキプロス王国時代、ヴェネツィア領時代の面影を色濃く残している。もともと小さな村であったガズィマウサだが、1291年に十字軍最後の拠点アッコーが陥落したことで、多くのキリスト教徒が移住。キプロスで最も深さのある港をもっていたことから、交易によって莫大な富を築いた。豊かになった商人たちは、こぞって教会に寄進し、一時は旧市街の内側に365もの教会があったという。1489年にできた、旧市街を取り囲む城塞は、どこに入口があるのか簡単にはわからないほど強固だ。

●ガズィマウサ港　港は旧市街（スルイチSuriçi）にある。

島内交通

島内はバスで各都市間を結んでいるが、オトガルは町の中心部から少し離れている。レフコーシャ、ギルネ、ガズィマウサの3都市は中心部からミニバス、ドルムシュがあり便利。

名物料理

シェフターリ・ケバブ
Şeftali Kebabı

北キプロスの名物で、ソーセージのように腸詰めにした肉を串焼きにした料理。自身から出る油で焼くためジューシーな味わいだ。レフコーシャを中心に多くのレストランで食べられる。

■メヴレヴィー修道場
Map P.322上A
TEL(0392) 227 1283
開夏期8:00～15:30
（木8:00～13:00 14:00～18:00）
冬期8:00～15:30
（木8:00～13:00 14:00～17:00）
休土・日
料7TL　学生5TL

■デルヴィシュ・パシャ・コナウ
Map P.322上A
TEL(0392) 227 3569
開夏期8:00～14:00
冬期8:00～16:00
休無休　料7TL

メヴレヴィー修道場は現在博物館になっている

■イコン博物館
Map P.322中
※2019年5月現在閉鎖中

■レフコーシャ～ギルネ
🚌コンボス社Kombosやギルネリレル社Girnelilerなどが7:00～18:30に運行。約20分毎。
所要:約30分　運賃:10TL

■レフコーシャ～ガズィマウサ
🚌イティマト社İtimatなどが運行。6:00～19:00に20分毎。
所要:約1時間15分　運賃:14TL

■ギルネ～ガズィマウサ
🚌コンボス社Kombosやイティマト社İtimatなどが7:00～18:30に1時間毎。
所要:約1時間15分　運賃:20TL

シェフターリ・ケバブと並んでよく知られたキプロス料理が、マガルナ・ブッリ。ハルミチーズに鶏胸肉などを合わせた素朴なパスタで、手軽なランチとして地元での支持は高い。（編集室）

見どころ

聖ソフィア聖堂、ゴシック様式のジャーミィ

セリミエ・ジャーミィ St. Sophia Cathedral

レフコーシャ　Map P.322上B

Selimiye Camii セリミエ・ジャーミィ

1209年に建造が始まり、1325年に完成した**フレンチゴシック**の建造物。もともとはキリスト教会であったのが、1570年のオスマン朝占領以来ジャーミィとなった。教会は東端に主祭壇が造られるのに対して、ジャーミィはメッカに向かって礼拝を行うため、ミフラーブは南翼廊にある。付属の建物でメヴレヴィーの旋舞が行われている。

カフェやみやげ物屋が集まるかつての隊商宿

ビュユック・ハン The Great Inn

レフコーシャ　Map P.322上A

Büyük Han ビュユック・ハン

1572年にキプロス総督ムザッフェル・パシャによって建てられ、ケルヴァンサライとして長い間使われた。近くには17世紀の隊商宿**クマルジュラル・ハヌ**Kumarcılar Hanıがある。

広い城内には難破船の博物館もある

キレニア城 Kyrenia Castle

ギルネ　Map P.322中

Girne Kalesi ギルネ・カレスィ

ビザンツ時代の9世紀に造られた城がオリジナル。塔や内側は15世紀に改修された。内部には2300年前の地中海交易を物語る**難破船博物館**Batık Gemi Müzesiもある。ビザンツ時代後期の12世紀に建設された聖ジョージ教会もある。

キレニア城内

見晴らしがよい13世紀の修道院跡

ベッラパイス修道院 Bellapais Abbey

ギルネ郊外　Map P.320

Bellapais Manastırı ベッラパイス・マナストゥル

12世紀に、エルサレムから逃れてきたアウグスティヌス会の修道士によって、最初の修道院が造られたのが始まり。現在

白いアーチが連なるジャーミィ内部

■セリミエ・ジャーミィ
開随時　休無休　料無料
📷礼拝時不可
●メヴレヴィーの旋舞
URL www.danceofcyprus.com
開12:00 14:00 15:00 17:00
(30分間の公演)
休日　料7€

■ビュユック・ハン
開7:00〜20:00 (日〜17:00)
休無休　料無料
一部不可

■キレニア城
TEL (0392) 815 2142
開夏期8:30〜18:00
冬期8:30〜16:00
休無休　料12TL　学生5TL

■ベッラパイス修道院
ギルネからのタクシーは往復で40TL〜
開8:00〜18:00
(冬期8:00〜16:00)
休無休　料9TL　学生5TL

13世紀建造のベッラパイス修道院

Information

キプロス島のレース刺繍

キプロスのみやげ物屋でよく目にするのはレース刺繍。これは15世紀にヴェネツィアから伝わった伝統的技法で、ユネスコの無形文化遺産にも登録されている。細やかで複雑な紋様を施したレースの美しさはかのレオナルド・ダ・ヴィンチも虜にしたと言われ、ミラノのドゥオーモの祭壇に飾るために購入したという伝説も残っているほど。刺繍が盛んな村はキプロス共和国側のレフカラLefkaraだが、レフコーシャでもビュユック・ハンにレースの専門店が多い。

ビュユック・ハンのレース工房

レフコーシャには古い建物が少ないが、デルヴィシュ・パシャ・コナウ (→P.323欄外) の周辺はアラバフメット・クォーター Arabahmet Quarterと呼ばれ、16〜17世紀の町並みが今も残っている。(編集室)

残る建物の多くは13世紀のもの。14世紀に造られた回廊のアーチの装飾が美しい。僧侶が白い服を着ていたことからフランス語で「白の修道院Abbaye Blanche（アバイエ・ブランシュ）」とも呼ばれていた。オスマン朝時代にはギリシア正教会として使用された。展望台からはギルネや海岸を見下ろすことができる。

ベッラパイス修道院の回廊

キプロス島の北海岸をここから眺めよう

ギルネ郊外

聖ヒラリオン城 St. Hilarion Castle

Map P.320

St. Hilarion Kalesi セント・ヒラリオン・カレスィ

切り立った山の上に造られた聖ヒラリオン城

レフコーシャ方面へのハイウエイが峠にさしかかる右側、切り立った山にひっそり建っている。4世紀にこの山の洞窟で修行した聖人ヒラリオンにちなんで、10世紀に修道院として建てられた。12世紀には島を守るための高所の見張り台として城に改修されたが、ヴェネツィア領となってからは使用されることはなくなった。キプロス島の北海岸がほぼ眼下におさめられる。

■聖ヒラリオン城
🚕ギルネからタクシーで往復約120TL、ベッラパイス修道院と合わせて180TL～。
開夏期8:00～17:00
　冬期9:00～15:30
休無休　料9TL　学生5TL

王の戴冠式が行われた由緒ある、元大聖堂

ガズィマウサ

ララ・ムスタファパシャ・ジャーミィ

St. Nicolas' Cathedral

Map P.322下

Lala Mustafapaşa Camii ララ・ムスタファパシャ・ジャーミィ

ガズィマウサの顔ともいえる、14世紀に建造されたゴシック建築。もともと聖ニコラス大聖堂という名で、キプロス王の戴冠式が代々行われた由緒ある教会。1571年にオスマン朝の手に落ちた後は、キプロス攻略の最大の功労者ララ・ムスタファ・パシャの名を取ったジャーミィとなった。

■ララ・ムスタファパシャ・ジャーミィ
開9:00～18:30
　（冬期～18:00）
休無休　料無料

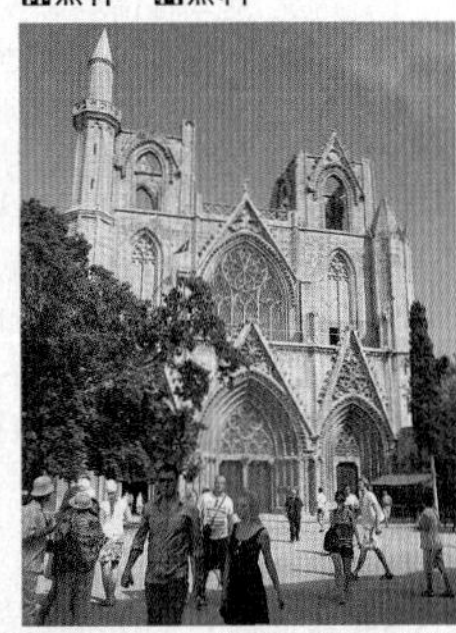
壮麗なゴシック建築

傑作『オセロ』の舞台となった

ガズィマウサ

オセロ塔 Othello Tower

Map P.322下

Othello Kalesi オテロ・カレスィ

キプロス王国時代の14世紀に建てられた塔と城塞。ヴェネツィア時代にはさらに堅固な城壁が外側に付け加えられた。城門に残るサン・マルコのライオンのレリーフが有名だ。シェイクスピアの戯曲『オセロ』の舞台になった場所としても知られている。

■オセロ塔
開夏期9:30～17:00
　冬期8:00～15:30
休無休　料9TL　学生5TL

2015年に修復が完了した

キプロスのローマ遺跡では保存状態は抜群

ガズィマウサ郊外

サラミス遺跡 Salamis Ruins

Map P.320

Salamis Örenyeri サラミス・オレンイエリ

ガズィマウサ旧市街の北約6kmのところにある。典型的なローマ遺跡として知られるサラミス遺跡だが、その歴史はもっと古そうだ。トロイ戦争から戻ってきた兵士によって造られた町だという伝説もある。

■サラミス遺跡
開8:00～19:00（冬期～15:30）
休無休　料9TL　学生5TL
●サラミス行きバス
🚌ガズィマウサ発8:30、11:00、13:00、16:00、17:00
サラミス発13:00、15:00、16:00
運賃:7TL
イスケレİskele行きのバスに乗りサラミスのロータリーで下車、海岸へ700mほど徒歩。

『オセロ』は、16世紀のキプロスという時代背景の上で展開するが、物語自体はフィクションであり、ヴェネツィア共和国に有色人の将軍が存在したことはない。（編集室）

修復されたローマ劇場

使徒パウロがキリスト教伝道の旅の途中で訪れたことでも知られるこの町は、何度も地震に悩まされた。なかでも大きかったのは4世紀に起こった大地震だが、このときは再建され、新しく当時の皇帝の名を取ってコンスタンティアと名付けられた。

しかし、648年にアラブ軍の攻撃を受けて町が破壊された後は人が住むことはなかった。もっとも、そのおかげで町がまるごと遺跡として残ったともいえる。ローマ劇場をはじめ、体育館、ローマ浴場、アゴラなども残っている。現在は多くの観光客が訪れ、近くの海岸で海水浴を楽しんでいる。

Information

南側のレフコーシャに足を延ばして

キプロスは長い間南北に分断されてきた。1964年から国連平和維持軍が展開し、南北分断後は緩衝地帯に常駐。厳しい情勢が続いていたが、近年は情勢の安定化もあって北側からも南側へ行くことができる。レフコーシャの南側は、ロクマジュ検問所から真っすぐ南へ延びるリドラス通りLidras St.がメインストリート。道沿いにはカフェやファストフード店、みやげ物屋やショッピングモールなどが軒を連ねる。昔ながらの旧市街の風情をよく残しているといわれているのが、ライキ・ギトニアLaiki Geitonia。リドラス通りを直進し、城壁の手前を左折したあたりの一角だ。

旧市街の風情を残すライキ・ギトニア

左:シャコラス・タワーから眺めたセリミエ・ジャーミィ
右:考古学博物館の展示

南側には教会も多い。北とはひと味違った南の雰囲気を体感するのにはうってつけだ。

■レフコーシャのi(南側) Map P.326
開8:30～16:00（土～14:00） 休日・祝
情報量も豊富で、南側の各都市の地図やパンフレットも配布している。

■キプロス考古学博物館 Map P.326
開8:00～16:00（土9:00～17:00、日10:00～13:00）
休月 料4.50€
新石器時代からビザンツ時代までの遺物が多く並ぶキプロス島最大の博物館。

■シャコラス・タワー Map P.326
開8:00～19:00（冬期～17:00） 休無休 料2.50€
ウールワース百貨店の11階にある展望テラス。

読者投稿 キプロスの南側から入って南側へ戻る場合はトルコリラに変えないほうがお得です。北側でも普通にユーロが通用します。(東京都 アリフマクスーラ '18春)

HOTEL

レフコーシャ　北キプロスの中心都市だが、ホテルの数は多くない。旧市街のなかには比較的安い宿がある。中級クラスのホテルは少ない。

ギルネ　リゾート地だけあって、北キプロスでの宿泊に最も適している。手頃な中級ホテルや安いペンションも多く、中心部のヨットハーバー近くから海岸に沿うように郊外型のリゾートホテルが並ぶ。

ガズィマウサ　港の近くに安宿が数軒あるほか、旧市街の南側の大通り周辺に宿があるが、多くのホテルはサラミスへと続く大通りに並んでいる。

日本からホテルへの電話 国際電話会社の番号 + 010 + 国番号90 + 地域局番と携帯電話の最初の0を除いた相手先の電話番号

アクサライ Aksaray Aile Pansiyonu

住Mecidiye Sok. No.63
TEL(0392)228 4648
URL aksaray-pansiyon.business.site
DOM 12€
25€
50€
US$ £ € TL　MV

経済的 18室　Map P.322上B レフコーシャ

ドミトリーがある北キプロスの数少ない宿。ドミトリーは3人部屋。広い中庭でのんびりくつろぐのもいい。部屋には冷蔵庫がついている。自転車のレンタルも可能。

全館無料　EV なし

セスリカヤ Seslikaya Konaklama Tesisi

住Cumhuriyet Sok. No.6, Saray Hotel Karşısı
TEL(0392)227 4193
40€
80€
US$ € TL
M

経済的 23室　Map P.322上A レフコーシャ

30年近い歴史をもつ老舗ペンションだが、部屋は比較的きれい。テレビ、冷蔵庫が完備されている。朝食は用意していないが、周囲にはレストランも多いので不自由しない。

全館無料　EV なし

サライ Saray Hotel

住Girne Kapısı, Atatürk Cad.
TEL(0392)228 5350
FAX(0392)227 1937
60€
75€
US$ € TL
ADJMV

中級 70室　Map P.322上A レフコーシャ

レフコーシャ旧市街のまさに中心にあるランドマーク的な存在。ホテル内にはカジノが入っているので、ナイトライフを楽しみたい人にはぴったり。8階にある朝食専用のレストランは眺めがいい。

全館無料　EV あり

レイメル Reymel Hotel

住Bozoklar Sok. No.3
URL www.reymelhotel.com
0533 887 2007
50€～
US$ € TL
MV

経済的 10室　Map P.322中 ギルネ

ギルネのマリーナ近くにある。以前あったドミトリーはなくなり、すべて個室になった。部屋は液晶テレビ、エアコン、冷蔵庫が完備されている。3人部屋は60€～。

全館無料　EV なし

スィデルヤ Sidelya Otel

住Nasır Güneş Sok. No.7
TEL&FAX(0392)815 6051
100TL
150TL
US$ € TL
ADJMV

経済的 12室　Map P.322中 ギルネ

市役所の向かい、町の中心部にあって港への移動にも便利。客室は古びてはいるが清潔。テラスがカフェになっていて海が見える。スタッフは流暢な英語を話す。

全館無料　EV なし

北キプロス

読者投稿　レフコーシャのオールドタウンではトルコリラが使えます。ハマムまであって驚きました。ビュユックハンの中にトルコ料理店があって評判がよいようです。（在シンガポール　mamacita　'16夏）

ホワイト・パール White Pearl Hotel

住Eftal Akça Sok. No.26
TEL(0392)815 0430
FAX(0392)816 0110
URL www.whitepearlhotel.com
S 50€
W 70€
US$ € TL　J M V

中級 9室　Map P.322中 ギルネ

目の前にギルネのヨットハーバーを望む、好立地のホテル。スタッフにインド系の人が多く、英語が堪能。屋上はルーフバー（夏期のみ）になっており、港を眺めながらお酒を楽しめる。

全館無料　EV なし

ノスタルジア Nostalgia Hotel

住Cafer Paşa Sok. No.14
FAX(0392)815 3079
URL www.nostalgiaboutiquehotel.com
S 150TL
W 250TL
US$ € TL　A M V

経済的 30室　Map P.322中 ギルネ

旧市街にある伝統的な家屋を改装したブティック・ホテル。客室はそれほど広くはないが、料金を考えるとかなりお得に泊まれる。伝統料理を出すレストランも併設している。

全館無料　EV なし

RESTAURANT

北キプロスの名物料理といえば、シェフターリ・ケバブや海の幸を使った料理。特にレフコーシャではシェフターリ・ケバブを出す店が多い。また、トルコ本土でもよく見かけるようになったヒヨコ豆のペースト、フムスもキプロスの地方料理。ギルネのヨットハーバーには、シーフードも出すおしゃれなカフェスタイルのレストランがたくさん並んでいる。

セット Set Fish Restaurant

住Yat Limanı, Girne
TEL(0392)815 2336
開9:30～22:30
休無休
US$ € TL
A M V

魚料理　Map P.322中 ギルネ

ヨットハーバーに面しており、港の眺めも抜群。新鮮な魚介類を使ったメイン料理は盛りつけも洗練されている。セットメニューは、前菜とメイン、デザートが付いて85TL。

サボル Sabor Authentic Spanish & Italian Cuisine

住Selimiye Meydanı
TEL(0392)228 8322
開11:00～23:00
休無休
US$ € TL　A M V

スペイン料理 イタリア料理　Map P.322上B レフコーシャ

セリミエ・ジャーミィの北東側にあるレストラン。タパスとパスタを得意としている。ワインのセレクトも好評。

ヒストリア Historia Restaurant & Cafe Bar

住Naim Efendi Sok. No.2, Namık Kemal Meydanı
TEL(0392)367 0153
Mail bugratansu@hotmail.com
開9:00～22:00　休無休
US$ € TL　M V

魚料理　Map P.322下 ガズィマウサ

ララ・ムスタファ・パシャ・ジャーミィの近くにあるカフェ。メニューはクラブサンドイッチやパスタからシーフードまで種類は豊富。ヴェネツィア時代の面影を眺めながらお茶を飲むのもいい。

ペテッキ Petek Pastanesi

住Liman Yolu Sok.
TEL(0392)366 7104
URL www.petekpastahanesi.com
開7:00～24:00
休無休
US$ € TL　A M V

カフェ パスターネ　Map P.322下 ガズィマウサ

1975年創業の老舗。敷地内にはカフェとショップがあり、2階はテラス席になっている。キプロス産の牛乳を利用したドンドゥルマが店のウリで、賞を獲得したこともあるとか。

トルコでは2000年までにカジノが撤廃されたが、北キプロスでは合法で、中・大型ホテルにはだいたいカジノが併設されている。ドレスコードもそれほど厳格ではない。(編集室)

セイハン川のほとりに広がる大都市

アダナ Adana

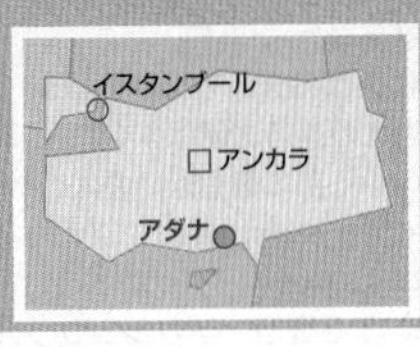

市外局番 **0322** | 人口**163万6229**人 | 標高**23**m

セイハン川のほとりにたたずむメルケズ・ジャーミィ

トロス山脈の南に広がるチュクロワ平野にあるアダナは、綿工業を中心にした地中海岸最大の工業都市であり、トルコ第5の大都市だ。町の歴史はヒッタイト時代（紀元前1500年頃）にまでさかのぼる。土壌が豊かなことから、数々の民族の支配を受けてきた。アダナ周辺には満々と水をたたえたセイハン湖や地中海に注ぐセイハン川、トロスの山々など自然が残り、近郊にはさまざまな時代の遺跡が点々とある。

歩き方

町の中心は立体交差のある**アッティラ・アルトゥカットゥ・キョプリュスュ** Attila Altıkat Köprüsü周辺から大型デパートの**チェティンカヤ**Çetinkaya付近。この立体交差を**ズィヤー・パシャ大通り**Ziya Paşa Bul.沿いに北へ行けばアダナ駅。南へ行けば**アダナ市場**（**アダナ・チャルシュ** Adana Çarşı）。**トゥラン・ジェマル・ベリケル大通り**Turan Cemal Beriker Bul.を東に行けばセイハン川に出る。この川に架かる**タシュ橋**Taşköprüはローマ時代に建てられた石造りの橋で、当時のままのアーチが残る。北側にはギルネ橋Girne Köprüsüやトルコの大企業サバンジュ財閥が建築した**メルケズ・ジャーミィ** Merkez Camiiが鎮座する。

オトガルから町の中心部へ

アダナのオトガルはふたつ。ひとつは西にある**メルケズ・オトガル**Merkez Otogarと呼ばれる大きなオトガルでトルコ各地への便が発着する。もうひとつはセイハン川を渡って少し行った所にある**ユレイル・オトガル**Yüreğir Otogar。

■時刻表一覧
✈→P.54～59
🚃→P.60～61
🚌時刻表索引→P.62～63

■アダナ空港
空港は町の西約3kmの所にある。ターミナルは国内線と国際線に分かれている。国内線ターミナルを出て左へ進み、VIP用空港出口を出た所からミニバスが市内まで運行している。タクシーなら30TL。市内から空港へのミニバスはホスタ・オテルHosta Otelの向かいあたりから。6:00～23:00に運行。

■ミニバスの車体表示
アダナのミニバスは車体にロゴで路線名を表示している。
空港行き(**Meydan**)
メルケズ・オトガル行き(**Barkal**)
鉄道駅行き(**İtimat**)
ユレイル・オトガル行き
(**Yüreğir Otogar**)

■アダナのⓘ
Map P.330B1
住İnönü Cad. No.91
開8:30～17:30
休日

アダナのⓘ

チャルシュ（アダナ市場）

■タクシー料金
鉄道駅から市場など市内移動の場合15TL程度。

赤カブのジュースのシャルガム・スユはアダナ名物の健康ドリンク。食欲を増進させる効果があるのでケバブなどの肉料理と合う。（編集室）

■アダナ・メトロ
朝夕は15分、それ以外は30分おきの運行と便は多くない。町の中心部に最も近いのはイスティクラールİstiklal。アダナ・メトロでユレイル・オトガルから市内に出る場合、アクンジュラルAkıncılarから乗ればよい。

◆メルケズ・オトガル　メルケズ・オトガルから町の中心の立体交差までは、セルヴィスを利用できる。ドルムシュなら、オトガルを出て道を渡り、反対側の停留所から、バルカルBarkalと書かれた車に乗ろう。運賃は3TL。逆にオトガルへは立体交差周辺のバス会社のオフィスでチケットを買えば、セルヴィスに乗れる。

◆ユレイル・オトガル　イスケンデルンやアンタクヤなど近郊へのバスやドルムシュの発着点だ。到着する直前の立体交差点で降りると、向かい側から町の中心部へ行くドルムシュをつかまえやすい。ほとんどの乗客が降りるのですぐわかる。

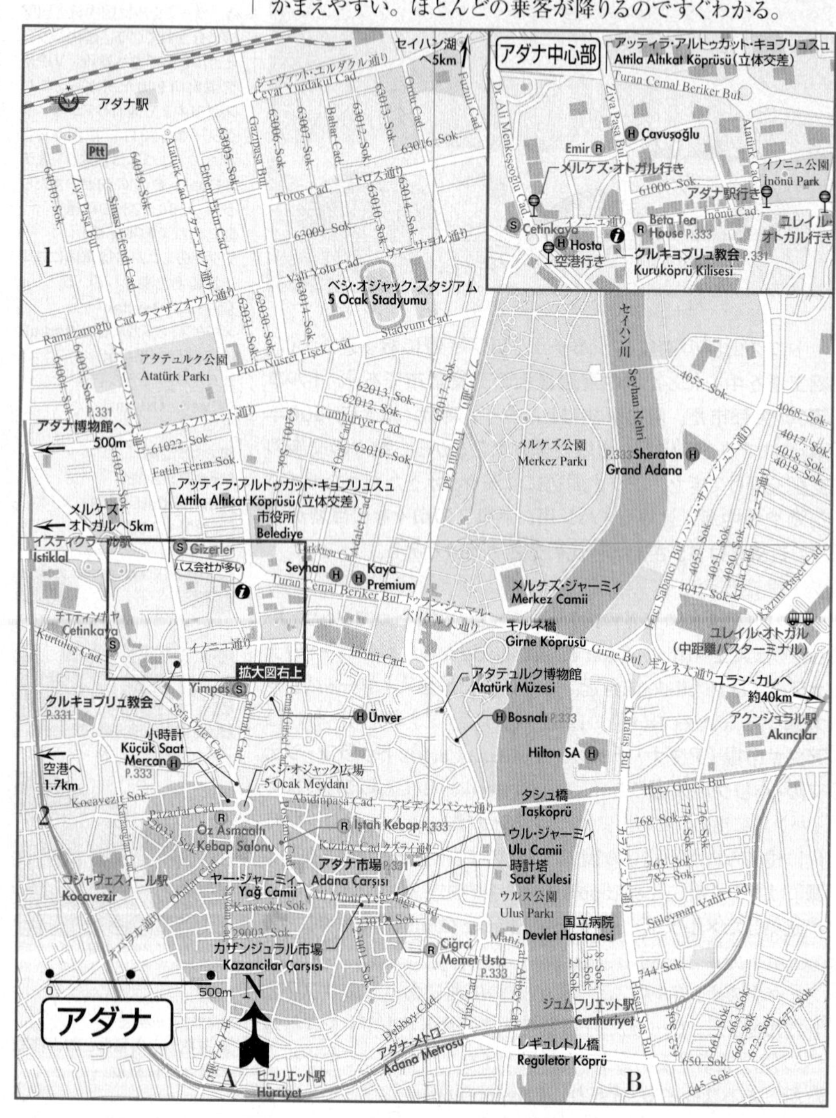

読者投稿　ユンヴェル・オテル Ünver Otel (Map P.330A2)に滞在しました。部屋は清潔でお湯も熱いぐらいよく出ました。オーナーのザフェル氏は元プロサッカー選手とのことでとても気さくな方です。(福岡県　S.K.　'18春)

見どころ

質、量ともに見応えたっぷり
アダナ博物館
Map P.330A1外

Adana Müzesi アダナ・ミュゼスィ

町の中心部にあった考古学博物館が手狭になり、2017年に工場跡の巨大な敷地に移転しオープンした博物館。アダナでは**アナヴァルザ**をはじめ数多くの遺跡が発見されており、そのコレクションは膨大。展示は時系列でなされており、ひと通り見ればヒッタイト以前の時代から現代にいたるまでの人類史がわかるようになっている。また、モザイクコレクションも必見。

アイゲアイ遺跡出土のヒッポカンテスとヒエロスのモザイク

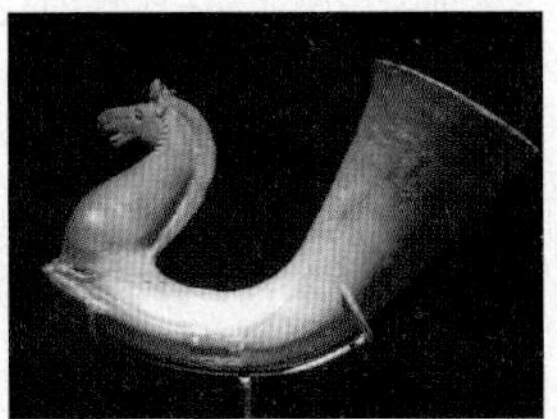
紀元前5世紀のリュトン

■アダナ博物館
住Döşeme Mah. Ahmet Cevdet Yağ Bul. No.7
TEL(0322)454 3855
URLadanamuzesi.gov.tr
開夏期9:00～19:00
冬期8:00～17:00
休月　料10TL

ヒッタイト王タルクンタの像

町の中心の旧市街
アダナ市場
Map P.330A2

Adana Çarşısı アダナ・チャルシュス

ベシ・オジャック広場から時計塔の周辺一帯はチャルシュ（市場）と呼ばれる旧市街の中心部。**ウル・ジャーミィ**（1541年創建）や**ヤー・ジャーミィ**（1501年創建）、**イェニ・ジャーミィ**（1724年頃創建）といったイスラーム寺院やバザール、ハマムなど歴史的建造物が再開発されていない昔ながらのスタイルで残っている。

ヤー・ジャーミィ

イェニ・ジャーミィ

市場の東端にある時計塔

以前は博物館だった教会
クルキョプリュ教会
Map P.330B1

Kuruköprü Kilisesi クルキョプリュ・キリセスィ

1845年に聖ニコラウス教会として建てられたギリシア正教会の聖堂。第1次世界大戦頃まで使われていたが、トルコ共和国成立後、ギリシアとの間で行われた住民交換によりいったんその役目を終えた。

その後考古学博物館（～1983）、民俗学博物館（～2015）が置かれた。入口の上に刻まれた碑文はギリシア文字で書かれたアラビア語という珍しいもの。すぐ隣にはアダナの伝統家屋を再現した建物Geleneksel Adana Eviが併設されている。

クルキョプリュ教会

■クルキョプリュ教会
開8:00～16:30
休月　料無料

縁起はギリシア文字表記のアラビア語で書かれている

アダナ博物館の敷地には工業博物館や民俗学博物館なども集まり、完成時にはひととおりアダナのことがわかる大博物館になる予定。（編集室）

■タルスス、メルスィンへの行き方

🚌トックT.O.K.、コチKoçの2社がアダナ〜タルスス〜メルスィン間でミニバスを運行している。メルスィンのオトガルは郊外にあるが、このミニバスはそれぞれの町の中心部をつないでくれて便利(→P.74)。

🚃トルコ国鉄がアダナ〜タルスス〜メルスィン間を5:50〜22:30にほぼ45分おきに運行。

■聖パウロの井戸

Map P.332右

開8:00〜19:00(冬期〜17:00)

休無休　料5TL

■聖パウロ教会

Map P.332右外

開8:00〜19:00(冬期〜17:00)

休無休　料5TL

タルススにある聖パウロの井戸

タルススにある聖パウロ教会

近郊の旅

聖パウロの故郷

タルスス

Map P.34B2

Tarsus タルスス

アダナ〜メルスィン間にあるタルススは聖パウロの故郷としても知られる。聖パウロはタルススで生まれ、キリスト教徒の迫害に加わるなかで回心し、キリスト教初期の布教活動の中心となった人。タルススの旧市街の一角にはパウロゆかりとされる井戸が残っている。町の南には聖パウロ教会もある。

また、タルススにはローマ時代の道路も残っており、発掘が進められている。町の中心部にはクレオパトラ門と呼ばれる大きな門があり、トック社T.O.K.のバスはここを経由する。

近郊の旅

「エルトゥールル号」で有名な日本と関係の深い町

メルスィン

Map P.34A2

Mersin メルスィン

メルスィンは、19世紀中頃に綿を海外に輸出するための港湾として発展した。アタテュルク公園Atatürk Parkıには、**オスマン帝国海軍遭難慰霊碑**がある。明治時代にオスマン朝の軍艦エルトゥールル号は、横浜からイスタンブールへ向けて出航したが、暴風雨のため和歌山県串本沖で遭難し、犠牲者は581名にものぼった。串本町にも同様の碑があり、両国友好のシンボルともなっている。町には1996年末には両国の友好を記念して串本通りKushimoto Sok.という名を付けた通りもある。

遭難慰霊碑

エルトゥールル号犠牲者への義援金を募り、トルコへと届けた山田寅次郎(1866〜1957年)は、日本とトルコ間の交流に貢献し、士官学校時代のアタテュルクに日本語を教えたこともある。(編集室)

HOTEL & RESTAURANT

ホテルが多いのはベシ・オジャック広場5 Ocak Meydani周辺でセイハン川沿いには大型高級ホテルが点在する。レストランはチャルシュ周辺に点在している。名物のアダナ・ケバブは名店と呼ばれる店が各地区ごとにある。

日本からホテルへの電話 国際電話会社の番号 + 010 + 国番号90 + 市外局番と携帯電話の最初の0を除いた相手先の電話番号

メルジャン Mercan Otel

経済的 40室 Map P.330A2

住5 Ocak Meydanı, Özler Cad. 8 Sok. No.16, Küçüksaat
TEL(0322)351 2603
URLwww.otelmercan.com
S A/C 100TL
W A/C 150TL
US$ € TL　M V

旧市街の入口の目印である小時計塔のすぐ近くにある小ぢんまりとしたホテル。旧市街を散策する起点としても便利な立地。部屋はやや狭いがきれいにまとまっていて清潔感もある。

全館無料　EV なし

ボスナル Hotel Bosnalı

経済的 40室 Map P.330B2

住Kayalıbağ Mah., Seyhan Cad. No.29
TEL(0322)359 8000
FAX(0322)359 6059
URLwww.hotelbosnali.com
S/W A/C 55€～
US$ € TL　M V

アタテュルク博物館の近く、セイハン川のほとりにある。築130年になるオスマン朝後期の伝統家屋を利用したブティックホテル。部屋にはセーフティボックスやミニバーもついている。

全館無料　EV なし

シェラトン・グランド Sheraton Grand Adana

高級 240室 Map P.330B1

住Hacı Sabancı Bul. No.7
TEL(0322)237 1717
URLwww.sheratongrandadana.com
S/W A/C 500TL～
US$ € TL
A M V

セイハン川の東岸にある流線型の大型チェーンホテル。中心部からやや離れているので静かな環境で過ごせる。屋外、屋内プールやスパなどはもちろん揃っている。朝食は別料金で50～65TL。

全館無料　EV あり

ジエルジ・メメット Ciğerci Memet Usta

炭火焼き ホルモン Map P.330A2

住Sarıyakup Mah., Büyüksaat Yanı
TEL(0322)352 0008
開24時間　休無休
US$ € TL
M V

レバーなどホルモンの串焼きの店だがアダナ・ケバブ（ここではクイマと呼ばれる）でもこの店を推すアダナっ子が多い。炭火焼はどれを頼んでもひと皿25TLとシステムもシンプル。

イシュタフ・ケバブ İştah Kebap

郷土料理 ケバブ Map P.330A2

住Ali Münif Cad. No.43, Vakıflar Sarayı karşısı
TEL(0322)351 9651
URListahkebap.com
開7:00～20:00　休無休
US$ € TL　M V

創業30年、アダナ・ケバブで人気の店のひとつでいつもにぎわっている。アダナ・ケバブのほか各種炭火焼は20TL、ドネル・ケバプもあり、ピラフ載せはチキン17TL、ビーフ20TL。

ベタ・ティーハウス Beta Tea House

トルココーヒー 紅茶 Map P.330B1

住Kuruköprü Mah., Ziya Paşa Bul. No.9
TEL(0322)363 5343
URLwww.betateahouse.com.tr
開7:30～20:00　休無休
US$ € TL　M V

1970年代からトルコ茶の輸出や世界の茶の輸入を手掛けるブランドのお茶専門店。クルキョプリュ教会向かいの交差点に面して建つ。1階では茶葉や茶器の販売も行っている。

メルスィンの名物屋台グルメはメルスィン・タントゥニと呼ばれる肉料理。店頭で細切りの肉を炒めているからすぐわかる。クレープのような薄い生地、ユフカに捲いて食べる。(編集室)

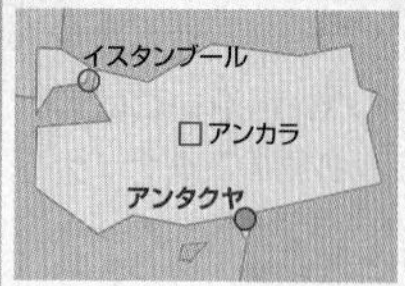

キリスト教5本山のひとつアンティオキア

アンタクヤ Antakya

市外局番 **0326**	人口**21万6960**人	標高**85**m

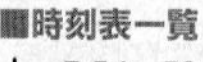

■時刻表一覧

✈→P.54～59
🚌時刻表索引→P.62～63

■北キプロス・レバノンへの航路

アンタクヤ～イスケンデルン間にあるアルスズ港から北キプロスのガズィマウサ、レバノンのベイルートへの高速船が2019年中に就航予定。ガズィマウサへは3時間弱、ベイルートへは3時間30分ほど。国内のメルスィンへは2時間弱。

治安情報

シリアは2011年3月以降、全土に混乱が続いており、2019年5月現在、シリアおよびトルコのシリア国境地帯に日本の外務省より「レベル4:退避してください。渡航は止めてください。(退避勧告)」が発出されている。また、ハタイ県にも「レベル2:不要不急の渡航は止めてください」が発出されている。情勢が安定するまで、渡航は避けるべきだ。

Information

ギリシア正教会

アンタクヤは、ペテロやパウロが布教の拠点とし、キリスト教が最も早くから広まった町でもあったため、キリスト教徒にとっては特別なところ。そのため町には各派の教会があるが、「トルコで最も美しい10の教会」にも選ばれたギリシア正教会が有名。旧市街のほぼ中央にある。これはエジプト総督ムハンマド・アリ(メフメット・アリ・パシャ)の息子、イブラヒム・パシャの承認を受けて1833年に建てられたもの。

住 **Hükümet Cad. NO.14**
TEL (0326) 216 4409

アンタクヤ近郊のダフネで見つかったヤクトのモザイク(ハタイ考古学博物館収蔵)

セレウコス朝シリアを開いたニカトールが創建した都アンティオキア(現在のアンタクヤ)は、シルクロードの陸の終点のひとつ。中国から運ばれた物資が、ここから地中海沿岸の各国へ船で運ばれていった。聖書をはじめとして、ローマ時代には帝国第3の都市になるなど、世界史上に何度も登場したが、現在めぼしい遺跡はほとんど残っていない。

アンタクヤはほかのトルコの町と雰囲気が異なり、ヨーロッパ風の重厚な独特の味わいのある建物が並んでいる。これは第1次世界大戦後から1938年までフランス領シリアに編入されていたため。今なおシリアの血を引いた人々が多く、シリア方言のアラビア語もよく通じる。当時の呼び名で県名にもなっているハタイHatayの名で呼ばれることも多く、バスなどの行き先表示にもハタイと併記されている。

歩き方

町の中心は**アスィ川**(古代名オロンテス川)に架かる橋周辺のジュムフリエット広場Cumhuriyet Meydanı。橋の東側には**ウル・ジャーミィ** Ulu Camiiがある。アスィ川の東岸は**旧市街**で、どちらかといえば庶民的な雰囲気。奥へ入ると革製品や衣類、雑貨屋などの商店が並ぶ。12世紀に十字軍のフランク教会として造られ、後にジャーミィに改修されたというハビービ・ナッジャル・ジャーミィ Habibi Naccar Camiiもある。

アスィ川の西岸は**新市街**。モザイク博物館やPTT、銀行などが並ぶ。PTT脇の**アタテュルク通り**Atatürk Cad.には高級ホテルやしゃれたブティックもある。

ハタイは県名で、アンタクヤ市(2017年よりハタイ広域市アンタクヤ区)とイコールではない。行き先がHatayと書いてあっても、アンタクヤ中心部に入らないものもあるので確認しよう。(編集室)

◆オトガルから町の中心部へ

オトガルは町の西にあり、中・長距離路線は基本的にここに発着する。オトガルから町の中心部へはセルヴィスが利用できる。

オトガルへ行く場合は、PTT横のバス乗り場から16番、ウル・ジャーミィ前からなら5番のミニバスを使う。また、市内各所からYeni Otogarと表記されたミニバスでも行ける。

サマンダー、ハルビエ方面など近郊へのバスやドルムシュは**キョイ・ガラジュ**発着。アダナ、ガズィアンテップ、カフラマンマラシュからのバスの便も多くがキョイ・ガラジュに発着する。いったんアスィ川へ出てまっすぐ南下すると町の中心部に出る。

アンタクヤ周辺

N
0 5km
オトガル Otogar
空港へ
キョイ・ガラジュ Köy Garajı
P.336 聖ペテロの洞窟教会 Aziz Petros Kilisesi
アンタクヤ Antakya
P.335 ハタイ考古学博物館 Hatay Arkeoloji Müzesi
スバシュ Subaşı
カラチャイ Karaçay
P.336 ハルビエ Harbiye
ワクフル Vakıflı
サマンダー P.336 Samandağı

見どころ

世界的に評価の高いコレクション

ハタイ考古学博物館

Map P.335

Hatay Arkeoloji Müzesi ハタイ・アルケオロジ・ミュゼスィ

アンタクヤ近郊やハルビエの遺跡などから出土したモザイクの数々が展示されている。ローマ時代のモザイクのコレクションとしては世界でも有数の質と量を誇る。モザイクにはギリシア神話や聖書の場面がいくつも描かれており、そのリアルさは見る者の心を打つ。

モザイク以外の展示も充実しており、先史から現代まで、時代の流れに沿って紹介している。とりわけヒッタイト時代が質、量ともに優れたものが多い。このほか、コインのコレクションも必見。

アルテミスのモザイク

中央にアリアドネー、左右にはそれぞれディオニッソスとマイナスが描かれたモザイク

ヒッタイト新王国の最盛期を築いたシュッピルリウマ1世の像

■アンタクヤの🅘

Map P.336B外

住 Şehit Mustafa Sevgi Cad. No.8/A
TEL (0326) 214 9217
開 8:00〜15:00
休 土・日

事務所ではパンフレットなども豊富に揃っている

名物料理

アンタクヤには名物料理がたくさん。小さなピザのようなカイタス、ホウレンソウ・スープのウスパナック・チョルバス、揚げ肉まんのようなオルックのほか、スイーツのキュネフェもハタイが本場。カボチャのお菓子カバック・タトゥルスKabak Tatlısıも名物。

オルックはおやつにもぴったり

■ハタイ考古学博物館

住 Maşuklu Mahallesi, Atatürk Cad.
TEL (0326) 225 1060
開 夏期8:30〜19:00
　 冬期8:30〜17:00
休 無休
料 20TL

バス会社HASのシンボルマークはモザイク博物館に展示されているモザイク。バスの車体にはモザイクの写真がプリントされている。(編集室)

切り立った崖を背に建つ由緒ある教会

聖ペテロの洞窟教会

Map P.335

Aziz Petros (St. Pierre) Kilisesi アーズィズ・ペトロス（サン・ピエール）・キリセスィ

ミニバスを降りたらこの標識に従って約10分

町の中心部から徒歩約30分。崖のそばにひっそりと建つ洞窟教会。迫害を受けた初期キリスト教徒が、聖ペテロの導きで難を逃れるためにこの洞窟にやって来たといわれている。洞窟奥へは抜け道もあるが、現在は入ることはできない。

■聖ペテロの洞窟教会
住Küçük Dalyan Mah.
開夏期8:30〜19:00
　冬期8:30〜17:00　休無休
料20TL

聖ペテロの洞窟教会の祭壇

近郊の旅

のどかな海とギリシア神話ゆかりの村

サマンダーとハルビエ

Map P.335

Samandağı ve Harbiye サマンダーゥ・ヴェ・ハルビエ

アンタクヤの南西約25kmのサマンダーは、ニカトールによってアンタクヤの外港として築かれた町。海岸にはロカンタやホテルもいくつかあり、夏は海水浴客でにぎわう。近くにはトルコに唯一残るアルメニア人集落のワクフルVakıflıもある。

アンタクヤの南約9kmのハルビエ村は、月桂樹などの緑が多く、妖精ダフネDaphneがアポロンの求愛から逃れるために月桂樹に変身したという神話にちなんでかつてはダフネと呼ばれ、アポロンの神託所もあった。近年水道の水源施設を設置したために水量が減り、売り物だった滝は迫力がなくなってしまった。

■サマンダー
サマンダーへは6:00〜22:00にDeniz(海)と書かれたドルムシュが頻発しているが、近く市内バスに置き換えられる予定。

サマンダーの海岸に沈む夕日

■ハルビエ
Harbiyeと表示された青い市内バスで行く。

ハルビエの滝近くにあるレストラン

■ワクフル
サマンダーまで行き、フドゥルベイHıdırbey行きのミニバスに乗り換え途中下車。サマンダーからは所要約15分

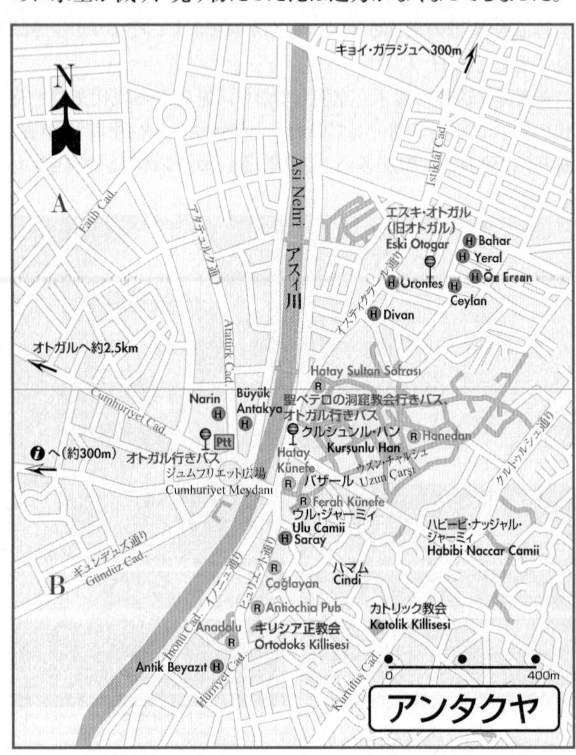

アンタクヤ名物だけあって市内にはキュネフェ専門店が多い。なかでも特に有名なのは大きな店舗のハタイ・キュネフェと、昔ながらの佇まいのフェラーフ・キュネフェの２軒。（編集室）

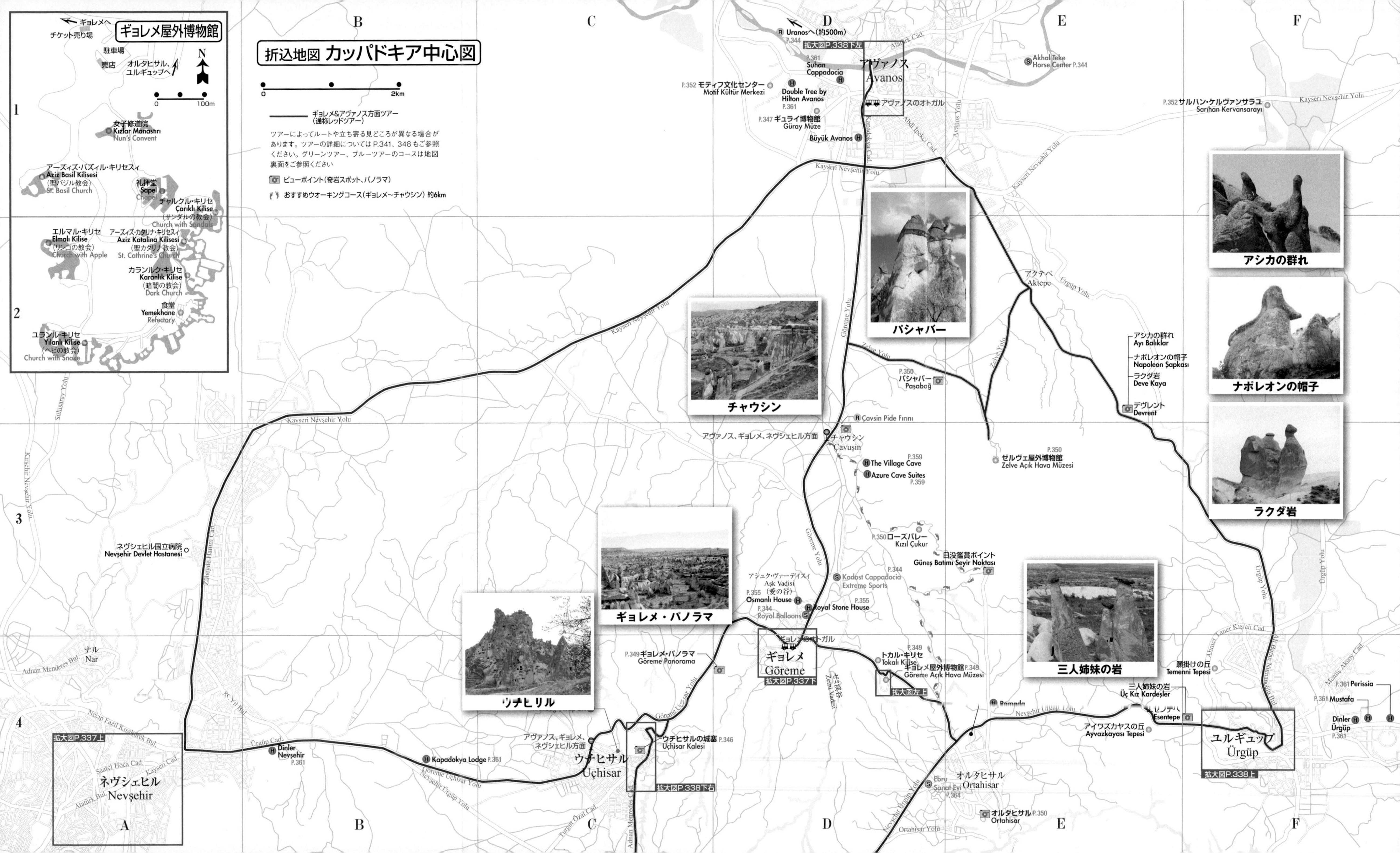

折込地図 カッパドキア中心図
0
2km
ギョレメ&アヴァノス方面ツアー（通称レッドツアー）
ツアーによってルートや立ち寄る見どころが異なる場合があります。ツアーの詳細についてはP.341、348もご参照ください。グリーンツアー、ブルーツアーのコースは地図裏面をご参照ください
ビューポイント（奇岩スポット、パノラマ）
おすすめウオーキングコース（ギョレメ〜チャウシン）約6km
ギョレメ屋外博物館
ギョレメへ
チケット売り場
駐車場
売店
オルタヒサル、ユルギュップへ
N
0
100m
女子修道院
Kızlar Manastırı
Nun's Convent
アーズィズ・バズィル・キリセスィ
Aziz Basil Kilisesi
（聖バジル教会）
St. Basil Church
礼拝堂
Şapel
Chapel
チャルクル・キリセ
Çarıklı Kilise
（サンダルの教会）
Church with Sandals
エルマル・キリセ
Elmalı Kilise
（リンゴの教会）
Church with Apple
アーズィズ・カタリナ・キリセスィ
Aziz Katalina Kilisesi
（聖カタリナ教会）
St. Cathrine's Church
カランルク・キリセ
Karanlık Kilise
（暗闇の教会）
Dark Church
食堂
Yemekhane
Refectory
ユランル・キリセ
Yılanlı Kilise
（ヘビの教会）
Church with Snake
A
B
C
D
E
F
1
2
3
4
Uranosへ（約500m）
P.344
拡大図P.338下左
P.361
Suhan Cappadocia
アヴァノス
Avanos
P.352 モティフ文化センター
Motif Kültür Merkezi
Double Tree by Hilton Avanos
P.361
P.347 ギュライ博物館
Güray Müze
Büyük Avanos
アヴァノスのオトガル
Akhal Teke Horse Center P.344
P.352 サルハン・ケルヴァンサラユ
Sarıhan Kervansarayı
Kayseri Nevşehir Yolu
パシャバー
チャウシン
アシカの群れ
ナポレオンの帽子
ラクダ岩
アクテペ
Aktepe
Ürgüp Yolu
Zelve Yolu
P.350
パシャバー
Paşabağ
アシカの群れ
Ayı Balıklar
ナポレオンの帽子
Napoleon Şapkası
ラクダ岩
Deve Kaya
デヴレント
Devrent
Çavsin Pide Fırını
アヴァノス、ギョレメ、ネヴシェヒル方面
チャウシン
Çavuşin
P.359
The Village Cave
Azure Cave Suites
P.359
P.350
ゼルヴェ屋外博物館
Zelve Açık Hava Müzesi
P.350 ローズバレー
Kızıl Çukur
日没鑑賞ポイント
Güneş Batımı Seyir Noktası
P.344
Kadost Cappadocia Extreme Sports
アシュク・ヴァーディスィ
Aşk Vadisi
（愛の谷）
P.355
Osmanlı House
P.344
Royal Balloons
P.355
Royal Stone House
Göreme Yolu
ギョレメ・パノラマ
ウチヒサル
三人姉妹の岩
ネヴシェヒル国立病院
Nevşehir Devlet Hastanesi
ナル
Nar
Adnan Menderes Bul.
Zübeyde Hanım Cad.
P.349 ギョレメ・パノラマ
Göreme Panorama
ギョレメのオトガル
ギョレメ
Göreme
拡大図P.337下
P.349
トカル・キリセ
Tokalı Kilise
ギョレメ屋外博物館 P.349
Göreme Açık Hava Müzesi
拡大図左上
Zemi Vadisi
Ramada
Nevşehir Ürgüp Yolu
願掛けの丘
Temenni Tepesi
三人姉妹の岩
Üç Kız Kardeşler
Esentepe
アイワズカヤスの丘
Ayvazkayası Tepesi
ユルギュップ
Ürgüp
拡大図P.338上
P.361 Perissia
P.361 Mustafa
Dinler Ürgüp
P.361
拡大図P.337上
Ürgüp Cad.
Dinler Nevşehir
P.361
Kapadokya Lodge P.361
アヴァノス、ギョレメ、ネヴシェヒル方面
ウチヒサル
Uçhisar
ウチヒサルの城塞 P.346
Uçhisar Kalesi
拡大図P.338下右
ネヴシェヒル
Nevşehir
Atatürk Bul.
Göreme Uçhisar Yolu
Nevşehir Ürgüp Yolu
オルタヒサル
Ortahisar
Ebru Sanat Evi
P.364
オルタヒサル P.350
Ortahisar
Ortahisar Yolu
Kırşehir Nevşehir Yolu

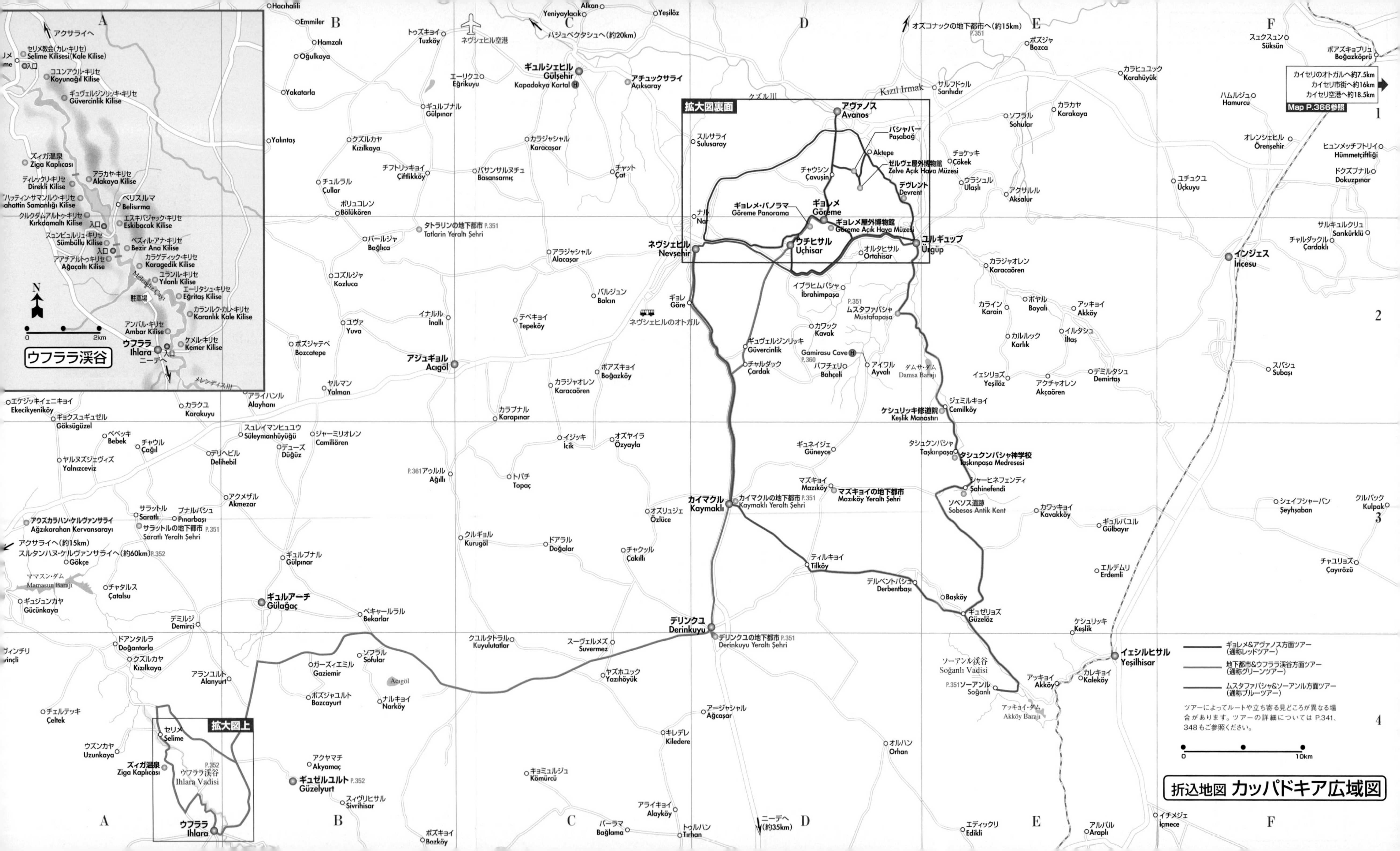

折込地図 カッパドキア広域図
ウフララ渓谷
アクサライへ
セリメ教会(カレ・キリセ)
Selime Kilisesi(Kale Kilise)
入口
コユンアウル・キリセ
Koyunağıl Kilise
ギュヴェルジンリッキ・キリセ
Güvercinlik Kilise
ズィガ温泉
Ziga Kaplıcası
アラカヤ・キリセ
Alakaya Kilise
ディレックリ・キリセ
Direkli Kilise
ベリスルマ
Belisırma
クルクダムアルトゥ・キリセ
Kırkdamaltı Kilise
エスキバジャック・キリセ
Eskibacak Kilise
スュンビュルリュ・キリセ
Sümbüllü Kilise
ベズィル・アナ・キリセ
Bezir Ana Kilise
アアチアルトゥ・キリセ
Ağaçaltı Kilise
カラゲディック・キリセ
Karagedik Kilise
ユランル・キリセ
Yılanlı Kilise
エーリタシュ・キリセ
Eğritaş Kilise
カランルク・カレ・キリセ
Karanlık Kale Kilise
駐車場
アンバル・キリセ
Ambar Kilise
ケメル・キリセ
Kemer Kilise
ウフララ
Ihlara
ニーデへ
メレンディス川
0 2km
ネヴシェヒル空港
ハジュベクタシュへ(約20km)
オズコナックの地下都市へ(約15km) P.351
ギュルシェヒル
Gülşehir
Kapadokya Kartal
アチュックサライ
Açıksaray
クズル川
Kızıl Irmak
拡大図裏面
アヴァノス
Avanos
パシャバー
Paşabağ
Aktepe
ゼルヴェ屋外博物館
Zelve Açık Hava Müzesi
チャウシン
Çavuşin
デヴレント
Devrent
ギョレメ・パノラマ
Göreme Panorama
ギョレメ
Göreme
ギョレメ屋外博物館
Göreme Açık Hava Müzesi
ナル
Nar
ネヴシェヒル
Nevşehir
ウチヒサル
Uçhisar
ユルギュップ
Ürgüp
オルタヒサル
Ortahisar
イブラヒムパシャ
İbrahimpaşa
ムスタファパシャ
Mustafapaşa
P.351
ギョレ
Göre
ネヴシェヒルのオトガル
ギュヴェルジンリッキ
Güvercinlik
チャルダック
Çardak
カヴァク
Kavak
Gamirasu Cave
P.360
バフチェリ
Bahçeli
アイワル
Ayvalı
ダムサ・ダム
Damsa Barajı
タトラリンの地下都市 P.351
Tatlarin Yeraltı Şehri
アジュギョル
Acıgöl
カイマクル
Kaymaklı
カイマクルの地下都市 P.351
Kaymaklı Yeraltı Şehri
マズキョイ
Mazıköy
マズキョイの地下都市
Mazıköy Yeraltı Şehri
ケシュリッキ修道院
Keşlik Manastırı
タシュクンパシャ
Taşkınpaşa
タシュクンパシャ神学校
Taşkınpaşa Medresesi
シャーヒネフェンディ
Şahinefendi
ソベソス遺跡
Sobesos Antik Kent
ティルキョイ
Tilköy
デルベントバシュ
Derbentbaşı
Başköy
ギュゼリョズ
Güzelöz
デリンクユ
Derinkuyu
デリンクユの地下都市 P.351
Derinkuyu Yeraltı Şehri
ソーアンル渓谷
Soğanlı Vadisi
P.351ソーアンル
Soğanlı
アッキョイ・ダム
Akköy Barajı
イェシルヒサル
Yeşilhisar
インジェス
İncesu
ギュルアーチ
Gülağaç
ギュゼルユルト P.352
Güzelyurt
ズィガ温泉
Ziga Kaplıcası
P.352
ウフララ渓谷
Ihlara Vadisi
拡大図上
セリメ
Selime
ウフララ
Ihlara
アウズカラハン・ケルヴァンサライ
Ağzıkarahan Kervansarayı
サラットルの地下都市 P.351
Saratlı Yeraltı Şehri
アクサライへ(約15km)
スルタンハヌ・ケルヴァンサライへ(約60km) P.352
ママスン・ダム
Mamasun Barajı
ニーデへ(約35km)
カイセリのオトガルへ約7.5km
カイセリ市街へ約16km
カイセリ空港へ約18.5km
Map P.366参照
ギョレメ&アヴァノス方面ツアー(通称レッドツアー)
地下都市&ウフララ渓谷方面ツアー(通称グリーンツアー)
ムスタファパシャ&ソーアンル方面ツアー(通称ブルーツアー)
ツアーによってルートや立ち寄る見どころが異なる場合があります。ツアーの詳細についてはP.341、348もご参照ください。
0 10km

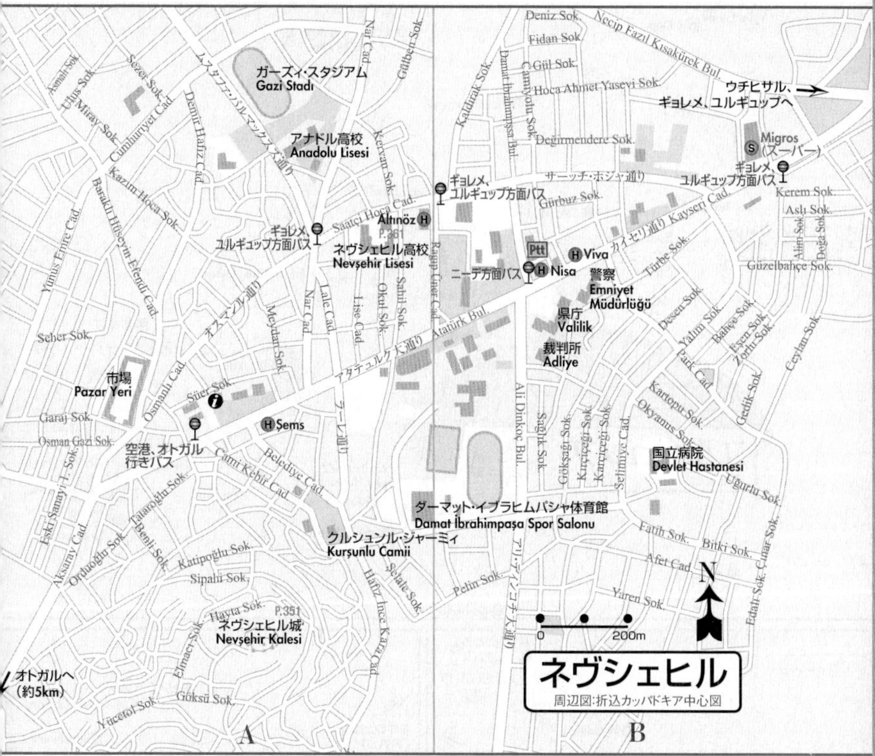

ネヴシェヒル

周辺図:折込カッパドキア中心図

ガーズィ・スタジアム
Gazi Stadı

アナドル高校
Anadolu Lisesi

ネヴシェヒル高校
Nevşehir Lisesi

Altınöz H
P.361

ギョレメ、ユルギュップ方面バス

ニーデ方面バス

H Nisa

H Viva

Ptt

警察
Emniyet Müdürlüğü

県庁
Valilik

裁判所
Adliye

Migros（スーパー）

ウチヒサル、ギョレメ、ユルギュップへ

市場
Pazar Yeri

H Şems

空港、オトガル行きバス

国立病院
Devlet Hastanesi

ダーマット・イブラヒムパシャ体育館
Damat İbrahimpaşa Spor Salonu

クルシュンル・ジャーミィ
Kurşunlu Camii

P.351
ネヴシェヒル城
Nevşehir Kalesi

オトガルへ（約5km）

ムスタファ・パルマックスズ通り
オスマンル通り
アタテュルク大通り Atatürk Bul.
サーッチ・ホジャ通り
カイセリ通り Kayseri Cad.
ラーレ通り
アリ・ディンコチ大通り

Deniz Sok. / Necip Fazıl Kısakürek Bul. / Fidan Sok. / Gül Sok. / Hoca Ahmet Yesevi Sok. / Değirmendere Sok. / Gürbuz Sok. / Kerem Sok. / Aslı Sok. / Alim Sok. / Doğa Sok. / Güzelbahçe Sok. / Türbe Sok. / Desen Sok. / Yalım Sok. / Bahçe Sok. / Esen Sok. / Zorlu Sok. / Ceylan Sok. / Park Cad. / Gedik Sok. / Kartopu Sok. / Okyanus Sok. / Uğurlu Sok. / Fatih Sok. / Bitki Sok. / Afet Cad. / Çınar Sok. / Edali Sok. / Yaren Sok. / Pelin Sok. / Sağlık Sok. / Gökçağı Sok. / Kırçiçeği Sok. / Karçiçeği Sok. / Sefimiye Cad. / Ali Dinkoç Bul. / Kaldırak Sok. / Damat İbrahimpaşa Bul. / Camiyolu Sok. / Nar Cad. / Gülben Sok. / Kervan Sok. / Saatçi Hoca Cad. / Ragıp Üner Cad. / Sahil Sok. / Okul Sok. / Lise Cad. / Lale Cad. / Meydan Sok. / Asmalı Sok. / Ulus Sok. / Sezer Sok. / Miray Sok. / Cumhuriyet Cad. / Demir Hafız Cad. / Kazım Hoca Sok. / Baraklı Hüseyin Efendi Cad. / Yunus Emre Cad. / Seher Sok. / Osmanlı Cad. / Süer Sok. / Garaj Sok. / Osman Gazi Sok. / Eski Sanayi 1. Sok. / Cami Kebir Cad. / Belediye Cad. / Tataroğlu Sok. / Benli Sok. / Aksaray Cad. / Orduoğlu Sok. / Katipoğlu Sok. / Sipahi Sok. / Hayta Sok. / Elmacı Sok. / Selale Sok. / Hafız İnce Kara Cad. / Göksü Sok. / Yücetol Sok.

0 200m
A B

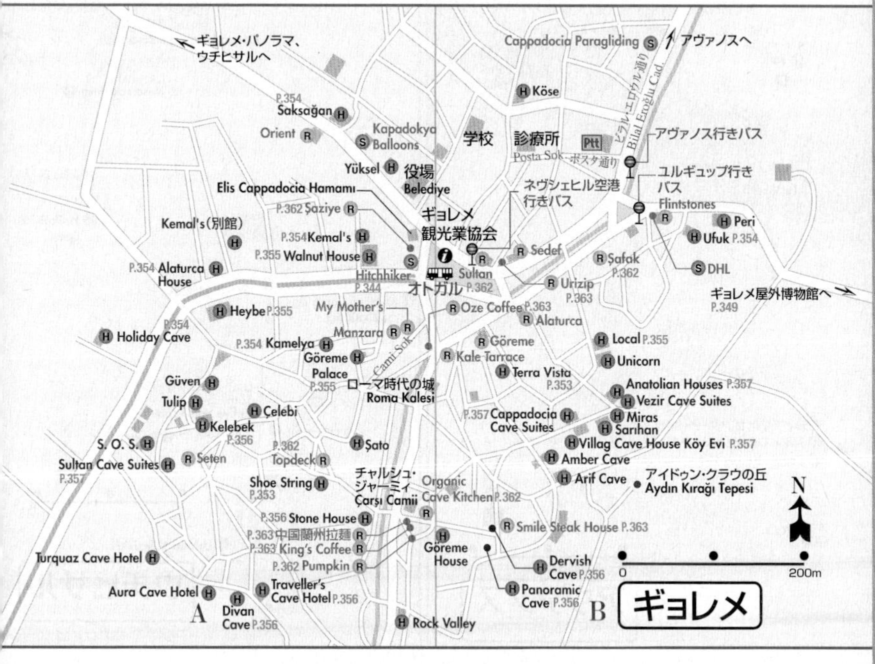

ギョレメ

ギョレメ・パノラマ、ウチヒサルへ
Cappadocia Paragliding S
アヴァノスへ
H Köse
P.354 Saksağan H
Orient R
Kapadokya Balloons S
学校
診療所
Ptt
Posta Sok. ポスタ通り
ビラル・エロウル通り Bilal Eroğlu Cad.
アヴァノス行きバス
ユルギュップ行きバス
Yüksel H
役場 Belediye
Elis Cappadocia Hamamı
P.362 Şaziye R
ネヴシェヒル空港行きバス
Flintstones R
H Peri
H Ufuk P.354
S DHL
Kemal's（別館）H
P.354 Kemal's H
ギョレメ観光業協会
P.355 Walnut House H
R Sedef
R Şafak P.362
P.354 Alaturca House H
Hitchhiker P.344
Sultan P.362
オトガル
R Urizip P.363
ギョレメ屋外博物館へ P.349
H Heybe P.355
My Mother's R
R Oze Coffee P.363
R Alaturca
P.354 H Holiday Cave
Manzara R
R Göreme
H Local P.355
P.354 Kamelya H
Göreme Palace H P.355
R Kale Tarrace
H Unicorn
Cami Sok.
H Terra Vista P.353
Güven H
ローマ時代の城 Roma Kalesi
H Anatolian Houses P.357
H Vezir Cave Suites
Tulip H
H Çelebi
P.357 Cappadocia Cave Suites H
H Miras
H Sarıhan
H Kelebek P.356
S. O. S. H
H Şato
H Villag Cave House Köy Evi P.357
P.362 Topdeck R
Sultan Cave Suites H P.357
R Seten
H Amber Cave
チャルシュ・ジャーミィ Çarşı Camii
Organic Cave Kitchen P.362
H Arif Cave
アイドゥン・クラウの丘 Aydın Kırağı Tepesi
Shoe String H P.353
P.356 Stone House H
R Smile Steak House P.363
P.363 中国蘭州拉麺 R
P.363 King's Coffee R
Göreme House H
Turquaz Cave Hotel H
P.362 Pumpkin R
H Dervish Cave P.356
H Panoramic Cave P.356
Aura Cave Hotel H
Traveller's Cave Hotel P.356
Divan Cave P.356 H
H Rock Valley

0 200m
A B

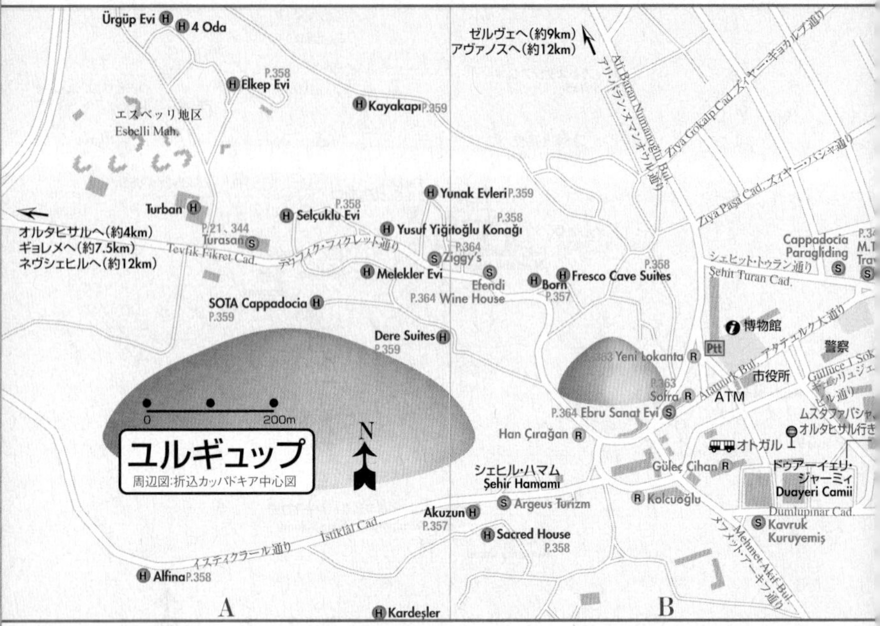

ユルギュップ

周辺図:折込カッパドキア中心図

Ürgüp Evi H
H 4 Oda
P.358 H Elkep Evi
H Kayakapı P.359
エスベッリ地区
Esbelli Mah.
H Yunak Evleri P.359
Turban H
P.358 H Selçuklu Evi
P.358 H Yusuf Yiğitoğlu Konağı
オルタヒサルへ(約4km)
ギョレメへ(約7.5km)
ネヴシェヒルへ(約12km)
P.21、344 Turasan S
Tevfik Fikret Cad. テヴフィク・フィクレット通り
P.364 S Ziggy's
H Melekler Evi
S Efendi
H Born P.357
P.358 H Fresco Cave Suites
SOTA Cappadocia H P.359
P.364 Wine House
Dere Suites H P.359
ゼルヴェへ(約9km)
アヴァノスへ(約12km)
Ali Baran Numanoğlu Bul. アリ・バラン・ヌマノオウル通り
Ziya Gokalp Cad. ズィヤー・ギョカルプ通り
Ziya Paşa Cad. ズィヤー・パシャ通り
Cappadocia Paragliding S
P.3.. M.T.. Tra.. S
シェヒット・トゥラン通り
Şehit Turan Cad.
博物館
Ptt
P.363 Yeni Lokanta R
警察
Atatürk Bul. アタテュルク大通り
市役所
P.363 Sofra R
ATM
Güllüce 1 Sok. ギュルリュジェ1通り
ムスタファパシャ、オルタヒサル行き
P.364 Ebru Sanat Evi S
Han Çırağan R
オトガル
Güleç Çihan R
ドゥアーイェリ・ジャーミィ
Duayeri Camii
シェヒル・ハマム
Şehir Hamamı
S Argeus Turizm
R Kolcuoğlu
Dumlupınar Cad.
S Kavruk Kuruyemiş
Akuzun H P.357
H Sacred House P.358
Mehmet Akif Bul. メフメット・アーキフ通り
İstiklal Cad. イスティクラール通り
H Alfina P.358
H Kardeşler
A
B
0 200m
N

アヴァノス

周辺図:折込カッパドキア中心図

ネヴシェヒル行きバス
P.364 Konak R
オズコナック行きバス
Ptt
広場
Atatürk Cad.
H Venessa
S Akhal Tekeへ P.344
P.344 Kirkit Voyage S
マクドナルド R
P.364 R Bizim Ev
H Sofa
P.360 Kirkit H
Atatürk Cad. アタテュルク通り
メルケズ・ジャーミィ
Merkez Camii
吊り橋
Asma Köprü
R S
MADO
Kappadokya Jet Boat & Gondola P.344
クズル川遊歩道
クズル川
石橋
Taş Köprü
Taşköprü Cad. タシュキョプリュ通り
ミトハト・デュルゲ通り
Mithat Dülge Cad.
ネヴシェヒル行きバス
Sami Kulturuş Cad. サミ・クルトゥルシュ通り
モティフ文化センターへ P.352
H Suhan Cappadociaへ P.361
H Double Tree by Hilton へ P.361
Saruhan Cad. サルハン通り
Abdi Ipekçi Cad. アブディ・イペッキチ通り
オトガル
0 200m
N

ウチヒサル

周辺図:折込カッパドキア中心図

ギョレメ・パノラマへ(約1.3km)
ギョレメへ(約2.6km)
ネヴシェヒルへ(約9km)
H Museum Hotel P.360
H Lale Saray
P.364 Nazan Disign S
Cappadocia Cave Resort H
ギョレメ
テケルリ地区
Tekelli Mah.
La Meson de Reve H
Elai R
H Taka Ev P.360
H Helike Cave P.360
城塞 P.346
Kale
P.360 Hermes Cave H
みやげ物屋多し
S Kocabağ Şarap Eviへ(約600m)
ケセッキ広場
Kesek Meydanı
Göreme Cad. ギョレメ通り
Fatih Cad.
Ptt
リュトフィエ・ハトゥン・ジャーミィ
Lütfiye Hatun camii
Gedik Sok.
H Taşkonaklar
ネヴシェヒル方面
市役所
Belediye
Adnan Menderes Cad. アドナン・メンデレス通り
H Uçhisar Kaya P.361
P.21、344 Kocabağ S
0 300m
N

カッパドキア、パシャバー周辺の奇岩地帯

高原地帯に歴史と自然を訪ねて

中部アナトリア

İç Anadolu

カッパドキア（ネヴシェヒル）の気候データ

月	1月	2月	3月	4月	5月	6月	7月	8月	9月	10月	11月	12月
平均最高気温（℃）	3.7	5.1	9.9	15.6	20.3	24.6	28.3	28.3	24.3	18.2	11.4	6
平均最低気温（℃）	-3.9	-3.1	0.3	4.9	8.5	11.3	13.2	13	9.9	6.5	2.2	-1.5
平均降水量（mm）	42.2	42.4	45.6	52	59.2	32.5	8.7	4.6	11.9	30.9	36	50.4
旅の服装												

アナトリアの大地が造り上げた大自然の神秘

カッパドキア Kapadokya

市外局番 **0384**　人口**9万2068**人　標高**1194**m（ネヴシェヒル）

キノコ岩が林立するパシャバー地区と気球

世界遺産
ギョレメ国立公園とカッパドキア
Göreme Milli Parkı ve Kapadokya
1985年

■時刻表一覧
✈→P.54～59
カイセリ空港とネヴシェヒル空港への便がある。
🚌時刻表索引→P.62～63

名物料理
テスティ・ケバブ
Testi Kebabı

元来はヨズガットの郷土料理だが、今ではカッパドキアを代表する名物料理。素焼きの壺で肉や野菜を煮込み、テーブルに供する際に壺の口を切り開けるパフォーマンスが人気。英語でポッタリー・ケバブとも言われる。

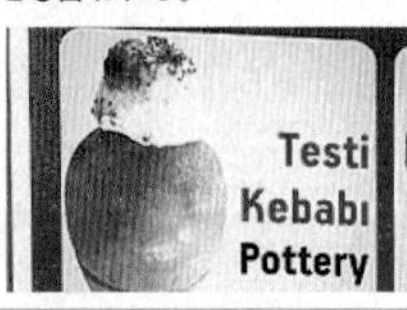

カッパドキアはアナトリア高原の中央部に広がる大奇岩地帯。キノコ状の岩に代表される奇岩の不思議な景観、奇岩の中に残された膨大なキリスト教壁画、地下何十mにも掘り下げられた地下都市とさまざまな顔をもつ。イスタンブールと並ぶ人気の観光地だ。

バスの窓から目に入る景色は、これまで訪れたどの地域の景色とも異なるだろう。なだらかな岩肌のグラデーションが広がるかと思えば、ごつごつとした奇岩群がある。ニョッキリと突き上げるキノコのような岩のユニークさには思わず笑い出してしまうかもしれない。

こうした地層は数億年前に起きたエルジエス山の噴火によって造られたもの。火山灰と溶岩が数百mずつ積み重なった末、凝灰岩や溶岩層になった。その後も岩部は風雨に打たれて浸食が進み、今では固い部分だけが残されて不思議な形の岩となった。

カッパドキア地方はヒッタイト時代から通商路の要地として栄え、4世紀前後からはキリスト教の修道士が凝灰岩に洞窟を掘って住み始めた。彼らは外敵から身を守りつつ、信仰を守り続け、洞窟内の天井や壁に見事なフレスコ画を残したのである。標高1000mを超す高原のさらに奥深い岩山での、ひたむきな信仰生活を垣間見ることができる貴重な地域といえる。

✒ アンカラ、カッパドキア、コンヤの間にあるトゥズ湖Tuz gölüは巨大な塩湖。ネヴシェヒルやギョレメからアクサライに行き、ここからアンカラ行きのバスに乗れば左側に大きな湖が見える。（編集室）

カッパドキア モデルプラン パーフェクト

広範囲に点在しているカッパドキアの見どころを効率よく観光するには現地発着のツアーを利用するのが便利。原則予約は不要で当日でも参加可能。以下のプランはギョレメ発着の場合の一例。余裕があればP.342-343のアクティビティにも参加してみよう。

1日目 レッドツアーでギョレメ～アヴァノス周辺

移動（バス）

イスタンブール20:30～22:30（前日）発のバスに乗るとネヴシェヒルのオトガルへは7:30前後に到着。そこからセルヴィスやドルムシュでほかの町へ移動してホテルにチェックインしてもこの日のツアーには十分間に合う。

移動（飛行機）

最寄りはネヴシェヒル空港だが、バスで1時間30分ほどのカイセリ空港のほうが便が多い。夜の便を使えば同日乗り継ぎできることもある。ホテルへの送迎を手配すれば、深夜にカッパドキアのホテルにチェックインできる。

午前

ツアーの開始時間は9:00～9:30前後。**ギョレメ屋外博物館**➡P.349や**ギョレメ・パノラマ**➡P.349、**ウチヒサル**➡P.346などを午前中に見学。

昼食

アヴァノス➡P.347のレストランで昼食を取ったあと、陶芸のアトリエを見学し、陶芸体験を楽しむ。

午後

ラクダ岩で有名な**デヴレント**などに立ち寄りつつ、**パシャバー地区**➡P.350や**ゼルヴェ屋外博物館**➡P.350を見学。ツアーによってはユルギュップのワイナリーやエセンテペにも行く。

夕方～夜

翌朝の**気球ツアー**➡P.342に参加する人は早めに手配を済ませておこう。日が長い夏期は日没を見に行くのもおすすめ。ベリーダンスなどの**ディナーショー**➡P.343、メヴラーナの**セマー**➡P.352も気軽に参加できる。

2日目 早朝気球ツアーとグリーンツアーで地下都市とウフララ渓谷

早朝

気球ツアー➡P.342は早朝5:00頃にはホテルに迎えの車が来るので早起きを。防寒対策も忘れずに。

午前

気球ツアーから戻ったら朝食を取ってチェックアウトを済ませる。ツアーの開始は9:00～9:30前後。**地下都市**➡P.351（デリンクユかカイマクル）を見学する。

昼食

ウフララ渓谷➡P.352へ移動し昼食を取ったあと、岩窟教会の見学や渓谷のウオーキングを楽しむ。

午後

ウフララ渓谷の北にある**セリメ教会**➡P.352を見学。その後ツアーによっては、みやげ物屋に寄る。

夕方～夜

18:30前後にツアーが終わったらホテルに戻って休憩。シャワーを借りてさっぱりするのもよい。夜行バス等で次の目的地へ。パムッカレ（デニズリ）、エフェス（セルチュク）など21:00頃に出発する便が多い。
イスタンブールへ戻る夜の飛行機はカイセリ空港から22:25（日23:55）発。

読者投稿　トゥズ湖はボリビアのウユニ塩湖のような景色が楽しめ、トルコ国内でも人気を高めています。（埼玉県　マイマイ　'16年12月）

おすすめ カッパドキアで楽しむ アクティビティ

予約・連絡先 →P.344

気球ツアー

早朝 約4時間

雄大なカッパドキアの景色を上空から堪能するツアー。早朝(5:00～6:30)発で飛行時間は50～90分。フライト後にはシャンパン(ソフトドリンクの場合もある)のサービスがある。必ず飛べるわけではなく、天候によりキャンセルされることもしばしば。上空はとても寒いので防寒具を用意していこう。

気球ツアーを行う会社は数多い。ただ、新しい会社は気球の数が少なかったりパイロットの腕がよくなかったりといった問題が起こりやすいともいわれる。

朝食
ビスケットなどの軽い朝食。チャイで体を温める

準備
出発地点へ。天候によって場所が変わる

飛行
テイクオフ。眼下に広がる雄大な景色を眺める

乾杯
着陸後はシャンパンやジュースで乾杯

所要時間　5:00～9:00頃　**料金の目安**　60分コース250€～　90分コース325€～
予約方法　ホテルのフロントや旅行会社などで飛行前日まで予約可能。ここ数年は人気が高く、数ヵ月前でも予約が取れないことも多い。ホテルでは予約を受け付けていないことも。

4輪バギー

1時間～半日

4輪バギー(クワッドバイク)でカッパドキアの奇岩を巡る。バスツアーでは行けない奥まで行くことができる。ガイドを先頭に列になって走行する。一台にふたり乗車することができる。ローズバレーやチャウシン方面を走る2時間のコースが人気。催行会社によって料金にばらつきがあるが、安い会社は保険に入っていないなど、何かあったときに不安な点がある。

所要時間　1時間～半日など各種あり。
予算　1時間コース120TL～　2時間コース180TL～
おもな催行会社・連絡先→P.344

乗馬

1時間～7日

よく訓練された気性のおとなしい馬が多いので、初めてでも大丈夫。インストラクター同伴で奇岩地域のハイキングコースで乗馬を楽しむ。乗馬センターはアヴァノスにある。クズル川沿いを散策する1時間程度の短いものから、ウチヒサルやギョレメなどへ行く1日行程のものなど、プランはさまざま。

所要時間　1時間～7日など各種あり。
予算　1時間コース150TL～　2時間コース300TL～
おもな催行会社・連絡先→P.344

カッパドキアからカマン・カレホユック(→P.385)へはネヴシェヒル、カイセリなどからバスでクルシェヒルへ行き、中心部チャルシュへセルヴィスで移動、Simge Turizmのミニバスでカマンを目指す。トータルで3時間弱。(編集室)

トレッキング

3時間〜1日

ローズバレー〜チャウシンのほか、ギョレメ屋外博物館周辺の渓谷も人気のトレッキングコース。自力で歩くこともできるが、ガイドの手配も可能。

所要時間　半日〜1日など各種あり
予算　半日コース35€（2人の場合、キルキット・ヴォヤージ）
予約方法　宿泊しているホテルに相談してガイドを手配するか、トレッキングに強い旅行会社でアレンジしてもらう。

クズル川下り

20分〜

アヴァノスを流れる「赤い河」、クズル川を船で下る。ゴンドラ、カヌー、ジェットボートなど選択肢はさまざまだが、水の上でのんびりしながら眺める景色はまた格別だ。

所要時間　20分〜半日など各種あり
予算　20分ゴンドラ（12:00〜19:00発）70TL
ジェットボート（12:00〜19:00発）　20分120TL

ワイナリー訪問

30分〜

カッパドキアにはトゥラサン、コジャバーの2大メーカーがある。コジャバーではウチヒサルのブドウ畑を見学できる。どちらでもテイスティング可能。

所要時間　30分〜
予算　トゥラサン・ワイナリーはテイスティングが15TL〜。コジャバー・ワイナリーのテイスティングは無料。外からのぶどう畑の見学は自由にできる。どちらもワイナリーの見学は不可。

料理体験

3時間〜

カッパドキアの郷土料理作りを体験する半日前後のプラン。季節にもよるが、菜園での収穫体験もできる。日本語通訳も付くので、言葉がわからなくても安心。

所要時間　3日前に要予約
予算　2人322US$　3人382US$　4人443US$
予約先→M.T.İ. Travel(→P.344)

ディナーショー

3時間

ターキッシュ・トラディショナル・ナイトなどといってツアー中に勧誘されることが多い。食事のあと、ベリーダンスやトルコ各地の民俗舞踊を鑑賞できる。気球ツアーで早起きしなければいけない人は早めに切り上げるのも手。

所要時間　20:00ぐらいから23:00ぐらいまで
予算　7000円ほど
予約方法　ホテルのフロントで予約可能

カッパドキア北西端のハジュベクタシュは、トルコ人の2割を占めるともいわれるアレヴィー派の聖地。8月中旬には盛大な祭りが行われ、参詣に訪れる人々であふれる。（編集室）

ツアー&アクティビティ予約・連絡先

旅行会社

M.T.İ. Travel
Map P.338上B(ユルギュップ)
住Atatürk Bul. No.51/8
TEL(0384) 341 8993 FAX(0384) 341 8953
URLwww.mtitour.com
開9:00～19:00 休日
各種アクティビティのほか、ホテルの手配も可能。イスタンブールにも支社(→P.138)があり、トルコ全土のツアーも催行している。

キルキット・ヴォヤージ Kirkit Voyage
Map P.338左下(アヴァノス)
住Atatürk Cad. No.50
TEL(0384) 511 3259 FAX(0384) 511 2135
URLwww.kirkit.com
開8:30～18:30(冬期～18:00) 休無休
乗馬ツアーやトレッキングなどアウトドア系のツアーに強い。同経営のペンション(→P.360)もある。

気球ツアー

カッパドキア・バルーンズ Kapadokya Balloons
TEL(0384) 271 2442
URLwww.kapadokyaballoons.com

ギョレメ・バルーンズ Göreme Balloons
TEL(0384) 341 5662
URLwww.goremeballoons.com

スカイウエイ・バルーンズ Skyway Balloons
📱0533 608 0525
URLwww.skywayballoons.com

ヴォイジャー・バルーンズ Voyager Balloons
TEL(0384) 271 3030
URLwww.voyagerballoons.com

ロイヤル・バルーンズ Royal Balloons
TEL(0384) 271 3300 URLwww.royalballoon.com

バタフライ・バルーンズ Butterfly Balloons
TEL(0384) 271 3010
URLwww.butterflyballoons.com

アナトリアン・バルーンズ Analtolian Balloons
TEL(0384) 271 2300
URLwww.anatolianballoons.com

レインボー・バルーンズ Rainbow Balloons
TEL(0384) 219 3308
URLwww.rainbowballoons.net

4輪バギー

カドスト Kadost Cappadocia Extreme Sports
折込カッパドキア中心図D3
住Bilal Erolğu Cad., Çavşin Yolu
📱0545 550 6650
Mail info@kadost.com
クズル川下りなどのアクティビティも行っている。

ヒッチハイカー Hitchhiker
Map P.337下A(ギョレメ)
住Turgut Özal Meydanı, Göreme
TEL(0384) 271 2169
URLhitchhikertour.com
1時間ツアー120TL 2時間ツアー 180TL

乗馬

アカル・テケ乗馬センター Akhal Teke Horse Center
折込カッパドキア中心図E1(アヴァノス)
住Aydınaltı Mah., Gesteriç Sok. No.21
📱0546 515 0050
URLwww.akhal-tekehorsecenter.com
開8:00～19:00 休無休
アヴァノスにある乗馬センター。1時間(クズル川沿い、ひとり150TL～)から6時間ツアー(ギョレメ、ウチヒサルなど、ひとり900TL～)などを取り扱う。

ゴンドラ川下り

ジェット・ボート&ゴンドラ Jet Boat & Gondola
Map P.338左下(アヴァノス)
住Avanos Köprüsü Yanı
TEL(0384) 511 3459 FAX(0384) 511 5258
URLwww.kapadokyajet.com
開12:00～21:00(冬期～17:00) 休無休
ゴンドラツアーとジェットボートのツアーを行っている。ツアーの時間は上流にあるダムの解放時間に左右されるので、参加前日に確認しておこう。

ワイナリー

トゥラサン Turasan Şarap Fabrikası

Map P.338上A(ユルギュップ)
住Tevfik Fikret Cad. No.6/A
TEL(0384) 341 4961
URLwww.turasan.com.tr
開8:30～17:00 休無休
1943年創業のトルコを代表する老舗ワイナリー。カレジッキ・カラスやオキュズギョズなどが代表的銘柄。ショップも併設している。(→P.21)

コジャバー Kocabağ Bağcılık ve Şarapçılık

Map P.338右下(ウチヒサル)
住Adnan Menderes Cad. No.40
TEL(0384) 219 2979
URLwww.kocabag.com
開8:00～20:00 休無休
ウチヒサルにある家族経営の小規模ワイナリーでワインコンテストでの受賞歴あり。40ヘクタールのブドウ畑がある。(→P.21)

ディナーショー

ウラノス Uranos
折込カッパドキア中心図D1外(アヴァノス)
住Akbel Mevkii, Avanos
TEL(0384) 511 5655
FAX(0384) 511 5675
開11:00～15:00(ランチショー)
20:00～22:30
休無休
アヴァノスの郊外にある大型レストラン。民族衣装に身を包んだ踊り子がトルコ各地の伝統舞踊を見せてくれる。送迎サービスはないので、ディナーの帰りはタクシーなどを利用するしかない。

カッパドキアで乗ってみたい気球だが、1度に飛ばせる数が決まっている上に悪天候では飛べない。さらに近年の人気上昇で、予約が格段に難しくなっている。旅程が決まったらまず予約を入れるようにしたい。(編集室)

旅の起点となる町

ホテルが多く、観光の起点となる町は**ネヴシェヒル**Nevşehir、**ユルギュップ**Ürgüp、**ギョレメ**Göreme、**アヴァノス**Avanos、**ウチヒサル**Uçhisarといったところ。

空港からのアクセス

カッパドキアの空の玄関口はネヴシェヒル北西約30kmのトゥズキョイTüzköyにあるネヴシェヒル空港と隣県のカイセリ空港の2つの空港がある。どちらの空港を利用するのか事前にしっかりと確認しておくこと。

◆ネヴシェヒル空港からカッパドキアの町々へ

●シャトルバス　ユルギュップ、ギョレメ、ウチヒサル、チャウシンへは各航空会社がシャトルバスを運行している。料金は空港、航空会社、旅行会社などにより異なるが、ひとり20～25TL。基本的にフライトの前日までに予約すること。各ホテルまでの送迎となるので、ホテルを予約する際に一緒に申し込んでしまうのが一般的だ。

◆カイセリ空港（→P.366）からカッパドキアの町々へ

市内バスを乗り継いでカイセリのオトガルへ行き、カッパドキア方面へのバスに乗れる。また、カイセリ空港でもネヴシェヒル空港と同じくカッパドキアの各町へのシャトルバスの手配が可能。

オトガルからのアクセス

主要都市からのバスが到着するネヴシェヒルのオトガルは、市街地の南西約5kmの郊外に位置している。乗り入れているおもなバス会社はカッパドキアを本拠地とする**ネヴシェヒル・セヤハット**Nevşehir Seyahatに加え、**スュハ**Süha、全国区の**メトロ**Metro、**キャーミル・コチ**Kâmil Koçなど。ユルギュップへはカイセリのオトガルからもアクセスできる。

◆ネヴシェヒルのオトガルからカッパドキアの町々へ

ネヴシェヒルのオトガルはテルミナルと呼ばれ、ギョレメ、アヴァノス、ユルギュップへのミニバスが1～2時間に1便程度発着している。セルヴィスは2018年に廃止された。

起点の町　ネヴシェヒル Nevşehir

ネヴシェヒルは町の規模も大きな県庁所在地。郊外にはオトガルがあるほか、市街地でもカッパドキア各地へのミニバスが通るのでアクセスはいい。しかし、奇岩風景などの情緒に欠け、ホテルもビジネスホテルが多い。

●歩き方　ネヴシェヒルの目抜き通りはアタテュルク大通りAtatürk Bul.。銀行やPTTのほか、空港行きバスや各地へのミニバスもここを通る。

●オトガル　ネヴシェヒルのオトガルからネヴシェヒルの中心部へは市内バスが出ている。そのうち1、2、4番がアタテュルク大通りを通る。運賃は2.25TL。

■ネヴシェヒル空港
折込カッパドキア広域図C1
TEL (0384) 421 4455
URL kapadokya.dhmi.gov.tr

ネヴシェヒル空港のターミナル

■カイセリ空港
Map P.366A2
TEL (0352) 337 5244
URL kayseri.dhmi.gov.tr

■カイセリ空港からユルギュップへ
カイセリ空港からユルギュップへは、ホテルの予約時などにシャトルバスを予約する方法もあるが、便の発着に合わせて出発する空港バスのハワシュHavaşを使ってカイセリのオトガルへ行き、オトガルからユルギュップ・ビルリッキまたはユルギュップ・セヤハットのバスに乗る（→P.75）のもスムーズだ。

●ハワシュ Havaş
所要約30分　運賃12TL
カイセリのオトガル向かいのショッピングモールBYMに着く
URL www.havas.net

●ユルギュップ・ビルリッキ Ürgüp Birlik
URL www.urgup-birlik.com

●ユルギュップ・セヤハット Ürgüp Seyahat
URL urgupseyahat.com.tr

■ネヴシェヒルの i
Map P.337上A
住 Atatürk Bul. Paşa Konağı
TEL (0384) 213 4260
FAX (0384) 213 7045
開 8:00～17:00（土・日9:00～）
休 11～3月の土・日

ネヴシェヒルの i

エーゲ海岸地方や湖水地方、コンヤ方面からは、カッパドキアを横断しアクサライ→ギョレメ→アヴァノス→カイセリと停車する便もある。ギョレメなどに泊まるならこちらを使うほうが便利。（編集室）

■ギョレメの**i**
（ギョレメ観光業協会）
Map P.337下B
住Otogar İçi
TEL(0384) 271 2558
開8:00～17:00　休冬期の日曜

オトガル内にある案内所

ギョレメとネヴシェヒルを結ぶミニバス

■ユルギュップの**i**
Map P.338上B
住Park İçi
TEL&FAX(0384) 341 4059
開8:00～17:00
（土・日9:00～）
休11～3月の土・日

ブドウの産地でもある

■ウチヒサルの城塞
Map P.338下右
開9:30～19:30
（冬期8:00～16:30）
休無休
料7TL

Information

鳩の家

ウチヒサルの岩の表面には数多くの穴が開いている。これは鳩の家といわれる鳩の巣で、住民は昔から鳩の糞を集め、ブドウ畑の肥料として役立てていた。火山性で土地がやせているカッパドキアならではの知恵だ。鳩が赤い色を好むため、巣の入口に赤い色でペイントしてある。

起点の町　ギョレメ Göreme

ライトアップされたギョレメの町

奇岩群の中に位置し、カッパドキアらしい景観に加え、宿泊施設の選択肢も豊富。特にバックパッカー向けの安価なホテルや小規模の洞窟ホテルが多いため、個人旅行者にとっては最も人気が高い。ギョレメ屋外博物館やギョレメ・パノラマといった見どころも徒歩圏内。

●歩き方　オトガルがほぼ町の中心。西へと延びる運河沿いや南の岩山にかけてがホテル密集エリア。各銀行のATMはオトガルに並んでいるほか、ツアー会社やホテルなどでも両替は可能。PTTは村の北部にある。

●オトガル＆周辺交通　オトガルは町の中心部にあり、主要バス会社のオフィスも入っている。アヴァノスやネヴシェヒル行きのミニバスも発着する。なお、ユルギュップ～アヴァノス（2時間に1便程度と便数が少ない）を結ぶミニバスはギョレメのオトガルを経由せず、バス停から乗車する。

起点の町　ユルギュップ Ürgüp

オトガルが町の中心

人口約2万人の町。おしゃれなプチホテルが多く、高台にあるホテルは眺めもよいので人気。各地との交通の便もよいほか、カッパドキア名産のワイナリーも多い。

●歩き方　オトガルが町の中心部で銀行やATMがある。PTTや**i**があるアタテュルク通りがメインストリート。

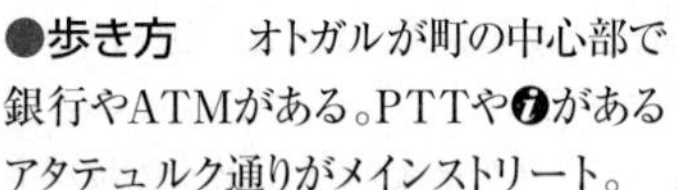

●オトガル＆周辺交通　カイセリやギョレメ、ネヴシェヒルのほか、ムスタファパシャ（→P.351）への便も発着する。

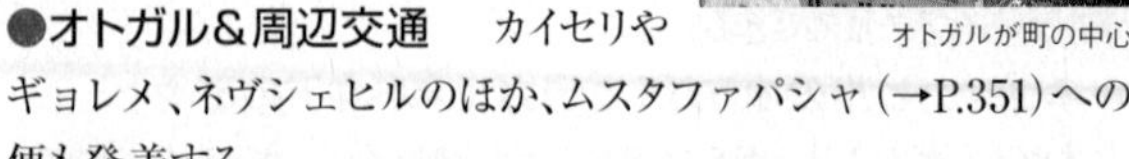

起点の町　ウチヒサル Uçhisar

ウチヒサルの砦

ギョレメとネヴシェヒルの中間にある町。「尖った砦」という意味の巨大な一枚岩の城塞が町の中心になっている。ウチヒサルの城塞から見下ろすギョレメの奇岩風景は絶景だ。景色がよいこともあり、斜面沿いに高級ホテルが多い。

●周辺交通　ネヴシェヒルとギョレメ、アヴァノスを結ぶミニバスはギョレメへと続く幹線道路で乗降する。長距離バスも含めてウチヒサルの町の中には入らない。

ギョレメの**i**は、各ホテルが参加する組合であるギョレメ観光業協会Göreme Turizmciler Derneğiによる運営。ホテルのパンフレットが壁一面に貼られており、予約も可能。（編集室）

起点の町　アヴァノス Avanos

クズル川沿いの町並み

トルコ最長の川、クズル川Kızıl Irmak(トルコ語で赤い河)のほとりに広がる町。陶器で有名な町だが、外国人観光客はそれほど多くはなく、のんびりした風情だ。

●歩き方　クズル川北側のアタテュルク通りがメインストリートで中心の広場には陶器作りのモニュメントが立つ。

●オトガル&周辺交通　クズル川の南側の幹線道路沿いにオトガルがある。ネヴシェヒルやギョレメ行きのバスやミニバスはオトガルが終点ではなく、町の中まで入り、役所のある広場まで行く。長距離バスは町中に入らない。

周辺交通

バスやドルムシュの便はネヴシェヒルが中心(下の交通図参照)。カイセリやアクサライ、ニーデといった近隣の県からのバスもネヴシェヒルが起点。旅行者が利用しやすいのは、**ネヴシェヒル→カイセリ**路線と、**ネヴシェヒル→アヴァノス**路線だ。いずれも幹線道路に沿ってウチヒサル、ギョレメ、チャウシンを通る。

●自分で移動手段を確保する　公共交通機関を使ってカッパドキアを回るのはかなりたいへん。レンタカーやレンタルバイクなどを使って回るという手もある。レンタルショップはギョレメやユルギュップにある。マウンテンバイク、ふたり乗り可能なスクーター、250ccバイク、4輪バギーなど種類も豊富。

■アヴァノスのℹ
Map P.338左下
住201 Sok. No.3
TEL&FAX(0384)511 4360
開8:00～17:00
休冬期の土・日

Information
アヴァノスの陶器
ヒッタイト時代から続く伝統産業だ。アヴァノスのすぐそばを流れるトルコ最長の川クズル川流域の粘土質の土を使って素焼きの花瓶や食器などを焼く。電動式ではなく、重いろくろを足で回しながら作る独特の手法は、ほとんどの工房で見学可能。ツアーでは陶器作り体験をさせてくれることも多い。郊外にあるギュライ博物館では旧石器時代から現代までの陶器の歴史を紹介しており、陶器の販売コーナーもある。

■ギュライ博物館
Güray Müze
折込カッパドキア中心図D1
住Dereyamanlı Sok. No.44
TEL(0384)511 2374
URL www.guraymuze.com
開9:00～19:00
休無休　料10TL

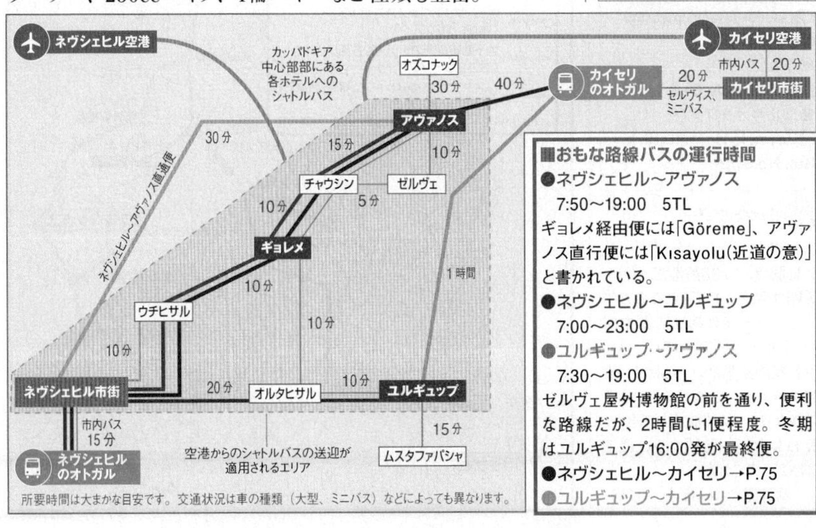

■おもな路線バスの運行時間
●ネヴシェヒル～アヴァノス
7:50～19:00　5TL
ギョレメ経由便には「Göreme」、アヴァノス直行便には「Kısayolu(近道の意)」と書かれている。
●ネヴシェヒル～ユルギュップ
7:00～23:00　5TL
●ユルギュップ～アヴァノス
7:30～19:00　5TL
ゼルヴェ屋外博物館の前を通り、便利な路線だが、2時間に1便程度。冬期はユルギュップ16:00発が最終便。
●ネヴシェヒル～カイセリ→P.75
●ユルギュップ～カイセリ→P.75

早朝のカイセリ行きのバスは満席になりやすい。また、夏期はアンタルヤやデニズリ方面の夜行バスは人気が高いので、前日までに予約しておくのが無難。(編集室)

●タクシーをチャーターして回る　各町のオトガルで待機しているタクシーは観光用にチャーターできる。朝からの1日ツアーに参加する時間はないが、午後など半日ほどで主要な見どころを回りたいときに便利。

現地発着ツアー

旅行会社のツアーは、時間がない人、見どころを解説してほしい人にぴったり。夜行バスで朝にカッパドキアへ到着したあとや気球ツアーに参加した後でも、その場で参加可能。コースは似たりよったりだが、料金や質はまちまち。各ツアー会社が2〜3パターンぐらいの1日ツアー（P.341のモデルプランおよび下図参照）を設定している。料金は旅行会社によっても異なるが、英語ガイド、昼食（飲み物代別途）、入場料込みで大体3000〜5000円ぐらい。

◆ギョレメ、アヴァノス方面ツアー（通称レッドツアー）

出発する町によって回り方は異なるが、おもにギョレメ屋外博物館（→P.349）やパシャバー地区（→P.350）、アヴァノスなどカッパドキア北部の奇岩スポットを巡る。

◆地下都市、ウフララ方面ツアー（通称グリーンツアー）

午前中に地下都市（→P.351）を見学し、お昼ごろにウフララ渓谷（→P.352）へ移動し、昼食をとる。午後はウフララ渓谷の散策やセリメ教会などを回る。

◆ソーアンル方面ツアー（通称ブルーツアー）

ムスタファパシャ（→P.351）やソーアンル（→P.351）などユルギュップの南の村や渓谷を巡るコース。上のふたつに比べて参加者が少ないため、いつも催行されるとは限らない。

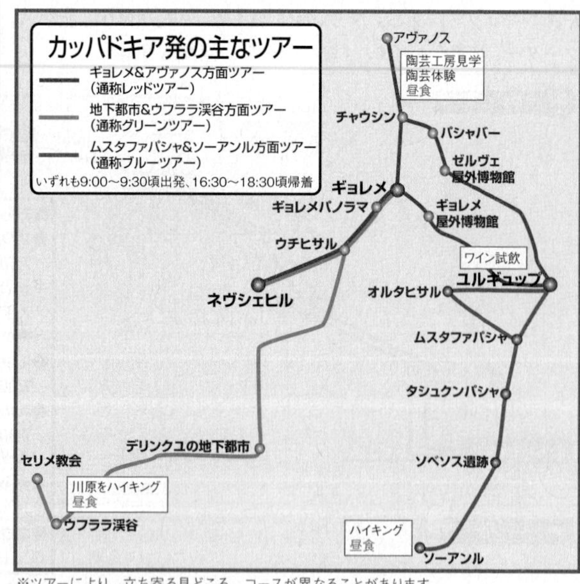

※ツアーにより、立ち寄る見どころ、コースが異なることがあります

■タクシーの料金
カイセリ空港送迎
250TL
ネヴシェヒル空港送迎
150TL
アヴァノス〜ギョレメ〜ウチヒサル内エリアの周遊
1日250TL
ウフララ〜デリンクユ〜カイマクル内エリアの周遊
1日350TL
●ギョレメ・タクシー
Göreme Taksi
TEL(0384) 271 2527
📱0536 341 4566
URL www.goremetaksi.com

Information

カッパドキアでパラグライディング

2018年から始まったカッパドキアでのパラグライディングは、気球に続いてカッパドキアを上から眺めることができるアトラクション。気球のように早朝だけではなく、朝から夕方まで楽しめるうえ、まだそれほど知られていないので予約も比較的とりやすい。20分ほどのフライトで、別料金ながらビデオや写真の撮影もしてくれるので思い出づくりにもいい。
■カッパドキア・パラグライディング
TEL(0384) 341 2141
📱0532 675 5049
URL kapadokyayamacparasutu.com
●ギョレメ支店
住 Bilal Eroğlu Cad. No.19
●ユルギュップ支店
住 Beyaz İş Hanı Atatürk Bul. No.51/2

読者投稿　レッドツアー
私が参加したレッドツアーは8:30開始、15:30解散だったが、実際は観光させてくれるのは午前だけ。午後は陶芸工房や絨毯工房などに連れていかれ、手作業の見学という名目で、実際は買わないと帰りづらいようにかなりしつこく販売してきた。買わなくても1時間ぐらい経てば解放してくれた。
（兵庫県　つよぽん　'17春）

ブルーツアー、レッドツアーの名称はカッパドキア共通のものではなく、旅行会社によってはレッドツアーという名称でもデリンクユの地下都市とウフララ渓谷へ行く場合もある。（編集室）

見どころ

フレスコ画の鮮やかな色が今に残る

ギョレメ屋外博物館

折込カッパドキア中心図D4

Göreme Açık Hava Müzesi ギョレメ・アチュック・ハワ・ミュゼスィ

イエスの磔刑を描いたエルマル・キリセの壁画

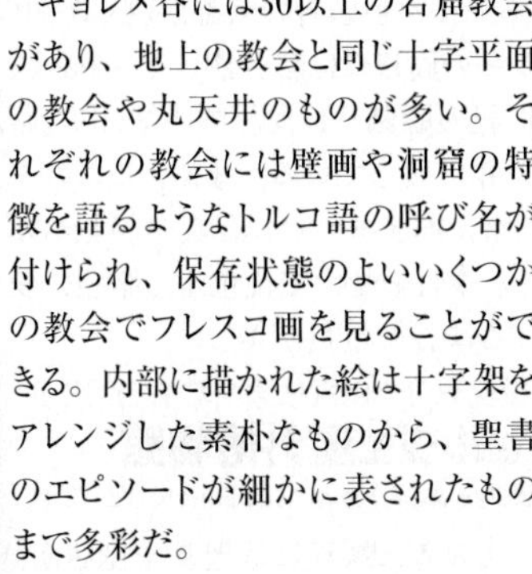

ギョレメ谷には30以上の岩窟教会があり、地上の教会と同じ十字平面の教会や丸天井のものが多い。それぞれの教会には壁画や洞窟の特徴を語るようなトルコ語の呼び名が付けられ、保存状態のよいいくつかの教会でフレスコ画を見ることができる。内部に描かれた絵は十字架をアレンジした素朴なものから、聖書のエピソードが細かに表されたものまで多彩だ。

カランルク・キリセの鮮やかな壁画

チャルクル・キリセÇarklı Kiliseは、壁画の人物がサンダルを履いていることからサンダル教会という名が付いた。また、**ユランル・キリセ**Yılanlı Kilise(ヘビの教会)には聖ゲオルギウスらによるヘビ(ドラゴン)退治の壁画がある。イエスの生涯を描いた壁画のある**エルマル・キリセ**Elmalı Kiliseは、以前入口にエルマ=リンゴの木があったということからこの名で呼ばれる。

有名な教会の壁画は、12〜13世紀にかけて作られたもので、荒れた岩肌の外観からは想像もつかないほど、内部の装飾は見事だ。なかでも光が入らなかったため、特に保存状態がよいのが**カランルク・キリセ**Karanlık Kilise(暗闇の教会)。イエス像や受胎告知、ベツレヘムへの旅、洗礼、最後の晩餐などの鮮やかな色合いのフレスコ画が残る。

壁画が美しい大きな教会

トカル・キリセ

折込カッパドキア中心図D4

Tokalı Kilise トカル・キリセ

ギョレメ屋外博物館入口の手前左側にある。カッパドキア随一の広さをもつ教会で、天井や壁のフレスコ画の数も多い。入ってすぐの部屋の壁画は10世紀後半に描かれたもので、ビザンツ美術の逸品。深みのある青の色が美しい。

岩が林立する雄大な奇観が楽しめる

ギョレメ・パノラマ

折込カッパドキア中心図D4

Göreme Panorama ギョレメ・パノラマ

ウチヒサルからギョレメへ向かう途中の右側にある。白いなめらかな岩肌の波が谷一面に広がっており、絶景だ。また、道を渡った反対側から畑越しに見える地層の模様も美しい。

Information

ミュージアムパス・カッパドキア

ギョレメ屋外博物館、ゼルヴェ屋外博物館、デリンクユとカイマクルの地下都市、オズコナックの地下都市、ウフララ渓谷に入場可能(それぞれ1回のみ)なチケット。最初の入場から3日間有効。スマートフォンなどで表示するモバイルタイプのもので下記サイトで購入する。

URL muze.gov.tr/museumpass

料 110TL(3日間有効)

■ギョレメ屋外博物館

ギョレメ村から徒歩約20分

開 8:00〜19:00(冬期〜17:00)

休 無休　料 45TL

日本語オーディオガイド15TL

カランルク・キリセ15TL

撮影 岩窟教会内不可

2019年5月現在、一部の教会は修復のため見学不可。

ギョレメ屋外博物館

ユランル・キリセのヘビ退治の壁画

■トカル・キリセ

料 ギョレメ屋外博物館と共通。事前にチケットを買っておこう。

カッパドキアの地層と地形の特長がよくわかる

ギョレメの町の南東にあるアイドゥン・クラウの丘Aydın Kırağı Tepesiは、ギョレメの町と奇岩の向こうに日が沈む眺望ポイントとして人気を集めている。もちろん日中でも素晴らしい景色が楽しめる。(編集室)

奇岩がバラ色に染まる夕方は絶景

ローズバレー

折込カッパドキア中心図D3

Kızıl Çukur クズル・チュクル

ギョレメとチャウシンの間に広がる渓谷。ピンク色の岩の峡谷が続くローズバレーの周辺には教会がいくつかあり、7世紀の彫刻や11世紀頃のフレスコ画が天井に残っている。また、ここの夕景はカッパドキアでも有数の絶景スポット。夕日を受けて桃色から紫色に変化する峡谷の景色が美しい。

波打つような地形が続く

■ローズバレー
開8:00～日没
休無休
料2TL(チャウシン方面から入る場合は無料)

チャウシンにも奇岩を繰り抜いて作れらた住居が残る

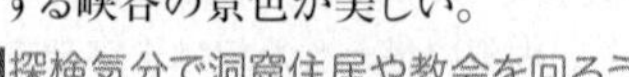

探検気分で洞窟住居や教会を回ろう

ゼルヴェ屋外博物館

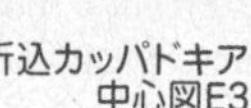

折込カッパドキア中心図E3

Zelve Açık Hava Müzesi ゼルヴェ・アチュック・ハワ・ミュゼスィ

ゼルヴェ峡谷には聖堂や住居が無数にあり、多くの人がここで生活していたことがわかる。実際に30数年ほど前まで村人が住んでいたが、岩が崩壊の危険にさらされたため今は近くに移住している。いくつもの峡谷の壁面には洞窟や、山と山を結ぶトンネルが細かく巡らされ、中の様子を見学できる。内部はところどころにはしごがかかり、人ひとり通るのがやっとの細い通路なので、運動靴や動きやすい服装がベター（スカートでは難しい)。中は暗いので懐中電灯が必要。ギョレメの壁画のような派手さはないが、初期の壁画が残る。

■ゼルヴェ屋外博物館
バスユルギュップ、アヴァノスから運行。
開8:00～19:00（冬期～17:00)
休無休　料15TL
※パシャバー地区への入場料も含む。

奇岩が連なるゼルヴェ屋外博物館

桜の季節を迎えたゼルヴェ峡谷

3本のキノコ岩が生えている

パシャバー地区

折込カッパドキア中心図D2

Paşabağ パシャバー

3本のキノコが生えているような形をした大きな岩で有名。ユルギュップからゼルヴェ屋外博物館に到着する手前約1kmの地点にある。ここは昔、修道士が住んでいたという。

シメジみたいなパシャバーのキノコ岩

■パシャバー地区
開ゼルヴェ屋外博物館と共通

パシャバー地区には靴下や人形など民芸品のおみやげの露店がある

奇岩の要塞、眺めもすばらしい

オルタヒサル

折込カッパドキア中心図E4

Ortahisar オルタヒサル

ウチヒサル同様、村の中央に岩峰がそびえ立つ。オルタとは中央という意味で、奇岩地帯におけるこの巨岩の位置を表す。内部には階段もあり過去には要塞だった。数百m離れた地点にも岩峰があり、ふたつは地下でつながっているといわれる。鎖の手すりを使って上まで登れるが足場には気をつけよう。

岩峰から見下ろした景色

■オルタヒサル
バスミニバスでユルギュップから約10分、ネヴシェヒルから約20分。
開9:00～日没
休無休　料4TL

オルタヒサルも近年は開発ラッシュで、周囲には伝統的家屋を改装したホテルなどが多く建設されている。要塞からの眺めもここ数年で大きく変わった。(編集室)

ギリシア人が多く住んでいた村

ムスタファパシャ

折込カッパドキア広域図D2

Mustafapaşa ムスタファパシャ

以前はスィナソスSinasosという名前で、1924年に行われたギリシアとの住民交換のときまでギリシア系住民が住んでいた。19世紀に建てられた聖ジョージ教会、聖バシリオス教会、聖ステファノス教会などに美しいフレスコ画が残る。

また、ユルギュップから南へ約15kmのタシュクンパシャTaşkınpaşaには14世紀、カラマン君侯国の時代に建てられたジャーミィなどが残っている。

手作り人形や手袋で有名な村

ソーアンル

折込カッパドキア広域図E4

Soğanlı ソーアンル

広場で編んでいる女性

タシュクンパシャのさらに南にある村で、ピジョン・バレーや小さい教会が点在する。人形や手袋の産地として知られ、おばさんたちが広場でせっせと編んでいる。カラフルな色合いで実用性も高く、おみやげにも人気だ。村の周辺にはフレスコ画の残る周辺には洞窟教会があるほか、緑豊かな渓谷もあり、ハイキングが楽しめる。

謎の多い巨大な地下建造物

デリンクユとカイマクルの地下都市

折込カッパドキア広域図D3～4

Derinkuyu ve Kaymaklı Yeraltı Şehri デリンクユ・ヴェ・カイマクル・イェルアルトゥ・シェフリ

地下都市の通路の丸い石

岩窟住居、といってもここは蟻の巣のように地下へと延びる地下都市。洞穴のような路地を下りると、迷路に次ぐ迷路が張り巡らされ、光の入らぬ地下では方向感覚も失う。

地下都市自体は紀元前400年頃の記録にも町の状態が記されているほど古い。その発祥や歴史には謎が多く、一時はアラブ人から逃れたキリスト教徒が住んだこともあるといわれる。内部の通気孔は各階へ通じ、礼拝堂、教壇のある学校の教室、寝室、厨房、食料庫に井戸などがあり、大規模な共同生活が営まれていたことがわかる。ところどころに敵の侵入に備えた丸い石が、道をふさぐように置いてある。電球もつくが、かがんで通らなければならない場所も多い。デリンクユは4万人、カイマクルは2万人が暮らしていたという。それぞれ地下8階、地下5階まで見学可能だ。

■ムスタファパシャ
ユルギュップからミニバスが8:05～19:00の30分に1便、日曜は1～2時間に1便。3TL。タシュクンパシャはユルギュップなどからタクシー。

ギリシア系住民が住んでいた家を改装したホテル

■ソーアンル
ユルギュップからタクシーで行く。ブルーツアーでも立ち寄ることが多い。

■デリンクユの地下都市
🚌ネヴシェヒルのオトガルからニーデNiğde行きのバスなどで途中下車。
所要:約30分
開8:00～19:00（冬期～17:00）
休無休　料35TL

■カイマクルの地下都市
🚌ネヴシェヒルのオトガルからニーデNiğde行きのバスなどで途中下車。
所要:約20分
開8:00～19:00（冬期～ 17:00）
休無休　料35TL

■その他の地下都市

●オズコナック
Özkonak Yeraltı Şehri
折込カッパドキア広域図D1外
地下19階まであるが、見学は3～4階まで。アヴァノスからオズコナック行きのバスに乗る。
開夏期8:00～19:00
（冬期～ 17:00）
休無休　料15TL

●サラットル
Saratlı Kırkgöz Yeraltı Şehri
折込カッパドキア広域図A3
ネヴシェヒルからタクシーで往復200TL。
開8:00～19:00（冬期～17:00）
休無休　料10TL

●タトラリン
Tatlarin Yeraltı Şehri
折込カッパドキア広域図B2
タトラリン村の外れの坂の上にある。ネヴシェヒルからタクシーで往復150TL。
開8:00～17:00
休無休　料無料

カッパドキア周辺では、近年地下都市が次々と発見されており、ネヴシェヒル城（Map P.337上A）から発見された世界最大級の地下都市もまもなく公開される予定だ。（編集室）

半日かけてのどかな渓谷を歩こう

ウフララ渓谷

折込カッパドキア広域図A1～2

Ihlara Vadisi ウフララ・ヴァーディスィ

深い谷に川が流れ、緑深い景色が広がる。全長約14km、南側に切り立つ崖の高さは約100mという渓谷に、5000もの住居と105の教会などの礼拝場が残されている。入口は4カ所あり、グリーンツアーで訪れる場合は、南からふたつ目の入口から入り、約400段の階段を降り、イエスの昇天などが描かれた**アーチャルトゥ教会**Ağaçaltı Kilisesiを見学。その後川沿いに4kmほどウオーキングをし、北からふたつ目の入口まで移動してバスに乗り換え、ウフララ渓谷の北にあるセリメ教会に移動するのが一般的。**セリメ教会**Selime Kilisesiは、巨大な岩山を削って造られており、カッパドキアに数ある岩窟教会のなかでも最大規模。

渓谷の底へと通じる階段

■ウフララ渓谷
🚌ツアーに参加するのが一般的。公共交通機関だとネヴシェヒルからアクサライへ行き、ウフララ行きのバスに乗り換えなければばならない。
開8:00～18:00（冬期～17:00）
休無休　料30TL
岩窟教会内不可
2019年5月現在、一部の教会は修復のため見学不可。

■セリメ教会
渓谷の一番北側の入口を出た先にあるが、チケットはウフララ渓谷と共通。

かつての面影を残す重厚な隊商宿

スルタンハヌ・ケルヴァンサライ

Map P.34A1

Sultanhanı Kervansaray スルタンハヌ・ケルヴァンサライ

1229年、当時の首都コンヤと主要都市アクサライを結ぶ幹線上に建てられた隊商宿。セルジューク朝時代に建てられたケルヴァンサライで最大の規模を誇る。

中庭には礼拝所があり、周囲を取り囲む回廊式の建物には、食堂のほかハマム、宿泊施設、ラクダをつないでおく場所などが設けられている。

■スルタンハヌ・ケルヴァンサライ
🚌ネヴシェヒルからアクサライを経由しコンヤへ向かう大型バスで途中下車し、南に3分ほど歩いた所にある。ギョレメから約2時間、ネヴシェヒルから約1時間30分。アクサライからはミニバスも運行。所要約45分。
2019年5月現在大規模な改修工事中

ケルヴァンサライの正門

Information　カッパドキアでセマー（旋舞）を見る

アヴァノスから6kmほど東にある13世紀の隊商宿、サルハン・ケルヴァンサラユでは、観光客向けにメヴラーナのセマー（旋舞）が行われている。公共交通機関では行けないが、ギョレメのオトガルから20:25に送迎バスが出ており、運賃は入場料に含まれている。

また、アヴァノス郊外のモティフ文化センターでもセマーを行っており、ギョレメなどの各ホテルからツアーに申し込める。こちらも夜の公演となる。

ケルヴァンサライでのセマー

■サルハン・ケルヴァンサラユ
Sarıhan Kervansarayı Kültür ve Toplantı Merkezi
折込カッパドキア中心図F1
住Kayseri Yolu 6km, Avanos
TEL(0384)511 3795
FAX(0384)511 3199
URL sarihan1249.com
開演:21:00　料ひとり25€
公演時間は約1時間。公演中は写真撮影は不可。

■モティフ文化センター　Motif Kültür Merkezi
折込カッパドキア中心図D1
住Yeni Mah., Hasan Kalesi Mevkii, Avanos
TEL(0384)511 4859　FAX(0384)511 3893
URL www.kapadokya-motif.com
Mail saozankorukcu@gmail.com
開演:18:00　料ひとり25€

ギュゼルユルトGüzelyurt（→折込カッパドキア広域図B4）には、かつて100以上もあったといわれる教会が今も多く残っており、地下都市も3つある。アクサライからバスが1日7便（日曜4便）出ている。（編集室）

HOTEL

ネヴシェヒル　カイセリ通りやアタテュルク大通りに点在する。カッパドキアの経済や交通の中心地であるため中級ホテルも多く、ツアーでもよく利用される。これらのホテルは冬期の暖房をはじめ、ひととおりの設備は整っている。

洞窟部屋にフローリングの内装

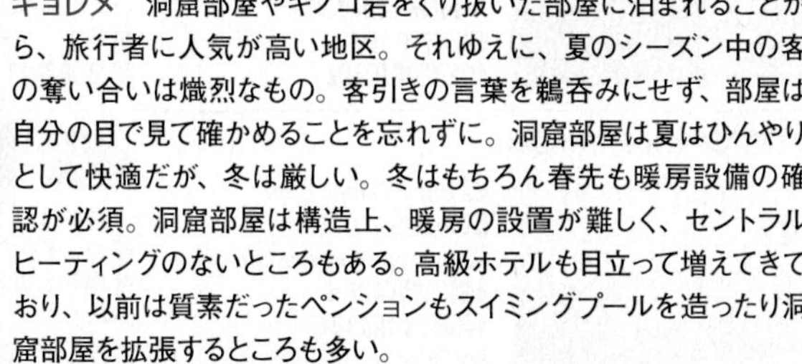

ギョレメ　洞窟部屋やキノコ岩をくり抜いた部屋に泊まれることから、旅行者に人気が高い地区。それゆえに、夏のシーズン中の客の奪い合いは熾烈なもの。客引きの言葉を鵜呑みにせず、部屋は自分の目で見て確かめることを忘れずに。洞窟部屋は夏はひんやりとして快適だが、冬は厳しい。冬はもちろん春先も暖房設備の確認が必須。洞窟部屋は構造上、暖房の設置が難しく、セントラルヒーティングのないところもある。高級ホテルも目立って増えてきており、以前は質素だったペンションもスイミングプールを造ったり洞窟部屋を拡張するところも多い。

丘の上のホテルは眺めがよい

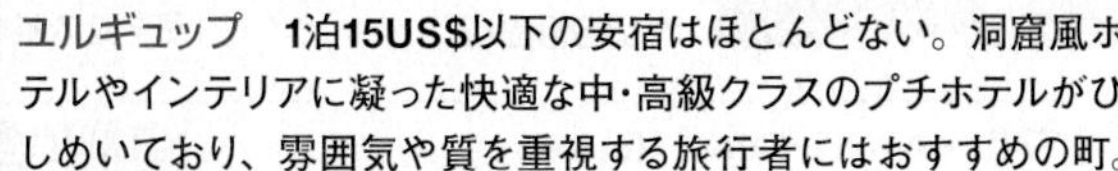

ユルギュップ　**1泊15US$**以下の安宿はほとんどない。洞窟風ホテルやインテリアに凝った快適な中・高級クラスのプチホテルがひしめいており、雰囲気や質を重視する旅行者にはおすすめの町。団体客用の大型ホテルは川の東側に点在している。

ウチヒサル　最近観光開発が進むエリア。特にギョレメに続く旧道に沿って雰囲気のよいリゾートホテルがたくさんできている。これらのホテルはいずれも丘の斜面にあるため、見晴らしがよく奇岩地帯が一望のもと。人気が上昇中だ。

アヴァノス　雰囲気のよいペンションが広場周辺にいくつかある。ツアーで使われるような豪華ホテルや大型レストランは、川沿いや石の橋の北側に多い。

そのほかのエリア　ギョレメとアヴァノスの中間にあるチャウシンは最近人気が急上昇中。また、ネヴシェヒル空港にほど近いギュルシェヒルにも大型ホテルがオープンしている。ほかにもムスタファパシャにはかつてのギリシア人の邸宅を改装したペンションが多い。ウフララ渓谷やギュゼルユルトにもペンションや洞窟ホテルがある。

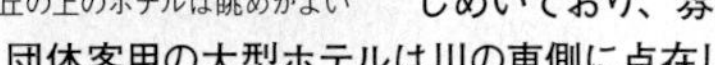

日本からホテルへの電話　国際電話会社の番号 + 010 + 国番号90 + 市外局番と携帯電話の最初の0を除いた相手先の電話番号

ギョレメのホテル

シュー・ストリング Shoe String Cave Pension

経済的　21室　Map P.337下A ギョレメ

住Kâzım Eren Sok. No.23
TEL(0384)271 2450
FAX(0384)271 2299
URL www.shoestringcave.com
DOM 12€
† 30~36€
†† 40~45€
US$ € TL
M V

雰囲気のよい庭があり、部屋はフローリング。ドミトリーは1部屋で、基本的に男女混合。冬期は少し安くなる。朝食は30種類以上もあるオープンビュッフェ。レストランも併設しており、夏期は週に1回ほど庭でバーベキューをすることも。スイミングプールもある。

無料　EV なし

テッラ・ヴィスタ Hostel Terra Vista

経済的　9室　Map P.337下B ギョレメ

住Gaferli Mah.,
Derviş Efendi Sok. No.10
0532 565 8045
DOM 40~45TL
†/†† 160~180TL
US$ € TL
M V(手数料有料)

ギョレメのオトガルからも近いところにあるホステル。にぎやかなエリアも近いが、意外に静かに過ごせる。ドミトリーは男女混合の8人部屋、6人部屋、4人部屋がある。ランドリーサービスは有料。鍵付きのロッカーもある。

全館無料　EV なし

読者投稿　ホステル・テッラ・ヴィスタHostel Terra Vistaは、宿で申し込めるツアーが格安です。朝食はスクランブルエッグ、オムレツ、フレンチトーストなど6種類から選びます。（愛知県　伊藤雅子　'18年1月）

カメリヤ Kamelya Cave Hostel

住Aydınlı Orta Mah., Güllü Sok. No.5
TEL(0384)271 3019
DOM 7€~
/ 32€~
US$ € TL
ADJMV

経済的 9室 Map P.337下A ギョレメ

2019年4月にオープンしたホステル。ドミトリーは男女混合の8人部屋がひとつと、女性専用の4人部屋がひとつ。各ベッドにコンセントが設置されている。鍵付きロッカーあり。

全館無料 EV なし

ウフク Ufuk Pension

住Müze Yolu No.260
TEL(0384)271 2157
URLwww.ufukpension.com.tr
28€~
38€~
US$ € TL
ADJMV

経済的 15室 Map P.337下B ギョレメ

ユルギュップ、アヴァノス方面のバス停からすぐの場所にあり、ギョレメ屋外博物館も近くにあり、日本人の利用が多いペンション。食事ができるテラスからの眺めがいい。スタッフも親切。

全館無料 EV なし

ケマル Kemal's Guest House

住Karşıbuçak Mah., Zeybek Sok. No.3
TEL(0384)271 2234
FAX(0384)271 2264
URLwww.kemalsguesthouse.com
38€~
48€~
US$ € JPY TL
MV

経済的 20室 Map P.337下A ギョレメ

調理師のケマルさんとオランダ人のバーバラさん夫妻が営むペンション。緑が多い庭がある。調理師ならではのボリュームたっぷりの夕食が自慢。3人部屋は58€。近くには別館もあり、本館よりも豪華な内装となっている。

全館無料 EV なし

サクサアン Cave Hotel Saksağan

住Kağnı Yolu Sok. No.1
TEL(0384)271 2165
FAX(0384)271 2383
URLwww.cavehotelsaksagan.net
28€
50€
US$ € JPY TL
MV

経済的 12室 Map P.337下A ギョレメ

オトガルから北西へ坂を上っていくとある､広い庭のきれいなホテル｡8室が洞窟部屋で、料金によって広さも異なる｡ドラマのロケでも使用されたとか。 家具はアンティーク調で凝っており､昔ながらの暖炉付きの部屋もある。

全館無料 EV なし

ホリデイ Holiday Cave Hotel

住Masat Sok. No.4
TEL(0384)271 2555
FAX(0384)271 2415
URLwww.holidaycave.com
100TL
150TL
US$ € TL　MV

中級 26室 Map P.337下A ギョレメ

以前はフリントストーン・ケーブ・ホテルという名前で運営していた。ギョレメの西はずれにあり、静かな環境。敷地内にはスイミングプールもあるが、冬期は利用不可。

全館無料 EV なし

アラトゥルカ・ハウス Alaturca House

住Orta Mah., Karşıbucak Cad. No.36/A
TEL(0384)271 2156
URLwww.goremealaturcahouse.com
/ 65US$~
US$ € JPY TL
AMV

中級 14室 Map P.337下A ギョレメ

2015年のオープン。洞窟部屋はないが､客室は広々としており､デラックスルームにはエアコンも付いている｡町全体を眺められるテラスが自慢で朝食もここでとれる。

全館無料 EV なし

読者投稿 ウフク・ペンションはアクセスよし、Wi-Fiあり。ひとりでしたが、洞窟部屋に泊まりたくて、Cave Triple Roomに宿泊。広く清潔でした。オーナーは少し日本語が話せて非常に親切。（兵庫県　旅行好き　'18夏）

ロイヤル Royal Stone House

中級 24室 折込カッパドキア中心図D3 ギョレメ

住Eski Bağ Yolu Sok. No. 2/2
TEL(0384)271 3300
FAX(0384)271 3303
URLroyal.dinler.com
S A/C 30€~
W A/C 50€~
US$ € TL　ADMV

ギョレメの町の中心から1kmほど北西へ行ったところにある。客室のタイプは6種類。設備のよさに比べて値段が抑えめでお得感がある。気球ツアーを行っている。

全館無料　EV なし

ローカル Local Cave House Hotel

中級 11室 Map P.337下B ギョレメ

住Cevizler Sok. No.11
TEL(0384)271 2171
FAX(0384)271 2498
URLwww.localcavehouse.com
S 45€~
W 60€~
US$ € TL　MV

全室が洞窟部屋かキノコ岩部屋になっている。室内はフローリングで、アンティークな調度品が飾られている。中庭にはプールもあり、プールサイドで朝食を出す。

全館無料　EV なし

ヘイベ Heybe Hotel

中級 33室 Map P.337下A ギョレメ

住Uzundere Cad. No.25
TEL(0384)271 3080
FAX(0384)271 3079
URLwww.heybehotel.com
S/W A/C 45€~
US$ € TL
ADJMV

オトガルから西へ徒歩約5分。屋内プール、サウナ、ハマムを完備しており、長期滞在者におすすめ。スタッフはフレンドリーで英語も堪能。ハイキングのスタートとゴールへの送迎も無料で行っている。

全館無料　EV なし

ウォルナット・ハウス Walnut House

中級 15室 Map P.337下A ギョレメ

住Karşıbuçak Cad. No.6
TEL(0384)271 2235
URLwww.walnuthousehotel.com
S/W 33€
S/W 50~68€
US$ € TL
MV

オトガルから徒歩すぐという便利な立地。ロビーには座敷席があり、朝食もここでとる。全室床暖房。チェックアウト後でも、荷物を預かってもらえるほか、シャワーも利用できる。ランドリーサービスは1回30TL。

全館無料　EV なし

ギョレメ・パラス Göreme Palace Cave House

中級 7室 Map P.337下A ギョレメ

住Orta Mah., Harım Sok. No.25
TEL(0384)271 2310
FAX(0384)271 2309
URLwww.goremepalacecavehouse.com
S 350TL~
W 470TL~
US$ € JPY TL　AMV

2013年にオープンした洞窟ホテル。オトガルから送迎可（空港からは有料）。ジャクージ付きの部屋もあり、S/W140~160TL。ランドリーサービスは1回25TL。

全館無料　EV なし

オスマンル・ハウス Osmanlı Manor House

中級 12室 折込カッパドキア中心図D3 ギョレメ

住Avcilar Mah.,
Musluk Sok. No.20
TEL(0384)271 2570
FAX(0384)271 2577
URLosmanlimanorhotel.com
S/W A/C 65€~
US$ € TL　MV

ギョレメの郊外に位置しており、周囲はとても静か。オスマン朝時代の伝統的家屋をテーマにしたホテルで、部屋の装飾もムードたっぷり。屋上のテラスからはローズバレーが一望できる。

全館無料　EV なし

読者投稿　ホテルのアメニティに注意。日本だと置いてある一般的なアメニティがないときがよくあります。カッパドキアではボックスティッシュや歯ブラシ&歯磨き粉がありませんでした。（神奈川県　えいこ　'18夏）

パノラミック Panoramic Cave Hotel

住 Şükrü Efendi Sok. No.14
TEL (0384)271 2631
FAX (0384)271 2671
URL www.panoramiccave.com
65~170€
US$ € JPY TL
M V

中級 16室 Map P.337下B ギョレメ

パノラマ・ポイントに近く、眺めも抜群。オーガニック・ケイブ・キッチン(→P.362)と同経営で、奥さんは日本人。オーナー一家が住んでいた家を改装しており、ほとんどの部屋が洞窟部屋。ハマムも併設している(ひとり30€~)。

全館無料 EV なし

ディワーン Divan Cave House

住 Görçeli Sok. No.5
TEL (0384)271 2189
FAX (0384)271 2179
URL www.divancavehouse.com
100~250€
US$ € JPY TL
M V

中級 27室 Map P.337下A ギョレメ

ケレベッキなどのホテルが並ぶ丘の上にある。テレビ、冷蔵庫、ドライヤー、ティーセット完備。朝食はオープンビュッフェ。直接予約の現金前払いで10% 割引きになる。

全館無料 EV なし

ストーン・ハウス Stone House Cave Hotel

住 İçeri Dere Cad. No.22
TEL (0384)271 3020
FAX (0384)271 3021
URL www.stonehousecave.com
80US$~
90US$~
120US$~
US$ € TL　A M V

中級 22室 Map P.337下A ギョレメ

14室はジャクージ付き。300年以上前からギリシア人が住んだというオリジナルの風情を残したカヤ・スイートも5室ある。紅茶&コーヒーセットあり。朝食はオープンビュッフェ。2014年にレストランもオープンした。

全館無料 EV なし

トラベラーズ Traveller's Cave Hotel

住 Görçeli Sok. No.7
TEL (0384)271 2780
FAX (0384)271 2781
URL www.travellerscave.com
70€
80€~
US$ € JPY TL
A D J M V

中級 20室 Map P.337下A ギョレメ

トラベラーズ系列のホテルの中でも最も高級なホテル。13室がジャクージ完備。ツアーを予約すれば空港送迎が片道無料とのこと。屋外ジャクージも設置予定。ウエブサイトで予約し、現金で支払うと10%割引きになる。

全館無料 EV なし

ケレベッキ Kelebek Cave Hotel

住 Yavuz Sok. No.1
TEL (0384)271 2531
FAX (0384)271 2763
URL www.kelebekhotel.com
85~210€
US$ € JPY TL
A J M V

中級 45室 Map P.337下A ギョレメ

眺めのよさと部屋の内装のセンスで根強い人気。シーズン中は満室のことも。客室は基本的にふたり部屋のみ。館内にはハマムもある。日本語を話すスタッフもいる。料理長はテスティ・ケバブが得意。

無料 EV なし

デルヴィッシュ Dervish Cave House

住 Cevizler Sok. No.6
TEL (0384)271 2185
FAX (0384)271 2254
URL www.dervishcavehouse.com
50~60€
65~75€
US$ € JPY TL　A M V

中級 23室 Map P.337下B ギョレメ

部屋によって間取りがかなり異なる。家具、調度品はこだわりを感じさせ、セーフティボックスなど、設備も整っている。全室ジャクージ付き。マネージャーは気球パイロットもやっている。

全館無料 EV なし

ギョレメの北側には「アシュク・ヴァーディスィ(愛の谷)」と呼ばれる奇岩地帯がある。地面からまっすぐに屹立した岩がそびえていて、なかなか面白い光景だ。(編集室)

ヴィレッジ・ケイヴ・ハウス Village Cave House Köy Evi

中級 14室 Map P.337下B ギョレメ

住Gaferli Mah., Ünlü Sok. No.18
TEL(0384)271 2182
FAX(0384)271 2181
URLwww.villagecavehouse.com
55€~
US$ € JPY TL
M V

全室洞窟部屋でティーセット付き。客室前のスペースがテラスのようになっており、ギョレメの景色を見下ろしながらくつろげる。ジャクージ付きの部屋も2室ある。

全館無料 EV なし

スルタン・ケイヴ・スイーツ Sultan Cave Suites

中級 36室 Map P.337下A ギョレメ

住Aydınlı Mah., Aydınlı Sok. No.40
TEL(0384)271 3023
FAX(0384)271 3024
URLwww.sultancavesuites.com
85~250€
US$ € TL A M V

ケレベッキ・ホテルの系列で、両ホテルの敷地はつながっている。全室バルコニー付きで、高台にあるため、眺めがいい。

無料 EV なし

アナトリアン・ハウス Anatolian Houses

最高級 33室 Map P.337下B ギョレメ

住Gaferli Mah., Göreme Kasabası
TEL(0384)271 2463
FAX(0384)271 2229
URLwww.anatolianhouses.com.tr
160€~
US$ € JPY TL
A D J M V

アラトゥルカ・レストランの横の道を入って徒歩約2分。ギョレメのなかでは一番の規模。ハマム、スパ、サウナ、ワインセラー、屋外&屋内プールなど設備も充実。デラックスルームはジャクージやマッサージ機能付きバスタブを備えている。

無料 EV なし

カッパドキア・ケイヴ・スイーツ Cappadocia Cave Suites

最高級 36室 Map P.337下B ギョレメ

住Gaferli Mah., Ünlü Sok. No.19
TEL(0384)271 2800
FAX(0384)271 2799
URLwww.cappadociacavesuites.com
170US$~
US$ € TL A M V

看板がないのは隠れ家的な雰囲気を守るため。各国の旅行雑誌でも紹介され、トルコのベスト・ブティックホテルなど受賞歴もある。洞窟の雰囲気を壊さずにアンティークな調度品で彩られている。手入れが行き届いた庭も美しい。

無料 EV なし

ユルギュップのホテル

ボーン Born Hotel

経済的 8室 Map P.338上B ユルギュップ

住Suat Haryi Efendi Sok. No.2
TEL&FAX(0384)341 4756
Mailborn-hotel@hotmail.com
33€~
US$ € JPY TL
M V

1890年にカーディー（裁判官）の家として建てられた家を利用したホテル。モダニズムが入ったオスマン朝末期の建築様式が表れている。建築当時の意匠を残しながら客室を改装している。

全館無料 EV なし

アクズン Hotel Akuzun

中級 27室 Map P.338上B ユルギュップ

住İstiklâl Cad. No.49
TEL(0384)341 3866
FAX(0384)341 3785
URLwww.hotelakuzun.com
50US$~
US$ € TL
A M V

客室はかわいらしい感じでバスタブ付きの部屋もある。サロンのテレビでは日本語の放送も視聴可能。自慢は手入れの行き届いた広い中庭。噴水もあって開放的。夏期は朝食も中庭で出す。

全館無料 EV なし

カッパドキアの語源は、古代ペルシア語でこの地域を指すカッパトゥカ。『美しい馬の土地』という意味で、このカッパトゥカが訛ってカッパドキアとなった。（編集室）

エルケップ・エヴィ Elkep Evi Cave Hotel

中級 21室 Map P.338上A ユルギュップ

住Eski Turban Oteli Arkası No.26
TEL(0384)341 6000
FAX(0384)341 8089
URLwww.elkepevi.com.tr
80€
115€
US$ € TL　MV

高台の上のほうに位置しており、レストラン前の広い庭からの眺めは絶景。夏期はバーベキューもできる。部屋はどれも趣向を凝らした内装。現金払いで15%割引き。12～2月は休業する。

全館無料　EVなし

セルチュクル・エヴィ Selçuklu Evi Cave Hotel

高級 24室 Map P.338上A ユルギュップ

住Yunak Mah. P.K. 55
TEL(0384)341 7460
FAX(0384)341 7463
URLwww.selcukluevi.com
A/C 80～250€
US$ € TL
ADJMV

5つの民家を改装したホテルで、広い庭が自慢。伝統的要素を大切にした内装に、最新の設備を加えた客室は、宿泊客を過去へと誘うとともに、モダンな快適さも提供している。

全館無料　EVなし

ユスフ・イートオウル・コナウ Yusuf Yiğitoğlu Konağı

高級 30室 Map P.338上A ユルギュップ

住Tevfik Fikret Cad. No.34
TEL(0384)341 7400
FAX(0384)341 8999
URLwww.yusufyk.com
95US$～
100US$～
US$ € JPY TL　ADJMV

高台にホテルが並ぶ通りにある。19世紀のオスマン朝時代の家を改装した。朝食はオープンビュッフェ。テラスからはユルギュップの町を一望することができる。客室はスタンダード、デラックス、スイートの3種類ある。

無料（一部客室のみ）　EVなし

フレスコ Fresco Cave Suites & Mansion

高級 17室 Map P.338上B ユルギュップ

住Eski Kayakapı Mah., Esat Ağa Sok. No.15
TEL(0384)341 6660
FAX(0384)341 6664
URLwww.frescomansions.com
100～250€
US$ € JPY TL　MV

カッパドキアらしい洞窟部屋と、広々とした伝統家屋部屋のふたつのタイプを備えるホテル。伝統家屋部屋では無線LANも通じやすい。レストランやバーも併設しており、ツアーのアレンジも可。

全館無料　EVなし

アルフィナ Alfina Cave Hotel

高級 39室 Map P.338上A ユルギュップ

住İstiklâl Cad. No.89
TEL(0384)341 4822
FAX(0384)341 2424
URLwww.hotelalfina.com
100US$
130US$
US$ € JPY TL
AMV

オトガルから南西に真っすぐ約800mほど進むとある。長い期間の改装を経てリニューアルオープンした。岩山の斜面に沿って客室がある。洞窟ホテルのなかでは比較的大型。部屋、レストランとも洞窟の雰囲気は抜群。

全館無料　EVなし

セイクリッド・ハウス Sacred House

高級 21室 Map P.338上B ユルギュップ

住Barbaros Hayrettin Sok. No.25
TEL(0384)341 7102
FAX(0384)341 6986
URLwww.sacredhouse.com.tr
315€～
US$ € TL
ADMV

旧市街を少し入った所にある隠れ家ホテル。建物の起源はオスマン朝時代にまで遡るとされているが、まるで宮殿のような優雅な内装が施されたホテルへと生まれ変わっている。館内にはスパやハマムなども併設。

全館無料　EVなし

ユルギュップの町の中心部にあるシェヒル・ハマムは1726年創業、300年近い歴史をもつ家族経営の浴場。通常は男女混浴だが、土曜11:00～15:30は女性専用（ケセジも女性）となる。(編集室)

ユナック・エヴレリ Yunak Evleri

住Yunak Mah.
TEL(0384)341 6920
FAX(0384)341 6924
URLwww.yunak.com
185~270US$
200~270US$
US$ € JPY TL　ADMV

高級 40室　Map P.338上A ユルギュップ

ユナック地区にある設備の整ったプチホテル。35室が洞窟部屋で、配された調度品もすばらしい。テラスからは、眼下に古い教会からユルギュップの町までが一望できる。空港からの送迎は無料。

無料（一部客室のみ）　EV なし

デレ・スイーツ Dere Suites

住Dereler Sok. No.49
TEL(0384)341 3051
FAX(0384)341 3052
URLwww.deresuites.com
100€~
US$ € TL
ADJMV

高級 28室　Map P.338上A ユルギュップ

2013年にオープン。岩肌にそって客室が並んでおり、オリジナルの建物を活かした間取りで、広さや設備、インテリア装飾も客室ごとに異なる。最上階のレストランはの見晴らしがよく、テスティ・ケバブが美味と評判。

全館無料　EV なし

カヤカプ Kayakapı Premium Caves

住Kayakapı Mah., Kuşçular Sok. No.43
TEL(0384)341 8877
FAX(0384)341 2577
URLwww.kayakapi.com
360€~
US$ € JPY TL
ADMV

最高級 32室　Map P.338上A ユルギュップ

かつての集落をまるごと洞窟ホテルに改装している。一家が住んでいた家がそのまま客室となっており、家族の名前が表札のように刻まれている。全室ゆったりとしたスイートルームで、プライベートプール付きの部屋もある。

全館無料　EV なし

ソタ SOTA Cappadocia Hotel

住Dereler Mah., Burhan Kale 1 Sok. No.12
TEL(0384)341 5885
URLwww.sotacappadocia.com
85€~
100€~
US$ € TL　ADJMV

高級 9室　Map P.338上A ユルギュップ

長い時間をかけて洞窟部屋などを修復し、2017年にオープン。デザインしたオーナーのニルさんが女性ということもあり、調度品や小物も行き届いている。高台にあるのでテラスからの眺めも抜群。

全館無料　EV なし

そのほかのエリア

ヴィレッジ・ケイヴ The Village Cave Hotel

住Çavuşin Kasabası
TEL(0384)532 7197
FAX(0384)532 7144
URLwww.thevillagecave.com
85€~
US$ € JPY TL
MV

中級 9室　折込カッパドキア中心図D3 チャウシン

チャウシン村の中心部に位置している。オーナー家族が200年以上にわたって暮らしていた家を改装したプチホテル。洞窟部屋をそのまま生かしており、内装もセンスがいい。

全館無料　EV なし

アズーレ Azure Cave Suites

住2. Mevkii No.162
TEL(0384)532 7111
FAX(0384)532 7211
URLwww.azurecavesuites.com
140€~
US$ € JPY TL
ADJMV

高級 14室　折込カッパドキア中心図D3 チャウシン

丘のほぼ頂上にあるので、眼下にチャウシンの村とカッパドキアの雄大な景色を眺めることができる。ぷかぷかと浮かぶ気球を眺めながらの朝食は最高だ。洞窟部屋も広々としていて気持ちいい。

全館無料　EV なし

トルガ・チェリッキが2役を演じたことで話題になった2014年公開の映画「パトロンはハッピーエンドをお望みです」は全編がカッパドキアで撮影され、特にデレ・スイーツは主要な舞台として登場する。（編集室）

タカ・エヴ Taka Ev

住Kayabaşı Sok. No.43
TEL(0384)219 2527
URLwww.takaev.com
S 60~90€
W 80~110€
US$ € TL
DMV

中級 10室
Map P.338右下 ウチヒサル

スローツーリズムに関心の高いスタッフが運営している。スタッフは地元出身者を雇用し、食材も地元産にこだわる。ご飯を一緒に作ったり、1日ゆっくりカッパドキアを歩いたり、そんな旅行を提案している。

全館無料 EV なし

ミュージアム Museum Hotel

住Tekelli Mah. No.1
TEL(0384)219 2220
FAX(0384)219 2244
URLwww.museumhotel.com.tr
S/W A/C 300€~
US$ € JPY TL
ADJMV

高級 30室
Map P.338右下 ウチヒサル

名前の通り、客室にはアンティークが多く飾られており、ちょっとした博物館のよう。レストランの内装にも絨毯や伝統的衣装などが配されている。敷地内ではブドウを育てており、自家製ワインも楽しめる。

全館無料 EV なし

ヘルメス Hermes Cave Hotel

住Tekelli Mah., Karlık Sok. No.14
TEL(0384)219 3020
URLwww.hermescavehotel.com
S/W A/C 140~350€
US$ € TL
ADJMV

高級 19室
Map P.338右下 ウチヒサル

2013年にオープンしたウチヒサルのほぼ中心にある洞窟ホテル。なんといっても目の前にそびえるド迫力のウチヒサル城を眺められるのは、このホテルならではの贅沢だ。ジャクージ付きの部屋もある。

全館無料 EV なし

ヘリケ Helike Cave Hotel

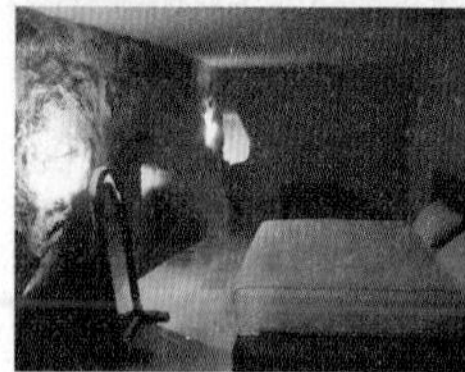

住Göreme Cad. No.28
TEL(0384)219 2030
URLhelikehotel.com
S/W A/C 500~2000€
US$ € TL
AMV

高級 9室
Map P.338右下 ウチヒサル

2017年にオープンした洞窟ホテル。高台にありテラスからの眺めはすばらしく、手前には鳩の谷、奥にはエルジエス山も望める。気球が打ち上がる早朝は圧巻だ。9室中6室はバスタブまたはジャクージが付いている。

全館無料 EV なし

ガミラス Gamirasu Cave Hotel

住Ayvalı Köyü
TEL(0384)354 5815
FAX(0384)354 5864
URLwww.gamirasu.com
S/W 185€~
US$ € TL
AMV

高級 36室
折込カッパドキア広域図D2 アイワル

アイワル村にある隠れ家的雰囲気の洞窟ホテル。電話すればユルギュップのオトガルまで迎えに来てくれる。ホテルの下を小川が流れる抜群の自然環境で、のんびり過ごせる。敷地内には教会跡も残る。

全館無料 EV なし

キルキット Kirkit Pension

住Atatürk Cad. No.50, Avanos
TEL(0384)511 3148
URLwww.kirkithotel.com
S 25€
W 40€
US$ € JPY TL
MV

中級 15室
Map P.338左下 アヴァノス

旅行会社キルキット・ヴォヤージ（→P.344）のすぐ裏にある同経営のペンション。中庭が開放的でクズル川が見渡せる部屋もある。自家製素材を使った種類豊富な朝食や洞窟風のレストランが自慢。夏は伝統音楽が行われる日もある。

全館無料 EV なし

ギュルシェヒルの郊外にあるアチュックサライ（→Map折込カッパドキア広域図C1）にはトルコ語で「キノコ岩 Mantar Kaya」と呼ばれる岩がある。日本語での「キノコ岩」はトルコ語では「妖精の煙突」という。（編集室）

アルトゥノズ
Otel Altinöz

Map P.337上A

120室　ネヴシェヒル

住İstiklâl Cad. No.23
TEL(0384)213 9961
FAX(0384)213 2817
URLwww.altinozhotel.com
料🚹200TL～　🚹🚹400TL～

ハマムやサウナ、ディスコ、レストランなど設備が充実している。ハマムは入浴とマッサージで20€。

全館無料　EVあり

ディンレル・ネヴシェヒル
Dinler Nevşehir

折込カッパドキア中心図B4

141室　ネヴシェヒル

住Ürgüp Yolu 2 km
TEL(0384)213 9968
FAX(0384)213 9969
URLnevsehir.dinler.com
料🚹130TL～　🚹🚹200TL～

ネヴシェヒルの町からそれほど遠くないところにある。屋外＆屋内プールやスパなど設備も充実している。

全館無料　EVあり

カッパドキア・ロッジ
Kapadokya Lodge

折込カッパドキア中心図B4

146室　ネヴシェヒル

住Ürgüp Yolu, Uçhisar yol kavşağı
TEL(0384)213 9945
FAX(0384)213 5092
URLwww.kapadokyalodge.com.tr
料🚹75US$～　🚹🚹100US$～

ユニークな建物は奇岩をイメージしたもの。広い敷地の中にはプールやテニスコートなども備えている。

全館無料　EVあり

ウチヒサル・カヤ
Uçhisar Kaya

Map P.338右下

77室　ウチヒサル

住Yukarı Mah. Mevkii, Adnan Menderes Cad. No.15
TEL(0384)219 2007
URLuchisarkayaotel.com
料🚹100€～　🚹🚹150€～

新しい建物ながら岩の風合いを生かした内装。屋内と屋外プールも完備している。

全館無料　EVあり

ムスタファ
Otel Mustafa

折込カッパドキア中心図F4

230室　ユルギュップ

住Mehmet Dinler Bul. No.17
TEL(0384)341 3970
FAX(0384)341 2288
URLwww.otelmustafa.com.tr
料🚹80US＄～　🚹🚹120US＄～

日本のツアーでよく利用するホテル。室内はとてもきれい。ハマムやサウナも併設している。

全館無料　EVあり

ディンレル・ユルギュップ
Dinler Ürgüp

折込カッパドキア中心図F4

188室　ユルギュップ

住Mehmet Dinler Bul. No.15
TEL(0384)341 3030
FAX(0384)341 4896
URLurgup.dinler.com
料🚹120€～　🚹🚹180€～

建物自体は新しくないが、部屋はきれい。バスルームはタイル張り。ハマムも完備している。

全館無料　EVあり

ペリスィア
Perissia Hotel

折込カッパドキア中心図F4

352室　ユルギュップ

住Mehmet Dinler Bul.
TEL(0384)341 2930
FAX(0384)341 4524
URLwww.perissiahotel.com
料🚹35€～　🚹🚹70€～

日本のツアーでもよく利用する5つ星ホテル。カッパドキア最大の講演会場があり、ビジネス客にも人気。

全館無料　EVあり

スハン・カッパドキア
Suhan Hotel Cappadocia & SPA

折込カッパドキア中心図D1

435室　アヴァノス

住Kızılırmak Cad. No.12
TEL(0384)511 6721
FAX(0384)511 6762
URLsuhankapadokya.com
料🚹90€～　🚹🚹120€～

プールは屋内と屋外の2つがあり、サウナやハマム、フィットネスセンターなども併設している。

全館無料　EVあり

ダブル・ツリー・バイ・ヒルトン・アヴァノス
Double Tree by Hilton Avanos

折込カッパドキア中心図D1

142室　アヴァノス

住Yeni Mah., Kızılırmak Cad. No.1
TEL(0384)511 1111
FAX(0384)511 1121
URLwww.hilton.com
料🚹/🚹🚹77€～

敷地が広くプールやスパセンターも大きく、開放的な雰囲気。客室は広くないが、機能的にまとまっている。

全館無料　EVあり

カッパドキアではヒッタイトの遺跡がいくつか出てきているが、なかでもアジュギョルの南にあるアゥルル村（→折込カッパドキア広域図B3）郊外にあるトパダ碑文Topada Yazıtはよい状態で残っている。（編集室）

RESTAURANT

ギョレメ　オトガル周辺に多く、しゃれたバーなどもできている(冬期は休業してしまうところが多い)。ほとんどのレストランが観光客向けで、値段はほかの町に比べかなり高め。
ユルギュップ　オトガル周辺は庶民的な店が多い。町の西入口にある洞窟風のレストランは雰囲気が楽しめる。ワインの産地としても有名。ワイナリーでは試飲販売もしている。
アヴァノス　レストランの数は多いのだが、郊外にあるのが難点。町の中心部なら広場周辺やアタテュルク通り沿いに庶民的なロカンタやピデ屋がいくつかある。

スルタン Sultan Restaurant

トルコ料理　Map P.337下B ギョレメ

住Göreme Kasabası
TEL(0384)271 2226
開10:00〜23:00
(冬期〜22:00)
休無休
US$ € TL　MV

オトガルの近くで古くから営業する店。おすすめは、牛肉や野菜、チーズを載せて焼き上げたスルタン・ボスタン・ケバブ38〜45TL。メゼ、サラダ各種13〜20TL。朝食は8〜20TL。

トップデッキ Topdeck Restaurant

トルコ料理 郷土料理　Map P.337下A ギョレメ

住Hafiz Abdullah Efendi Sok. No.15
TEL(0384)271 2474
開17:00〜23:00
料理は21:30まで
休無休　US$ € TL　MV

トルコの家庭料理を中心に、メゼやナス料理など、野菜料理が充実しているレストランで、日本のテレビ番組でも紹介されたことがある。洞窟部屋のなかで食べる食事はムード満点。

パンプキン Pumpkin Restaurant

トルコ料理 郷土料理　Map P.337下A ギョレメ

住İçeri Dere Sok. No.7/A
TEL(0384)271 2066
開19:00〜22:30
休無休
US$ € TL
不可

運河沿いにある小さなレストラン。オーナーはオーガニック食材に拘っており、その日に仕入れたものだけでメニューを組み立てるという方針。よって店のメニューは日替わりセット（120TL)のみ。

オーガニック・ケイブ・キッチン Organic Cave Kitchen

郷土料理　Map P.337下A ギョレメ

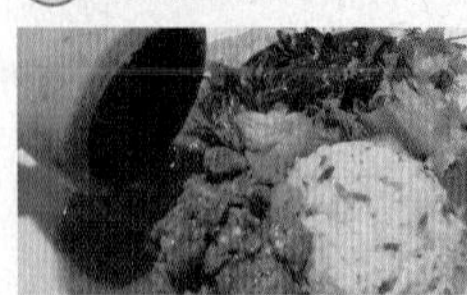

住Ahmet Çavuş Sok. No.15
TEL(0384)271 3311
開14:00〜23:00
休無休
US$ € TL
MV

4つのホテルが共同経営する郷土料理専門店。すべてのメニューが日替わりだが、テスティ・ケバブなどの定番メニューは毎日置いてある。セットメニューは70TL。日替わりのスープも好評。

シャーズィエ Şaziye Cafe Bistro

トルコ料理 郷土料理　Map P.337下A ギョレメ

住Orta Mah., Uzundere Cad. No.9
TEL(0384)271 3121
開10:00〜23:00
休無休
US$ € TL
AMV

町の入口にある規模の大きなレストラン。夜はしばしば生演奏などのショーがあるので、音が気になるなら2階へ。テスティ・ケバブなど伝統的なトルコ料理のほか、ラムチョップやステーキもおいしい。

シャファック Şafak Cafe & Restaurant

トルコ料理 家庭料理　Map P.337下B ギョレメ

住Müze Cad. No.28
0538 462 5664
URL cafesafak.weebly.com
開7:00〜22:00　休無休
US$ € TL
MV

もとはカフェだったが、オーナーのお母さんが料理を始めてからはマントゥやギョズレメ（各10〜15TL)、自家製キョフテのプレート20〜25TLなど家庭料理がメイン。料理体験も可能（要予約、9:00〜13:00)。

シシトウやトマトが入った鉄板焼肉、サチ・タワはカッパドキア地方の名物料理。町の名前をつけてネヴシェヒル・タワ、ギョレメ・タワ、アヴァノス・タワのように呼ばれることもある。(編集室)

中国蘭州拉麺 Lan Zhou El Makarnası

中華料理 Map P.337下A ギョレメ

住Ali Çavuş Sok.
☎0539 865 8806
開12:00～22:00
休無休
US$ € TL
カード M V

メニューも注文もスマホの専用アプリのQRコードからという、いかにも現代の中国風のスタイルの食堂だが、口頭での注文もできる。看板メニューの蘭州拉麺28TLは打ちたてで味もよい。

ウリジップ Urizip Korean Restaurant

韓国料理 Map P.337下B ギョレメ

住Göreme Kasabası
TEL(0384)271 2290
開10:30～22:00
休無休
US$ € TL
カード M V

韓国人女性が営む韓国料理専門店。味のチェックも厳しく、どれも本格的。ピビンパやプルコギ、冷麺やチャジャン麺などがメイン。キムチなど前菜は無料。店名は「私達の家」の意味で、店先にはOur Houseとも書かれている。

スマイル・ステーキハウス Smile Steak House

ステーキハウス Map P.337下B ギョレメ

住Hafız Rıfat Efendi Sok.
☎0539 342 8138
開12:00～23:00
休無休
US$ € TL
カード A M V

メニューにあるフィオレンティーナステーキはなんと1kgオーバーのTボーンステーキで199TL。焼いたハルミチーズとピスタチオを合わせたトルコサラミ、スジュック・ギョデン10TLなど小皿もあなどれない。

キングズ・コーヒー King's Coffee

カフェ Map P.337下A ギョレメ

住İçeri Dere Sok.
☎0533 238 5061
開7:00～22:00
休無休
US$ € TL
カード A M V

息子さんがデザインした店舗でお父さんと日本語を少し話すお母さんが切り盛りする。コーヒーの種類も豊富で、ヤマイチゴのコーヒーやピスタチオコーヒー(各9TL)などもある。

オゼ・コーヒー Oze Coffee

カフェ Map P.337下A ギョレメ

住Eski Belediye Girişi No.1/A
TEL(0384)271 2219
開8:30～24:00 (冬期～22:00)
休無休
US$ € TL
カード不可

オトガルの近くにあるカフェ。コーヒー各種8～10.50TL、アイスコーヒー11～25TL、バクラワ5TL、ケーキ各種15TL。サーレップはチョコレート入り9TLなど。無線LAN利用可能。

イェニ・ロカンタ Yeni Lokanta

トルコ料理 郷土料理 Map P.338上B ユルギュップ

住İmren Mah., Kâzım Karabekir Cad. No.3-7
TEL(0384)341 6880
開7:30～23:00
休無休
US$ € TL
カード M V

ユルギュップの中心部にあるこぎれいなロカンタ。煮込み料理が中心だが、テスティ・ケバブ(2人前85TL)やカッパドキア・タワ(写真、30TL)、デミグラス&ヨーグルトソースで仕上げたエルジエス・ケバブ(45TL)などのメニューもある。

ソフラ Sofra

トルコ料理 Map P.338上B ユルギュップ

住Kayseri Cad. No.25, Yapı Kredi Bankası Yanı
TEL(0384)341 4333
Mail v_zengin@hotmail.com
開8:00～23:00 休無休
US$ € JPY TL カード D J M V

町の中心部にある。テスティ・ケバブ(2人前80TL)やマントゥ20TLなどの郷土料理、セルジューク朝時代のレシピに基づいたというユルギュップ・ハシラマや、鉄板焼きのサチ・タワもある。

最近ギョレメではステーキハウスのオープンが相次いでいる。イスラームの肉処理規定によってしっかりと血抜きされた肉を使っているため血の滴るステーキとはいかないが、肉質はおおむねよい。(編集室)

ビズィム・エヴ Bizim Ev

住Orta Mah., Baklacı Sok. No.1
TEL(0384)511 5525
開10:00～22:00
休無休
US$ € TL
A M V

郷土料理 Map P.338左下 アヴァノス

入口を入った2階の店内は洞窟風で内装も凝っている。店のおすすめはボスタン・ケバブ40TLやアヴァノス・マントゥス30TL。鉄板焼きのアヴァノス・タワ45TLやテスティ・ケバブ35TLも人気。予算は50～80TL。

コナック Konak Kebap & Çorba Evi

住Yukarı Mah., Edip Akbayram Sok. No.34
TEL(0384)511 2370
開24時間
休無休
US$ € TL
M V

郷土料理 Map P.338左下 アヴァノス

アヴァノスの古い家並みが並ぶ通りの入口にある。24時間営業で、テスティ・ケバブが35TL、ケバブ類が18TLからと、料金もギョレメやユルギュップに比べてかなり庶民的。18:00からはココレッチも焼く。

SHOP

小さなおみやげ類はギョレメ・パノラマ（→P.349）やパシャバー地区（→P.350）に屋台が出ている。アヴァノスは団体客向けの大型の陶器店や絨毯店が多く、ツアーでも立ち寄ることが多い。素朴なハンドメイドを探すならソーアンル（→P.351）まで行ってみるのもいい。

ズィギーズ Ziggy's

住Yunak Mah., Tevfik Fikret Cad. No.24
TEL(0384)341 7107
URL www.ziggycafe.com
開12:00～23:00 休無休
US$ € TL
M V

アクセサリー 手芸品 Map P.338上A ユルギュップ

オーナー手づくりのアクセサリーや手編みのオヤなど、ハンドメイドのグッズがいっぱい。2階は地元ユルギュップ女子に人気No.1のカフェ。色々な料理を少しずつ食べられるセット、メゼメニュー（小80TL、大90TL）が人気だとか。

エブル Ebru Sanat Evi

住Cumhuriyet Cad. No.9
TEL(0384)341 3940
開8:00～23:00
休無休
US$ € TL
M V

伝統工芸 Map P.338上B ユルギュップ

トカット（→P.454）出身の夫婦が開いた伝統工芸のギャラリー。ご主人がバスマ（トルコ更紗）で奥さんがエブル（マーブルアート）とミニアチュールの作家。実演販売のほか、体験も可能。オルタヒサル郊外に工房がある。

ナザン・デザイン Nazan Design

住Divanlı Sok., Eski Göreme Cad.
0533 384 5971
開8:00～20:00
休無休
US$ € TL M V

アクセサリー 手芸品 Map P.338右下 ウチヒサル

ナザンさんがデザインしたアクセサリーや小物がいろいろあるセレクトショップ。フェルトでできた石鹸袋は、そのまま泡立てることができる。店が閉まっていたら隣のホテルのフロントへ。

エフェンディ・ワインハウス Efendi Wine House

住Musaefindi Mah., Tevfik Fikret Cad. No.12
TEL(0384)341 4024
開10:00～22:00
休無休
US$ € TL M V

ワイン Map P.338上B ユルギュップ

ユルギュップにあるコジャバーのアンテナショップで、手頃な料金でさまざまなコジャバーのワインが楽しめる。店舗の下は地下室になっており、ワインセラーとして使われている。

アヴァノスの北にはコザックル温泉Kozaklı Kaplıcalarıがあり、リウマチ、婦人病などに効果があるとされる。さらに美肌効果もあるとか。（編集室）

雄峰エルジエスを望む古都

カイセリ Kayseri

市外局番 **0352**　人口**98万4536人**　標高**1054m**

バザールに並ぶパストゥルマ（干し肉）屋と奥に見えるブルングズ・ジャーミィ

富士山にも似た、万年雪を頂くエルジエス山のすそ野に広がった美しい町。古くから交通の要所であり、今なお中部アナトリアの商業都市として知られている。また、絨毯の産地としても有名だ。

古代はマザキヤMazakyaと呼ばれ、現在のカイセリという名は、ローマ時代にティベリウス皇帝が、この町の美しさに歓喜し、Caeserea（カエセレア、皇帝カエサルの町）と言ったことに由来している。ビザンツ時代にはキリスト教の影響を強く受け、町はさらに美しくなったという。町が最も栄えたのは11～13世紀のセルジューク朝時代。12世紀中頃にはダニシュメンド朝の都となり、カラマン君侯国やマムルーク朝の支配を受け、1515年にオスマン朝領となった。時代に翻弄されたカイセリには、町の中心部に立ちはだかる城塞など、当時を思い起こさせる多くの史跡が点在している。

歩き方

町の中心は時計塔Saat Kulesiのある**メイダン公園**Meydan Parkı、通称**メイダン**。南側が旧市街で、安宿や中級ホテルが集まっている。城壁から南東へ延びる大通りが**セイイド・ブルハネッティン大通り**Seyyid Burhanettin Bul.で、PTTやⓘもある。時計塔から北東へ走るのが**スィワス通り**Sivas Cad.。アタテュルク大通りの西端からオトガルへ向かって延びる通りが**オスマン・カウンジュ通り**Osman Kavuncu Cad.だ。逆に南東へ下った**イノニュ大通り**İnönü Bul.には中級ホテルが並んでいる。

■時刻表一覧

✈→P.54～59
🚃→P.60～61
🚌時刻表索引→P.62～63

■カイセリのⓘ

Map P.366A1

住 Cumhuriyet Meydanı Zeynel Abidin Türbesi Yanı
TEL (0352)222 3903
URL kayseri.ktb.gov.tr
開 8:00～18:00（冬期～17:00）
休 日、冬期の土

カイセリのⓘ

■市内交通の乗車券

市内バスとカイセライの乗車券は共通となっており、1回券は3TL。メイダン公園などのチケットブースで購入できる。車内では購入できない。

メイダン公園のチケット売り場

Information

カイセライKayseray

カイセリの町を走る路面電車。LRT専用軌道を利用しているため、渋滞に巻き込まれることがないが、旅行者が利用できる区間は少ない。1回券は3TL。

エルジエス山の標高3200m付近にはトルコ有数のスキー場がある。4基のリフトがあり、ナイター設備も完備。シーズンでなくとも、リフトの一部は運行している。（編集室）

観光客の利用も多いカイセリ空港

カイセリのオトガル

■ハワシュ Havaş
カイセリ市内と市内バを結ぶ空港バス。料金は12TLと市内バスより高いが、大きな荷物は預かってくれ、停留所も少なく速い。市内にいちばん近い停留所はフォルムショッピングセンター Forum AVM(MapP.366B1)。オトガルの向かいにあるBYZショッピングセンターにも停車する。

ターミナルから町の中心部へ

◆空港から町の中心部へ　カイセリ空港は町の中心部から北へ5kmほど行った地点にある。空港とメイダンを結ぶのは市内バス(3TL)またはハワシュ。空港を出た幹線道路沿いにバス停がある。市内から空港へは**メヴラーナMevlana**と書かれたバスに乗る。

◆オトガルから町の中心部へ　オトガルは町の北西約7kmの所にある。隣にはユルギュップ行きミニバスが発着するターミナルもある。市の中心部へはセルヴィスか、オトガル前の通りの反対車線から市内バスで運賃3TL。ただし、乗車券は車内では購入できない(P.365欄外)。すべての車がメイダンに行くわけではないので「メイダンダン・ゲチェルミ(メイダンを通りますか)?」と聞いてみよう。タクシーなら40TLほど。市内からオトガルへは**テルミナルTerminal**と表示された市バスで行く。

◆鉄道から町の中心部へ　カイセリ駅は市街地北部にある黄色のかわいい駅舎だ。駅前の幹線道路から市内へ行く車もあるが、郊外に行く場合が多いので、市内へはハスターネ通

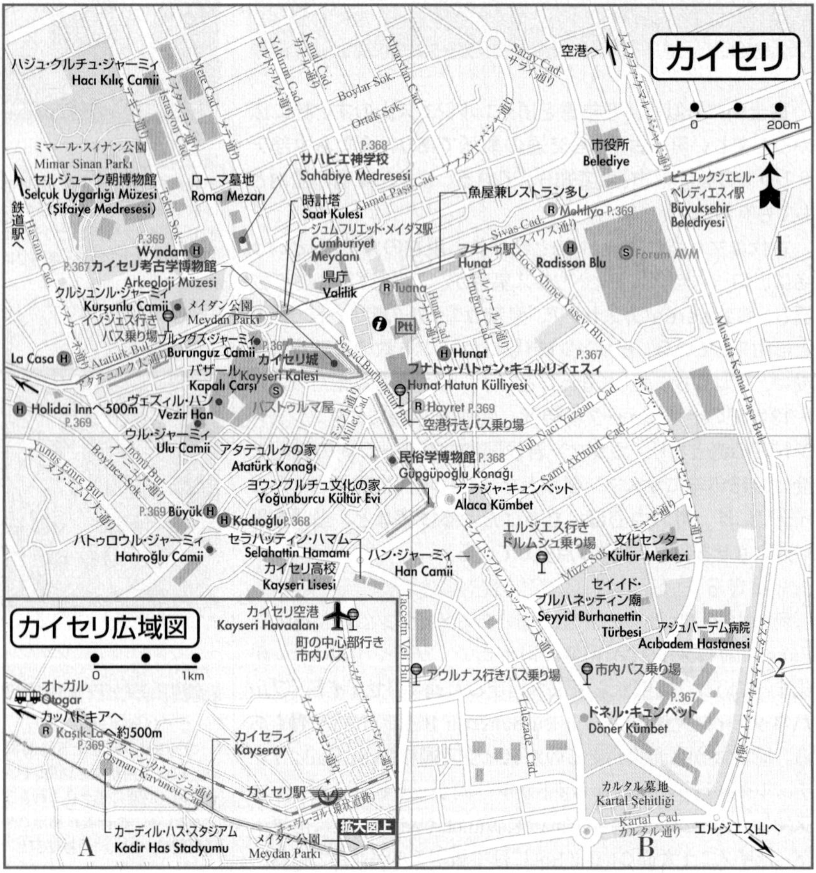

カイセリ

0　200m

空港へ
ハジュ・クルチュ・ジャーミィ Hacı Kılıç Camii
ミマール・スィナン公園 Mimar Sinan Parkı
セルジューク朝博物館 Selçuk Uygarlığı Müzesi (Şifaiye Medresesi)
鉄道駅へ
ローマ墓地 Roma Mezarı
サハビエ神学校 Sahabiye Medresesi P.368
時計塔 Saat Kulesi
ジュムフリエット・メイダヌ駅 Cumhuriyet Meydanı
県庁 Valilik
魚屋兼レストラン多し
市役所 Belediye
ビュユックシェヒル・ベレディエスィ駅 Büyükşehir Belediyesi
R Mahliya P.369
H Radisson Blu
S Forum AVM
フナトゥ駅 Hunat
R Tuana
Wyndam H P.369
P.367 カイセリ考古学博物館 Arkeoloji Müzesi
クルシュンル・ジャーミィ Kurşunlu Camii
メイダン公園 Meydan Parkı
インジェス行きバス乗り場
ブルングズ・ジャーミィ Burunguz Camii
La Casa H
カイセリ城 Kayseri Kalesi
バザール Kapalı Çarşı
S バストゥルマ屋
H Holidai Innへ500m P.369
ヴェズィル・ハン Vezir Han
H Hunat
フナトゥ・ハトゥン・キュルリイェスィ Hunat Hatun Külliyesi
R Hayret P.369
空港行きバス乗り場
P.367
ウル・ジャーミィ Ulu Camii
アタテュルクの家 Atatürk Konağı
民俗学博物館 P.368 Güpgüpoğlu Konağı
ヨウンブルチュ文化の家 Yoğunburcu Kültür Evi
アラジャ・キュンベット Alaca Kümbet
P.369 Büyük H
H Kadıoğlu P.368
ハトゥロウル・ジャーミィ Hatıroğlu Camii
セラハッティン・ハマム Selahattin Hamamı
カイセリ高校 Kayseri Lisesi
ハン・ジャーミィ Han Camii
エルジエス行きドルムシュ乗り場
文化センター Kültür Merkezi
セイイド・ブルハネッティン廟 Seyyid Burhanettin Türbesi
アジュバーデム病院 Acıbadem Hastanesi
アウルナス行きバス乗り場
市内バス乗り場
P.367 ドネル・キュンベット Döner Kümbet
カルタル墓地 Kartal Şehitliği
Kartal Cad. カルタル通り
エルジエス山へ
1
2
A
B

カイセリ広域図
0　1km
カイセリ空港 Kayseri Havaalanı
町の中心部行き市内バス
オトガル Otogar
カッパドキアへ
R Kaşık-Laへ約500m P.369
カイセライ Kayseray
カイセリ駅
オスマン・カウンジュ通り Osman Kavuncu Cad.
カーディル・ハス・スタジアム Kadir Has Stadyumu
メイダン公園 Meydan Parkı
拡大図上

読者投稿　ラディソン・ブル・ホテル(Map P.366 B1)は、ハワシュがすぐ近くに止まるので便利です。部屋からは山並みや城壁などがよく見えました。朝食も種類豊富でおいしかったです。(埼玉県　アシュク　'17夏)

りHastane Cad.沿いから乗る。**ファキュルテFakülte**と書かれた市内バスに乗れば、メイダンへ行くことができる。運賃は3TL。逆に市内から駅へ行くときは**ハスターネHastane**と書かれた市内バスに乗ればOK。

見どころ

町の中心部にどっしり構え、生活に密着した

カイセリ城

Map P.366A1

Kayseri Kalesi カイセリ・カレスィ

町の中心部に建つ火山岩の城壁。一説では3世紀の建造といわれ、その後何度も補強、増改築がなされた。城内は食料品や日用品の市場で、ちょっとしたロカンタもある。2019年中にはカイセリ考古学博物館がオープンする予定。

美しいモチーフで装飾された廟は必見

フナトゥ・ハトゥン・キュルリイェスィ

Map P.366 A1～B1

Hunat Hatun Külliyesi フナトゥ・ハトゥン・キュルリイェスィ

ジャーミィ、テュルベ（廟）や神学校などが集まった複合建築（コンプレックス）をキュルリイェと呼ぶ。ジャーミィは1237～46年にカイクバート1世の妻フナトゥ・ハトゥンにより建立された。廟の正面は大理石で覆われ、上部と側面にすばらしいモチーフの装飾がある。3つの棺のうち、白い大理石で覆われたのがフナトゥ・ハトゥンのもの。ハマムも併設している。

霊廟の町、カイセリのシンボル

ドネル・キュンベット

Map P.366B2

Döner Kümbet ドネル・キュンベット

ルーム・セルジューク朝の霊廟のうち、最も有名なのがドネル・キュンベット。1218年にカイクバート1世が娘のシャー・ジハン・ハトゥンŞah Cihan Hatunのために造らせた。側面が12面もあり、円錐状の屋根をもつことからドネル（＝回転した）と呼ばれている。壁面は美しく精巧な浮き彫りで装飾されている。

アッシリア植民市の文化財を展示した

カイセリ考古学博物館

Map P.366A1

Arkeoloji Müzesi アルケオロジ・ミュゼスィ

ヘラクレス12の功業が彫られた大理石の石棺

カイセリから約20km東にあるキュルテペKültepe遺跡の出土品を中心に展示している。キュルテペは紀元前20～18世紀にアナトリアに点在したアッシリア植民市の中心的存在で、楔形文字が刻まれた粘土版文書や、ライオンをかたどった酒を注ぐリュトンと呼ばれる器など、貴重な文化財は必見。そのほか、ギリシア時代、ローマ時代の発掘品も多数収蔵しており、特にヘラクレス12の功業の場面が彫られた石棺はこの博物館を代表する展示品。

Information

ヨウンブルチュ文化の家
Yoğunburç Kültür Evi

カイセリ城の一画にあるヨウンブルチュは、文化センターとして一般にも開放されている。カイセリの文学にまつわる資料が集められ、詩の朗読会などが行われている。チャイハーネも併設している。
開夏期9:00～18:00
冬期9:00～20:00
休無休

■フナトゥ・ハトゥン・キュルリイェスィ
住Seyyid Burhanettin Bul. No.5
開10:00～19:00

■フナトゥ・ハマム
Hunat Hamamı
開男性6:00～22:00
女性8:30～18:30
休バイラムの2～3日間
料入浴20TL
アカすり12TL　マッサージ12TL
コロンヤマッサージ10TL

フナトゥ・ハトゥン・メドレセスィの中庭はカフェになっている

大通りの真ん中に鎮座しているドネル・キュンベット

■カイセリ考古学博物館
TEL(0352)222 2149
2019年5月現在移転作業のため休館中。カイセリ城内にオープンする予定。

メイダンから東へ進むと魚屋が並ぶ。どの店も奥はイートインになっており、店の魚をその場で食べることができる。サバやイワシ、マスなどをサンドイッチにしてくれる。（編集室）

■民俗学博物館
※2019年5月現在、改修のため閉鎖中。2019年中にオープン予定
■サハビエ神学校
開8:00～22:00
休無休　料無料

名物料理

マントゥとパストゥルマ

カイセリの郷土料理は何といってもマントゥ。カイセリでは36種類ものマントゥ料理が調理されるらしいが、最もポピュラーなのが肉入りマントゥだ。ヨーグルトとニンニク、粉末ミントが絶妙の味を醸し出す。もうひとつの名物はスパイスの効いたサラミのパストゥルマ。このパストゥルマが入ったピデもおいしい。

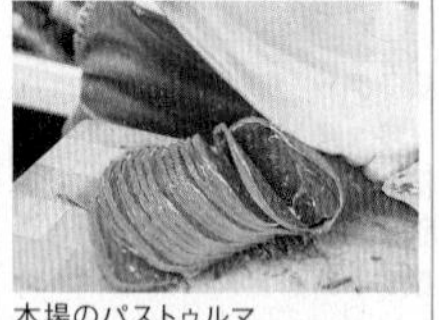
本場のパストゥルマ

■アウルナスへの行き方
カイセリの市内バスが1時間に2便程度。所要約1時間
■ミマール・スィナンの家
開8:00～17:00
休月　料無料

アウルナスの役場前のスィナン像

オスマン朝時代の邸宅を使った博物館

民俗学博物館

Map P.366A2

Güpgüpoğlu Konağı ギュプギュプオウル・コナウ

城壁の南東にある博物館。15世紀に造られた伝統的なオスマン朝様式の石造りの家がまるごと展示物だ。部屋や家具は当時のまま保存され、雰囲気を再現している。すぐ近くにはアタテュルクの家Atatürk Konağıがある。

幾何学文様はセルジューク朝の建築美の集大成

サハビエ神学校

Map P.366A1

Sahabiye Medresesi サハビエ・メドレセスィ

現在は本屋とカフェになっている

ルーム・セルジューク朝時代の宰相サーヒップ・アタSahip Ataによって1267年に造られた。サーヒップ・アタはコンヤのインジェ・ミナーレ神学校やスィワスのギョク神学校も建設した。門を囲む細かい幾何学文様はセルジュークタイルのすばらしいお手本。

近郊の旅

大建築家ミマール・スィナンの故郷

アウルナス

Map P.36A2

Ağırnas アウルナス

ミマール・スィナンの生家

ミマール・スィナンの故郷として知られるアウルナスには、スィナンの生家のほか、彼が造った泉が3つ残されており、現在も使われている。スィナンの生家はカッパドキアの地下都市のような洞窟にある。後に建物が建てられ、現在の形となった。建物はオスマン朝時代の暮らしを紹介する資料館になっている。

また、ここはかつてはキリスト教徒の村であり、150年あまり前に建てられたアギオス・プロコピオス教会が残されている。

HOTEL & RESTAURANT

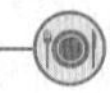

商業都市なのでビジネスパーソンが多く、ホテルの数も多い。特にイノニュ大通りからカイセリ城へかけては2つ星や3つ星ホテルが密集しているが安いホテルは少ない。
レストランは城壁とイノニュ大通りの間のブロックに点在している。

日本からホテルへの電話　国際電話会社の番号 + 010 + 国番号90 + 市外局番と携帯電話の最初の0を除いた相手先の電話番号

カドゥオウル Hotel Kadıoğlu

中級 46室　Map P.366A2

住İnönü Bul. No.59
TEL(0352)231 6320
FAX(0352)222 8296
S A/C 70TL
W A/C 120TL
US$ € TL
AMV

改装済みなので、値段のわりに部屋は新しく、バスルームもきれい。最上階にあるレストランは眺めもよく、エルジエス山が正面に見える。朝食は最上階のレストランでオープンビュッフェ。

全館無料　EV あり

カイセリでは結婚式の前に新郎の母が新婦の家を訪れ、新婦のマントゥの腕をチェックするという風習がある。ちなみに小さく作れれば作れるほど、その新婦の料理の腕は高いと判断されたとか。(編集室)

ビュユック Hotel Büyük

中級 38室　Map P.366A2

住İnönü Bul. No.55
TEL(0352)232 2892
FAX(0352)232 5340
URLwww.kayseribuyukotel.com
S A/C 110TL
W A/C 170TL
US$ € TL
A M V

イノニュ大通り沿いのホテルが多い地区に建つ。5年に1度の割合で改装しており、最近では2019年に 行われた。各室大型テレビとミニバーが完備されている。ビュッフェ式の朝食は 最上階にある朝食サロンでとる。

全館無料　EV あり

ホリデイ・イン Holiday Inn Kayseri

高級 160室　Map P.366A1外

住Osman Kavuncu Cad., Kenarcık Sok. No.2
TEL(0352)315 3000
FAX(0352)315 3001
URLwww.hikayseri.com
S/W A/C 52€~
US$ € TL
M V

町の中心部からはやや 離れているが、カイセライのディワーノニュDivanönü駅の目の前にあるので、町の中心部はもちろん、どこに行くにもアクセスは便利。周囲にも店が多い。このクラスのホテルにしては料金も手ごろ。

全館無料　EV あり

ウィンダム・カイセリ Wyndam Kayseri

高級 205室　Map P.366A1

住Gevhernesibe Mah., Tekin Sok. No.2
TEL(0352)207 5000
FAX(0352)207 5050
URLwww.wyndhamhotels.com
S A/C 60€
W A/C 70€
US$ € TL
A D J M V

メイダン公園の北側にあり便利な立地。サウナ、フィットネスジムや室内プールなど、レジャー施設も充実。カッパドキアのパッケージツアーやエルジエス山のスキーパッケージプランなどもある。最上階には眺めのよいテラスレストランがある。

全館無料　EV あり

カシュック・ラ Kaşık La Mantı Restaurant

郷土料理　Map P.366A2外

住Osman Kavuncu Bul. No.370
TEL(0352)326 3075
URLwww.kasikla.com
開8:30~22:00
休無休
TL
A M V

オトガルから大通りを西へ約600mほど歩いたところにある。カイセリ・マントゥは22TL。揚げ(スペシャル) マントゥ24TL。ほかにもパストゥルマやスジュックを使ったメニューもある。市内のほか、イスタンブールにも支店がある。

ハイレット Hayret Et Lokantası

郷土料理 煮込み　Map P.366B1

住Hunat Mah., Hunat Cad. No.4
TEL(0352)231 1661
開7:00~21:00
休無休
TL
M V

郷土料理を中心にメニューが豊富で、ケバブ類や煮込み料理、クイマルピデ(13TL) をはじめ、カイセリ名物のスジュックやパストゥルマ入りピデも。もちろんカイセリ・マントゥス (15TL)もある。

メフリヤー Mehliya

ウイグル料理 ケバブ　Map P.366B1

住Serçeönü Mah., Birkan Sok., Özühud Apt. No.29/D
TEL(0352)231 7000
Mail7000mahliyafood@gmail.com
開9:00~21:00
休無休　TL　A M V

カイセリにはトルコでも最大のウイグル人コミュニティがあり、ウイグル料理を出す店がいくつかある。ここはなかでも評判がいい。拌麺 (写真) など自家製の麺料理はさすがの味。ケバブ類もトルコ料理とは違ったスパイスが楽しい。

ハイレット・エト・ロカンタスのオーナー、ハイレッティン・ベイ氏は、カイセリ料理文化の発展に寄与し、現在はカイセリのロカンタ&パスターネ組合の会長を務める重鎮。(編集室)

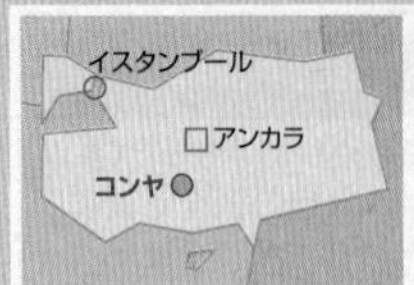

ルーム・セルジューク朝以来の建築物が古都を彩る

コンヤ Konya

市外局番 **0332**　人口**220万609人**　標高**1016m**

世界遺産
チャタルホユック遺跡
Çatalhöyük Neolitik Kenti
2012年

無形文化遺産
メヴレヴィー教団のセマー
Mevlevi Sema Töreni
2008年

■時刻表一覧
✈→P.54～59
🚆→P.60～61
🚌時刻表索引→P.62～63

■コンヤのⓘ
Map P.371
住**Aslanlı Kışla Cad. No.5**
TEL(0332)353 4021
FAX(0332)353 4023
URL**www.konyakultur.gov.tr**
Mail**konyatourism@kultur.gov.tr**
開8:00～17:00
（土9:00～16:00）
休日

コンヤのⓘ

メヴラーナ博物館の前を通るトラムヴァイ（路面電車）

神秘的な音楽にのせて踊るメヴレヴィー教団のセマー（旋舞）

アンカラの約250km南に位置するコンヤは、イスラーム神秘主義の一派メヴレヴィー教団の発祥地としても広く知られ、見学に訪れるトルコ国内のムスリムも多い。

近郊には世界遺産のチャタルホユック遺跡もあり、町の歴史は先史時代にまでさかのぼるほど古い。しかし、コンヤが最も繁栄したのは13世紀頃のこと。1077年にルーム・セルジューク朝が首都をイズニックからコンヤに移した後、カイクバード1世時代に著しく発展した。この頃、芸術家や建築家、イスラーム関係の科学者などを東方から集めて学校が開かれ、コンヤに文化が花開いた。現在も市内に残っている神学校や遺跡のほとんどはその頃に建てられたもの。当時の文化をこれらから垣間見ることができる。もちろん、メヴレヴィー教団の創始者ルーミーもそうした学者のひとりであった。

歩き方

コンヤの見どころの中心は、アラアッディンの丘からメヴラーナ博物館にいたる**メヴラーナ通り**Mevlana Cad.周辺。ホテルやレストランも多く、見どころも集中しているので歩いて回れる。まずは町の中心**ヒュキュメット広場**Hükümet Meydanıへ行こう。最大の見どころは広場から500mほど東にある**メヴラーナ博物館**。隣には**セリミエ・ジャーミィ**がある。ⓘがあるのもこの近く。メヴラーナ通りを西へ進むと左側に衣類を中心とした**バザール**があり、さらに真っすぐ進むと**アラアッディン・ジャーミィ**や広い公園のあるアラアッディンの丘の麓に着く。**インジェ・ミナーレ博物館**や**カラタイ博物館**はこの円形の丘沿いにある。

読者投稿　コンヤのⓘは入口がわかりにくい。メヴラーナ博物館の右側。まわりにこぎれいなおみやげ屋がある。（大阪府　ゆや　'16秋）

ターミナルから町の中心部へ

◆空港から町の中心部へ

空港と市の中心部は15kmほど離れている。空港から市内へはハワシュ Havaşのシャトルバスが出発する。所要30分、12TL。アタテュルク・スタジアム近くにあるターキッシュ エアラインズのオフィス前に到着。空港行きのハワシュもここから出発する。タクシーで空港からメヴラーナ通りまでは60TLほど。

◆オトガルから町の中心部へ

主要都市からの大型バスが発着する**オトガル**と近郊へのバスが発着する**エスキ・ガラジ**Eski Garajの2つがある。

●オトガル　オトガルは、町から北へ10kmほど行った所にある。セルヴィスはないので、ドルムシュかトラムヴァイ、タクシーを利用する。オトガルの正面入口近くからメヴラーナ通りへはドルムシュが走っており、道路状況により所要30分～1時間、2.50TL。トラムヴァイなら幹線道路沿いの駅からアラアッディンの丘まで30～40分。チケットは事前にキオスクなどで購入しなければならない。タクシーなら市内まで約50TL。

なお、2020年に市内北部、コンヤ空港近くの幹線道路の十字路付近に移転する予定。

●エスキ・ガラジ　おもにコンヤ近郊へのバスやドルムシュが発着している。徒歩でメヴラーナ通りまで出ることができる。

◆鉄道から町の中心部へ

イスタンブールやアンカラからのYHTが発着する鉄道駅は市街地の西にある。メヴラーナ通りまでは歩くと30分以上かかる。ドルムシュなら所要約10分、2.25TL。市内北部に新たにYHT専用の駅舎を建設中で完成し次第、移転する予定。

市内交通

市内バスやトラムヴァイを利用するにはエルカルト（右記欄外）が必要。トラムヴァイの駅近くのキオスクで販売している。

●トラムヴァイ　アラアッディンの丘を起点にオトガルなどがある町の北側、東側へと線路が延びている。

Information

京都庭園

コンヤ空港の西隣にある。京都市の協力も得て2010年に作られた日本庭園。広さは周縁部を含めて約3万㎡、ヨーロッパ最大の日本庭園であるベルギーのハッセルト日本庭園をしのぐ規模だとか。トラムヴァイの「ジャポン・パルク」駅を下車。

開9:00～22:00　休無休

エルカルト Elkart

コンヤの公共交通にはタッチ式のプリペイドカード、エルカルトが導入されている。エルカルトは何もチャージされていない空の状態で1TL、トラムヴァイや市内バスを1回使用すれば2.10TL。

エルカルトはトラムヴァイの駅に併設されたキオスクで購入できる

■メヴラーナ博物館
TEL(0332)351 1215
開夏期9:00～19:00
冬期9:00～17:00
休無休　料無料
オーディオガイド（日本語あり）の利用は10TL
祈りのスペース不可
内部不可

ルーミーの廟

ムハンマドのあごひげが入った箱

クルアーンなど色々な装飾写本が展示されている

博物館出口脇に並ぶみやげ物店

見どころ

コンヤに来たらとりあえずここへ

メヴラーナ博物館 Map P.373B

Mevlana Müzesi メヴラーナ・ミュゼスィ

緑の塔が印象的

旋舞教団として知られる**イスラーム神秘主義**の一派、メヴレヴィー教団の創始者**メヴラーナ・ジェラールッディン・ルーミーの霊廟**。約6500㎡の敷地内には、ジャーミィ、僧院、修行場もある。緑色のタイルで覆われた円錐形の屋根をもつ霊廟は、13世紀末に造られたもので、外の部分はオスマン朝時代にスュレイマン大帝らの寄進により建設された。その後1925年にアタテュルクの命令によって修行場は閉鎖、教団も解散させられたが、1927年3月3日以降、霊廟が**博物館**として一般公開されている。

入口正面の部屋には棺がずらりと並び、金刺繍の施されたカバーがかけられている。最も大きく重厚で豪奢なのが、最奥に安置された**メヴラーナの棺**。霊廟の入口周辺にはメヴラーナの語った韻文を能書家が書いた碑文とプレートが掲げられている。そこには「あなたが外から見えるのと同じようになるか、または内面と同じように見えるようになるか、どちらかになりなさい」「私のもとへ来なさい。あなたがどのような人でも来るのです。あなたが無神論者でも偶像崇拝者でも、拝火教信者でも構わないから来るのです」と書かれている。

隣のスペースには彼の愛用品や衣服、セルジューク朝時代、オスマン朝時代の工芸作品やクルアーンの写本やメヴラーナの著作が展示されている。中央のガラスケースには**ムハンマドのあごひげ**を入れた箱も置かれている。また、この霊廟へは**銀の扉**、**銀のステップ**から入るようになっている。銀の扉はクルミ材を用いた重厚なもので、1599年にハサン・パシャから献上された。別棟の展示は人形を使って修行僧の生活を解説している。

Information ユネスコ無形文化遺産 メヴラーナの旋舞「セマー」

12月17日を最終日とする10日間は、メヴラーナ週間。旋舞「セマー」が盛大に行われる。

セマーの踊り手（セマーゼン）が身に着ける帽子は墓石、ジャケットは墓、スカートは葬式用の覆いの象徴。ジャケットを脱ぐ行為は地上の束縛からの解放、墓からの脱出を示す。右腕を上（天）に、左腕を下（地）に向けるのは、神からの恵みを人々に振りまくことを意味する。

メヴラーナ文化センターでは毎週土曜に無料でセマーが行われている。19:00開始。このほか、6～8月はメヴラーナ博物館の中庭で木曜20:00、イスラーム文化センターで金曜20:00と日曜14:30から行われている。

■メヴラーナ週間のチケット入手先
URL ebilet.konyakultur.gov.tr
iでも購入可

■メヴラーナ文化センター　Map P.371
住Çimenlik Mah. Aslanlış Kışla Cad.
TEL(0332)352 8111　URL www.mkm.gov.tr
開演:12/7～17の14:00と20:00
料20TL～　最終日は通常料金より高くなる

メヴラーナ博物館は入場無料。今後有料化の計画があるが詳細は未定とのこと。(編集室)

セルジューク朝様式の特徴である彫刻が美しい

アラアッディン・ジャーミィ

Map P.373A

Alaaddin Camii アラアッディン・ジャーミィ

アラアッディンの丘にあるため、この名が付いた。1221年、ルーム・セルジューク朝の最盛期を作り上げたカイクバード1世の時代に完成。アナトリア地方におけるセルジューク期ジャーミィで最大級のものだ。内部は質素だが、石柱にはローマ時代やビザンツ時代の柱頭が付いており、古代の建物を利用していることがわかる。ミンベル（説教壇）の彫刻はすばらしく、陶器のタイルで飾られた堂内も美しい。

コンヤを代表する建築美

インジェ・ミナーレ博物館

Map P.373A

İnce Minare Müzesi インジェ・ミナーレ・ミュゼスィ

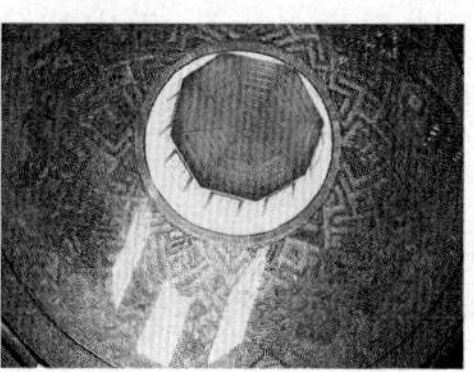
ドームの装飾が美しい

1265～67年に建造されたメドレセ。細い(＝インジェ) ミナーレにちなみ、この名が付いた。ミナーレは現在の3倍ほどの高さがあったが、1901年の落雷で上部が崩壊してしまった。現在はイスラーム関係の彫刻（木彫・石彫）の博物館となっている。正面を埋め尽くすように施された**アラビア文字、幾何学文様の浮き彫り**がたいへん美しく見事。また門の脇に建つ**ミナーレの壁面装飾**も美しく、これらはセルジューク様式の建築物の代表作。トルコで最も優れた芸術作品のひとつだ。

ターキッシュ・トライアングルを見てみよう

カラタイ博物館

Map P.373A

Karatay Müzesi カラタイ・ミュゼスィ

1251年にセルジューク朝の宰相ジェラーレッディン・カラタイによって造られた神学校。特徴的な正面の門は、セルジュー

■アラアッディン・ジャーミィ
※2019年5月現在閉鎖中

アラアッディン・ジャーミィの中にあるミフラーブ（写真中央）とミンベル（写真右）

■インジェ・ミナーレ博物館
住 Alaaddin Cad.
TEL (0332)351 3204
開 夏期9:00～19:00
冬期9:00～17:00
※入場は閉館の20分前まで
休 無休　料 6TL　内部不可

インジェ・ミナーレ博物館

■カラタイ博物館
開 夏期9:00～19:00
冬期9:00～16:40
休 無休
料 6TL

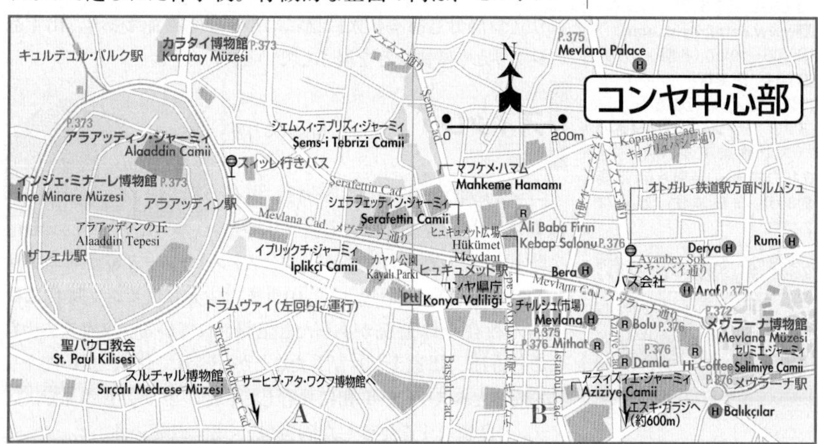

メヴラーナの誕生日である9月30日に合わせ、コンヤでは毎年9月22日～30日に、国際神秘音楽祭Uluslararası Mistik Müzik Festivalıが開催されている。（編集室）

Information

サーヒプ・アタ・ワクフ博物館
Sahip Ata Vakıf Müzesi

セルジューク朝時代のスーフィー修道場を改装した博物館。現在はセルジューク朝やオスマン朝時代のタイルやキリム、クルアーン（コーラン）などが展示されている。

Map P.371

TEL (0332) 353 8718
開 9:00〜17:00　休 月
料 無料　内部不可

■考古学博物館
TEL (0332) 351 3207
開 9:00〜17:00　休 月　料 無料

ヘラクレス12の功業が彫られた石棺

■チャタルホユック
エスキ・ガラジからカルクンKarkın行きのドルムシュでキュチュッキョイKüçükköyで下車し、そこから南へ徒歩約1km。運賃は15TL。しかし、カルクン行きのドルムシュは数が少ない上に不定期に運休するので、チュムラÇumra行きのバス（30分毎の運行、7TL）でチュムラへ行き、タクシーをチャーターしたほうが確実。タクシーは待ち時間も含め約70TL。
TEL (0332) 452 5621
URL www.catalhoyuk.com
開 9:00〜19:00（冬期〜17:00）
休 無休　料 無料

■スィッレへの行き方
アラアッディンの丘から64番のバスで終点下車。6:45〜翌0:15の20分〜1時間おき。所要約30分。日曜減便。運賃は2.10TL。

ハマムは修復され、陶器工房になっている

ク様式の美しい浮き彫り**スタラクタイト**（鍾乳石飾り）で飾られ芸術的価値も高い。現在は陶器博物館として、町の城塞からの出土品などを展示。ドームは四隅から5個ずつ出ている細い三角形と、その間を含めた正二十四角形の天井により支えられた、**ターキッシュ・トライアングル**と呼ばれるトルコ独特の建築様式で造られている。

ルーム・セルジューク朝の代表的建築

ローマ時代の遺物がここにもある！

考古学博物館

Map P.371

Arkeoloji Müzesi アルケオロジ・ミュゼスィ

周辺の遺跡などからの出土品をおもに展示。古いものではチャタルホユックやカラホユックなどから発掘された、先史時代やヒッタイト時代の遺品もあるが、中心となっているのは、ギリシア・ローマ時代やビザンツ時代のもの。なかでもローマ時代の海神ポセイドンと勝利の女神ニケの大理石像、ティベリアポリスで発見されたヘラクレスの12の功業を施した石棺は有名だ。

近郊の旅

アナトリア最古の集落跡

チャタルホユック

Map P.33D2

Çatalhöyük チャタルホユック

何層にも積み重なっている

チャタルホユックは新石器時代の集落跡で、1958年に発見された。紀元前7000年にまでさかのぼるという人類学上でも最重要級の遺跡だ。農耕、牧畜など高度な文化を有していたようだ。人口は3000〜8000人と推定されており、支配階層など身分を示すものがまだ見つかっていないことから、独自の共同体を作っていたと考えられている。家屋は隣り合うように密集して造られ、古い家の上に新しい家が造られていったので、16もの層から成り立つ部分もある。入口横には小さな博物館があり、出土品のレプリカや壁画などを展示している。

近郊の旅

巡礼客でにぎわった宿場町

スィッレ

Map P.371外

Sille スィッレ

スィッレのアヤ・エレニア教会

コンヤの北西約7kmにある村。現在はコンヤ市に含まれている。フリュギア時代以来の歴史があるが、コンスタンティノープルからエルサレムへの巡礼路の宿場として中世まで栄え、ビザンツ時代には60もの教会や修道院があったと記録されている。メヴラーナもここを訪れ、修道士と対話したことが記されており、長い間キリスト教徒とムスリムが平和に共存していた。手工芸も盛んで、スィッレの良質な土を生かした陶芸はよく知られている。

スィッレにある唯一のホテルは350年前の民家を利用して造られたKonak Butik Otel。のんびりしたスィッレ村の雰囲気にひたりたい人にもおすすめ。チャイを飲みにだけホテルを訪れるのも歓迎だとか。（編集室）

アヤ・エレニア教会 Aya Erenia Kilisesi

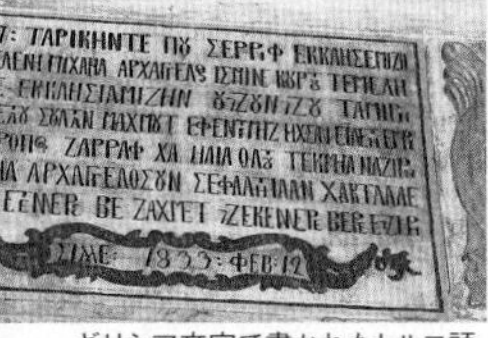
ギリシア文字で書かれたトルコ語の碑文（19世紀）

2013年に修復が完了したスィッレで最も重要な教会。コンスタンティヌス帝の母ヘレナにより327年に建てられたと伝えられている。内部は美しいイコンなどで彩られ、オスマン朝時代のこの地域の教会の様子がわかる。

■アヤ・エレニア教会
開8:00～17:45（～冬期17:00）
休月、バイラム
料無料　内部不可

アヤ・エレニア教会のドーム装飾

HOTEL

ホテルはメヴラーナ通り沿いを中心に、アラアッディン・ジャーミィとメヴラーナ博物館の間にある。中級クラスのホテルはアヤンベイ通りAyanbey Sok.に数軒並んでいる。また、メヴラーナ週間の12月7～17日頃は非常に混むので、できれば予約を入れておきたい。

日本からホテルへの電話 国際電話会社の番号 + 010 + 国番号90 + 市外局番と携帯電話の最初の0を除いた相手先の電話番号

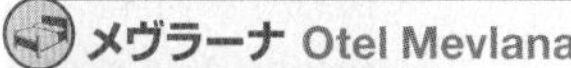

メヴラーナ Otel Mevlana

住Cengaver Sok. No.2
TEL(0332)352 0029
FAX(0332)354 0334
URLwww.mevlanapalace.com
A/C 50TL
A/C 80TL
（メヴラーナ・パレス）
A/C 70TL～
A/C 110TL～
TL
M V

経済的 31室　Map P.373B

表通りから少し入った所にある。オーナーは英語も少しOK。日本人客も多い。ロビーは広々としており、全室衛星チャンネル対応テレビ、冷蔵庫付きでバスルームもきれい。2015年にはイスタンブール通りから少し入ったところに別館Mevlana Palaceができ、こちらはやや高級なホテルとして営業している。左記は日本人向けの特別料金。朝食用のレストランも広々としている。

全館無料　EV あり

ヒッチ Hich Hotel

住Celal Sok. No.6
TEL(0332)353 4424
FAX(0332)353 4470
URLhichhotel.com
A/C 300～450TL
A/C 600～900TL
US$ € TL　M V

中級 13室　Map P.371

人気のブティックホテルで客室は部屋ごとに趣向を変えている。部屋によってはメヴラーナ博物館が見える。併設のレストランではトルコ料理のほかレバノン料理も出す。

全館無料　EV なし

アラフ Araf Hotel

住Naci Fikret Sok. No.3
TEL(0332)350 4444
URLwww.arafhotel.com
A/C 140TL
A/C 250TL
US$ € TL
M V

中級 13室　Map P.373B

メヴラーナ博物館からも徒歩圏内の便利な立地。館内の家具や絵画のほとんどが購入可能というユニークなホテル。併設のカフェDeliは宿泊客以外にも人気。

全館無料　EV あり

デルヴィッシュ Derviş Hotel

住Güngör Sok. No.7
TEL(0332)350 0842
FAX(0332)350 0841
URLwww.dervishotel.com
A/C 35～50€
A/C 55～70€
US$ JPY € TL　M V

中級 7室　Map P.371

メヴラーナ博物館近くのブティックホテル。玄関で靴を脱ぐスタイルは、日本人にとってくつろげる。ミサーフィルハーネ（賓客の家）という別棟もあり、こちらは35～50€とやや手頃な料金。

全館無料　EV なし

聖パウロゆかりのキリストラでは、カッパドキアのような独特な形をした岩山も見ることができる。コンヤからは直通バスはないので、タクシーかツアーでしか行けない。（編集室）

RESTAURANT

メヴラーナ通りやアラアッディンの丘の線路などにロカンタが点在している。メヴラーナ通り沿いの店は少し高め。コンヤは郷土料理が多く、食の楽しみも増す。特に名物ピデ、エトリ・エキメッキやブチャック・アラスはぜひ試してみたい。仔羊の肉をコンフィのように低温の油でじっくり調理したフルン・ケバブ（タンドゥル・ケバブとも）もおいしい。巡礼地という場所柄、中心部にはアルコール類を出す店はほとんどなく酒屋も少ない。

ボル Bolu Lokantası

ピデ屋 Map P.373B

住Aziziye Mah., Aziziye Cad. No.27/B
TEL(0332)352 4533
開10:30～日没
休日・祝、ラマザン中
TL　不可

コンヤっ子も太鼓判を押すエトリ・エキメッキ専門店。メニューはペイニルリ（チーズ入り）・ボレキ15TLやエトリ・エキメッキ（写真、15TL）など。飲み物もアイラン（大と小）のみ。

ダムラ Damla Kebap

郷土料理 Map P.373B

住Aziziye Mah., Türbe Cad. No.59
TEL(0332)352 0881
URLdamlakebap.com
開6:00～22:00（冬期～21:00）
休無休
US$ € TL　M V

手軽な料金で、エトリ・エキメッキ、タンドゥル・ケバブ28TLなどコンヤの郷土料理をひと通り食べられる。ピデは各工程を職人が分担していねいに作っている。ピデは各種15TL～。スイーツのサチ・アラス9TLもある。

ミトハト Mithat

郷土料理 Map P.373B

住İstanbul Cad., Yusufağa Sok. No.21
TEL(0332)350 7298
開11:00～18:00（冬期～16:00）
休祝
TL　M V

コンヤの伝統料理ティリトTirit32TLの専門店。焼き上げた羊肉の下に、ヨーグルトを染み込ませたパンが隠れている。デザートのゼルデZerde8TLはとろりとしたシロップにお米を混ぜたシンプルな味。

アリババ Ali Baba Fırın Kebap Salonu

郷土料理 Map P.373B

住Şeref Şirin Sok. No.5/A
TEL(0332)351 0307
URLwww.alibabafirinkebap.com
開10:00～17:00
休日
US$ € TL
M V

１９７４年創業、長年にわたり愛されてきたフルン・ケバブ専門店。メニューはフルン・ケバブのみで、並（100g、28TL）か大盛（150g、42TL）。油多め（ヤール）、普通（オルタ）、油少なめ（ヤースズ）から選んでオーダーする。

ゼムゼム・チョルバジュ Zemzem Çorbacı

スープ専門 Map P.371

住Medrese Mah., Mustafa Kaya İş Merkezi altı No.24/C
TEL(0332)236 7202
開24時間
休無休
US$ € TL
M V

ゼムゼム（ザムザム）とは聖地メッカの井戸から湧き出るご利益ある水。看板メニューのゼムゼムスープ（写真、17TL）は、わざわざメッカから運んできたザムザムの水を使っている。オクラ（バムヤ）のスープや羊のスープ、パチャも人気。

ハイ・コーヒー Hi Coffee

コーヒー Map P.373B

住Hendem Sait Çelebi Sok. No.9
TEL(0332)352 4515
開7:00～23:30
休無休　US$ € TL
M V

トルココーヒーは乳香入り、ミント入り、シナモン入りなどさまざまなタイプから選べ、8TL。エスプレッソやフィルターコーヒーなども頼める（8.50～10TL）。

コンヤの名物といえばピデだが、菓子にも名物がいくつかある。有名なのはサチ・アラスSaç Arasıで、シロップのかかったパイのようなもの。すごく甘い。（編集室）

新石器時代以来の町が現代的なトルコの首都に

アンカラ Ankara

市外局番 0312	人口約550万人	標高850m

西から眺めたアンカラ市街。反対側にも山が見え、「アンキュラ（谷底）」の名のとおり、盆地に造られたことがよくわかる

アナトリア高原の西寄りにある、トルコ共和国の首都。初代大統領ケマル・アタテュルクは1923年の共和国誕生と同時に、人口わずか6万人のこの地方都市を首都に定めた。以来アンカラは都市計画のもとに急速に開発が進められ、トルコ近代都市のモデルとして造り上げられてきた。

とはいうものの、アンカラの歴史は古い。新石器時代から人が住んでいたし、ローマ時代にはアンキラと呼ばれて繁栄していた。当時の建造物を市内のあちこちで見ることができる。もともとアンキラという名はアンキュラ（谷底）という言葉に由来しており、昔から地下水が豊富だったことがよくわかる。オスマン朝時代にはアンゴラと呼ばれ、1402年にはこの近くでティムール軍とオスマン朝軍が戦っている。

歩き方

アンカラは広いのでエリアごとに捉えるとわかりやすい。北からアンカラ城がある庶民的な**ウルス**Ulus、旧市街への入口となる**スヒエ**Sıhhiye、町の中心で交通の結節点**クズライ**Kızılay、大使館が多くおしゃれな店が多い**トゥナル・ヒルミ**Tunalı Hilmiと**ガーズィ・オスマン・パシャ（G.O.P.）**Gazi Osman Paşaだ。これらの地区を結ぶのが、南北に走る**アタテュルク大通り**Atatürk Bul.。ウルス、スヒエ、クズライはメトロの1号線で結ばれている。

■時刻表一覧
✈→P.54～59
🚃→P.60～61
🚌時刻表索引→P.62～63

■アンカラの❶

●ゲンチリッキ公園
Map P.379B1
住Gençlik Parkı İçi No.10
TEL(0312)324 0101
開9:00～17:00　休無休

●エセンボア空港国際線到着階
TEL(0312)398 0348
開9:00～19:00　休無休

●アンカラ駅
Map P.379A1
TEL(0312)309 0404
開8:30～17:00　休無休

●アンカラ城内（市営）
Map P.381B1
住Kale Kapısı Sok.
開10:00～18:00　休無休

●オトガル1階（市営）
開8:00～17:00　休土・日

綺麗に整備されたハマモニュ地区

アンゴラの戦いは、中央アジアから破竹の勢いで進撃してきた約20万のティムール軍をバイエズィド1世率いるオスマン朝軍が迎え撃った戦い。バイエズィド1世は捕虜となり、オスマン朝は一時断絶した。（編集室）

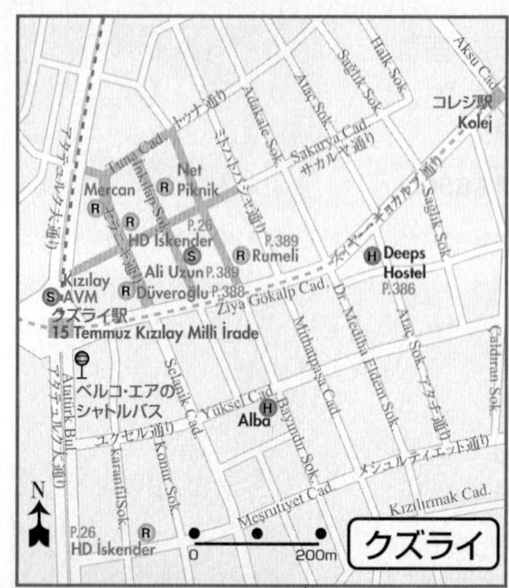

●ウルス　手頃な料金のホテルが多いのがウルス地区。バザールや安いロカンタが多く、東にはアンカラ城がそびえる。ここから南へ坂を下るとアルトゥンダー区役所に至る。東は**ハマモニュ** Hamamönüと呼ばれる地区。このあたりは旧市街が次々と復元されており、歩いていて楽しいエリアだ。

●スヒエ　アルトゥンダー区役所からさらに坂を下ると、スヒエのバス停がある。ここからG.O.P.方面へバスやドルムシュが出ている。

●クズライ　スヒエから南へ下ると右側に大きなショッピングモールが見えてくる。ここがアンカライ、メトロの乗り換え駅となるクズライ。ショップやレストランがひしめく町の中心だ。

修復が終わったアンカラ城内

●トゥナル・ヒルミ、ガーズィ・オスマン・パシャ (G.O.P.)

シェラトン・ホテルから北はトゥナル・ヒルミ、南のエリアはガーズィ・オスマン・パシャ。ゲーオーペーG.O.P.と呼ばれることも多い。このあたりは東京でいえば広尾や麻布十番のような地区で、トゥナル・ヒルミは店が多くショッピングが楽しいエリア。ベステキャール通りはバー通りとしても知られ、パブやバーが軒を連ねる。G.O.P.は大使館やセンスのよいレストランが多い。

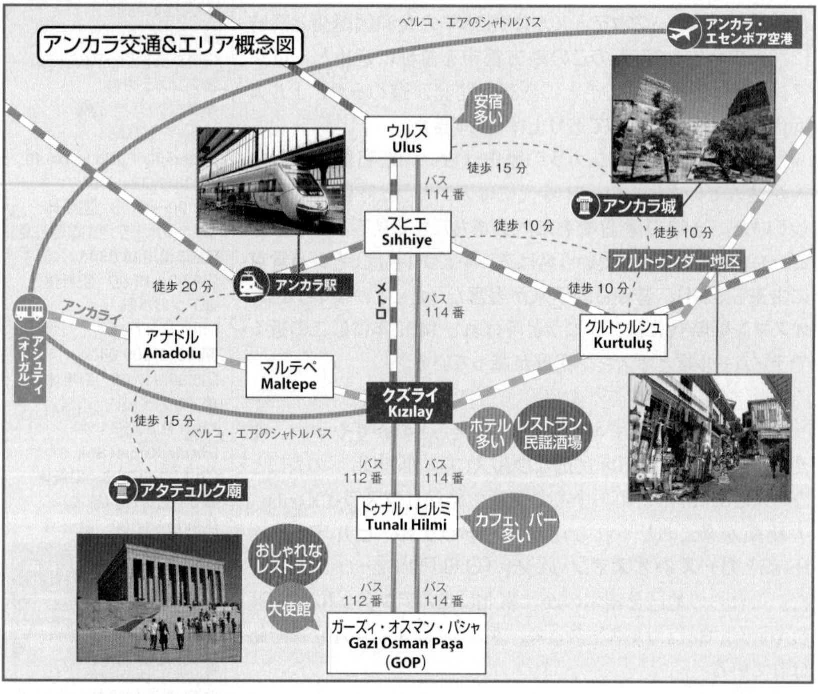

アンカラ交通&エリア概念図

ベルコ・エアのシャトルバス
アンカラ・エセンボア空港
ウルス Ulus
安宿多い
徒歩15分
バス114番
アンカラ城
スヒエ Sıhhiye
徒歩10分
徒歩10分
アルトゥンダー地区
アンカラ駅
徒歩20分
徒歩10分
メトロ
バス114番
アシュティ（オトガル）
アンカライ
アナドル Anadolu
マルテペ Maltepe
クルトゥルシュ Kurtuluş
クズライ Kızılay
ホテル多い
レストラン、民謡酒場
徒歩15分
ベルコ・エアのシャトルバス
バス112番
バス114番
アタテュルク廟
トゥナル・ヒルミ Tunalı Hilmi
カフェ、バー多い
おしゃれなレストラン
大使館
バス112番
バス114番
ガーズィ・オスマン・パシャ Gazi Osman Paşa (GOP)

町の中心クズライ広場は2016年7月15日のクーデター未遂の時にエルドアン支持派の民衆が集まり、その後「7月15日クズライ民衆の意思広場15 Temmuz Kızılay Milli İrade Meydanı」と改名された。(編集室)

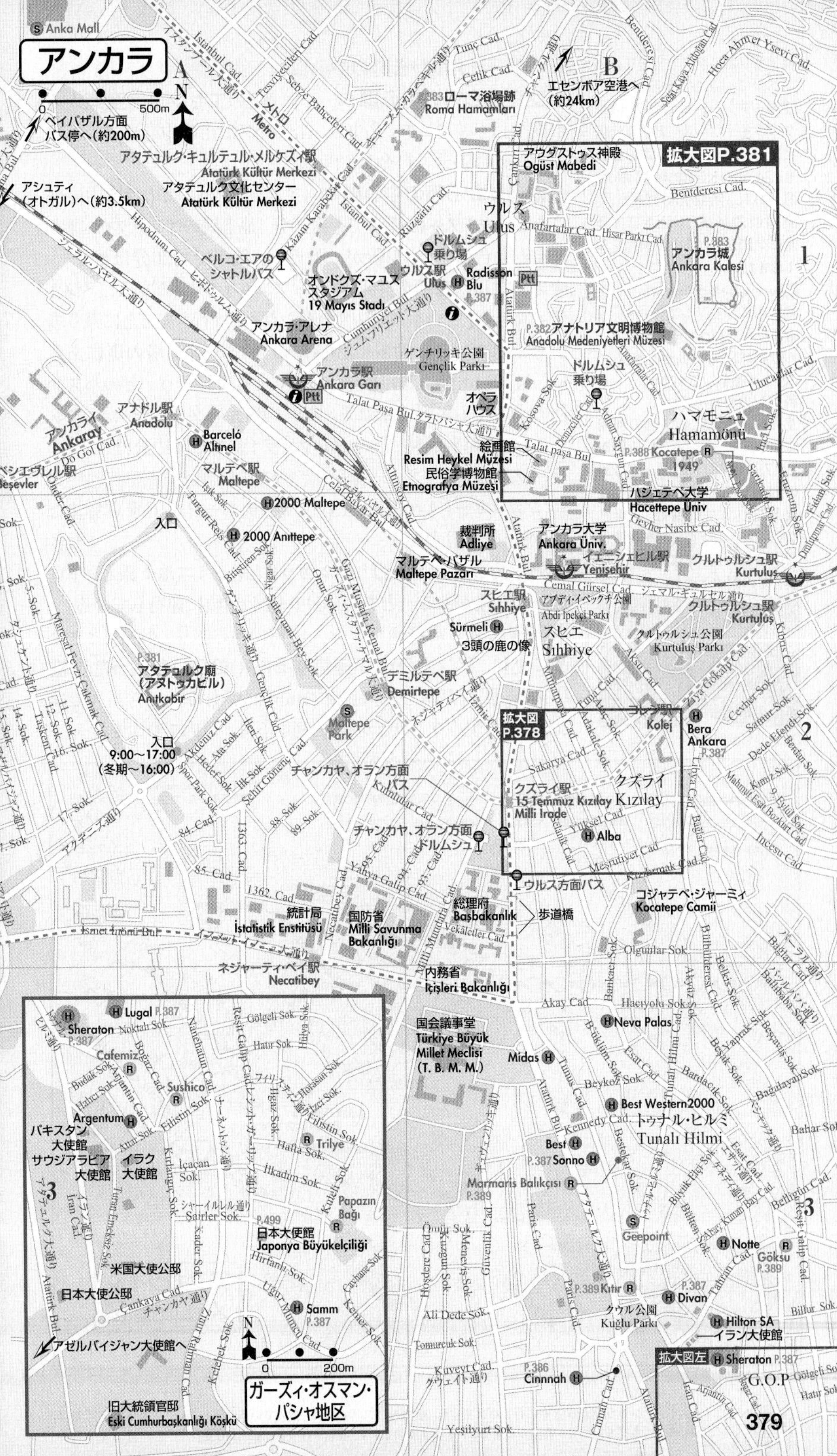

アンカラ
0 500m
N
Anka Mall
ベイパザル方面
バス停へ(約200m)
アシュティ
(オトガル)へ(約3.5km)
エセンボア空港へ
(約24km)
ローマ浴場跡
Roma Hamamları
アタテュルク・キュルテュル・メルケズィ駅
Atatürk Kültür Merkezi
アタテュルク文化センター
Atatürk Kültür Merkezi
アウグストゥス神殿
Ogüst Mabedi
拡大図P.381
ウルス
Ulus
アンカラ城
Ankara Kalesi
ベルコ・エアの
シャトルバス
ドルムシュ
乗り場
ウルス駅
Ulus
Radisson Blu
オンドクズ・マユス
スタジアム
19 Mayıs Stadı
アンカラ・アレナ
Ankara Arena
アナトリア文明博物館
Anadolu Medeniyetleri Müzesi
ゲンチリッキ公園
Gençlik Parkı
アンカラ駅
Ankara Garı
オペラハウス
ハマモニュ
Hamamönü
アナドル駅
Anadolu
アンカライ
Ankaray
Barceló Altınel
マルテペ駅
Maltepe
ベシエヴレル駅
Beşevler
絵画館
Resim Heykel Müzesi
民俗学博物館
Etnografya Müzesi
Kocatepe 1949
ハジェテペ大学
Hacettepe Üniv
2000 Maltepe
入口
2000 Anıttepe
裁判所
Adliye
アンカラ大学
Ankara Üniv.
マルテペ・パザル
Maltepe Pazarı
イエニシェヒル駅
Yenişehir
クルトゥルシュ駅
Kurtuluş
スヒエ駅
Sıhhiye
アブディ・イペッキチ公園
Abdi İpekçi Parkı
クルトゥルシュ公園
Kurtuluş Parkı
Sürmeli
3頭の鹿の像
スヒエ
Sıhhiye
アタテュルク廟
(アヌトゥカビル)
Anıtkabir
デミルテペ駅
Demirtepe
Maltepe Park
拡大図P.378
コレジ駅
Kolej
Bera Ankara
入口
9:00〜17:00
(冬期〜16:00)
チャンカヤ、オラン方面
バス
クズライ駅
15 Temmuz Kızılay
Milli İrade
クズライ
Kızılay
Alba
チャンカヤ、オラン方面
ドルムシュ
ウルス方面バス
コジャテペ・ジャーミィ
Kocatepe Camii
統計局
İstatistik Enstitüsü
国防省
Milli Savunma Bakanlığı
総理府
Başbakanlık
歩道橋
ネジャーティ・ベイ駅
Necatibey
内務省
İçişleri Bakanlığı
国会議事堂
Türkiye Büyük Millet Meclisi
(T. B. M. M.)
Neva Palas
Midas
Best Western2000
トゥナル・ヒルミ
Tunalı Hilmi
Best
Sonno
Marmaris Balıkçısı
Geepoint
Notte
Göksu
Kıtır
Divan
クウル公園
Kuğlu Parkı
Hilton SA
イラン大使館
Cinnnah
拡大図左
Sheraton
G.O.P
Lugal
Sheraton
Cafemiz
Sushico
Argentum
パキスタン
大使館
サウジアラビア
大使館
イラク
大使館
Trilye
Papazın Bağı
日本大使館
Japonya Büyükelçiliği
米国大使公邸
日本大使公邸
Samm
アゼルバイジャン大使館へ
0 200m
旧大統領官邸
Eski Cumhurbaşkanlığı Köşkü
ガーズィ・オスマン・
パシャ地区

■エセンボア空港と市内を結ぶベルコ・エアのシャトルバス
空港～アシュティ（オトガル）～クズライ～ウルス～アンカラ駅と運行。5:30～24:00は30分おき、24:00～5:00は1時間おき。運賃11TL。所要50分程度だが、交通渋滞がひどいときには非常に時間がかかるので余裕をみておきたい。
URL www.belkoair.com

■ウルスからアシュティへ
セルヴィスはないが、ウルスのセルヴィス降り場の向かいからドルムシュが頻発している。

■アンカラカード
空のカードは5TL。1回の利用につきチャージされている額から2.75TLが引かれる。はじめの利用から75分までは、乗り換えごとに1TLの割引き料金となる。アンカラカードを利用しない場合、1回券は3TL。乗り換えでの割引きはない。

2014年に登場したアンカラカード

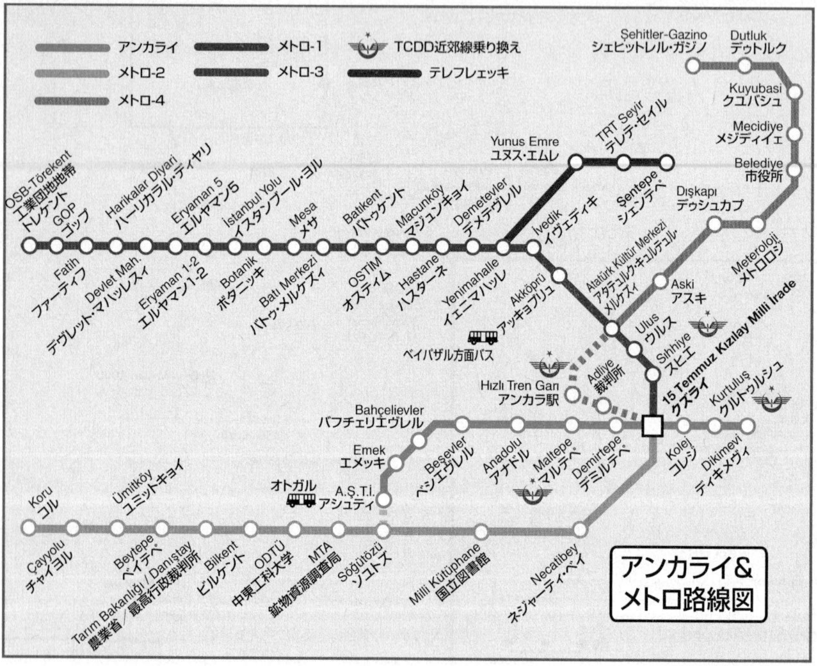

ターミナルから町の中心部へ

◆空港から市の中心部へ　アンカラの**エセンボア空港**から市内へはベルコ・エアBelko Airのバスで市の中心部まで行ける。所要約50分。料金は8TL。

◆鉄道駅から市の中心部へ　アンカラ駅は、市のほぼ中心部にある。ウルスへは徒歩でも約20分。地下鉄のアンカライへ乗り換える場合はアナドル駅が一番近い。徒歩で約20分ほど。

◆オトガルから市の中心部へ　アンカラのオトガルは、**アシュティ**A.Ş.T.İ.という。市内へのセルヴィスは行き先ごとに乗り場が分かれている。到着したら1階のタクシー乗り場の奥にあるKızılay-Sıhhiye-Ulusと書かれた立て札を探そう。どのバス会社の乗客でも無料で乗れる。アシュティからクズライへは、アンカライの利用も便利。市の中心クズライ駅までは10分ほど。

市内交通

アンカラカードAnkara Kartというチャージ式IC乗車券または1回券を利用する。

◆アンカライとメトロ　アンカライというミニ地下鉄とメトロM1～M3線がある。どちらも6:00～24:00頃に運行している。

◆市内バス　高級ホテルや大使館のあるエリアへ行くときなどに便利。**アンカラ市が運営する**EGO**のロゴが入った市営バス**と、**民営バス**Özel Halk Otobüsüがある。民営バスでは2019年5月現在アンカラカードの利用不可。車内で料金を払う。

アンカライ＆メトロ路線図

アンカライ　メトロ-1　TCDD近郊線乗り換え
メトロ-2　メトロ-3　テレフレェッキ
メトロ-4

OSB-Törekent 工業団地地帯 トレケント
GOP ゴップ
Fatih ファーティフ
Harikalar Diyari ハーリカラル・ディヤリ
Devlet Mah. デヴレット・マハッレスィ
Eryaman 5 エルヤマン5
Eryaman 1-2 エルヤマン1-2
İstanbul Yolu イスタンブール・ヨル
Botanik ボタニッキ
Mesa メサ
Batı Merkezi バトゥ・メルケズィ
Batıkent バトゥケント
OSTİM オスティム
Macunköy マジュンキョイ
Hastane ハスターネ
Demetevler デメテヴレル
Yenimahalle イェニマハッレ
Yunus Emre ユヌス・エムレ
TRT Sevir テレテ・セイル
İvedik イヴェディキ
Şentepe シェンテペ
Akköprü アッキョプリュ
ペイパザル方面バス
Atatürk Kültür Merkezi アタテュルク・キュルテュル・メルケズィ
Şehitler-Gazino シェヒットレル・ガジノ
Dutluk デゥトルク
Kuyubasi クユバシュ
Mecidiye メジディイェ
Belediye 市役所
Dışkapı デゥシュカプ
Meteroloji メトロロジ
Aski アスキ
Ulus ウルス
Sıhhiye スヒエ
Adliye 裁判所
Hızlı Tren Garı アンカラ駅
15 Temmuz Kızılay Millî İrade クズライ
Kurtuluş クルトゥルシュ
Dikimevi ディキメヴィ
Kolej コレジ
Bahçelievler バフチェリエヴレル
Emek エメッキ
Beşevler ベシエヴレル
Anadolu アナドル
Maltepe マルテペ
Demirtepe デミルテペ
オトガル
A.Ş.T.İ. アシュティ
Koru コル
Ümitköy ユミットキョイ
Çayyolu チャイヨル
Beytepe ベイテペ
Tarım Bakanlığı / Danıştay 農業省／最高行政裁判所
Bilkent ビルケント
ODTÜ 中東工科大学
MTA 鉱物資源調査局
Söğütözü ソユトズ
Milli Kütüphane 国立図書館
Necatibey ネジャーティ・ベイ

読者投稿　アンカラ駅から空港に行くバスですが、途中のバス停のため、混んでいると乗れないことがあります。時間に余裕を持つか、始発から乗ることをおすすめします。（東京都　Matsu　'16夏）

両替・郵便・電話＆旅の情報収集

●両替・郵便・電話　両替所やPTTはクズライやウルスに多い。

●観光案内所　アンカラのⓘは文化観光省運営のものとアンカラ市運営のものがあり、いずれも市内図などを配布している。

見どころ

今でも人々に愛されるトルコ建国の父が眠る

アタテュルク廟

Map P.379A2

Anıtkabir アヌトゥカビル

衛兵の交替式

トルコ共和国の父ムスタファ・ケマル・アタテュルクを葬るために、1944～53年に造られた霊廟。この丘はアンカラ市街全体を見渡せる位置にあり、アンカラ屈指の眺望スポットでもある。

■おもな市内バス路線

●112番
クズライとガーズィ・オスマン・パシャの間を循環。6:45～22:15に30分～1時間おき。

●114番
ウルスとガーズィ・オスマン・パシャの間を循環。6:30～22:30に10～15分間隔。

●204番
アンカラ駅～クズライを循環。6:30～20:00に30分間隔。

●450、185番
ウルス～クズライ～チャンカヤを結ぶ。6:30～23:00に10分間隔。

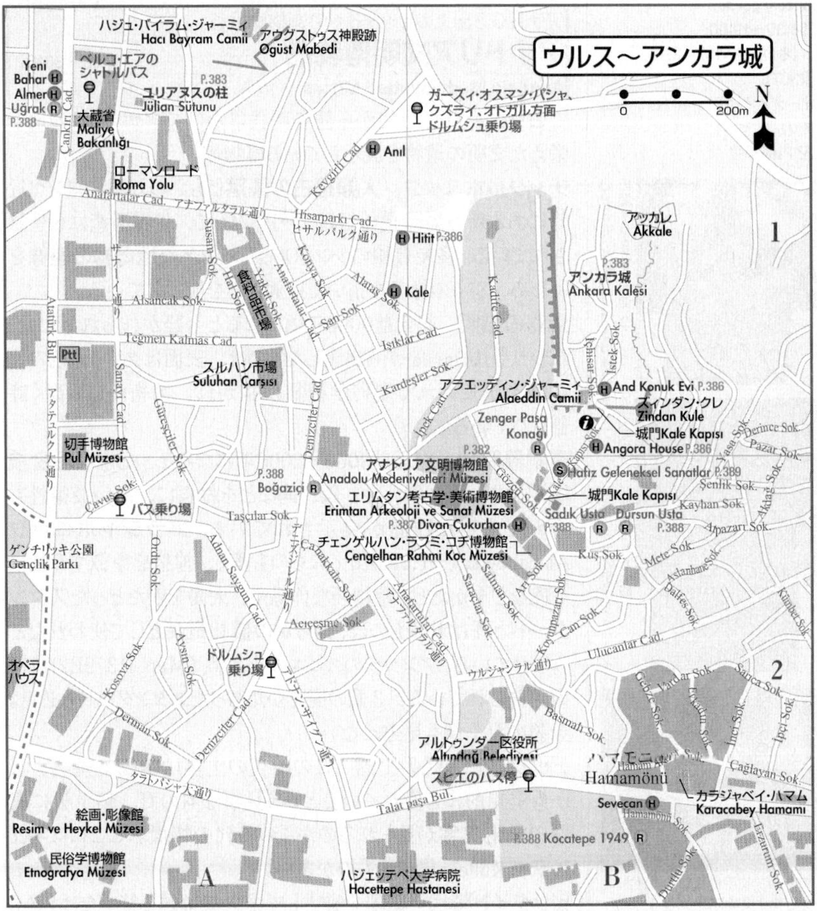

ウルス～アンカラ城

アタテュルク廟の衛兵交替は9:00、11:00、13:00、15:00、17:00（夏期のみ）と2時間おきに行われる。衛兵交替目的の人は時間を確認してお見逃しなきよう。（編集室）

アタテュルクの霊廟

■アタテュルク廟
アンカライのアナドルAnadolu駅から徒歩約5分。
開9:00〜17:00（11〜1月〜16:00、2月〜5月中旬〜16:30）
休無休　料無料
※入場時にはセキュリティチェックがある　📷博物館内不可

■アナトリア文明博物館
住**Gözcü Sok. No.2, Ulus**
TEL(0312)324 3160
FAX(0312)311 2839
URL**www.anadolumedeniyetlerimuzesi.gov.tr**
開8:30〜19:00
（冬期〜17:15）　休祝
料30TL
オーディオ・ガイド10TL（日本語あり）
📹内部不可

入口は2ヵ所。クズライから近いのはアクデニズ通りAkdeniz Cad.の入口だが、一般的なのはアナドル駅の少し南にある入口。参道の入口には内部の構造の説明やアタテュルクの葬送の様子を示した**独立の塔**İstiklâl Kuleleriと**自由の塔**Hürriyet Kuleleriがあり、それぞれの前に3人ずつの男女の像がある。男性はトルコを担う学業、農業、軍事に携わる青年像、女性像のひとりはアタテュルクの死を悼んで泣いている。

その先にはライオン像が並ぶ**ライオン・ロード**という参道が続く。参道を進むと広い霊廟の前に出る。左側の大きな柱に支えられた建物に**アタテュルクの墓**が納められている。

この建物を取り囲むようにある回廊は**博物館**になっていて、アタテュルクの蝋人形や肖像画、各国要人からの贈り物、愛用した品々などが展示されている。また、アタテュルクの墓と広場を隔てて相対する位置にあるのが、共和国第2代大統領**イスメット・イノニュ** İsmet İnönüの墓だ。

アナトリア出土のヒッタイトの遺物が眠る

アナトリア文明博物館

Map P.381B2

Anadolu Medeniyetleri Müzesi アナドル・メデニエットレリ・ミュゼスィ

おもに新石器時代から鉄器時代にかけてアナトリアの地で栄えた文明の遺物を展示している博物館。

チャタルホユック　**人類最古の集落**ともいわれる、コンヤ近郊にある新石器時代の遺跡（→P.374）で、世界遺産にも登録されている。多産豊穣のシンボルとして有名な**地母神の座像**をはじめ、狩りの様子を描いた壁画などを展示している。

土器の発明　紀元前9000年頃になると土器が作られ始めた。**ハジュラル**Hacılarから出土したものは、表面はクリーム色の化粧粘土が使われて幾何学模様が描かれ、美術的にも高く評価されている。

青銅器時代　紀元前3000〜2000年になると、高度な**冶金技術**が生まれた。銅、金、銀、錫などを材料に、高い芸術性も合わせもった作品が展示されている。**アラジャホユック**Alacahöyük（→P.393）出土のものも多く、神格を象徴する牡牛や鹿などをかたどった精巧な作品や、太陽をかたどった**スタンダード**と呼ばれるものは、何らかの儀礼道具として使われたとみられている。アンカラのスヒエの交差点（Map P.379B2）に模型が飾られている、3頭の鹿をかたどったスタンダードも必見。金製の双子像も見逃せない。

アッシリア時代の土器　この時代の土器は繊細で優美。しかも実用的にも優れているという見事なものだ。粘土板に**楔形の象形文字**が見られるのがこの時代の特徴。ここには**キュルテペ**Kültepe出土のものが多い。

ヒッタイト時代　鉄器を独占して強大な帝国を築いたヒッタイ

聖獣を従えた玉座に座る母神は出産する女性を象徴している

エジプトのラムセス2世の妃からヒッタイト王妃プドヘパに送られた手紙

アナトリア文明博物館の看板ネコ、ベフリュルBehlülちゃん

✎ アナトリア文明博物館の地下展示室は、ウルス出土の猪狩りの像（大理石）やヘレニズム時代の黄金の冠などのコレクションが展示されているが、2019年5月現在見学できない。（編集室）

ト。帝国全盛期のアラジャホユックのオルトスタット（壁面下部レリーフ）や、新ヒッタイト時代のカルカムシュのレリーフなど、各地の遺跡から発掘されたオリジナルを見ることができる。

フリュギア王国時代　ヒッタイトを滅ぼした海洋民族ともいわれるフリギュア王国。妖精や人間の頭部をかたどった大鍋など青銅の**細工術**はすばらしい。精巧な形、細かな彩色技術で仕上げられた陶製品も見事だ。

アンカラ市街が眼下に広がる

アンカラ城

Map P.381B1

Ankara Kalesi アンカラ・カレスィ

基礎になったのはローマ時代のもの。内側の城壁は7世紀にアラブの侵攻に備えてビザンツ帝国が築いた。外側は9世紀のビザンツ皇帝ミハイル2世が増強したものだ。南端には立派な城門が残り、時計塔にもなっている。ここから内城へ続く**カレイチ通り**Kaleiçi Sok.は修復が完了し、歩いていても楽しい。北側の丘の頂上には独立した城、アクカレAkkaleがある。内城内にある12世紀建造のアラアッディン・ジャーミィの向かいの道を上っていくと、砦のひとつズィンダン・クレZindan Kuleにたどり着く。ここから見る町の風景は絶景だ。

アクカレは「白い城」意味する

アンカラ城の城門

アウグストゥス神殿跡の前は、巨大な礼拝スペースになっている

また、アンカラ城北西のケヴギルリ通りKevgirli Cad.をはさんだ丘にはアウグストゥス神殿跡Ogüst Mabediがある。その脇には15世紀前半に創建されたハジュ・バイラム・ジャーミィ Hacı Bayram Camiiがあり、周囲は近年開発されておみやげ屋などが並ぶ。

近郊の旅

「王様の耳はロバの耳」で有名

ゴルディオン

Map P.31D2

Gordion ゴルディオン

アンカラの南西約100kmの地点にある遺跡。現在の村の名はヤッスホユックYassihöyük。フリュギア人は、ヒッタイト帝国の崩壊後、紀元前750年頃にゴルディオンを首都として王国を築いた。ゴルディオンは堅固な城塞に囲まれた要塞都市だった。近辺の丘にはたくさんの古墳があり、トルコ第2位の大きさを誇る古墳はフリュギアのミダス王のものだといわれている。直径300m、高さ50mに土が盛られた古墳の内部には、丸太を組んだ玄室がある。古墳の向かいには博物館があり、モザイクや出土品などが展示されており、なかなか見応えがある。

Information

ローマ浴場とユリアヌスの柱

Roma Hamamı / Jülian Sütunu

ローマ浴場はチャンクル通りÇankırı Cad.に面した遺跡。この浴場は3世紀にカラカラ帝が造ったローマ式大浴場で、1939年に偶然発見された。広大な敷地には、更衣室、蒸気浴室、温水室、冷水室などの部屋が広がっている。

ユリアヌスの柱は362年にローマ皇帝ユリアヌスのアンカラを訪問を記念して建てられた。コリント様式の柱で高さは約15m。もとはアタテュルク像があるウルス広場にあったが、1934年に現在の県庁前に移っている。

■**ローマ浴場跡**

Map P.379B1

住 **Çankırı Cad., Ulus**

開 8:30～17:00

休 無休　料 6TL

■**ユリアヌスの柱**

Map P.381A1

ユリアヌスの柱

■**ポラットルへの行き方**

ゴルディオンへの起点となる町はポラットル**Polatlı**。

🚃アンカラ駅からYHTで約30分

運賃:11TL

■**ゴルディオンへの行き方**

タクシーで交渉して往復約60～70TL、メーターだと倍以上。

■**ゴルディオン博物館**

開 8:30～19:00（冬期～17:00）

休 無休　料 6TL（ミダス王墓内部と共通チケット）

※2019年5月現在、修復のため閉館中。

ゴルディオンの遺跡

アンカラ

フリュギアのミダス王は「王様はロバの耳」の王様。牧神パンと音楽神アポロンの勝負の舞台でパンの演奏を支持したため、アポロンの怒りを買って耳をロバの耳に変えられてしまった。（編集室）

■エスキシェヒルへの行き方

高速列車YHTを利用するのが便利だが、バスの発着も多く、他都市からのアクセスもよい。

●アンカラから
🚃YHTが5:35〜22:00に10便
所要:1時間15〜30分
運賃:31〜45TL

●コンヤから
🚃YHTが6:55発
所要:約1時間40分
運賃:39.50〜50TL

■オドゥンパザル

鉄道駅の横から27番、54番のバス。またはイスメット・イノニュ駅からトラムヴァイに乗りアタテュルク・リセスィ下車。運賃はどちらも3.50TL。

市内を走るトラムヴァイ

■エスキシェヒルのⓘ

Map P.384上
住Kurşunlu Camii Sok. No.2
TEL(0222)230 6653
開9:00〜17:00 休無休

■海泡石博物館

Map P.384上
住Kurşunlu Küllyesi
TEL(0222)233 0582
開9:00〜17:00 休月
料無料

エスキシェヒルは海泡石加工で知られる町

エスキシェヒルのマスコット、ナスレッティン・ホジャくん

近郊の旅

高速列車YHTで行ってみよう

エスキシェヒル

Map P.31C2

Eskişehir エスキシェヒル

トルコ語で「古い町」を意味する。古来ドリライオンの名で呼ばれ、ヒッタイト以来の歴史をもつ。アンカラから高速列車で1時間半ほどで行けるようになり、アンカラの人々にとってはすっかり身近な町だ。

カラフルな町並み

オドゥンパザル Odunpazarı

現在のエスキシェヒルを「古い町」たらしめているのは、オスマン朝時代の建物が並ぶ**オドゥンパザル**Odunpazarıと呼ばれる地区で、伝統工芸のアトリエがたくさんある。なかでも特産の海泡石を使った工芸が人気。カラフルな建物が並んでいるので、アトリエをのぞいたり、カフェで休憩したりしながらクルシュンル・ジャーミィへ向かおう。敷地内には伝統工芸をひととおり見ることができる博物館も併設されている。

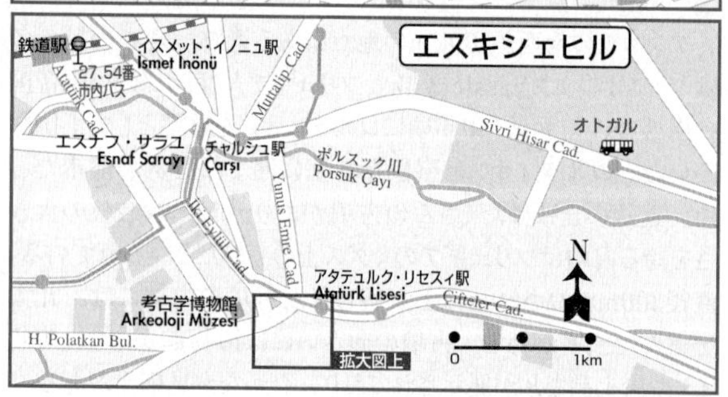

夏になるとエスキシェヒルのポルスック川を下るゴンドラや水上バスが出る。ゴンドラは40TL、水上バスは7.50TL。チャルシュのあたりは町一番の繁華街で、涼を求める人々でにぎわう。（編集室）

近郊の旅

製鉄に関する世界最古級の遺物が日本隊によって発掘された

カマン・カレホユック

Map P.34A1

Kaman Kalehöyük カマン・カレホユック

古墳の形をした考古学博物館

日本の中近東文化センターによって1986年以来発掘調査が続けられている遺跡。ここの前期青銅器時代の地層から鉄の塊が発見され、大きなニュースになった。考古学博物館は、日本の無償資金協力によって遺跡近くに2010年に開館した。カレホユック遺跡のほか、同じく日本隊が発掘を続けるビュクリュカレやヤッスホユックの出土品も収められている。敷地内には日本庭園もある。

近郊の旅

アンカラから90分で行ける田舎

ベイパザル

Map P.31D2

Beypazarı ベイパザル

にぎやかなチャルシュ（市場）

オスマン朝時代の町並みが保存されているベイパザルはアンカラから気軽に訪れられる田舎として人気を呼び、再び活気づいている。名物の銀細工、テルカリTelkariを買いに来る人や、これまた名物のニンジンのジューススタンドを冷やかす人、あるいは郷土料理を食べたり、博物館を訪ねたりと、観光客はそれぞれ思いおもいの時間を過ごしている。

ダーウトオウラン野鳥保護区 Davutoğlan Kuş Cenneti

ベイパザルからナッルハンへと続く幹線道路を進むと、サルイェルダム湖が見えてくる。この湖は水深が浅く、深く潜らなくても餌を見つけられるからか、数多くの野鳥が姿を見せる。特に多いのは春先の2～4月頃。

きれいに地層が分かれたクズ・テペスィ

この野鳥保護区を有名にしているのは、**クズ・テペスィ** Kız Tepesi（乙女の丘）と呼ばれる丘。地層によって色がきれいに分かれており、三色アイスにたとえる人も。非常に珍しい光景だ。

カマンの町の中心にあるジャーミィと特産品のクルミのモニュメント

■カマンへの行き方

🚌アンカラからメトロ社のバスが8:00～18:30に7～8便
所要:約1時間45分　運賃:20TL

■カマン・カレホユック

カマンのオトガルでチャウルカンÇağırkan行きのドルムシュに乗り換える。「ミュゼ」とはっきり言って博物館へ寄るよう頼もう。ドルムシュは3時間に1便程度運行。タクシーをチャーターすると往復で約40TL。

■考古学博物館

住Çağırkan Kasabası, Kaman
TEL(0386)717 6075
URLwww.jiaa-kaman.org
開8:00～19:00（冬期～17:00）
休無休　料5TL

■ベイパザルへの行き方

始発はオトガルではなくエトリッキ・ガラジュというターミナル。市内からはメトロのアッキョプリュ駅上にある環状道路高架下のバス停（Map P.379A1外）の利用が便利。運賃12TL。オトガル発のバスもあるが便数は少ない。

インジリ・ジャーミィのミナレットは珍しい木製

■ダーウトオウラン野鳥保護区への行き方

🚌アンカラからナッルハン行きのバスがベイパザルを経由する。「クシュ・ジェンネッティ」と言えば野鳥保護区前で降ろしてくれる。アンカラの乗り場はベイパザル行きと同じだが、便数は1～2時間に1便程度。シリン・ナッルハン社Şirin Nallıhanが運行、所要約2時間、運賃は15TL。

ベイパザルには町の歴史を展示する「市立歴史博物館」があり、昔からの生活ぶりを知ることができる。日本とのつながりを示す展示もあり、かなり大きなスペースを割いて紹介している。（編集室）

HOTEL

安宿はウルスに集中している。高級ホテルは南のガーズィ・オスマン・パシャに多い。また、絵画館の北側のデニズジレル通り**Denizciler Cad.**やコソヴァ通り**Kosova Sok.**にも宿は多い。ただ、ウルスの安宿のなかには、盗難などの犯罪も過去には報告されている。一方で、アンカラ城周辺にはブティックホテルなども出てきており、雰囲気は変わりつつある。

日本からホテルへの電話 国際電話会社の番号 + 010 + 国番号90 + 市外局番と携帯電話の最初の0を除いた相手先の電話番号

ディープス・ホステル Deeps Hostel

経済的 ベッド数41 / Map P.378 クズライ

住Ataç 2 Sok., No.46, Kızılay
TEL(0312) 213 6338
URLwww.deepshostelankara.com
DOM 9.50€
S 13.70€
W 22.20€
US$ € TL
M V

アンカラでは唯一のバックパッカー向けホステル。アンカライのコレジ駅やクズライ駅に近く、バスターミナルからのアクセスもよい。地下のキッチンを利用できる。予約はウェブサイトでのみ受け付けており、電話では不可。

全館無料 EV なし

ヒティット Hitit Otel

経済的 44室 / Map P.381A1 アンカラ城

住Hisarparkı Cad., No.20, Ulus
TEL(0312) 310 8617
FAX(0312) 309 6939
S A/C 80TL
W A/C 140TL
US$ € TL
M V

アンカラ城の西斜面にある2つ星ホテル。ロビーには金属工芸品が飾られており、室内もかなり広め。客室はやや古いが木目調でまとめられており、テレビは衛星放送にも対応。朝食ビュッフェも充実している。

全館無料 EV あり

アンド・コヌック・エヴィ And Konuk Evi

中級 6室 / Map P.381B1 アンカラ城

住İçkale Mah.,
İstek Sok. No.2, Altındağ
TEL(0312) 310 2304
FAX(0312) 310 2307
S 30€
W 40€
US$ € TL
M V

伝統家屋を改装したホテルでアンカラ城の内城にあるアラエッディン・ジャーミィの向かい。シングル、ツイン、スイートが各2室ずつしかないが、全室キッチン付き。朝食は別途20TL。中庭からの眺めもよい。

全館無料 EV なし

アンゴラ・ハウス Angora House

中級 6室 / Map P.381B1 アンカラ城

住Kale Kapısı Sok. No.16
TEL(0312) 309 8380
FAX(0312) 309 8381
URLwww.angorahouse.com.tr
S A/C 35€～
W A/C 41€～
US$ € TL
M V

アンカラ城内にある。150年前に建てられたオスマン朝時代の邸宅を改装したプチホテル。大使館関係者などの利用も多いとか。部屋により広さは大きく異なる。ウェブサイトでチェックできるので、予約の際に希望の部屋を伝えよう。

全館無料 EV なし

ジンナー Hotel Cinnah

中級 77室 / Map P.379B3 トゥナル・ヒルミ

住Cinnah Cad. No.3
TEL(0312) 221 4001
FAX(0312) 221 4002
URLwww.hotelcinnah.com
S A/C 200TL～
W A/C 300TL～
TL
A D J M V

2017年にオープンしたモダンでスタイリッシュなホテル。トゥナル・ヒルミまで歩いて数分の便利な立地。1階にはカフェ・レストラン（開7:30～24:00）があり、ランチやディナーのセットメニューなどもある。

全館無料 EV あり

ハマモニュのカラジャバイ・ハマムは1440年に創建された歴史あるハマムだが、修復されておりきれい。女性用部門もある。ハマモニュとは「ハマム前」の意味で、このハマムがその名前の元になっている。(編集室)

サム Hotel Samm

住Uğur Mumcu Cad. No.19
TEL(0312)447 9000
FAX(0312)447 9002
URLwww.hotelsamm.com
280TL〜
360TL〜
US$ € TL
AMV

中級 20室 Map P.379A3 ガーズィ・オスマン・パシャ

大型の高級ホテルが立ち並ぶエリアにあるブティックホテルで料金も手頃。プールやスパも備えており、部屋はモダンでスタイリッシュにまとまっている。朝食はオープンビュッフェで、隣のビストロでとる。

全館無料 EVあり

ソンノ・ブティック Sonno Boutique Hotel

住Tunus Cad. No.52
TEL(0312)466 2727
FAX(0312)466 2730
URLwww.sonnohotel.com
30€
40€
US$ € TL
MV

中級 30室 Map P.379B3 トゥナル・ヒルミ

2012年にオープンしたブティックホテル。バーやレストランが並ぶトゥナル・ヒルミにあり、夜遊びしたあとでも徒歩で戻れる。部屋はかわいらしく、明るい雰囲気。1階にはカフェ・レストランも併設されている。

全館無料 EVあり

ディワーン Divan Hotel

住Tunalı Hilmi Cad., Güniz Sok. No.42, Çankaya
TEL(0312)457 4000
URLwww.divan.com.tr
80€
95€
US$ € TL
ADJMV

高級 80室 Map P.379B3 トゥナル・ヒルミ

スイーツで有名なディワーングループが経営するチェーン系ホテル。周囲にはレストランやショップも多く、観光にも便利な立地。館内にはレストラン、ジムなどもあり、スパでのトリートメントメニューも豊富。

全館無料 EVあり

ディワーン・チュクルハン Divan Çukurhan

住Depo Sok. No.3
TEL(0312)306 6400
URLwww.divan.com.tr
90€〜
110€〜
US$ € TL
ADJMV

最高級 19室 Map P.381B2 アンカラ城

アンカラ城の門の向かいにある。17世紀に建造された隊商宿を改修したブティックホテル。部屋ごとにテーマを決めて内装も造られており、漢字が書かれた東洋風の部屋もある。サロンは明るく気持ちがいい。

全館無料 EVあり

ルガル Lugal

Map P.379A3

90室 ガーズィ・オスマン・パシャ

住Noktalı Sok. No.1, Kavaklıdere
TEL&FAX(0312)457 6050
URLwww.lugalankara.com
料245€〜 255€〜

シェラトンホテルの敷地内にあるブティックホテル。部屋は明るくて広々。フィットネスやスイミングプールも完備。

無料 EVあり

ラディソン・ブル Radisson Blu

Map P.379B1

202室 ウルス

住İstiklâl Cad. No.20, Ulus
TEL(0312)310 4848
FAX(0312)309 3690
URLwww.radissonblu.com
料 / 70€〜

ウルス駅近くにあり、どこへ行くにも便利。国会開催時には議員がよく泊まるそうだ。上記は調査時の実勢料金。

無料 EVあり

ベラ・アンカラ Bera Ankara

Map P.379B2

209室 クズライ

住Ziya Gökalp Bul. No.58
TEL(0312)458 0000
FAX(0312)431 9999
URLwww.bera.com.tr
料250€〜 350€〜

アンカライのコレジ駅の近くにあり、どこへ行くのにも動きやすい。旧ヒルトン・ダブルツリーホテルだが経営が代わり料金も手頃。

無料 EVあり

シェラトン Sheraton Ankara

Map P.379A3

311室 ガーズィ・オスマン・パシャ

住Noktalı Sok.
TEL(0312)457 6000
FAX(0312)467 7647
URLwww.marriott.co.jp
料140€ 160€

丸いタワーが印象的なアンカラのランドマーク。ホテルの目の前を112番や114番などのバスが通る。

無料 EVあり

アンカラ近郊のクズルジャハマムKızılcahamamは設備の整った温泉保養地。宿もあるが、日帰り入浴も可。ローマ風の浴場も。メトロのアクキョプリュ駅上のベイパザル方面乗り場から30分に1便。(編集室)

RESTAURANT

ウルス地区には通りを1本入ると庶民的なレストランやビラハーネが多い。クズライなら交差点のやや東のセラニキ通りにカフェや居酒屋風の店が軒を連ねている。ガーズィ・オスマン・パシャ(G.P.O.)地区は大使館が集まるだけあって中華、イタリア料理など各国料理の店がある。

ウーラク Uğrak Lokantası

トルコ料理　Map P.381A1 ウルス

住Çankırı Cad. No.13, Ulus
TEL(0312)311 7473
開9:00〜23:30
休バイラムの数日
US$ € TL
M V

チャンクル通りにあるレストラン。創業は1926年という、このあたりでも老舗。店頭で回っている鶏の丸焼きは半分で15TL(ブルグルピラウ付き)と手頃。鶏肉のケバブも20TL〜と安い。ビールやラクゥもあり、気がねなく飲める。

ボアズィチ Boğaziçi Lokantası

トルコ料理　Map P.381A2 ウルス

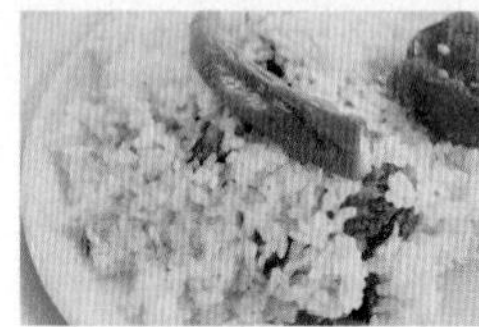

住Denizciler Cad. No.1, Ulus
TEL(0312)311 8832
URLwww.bogazicilokantasi.com.tr
開7:00〜21:00
休バイラムの数日
TL
M V(海外発行のカードは不可)

ウルスの南にある、50年以上の歴史を誇る老舗。新聞でオリーブオイルを使った料理のレストランのベスト10に選ばれたこともある。なかでも郷土料理のアンカラ・タワAnkara Tava(37TL)の人気が高い。

ドゥルスン・ウスタ Dönerci ve Köfteci Dursun Usta

トルコ料理　Map P.381B2 アンカラ城周辺

住Can Sok. No.31, Altındağ
TEL(0312)312 7475
開12:00〜18:00
休日
TL
不可

アンカラは「ドネル・ケバブがソウルフード」と口にする人も多いほど名店が多いが、ここはなかでも人気がある。ドネルとキョフテの専門店で、特にドネルは13:30にはなくなることが多いそうだ。

サードゥック・ウスタ Oltu Kebabçısı Sadık Usta

郷土料理　Map P.381B2 アンカラ城周辺

住Atpazarı Meydanı No.18
0542 892 3780
Mailsadik_candan1952@hotmail.com
開11:00〜20:00
休無休
US$ € TL　M V

アンカラ城門を出て南東へ城壁沿いに進むとある。エルズルム名物のジャー・ケバブ(→P.441)専門店。ジャー・ケバブは、食べる度に1本ずつ持ってきてくれる伝統的スタイル。

コジャテペ1949 Kocatepe 1949

トルコ料理　Map P.381B2 ハマモニュ

住M. A. Ersoy Sok. No.3/A
TEL(0312)312 7117
URLwww.kocatepekahveevi.com.tr
開8:00〜22:00
休バイラム初日
US$ € TL
M V

アンカラに多くのチェーン店を持つカフェ・レストラン。メニューはトルコ料理がメインだが、ビーフストロガノフのほか、各種パスタまで幅広い。ボレキやスジュック、白チーズなどが入った朝食セット(28.50TL)も出す。

デュヴェロウル Düveroğlu

ケバブ ラフマジュン　Map P.378 クズライ

住Selanik Cad. No.18/A
TEL(0312)431 8231
URLduveroglu.com.tr
開8:00〜21:30
休バイラムの数日
TL
M V

1960年代から地元で親しまれているガズィアンテップの郷土料理の店。ここではなんといっても骨付き鶏のシシ・ケバブKemikli Piliç Şiş(23TL)を食べたい。ニンニク入りラフマジュン(9TL)やキュネフェ(9TL)も人気。

ウルスPTTの南にある切手博物館(→Map P.381A1・2)では古いものや日本のものも含む世界中の切手が集められており、ファン必見。売店ではさまざまな記念切手も手に入る。(編集室)

ルメリ Rumeli İşkembecisi ve Lokantası

トルコ料理 ホルモン料理　Map P.378 クズライ

住Bayındır-1 Sok. No.25/A, Kızılay
TEL(0312)431 3448
URLwww.rumeliiskembecisi.com.tr
開24時間　休無休
TL
MV

クズライのレストランが集まる地域にある老舗。イシュケンベ・チョルバス（20TL）やココレッチなどホルモン料理の品揃えが多い。郷土料理ではクズ・フルン・タンドゥルKuzu Fırın Tandır38TLなどが人気を集めている。

ギョクス Göksu Lokantası

トルコ料理　Map P.379B3 トゥナル・ヒルミ

住100. Yıl Mah., Nenehatun Cad. No.5
TEL(0312)437 5252
URLwww.goksulokantalari.com
開12:00〜翌0:30　休無休
US$ € TL　AMV

チャンカヤで有名な老舗ロカンタの支店。ランチメニューは厳選された素材を使って調理するために、日替わりとなっている。おすすめはケバブと野菜が多く入ったハレプ・イシ・カルシュック（55TL、写真）。

マルマリス・バルックチュス Marmaris Balıkçısı

魚料理　Map P.379B3 トゥナル・ヒルミ

住Tunalı Hilmi Cad., Bestekar Sok. No.88/A
TEL(0312)427 2212
URLwww.marmarisbalikcisi.com
開12:00〜24:00　休無休
US$ € TL　MV

トゥナル・ヒルミのレストラン街にある、地元で人気のシーフードレストラン。おすすめはシーフードメゼ。豊富な種類から選べる。ランチセットメニューは3品のコース料理で30TL(チャイかコーヒー付き)。

クトゥル Kıtır

バー　Map P.379B3 トゥナル・ヒルミ

住Tunalı Hilmi Cad. No.114/K, Çankaya
TEL(0312)427 4444
URLwww.kitirpilic.com
開12:00〜24:00　休無休
TL　MV

1979年創業の老舗バーで若者からお年寄りまで幅広い支持を集める。軽食はセルフサービスで入口左側のレジで精算する。ココレッチサンド（大35TL、小20TL)。ランチメニューは9〜20TL。ミディエ（ムール貝)も出す。

SHOP

ショップが多いのはクズライだが、地元の人々向け。観光客向けのおみやげを探すなら、近年再開発が進む旧市街のハマモニュやアンカラ城周辺がおすすめ。ウルスでは庶民的な日用品を扱う店が多い。トゥナル・ヒルミにはコスメやセレクトショップやが多く、ガーズィ・オスマン・パシャには高級ブティックが点在する。

アリ・ウズン Ali Uzun Şekercilik

パスターネ　Map P.378 クズライ

住İnkılap Sok. No.13, Kızılay
TEL(0312)435 4494
URLwww.aliuzun.com.tr
開8:00〜20:00
休日
TL
MV

1935年創業と、アンカラでも屈指の歴史を誇るスイーツ店。2014年に現在の場所へ移転した。ロクムやキャンディもあるが、特にチョコレートは人気があり、なかでもオレンジピール入りやピスタチオ入りがよく出ているとか。

ハフズ Hafız Geleneksel Sanatlar

民芸品　Map P.381B2 アンカラ城

住Kale içi Doyuran Sok. No.2, Dış Hisar
0542 685 9751
開9:00〜19:00
休月、不定休
US$ € TL
MV

ボドルムで長年ひょうたんランプを作ってきた職人のアトリエ兼ショップ。現在は奥様がデザインした木工製品を手作りしている。人気は動物シリーズのパズル。2階には元キャビンアテンダントのドアーさんのアクセサリーショップがある。

読者投稿　バラのコスメの人気店Rosenseの専門店がオトガルのプラットホームPeron30あたりにある。定価なので安くはないが、商品はすべて揃っている。（大阪府　ゆや　'16秋）

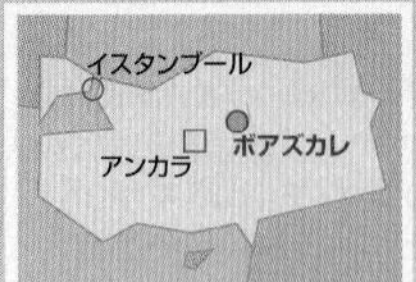

ヒッタイトの王国 ハットゥシャシュ

ボアズカレ Boğaz Kale

市外局番 **0364** 人口**1356**人 標高**1014**m

世界遺産

ハットゥシャシュ
Hattuşa (Boğazköy) - Hitit Başkenti 1986年

■ボアズカレへの行き方

ボアズカレへはスングルルからしかバスがない。アンカラやアマスヤ方面からならスングルルが、カッパドキアやスィワスからならヨズガット経由が便利。
バス時刻表索引→P.62〜63

●スングルルから

バス村の中心部にあるPTT前の公園からドルムシュが出発する。満員になり次第出発するので数時間待つこともある。土・日はさらに便が少なく、運行されないことも。運賃:5TL

タクシー交渉で90TL

●ヨズガットから

ドルムシュはない。オトガルなどでタクシーと交渉する。相場は片道100TL程度。

■スングルルへの行き方

幹線道路を通過するバスを途中下車する。キャーミル・コチ社のバスはスングルルのオトガルまで行き、そこからボアズカレ行きのドルムシュ乗り場近くにあるチケットオフィスまでセルヴィスで行くことができる。

●アンカラから バス→P.67
●チョルムから バス→P.77

■ヨズガットへの行き方

●カイセリから バス→P.76

ヤズルカヤに残る12人の黄泉の国の神々が行進するレリーフ

今から4500年以上前の紀元前25世紀頃、この土地にはハッティ人といわれた人々が暮らしていた。その後インド・ヨーロッパ語族の一派が移動し、ハッティ人を支配して、このあたりに住み着いた。彼らこそが史上初めて鉄器を使用し、大帝国を築き上げたヒッタイト人である。

紀元前18世紀頃、ヒッタイトの王はここの地形に目を付け、王城を築いた。まず神殿と住居を造り、現在ビュユックカレと呼ばれている大城塞を築き、都市の防衛の要とした。現在も広大なエリアにヒッタイト王国の栄華を物語る遺跡の数々が広がっている。

旅の起点となる町

ハットゥシャシュ遺跡の最寄りは**ボアズカレ村**Map P.391左A・B2だが、交通の便が悪い。ボアズカレ村への起点となるのが幹線道路沿いの**スングルル**Map P.391左A2。県庁所在地の**チョルム**Map P.391左B1はこの地方の交通の起点で、見応えある博物館もある。山を越えた隣県の**ヨズガット**Map P.391左B2も起点となる。

●ボアズカレ村　村の中心はスングルル行きのドルムシュの発着点でもある広場。この広場に面してPTTや銀行などがある。広場の北に**博物館**がある。PTTから東へ道を入ってしばらく行くと、ヒッタイト古王国の首都**ハットゥシャシュ**遺跡の入口に出る。

読者投稿　ハットゥシャシュは外周5kmあり、タクシーで回っても1時間かかります。チョルムから往復して4時間かかりました。(大阪府　ゆや　'16秋)

●**スングルル**　村の中心部にあるPTT前の公園Map P.390からボアズカレ行きのドルムシュが出ている。幹線道路沿いからはチョルム行きのミニバスが発着している。

●**チョルム**　オトガルは中心部から3kmほど西に位置しており、セルヴィスで中心部に移動できる。オトガルの近郊ターミナルからはスングルルを含む近郊へ行くドルムシュも発着する。

●**ヨズガット**　オトガルから町の中心のジュムフリエット広場へは徒歩約10分。広場でタクシーをチャーターできる。

見どころ

ヒッタイト古王国の首都

ハットゥシャシュ

Map P.392

Hattuşaş ハットゥシャシュ

大神殿　Büyük Tapınağı（ビュユック タプナウ）　入口からまず右側に大神殿が現れる。発掘中なので土台しか見られないが、建材には日干しれんがが使われ、長辺165m、短辺130mもの大きさがあった。紀元前13世紀に造られたもので、最高神である嵐神テシュプとともに、太陽神アリンナが祀られていた。順路はその後、丘を取り囲んでいる。大神殿から右側の道を進んでいこう。

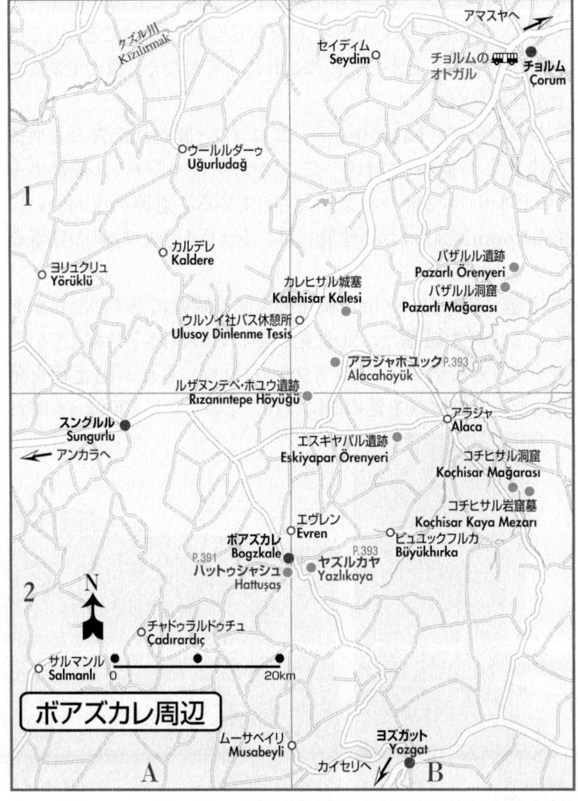

■チョルムへの行き方
大手バス会社のバスに乗ればオトガルから中心部まではセルヴィスで移動できるが、ドルムシュだと中心部まで行かずにアニッタ・ホテル（Map P.391右上）の近くが終点ということもある。

■タクシー料金の目安
公定料金がなく、ほかの地域に比べて言い値はかなり高い。粘り強く交渉すれば値引きは可能。メーターで行くとこの倍以上にはなる。

●ハットゥシャシュとヤズルカヤの2ヵ所を回る
スングルル、ヨズガットから150TL

●上記2ヵ所+アラジャホユックの3ヵ所を回る
スングルル、ヨズガットから200TL

■ハットゥシャシュ・タクシー
ボアズカレとスングルルを結ぶドルムシュ会社だが、観光客向けタクシーも手配している。ボアズカレからハットゥシャシュ、ヤズルカヤ、アラジャホユックを回るツアーも手配可能。1日ツアーは車1台150TL（入場料込み、要予約）。
📱0535 389 1089

■ハットゥシャシュ遺跡
開8:00〜19:00（冬期〜17:00）
休無休　料10TL

チョルムやスングルルは、ヒヨコ豆（レブレビ）が名産。通常のものや煎ったもののほか、ゴマでコーティングしたものやスパイシーなものなど、さまざまな種類のヒヨコ豆が売られている。（編集室）

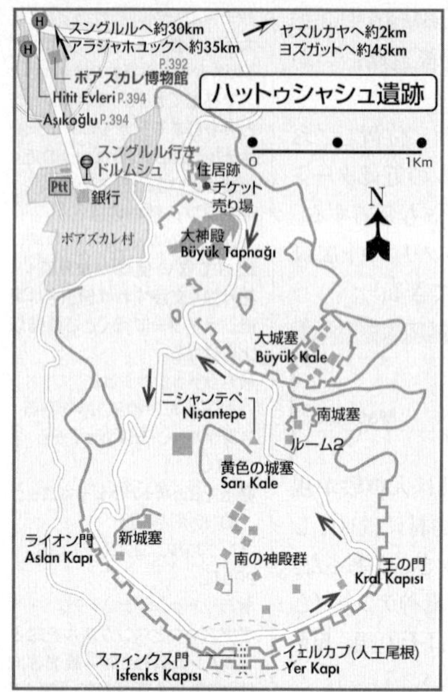

ライオン門　Aslan Kapı（アスランカプ）　丘の上に建っている1対の門。玄武岩で造られたこの門は、町の入口となる6ヵ所の門のひとつ。ライオンの彫刻には魔除けの意味も込められているといわれている。

スフィンクス門　İsfenks Kapısı（イスフェンクス カプス）　最も標高の高い南側にはスフィンクス門と、その直下に地下道がある。実はこの部分は人工的に築かれた城壁なのだ。石灰岩ブロックをピラミッド断面状に高さ20mも積み上げ、全長は250mもある。ハットゥシャシュは南西の傾斜が緩く、敵の侵入を防ぐためにこのような城壁が考案された。地下道の長さは71m。ここから城外に出てみると、何十段にも組み上げられた城壁のすごさを目のあたりにする。スフィンクスの威容は、ライオン門同様、魔除けの意味も含められている。

王の門　Kral Kapısı（クラル カプス）　もうひとつ先にあるのが王の門。この門にはトンガリ帽子をかぶった人物が彫刻されており、当初はこの人物がヒッタイト王とみなされたことからこの名前が付いた。しかし、後にこれは王ではなく、戦士であることが判明した。

ニシャンテペ　Nişantepe（ニシャンテペ）　ゴロゴロと置かれた岩の表面に古代文字が描かれており、ここにはハットゥシャシュ最後の王シュピルリウマ2世の偉業が記されている。道路の東向かいにあるRoom2と呼ばれる建物には、シュピルリウマ2世の見事なレリーフが残されている。

大城塞　Büyük Kale（ビュユック カレ）　順路の東側に城壁に囲まれた丘がある。これが**大城塞**だ。20世紀初頭、この遺跡を発掘していたドイツの考古学者H.ヴィンクラーは1万枚にも及ぶ**粘土板**を発掘した。この解読を進めるにつれ、このなかに2000kmも離れ

Information

ボアズカレ博物館

村外れの小さな博物館だが、展示されている2体のスフィンクスは必見。写真左はベルリン、右はイスタンブールの博物館から運ばれてきたもの。

Map P.392
TEL (0364)452 2006
開 8:00～19:00（冬期～17:00）
休 無休　料 6TL
カード 不可

王の門のレリーフはレプリカ。本物はアンカラのアナトリア文明博物館に展示されている

ライオン門

大城塞の城壁跡

読者投稿　ハットゥシャシュもすばらしいですが、おすすめはチョルムの町です。チョルム博物館や時計塔を中心に清潔で歩きやすい町を散策しました。おみやげはレブレビという豆がおすすめです。(大阪府　ゆや　'16秋)

たエジプトのラムセス2世とヒッタイト王ハットゥシリシュ3世の間で交された**平和条約の書簡**を発見する。なんとヴィンクラーはそれ以前にエジプトのカルナック神殿において、これと同じ内容を意味する条約文を読んでいたのだ。この偶然により世界最初の平和条約の存在が確認されたのである。

素朴で力強いレリーフが数多く発見された

ヤズルカヤ

Map P.391B2

Yazılıkaya ヤズルカヤ

ヤズルカヤ（碑文のある岩場）はハットゥシャシュの聖地であり、トゥタルヤ4世の息子にしてヒッタイト最後の王、シュピルリウマ2世が父を祀るために造ったとされている。紀元前13世紀に岩場をそのままに利用して造られた**露天神殿**で、岩に刻まれたレリーフに祭儀の様子が描かれている。

入口を入り、岩の左側に進むとそこは**ギャラリー1**と呼ばれる場所。左の岩壁には男の神々が、右の岩壁には女の神々が描かれ、その奥に嵐の神テシュプTeşupが、妻の太陽神ヘパプHepapと子供たちに迎えられる姿が刻まれている。その向かいにある大きなレリーフはトゥタルヤ4世だ。

ギャラリー2には、トンガリ帽子をかぶった12人の黄泉の国の神々が行進するレリーフや、剣の神ネルガル、守護神シャルマŞarummaに抱きかかえられたトゥタルヤ4世のレリーフがある。

アンカラの交差点の鹿の像でも有名な

アラジャホユック

Map P.391B1

Alacahöyük アラジャホユック

遺跡は青銅器時代のものやフリュギア時代のものなど何層にも重なり合っているが、ここから発掘された青銅の**スタンダード**がアンカラのアナトリア文明博物館に多数展示されている。アンカラのスヒエ交差点にある**3頭の鹿の像**のオリジナルもここからの出土品である。双頭の鷲が刻まれた有名なスフィンクス門をはじめ、門の左右のレリーフもオリジナルはすべてアンカラのアナトリア文明博物館に移されて、ここに残るのはレプリカばかりだが、オリジナルと見まがうほどに精巧なため、遺跡の雰囲気は抜群だ。

再現された発掘時の状態

ヒッタイトの傑作がずらり

チョルム博物館

Map P.391右上

Çorum Müzesi チョルム・ミュゼスィ

宮殿のように大きな建物が印象的な博物館で、もともとは1914年に病院として建てられたもの。2003年から博物館として利用されるようになった。アラジャホユックやハットゥシャシュからの出土品がメインで、嵐神賛美の聖婚のシーンを浮き彫りにしたヒッタ

■ヤズルカヤ遺跡
入場券はハットゥシャシュ遺跡と共通。
開8:00～19:00（冬期～日没）

切り立った岩場にレリーフが残る

トゥタルヤ4世とシャルマ神のレリーフ

■アラジャホユック
ボアズカレからバスはない。アラジャの町へはチョルムなどからミニバスの便があるが、アラジャホユックはアラジャの町から約9kmほど離れている。ハットゥシャシュとセットでタクシーで回るのが一般的。
開8:00～19:00（冬期～17:00）
休無休　料6TL

アラジャホユックのスフィンクス門

■チョルム博物館
TEL(0364)213 1568
開夏期8:00～19:00
　冬期8:00～17:00
休無休　料10TL
不可

チョルム博物館

ヤズルカヤのレリーフは、レプリカがベルリンのペルガモン博物館に収蔵されているが、室内にあり風化しないため、オリジナルよりよい状態で保存されている。（編集室）

伝統工芸を紹介するコーナーもある

イト時代の壺や、トゥタルヤ2世の剣は必見。順路に沿って見ていけば石器時代からビザンツ時代までの展示物が見学できる。また、チョルム近郊の**オルタキョイ**Ortaköyからの発掘物には特別なコーナーが設けられている。

HOTEL & RESTAURANT

タクシーをチャーターすれば、アンカラやアマスヤ、カイセリから日帰りも不可能ではないが、じっくり遺跡を見学しようとするなら、1泊したほうがよい。ボアズカレ村には、4～5軒のホテルがある。スングルルやヨズガットには手頃な宿が多く、チョルムには高級ホテルもある。

ボアズカレ村にはレストランはない。しかし、ほとんどのホテルにはレストランも併設されており、食事も取れる。アラジャホユックの遺跡の入口にも軽食を出す小さなロカンタがある。チョルムは県庁所在地の比較的大きな町なので、レストランの数も多い。

日本からホテルへの電話 国際電話会社の番号 + 010 + 国番号90 + 市外局番と携帯電話の最初の0を除いた相手先の電話番号

アーシュコウル Aşıkoğlu Hotel

経済的 35室 Map P.392 ボアズカレ

住Müze Yanı No.25, Boğazkale
TEL(0364)452 2004
FAX(0364)452 2171
URLwww.hattusas.com
30€
50€
US$ € TL
M V

ボアズカレ村の入口近くにある。レストランも併設されており、三笠宮家も数度立ち寄ったことがあるそうだ。予約すればスングルル、ヨズガットからひとり80TLでタクシーの手配可。ペンションも併設されており、8US$、15US$。

全館無料 EV なし

ヒティット・エヴレリ Hitit Evleri

経済的 10室 Map P.392 ボアズカレ

住Hitit Cad. No.28/1, Boğazkale
TEL(0364)452 2004
FAX(0364)452 2171
URLwww.hattusas.com
30€
50€
US$ € TL
M V

村で唯一全室暖房完備のブティックホテル。ヒッタイトの城塞を模した外観が目印。アーシュコウルと同経営。部屋はやや狭いが快適に過ごせる。予約すればスングルル、ヨズガットからひとり80TLでタクシー手配可。

全館無料 EV なし

フェルハット・イキ Ferhat 2

経済的 8室 Map P.390 スングルル

住Cengiz Topel Cad. No.20, Sungurlu
TEL(0364)311 8089
URLwww.ferhatotel.com
A/C 90TL
A/C 150TL
US$ € TL A M V

スングルルのボアズカレ行きドルムシュ乗り場のすぐ横にある。レセプションは入口から階段を上がった先。部屋はベッドと机が置かれただけのシンプルな内装だが、清潔にされている。

全館無料 EV なし

ヒティット Hitit Otel

経済的 30室 Map P.391右下 ヨズガット

住Sakarya Cad. Cumhuriyet Meydanı Karşısı Yozgat
TEL(0354)212 1269
50TL
100TL
TL
M V

広場に面したホテル。ヨズガットの町の中心部にあり便利な場所にある。客室はそれほど新しくはなく、設備も必要最低限といったところだが、料金を考えると妥当だろう。

不可 EV なし

オルタキョイの古代名はシャピヌワ。紀元前14世紀頃の最盛期には人口7万人を超える大都市だったといわれており、アンカラ大学により発掘調査が進められている。(編集室)

シーリン Şirin Otel

経済的 20室 | Map P.391右上外 チョルム

住İnönü Cad. No.71/7, Çorum
TEL(0364)225 5655
FAX(0364)224 9156
URLwww.sirinotel.com
60TL
80TL
US$ € TL
MV

アニッタ・ホテルの前の道を直進すると右側にある。値段のわりに部屋がきれいにまとまっている。全室冷蔵庫 、テレビ付き。朝食はオープンビュッフェ。このあたりにはホテルが割とあるのでここが満室でもほかをあたれる。

全館無料　EV なし

アニッタ Anitta Hotel

高級 216室 | Map P.391右上 チョルム

住İnönü Cad. No.80, Çorum
TEL(0364)666 0999
FAX(0364)212 0613
URLwww.anittahotel.com
A/C 550TL
A/C 750TL
US$ € TL
ADJMV

チョルムの市内バス乗り場近くにあり、高い建物なのでよく目立つ。チョルム博物館へも徒歩約5分。プールやスパ 、サウナやハマムも完備した5つ星ホテル。旧館と新館があり、左記は新館の料金 、旧館はバスタブなしで450TL、650TL。最上階には展望レストランもある。

全館無料　EV あり

アカイラル Akaylar Et Lokantası

トルコ料理 | Map P.390 スングルル

住Cengiz Topel Cad., Uzar Sok. No.2, Sungurlulu
TEL(0364)311 6970
開5:00～20:30
休第2·4日曜
US$ € TL
MV

朝早くから営業しており、夕方には人気メニューはなくなってしまうことも多い。クズ・タンドゥル22TL、タンドゥル・チョルバス8TL、チェルケス・チョルバス7TL、サチ・タワ17TL。煮込み料理も数種ある。

アルトゥムシュアルトゥ・ケバプ 66 Kebap

トルコ料理 | Map P.391右下 ヨズガット

住Seyhzade Cad., Akbank Yanı No.9, Yozgat
TEL(0354)212 4404
開5:00～24:00
休無休
US$ € TL
MV

ジュムフリエット広場近くにある1981年創業の老舗。名物のテスティ・ケバブ(写真)は牛肉(Dana)と子羊(Kuzu)の2種類があり30TL。ピラウを付けると37.50TL。タンドゥル・ケバブ30TLのほか煮込み料理もあり。

Information 古代オリエントに大帝国を築いたヒッタイト

紀元前2000年頃にアナトリアに移住したインド・ヨーロッパ語系の民族は、紀元前18世紀頃に最初の統一国家であるヒッタイト王国を樹立した。首都はボアズカレ村にあるハットゥシャシュで、一度はミタンニ王国の侵攻や内紛のため衰退するが、紀元前15世紀には再興し、紀元前1275年にはラムセス2世率いるエジプト軍とシリアのカデシュで交戦するなど強大な帝国を築いた。かのエジプトの少年王トゥトアンクアムン(ツタンカーメン)の死後、夫を亡くした若い后が、ヒッタイト王に王子のひとりを婿入りしてくれるように要請した手紙も残っている。ヒッタイト人がファラオになったという記録はないが、エジプトとは常に深い関係にあったのだ。

ヒッタイトは優れた騎馬技術と鉄器の使用で大帝国を築くが、紀元前12世紀頃に、侵入した謎の集団、海の民に滅ぼされてしまう。

一部のヒッタイトはその後もユーフラテス川上流で小国を築いたが(新ヒッタイト)、紀元前717年、新アッシリアのサルゴン2世にカルカムシュを奪われ、滅亡した。

土地所有を示すヒッタイト語粘土板文書(チョルム博物館蔵)

ヨズガットのパン屋さんではパルマック・チョレッキParmak Çörekという細長い菱型のパンが売られている。ヨズガットみやげにトルコ人も喜ぶという名物だ。(編集室)

古きよきトルコの風景が現代に生きる

スィワス Sivas

市外局番 **0346**	人口**31万2587人**	標高**1285m**

■時刻表一覧

✈→P.54〜59
🚃→P.60〜61
🚌時刻表索引→P.62〜63

Information

バルクル・カプルジャ
Balıklı Kaplıca

トルコ語で"魚温泉"というその名のとおり、浴槽の中に入ると、魚が人の皮膚をついばみ、別種の魚がなめていく。乾癬という皮膚病を治すための施設で、各国から多くの人が訪れる。水温は35℃前後と高くない。

Map P.36A1

🚌スィワスのオトガルの近郊行き乗り場からカンガルKangal行きバスに乗る。6:00〜18:00の運行で、運賃は15TL、所要約1時間10分。カンガルからタクシーで片道約30TL。
URL www.kangalbaliklikaplicasi.com.tr
開8:00〜12:00 14:00〜18:00
休無休　料30TL

修復が一部終わったチフテ・ミナーレ

標高1300mの高地にある、アジアハイウエイの西の入口にあたる町。ローマ時代にはセバスティアと呼ばれていたが、これがスィワスに変容した。ヨーロッパ化されていない、純粋なトルコの伝統が今も息づく町だ。セルジューク朝に統治された後、イランのモンゴル系王朝のイル・ハーン朝の支配を受けたため、町には両時代の建造物が数多く残っている。

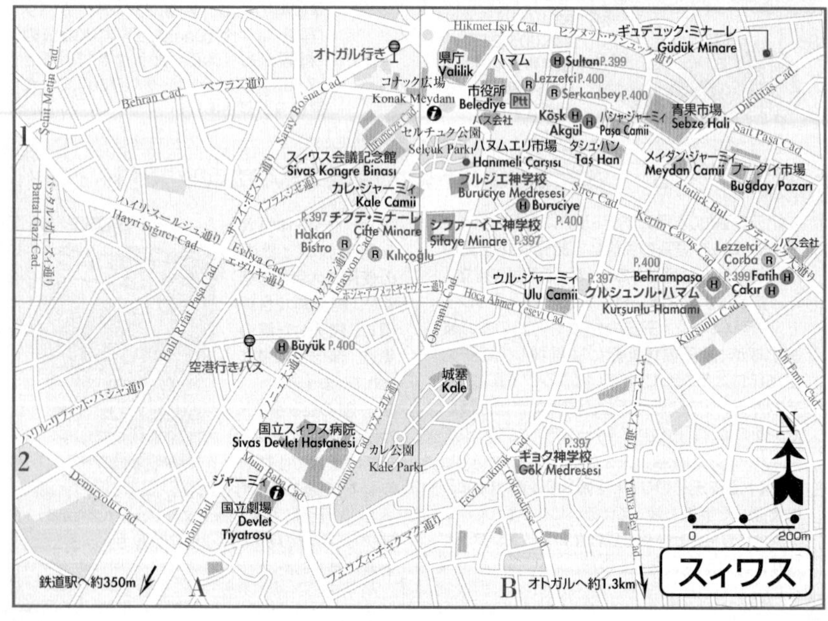

バルクル・カプルジャの拠点カンガルKangalは、牧羊犬で名高いカンガル犬Kangal Köpeğiの産地。町のあちこちで、穏やかな顔をしたカンガル犬に出合うことができる。(編集室)

歩き方

町はいたってシンプルな造りだ。スィワスの中心は**コナック広場**Konak Meydanı。この広場から南東へ延びる**アタテュルク大通り**Atatürk Bul.と南西へ延びる**イスタスヨン通り**İstasyon Cad.がスィワスのメインストリートだ。アタテュルク大通り周辺にはホテルやロカンタ、バス会社のオフィスが多い。公園になっているシファーイエ神学校やチフテ・ミナーレを左に見ながら坂を下ると、左側にある病院の隣に🅘がある。さらに南西へ下ると左側にスィワス駅がある。南の高台にあるカレ公園Kale Parkıは町を一望できる市民の憩いの場。

●空港から町の中心部へ　発着に合わせてビュユックホテル前からハワシュ Havaşが出る。所要約40分、運賃8TL。

●オトガルから町の中心部へ　オトガルは町の約1.5km南にある。隣には近郊へのドルムシュやミニバスターミナルがあり、さらにその隣には市内バスターミナルもある。市内へはセルヴィスもある。タクシーならコナック広場まで20TLほど。

残る正面の入口が当時の様子を偲ばせる

チフテ・ミナーレとシファーイエ神学校

Map P.396 A1～B1

Çifte Minare ve Şifaye Medresesi チフテ・ミナーレ・ヴェ・シファーイエ・メドレセスィ

シファーイエ神学校の中庭

コナック広場の向かい側は公園となっており、1580年建設の**カレ・ジャーミィ Kale Camii**や、1271年に建てられた**ブルジエ神学校Buruciye Medresesi**が目に入る。その奥にあるチフテ・ミナーレは、1271年にイル・ハーン朝の財務官僚にして歴史家シャムス・アッディーン・ムハンマド・ジュワイニーによって建てられた。その向かい側には、もと病院であり医学学校でもあった**シファーイエ神学校Şifaye Medresesi**がある。

細かなレリーフと均整のとれた姿は芸術品

ギョク神学校

Map P.396B2

Gök Medresesi ギョク・メドレセスィ

ギョク神学校の修復は完了間近

ギョクGökとは"蒼天の青色"の意味で、青緑色のタイルで装飾されているため、その名が付けられた。もともとの名はサヒビエ・メドレセスィといい、ルーム・セルジューク朝の宰相サーヒップ・アタが、1271年に建てたものだ。2本のミナーレは高さ25m。正面入口の装飾は息をのむほど美しい。長期に及ぶ修復中だが外観は見学可能。

■スィワスの🅘

●メインオフィス

Map P.396A2

住Mumbaba Cad. Atatürk Kültür Merkezi

TEL(0346)223 5908

URL sivas.ktb.gov.tr

開8:00～17:00　休土・日

●コナック広場

Map P.396B1

開9:00～12:00 12:30～17:30

休無休

コナック広場の🅘

Information

クルシュンル・ハマム

Kurşunlu Hamamı

1576年に建てられた大きなハマム。男湯と女湯が別々の建物。オスマン朝最盛期の建物としての価値も高い。

Map P.396B1·2

TEL(0346)222 1378

開男性5:00～23:30
女性9:00～18:00　休無休

料25TL　アカすり&マッサージ込み40TL

名物料理

スィワスとトカットのケバブ戦争

スィワス・ケバブは、牛肉をナスとタマネギと焼いた郷土料理。隣の県のトカット・ケバブ（→P.456）とよく似ており、トカットの文化観光課から「うちのケバブを取らないでくれ」とクレームが付いたことも。これに対してスィワス市長は「トカット・ケバブが長い歴史を持っているのは知っているが、ジャガイモをたくさん使うケバブのことを私たちはトカット・ケバブと呼んでいる。私だって子どもの頃からスィワス・ケバブを食べてきたし、父だって祖父だってそうだった」と反論している。

■ギョク神学校

※2019年5月現在閉鎖中だが近くオープン予定。

料理人はボル出身の人が多いといわれるように、ハマムのアカすりはスィワス出身の人が多いとよくいうが、実際に聞いてみると必ずしもそういうわけでもなさそうだ。（編集室）

近郊の旅

世界遺産のウル・ジャーミィがある山間の小さな町

ディヴリイ

Map P.36B1

Divriği ディヴリイ

世界遺産

ディヴリイのウル・ジャーミィとダーリュッシファー
Divriği Ulu Camii ve Darüşşifası
1985年

■ディヴリイへの行き方

🚃1日2〜3便運行

🚌時刻表索引→P.62〜63

スィワスからミニバスで日帰りする場合は行きは9:00発か12:00発かのどちらかが考えられるが、いずれの便で行っても、戻りは16:30発の1便しかない。戻りの便はまれに満席になることがあるので、チケットはあらかじめ買っておいた方がよい。

■ウル・ジャーミィ

2020年まで修復作業のため見学不可だが、人がいれば見学させてくれることもある。

人通りも少なくのどかな空気が流れるディヴリイの町

ドームからの採光が荘厳な感じを出す

スィワスの南東約100kmの山あいにある小さな町、ディヴリイ。ここは世界遺産に登録されたウル・ジャーミィで有名な町。周辺は鉄鉱石の鉱山が多く、近くに製鉄所もある。

ディヴリイの歴史は古く、ヒッタイト時代にまでさかのぼる。ビザンツ時代にはテフリケと呼ばれ、これがディヴリイという名の起源になったといわれている。12世紀にメンギュジュク朝の都となったため、ウル・ジャーミィをはじめ、当時の面影を残す建築物が点在している。

歩き方　ミニバスターミナルは町の中心から少し南に位置し、スィワスからのミニバスが着くのもここ。オトガルはさらに500mほど南西にあるが、イスタンブールなどからの長距離専門。**ウル・ジャーミィ**へはミニバスターミナル前の坂を南東へしばらく上ってPTTを過ぎると、標識があるので左折し、次の円形墳墓のある交差点を右折して坂を上る。

鉄道駅はディヴリイの町の下にある。鉄道駅からは駅舎を出て左側に**城塞跡**、ディヴリイ・カレスィ Divriği Kalesiを見つつ15分ほど坂を上っていくと町に出る。

ウル・ジャーミィ Ulu Camii

ウル・ジャーミィは、1229年にメンギュジュク朝のスルタン、アフメット・シャーが建築家アフラットル・フッレム・シャーに建てさせた。スルタンの名前を取ってアフメット・シャー・ジャーミィとも呼ばれている。町の東、城塞跡の南西。ジャーミィの横にはイマーム・ハーティプİmam Hatip（聖職者養成学校）がある。

城塞跡から見たウル・ジャーミィ

ウル・ジャーミィの北東にある城塞は高台にあり、眺めがいい。12世紀に建てられたカレ・ジャーミィ Kale Camiiも残っており、入口の装飾が美しい。2019年5月現在修復中。（編集室）

クブレ門のレリーフ

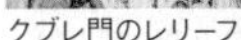

装飾がいちばんゴージャスなクブレ門

ダーリュッシファー門

3つの入口　何といっても見どころはジャーミィの3つの門の細かい装飾だ。ゴシック様式の大聖堂を連想させる**北側のクブレ門**は深くくぼんだ尖塔アーチ状で植物文様の細かい装飾が見られる。**西壁南側のダーリュッシファー門**は星形のレリーフが見られ、ひもの結び目のようなデザインが見られる。**西壁北側のチャルシュ門**はほかのふたつに比べると装飾は簡素だが、クローバーの葉のレリーフが美しい。

ジャーミィの内部　メッカの方向を示す壁面のミフラーブは植物文様で装飾されており、重なるアーチ状の形がとても美しい。ミンベルは黒檀でできている。

病院　ダーリュッシファー Darüşşifaと呼ばれる、病院として使用されていた部分がジャーミィ南側にある。アフメット・シャーの妻トゥラン・メリクによって建てられた。幾何学文様のレリーフが秀逸。

装飾が美しい黒檀製のミンベル

ダーリュッシファーは南側3分の1を占める

HOTEL

スィワスのホテルはアタテュルク大通り沿いやその周辺に集中している。安い宿はアタテュルク大通りとクルシュンル通りの交差点周辺に多い。ディヴリイにもホテルはあるが、スィワスから十分日帰りで観光できる。

日本からホテルへの電話　国際電話会社の番号 + 010 + 国番号90 + 市外局番と携帯電話の最初の0を除いた相手先の電話番号

ファーティフ Fatih Otel

経済的 38室　Map P.396B1

住Kurşunlu Cad. No.22
TEL(0346)223 4313
FAX(0346)225 0438
S A/C 100TL
W A/C 150TL
US$ € TL
M V

中心部から少し東へ入った、ホテルが並ぶ通り沿いの一角にある。改装されているので建物も比較的きれい。調度もベッドも新しく清潔にまとまっている。地下では有料で卓球やビリヤードなどが楽しめる。

全館無料　EV あり

スルタン Sultan Otel

中級 27室　Map P.396B1

住Eski Belediye Sok. No.18
TEL(0346)221 2986
FAX(0346)225 2100
URL www.sultanotel.com.tr
S A/C 120TL
W A/C 180TL
US$ € TL　M V

アタテュルク大通りから少し北へ入った右側にある3つ星ホテル。40年近い歴史をもつが、定期的に改装を行い、設備は常に新しい。最上階はレストラン。全室テレビ、ミニバー付き。朝食はビュッフェ。

全館無料　EV あり

読者投稿　ブルジエ・ホテルは朝食のメニューが豊富で、屋上レストランからの景色もよかったです。（埼玉県　アシュク　'17夏）

ビュユック Büyük Oteli

住İstasyon Cad.
TEL(0346)225 4763
FAX(0346)225 4769
URLwww.sivasbuyukotel.com
S A/C 125TL
W A/C 210TL
€ TL MV

高級 114室 Map P.396A2

町の中心部からイスタスヨン通りを南西へ行った右側。スィワスで一番の格式を誇る4つ星ホテル。新しい設備ではないが、部屋やバスルームも広い。サウナ、ハマムやレストランなど設備も充実。

全館無料 EV あり

ブルジエ Buruciye Otel

住Eski Kale Mah., Hoca İmam Cad. No.18
TEL(0346)222 4020
URLwww.buruciyeotel.com.tr
S A/C 145TL
W A/C 220TL
US$ € TL AMV

高級 46室 Map P.396B1

ブルジエ神学校の近くにあり、ロケーションは抜群。客室の設備は新しく、配色も落ち着いた雰囲気でまとめられている。地下にはスパ施設があり、屋内スイミングプールも併設。

全館無料 EV あり

ベフラームパシャ Behrampaşa Oteli

住 Paşabey Mah., Arap Şeyh Cad. No.29/1
TEL(0346)224 5828
URLwww.behrampasa.com
S/W A/C 230TL～
US$ € TL
MV

高級 48室 Map P.396B1

1576年、ムラト3世の時代に建てられた隊商宿を修復して2018年にオープンしたブティックホテル。歴史的建造物なので天井は高くないが、雰囲気はいい。小さなハマム付きの部屋もある。

全館無料 EV なし

RESTAURANT

スィワスのレストランはアタテュルク大通り沿いやPTTの裏あたりに点在している。ケバブ屋が多く、どこも庶民的な雰囲気だ。ディヴリイでは観光客向けのレストランは少ないが、ケバブ屋やパスターネはそれなりにある。

レゼッチ Lezzetçi Sivas Mutfağı

住Aliağa Camii Sok., PTT Arkası
TEL(0346)224 2747
URLwww.lezzetci.com.tr
開9:00～22:30
休無休
US$ € TL AMV

ケバブ屋 Map P.396B1

スィワスを代表する人気店。吹き抜けの店内は明るく、いつもにぎわっている。スィワス・ケバブの盛り合わせ80TL(ハーフ65TL)が看板メニュー。スィワス・キョフテ(23TL)も人気がある。マネジャーは英語ができる。

セルカンベイ Serkanbey

住Eski Belediye Sok. No.8
TEL(0346)225 6999
URLwww.serkanbeyrestaurant.com
開8:30～23:00
休無休
US$ € TL
MV

ケバブ屋 Map P.396B1

スルタン・ホテルの近くにある。店名は何度か変わっているがもともとはイスケンデル・ケバブの専門店だった。看板メニューのイスケンデル・ケバブは22TL。郷土料理のスィワス・キョフテ(22TL、写真)も人気が高い。

ディヴリイ・コナック Divriği Konak

住Şemsi Bezirgan Sok. No.2
TEL(0346)418 4999
開6:00～23:00
休無休
US$ € TL
AMV

郷土料理 Map P.398 ディヴリイ

ディヴリイでは食事どころの選択肢が少ないなか、旧市街ではほぼ唯一となる貴重な郷土料理レストラン。煮込み料理のほか、テスティ・ケバブ(写真、35TL)など郷土料理やケバブなど、ひと通りの食事が楽しめる。

読者投稿 セルカンベイのスィワス・ケバブはエキメッキはもちろん、エズメやサラダも付いてボリューム満点でした。(埼玉県 アシュク '17夏)

ドウバヤズット近郊にあるイサク・パシャ宮殿

秘境に、人々の笑顔を求めて

南東部、東部アナトリア

Güneydoğu ve Doğu Anadolu

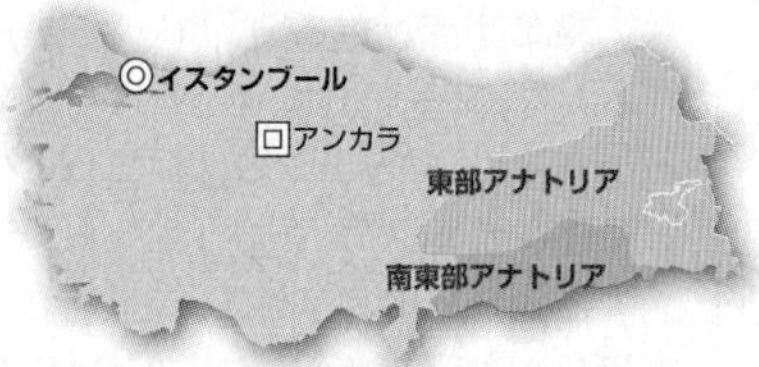

ネムルトダーゥ（アドゥヤマン）の気候データ

月	1月	2月	3月	4月	5月	6月	7月	8月	9月	10月	11月	12月
平均最高気温（℃）	8.5	10	14.8	20.4	26.4	33.1	37.7	37.5	32.9	25.5	17	10.6
平均最低気温（℃）	1.2	2.1	5.4	9.8	14.2	19.6	23.6	23.2	18.8	13.5	7.4	3.2
平均降水量（mm）	133.9	102.8	89.6	66	40.4	7.4	1	0.7	5.1	44.5	75.6	140.3
旅の服装												

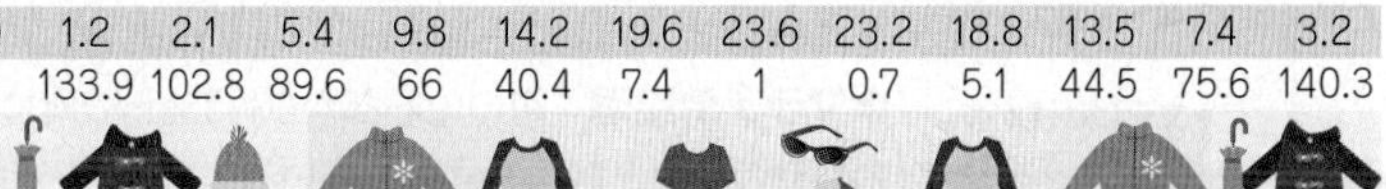

イスタンブール
アンカラ
ネムルトダーゥ

山頂に石像が鎮座する「世界8番目」の不思議

ネムルトダーゥ Nemrut Dağı

市外局番 **0416** | 人口**21万7463**人 | 標高**669**m(アドゥヤマン)

ネムルトダーゥの山頂に並ぶ石像

世界遺産
ネムルトダーゥ Nemrut Dağı
1987年

■時刻表一覧
✈→P.54～59
マラテヤ空港、アドゥヤマン空港、シャンルウルファGAP空港が利用できる。
🚃→P.60～61
🚌時刻表索引→P.62～63

History
コンマゲネ王国

アレキサンダー大王の後継者のひとりセレウコスが築いたセレウコス朝の流れを組む王国。紀元前2世紀から紀元後1世紀にかけて栄え、シリア北部からユーフラテス川沿岸にかけての地域を領有した。もともとセレウコス朝の属州だったが独立後はローマと巧みに連携しながら独立を維持した。しかし、紀元後になるとローマの属州へと編入された。

コンマゲネ文化には謎が多かったが近年の考古学的研究から解明が進みつつある。

標高2150mのネムルトダーゥ(ネムルト山)には、山頂に世界遺産に登録された巨大な神像がある。これは紀元前1世紀に、この地方を支配したコンマゲネ王国のアンティオコス1世の墳墓。岩のかけらが積もって円錐状の丘となっている山頂自体が陵墓だ。その東と西にそれぞれ5体の神像とワシとライオンの像が並ぶ。地震のため首が神像から転げ落ち、神々の首はまるで地面から生えたかのように前を見据えている。これは世界7不思議に続く世界8番目の不思議ともトルコでは呼ばれる。アンティオコスの像はゼウスやアポロン、ヘラクレスなどの神々と並んでおり、強大な権力をもっていたことがうかがえる。

旅の起点となる町

ネムルトダーゥ山頂への公共交通機関はなく、**キャフタ**や**アドゥヤマン**、**マラテヤ**のほか、**シャンルウルファ**(→P.410)など周辺の町からツアーで行く。

空港からのアクセス

◆アドゥヤマン空港　アドゥヤマンの東約20kmの所にあり、発着に合わせバイ・トゥルBay-Tur社のセルヴィスが運行されている。運賃は13TL。アドゥヤマンはエムニエット・ミュデュルリュウEmniyet Müdürlüğü、キャフタはオトガルに発着。出発時は離陸1時間45分前にセルヴィスが出発。

◆マラテヤ空港　町の中心部から約35kmの所にある。到着に合わせてシャトルバスが待っている。市内から空港へのシャトルバスは航空会社によって出発場所が異なるので注意。

マラテヤからアドゥヤマンへの道は断崖絶壁で、山道を上るように進む。ドルムシュの車窓からは、南東部の雄大な山岳風景を楽しむことができる。(編集室)

起点の町　アドゥヤマン Adıyaman

アドゥヤマンのオトガル

●オトガル　2017年に新しいオトガルがオープンし、かつてのオトガルや近郊ターミナルは閉鎖された。長距離路線は館内のオフィスでチケットを買う。ガズィアンテップ、キャフタ、マラテヤ方面など近郊への路線は頻繁に発着するため、プラットホームに行先別にそれぞれのバス会社のオフィスが並んでいる。市中心部へは市内バスやドルムシュがあるほか、セルヴィスも出ている。

起点の町　キャフタ Kâhta

ネムルトダーゥの麓にある町で、ホテルも多いネムルトダーゥ観光の起点。アドゥヤマンからのドルムシュは、ホテルが点在するメインストリートを抜けて町の中心部にあるオトガルに到着する。泊まりたいホテルの前で降ろしてもらうとよい。

起点の町　マラテヤ Malatya

時計塔のある交差点

このあたりの中心都市で、大きなショッピングセンターなどもある。町の中心は、**県庁**Vilayetがある広場。広場周辺には商店も多く、特産の**アンズ**Kayısıを売る店も見かける。ⓘは県庁脇の局が便利。

●オトガル　**マシュティ**Maştiの愛称で知られ、**テルミナル**Terminalとも呼ばれる。町の中心部へは幹線道路を東へ行くトロリー型のトラムビュスTrambüs(運賃2.50 TL) かドルムシュ (運賃2 TL) を利用する。シレ・パザル・アドリエŞile Pazar Adliyeで下車。市内バスなら、デデ・コルクト公園からイノニュ通りに入って県庁前に着く。市内バスの乗車券はカード式なので事前に購入しておくこと。

●近郊へのバス　近郊のスィワス、アドゥヤマン、エラズー方面のミニバスは、**イルチェ・テルミナリ**İlçe Terminaliの発着。**ただ、ほとんどの便はテルミナル(マシュティ)を通る**。イルチェ・テルミナリと市の中心はドルムシュや市内バスで結ばれている。

現地発着ツアー

公共交通機関で行くことが不可能なネムルトダーゥへは近隣の町からのツアー(P.406の表参照)に参加するのが一般的。時間がない場合は、キャフタやアドゥヤマンでタクシーをチャーターしておもな見どころを回ってもらうこともできる。

●日没(サンセット)ツアー　キャフタやアドゥヤマンの各ホテルからは正午～16:00に出発してネムルトダーゥ周辺を観光し、最後に山頂で日没を迎える。

■アドゥヤマンのⓘ
Map P.405上B
住Atatürk Bul. No.184
TEL(0416)216 1259
URLadiyaman.ktb.gov.tr
開8:00～12:00 13:00～17:00
休土・日

アドゥヤマンのⓘ

■キャフタのⓘ
Map P.405中左
住Celal Bayal Cad.
TEL(0416)725 5007
開8:00～17:00　休土・日

キャフタのオトガル

マラテヤのオトガル

■マラテヤのⓘ
●文化センター内
Map P.405下A
住Kongre Kültür Merkezi
TEL(0422)323 2942
URLmalatya.ktb.gov.tr
開8:00～17:00　休土・日
●ベシュコナックラルの支局
Map P.405下B
住Beşkonaklar, Sinema Cad.
TEL(0422)322 4490
開8:00～17:00　休日
●県庁脇の支局
Map P.405中右
住Vilayet Parkı
開8:00～17:00　休日

アドゥヤマン・ユナルのツアー担当のアリ氏

トラムビュスのキョイ・ガラジュ／サナーイKöy Garajı-Sanayi駅の駅名は、かつてここに近郊バスターミナルがあったことに由来するが、現在はイルチェ・テルミナリに移転しているので注意したい。(編集室)

Information

山頂の気温に注意!

ネムルトダーゥの頂上は標高2000mを超える。また、内陸部にあるため、日中と日没後の温度差も大きい。日の出や日の入りを見に行く場合、夏でも重ね着をするなどして冬並みの防寒対策をとろう。特に、深夜に出発して日の出を見るときは、1日で最も気温の低い時間となるため、注意が必要だ。

●日の出(サンライズ)ツアー

キャフタやアドゥヤマンの各ホテルを深夜に出発して山頂で日の出を迎えた後、ネムルトダーゥ周辺を観光して9:00頃にホテルへと戻る。

●観光シーズン

ネムルトダーゥに行くからには山頂の頭像を見たいもの。山頂まで行くことができる5〜10月頃に行こう。開山と閉山の時期はその年の天候によって異なる。冬は積雪や凍結のため、ジェンデレ橋までしか行けない。

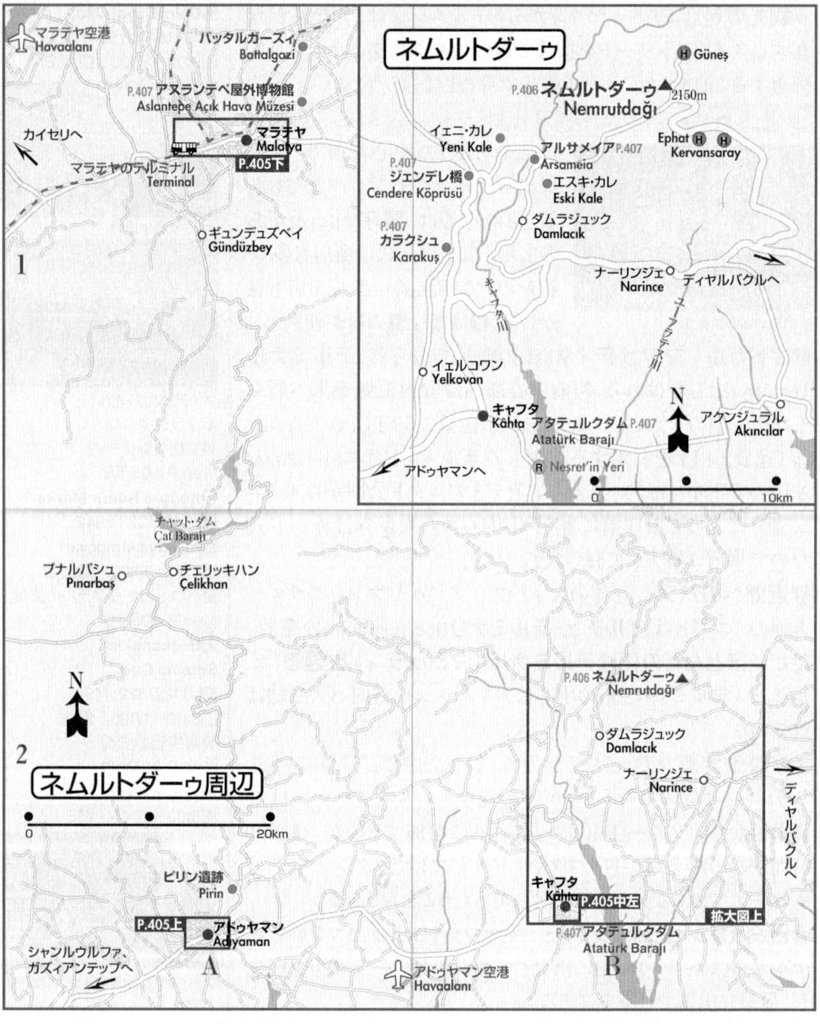

ネムルトダーゥ山頂の東の神殿

ネムルトダーゥ

P.406 ネムルトダーゥ Nemrutdağı 2150m
Güneş
Ephat
Kervansaray
イェニ・カレ Yeni Kale
アルサメイア P.407 Arsameia
P.407 ジェンデレ橋 Cendere Köprüsü
エスキ・カレ Eski Kale
ダムラジュック Damlacık
P.407 カラクシュ Karakuş
ナーリンジェ Narince
ディヤルバクルへ
キャフタ川
ユーフラテス川
イェルコワン Yelkovan
キャフタ Kâhta
アタテュルクダム P.407 Atatürk Barajı
アクンジュラル Akıncılar
アドゥヤマンへ
Neşret'in Yeri
0 10km

ネムルトダーゥ周辺

マラテヤ空港 Havaalanı
バッタルガーズィ Battalgazi
P.407 アヌランテペ屋外博物館 Aslantepe Açık Hava Müzesi
カイセリへ
マラテヤ Malatya
P.405下
マラテヤのテルミナル Terminal
ギュンデュズベイ Gündüzbey
チャット・ダム Çat Barajı
プナルバシュ Pınarbaş
チェリッキハン Çelikhan
0 20km
ピリン遺跡 Pirin
P.405上 アドゥヤマン Adıyaman
シャンルウルファ、ガズィアンテップへ
アドゥヤマン空港 Havaalanı
P.406 ネムルトダーゥ Nemrutdağı
ダムラジュック Damlacık
ナーリンジェ Narince
ディヤルバクルへ
キャフタ Kâhta P.405中左
拡大図上
P.407 アタテュルクダム Atatürk Barajı

ネムルトダーゥは天気が悪いと日の出も日没も見ることができないため、その場合は日中に見学するツアーだけ催行される。(編集室)

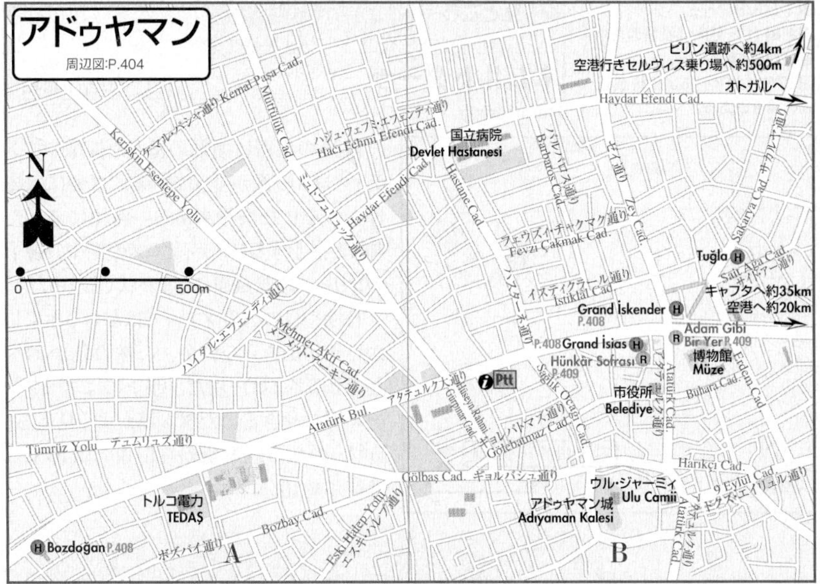

ネムルトダーゥ山頂は寒いが、アルサメイアなどの見どころは日差しが強い。防寒対策と紫外線対策を両方しておいたほうがいい。水分補給も忘れずに!(編集室)

■ネムルトダーゥ
休冬期（12～3月）は積雪のため道が閉ざされている。
料20TL（ツアーにより料金込みの場合がある）

見どころ

にょっきりと突き出たユニークな表情の像

ネムルトダーゥ

Map P404B1

Nemrutdağı ネムルトダーゥ

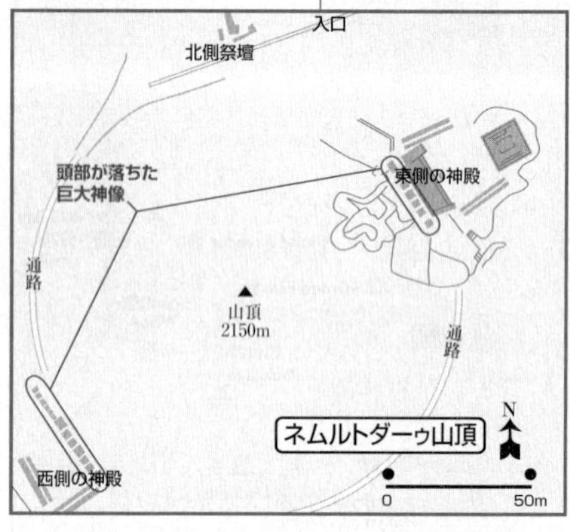

陵墓の東西に頭部の落ちた神像やアンティオコスの像が並んでいる。東側には捧げものをした祭壇もある。西側にあった神々と握手するアンティオコスの像や、獅子のレリーフは収蔵庫にしまわれてしまった。

日没や日の出のツアーではどちらかにしか日光があたらないが、石像の色が刻々と変わるさまは圧巻だ。眼下にはユーフラテス川をせき止めたダム湖がよく見える。カフェのある駐車場から山頂の遺跡までは徒歩約10分。

アンティオコスの頭部

アポロン神の頭部

斜面からは雄大な景色がよく見える

ネムルトダーゥとその周辺を巡るツアー

アドゥヤマン発

行程	オトガルからバス会社のアドゥヤマン・ユナル**Adıyaman Ünal** が催行。日没ツアー12:00発。日の出ツアー深夜23:00発。コンマゲネ王国の都市遺跡、ピリンPirinにもリクエストすれば追加料金なしで寄る。
料金	自動車1台350TL(10人まで)
連絡先	アドゥヤマン・ユナル**Adıyaman Ünal** ☎0543 208 4760（担当アリAli氏）

キャフタ発

行程	各ホテルが催行している。周辺の見どころを回り、ネムルトダーゥからの日没を眺めるツアーは、14:00発、21:00頃帰着。日の出を見るツアー3:00発、9:00頃帰着。1人から催行。前日までの予約が望ましい。
料金	ひとり50US$(夕食、入場料込)。
連絡先	キャフタの各ホテルのほか、コンマゲネ・ホテル（→P.408）のイルファン・チェテインカヤ氏が経営するメゾポタムヤ・トラベルMezopotamya Travel(URL **www.nemrutguide.com**)でも手配可能（Map P.405中左）。

マラテヤ発

行程	1泊2日で日の入りと日の出の両方が楽しめる。5月～10月頃12:00発、翌朝10:00帰着。ホテルはネムルトダーゥから約10km離れたギュネシ・ホテル。日の出と日の入りの時間に山へミニバスが出る。
料金	ひとり250TL。ホテルの宿泊料と朝食、夕食込みだが、入場料と昼食代は別途。
連絡先	ラマザン・カラタシュ氏**Ramazan Karataş** ☎0536 873 0534 Mail **ramo4483@hotmail.com** ※LINEのramo44nemrut、fでも申し込み可

シャンルウルファ発

行程	日没ツアーは朝出て日没後の帰着。早朝発ならアタテュルクダムにも立ち寄ることができる。日の出のツアーは前日の夜半頃に出発し、夕方の帰着。
料金	車1台350TL～（4人まで、食事・入場料込み）
連絡先	ウール・ホテル（→**P.413**） ※LINEのmusma63でも申し込み可 アスラン・コヌック・エヴィ（→**P.413**）

※シャンルウルファには2019年5月現在、日本の外務省から「不要不急の渡航は止めてください」が発出されている。

ネムルトダーゥの神像の首は地震によって地面に落ちたもの。イスタンブールにあるミニアトゥルク（→P.167）では地震前のネムルトダーゥの姿がミニチュアで再現されている。（編集室）

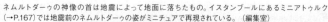

4本の墓碑が荒涼とした風景によく似合う

カラクシュ

Map P404B1

Karakuş カラクシュ

キャフタから約12kmの所にある。コンマゲネ王ミトリダテスの母、姉などの陵墓。周囲に残る石柱の頭にはワシ（カラクシュ）の彫像がある。

ローマの建築技術の一端を垣間見せる

ジェンデレ橋

Map P404B1

Cendere Köprüsü ジェンデレ・キョプリュスュ

ジェンデレ橋

ユーフラテス川の支流であるジェンデレ川Cendere Çayıにかかる橋。200年頃、ローマのセプティミウス皇帝（在位193～211）のために建設された。巨大な石材は10km近くもの距離を運ばれてきたらしい。

山の中にひっそりとたたずむ大きなレリーフ

アルサメイア（エスキ・キャフタ）

Map P404B1

Arsameia/Eski Kâhta アルサメイア（エスキ・キャフタ）

アルサメイアからキャフタ川下流を望む

キャフタから北に約25kmのエスキ・キャフタには、コンマゲネ王朝の夏の離宮跡があり、アルサメイアとも呼ばれている。ミトリダテス王がヘラクレス神と握手している大きなレリーフがある。レリーフの下にあるトンネルの長さは158m。出口は閉鎖されている。

世界最古の刀剣が発掘された

アスランテペ屋外博物館

Map P404A1

Aslantepe Açık Hava Müzesi アスランテペ・アチュック・ハワ・ミュゼスィ

マラテヤの郊外、オルドゥズOrduzuにある遺跡で、約5300年前の世界最古の金属製の刀剣が発掘された。2011年より屋外博物館として公開されている。発掘された刀剣はマラテヤの考古学博物館に収蔵されている。

肥沃な平野を潤す巨大なダム

アタテュルクダム

Map P404B2

Atatürk Barajı アタテュルク・バラジュ

展望台からユーフラテス川を臨む

トルコで最大、世界でも7番目という規模の大きなダム。ダムの上からはその雄大な景色を望むことができる。また、ダム建設によってできた巨大なダム湖は憩いの場ともなっている。

カラクシュの石柱

ヘラクレス神から王位を授かり、握手するミトリダテス王

■アルサメイア
冬期は閉鎖されることがあるので、夏のシーズン中に行ったほうが無難。ホテル発のツアーでは行き先に含まれない場合もあるので確認しよう。
料20TL（ネムルトダーゥと共通）

■アスランテペ屋外博物館
🚌マラテヤの中心部からオルドゥズ行きのバスで約15分。
開8:00～19:00（冬期～16:45）
休月　料無料

■考古学博物館
Map P.405下B
住Kernek Meydanı No.5
開8:00～16:45　休月
料6TL
不可

■アタテュルクダム
シャンルウルファからのネムルトダーゥツアーではアタテュルクダムに立ち寄るものが多い。クズルジャプナルKızılcapınar港からはダム湖を遊覧するクルーズも出ている。

アスランテペからの出土品は、マラテヤの考古学博物館のほか、アンカラのアナトリア文明博物館にも多数展示されている。（編集室）

HOTEL & RESTAURANT

アドゥヤマン　アタテュルク大通り沿いに中級ホテルが点在しているが数は多くなく、1軒1軒が離れている。アドゥヤマンの市役所周辺にチー・キョフテ専門店が多い。
キャフタ　ネムルトダーゥに近くホテルが多いが、強引な客引きやツアーの内容・料金をめぐってのトラブルもある。ツアー代も含めたトータルの金額で選択しよう。ほとんどのホテルがレストランも併設しているが、ムスタファ・ケマル通り沿いなどにロカンタがある。
マラテヤ　高級なホテルはテルミナルから町の中心部へ向かう途中にいくつかある。県庁前広場周辺やテルミナル行きドルムシュ乗り場の西側に手頃な中級ホテルが並んでいる。レストランはイノニュ通り沿いと、県庁の広場周辺に庶民的な店がたくさんある。カナル・ボユKanal Boyuにはおしゃれな店もある。

日本からホテルへの電話 国際電話会社の番号 + 010 + 国番号 90 + 市外局番と携帯電話の最初の 0 を除いた相手先の電話番号

グランド・イスケンデル Hotel Grand İskender

住Hükümet Konağı yanı No.2
TEL(0416)214 9001
FAX(0416)214 9002
S A/C 90TL
W A/C 160TL
US$ € TL
M V

中級 61室　Map P.405上B アドゥヤマン

町の中心部にある便利な立地。客室は広めで、ミニバーや衛星放送対応のテレビも完備。1階には庶民的なレストランを併設している。レセプションではツアーの手配も可能。

全館無料　EV あり

ボズドアン Otel Bozdoğan

住Atatürk Bul. No.108
TEL(0416)216 3999
URL www.otelbozdogan.com
S A/C 130TL
W A/C 180TL
US$ € TL　A D J M V

中級 78室　Map P.405上A アドゥヤマン

町の中心部から1.5kmほど西に離れた所にある4つ星ホテル。屋外スイミングプール、フィットネスルームなどがひととおり揃っている。半数以上の部屋はバスタブ付き。

全館無料　EV あり

グランド・イスィアス Hotel Grand İsias

住Atatürk Bul. No.220
TEL(0416)214 8800
FAX(0416)214 9733
URL www.grandisias.com
S A/C 160TL
W A/C 250TL～
US$ € TL　A M V

中級 70室　Map P.405上B アドゥヤマン

町の中心部に建つ大型ホテル。最上階のレストランでは郷土料理がひととおり楽しめる。ネムルトダーゥへのツアーやっていないが応相談。シーズンによっては大幅に料金が下がる。

全館無料　EV あり

コンマゲネ Kommagene Hotel

住Mustafa Kemal Cad.
0532 200 3856
TEL(0416)725 9726
URL www.kommagenehotel.com
S A/C 15US$
W A/C 25US$
US$ € TL　M V

経済的 20室　Map P.405中左 キャフタ

節約型の旅行者に人気。庭の共同キッチンが自由に使える。部屋の設備は値段相応。メゾポタムヤ・トラベルと同経営でマルディンやシャンルウルファなど周辺へのツアーも手配可能。

全館無料　EV あり

パルク Park Otel

住Atatürk Cad. No.9
TEL(0422)326 3230
FAX(0422)321 1691
Mail parkotelmalatya@mynet.com
S A/C 50TL
W A/C 100TL
TL　M V

経済的 19室　Map P.405中右 マラテヤ

アタテュルク通りにある白地に青い建物。町歩きに便利な立地。全室テレビ付きで清潔。トイレ・シャワー共同の部屋はS40TL、W80TL。共同トイレは洋式ではなくトルコ式。

全館無料　EV なし

ネムルトダーゥのツアーを扱っているメゾポタムヤ・トラベルでは、カッパドキアのホテルからピックアップしてネムルトダーゥとシャンルウルファを回るツアーなども催行している。(編集室)

ビュユック Malatya Büyük Otel

中級 52室 | Map P.405中右 マラテヤ

住Cezmi Kartay Cad. No.1/B
TEL(0422)325 2828
FAX(0422)323 2828
URLwww.malatyabuyukotel.com
100TL
150TL
TL　MV

イェニ・ジャーミィの向かいに建つ2つ星の大型ホテル。2012年に改装したので客室もきれい。エアコンは中央制御方式。各階にひとつバスタブ付きの部屋もある。
全館無料　EVあり

グランド・アクサチ Grand Aksaç Hotel

中級 54室 | Map P.405下B マラテヤ

住Terminal Cad. No.39
TEL(0422)502 2000
FAX(0422)502 1800
URLwww.aksachotel.com
150TL
200TL
US$ €TL　MV

トラムビュスのキョイ・ガラジュ／サナーイ駅を出て、テルミナル通りを南東へ入った右側。2019年春の新築オープンで、「W」の文字をふたつ合わせたようなロゴが目印。サウナも完備。
全館無料　EVあり

ソフラ Sofra Restaurant

トルコ料理 | Map P.405中左 キャフタ

住Karşıyaka Mah., Mustafa Kemal Cad. No.62
TEL(0416)726 2055
開6:00～19:00
休無休
TL　MV

煮込み料理からピデ、ラフマジュン、イチリ・キョフテ、各種ケバブまでひと通りの料理が食べられる老舗で、地元での評判もいい。サラダにピラフをつけて25～40TL。

ヒュンキャール Hünkar Sofrası

郷土料理 | Map P.405上B アドゥヤマン

住Hoca Ömer Mah., 215 Sok. No.2/D
TEL(0416)216 2500
開8:00～22:00
休無休
TL　MV

郷土料理がひと通り食べられる店で、看板メニューのヒュンキャール・ピラフ（写真、15TL）は、ヒュンキャール・ベエンディとピラフがひと皿で味わえる。ラフマジュンなど小麦粉料理も人気。

アダム・ギビ・ビル・イエル Adam Gibi Bir Yer

トルコ料理 カフェ | Map P.405上B アドゥヤマン

住Atatürk Bul. No.243
TEL(0416)213 3313
開7:30～24:00
休無休
TL　MV

町の中心部にあるオープンなカフェレストラン。ミディエ・ドルマス（ムール貝のピラフ詰め）など、このエリアでは珍しい海の幸もある。チキンにピラフ、サラダがついて16TLのお得なランチメニューも。

Map P.405中右 | 郷土料理 | マラテヤ

スィナン・ハジュ・ババ
Sinan Hacıbaba Et Lokantası

住Akpınar Halfettin Mah. No.19
TEL(0422)321 3941
開7:00～21:30　休無休
TL　MV

1949年創業、マラテヤ郷土料理の名店。名物のキャーウト・ケバブ（ケバブの紙包み焼き）は26TL。

Map P.405中右 | ケバブ屋 | マラテヤ

スルタン・ソフラス
Sultan Sofrası

住Vilayet Arkası
TEL(0422)323 2393
開7:00～22:00　休無休
US$ €TL　MV

県庁の南側にある。スープ（6TL）がとてもおいしいと評判。ラフマジュンは4TL。添え物のサラダ、チー・キョフテは無料。

Map P.405中右 | 郷土料理 | マラテヤ

ノスタルジー
Nostalji Tarihî Malatya Evi

住Vilayet Yanı, Yeşil Sinema Karşısı
TEL(0422)323 4209
開7:00～24:00　休無休
TL　MV

1840年代に建てられた民家を改装した店。郷土料理のアナル・クズル・キョフテやイチリ・キョフテ（いずれも20TL）が人気。

マラテヤのオトガルのみやげ物屋では、さまざまなアンズ関連の商品が並んでいる。アンズを使ったコロンヤはマラテヤ限定品。（編集室）

名物ラフマジュンやチー・キョフテ、食のふるさとここにあり

シャンルウルファ Şanlı Urfa

市外局番 **0414** ｜ 人口**52万6247**人 ｜ 標高**518**m

■時刻表一覧
✈→P.54～59
🚌時刻表索引→P.62～63

治安情報

2019年5月現在、シャンルウルファには日本の外務省より「レベル2：不要不急の渡航は止めてください」が発出されている。

世界遺産
ギョベックリ・テペ遺跡
Göbekli Tepe Arkeolojik Alanı
2018年

世界遺産ギョベックリ・テペ遺跡

シリア国境にも近い、人口52万人余りの都市。紀元前2000～3000年頃から栄えたこの町は、セレウコス朝のニカトールが命名したエデッサEdessaという名で歴史上にたびたび登場する。２世紀頃からキリスト教が盛んとなり、11世紀末には十字軍国家のエデッサ伯国の中心地となった。

なお、「シャンル」は、独立戦争の際に勇敢に戦った住民に対して贈られた称号。単に「ウルファ」と呼ばれることも多く、バスの行き先表示などは「Ş. Urfa」と書かれている。

歩き方

市の中心部の入口となるのが**トプラマ・メルケズィ**Toplama Merkezi。市内各地からのバスはいったんここに集まる。ここから見どころのあるエリアを1周する市内バスは63番を使う。聖なる魚の池（通称**バルクルギョル**Balıklı Göl）、博物館がある**ハレップリバフチェ**Haleplibahçeを経由し、旧市街を縦断してトプラマ・メルケズィへ戻る。2回券5TLはバスの運転手から購入する。

ターミナルから町の中心部へ

◆空港から町の中心部へ　シャンルウルファGAP空港は、町の北東約35kmにある。町の中心部とはハワシュ Havaşで結ばれており、着陸便に合わせて運行。所要約45分、12TL。

◆オトガルから町の中心部へ　上の階が長距離バス、下の階が近距離バスやドルムシュが発着するターミナルとなっている。オトガルを出たところから72番のバスに乗れば終点かトプラマ・メルケズィ。

■シャンルウルファ市文化社会局運営のⓘ
Map P.411
市役所横の小さなブース。セルダル・アウジュ氏は観光ガイドとしても活躍している。氏が不在の時はブースは閉まっているが電話すれば来てくれる。
住Belediye Yanı
📱0535 334 7482
URLsanliurfa.ktb.gov.tr
開8:00～12:00　13:00～17:00
休土・日

■県文化観光課のⓘ
Map P.411
住Atatürk Bul. No.49
TEL(0414) 312 0818
開9:00～17:00　休土・日

■ガップ・トゥリズム Gap Turizm
Map P.411
住Atatürk Bul., Büyükşehir Belediyesi Karşısı
TEL(0414) 312 0202
開9:00～17:00　休土・日
ハラン・ホテルHarran Hotelのある建物の1階にある旅行会社。ギョベックリ・テペやマルディン、ミディヤットなどへのツアーを催行している。航空券の手配もこちらでできる。

✒ハレップリバフチェ通り沿いの建物を解体した際、1500年ほど前の王族の墓と思われる洞窟が60近く見つかった(クズルコユン王墓群)。中からはモザイクなども発見されている。(編集室)

見どころ

トルコ最大級の考古学博物館、圧巻の展示

シャンルウルファ博物館

Map P.411

Şanlıurfa Müzesi シャンルウルファ・ミュゼスィ

2015年にオープンしたトルコ最大級の考古学博物館。エデンの園がここにあったという説もあるギョベックリ・テペ、ユーフラテス川の底に沈んだ紀元前8000年紀にさかのぼるとみられるネヴァリ・チョリ以来の遺跡の発掘物を中心に、ヒッタイト、ローマ時代を経て現代にいたるまで年代ごとに整理、展示している。ウルファとその近郊の遺跡をたどれば、ほぼそれが人類の歴史となるという、この地域の歴史の長さと文化の奥深さを思い知らされる博物館だ。

ハレップリバフチェに残る女人の王国アマゾネスの女戦士を描いたモザイク

ハレップリバフチェで出てきたモザイクは、そのままの状態で屋根を掛けただけという状態の別棟に展示されている。ローマ後期から初期ビザンツ時代のものと思われるこのモザイクは、アマゾネス王国の戦いを描いたものが中心。

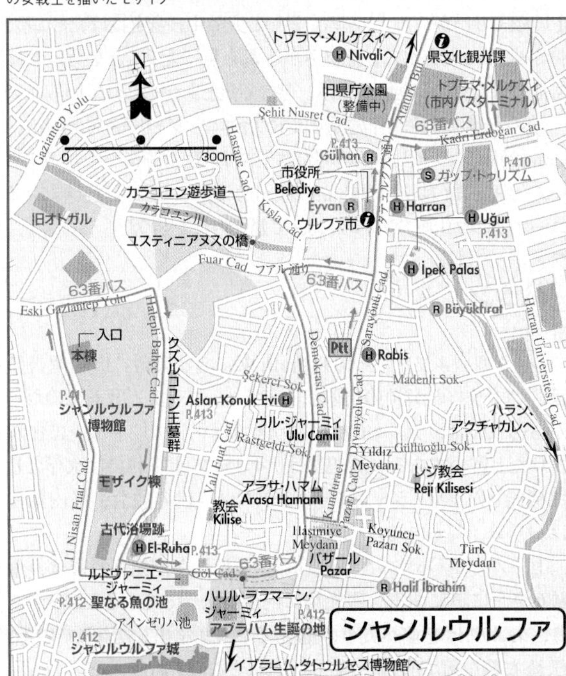

■シャンルウルファ博物館
住Haleplibahçe Arkeoloji Parkı
TEL(0414)312 5232
開8:00～19:00（冬期～17:00）
休月
料12TL（本棟・モザイク棟共通）

シャンルウルファ博物館の本棟

モザイク棟

写実的に描かれたモザイク

ネヴァリ・チョリのトーテム

青銅器時代の陶器製の車

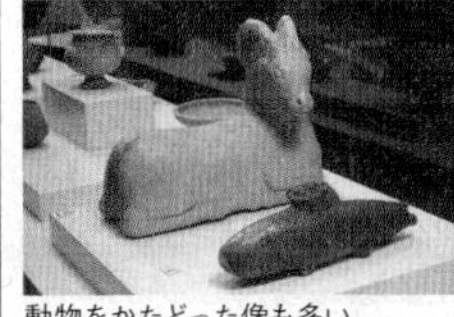
動物をかたどった像も多い

カラコユン川沿いに残る古い橋を含むエリア一帯は、市による遊歩道としての整備が完了した。川にはユスティニアヌスの時代に架けられた橋や水道橋が残っている。（編集室）

2本の石柱からの眺めは最高だ

■シャンルウルファ城
2019年5月現在、転落防止工事などが行われており、閉鎖されている

崖の上に伸びる2本の石柱が印象的
シャンルウルファ城
Map P.411
Şanlıurfa Kalesi シャンルウルファ・カレスィ

ヒッタイト時代に建てられたもので、高さ10～15mにも及ぶ石塔が25本残されており、南側は壕になっている。上からは眼下に広がる石造りの旧市街の町並みが眺められる。よく目立つ2本の石柱は高さ17.25mで、紀元前2～3世紀に造られた。

■アブラハム生誕の地
開早朝礼拝～日没礼拝
休無休　料寄付歓迎
バルクルギョル**Balıklıgöl**と書かれたミニバスでも行ける。女性は入口でスカーフを借りる。

アブラハムが生まれたとされる洞窟

■聖なる魚の池
開常時開放　料無料

魚に餌をやることもできる

アブラハムはここで生まれたという
アブラハム生誕の地と聖なる魚の池
Map P.411
Hz. İbrahim (A.S.) Peygamberin Doğum Yeri / Halil-ür Rahman Gölü
ハズレッティ・イブラヒム（アレイヒ・セラーム）・ペイガンベリン・ドウム・イェリ／ハリリュル・ラフマン・ギョリュ

トルコに住むムスリムの多くは、この町こそ預言者アブハラム（イブラヒム）がカナンへ向けて出発した「ウル」であると信じている。伝説によれば、国を失う夢を見た当時の支配者ニムロットは、その年に生まれる子供が国を滅ぼすという祈祷師の言葉を信じ、嬰児の皆殺しを命じた。そのためアブラハムの母が隠れて彼を出産したのがこの洞窟。預言者ヨブの生誕地もすぐ近くにあり、これがウルファがペイガンベル（預言者）の町と呼ばれるゆえんとなっている。

隣にある聖なる魚の池は、ニムロットがアブラハムを火あぶりの刑にしようとした場所。また、南側にあるもうひとつのアインゼリハ池Ayn-ı Zelihâ Gölüは、アブラハムの教義を信じたニムロットの娘ゼリハが、アブラハムを追い、火の中に身を投げたところ、神が火刑の火を水に、燃えさかる薪を魚に変えたという。今でも池にはたくさんの魚がすみ、聖なる魚とあがめられている。

池の北側には1736年建造のルドヴァニエ・ジャーミィ Rıdvaniye Camiiが、アインゼリハ池の畔には聖マリア教会跡にハリル・ラフマーン・ジャーミィ Halil Rahman Camiiが建つ。これは1211年にアイユーブ朝のマリク・アシュラフによって建造されたものだ。

■ハランへの行き方
●シャンルウルファから
🚌ハランへのミニバスはオトガルの近距離バス、ドルムシュ・ターミナルから発着する。ハラン・スル社**Harran Sur**のハラン行きのミニバス（6:00～18:30に15～30分毎、所要約1時間15分、運賃8TL）で終点下車。すぐにアレッポ門が見える。ウル・ジャーミィやビーハイブ・ハウスは門を入って丘を越えた向こう。ハランだけなら徒歩で十分回れる。

とんがり屋根のハランの家々

近郊の旅

とんがり帽子の屋根が並ぶ
ハラン
Map P.36B2
Harran ハラン

シャンルウルファから約44km南東にある集落。旧約聖書には、アブラハムが神の啓示によってユーフラテス川下流のウルから約束の地カナン（イスラエル）へ向かう途中、ハランに住んでいたと書いてある。周辺にはアイユーブ朝時代には大学として機能したウル・ジャーミィやビザンツ時代の教会、城内部には厨房跡も見られる。

ビーハイブ・ハウスと呼ばれる日干しれんが造りの家は、遺跡のさらに奥にある。観光用に内部を公開しているところがあり、おみやげを並べたり、庭先でチャイを出したりしている。伝統衣装を着て写真を撮ってくれるところもある。

旧約聖書によるとハランはヤコブが兄のエサウから逃亡したときに滞在した地でもある。ヨセフやユダなど、イスラエル12支部族の祖は全員ハランで生まれている。（編集室）

円環状に並ぶ巨石群

近郊の旅

世界最古の宗教遺跡
ギョベックリ・テペ
Map P.36B2

Göbekli Tepe ギョベックリ・テペ

シャンルウルファの東約20kmにある9000〜1万年前の遺跡。円環状に並ぶ巨石は神殿と考えられており、巨石は大きいもので3mほど。ウシやトリなど動物をモチーフにした彫刻が施されている。

当時のメソポタミアは狩猟採集の時代だった。農耕や牧畜の段階を経ない人類がこれほど高度な宗教的建築物を造り出したことは、考古学上の革命的な発見といえる。

キツネが彫り込まれた巨石

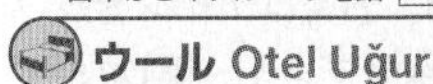
遊歩道が整備された

■ギョベックリ・テペ
開8:00〜19:00（冬期〜17:00）
休月　料30TL
タクシー往復120TL〜
ニヴァーリー・ホテル横のトプラマ・メルケズィから市内バスが10:00 13:00 16:00発。戻りは12:00 15:00 18:00。

HOTEL & RESTAURANT

中級ホテルは市役所付近に集中しており、邸宅を改装したコヌク・エヴィと呼ばれる宿も多い。高級ホテルはシャンルウルファ博物館周辺や町の北に点在している。

シャンルウルファは、とにかく食べ物がおいしいことで有名。ラフマジュンやチー・キョフテはここが本場。煮込み料理のパチャやスイーツのカダイフなどもぜひとも試してみたい。

日本からホテルへの電話 国際電話会社の番号 + 010 + 国番号 90 + 市外局番と携帯電話の最初の 0 を除いた相手先の電話番号

ウール Otel Uğur

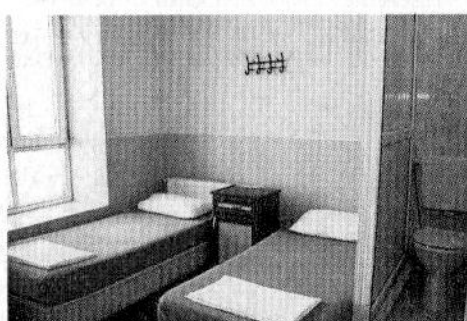

住Köprübaşı Cad. No.3
TEL(0414)313 1340
FAX(0414)316 3612
Mail musma63@yahoo.com
シングル A/C 50TL
ダブル A/C 100TL
US$ € TL　カード不可

経済的 18室　Map P.411

古い安宿で部屋はシンプルだが、清潔に保たれている。ギョベックリ・テペやハラン、ネムルトダーゥなど周辺へのツアーも催行している。シャワー、トイレ付きの部屋はシングル70TL、ダブル140TL。

全館無料　EV あり

アスラン・コヌク・エヴィ Aslan Konuk Evi

住Demokrasi Cad. No.10
携帯 0542 761 3065
URL www.aslankonukevi.com
DOM 8US$
シングル/ダブル A/C 30US$
US$ € TL
カード M V

経済的 9室　Map P.411

英語教師の傍ら、ハランやネムルトダーゥへのツアーに長年携わってきたオズジャン氏がオーナー。家族経営のホテルで、ツアー以外にもレンタカーやバスのチケットなども手配可能。

全館無料　EV なし

エッルハー El-Ruha Hotel

住Balıklıgöl Cıvarı No.150/A
TEL(0414)215 4411
FAX(0414)215 9988
URL www.hotelelruha.com
シングル A/C 45€
ダブル A/C 90€
US$ € TL　カード A M V

高級 87室　Map P.411

聖なる魚の池のそばにある。内部には自然の洞窟が残されており、オリジナルの雰囲気を極力残しつつ、カフェとして利用されている。プール、ハマム、サウナも完備。レストランもふたつある。

全館無料　EV あり

ギュルハン Gülhan Restaurant

住Atatürk Bul., Akbank Bitişiği No.32
TEL(0414)313 3318
開8:00〜23:00　休無休
US$ € TL
カード M V

郷土料理 ケバブ　Map P.411

市役所の北側にある人気店。ラフマジュンやチー・キョフテなどの郷土料理、ピデや炭火焼メニューも人気。特にウルファ・ケバブ27TL〜は、さまざまな野菜との盛り合わせが楽しい。

2013年にオープンしたイブラヒム・タトゥルセス博物館は町出身の大歌手を讃えて造られた。彼が小さい頃歌っていたチャイハーネ（ティーガーデン）を改装したもの。（編集室）

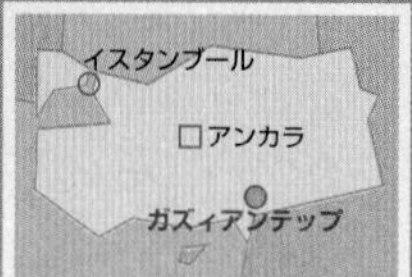

ピスタチオで有名な南東部最大の都市

ガズィアンテップ Gazi Antep

市外局番 **0342** 人口**143万8373人** 標高**843m**

■時刻表一覧

✈→P.54～59
🚌時刻表索引→P.62～63

治安情報

2019年5月現在、ガズィアンテップには日本の外務省より「レベル2：不要不急の渡航は止めてください」が発出されている。

■ガズィアンテップの🅘

Map P.415B

住Dere Kenarı Sok. No.27
TEL(0342)230 5969
URL gaziantep.ktb.gov.tr
開8:00～12:00 13:00～17:00
休土・日

■ガズィライGaziray

2011年に開通したLRT（路面電車）。鉄道駅前が始発で、スタジアムの横を通って西へと延びている。運賃2.50TL。

■バクルジュラル・チャルシュス
Bakırcılar Çarşısı

Map P.415B

城周辺には銅細工の店が集まる

■ゼウグマ・モザイク博物館

住Sani Konukoğlu Cad.
TEL(0342)325 2727
開9:00～19:00（冬期～17:00）
休月 料20TL 不可

ユーフラテス川の語源となった神エウフラテスを描いたモザイク

「ジプシー・ガール」のモザイク

シリアとの国境に近い商工業都市。古くはアインタップAyintapと呼ばれ、交通の要衝として栄えてきた。第1次世界大戦後、この町を占領したフランス軍に対して勇猛果敢に抵抗した住民にガズィ（戦士）の称号が贈られた。

通常アンテップと呼ばれ、郊外で栽培されるピスタチオやスイーツのバクラワでも有名だ。

歩き方

メインストリートは駅から南へ延びる**イスタスヨン通り**İstasyon Cad.。この通りと交差する**スブルジュ通り**Suburcu Cad.は繁華街で、さらに東へ進むとカラギョズ通りKaragöz Cad.と名を変える。カラギョズ・ジャーミィを左に曲がってしばらく進むと、隊商宿が立ち並ぶ**ギュムリュック通り**Gümrük Cad.。色々な店や見どころがあって、楽しいエリアだ。この通りを北へ進むと、ガズィアンテップ城へとたどり着く。

●オトガルから町の中心部へ　オトガルは市の北東にあり、中心部まで約8km。オトガル前の幹線道路からチャルシュ Çarışı行きのミニバスに乗る。運賃は2.75TLで、所要約20分。鉄道駅からもチャルシュ行きのミニバスがある。

見どころ

色鮮やかなモザイクは世界一級品

ゼウグマ・モザイク博物館

Map P.415A

Zeugma Mozaik Müzesi ゼウグマ・モザイク・ミュゼスィ

シャンルウルファとの県境にある町ニズィップNizip郊外にある遺跡がゼウグマ。ここから出土したモザイクを修復、展示するために2011年にできた博物館。その後建設されたアンタクヤ

ピスタチオはトルコ語でアンテップ・フストゥウAntep Fıstığıというが、南東部のシイイルトŞiirtも同じくピスタチオの産地でガズィアンテップとブランド競争を繰り広げている。（編集室）

のハタイ考古学博物館にモザイクコレクションの規模は抜かれたが、その後も世界でも2番目に豊富な(単一遺跡の博物館としては依然世界一)コレクションを誇る。

特に有名なのが**ジプシー・ガール**と名付けられた小さなモザイクで、その美しい顔がガズィアンテップを象徴する「顔」となった。その規模だけではなく、モザイクの美しさもじっくり堪能したい。

■メドゥーサ・ガラス工芸博物館
TEL (0342)230 3049
開 9:00～19:00
(冬期～17:00)
休 無休
料 4TL　学生2TL

1500年間アンテップを守ってきた

ガズィアンテップ城

Map P.415B

Gazi Antep Kalesi
ガズィアンテップ・カレスィ

旧市街にあって町を見渡す小高い丘にある。この城塞は565年にビザンツ皇帝ユスティニアヌスによって建てられた。城壁の周囲は1200mで36本もの塔が建っている。

城の周囲にはアンテップ名産のピスタチオのお店や銅製品を売る店が軒を連ねている。

町を見下ろす堅牢な城

ガラス工芸を集めた

メドゥーサ・ガラス工芸博物館

Map P.415B

Medusa Cam Eserleri Müzesi
メドゥーサ・ジャム・エセルレリ・ミュゼスィ

トルコ唯一のガラス専門博物館。ローマ、ビザンツ、オスマン朝時代のガラス工芸を中心に、1500点以上の個人コレクションを整理、展示する施設として造られた。このほか、青銅器や古銭なども展示している。

メドゥーサ博物館の展示

■ギュムリュック・ハヌ
住Gümrük Cad. No.14/5
開アトリエにより異なる
休無休　料無料

博物館としての展示スペースもある

■ガズィアンテテップ考古学博物館
住İncilipınar Mah., Kamil Ocak Cad., Forum Gaziantep karşısı
TEL(0342) 324 8809
開9:00〜19:00（冬期〜17:00）
休無休　料6TL

生ける博物館がコンセプト
ギュムリュック・ハヌ
Map P415B
Gümrük Hanı ギュムリュック・ハヌ

中庭はカフェになっている

ギュムリュック通りからガズィアンテップ城にかけては隊商宿が多いが、そのなかでも最近修復が終わったのがこのギュムリュック・ハヌ。もともとは19世紀に建てられた隊商宿で、2012年に修復され、2013年5月に「生ける博物館」をコンセプトにオープン。モザイク作りや手織物、レース編み、ガラス細工など、さまざまな伝統手工芸のアトリエが並んでいる。エブルの体験も可能。

シリアのパルミラ遺跡の出土物展示もある
ガズィアンテップ考古学博物館
Map P415B
Gaziantep Arkeoloji Müzesi ガズィアンテップ・アルケオロジ・ミュゼスィ

長い間閉館していた考古学博物館を拡張し2017年に再オープン。モザイクこそなくなったものの、それを補ってあまりあるほどの展示の充実ぶりだ。特に前期青銅器時代から後期ヒッタイト時代あたりまでの展示が充実しており、象形文字や楔形文字などが刻まれたレリーフや土器の展示は圧巻だ。アドゥヤマンのコンマゲネ期の遺跡からの遺物もある。シリアのパルミラ遺跡のネクロポリス出土の胸像が、ゼウグマ出土の胸像と並べて展示されている。

ヒッタイト時代、ズィンジルリホユック出土のレリーフ

石棺に掘られた胸像（ゼウグマ出土）

HOTEL & RESTAURANT

中級ホテルはスブルジュ通り沿いに多く、安宿はイスタスヨン通りとスブルジュ通りの交差点の南のPTT周辺にいくつかある。スブルジュ通りには24時間営業のロカンタもいくつかあるので便利。城壁周辺にはホルモン焼きの店が多い。

日本からホテルへの電話　国際電話会社の番号 + 010 + 国番号90 + 市外局番と携帯電話の最初の0を除いた相手先の電話番号

カレ・エヴィ・ブティック Kale Evi Butik Otel

中級 8室　Map P.415B

住Köprübaşı Sok. No.2
TEL(0342) 231 4142
FAX(0342) 231 4140
URL www.kaleevibutikotel.com
S A/C 80TL
W A/C 160TL
US$ € TL　A M V

城の外堀沿いにあるホテル。「城の家」という意味で、壁の一部は城壁を利用している。内装はシックにまとめられており、屋上と内庭にカフェとレストランがある。スタッフは英語を話す。
全館無料　EV なし

ギュッリュオウル Güllüoğlu

パスターネ　Map P.415B

住Duğmeci Mah., Suburcu Cad., Ömeriye Camii Sok. No.1
TEL(0342) 231 2282
FAX(0342) 222 4365
URL www.gulluoglushop.com
開7:00〜23:30
US$ € TL
A M V

シリアでバクラワ作りの技術を学んだというギュッリュ・チェレビーによって1752年に創業されたという、由緒あるバクラワ専門店。さまざまなバクラワが並んでいるが、ここは定番のピスタチオ入りを頼みたいところ。上階は同系列のホテルになっている。

ギュムリュック通りにあるイェニ・ハンYeni Han内にあるカレオウル洞窟Kaleoğlu Mağarası(Map P.415B)は天然の洞窟なので夏でもクーラー要らず。洞窟内はカフェになっている。(編集室)

諸民族の交差点であり続けた町

ディヤルバクル Diyarbakır

市外局番 0412	人口89万2713人	標高660m

2015年に城壁と町の南東部に広がるヘウセル庭園は世界遺産に登録された

ディヤルバクルは全長5.8kmもの城壁で囲まれた町。城壁の長さは万里の長城に次いで世界第2位を誇る。メソポタミア文明を生んだティグリス川Dicle Nehri上流にあり、古くはアミダAmidaあるいはアーミドAmidと呼ばれた。

ローマ・ビザンツ時代の後、639年にハーリド・ブン・ワリード将軍率いるアラブ軍がやってきた。以来、数々のキリスト教会がジャーミィに改築された。旧市街の城壁内には多くのジャーミィが現在でも残り、時代によって相違する建築美を楽しむことができる、トルコでも興味深い町だ。

この町を中心に勃興したアクコユンル朝が、勢力を増して一躍歴史の主役に躍り出たのは15世紀のこと。首都にふさわしい美しい建物が次々と建てられた。しかし、1473年にオスマン朝との決戦に敗れ、領土に組み込まれた。現在はさまざまな人々が住むトルコ南東部の中心都市となった。

歩き方

ディヤルバクルの旧市街には南北1本、東西に2本の大通りが走っている。ダーカプDağkapı(ダー門)からマルディン門Mardin Kapıまで南北に続く道がメインストリートの**ガーズィ通り**Gazi Cad.。ダーカプの南の交差点付近、ネビ・ジャーミィNebi Camiiから西へ延びる**イノニュ通り**İnönü Cad.の周辺はホテルやロカンタ、バス会社のオフィスが並ぶ町の中枢。旧市街のほぼ中央、バルックチュラルバシュ Balıkçılarbaşıからウルファ門を抜けて鉄道駅まで続くのが**メリク・アフメッド・パシャ通り**Melik Ahmed Paşa Cad.だ。

時刻表一覧

✈→P.54～59
🚃→P.60～61
🚌時刻表索引→P.62～63

治安情報

2019年5月現在、ディヤルバクルには日本の外務省より「レベル3：渡航は止めてください。(渡航中止勧告)」が発出されている。

世界遺産

ディヤルバクル城塞とヘウセル庭園の文化的景観
Diyarbakır Kalesi ve Hevsel Bahçeleri Kültürel Peyzaj Alanı
2015年

ディヤルバクルの ℹ

Map P.419B

住 Dağkapı Meydanı, Selahhatin-i Eyyubi Yeraltı Çarşısı Üstü
TEL (0412) 229 2032
開 9:00～12:00 13:00～18:00
休 日・月

緑濃いヘウセル庭園

世界第2位の長さを誇るディヤルバクルの城壁だが、何ヵ所か城壁の上へ登ることができる。特に南東部にあるヤギの塔 (Map P.419B) からの眺めは絶景で、チャイハーネも併設している。(編集室)

ダーカプとマルディン門を結ぶガーズィ通り

オトガルは中心部から約4km西にある

イルチェ・オトガルが近郊への起点

ディヤルバクル駅は一部改装中

ターミナルから町の中心部へ

◆空港から町の中心部へ　空港と市内は市内バスZ2番ユニヴェルスィテÜniversite行きがほぼ20分に1便運行されている。オトガルと市内を結ぶバスAZ番も空港を通る。旧市街へはダーカプDağkapıの停留所が便利。20:30以降の深夜帯はZ3番の市内バスが1:30まで運行。運賃は2TL。

◆オトガルから町の中心部へ　ディヤルバクルのオトガルはふたつ。メインとなるのは、大都市への長距離バスが発着する**オトガル**。もうひとつはマルディン、バトマン、ミディヤット行きなどのミニバスが発着する**イルチェ・オトガル**İlçe Otogarıだ。

●オトガル　町の中心部へは、AZ番ユニヴェルスィテ行き市内バスが15分に1便運行されており、ダーカプ下車。所要約45分。運賃2TL。タクシーだと35TLくらいかかる。

●イルチェ・オトガル　市内バスH5番のユニヴェルスィテ行きがほぼ40分に1便運行されている。所要約15分ほど。そのほか、H2番、H3番、H4番のバスがイルチェ・オトガルを通ってダーカプへ行く。運賃は2TL。

◆鉄道駅から町の中心部へ　駅前から真っすぐ延びるイスタスヨン通りを10分あまり歩くとウルファ門に着く。イルチェ・オトガルからのH5番市内バスが鉄道駅を通るほか、20分に1便の間隔で運行されているCE2のユニヴェルスィテ行きも鉄道駅を通る。そのほかP1、H2、H3、H4、Z3、K1も利用可。いずれもユニヴェルスィテ方面行きのバスに乗り、ダーカプで下車。

見どころ

旧市街の中心に建つジャーミィ

ウル・ジャーミィ　Map P.419B

Ulu Camii ウル・ジャーミィ

■ウル・ジャーミィ
開5:00～20:00　休無休
料無料

元々の建物は紀元前から神殿だったと考えられており、その後キリスト教会となり、マル・トーマ教会と呼ばれていた。後にジャーミィとして使われるようになったが、町のシンボ

ウル・ジャーミィの中庭

7世紀頃にジャーミィになった

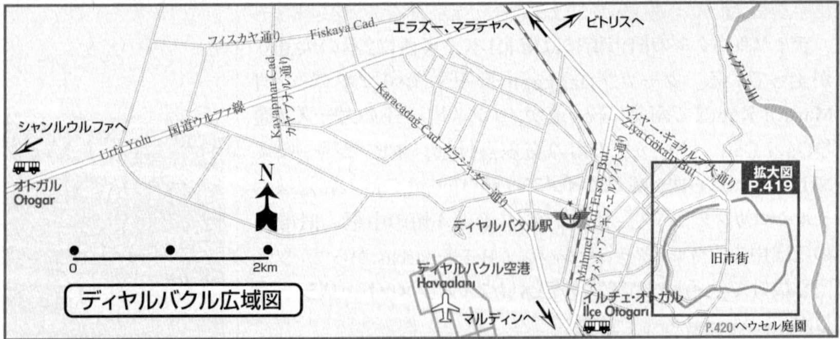

スルプ・グラゴス・アルメニア教会は数々の旅行記にも登場する由緒ある教会。2011年に修復が完了し、アメリカアルメニア教会の聖職者も招いて盛大な式典が催された。（編集室）

ルとしての機能は変わらない。1115年の地震による崩壊後に再建された現在の建物は、シリアのダマスカスにあるウマイヤド・モスクと似た様式で、トルコのほかの地域ではこういう建築を見ることができない。内部の中央には日時計がある。

壁や列柱に刻まれたレリーフや装飾が非常に美しい

チャイを飲みながらサズの練習をしたり歌の練習をしたりする人が見られる

観光案内所も兼ねている

デングベージュ・エヴィ Map P.419A

Dengbêj Evi デングベージュ・エヴィ

デングとは「声」、ベージは「歌う」を意味するクルド語。クルドの人々は抑圧された時代でも歌の形で自らの歴史や文学を伝えてきた。ここはそんなデングベージュの文化をいまに伝える建物で、クルドの伝統家屋を修復して2007年に開館した。

■デングベージュ・エヴィ
住Kılıçlı Camii Sok. No.6, Behrampaşa Camii Yanı
TEL(0412)229 2034
開9:00～12:00 13:00～18:00
休日・月 料無料
チャイは無料。ディヤルバクル市文化観光課の観光案内所も兼ねる

歴史の深さを感じさせる

スルプ・グラゴス・アルメニア教会 Map P.419B

Surp Gragos Ermeni Kilisesi スルプ・グラゴス・エルメニ・キリセスィ

創建年はよくわからないが、1376年の碑文がある。古来、数々の旅行記にも登場する規模の大きな教会。教会も廃墟同

■スルプ・グラゴス・アルメニア教会
住Yenikapı Cad., Göçmen Sok.
開9:00～17:00
休無休 料寄付歓迎

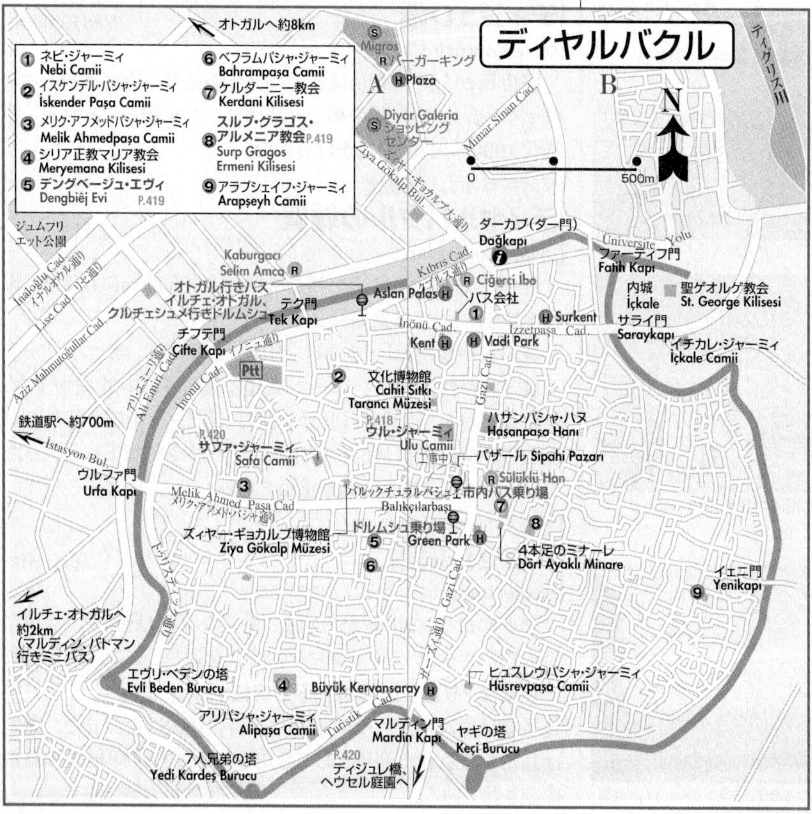

ディヤルバクル

① ネビ・ジャーミィ Nebi Camii	⑥ ベフラムパシャ・ジャーミィ Bahrampaşa Camii
② イスケンデル・パシャ・ジャーミィ İskender Paşa Camii	⑦ ケルダーニー教会 Kerdani Kilisesi
③ メリク・アフメッドパシャ・ジャーミィ Melik Ahmedpaşa Camii	⑧ スルプ・グラゴス・アルメニア教会 Surp Gragos Ermeni Kilisesi P.419
④ シリア正教マリア教会 Meryemana Kilisesi	⑨ アラプシェイフ・ジャーミィ Arapşeyh Camii
⑤ デングベージュ・エヴィ Dengbiêj Evi P.419	

オトガルへ約8km
Migros
バーガーキング
Plaza
Diyar Galeria ショッピングセンター
Mimar Sinan Cad.
ティグリス川
ズィヤー・ギョカルプ大通り Ziya Gökalp Bul.
0 500m
ジュムフリエット公園
ダーカプ(ダー門) Dağkapı
Üniversite Yolu
ファーティフ門 Fatih Kapı
Kaburgacı Selim Amca
Kıbrıs Cad. クブルス通り
Ciğerci İbo
Aslan Palas
バス会社
内城 İçkale
聖ゲオルゲ教会 St. George Kilisesi
オトガル行きバス イルチェ・オトガル、クルチェシュメ行きドルムシュ
テク門 Tek Kapı
İnönü Cad.
Surkent
İzzetpaşa Cad.
サライ門 Saraykapı
イチカレ・ジャーミィ İçkale Camii
İnalogulu Cad. イナルオウル通り
Lise Cad. リセ通り
Aziz Mahmutoğullar Cad.
チフテ門 Çifte Kapı
Kent
Vadi Park
イノニュ通り
Ptt
Gazi Cad.
アリ・エミーリ通り Ali Emiri Cad.
İnönü Cad.
文化博物館 Cahit Sıtkı Tarancı Müzesi
ハサンパシャ・ハヌ Hasanpaşa Hanı
鉄道駅へ約700m
İstasyon Bul.
P.418 ウル・ジャーミィ Ulu Camii (工事中)
P.420 サファ・ジャーミィ Safa Camii
バザール Sipahi Pazarı
ウルファ門 Urfa Kapı
Melik Ahmed Paşa Cad. メリク・アフメド・パシャ通り
バルックチュラルバシュ Balıkçılarbaşı
Sülüklü Han
市内バス乗り場
ドルムシュ乗り場
ズィヤー・ギョカルプ博物館 Ziya Gökalp Müzesi
Green Park
4本足のミナーレ Dört Ayaklı Minare
イェニ門 Yenikapı
トゥリズム通り
イルチェ・オトガルへ約2km (マルディン、バトマン行きミニバス)
ガーズィ通り
エヴリ・ベデンの塔 Evli Beden Burucu
Büyük Kervansaray
ヒュスレヴパシャ・ジャーミィ Hüsrevpaşa Camii
アリパシャ・ジャーミィ Alipaşa Camii
Turistik Cad.
マルディン門 Mardin Kapı
ヤギの塔 Keçi Burucu
7人兄弟の塔 Yedi Kardeş Burucu
P.420 ディジュレ橋、ヘウセル庭園へ

ディヤルバクルにはアルメニア人も数多く住んでいたが、いわゆるアルメニア人虐殺やクルド問題などで治安が安定しない状況が続き、1990年代末には旧市街で10人を切るような状態だった。(編集室)

然の状態だったが、2011年に修復が完了した。アメリカのアルメニア教会の聖職者も招いて盛大な式典が催され、ミサなども行われるようになった。

修復された教会の内部

■サファ・ジャーミィ
開9:00～日没
休無休 料無料

History
アクコユンル朝
アク（＝白）コユン（＝羊）を意味するため白羊朝とも言われる。14～15世紀にかけ、トルコ東部からイラン西部にかけて一大勢力を築いたトルクメン系の王朝。最盛期のスルタン、ウズン・ハサンは勢いに乗るオスマン朝を牽制するため西欧勢力と結び対抗を試みたが、1473年のバシュケントの戦いでメフメット2世に敗れ、王朝は衰退する。彼の血筋はイランのサファヴィー朝へと受け継がれていった。

レリーフが施されたミナーレが美しい
サファ・ジャーミィ
Map P.419A
Safa Camii サファ・ジャーミィ

わかりにくい小さなパロ通りPalo Sok.を入った所にある。地元の人にはパロ・ジャーミィ Palo Camiiの名前でも知られている。15世紀、アクコユンル朝最盛期のスルタン、ウズン・ハサンの時代に建てられた。ミナーレはイラン式の建築の流れを組んでいて、びっしりと施された緻密なレリーフは息をのむ美しさ。下部には青い装飾タイルがところどころ残っている。

装飾が美しいミナーレ

■ディジュレ橋
🚌マルディン門からドルムシュが頻発
開随時 休無休 料無料

アーチが美しい

ティグリス川に架けられた優美な橋
ディジュレ橋
Map P.419B外
Dicle Köprüsü ディジュレ・キョプリュスュ

旧市街から南へ3kmほど先にある石造りの橋。通称「オンギョズル橋（＝10の眼の橋）」と呼ばれ、11世紀のマルワーン朝時代（990～1085年）にかけられた。

世界最長級の都市城壁
ディヤルバクルの城壁
Map P.419
Diyarbakır Surları ディヤルバクル・スルラル

町を取り囲むように築かれた城壁は全長5.8kmにも及び、現存するものとしては世界最長級。

城の古い場所は「イチカレ（内城）」と呼ばれ、かつてアーミダ城といわれた部分。ローマ時代に拡張されて外城ができ、その後はペルシア帝国（ササン朝）、ビザンツ帝国と持ち主が変わる。最終的には640年頃にアラブ軍の支配下へと入ったが、その後も何度も改修を重ねている。

堅固な城壁が町を取り囲んでいる

ティグリス渓谷に沿って広がる
ヘウセル庭園
Map P.418
Hevsel Bahçeleri ヘウセル・バフチェレリ

マルディン門の南側から始まる肥沃な大地はティグリス川に沿って広がっている。オスマン朝時代を通じ、ここには養蚕業に必要なクワなどを栽培する果樹園が広がっていた。その後養蚕業は廃れたが、その景観は維持され続けた。また、庭園は鳥たちの隠れた楽園としても知られており、189種類の鳥が確認されている。

ヤギの塔から見下ろすヘウセル庭園

ディヤルバクルとその周辺地域ではペルシア語やクルド語との関連が深いザザ語（ザザーキー）がよく話されている。（編集室）

荒野に突き出た中世の町並み
マルディン Mardin

市外局番 0482	人口8万6948人	標高1050m

マルディン城と斜面に沿って広がる町並み

ディヤルバクルから約96km。ディヤルバクルを出発したバスは、しばらく畑地や荒れた平原を疾走する。やがて道の両脇に山が連なり始め、正面にマルディンの町がある岩山が見えてくる。スュリヤーニー（シリア）語のメルディン（城壁）という言葉がこの町の名の由来。その名のとおり、城山の斜面にへばりつくように白っぽい家が並ぶ。城塞の頂上にあるスイカの形をした施設は軍関係のものだ。古くからアラブ人やクルド人、また、スュリヤーニーと呼ばれるキリスト教徒などが共に暮らしており、アラビア語を話す人も多い。

歩き方

旧市街のメインストリートはメイダンバシュから西へ延びる**ビリンジ通り**Birinci Cad.。通り沿いに、ロカンタや貴金属店などが軒を連ねる。町の中心である**ジュムフリエット広場**Cumhuriyet Meydanıもこの通り沿いにある。

旧市街は**シェヒル・イチ**Şehir İçiの表示のあるミニバスが巡回し、ビリンジ通りを西から東へと通過していく。

ターミナルから町の中心部へ

◆空港から町の中心部（チャルシュ）へ　ハワシュ Havaşのバスがオトガル、旧市街の入口であるディヤルバクルカプ、出口のすぐ外にあるメイダンバシュを経由する。離発着に合わせて運行している。所要約45分、運賃は9TL。

◆オトガルから町の中心部（チャルシュ）へ　旧市街の細い道でも走れるように少し小型の市内バスがオトガルの敷地を出たところから出ている。運賃は2TL。旧市街からオトガルへは

■時刻表一覧
✈→P.54～59
🚌時刻表索引→P.62～63

治安情報

2019年5月現在、マルディンには日本の外務省より「レベル2：不要不急の渡航は止めてください」が発出されている。

Information

マルディンの銀細工

マルディンは、銀細工でトルコ中に知られる町。ビリンジ通り沿いにはいくつもの貴金属店が軒を連ねている。イェルリサン銀細工店では、伝統的技法を用いた銀製品を製造、販売している。日本のテレビ番組で取り上げられたこともある。

●イェルリサン銀細工店
Yerlisan Gümüşçülük
Map P.422
TEL(0482)213 2213
開9:00～18:00　休日

オトガル

ディヤルバクルとマルディンを結ぶ幹線道路をはじめ、トルコ南東部では検問が行われることがある。パスポートは忘れずに携帯を。（編集室）

すべての市内バスが行くわけではない。旧市街とその外側をぐるぐる回るものもあるので運転手に聞いてみよう。

見どころ

かつてのシリア教会を利用した

マルディン博物館

Map P.423

Mardin Müzesi マルディン・ミュゼスィ

ジュムフリエット広場に建つかつてのシリア・カトリック教会を利用した博物館。考古学展示だけではなく、生活文化や宗教文化の展示が充実している。サバンジュ博物館とともに観光のはじめに見ておくといいだろう。

現在でも使用されている数少ない教会のひとつ

40人教会

Map P.422

Kırklar Kilisesi クルクラル・キリセスィ

40人教会はマルディンのシリア正教会の中心的存在

ジュムフリエット広場の少し西の路地を入った左側にあるシリア正教会。地元ではアラビア語でケニーサ・アルバイーンとも呼ばれている。569年にマル・ベフナム教会として建造され、40人の殉教者の骨がここに埋葬されたため、後に40人教会と呼ばれるようになった。

マルディンに来たらまずはここで文化を知ろう

サークプ・サバンジュ・マルディン市博物館

Map P.422

Sakıp Sabancı Mardin Kent Müzesi サークプ・サバンジュ・マルディン・ケント・ミュゼスィ

蝋人形を使った展示

大財閥サバンジュ・グループが建設した博物館。1階はマルディンの長い歴史や伝統工芸などの民俗文化などが展示を通してていねいに説明されており、マルディン観光の初めに訪れるのにピッタリ。地下階はギャラリーになっている。

ナチュラル石けんはおみやげに最適

■マルディン博物館
住Şar Mahallesi, Cumhuriyet Meydanı Üstü
TEL(0482) 212 1664
開夏期8:30～18:00
冬期8:00～17:00
休月 料6TL 学生2TL

■40人教会
通り沿いに看板が出ている。
開9:00～18:00
(冬期～16:00)
休無休
※日祝の集団礼拝中の見学はできない

■サークプ・サバンジュ・マルディン博物館
住Birinci Cad., Eski Hükümet Konağı Yanı
TEL(0482) 212 9396
URL www.sakipsabanci mardinkentmuzesi.org
開5/2～10/31 8:30～17:30
11/1～5/1 8:00～17:00
休月
料6TL 学生2TL
CC不可

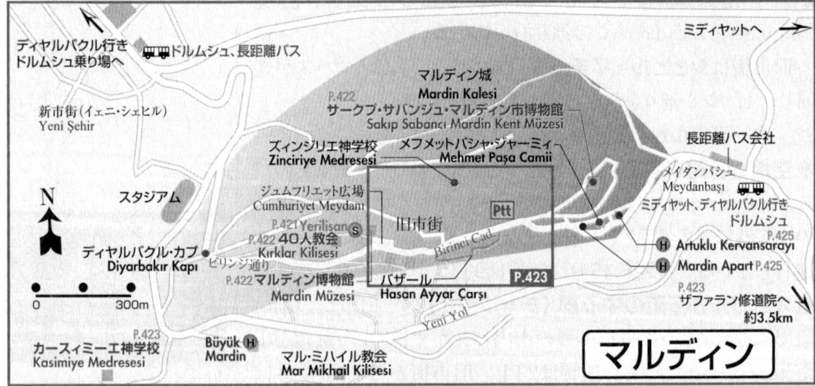

マルディンやミディヤットでよく売られているシルーフShiluhのワインは、キリスト教徒によるブランド。聖ガブリエル修道院（→P.424）にある畑で穫れたブドウのみで作ったワインもある。（編集室）

500年間も残る血痕の伝説は本当？

カースィミーエ神学校

Map P.422

Kasimiye Medresesi カースィミーエ・メドレセスィ

マルディンにある建造物のなかで最大級のもの。メドレセの名前カースィミーエは、アクコユンル朝末期の君主カースィムに由来する。そのためカスム・パーディシャー・メドレセスィとも呼ばれる。15世紀の末頃に建てられた。建物の中央部の壁には赤いシミがついている。これはカースィムとその姉妹がここで殺されたときの血痕だという。階段を上って2階からの景色はまさに絶景だ。その平野は遠くシリアまで続いている。

シリア正教会の総司教座がおかれていた

ザファラン修道院

Map P.424A

Deyrül Zafaran デイリュル・ザファラン

ザファラン修道院内部の主祭壇

市内から5kmほど東にあるシリア正教会の修道院。創建は紀元前にさかのぼると考えられているが、紀元4世紀末にキリスト教徒が使うようになった。1293年から1932年まで、シリア正教会の総本山であるアンティオキア総主教座がおかれていた由緒ある修道院。活動は現在も続いており、スュリヤーニー（シリア）語による礼拝や、少年信徒たちへの教育も行われている。

近郊の旅

石造りの重厚な教会が多い

ミディヤット

Map P.424B

Midyat ミディヤット

ミディヤットにはビザンツ時代から残る古い様式のモチーフや、独特の色合いのれんがをもつ教会や修道院がある。

歩き方　エステルと呼ばれる新市街と旧市街（エスキ・ミディヤット。単にミディヤットと呼ぶことも）のふたつの町から成り立ち、両者をドルムシュが結ぶ。

■カースィミーエ神学校
開9:00～18:00
（冬期～17:00）
休無休　料無料

神学校の正面

■ザファラン修道院
TEL(0482)208 1061
URL www.deyrulzafaran.org
開8:30～12:00 13:00～18:30
休無休　料10TL　学生5TL
不可
タクシーかドルムシュをチャーターして往復で60TL～。

シリア正教会の拠点ザファラン修道院

■ミディヤットへの行き方
●マルディンから
メイダンバシュから6:00～19:00の20分に1便程度。
所要:約1時間　運賃:15TL
●ハサンケイフから
始発はバトマン。便によってはミディヤットの手前のゲルジュシュ Gercüşで乗り換えの場合もある。
所要:約40分　運賃:12TL

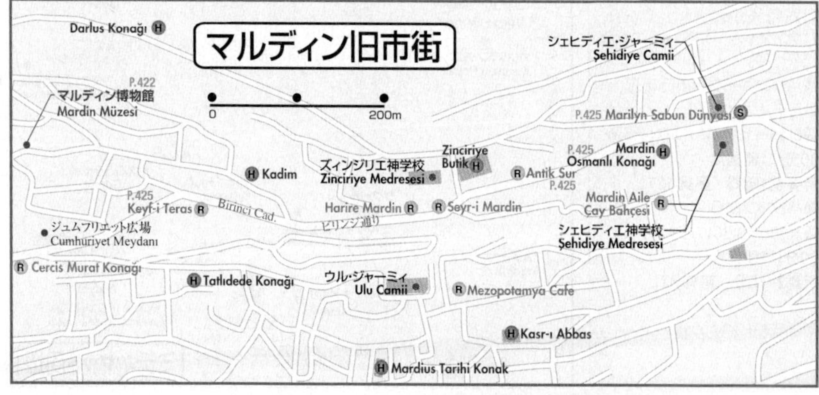

手づくりの石鹸はマルディン名物。特に有名なブットゥム石鹸は漢方薬の材料でもある篤耨香（トクノウコウ）を使った石鹸。肌には刺激が強いが髪にはとてもいいそうだ。（編集室）

見どころ　旧市街には**コヌク・エヴィ** Konuk Eviという伝統建築を利用した博物館があり、周辺にはキリスト教徒が営む地元産ワインの店や銀細工の店が並ぶ。旧市街の中心はアタテュルク像がある広場でヘイケルと呼ばれている。ここはドルムシュの発着点にもなっている。広場からシリア正教会の鐘楼が建ち並ぶ光景が見渡せる。

近郊の旅

世界で最も古い修道院のひとつ

聖ガブリエル修道院

Map P.424B

Mor Gabriel Manastırı モル・ガブリエル・モナストゥル

397年に創建された、世界で最も古い修道院のひとつ。7世紀にこの地を征服した2代目カリフの名を取って、ウマル修道院Deyrül Umarとも呼ばれている。かつてはこの修道院の神学部に数千人の学生が学んでいたといわれる。門を入り階段を上ると、右に礼拝堂、正面左側に修道院事務所と接待室の建物がある。高台にあるので周囲の眺めはすばらしい。

近郊の旅

ティグリス川に残る要衝

ハサンケイフ

Map P.424B

Hasankeyf ハサンケイフ

ハサンケイフはティグリス河畔に残る遺跡。建築的価値からいっても早急な保存と修復が必要なのだが、ウルス・ダムIlısu Barajıが建設され、村ごと水没することが決定した。現在残る建物の多くは、アルトゥク朝時代の11～12世紀に造られたもの。ティグリス川に12世紀に架けられたといわれる橋の橋脚やアクコユンル朝時代に造られたゼイネル・ベイ・テュルベスィ Zeynel Bey Türbesiがあった。2019年には城壁や橋脚などを除き建物の移転を完了、ついに2019年5月から新ハサンケイフへの住民の移住も始まった。7月にはダムからの放流も始まる予定で、貴重な歴史遺産も水の底へ沈むこととなる。

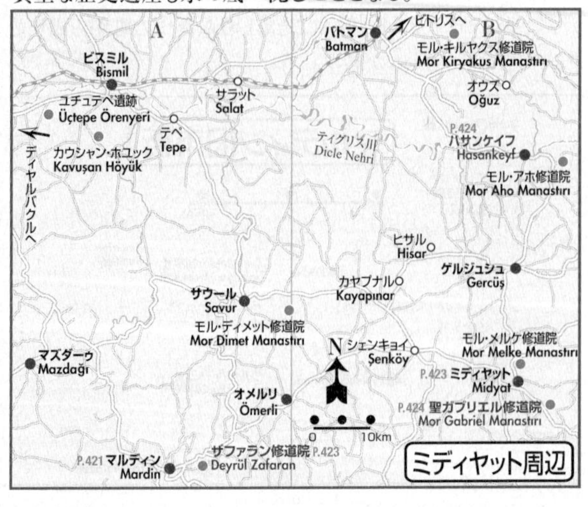

■コヌク・エヴィ博物館
住133 Sok. No.15
TEL(0482)464 0719
開8:30～日没　休無休
料3TL

コヌク・エヴィから眺めるミディヤット旧市街

■聖ガブリエル修道院
TEL(0482)213 7512
URL www.morgabriel.org
開8:30～11:00 13:00～16:30
休無休　料寄付歓迎
📷不可
ミディヤットの南東20kmにある。公共交通機関はないので、タクシーを利用する。ミディヤットから往復120TLほど。

聖ガブリエル修道院は2つの鐘楼が目印

いよいよ水の底に沈むことになったハサンケイフ。対岸にあるのが新ハサンケイフ

■ハサンケイフへの行き方
●ミディヤットから
🚌6:45～18:30にドルムシュが30分に1便程度
所要:約1時間　運賃:12TL
●バトマンから
🚌7:00～18:30にドルムシュが30分に1便程度
所要:約45分　運賃:8TL

マルディンには羊のモモ焼きドヴォ Dovo や緑のスモモと羊肉を煮込んだアッルジエ Alluciye など珍しい料理が多い。ジェルジス・ムラト・コナウ Cercis Murat Konağı などで食べられる。（編集室）

HOTEL & RESTAURANT

マルディンは、人気テレビドラマの舞台となったこともあって国内観光客が一気に増加。旧市街の伝統家屋を利用したホテルが人気を呼び、新しいホテルが日々増えている。休日は空室がないことも。レストランも観光ブームで古い建物を改装した雰囲気ある店がオープンしている。

日本からホテルへの電話 国際電話会社の番号 + 010 + 国番号 90 + 市外局番と携帯電話の最初の 0 を除いた相手先の電話番号

マルディン・アパルト Mardin Apart Otel

経済的 20室 Map P.422

住Birinci Cad., Hamidiye Camii Karşısı
TEL(0482)212 8882
150TL
250TL
US$ € TL
不可

オーナーの生家を改装したホテル。アパートの名だがキッチンなどは付いていない。宿代が高めのマルディンでは値段も手頃。旧館と新館があり、旧館のほうは民家に泊まったような気分になれる。

全館無料 EV なし

マルディン・オスマンル・コナウ Mardin Osmanlı Konağı

中級 53室 Map P.423

住Birinci Cad. No.157
TEL(0482)212 7677
TEL(0482)213 7787
URL www.mardinosmanlikonagi.com
A/C 250TL
A/C 350TL
US$ € TL M V

マルディン独特の古い建物を改装したプチホテル。旧エルドバ・エヴレリ。建物の裏にある中庭からはシリアへと続く雄大なメソポタミア平原を見渡すことができる。

全館無料 EV なし

アルトゥクル・ケルヴァンサラユ Artuklu Kervansarayı

中級 43室 Map P.422

住Birinci Cad. No.70
TEL(0482)213 7353
URL www.artuklu.com
A/C 60€～
A/C 80€～
US$ € TL
A M V

アルトゥク時代の1275年に建設された隊商宿（ケルヴァンサライ）を改修してホテルとしている。レストランからサロン、客室から廊下に至るまですべてが趣のある内装になっている。

全館無料 EV なし

ケイフィ・テラス Keyf-i Teras

カフェ Map P.423

住Birinci Cad., Tuğmaner Camii Yanı No.297/A
0543 714 1181
開7:00～22:00
休無休
US$ € TL M V

ビリンジ通りにある高い建物の最上階をテラスとしており、見晴らし抜群。チャイ2.50TL、コーヒー各種6TL。ボリュームある朝食は25TL。屋根はないが全席禁煙。

アンティク・スル Antik Sur Cafe & Restaurant

郷土料理 Map P.423

住Birinci Cad., Kuyumcular Çarşısı Surur Hanı
TEL(0482)212 2425
開8:00～翌1:00
休無休
US$ € TL A M V

16～17世紀創建の隊商宿を利用したレストラン。アバラ肉をごはんと一緒に炊き込んだカブルガ・ドルマス30TLや釜焼き肉載せピラフPilav Üstü Tandır30TLといった郷土料理がメイン。

マリリン・サブン・デュンヤス Marilyn Sabun Dünyası

石鹸 コスメ Map P.423

住Birinci Cad. No.146
0533 412 0375
開8:00～20:00
休無休
US$ € TL
M V

「マルディンのマリリン」が2018年にオープンしたコスメ店。名物ブットゥム石鹸をはじめ、ラクダのミルクを使った各種石鹸、香水、アクセサリーなどもマリリンさん厳選のグッズが並ぶ。

「マルディンのマリリン」ことマリリン・サブン・デュンヤスのオーナーはマルディンの品質のいい石鹸を紹介したいと自らをイメージキャラクターにした。記念撮影にも気軽に応じてくれる。（編集室）

怪獣と猫で有名な美しい湖のほとりの町

ワン Van

市外局番 0432	人口37万190人	標高1726m

時刻表一覧
✈→P.54〜59
🚌時刻表索引→P.62〜63

ワンの❶
●ワン県の❶
Map P.427上B
住Cumhuriyet Cad. No.107
TEL(0432)216 2530
開8:00〜17:00　休土・日
●イペッキヨル区の❶
Map P.427上A
住Cumhuriyet Cad. Park AVM Karşısı
開8:30〜17:00（夏期〜19:00）
休無休

市内バスは現金不可
ワンの市内バスは現金では乗ることができず、ベルワンカードBelvan Kartı（ベルワン・カルトゥ）というプリペイド式のカードをあらかじめ購入し、利用する。カードはバス停近くのキヨスクなどで販売している。カードはチャージがなされていない状態のものが4TL。適宜チャージして利用する。

Information
ワン猫の家
Van Kedi Evi
左右の目の色が違うことで有名なかわいい猫、ワン猫はワンのマスコット的存在。そのワン猫の保護、繁殖を行う施設がユズンジュユル大学キャンパス内にあるワン・ケディ・エヴィ Van Kedi Eviだ。旅行者の見学も可能。カンピュスKanpüs行きドルムシュで終点下車。運賃は2.25TL。開館時間等は❶で確認しよう。
これとは別に、ワン城のすぐ近くにあるArubani Art（→P.430）にもワン猫の家Van Kedi Eviがあり、こちらでもワン猫の飼育を行っている。ワン猫と触れあったり撮影したりもできる(有料)。

左右の目の色が違うワン猫

アナトリア東部のイランとの国境近く、満々と塩水をたたえたトルコ最大の湖がワン湖。ワンはその東側にある町だ。紀元前9〜前6世紀に西アジアで栄えたウラルトゥ王国の首都トゥシパとして歴史に名を連ねている。ウラルトゥ王国は、最盛期にはアルメニア高原の全域に広がり、アララトArarat王国の名で、旧約聖書に登場した国。その後、アルメニア王国の中心地となったが、王国衰退後、10世紀からはトルコ人の侵入とともに、トルコ化、クルド化が進み、3者間の抗争地となった。第1次世界大戦中、一時的にロシア領となったこともある。

歩き方

ワンのメインロードは南北に走る**ジュムフリエット通り**Cumhuriyet Cad.。これに直交する1本の道、ワン湖へ向かって西へ走る**キャーズム・カラベキル通り**Kâzım Karabekir Cad.との交差点を中心に町は広がっている。交差点から南へセルチュク通りを1分ほど歩くと、左側に❶がある。北へ行くと30〜40mほどの右側に銀行が並んでいる。**アクダマル島**Akdamar Adasıなど近郊の見どころへはドルムシュを利用するが、夕方には便がなくなるので早めに帰ってこよう。

ターミナルから町の中心部へ

◆空港から町の中心部へ　市内へはドルムシュが利用できる。運賃は2.25TL。タクシーなら50TLぐらい。空港へはキャーズム・カラベキル通り沿いから空港行きのドルムシュが出ている。

◆オトガルから町の中心部へ　オトガルは町の北西約2kmにある。町の中心であるジュムフリエット通りとキャーズム・カラベ

ワン猫の目の色が、左右違う理由は諸説ある。古代からさまざまな民族が連れてきた猫が交配された結果として誕生したとか、ワン湖の影響などによるなどさまざまだ。(編集室)

キル通りとの交差点までセルヴィスが運行している。市内からオトガルも、バス会社のオフィスでチケットを買えばセルヴィスが利用できる。

周辺交通

ワンから周辺へ行くドルムシュは方面別に乗り場が分かれている。ドウバヤズットやムラディエ、アクダマルなど北・西方面へのドルムシュは、オトガルから出発。チャウシュテペ、ホシャップなど東・南方面へのドルムシュは町の南にあるドルムシュ・ガラジュから出る。

見どころ

七色に変化するといわれている美しい湖面

ワン湖

Map P.427下A

Van Gölü ワン・ギョリュ

湖面の標高は1646m、面積3713km²、湖岸線約500km、琵琶湖の6倍弱もあるこの湖は、流入河川はあるが、流出河川が少ないため、**塩湖**。しかし、場所によって濃度が違い、川の付近では魚が豊富に獲れ、岸辺付近では泳げる。塩水でも死海のように体が浮くようなことはない。

また、ここは昔から巨大生物ワン・ジャナーヴァルVan Canavarıが生息しているという噂があり、沿岸には目撃者も多

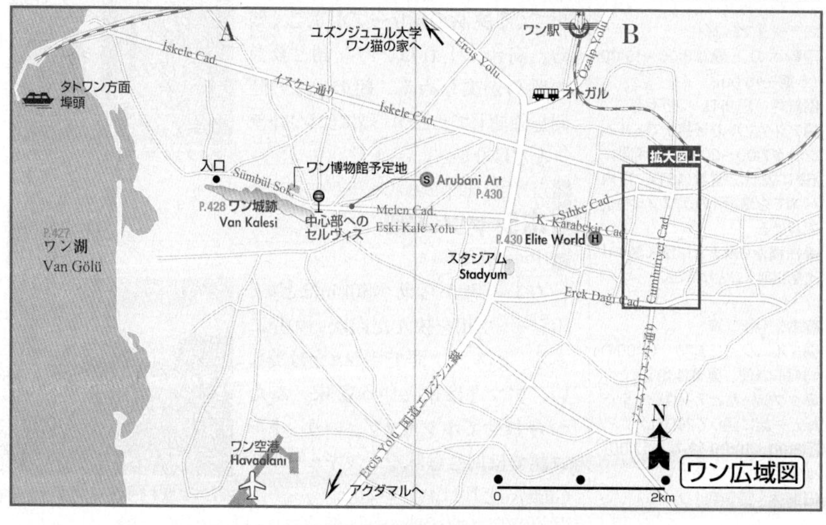

ワンとタトワンの間は鉄道の運行に合わせて湖を渡るフェリーも就航している。ワンギョリュ・エクスプレスィのほか、イランとの貨物便もこのフェリーで運ばれる。一般の旅行者も利用でき、運賃は10TL。(編集室)

いとか。1997年6月、この巨大生物がビデオに撮られたとして国中で話題になり、日本でもテレビで放映されたことがある。

町の西に位置する広大な湖

広大な見晴らしと夕日に感激！

ワン城跡

Map P.427下A

Van Kalesi ワン・カレスィ

町の西の外れにある岩山の城跡。石灰岩のブロックでできており、幅70～80m 、長さ1.5km、高さ80mにも及ぶ。紀元前825年に、この地で高度な文明を築き上げたウラルトゥ王国のサルドゥール1世によって建てられたもので、麓はウラルトゥ王国の首都トゥシパとして栄えた。

城内には岩を削って造られた紀元前9世紀の墓も残っており、入口の警備員に頼んで内部見学もできる。墓の入口周辺には楔形文字の碑文も見られる。

ワン城の観光は昼間は問題ないが、夕方は村の子供が寄ってきて金をねだったりする。城壁から眺める湖に沈む夕日はすばらしいが、ほかにあまり人がいないので注意しよう。

近郊の旅

力強く素朴なレリーフが残る教会が建つ

アクダマル島

Map P.429B

Akdamar Adası アクダマル・アダス

アクダマルはワン湖に浮かぶ島で、915～921年に建てられたというアルメニア教会がある。内部のフレスコ画の保存状態は悪いが、外壁は、アダムとイヴの物語など聖書に出てくる説話のレリーフが美しく残る。高台に上れば、ワン湖と教会の眺めが楽しめる。船の戻りの時間を確認しておこう。島にはレストランなどはない。

アクダマル島に残るアルメニア教会

近郊の旅

ライオン模様のレリーフがある

ホシャップ城

Map P.429B

Hoşap Kalesi ホシャップ・カレスィ

ワンの町から東へ50kmほどの、ホシャップ川を挟んだ向かいの丘にある。ペルシア語でホシュとは美しい、アブとは水という意味。ふたつ合わせてホシャップという。トルコ語では同じ意味をもつギュゼルスGüzelsuと呼ばれている。

高台に位置するホシャップ城

■ワン城跡
開8:00～19:00
（冬期～17:00）
休無休　料6TL
Kaleの表示のあるドルムシュに乗る。運賃は2.25TL。ドルムシュは6:00から21:00頃まで運行している。

町の西にそびえるワン城跡

Information

博物館の移転計画

ワンの中心部にあったワン博物館は、ウラルトゥ王国の遺跡の展示では世界でも有数として知られていたが、2011年の地震により建物が破損したため、閉館している。現在ワン城横の遺跡を屋外博物館として整備し、その敷地内に新たな博物館を造って展示物を移す予定だ。新博物館は2019年のオープンを目指している。

ワン城から眺めた博物館

■アクダマル島
開島への上陸は8:00～19:00
（冬期～16:00）
休無休　料15TL　不可
アクダマルの桟橋までドルムシュが7:00～20:00の1時間に1便に運行。運賃は8TL。市内バスでも島近くのゲワシュ村まで行ける
桟橋から島までは12人集まり次第出航。ひとり15TL。

■ホシャップ城
ドルムシュは7:00～19:00の1時間に1便。運賃は10TL。
タクシーだとチャウシュテペ城と一緒に回って200TL。
開8:00～19:00（冬期～17:00）
※早く閉まることも多い。
休無休　料無料

ワンに近いエドレミット・アレナEdremit Arenaから週末と祝日の12:00、14:00発のアクダマル島行きの船が出ている。往復12TL。支払いはベルワンカードのみで現金不可。（編集室）

城はオスマン朝時代の1643年にクルド人領主サル・スュレイマン・マフムディーによって建てられた。城内には365の部屋、ふたつのジャーミィ、3つのハマムなどがある。興味深いのは門に刻まれたレリーフで、紋章の両側に鎖につながれたライオンが配置されている。城も美しいが、城からの眺めが特に美しい。下にクルド人の村があり、オスマン朝時代に架けられた橋が残っている。

近郊の旅

数々の遺物から文明の高さがしのばれる

チャウシュテペ城

Map P.429B

Çavuştepe Kalesi チャウシュテペ・カレスィ

ホシャップ城へ行く途中、ワンから約20kmの所にある城。紀元前760〜730年にウラルトゥ王サルドゥール2世によって建てられた。城はふたつの部分からなる。手前の部分は寺院、宝庫などがあり、「神、イルムシーニ」などの楔形文字の記述が見られる。回廊で続く奥の城には礼拝所、宮殿などがある。

近郊の旅

落差はないが迫力がある滝

ムラディィエの滝

Map P.429B

Muradiye Şelalesi ムラディエ・シェラーレスィ

迫力あるムラディエの滝

ワンの北東約65km、ムラディエ村の郊外にある滝。滝は落差15〜20m、落差以上に幅があり、なかなかの迫力。滝のまわりでは水遊びを楽しむ地元の子供たちを見かける。つり橋を渡った先にはレストランがあり、食事やお茶を楽しみながら滝を眺めることができる。

名物料理

ワンの朝食
Van Kahvaltısı

オトゥル・ペイニルOtlu Peynirというチーズや、オリーブ、はちみつ、メネメンなど新鮮な食材をふんだんに使ったワンの朝食はとても有名。特にカイマックというクリームとハチミツの取り合わせは甘いもの好きにはたまらない。カフヴァルトゥジュ（朝食屋）Kahvaltıcı Sok.という名前の通りもあり、朝食専門店が集まっている。

■チャウシュテペ城
🚌ドルムシュは7:00〜19:00の1時間に1便。運賃5TL。
開8:00〜19:00（冬期〜17:00）
休無休　料無料

■ムラディエの滝
🚌MR1のバスが6:45、11:00、15:45発。戻りは8:30、13:00、17:00発。運賃7TL。

つり橋の上からも滝が見られる

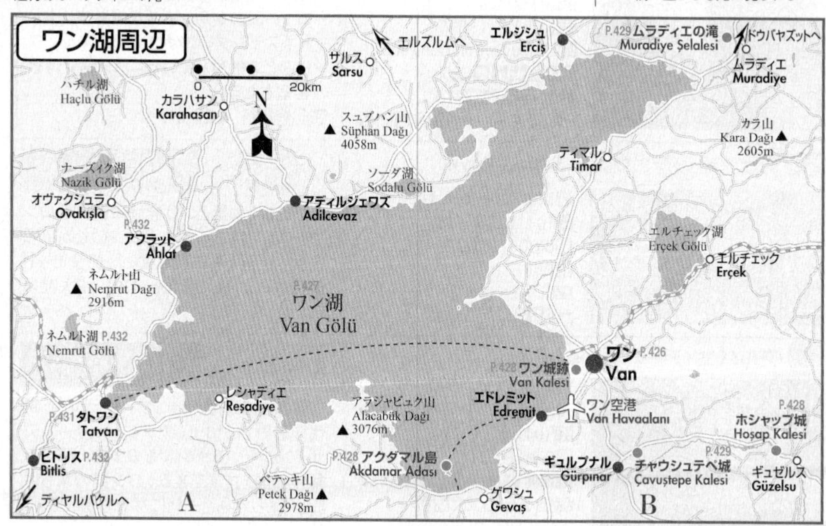

寒さの厳しい年は、ムラディエの滝が凍結することもある。凍結した滝には立派な氷柱が見られ、幻想的な風景となる。（編集室）

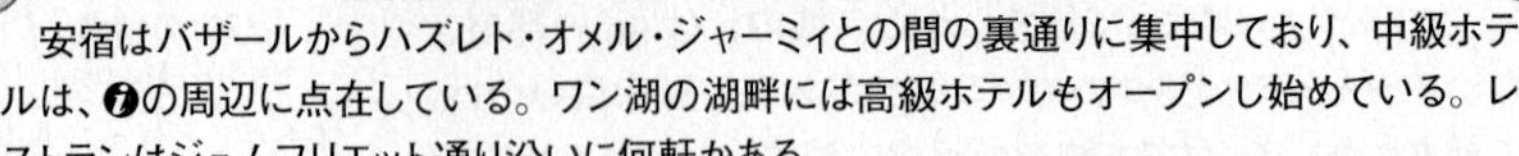

安宿はバザールからハズレト・オメル・ジャーミィとの間の裏通りに集中しており、中級ホテルは、ⓘの周辺に点在している。ワン湖の湖畔には高級ホテルもオープンし始めている。レストランはジュムフリエット通り沿いに何軒かある。

日本からホテルへの電話 国際電話会社の番号 + 010 + 国番号90 + 市外局番と携帯電話の最初の0を除いた相手先の電話番号

ビュユック・アスル Büyük Asur Oteli

経済的 48室 Map P.427上B

住Cumhuriyet Cad., Turizm Sok. No.5
TEL(0432)216 8792
URLwww.buyukasur.com
S 80TL
W 140TL
US$ € TL　A D J M V

ⓘの横にある。オーナーのレムズィRemzi氏が堪能な英語でチャウシュテペ、タトワン、カルス、ドウバヤズットなどのツアーを催行。宿泊者以外の参加も歓迎。左記は日本人特別料金。

全館無料　EV あり

ロイヤル・ベルク Royal Berk

中級 43室 Map P.427上A

住İş Bankası Yanı, 6 Sok. No.5
TEL(0432)215 0050
FAX(0432)215 0051
URLroyalberkhotel.com
S A/C 100TL
W A/C 150TL
US$ € TL　A M V

町の中心部にあって何かと便利な3つ星ホテル。外観は地味だが、客室は間取りも広く、内装にもこだわりを見せている。全室ミニバー、セーフティボックス、ドライヤー、テレビなどが完備。

全館無料　EV あり

ロイヤル・ミラノ Royal Milano Hotel

高級 40室 Map P.427上A

住Defterdarlık Sok. No.28
TEL(0432)214 5550
FAX(0432)214 5552
URLwww.royalmilanohotel.com
S A/C 130TL〜
W A/C 200TL〜
US$ € TL　M V

町の中心から少し北に行ったドルムシュ乗り場近くにある。2014年にオープンした4つ星ホテルで、サウナやハマムを完備している。客室は広々としており、スタッフもフレンドリー。

全館無料　EV あり

エリート・ワールド Elite World Van

高級 230室 Map P.427下B

住K. Karabekir Cad. No.67
TEL(0432)484 1111
FAX(0432)214 9898
URLwww.eliteworldvan.com.tr
S A/C 325L
W A/C 375TL
US$ € TL　A D J M V

ワン中心部で最も豪華なホテル。ヨーロッパ風のクラシカルな内装で、フィットネスセンター、サウナ、ハマム、プールなどを併設している。バスタブ付きの客室もある。

全館無料　EV あり

スュッチュ・フェウズィ Sütçü Fevzi

郷土料理 朝食専門 Map P.427上A

住Kahvaltıcı Sok. No.9
TEL(0432)216 6618
開6:00〜14:00
休無休
TL
M V

1952年創業という老舗の朝食サロンで、ワンに数ある朝食サロンのなかで知名度、人気ともに最も高い。朝食セットは品数により1人前10〜40TL、2人前は50TL。

アルバニ・アート Arubani Art

アクセサリー Map P.427下A

住Melen Cad., Van Kale Yolu Üzeri, Atatürk Kültür Parkı Karşısı
TEL(0432)214 1234
開9:00〜20:00
休無休
US$ € TL　M V

銀製品工房兼ショップ。ウラルトゥ時代の遺跡から出土したアクセサリーのデザインから、モダンなものまで、職人の製作工程を見学できる。ワン猫の家も併設しており、猫と一緒に写真も撮れる。

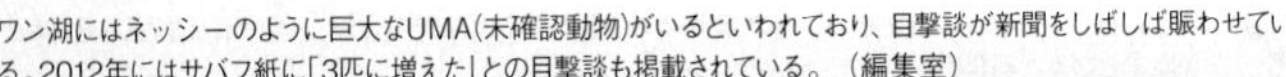
ワン湖にはネッシーのように巨大なUMA(未確認動物)がいるといわれており、目撃談が新聞をしばしば賑わせている。2012年にはサバフ紙に「3匹に増えた」との目撃談も掲載されている。(編集室)

ワン湖の西岸にあるのどかな町

タトワン Tatvan

市外局番 0434	人口6万7035人	標高1673m

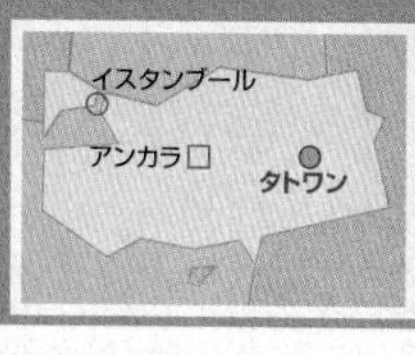

タトワンから眺めるワン湖

■時刻表一覧
✈→P.54〜59
🚌時刻表索引→P.62〜63

■タトワンの🛈
Map P.431
住Kültür Merkezi Binası
TEL&FAX(0434)827 6527
URLbitlis.ktb.gov.tr
開8:00〜12:00 13:00〜17:00
休土・日

タトワンの🛈

タトワンは、ワンからワン湖の南側をぐるっと約150km周った反対側にあるビトリス県の町。町の語源はタフトゥ・ワンTaht-ı Vanという城塞にあるとされる。タトワンそのものは小さな町だが、ネムルト湖やアフラット、ビトリスなど、郊外の見どころの起点となっている。

歩き方

タトワンの町は1本のメインストリート、**ジュムフリエット通り**Cumhuriyet Cad.を覚えればいいシンプルな造り。この通り沿いのPTTがあるあたりが町の中心で、ホテルやレストランがあるのはこの周辺。🛈はPTTがある交差点から北西のビトリス方向（オトガル方面）へ約2km行ったところにある。

●オトガル　町の中心部からビトリス方向に約3kmの所にあるが、ワン方面の長距離バスならPTT周辺にあるバスオフィスでも乗降が可能。ドウバヤズット方面へのバスは、市内へは入らずワン湖西岸の道路で乗客を降ろすので要注意。

●周辺への交通手段　ネムルト湖へはドルムシュやバスなどの便はない。ホテルのレセプションに頼んでタクシーのチャーターや1日ツアーをアレンジしてもらうとよい。

名物料理

ビュルヤン・ケバブ
Büryan Kebabı

床下に掘ったタンドールのような大きな釜の中で仔羊の塊肉をじっくりと燻した料理。ビトリスの名物だが、タトワンのロカンタでも食べることができる。ビュルヤン・ケバブを供するロカンタは外から一見するだけではわからないが、店内に入ると仔羊の肉塊をまるごとつるしてあるのですぐわかる。

アフラット行きのドルムシュ

ビュルヤン・ケバブは、元々はビトリスの郷土料理だったものがタトワンやスィイルトに伝わったものだ。タトワンではメルテム・ビュルヤン・サロヌMeltem Büryan Salonuなどで出している。（編集室）

見どころ

ネムルト湖は世界有数のカルデラ湖

■アフラットへの行き方
PTTの横からドルムシュが8:00〜19:00に1時間毎。所要約40分。運賃8TL。アフラット市街地の手前にある博物館前で下車。

ミステリアスな光景のアフラット

■ビトリスへの行き方
PTTから300mほど北へ行き、左折した所にあるドルムシュ乗り場から7:00〜23:00（冬期〜21:00）に頻発。所要約30分。運賃5TL。

ビトリスには古い建築物が多く残る

近郊の旅
エメラルドグリーンのカルデラ湖
ネムルト湖
Map P.429A
Nemrut Gölü ネムルト・ギョリュ

タトワンから車で約1時間ほど。観光地として有名なのはアドゥヤマン近郊のネムルトダーゥだが、こちらにもネムルト山があり、標高は3050m。東アナトリア火山帯の最南端に位置し、世界有数のカルデラ湖であるネムルト湖を有する。湖は5つのカルデラ湖からなっており、エメラルドグリーンの湖面は一見に値する。トレッキングやピクニックを楽しむ家族連れも多い。

近郊の旅
墓標が林立する不思議な光景
アフラット
Map P.429A
Ahlat Mezarlar アフラット・メザルラル

アフラットの近郊、ワン湖岸には高さ2mを超す墓が林立する興味深い光景が広がっている。これらの墓の多くは17〜18世紀に造られたもので、なかでも古いものは12世紀のモンゴル時代に造られたものだ。墓の表面に施された幾何学文様もよく見てみよう。墓地は博物館の裏側に広がる。

近郊の旅
清流が流れる谷間の町
ビトリス
Map P.429A
Bitlis ビトリス

タトワンから南西へ約25km。町の中央を清流ビトリス川が流れ、切り立った谷間の斜面に沿って町が広がっている。町を見下ろす難攻不落のビトリス城Bitlis Kalesiはアレキサンダー大王の部下ベドリスが造ったとされ、町の名前の由来ともなった。

HOTEL & RESTAURANT

ビトリス県で最も大きな町だが、ホテルの数は多くない。ジュムフリエット通り沿いと周辺に数軒の中級ホテルがある。レストランはジュムフリエット通りに点在している。

日本からホテルへの電話 国際電話会社の番号 + 010 + 国番号90 + 市外局番と携帯電話の最初の0を除いた相手先の電話番号

ディンチ Otel Dinç

中級 20室 Map P.431

住 İşletme Cad. No.9
TEL (0434)827 5960
FAX (0434)827 8222
URL www.oteldinc.com
110TL
160TL
US$ € TL　M V

町の中心部からジュムフリエット通りを南東へ進み、ジャーミィの向かいの道を入った所にある。部屋は若干狭いが、ミニバー、薄型テレビなど設備は整っている。屋上テラスからの眺めがよい。

全館無料　EV あり

モスタル Mostar Hotel

中級 49室 Map P.431

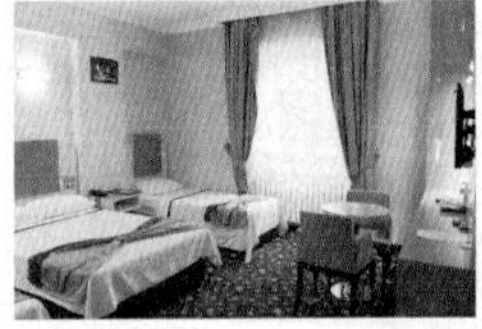

住 Cumhuriyet Cad. No.332/1, Go Petrol Yanı
TEL (0434)827 9192
FAX (0434)827 9056
140TL
220TL
US$ € TL　M V

町の中心部から南へ進んだ右側、ガソリンスタンドの奥にある。3つ星ながら、レストラン、ハマム、サウナなどを完備しており、高級感が漂う。宿泊者はサウナとハマムの利用が無料。

全館無料　EV あり

アフラットは地元産のサクランボをブランド化しようと努めている。トルコのほかの地域でサクランボの季節が終わる頃に、アフラットのサクランボは旬を迎えるのだ。（編集室）

アララット山の麓、国境の静かな町

ドウバヤズット Doğubayazıt

市外局番 **0472** | 人口**7万4316**人 | 標高**1590**m

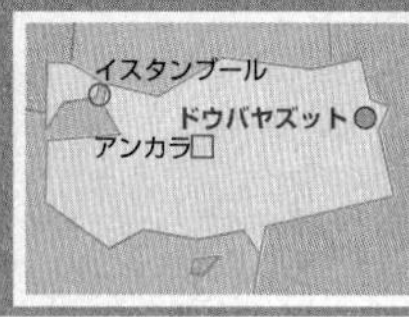

雄大なアララット山を望む

トルコの東端にある町ドウバヤズットは、ノアの方舟で有名なアール（アララット）山（5137m）の麓にある人口7万を超す活気ある町だ。北へ約50kmでアルメニア共和国へ、東へ約35km行くとイランへ抜ける国境の町でもある。

町の中から遠目に見るアール山の威容も見事だが、市街の外れにあるクルド人の王宮イサク・パシャ宮殿の美しさも広く知られている。また、周辺の山あいにはクルドの人々が昔ながらの生活を営んでいる。

■ドウバヤズットへの行き方

カルスからのバスの直通便はない。ウードゥルIğdırまでミニバスで行き、乗り継ぐのが便利。ウードゥルに着くとドウバヤズット行きのドルムシュが200mほど東にあるHotel Öz Grand Derya横から出る。エルズルム方面からはアールAğrıで乗り継げば便が多い。

時刻表索引→P.62〜63

名物料理

アブディギョル・キョフテ Abdigöl Köfte

手間がかかることもあってか、出す店はそれほど多くはないが、キョフテよりもふんわりとした柔らかい食感が人気だ。イサクパシャの父チョラック・アブディ・パシャがその由来。病気になって肉を受け付けなくなった彼もこれなら食べられたという逸話が残る。

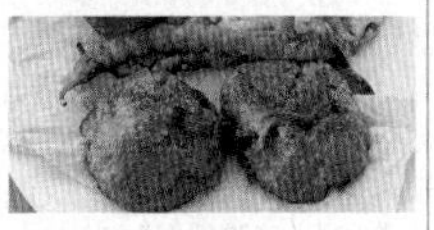

ドウバヤズットの南西約7kmに城塞がある。紀元前にも遡る古い城だが、14世紀にオスマン朝の君主の名からバイェズィド城と改名した。これが町名の由来ともなっている。（編集室）

イスマイル・ベシクチ通り

イサクパシャ行きドルムシュ

ワン行きの中型バス

■イサク・パシャ宮殿
🚌夏期は市内南東部の乗り場からドルムシュが30分～1時間ごとに運行しているが、6～7人集まらないと出発しないので冬期は早朝に1往復のみということも。運賃は2TL。帰りは下りなので徒歩でも十分戻れる。片道30分～1時間ぐらい。
開夏期8:00～19:00
　冬期8:30～17:00
休月　料6TL

歩き方

町の北側にあるショッピングセンター

メインストリートは**イスマイル・ベシクチ通り**İsmail Beşikçi Cad.だ。この通り沿いにPTTやホテル、ロカンタなどが連ねている。通りの西端のジャーミィのあたりが町で最もにぎやかな所。衣類や食料品のほか、屋台がずらりと並んでいる。

ターミナルから町の中心部へ

◆空港から町の中心部へ　最も近いのはウードゥル空港。飛行機の出発と到着に合わせてドウバヤズットとの間を空港バスが結んでいる。中心部まで20TL。

◆オトガルから町の中心部へ　オトガルは町の西の幹線道路沿いにある。市内へはドルムシュが頻発しており、所要約10分、2TL。市内からオトガルへは、オトガルOtogarと書かれたドルムシュに乗る。タクシーなら15TL程度。

●ドルムシュ　ウードゥルIğdır、アール、イラン国境の町ギュルブラックGürbulakへのドルムシュは乗り場は違うが、アール通り沿いに点在。ワン行きの中型バスは郊外のオトガルから発着。

見どころ

突如として現れる王宮生活の夢の跡

イサク・パシャ宮殿　Map P.435

İshak Paşa Sarayı イスハク・パシャ・サラユ

保存状態がとてもよい宮殿

町の南東約5kmの山腹に建つ宮殿。知事イサク・パシャによって1685年に建造が始まった。宮殿の工事は99年という年月を費やし、完成したのは1784年、イサク・パシャの孫であるメ

Information

アール（アララット）山に登る

アール山は1990年に一般登山者の入山も可能になったが、許可証取得とツアーへの参加が義務づけられている。登頂可能な時期は6月中旬～9月下旬。山頂往復には通常3泊4日かかる。許可証取得は、各旅行会社にパスポートの写真のページのコピー1枚を提出すればOK。取得までの所要日数は最短だと4日ほどだが、通常10～20日程度かかる。余裕を見て1ヵ月以上前に申し込むことが望ましい（麓のトレッキングのみは無料）。ツアー料金には通常、交通費、ガイド料、食糧、許可証が含まれるが、詳細は旅行会社に必ず確認すること。また山頂を目指さない場合でもアール山域に入るには許可証が必要となることがある。

■アルミン・アララット・トラベル
Armin Ararat Travel
📱0541 976 0472
インスタグラムの@Arminararattravelでの連絡もOK。ディヤディン温泉など近郊ツアーもアレンジ可能。

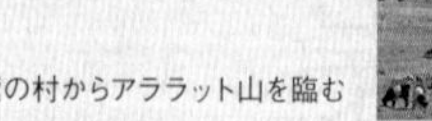
麓の村からアララット山を臨む

イランへ行くなら両替はあらかじめ町で済ませておきたい。国境ではちらっとでも現金を見せるとふんだくるように取り上げて悪いレートで両替する詐欺師がいるので注意。イランからの入国時も同様。（編集室）

フメット・パシャの時代。全面積7600㎡の敷地には、ジャーミィ、ハレム、浴場、イサク・パシャの墓、牢獄などがあり、部屋数はなんと366もある。宮殿から望む雄大な景色もすばらしい。

アールの雄峰を望む

近郊の旅

雪をたたえた雄々しい姿に感激

アール（アララット）山

Map P.435

Ağrı Dağı アール・ダーゥ

標高5137mのトルコ最高峰。聖書ではノアの方舟がこのアール山に漂着したと伝えられているが、近年次々と「方舟の遺骸!?」が発見されて話題にされることがある。頂上から見て南東部に標高3896mの小アール山がある。

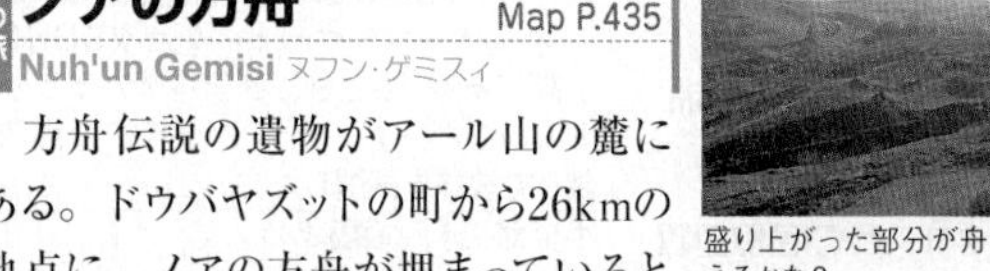

近郊の旅

みやげ話に「ノアの方舟の遺物!?」見学

ノアの方舟

Map P.435

Nuh'un Gemisi ヌフン・ゲミスィ

盛り上がった部分が舟の形に見えるかな？

方舟伝説の遺物がアール山の麓にある。ドウバヤズットの町から26kmの地点に、ノアの方舟が埋まっているというのだ。確かに方舟のような形に隆起しているが。ここがアメリカ人研究者によって発見されたのが1985年。その後の調査で科学的根拠は認められなかった。研究者を案内した人が建てた小さな博物館が隣にある。

近郊の旅

隕石が落ちてできた大穴

メテオ・ホール

Map P.435

Meteor Çukuru メテオル・チュクル

以前はゴミ捨て場だった

ドウバヤズットから約35km、イランとの国境検問所近くにある。1920年に巨大な隕石が落ちた際にできた大きなクレーターで、直径35m、深さ60m。世界第2位という大きさだが、現在は深さ30mの深さまで土砂が埋まっている。

■ノアの方舟

イランとの国境のギュルブラックへの途中にあるテルチェケルTelçeker村からかなり急な山道を5km以上歩く。タクシーだと往復80TLほど。見学後、ギュルブラックまで行けば120TL。

すぐ近くにある博物館

■メテオ・ホール

イラン国境のギュルブラックの入口ゲート近くから北へ分岐する道を2kmほど入る。メテオ・ホールの近くに軍事施設があるので、途中に検問所があり、パスポートを預けるが、外国人だけでも訪問が可能。タクシーなら往復100TL、ノアの方舟と一緒に回って120TLほど。

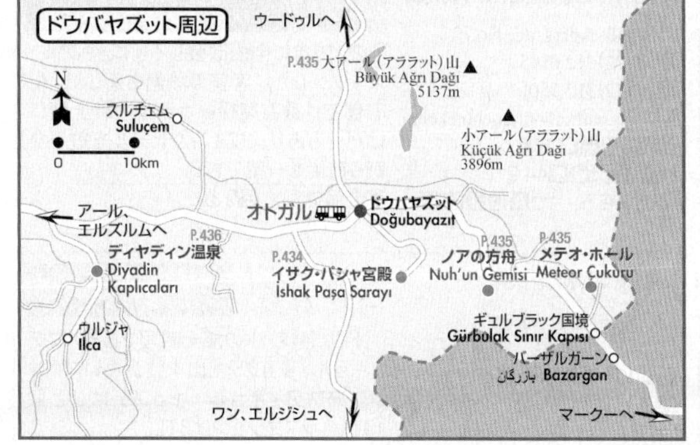

Information

ドウバヤズット発のツアー

見どころが点在し、公共交通機関では行けないところが多いドウバヤズットではツアーの利用が便利。利用しているホテルで相談してみよう。半日ツアーの場合、イサクパシャ宮殿→ノアの方舟→クルド村というのが一般的。1日ツアーならメテオ・ホール、ディヤディン温泉、アール山のパノラマも訪れる。同様のコースはタクシーをチャーターしても回ることができる。

ワン行きバスはいつも混んでいるので、出発30分前には満席になってしまうこともしばしば。特に早朝発の便は前日に予約しておくのが無難。（編集室）

■ディヤディン温泉
🚌ディヤディンの町へ市内北側のドルムシュ乗り場から8:00 10:30 12:30 14:30 16:30発、ディヤディンからの戻りは13:30が最終。運賃10TL。ディヤディンから温泉へはタクシーで往復50TL。ドゥバヤズットからディヤディン温泉までタクシーで往復200TL。

近郊の旅

世界で7番目に効能ある水

ディヤディン温泉

Map P.435

Diyadin Kaplıcaları ディヤディン・カプルジャラル

勢いよく噴き上がる源泉

ドゥバヤズットの西50kmほどに位置する町。郊外には75℃という高い温度の温泉があり、1ℓあたり1000mgという大量のミネラルを含んでいる。このため、現地では「世界で7番目に効能あらたかな温泉」といわれている。

HOTEL & RESTAURANT

ホテルはイスマイル・ベシクチ通りとビュユック・アール通りに集中。電力供給量が少ないため、エレベーターが動かなかったり、シャワーがぬるいことも。ディヤディンには温泉ホテルもある。

日本からホテルへの電話 国際電話会社の番号 + 010 + 国番号90 + 市外局番と携帯電話の最初の0を除いた相手先の電話番号

ケナン Hotel Kenan

経済的 39室 Map P.433A

住Emniyet Cad. No.21
📱0544 786 5433
Mail hotel_kenan@hotmail.com
15US$
25US$
US$ € TL　A D J M V

スーパーマーケット、ショクŞOKの上階にある。もともとホテル・アララットにいたオーナーが、2019年に全面改装して営業を再開した。

全館無料　EV あり

グランド・デルヤ Hotel Grand Derya

中級 60室 Map P.433A

住İsmail Beşikçi Cad. No.157
TEL (0472)312 7531
FAX (0472)312 7833
Mail poyraz04_1985@hotmail.com
A/C 90TL
A/C 180TL
TL　A M V

PTTの斜め向かいの小道を入ったところにある。客室はシンプルな造りで少し老朽化が目立つが、バスルームも清潔にされている。アララット山が見える部屋もあるので事前にリクエストしてみよう。

全館無料　EV あり

ヌフ Hotel Nuh

中級 55室 Map P.433A·B

住Büyük Ağrı Cad. No.55
TEL (0472)312 7232
FAX (0472)312 6910
URL www.nuhotel.com.tr
30US$
50US$
US$ € TL　M V

比較的老舗のホテルだが、キッチン付きのスイートが18室あり、家族連れに人気。最上階のレストランは宿泊客ではなくても利用する人も多い。全体の3分の1の部屋からはアララット山が眺められる。

全館無料　EV あり

テフラン・ブティック Tehran Boutique Hotel

中級 24室 Map P.433A

住Büyük Ağrı Cad. No.72
TEL (0472)312 0195
FAX (0472)312 5500
URL www.tehranboutiquehotel.com
A/C 29€
A/C 44€
US$ € TL　A D J M V

2015年に全面改装してリニューアル・オープンした。客室の設備も新しく、中心部では最も高級なホテル。最上階にはバーもあり、ワインやビールを飲みながら市街を一望できる。

全館無料　EV あり

イェニ・サライ Yeni Saray Lokanası

トルコ料理 Map P.433A

住Güven Cad. No.19
📱0542 517 4523
開5:00～20:00　休無休
TL
不可

ドゥバヤズットの郷土料理であるアブディギョル・キョフテを出す数少ないロカンタ。アブディギョル・キョフテはひと皿15TL。ラフマジュンは3TL。

国境を越えた先にあるイランのマークー周辺には世界遺産に登録されているアルメニア教会や礼拝堂が点在している。陸路国境ではビザは取れないのであらかじめ取得しておくこと。（編集室）

「蜂の巣付きハチミツ」で有名なアニ遺跡への起点

カルス Kars

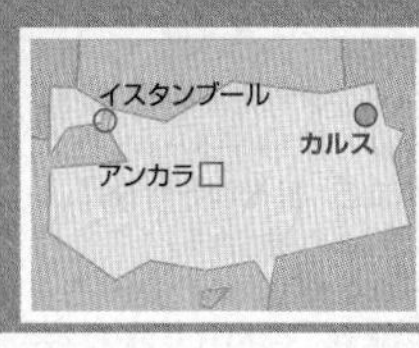

市外局番 0474	人口7万8100人	標高1750m

町の高台にあるカルス城

ドウバヤズットの北西、アルメニアとの国境近くにある町。このあたりは19世紀にはオスマン朝と帝政ロシアの間で激しい争奪戦が行われ、ロシア領だった時期もある。ロシア時代の建築が町のあちこちに残っている。

歩き方

メインストリートはファーイクベイ通りFaikbey Cad.。バス会社のオフィスやホテルがたくさん並んでいる。北西にはセルジューク朝時代に建てられたカルス城Kars Kalesiがある。モンゴルの襲来やロシアとの戦いなどで何度も持ちこたえた強固な城塞だが、今ではのどかな場所となっている。

ターミナルから町の中心部へ

◆空港から町の中心部へ　カルスの空港と町の中心とは飛行機の発着に合わせて中心部とを結ぶバスが運行している。

◆オトガルから町の中心部へ　オトガルは町の北東にあるが、ファーイク・ベイ通りにあるバス会社のオフィスまでセルヴィスが利用できる。オトガルからは市内バスは運行されていない。

見どころ

歴史の流れにつれて役割を変えた

キュンベット・ジャーミィ

Map P.438下A1

Kümbet Camii キュンベット・ジャーミィ

10世紀の前半にバグラト朝のアッバース王によって建てられた教会。11世紀に入りカルスがセルジューク朝の支配下に入ると、ジャーミィへとその役割が変わった。ロシア時代には教会となり、第1次大戦後にトルコ領となったあとは長年博物館として使われたが、1994年に再びジャーミィとなった。

アーチの上に彫られているのは12使徒。キリスト教会だった名残だ

世界遺産
アニ遺跡 Ani Arkeolojik Alanı
2016年

■時刻表一覧
✈→P.54～59
🚃→P.60～61
🚌時刻表索引→P.62～63

■カルスの*i*
Map P.438下A2
住Hakim Ali Rıza Arslan Sok. No.15
TEL(0474)212 2179
開8:00～12:00 13:00～17:00
休土・日

■カルス城
Map P.438下A1
開夏期8:00～23:00
　冬期10:00～18:00
休無休　料無料

■カルス博物館
Map P.438下B1
住Cumhuriyet Cad. No.50
開8:00～19:00（冬期～17:00）
休無休　料無料

カルス博物館

■キュンベット・ジャーミィ
内部の見学はできない

カルスでよく見られるボズバシュは、イランのアーブ・グーシュトやアゼルバイジャンのピティと同系のこの地方独特の料理。肉とひよこ豆を潰してパンとスープをかき混ぜて食べる。（編集室）

■アニへの行き方

公共の交通手段はないので、タクシーをチャーターして行くことになる。観光客を対象にしたミニバスの便もある。

開8:00〜19:00（冬期〜日没）
休無休　料10TL　不可

各ホテル8:30発、13:30頃帰着。3人まで1台200TL、4人以上ひとり70TL、5人以上ひとり50TL。午後の便も可能。前日の夜までにホテルで申し込んでおくこと。ドライバーのジェリル・エルソゾウル氏に連絡を入れてもよい。

☎0532 226 3966
Mail celilani@hotmail.com

大聖堂は比較的保存状態が良好

近郊の旅

1001の教会がある古都

アニ

Ani アニ

Map P.438上

アニの町は、971年にアルメニアのバグラト朝の王アショット3世がカルスからアニに遷都してから急速に発展した。また、992年にはアルメニア教会の主教座がアニに移され、宗教的中心地として栄えた。最盛期のアニは10万を超える人口を抱え、1001の教会をもつ町といわれていた。11世紀以降は徐々に衰退し、現在は廃墟だが、いくつかの教会遺構が残されている。

アルメニア教会の遺跡　アニの中心部には、1001年に建てられた大聖堂（カテドラル）が残っている。1064年にアニがセルジューク朝に占領された際にジャーミィとして使われるようになったが、13世紀になり、再び教会として使われるようになった。現在見られるような形となったのは、そのときの修復によるも

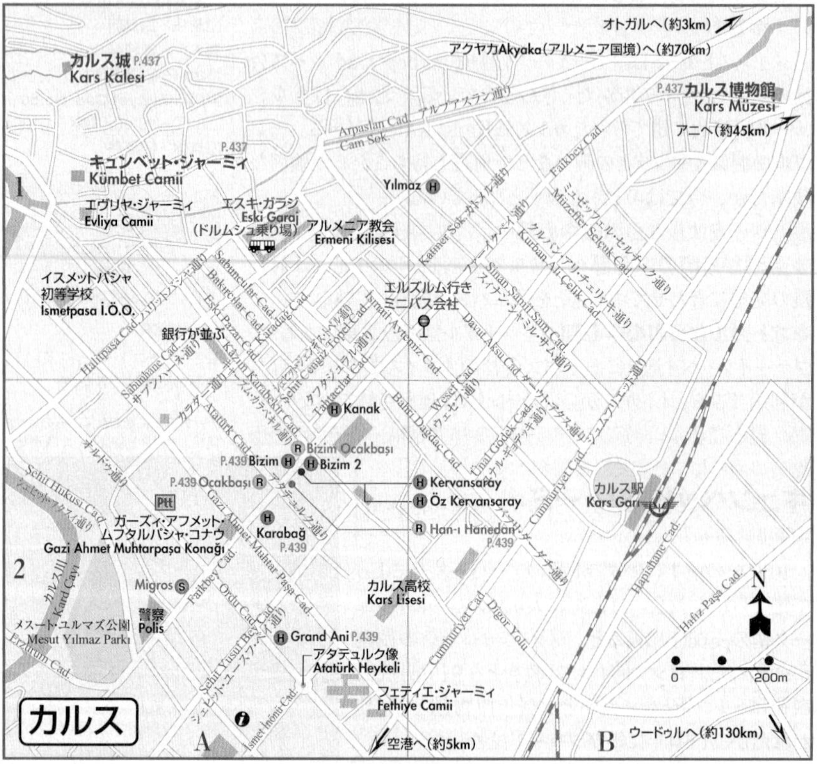

カルス

カルス城 P.437 Kars Kalesi
キュンベット・ジャーミィ P.437 Kümbet Camii
エヴリヤ・ジャーミィ Evliya Camii
エスキ・ガラジ Eski Garaj（ドルムシュ乗り場）
アルメニア教会 Ermeni Kilisesi
イスメットパシャ初等学校 İsmetpaşa İ.Ö.O.
エルズルム行きミニバス会社
銀行が並ぶ
カルス博物館 P.437 Kars Müzesi
オトガルへ（約3km）
アクヤカAkyaka（アルメニア国境）へ（約70km）
アニへ（約45km）
Yılmaz
Kanak
Bizim Ocakbaşı
P.439 Bizim
Bizim 2
P.439 Ocakbaşı
Kervansaray
Öz Kervansaray
Han-ı Hanedan P.439
Karabağ P.439
ガーズィ・アフメット・ムフタルパシャ・コナウ Gazi Ahmet Muhtarpaşa Konağı
Migros
警察 Polis
メスート・ユルマズ公園 Mesut Yılmaz Parkı
カルス高校 Kars Lisesi
Grand Ani P.439
アタテュルク像 Atatürk Heykeli
フェティエ・ジャーミィ Fethiye Camii
カルス駅 Kars Garı
空港へ（約5km）
ウードゥルへ（約130km）
Arpaslan Cad. アルプアスラン通り
Cam Sok.
Faikbey Cad.
Atatürk Cad.
Kazım Karabekir Cad.
Gazi Ahmet Muhtar Paşa Cad.
Cumhuriyet Cad.
Halitpaşa Cad. ハリットパシャ通り
Şehit Hulusi Cad.
Erzurum Cad.
Digor Yolu
Hapishane Cad.
Hafız Paşa Cad.
カルス川 Kars Çayı
0　200m

カルスの名産品はチーズとはちみつ。専門店はハリットパシャ通り（Map P.438下A1）に多く、どの店でもチーズやはちみつを試食させてもらえる。蜂の巣付きはちみつが人気だが、さすがに値段は高め。（編集室）

の。天井にあるドームは14世紀に起きた地震によって失われてしまった。

町の東の端にある小さな教会は、聖グレゴリオ教会。とんがり帽子の屋根の典型的なアルメニア教会で、1215年、アニがジョージアの影響下にあった頃に造られた。教会内部にはイエスの生涯と、聖グレゴリオの生涯を描いたフレスコ画がある。一方、町の西にある教会は名前も同じ聖グレゴリオ教会だが、1040年にアニがまだ独立を保っていた頃に造られたものだ。

痛みが激しい壁画も多く、修復が待たれる

HOTEL & RESTAURANT

ホテルはファーイクベイ通りに集中しているので探しやすい。レストランはキャーズム・カラベキル通り**Kâzım Karabekir Cad.**やファーイクベイ通りなどに点在している。

日本からホテルへの電話 国際電話会社の番号 + 010 + 国番号90 + 市外局番と携帯電話の最初の0を除いた相手先の電話番号

ビズィム・オテル Bizim Otel

住 Faikbey Cad. No.193
TEL (0474)212 2800
S A/C 40TL
W A/C 80TL
US$ € TL
M V

経済的 35室 Map P.438下A2

全室テレビ付き。シャワー、トイレ共同の部屋はも16室あり、S35TL、W70TL。1階はロカンタになっており、ボズバシュ18 TLなどが楽しめる。

全館無料 EV なし

カラバー Karabağ Hotel

住 Faikbey Cad. No.142
TEL (0474)212 9304
FAX (0474)223 3089
URL www.karabaghotel.com
S A/C 120TL
W A/C 200 TL
US$ € TL M V

中級 50室 Map P.438下A2

町の中心部にある老舗の3つ星ホテル。客室も新しい。フロントのスタッフは英語を話す。館内にはレストランやハマムもあり、設備面は比較的整っている。

全館無料 EV あり

グランド・アニ Grand Ani Hotel

住 Ordu Cad. No.115
TEL (0474)223 7500
FAX (0474)223 8783
Mail reception@grandani.com.tr
S A/C 160 TL
W A/C 250 TL
US$ € TL M V

高級 68室 Map P.438下A2

館内にはプール、フィットネス、ハマム、サウナなどを備えている。客室にはテレビ、ミニバーも完備。朝食にはカルス特産のチーズ（カシャル・ペイニル）を出す。

全館無料 EV あり

ハーヌ・ハネダン Han-ı Hanedan

住 Ortakapı Mah., Faikbey Cad. No.100
TEL (0474)223 9999
URL www.hanihanedan.com
開 7:30〜24:00 休 無休
US$ € TL M V

郷土料理 バラエティ Map P.438下A2

カルス名産の各種チーズ（5〜10TL）やカルスのマントゥとも呼ばれるハンゲルHangel(30TL)、ボズバシュ（35TL)など、カルスの地方料理が数多く揃う。牛肉のカルパッチョやメキシカンステーキなども。

オジャックバシュ Ocakbaşı

住 Atatürk Cad. No.276
TEL&FAX (0474)212 0056
開 7:00〜22:00
休 無休
US$ € TL
M V

炉端焼き ピデ Map P.438下A2

ゴマ付きパンの中に具材が入ったエジデル・ケバブ（30TL）やチョップ・シシ（26TL）やラムチョップ（35TL）などが人気の店。ピデ各種17〜25TLも好評で、名産のチーズを使ったピデを試してみたい。

ビズィム・オテルの前の通りを100mほど北東へ進んだところには、同系列のコナック・オテルKonak Otel(Map P.438下A2)がある。3つ星相当のホテルで、設備も充実している。(編集室)

イスタンブール
エルズルム
アンカラ

標高1853mの高地に位置する東部最大の都市

エルズルム Erzurum

市外局番 **0442** | 人口**38万4399**人 | 標高**1853**m

時刻表一覧
✈→P.54～59
🚆→P.60～61
🚌時刻表索引→P.62～63

Information

パランドケンスキー場
Palandöken Kayak Merkezi

町の南約6km、標高3000m級のスキー場。23コース、リフトを11本備えたトルコ屈指の設備を誇る。12月の初旬から4～5月頃までスキーを楽しむことができる。積雪のある週末は市内から直通バスが出ている。タクシーなら片道50TL～。スキー用具もレンタルすることができる。

修復完了間近のエルズルム城

東部アナトリア最大の都市エルズルムは、トルコ東北部や黒海地方へ抜けるバスの乗り換え地点としても重要な位置にあるが、市内にはセルジューク朝時代の建築物などの見どころも多い。また、標高1853mという高地にあるため、冬は雪が多く、零下40℃にもなることがある厳寒の地だ。

歩き方

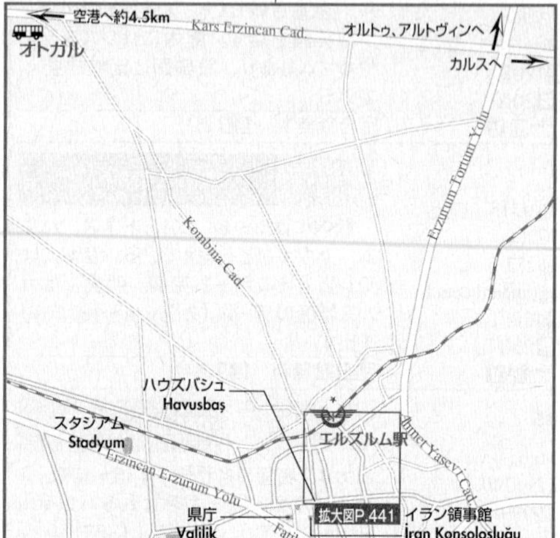

エルズルムは大きな町だが、見どころを回るだけなら徒歩でも十分。歴史的な建築物は**ジュムフリエット通り**Cumhuriyet Cad.沿いに多い。セルヴィスなどは西の**ハウズバシュ**Havuzbaşıで降ろされる。ここから東へ7分ほど歩く**メンデレス通り**Menderes Cad.との交差点。ここにはララ・ムスタファ・パシャ・ジャーミィが建っており、このジャーミィを北へ曲がって坂を下った右側の地下には銀製品や数珠のバザール、**リュステムパシャ・チャルシュス**Rüstempaşa Çarşısıがある。ジュムフリエット通りをさらに東へ進むとチフテ・ミナーレレに着く。

ターミナルから町の中心部へ

◆空港から町の中心部へ　市内から約11km北西にある。市内へは発着に合わせて市内バスが鉄道駅へ運行している。4TL。

エルズルム広域図

←空港へ約4.5km
オトガル
Kars Erzincan Cad.
オルトゥ、アルトヴィンへ
カルスへ
Erzurum Tortum Yolu
Kombina Cad.
ハウズバシュ
Havusbaş
スタジアム
Stadyum
エルズルム駅
İhmet Yasevi Cad.
Erzincan Erzurum Yolu
県庁
Valilik
拡大図P.441
イラン領事館
İran Konsolosluğu
アタテュルク大学
Atatürk Üniv.
Fatih Sultan Mehmet Bul.
カルス行き
ミニバス会社
Bingöl Yolu
Erzurum
Polat Cad.
Atatürk Bul.
N
0　2km
P.440
パランドケンスキー場入口

✎ エルズルムからドウバヤズット方面に50kmほど進んだところにあるハサンカレには温泉がある。周辺のキョプリュキョイには泥風呂もあり、夏は観光客で賑わう。(編集室)

◆オトガルから町の中心部へ　オトガルは空港東側の幹線道路の分岐点にある。市内バスK-4がオトガルと市内中心部を結んでいる。運賃は4TL。主要各社のセルヴィスも利用可能。

◆鉄道駅から町の中心部へ　駅前のイスタスヨン通りİstasyon Cad.の坂を上っていくと、ギュルジュ・カプGürcü Kapıという大きな交差点があり、周辺にホテルが集まっている。

見どころ

エルズルムで最も有名な歴史的建造物

ヤクティエ神学校

Map P.441B

Yakutiye Medresesi ヤクティエ・メドレセスィ

イル・ハーン朝時代の1310年に、将軍ホジャ・ジェマレッティン・ヤクートによって建てられた神学校。青とれんが色の細かい縄目文様が彫り込まれたミナーレが、日の光を受けてきらきら輝くさまはとても美しい。もともとミナーレは四隅にあったが、今では1本だけ残っている。館内はイスラーム民俗博物館になっている。

そびえ立つ2本の塔に圧倒される

チフテ・ミナーレ

Map P.441B

Çifte Minare チフテ・ミナーレ

正面の入口に堂々とそびえる2本のミナーレが見事なルーム・セルジューク朝時代の建物。カイクバート2世の娘ホダーバンド・ハンデ・ハトゥンによって建てられた神学校で、ハトゥニエ・メドレセスィと呼ばた。しかし、1829年にロシアに占領されたとき、内部を飾っていた美しいレリーフや碑文などは、サンクトペテルブルグに持っていかれてしまった。

Information

カルス行きのバス

市街南部のジェンギズ・トゥリズムCengiz Turismのチケット・オフィスから発着している。中心部から少し離れているが、市内バスG-1やG-9などが近くを通る。カルスの中心部にあるファーイクベイ通り(Map P.438A2)にあるチケット・オフィスが終点。

■エルズルムの🛈
Map P.441B
住Lalapaşa Camii Karşısı
TEL(0442)238 1507
開8:00〜17:00　休無休

■ヤクティエ神学校
住Cumhuriyet Cad.
TEL(0442)235 1964
開8:00〜19:00（冬期〜17:00）
休無休　料6TL

ヤクティエ神学校

■チフテ・ミナーレ
開10:00〜17:00
休無休　料無料

再公開されたチフテ・ミナーレ

名物料理

ジャー・ケバブ
Cağ Kebabı

エルズルム名物のジャー・ケバブは、ドネル・ケバブを水平方向にして薪の直火で焼き上げたもの。牛や鶏を使うドネルケバブとは異なり通常羊肉を使う。ジャー・ケバブの串刺し肉をユフカに挟んで食べるのは格別だ。基本的にはわんこそばのように、食べ終わったら次が出てくるというスタイルで1本ずつ焼いて持ってきてくれる。本来は近郊のトルトゥムTortum発祥の料理で、トルトゥム近くの精肉で有名なオルトゥ（→P.442）のジャー・ケバブも有名。

✎ チフテ・ミナーレの南側はテブリズカプ文化芸術市場になっており、手工芸品店やカフェがある。特に国境を越えたタブリーズ市の手工芸品が買えるTebriz BB Temsilciliğiは、かつての交易を物語るようで興味深い。(編集室)

■オルトゥへの行き方
🚌イスタスヨン通りのミグロスMigrosの向かいからオルトゥ・トゥルOltu Turのミニバスが9:00〜19:00の毎正時発。戻りの最終は18:00。
所要:約2時間30分
運賃:25TL

オルトゥ・タシュの加工風景。ひとつひとつ磨いていく

近郊の旅

石細工で有名な川沿いの町
オルトゥ
Oltu オルトゥ

Map P.37C1

バスの発着する場所には巨大なオルトゥ城Oltu Kalesiがそびえている。一説にはウラルトゥ時代に造られたものだという

オルトゥはエルズルムの北東約120kmにある川沿いの町。バスを降りて幹線道路を進むと、ジャー・ケバブの店も並ぶ町の中心部に出る。概してエルズルムよりも安い。

また、オルトゥは何といってもオルトゥ・タシュと呼ばれる黒い石で有名。軟らかく加工しやすいので、銀をふんだんに織り込んでキラキラと光る数珠やアクセサリーに加工する。エルズルムではリュステムパシャ・チャルシュス(Map P.441B)などで売られているが、オルトゥでは川沿いに店が多く、工房も見学させてもらえる。

HOTEL & RESTAURANT

ホテルは駅に近いキャーズム・カラベキル通りに多い。高級ホテルはスキー場周辺にある。レストランはイスタスヨン通りやジュムフリエット通りに点在している。

日本からホテルへの電話 国際電話会社の番号 + 010 + 国番号90 + 市外局番と携帯電話の最初の0を除いた相手先の電話番号

ポラット Otel Polat

中級 110室 Map P.441A

住Kâzım Karabekir Cad.
TEL(0442)235 0363
URLwww.otelpolat.com
•95TL
••150TL
US$ € TL 💳MV

イスタスヨン通りから南西へ少し入った所にある3つ星ホテル。新しいホテルではないが、客室は改装済み。最上階は朝食サロンになっている。

全館無料 EVあり

ラフォ Rafo Otel

中級 28室 Map P.441B

住Millet Bahçe Cad. No.25
TEL(0442)235 0225
URLwww.rafootel.com
•140TL〜
••250TL〜
US$ € TL 💳ADMV

周辺エリアのなかでは新しく、内装も部屋ごとに異なるブティック・ホテル。レストランは併設されていないが、周辺にはロカンタも多い。

全館無料 EVあり

コチ Koç Cağ Kebabının Mucidi

郷土料理 Map P.441A

住Nazik Çarşı Cad. No.6, Kongre Bina Karışı
TEL(0442)213 4547
URLwww.koccagkebap.com
開8:00〜23:30 休無休
US$ € TL 💳MV

アンカラなどにも支店がある、歴史ある有名店。来店した有名人の写真がたくさん張られている。ジャー・ケバブは1本8TL。30本完食という大食いの記録も張ってある。

ゲルギョル Gelgör Cağ Kebabı Salonu

郷土料理 Map P.441A

住Orhan Şerifsoy Cad. No.14
TEL(0442)213 5071
URLgelgorcagkebap.com.tr
開9:00〜24:00 休無休
US$ € TL
💳MV

1975年創業のジャー・ケバブの名店。コチと人気を二分している。入口の壁には、来店した有名人の写真が誇らし気に飾られている。広い店内には家族連れの姿も多く見られる。ケバブは1本10TL。

オルトゥ・タシュの極端に安いものは、削られた石の粉を固めて作ったイミテーションであることが多い。聞くと教えてくれる。(編集室)

トラブゾンの町並みと黒海

緑濃いチャイのふるさと

黒海沿岸

Karadeniz

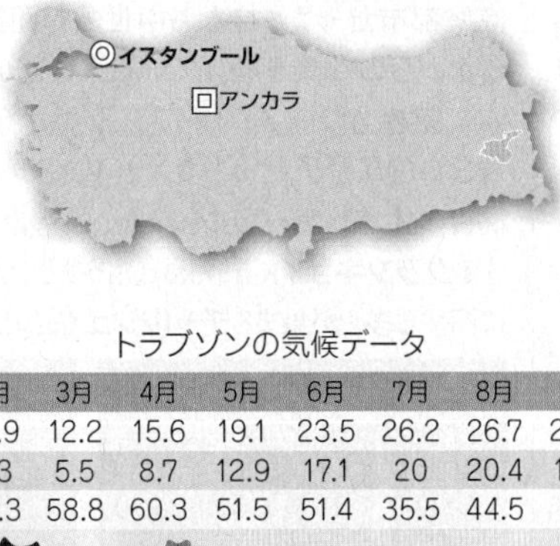

トラブゾンの気候データ

月	1月	2月	3月	4月	5月	6月	7月	8月	9月	10月	11月	12月
平均最高気温(℃)	10.9	10.9	12.2	15.6	19.1	23.5	26.2	26.7	23.9	20.1	16.4	13.2
平均最低気温(℃)	4.6	4.3	5.5	8.7	12.9	17.1	20	20.4	17.3	13.6	9.6	6.6
平均降水量(mm)	74.3	60.3	58.8	60.3	51.5	51.4	35.5	44.5	75	117.1	94.2	82.4
旅の服装												

イスタンブール
サフランボル
アンカラ

オスマン朝時代の古い町並みは世界遺産

サフランボル Safranbolu

市外局番 **0370**	人口**6万7042**人	標高**503**m

旧市街からサフランボルを望む

世界遺産
サフランボル
Safranbolu Şehri 1994年

■**時刻表一覧**
🚌時刻表索引→P.62〜63
■**サフランボルの**ⓘ
Map P.447
住**Kazdağlı Meydanı**
TEL&FAX(0370)712 3863
URL**www.karabukkulturturizm.gov.tr**
開9:00〜17:30
休無休
バスの発着時間から周辺の町へのアクセス、内部を公開している民家など情報が豊富。

名物料理
ビュクメBükme
ひき肉入りのピデの生地を織り込んでフタをして焼き上げたもの。店によってはハチミツ、バターを塗って食べる。パリパリの食感が特徴。

その昔、この地域にサフランの花が群生していたことから名付けられた小都市。黒海から約50km内陸へ入った険しい山々の間にある、切り立った谷に町が広がる。サフランボルには、国内でも特に昔ながらの民家が数多く残されており、土壁に木の窓枠が並んだ独特の木造家屋には、今も人々が暮らしている。1994年にはこの町並みが世界遺産に登録された。

石畳の坂道をたどりながら、昔の家々をじっくり見て回る。そんなのんびりした過ごし方がぴったりの町だ。サフランボルが最も栄えたのは、14〜17世紀頃のこと。シルクロードの宿場町でもあったため、当時は馬の鞍や革靴作りを中心とした商業都市だった。今なお中世の雰囲気を残す町のそこここで、昔ながらの作業を続けている人を見かける。

歩き方

●3つのエリア　サフランボルは3つのエリアに分かれている。高台の住宅街**バーラル**Bağlar、その南東にありドルムシュが到着する**クランキョイ**Kıranköy、もうひとつが伝統家屋やⓘなど観光に関する多くが集まる**チャルシュ** Çarşıと呼ばれる**旧市街**だ。

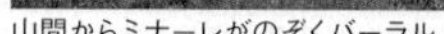

山間からミナーレがのぞくバーラル

オトガルはクランキョイの南にある

トルコ・コーヒー博物館（開9:00〜22:00、休無休、料5TL）は、世界無形遺産にもなっているトルコのコーヒー文化を幅広く紹介。アタテュルクが最後に飲んだコーヒーのレプリカもある。（編集室）

●旧市街　旧市街のちょうど真ん中がジンジ・ハマムのある**チャルシュ広場**Çarşı Meydanı。広場から路地を南へ下っていくと、**ジンジ・ハン**Cinci Hanと呼ばれる隊商宿の白壁が現れる。**カイマカムラル・エヴィ** Kaymakamlar Eviなどの公開されている民家の多くは、このすぐ近く。チャルシュはふたつの谷が合流する谷底の傾斜地に広がる町並み。南東の**フドゥルルックの丘**Hıdırlık Tepesiや、西にある高台からは町が一望できる。

旧市街の中心、チャルシュ広場

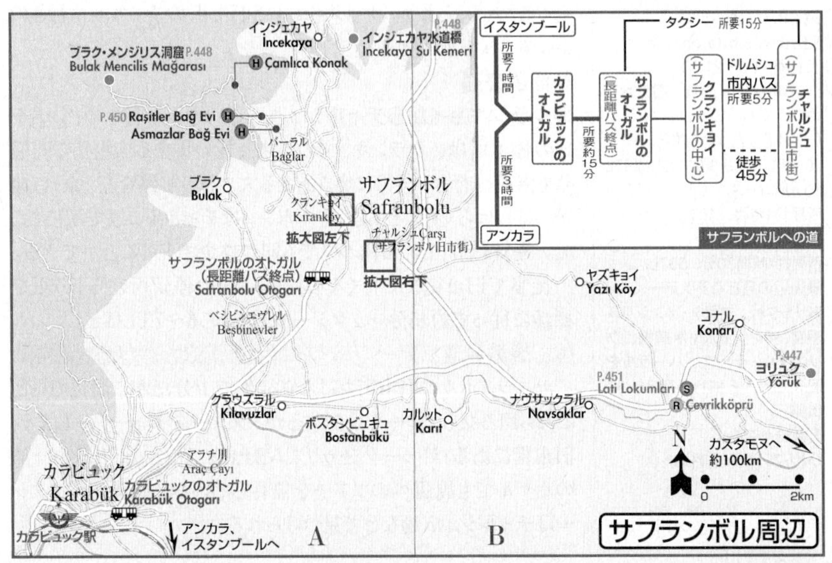

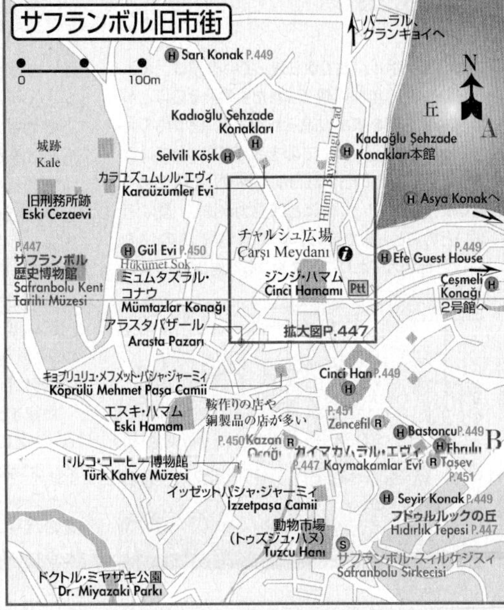

旧市街だけでなく、クランキョイの南側にも古い家屋がいくつか残っており、近年は古民家ホテルが増えつつある。料金も手頃なので、もし旧市街に宿を取れなければクランキョイで探すのも手。(編集室)

■両替
銀行のATMはクランキョイに数カ所ある。
■郵便・電話　Map P.447
チャルシュのPTTは、ジンジ・ハマムから東へ延びる大通りにある。周りの景観に配慮して目立たずに建っている。
■バトゥータ・トゥリズム
Map P.447
TEL(0370)725 4533
URL www.batuta.com.tr
開 夏期9:00～21:00
冬期10:00～日没　休 無休
●クラブカーのツアー
いずれもふたりから催行。
20ヵ所コース:所要約30分、25TL
30ヵ所コース:
所要約1時間、45TL
50ヵ所コース:
所要約1時間30分、55TL
●周辺の見どころツアー
ヨリュク村、ブラク・メンジリス洞窟、インジェカヤ水道橋、クリスタル・テラス、バーラルを回る。2人から催行。毎日11:00出発。
所要約4時間
ひとり75TL(入場料込)

◆オトガルから市の中心部へ

●サフランボルのオトガル　サフランボル行きのバスの終点は**クランキョイ**の南西約1kmにあるオトガル。オトガルからチャルシュへのタクシー料金は20TLほど。セルヴィスでクランキョイの広場周辺まで行き、ここからドルムシュやバスで旧市街のチャルシュへ行くとよい。セルヴィスがない場合はオトガル前の幹線道路を流しているドルムシュの運転手に、チャルシュまで行くことを伝えよう。クランキョイで旧市街のチャルシュ行きのドルムシュを乗り換える。

◆周辺交通

●クランキョイからチャルシュへ　チャルシュ行きのドルムシュの停留所は、クランキョイのバス会社の集まる広場から大通りを南西へ行き、すぐに突きあたる大きなT字路を左（東）に曲がってしばらく行くとある。ドルムシュはチャルシュまで所要約5分。運賃1.50TL。市内バスでも同じ料金で行くことができる。

徒歩で旧市街まで行くならドルムシュの停留所から下り坂を標識に従って約45分。タクシーで行くなら6～7TLほど。

現地発着ツアー

サフランボルの旧市街だけなら徒歩で十分だが、周辺の見どころも回るならツアーを手配するかタクシーをチャーターしよう。旧市街にあるバトゥータ・トゥリズムBatuta Turizumのほか一部のホテルでも周辺へのツアーを催行している。観光用のタクシーはチャルシュ広場などで見つけられる。

Information

サフランボルの民家

サフランボルに古くから残っている家は、およそ100～200年前に建てられたもの。そのほとんどが木と土壁を基本に造られている。壁は馬のえさになるわら、土、そして卵をこねて造られているそうだ。寒い冬の日、数日前に燃やした火のぬくもりが感じられるというほど保温力があり、夏は涼しいとのこと。また昔のトルコでは夏と冬の住み分けが行われており、ソファのある居間がバルコニー形式ならば夏の家、屋内にあるなら冬の家となっていた。よく見るとサフランボルの家は冬の家、近郊のヨリュクの家は夏の家が多い。こんな違いも心に留めて眺めてみよう。

昔のトルコは、日本と同様大家族。一族がひとつ屋根の下に住んでいたため、家は大きく、家長、その子供たちの家族が住む部屋がいくつかある。そして、1～2階建ての家が多く、1階には玄関と馬車の駐車場、および客用のサロン（セラムルクSelamlık）があった。女性専用のサロン（ハラムルクHaramlık）は外部からは見えないように目隠しがされていた。

民家を改築したホテルに行くと、シャワールームがどこにあるのか一見してわからないことがある。タンスの扉のようなところを開くと、いきなりシャワールームがある仕掛けになっているのだ。昔のバーニョ（洗い場）はこんな形だっただろうと思わせる、興味深い造りになっている。

ジンジ・ハンの南にあるイッゼットパシャ・ジャーミィ（Map P.445右下B）は、イスタンブールにあるバロック建築の名作、ヌル・オスマニイェ・ジャーミィ（Map P.98A・B2）をまねて建てられたといわれている。（編集室）

見どころ

観光のスタートにぜひ寄りたい
サフランボル歴史博物館
Map P.445右下A

Safranbolu Kent Tarihi Müzesi
サフランボル・ケント・ターリヒ・ミュゼスィ

城跡Kaleがある、眺めのよい旧市街西側の丘に建つ。旧役場（エスキ・ヒュキュメット・コナウEski Hükümet Konağı）を改装した博物館で、建物は1907年にカスタモヌ県知事エニス・パシャ Enis Paşaによって建てられた。1976年に起きた火災で長らく廃墟となっていたが、2007年に博物館としてオープンした。

1階（入口のフロア）はサフランボルの歴史に関するパネルや写真の展示がメイン。2階にはオスマン朝時代の家財道具も展示されている。地下は通商史や伝統工芸をテーマとしており、鍛冶屋や靴屋など職人の作業風景を人形で再現している。博物館の横では、トルコ各地にある時計塔の模型を展示している。

すり鉢状の町を眼下におさめよう
フドゥルルックの丘
Map P.445右下B

Hıdırlık Tepesi フドゥルルック・テペスィ

旧市街を見下ろせる

麓から歩いていくと、頂上が平らな公園になっている丘にたどり着く。ここからはサフランボルの町全体が手に取るように見え、すばらしい眺めが楽しめる。丘に建つ墓廟は1843年に造られたハサン・パシャ Hasan Paşaのものだ。

さらに上方へ登っていくと墓地があり、ここの南奥からの眺めもよい。

内部を公開している民家を見比べてみよう
カイマカムラル・エヴィ
Map P.445右下B

Kaymakamlar Evi カイマカムラル・エヴィ

サフランボルには内部を公開している民家があり、ゲズィ・エヴィ Gezi Eviと呼ばれている。最初に公開されたのがこの家。サフランボル兵舎長であったハジュ・メフメット・エフェンディ Hacı Mehmet Efendiが19世紀初頭に建てたといわれている。土間に展示された昔の生活用具、上階のオジャック（暖炉）や飾り棚、ソファで囲まれたサロンなどから昔の暮らしがよくわかる。

近郊の旅
のんびりとした時間が流れる小さな村
ヨリュク
Map P.445上B

Yörük Köyü ヨリュク・キョユ

サフランボルから南東へ11kmの小さな村。ヨリュクはトルコ語で遊牧民を意味し、テュルクメン系のカラケチリKarakeçili族が中心となって定住したといわれている。伝統家屋が保存

■サフランボル歴史博物館
TEL(0370)712 1314
開9:00～18:00 休月 料5TL

石造りの重厚な建物

■フドゥルルックの丘
開随時 休無休
料8:00～24:00の入場は1TL

■カイマカムラル・エヴィ
TEL(0370)712 7885
開9:00～18:00（冬期～17:30）
休無休 料5TL

カイマカムラル・エヴィ

■ヨリュクへの行き方
サフランボルから隣村のコナルKonarıへ行くドルムシュに乗り、終点から約2km徒歩。往路なら追加料金を払えばヨリュクに寄ってもらえるほか、希望人数が多い場合ヨリュクまで行く。ヨリュクからコナルへは幹線道路へ出ずに尾根づたいに延びる未舗装の農道を徒歩約30分。
🚖往復70TL～。インジェカヤ水道橋、ヨリュク村と一緒に回って200TL

カイマカムラル・エヴィの中庭にあるカフェ、カイマクラム・カフェ・エヴィ Kaymakamlar kahve evi(開8:00～18:00)は炭火で入れるトルココーヒー（10TL)がおすすめ。サフランチャイ（7TL)もある。（編集室）

■スィパーヒオウル・エヴィ
0536 479 1050
開8:30～20:00
（冬期～18:00）
休無休　料2TL

■インジェカヤ水道橋
クランキョイの交差点からバーラル行きのドルムシュに乗り、インジェカヤと言えば最寄りで降ろしてもらえる。トカトル渓谷を見下ろしながら村まで約1km。水道橋までさらに約1km。
チャルシュから往復60TL。ブラク・メンジリス洞窟、ヨリュク村と一緒に回って200TL。ツアーで行くこともできる。

■クリスタル・テラス
TEL (0370)725 1900
開9:00～24:00頃
（冬期～18:00頃）
料5.50TL

真下に絶景が広がるテラス

■ブラク・メンジリス洞窟
タクシーならチャルシュから往復70TL。インジェカヤ水道橋と一緒に回って200TL。
0538 322 9881
開夏期9:30～19:00
冬期9:30～17:00
（冬期は閉鎖される日もある）
休無休　料6.50TL
不可

ブラク・メンジリス洞窟の鍾乳石

されており、いくつかは公開されている。シーズン中は伝統料理を出すチャイハーネもオープンする。

スィパーヒオウル・エヴィ Sipahioğlu Evi

見学できる部屋も多く、ベクターシュ教団の思想に影響された、12の数に合わせた装飾など、独特の装飾文様や昔の風呂が興味深い。天井や壁に描かれた装飾も注意して見たい。入口のある地階は馬小屋として使用されていた。

スィパーヒオウル・エヴィ

チャマシュルハーネ Çamaşırhane

村にある共同洗濯小屋。かつてはどの村にもあり、中央にある大きな石を洗濯板のように使っていた。

近郊の旅
橋の下は緑豊かな渓谷。向こう岸まで渡れるかな？

インジェカヤ水道橋

Map P.445上A

İncekaya Su Kemeri インジェカヤ・ス・ケメリ

クランキョイから約5kmの渓谷にある水道橋。ローマ時代に造られ、折れ曲がった部分から先はオスマン朝時代の18世紀にセリム3世の宰相、イッゼット・メフメット・パシャにより改築された。長さ200mで、幅は1.6m～3m。手すりはないが、向こう岸まで渡ることができる。橋の下の緑豊かな渓谷はトカットル渓谷Tokatlı Deresiと呼ばれ、遊歩道も整備されている。

幅が狭いので注意して歩こう

クリスタル・テラス Kristal Teras

インジェカヤ水道橋の近くのカフェの敷地内に2012年にできた展望所。ガラスのテラスが80mもの高さのある断崖の上に大きく張り出している。1度に30人まで上に乗ることができる。はるか向こうまで続くトカットル渓谷Tokatlı Kanyonuの見晴らしは最高だが、足元を見ると恐ろしい。高所恐怖症の人は気をつけて！

近郊の旅
トルコ有数の鍾乳洞

ブラク・メンジリス洞窟

Map P.445上A

Bulak Mencilis Mağarası ブラク・メンジリス・マーラス

ブラク村を流れるメンジリス川の岩山にある洞窟。昔は盗賊の隠れ家として使われていたとか。洞窟の長さは約6kmだが見学できるのは400m。中の温度は常に12～14℃に保たれている。手すりや階段もあるが、滑りやすいので注意。洞窟入口への坂道はやや険しい。

読者投稿　週末にサフランボルから直通バスがあるアマスラは博物館、城跡、水道橋、市場、ビーチ、教会やモスクなど充実の観光ができます。ペンションで黒海を眺めて1泊するのも優雅。魚もおいしい！（大阪府　ゆや　'16秋）

HOTEL

世界遺産の町並みを保護するため、ホテルも古い家の雰囲気をできるだけ崩さないよう改装している。そのためバスルームやトイレがとても狭いこともある。週末（金・土曜）と祝日は値上がりすることも多い。電話すればサフランボルのオトガルまで迎えに来てくれるホテルもあるので、予約時に聞いてみよう。

日本からホテルへの電話 国際電話会社の番号 + 010 + 国番号90 + 市外局番と携帯電話の最初の0を除いた相手先の電話番号

バストンジュ・コナック Bastoncu Konak

経済的 6室

Map P.445右下B ジンジ・ハン周辺

住Kaymakamlar Müzesi Altı
☎0533 206 3725
FAX(0370)712 6910
URLbastoncuhediyelik.com
80TL
130TL～
US$ € TL　MV

家庭的なもてなしが自慢の宿。部屋は簡素な雰囲気だが、杖職人でもあるお父さんが、自ら天井装飾などの室内装飾も手がけている。日本語が堪能なオーナーが手作りしているショップは1階にある。

全館無料　EV なし

エフェ Efe Guest House

経済的 7室

Map P.445右下A チャルシュ

住Kayadibi Sok. No.8
TEL(0370)725 2688
FAX(0370)725 2137
80TL
140TL
US$ € JPY TL
MV

オトガルから連絡すれば迎えにきてくれる。レセプションへは靴を脱いで最上階へ。若女将のヤーセミンさんは流暢な日本語を話す。シャワー共同の経済的な部屋もある。日帰りツアーのアレンジも可能で5人集まれば催行。同経営のアスヤ・コナックAsya Konakもある。

全館無料　EV なし

サル・コナック Sarı Konak Hotel

経済的 8室

Map P.445右下A チャルシュ

住Mescit Sok. No.33
TEL(0370)712 4535
DOM 10€
15€
25€
US$ € TL
ADJMV

歴史的建築物を修復したゲストハウス。きれいに手入れされている。町の東には同経営のユルドゥズ・ペンションもあり、こちらも同じ料金。オーナーはタクシー運転手でもあり、周辺周遊や黒海の港町アマスラへのツアーも可。

全館無料　EV なし

セイル・コナック Seyir Konak

中級 9室

Map P.445右下B フドゥルルックの丘周辺

住Musalla Mah., Hıdırlık Arkası Sok. No.3
TEL(0370)433 1712
URLseyirkonakotel.com
33€～
55€～
US$ € TL
ADJMV

チャルシュ広場からフドゥルルックの丘へ向かう途中にあり、眺めが最高。朝食エリアやテラスからもサフランボルの景色が楽しめる。旧市街から近道があり、すぐに行けるという好立地。オーナーは親切で色々と教えてくれる。

全館無料　EV なし

ジンジ・ハン Cinci Han Hotel

中級 30室

Map P.445右下B ジンジ・ハン周辺

住Eski Çarşı Çeşme Mah.
TEL(0370)712 0690
FAX(0370)712 0691
URLwww.cincihan.com
150TL
300TL
TL
AMV

1645年建造の隊商宿を改装したホテル。シンプルなインテリアで、歴史的建造物の情緒はないが、階段を下りるメゾネット式のスイートがあったりと間取りは当時のまま。暖房完備。宿泊客以外でも入場料1TLで隊商宿を見学できる。

全館無料　EV なし

アラスタバザールに代表されるようにサフランボルは職人の町としても知られている。特に革靴が有名で、長期滞在できるならオーダーメイドも可能。（編集室）

ラシットレル・バー・エヴィ Raşitler Bağ Evi

住Bağlarbaşı Mah., Değirmenbaşı Sok. No.65
TEL(0370)725 1345
FAX(0370)725 1344
シングル 50€〜
ダブル 65€〜
US$ € TL
カード A M V

中級 4室 | Map P.445上A バーラル

バーラルにある古民家ホテル。350年以上前に建てられた家屋を修復してホテルとしている。釘を1本も使わない工法なのだとか。オトガルからの無料送迎あり。電話かメールで予約すれば割引きも応相談とのこと。

全館無料 EV なし

ギュル・エヴィ Gül Evi

住Hükmet Sok. No.46
TEL(0370)725 4645
FAX(0370)712 5051
URL www.canbulat.com.tr
シングル 80€〜
ダブル 100€〜
US$ € JPY TL
カード A M V

中級 16室 | Map P.445右下A チャルシュ

チャルシュ広場から歴史博物館へと上る坂道の途中にある。築200年の民家を改装した趣のある建物。中庭を挟んで3つの建物があり、奥の建物にはバスタブ付きの部屋もある。調度品のセンスもよい。洞窟風の凝ったバーもある。

全館無料 EV なし

イムレン・ロクム・コナウ İmren Lokum Konağı

住Koyyum Ali Sok. No.4
TEL(0370)725 2324
FAX(0370)712 2194
URL www.imrenkonak.com
シングル A/C 175TL
ダブル A/C 290TL
US$ € TL
カード A D M V

中級 17室 | Map P.447 チャルシュ広場

イムレン・ロクムラル(→P.451)と同経営のホテル。部屋にはテレビ、ドライヤー、ミニバーなどが置かれ、もちろん自慢のロクムのサービスもある。レストランも評判がよく、サフランボルの地方料理がひと通り楽しめる。

全館無料 EV なし

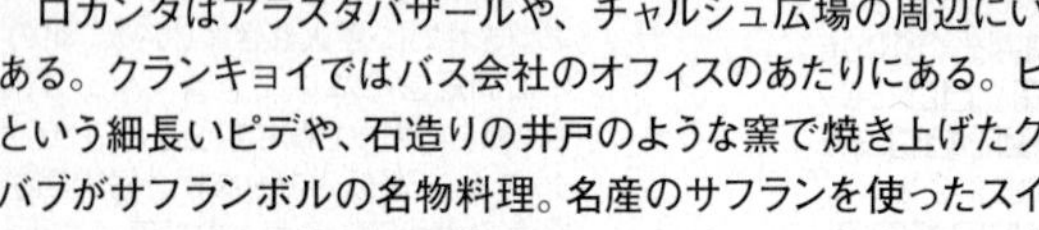

RESTAURANT & SHOP

ロカンタはアラスタバザールや、チャルシュ広場の周辺にいくつかある。クランキョイではバス会社のオフィスのあたりにある。ビュクメという細長いピデや、石造りの井戸のような窯で焼き上げたクユ・ケバブがサフランボルの名物料理。名産のサフランを使ったスイーツもある。サフランの黄色いお茶、サフラン・チャイも有名。

クユ・ケバブ

カドゥオウル Kadıoğlu Şehzade Sofrası

住Çeşme Mah., Arasta Sok. No.8
TEL(0370)712 5091
FAX(0370)712 5657
URL www.kadioglusehzade.com
開9:00〜22:30
休無休
US$ € TL
カード M V

郷土料理 | Map P.447 チャルシュ広場

サフランボルの郷土料理を出す店。皮がカリッとおいしいクユ・ケバブKuyu Kebabı (50TL) やビュクメBükme (写真、26TL)が自慢。ドリアのようなシェフザーデ・ピラウŞehzade Pilav(15TL) もおすすめ。週末やシーズンなどのランチは席がいっぱい。カドゥオウル・グループは町中に9つのホテルと2つのレストランを展開する。

カザン・オジャウ Kazan Ocağı Ev Yemekleri

住Kasaplar Sok. No.10
TEL(0370)712 5960
Mail safranboluevyemekleri@hotmail.com
開8:00〜21:00 (冬期18:00)
休無休
US$ € TL カード M V

家庭料理 郷土料理 | Map P.445右下B アラスタ周辺

かつてトルコの新聞で「トルコで最もおいしい家庭料理10選」に選ばれてから、数々のメディアで取り上げられている人気店。日本人に人気があるのは、大鍋で仕込まれたオルマン・ケバブOrman Kebabı(写真、25TL)。

ジンジ・ハンから南へ続く通り沿いにあるサフランボル・スィルケジスィ (Map P.445右下B)は、地元産のリンゴやサンザシなどを使ってヤズキョイ (Map P.445上B)で作られたお酢の専門店。(編集室)

ゼンジェフィル Zencefil Ev Yemekleri

家庭料理 郷土料理　Map P.445右下B ジンジ・ハン周辺

住Eski Çarşı, Cinci Hanı Arkası Sok. No.24
TEL(0370) 712 5120
開9:00〜23:00 (冬期〜21:00)
休無休
TL
M V

ジンジ・ハンからカイマカムラル・エヴィへ向かう途中にある。サフランボルの郷土料理や家庭料理を出すレストラン。マントゥ (写真、20TL)や麺料理のヤユム(9TL)、バクラワ (2個10TL)などが人気メニュー。英語メニューあり。

エト・ドネルジ・イスマイル Et Dönerci İsmail

ドネル・ケバブ　Map P.447 チャルシュ広場

住Eczacı Derman Hidayet, Çeşme Sok. No.7
0507 954 2546
開9:00〜21:00 (冬期〜18:00)
休無休　TL
不可

旧市街の中心チャルシュ広場にあるケバブ屋。簡単に食事を済ませたい人におすすめ。テイクアウトも可。ドネル・ケバブ (肉のみ) 20TL、スープ6TL。ピラウ6TL。

タシェヴ Taşev

トルコ料理　Map P.445右下B ジンジ・ハン周辺

住Baba Sultan Mah., Hıdırlık Yok. No.14
TEL(0370) 725 5300
URL www.tasevsanatvesarapevi.com
開10:00〜22:00
休月　US$ € TL　M V

カイマカムラル・エヴィのすぐ上に位置しており、眺めは抜群。サフランボルのレストランでは珍しく、ビールやワインなどを出している。メインの料理は種類も豊富で50〜90TL。

アラスタ・カフヴェスィ1661 Arasta Kahvesi 1661

トルココーヒー　Map P.447 アラスタ周辺

住Çeşme Mah., Arasta Arkası Sok. No.3
TEL(0370) 712 0023
開6:00〜24:00
休無休
US$ € TL　A D J M V

アラスタバザールにあるカフェで1661年から創業という老舗。炭火で入れるトルコ・コーヒー (10TL) が絶品で、いつもにぎわっている。

イムレン İmren Lokumları

ロクム カフェ　Map P.447 チャルシュ広場

住Çeşme Mah., Kazdağlı Meydanı No.2
TEL(0370) 712 8281
URL www.imrenlokumlari.com
開7:00〜23:00
休無休
US$ € TL　M V

チャルシュ広場のすぐ北側にある老舗のロクム専門店。広々とした2階には泉があり、レースや鏡などにもセンスが光り、ちょっとした博物館のようだ。隣のサフラン・チチェイSafran Çiçeğiは同経営のコスメショップ。

ラティ Lati Lokumları

ロクム　Map P.445上B チェヴリッキョプリュ

住Karabük Kastamonu Karayolu 7km Çevrikköprü
TEL(0370) 737 2020
開8:00〜22:00　休無休
US$ € TL
J M V

地元の自然食材にこだわった工場直売所で、同時にサービスエリアにもなっているため大型バスの駐車スペースもある。工場はガラス張りなので、食事をしながら作業工程を見学できる。

ジンジ・ハマム Tarihî Cinci Hamamı

地元客向け ハマム　Map P.447 チャルシュ広場

住Çarşı Meydanı
TEL(0370) 712 2103
FAX(0370) 712 2105
開6:00〜23:00 (男性用)
9:00〜22:00 (女性用)
休無休　TL　不可

ジャーミィの横にある、サフランボル旧市街のランドマーク的存在。地元の人も観光客もよく利用するハマムだが、英語はあまり通じない。入浴とマッサージのセットで85TL。

クランキョイにあるロクム屋サフランタトSafrantatは工場直売店。新聞でも紹介されるほどの人気店で、頼めばロクムの製造工程も見学させてくれる。(編集室)

川沿いに落ち着いた風情の町並みが広がる

カスタモヌ Kastamonu

市外局番 0366	人口38万3373人	標高775m

■時刻表一覧
🚌時刻表索引→P.62～63

■カスタモヌの
Map P.452
住Sakarya Cad. No.3
TEL(0366) 212 5809
URL kastamonu.ktb.gov.tr
開9:00～18:00
休日・月、10～4月
(10～4月は県庁横の文化観光課にて対応)

時計塔から眺めたカスタモヌの町並み

カスタモヌの町の歴史は古く、ヒッタイト時代までさかのぼるというが、町が発展したのはオスマン朝の時代に入ってからのこと。町は当時の面影を色濃く残しており、県庁所在地として発展を続ける今も、サフランボルと似たような雰囲気の民家が数多く残されている。

ミュニーレ神学校の手工芸品市場

今も現役のナスルッラー橋

歩き方

●町の中心はナスルッラー橋　町は南北を貫くカラチョマック川周辺の谷に沿って広がっている。町の中心はこの川をまたぐ**ナスルッラー橋**Nasrullah Köprüsüの周辺。ナスルッラー橋は1501年に当時のカーディー（裁判官）ナスルッラーによって建てられた典型的なオスマン朝様式の橋。橋の北西には同じく彼が建てたという**ナスルッラー・ジャーミィ** Nasrullah Camiiがあり、その周辺にはケルヴァンサライ（隊商宿）がいくつかある。

●県庁周辺　橋の東南側の広場には市内ミニバスのターミナルがある。**県庁**Valilik Binasıもオスマン朝時代に建てられた古い建物で、アラビア文字の看板が残る。さらにその奥に控えているのは**時計塔**Saat Kulesi。

●古い家並み　カスタモヌでサフランボルのような家並みが残るのはビザンツ時代に造られたカスタモヌの城壁の麓周辺のエリア。特にサイラヴ通りSaylav Sok.とそれに続くサムルオウル通りSamlıoğlu Sok.あたりの風情は古きカスタモヌを想像させてくれる。

カスタモヌの北西にあるプナルバシュ（Map P.35A1）は、世界屈指の大きさのウルガニ洞窟、高さ1100m、長さ11kmにわたるヴァッラ渓谷、ウルジャの滝など豊かな自然で知られる。（編集室）

ターミナルから町の中心部へ

◆オトガルから市の中心部へ　オトガルは中心部から約5km北に位置しており、ミニバス2·3番で中心部へと行ける。

見どころ

広場に整然と建つカスタモヌの顔

ナスルッラー・ジャーミィ

Map P.452

Nasrullah Camii ナスルッラー・ジャーミィ

ディヤルバクルやベオグラードなどでカーディー（行政官）を歴任したナスルッラーによって16世紀に建てられた。オスマン朝初期から全盛期にいたる過渡期の建築として貴重なものだ。

■ナスルッラー・ジャーミィ
開随時
休無休
料無料

ジャーミィは複合施設の中核部分

HOTEL & RESTAURANT

ホテルはカラチョマック川沿いに多く、ほとんどが中級クラスのビジネスホテル。ナスルッラー・ジャーミィの周辺にはもう少し安めの宿もある。カスタモヌは地方料理の宝庫で、全国的に有名なクル・ピデスィ Kır Pidesiをはじめ、エトリ・エキメッキEtli Ekmekもコンヤと並ぶ本場。サフランボルでメジャーになったクユ・ケバブKuyu Kebabıも元はここが発祥の町。

日本からホテルへの電話 国際電話会社の番号 + 010 + 国番号90 + 市外局番と携帯電話の最初の0を除いた相手先の電話番号

ミュテヴェッリ Otel Mütevelli

中級 30室 Map P.452

住Cumhuriyet Cad. No.46
TEL(0366)212 2020
URLwww.mutevelli.com.tr
シングル A/C 160TL
ダブル A/C 250TL
US$ € TL
カード M V

町の中心部にある、新しく清潔なホテル。ミニバス乗り場から通りを渡ったところ。部屋からの眺めもよい。併設レストランは最上階にあり朝食も出す。

Wi-Fi 全館無料　EV あり

クルシュンル・ハン Kurşunlu Han Hotel

中級 26室 Map P.452

住Aktarlar Çarşısı
TEL(0366)214 2737
FAX(0366)214 3782
URLwww.kursunluhan.com
シングル 185TL
ダブル 250TL
US$ € TL
カード A M V

15世紀中頃に建てられた隊商宿を改修し、2008年にオープンしたホテル。全室ミニバー、セーフティボックス付き。併設のレストランでは、古典音楽の演奏が披露されることも。

Wi-Fi 全館無料　EV なし

ウールル・コナックラル Uğurlu Konakları

中級 25室 Map P.452

住Hisarardı Mah., Şeyh Şaban-ı Veli Cad. No.47-51
TEL(0366)212 8202
FAX(0366)212 1833
URLwww.kastamonukonaklari.com
シングル 160TL
ダブル 260TL
US$ € TL
カード A M V

1860年代に建てられた伝統的家屋を改装したホテル。当時の雰囲気を色濃く残しながらも、現代的なアレンジも加えられており、機能性も高い。庭からは真上にカスタモヌ城を眺められる。町でアルコールを提供するホテルはここだけ。

Wi-Fi 全館無料　EV なし

ミュニーレ・スルタン・ソフラス Münire Sultan Sofrası

郷土料理 Map P.452

住Nasrullah Camii Yanı
TEL(0366)214 9666
URLwww.munireultansofrasi.com
開8:00〜22:00
休無休
TL
カード A M V

現在は手工芸市場となっているミュニーレ神学校跡の一角にある。エトリ・エキメッキ（14TL）など定番のカスタモヌ料理のほかに、麦のスープ、エジェヴィット・チョルバスEcevit Çorbası（8TL）、鶏肉料理バンドゥマ（写真左、22TL）なども得意としている。

地方料理の宝庫といわれるカスタモヌの定番みやげは、チェクメ・ヘルワという甘いお菓子。バター入りのものが人気。セペッチオウルSepetçioğlu、ビュルビュルオウルBülbüloğluが2大メーカー。（編集室）

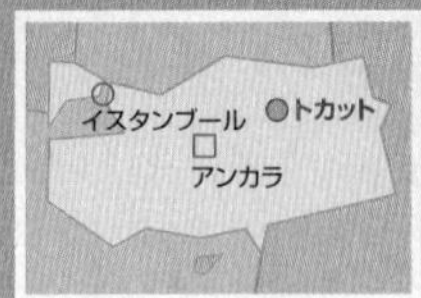

900 Adımda 900 yıllık Tarih

900歩の歩みで900年の歴史を知る

トカット Tokat

市外局番 0356	人口13万2437人	標高679m

■時刻表一覧
時刻表索引→P.62〜63
■トカットの
Map P.455
住Taşhan
TEL(0356)214 8252
URL tokat.ktb.gov.tr
開8:00〜12:00 13:00〜17:00
休祝

Information

ヤズマとバスマ

トカットみやげの伝統工芸といえば、何といってもヤズマYazmaやバスマBasmaといった文様染め。判子のように型を作って染めていて、その技法は日本にも伝わって更紗となった。ハンカチのような小さなものから洋服に仕立てたもの、テーブルクロスなど、さまざまなものが売られている。ヤズマジュラル・ハヌは文様染めの専門店がたくさん入っていたが、2019年5月現在工事中。周囲にも専門店がたくさんある。

山あいに広がるトカットの町並み

黒海と内陸部のちょうど中間地点に位置するトカットは周囲を緑豊かな森に囲まれた町。町の歴史は紀元前3000年にもさかのぼるという。古くはコマナと呼ばれ、ヒッタイト、ペルシア、ローマ、ビザンツ、セルジューク朝など、さまざまな国に支配を受けたあと、町はオスマン朝の支配下に入った。それぞれの文化の影響が重層的に積み重なっていったことは、 トカット博物館を訪れてみるとよくわかる。町を散策していても100年以上の歴史をもつ建物によく出合う。

歩き方

町の南北をガーズィ・オスマン・パシャ大通りとベズハット大通りの2本の主要通りが貫いている。町の中心は県庁（ヒュキュメット・コナウ）のあたり。オトガルは町の北側にあり、市内バスが県庁まで運行している。バスのチケットはカード式で2TL。

Information

緑と水の町ニクサルNiksar

トカット近郊の町ニクサルの名はローマ皇帝ティベリウスによって「ネオカエサレア（新しいカエサルの町）と名づけられ、トルコ人の支配下に入ると、「いい城」を意味する「ニク・ヒサル」の名をかぶせたことが町の名の由来。現在、ニクサルの名を有名にしているのはその良質な水。ニクサルにはその水を詰める工場があり、全国に出荷されている。

ローマ時代の地理学者ストラボンの『地誌』にも記録がある城塞からの眺めは素晴らしい。

■ニクサルへの行き方

トカットのオトガル前からニクサル行きのドルムシュが7:00〜22:00の1時間に1便程度運行。所要約1時間、運賃13TL。

ユランル橋とアラスタ・ジャーミィ

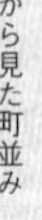

城塞から見た町並み

トカットのキャッチフレーズ「900 Adımda 900 Yıllık Tarih(900歩の歩みで900年の歴史を知る)」は町の中心部の徒歩圏内に様々な時代の歴史建造物が集まっていることを表している。(編集室)

見どころ

おみやげ屋が軒を連ねるかつての隊商宿

タシュハン

Map P.455

Taşhan タシュハン

1631年に建てられた、100室以上も部屋がある大型の隊商宿だったところで、ヴォイヴォダ・ハンVoyvoda Hanとも呼ばれていた。その後は精肉・青果市場として使われていたが、近年の修復後は地元の伝統工芸を紹介するアトリエなどが多数入っておりヤズマ、バスマを作っているところもある。

古代から現代まで町の重層的な歴史を知る

トカット博物館

Map P.455

Tokat Müzesi トカット・ミュゼスィ

オスマン朝時代に建てられた市場、アラスタル・ベデステンArastalı Bedestenを改装した博物館。トカット近郊の遺跡から発掘された出土品の展示のほか、この地に住んでいたキリスト教徒たちのイコンコレクションにいたるまで、展示の内容は多岐にわたっている。バスマやヤズマなど、トカットの伝統工芸品の展示もある。

バスマの制作風景を人形を使って解説

くるくる回る人形がリアル

メヴレヴィーハーネ

Map P.455

Mevlevihane メヴレヴィーハーネ

17世紀前半、スルタン・アフメット3世の家臣スュリュン・ムスル・パシャによって建てられた、メヴレヴィー教団の修道場。19世紀に建て替えられており、現在見られるようなバロックの要素が濃厚に残るオスマン朝木造建築として建築史的価値も高い。天井や壁の木彫装飾にも注目してみたい。

上階がセマーハーネSemahaneと呼ばれるステージになっており、現在ではセマーゼン（舞い手）こそいないが、代わりにボタンを押すと回り出す等身大の人形がその役割を務めている。手書き写本などの展示もある。

■タシュハン
開店舗により異なる

中庭はカフェになっている

■トカット博物館
住Sulusokak Cad., Arastalı Bedesten
TEL(0356)214 1509
開夏期8:00〜19:00
　冬期8:00〜17:00
休月　料無料
写不可

■メヴレヴィーハーネ
TEL(0356) 213 3083
開8:00〜18:00 休月 料無料
写内部不可

市立博物館（開8:30〜10:00 13:00〜19:00、休月）は2019年2月にオープンした博物館で入場は無料。トカットの昔の生活の様子などが分かりやすく展示されている。（編集室）

■バッルジャ洞窟
🚖トカットから片道80TL。3時間滞在して往復350TL～。
🚌最寄りの町パザルPazarへはバスで片道6TL
住Ballıca Köyü
TEL(0356)261 4236
URLwww.milliparklar.gov.tr
開8:00～日没（夏期～20:00）
休無料　料12TL

世界遺産の暫定リストにも記載されているトルコ屈指の鍾乳洞

バッルジャ洞窟

Map P.36A1

Ballıca Mağarası バッルジャ・マアラス

トカットから南西に約26km、1085mの丘の上に位置する鍾乳、石灰洞窟。約340万年前から形成され、全長約680m。洞窟内には座れる場所がいくつかあり、濾過された空気と豊富な酸素から喘息患者などの保養地にもなっている。

HOTEL & RESTAURANT

ホテルはタシュハンから県庁周辺に点在している。それほど大きな規模の宿はない。レストランはやはりトカット・ケバブを出す店が多く、県庁周辺に集中している。

日本からホテルへの電話 国際電話会社の番号 + 010 + 国番号90 + 市外局番と携帯電話の最初の0を除いた相手先の電話番号

チャウシュオウル・タワー Çavuşoğlu Tower

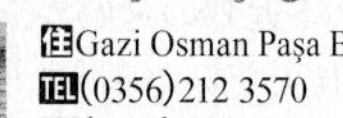

中級 89室　Map P.455

住Gazi Osman Paşa Bul. No.172/A
TEL(0356)212 3570
FAX(0356)212 9660
URLwww.cavusoglutowerhotel.com
S A/C 160TL
W A/C 240TL
US$ € TL　A D J M V

町の中心部で最も規模の大きなホテル。付属のレストランは24時間オープンで、プール、ハマム、フィットネス、サウナなども完備している。7室あるスイートはジャクージ付き。

全館無料　EV あり

デデマン・トカット Dedeman Tokat

高級 143室　Map P.455外

住Karşıyaka Mah., Orhangazi Cad. No.15/1
TEL(0356)228 6600
URLwww.dedeman.com
S A/C 35～65€
W A/C 39～69€
US$ € TL　A D J M V

2017年オープンの大型ホテル。フィットネスやスパなど施設も充実。レストランやバーも併設しており、お酒を楽しめる数少ないホテル。バッルジャ洞窟へタクシーの観光プラン手配可能。

全館無料　EV あり

ミス・ケバブ Mis Kebab Ocakbaşı

炉端焼きケバブ　Map P.455

住Gazi Osman Paşa Bul., Hükümet Yanı
TEL(0356)212 1678
開6:30～24:00　休無休
US$ € TL
M V

町の中心部にある人気店。店の一番人気はトカット・ケバブ（55TL）ではなく、薄い生地のユフカで巻いたベイティ・サルマ（23TL）。スィワス・キョフテ（22TL）も人気のひと品。

ピルハン Pirhan

郷土料理ケバブ　Map P.455

住Yarahmet Mah., Meydan Camii Karşısı No.1
TEL(0356)213 2525
開24時間
休無休
US$ € TL　A M V

600年以上前の建物を利用したレストラン。名物トカット・ケバブはサラダやヨーグルト、パンなどがセットになっており、55TL。他にもフルン・ケバブ40TLなど、郷土料理がひととおり食べられる。

アリパシャ・ハマム Alipaşa Hamamı

地元客向けハマム　Map P.455

住Alipaşa Hamam Sok.
TEL(0356)214 4453
開男湯5:00～23:00
　女湯9:00～18:00
休無休
TL　不可

1572年に宰相アリパシャによって建てられた複合施設のひとつ。アリパシャ・ジャーミィよりも大きく、町のランドマークにもなっている。いつも屋根からもくもくと煙を出している。入浴は28TL、アカすりとマッサージはともに12TL。

トカット・ケバブは、トマト、ナスなどの夏野菜をふんだんに使うため、ハウスもののトマトは味が落ちるとして夏にしか出さない店も多い。（編集室）

オスマン朝のシェフザーデ（皇太子）の町

アマスヤ Amasya

市外局番 **0358** 人口**33万7508人** 標高**392m**

イェシル川沿いに建つ伝統的家屋とアマスヤ城

5000年以上の歴史をもち、古代名アマセイヤで知られるアマスヤは、中央を流れるイェシル川、切り立った岩山に切り開かれた岩窟墳墓、山の傾斜地に民家が並んだ様子など、美しい景観でも有名だ。歴史的建築物も多い。

歩き方

空港は近郊のメルズィフォンMerzifonにあり、発着に合わせてシャトルバスが町の中心部とを往復している。オトガルは町の北にあり、市内バスで約15分。市内バスは事前にチケット売り場で切符（2.75TL）を購入する。

アタテュルク像Atatürk Anıtıあたりの広場が町の中心。メインストリートは**アタテュルク通り**Atatürk Cad.だ。イェシル川Yeşil Irmak沿いの道を行くと橋が見える。イェシル川を渡って対岸の左には古い民家の博物館**ハゼランラル・コナウ**Hazeranlar Konağıがあり、上を見上げると**岩山と岩窟墳墓**が見える。

博物館Müzeは1階が考古学、2階は民族学部門になっており、ヒッタイト、オスマン朝時代の文化財や美しい彫刻が施さ

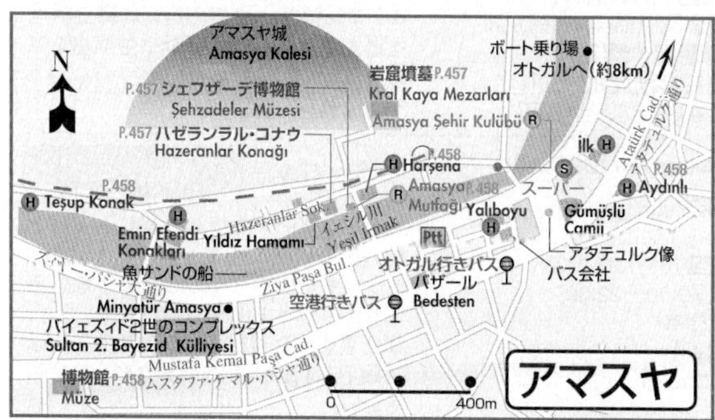

時刻表一覧

時刻表索引→P.62～63

岩窟墳墓 Map P.457

開夏期9:00～19:00
冬期9:00～17:00
休無休 料5TL

山肌を削って造られた岩窟墳墓

読者投稿 市内で降ろしてもらおう

スィワス方面からの長距離バスは、アマスヤのホテル街のすぐ近くを通ってからオトガルに着きます。事前にお願いして途中下車させてもらえないか、聞いてみる必要があると思います。（埼玉県　アシュク　'17夏）

シェフザーデ博物館 Map P.457

開夏期9:00～19:00
冬期8:00～17:00
休無休 料5TL

伝統的建築を利用した博物館

ハゼランラル・コナウ Map P.457

開夏期8:00～19:00
冬期8:00～17:00
休無休 料6TL

人形を使って当時の暮らしを再現

アマスヤは皇太子の町（シェフザーデ・シェフリŞehzade Şehri）の異名をもつ。14～16世紀に多くのオスマン朝の皇太子がアマスヤに知事として赴任したことによる。（編集室）

■博物館　Map P.457
TEL(0358)218 4513
開8:00～19:00（冬期～17:00）
休無休　料6TL
不可

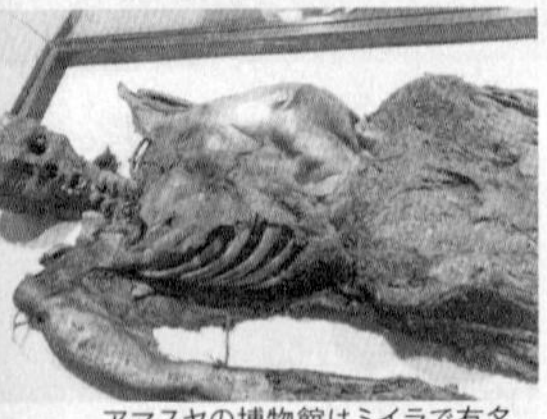
アマスヤの博物館はミイラで有名

れた木製扉などを展示している。ドアンテペ出土のテシャップ神のブロンズ像（紀元前15世紀、ヒッタイト時代）、フェティエ・ジャーミィ Fethiye Camiiから運ばれた13～14世紀のミイラは必見。

岩窟墳墓の横には町を見下ろせるカフェがある

岩窟墳墓はハゼランラル・コナウの手前の鉄道のガードをくぐって路地を入った所に入口がある。階段を上った展望台からはアマスヤの町を一望できる。東西へ延びる城壁の内側には紀元前3世紀に栄えたポントス王国の王らの岩窟墓がある。

HOTEL & RESTAURANT

ホテルはそれほど多くない。ハゼランラル・コナウの通り沿いには、伝統家屋を改築した雰囲気のよいホテルが点在する。バザールと川に挟まれた地区には中級ホテルもある。

レストランではアマスヤ・ムトファウ**Amasya Mutfağı**が郷土料理を出していて、地元の人にも人気。ケシュケッキ**Keşkek**というギュウェチ（壺焼き）を試してみよう。アタテュルク像のある広場から川沿いの路地裏にかけてロカンタが多い。

日本からホテルへの電話　国際電話会社の番号 + 010 + 国番号90 + 市外局番と携帯電話の最初の0を除いた相手先の電話番号

テシュップ・コナック Teşup Konak

中級 7室　Map P.457

住Yalıboyu Sok. No.10
TEL(0358)218 6200
URL www.tesupkonak.com
S A/C 140TL
W A/C 280TL
US$ € TL　A D J M V

木材はモミの木、ベッドフレームや浴室のタイルはオーダーメイドという洗練されたテイストの内装。館内のライトもソフトでリラックスできる。

全館無料　EV なし

アイドゥンル Aydınlı Hotel

中級 29室　Map P.457

住Mehmet Paşa Mah. No.8
TEL(0358)212 4322
URL www.aydinlihotel.com
S A/C 120TL
W A/C 170TL
US$ € TL　M V

町の中心部に近く、バスもホテルの目の前に停車する。近代的なビジネスホテル。部屋は清潔にまとめられておりスッキリとした印象だ。

全館無料　EV あり

ハルシェナ Harşena Otel

中級 21室　Map P.457

住H. Teyfik Hafız Sok. No.4
TEL(0358)218 3979
FAX(0358)218 3980
URL www.harsenaotel.com
S A/C 170TL
W A/C 250TL
US$ € TL　M V

景観保存地区の一角。本館と別館があり、川を見下ろす別館もある。本館はエアコン付き。別館の庭には郷土料理を出すカフェがあり、夏期は生演奏を毎晩行う。

全館無料　EV なし

アマスヤ・ムトファウ Amasya Mutfağı

郷土料理　Map P.457

住Hatuniye Mah., Hazeranlar Sok. No.3
TEL(0358)218 2223
開9:00～22:00
休無休
TL
M V

シェフザーデ博物館の横にある郷土料理の専門店。小麦と豆のおかゆケシュケッキ（15TL）やオクラと肉の煮込みエトリ・バムヤEtli Bamya（18TL）など、郷土色あふれる料理が楽しめる。上階で眼下にイェシル川を眺めながらの食事もいい。

読者投稿　アマスヤはアクセスがいいとはあまりいえませんし、ホテルのスタッフも若干観光客慣れしているところもありましたが、景観は写真以上によい所でした。（埼玉県　アシュク　'17夏）

歴史的建造物に彩られた黒海のエメラルド

トラブゾン Trabzon

市外局番 **0462** | 人口**80万7903**人 | 標高**33**m

山肌にへばりつくようにあるスュメラ修道院

トラブゾンは、黒海の海岸線近くまで迫りくる山々の斜面に張り付くように築かれている。海沿いにはビルが林立しているが、坂道を上って中心街に足を踏み入れると、そこは石畳が続く趣深い町。1年を通して湿潤温暖、緑に育まれた町だ。

この町の歴史は紀元前8世紀のギリシアの植民地時代まで遡る。その後ペルシア、ローマ、ビザンツ、オスマン朝などさまざまな帝国の支配を受けた。その歴史が建築物に今も垣間見られる。また13世紀にはトレビゾンド帝国(→P.462)の中心地であったため、数多くのビザンツ美術が残っている。

近郊の町マチカMaçkaにあるスュメラ修道院は、イスラーム勢力に追われたキリスト教徒が隠れ住んだ断崖絶壁にある修道院として広く知られている。

時刻表一覧

✈→P.54～59
🚌時刻表索引→P.62～63

周辺はチャイの名産地でもある

歩き方

メイン・ストリートであるウズン通り

町の中心は**メイダン公園**Meydan Parkı。園内はチャイバフチェ（ティーガーデン）になっており、地元の人や旅行者の憩いの場だ。公園の南側の道を西へ進むと、ブティックやロカンタなどが並ぶ**ウズン通り**Uzun Sok.だ。1本北側のマラシュ通りMaraş Cad.には銀行が多く、そこを過ぎると**パザル**Pazarと呼ばれる商業地区になる。

トラブゾンのⓘ
Map P.461D1
住Atatürk Alanı Meydan Parkı içi
TEL(0462)326 4760
URL trabzon.ktb.gov.tr
開5～8月8:00～24:00
　9～4月8:00～17:00
休無休

トラブゾンの隣町であるアクチャアバトは、楕円形のキョフテ、アクチャアバト・キョフテスィ発祥の地として知られている。ホロンという黒海地方の伝統的なダンスでも有名だ。(編集室)

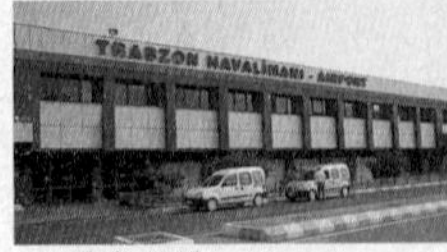

TRABZON HAVALİMANI - AIRPORT
トラブゾン空港

MEYDAN
FORUM
HAVAALANI
POLİS OKULU
空港とメイダン公園を結ぶドルムシュの表示

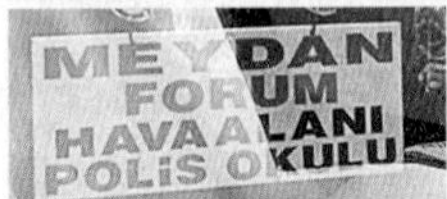

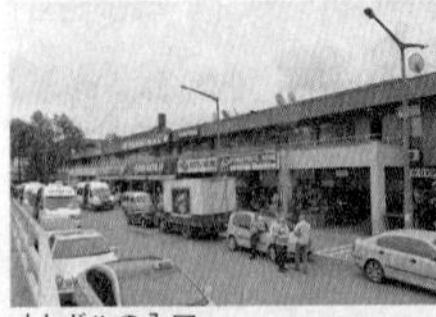

オトガルの入口

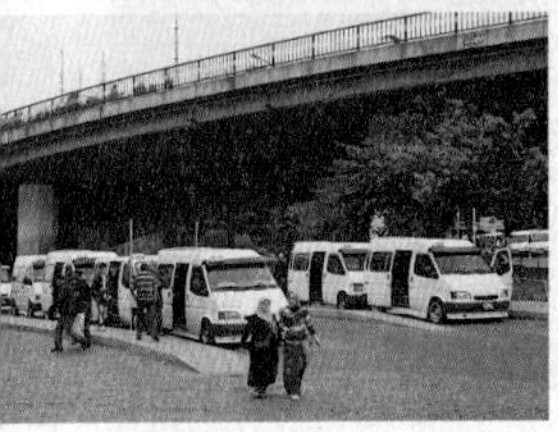

メイダン公園南のドルムシュ乗り場

ターミナルから町の中心部へ

◆空港から市の中心部へ　空港は幹線道路を海沿いに東約6kmにある。中心のメイダン公園まではハ**ワアラヌ・メイダン** Havaalanı Meydanの表示があるドルムシュを利用しよう。運賃は2.50TL。空港行きはメイダン公園から北へ1本入った文化センター前から頻発。タクシーだと片道25～30TLくらい。

◆オトガルから市の中心部へ　セルヴィスはないので、メイダン公園へは幹線道路に出て反対側車線のドルムシュに乗る。運賃は2.50TL。サムスン方面から来るバスは、パザル北側のドルムシュ乗り場の周りにあるバスオフィスでも乗降が可能だ。

市内からオトガルへのドルムシュは、メイダン公園の南から頻発している。車の上にあるMeydan Garajlar（メイダン・ガラジラル）の表示が目印。空港行きやフォルムForum行きでも途中下車可能。タクシーなら片道20TL。

市内交通

◆ドルムシュ

車両の上部分に行き先が表示されている。おもな行き先はオトガルや空港、アヤソフィア、ボズテペなど。乗り場はメイダン公園の南側に集まっている。運賃はたいてい2.50TL。ウズンギョルやスュメラ修道院へ向かう中距離のドルムシュやミニバスは、チョムレックチ通りÇömlekçi Cad.沿いに並んでいる。

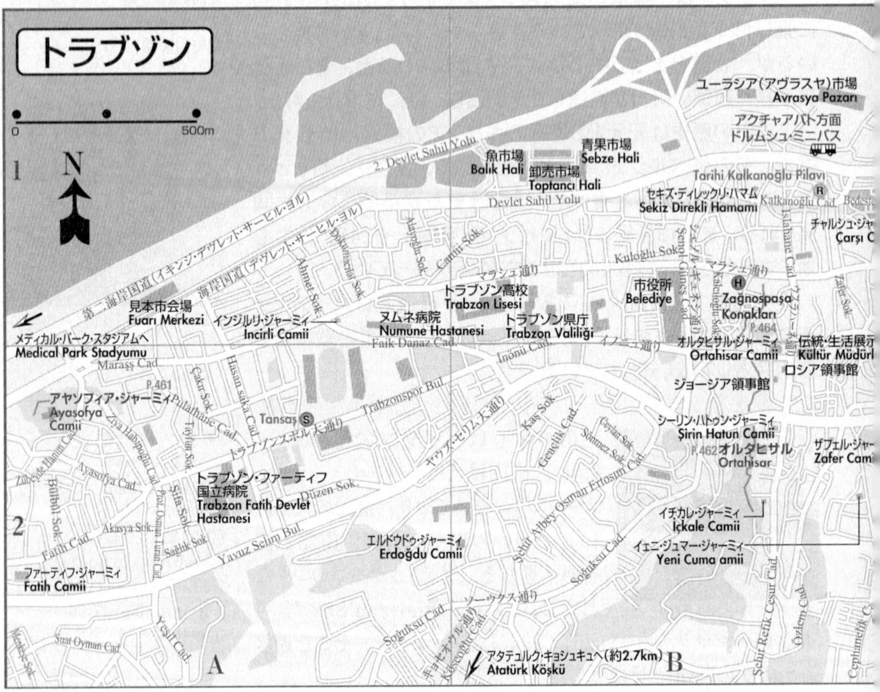

トラブゾン
0
500m
N
1
2
A
B
2. Devlet Sahil Yolu
Devlet Sahil Yolu
第二海岸国道（イキンジ・デヴレット・サーヒル・ヨル）
海岸国道（デヴレット・サーヒル・ヨル）
魚市場
Balık Hali
青果市場
Sebze Hali
卸売市場
Toptancı Hali
ユーラシア（アヴラスヤ）市場
Avrasya Pazarı
アクチャアバト方面
ドルムシュ・ミニバス
Tarihi Kalkanoğlu Pilavı
セキズ・ディレックリ・ハマム
Sekiz Direkli Hamamı
チャルシュ・ジャー
Çarşı C
見本市会場
Fuarı Merkezi
インジルリ・ジャーミィ
İncirli Camii
メディカル・パーク・スタジアムへ
Medical Park Stadyumu
トラブゾン高校
Trabzon Lisesi
ヌムネ病院
Numune Hastanesi
トラブゾン県庁
Trabzon Valiliği
市役所
Belediye
Zağnospaşa
Konakları
P.464
オルタヒサル・ジャーミィ
Ortahisar Camii
伝統・生活展示
Kültür Müdürl
ロシア領事館
ジョージア領事館
シーリン・ハトゥン・ジャーミィ
Şirin Hatun Camii
P.462 オルタヒサル
Ortahisar
ザフェル・ジャー
Zafer Cami
P.461
アヤソフィア・ジャーミィ
Ayasofya
Camii
Tansaş
トラブゾンスポル大通り
Trabzonspor Bul.
ヤヴズ・セリム大通り
Yavuz Selim Bul.
トラブゾン・ファーティフ
国立病院
Trabzon Fatih Devlet
Hastanesi
エルドウドゥ・ジャーミィ
Erdoğdu Camii
イチカレ・ジャーミィ
İçkale Camii
イェニ・ジュマー・ジャーミィ
Yeni Cuma amii
ファーティフ・ジャーミィ
Fatih Camii
ソーウクス通り
Soğuksu Cad.
アタテュルク・キョシュキュへ（約2.7km）
Atatürk Köşkü
マラシュ通り
イノニュ通り
İnönü Cad.
Maraşş Cad.
Faik Danaz Cad.
Kuloğlu Sok.
Camii Sok.
Ahmet Sok.
Uzun Sok.
Çakır Sok.
Hasan saka Cad.
Pulathane Cad.
Ziya Habiboğlu Cad.
Ayasofya Cad.
Zübeyde Hanım Cad.
Bülbül Sok.
Fatih Cad.
Akasya Sok.
Şifa Sok.
Sağlık Sok.
Düzen Sok.
Kaş Sok.
Gençlik Cad.
Sönmez Sok.
Şehit Albay Osman Ertosun Cad.
Yeşil Cad.
Suat Oyman Cad.
Köprübaşı Cad.
Şehit Refik Cesur Cad.
Özlem Cad.
Cephanelik C
Islahane Cad.
Zafer Sok.
Kalkanoğlu Cad.

トラブゾン空港は国内線と国際線ターミナルで分かれており、少し距離がある。イスタンブール経由の国際線でトラブゾン空港へ到着すると、荷物は国際線ターミナルに届くので要注意。（編集室）

現地発着ツアー

エイジェ・ツアーズEyce Toursではスュメラ修道院やウズンギョルなど周辺へのツアーを催行している。

見どころ

岩壁に残る美しいフレスコ画

アヤソフィア・ジャーミィ

Map P.460A2

Ayasofya Camii アヤソフヤ・ジャーミィ

アヤソフィアの優雅なたたずまい

市の中心部から西へ約3km、黒海を背に建つ建築物。5世紀に建立され、1238～63年にマヌエル1世の命で改修されたもの。オスマン朝時代以降はジャーミィとして使われた。中央に高いドームがあり、その前後左右に屋根が延びる内接十字形という形をした典型的なビザンツ様式の建築。内壁にはビザンツ美術の傑作とされるフレスコ画があり、最後の晩餐、聖母マリアなど聖書の場面が並ぶ。西側の高い鐘楼は1427年に完成した。1960年までジャーミィとして使われたが1964年から博物館として公開されてきた。しかし2013年6月からは再びジャーミィとして使用されている。

エイジェ・ツアーズ
Eyce Tours
Map P.461D1
バス会社ウルソイUlusoyや各ホテルでも予約が可能。
●スュメラ修道院半日
毎日10:00発（17:00帰着）
料50TL（入場料別途）
●ウズンギョル
毎日10:00発　料50TL
●アイデル
毎日9:00発（17:00帰着）
料70TL　ガイド付きハイキングツアーも応相談。
●バトゥーミ（ジョージア）
日・月7:00発（23:00着）
料100TL（入場料別途）
食事付き120TL
住Güzelhisar Cad. No.12
TEL(0462) 326 7174
URL www.eycetours.com
開7:30～20:00　休無休
アヌル・ホテルの裏側から入る

アヤソフィア・ジャーミィ
メイダン公園などからドルムシュ
開8:15～18:45（冬期～16:45）
休無休　料無料
※2019年5月現在、修復工事のため見学不可。

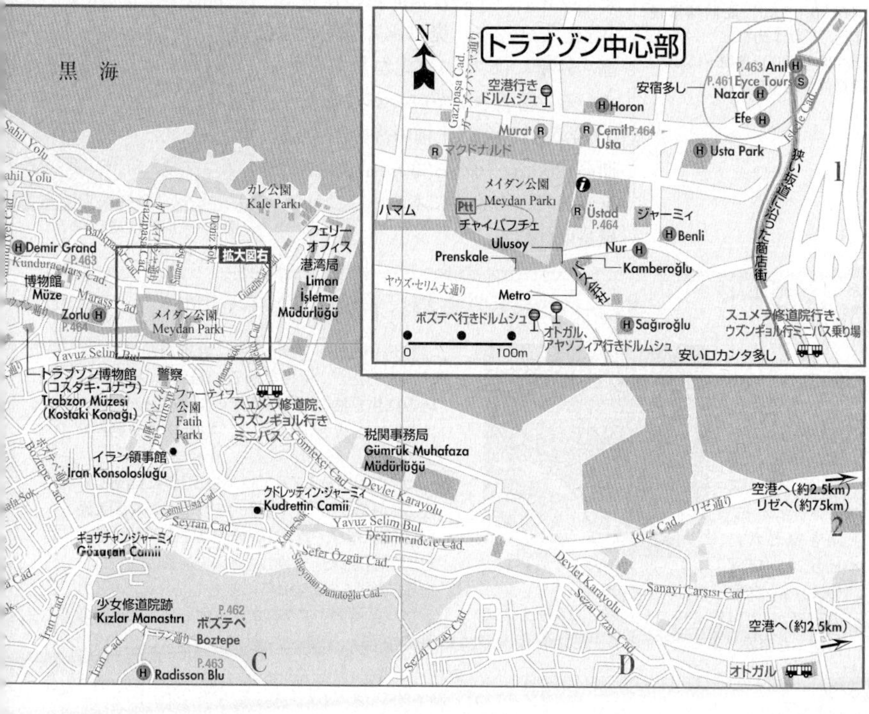

トラブゾン中心部

トルコサッカーリーグの強豪トラブゾンスポルのホームスタジアム、メディカル・パークは海沿いの幹線道路をアクチャアバト方面に行った海沿いにある。2016年オープンの近代的スタジアムだ。（編集室）

オルタヒサル・ジャーミィ

オルタヒサル
🚌アヤソフィア行きのドルムシュで途中下車。

ボズテペ
🚌メイダン公園の南にある坂道からドルムシュ。車体にBoztepeと表示されている。
運賃:2.50TL

スュメラ修道院
🚌バス会社ウルソイ前の乗り場からエイジェ・ツアーズのミニバス。各所でピックアップ可。
トラブゾン 発10:00（17:00帰着）
運賃:50TL(往復)
🚌チョムレックチ通り沿いのミニバス乗り場からミニバスが11:00、12:00、14:30発、戻りは15:00、16:00。夏期は増便する。運賃は20TL。
開9:00～19:00（冬期～16:00）
休無休　料10TL

坂の多いトラブゾンの町を取り囲む

オルタヒサル

Map P.460B2

Ortahisar オルタヒサル

14世紀、トレビゾンド皇帝アレクシオス2世の時代に建てられた城壁。少し崩れているが見応え十分。色鮮やかな外壁の伝統家屋も多く残る。周囲は公園として整備されている。

丘の上から赤い屋根の眺めを楽しもう

ボズテペ

Map P.461C2

Boztepe ボズテペ

トラブゾンの山側にある丘で、黒海をバックにれんが色の屋根が連なる町並みが一望にできる。カフェテリアもあるので、のんびりと景色を眺めよう。

ボズテペから港の方向を眺める

近郊の旅

岩壁に残る美しいフレスコ画

スュメラ修道院

Map P.36B1

Sümera Manastırı スュメラ・マナストゥル

トラブゾンの南約54kmにある、岩壁に張り付いているようなキリスト教の修道院。トルコ人にさえ、「夢の地」といわれるほど人里離れた所にある。

創設されたのはビザンツ時代の6世紀。現在ある建物は14世紀の建造で、6階建て全72室。奥にある洞窟の内部、外壁にはフレスコ画が数多く残っている。落書きが多いのが残念だが、よく見ると200年以上前の落書きもある。標高1200m、川から300mも切り立った垂直の岩壁の途中にある。ここからの風景は壮観だ。

壁画や天井画も見応えがある

Information

東ローマ帝国の末裔、トレビゾンド帝国

トレビゾンド帝国は、第4回十字軍によって打ち立てられたラテン帝国によりコンスタンティノープルを奪われたビザンツ帝国のコムネノス家の末裔が1204年にトレビゾンド（現トラブゾン）に建てた帝国である。

アヤソフィア・ジャーミィに残る色鮮やかなフレスコ画

13～15世紀、アナトリアは群雄割拠のような状態だったが、そのなかでトレビゾンド帝国は巧みに生き抜く。黒海東岸のジョージア王国とはともに正教会国家として、婚姻関係を結んで協力した。

コンスタンティノープルが1453年に陥落した後も、軍事力が強大な南のアクコユンル朝と婚姻関係を結び、カラマン君侯国とも同盟するなどして対抗した。しかし、オスマン朝の圧力は日増しに強くなり、1461年に滅亡した。ほどなくカラマン君侯国もアクコユンル朝もオスマン朝の軍門に下り、アナトリアは統一されることとなる。

オルタヒサル・ジャーミィは914年に建てられた教会がもととなっている。オスマン朝の征服後にジャーミィとなり、ミナレットなどが付け加えられた。(編集室)

近郊の旅

チャイの産地

リゼ

Rize リゼ

Map P.37C1

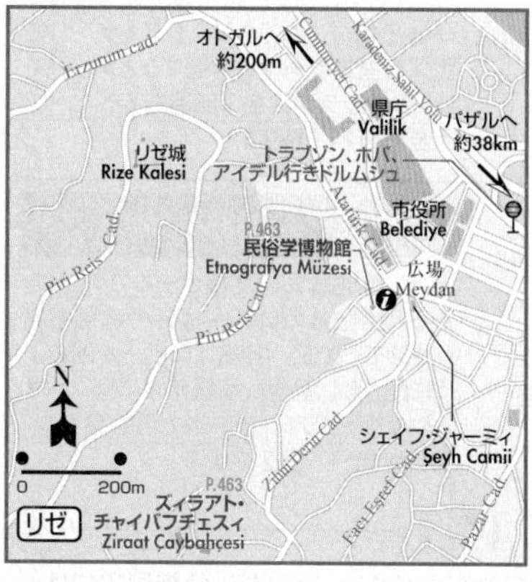

紅茶の産地として有名なリゼはトラブゾンから東へ約80km、人口約34万8000人の町。リゼで茶葉の生産が始まったのは1930年代。政府の手厚い保護の下、茶葉を生産する農家が増え始めた。その後黒海沿岸各地に私営の紅茶会社の続出したため以前の繁栄は見られなくなった。しかし現在でもリゼやオフOf周辺には多くのチャイ工場が稼働している。

町の中心はジャーミィ（シェイフ・ジャーミィ）のある広場。広場に面してPTT、ⓘ、古民家を改造した民俗学博物館Etnografya Müzesiなどがある。

■リゼへの行き方

🚌時刻表索引→P.62～63

■リゼのⓘ Map P.463

住Meydan PTT Yanı

TEL(0464)213 0408

開8:30～17:00　休日

■民俗学博物館 Map P.463

開8:00～17:00

休無休　料無料

■ズィラアト・チャイバフチェスィ

Map P.463

開8:00～23:00

リゼの町を見下ろす高台にあるチャイ・エンスティテュスュ Çay Enstitüsü（紅茶研究所）に隣接しているチャイバフチェ（ティーガーデン）。茶畑や黒海を眺めながらお茶ができる。広場横の坂道を20分ほど上っていった所にあり、タクシーでは片道10TLくらい。

チャイバフチェから眺めたリゼの町

HOTEL

安い宿はメイダン公園周辺に多いが、市役所北側のエリアの一部や、オトガルへ向かう幹線道路沿いのホテルはほとんどが売春宿。夜でもバーを営業しているような安宿は要注意。

日本からホテルへの電話 国際電話会社の番号 + 010 + 国番号90 + 市外局番と携帯電話の最初の0を除いた相手先の電話番号

アヌル Anıl Otel

経済的 35室　Map P.461D1

住Güzelhisar Cad. No.12
TEL(0462)326 7282
FAX(0462)321 7284
S A/C 80TL
W A/C 140TL
US$ € TL　M V

ガラス張りでロビーが明るいのでひときわ目立つ。エイジェ・ツアーズの系列ホテル。裏側の部屋からは港が見える。朝食ビュッフェも充実。

全館無料　EV あり

デミル・グランド Demir Grand Hotel

中級 54室　Map P.461C1

住Cumhuriyet Cad. No.22
TEL(0462)326 2561
URL www.demirgrand.com
S A/C 100TL
W A/C 180TL
TL　M V

町の中心部からやや西側、パザル地区近くのにぎやかな通り沿いある3つ星ホテル。シービューの部屋もある。ジャクージやサウナ付きのスイートある。

全館無料　EV あり

ラディソン・ブル Radisson Blu Hotel Trabzon

高級 162室　Map P.461C2

住Boztepe Çamlık Sok. No.2
TEL(0462)261 6666
URL www.radissonblu.com
S A/C 65€～
W A/C 75€～
シービューの部屋は10€プラス
US$ € TL　A D J M V

町を一望するボズテペの丘に2018年末にオープン。テラス付きの海側の部屋が人気。女性専用プール、サウナ、ハマム、スパ施設も完備。空港までの送迎は片道50TL。

全館無料　EV あり

トラブゾンの南西約60kmにあるギュミュシュハーネの近郊にはカラジャ洞窟Karaca Mağarasıという巨大な鍾乳洞がある。観光シーズンは4～10月。（編集室）

ザーノスパシャ・コナックラル Zağnospaşa Konakları

高級 19室 | Map P.460B1

住Gülbaharhatun Mah., Semt Zağnos Dereiçi Sok. No.41
TEL(0462)300 6300
URLwww.zagnospasakonaklari.com
S A/C 180～200TL
W A/C 300TL
US$ € TL
MV

オルタヒサルのあるザーノスパシャ渓谷公園内にある古民家風ホテル。3つの棟で構成されており、レストランも併設。客室はモダンな内装でまとめられており、キッチン付きの部屋もある。

全館無料　EV なし

ゾルル・グランド Zorlu Grand Hotel

最高級 160室 | Map P.461C1

住Kahramanmaraş Cad. No.9
TEL(0462)326 8400
FAX(0462)326 8458
S A/C 80～300€
W A/C 100～350€
US$ € TL
ADJMV

町でいちばんの高級ホテルで、噴水のある吹き抜けのロビーは外の喧騒を忘れさせてくれる。客室はロビーを囲むように配され、室内も高級感が漂う。ハマムやサウナ、ジム、プールなども完備。

全館無料　EV あり

RESTAURANT

黒海沿岸東部最大の都市であるトラブゾンにはロカンタが多い。メイダン公園周辺にはナスや豆などを使った煮込み屋が並び、いずれの店も評判はよい。しかし、トラブゾンといえば何といってもハムスィ（イワシ）。ほかにも、魚のグリルやフライを試してみよう。

ジェミル・ウスタ Cemil Usta

キョフテ 魚料理 | Map P.461D1

住İskenderpaşa Mah., Atatürk Alanı No.6
TEL(0462)321 6161
URLwww.cemilusta.com.tr
開8:00～23:00
休無休
US$ € TL
MV

メイダン公園に面したレストラン。トラブゾンの隣町の名物料理アクチャアバト・キョフテスィの人気店。看板料理のキョフテ（22TL）やシーフード（オーブン焼き、グリル、フライから選べる）など何を頼んでもブルグルや小皿、食後のスイーツとチャイがついてくる。

ユスタド Üstad Yemek ve Kebap Salonu

トルコ料理 | Map P.461D1

住Atatürk Alanı No.18/B
TEL(0462)321 5406
URLwww.ustadyemekkebap.com
開24時間
休断食時間中
TL
MV

メイダン公園に面した店。煮込み料理が中心だが、ハムスィ入りのオムレツ、カイガナ（12TL）やロールキャベツの一種ラハナ・サルマス（17TL）など郷土料理もある。町からオトガルへ行く途中の幹線道路沿いに系列のパスターネもある。

Information 国境を越えてバトゥーミ（ジョージア）へ

ジョージア（グルジア）最大の港町であるバトゥーミはソ連時代から保養地として有名だったが近年、政府主導の下、開発が進み、巨大なビルとカジノ、ナイトクラブが立ち並ぶ近代的なリゾート都市へと変貌した。ヴェネツィア風の町並みを再現したバトゥーミ・ピアッツァなどがある。トルコからのアクセスも比較的簡単なので、黒海沿岸を起点に足を延ばすのもおすすめ。

ビーチ沿いに高層ビルやオブジェが並んでいる

■バトゥーミへの行き方

バス トラブゾンからは国境の町サルプSarpまで行くバスは多いが、国境を越えるバスは少ないので事前によく確認しよう。国境からバトゥーミまではミニバスが運行している(詳細→P.479～480)。

パザルでは1856年創業のピラウ専門店ターリヒ・カルカンオウル・ピラウTarihi Kalkanoğlu Pilavı（Map P.460-B1）が地元の人に大人気。(編集室)

山あいに現れるエメラルドグリーンの美しい湖

ウズンギョル Uzungöl

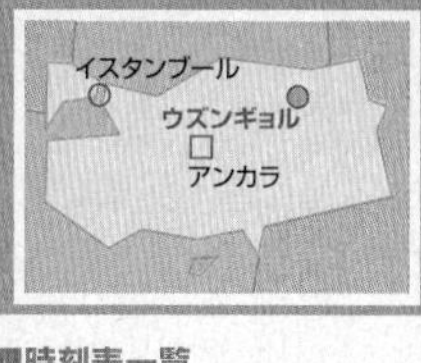

市外局番 0462	人口1606人	標高1090m

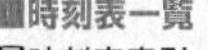

緑に囲まれたのどかな避暑地

黒海沿岸のチャイの産地オフOfからソラクル川Solaklı Çayıに沿って車は南へ進む。チャイカラの村からさらに約20km。しばらく車窓からは、緑あふれる渓流と、山の斜面にへばりつくようにして建つ家々の風景が続く。ぐっと急になった坂道を上りきると突然視界が開け、目の前には水を満々とたたえた美しい湖が現れる。のどかな牧歌的風景が広がるトルコ屈指の避暑地、それがウズンギョルだ。

歩き方

ウズンギョルは**ハルディゼン渓谷**Haldizen Deresiの谷底に広がる湖で、標高は1090m。この湖はハルディゼン渓谷の斜面にあった岩々が転げ落ち、川の水を堰き止めてできたといわれる。湖畔の白いジャーミィも美しく、ボート遊びもできる。

■時刻表一覧

時刻表索引→P.62～63

■トラブゾンからのツアー

●エイジェ・ツアーズ
Eyce Tours
Map P.461D1
毎日10:00発。復路は16:00発。ひとり往復50TL。昼食は各自負担。

自転車のレンタルも行っている

豪快に流れ落ちる滝もある

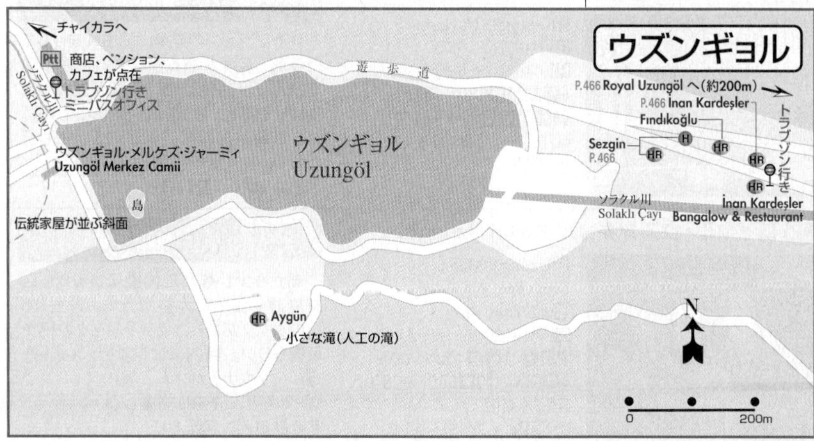

ウズンギョルとその周辺は近年は特にアラブ人からの人気を集めている。町にはアラビア文字の看板も多く見かける。(編集室)

ジャーミィの西側は伝統的家屋が多く残っていてのどかな雰囲気

6～9月のシーズン中は多くの観光客でにぎわう。トレッキングやバードウオッチングなども楽しめるので、自然が好きな人におすすめの場所だ。また、山々が真っ赤に染まる10月下旬～11月の紅葉シーズンもおすすめ。

●東西が川、中心に湖　ウズンギョル・メルケズ・ジャーミィUzungöl Merkez Camiiのあたりがウズンギョルの入口。湖は徒歩で1周約30分。湖沿いの道を東側へ歩いていくと、湖の幅が狭まり、川になっていく。この川の北側沿いのエリアにレストランやホテルが点在している。湖の西側でミニバスを降りてもよいが、ミニバスは湖の東側のペンションが並ぶエリアまで行く。ジャーミィの西側の斜面には伝統的な家屋が建ち並んでいる。民家を通り抜け30分ほど歩くと、湖を眺望できる場所に出る。

●周辺のヤイラ（夏の放牧地）へ　周辺へのトレッキングならデミルカプDemirkapı、シェケルスŞekersuといったヤイラがある。夏期はツアーを催行するホテルもある。

HOTEL & RESTAURANT

トラブゾンからの日帰りも十分可能だが、トレッキングをしたりして自然を満喫するには1～2泊はしたい。ペンションはミニバスの終点あたりに多い。冬期の平日は閉まるところもある。

ウズンギョルの名物といえばマス（アラバルックAlabalık）。ウズンギョルではマスの養殖が盛んで、トルコ各地へ出荷している。値段はどの店でもそれほど変わらず1人前9TLほど。

日本からホテルへの電話　国際電話会社の番号 + 010 + 国番号90 + 市外局番と携帯電話の最初の0を除いた相手先の電話番号

イナン・カルデッシレル İnan Kardeşler

住Fatih Cad. No.18
TEL(0462)656 6260
FAX(0462)656 6066
URL www.inankardeslerotel.com
S 220～500TL
W 280～600TL
US$ € TL
A D J M V

中級 42室　Map P.465

ウズンギョルを代表する老舗ホテル。国内外の山岳愛好家も多く利用しているとか。レストランの裏側がマスの養殖場になっていて、生け簀を見ることもできる。通年営業で、近くには同系列のホテルもある。

全館無料　EV あり

セズギン Sezgin Otel

住Uzungöl, Çaykara
TEL(0462)656 6175
FAX(0462)656 6192
S 230～500TL
W 290～600TL
TL
M V

中級 100室　Map P.465

レセプションの建物はこぢんまりしているが、客室がある棟はその背後や道を挟んで反対側にある。湖が見える部屋はやや高め。夏期は毎日ホロンと呼ばれる黒海地方の民俗舞踊のショーも行われている。通年営業。

全館無料　EV あり

ロイヤル・ウズンギョル Royal Uzungöl

住Uzungöl Mah., Serçe Sok. No.91
0850 840 9161
URL www.royaluzungol.com
S A/C 450～500TL
W A/C 550～900TL
US$ € TL
M V

高級 57室　Map P.465

湖から少し離れた位置にあるが、スパ施設を備えた大型ホテル。客室は6つのタイプがあり、ファブリックの柄が可愛らしい。館内にはレストランはもちろん、サウナとハマム、屋内スイミングプールなど、設備は充実している。

全館無料　EV あり

湖の西側の伝統家屋が並ぶ斜面をしばらく登っていくと、湖を見下ろせるビューポイントにたどり着く。ちょっとしたハイキング気分が味わえる。(編集室)

緑豊かな牧草地が広がる高原の温泉村

アイデル Ayder

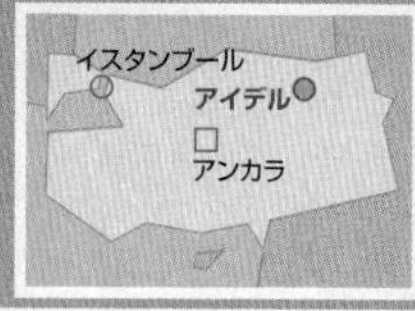

市外局番 **0464**	人口**200**人	標高**1265**m

夏は牧草地でのんびりと過ごす人が多い

黒海の町パザルPazarから山道を川沿いに約1時間。アイデルは標高1265mの小さな村だ。村ではカフカス系のラズ族やヘムシン族と呼ばれる人々が遊牧を営んできた。見上げれば高い峰々が続き、牧場からカウベルの音が響く。ここはスイス？ と思ってしまうような牧歌的な風景が続いている。アイデルは温泉地としても知られ、周りにある高原や山々へのトレッキング基地となっており、6〜9月のシーズン中は多くの観光客でにぎわう。60種以上の野生動物や130種以上の植物が確認されている自然の宝庫でもある。

歩き方

パザルからのドルムシュの終点にあるのが村の中心の広場。このあたりにしか商店はない。さらに上へ行くと、道路の下には温泉の湯煙が見える。さらに上へ行けば右側にビネクタシュの滝Binektaş Şelalesiが見える。

●周辺のヤイラ（夏の放牧地）へ　アイデルの村は谷底にあるので眺めはあまりよくない。トレッキングに出かけて大自然を満

■アイデルへの行き方
直通バスは少ないのでパザルPazarでドルムシュに乗り換える。パザルへはホパHopa行きなどで途中下車。トラブゾンから約2時間。カルスやエルズルムからはアルトヴィンArtvin経由リゼ行きで途中下車。

●トラブゾンから
🚌エイジェ・ツアーが1日ツアーを催行。夏期のみ9:00発
運賃:70TL

●リゼから
🚌5〜9月はドルムシュが9:30、11:00、14:00、18:00発（冬期10:30、14:00発）。
所要:約2時間　運賃:20TL

●パザルから
🚌大通りの**Bizim Market**という店の前にドルムシュが停車している。5:00〜17:00の1時間に1便。アイデルからは7:00〜18:00に運行、満員になり次第出発。冬期は雪により道が閉鎖されることもある。
所要:約1時間　運賃:14TL

■アイデル温泉　Map P.467
TEL (0464)657 2102〜3
開 夏期8:00〜21:00
冬期8:00〜16:00
休 無休　料 10TL
レセプションにセーフティボックスあり。パンツか内湯用腰布、バスタオルの無料貸し出しがある。貸し切り用の家族風呂は1時間75TL。

煙が立ち上るアイデル温泉

歓迎のバグパイプに合わせて思わず踊りだすトルコ人観光客

アイデルへの起点となるパザルにはオトガルはあるが、トラブゾン行きのバスは停車しない。トラブゾンへ戻るときは海岸沿いの大通りを通るバスをつかまえよう。(編集室)

ジップラインも楽しめる

喫しよう。ただし天候は変わりやすいので、雨具や防寒具を用意しておこう。村では山岳ガイドも手配できる。村から比較的近いヤイラは、フセル・ヤイラスHuser Yaylasıやアヴソル・ヤイラスAvusor Yaylasıなど。3000m級の山々が連なるフルトゥナ渓谷Fırtına Vadisiでは、カヤックやパラセイリングなども楽しめる。

村の中心部にあるこの温泉は、古くから湯治客が訪れていた。温泉の温度は44℃ぐらい。この温泉の効能は痛風、リウマチ、関節痛、心臓疾患などとされる。プール型の浴槽のほか、貸し切りできる家族風呂や病院も併設している。

HOTEL & RESTAURANT

ペンション、ホテルとも数は多いが、繁忙期の7・8月は満室になってしまうこともしばしばある。逆に冬期は多くのホテル、ペンションが休業してしまう。夏期は人数さえ集まればヤイラへの日帰りハイキングツアーを行うホテルも多い。

広場やアイデル温泉の周辺にレストランが数軒あり、レストランを併設しているホテルも多い。アイデルの名物料理は川で獲れる魚や、バターとチーズで作るムフラマMıhlamaというチーズフォンデュのような料理。魚は特産のバターを使ったフライにしてもらうとおいしい。

日本からホテルへの電話 国際電話会社の番号 + 010 + 国番号 90 + 市外局番と携帯電話の最初の 0 を除いた相手先の電話番号

スィス Sis Otel

住 Ayder Çamlıhemşin
TEL (0464)657 2030
FAX (0464)657 2186
URL www.sisotel.com
シングル 130〜300TL
ダブル 240TL〜
US$ € TL　カード A M V

中級 37室　Map P.467

村の中心部から徒歩で5分ほど坂を下りた所にある。建物はログハウス風。オーナーは周辺の地理に精通しており、山岳ガイドの手配も可能。レストランにはテラス席もあって眺めがよい。

Wi-Fi 全館無料　EV なし

イェシルヴァーディ Yeşilvadi Otel

住 Ömer Aktuğ Cad. No.96
TEL (0464)657 2050
FAX (0464)657 2051
URL www.ayderyesilvadi.com
シングル 150〜250TL
ダブル 150〜400TL
US$ € TL　カード M V

中級 40室　Map P.467

広場から坂を少し下るとある、家庭的な雰囲気の宿。周辺のプライベート1日ツアーもアレンジ可能。通りに面したみやげ店（mur-men-ya）では宿泊者に割引がある。

Wi-Fi 全館無料　EV なし

ゲル・ギョル GelGör Otel

住 Ayder Çamlıhemşin
TEL (0464)657 2064
FAX (0464)657 2088
URL www.gelgorhotel.com
シングル 120〜250TL
ダブル 200〜400TL
US$ € TL　カード A M V

中級 24室　Map P.467

村の中心部から山側に坂を上って徒歩3分ほど。客室は新しく、ベッドリネンの質も高いので快適に過ごせる。1階はレストランになっているほか、周囲にもレストランが多い。

Wi-Fi 全館無料　EV なし

ハーシモウル Otel Haşimoğlu

住 Ayder Çamlıhemşin
TEL (0464)657 2037
FAX (0464)657 2038
URL www.hasimogluotel.com
シングル 250〜400TL
ダブル 350〜600TL
US$ € TL　カード A M V

中級 78室　Map P.467

広場の橋の横から延びる坂道を下った所にある。館内は近年に改装済みで、ロビーやテラスからの滝の眺めがきれい。温泉のすぐ上に系列のレストラン、アイデル・ソフラスAyder Sofrasıもある。

Wi-Fi 全館無料　EV あり

アイデルで人気のアクティビティは、滑車にぶら下がったロープにしがみついて滑空するジップライン。レストランのアイデル・ソフラス前やビネクタシュの滝などで挑戦できる。（編集室）

周囲にジョージア教会が点在する

ユスフェリ Yusufeli

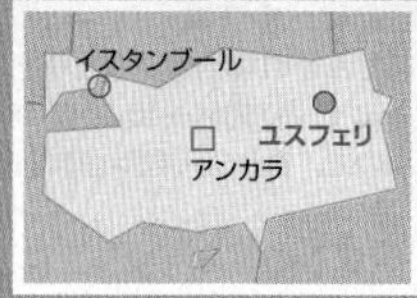

市外局番 0466	人口6856人	標高600m

町を流れるバルハル川でラフティング！

カチカル山脈を間にアイデルの反対側にあるのがユスフェリの町だ。町の中心部をバルハル川Barhal Nehriの急流が走り抜ける。ジョージア（グルジア）との国境も近く、山あいには古い教会や修道院が点在しており、国境を越えて巡礼者がやってくる。また、ラフティングやトレッキングを中心とする山岳スポーツが楽しめる場所でもある。自然いっぱいの美しい景観と、時を忘れたかのようにたたずむ教会を堪能したい。

■時刻表一覧

時刻表索引→P.62〜63

■ユスフェリの i

Map P.469右

住İsmetpaşa Cad.

開8:00〜17:00 休無休

みやげ物屋を兼ねた私営の観光案内所。

■ユスフェリの旅行会社

Çoruh Outdoor Travel

Map P.469右

TEL & FAX(0466)811 3151

開9:00〜17:00 休無休

ラフティングは5〜9月（ダムの放水により行えないこともしばしば）。参加費は保険料込みでひとり100TL。教会巡りや放牧地を訪れるツアーなども行っている。

■ユスフェリからエルズルム、カルスへ

ユスフェリはアルトヴィンとエルズルム以外の町とはアクセスが悪く、カルスへは直通がない。ただ、ユスフェリからイシュハン方面へ9kmほど行ったス・カヴシュムSu Kavşumuはアルトヴィン方面からエルズルムへ行くバスや、カルス行きのバスが経由するので、ドルムシュでそこまで行き、バスに乗り換えることができる。バスの時刻は事前に確認しておくこと。

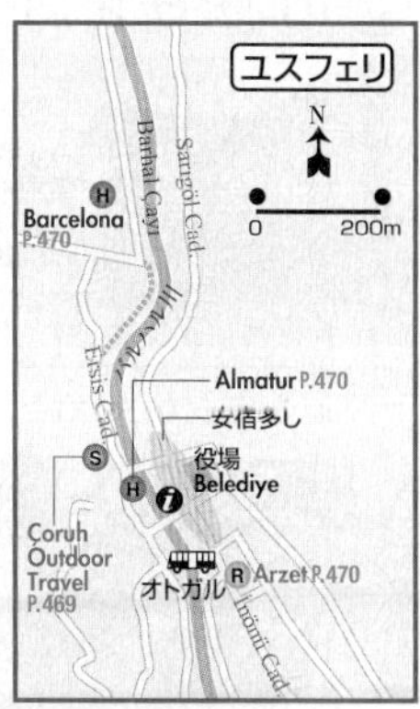

ユスフェリの名前は、第1次世界大戦前夜にロシアと領土を巡って争っていたオスマン朝が、当時のスルタン、メフメット5世の息子ユースフのイル（＝県）の意味で名付けたもの。（編集室）

■各村への交通
ほとんどの場合ユスフェリを夕方出て、翌朝村を出る1便のみなので、タクシー利用が無難。

峻険な山々の中に修道院が点在している

歩き方

ユスフェリ周辺には**テッカレ**Tekkale、**アルトパルマック**Altıparmak、**イシュハン**İşhanといった村に見応えのある教会や修道院が点在しており、巡礼者のために簡素ながらも宿泊施設がある。なかでも9世紀前半のジョージア王国時代に建てられ、1983年までジャーミィとして使われた**イシュハン修道院**İşhan Manastrıは、ドームを彩る十字架のフレスコや外壁の美しいレリーフなど、ジョージア中世建築の美を今に伝えている。

標高1100mの山中にあるイシュハン修道院

パルハル・キリセスィ

HOTEL & RESTAURANT

ユスフェリの町の中心部には安宿が多く、町の北にもキャンプができる施設が点在している。また、夕方にドルムシュで着いてもいいように、各教会のある村や観光客が多いヤイラには簡易宿泊施設がある。

日本からホテルへの電話 国際電話会社の番号 + 010 + 国番号90 + 市外局番と携帯電話の最初の0を除いた相手先の電話番号

アルマトゥル Otel Almatur

中級 26室 Map P.469右

住Ercis Cad.
TEL(0466)811 4056
FAX(0466)811 4057
URLwww.almatur.com.tr
125TL
200TL
TL
MV

2012年オープンの3つ星ホテル。川沿いにあり、町の中心部からすぐと立地がよい。このクラスのホテルには珍しくハマム（別料金で25TL）やレストランなど設備も整っている。

全館無料 EV あり

バルセロナ Hotel Barcelona

中級 70室 Map P.469右

住Arıklı Mah. No.77
TEL(0466)811 2627
FAX(0466)811 3705
150TL
220TL
US$ € TL
MV

町で最も豪華なホテル。敷地の中心に大きなスイミングプールがあり、まわりを取り囲むように客室棟が建つ。中心部からは少し離れているが、館内にはレストランとカフェが併設されている。

全館無料 EV なし

アルゼット Arzet Lokantası

トルコ料理 Map P.469右

住İnönü Cad. No.19
開9:00～21:00
休無休
TL
MV

朝早くから営業しているので、いつも多くの人でにぎわっている。料理は煮込みが中心で、ギュウェチが特に人気だとか。ドネル・ケバブにも定評がある。

ユスフェリでは7月中旬から8月中旬にかけて、周辺のヤイラ（夏の放牧地）でヤイラ・フェスティバルが持ち回りで毎週末に開かれる。民俗舞踊などが見られるチャンス！（編集室）

2019年4月から本格運用を開始したイスタンブール空港のロビー

安全快適、楽しい旅のヒント

旅の準備とテクニック

Yolculuğa Hazırlık

トルコの歴史早わかり

先史時代から古代文明の時代へ、ギリシア、ローマ時代からイスラーム諸王朝……
さまざまな文明の記憶を有するトルコの大地の歴史をざっと見てみよう。

先史時代～青銅器時代

(紀元前9500～前2000年)

人々が定住し、農耕を行うようになったのは新石器時代のこと。コンヤ近郊にある**チャタルホユック**P.374は、アナトリア最古の原始共同体であり、この時代の代表的な遺跡だ。一般的には定住、農耕が始まり、組織が大きくなることで、人々は高度な宗教や文化を発達させたと考えられていたが、その定説を根底から揺るがしたのが、シャンルウルファ近郊にある**ギョベックリ・テペ**P.413遺跡。1万1500年前のものと思われる人類最古の祭祀跡で、定住、農耕が行われる前の狩猟採集の人々が、高度な宗教、組織をもっていたことを意味する。

紀元前3000年頃になると銅とスズを混ぜた青銅器で、武器や道具を作るようになった。金・銀をはめ込んだ像、**アラジャホユック**P.393の王家の墓で見つかった金の道具類は、この時期にたいへんな技術の進歩があったことを示している。シュリーマンが1873年に発掘した**トロイ**P.236はこの頃が最盛期。金の腕輪、ネックレスなどにその卓越した文化や芸術が見られる。

紀元前2000年頃になると、アッシリアの商人が植民を始める。アナトリアの金・銀が狙いだった。彼らは装身具や着物をメソポタミアから持ってきて、金・銀と交換した。中心地はキュルテペである。ここで出土した粘土板文書により、当時の交易の様子をうかがい知ることができる。

数々の伝説に彩られたトロイ

ヒッタイト

(紀元前2000～前700年)

紀元前2000年頃、アナトリア最初の統一国家が現れる。ヒッタイト古王国だ。ヒッタイトは黒海を渡ってきた北方系民族で、鉄器を初めて使用したことで知られている。**ボアズカレ**P.390に首都をおいたこの王国は、次第に勢力を増し紀元前1400年頃に帝国となる。紀元前1285年のカデシュの戦いにおいて、ラムセス2世時代のエジプトを撃退するほど強大になったが、謎の海の民の襲撃によって崩壊した。この時代の代表的な遺跡はボアズカレにあるハットゥシャシュ遺跡や、ヤズルカヤの神殿、スフィンクス門が出土したアラジャホユックなど。

ヒッタイト帝国崩壊の後、末裔は各地で国家を造る。これが新ヒッタイトだ。中心地はマラテヤ、カルカムシュなど。カッパドキアにもこの時代の遺跡がある。

カッパドキアのアゥルルにある新ヒッタイト時代の碑文

なお、ヒッタイト時代の遺物の多くは、アンカラにある**アナトリア文明博物館**P.382で見ることができる。

ペルシア帝国による征服

(紀元前700～前334年)

紀元前900年頃、当時トゥシバと呼ばれた**ワン**P.426を首都にウラルトゥ王国が成立する。アッシリアの内乱に乗じて領土を広げ、メディアに征服されるまで約3世紀続いた。ワンにはウラルトゥ王国時代の要塞が残っており、アッシリア楔形文字による文書が見られる。

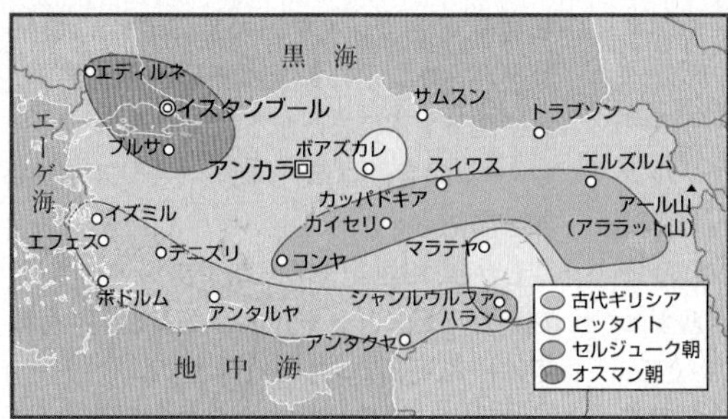

ゴルディオン博物館にあるモザイク

アナトリアではフリュギア人が**ゴルディオン**P.383を首都とし国家を造った。ゴルディオンはアンカラからおよそ100km南西にある。ギリシア神話の耳をロバにされてしまったミダス王はフリュギアの王。**ゴルディオン遺跡**にはミダス王の墓と見なされている古墳があり、エスキシェヒル近くのヤズルカヤには、ミダス王のモニュメントなどの石碑がある。フリュギアは紀元前690年にキンメル人によって破壊された。

同じ頃エーゲ海地方はギリシアの植民地化が始まり、**ミレトス**（現ミレトP.263）や**エフェソス**（現エフェスP.257）などの都市が繁栄した。西アナトリアには**サルデス**P.250を都にリディア王国が造られた。この国は世界最古の鋳造貨幣を使用したという。紀元前546年にペルシアはリディア王国を征服、強大な帝国となった。

ヘレニズム・ローマ時代
（紀元前334～395年）

絶大な権力をもったペルシアであったがその支配は200年ほどしか続かず、アナトリアは若き英雄アレキサンダーの支配下に入る。彼はギリシア、エジプト、アジアにまたがる大帝国を建設し、その死後帝国は彼の将軍たちによって分割された。そのひとつペルガモン王国は、アナトリアの文化・経済の中心となり栄えた。当時じわじわと力をつけていたローマは、ペルガモン王国を服属させ、ここを足がかりとしてアナトリア全域を支配していった。エフェス、**ペルガモン**（現ベルガマP.239）、**ディディム**P.264、**スィデ**P.315などにローマ帝国時代の遺跡があり、繁栄ぶりが偲ばれる。

ディディム遺跡

スィデのアポロン神殿

ビザンツ帝国時代
（395～1071年）

330年にローマ帝国のコンスタンティヌス帝はビザンティウムに遷都を行い、名前を**コンスタンティノープル**（現イスタンブールP.97）と改めた。以後この地は、ローマ（ヨーロッパ）と東方とを結ぶポイントとしてますます発展する。395年にはローマ帝国は東西に分裂、アナトリアは東ローマ帝国の一部となった。時とともに帝国からローマ的色彩は去り、代わりに帝国は東方的な色彩をまとうようになる。後世の歴史家からビザンツ帝国と呼ばれるこの国は、ユスティニアヌス帝のときに最盛期を迎えたが、8世紀にイスラーム軍の侵入を受け、次第に衰退していく。周辺を脅かしていたセルジューク朝に1071年のマラズギルトの戦いで敗れ、以後アナトリアにトルコ族が入っていった。この時代のビザンツ様式の代表建築といえばイスタンブールのアヤソフィアだろう。537年に完成したこのギリシア正教会の聖堂は、ジャーミィ、博物館へと変えられ、変遷の歴史を物語っている。

セルジューク朝時代
(1071～1243年)

中央アジアに興ったイスラームのトルコ系王朝であるセルジューク朝は、当時メソポタミア地方に力を伸ばしていた。その分家であるルーム・セルジューク朝はセルジューク朝の創始者トゥグリル・ベクのいとこ、スライマン・ビン・クタルムシュによって建国され、クルチュ・アルスラン1世の時代に首都を**コンヤ**P.370におき、13世紀前半におおいに繁栄した。ここにはメヴレヴィー教団の祖ジェラールッディン・ルーミーの墓がある。ジャーミィや神学校、病院などが集まった複合建造物群(キュルリエ)のある**カイセリ**P.365や、数多くのジャーミィや神学校の残る**エルズルム**P.440、**スィワス**P.396などにもセルジューク様式の見どころは多い。

オスマン朝時代
(1299～1922年)

ルーム・セルジューク朝の末期はモンゴル軍の侵入を受け、1243年のキョセダーの戦いで敗れたあとはモンゴル(イル・ハーン朝)の宗主権下におかれた。そのため、アナトリア各地で将軍や有力者がいくつもの独立政権を建て、群雄割拠の時代となった。

オスマン朝の成立は1299年。オスマン・ベイはビザンツとの境目の辺境で勢力を増し、1326年に**ブルサ**P.222を攻め、首都とした。1402年、オスマン朝は中央アジアから怒濤の進軍をしてきたティムールにアンカラの戦いで敗れ、一時滅亡するがまもなく復興し、1453年にはコンスタンティノープルを占領、ビザンツ帝国を滅亡させる。その後、カラマン君侯国や、アクコユンル朝との抗争に打ち勝ち、アナトリアやバルカン半島のほとんどを領土に収める。さらに1517年にはエジプト、次いで北アフリカに領土を広げる。そしてオスマン朝は16世紀のスュレイマン大帝の時代に最盛期を迎えた。その領土は東欧から北アフリカや西アジアにまたがる広大なものとなり、ウィーンの包囲はヨーロッパ・キリスト教世界を震撼させた。

しかし、19世紀末からエジプト、ギリシア、ブルガリアなどが独立し、第1次世界大戦ではドイツ側につき敗戦国となる。

オスマン朝時代のおもな見どころはイスタンブールに多い。スルタンアフメット・ジャーミィ、トプカプ宮殿、ドルマバフチェ宮殿などがあり、興味は尽きない。

共和国時代
(1922年～)

「瀕死の病人」といわれたオスマン朝末期の国内の混乱のなか、ムスタファ・ケマルは革命の火の手を上げる。彼は列強による分割・植民地化の危機からトルコを救い、1923年10月29日にトルコ共和国を成立させ、初代大統領となった。**アンカラ**P.377に首都を移し、政教分離、ラテンアルファベットの採用などの大改革を行い、近代化を進めた。ケマルは「アタテュルク(トルコの父)」と呼ばれ、現在も国民に敬愛されている。アタテュルクがトルコ各地を歴訪したときに滞在した家の多くは、現在まで保存されており、アタテュルクの家、博物館として全国のおもな都市に存在している。

バルカン半島にも多くのオスマン朝建築が残る。写真は名宰相ソコルル・メフメットパシャが建設した橋(現ボスニア・ヘルツェゴヴィナのヴィシェグラード)

年　表

B.C.	20C	イオニア文明始まる
	15C	ヒッタイト王国全盛（～1180？）（首都ハットゥシャシュ）
	859	ウラルトゥ王国成立（～612）（首都ワン）
	8C～	古代ギリシア文明の発展
		リキヤ文明興隆
	550頃	ペルシア帝国が小アジアを征服
	492	ペルシア戦争（～479）
	333	マケドニアのアレキサンダー大王、小アジア征服
	312	セレウコス朝成立（首都アンティオキア）
	263	ペルガモン王国成立（～133）（首都ペルガモン）
	69	コンマゲネ王国成立（～A.D.72）（首都サムサット）
	64	ローマがセレウコス朝を滅ぼす
A.D	3C	ローマ帝国、軍人皇帝時代
	330	コンスタンティヌス帝、コンスタンティノープル遷都
	395	ローマ帝国、東西に分裂
	451	キリスト教カルケドン公会議で単性論派が異端に
	527	ユスティニアヌス大帝即位、最大領土となる(～565)
	610	ヘラクレイオス1世が即位。東ローマ帝国、ササン朝を攻撃
	636～639	アラブ軍、ビザンツ領へ進出、シリア、エジプト陥落
	717	ウマイヤ朝軍、コンスタンティノープル攻撃失敗
	726	ローマ教皇レオ3世、聖像禁止令発布、以降聖像破壊の波広がる
	843	コンスタンティノープル公会議で聖像論争決着
	976～1025	バシレイオス2世の治世、ビザンツ帝国全盛
	1054	東（コンスタンティノープル）西（ローマ）教会の分裂
	1071	マラズギルトの戦いでセルジューク朝にビザンツ軍大敗
	1077	ルーム・セルジューク朝成立（～1302）（首都コンヤ）
		セルジューク朝配下の将軍がアナトリア各地で独立
	1096	第1回十字軍、進軍開始
	1204	第4回十字軍、コンスタンティノープル占領、ラテン王国建国
		ニケーア帝国、トレビゾンド帝国成立
	1261	ニケーア帝国、コンスタンティノープル奪回
	1299	オスマン朝成立（首都ブルサ→エディルネ→イスタンブール）
	1453	コンスタンティノープル陥落、ビザンツ帝国滅亡
	1517	エジプト征服、マムルーク朝滅亡
	1526	モハーチの戦いでハンガリーを領土とする
	17C前半	スルタンの暗殺や反乱が続き、オスマン朝混乱
	1656	キョプリュリュ時代始まる。オスマン朝は領土最大に
	1699	カルロヴィッツ条約でハンガリーを失う
	1703	アフメット3世即位、チューリップ時代始まる(～30)
	1768	露土戦争（～74）、キュチュック・カイナルジャ条約を締結
	1839	ギュルハネ勅令発布、タンズィマート改革始まる
	1876	ミドハト憲法発布、ミドハト・パシャ大宰相に(～77)
	1908	青年トルコ人革命、ミドハト憲法復活
	1914	第1次世界大戦にオスマン朝は同盟国側に立って参戦
	1918～22	大戦で敗北、独立宣言して祖国解放戦争で勝利
	1923	ムスタファ・ケマル、初代大統領に就任
	1938	ムスタファ・ケマル・アタテュルク死去
	1974	キプロス共和国でギリシア軍部指導のクーデターが起きたことを機にトルコ軍がキプロス侵攻。北キプロスを占領する
	2016	7月15日夜に軍の一部がクーデターを試みるも未遂に終わる
	2018	憲法改正により議員内閣制から実権型大統領制に移行

ペルガモン遺跡頂上にある神殿跡

セルチュクにある聖ヨハネ教会

ルーム・セルジューク朝の建築物が多く残るカイセリのサハビエ神学校

オーストリアとの抗争の最前線だったドナウ川。写真はドナウのジブラルタルといわれるペトロヴァラディン要塞（現セルビア）

ギリシアのテッサロニキにある、建国の父ケマル・アタテュルクの生家

あなたの**旅の体験談**をお送りください

「地球の歩き方」は、たくさんの旅行者からご協力をいただいて、
改訂版や新刊を制作しています。
あなたの旅の体験や貴重な情報を、これから旅に出る人たちへ分けてあげてください。
なお、お送りいただいたご投稿がガイドブックに掲載された場合は、
初回掲載本を1冊プレゼントします！

ご投稿はインターネットから！

URL www.arukikata.co.jp/guidebook/toukou.html

画像も送れるカンタン「投稿フォーム」

※左記のQRコードをスマートフォンなどで読み取ってアクセス！

または「地球の歩き方　投稿」で検索してもすぐに見つかります

地球の歩き方　投稿

▶投稿にあたってのお願い

★ご投稿は、次のような《テーマ》に分けてお書きください。

《新発見》———ガイドブック未掲載のレストラン、ホテル、ショップなどの情報
《旅の提案》———未掲載の町や見どころ、新しいルートや楽しみ方などの情報
《アドバイス》——旅先で工夫したこと、注意したこと、トラブル体験など
《訂正・反論》——掲載されている記事・データの追加修正や更新、異論、反論など

※記入例「○○編20XX年度版△△ページ掲載の□□ホテルが移転していました……」

★データはできるだけ正確に。

ホテルやレストランなどの情報は、名称、住所、電話番号、アクセスなどを正確にお書きください。ウェブサイトのURLや地図などは画像でご投稿いただくのもおすすめです。

★ご自身の体験をお寄せください。

雑誌やインターネット上の情報などの丸写しはせず、実際の体験に基づいた具体的な情報をお待ちしています。

▶ご確認ください

※採用されたご投稿は、必ずしも該当タイトルに掲載されるわけではありません。関連他タイトルへの掲載もありえます。
※例えば「新しい市内交通パスが発売されている」など、すでに編集部で取材・調査を終えているものと同内容のご投稿をいただいた場合は、ご投稿を採用したとはみなされず掲載本をプレゼントできないケースがあります。
※当社は個人情報を第三者へ提供いたしません。また、ご記入いただきましたご自身の情報については、ご投稿内容の確認や掲載本の送付などの用途以外には使用いたしません。
※ご投稿の採用の可否についてのお問い合わせはご遠慮ください。
※原稿は原文を尊重しますが、スペースなどの関係で編集部でリライトする場合があります。

出国と入国の手続き

トルコへは日本から直行便が就航しており、旅行者を煩わせるビザの問題もほとんどない。比較的旅のしやすい国だが、トルコの旅をより楽しく充実したものにするためにも、日本で準備できることは最低限しておいたほうがよいだろう。

パスポートとビザ

パスポートの取得　海外に出かけるときに、必ず必要なのがパスポート（旅券）。パスポートは、本人が発行国の国民であることを証明する公文書。つまり、政府から発給される国際的な身分証明書の役割を果たすので、旅行中は常に携行しなければならない。盗難や紛失に気を付け、大切に保管しよう。

日本国籍のパスポートの発給は、各都道府県庁の旅券課または住民登録している最寄りの役場へ。申請から発給まで7～10日間ぐらいかかるので、できるだけ早めに手配しておこう。5年有効のものは1万1000円、10年有効のものは1万6000円が必要。取得方法などの詳しい問い合わせは各都道府県庁旅券課まで。

ビザ　2019年5月現在、日本国民は180日の期間内に90日までの観光目的で滞在する場合、必要なのはパスポートだけでビザはいらない。ただしパスポートの有効残存期間は150日+滞在期間以上、見開き2ページ以上の未使用査証欄が必要。なお、ビザに関する情報は、ときに変更になることがあるので、事前に日本のトルコ大使館（→P.478欄外）で確認することをおすすめする。

保険と国際学生証

普段どんなに健康な人でも、旅行中は暑さや昼夜の温度差、疲労などが原因で、体の調子を崩してしまうことがよくある。しかし、海外では日本の健康保険が使えないので、もし、事故でけがをしたり、病気になったらたいへん！　また、スリや置き引き、盗難に遭ってしまうこともある。そんなとき、医療費などをカバーしてくれる海外旅行保険に加入しておけば何かと安心だ。空港で申し込むこともできるので、もしものために必ず加入しておこう。

保険の種類　海外旅行保険には、基本契約と特約がある。基本契約とは、傷害による死亡・後遺障害と治療費用の保険で、海外旅行保険に加入するならば、必ず入らなければならないものだ。特約は基本契約では補えない事項に掛ける"追加契約"の保険で、疾病死亡保険、疾病治療費用保険、賠償責任保険、携行品保険、救援者費用保険などがある。

国際学生証　ヨーロッパ諸国では学生割引が適用される場所もあるが、トルコでは若干の見どころを除き、ほとんどの見どころでは割引は適用されない（トルコ国内の学生にのみ適用）。

成田からはターキッシュ エアラインズが直行便を運航している

■外務省パスポートAtoZ
URL www.mofa.go.jp/mofaj/toko/passport/index.html

■訂正旅券の取扱いに注意！
2014年3月20日より前に、名前や本籍地等の訂正を行ったパスポート（訂正旅券）は、訂正事項が機械読取部分及びICチップに反映されておらず、国際標準外とみなされるため、今後は出入国時や渡航先で支障が生じる場合もある。外務省では新規パスポートの申請をすすめているので下記URLで確認を。
URL www.mofa.go.jp/mofaj/ca/pss/page3_001066.html

■日本で予約できる専門旅行会社
●ファイブスタークラブ
東京 TEL (03)3259-1511
大阪 TEL (06)6292-1511
URL www.fivestar-club.jp

■ネットで申し込む海外旅行保険
「地球の歩き方」ホームページからも申し込める。
URL www.arukikata.co.jp/hoken

■国際学生証ISICカード
URL www.isicjapan.jp

■航空機の機内へは、液体物の持ち込み禁止

日本を出発するすべての国際線では100mℓ以上の液体物は持ち込み禁止（出国手続き後の免税店などの店舗で購入されたものを除く）。液体物は事前にスーツケースやバックパックなど、託送荷物の中に入れてカウンターで預けてしまおう。化粧水やベビーフードなどの必需品は100mℓ以下の容器に入れ、容量1ℓ以下のジッパー付き透明プラスチック製袋に入れれば機内持ち込み可能。

トルコ国内に無税で持ち込めるもの	
たばこ	400本、葉巻50本、タバコの葉250g
酒	アルコール度数22%未満の酒2ℓ、22%以上の酒1ℓ
香水	5本（それぞれ120mℓまで）
食品	茶葉500g、チョコレート1kg。ほかにも規定がある。詳しくはトルコ大使館に確認を。

■トルコ外務省

URL www.mfa.gov.tr

■在日本トルコ大使館

住 150-0001 東京都渋谷区神宮前2丁目33-6

TEL (03)6439-5700

FAX (03)3470-5136

URL tokyo.be.mfa.gov.tr

直行便と経由便

ターキッシュ エアラインズと全日空が運航する直行便はイスタンブールまで約13時間。ヨーロッパ経由便は日本を昼間に出て、ヨーロッパで乗り継ぎ、深夜に到着する便が多い。ドバイなど中東経由便は日本を夜に出て、翌日の昼頃に到着する便が多い。

日本を出国する

チェックイン　空港へは出発時刻の2時間前には到着しておきたい。航空会社の窓口へ行き、パスポートとeチケットを提示し、搭乗券を受け取る。スーツケースやバックパックなどの大きな荷物はこのときに預け、クレームタグを受け取る。

出国審査　チェックインが終わったら出国審査の列に並ぶ。順番が来たらパスポートと搭乗券を提示すればOK。羽田、成田、関空、中部、福岡空港では、日本のIC旅券保持者は顔認証ゲートが利用できる。

トルコ入国

トルコの入国は関税検査を含めて、とても簡単。入国カードもなく、口頭申告で通過できるはずだ。予防接種の証明書（イエローカード）はコレラなどの汚染地を経由して入国する場合のみ必要。トルコそのものはもちろん汚染地域指定外。また骨董品を持ち込む場合は、混乱を避けるという理由でパスポートに記入することになっている。なお、イスタンブール空港を経由して国内線に乗り継ぐ場合、各空港に到着したら国際線到着エリアへ行こう。国内線ターンテーブルで待っていても荷物は出てこない。必ず国際線ターンテーブルで荷物を受け取る。

日本～イスタンブール便を運航するおもな航空会社 （ ）内は2レターコード

ターキッシュ エアラインズ（TK）

URL www.turkishairlines.com

成田から1日1便がイスタンブール空港へ直行（2020年春から成田増便、関空便復活で週16便体制となる予定）。出発72時間前までのリコンファーム（予約の再確認）が推奨されている

全日空（NH）

URL www.ana.co.jp

全便がターキッシュ エアラインズとのコードシェア便

ターキッシュ エアラインズの機内食は同乗するフライングシェフが担当する

ルフトハンザ航空（LH）

URL www.lufthansa.com

成田、羽田、中部、関空発、フランクフルト乗り換え

オーストリア航空（OS）

URL www.austrian.com

成田発、ウィーン乗り換え

KLMオランダ航空（KL）

URL www.klm.com

成田、関空発、アムステルダム乗り換え

ブリティッシュエアウェイズ（BA）

URL www.britishairways.com

成田、羽田発、ロンドン乗り換え

エールフランス（AF）

URL www.airfrance.co.jp

成田、羽田、関空発、パリ乗り換え

大韓航空（KE）

URL www.koreanair.com

成田、羽田、中部、関空、福岡ほか日本主要都市発、仁川乗り換え

エミレーツ航空（EK）

URL www.emirates.com

成田、羽田、関空発、ドバイ乗り換え

カタール航空（QR）

URL www.qatarairways.com

成田、羽田、関空発、ドーハ乗り換え

エティハド航空（EY）

URL www.etihad.com

成田発、中部、アブダビ乗り換え

トルコ周辺国との陸路国境

■ブルガリア

エディルネ～スヴィレングラッドСвиленград間のカプクレKapıkuleはアジアハイウエイと欧州自動車道が出合う交通の要衝。イスタンブールとソフィアを結ぶ列車ソフィア・エクスプレスもここを通る。クルクラーレリKırklaleli～マルコ・タルノヴォ Малко Търново間のデレキョイDereköyは、イスタンブールとブルガスを結ぶバスが通る。

■ギリシア

陸路国境はエディルネ近郊のパザルクレPazarkule、列車が通るウズンキョプリュ Uzunköprü、イスタンブール～アテネ間のバスが通るイプサラİpsalaの3ヵ所。

■ジョージア（グルジア）

トルコとの国境はサルプSarp、テュルクギョズュ Türkgözü、アクタシュ Aktaşの3ヵ所。

●サルプ～バトゥーミ

サルプで国境を越えるバスも多いが、検問に時間がかかる。ホパHopaからサルプ行きのドルムシュ（ミニバス5TL）で国境に行き、徒歩で国境を越えればスムーズ。ジョージア側ではバトゥーミ行きドルムシュが待っている。

●カルス～トビリシ

2017年に開通したバクー・トビリシ・カルス（BTK）鉄道の国境として造られたのがアクタシュの国境検問所。2019年6月現在、貨物用の設備のみが稼働しているが、2019年中には旅客列車の運行が開始されるため、新しい設備が急ピッチで建設されている。

■アルメニア

トルコとアルメニアの国境は、長い間緊張状態が続いてきたが、2009年から和解へ向けた話し合いが行われている。ただ、トルコとの国境はまだ開かれていない。

■アゼルバイジャン

トルコが国境を接しているナヒチェバンは飛び地になっているので、陸路で首都のバクーに入ることはできない。ナヒチェヴァンからは空路を利用できる。

■イラン

ドウバヤズット近郊のギュルブラックGürbulakと、ワンとオルーミーイェの間にあるエセンデレEsendere、国際列車が利用するカプキョイKapıköyの3ヵ所。

●ギュルブラック～バーザルガーン

トルコ側国境のギュルブラックGürbulakへのドルムシュはドウバヤズットから満席になり次第発車。夕方は乗客数が減る。所要約20分、運賃8TL。

検問を抜けるとバスやタクシーが待っているのでそれに乗り、国境近くのバーザルガーンBazarganへ。徒歩でも30分ぐらい。バーザルガーンからタクシーでマークーまで行けばテヘランやタブリーズなどへの便がある。

■イラク

トルコと国境を接するイラク北部のクルディスタン地域はイラクの中でも情勢が安定しており、治安も比較的よい。ディヤルバクルなどトルコ南東部の主要都市からエルビルなどの主要都市へバスの便が出ている。エルビル市など一部地域を除き、日本の外務省から2019年5月現在「レベル4:退避してください。渡航は止めてください。(退避勧告)」が出ている。

■シリア

キリスKilis、ヌサイビンNusaybinなど数ヵ所の国境があるが、シリア行きのバスの便は運休中。2019年5月現在、日本の外務省からシリア全土に「レベル4：退避してください。渡航は止めてください。(退避勧告)」が出ている。

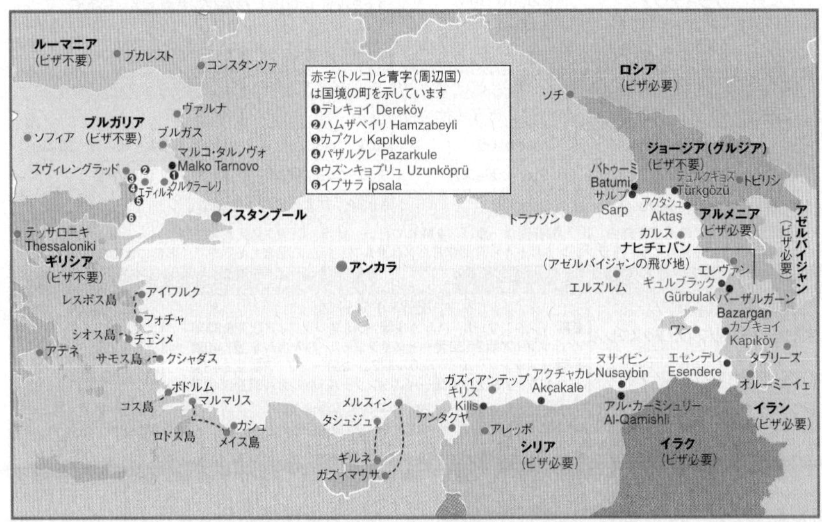

トルコと周辺諸国とのアクセス

国際航路（高速船・フェリー）

国名	航路	運航会社	運航詳細
ギリシア	アイワルク～レスヴォス島 Ayvalık - Lesvos	Jalem Tur URL www.jalemtur.com	高速船:毎日9:00発　所要約45分　料片道25€／往復30€ フェリー:毎日18:00発　所要約1時間30分　料片道20€／往復25€
		Turyol URL www.turyolonline.com	フェリー:毎日9:00, 14:00発　所要約1時間30分　料片道15€／往復25€ 高速船:毎日18:00発　所要約1時間30分　料片道15€／往復25€
	チェシメ～シオス（ヒオス）島 Çeşme - Chios (Khíos)	Ertürk Lines URL www.erturk.com.tr	高速船:毎日9:00発　料片道26€／往復30€ フェリー:毎日19:00発　料片道20€／往復25€
	クシャダス～サモス島 Kuşadası - Samos	Meander Travel URL www.meandertravel.com	フェリー:毎日9:00発　所要約1時間15分 料片道36€／往復52€
	ボドルム～コス島 Bodrum - Kos	Bodrum Ferryboat URL www.bodrumferryboat.com	フェリー:9:30, 16:30, 18:30　所要30～45分 料片道17€／往復25€／同日往復20€
		Bodrum Express URL www.bodrumexpresslines.com	高速船:毎日9:30, 16:30　所要30～45分 料片道17€／往復25€／同日往復20€
	マルマリス～ロドス島 Marmaris - Ródos	Yeşil Marmaris URL www.yesilmarmaris.com	高速船:毎日9:15, 13:15, 17:00発　所要約1時間 料片道40€（同日往復可）／往復70€
	フェティエ～ロドス島 Fethiye - Ródos	Tilos Travel URL www.tilostravel.com	フェリー:毎日8:30発　所要約1時間30分 料片道40€／往復55€／同日往復45€
	カシュ～メイス島 Kaş - Meis	Meis Express URL www.meisferibot.com	フェリー:毎日10:00発　所要約20分　料片道25€／往復30€ ロドス島行きのフェリーに乗り継げる

2019年夏期スケジュールの一部。冬期は減便または運休。所要時間は目安

イスタンブール発の国際バス

国名	目的地	運行会社	運航詳細
ギリシア	テッサロニキ Selanik	Metro Europe、Derya Tur、Ulusoyなど	オトガル発:10:00, 16:30, 21:00, 22:00など 所要9～10時間　料230TL
ブルガリア	ソフィア Sofya	Metro Europeなど	オトガル発:9:00, 12:00, 20:30, 23:00など 所要9～10時間　料148TL
	ブルガス Burgaz	Metro Europeなど	オトガル発:9:00, 19:30など　所要約7時間　料150TL
ルーマニア	ブカレスト Bükreş	Perla	エムニエット・ガラジュ発:15:00　所要約11時間　料200TL
北マケドニア	スコピエ Üsküp	Alpar Turなど	オトガル発:19:00など 所要13～16時間　料40€
	オフリド Ohrid	Alpar Turなど	オトガル発:19:00など 所要17～20時間　料40€
ボスニア・ヘルツェゴヴィナ	サライェヴォ Saraybosna	Centro Trans Alpar Tur	オトガル発:17:00など 所要2約2時間30分　料30€
コソヴォ	プリシュティナ Priştine	Alpar Tur	オトガル発:17:00など 所要13～16時間　料40€

トラブゾン発の国際バス

国名	目的地	運行会社	運航詳細
ジョージア	トビリシ Tiflis	Metroなど	10:00, 16:30, 21:00, 22:00など 所要9～10時間　料230TL
	バトゥーミ Batum	Prenskaleなど	6:00～24:00の毎時　所要約3時間　料230TL
アゼルバイジャン	バクー Bakü	Star Ok	6:00発　所要21時間　料200TL

※どの路線もサルプの国境を経由。出入国審査は一度バスを降りて行い、徒歩で国境を越えた後で同じバスに乗るため、置いていかれないように注意しよう。トラブゾンやリゼから発着するバスはサルプが終点の場合もあるので、事前によく確認すること。

国際列車

列車名／運行ルート	運行スケジュール	運賃
イスタンブール・ソフィア・エクスプレス İstanbul – Sofya Ekspresi イスタンブール～プロヴディフ～ソフィア	夏期:イスタンブール・ハルカル駅21:40発→ソフィア駅翌8:33着 ソフィア駅21:30発→イスタンブール・ハルカル駅翌7:40着 冬期:イスタンブール・ハルカル駅22:40発→ソフィア駅翌8:43着 ソフィア駅21:00発→イスタンブール・ハルカル駅翌6:49着	ソフィアまで 1等 料27.72€ 2等 料18.48€
ワン～テヘラン Van Tahran treni	ワン発火21:00→タブリーズ翌5:15→テヘラン着18:20 テヘラン発月9:30→タブリーズ22:30→ワン着翌8:10	テヘランまで 料165TL

トルコ～イラン間の国際列車　アンカラ～テヘラン間は2019年5月現在運休中だが、近く再開が予定されている。
トルコ～カフカス諸国　カルスを出発し、ジョージアのトビリシ経由でアゼルバイジャンのバクーを結ぶ旅客列車の運行開始が2019年内に予定されている

※情報は2019年5～6月の調査時のものです。しばしば変更されるので現地で必ずご確認ください。

トルコを出国する

おみやげに注意　トルコは文化財保護のため、古美術品や高価な美術品、古い絨毯などの国外持ち出しを禁止している。おみやげを買った店で古美術品ではないという証明書をくれるから、疑いをかけられたら提示しよう。

肉製品の日本への持ち込みは禁止　ソーセージやビーフジャーキーなどの肉製品（スジュックやパストゥルマなどの加工肉も該当）も日本へ持ち込むことはできない。

出国手続き　イスタンブール空港から帰国する場合、まず、空港ターミナルの入口で荷物検査を行った後、航空会社の窓口へ向かいチェックインの手続きをする。スーツケースなどの大きな荷物はここで預ける。その後出国手続きへと向かえばよい。搭乗口の手前でもう一度セキュリティチェックがある。

日本へ帰国する

入国手続き　入国審査の前に検疫があるので、体調に不安がある場合は健康相談室へ。その後入国審査の列に並び、有人の審査を受けるか、顔認証ゲートを通過する。

通関　ターンテーブルから荷物を受け取ったら税関検査台へ。免税範囲内なら緑色、超過あるいはわからない場合は赤色の検査台へ並ぶ。なお、すべての乗客に「携帯品・別送品申告書」の提出が義務づけられている（家族は全員で1枚でよい）。申告書は帰国便で配られるが、検査台付近のカウンターなどに置かれている。

■ワシントン条約の輸入規制
ワシントン条約とは絶滅のおそれがある動植物を保護するため捕獲を禁止・制限する条約。指定の動植物を原料とした製品の輸入は、関係機関が発行した輸出許可証がないと許可されない。例えば希少動物を原料とした漢方薬、ワニやトカゲを材料とした皮革製品などがこれにあたる。

■コピー商品の購入は厳禁！
旅行先でも、有名ブランドのロゴやデザイン、キャラクターなどを模倣した偽ブランド品や、ゲームソフト、音楽ソフトを違法に複製した「コピー商品」を、絶対に購入しないように。これらの品物を持って帰国すると、空港の税関で没収されるだけでなく、場合によっては損害賠償請求を受けることも。「知らなかった」では済まされないのだ。

日本へ帰国の際の免税範囲

たばこ	① 紙巻400本
	② 加熱たばこ40個
	③ 葉巻100本
	④ その他250g
	①②③④のいずれか
酒	3本（1本760mlのもの）
香水	2オンス
その他	海外市価の合計が20万円以内のもの

Information

周辺諸国のビザの取得について

トルコの周辺にはビザが必要な国がいくつかある。トラブルを避けたい人は日本ですべてのビザを取得しておこう。申請方法は事前にそれぞれの国の在日大使館などで確認しよう。

イラン

個人で訪れるのなら、テヘランなどの国際空港で30日間の到着ビザが取得できる。ただし、延長は不可。また、陸路で入国する場合、原則として国境では取得できないので注意しよう。

2018年10月から電子ビザe-VISAの制度が改められた。ウェブサイトURL evisatraveller.mfa.ir/en/requestを通して申し込む。イラン外務省からのメールを受け取ったら大使館に必要書類や申請料2700円とともに提出する（郵送可）。

アゼルバイジャン

空港で取得が可能。陸路国境では発給していないので、アンカラの大使館やカルスの領事館などで事前にビザを取得しておく。日本国民は無料。

電子ビザe-visaなら在宅のまま申請、受領が可能（ただし有料）。URL evisa.gov.az

レバノン

空港や港で取得が可能。ただし、イスラエルの入国スタンプがあると入国できないので注意。

ひらがなの「も」に似たトルコリラ表記も覚えておこう

通貨と両替

トルコリラ（TL）　トルコの通貨はトルコリラ（Türk Lirasıテュルク・リラス）。TL、TRL、記号では₺とも表記されるが、本書ではTL(通称テー・レー)で表記した。補助単位はクルシュKr（クルシュ Kuruş）と呼ばれる。1TL=100Kr。紙幣は5TL、10TL、20TL、50TL、100TL、200TL札が、コインは1Kr（ほとんど流通していない）、5Kr(ほとんど流通していない)、10Kr、25Kr、50Kr、1TLがある。

トルコリラの入手は日本では成田空港や関西空港のほか、Travelexなど一部の両替商で可能だが一般的ではない。

お金は何で持っていくか

トルコで便利な外貨　外貨両替は**私設両替商**döviz bürösü、ホテル、一部のPTTなどで両替可能だ。日本円の現金はイスタンブールやカッパドキア、パムッカレなどの観光地や大都市なら問題なく両替可能。米ドルかユーロの現金なら全国どこでも両替できる。

観光地ならそのまま使える外貨の現金　レートは悪いが、米ドルかユーロのキャッシュなら観光地のホテルやレストラン、みやげ物屋などで直接支払いが可能というメリットもある。だが、落としたり盗まれたときのことを考えるとキャッシュは最小限にしたい。

海外専用プリペイドカード　外貨両替の手間や不安を解消してくれる便利なカードのひとつ。手数料はかかるが、多くの通貨で国内の外貨両替よりレートがよく、出発前にコンビニATMなどで円をチャージし(預け入れ)、その範囲内で渡航先のATMで現地通貨の引き出しができるので、使い過ぎや多額の現金を持ち歩く不安もない。

国際キャッシュカード　トルコの各銀行のATMでは、CirrusやPlusに対応したキャッシュカードがあれば預金を引き出すことができる。ATMは24時間利用可能で、小さな町まで普及している。画面上では英語の説明も選択できるので安心だ。暗証番号を周囲に見られないように注意しよう。

クレジットカード　中級以上のホテルや、レストラン、大手バス会社、スーパーや商店など、クレジットカードで支払える店は日本よりも多い。ただし、端末によって受け付けないこともあるので2〜3枚持参すると心強い。

ICチップ付きのカードでショッピングをする際、暗証番号（英語でPIN、トルコ語でシフレŞifre）の入力が必ずといっていいほど必要になる。日本出発前に確認をしておこう。もちろんキャッシングも可能（ただし利息がつく）。

■トルコ共和国中央銀行
URL www.tcmb.gov.tr

■銀行の両替時間
銀行は原則として平日の8:30〜12:00、13:30〜17:00にオープン。両替は原則として15:00まで。普通は土・日曜が休みだが、夏の観光地では休日も営業しているところもある。窓口は受付と払い出し場所が分かれていることが多い。

■カード払いは通貨とレートに注意
カード払いをしたとき、現地通貨でなく日本円で決済されていることがある。これ自体は合法だが、店側に有利な為替レートになっていることがあるので注意したい。サインする前には通貨と為替レートを確認すること。店側が説明なしで勝手に決済したときは、帰国後でもカード会社に相談を。

読者投稿　キャッシュオンリー
カッパドキアのコーヒーショップの店頭にクレジットカードのシールが貼ってあったので入店したが、会計時に「Only cash！」と言われた。現金が少ないときはシールが貼られていてもクレジットカードが使えるか確認したほうがよいと思った。（大阪府　あられ　'19春）

両替商は「Döviz」の看板が目印

旅の予算

ロカンタのレジ。地元の常連さんはツケで払っていくこともある

日本より物価の安い印象の強かったトルコだが、近年は物価が上昇気味。地元の人々の生活に密着している食料品、雑貨などや公共交通機関はまだ安いが、観光客やお金持ちにしか用のないもの、例えば観光施設の入場料、高級ホテル、観光客用レストラン、ブランドの服などは日本並み、もしくは日本よりも高くなったりすることも。

イスタンブールのホテル事情を見てみよう。1泊の宿泊費の最低はドミトリーで1500円ほどから、一方、超一流ホテルに泊まると2～3万円ぐらいする。こぎれいなペンションで、シャワー付きのツインだと1部屋7000～1万円ぐらいが相場だ。つまり、予算に合わせてピンからキリまである。食事は庶民的なロカンタで、1皿700～1000円といったところ。肉料理などのメインとサラダを注文し、飲み物をプラスすれば1500円ぐらいかかる。ただしホテルもレストランも**西高東低型**。イスタンブールや、ヨーロッパからの観光客が多いエーゲ海側は何かとお金がかかるが、東部や南東部へ行けばイスタンブールの半額以下で過ごすことができる。交通費としては長距離バスの料金はひと晩乗って約3500円。まる1日乗って5000円ぐらい。これにツアー参加費、おみやげ代などをプラスすればおおまかな予算が立てられるだろう。

読者投稿　トルコの印象

ツアーでしたが、ガイドさんが行く先々で、その土地のいい品物、おいしいものを教えてくれました。ざくろジュース、ドライいちじく、はちみつ、トルココーヒー、レモンコロンヤなど。値段は日本人向けと思われ、決して安いものではありませんでしたが、品物、味は確かなものでした。革製品、トルコ絨毯、トルコ石の値段にはびっくりしました（かなり安くなったそうですが）。
（山形県　ウォーターメロン　'18夏）

全力で観光した30代女性の旅の支出例

●1日目　イスタンブール	
イスタンブール空港～市内（空港バス）	18TL
トラムヴァイ	5TL
トプカプ宮殿	60TL
ハレム	35TL
昼食（ドネル・サンドイッチ）	10TL
アヤソフィア	60TL
地下宮殿	20TL
夕食（キョフテ）	35TL
ホテル代（シャワー付きシングル）	250TL
●2日目　イスタンブール～サフランボル	
バス代（イスタンブール～サフランボル）	90TL
昼食代（ドライブインで煮込み料理）	30TL
夕食（ロカンタでケバブ）	60TL
ジュース	3TL
ハマム代（入浴+アカすり+マッサージ）	85TL
ホテル代（シャワー付きシングル）	200TL
●3日目　サフランボル～カッパドキア	
バス代（サフランボル～アンカラ）	45TL
バス代（アンカラ～ギョレメ）	70TL
トイレ代（ドライブインで）	2TL
昼食代（サチタワ）	50TL
ホテル代（洞窟部屋）	250TL
夕食（テスティ・ケバブ）	80TL
●4日目　カッパドキア	
ツアー代（ギョレメ屋外博物館など）	250TL
ホテル代（洞窟部屋）	250TL
●5日目　カッパドキア～デニズリ	
ツアー代（地下都市とウフララ渓谷）	250TL
夕食（ギョレメのレストラン）	60TL
夜行バス（ネヴシェヒル～デニズリ）	100TL
●6日目　デニズリ～セルチュク	
市内バス（デニズリ～パムッカレ×2）	8TL
パムッカレ入場料	50TL
バス（デニズリ～セルチュク）	45TL
夕食代	50TL
ホテル代	150TL
●7日目　セルチュク～エフェス	
朝食代	15TL
エフェス考古学博物館入場料	15TL
エフェス遺跡入場料	60TL
昼食代	30TL
夕食代（チョップ・シシ+ビール）	60TL
夜行バス（セルチュク～イスタンブール）	130TL
●8日目　イスタンブール～帰国	
グランドバザールでおみやげ（お皿など）	250TL
空港バス（市内～空港）	18TL

合計約6万2000円（1TL＝約19円で計算）

通信事情

郵便・電話はPTT

トルコで郵便・電話といえばペー・テー・テー

■PTT
URL www.ptt.gov.tr
■TTM Kart
URL www.ttmkart.com.tr
アクセス番号は全国共通
TEL 0811 213 21 21

一般的なカード式公衆電話

郵便局は黄色い看板　郵便局はトルコ語で**ポスターネ**Postane、またはPTT**ペー・テー・テー**という。これはPosta Telegraf Telefon İdaresiの略で、郵便局兼電信電話局の意。日本へのエアメールは2019年5月現在4.35TL。By Air、Airmailと書いてもよいが、トルコ語でUçak İleと書くと気分が出る。

小包は一部のPTTでは扱わない　外国への小包（トルコ語でコリKoli）は郵便局によっては、扱っていない所もあるので事前の確認が必要。小包用の箱はPTTでも入手可能。日本への小包料金は1kgまで117.50TL、2kgまで144.50TL。航空便だと1kgまで169.50TL、2kgまで236.50TL。

電話はテレホンカードで　電話は**テレホンカード**でかける。カードは2種類あり、**度数の面**を上にして電話機に差し込むタイプ（4TL）のほか、TTM Kart（テーテー・メー・カルトゥ）という背面のスクラッチ部分を削って暗証番号を出し、カード記載の番号にかけて暗証番号、電話番号を入力してかけるタイプもある。クレジットカードでもかけられる。

INFORMATION

トルコでスマホ、ネットを使うには

まずは、ホテルなどのネットサービス（有料または無料）、Wi-Fiスポット（インターネットアクセスポイント。無料）を活用する方法がある。トルコでは、主要ホテルや町なかにWi-Fiスポットがあるので、宿泊ホテルでの利用可否やどこにWi-Fiスポットがあるかなどの情報を事前にネットなどで調べておくとよいだろう。ただしWi-Fiスポットでは、通信速度が不安定だったり、繋がらない場合があったり、利用できる場所が限定されたりするというデメリットもある。ストレスなくスマホやネットを使おうとするなら、以下のような方法も検討したい。

☆各携帯電話会社の「パケット定額」

1日当たりの料金が定額となるもので、NTTドコモなど各社がサービスを提供している。

いつも利用しているスマホを利用できる。また、海外旅行期間を通しではなく、任意の1日だけ決められたデータ通信量を利用することのできるサービスもあるので、ほかの通信手段がない場合の緊急用としても利用できる。なお、「パケット定額」の対象外となる国や地域があり、そうした場所でのデータ通信は、費用が高額となる場合があるので、注意が必要だ。

☆海外用モバイルWi-Fi ルーターをレンタル

トルコで利用できる「Wi-Fiルーター」をレンタルする方法がある。定額料金で利用できるもので、「グローバルWiFi（【URL】https://townwifi.com/）」など各社が提供している。Wi-Fiルーターとは、現地でもスマホやタブレット、PCなどでネットを利用するための機器のことをいい、事前に予約しておいて、空港などで受け取る。利用料金が安く、ルーター1台で複数の機器と接続できる（同行者とシェアできる）ほか、いつでもどこでも、移動しながらでも快適にネットを利用できるとして、利用者が増えている。

ルーターは空港などで受け取る

ほかにも、いろいろな方法があるので、詳しい情報は「地球の歩き方」ホームページで確認してほしい。
【URL】http://www.arukikata.co.jp/net/

インターネット事情

近年は多くのホテルで無線LANが導入されており、無料で利用できることが多い。町のレストランやカフェ、長距離バスの車内でも使える場合が多い。

無線LANの使い方　ホテルやカフェなどでは無線LANを使えることが多い。無線LAN(Wi-Fi) はトルコ語で「ワイフィ」または「ワイヤレス」と呼ばれる。パスワードが設定されている場合はスタッフに聞こう。長距離バスの場合は運転手の携帯番号が設定されている場合もある。

海外用モバイルWi-Fiルーターをレンタル　ノートPCやタブレット、スマートフォンなどで使うことができる海外専用のWi-Fiルーターは旅行期間が短いなら考えてみる価値あり。会社によっても異なるが1日300～1600円前後からレンタルできる。ウェブサイトから申し込んで成田空港など出発する空港でルーター本体を受け取ることも可能だ。

トルコのSIMカードを買う　SIMフリーのスマートフォンを持っていれば、基本的にはプリペイド式のSIMカードを使用することができる。SIMカードは町なかにある携帯電話ショップで買うことができる。ただし、SIMを挿しかえただけでは開通しない場合もある。また、トルコ国外で購入した端末を長期間使う場合は、税務署での登録が必要となる。

■海外用モバイルWi-Fi
●グローバルWiFi
URL townwifi.com
●イモトのWiFi
URL www.imotonowifi.jp
●グローバルデータ
URL www.globaldata.jp
●テレコムスクエア
URL www.telecomsquare.co.jp

■トルコの携帯通信会社
●トゥルクセルTurkcell
URL www.turkcell.com.tr
●ボーダフォンVodafone
URL www.vodafone.com.tr
●テーテーモビルTT mobil
URL www.ttmobil.com.tr

トゥルクセルのショップ

Information トルコ語の交通系サイトを読みこなすキーワード

航空会社は英語など外国語ページもあるが、バス会社の多くはトルコ語しかないところが多い。とはいえ、いくつかの単語を知っていれば時刻の検索ぐらいは何とかできるものだ。下記には交通系のウェブサイトで頻出する単語を挙げた。

日付、曜日関連		交通・バス会社関連用語		画面操作関連	
Tarih	日付	Tarife (ler)	料金表、時刻表	Ana Sayfa	ホーム(最初のページ)
Gün	日	Sefer (ler)	便、便数	İleri	次へ(次画面へ)
Bugün	今日	Ücret	料金、運賃	Devam	続き(次画面へ進む)
Hafta	週	Fiyat	値段	Geri (Dön)	戻る(前画面へ)
Bayram	祝祭日	Yolcu (Sayısı)	乗客（人数）	Ara	検索（検索ボタン）
Ay	月	Kalkış (Yeri)	出発（地）	Sorugula	検索（検索ボタン）
İtibaren	～より(開始時期)	Varış (Yeri)	到着（地）	Listele	表示（表示ボタン）
Pazar, Pz	日曜	Hareket (Saati)	出発（時刻）	Göster	表示（表示ボタン）
Pazartesi, Pts, Pzt	月曜	Nereden	どこから(出発地)	Giriş	入る(Enterボタン)
Salı, Sa	火曜	Nereye	どこへ(目的地)	Seçiniz	選んでください
Çarşamba, Ça, Çrş	水曜	Güzelgah (lar)	目的地、運行都市	Online Bilet	オンラインチケット予約
Perşembe, Pe, Per	木曜	Şehir (Şehri)	都市	Online İşlem	オンラインサービス
Cuma, Cu	金曜	gidiş	行き(往路)	Rezervasyon	予約
Cumartesi, Cts, Cmt	土曜	dönüş	帰り(復路)	Satın Al	購入
Her Gün	毎日	tek yön	片道	İptal	キャンセル
önceki	前の	İletişim	連絡先	Koltuk	座席
sonraki	次の(後の)	Şube	支店	tıklayın(ız)	クリックしてください

民族衣装を着て踊る子供たち

暦と祝祭日

日常の暦とイスラームの行事

トルコでは日常生活に日本やヨーロッパと同じ西暦を採用している。一般の行事や祭りは西暦で行われるが、イスラームの祭りだけはイスラーム暦のため、毎年11～12日ぐらいずつ早くなる。

シェケル・バイラム（砂糖祭） イスラーム暦第9月の断食月（トルコ語でラマザン）の終わりを祝って甘いものを食べる3日間の祭り。

クルバン・バイラムが近づくと、町中に生贄にされる羊や牛であふれる

クルバン・バイラム 各家庭が神に生贄を捧げる。イスラーム暦第12月の10日目から4日間。

ラマザン（断食） ラマザンは信仰告白、礼拝、巡礼、喜捨、断食からなるイスラーム五行のひとつ。日の出から日没まで飲料、食物、たばこなどを一切口にしない。

イフタール また1日のラマザンをやり遂げて家族揃ってとる日没後の食事は、イフタールといい、ムスリムにとって1年のうちで最も楽しいひとときだ。

旅行者はラマザンを義務づけられてはいないし、庶民的な食堂は日中閉店するものの、トルコでは旅行者がその期間中食事に困るようなことはあまりない。しかし、地方では外国人でも人前で物を口にしているとたしなめられることがある。また食堂が開いていても、酒は出ないことが多い。

時差とサマータイム

トルコの時間は日本より6時間遅れ。日本が正午のとき、トルコは午前6:00。

かつてはサマータイムを導入していたが、2016年秋から冬時間に移行することなく、日本との時差はその後常に6時間のままとなっている。

休日とビジネスアワー

官公庁・銀行 官公庁は原則として土・日曜が休み。営業時間は8:30～17:30、昼食時は休憩。銀行は原則として午前は8:30～12:00、午後は13:30～17:00。土・日曜は休み。

博物館など 博物館はトプカプ宮殿などいくつかの例外を除き基本的に月曜休み。冬期は短縮営業になることも多い。商店の多くは日曜休み。

■国の祝日
1月1日 新年
4月23日 独立記念日、子供の日
5月1日 労働者と連帯の日
5月19日 青少年とスポーツの日、アタテュルク記念日
7月15日 民主国民連合の日
8月30日 勝利の日（1922年侵入軍敗走の日）
10月29日 トルコ共和国宣言記念日（共和国の日）

■イスラームの行事
多少のズレ、変更はあるので注意。
●シェケル・バイラム
2020年:5月24日～26日
2021年:5月13日～15日
●クルバン・バイラム
2020年:7月31日～8月4日
2021年:7月20日～23日
それぞれ前日は休み。実際には、これらの祭りの日を含む約1週間が休みになり、官公庁、商店もほとんどクローズする。またその週はトルコ人はいっせいに休暇を取り、交通機関は非常に混雑する。飛行機、バス、ホテルなどは早めに予約したほうが無難。特に地中海岸の観光地巡りは困難を極める。

■ラマザン Ramazan
2020年:4月24日～5月23日
2021年:4月13日～5月12日

ラマザン中は日没近くなるとパン屋さんが大忙しになる

生活習慣

イスラームと政教分離

トルコではスカーフの着用は義務ではなく、個人の自由

トルコは人口の99%がイスラームを信仰している。イスラームというと、厳しい戒律という印象を受けるが、トルコは政教分離の国であり、近代化が進んだ地域では、生活からイスラーム色が強く感じられる場面は多くない。特にイスタンブールや南部海岸地方では西欧の雰囲気に近い。

トルコは飲酒に関してはイスラーム諸国の中では寛容なほうで、酒屋やスーパーマーケットではお酒の販売も行っており、メイハーネ（居酒屋）も多い。ただし、夜22:00以降、小売店でのお酒の販売は法律で禁じられている。

トルコ式トイレの使い方

トルコ式トイレは日本の和式のようにしゃがんで使う。オトガルなどの公共トイレは有料だが、ちゃんと管理する人がいて、清潔だ。地方の安宿、ロカンタ、公衆トイレなどはまだトルコ式トイレも多い。紙はないこともあるので、普段から持っていると便利。

まず、丸くくり抜かれた和式に似た形の便器の両側にぎざぎざになった箇所に足を置く。便器のそばには水道の蛇口があって、小さなバケツやじょうろが置いてある。日本と反対に扉のほうを向くことになるが、それで正解。コトを成し遂げたら、オケの水を上手に使って、左手でおしりを洗う。タンクのヒモ、ボタン、配水管のレバーなど、押したり引いたり倒したりしてみよう。紙を使う場合、下水管が細かったり、水流が弱いことが多いので、**紙はトイレ内にあるゴミ箱に捨てる**ようにしよう。

電圧と電気製品

トルコの電圧は220Vなので、旅行中にドライヤーなど日本の電気製品を使うためには変圧器（トランサー）を持参しなくてはならない。プラグはヨーロッパ型のCタイプがほとんどで、B、B3、SEも使われることがある。

写真を撮る時の注意

地方の女性は被写体になることを嫌うことがある。撮影は必ず相手の意向を確かめてからにしよう。礼拝中のジャーミィ内部の撮影も控えたい。

ジャーミィの入口には女性専用のスカーフが置かれていることもある

トルコ式トイレではトイレットペーパーはなく、水道と手おけが置いてあるだけのところもある

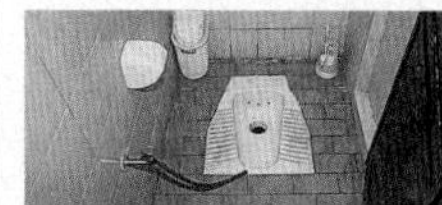
典型的なトルコ式トイレ

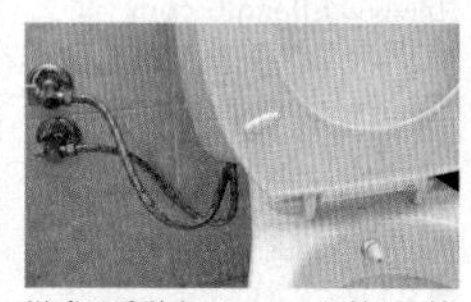
洋式は手動ウォシュレット付き。蛇口は近くの壁にあることが多い

■エレベーターの乗り方

古い建物のエレベーターは扉を自分で開閉するタイプが多い。乗るときはボタンを押して待ち、エレベーターが来てカチッと音がしてから扉を引こう。ボタンを押しても反応がない場合はすでに到着していることもあるので扉を引いてみよう。降りたら内扉、外扉ともにカチッと音がするまで閉めること。

■階数のトルコ語

グランドフロアは**Zemin katı**ゼミンカトゥ（エレベーターでは**Z**と表示）、1階（日本の2階）が**Birinci kat**ビリンジカトゥ、2階が**İkinci kat**イキンジカトゥ、3階が**Üçüncü kat**ユチュンジュカトゥという。
（本書では建物の階数は日本式の数え方で表記しています）

国内交通

バイラム（祝祭日）の時はトルコでも帰省ラッシュが激しい

トルコ国内の長距離移動ならペガススエアも便利

■おもな航空会社

●ターキッシュ エアラインズ

URL www.turkishairlines.com

●ペガススエア

URL www.flypgs.com

●オヌル航空

URL www.onurair.com

●アトラスジェット

URL www.atlasglb.com

●サン・エクスプレス

URL www.sunexpress.com

■おもなバス予約サイト

●ネレデンネレイェ

URL www.neredennereye.com

●オービレットドットコム

URL www.obilet.com

●ビレットオール

URL www.biletall.com

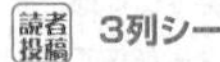

読者投稿　**3列シート**

トルコの長距離バスはひとり席だと数リラ高くなりますが、快適なのでおすすめです。
（東京都　アリフマクスーラ　'19春）

バス会社のオフィスは多くの会社を扱っていることが多い

トルコ国内を移動するにはおもに3つの手段が考えられる。スピーディな移動が魅力の**飛行機**、最もポピュラーな移動方法である**バス**、独特な旅情を感じさせる**鉄道**の3つだ。さらに近隣の島や、マルマラ海を渡る**船**も行き先によっては重要な移動手段のひとつになる。どれもそれぞれに味があり、時間さえ許せば全部試してみたい。移動上手は旅を楽しむ基本だ。

効率よく移動するなら飛行機

トルコの面積は日本の約2倍、78万㎢。この広大な土地を隅々まで網羅するのは、もちろん**ターキッシュ エアラインズ** Turkish Airlines（2レターコードTK、略称THY）だ。そのほかにもトルコにはいくつかの航空会社がある。ネット予約も普及しているので予約も簡単（時刻表P.54～59）。

また、トルコ東部にイスタンブールから直接行きたいときは、バスだとまる1日かかることとなる。バスで12時間ほどかかるカッパドキアも飛行機なら約1時間。効率的に旅するなら、やはり飛行機を上手に旅程に取り入れよう。

世界有数のバス大国・トルコ

トルコには多くのバス会社がある　トルコのバスはすべて民間会社。イスタンブールのオトガル（長距離バスターミナル）に入っている会社だけでも数百社はある。運賃は政府から認可された基本料金があるが、競合路線ではよく値引き合戦が行われる。

チケットはどこで買うの？　バスのチケットはオトガルのブース（トルコ語でヤズハーネYazıhaneという）はもちろん、市内にあるバス会社のオフィスでも買うことができる。オフィスのガラス窓にはその会社が行く地名が書かれている。オトガルでも旅行者がうろちょろしていれば、バス会社のおじさんがやって来て、目的地を言えば、該当する会社のブースに連れていってくれる。長距離バスはすべて指定席。夏の観光地へは前日までに手配するのがおすすめ。

チケットを買ったらよく読もう　チケットはトルコ語で**ビレット**と呼ばれる。ビレットを買ったらまず乗り場番号Peron No.を確認しておこう。座席は乗ってから、あるいはバスが発車してからでも車掌が調整し、よく変更される。家族やカップル以外は女性は女性同士、男性は男性同士が隣になる。さらに女性は運転手近くの前方に移されたりする。

バスターミナル・オトガルを使いこなす　オトガルOtogar、ガラジュ Garaj、テルミナルTerminalなど町によって呼称は違う

❶会社名　❷乗客の名前･性別　❸乗降地　❹行き先　❺座席番号　❻料金（合計）
❼出発時間

が、オトガルと言えばだいたい通じる。町にもよるが、オトガルは市の中心から離れていて、ドルムシュやミニバスで10～30分ぐらい。場合によっては1時間近くかかることもある。

オトガルには荷物の一時預かり所**エマーネット**Emanet（有料）のほか食堂、雑貨屋、インターネットカフェもある。イスタンブールやアンカラなどの巨大オトガルになると設備は空港並みだ。

車内のサービスは相当なもの　普通、運転手と世話係のお兄さん（お姉さんのこともある）が乗務員として乗り込む。バスが発車するとコロンヤ（おしぼりの代わりに使われる水）または紙ナプキンが配られ、チャイやインスタント・コーヒー、コーラなどの飲み物やお菓子などもふるまわれる。ただし、トイレが併設されたバスはあまり数が多くないので、飲み過ぎには注意。

バス内は**全面禁煙**で、路線によっては携帯電話の使用が禁止されていることもある。また、車内で靴を脱ぐことはマナー違反。席で靴を脱がないよう呼びかけることもある。

座席　日本と同じく4列シートの車両が多いが、大手バス会社では2+1列シート（イキ・アルトゥ・ビル）の車両も増えつつある。4列シートよりやや高めだが、隣を気にすることなく広い座席でリラックスできて人気。1列シートは**テクリ・コルトゥク**Tekli Koltukという。

ドライブインでひと休み　長距離バスは途中3～5時間に1回の割合でドライブインDinlenme Tesisに寄り、トイレ休憩や食事、お祈りをする。トイレなら15分、食事なら30分（15分ぐらいのことも）が目安。発車時間が近くなるとアナウンス（トルコ語のみ）があるのでバス会社名とバスの最終目的地は覚えておこう。間違えて別の車に乗らないように。

目的地に着いたら　オトガルに着いたら、**セルヴィス**（無料送迎バス）に乗って町の中心部へ行こう。イスタンブールはもちろん、巨大オトガルに到着したなら、ほとんどの場合セルヴィスがある。都市によってあるいは短・中距離バス利用の場合セルヴィスが利用できないオトガルもあるが、オトガルと町の中心部の間にはミニバスやドルムシュなど**必ず公共の交通機関の足がある**ので心配することはない。ただし深夜や早朝はドルムシュがないので、タクシーでホテルまで行くことになる。

アンカラのオトガルにあるロッカー式のエマーネット

車内では飲み物やお菓子などが配られる

大手バス会社など、タッチパネル式液晶モニターを搭載している車両もある

多くのドライブインにはセルフサービスのレストランが併設されている

■無線LAN対応車両も普及
東部で見かけることは少ないが、Wi-Fi（トルコ語でワイフィ）が車内で使える車両が急速に増殖中。セキュリティキー（トルコ語でシフレ）を入力しないと使えないようなことも多いので、車掌さんに「シフレニズ・ヴァルサ・ヤザル・ムスヌス？（セキュリティキーがあったら書いてください）」などと言って書いてもらおう。たいてい運転手の携帯番号などがセキュリティキーになっている。

オトガルでもドライブインでも必ず有料トイレがある

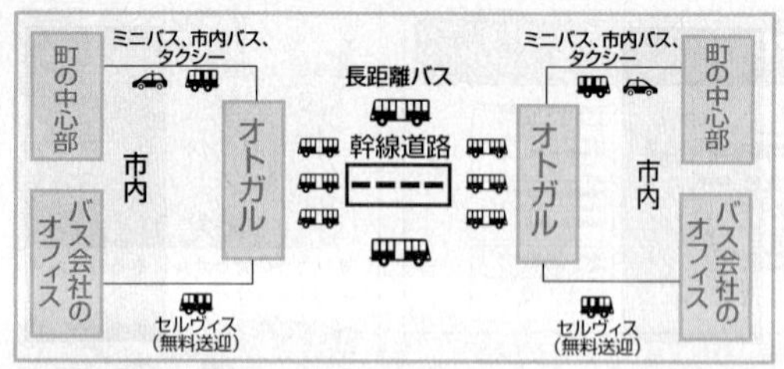

オトガルでない所に降ろされた

町にもよるが、バスの終点ではない町で途中下車する場合、オトガル以外の場所（おもに幹線道路沿い）で客を降ろすことがある。深夜や早朝だとドルムシュもバスの便もないので途方にくれてしまう。早朝から開いているガソ

トルコの主要バス会社

バス会社名	本拠地の都市	ウェブサイト
大手バス会社		
メトロ Metro Turizm	イスタンブール	URL www.metroturizm.com.tr
ウルソイ Ulusoy	イスタンブール	URL www.ulusoy.com.tr
キャーミル・コチ Kâmil Koç	イスタンブール、ブルサ	URL www.kamilkoc.com.tr
イスタンブール近郊、西部アナトリア		
ウルダー Uludağ	バルケスィル、ブルサ	URL www.balikesiruludag.com.tr
ニリュフェル Nilüfer	ブルサ	URL www.nilufer.com.tr
エフェ・トゥル Efe Tur	イズミット	URL www.efetur.com.tr
キュタフヤルラル Kütahyalılar	キュタフヤ	URL www.kutahyalilar.com.tr
イスマイル・アヤズ İsmail Ayaz	エスキシェヒル	URL www.ismailayaz.com.tr
ブズル Buzlu	エスキシェヒル	URL www.buzlu.com.tr
エーゲ海、地中海地方		
チャナッカレ・トゥルワ Çanakkale Truva	チャナッカレ	URL www.truvaturizm.com
アナドル Anadolu Turizm	イズミル、ウシャク	URL www.anadolu.com.tr
パムッカレ Pamukkale Turizm	デニズリ	URL www.pamukkale.com.tr
イズミル・トゥリズム İzmir Turizm	イズミル	URL www.izmirturizm.com.tr
アイドゥン・トゥリズム Aydın Turizm	アイドゥン、クシャダス	URL aydinturizm.com.tr
ウスパルタ・ペトロル Isparta Petrol	ウスパルタ	URL www.ispartapetrol.com.tr
アンタルヤ・トロス Antalya Toros	アンタルヤ	URL www.antalyatorosseyahat.com
アランヤルラル Alanyalılar	アランヤ	URL alanyalilar.com.tr
リュクス・メルスィン Lüks Mersin	メルスィン	URL www.luksmersin.com.tr
メルスィン・セヤハット Mersin Seyahat	メルスィン	URL www.mersinseyahat.com.tr
キョクサルラル DK Köksallar	メルスィン	URL www.dkkoksallar.com
ハス HAS	アンタクヤ	URL www.hasturizm.com.tr
ジェット・トゥリズム Jet Turizm	アンタクヤ	URL www.jetturizm.com.tr
ハタイ・ヌル Hatay Nur	アンタクヤ	URL www.hataynurseyahat.com
ハタイ・ギュネイ Hatay Güney	アンタクヤ	URL www.hatayguneytur.com
中部アナトリア		
ネヴシェヒル・セヤハット Nevşehir Seyahat	ネヴシェヒル	URL nevsehirseyahat.com.tr
オンジュ・セヤハット Öncü Seyahat	ネヴシェヒル	URL oncuseyahat.com
アクサライ・ビルリッキ Aksaray Birlik	アクサライ	URL www.aksaraybirlik.com.tr
ケント Kent Turizm	カイセリ	URL www.kentturizm.com.tr
スュハ Süha	カイセリ、ネヴシェヒル	URL www.suhaturizm.com.tr
コントゥル Kontur	コンヤ	URL www.kontur.com.tr
オズカイマック Özkaymak	コンヤ	URL www.ozkaymak.com.tr
リュクス・アクセル Lüks Aksel	アクシェヒル、コンヤ	URL luksakselseyahat.com
メタトゥル Metatur	ヨズガット	URL www.metatur.com.tr
スィワス・フズル Sivas Huzur	スィワス	URL huzurturizm.com.tr
オズ・スィワスÖz Sivas	スィワス	URL www.ozsivas.com.tr
ディヴリィ・ナザール Divriği Nazar	ディヴリイ	URL www.divriginazar.com

リンスタンドなどに行って助けを求めることになるが、いずれにしてもこのような事態を未然に防ぐためには、やはり終点と自分の行く場所が同じバスや、その町を本拠地にしている会社(下の表を参照)を選ぼう。

町の中心部へ　オトガルそばの幹線道路にはミニバスやドルムシュの停留所があることが多い。町の中心部は**シェヒル・メルケズィ** Şehir Merkeziというが、町ごとに呼び名は違う。小さな町なら**チャルシュ** Çarşıといえば町の中心部を指すことが多い。深夜は交通手段が少ないのでタクシーで行くのが無難だ。

読者投稿 **セルヴィスが来ない**
イズミルでセルヴィスを希望してしつこく確認したにも関わらず、セルヴィスは来なかった。結局オトガルまでタクシーで行き、カウンターでセルヴィスが来なかったとクレームを入れても「Sorry」の一言で終わり。交渉の仕方が悪かったのかもしれないがタクシー代は自腹になった。　(茨城県　M.K.　'19春)

バス会社名	本拠地の都市	
南東部、東部アナトリア		
アドゥヤマン・ユナル Adıyaman Ünal	アドゥヤマン	URL www.adiyamanunalturizm.com.tr
ギュララス Gülaras	アドゥヤマン	URL gularas.com.tr
ザフェル Zafer	マラテヤ	URL www.zaferturizm.com.tr
ベイダー Beydağı	マラテヤ	URL www.beydagi.com.tr
カユスケント Kayısıkent	マラテヤ	URL www.malatyakayisikent.com.tr
マラテヤ・メディネ Malatya Medine	マラテヤ	URL www.medineturizm.com.tr
ウルファ・ジェイラン Urfa Ceylan	シャンルウルファ	URL www.urfaceylanturizm.com
シャンルウルファ・ジェスール Şanlıurfa Cesur	シャンルウルファ	URL www.sanliurfacesurturizm.com.tr
アストル Astor	シャンルウルファ	URL www.urfaastor.com
ベン・トゥリズム Ben Turizm	ガズィアンテップ	URL www.benturizm.com.tr
チャユルアース Çayırağası	ガズィアンテップ	URL www.cayiragasi.com.tr
アク・トゥリズム Ak Turizm	カフラマンマラシュ	URL www.akturizm.com
ハス・ディヤルバクル Has Diyarbakır	ディヤルバクル	URL www.hasdiyarbakir.com.tr
オズ・ディヤルバクル Öz Diyarbakır	ディヤルバクル	URL www.ozdiyarbakir.com.tr
イェニ・ディヤルバクル Yeni Diyarbakır	ディヤルバクル	URL www.yenidiyarbakir.com.tr
オズレム・ディヤルバクル Özlem Diyarbakır	ディヤルバクル	URL www.ozlemdiyarbakir.com.tr
マルディン・セヤハット Mardin Seyahat	マルディン	URL www.mardinseyahat.com.tr
ジズレ・ヌフ Cizre Nuh	ジズレ	URL www.ozlemcizrenuh.com
ベスト・ワン Best Van	ワン	URL www.bestvantur.com
ワン・ギョリュ Van Gölü	ワン	URL www.vangoluturizm.com.tr
イェニ・ワン・セヤハット Yeni Van Seyahat	ワン	URL www.yenivanseyahat.com.tr
ビトリス・タチ Bitlis Taç	ビトリス、ワン	URL www.bitlistac.com.tr
メック・アール・ダーゥ MEK Ağrı Dağı	アール、ドウバヤズット	URL www.mekagridagi.com
ダダシュ Dadaş	エルズルム	URL www.dadasturizm.com.tr
エサダシュ Esadaş	エルズルム	URL www.esadas.com
ドウ・カルス Doğu Kars	カルス	URL www.ozdogukars.com
黒海地方		
カスタモヌ・ギュウェン Kastamonu Güven	カスタモヌ、カラビュック	URL www.kastamonuguven.com.tr
サフラン Safran	サフランボル、カラビュック	URL www.safranturizm.com
トカット・セヤハット Tokat Seyahat	トカット	URL www.tokatseyahat.com.tr
トプチャム Topçam	トカット	URL topcam.com.tr
トカット・ユルドゥズ Tokat Yıldızı	トカット	URL www.tokatyildizi.com.tr
ミス・アマスヤ Mis Amasya Tur	アマスヤ	URL www.misamasyatur.com.tr
リュクス・アマスヤ・イティマット Lüks Amasya İtimat	アマスヤ	URL www.luksamasyaitimat.com
テュルカイ・スィノップ Türkay Sinop	スィノップ	URL www.türkayturizm.com.tr
スィノップ・ビルリッキ Sinop Birlik	スィノップ	URL sinopbirlik.com.tr
カンベルオウル Kanberoğlu	トラブゾン	URL www.kanberoglu.com.tr
スュゼル Süzer	トラブゾン	URL www.suzerseyahat.com.tr
サーヒル Sahil Seyahat	リゼ	URL www.sahilseyahat.com
リュクス・アルトヴィン Sahil Lüks Artvin	アルトヴィン	URL www.luksartvin.com.tr

■YHTの荷物持ち込み制限
車内に持ち込める荷物は65cm×50cm×35cm(3辺で150cm)以内の大きさの荷物が1個もしくは55cm×40cm×23cm、または3辺で118cm以内の荷物が2個までとなっており、重量は合計30kgまで。それ以上になると追加料金が発生する。

■YHTの禁止事項
在来線と違い、車内では禁止されている項目が多くある。特に注意しなくてはならないのが以下の点だ。
●飲酒(ビールやワインの持ち込みは不可)
●喫煙(車内は全面禁煙)
●匂いが強い食べ物
●靴を脱ぐこと
(長距離バスと同じ)
●大声でのおしゃべり

■おもな列車の種類
●急行列車
オープンサロンで日本のグリーン車に似た1等車(ビリンジ・メウキBirinci Mevki)と食堂車(一部の列車はなし)からなり、ほとんどの場合2等車(イキンジ・メウキİkinci Mevki)はない。
●寝台列車
夜行列車の編成は寝台車があるものとクシェット(簡易寝台)のみ、座席のみと列車によって異なる。寝台車は高いが、日本のものよりも広い2人用個室で、冷蔵庫や洗面台が付く。昼間はベッドとは別の座り心地のよい座席に変わる。寝台車はたまに満席になるので朝のうちに予約しておこう。端末のある駅ならどこでも国内全列車の予約が可能。
●普通列車
たいてい2等のみで、6人掛けコンパートメントと、オープンサロンのタイプがある。

■イスタンブール市内フェリー(シェヒル・ハットラル)
URL www.sehirhatlari.com.tr
■イスタンブール高速船(イスタンブール・デニズ・オトビュスュ)
URL www.ido.com.tr
■ブルサ高速船(ブルサ・デニズ・オトビュスュ)
URL budo.burulas.com.tr

TCDDでトルコの大地を行く

トルコ国鉄の基礎は、オスマン朝時代、19世紀にフランス、ドイツ、イギリスなど西欧列強によって造られた。現在のトルコ国鉄TCDD(テー・ジェー・デー・デー)は、バスと比較すると、便数、所要時間などで遅れをとっており、決して移動手段としては主流とはいえないが、料金が安いという利点がある。

アンカラ駅で停車中のコンヤ行きYHT

高速列車YHT　全体的な利便性においてバスに大きく遅れをとるトルコの鉄道だが、イスタンブール、アンカラ、コンヤの3都市間は高速列車YHT(Yüksek Hızlı Treni)が開通し、バスよりも所要時間が短くなった。今後はイズミルやスィワスまで延伸予定で2019～2020年中の開通を目指している。

アダナとメルスィンを結ぶ在来線の列車

そのほかの在来線　高速列車YHTは便数も比較的多くて便利だが、在来線は急行、普通とも1日1～2便しかないのが一般的だ。イズミル～セルチュク間のイズバンİzbanやアダナ～メルスィン間の在来線は便数も多い。駅内に掲示されている時刻表や運賃は古いままのこともあるので、発着時刻は駅員に確認しよう。P.60～61の主要列車の時刻表も参考に。

利用可能な鉄道パス　ユーレイル・トルコパスはトルコ国鉄全線で利用可能。また、ユーレイルグローバルパス、ユーレイルセレクトパス、ギリシア、ブルガリア、ルーマニアなどで使えるバルカンフレキシーパスも利用可能。

味わいある船の移動

チャナッカレのダーダネルス海峡を行き来するフェリー

トルコを囲む海岸線は全長7000kmにも及ぶ。特に南側のエーゲ海、地中海の入江は昔から天然の良港となっており、観光スポットとしても重要だ。これらの沿岸都市を結ぶ観光航路はごく短時間で目的地に着くものから、何日もかけて航海を楽しむものまでたくさんある。

マルマラ海の船　イスタンブールの港(イェニカプやエミノニュなど)と近郊を結ぶ。ルートによっては陸上交通より所要時間が短く、とても便利。

ボスポラス海峡の船　イスタンブール市内からボスポラス海峡を結ぶ路線はクルーズ船として観光客に大人気だ(→P.172)。

1日1便往復している(夏期には増便される)。

エーゲ海・地中海の船　ギリシアの島とを結ぶ船は乗る時間も短く、エクスカーションにもぴったり。ほかにも、ボドルムやダッチャからの定期航路をはじめ、クルーズもたくさんある。ただし、多くは冬期運休。

自由が利くレンタカー

レンタカーはおもな都市にAvis、Hertz、Budget、Europcarなどの大手の事務所がある。料金は小型車で1日50€～ぐらい。多くの場合乗り捨てはできないので、もとの都市に戻すことになる。免許証は日本で国外運転免許証を取得し、日本の免許証と両方持っていく。日本とは逆の右側通行だし、田舎では道路標識も少ないので気を付けよう。イスタンブール市内は渋滞や一方通行が多く、不慣れな旅行者が運転するのには不向きだが、郊外の遺跡などへ足を延ばすときには重宝する。

市内交通の乗り物

タクシー　メーター制で距離と時間の併用型。イスタンブールの場合は、2019年6月現在、6TLからスタート。何ヵ所も回るときや3時間以上乗る場合には運転手と交渉しよう。待っている間にもメーターが回るのでチャーターするほうがメーターより安くつく。観光地で半日借り切ると、距離にもよるが200TLぐらいかかる。

ドルムシュ、ミニバス　ドルムシュはバンやミニバスを改造し決まった路線を走る交通機関。10～15人乗りで、満席にならないと発車しないが、必ず座れる。好きなところで途中下車もOKで、空いていれば途中からでも乗れる。ミニバス型のドルムシュには車掌がいることもあり、運賃を集めたり、途中の町などを教えてくれる。ドルムシュは市内を走るほか郊外も結ぶ。しかし狭いので3時間以上乗るのはキツい。

リゾート地では島巡りのクルーズ船が人気のアトラクション

トルコのタクシーは黄色い車体が目印。英語は通じないことがほとんどだ

読者投稿　流しのタクシー

ブルーモスク近辺からカーリエ博物館まで流しのタクシーを利用しました。初めは料金メーター制だったのですが、乗車してから10～15分経過したところでメーターがトルコ語に変わり怪しい状況となりました。気付いた時点ですぐに確認すべきでしたが、英語の通じにくいドライバーだったので目的地で交渉するつもりで待ってしまいました。カーリエ博物館に到着すると160TLを請求されました。面倒だったので日本語で文句を言いつつ価格交渉したのですが、最後にはポリスを呼ぶと言い出して携帯を触り始めました。仕方なく支払ったのですが、かなり嫌な思いをしました。イスタンブールではホテルでタクシーを呼んでもらいましょう!!

(Robert　'19春)

トルコで便利な交通系アプリ

Moovit

公共交通を使った移動経路が検索可能。トルコ国内の主要都市・エリアで利用可能。

iPhone　Android

İBB Yol Gösteren

イスタンブール市が提供する地図アプリ。英語で操作可能。渋滞情報などもわかる。

iPhone　Android

BiTaksi

タクシー配車アプリ。登録したクレジットカードで決済可能。英語での操作もできる。

iPhone

Android

賢いホテル利用術

カッパドキアではぜひ洞窟部屋に泊まりたい

トルコ語でホテルのことをオテルという。看板では「Otel ～」や「～ Oteli（名詞が前に来るとiが付いてオテリとなる）」などと書かれている。しかし、外国人観光客の多い国なのでHotelと表記されていることも多い。エーゲ海、地中海やカッパドキアやパムッカレにはペンションも数多く存在する。トルコ語ではPansiyonパンスィヨンというがPensionの英語表記、そのふたつを混同したPansyon、Pansionなどといった綴りも見かける。本書ではホテルの看板や、名刺の表記に従って記述してある。

世界中の仲間と情報交換できるドミトリー。貴重品や荷物の管理には注意を払おう

みんなとワイワイドミトリー

ホテル代を安くするならドミトリー方式のホテルがおすすめ。ドミトリーは2段ベッドが並ぶ1部屋を4～8人ぐらいでシェアする相部屋のシステム。男女を分けるかはホテルによって違う。目安は1泊1000～2000円。個人用のロッカーを使えることもあるが、ない場合は荷物の管理に気をつけよう。

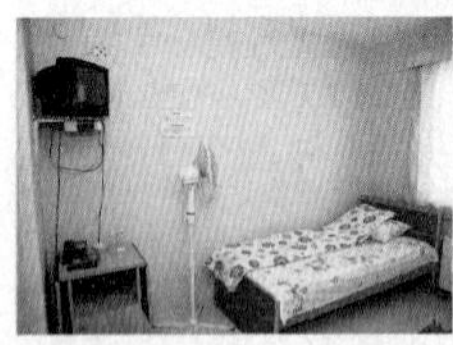
安くても清潔に保たれているホテルが多い

個室の部屋に安く泊まる

個室の安宿　イスタンブールではシングル1泊が4000～7000円。地方では1500～3000円が最低ラインだ。シャワーやトイレが部屋の外だともう少し安くなる。なお、東部では共同シャワーすらない宿もある。シャワーがあるのにトイレが部屋の外にあったりとこのクラスの設備はまちまちなので、いろいろ比べてみよう。

古民家を改築したサフランボルのペンション

家庭的な雰囲気のペンション　地方に多い比較的小さな宿。料金も安めでアットホームな雰囲気。ホテル経営に対するオーナーの姿勢もさまざまなので設備をはじめ、当たり外れが大きい。家族で経営しているファミリーペンションなら、オーナーの自宅を兼ねているため、何かあっても比較的安心。目安は1500～3000円。

リゾート地のホテルなら中級クラスでもスイミングプール付きのホテルも多い

設備が期待できる中・高級ホテル

中級ホテルの一般的な設備　イスタンブールでは1泊8000円以上の宿になると規模も大きく、それなりの設備があり、室内にテレビ、シャワー、トイレが付く。特に地方では3000円ほどで快適な部屋に泊まれることが多い。このクラスのホテルだと朝食は大体ビュッフェ形式だ。

インテリアなど内装にこだわった高級プチホテル

豪華ホテルでスルタン暮らし　高級ホテルやリゾートホテルになると設備は日本と変わらない。公定料金だと200€以上のホテルがあるが、シーズンオフや、旅行会社を通したり予約サイトで予約することによってかなり安くなることがある。

ホテルの予約と探し方

トルコの観光シーズンは一般的に夏。この時期とイースターなどの欧米の休暇、トルコの長期休暇であるシェケル・バイラムとクルバン・バイラム（→P.486）のときは予約が必須。特にイスタンブールと南部海岸地域でたいへんな混雑となる。

夏期以外ならホテルはすいている。中級ホテル以上は事前に予約する方が安いことが多いのでインターネットで調べてみよう。自分の足で探すならチェックアウト前後の正午あたりを見はからって行くとよい。地中海やエーゲ海のリゾート地ではクローズしてしまうペンションやホテルも多いが、泊まるところがまったくないということはない。

ホテル探しは明るいうちに　予約なしで目的地に着いたら、まずは宿を探そう。よい宿に出合うためには、必ず明るいうちに何軒か回ること。じっくり選ぶつもりなら、オトガルや駅の荷物預かり所（エマーネット）に荷物を預けて身軽になってから探すという手もある。

滞在中のトラブルを避ける

お湯は出るかな？　水道の水は飲まないほうがいい。ホテルの水道の蛇口は、青が湯で赤が水のところもある。また、安宿などでは構造上の問題からか湯が出るまでけっこう時間がかかることが多い。出ないのかな？　と思っても5～10分は蛇口をひねったまま待ってみよう。待てばお湯が出てくることもある。中級以上のホテルにはシャンプーや石鹸なども一応置いてある。バスタブは大型チェーンホテルにはあるが、その他はまちまち。高級ホテルでもマッサージ機能付きのスパシャワーだけでバスタブなしというところもある。

宿代には何が含まれ、何が別なのか？　ホテルによってはホットシャワーが別料金のところもあり、さらに時間によっては熱い湯が出なかったり、続けて使うと水になることがある。朝食も込みのところと別に料金を取るところがある。また、寒い時期は暖房代を別に請求することがある。以上の点はあらかじめチェックしておこう。

チェックインとチェックアウト　トルコのホテルはチェックインは正午から、チェックアウトは正午までのことが多い。しかし、たいていのホテルでは時間にアバウトでインもアウトも多少の前後が許されている。ただし、混雑するドミトリーの安宿は10:00～11:00をチェックアウトの最終時間としていることもあり、状況によってはこれを過ぎると、もう1泊分の料金を取られることも多い。チェックインの前でもチェックアウトしたあとでも荷物は預かってもらえる。

高級ホテルならアメニティも揃っている

湯沸かしポットとティーセット付きのホテルも増えてきた

プチホテルのバスルーム

■安宿やペンションの給湯
①オートマチック着火方式
（少し時間がかかることもある）
②ガスタンク着火方式
（給湯器の下のガスボンベをひねって着火してもらう）
③ソーラー方式
（天気が悪いと湯が出ない）
④ソーラーとガスの併用
（南部海岸地域などに多い）

読者投稿　ホテルのアメニティ
日本だと置いてある一般的なアメニティがないときがよくあります。カッパドキアではボックスティッシュや歯ブラシ&歯磨き粉がありませんでした。
（神奈川県　えいこ　'18夏）

■ラマザン中の朝食
ラマザン中の朝食は日の出前に取る。観光地ならほとんど関係のないことだが、地方の2つ星ホテルなどでは朝食は2:00～5:00ということも。

旅のトラブル

トルコでは凶悪な殺人事件などは少なく、治安はそれほど悪くないが、近年のアラブ情勢の変化を受けて状況は不安定。常に最新の情報をつかむようにしよう。旅行者として気をつけたいのは金銭トラブル。金離れがよく、文句を言わないと思われがちな日本人だからこそ、気をつけたい。

絨毯屋でのトラブル

被害件数もさることながら被害額も大きい。近年、地方の観光地でも被害が報告されている。日本とは違って支払い後の返品、返金はまず不可能。十分注意すること。

品物に支払った額ほどの価値がない　絨毯の正しい相場を知り、価値を見分けることは難しい。多くの店で、たくさんの絨毯を見ることぐらいしか方法はない。できれば日本やヨーロッパの各都市でよいものを見ておく。値段は参考にならないが、輸出用のものにはよいものが多いので質を見極めるには有効。旅行の最初のうちは高額な商品を買わないこと。

また、女性が絨毯屋に閉じこめられ、暴行された被害も出ており、インスタンブールの日本総領事館では注意を促している。

カードの支払い　クレジットカードでの支払いは十分注意する。ゼロの数や単位(トルコリラかドルか)など念入りにチェックすること。カードは目の前で処理してもらい、決して預けないこと。伝票にサインがしてあれば、品物が届かなかったとしても、あとから支払いを止めることは非常に難しい。また、クレジットカードに関しては偽造事件が発生している。帰国後のチェックも念入りに。

「送る」といって送らず、あとはナシのつぶて　自分で送付してもよいが、絨毯やキリムを送る手続きは時間のない旅行者には何かと面倒なので持ち帰るのが確実。

ホテルやレストランでのトラブル

ホテルの場合、客引きが行こうとするホテルが満室だとうそをついたり、シャワーなどの設備をごまかしたりすることもある。観光地へのツアーや契約している絨毯屋へ強引に誘われたというトラブルも多い。ホテルの部屋の中での盗難も増えているので、荷物の管理には細心の注意を払おう。

また、バーやナイトクラブなどの酒場でも被害が報告されている。多くは不当に高いお金を請求されたというものだが、**客引き(あるいは友達になった人)についていったら**というケースが多い。ホテル探しやレストラン探しは事前の情報収集と**自分の足と目で**が基本だ。

アンカラのアタテュルク廟での衛兵交替式

読者投稿　絨毯屋の客引き

ブルーモスク付近の公園で40代ぐらいの男性に「日本人か?」と話しかけられた。日本語がうまく、付近の観光スポットや危険なエリアについて教えてくれた。その後、近くに従兄弟が経営しているお店があるので、お茶を飲もうと言われついていくと絨毯屋。その後も公園近くで似たような手口で声をかけられ続けた。観光地で話しかけてくるトルコ人には注意が必要。

(兵庫県　旅行好き　'18夏)

読者投稿　グランドバザールのぼったくり店

イスタンブールのグランドバザールのガラスランプの店には、とても流ちょうな日本語を話す店員のいる店があるが、他店で3000円前後で買える品を1万円で売ろうとしていたので要注意。店員は品質がいいからと言っていたが、他店と特別変わりないように感じた。

(茨城県　M.K.　'19春)

■ぼったくりバー

イスタンブールでは、おもに外国人旅行者を自称する男性から声をかけられ、仲よくなってバーなどに連れて行かれ、高額な料金を請求されるという被害が多発している。以前は新市街でよく見られたが、近年ではスルタンアフメット近辺で声をかけられるケースも増えている。連れて行かれる場所は観光エリアから離れていることが多いため土地カンのない旅行者にはわかりづらく、警察に届け出ても発覚しにくい(近年は携帯電話やカメラのGPS情報から被害を受けた場所が明らかになる例もある)。被害を防ぐには、とにかく安易に誘いに乗らないことだ。

頻発する盗難の手口

トルコで最も多発している犯罪は**睡眠薬強盗**。イスタンブール以外でも多発しており、列車のコンパートメントなどではトルコの人も被害に遭っている。手口は睡眠薬入りの飲食物を口にさせ、金品を奪うというもの。状況はさまざまで、ガイドを買って出て親切にして安心させたりする、同じ旅行者（外国人）を装って親しくなろうとする、ウエーターとグルになって睡眠薬を混入する、バスの乗客全員に菓子を配り、ひとつだけに睡眠薬が入っている……など。被害を防ぐには、人からもらったものは口にしない、栓の開いているジュースは飲まないといった基本的なことしかない。とはいえ、観光地ではない場所や、普通の人に対してまで警戒することはもてなしてくれた人に対して失礼にもなる。このあたりの判断は自己責任においてあなた自身におまかせするしかない。

もうひとつ、**偽警官強盗**というものも発生している。これは警官と名乗る男が所持品検査を装って鞄を開けさせ、調べるふりをして金品を抜き取るというもの。身分証明書をチラッと見せて信用させることもある。もし、私服警官の尋問を受けたら、氏名や車のナンバーを確認し、「日本大使館や領事館内で応じる」などと毅然とした態度を取るようにしよう。

日本人同士のトラブル

ときどき「日本人にだまされた」とか「日本人の客引きについていったら」という投稿が送られてくる。居心地のよいトルコでは昔から長期滞在する人が多く、なかには、違法だが絨毯屋の客引きや旅行会社を手伝ったりする人がいる。「まさか同胞にだ

■紙幣のすり替え

トルコではタクシーなどで支払いの際、しばしば紙幣のすり替え詐欺がある。例えば50リラ札を含めてお金を払ったつもりなのに、5リラ札とすり替えられて「君が払ったのはこれ」などと言われ、混乱したすきにさらに札をすり替える、というのが一般的な手法。英語でいいので相手にわかるように声を出しながら確認してから渡すといい。

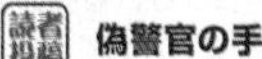

読者投稿 偽警官の手口

普通の車に乗った2人組から声をかけられ、近づくと警察のIDカードの様なもの一瞬見せた後に、「最近中国人旅行者が多く、彼らはドラッグを使うから財布などを見せろ」と言われ、「ドルや日本円は持っていないのか？見せろ！」としつこく聞いてきた。

（島根県　新井鏞俊　'18夏）

読者投稿 イスティクラール通りの偽警官

イスタンブールのイスティクラール通りで30代ぐらいの偽警官の男に言いがかりをつけられました。ポケットからIDの様なものをチラリと見せて「ポリス、ポリス」と言ってきます。たまたま『地球の歩き方』の注意情報を読んでいたので引っかかりませんでしたが、日本人を餌食にしているのでしょう。常習犯です。気を付けてください。

（東京都　MAZA TAKAHASHI　'16夏）

Information

パスポート紛失時の手続き

パスポートをなくしたら、まず現地の警察署へ行き、紛失・盗難届証明書を発行してもらう。次に**イスタンブールの日本総領事館**（→P.13、499）または**アンカラの日本大使館**（→P.13、499）で旅券の失効手続きをし、新規旅券の発給（※）または、帰国のための渡航書の発給を申請する。旅券の顔写真があるページと航空券や日程表のコピーがあると手続きが早いので、コピーは原本とは別の場所に保管しよう。アンカラの日本大使館ではIC旅券作成機が設置されておらず、手続きに時間がかかる。

必要書類および費用

- ●現地警察署の発行した紛失・盗難届出証明書　●戸籍謄本または抄本1通
- ●写真（35×45mm）2枚（イスタンブールの日本総領事館で新規旅券の発給の場合は1枚で申請可能）
- ●身元確認書類（運転免許証など、アンカラの日本大使館のみ）　●印鑑（なければ拇印、イスタンブールの日本総領事館のみ）
- ●旅行日程が確認できる書類（旅行会社にもらった日程表または帰りの航空券、帰国のための渡航書の発給のみ）
- ●手数料　10年用旅券665TL、5年用旅券460TL、帰国のための渡航書はトルコの場合105TL。いずれも支払いは現地通貨の現金で。

※:改正旅券法の施行により、紛失した旅券の「再発給」制度は廃止された。

「旅券申請手続きに必要な書類」の詳細や「IC旅券作成機が設置されていない在外公館」は外務省のウェブサイトで確認を。URL www.mofa.go.jp/mofaj/toko/passport/pass_5.html、URL www.mofa.go.jp/mofaj/toko/passport/pass_7.html

■スリ

観光地では単独のスリも多いが、人が多いところで何人かで取り囲み、そちらに気をとられているうちにかばんのなかを物色するなど、グループで動くスリも珍しくはない。

読者投稿 グループのスリ

トラムの中で、4人の男に囲まれて、押される様に、ポケットから財布を抜かれました。自宅に戻ったときには既に銀行カードから全額引き出されてしまいました。クレジットカードは止められましたが、外国では、いろいろ手続きも面倒です。

（在トルコ　おゆみ　'16秋）

■イスタンブールにある外国系病院

●アメリカン病院

Amerikan Hastanesi

Map P.105C2

住Güzelbahçe Sok. No.20 Nişantası

TEL(0212)311 2000

URLwww.americanhospital istanbul.org

●ドイツ病院 Alman Hastanesi

Map P.103C3

住Sıraselviler Cad. No.119

TEL(0212)293 2150

■「地球の歩き方」ホームページ

URLwww.arukikata.co.jp

海外旅行最新情報が満載の「地球の歩き方」ホームページ。ガイドブックの更新情報はもちろん、各国の基本情報、海外旅行の手続きなど旅に役立つコンテンツがいっぱいです。

■海外安全ホームページ

URLwww.anzen.mofa.go.jp

渡航の際は最新の状況を把握するようにしよう。日本の外務省による最新の渡航情報は、海外安全ホームページで確認できる。

■たびレジ

URLwww.ezairyu.mofa.go.jp/tabireg

日本の外務省が提供する「たびレジ」に登録すれば渡航先の安全情報メールや緊急連絡を無料で受け取ることができる。出発前にぜひ登録しよう。

まされるなんて……！」と思いがちな状況はわかるが、日本語だから、日本人だからと気を許しすぎる旅人も多い。声を掛けられたら日本の繁華街や観光地に置き換えて考えてみよう。日本なら**路上で話しかけてきた人に気軽についていきますか？**簡単に大金を払ったり、お金を貸したりできますか？　日本人ということに心を許さず、自己の判断で行動してほしい。

蛇足だが、商売をしている日本人でも良心的な人は多く、また観光商売とはまったく関係のないところで生活している日本人も多いことも付け加えておきたい。

旅行中の病気

衛生状態も悪くないトルコでは特に気を付ける病気はないが、生野菜を食べて食あたりを起こすといった症状が報告されている。

注意したい地域

2019年5月現在、トルコには日本の外務省から注意喚起が発出されている。**シリア国境地帯とイラクとの国境地帯の一部は「レベル4：退避してください。渡航は止めてください（退避勧告）」**が出されており、上記以外のイラク国境地帯およびディヤルバクル県には「レベル3：渡航は止めてください（渡航中止勧告）」が出されている。

また、シュルナク県、ハッキャリ県、ガズィアンテップ県、シャンルウルファ県、マルディン県（シリア及びイラクとの国境地帯を除く）、キリス県、ハタイ県（国境地帯を除く）には「レベル2：不要不急の渡航は止めてください」が出されている。「レベル1：十分注意してください」が発出されている地域は、イスタンブール県、東部・南東部ではアドゥヤマン県、エラズー県、トゥンジェリ県、エルズィンジャン県、ビンギョル県、ムシュ県、バトマン県、シールト県、ビトリス県、ワン県、アール県、カルス県、ウードゥル県、エルズルム県。

トルコ南東部について出されている日本の外務省の注意喚起で、特に注意したいのは内戦状態のシリア国境付近と、情勢不安定のイラク国境付近。クルド独立を掲げるPKK（クルド労働党）の活動が隣国の不安定化を受けて活発化しており、トルコ軍など治安当局との衝突も激化。その後東部の情勢は比較的落ち着いているが、引き続き要所での検問は行われている。

都市部においても、2015年には首都アンカラの駅前で自爆テロにより100人近い死者が出、2016年にはイスタンブールのヒッポドロームで、ドイツ人観光客を含む10人が犠牲になる自爆テロ事件が発生している。巻き込まれるのを防ぐには人ごみをできるだけ避けること。特にデモや集会などに興味本位で近づかないようにしよう。

情報を集める

大使館・在外公館

■トルコ共和国大使館・文化広報参事官室（政府観光局）
住〒150-0001　東京都渋谷区神宮前2-33-6
TEL(03)3470-6380　URLwww.tourismturkey.jp

■在アンカラ日本大使館　Japonya Büyükelçiliği
Map P.379A3
住Reşit Galip Cad. No.81, Gazi Osman Paşa
TEL(0312)446 0500　FAX(0312)437 1812
URLwww.tr.emb-japan.go.jp
開9:00～13:00 14:30～17:30（業務内容により時間が異なる）
休土・日、日本・トルコの祝日

■在イスタンブール日本総領事館　Japonya Başkonsolosluğu
Map P.112A2
住Tekfen Tower 10th floor, Büyükdere Cad. No.209, 4. Levent　TEL(0212)317 4600　FAX(0212)317 4604
URLwww.istanbul.tr.emb-japan.go.jp
開9:00～12:00 13:30～16:30　休土・日、日本・トルコの祝日

在アンカラ日本大使館

日本総領事館が入っているテクフェン・タワー。入館にはパスポートなど身分証が必要

役立つ厳選リンク集

観光一般情報
トルコ共和国大使館 文化広報参事官室 URLwww.tourismturkey.jp
公式観光ポータルサイト URLhometurkey.com
文化観光省 URLwww.turizm.gov.tr
文化観光省博物館局 URLwww.muze.gov.tr

日本・トルコ交流団体
日本トルコ協会 URLwww.tkjts.jp
日本トルコ交流協会 URLjapon-turk-dostluk.jpn.org
日本トルコ文化協会 URLwww.kyoto-nitto.com
トルコ文化協会 URLwww.kansai-toruko.com

鉄道・フェリー関連
TCDDトルコ国鉄 URLwww.tcdd.gov.tr
イスタンブール市交通局 URLwww.iett.gov.tr
イスタンブール海上バス URLwww.ido.com.tr

航空会社
ターキッシュ エアラインズ URLwww.turkishairlines.com
オヌル航空 URLwww.onurair.com.tr
アトラスジェット URLwww.atlasglb.com
アナドルジェット URLwww.anadolujet.com
サン・エクスプレス URLwww.sunexpress.com
ペガスス航空 URLwww.flypgs.com

主要バス会社
ウルソイ URLwww.ulusoy.com.tr
キャーミル・コチ URLwww.kamilkoc.com.tr
ハス URLwww.hasturizm.com.tr
メトロ URLwww.metroturizm.com.tr
パムッカレ URLwww.pamukkale.com.tr
ニリュフェル URLwww.nilufer.com.tr

旅行会社、ホテル予約
アルキカタ・ドット・コム URLwww.arukikata.com
イスタンブール・ホテルズ URLwww.istanbulhotels.com
ホステルワールド URLwww.hostelworld.com

エンターテインメント、タウン情報
イスタンブール.com（タウン情報） URListanbul.com
タイムアウトイスタンブール（タウン情報） URLwww.timeoutistanbul.com
ビレティクス（サッカー、コンサートのチケット） URLwww.biletix.com

その他の機関
PTT(郵便局)URLwww.ptt.gov.tr
ヒュリエット・デイリー・ニュース（英字新聞） URLwww.hurriyetdailynews.com

旅のトルコ語

トルコ語は日本語とよく似ている。まず文章の作り方（語順）が同じだし、発音もしやすい。一部の例外（→P.50）を除いて、すべてローマ字読みをすれば、簡単に読めてしまう。だから、短い旅行の間でもトルコ語をどんどん使ってみよう。

あいさつ

こんにちは	**Merhaba.**	メルハバ
こんにちは(さようならにも使える)	**İyi günler.**	イイ ギュンレル
おはよう	**Günaydın.**	ギュナイドゥン
こんばんは(夜のさようならにも)	**İyi akşamlar.**	イイ アクシャムラル
おやすみなさい	**İyi geceler.**	イイ ゲジェレル
はい	**Evet.**	エヴェット
いいえ	**Hayır.**	ハユル
いいえ(くだけた言い方)	**Yok.**	ヨク
お元気ですか？	**Nasılsın?**	ナスルスン
お元気ですか？(ていねい)	**Nasılsınız?**	ナスルスヌズ
元気です	**İyiyim.**	イイイム
ありがとう	**Teşekkür ederim.**	テシェッキュル エデリム
ありがとう(くだけた言い方)	**Sağ ol.**	サーオル
どういたしまして	**Bir şey değil.**	ビ シェイ ディール
さようなら(またね)	**Görüşürüz.**	ギョルシュリュズ
ごきげんよう	**Hoşçakalın.**	ホシュチャカルン
すみません	**Affedersiniz.**	アッフェデルスィニズ
ごめんなさい	**Kusura Bakmayın.**	クスラ バクマユン
お願いします	**Lütfen.**	リュトフェン

よく使う日常表現

OK。大丈夫	**Tamam.**	タマーム
OK？大丈夫？	**Tamam mı?**	タマーン ム
もちろん	**Tabii.**	タビー
本当に？	**Ciddi mi?**	ジッディ ミ
カンペキ	**Mükemmel**	ミュケンメル
ちょっと待って	**Bir dakika.**	ビ ダッカ
どうぞ	**Buyurun.**	ブユルン
レッツゴー	**Hadi gidelim.**	ハディ ギデリム
英語を話せますか？	**İngilizce biliyor musun?**	インギリズジェ ビリヨル ムスン
トルコ語を話せません	**Türkçem yok.**	テュルクチェム ヨク
英語を話せる人はいますか？	**İngilizce bilen var mı?**	インギリズジェ ビレン ヴァル ム

自己紹介

どこのご出身？	**Nerelisiniz?**	ネレリスィニズ
日本人です	**Ben Japonum.**	ベン ジャポヌム
日本のどこから？	**Japonya'nın neresinden?**	ジャポンヤヌン ネレスィンデン

数詞・曜日・月

1〜10の数字等→P.49		2番	iki numara (イキ ヌマラ)	10月	Ekim (エキム)	木曜日	perşembe (ペルシェンベ)	朝	sabah (サバフ)
1.5	bir buçuk (ビル ブチュック)	1月	Ocak (オジャック)	11月	Kasım (カスム)	金曜日	cuma (ジュマー)	昼間	gündüz (ギュンデュズ)
半分	yarım (ヤルム)	2月	Şubat (シュバット)	12月	Aralık (アラルック)	土曜日	cumartesi (ジュマルテスィ)	晩	akşam (アクシャム)
4分の1	çeyrek (チェイレッキ)	3月	Mart (マルト)	春	ilk bahar (イルク バハル)	日曜日	pazar (パザル)	夜	gece (ゲジェ)
1時	saat bir (サート ビル)	4月	Nisan (ニサン)	夏	yaz (ヤズ)	昨日	dün (デュン)	**国籍・言語**	
1時間	bir saat (ビル サート)	5月	Mayıs (マユス)	秋	son bahar (ソン バハル)	今日	bugün (ブギュン)	日本	Japonya (ジャポンヤ)
1番目	birinci (ビリンジ)	6月	Haziran (ハズィラン)	冬	kış (クシュ)	明日	yarın (ヤールン)	日本人	Japon (ジャポン)
2番目	ikinci (イキンジ)	7月	Temmuz (テンムズ)	月曜日	pazartesi (パザルテスィ)	今週	bu hafta (ブ ハフタ)	日本語	Japonca (ジャポンジャ)
1番	bir numara (ビル ヌマラ)	8月	Ağustos (アウストス)	火曜日	salı (サル)	先週	geçen hafta (ゲチェン ハフタ)	トルコ	Türkiye (テュルキエ)
		9月	Eylül (エイリュル)	水曜日	çarşamba (チャルシャンバ)	来週	gelecek hafta (ゲレジェッキ ハフタ)	トルコ人	Türk (テュルク)

お名前は？ **İsminiz?**（イスミニズ）

私の名前は○○です **İsmim ○○.**（イスミム）

何歳ですか？ **Kaç yaşındasınız?**（カチ ヤシュンダスヌズ）

30歳です **Otuz yaşındayım.**（オトゥズ ヤシュンダユム）

初めてトルコに来ました **Türkiye'ye ilk defa geldim.**（テュルキエエ イルク デファー ゲルディム）

ひとりで来ました **Tek başına geldim.**（テク バシュナ ゲルディム）

友達と一緒に来ました **Arkadaşımla beraber geldim.**（アルカダシュムラ ベラーベル ゲルディム）

お会いできて光栄です **Memnun oldum.**（メムヌーン オルドゥム）

トルコが好きです **Türkiye'yi seviyorum.**（テュルキエイ セヴィヨルム）

結婚しています **Ben evliyim.**（ベン エヴリイム）

独身です **Ben bekârım.**（ベン ベキャールム）

人に尋ねる

○○はどこ？ ○○ **nerede?**（ネレデ）

○○はありますか？ ○○ **var mı?**（ヴァル ム）

ここから遠い（近い）ですか？ **Buradan uzak (yakın) mı?**（ブラダン ウザック ヤクン ム）

こっちの方？（方向を指しながら） **Bu taraf mı?**（ブ タラフ ム）

ここはどこ？ **Burası neresi?**（ブラス ネレスィ）

願望を伝える

○○が欲しい ○○ **istiyorum.**（イスティヨルム）

いらない **istemiyorum.**（イステミヨルム）

○○に行きたい ○○**e/a gitmek istiyorum.**（エ(ア) ギトメッキ イスティヨルム）

買い物

これはいくらですか？ **Bu kaç para?**（ブ カチ パラ）

（指を指しながら）これをひとつください **Bundan bir tane istiyorum.**（ブンダン ビ ターネ イスティヨルム）

見ているだけです **Sadece bakıyorum.**（サーデジェ バクヨルム）

それを見せてください **Onu gösterir misin?**（オヌ ギョステリル ミスィン）

試着してみていいですか？ **Deneyebilir miyim?**（デネエビリル ミイム）

どれがおすすめですか？ **Hangisini tavsiye edersiniz?**（ハンギスィニ タウスィエ エデルスィニズ）

もっと小さい（大きい）ものはありますか？ **Daha küçüğü (büyüğü) var mı?**（ダハ キュチュウ ビュウウ ヴァル ム）

割引きしてもらえませんか？ **İndirim yapar mısınız?**（インディリム ヤパル ムスヌズ）

おつりをください **Paraüstü verir misiniz?**（パラユステュ ヴェリル ミスィニズ）

トルコ語	Türkçe	テュルクチェ
クルド人	Kürt	キュルト
クルド語	Kürtçe	キュルッチェ

場所・指示代名詞

ここで	burada	ブラダ
そこで	şurada	シュラダ
あそこで	orada	オラダ
右にある	sağda	サーダ
左にある	solda	ソルダ
外にある	dışarda	ドゥシャルダ
中にある	içeride	イチェリデ
向かいにある	karşıta	カルシュタ
これ	bu	ブ
それ	şu	シュ
あれ	o	オ
どれ	hangisi	ハンギスィ

動詞の不定詞

食べる	yemek	イェメッキ
寝る	yatmak	ヤトマック
遊ぶ	oynamak	オイナマック
行く	gitmek	ギトメッキ
歩く	yürümek	ユリュメッキ
走る	koşmak	コシュマック
休む	dinlenmek	ディンレンメッキ
旅行する	gezmek	ゲズメッキ
働く	çalışmak	チャルショマック
払う	ödemek	オデメッキ

宗教

宗教	din	ディン
預言者	peygamber	ペイガンベル
イスラーム	İslam	イスラーム
ムスリム	Müslüman	ミュスリュマーン
仏教徒	Budist	ブディスト
キリスト教徒	Hıristiyan	フリスティヤン
無宗教	dinsiz	ディンスィズ

買い物

店	dükkân	デュッキャン
雑貨屋	bakkal	バッカル
絨毯屋	halıcı	ハルジュ
値段	fiyat	フィヤット
値引き	indirim	インディリム
50%	% (yüzde) 50	ユズデ エッリ
偽の	sahte	サフテ
本物	orijinal	オリジナル
品質	kalite	カリテ
粗悪品	kalitesiz	カリテスィズ

銀行・両替

銀行	banka	バンカ
両替所	döviz	ドヴィズ
日本円	Japon Yeni	ジャポン イェニ

乗り物に乗る

(バス・ドルムシュが)○○に行きますか?
ダン ゲチェル ミ
○○ dan geçer mi?

この車はオトガルに行きますか?
ブ アラバ オトガルダン ゲチェル ミ
Bu araba otogardan geçer mi?

何番乗り場から出発しますか?
ハンギ ペロンダン カルカル
Hangi perondan kalkar?

いつ出発しますか?
ネ ザマン カルクヨル
Ne zaman kalkıyor?

私の荷物が見つかりません
バガジラルム カイボルドゥ
Bagajlarım kayboldu.

(ドルムシュで)このあたりで降ります
ミュサーイッ ビ イェルデ
Müsait bir yerde.

○○に着いたら教えてください
エ(ア) ヴァルンジャ ソイレル ミスィニズ
○○e/a varınca söyler misiniz?

観光地で

何時まで開いていますか?
サート カチャ カダル アチュック
Saat kaça kadar açık?

中に入っていいですか?
イチェレ ギレビリル ミ イ ム
İçere girebilir miyim?

ここで写真を撮ってもいいですか?
ブ ラ ダ レスィム チェケビリル ミ イ ム
Burada resim çekebilir miyim?

ここは写真撮影禁止です
ブ ラ ダ レスィム チェキメッキ ヤサック
Burada resim çekmek yasak.

あなたの写真を撮ってもいいですか?
ビ レスィミニズィ チェケビリル ミ イ ム
Bir resminizi çekebilir miyim?

一緒に写りましょう
ベラーベル チェケリム
Beraber çekelim.

ホテルで

空室はありますか?
ボシュ オダヌズ ヴァル ム
Boş odanız var mı?

シングルをお願いします
テッ キシリッキ オ ダ イスティヨルム
Tek kişilik oda istiyorum.

1泊いくらですか?
ゲジェリイ ネ カダル
Geceliği ne kadar?

部屋を見せてください
オ ダ ヤ バカビリル ミ イ ム
Odaya bakabilir miyim?

2日泊まります
イキ ギュン カラジャウ ム
İki gün kalacağım.

静かな部屋をお願いします
サーキン ビル オ ダ イスティヨルム
Sakin bir oda istiyorum.

お湯が出ません
スジャック ス チュクマズ
Sıcak su çıkmaz.

部屋で無線LANがつながりません
オ ダ ダ ワイフィ チェクミヨル
Odada Wi-Fi çekmiyor.

部屋を替えたい
オ ダ ユ デイシティルメッキ イスティヨルム
Odayı değiştirmek istiyorum.

荷物を預かってください
バガジュラルム サクラル ムスヌズ
Bagajılarımı saklar mısınız?

パスポートを返してください
パ サ ポ ル トゥ ム ゲ リ アラビリル ミ イ ム
Pasaportumu geri alabilir miyim?

USドル	アメリカン ドラル	Amerikan Doları
ユーロ	ユ ロ	Euro
売り値	サトゥシュ	satış
買い値	アルシュ	alış
小銭	ボズック パ ラ	bozuk para
トイレ		
トイレ	トゥワレット	tuvalet
男性	バ イ エルケッキ	bay / erkek
女性	バ ヤ ン ハ ヌ ム	bayan / hanım
トイレットペーパー	トゥワレット キャードゥ	tuvalet kâğıdı
交通関係		
チケット	ビレット	bilet
市内バスターミナル	トプル タシュマ メルケズィ	Toplu Taşıma Merkezi
チケット売り場	ヤズハーネ	yazıhane
乗り場	ペ ロ ン	peron
座席	コルトゥック	koltuk
出発時間	ハレケット サーティ	hareket saati
目的地	イスティカーメット	istikamet
休憩	モ ラ	mola
ドライブイン	ディンレンメ テスィス	dinlenme tesis
駅	イスタスヨン	istasyon
桟橋	イスケレ	iskele
空港	ハ ワ ア ラ ヌ	havaalanı
飛行機	ウチャック	uçak
国際線	ドゥシュ ハットゥ	dış hattı
国内線	イチ ハットゥ	iç hattı
ホテル		
1人部屋	テッキシリッキ オ ダ	tek kişilik oda
2人部屋	チフ キシリッキ オ ダ	çift kişilik oda
朝食	カフヴァルトゥ	kahvaltı
～込み	ダーヒル	dahil
～なし	ハリッチ	hariç
キャンセル	イプタル	iptal
ベッド	ヤタック	yatak
風呂	バ ン ヨ	banyo
お湯	スジャック ス	sıcak su
シャワー	ドゥシュ	duş
バスタブ	キュヴェット	küvet
バスタブの栓	トゥバ	tuba
テレビ	テレヴィズィヨン	televizyon
暖房	カロリフェル	kalolifer
エアコン	ク リ マ	klima
電球	ラ ン バ	lamba
毛布	バッターニエ	battaniye
シーツ	チャルシャフ	çarşaf
鍵	アナフタル	anahtar

領収書をください
ファトゥラスヌ アラビリル ミ イ ム
Faturasını alabilir miyim?

レストランで

(ウエーターさん)ちょっと!
バカル ムスン
Bakar mısın!

メニューを見せてください
メ ニ ュ エ バクマック イスティヨルム
Menüye bakmak istiyorum.

英語のメニューはありますか?
インギリズジェ メニュニュズ ヴァル ム
İngilizce Menünüz var mı?

(指を指しながら)これをください
ブ ン ダ ン イスティヨルム
Bundan istiyorum.

半分(1.5人前)にしてください
ヤ ル ム ビル ブチュック ポルスィヨン オルスン
Yarım (bir buçuk) porsiyon olsun.

あれと同じ料理が欲しい
オ ヌ ン ラ アイヌ イェメッキテン イスティヨルム
Onunla aynı yemekten istiyorum.

召し上がれ(料理を食べる人に)
アーフィエ トースン
Afiyet olsun

料理がまだ来ていません
イェメイミズ ダ ハ ゲルメディ
Yemeğimiz daha gelmedi.

持ち帰りにできますか?
パケット ヤ パ ル ムスヌズ
Paket yapar mısnız?

お勘定をお願いします
ヘサップ ヤ パ ル ムスヌズ
Hesap yapar mısnız?

計算が違います
ヘ サ ッ プ タ ヤンルシュルック ヴァル
Hesapta yanlışlık var.

クレジットカードで払えますか?
クレディ カルトゥイラ オデイェビリル ミ イ ム
Kredi kartıyla ödeyebilir miyim?

これは注文していません
ブ ヌ スィパリシュ エトメディム
Bunu sipariş etmedim.

おいしかったです
イェメッキレリニズ ホ シ ュ マ ジッティ
Yemekleriniz hoşuma gitti.

おいしかったです(料理を作った人に)
エ リ ニ ゼ サールック
Elinize sağlık.

無線LANのキーをここに書いてください
ワイヤレス シフレニズィ ブ ラ ヤ ヤザル ムスヌズ
Wireless şifrenizi buraya yazar mısınız.

トラブル・緊急時

助けて!
イムダット
İmdat!

出て行け!
デッフォル
Defol!

触るな!
ド ク ン マ
Dokunma!

警察に電話して!
ポ リ セ テ レ フ ォ ネッ
Polise telefon et!

財布を盗まれました
ジュズダヌム チャルンドゥ
Cuzdanım çalındı.

気分が悪いです
ラハッスズルック ヒ ッ セ デ ィ ヨ ル ム
Rahatsızlık hissediyorum.

下痢をしています
イスハル オルドゥム
İshal Oldum.

熱があります
ア テ シ ム ヴァル
Ateşim var.

ここが痛い
ブ ラ ス アウルヨル
Burası ağrıyor.

医者を呼んでください
ド ク ト ラ イフティヤジュム ヴァル
Doktora ihtiyacım var.

食事

1人前	ビル キシリッキ bir kişilik
2人前	イキ キシリッキ iki kişilik
1盛り	ビル ポルスィヨン bir porsiyon
半分	ヤ ル ム yarım
ミックス	カルシュック karışık
勘定	ヘサップ hesap
羊肉	コ ユ ン エティ koyun e t i
鶏肉	タウック tavuk
卵	ユ ム ル タ yumurta

形容詞

よい	イイ iyi
とてもいい	チョク イイ çok iyi
最もよい	エン イイ en iyi
すばらしい	ギュゼル güzel
悪い	キョテュ kötü
熱い	スジャック sıcak
寒い、冷たい	ソ ウ ク soğuk
大きい	ビュユック büyük
小さい	キュチュック küçük
軽い	ハフィフ hafif
重い	アウル ağır
安い	ウジュズ ucuz
高い	パ ハ ル pahalı
長い	ウズン uzun
短い	ク サ kısa

病気・体の部位

病院	ハスターネ hastane
医者	ドクトル doktor
保険	スィゴルタ sigorta
痛み	アジュ acı
歯痛	ドゥシュ アウルス dış ağırsı
頭痛	バシュ アウルス baş ağırsı
出血	カ ナ マ kanama
せき	オクスュリュック öksürük
薬	イラチ ilaç
薬局	エジュザーネ eczane
絆創膏	スヴァ sıva
診断書	ドクトル ラ ポル Doktor Raporu
頭	バシュ baş
目	ギョズ göz
鼻	ブ ル ン burun
口	アウズ ağız
耳	クラック kulak
のど	ボ ア ズ boğaz
手	エル e l
足	アヤック ayak
脚	バジャック bacak
胃	ミ デ mide
肺	アクジエル akciğer

地名（都市・村落・島・地域・地区など）索引

見どころ索引

☪ ジャーミィ、神学校、墓廟などイスラーム関連　遺跡（おもに古代遺跡）
✝ 教会、修道院などキリスト教関連　城・宮殿・塔・橋等のモニュメント
博物館　自然を楽しむ見どころ・公園　買い物スポット・市場

あ行

か行

さ行

た行

■■な行■■

■■は行■■

■■ま行■■

■■や行■■

■■ら・わ行■■

索引

地球の歩き方 シリーズ一覧 2024年5月現在

＊地球の歩き方ガイドブックは、改訂時に価格が変わることがあります。＊表示価格は定価（税込）です。＊最新情報は、ホームページをご覧ください。www.arukikata.co.jp/guidebook/

地球の歩き方 ガイドブック

A ヨーロッパ

A01	ヨーロッパ	¥1870
A02	イギリス	¥2530
A03	ロンドン	¥1980
A04	湖水地方&スコットランド	¥1870
A05	アイルランド	¥1980
A06	フランス	¥2420
A07	パリ&近郊の町	¥2200
A08	南仏プロヴァンス コート・ダジュール&モナコ	¥1760
A09	イタリア	¥2530
A10	ローマ	¥1760
A11	ミラノ ヴェネツィアと湖水地方	¥1870
A12	フィレンツェとトスカーナ	¥1870
A13	南イタリアとシチリア	¥1870
A14	ドイツ	¥1980
A15	南ドイツ フランクフルト ミュンヘン ロマンチック街道 古城街道	¥2090
A16	ベルリンと北ドイツ ハンブルク ドレスデン ライプツィヒ	¥1870
A17	ウィーンとオーストリア	¥2090
A18	スイス	¥2200
A19	オランダ ベルギー ルクセンブルク	¥2420
A20	スペイン	¥2420
A21	マドリードとアンダルシア	¥1760
A22	バルセロナ&近郊の町 イビサ島／マヨルカ島	¥1760
A23	ポルトガル	¥2200
A24	ギリシアとエーゲ海の島々&キプロス	¥1870
A25	中欧	¥1980
A26	チェコ ポーランド スロヴァキア	¥1870
A27	ハンガリー	¥1870
A28	ブルガリア ルーマニア	¥1980
A29	北欧 デンマーク ノルウェー スウェーデン フィンランド	¥1870
A30	バルトの国々 エストニア ラトヴィア リトアニア	¥1870
A31	ロシア ベラルーシ ウクライナ モルドヴァ コーカサスの国々	¥2090
A32	極東ロシア シベリア サハリン	¥1980
A34	クロアチア スロヴェニア	¥2200

B 南北アメリカ

B01	アメリカ	¥2090
B02	アメリカ西海岸	¥2200
B03	ロスアンゼルス	¥2090
B04	サンフランシスコとシリコンバレー	¥1870
B05	シアトル ポートランド	¥2420
B06	ニューヨーク マンハッタン&ブルックリン	¥2200
B07	ボストン	¥1980
B08	ワシントンDC	¥2420
B09	ラスベガス セドナ&グランドキャニオンと大西部	¥2090
B10	フロリダ	¥2310
B11	シカゴ	¥1870
B12	アメリカ南部	¥1980
B13	アメリカの国立公園	¥2640
B14	ダラス ヒューストン デンバー グランドサークル フェニックス サンタフェ	¥1980
B15	アラスカ	¥1980
B16	カナダ	¥2420
B17	カナダ西部 カナディアン・ロッキーとバンクーバー	¥2090
B18	カナダ東部 ナイアガラ・フォールズ メープル街道 プリンス・エドワード島 トロント オタワ モントリオール ケベック・シティ	¥2090
B19	メキシコ	¥1980
B20	中米	¥2090
B21	ブラジル ベネズエラ	¥2200
B22	アルゼンチン チリ パラグアイ ウルグアイ	¥2200
B23	ペルー ボリビア エクアドル コロンビア	¥2200
B24	キューバ バハマ ジャマイカ カリブの島々	¥2035
B25	アメリカ・ドライブ	¥1980

C 太平洋／インド洋島々

C01	ハワイ オアフ島&ホノルル	¥2200
C02	ハワイ島	¥2200
C03	サイパン ロタ&テニアン	¥1540
C04	グアム	¥1980
C05	タヒチ イースター島	¥1870
C06	フィジー	¥1650
C07	ニューカレドニア	¥1650
C08	モルディブ	¥1870
C10	ニュージーランド	¥2200
C11	オーストラリア	¥2750
C12	ゴールドコースト&ケアンズ	¥2420
C13	シドニー&メルボルン	¥1760

D アジア

D01	中国	¥2090
D02	上海 杭州 蘇州	¥1870
D03	北京	¥1760
D04	大連 瀋陽 ハルビン 中国東北部の自然と文化	¥1980
D05	広州 アモイ 桂林 珠江デルタと華南地方	¥1980
D06	成都 重慶 九寨溝 麗江 四川 雲南	¥1980
D07	西安 敦煌 ウルムチ シルクロードと中国北西部	¥1980
D08	チベット	¥2090
D09	香港 マカオ 深圳	¥2420
D10	台湾	¥2090
D11	台北	¥1980
D13	台南 高雄 屏東&南台湾の町	¥1980
D14	モンゴル	¥2420
D15	中央アジア サマルカンドとシルクロードの国々	¥2090
D16	東南アジア	¥1870
D17	タイ	¥2200
D18	バンコク	¥1980
D19	マレーシア ブルネイ	¥2090
D20	シンガポール	¥1980
D21	ベトナム	¥2090
D22	アンコール・ワットとカンボジア	¥2200
D23	ラオス	¥2420
D24	ミャンマー（ビルマ）	¥2090
D25	インドネシア	¥2420
D26	バリ島	¥2200
D27	フィリピン マニラ セブ ボラカイ ボホール エルニド	¥2200
D28	インド	¥2640
D29	ネパールとヒマラヤトレッキング	¥2200
D30	スリランカ	¥1870
D31	ブータン	¥1980
D33	マカオ	¥1760
D34	釜山 慶州	¥1540
D35	バングラデシュ	¥2090
D37	韓国	¥2090
D38	ソウル	¥1870

E 中近東 アフリカ

E01	ドバイとアラビア半島の国々	¥2090
E02	エジプト	¥1980
E03	イスタンブールとトルコの大地	¥2090
E04	ペトラ遺跡とヨルダン レバノン	¥2090
E05	イスラエル	¥2090
E06	イラン ペルシアの旅	¥2200
E07	モロッコ	¥1980
E08	チュニジア	¥2090
E09	東アフリカ ウガンダ エチオピア ケニア タンザニア ルワンダ	¥2090
E10	南アフリカ	¥2200
E11	リビア	¥2200
E12	マダガスカル	¥1980

J 国内版

J00	日本	¥3300
J01	東京 23区	¥2200
J02	東京 多摩地域	¥2020
J03	京都	¥2200
J04	沖縄	¥2200
J05	北海道	¥2200
J06	神奈川	¥2420
J07	埼玉	¥2200
J08	千葉	¥2200
J09	札幌・小樽	¥2200
J10	愛知	¥2200
J11	世田谷区	¥2200
J12	四国	¥2420
J13	北九州市	¥2200
J14	東京の島々	¥2640

地球の歩き方 aruco

●海外

1	パリ	¥1650
2	ソウル	¥1650
3	台北	¥1650
4	トルコ	¥1430
5	インド	¥1540
6	ロンドン	¥1650
7	香港	¥1320
9	ニューヨーク	¥1650
10	ホーチミン ダナン ホイアン	¥1650
11	ホノルル	¥1650
12	バリ島	¥1650
13	上海	¥1320
14	モロッコ	¥1540
15	チェコ	¥1320
16	ベルギー	¥1430
17	ウィーン ブダペスト	¥1320
18	イタリア	¥1760
19	スリランカ	¥1540
20	クロアチア スロヴェニア	¥1430
21	スペイン	¥1320
22	シンガポール	¥1650
23	バンコク	¥1650
24	グアム	¥1320
25	オーストラリア	¥1760
26	フィンランド エストニア	¥1430
27	アンコール・ワット	¥1430
28	ドイツ	¥1760
29	ハノイ	¥1650
30	台湾	¥1650
31	カナダ	¥1320
33	サイパン テニアン ロタ	¥1320
34	セブ ボホール エルニド	¥1320
35	ロスアンゼルス	¥1320
36	フランス	¥1430
37	ポルトガル	¥1650
38	ダナン ホイアン フエ	¥1430

●国内

北海道	¥1760
京都	¥1760
沖縄	¥1760
東京	¥1540
東京で楽しむフランス	¥1430
東京で楽しむ韓国	¥1430
東京で楽しむ台湾	¥1430
東京の手みやげ	¥1430
東京おやつさんぽ	¥1430
東京のパン屋さん	¥1430
東京で楽しむ北欧	¥1430
東京のカフェめぐり	¥1480
東京で楽しむハワイ	¥1480
nyaruco 東京ねこさんぽ	¥1480
東京で楽しむイタリア&スペイン	¥1480
東京で楽しむアジアの国々	¥1480
東京ひとりさんぽ	¥1480
東京パワースポットさんぽ	¥1599
東京で楽しむ英国	¥1599

地球の歩き方 Plat

1	パリ	¥1320
2	ニューヨーク	¥1320
3	台北	¥1100
4	ロンドン	¥1320
6	ドイツ	¥1320
7	ホーチミン／ハノイ／ダナン／ホイアン	¥1320
8	スペイン	¥1320
9	バンコク	¥1540
10	シンガポール	¥1100
11	アイスランド	¥1540
13	マニラ セブ	¥1650
14	マルタ	¥1540
15	フィンランド	¥1320
16	クアラルンプール マラッカ	¥1650
17	ウラジオストク／ハバロフスク	¥1430
18	サンクトペテルブルク／モスクワ	¥1540
19	エジプト	¥1320
20	香港	¥1100
22	ブルネイ	¥1430
23	ウズベキスタン サマルカンド ブハラ ヒヴァ タシケント	¥1650
24	ドバイ	¥1320
25	サンフランシスコ	¥1320
26	パース／西オーストラリア	¥1320
27	ジョージア	¥1540
28	台南	¥1430

地球の歩き方 リゾートスタイル

R02	ハワイ島	¥1650
R03	マウイ島	¥1650
R04	カウアイ島	¥1870
R05	こどもと行くハワイ	¥1540
R06	ハワイ ドライブ・マップ	¥1980
R07	ハワイ バスの旅	¥1320
R08	グアム	¥1430
R09	こどもと行くグアム	¥1650
R10	パラオ	¥1650
R12	プーケット サムイ島 ピピ島	¥1650
R13	ペナン ランカウイ クアラルンプール	¥1650
R14	バリ島	¥1430
R15	セブ&ボラカイ ボホール シキホール	¥1650
R16	テーマパーク in オーランド	¥1870
R17	カンクン コスメル イスラ・ムヘーレス	¥1650
R20	ダナン ホイアン ホーチミン ハノイ	¥1650

地球の歩き方　御朱印

1	御朱印でめぐる鎌倉のお寺　三十三観音完全掲載　三訂版	¥1650
2	御朱印でめぐる京都のお寺　改訂版	¥1650
3	御朱印でめぐる奈良の古寺　改訂版	¥1650
4	御朱印でめぐる東京のお寺	¥1650
5	日本全国この御朱印が凄い！　第壱集　増補改訂版	¥1650
6	日本全国この御朱印が凄い！　第弐集　都道府県網羅版	¥1650
7	御朱印でめぐる全国の神社　開運さんぽ	¥1430
8	御朱印でめぐる高野山　改訂版	¥1650
9	御朱印でめぐる関東の神社　週末開運さんぽ	¥1430
10	御朱印でめぐる秩父の寺社　三十四観音完全掲載　改訂版	¥1650
11	御朱印でめぐる関東の百寺　坂東三十三観音と古寺	¥1650
12	御朱印でめぐる関西の神社　週末開運さんぽ	¥1430
13	御朱印でめぐる関西の百寺　西国三十三所と古寺	¥1650
14	御朱印でめぐる東京の神社　週末開運さんぽ　改訂版	¥1540
15	御朱印でめぐる神奈川の神社　週末開運さんぽ　改訂版	¥1540
16	御朱印でめぐる埼玉の神社　週末開運さんぽ　改訂版	¥1540
17	御朱印でめぐる北海道の神社　週末開運さんぽ	¥1430
18	御朱印でめぐる九州の神社　週末開運さんぽ　改訂版	¥1540
19	御朱印でめぐる千葉の神社　週末開運さんぽ　改訂版	¥1540
20	御朱印でめぐる東海の神社　週末開運さんぽ	¥1430
21	御朱印でめぐる京都の神社　週末開運さんぽ　改訂版	¥1540
22	御朱印でめぐる神奈川のお寺	¥1650
23	御朱印でめぐる大阪　兵庫の神社　週末開運さんぽ	¥1430
24	御朱印でめぐる愛知の神社　週末開運さんぽ　改訂版	¥1540
25	御朱印でめぐる栃木　日光の神社　週末開運さんぽ	¥1430
26	御朱印でめぐる福岡の神社　週末開運さんぽ　改訂版	¥1540
27	御朱印でめぐる広島　岡山の神社　週末開運さんぽ	¥1430
28	御朱印でめぐる山陰　山陽の神社　週末開運さんぽ	¥1430
29	御朱印でめぐる埼玉のお寺	¥1650
30	御朱印でめぐる千葉のお寺	¥1650
31	御朱印でめぐる東京の七福神	¥1540
32	御朱印でめぐる東北の神社　週末開運さんぽ　改訂版	¥1540
33	御朱印でめぐる全国の稲荷神社　週末開運さんぽ	¥1430
34	御朱印でめぐる新潟 佐渡の神社　週末開運さんぽ	¥1430
35	御朱印でめぐる静岡 富士 伊豆の神社　週末開運さんぽ　改訂版	¥1540
36	御朱印でめぐる四国の神社　週末開運さんぽ	¥1430
37	御朱印でめぐる中央線沿線の寺社　週末開運さんぽ	¥1540
38	御朱印でめぐる東急線沿線の寺社　週末開運さんぽ	¥1540
39	御朱印でめぐる茨城の神社　週末開運さんぽ	¥1430
40	御朱印でめぐる関東の聖地　週末開運さんぽ	¥1430
41	御朱印でめぐる東海のお寺	¥1650
42	日本全国ねこの御朱印&お守りめぐり　週末開運にゃんさんぽ	¥1760
45	御朱印でめぐる信州 甲州の神社　週末開運さんぽ	¥1430
44	御朱印でめぐる全国の聖地　週末開運さんぽ	¥1430
46	御朱印でめぐる茨城のお寺	¥1650
47	御朱印でめぐる全国のお寺　週末開運さんぽ	¥1540
48	日本全国 日本酒でめぐる　酒蔵&ちょこっと御朱印〈東日本編〉	¥1760
49	日本全国 日本酒でめぐる　酒蔵&ちょこっと御朱印〈西日本編〉	¥1760
50	関東版ねこの御朱印&お守りめぐり　週末開運にゃんさんぽ	¥1760
52	一生に一度は参りたい！　御朱印でめぐる全国の絶景寺社図鑑	¥2479
53	御朱印でめぐる東北のお寺　週末開運さんぽ	¥1650
54	御朱印でめぐる関西のお寺　週末開運さんぽ	¥1760
D51	鉄印帳でめぐる全国の魅力的な鉄道40	¥1650
	御朱印はじめました　関東の神社　週末開運さんぽ	¥1210

地球の歩き方　島旅

1	五島列島　3訂版	¥1650
2	奄美大島　喜界島　加計呂麻島（奄美群島①）4訂版	¥1650
3	与論島　沖永良部島　徳之島（奄美群島②）改訂版	¥1650
4	利尻　礼文　4訂版	¥1650
5	天草　改訂版	¥1760
6	壱岐　4訂版	¥1650
7	種子島　3訂版	¥1650
8	小笠原　父島　母島　3訂版	¥1650
9	隠岐　3訂版	¥1870
10	佐渡　3訂版	¥1650
11	宮古島　伊良部島　下地島　来間島　池間島　多良間島　大神島　改訂版	¥1650
12	久米島　渡名喜島　改訂版	¥1650
13	小豆島〜瀬戸内の島々1〜　改訂版	¥1650
14	直島　豊島　女木島　男木島　犬島〜瀬戸内の島々2〜	¥1650
15	伊豆大島　利島〜伊豆諸島1〜　改訂版	¥1650
16	新島　式根島　神津島〜伊豆諸島2〜改訂版	¥1650
17	沖縄本島周辺15離島	¥1650
18	たけとみの島々　竹富島　西表島　波照間島　小浜島　黒島　鳩間島　新城島　由布島　加屋	¥1650
19	淡路島〜瀬戸内の島々3〜　改訂版	¥1760
20	石垣島　竹富島 西表島 小浜島 由布島 新城島 波照間島	¥1650
21	対馬	¥1650
22	島旅ねこ　にゃんこの島の歩き方	¥1344
23	屋久島	¥1760

地球の歩き方　旅の図鑑

W01	世界244の国と地域	¥1760
W02	世界の指導者図鑑	¥1650
W03	世界の魅力的な奇岩と巨石139選	¥1760
W04	世界246の首都と主要都市	¥1760
W05	世界のすごい島300	¥1760
W06	地球の歩き方的！　世界なんでもランキング	¥1760
W07	世界のグルメ図鑑　116の国と地域の名物料理を食の雑学とともに解説	¥1760
W08	世界のすごい巨像	¥1760
W09	世界のすごい城と宮殿333	¥1760
W10	世界197ヵ国のふしぎな聖地&パワースポット	¥1870
W11	世界の祝祭	¥1760
W12	世界のカレー図鑑	¥1980
W13	世界遺産　絶景でめぐる自然遺産　完全版	¥1980
W15	地球の果ての歩き方	¥1980
W16	世界の中華料理図鑑	¥1980
W17	世界の地元メシ図鑑	¥1980
W18	世界遺産の歩き方　学んで旅する！　すごい世界遺産190選	¥1980
W19	世界の魅力的なビーチと湖	¥1980
W20	世界のすごい駅	¥1980
W21	世界のおみやげ図鑑	¥1980
W22	いつか旅してみたい世界の美しい古都	¥1980
W23	世界のすごいホテル	¥1980
W24	日本の凄い神木	¥2200
W25	世界のお菓子図鑑	¥1980
W26	世界の麺図鑑	¥1980
W27	世界のお酒図鑑	¥1980
W28	世界の魅力的な道	¥1980
W29	世界の映画の舞台&ロケ地	¥2090
W30	すごい地球！	¥2200
W31	世界のすごい墓	¥1980
W32	日本のグルメ図鑑	¥1980

地球の歩き方　旅の名言&絶景

ALOHAを感じるハワイのことばと絶景100	¥1650
自分らしく生きるフランスのことばと絶景100	¥1650
人生観が変わるインドのことばと絶景100	¥1650
生きる知恵を授かるアラブのことばと絶景100	¥1650
心に寄り添う台湾のことばと絶景100	¥1650
道しるべとなるドイツのことばと絶景100	¥1650
共感と勇気がわく韓国のことばと絶景100	¥1650
人生を楽しみ尽くすイタリアのことばと絶景100	¥1650
今すぐ旅に出たくなる！　地球の歩き方のことばと絶景100	¥1650
悠久の教えをひもとく　中国のことばと絶景100	¥1650

地球の歩き方　旅と健康

地球のなぞり方 旅地図 アメリカ大陸編	¥1430
地球のなぞり方 旅地図 ヨーロッパ編	¥1430
地球のなぞり方 旅地図 アジア編	¥1430
地球のなぞり方 旅地図 日本編	¥1430
脳がどんどん強くなる！　すごい地球の歩き方	¥1650

地球の歩き方　旅の読み物

今こそ学びたい日本のこと	¥1760
週末だけで70ヵ国159都市を旅したリーマントラベラーが教える自分の時間の作り方	¥1540
史跡と神話の舞台をホロホロ！　ハワイ・カルチャーさんぽ	¥1760

地球の歩き方　BOOKS

ハワイ ランキング&マル得テクニック！	¥1430
台湾 ランキング&マル得テクニック！	¥1430
御船印でめぐる船旅	¥1870
BRAND NEW HAWAII　とびきりリアルな最新ハワイガイド	¥1650
FAMILY TAIWAN TRIP　#子連れ台湾	¥1518
GIRL'S GETAWAY TO LOS ANGELES	¥1760
HAWAII RISA'S FAVORITES　大人女子はハワイで美味しく美しく	¥1650
LOVELY GREEN NEW ZEALAND　未来の国を旅するガイドブック	¥1760
MAKI'S DEAREST HAWAII	¥1540
MY TRAVEL, MY LIFE Maki's Family Travel Book	¥1760
いろはに北欧	¥1760
ヴィクトリア朝が教えてくれる英国の魅力	¥1320
ダナン&ホイアン　PHOTO TRAVEL GUIDE	¥1650
とっておきのフィンランド	¥1760
フィンランドでかなえる100の夢	¥1760
マレーシア　地元で愛される名物食堂	¥1430
香港　地元で愛される名物食堂	¥1540
最高のハワイの過ごし方	¥1540
子連れで沖縄　旅のアドレス&テクニック117	¥1100
食事作りに手間暇かけないドイツ人、手料理神話にこだわり続ける日本人	¥1100
台北　メトロさんぽ　MRTを使って、おいしいとかわいいを巡る旅	¥1518
北欧が好き！　フィンランド・スウェーデン・デンマーク・ノルウェーの素敵な町めぐり	¥1210
北欧が好き！2　建築&デザインでめぐるフィンランド・スウェーデン・デンマーク・ノルウェー	¥1210
日本全国　開運神社　このお守りがすごい！	¥1522
地球の歩き方　ディズニーの世界　名作アニメーション映画の舞台	¥2420

地球の歩き方　スペシャルコラボ BOOK

地球の歩き方　ムー	¥2420
地球の歩き方　JOJO　ジョジョの奇妙な冒険	¥2420
地球の歩き方　宇宙兄弟　We are Space Travelers!	¥2420
地球の歩き方　ムーJAPAN　〜神秘の国の歩き方〜	¥2420

＼日本のよさを再発見！／

地球の歩き方 国内版シリーズ

ヒットの秘密

1979年創刊、海外旅行のバイブル「地球の歩き方」。2020年に初の国内版「東京」を創刊。これまでの海外取材で培った細かな取材力、その土地の歴史や文化、雑学などの情報を盛り込むことで、地元在住者に支持され大ヒット。次の新刊もお楽しみに！

地球の歩き方国内版シリーズ
定価：2020円（税込）～
https://www.arukikata.co.jp/web/catalog/directory/book/guidebook-j/

あなたの**旅の体験談**をお送りください

「地球の歩き方」は、たくさんの旅行者からご協力をいただいて、
改訂版や新刊を制作しています。
あなたの旅の体験や貴重な情報を、これから旅に出る人たちへ分けてあげてください。
なお、お送りいただいたご投稿がガイドブックに掲載された場合は、
初回掲載本を1冊プレゼントします！（発送は国内に限らせていただきます）

ご投稿はインターネットから！

URL www.arukikata.co.jp/guidebook/toukou.html

画像も送れるカンタン「投稿フォーム」

※左記の二次元コードをスマートフォンなどで読み取ってアクセス！

または「地球の歩き方　投稿」で検索してもすぐに見つかります

地球の歩き方　投稿

▶投稿にあたってのお願い

★ご投稿は、次のような《テーマ》に分けてお書きください。

《新発見》――――ガイドブック未掲載のレストラン、ホテル、ショップなどの情報
《旅の提案》―――未掲載の町や見どころ、新しいルートや楽しみ方などの情報
《アドバイス》――旅先で工夫したこと、注意したこと、トラブル体験など
《訂正・反論》―――掲載されている記事・データの追加修正や更新、異論、反論など

※記入例「○○編20XX年度版△△ページ掲載の□□ホテルが移転していました……」

★データはできるだけ正確に。
ホテルやレストランなどの情報は、名称、住所、電話番号、アクセスなどを正確にお書きください。
ウェブサイトのURLや地図などは画像でご投稿いただくのもおすすめです。

★ご自身の体験をお寄せください。
雑誌やインターネット上の情報などの丸写しはせず、実際の体験に基づいた具体的な情報をお待ちしています。

▶ご確認ください

※採用されたご投稿は、必ずしも該当タイトルに掲載されるわけではありません。関連他タイトルへの掲載もありえます。
※例えば「新しい市内交通パスが発売されている」など、すでに編集部で取材・調査を終えているものと同内容のご投稿をいただいた場合は、ご投稿を採用したとはみなされず掲載本をプレゼントできないケースがあります。
※当社は個人情報を第三者へ提供いたしません。また、ご記入いただきましたご自身の情報については、ご投稿内容の確認や掲載本の送付などの用途以外には使用いたしません。
※ご投稿の採用の可否についてのお問い合わせはご遠慮ください。
※原稿は原文を尊重しますが、スペースなどの関係で編集部でリライトする場合があります。

東西文明の十字路トルコは、さまざまな魅力にあふれています。皆様もぜひトルコに足を運んで、実際のトルコの大地と文化、人々のあたたかさに触れてください。発行にあたり、ご協力いただいたすべての皆様に御礼申し上げます。

協力：岩間幸司　平岡ひとみ　早坂孝子　JICA トルコ事務所　岩田和馬　田中紘汰　小林佑輔
Devlet Opera ve Balesi Genel Müdürlüğü　TBMM Milli Saraylar Daire Başkanlığı
Çoruh Outdoor Travel　Orhan Kalle　Yakup Bastem　Yücel Yaylacı　©iStock

制　作：金子久美	Producer:Kumi Kaneko
編　集：どんぐり・はうす	Editors:Donguri House
大和田聡子	Akiko Ohwada
岩崎歩	Ayumu Iwasaki
平田功	Isao Hirata
黄木克哲	Yoshinori Ogi
デザイン：シー・パラダイス	Design:Sea Paradise
イラスト：一志敦子	Illustrations:Atsuko Isshi
地　図：どんぐり・はうす	Maps:Donguri House
表　紙：日出嶋昭男	Cover Design:Akio Hidejima
校　正：三品秀徳	Proofreading:Hidenori Mishina

本書の内容について、ご意見・ご感想はこちらまで
〒141-8425 東京都品川区西五反田2-11-8
株式会社地球の歩き方
地球の歩き方サービスデスク「トルコ編」投稿係
URL https://www.arukikata.co.jp/guidebook/toukou.html
地球の歩き方ホームページ（海外・国内旅行の総合情報）
URL https://www.arukikata.co.jp/
ガイドブック『地球の歩き方』公式サイト
URL https://www.arukikata.co.jp/guidebook/

地球の歩き方 E03　イスタンブールとトルコの大地　2019～2020年版
1986年7月20日　初版発行
2024年6月12日　改訂第28版第3刷発行

Published by Arukikata. Co.,Ltd.
2-11-8 Nishigotanda, Shinagawa-ku, Tokyo, 141-8425

著作編集　地球の歩き方編集室
発行人　新井邦弘
編集人　由良暁世
発行所　株式会社地球の歩き方
〒141-8425　東京都品川区西五反田2-11-8
発売元　株式会社Gakken
〒141-8416　東京都品川区西五反田2-11-8
印刷製本　開成堂印刷株式会社
DTP制作　有限会社どんぐり・はうす

※本書は基本的に2018年8月～2019年5月の取材データに基づいて作られています。
発行後に料金、営業時間、定休日などが変更になる場合がありますのでご了承ください。
更新・訂正情報:https://www.arukikata.co.jp/travel-support/

●この本に関する各種お問い合わせ先
・本の内容については、下記サイトのお問い合わせフォームよりお願いします。
URL▶https://www.arukikata.co.jp/guidebook/contact.html
・広告については、下記サイトのお問い合わせフォームよりお願いします。
URL▶https://www.arukikata.co.jp/ad_contact/
・在庫については　Tel 03-6431-1250（販売部）
・不良品（乱丁、落丁）については　Tel 0570-000577
学研業務センター　〒354-0045　埼玉県入間郡三芳町上富279-1
・上記以外のお問い合わせは　Tel 0570-056-710（学研グループ総合案内）

※本書は株式会社ダイヤモンド・ビッグ社より1986年7月に発行したもの（2019年8月に改訂第28版）の最新・改訂版です。
学研グループの書籍・雑誌についての新刊情報・詳細情報は、下記をご覧ください。
学研出版サイト　https://hon.gakken.jp/